Eficiência Probatória e a Atual Jurisprudência do CARF

2020

Coordenação
Gisele Barra Bossa

Organização Executiva
Semíramis de Oliveira Duro
Tatiana Josefovicz Belisário

ALMEDINA

EFICIÊNCIA PROBATÓRIA E A ATUAL JURISPRUDÊNCIA DO CARF
© Almedina, 2020

Coordenação: Gisele Barra Bossa
Organização Executiva: Semíramis de Oliveira Duro, Tatiana Josefovicz Belisário
Diagramação: Almedina
Design de Capa: FBA
ISBN: 9786556270715

Dados Internacionais de Catalogação na Publicação (CIP)
(Câmara Brasileira do Livro, SP, Brasil)

Eficiência probatória e a atual jurisprudência
do CARF / coordenação Gisele Barra Bossa;
organização executiva Semíramis de Oliveira Duro,
Tatiana Josefovicz Belisário. – São Paulo:
Almedina, 2020.
Vários autores.

Bibliografia.
ISBN 978-65-5627-071-5

1. Conselho Administrativo de Recursos Fiscais
2. Direito tributário 3. Jurisprudência I. Bossa,
Gisele Barra. II. Duro, Semíramis de Oliveira.
III. Belisário, Tatiana Josefovicz.

20-40209   CDU-34:336.2

Índices para catálogo sistemático:

1. Conselho Administrativo de Recursos Fiscais: Direito tributário 34:336.2

Cibele Maria Dias – Bibliotecária – CRB-8/9427

Este livro segue as regras do novo Acordo Ortográfico da Língua Portuguesa (1990).

Todos os direitos reservados. Nenhuma parte deste livro, protegido por copyright, pode ser reproduzida, armazenada ou transmitida de alguma forma ou por algum meio, seja eletrônico ou mecânico, inclusive fotocópia, gravação ou qualquer sistema de armazenagem de informações, sem a permissão expressa e por escrito da editora.

Setembro, 2020

Editora: Almedina Brasil
Rua José Maria Lisboa, 860, Conj. 131 e 132, Jardim Paulista | 01423-001 São Paulo | Brasil
editora@almedina.com.br
www.almedina.com.br

Eficiência Probatória e a Atual Jurisprudência do CARF

SOBRE A COORDENADORA

Gisele Barra Bossa

Conselheira Titular da 1ª Turma Ordinária da 2ª Câmara da 1ª Seção do Conselho Administrativo de Recursos Fiscais – CARF. Advogada Licenciada. Doutoranda, Mestre e Pós-Graduada Lato Sensu em Ciências Jurídico-Econômicas pela Universidade de Coimbra – FDUC. Coordenou o Projeto de Pesquisa "Transparência do Contencioso Tributário" do Núcleo de Estudos Fiscais – NEF da FGV Direito SP (2014/2015), a Comissão de Assuntos jurídico-tributários do Grupo de Estudos Tributários Aplicados – GETAP (2015/2017) e o Projeto de Pesquisa "Desafios Institucionais de Tributação da Nuvem: Uma proposta de encaminhamento" do Grupo de Tributação e Novas Tecnologias do Mestrado Profissional da FGV Direito SP (2018/2020). Coordenadora e Coautora das obras técnicas "Medidas de Redução do Contencioso Tributário e o CPC/2015", "Tributação da Nuvem: Conceitos Tecnológicos, Desafios Internos e Internacionais" e "Crimes contra Ordem Tributária: Do Direito Tributário ao Penal". Palestrante e Professora Convidada em cursos de Pós-Graduação no Brasil e no Exterior.

SOBRE OS AUTORES

Alexandre Evaristo Pinto

Conselheiro Titular da 1ªTurma Ordinária da 2ª Câmara da 1ª Seção do Conselho Administrativo de Recursos Fiscais – CARF. Doutorando em Direito Econômico, Financeiro e Tributário pela Universidade de São Paulo – USP. Mestre em Direito Comercial pela Universidade de São Paulo – USP. Especialista em Direito Tributário pela Universidade de São Paulo – USP. Bacharel em Direito pela Universidade Presbiteriana Mackenzie. Bacharel em Ciências Contábeis pela Universidade de São Paulo – USP. Coordenador do MBA em IFRS da FIPECAFI. Professor no Curso de Pós-graduação em Direito Tributário do IBDT.

Amélia Wakako Morishita Yamamoto

Conselheira Titular da 1ª Turma da Câmara Superior de Recursos Fiscais do Conselho Administrativo de Recursos Fiscais – CARF. Advogada Licenciada.

Ana Paula Fernandes

Conselheira Titular da 2ª Turma da Câmara Superior de Recursos Fiscais do Conselho Administrativo de Recursos Fiscais – CARF. Advogada Licenciada. Doutoranda pela Universidad Del Museo Social Argentino – UMSA. Mestre em Direito Econômico e Socioambiental pela PUC/PR. Pós-graduada em Processo Civil pelo Instituto Bacellar. Pós-graduada em Direito Previdenciário e Processo Previdenciário pela PUC/PR. Bacharel em Direito pela Faculdade de Direito de Curitiba.

Caio Cesar Nader Quintella

Vice-Presidente da 1ª Seção de Julgamento do Conselho Administrativo de Recursos Fiscais – CARF. Conselheiro Titular da 1ª Turma da Câmara Superior de Recursos Fiscais. Mestre em Direito Tributário, pela Pontifícia Universidade Católica de São Paulo – PUC/SP. Especialista em Contabilidade aplicada ao Direito pela Fundação Getúlio Vargas – FGV/SP. Bacharel em Direito pela Pontifícia Universidade Católica de São Paulo – PUC/SP.

Carlos Augusto Daniel Neto

Ex-Conselheiro Titular da 1ª e 3ª Seção do Conselho Administrativo de Recursos Fiscais – CARF (2015/2019). Advogado tributarista. Sócio do Daniel & Diniz Advocacia e Consultoria Tributária. Professor de Direito Tributário. Doutor em Direito Tributário pela USP e Mestre em Direito Tributário pela PUC-SP. Pós-graduado em Direito Tributário pelo IBET.

Cleberson Alex Friess

Conselheiro Titular da 1ª Turma Ordinária da 4ª Câmara da 2ª Seção do Conselho Administrativo de Recursos Fiscais – CARF. Auditor Fiscal da Receita Federal do Brasil. Especialista em Direito Tributário e Direito Previdenciário.

Diego Diniz Ribeiro

Ex-Conselheiro Titular da 3ª Seção do Conselho Administrativo de Recursos Fiscais – CARF (2015/2019). Advogado tributarista. Sócio do Daniel & Diniz Advocacia e Consultoria Tributária. Professor de Direito Tributário, Processo Tributário e Processo Civil. Doutorando em Processo Civil pela USP e Mestre em Direito Tributário pela PUC-SP. Pós-graduado em Direito Tributário pelo IBET.

Edeli Pereira Bessa

Presidente da 1ª Câmara da 1ª Seção de Julgamento do Conselho Administrativo de Recursos Fiscais – CARF. Conselheira Titular da 1ª Turma da Câmara Superior de Recursos Fiscais. Auditora Fiscal da Receita Federal do Brasil. Especialista em Direito Tributário e Constitucional. Graduada em Ciências Contábeis e Direito.

Efigênio de Freitas Júnior

Conselheiro Titular da 1ª Turma Ordinária da 2ª Câmara da 1ª Seção do Conselho Administrativo de Recursos Fiscais – CARF. Auditor Fiscal da Receita Federal do Brasil. Mestre em Direito Público pela PUC/MG. Professor de Direito Tributário.

Fernando Brasil de Oliveira Pinto

Conselheiro Titular e Presidente da 1ª Turma Ordinária da 3ª Câmara da 1ª Seção do Conselho Administrativo de Recursos Fiscais – CARF. Auditor Fiscal da Receita Federal do Brasil. Especialista em Direito Processual Civil pela Universidade Feevale em parceria com a PUC/RS. Bacharel em Ciências Contábeis pela Universidade de São Paulo. Bacharel em Direito pela Universidade Feevale. Ministra aulas em Cursos de Especialização na UNISINOS, Universidade Lasalle e Verbo Jurídico.

Flávio Machado Vilhena Dias

Conselheiro Titular da 2ª Turma Ordinária da 3ª Câmara da 1ª Seção do Conselho Administrativo de Recursos Fiscais – CARF. Mestre em Direito Tributário pela Pontifícia Universidade Católica de São Paulo – PUC/SP. Professor de Direito Tributário no Instituto de Educação Continuada – IEC da PUC/MG, no Instituto Brasileiro de Estudos Tributários – IBET e no CEDIN.

Gisele Barra Bossa

Conselheira Titular da 1ª Turma Ordinária da 2ª Câmara da 1ª Seção do Conselho Administrativo de Recursos Fiscais – CARF. Advogada Licenciada. Doutoranda, Mestre e Pós-Graduada Lato Sensu em Ciências Jurídico--Econômicas pela Universidade de Coimbra – FDUC. Coordenadora de Projetos e Obras Técnicas, Palestrante e Professora Convidada em cursos de Pós-Graduação no Brasil e no Exterior.

Gustavo Guimarães da Fonseca

Conselheiro Titular e Vice-Presidente da 2ª Turma Ordinária da 3ª Câmara da 1ª Seção do Conselho Administrativo de Recursos Fiscais – CARF. Especialista em Direito Tributário pela Faculdade de Direito Milton Campos e Pós-graduando em Direito das Relações Econômicas e Sociais, Faculdade de Direito Milton Campos.

Hélcio Lafetá Reis

Conselheiro Titular da 1ª Turma Ordinária da 2ª Câmara da 3ª Seção do Conselho Administrativo de Recursos Fiscais – CARF. Auditor Fiscal da Receita Federal do Brasil. Mestre em Direito Público. Pós-graduado em Gestão de Direito Tributário, em Filosofia e Teoria do Direito e em Urbanismo.

João Victor Ribeiro Aldinucci

Conselheiro Titular da 2ª Turma da Câmara Superior de Recursos Fiscais do Conselho Administrativo de Recursos Fiscais – CARF. Advogado Licenciado.

José Eduardo Dornelas Souza

Conselheiro Titular e Vice-Presidente da 1ª Turma Ordinária da 3ª Câmara da 1ª Seção do Conselho Administrativo de Recursos Fiscais – CARF. Advogado Licenciado. Mestrando em Direito Tributário pela PUC/SP.

Leonardo Luis Pagano Gonçalves

Conselheiro Titular da 2ª Turma Ordinária da 4ª Câmara da 1ª Seção do Conselho Administrativo de Recursos Fiscais – CARF. Juiz do Tribunal de Impostos e Taxas do Estado de São Paulo – TIT/SP. Advogado Licenciado.

Livia De Carli Germano

Conselheira Titular da 1ª Turma da Câmara Superior de Recursos Fiscais do Conselho Administrativo de Recursos Fiscais – CARF. Advogada Licenciada. Mestre em Direito Tributário pela Universidade de São Paulo – USP. Especialista em Direito Tributário pela PUC/SP-COGEAE. Bacharel em Direito pela Universidade de São Paulo – USP.

Liziane Angelotti Meira

Conselheira Titular e Presidente Substituta da 1ª Turma Ordinária da 3ª Câmara da 3ª Seção do Conselho Administrativo de Recursos Fiscais – CARF. Auditora Fiscal da Receita Federal do Brasil. Doutora e Mestre em Direito Tributário – PUC/SP. Mestre em Direito do Comércio Internacional e Especialista em Direito Tributário Internacional pela Universidade de Harvard. Membro do Grupo Ad Hoc para redação do Código Aduaneiro do MERCOSUL.

Luis Fabiano Alves Penteado

Ex-Conselheiro Titular da 1ª Turma da Câmara Superior de Recursos Fiscais do Conselho Administrativo de Recursos Fiscais – CARF. Advogado. Gestor Corporativo nas áreas de Tributação e Integridade.

Luis Henrique Marotti Toselli

Vice-Presidente da 1ª Câmara da 1ª Seção de Julgamento do Conselho Administrativo de Recursos Fiscais – CARF. Conselheiro Titular da 1ª Turma da Câmara Superior de Recursos Fiscais. Advogado Licenciado. Mestre em Direito Tributário pela PUC-SP. Especialista em Direito Tributário pelo IBET/SP e em Direito Previdenciário pela Escola Paulista de Direito. Professor convidado em cursos de Pós-Graduação.

Luiz Tadeu Matosinho Machado

Conselheiro Titular e Presidente da 2ª Turma Ordinária da 3ª Câmara da 1ª Seção do Conselho Administrativo de Recursos Fiscais – CARF. Auditor Fiscal da Receita Federal do Brasil

Marcelo Costa Marques d'Oliveira

Conselheiro Titular da 1ª Turma Ordinária da 3ª Câmara da 3ª Seção do Conselho Administrativo de Recursos Fiscais – CARF. Bacharel em Ciência Contábeis com mais de 36 anos de experiência nas áreas contábil e fiscal, dos quais 22 anos em empresas de auditoria internacionais ("Big Four"). Participou de diversos projetos de consultoria tributária, incluindo assessoria a investidores estrangeiros, respostas a consultas, revisão de apurações fiscais e planejamentos fiscais.

Marcelo Giovani Vieira

Auditor Fiscal Especialista do Conselho Administrativo de Recursos Fiscais – CARF (2015/2016 e 2019/2020). Ex-Conselheiro Titular da 3ª Seção do CARF (2017/2019). Ex-Conselheiro Suplente na 3ª Seção do CARF (2016/2017). Fiscalização Externa da Receita Federal do Brasil (2009 a 2015). Chefe de Fiscalização DRF/CFN (2004/2009). Chefe de Arrecadação DRF/CFN (2002/2004).

Maria Rita Ferragut

Livre-docente em Direito Tributário pela USP. Mestre e Doutora pela PUC-SP. Professora e advogada em São Paulo.

Neudson Cavalcante Albuquerque

Conselheiro Titular da 1ª Turma Ordinária da 2ª Câmara da 1ª Seção do Conselho Administrativo de Recursos Fiscais – CARF. Auditor Fiscal da Receita Federal do Brasil. Especialista em Direito e Processo Administrativo.

Paulo Cezar Fernandes de Aguiar

Ex-Conselheiro Titular da 1ª Turma Ordinária da 2ª Câmara da 1ª Seção do Conselho Administrativo de Recursos Fiscais – CARF. Auditor Fiscal da Receita Federal do Brasil. Bacharel em Direito.

Paulo Henrique Silva Figueiredo

Conselheiro Titular da 2ª Turma Ordinária da 3ª Câmara da 1ª Seção do Conselho Administrativo de Recursos Fiscais – CARF. Auditor Fiscal da Receita Federal do Brasil. Bacharel em Direito. Especialista em Direito Tributário pela UNIDERP/Anhanguera. Mestrando em Direito e Desenvolvimento Sustentável no Centro Universitário de João Pessoa.

Paulo Roberto Duarte Moreira

Conselheiro Titular da 1ª Turma Ordinária da 2ª Câmara da 3ª Seção do Conselho Administrativo de Recursos Fiscais – CARF. Auditor Fiscal da Receita Federal do Brasil. Especialista em Direito Tributário pelo IBET/PR. Bacharel em Direito e Engenharia.

Rayd Ferreira

Conselheiro Titular e Vice-Presidente da 1ª Turma Ordinária da 4ª Câmara da 2ª Seção do Conselho Administrativo de Recursos Fiscais – CARF. Advogado Licenciado. Pós-graduado em Direito Tributário e Finanças Públicas pelo Instituto Brasiliense de Direito Público – IDP. Professor de Direito Tributário.

Ricardo Marozzi Gregorio

Conselheiro Titular e Presidente da 2ª Turma Ordinária da 3ª Câmara da 1ª Seção do Conselho Administrativo de Recursos Fiscais – CARF. Auditor Fiscal da Receita Federal do Brasil. Pós-doutor em Direito pela UERJ. Doutor em Direito Tributário pela USP. Mestre em Administração Pública pela FGV/EBAPE.

Rita Eliza Reis da Costa Bacchieri

Vice-Presidente da 2ª Seção de Julgamento e do Conselho Administrativo de Recursos Fiscais – CARF. Conselheira Titular da 2ª Turma da Câmara Superior de Recursos Fiscais. Conselheira no Conselho de Contribuintes do Estado de Minas Gerais. Pós-graduada em Direito Tributário pelo Instituto Brasileiro de Estudos Tributários – IBET. Bacharel em Direito pela Pontifícia Universidade Católica de Minas Gerais – PUC/MG.

Roberto Silva Junior

Conselheiro Titular da 2ª Turma Ordinária da 4ª Câmara da 1ª Seção do Conselho Administrativo de Recursos Fiscais – CARF. Auditor Fiscal da Receita Federal do Brasil. Bacharel em Direito.

Rodrigo Mineiro Fernandes

Conselheiro Titular e Presidente da 2ª Turma Ordinária da 4ª Câmara da 3ª Seção do Conselho Administrativo de Recursos Fiscais – CARF. Auditor Fiscal da Receita Federal do Brasil. Mestre em Direito Público pela PUC/MG. Professor do IEC – PUC/MG.

Ronnie Soares Anderson

Conselheiro Titular da 2ª Turma da 2ª Câmara da 2ª Seção de Julgamento do Conselho Administrativo de Recursos Fiscais – CARF. Auditor-Fiscal da Receita Federal do Brasil. Especialista em Direito Tributário pela Universidade Federal do Rio Grande do Sul – UFRS. Bacharel em Ciências Econômicas pela Pontifícia Universidade Católica do Rio de Janeiro – PUC/RJ. Bacharel em Direito pela UFRS.

Salvador Cândido Brandão Junior

Conselheiro Titular da 1ª Turma Ordinária da 3ª Câmara da 3ª Seção do Conselho Administrativo de Recursos Fiscais – CARF. Juiz do Tribunal de Impostos e Taxas de SP – TIT. Doutorando e Mestre em Direito Econômico, Financeiro e Tributário pela Universidade de São Paulo – USP. Professor de Direito Tributário nos cursos de pós-graduação da FGV Direito SP – FGVLaw e FGV IDE Management. Professor convidado no Instituto Brasileiro de Direito Tributário – IBDT. Contabilista.

Semíramis de Oliveira Duro

Conselheira Titular e Vice-Presidente da 1ª Turma Ordinária, 3ª Câmara da 3ª Seção do CARF/ME. Conselheira Titular da 1ª Câmara Julgadora do CMT/SP. Mestre em Direito Tributário pela PUC-SP.

Maria Eduarda Alencar Câmara Simões

Conselheira Titular e Vice-Presidente da 2ª Turma Extraordinária da 3ª Câmara da 3ª Seção do Conselho Administrativo de Recursos Fiscais – CARF. LLM em Tributação Internacional pela Universidade de Leiden – International Tax Center. Pós-graduada em Comércio Exterior pela Universidade Federal Rural de Pernambuco.

Tatiana Josefovicz Belisário

Ex-Conselheira Titular e Vice-Presidente da 1ª Turma Ordinária da 2ª Câmara da 3ª Seção do Conselho Administrativo de Recursos Fiscais (2015/2019). Advogada Tributarista na Lacerda Diniz e Sena. Bacharel em Direito pela Universidade Federal de Minas Gerais – UFMG.

Tatiana Midori Migiyama

Conselheira Titular da 3ª Turma da Câmara Superior de Recursos Fiscais do Conselho Administrativo de Recursos Fiscais – CARF.

Vanessa Marini Cecconello

Conselheira Titular da 3ª Turma da Câmara Superior de Recursos Fiscais do Conselho Administrativo de Recursos Fiscais – CARF.

NOTA DA COORDENAÇÃO

A presente obra foi idealizada a partir de uma palestra ministrada em 2019 sobre "A *Performance* dos Atores Processuais". Na ocasião, chamou a atenção o fato de que, em meio a um grupo de *experts* extremamente heterogêneo, ao falar de eficiência probatória e dos papéis de cada uma das partes no processo, todos demonstraram um ar de consenso, acolhimento e, acima de tudo, de pertencimento e corresponsabilidade.

Trazer a experiência dos órgãos de julgamento para realidade concreta onde todos os personagens são agentes influenciadores positiva ou negativamente na convicção do julgador, a depender da eficiente e assertiva construção probatória na busca da verdade material, foi o ponto de partida desse processo de sensibilização.

Dentro desse contexto, esse trabalho coletivo tem como principal objetivo, em cada um dos temas específicos e respectivas circunstâncias fáticas, demonstrar qual conjunto probatório está sendo admitido ou desconsiderado no âmbito das Câmaras Baixas e da Câmara Superior de Recursos Fiscais (CSRF) do Conselho Administrativo de Recursos Fiscais (CARF).

Calcada em uma visão prática e dinâmica, foram observados pelos coautores os seguintes pressupostos técnicos: a forma com as provas são construídas nas fases de fiscalização, impugnação e, em potencial, quando da interposição do recurso voluntário; as principais incidências fáticas relativas à temática escolhida; a análise de quais provas tendem a ser mais ou menos aceitas pelas autoridades fiscais e julgadoras; e, em caso de divergências quanto à valoração da prova, a apresentação dos diferentes cenários e perspectivas.

Para além do pioneirismo da temática proposta, houve o cuidado não só na escolha dos assuntos impactados, mas dos Conselheiros de ambas as representações, com o intuito de materializar a importância do diálogo construtivo e evolutivo fruto da composição paritária do CARF. Seguramente, é na divergência que se chega a justa, convicta e eficaz decisão.

Do mesmo modo, em prol da vanguarda estrutural, buscou-se dar representatividade aos coautores e aos temas das três Seções de Julgamento.

A prova foi tratada no âmbito de instigantes proposições atribuídas à 1ª Seção de Julgamento (Parte I), tais como: a prova na demonstração do propósito negocial, nos casos de ágio, alienação de ativos recebidos em devolução de capital a valor contábil, remuneração de debêntures, omissão de receitas caracterizadas por depósitos bancários de origem não comprovada, pagamentos sem causa ou a beneficiários não identificados, multa qualificada, responsabilidade tributária, glosa de despesas, rateio de despesas, *hedge* e dedução de perdas, provisões, dedutibilidade das despesas com licença e comercialização de *software*, presunção de passivo fictício ou de exigibilidade não comprovada, métodos de cálculo de preços de transferência, tributação de lucros de controladas no exterior e declarações de compensação.

De igual relevância e pertinência, foram os temas trabalhados no âmbito da 2ª e 3ª Seções de Julgamento (Parte II e III): os desafios probatórios envolvendo a cessão do uso da imagem do atleta profissional, a pejotização, o salário indireto, os acréscimos patrimoniais a descoberto, omissão de rendimentos, *escrow account*, a essencialidade e relevância do insumo diante do REsp nº 1.221.170 e do Parecer Normativo RFB/COSIT nº 5, IPI e valor tributável mínimo, interposição fraudulenta, subfaturamento e valoração aduaneira, regime aduaneiro especial de *drawback*; classificação fiscal de mercadorias, bipartição artificial nos contratos das plataformas petrolíferas, a incidência do IOF-Mútuo, grupo econômico e o art. 124, I, do CTN, a mensuração do crédito tributário reconhecido por decisão judicial e a obtenção de provas por meio ilícitos.

Esse livro contou com a intensa participação e contribuição dos Conselheiros e ex-Conselheiros: Alexandre Evaristo Pinto, Amélia Wakako Morishita Yamamoto, Ana Paula Fernandes, Caio Cesar Nader Quintella, Carlos Augusto Daniel Neto, Cleberson Alex Friess, Diego Diniz Ribeiro, Edeli Pereira Bessa, Efigênio de Freitas Júnior, Fernando Brasil de Oliveira Pinto, Flávio Machado Vilhena Dias, Gustavo Guimarães da Fonseca, Hélcio Lafetá Reis, João Victor Ribeiro Aldinucci, José Eduardo Dornelas Souza,

Leonardo Luis Pagano Gonçalves, Livia De Carli Germano, Liziane Angelotti Meira, Luis Fabiano Alves Penteado, Luis Henrique Marotti Toselli, Luiz Tadeu Matosinho Machado, Marcelo Giovani Vieira, Marcelo Costa Marques d'Oliveira, Maria Eduarda Alencar Câmara Simões, Neudson Cavalcante Albuquerque, Paulo Cezar Fernandes de Aguiar, Paulo Henrique Silva Figueiredo, Paulo Roberto Duarte Moreira, Rayd Ferreira, Ricardo Marozzi Gregorio, Rita Eliza Reis da Costa Bacchieri, Roberto Silva Junior, Rodrigo Mineiro Fernandes, Ronnie Soares Anderson, Salvador Cândido Brandão Junior, Tatiana Midori Migiyama e Vanessa Marini Cecconello, sem os quais essa obra não seria possível.

Parabenizo e agradeço todos pelo empenho e confiança nesse projeto, em especial as organizadoras executivas e coautoras Semíramis de Oliveira Duro por todo apoio na revisão acurada dos artigos e Tatiana Josefovicz Belisário pelo esforço inicial conjunto na formação e estruturação dos grupos de trabalho da 2ª e 3ª Seções, a Professora Dra. Maria Rita Ferragut que nos brindou com o artigo inaugural da obra, a Presidente Adriana Gomes Rêgo e os demais membros do corpo diretivo do CARF pelo incentivo.

Faço votos que advogados, gestores corporativos, professores, estudantes, juristas e demais profissionais do mercado encontrem nessa obra caminhos positivos, construtivos e úteis capazes impulsionar a atuação cooperativa, satisfativa e eficiente na condução do processo administrativo fiscal.

GISELE BARRA BOSSA

NOTA DA PRESIDENTE DO CONSELHO ADMINISTRATIVO DE RECURSOS FISCAIS (CARF)

A presente obra demonstra a excelência do trabalho técnico desenvolvido pelos Julgadores do CARF. Diante da singular proposta apresentada pela Coordenadora, Gisele Barra Bossa, e pelas Organizadoras, Semíramis de Oliveira Duro e Tatiana Josefovicz Belisário, bem assim os coautores, conselheiros e ex-conselheiros deste Órgão, que se propuseram ir além das discussões de direito material e adentraram no exame das provas e dos fatos em concreto a partir da análise, não exaustiva, de precedentes deste E. Tribunal Administrativo.

O cuidadoso exame revela a importância da efetiva análise qualitativa das provas trazidas no curso dos trabalhos fiscais e do processo administrativo fiscal. Com efeito, os temas escolhidos para essa abordagem demonstram que, no âmbito de todas as Seções do CARF, são enfrentadas questões cuja discussão de fundo envolve meios de comprovação do cumprimento da obrigação tributária principal, ou de circunstâncias a ela inerentes, como a responsabilidade tributária e as eventuais condutas dolosas.

Assim, apesar de não esgotar todos os temas enfrentados pelos colegiados do Órgão, a obra bem evidencia a natureza das lides submetidas a julgamento no âmbito deste Conselho, uma vez que, para aplicar a legislação tributária adequada ao caso concreto, faz-se necessário, na maioria das vezes, adentrar na análise das provas.

Ademais e sem perder de vista que o CARF tem como Visão "Ser reconhecido pela excelência no julgamento dos litígios tributários", o estudo da

Jurisprudência do Órgão é mais uma forma de dar conhecimento à sociedade dos seus julgados, permitindo a todos conhecer os diversos enfoques de conteúdo fático-probatório.

Da igual forma, partindo-se da Missão do Órgão, qual seja "Assegurar à sociedade imparcialidade e celeridade na solução dos litígios tributários", é importante destacar que o CARF tem como compromisso institucional a entrega à sociedade de solução justa no âmbito dos litígios tributários, buscando-se, ainda, na medida da sua capacidade de julgamento, a celeridade e a eficiência tão esperadas.

Nesse sentido, enquanto Órgão de julgamento de segunda instância e instância especial (CSRF) dos processos administrativos tributários federais, o CARF exerce fundamental papel na redução da litigiosidade tributária em nosso País, com a participação equânime das partes envolvidas (Fazenda Nacional e Contribuintes) e, especialmente, com a acurada análise das questões probatórias.

Os números apresentados pelo CNJ – Conselho Nacional de Justiça em seu "Relatório Justiça em Números" do ano de 2019 demonstram que as Execuções Fiscais são o maior gargalo existente no Poder Judiciário nacional. No levantamento acerca dos assuntos mais recorrentes, o protagonismo das demandas tributárias é evidente.

Vocacionado ao exame técnico das questões tributárias, o CARF contribui não apenas com a redução numérica de demandas passíveis de revisão judicial, mas, também, com a menor complexidade destas, na medida em que atribui substância aos feitos.

A obra que ora se apresenta, ao se debruçar sobre a eficiência probatória no âmbito dos julgamentos do CARF, busca demonstrar exatamente o aprofundamento dos julgamentos realizados.

É com alegria, portanto, que saúdo o resultado deste livro, que certamente contribuirá ainda mais para o fortalecimento do CARF e seu reconhecimento pela sociedade, sem se descuidar de seu objetivo acadêmico, servindo como um eficiente instrumento de estudo para aqueles que operam o Direito Tributário.

ADRIANA GOMES RÊGO

NOTA DA PRESIDENTE DA 1ª SEÇÃO DO CONSELHO ADMINISTRATIVO DE RECURSOS FISCAIS (CARF)

Sou fã de Harlan Coben, autor americano de livros, em que a atmosfera de suspense e mistério predomina. E uma frase da obra "Alta Tensão", sempre me faz refletir sobre as reviravoltas que a vida nos traz e o que há um ano, por exemplo, seria algo inimaginável, hoje, se mostra de modo diametralmente oposto, uma realidade. Coben, neste livro, cita, ao final, um ditado ídiche (dialeto judaico): *"Homens fazem planos, Deus ri"*.

Esta é a frase que resume a minha chegada ao CARF, para assumir a 1ª Seção, após exercer, por 25 (vinte e cinco) anos, atividades de julgamento em DRJ (1ª Instância Administrativa do Contencioso Federal), sendo que, os últimos 6 (seis), estava investida na função de Delegada Titular da DRJ/Rio de Janeiro, e partir daí, mudando substancialmente o caminho, iniciou-se, sem qualquer pretensão e mesmo involuntariamente, este processo.

Um convite inesperado e acredito, com uma pitada de coragem por parte da Presidente do CARF e, em contrapartida, de certa ousadia da minha parte em aceitá-lo, pois apesar de estar em ambiente de julgamento, os processos de trabalho entre DRJ e CARF, especialmente na Câmara Superior e como Presidente de Câmara e de Seção, são bem diferentes. Tarefa extremamente desafiadora.

E aqui, devo dizer, o quão se evidencia a excelência do trabalho realizado pelos coautores convidados, que exercem ou exerceram, recentemente, a função de Conselheiros do órgão, de ambas representações de origem. O cuidadoso estudo realizado demonstra não apenas o profundo conhecimento técnico, mas a capacidade de realizar o exame amplo de diversas matérias, de forma isenta, despido de qualquer viés ideológico que se pudesse conjecturar.

O resultado da presente obra é, sem dúvida, apresentar ao leitor, operador ou interessado no dia a dia do CARF, a forma como ocorrem as discussões que permeiam os julgamentos proferidos. Muito mais do que se debruçar em torno das teses jurídicas firmadas, expõe as razões pelas quais tal posicionamento se firmou. Isso porque, muito mais do que um órgão judicante, o CARF é um órgão destinado à revisão do lançamento tributário, ao controle de legalidade do ato administrativo.

E não poderia ser diferente, eis que apesar de não se incumbir o julgador da missão de provar um fato imponível, certo é que seu papel na busca da verdade fática ou probatória, faz com que, muitas vezes, esta conduta seja decisiva ao deslinde do processo.

Provar a verdade em dado caso é, preponderantemente, construir, por meio de um processo argumentativo, a versão interpretada e qualificada juridicamente de um evento ou de um conjunto de eventos.

Assim, no momento em que a sociedade repensa a atual estrutura e complexidade do sistema tributário, a importância do CARF, como instrumento de *compliance* entre a administração tributária e a sociedade, desponta de modo mais evidente.

Cabe, portanto, agradecer aos autores pelas reflexões a tempo e a hora destas discussões, considerando a elevada significância dos temas desta coletânea.

O diálogo travado entre Fisco e Contribuinte durante a condução do processo administrativo tributário é o que o torna, mesmo em ambiente contencioso, um eficiente instrumento, não apenas ao ideal de simplificação, mas de verdadeira participação de todos os interessados na estrutura do sistema tributário nacional.

Portanto, as decisões administrativas emanadas em processos tributários que tramitam tanto em Turmas Ordinárias/Extraordinárias, quanto na Câmara Superior de Recursos Fiscais do CARF, especialmente no tocante à 1ª Seção, que me cabe aqui tratar, podem, sim, ser determinantes para elucidar dúvidas e construir consistentes subsídios para o posicionamento da Administração Tributária, formando verdadeiro liame construtivo para que os contribuintes possam realizar suas operações de modo a adequarem as suas condutas às normas infralegais então estabelecidas.

Necessário se torna, neste momento, ressaltar que, tive a oportunidade de presenciar, ao longo dos quase 27 (vinte e sete) anos vividos no ambiente de contencioso, seja em DRJ ou no CARF, o quanto estes segmentos podem ser orientativos e determinantes na condução de tendências na forma pela qual o Fisco deveria se portar nas autuações como, da mesma forma, os Contribuintes deveriam se amoldar para não serem autuados. Ou seja, ambos (DRJ e CARF) são importantíssimos elementos de *"compliance"* entre a Administração Tributária e a Sociedade.

Na esperança de que estas e outras reflexões confluam para um resultado definido em padrões consolidados, de forma a atender com segurança e eficiência a prevenção dos litígios, a contribuição deste trabalho, ao fortalecimento institucional do CARF e sua importância ao sistema tributário nacional, é inegável.

Desejo, portanto, uma ótima leitura a todos.

ANDREA DUEK SIMANTOB

NOTA DA PRESIDÊNCIA DA 3ª SEÇÃO DE JULGAMENTO DO CONSELHO ADMINISTRATIVO DE RECURSOS FISCAIS (CARF)

O tema da prova no processo administrativo tributário federal é demasiadamente rico, cheio de variações e tem sido, em muitas oportunidades, fator de dissonância entre as autoridades fiscais e os sujeitos passivos da obrigação tributária.

A complexidade vai muito além da regra geral de que a prova dos fatos constitutivos cabe a quem pretenda o nascimento da relação jurídica, enquanto a dos extintivos, impeditivos ou modificativos compete a quem os alega (art. 9º e 16, do Decreto nº 70.235/72 e art. 373, CPC/15). Isso porque o objeto da prova, em última análise, implica na formação de convicção do julgador acerca dos fatos.

Sendo assim, a prova é um dos pilares de sustentação do controle de legalidade da constituição do crédito tributário, como meio para assegurar a segurança jurídica e a ampla defesa, conferindo legitimidade ao curso processual democrático.

Diante disso, a obra coletiva *"Eficiência Probatória e a Atual Jurisprudência do CARF"* objetivou reduzir complexidades, ao trazer ponderações de ordem doutrinária, sem, contudo, afastar os olhos da prática do Direito.

Por isso, os textos têm em comum a dinâmica da construção probatória, o apontamento dos contextos nos quais está inserida e aspectos valorativos que podem ser atribuídos a cada um dos elementos colacionados pelas partes no processo.

EFICIÊNCIA PROBATÓRIA E A ATUAL JURISPRUDÊNCIA DO CARF

Dessa forma, a prova foi tratada no âmbito de muitos dos instigantes temas atribuídos regimentalmente às três seções de julgamento do CARF, agregando profissionais dotados da experiência funcional, estudiosos da ampla legislação tributária e animados pelo enfrentamento cotidiano de problemas dessa natureza.

Parabenizo a todos pela empreitada e tenho a certeza do reconhecimento por parte da comunidade jurídica e acadêmica a quem se destina o escrito, confiante no talento e no esforço despendido pelos Autores.

Por fim, cumprimento a Editora Almedina por oferecer ao público livro de alta qualidade técnica e científica, construído sobre fundamentos sérios e consistentes.

RODRIGO DA COSTA PÔSSAS

SUMÁRIO

Sobre a Coordenadora	5
Sobre os Autores	7
Nota da Coordenação	15
Nota da Presidente do Conselho Administrativo de Recursos Fiscais (CARF)	19
Nota da Presidente da 1ª Seção do Conselho Administrativo de Recursos Fiscais (CARF)	21
Nota da Presidência da 3ª Seção de Julgamento do Conselho Administrativo de Recursos Fiscais (CARF)	25
Provas e o Processo Administrativo Fiscal *Maria Rita Ferragut*	33

PARTE I

1. A prova na demonstração do propósito negocial
   Luiz Tadeu Matosinho Machado 55

2. Glosas de ágio e a construção da prova: passado, presente e futuro-análise da eficiência probatória a partir dos precedentes do CARF sobre o ágio
Alexandre Evaristo Pinto / Caio Cesar Nader Quintella   75

3. Alienação de ativos recebidos em devolução de capital a valor contábil: aspectos probatórios
Livia De Carli Germano   101

4. Exigência de IRPJ e CSLL sobre debêntures e a valoração da prova na jurisprudência no CARF
Luis Fabiano Alves Penteado   131

5. Prova na presunção de omissão de receitas: depósitos de origem não comprovada e suprimento de caixa
José Eduardo Dornelas Souza   149

6. O ônus probatório do fisco e do contribuinte nas autuações de IRRF sobre pagamento sem causa ou a beneficiário não identificado
Leonardo Luis Pagano Gonçalves   165

7. A imputação de multa qualificada: dos aspectos técnicos à construção e valoração da prova no âmbito do CARF
Gisele Barra Bossa   185

8. Responsabilidade tributária, solidariedade e interesse comum qualificado por dolo, fraude ou simulação
Efigênio de Freitas Júnior   221

9. Glosa de despesas e os desafios probatórios
Luis Henrique Marotti Toselli   251

10. Rateio de despesas. Ônus da prova. Análise crítica de alguns julgados proferidos pelo CARF
Flávio Machado Vilhena Dias   277

SUMÁRIO

11. Swap e Hedge: desafios probatórios para fins de dedução
de perdas
Neudson Cavalcante Albuquerque   299

12. O benefício fiscal da depreciação acelerada e a análise
da postergação do imposto: aspecto técnico-probatórios
Edeli Pereira Bessa   317

13. As provas na dedutibilidade das provisões contábeis constituídas
e a atual jurisprudência do CARF
Amélia Wakako Morishita Yamamoto   337

14. Despesas com licença e comercialização de software
e a dedutibilidade do IRPJ: aspectos técnico-probatórios
Gustavo Guimarães da Fonseca   355

15. A prova na presunção de passivo fictício ou de exigibilidade
não comprovada: requisitos para autuação e eficácia das defesas
Fernando Brasil de Oliveira Pinto   375

16. A prova nos debates sobre os métodos de cálculo dos preços
de transferência
Ricardo Marozzi Gregorio   395

17. Tributação de lucros de controladas no exterior e a compensação
de prejuízos: desafios probatórios
Paulo Henrique Silva Figueiredo   417

18. Declaração de compensação: da análise dos pedidos
aos desafios probatórios
Paulo Cezar Fernandes de Aguiar / Roberto Silva Junior   435

PARTE II

1. Cessão do uso da imagem do atleta profissional às entidades
desportivas: contencioso fiscal no âmbito do Conselho
Administrativo de Recursos Fiscais (CARF) e aspectos probatórios
Ronnie Soares Anderson   461

EFICIÊNCIA PROBATÓRIA E A ATUAL JURISPRUDÊNCIA DO CARF

2. Pejotização e valoração da prova no âmbito do CARF
Rita Eliza Reis da Costa Bacchieri
479

3. Salário indireto e a valoração das provas no âmbito do CARF
Ana Paula Fernandes
499

4. Acréscimo patrimonial a descoberto: desafios probatórios
Rayd Ferreira
523

5. Omissão de rendimentos: depósitos não identificados
Cleberson Alex Friess
541

6. Tributação pelo IRPF das quantias recebidas em escrow account: aspectos probatórios
João Victor Ribeiro Aldinucci
563
563

PARTE III

1. O conceito de insumo para fins de apuração do PIS e COFINS não-cumulativos: a prova acerca da essencialidade e relevância diante do RESP n. 1.221.170
Tatiana Josefovicz Belisário
581

2. Eficácia probatória dos créditos de insumos de PIS e COFINS: perspectiva de aplicação do REsp 1.221.170 – PR e Parecer Normativo do RFB/COSIT nº 5 aos processos administrativos pendentes de julgamento
Semíramis de Oliveira Duro
603

3. Da eficiência probatória nas operações entre empresas interligadas à luz da jurisprudência do CARF: IPI (valor tributável mínimo)
Maria Eduarda Alencar Câmara Simões
629

4. A prova na interposição fraudulenta
Rodrigo Mineiro Fernandes
651
651

SUMÁRIO

5. A teoria dos frutos da árvore envenenada na jurisprudência
do CARF
Hélcio Lafetá Reis — 675

6. O subfaturamento e a valoração aduaneira: os requisitos
probatórios do lançamento fiscal sob a ótica da jurisprudência
do CARF
Paulo Roberto Duarte Moreira — 697

7. Regime aduaneiro especial de drawback: a prova sobre
o cumprimento dos requisitos legais e a vinculação física
das mercadorias do drawback/suspensão
Liziane Angelotti Meira — 715

8. A valoração da prova no processo administrativo para classificação
fiscal de mercadorias
Salvador Cândido Brandão Junior — 743

9. A controvérsia acerca da artificialidade da bipartição contratual
na área de petróleo no âmbito do CARF
Marcelo Costa Marques d'Oliveira — 765

10. Questões controvertidas envolvendo a tributação pelo IOF:
operações de adiantamento para futuro aumento de capital
e operações de conta corrente
Tatiana Midori Migiyama / Vanessa Marini Cecconello — 783

11. A atribuição de responsabilidade por interesse comum
nos termos do art. 124, I, do CTN: análise na hipótese de acusação
de grupo econômico
Diego Diniz Ribeiro / Carlos Augusto Daniel Neto — 807

12. O procedimento administrativo de restituição e compensação:
comprovação e mensuração do crédito tributário reconhecido
por decisão judicial
Marcelo Giovani Vieira — 827

Provas e o processo administrativo fiscal

MARIA RITA FERRAGUT

Introdução

De absolutamente nada adiantaria a Constituição Federal ter previsto os princípios da legalidade e da segurança jurídica se eles não fossem realizáveis, factíveis. E esses princípios só alcançam os foros da concretude porque é possível comprovar a ocorrência ou a inocorrência dos fatos típicos.

A importância das provas é de tal magnitude que, somente por meio delas, o direito confere alguma certeza à probabilidade de ocorrência do evento lícito ou ilício descrito no fato jurídico tributário.

A qualificação de um enunciado como "prova" sujeita-se ao cumprimento dos métodos de produção reconhecidos pelo sistema. Para ingressar no ordenamento jurídico, o direito positivo seleciona as propriedades que entram e as que ficam fora do sistema: é a dualidade do ser e do dever-ser, do sistema social e do jurídico.

Nesse sentido, as provas, como proposições jurídicas que são, sujeitam-se às regras de criação, introdução, alteração e retirada das normas do sistema. Considerando o propósito dessa obra, neste artigo inaugural analisaremos os cinco requisitos para a produção válida do enunciado probatório – linguagem competente, procedimento e limites temporal, pessoal e espacial – com destaque ao limite temporal, de suma importância para o efetivo exercício da ampla defesa e ainda com grandes divergências no CARF.

1. Primeiro requisito para a produção válida do enunciado probatório: linguagem competente

Os eventos só ingressam no mundo jurídico se adequadamente descritos; por isso, o primeiro requisito para que uma prova seja corretamente produzida é que a linguagem utilizada seja a competente, vale dizer, a prevista na legislação como apta a prová-lo.

Assim, qual a linguagem para constituir juridicamente um grupo econômico de fato? Como se prova o ganho de capital na venda de um imóvel? De que modo se constitui o fato da má gestão empresarial, que autoriza a responsabilidade do administrador pelos tributos devidos pela pessoa jurídica? Qual a linguagem que atesta a ocorrência de ágio interno? E a omissão de receitas?

Linguagem competente é a requerida pelo sistema do direito positivo para a comprovação da ocorrência de determinado evento. É ela que deve ser produzida e interpretada, tal como ocorre com a escritura pública, a nota fiscal eletrônica, a DIRPF etc. Normalmente é escrita.

Na hipótese de sua ausência, a linguagem pode ser substituída por uma outra (*e-mails*, depoimentos, fotos, livro de inventário, constatação física do estoque, contratos particulares, autorizações bancárias, reclamações trabalhistas, termo de verificação fiscal, presunções relativas e *hominis* etc.), desde que igualmente recebida pelo direito como apta a constituir, de forma subsidiária, o fato jurídico, tendo em vista ter sido produzida por sujeito competente segundo o procedimento legalmente previsto.

2. Segundo requisito: procedimento e a invalidade da prova obtida por meio ilícito

A produção probatória não é livre, mas regulada pelo sistema do direito positivo. São as regras jurídicas que estabelecem as ações necessárias para que o ato de fala produza um enunciado aceito pelo direito. Trata-se da forma organizacional de produção sucessiva de atos, que visa a estabelecer um padrão aos atos processuais, promover a igualdade das partes e a conferir maior eficiência ao processo. No processo administrativo tributário federal, referido procedimento encontra-se positivado no Decreto nº 70.235/72.

A não observância do procedimento gera a ausência de prova. É condição de validade do enunciado probatório (como de qualquer outro enunciado jurídico): ser produzido segundo as regras do sistema.

Nesse contexto, questão relevante que se coloca é se as provas construídas com violação ao art. 5º, LVI, da Constituição – que nega reconhecimento às provas obtidas ilicitamente[1] – devem ser aceitas para manter a cobrança tributária.

Nossa resposta é negativa. Se defendemos que é o sistema normativo que determina como as realidades jurídicas serão construídas, não poderíamos deixar de concluir que, na inobservância de tais regras, o fato social não pode ser juridicizado, ainda que em prejuízo da "verdade material". É a opção pela segurança jurídica e pela legalidade.

Em razão disso, a nosso ver a 3ª Turma da Câmara Superior do CARF mitigou direito fundamental do contribuinte, ao considerar lícitas as provas derivadas de procedimento julgado ilícito pelo STJ, com o fundamento no fato de que essas provas poderiam ter sido obtidas por fonte independente, bastando que se desse andamento aos trâmites típicos da fiscalização fiscal (Processo nº 19647.011167/2009-75).

Assim, manteve-se a cobrança tributária com fundamento na Teoria da Descoberta Inevitável, oriunda do Direito Penal (parágrafo 2º do art. 157 do Código de Processo Penal), e a partir da qual bastaria ao Fisco comprovar que teria condições de encontrar autonomamente tais elementos probatórios para considerar válidas as provas obtidas ilicitamente.

De forma alguma podemos concordar com esse entendimento. Primeiramente porque não cabe ao Estado utilizar-se do modo proibido para depois alegar que, se seguisse o procedimento legal, chegaria às mesmas conclusões. Afora isso, embora exista a possiblidade de se obter a mesma prova de forma lícita, trata-se de mera e incerta possibilidade. Futurologia. Não há nada que assegure que o Fisco chegaria aos fatos juridicamente relevantes dentro do prazo decadencial. Poderia chegar, como poderia não chegar. E aqui não se discute a mera possibilidade, e sim a validade das proposições que fundamentaram a acusação.

3. Terceiro requisito: limite temporal
O tempo foi a forma eleita pelo direito para assegurar o andamento do processo e a certeza de que ele se findará em prazo razoável. A relação

---

[1] A ilicitude não é predicado da prova, sempre lícita, mas da enunciação. Em outras palavras, a ilicitude não diz respeito ao conteúdo veiculado no enunciado probatório, mas ao procedimento relatado no antecedente da norma introdutora.

EFICIÊNCIA PROBATÓRIA E A ATUAL JURISPRUDÊNCIA DO CARF

processual deve ser regida por fases, sendo que, superado um estágio, deve ser o seguinte, de tal forma que os atos já praticados, e os não praticados, permaneçam inalcançáveis. Essa regra aplica-se a todas as partes, evita recursos protelatórios e permite que se chegue à prestação jurisdicional.

Mas qual a extensão do limite temporal? Será que ele é tão forte a ponto de desqualificar, como prova, enunciado introduzido em momento inadequado? E a legalidade? E a busca da verdade material? Os limites temporais impostos para o exercício do direito de defesa são tratados de forma mais flexível, ou inflexível, no processo administrativo federal?

Não poderíamos iniciar toda essa reflexão senão pela Constituição Federal. A Carta Magna não se manteve alheia à necessidade de a lei regular os prazos para o exercício da faculdade de produção probatória, como forma de se atingir a celeridade processual e de se concretizar o direito ao devido processo legal.

Com o advento da Emenda Constitucional nº 45/2004, foi inserido o inciso LXXVIII ao art. 5º da Constituição, segundo o qual "a todos, no âmbito judicial e administrativo, são assegurados a razoável duração do processo e os meios que garantam a celeridade de sua tramitação".

O conceito de duração razoável do processo é indeterminado. Sabe-se que não podem existir manifestações extemporâneas com fins protelatórios, nem inércia do julgador. Mas é pouco. Por *duração razoável* deve-se entender como sendo o tempo suficiente para o desenvolvimento do contraditório, em que as partes possam fazer alegações, prová-las e refutar as da outra parte, bem como o prazo suficiente para que o julgador forme sua convicção e decida[2]. Para este último caso, há de se considerar a complexidade da matéria e o comportamento das partes.

---

[2] Confira-se as palavras de James Marins (Princípio da razoável duração do processo e o processo tributário, In *Direito tributário*: homenagem a Paulo de Barros Carvalho, p. 631): "O tempo razoável para o processo, concebido como amálgama de garantias, não é necessariamente o tempo mais curto, mas justamente o mais adequado para que cumpra suas funções. Acelerar o processo pode, em algumas situações, retirar a razoabilidade de sua duração. Processo 'instantâneo' ou 'quase instantâneo' não é razoável e representa, inclusive, *contraditio in terminis*, ou seja, a própria noção de processo implica transcurso de certo tempo, lapso razoável para que possa ser solucionado. O propósito de instantaneidade ou de encurtamento abrupto do processo configura, muitas vezes, atentado contra a sua racionalidade e nessa medida representa agressão ao princípio da duração razoável do processo – repita-se: o tempo é insuprimível do processo."

A fim de objetivar o direito das partes que vimos tratando, a Lei nº 11.457/2007 estabeleceu, em seu art. 24, que "é obrigatório que seja proferida decisão administrativa no prazo máximo de 360 (trezentos e sessenta) dias a contar do protocolo de petições, defesas ou recursos administrativos do contribuinte". Todavia, como a norma primária não previu qualquer sanção, entendemos que, no caso de descumprimento, caberá à autoridade judicial determinar que seja proferida decisão administrativa no prazo prescrito no despacho judicial, sem qualquer consequência punitiva aos responsáveis pela demora.

Embora muito contestada, em especial pela alegada impraticabilidade de se decidir em período de tempo tão escasso com os recursos humanos e materiais hoje disponíveis, certo é que essa lei representa um importante avanço, seja para regular as situações futuras, seja para obrigar o julgador a decidir em certo espaço de tempo.

3.1. Prova e preclusão temporal

As normas de preclusão são indispensáveis ao devido processo legal e, de modo algum, revelam-se incompatíveis com o direito à ampla defesa. Em função do decurso de prazo, o sujeito perde o direito de produzir a prova que lhe era facultada, advindo dessa perda consequências jurídicas, tais como o reconhecimento da veracidade do fato alegado pela outra parte.

Juridicamente, a preclusão é tratada pelo art. 507 do CPC, que prescreve que "é defeso à parte discutir no curso do processo as questões já decididas, a cujo respeito se operou a preclusão".

Assim, preclusão é norma jurídica que estabelece a perda, extinção ou consumação de uma faculdade processual, por se ter alcançado os limites assinalados por lei ao seu exercício. Divide-se em temporal – que é a que nos interessa –, lógica e consumativa[3].

---

[3] Preclusão lógica é a que decorre da incompatibilidade entre o ato praticado e outro que se queria praticar também (ex.: quem expressamente renuncia ao direito de recorrer não pode, posteriormente, interpor recurso). Preclusão consumativa é a decorrente de já ter sido realizado um ato, não sendo possível tornar a realizá-lo (ex.: interposição de uma segunda apelação).

A preclusão temporal, segundo José Frederico Marques[4], é:

a perda de uma faculdade processual oriunda de seu não exercício no prazo ou termo fixados pela lei processual. O réu que não apresenta a contestação no prazo de 15 dias e o vencido que não apela dentro dos 15 dias determinados na norma processual perdem, respectivamente, o direito de contestar e o direito de recorrer, por força de preclusão temporal. Não exercida a faculdade ou direito processual subjetivo *in oportuno tempore*, ocorre a preclusão. A fase anterior do procedimento fica superada e o movimento processual se encaminha, através de outros atos, em direção ao instante final do processo.

De sua constatação decorre o presumido reconhecimento, pela parte inerte, da veracidade dos fatos alegados pela outra parte. É a consequência jurídica imposta ao silêncio.

3.2. Momento de produção probatória no processo administrativo federal

Em esfera administrativa, a prova pode ser produzida em dois estágios diferentes: (i) na fase de fiscalização, anterior à litigiosa, e que tem por finalidade verificar se o contribuinte cumpriu suas obrigações e deveres fiscais e, em caso negativo, coletar informações suficientes e necessárias ao lançamento, e (ii) na fase litigiosa, sucessão de atos que se instauram perante a Administração, que reaprecia, provocada por impugnação do contribuinte, um lançamento já praticado. É forma de controle de legalidade do ato que determinou os termos da obrigação tributária e visa a formar título hábil a possibilitar a execução judicial do débito.

Os direitos da Fazenda e do contribuinte só serão efetivamente assegurados se houver desenvolvimento e conclusão do processo. E para tanto, a prova deve ser apresentada dentro do momento processual adequado, salvo nas situações excepcionais explicadas adiante.

3.2.1. Preclusão temporal da Administração federal e as consequências de sua inércia

Prescreve o art. 9º, *caput*, do Decreto nº 70.235/72 o seguinte:

---

[4] *Instituições de direito processual civil*, p. 347.

a exigência de crédito tributário, a retificação de prejuízo fiscal e a aplicação de penalidade isolada serão formalizados em autos de infração ou notificação de lançamento, distintos para cada imposto, contribuição ou penalidade, os quais deverão ser instruídos com todos os termos, depoimentos, laudos e demais elementos de prova indispensáveis à comprovação do ilícito.

Contrariamente ao que ocorre com o contribuinte, que pode socorrer-se de algumas exceções à regra geral de prazo de apresentação probatória, para a Administração a prescrição é uma só: a prova deve acompanhar o auto de infração ou a notificação de lançamento, pois o lançamento tributário deve ser necessariamente motivado, de forma a evidenciar os elementos tipificadores do fato que desencadeia efeitos obrigacionais. Apenas o *reforço de prova*, necessário para o confronto com as provas trazidas pelo sujeito passivo, é de juntada posterior admissível.

A Administração tem o direito de fiscalizar o contribuinte de forma plena: pode solicitar documentos escritos, provas eletrônicas, verificar fisicamente o estoque, solicitar esclarecimentos para os administradores e funcionários, intimar terceiros que mantiveram relações comerciais com o fiscalizado e promover toda e qualquer outra diligência não vedada em lei e pertinente ao fato que se busca investigar.

Por isso, nada justifica a juntada posterior de provas imprescindíveis à comprovação do fato típico. Ou a prova é conhecida até o momento da lavratura do auto de infração, ou não é. Sendo conhecida, deve ser obrigatoriamente juntada; não sendo, a informação nela teoricamente contida é irrelevante para a produção *daquele* ato administrativo.

Mas e se a Administração não juntar as provas necessárias quando da lavratura do auto de infração? Nesse caso, entendemos que o ato jurídico *será inválido*, posto não ter observado as normas que regem a elaboração dos autos de infração (o art. 9º do Decreto nº 70.235/72), não havendo, em nosso ordenamento, qualquer norma jurídica que preveja a presunção de validade do conteúdo do auto de infração.

3.2.2 Preclusão temporal do sujeito passivo no processo administrativo federal

Originalmente, o Decreto nº 70.235/72 não previa prazo para a apresentação de provas por parte do sujeito passivo, previsão esta que somente veio a ocorrer com o advento da Lei nº 9.532/97, que inseriu o § 4º ao art. 16 de referido decreto, dispondo sobre o limite temporal de apresentação probatória da seguinte forma:

§ 4º A prova documental será apresentada na impugnação, precluindo o direito de o impugnante fazê-lo em outro momento processual, a menos que:
a) fique demonstrada a impossibilidade de sua apresentação oportuna, por motivo de força maior;
b) refira-se a fato ou a direito superveniente;
c) destine-se a contrapor fatos ou razões posteriormente trazidas aos autos.

De acordo com o enunciado acima, a prova deve ser apresentada na impugnação. O sujeito passivo, a partir do momento em que é intimado do lançamento, pode defender-se, alegando e provando a não ocorrência do fato típico, a ocorrência em grandeza inferior à considerada, a diferença de alíquota, sua não condição de devedor ou qualquer outro fato prejudicial à constituição da obrigação tributária.

Mas e se não produzir provas no momento inicialmente adequado? Pode o julgador negar recebê-las, em que pesem as onerosas consequências que esse ato acarretará à Administração Pública?

Entendemos que o limite temporal é inflexível, mas deve ser necessariamente interpretado considerando-se as seguintes exceções: alíneas *a*, *b* e *c* do § 4º acima transcrito e impossibilidade de o sujeito passivo defender-se de forma plena, considerando a complexidade das autuações *versus* o tempo que lhe foi legalmente conferido para apresentação de defesa (comprovada impossibilidade material de se defender no prazo legal). Sem considerar referidas exceções na construção da norma que trata do limite temporal, teremos analisado apenas um dos elementos que a compõe, e não a regra propriamente dita.

Como visto, no § 4º do art. 16 do Decreto nº 70.235/72 foram estabelecidas três exceções legais (alíneas *a*, *b* e *c*).

No que diz respeito à alínea "a", o art. 1.058 do Código Civil define força maior como sendo o "fato necessário, cujos efeitos não eram possíveis evitar". Assim, o requisito configura-se na inevitabilidade do acontecimento, bem como na ausência de responsabilidade do sujeito pelas consequências dele oriundas. Como exemplo, a doença grave e repentina pela qual o assistente técnico da parte foi acometido e que o impossibilitou de se manifestar sobre o laudo pericial apresentado e submetido à manifestação.

Já por fato ou direito superveniente (alínea "b"), faz-se necessária a utilização, por analogia, do art. 493 do CPC (de aplicação subsidiária ao processo administrativo), segundo o qual "se, depois da propositura da ação, algum fato constitutivo, modificativo ou extintivo do direito influir no julgamento do mérito, caberá ao juiz tomá-lo em consideração, de ofício ou a requerimento da parte, no momento de proferir a decisão."

Assim, por fato superveniente deve-se entender o constitutivo, modificativo ou extintivo de um direito, ao passo que direito superveniente entendemos ser a proposição jurídica publicada posteriormente à formação da lide, e que nela influi diretamente. Exemplificando, a publicação de ato que vede a constituição de crédito tributário em virtude de decisão definitiva do Supremo Tribunal Federal (STF), declarando a inconstitucionalidade da norma em discussão.

Finalmente, por contraposição de fatos ou razões posteriormente trazidas aos autos (alínea "c") entenda-se a possibilidade de contestação das novas informações apresentadas, sejam elas fáticas ou argumentos eminentemente de direito. Isso ocorre, normalmente, em função de documentos e esclarecimentos juntados, diligências ou perícias promovidas após a impugnação, assim como da juntada de parecer técnico ou jurídico.

Passemos agora à *impossibilidade de o sujeito passivo defender-se de forma plena*, ponto que demanda uma maior reflexão de nossa parte por não se encontrar taxativamente previsto no §4º do art. 16 da Lei nº 9.532/97.

É fato que muitos autos de infração são cuidadosamente lavrados e instruídos após um longo período de fiscalização, autuando vários exercícios e, por vezes, diferentes e complexas situações fáticas relacionadas ao mesmo tributo. Também ocorre de grandes contribuintes serem notificados em meados de dezembro, para pagar ou se defender de dezenas de autos de infração, em período em que sabidamente as empresas concedem férias coletivas e muitos advogados e consultores igualmente se afastam (da mesma forma que muitos funcionários públicos).

Ora, defender-se pressupõe a análise minuciosa de uma vasta documentação, que precisa ser identificada, localizada, analisada, entendida e utilizada. Pode requerer a juntada de pareceres técnicos e jurídicos. Por isso, a defesa **efetiva** pode demandar tempo superior aos 30 (trinta) dias previstos em lei.

Não se trata de protelar o processo e tampouco de não ser diligente. As situações acima exemplificadas são recorrentemente ignoradas pela Autoridade Lançadora e por alguns julgadores administrativos, que simplesmente desconsideram que a ampla defesa não é um direito meramente formal, e que as reais condições de o sujeito passivo apresentar uma adequada defesa devem ser levadas em consideração, evitando-se com isso cobranças indevidas (e todos os reflexos advindos da constituição de créditos tributários, tais como provisionamentos, honorários, arrolamento de bens, medida cautelar fiscal etc.).

Não defendemos que o auditor deva deixar de lançar, com o risco inclusive de decadência, quando aferir que dificilmente a impugnação administrativa poderá ser elaborada no prazo de 30 (trinta) dias. O que defendemos é que, como a ampla defesa deve ser efetivamente assegurada, o ordenamento autoriza que o limite temporal de produção probatória não seja o meramente formal.

Ainda que se argumente que o prazo de 30 (trinta) dias seja o legal, e a princípio suficiente para não mitigar o direito de defesa do acusado, com isso não podemos concordar. Em absolutamente nada contribuiu para o interesse público a impossibilidade de proporcionar condições *reais* de defesa. O formalismo processual é fundamental, mas precisa ser moderado no campo probatório do processo administrativo, que visa confirmar o lançamento tributário (legalidade da tributação). A adoção de ritos e formas simples, respeitando-se os princípios fundamentais do processo, é capaz de conferir maior certeza e segurança à instrução probatória e à decisão final.

Sabemos que preclusão não é apenas decurso de prazo, mas o decurso qualificado pela inércia do contribuinte. Se o sujeito passivo prova – e não somente alega – que diligenciou exaustivamente na busca de documentação etc., mas que, até o término do prazo legal, apenas parte dos fatos puderam ser elucidados, que pareceres precisam a qualquer momento ser contratados etc., **entendemos que o pedido de juntada posterior de provas deva ser deferido, sob pena de mitigação do direito de defesa**. O fundamento de validade desse entendimento reside no inciso LV do art. 5º da Constituição, que assegura aos litigantes, em processo judicial ou administrativo, o contraditório e ampla defesa, princípios que norteiam a constituição, o julgamento, a cobrança e a execução do crédito tributário.

Mas para tanto não basta ao contribuinte alegar dificuldade de se defender no prazo de 30 (trinta) dias; imperioso detalhar os motivos que resultaram nessa dificuldade e a pertinência da prova a ser produzida, bem como apresentar a parte da defesa correspondente aos fatos cujas provas foram localizadas e analisadas.

Diante desse contexto, entendemos que é direito do sujeito passivo apresentar provas em qualquer momento processual (inclusive em grau recursal), conferindo certeza e segurança ao lançamento fiscal. Por outro lado, poderão ser recusadas as provas obtidas por meio ilícito, as impertinentes, as desnecessárias e as protelatórias.

Não consideramos, finalmente, que essa posição seja um subterfúgio a estratégias protelatórias, mas apenas uma forma de garantir a legalidade e equilibrar a celeridade processual com a segurança indispensável à solução do litígio.

Além do acima exposto, existem correntes fundadas nas prescrições constantes da Lei nº 9.784/99, que trata do processo administrativo no âmbito da Administração Federal direta e indireta, além da que apenas admite a juntada de documentos após a impugnação nas hipóteses taxativas do § 4º do art. 16 do Decreto nº 70.235/72.

A Lei nº 9.784/99 é tida como sendo a regulamentação geral do processo administrativo, ao passo que o Decreto nº 70.235/72 regula, de forma específica, o processo administrativo fiscal. O art. 3º, III, da lei prevê, como direito dos administrados, a apresentação de alegações e documentos *antes da decisão de primeira instância* e, em seu art. 38, permite que documentos probatórios possam ser juntados *até a tomada da decisão administrativa*.

Duas são as interpretações encontradas na doutrina e na jurisprudência administrativa acerca desses enunciados. A primeira é de que os artigos se complementam, tendo em vista que o vocábulo "decisão", mencionado em ambos os enunciados, refere-se ao ato administrativo proferido pela autoridade julgadora dentro de um processo administrativo. Assim, o contribuinte poderia juntar provas após a impugnação, desde que antes da decisão administrativa de primeira instância, o que alargaria o prazo preclusivo previsto no decreto.

Já a segunda corrente, com a qual não concordamos, entende que a Lei nº 9.784/99 não admite a juntada de documentos após a impugnação. Da análise conjunta dos dois artigos chegar-se-ia à conclusão de que a fase instrutória ocorre até o protocolo da impugnação, e a "decisão" a que se refere o diploma legal é a de lavrar o auto de infração, e não de julgar o litígio. Assim, o prazo para a apresentação das provas não teria sido alargado pela lei.

Interpretando-se os dois enunciados conjuntamente, de forma a solucionar a aparente contradição, a conclusão a que chegamos é a de que é possível apresentar provas após a impugnação.

Em que pese isso, a análise sistemática do direito positivo impõe que não deixemos de considerar que o Decreto nº 70.235/72 *é lei específica para os processos administrativos tributários*, sobrepondo-se à Lei nº 9.784/99. Confira-se, inclusive, a previsão do art. 69 da lei, que estabelece que os processos administrativos específicos continuarão a reger-se por lei própria, aplicando-se apenas subsidiariamente os preceitos da lei geral.

Em face disso, entendemos que, *para os processos de natureza não tributária*, e que não tenham disciplina diversa da Lei nº 9.784/99, as provas podem ser apresentadas até decisão de primeira instância administrativa e, *para os processos tributários*, até a impugnação administrativa (salvo se demonstrada alguma das situações previstas no § 4º ao art. 16 do Decreto nº 70.235/72 ou a comprovada impossibilidade de apresentação de todas as provas no prazo legal).

3.3. Da jurisprudência do CARF

A discussão acerca das limitações à atividade probatória do contribuinte ainda é grande. No CARF encontramos três correntes: (i) a que não aceita a apresentação de provas após a impugnação; (ii) a que aceita, desde que apresentadas até o julgamento em primeira instância (se as informações forem complementares); e (iii) a que aceita a apresentação de documentos em qualquer fase do julgamento administrativo, inclusive em segunda instância.

A primeira corrente, favorável à aplicação do prazo de preclusão estabelecido pelo Decreto n. 70.235/72, entende basicamente que a busca da verdade material não se presta a suprir a inércia do contribuinte que, regularmente intimado, deixe de apresentar provas em seu favor. Esta posição é a hoje predominante e leva em consideração as exceções previstas neste ato legal, se requerido ao julgador e regularmente comprovada sua ocorrência. Nesse sentido, os Acórdãos n. 101-96.926/2008 e n. 201-81.000/2008.

Para a segunda corrente, as provas e os documentos podem ser aceitos excepcionalmente em prol da verdade material, desde que caracterizem informações complementares à impugnação, principalmente quando se referirem à matéria originalmente contestada e forem apresentados antes da decisão de primeira instância, tais como pareceres jurídicos e perícia técnica. Como exemplo, os Acórdãos n. 103-22500/2006, 107-08825/2006 e 103-22241/2006.

A terceira corrente é mais flexível e entende que as provas podem ser aceitas a qualquer tempo até decisão administrativa final, por força da formalidade moderada, da ampla defesa, da estrita legalidade tributária e da busca da verdade material. Exemplos desta corrente são os Acórdãos nº 9101002.781, 108-09622/2008 e CSRF/03-04.981/2006.

4. Quarto requisito: limite subjetivo

Ao tratarmos do limite subjetivo, haveremos de analisar tanto os sujeitos competentes para a produção do enunciado probatório (emissores), quanto o julgador *lato sensu* (destinatário da mensagem), entendido como sendo a pessoa habilitada para decidir sobre o caso concreto, em esfera administrativa ou judicial.

No sistema comunicacional às partes compete (i) afirmar os fatos; (ii) confirmá-los fazendo uso da linguagem das provas; e (iii) refutar aqueles alegados pela parte contrária. Já ao julgador compete dirimir a controvérsia, mediante interpretação dos fatos alegados e das provas que lhes dão suporte, para, finalmente, aplicar o direito ao caso concreto. São atuações diferentes, mas igualmente importantes na dinâmica probatória.

Iniciemos com o sujeito competente para produzir o enunciado probatório, que é todo aquele também competente para introduzir no sistema norma individual e concreta que constitua o fato jurídico (sujeitos ativo e passivo), bem como a pessoa que, de alguma forma, participe e presencie o ato ou o negócio jurídico típico (adquirente do bem ou serviço, consumidor, funcionário, testemunha). Nessa medida, será competente aquele que integrar a relação jurídica ou aquele que tiver conhecimento técnico ou factual sobre o fato que se quer provar ou sobre os sujeitos a ele relacionados.

A identificação do sujeito emissor do enunciado probatório, cujo suporte físico seja um documento, é feita pela subscrição manual ou eletrônica do autor, geralmente no final do documento. Já nas provas eletrônicas, o sujeito emissor é identificado por meio da assinatura eletrônica ou digital, constante de um certificado emitido pela autoridade certificadora credenciada.

Já no que diz respeito ao receptor da mensagem, também é ele imprescindível na dinâmica da prova. Sem o receptor a controvérsia não seria decidida, não haveria a quem convencer, tornando inútil todo o esforço persuasivo realizado pelas partes. É por isso que João Batista Lopes[5] afirma que "o juiz é o destinatário da prova, de modo que toda a atividade instrutória deve ser perante ele exercida".

---

[5] *A prova no direito processual civil*, p. 63.

O art. 371 do CPC, também de aplicação subsidiária ao processo administrativo, estabelece que "O juiz apreciará a prova constante dos autos, independentemente do sujeito que a tiver promovido, e indicará na decisão fundamentada as razões da formação de seu convencimento".

A valoração dos fatos constantes dos autos é feita livremente pelo julgador (entenda-se livre convencimento *motivado*), não havendo vinculação a critérios prefixados de hierarquia de provas, já que não há enunciado prescritivo que determine quais as provas devem ter maior ou menor peso no julgamento da lide; tudo dependerá da singularidade do caso concreto e dos valores ínsitos ao julgador.

O livre convencimento motivado não permite, também, que o julgador discorde das alegações das partes sem apresentar qualquer justificativa, nem permite indeferir de forma imotivada a produção e a apresentação de provas, já que a ausência de motivação impediria que a parte prejudicada dela recorresse de forma plena, pois desconheceria os motivos que levaram o julgador a decidir contrariamente aos seus argumentos, bem como que tanto a legislação quanto a jurisprudência e a doutrina prescrevem/entendem que somente poderão ser recusadas as provas ilícitas, impertinentes, desnecessárias ou protelatórias. Confira-se, como exemplo, o art. 38, § 2º, da Lei nº 9.784/99[6].

4.1. Ônus da prova e a teoria da distribuição dinâmica da prova introduzida pelo CPC/15

Aquele que alega o fato tem direito de produzir provas diretas ou indiretas que sustentem sua alegação. Tem, também, o dever de produzi-las, a menos que aceite sujeitar-se às consequências jurídicas advindas de sua inércia. É, por isso, um ônus.

As regras processuais veiculadas no art. 373 do CPC[7] traduzem a necessidade de que cada uma das partes prove, no processo, os fatos alegados, posto que a mera afirmação não implica, por si só, a veracidade da proposição.

---

[6] "Somente poderão ser recusadas, mediante decisão fundamentada, as provas propostas pelos interessados quando sejam ilícitas, impertinentes, desnecessárias ou protelatórias".

[7] "Art. 373. O ônus da prova incumbe: I – ao autor, quanto ao fato constitutivo do seu direito; II – ao réu, quanto à existência de fato impeditivo, modificativo ou extintivo do direito do autor".

Sustenta-se que, no direito tributário, ao sujeito ativo da relação jurídica é permitido alegar a ocorrência do fato sem que apresente provas acerca desse acontecimento, já que, sobre os atos por ele expedidos, recairia a presunção de legitimidade[8]. Em claro exemplo de inversão do ônus da prova, é o sujeito passivo quem deveria provar que a prática do fato que lhe está sendo imputado não corresponde ao que se sabe da realidade.

Não podemos concordar com esse entendimento. Os atos administrativos apresentam características que objetivam, simultaneamente, conferir garantia aos administrados e prerrogativas à Administração. Dentre elas, releva destacar a presunção de validade, que não exime a Administração do dever de comprovar a ocorrência do fato jurídico: nem a presunção de validade dos atos administrativos, nem a falta de estrutura e pessoal, são razões que autorizam a prática, ainda comum, de transferir ao particular o dever de provar.

O art. 9º do Decreto nº 70.235/72, já mencionado anteriormente e segundo o qual o Fisco Federal tem o dever de provar o fato constitutivo do seu direito de exigir o crédito tributário, vai de encontro com o que defendemos, e é só mais uma razão para criticar o entendimento de que competiria à autoridade administrativa apenas refutar as provas juntadas pelo contribuinte aos autos do processo instaurado, fossem elas negativas da ocorrência do fato ou fossem baseadas em fato impeditivo, modificativo ou extintivo do direito da Fazenda.

Se alguma obrigação tributária foi pretensamente descumprida, há de se reconhecer o dever de o Fisco demonstrar que o fato jurídico tributário ocorreu, já que tal demonstração é pressuposto necessário à fenomenologia da incidência. Não podendo ocorrer, em virtude da comprovada impossibilidade de prova direta acerca da ocorrência do fato, a Administração deverá utilizar-se das presunções legais, enunciados que não estabelecem a inversão do ônus da prova, mas se constituem em meios indiretos de prova e pressupõem a comprovação dos indícios.

Assim, se o Fisco não puder fiscalizar adequadamente, por culpa do contribuinte que se recusa a colaborar, deverá comprovar a existência da não cooperação e dos indícios pertinentes à constituição do fato jurídico tributário; ao passo que o sujeito passivo deve provar, alternativa ou conjuntamente, a inocorrência dos indícios, do fato indiciado, a existência de

---

[8] REsp 1080319/SP.

diversos indícios em sentido contrário ou, ainda, questionar a razoabilidade da relação jurídica de implicação.

O que pode ocorrer, apenas, é a transferência do objeto da prova, já que o fato principal não necessita ser provado de forma direta, se isso não for possível. A inversão do ônus da prova somente pode ser entendida neste sentido: se impossível ao Fisco provar a ocorrência do fato, deverá limitar-se a provar a ocorrência dos fatos indiciários; se ausente essa situação excepcional, deverá necessariamente comprovar a ocorrência do fato jurídico[9].

Tratemos, finalmente, da *teoria da distribuição dinâmica da prova*, que estabelece a inversão do ônus da prova e o dever de cooperação.

De acordo com os §§ 1º e 2º do art. 373, o CPC positivou a inversão do ônus da prova, pautada na necessidade de o juiz se convencer para proferir uma decisão, bem como no dever de cooperação positivado pelo art. 6º do CPC[10]. O dever de cooperação prevê a necessidade de que todos os sujeitos do processo cooperem entre si para que se obtenha, em tempo razoável, decisão de mérito justa e efetiva.

A cooperação prevista no CPC não desconsidera que em regra as partes possuem interesses antagônicos, e a cooperação mútua não pode ser por isso mesmo esperada. Parece-nos que a correta interpretação e aplicação do dispositivo considera a cooperação com sendo um limite imposto ao exercício dos direitos processuais, especialmente ao contraditório. Em outras palavras, por meio da cooperação o processo haverá de se desenvolver adequadamente, sendo conferido à parte condições reais de reagir e de influenciar o julgador.

Além das vedações à litigância de má-fé (boa-fé subjetiva), a cooperação exige comportamento pautado nos padrões razoáveis de conduta, à luz do

---

[9] Sobre a garantia de que a documentação regular faz prova em favor do contribuinte, e que caso a fiscalização acredite que a mesma não é apta a traduzir os fatos juridicamente relevantes deverá provar seu entendimento, dispõe o art. 9º, § 1º ("A escrituração mantida com observância das disposições legais faz prova a favor do contribuinte dos fatos nela registrados e comprovados por documentos hábeis, segundo sua natureza, ou assim definidos em preceitos legais") e § 2º, do Decreto-lei n. 1.598/77 ("Cabe à autoridade administrativa a prova da inveracidade dos fatos registrados com observância do disposto no artigo anterior").

[10] Art. 6º. Todos os sujeitos do processo devem cooperar entre si para que se obtenha, em tempo razoável, decisão de mérito justa e efetiva.

homem médio, que levem em consideração as legítimas expectativas estabelecidas em relação aos demais sujeitos processuais (boa-fé objetiva).

O juiz, do mesmo modo, tem deveres a observar em sua participação no contraditório. Decerto, tem o poder-dever de impulsionar o processo, de proferir e de efetivar uma decisão, mas, ao fazê-lo, deve privilegiar uma comunicação clara com os litigantes e usar de modo racional o formalismo processual.

Nessa medida, a inversão do ônus da prova deve ocorrer quando o juiz identificar a facilidade de uma parte produzir determinada prova, e a impossibilidade da outra (que originalmente a produziria). A cooperação exige que, mesmo não sendo a protagonista de determinada alegação de fato, a parte assuma a incumbência de levar aos autos os enunciados probatórios que seu adversário alega e que não tem condições de produzir.

5. Quinto requisito: limite espacial

Vejamos agora o quinto e último requisito. Como fato que é, a prova acontece dentro de certos limites espaciais. Durante a enunciação, os atos concretizam-se no mundo fenomênico, sem determinações espaciais específicas. Assim que forem relatados linguisticamente, as coordenadas de lugar passam a ser indeclináveis: uma, relativa ao aspecto espacial atribuído ao evento, relatado no fato da prova (lugar *na* prova); outra, ao limite territorial em que foi redigido o enunciado (lugar *da* prova)[11].

Os dois limites espaciais não necessariamente coincidem, já que um refere-se ao local de ocorrência do evento (Município de Vinhedo-SP, por exemplo), que só alçará a condição de fato jurídico em sentido estrito, se ocorrido no território previsto no critério espacial da regra-matriz de incidência tributária, ao passo que o segundo limite refere-se ao local em que o enunciado probatório ingressou no sistema e assumiu a característica de prova (manifestação de inconformidade, impugnação administrativa etc.).

Quando não instaurado o contencioso, a prova do fato jurídico ou do ilícito produzida pelo Fisco terá lugar no suporte físico do lançamento ou do auto de infração, que se localizará fisicamente na jurisdição competente para fiscalizar o contribuinte ou não, a depender das regras internas de organização do órgão fiscalizador. Poderá, também, se dar nos autos de um processo de acompanhamento interno de fiscalização, processo esse aberto para mero

---

[11] Confira-se Fabiana Del Padre Tomé (*A prova no direito tributário*, p. 198-200).

controle da legalidade dos atos administrativos, sem qualquer participação litigiosa do administrado e sem, rigorosamente, caracterizar-se processo. O final do procedimento investigatório poderá não culminar na lavratura de um auto de infração, dada a regularidade do contribuinte.

Já nos processos administrativo e judicial tributários, o lugar da prova é sempre o processo litigioso (suporte físico), independentemente do meio de prova produzido. Tal processo, neste caso, deverá localizar-se fisicamente na jurisdição competente para julgar a controvérsia. Juridicamente, o documento só será prova quando for anexado aos autos[12], razão pela qual é irrelevante o lugar em que a enunciação probatória tenha se dado, importando apenas que o produto desses atos de fala seja trazido aos autos.

Conclusões

Diante do exposto, nossas principais conclusões são as seguintes:

1) As provas sujeitam-se às regras de criação, introdução, alteração e retirada das normas do sistema. Ao tratarmos dos requisitos para a produção válida do enunciado probatório, devemos considerar a linguagem competente, o procedimento e os limites temporal, pessoal e espacial.

2) Para a Administração a prova deve acompanhar o auto de infração, pois o lançamento tributário deve ser necessariamente motivado, de forma a evidenciar os elementos tipificadores do fato que desencadeia efeitos obrigacionais. Apenas o reforço de prova, necessário para o confronto com as provas trazidas pelo sujeito passivo, é de juntada posterior admissível.

3) Já para o sujeito passivo o limite temporal da produção probatória deve ser necessariamente interpretado considerando-se o prazo de 30 (trinta) dias para apresentação da defesa somado às seguintes exceções: alíneas *a*, *b* e *c* do § 4º do art. 16 do Decreto nº 70.235/72

---

[12] Isso na perspectiva dinâmica da prova (prova no direito processual, com vistas à aplicação da norma geral e abstrata). Se na estática, a prova é elemento de direito material, e não necessitará ser juntada a um processo. É o caso dos documentos que dão suporte aos lançamentos contábeis feitos pelo contribuinte e que auxiliaram no cálculo do IRPJ e da CSLL, bem como nas demais formas de constituição do crédito tributário pelo administrado, em que não haja litígio.

e impossibilidade de o sujeito passivo defender-se de forma plena, considerando a complexidade das autuações *versus* o tempo que lhe foi legalmente conferido para apresentação da impugnação (comprovada impossibilidade material de se defender no prazo legal). Sem considerar referidas exceções na construção da norma que trata do limite temporal, teremos analisado apenas um dos elementos que a compõe, e não a regra propriamente dita.

4) Em absolutamente nada contribuiu para o interesse público a impossibilidade de proporcionar condições **reais** de defesa. O formalismo processual é fundamental, mas precisa ser moderado no campo probatório do processo administrativo, que visa confirmar o lançamento tributário (legalidade da tributação). A adoção de ritos e formas simples, respeitando-se os princípios fundamentais do processo, é capaz de conferir maior certeza e segurança à instrução probatória e à decisão final.

5) Deve ser assegurado ao sujeito passivo, a qualquer tempo (inclusive em grau recursal), o direito à apresentação de provas capazes de invalidar a cobrança fiscal e a existência de créditos pleiteados ou compensados, conferindo certeza e segurança ao lançamento tributário, desde que tais provas não sejam impertinentes, desnecessárias e protelatórias, bem como que não tenham sido obtidas por meio ilícito.

Referências

LOPES, João Batista. *A prova no direito processual civil*. 2. ed. São Paulo: Revista dos Tribunais, 2002.

MARINS, James. Princípio da razoável duração do processo e o processo tributário. In: SCHOUERI, Luís Eduardo (coord.). *Direito tributário: homenagem a Paulo de Barros Carvalho*. São Paulo: Quartier Latin, 2008.

MARQUES, *José Frederico. Instituições de direito processual civil. v. II. Campinas: Milennium, 1999.*

TOMÉ, Fabiana Del Padre. *A prova no direito tributário*. São Paulo: Noeses, 2005.

PARTE I

BLOCO TEMÁTICO ELABORADO NO ÂMBITO DA 1ª SEÇÃO DE JULGAMENTO

1. A prova na demonstração do propósito negocial

Luiz Tadeu Matosinho Machado[1]

Introdução

Há alguns anos os planejamentos tributários adotados pelos contribuintes têm sido o principal tema em discussão no contencioso administrativo federal.

O olhar do Fisco federal está voltado especialmente para os procedimentos adotados pelos contribuintes que, utilizando-se de brechas nas leis ou, por vezes, tentando contorná-las, têm buscado reduzir significativamente suas bases tributáveis, por meio de reestruturações societárias, incorporações de bens e direitos, divisão de atividades, contratos atípicos, etc.

A análise desses planejamentos tributários pelas autoridades fiscais visando extrair deles os efeitos tributários que entendem corretos e sua demonstração no âmbito do contencioso demandam a produção de um escopo probatório formado, na maioria dos casos, por indícios extraídos a partir dos próprios atos formalizados legalmente, culminando quase sempre na requalificação dos negócios jurídicos praticados pelo sujeito passivo.

Independentemente das discussões acerca da liberdade do contribuinte para conduzir seus atos e dos limites impostos ao Fisco para a desconsideração dos efeitos de determinados negócios jurídicos para fins tributários que permeiam todo o debate, bem como do correto enquadramento dos vícios

---

[1] As opiniões contidas nesta publicação são reflexões acadêmicas do próprio autor e não necessariamente expressam as posições defendidas por qualquer organização a qual esteja vinculado.

identificados pela autoridade fiscal, a essência da (re)qualificação do negócio depende da prova e demonstração do real negócio praticado, cujo ônus é repartido de formas diferentes entre o contribuinte e o Fisco.

A fórmula mais utilizada pelo Fisco para aferir a validade fiscal dos atos e negócios jurídicos praticados pelo contribuinte é a análise de seu propósito negocial em face da atividade econômica desempenhada ou da própria estrutura do negócio praticado, requalificando-os quando identifica no ato fins exclusivamente ou preponderantemente tributários, associando-os a alguma patologia jurídica que autorize a sua desconsideração.

O presente trabalho tem por escopo analisar, com base nos julgamentos recentes do CARF, as balizas que têm sido adotadas para a produção e aferição da prova e da demonstração do propósito negocial relativamente às operações envolvidas no planejamento tributário, independente da qualificação de tais condutas como simulação, fraude, ou abuso, ou outras patologias que fundamentaram a sua inoponibilidade nos lançamentos fiscais.

1. A figura do propósito negocial no âmbito do planejamento tributário

A doutrina do propósito negocial (*business-purpose doctrine*) originada nos Estados Unidos tem com um dos seus fundamentos principais que a simples concordância com a letra da lei tributária é insuficiente para embasar uma economia tributária válida.

A falta de previsão legal expressa no ordenamento pátrio para a consideração do propósito negocial como condição para a validade de atos e negócios jurídicos praticados pelos contribuintes constitui o principal ponto de crítica da doutrina mais liberal quanto à sua consideração pelo Fisco ao analisar planejamentos tributários.

Segundo Plínio Marafon *"para que o propósito negocial passe do ideário filosófico das autoridades fiscais à validade jurídica é preciso que haja lei que o preveja e explicite porque é um conceito aberto e perigoso"*.[2]

Defensor do primado da lei acima de tudo, Ives Gandra adverte que: *"Não há, pois, no direito tributário brasileiro, regido pelo princípio da estrita legalidade, tipicidade fechada e reserva absoluta da lei tributária, a figura desconsiderativa, nem o princípio de que, à falta de propósito negocial, o planejamento fiscal, que*

---

[2] MARAFON, Plínio J. *Propósito Negocial na Visão Fiscal*. Valor – 11/07/2018. Disponível em: https://www.ibet.com.br/proposito-negocial-na-visao-fiscal/. Acesso em 04/11/2019.

1. A PROVA NA DEMONSTRAÇÃO DO PROPÓSITO NEGOCIAL

apenas objetive reduzir a carga tributária, utilizando-se do instrumental legal existente, seja ilegal".[3]

Por outro lado, os defensores de sua aplicação entendem que a conjugação de princípios constitucionais com dispositivos da legislação tributária e civil permitiriam sua consideração na avaliação da validade e oponibilidade de planejamentos tributários ao Fisco.

Para Miquerlan Cavalcante, *"a conjugação de tais teorias não possui outro propósito senão o de afastar, ou seja, desconsiderar, os atos ou negócios adotados com exclusivo propósito tributário e promover a tributação devida. Cremos que o fato de o instituto ter suas fontes em país de tradição na* common law *não o tornar incompatível, só por este motivo, com o direito brasileiro. Como vimos acima, há uma série de princípios constitucionais que se compatibilizam com os enunciados da teoria do propósito negocial, configurando verdadeiras cláusulas de abertura do nosso ordenamento ao instituto"*[4].

Conforme leciona Sergio André Rocha, *"a questão central dos debates sobre o planejamento tributário não é de interpretação dos textos normativos, mas sim, de qualificação fática"*, conforme definição de Ricardo Lobo Torres, citado pelo autor: *"O fato concreto apenas é valorado de acordo com a lei, ou qualificado segundo as categorias estabelecidas pela norma ou, como prefere Reale, é objeto de uma 'qualificação normativa'. Se a aplicação do direito reveste sempre a forma de silogismo, subsume-se o fato em uma das interpretações possíveis da norma. Entre a interpretação da norma e a qualificação do fato há, por conseguinte, uma relação de subsunção que não é meramente lógico-formal, mas também valorativa, o que às vezes, como anota Perelman, permite que o juiz abuse da qualificação para modificar a interpretação"*.[5]

Assim, nos julgamentos administrativos, segundo Marcos Vinícius Neder, *"passou-se a empregar a racionalidade econômica do negócio jurídico, no contexto dos princípios gerais de direito, como critério para se verificar a consistência do conjunto*

---

[3] MARTINS, Ives Gandra da Silva. *Planejamento Fiscal Anterior a Ocorrência do Fato Gerador sem Propósito Negocial e Legalidade.* Bonijuris ed. 616 – Março/2015 – pág. 6 a 9. Disponível em: http://www.gandramartins.adv.br/project/ives-gandra/public/uploads/2015/03/26/b98f5cbbonijurisplanejamento_ fiscal_anterior_a_ocorrencia_do_fato_gerador_sem_proposito_negocial_e_legalidade_032015.pdf. Acesso em 05/11/2019.

[4] CAVALCANTE, Miquerlan Chaves. *Revista da PGFN*, ano 1 número 1, jan/jun. 2011. Disponível em: http://www.sinprofaz.org.br/artigos/o-proposito-negocial-e-o-planejamento-tributario-no-ordenamento-juridico-brasileiro/. Acesso em 05/11/2019.

[5] ROCHA, Sergio André. *Planejamento Tributário na obra de Marco Aurélio Greco*. Rio de Janeiro. Lumen Juris, 2019. P.40-41.

probatório", de forma que *"os documentos oferecidos pelo particular para comprovação do fato jurídico tributário são submetidos a um teste de consistência, em que a racionalidade econômica passou a ser adotada como critério para se verificar a validade do negócio realizado perante o Fisco"*.[6]

Portanto, quando se fala da análise de propósito negocial no âmbito dos planejamentos tributários o que se busca é verificar a verossimilhança da operação ou ato negocial tal qual apresentada pelo sujeito passivo, em especial quanto aos fins almejados, visando aquilatar seus efeitos, e se possuem cunho extratributário relevante de forma a justificar sua oponibilidade ao Fisco.

O grande expoente da doutrina, professor Marco Aurélio Greco, defende a consideração econômica[7] do ato praticado pelo contribuinte como teste de validade do planejamento tributário. Em suas palavras, *"os negócios jurídicos que não tiverem nenhuma causa real e predominante, a não ser conduzir a um menor imposto, terão sido realizados em desacordo com o perfil objetivo do negócio e, com tal, assumem um caráter abusivo; neste caso, o Fisco a eles pode se opor, desqualificando-os fiscalmente para requalificá-los segundo a descrição normativo-tributária pertinente à situação que foi encoberta pelos desnaturamento da função objetiva do ato. Ou seja, se o objetivo predominante for a redução da carga tributária, ter-se-á um uso abusivo do direito."*[8]

As lições de Marco Aurélio Greco ecoaram fortemente no âmbito do Fisco Federal e têm sido utilizadas como parâmetros para a avaliação dos planejamentos examinados pela fiscalização e, como não poderia deixar de ser, influenciaram e continuam a impactar fortemente a jurisprudência administrativa em face dos lançamentos fiscais decorrentes.

---

[6] NEDER, Marcos Vinícius. O problema da prova na desconsideração de negócios jurídicos. Artigo publicado nos anais do *V Congresso do Instituto Brasileiro de Estudos Tributários – IBET* em 2008. P.2.

[7] Sérgio André Rocha, em sua obra comenta a controvertida doutrina de Marco Aurélio Greco, observa que *"o autor propõe não é uma interpretação econômica de fundo analógico no contexto do planejamento tributário, mas sim a consideração econômica dos atos e negócios praticados pelo contribuinte"*. Cita a distinção dada por Greco: *"Na consideração econômica, parte-se da lei, constrói-se o conceito legal para saber qual o tipo previsto na lei; vai-se para o fato, constrói-se o conceito do fato considerando os seus aspectos jurídicos, econômicos, mercadológicos, concorrenciais, etc; enfim todos os aspectos relevantes para construí-lo e volta-se para a lei para saber se ele está enquadrado ou não. Isto é incluir a variável econômica ao lado de outras variáveis na construção do conceito do fato, para saber o que ele é. Isso não tem nada a ver com interpretação econômica"*. Op. cit. P. 64.

[8] GRECO, Marco Aurélio. *Planejamento Tributário*. 3 ed. São Paulo, Dialética, 2011. P. 212-213.

Observo que as citações trazidas neste ponto visam contextualizar as decisões que serão analisadas, no seio das discussões sobre a matéria.

2. A constituição da prova na análise do propósito negocial

A construção probatória no lançamento tributário é, em princípio, um dever da fiscalização, que precisa reunir os elementos necessários a demonstrar e respaldar as conclusões que embasaram a autuação. Não obstante, a legislação estabelece expressamente o dever do contribuinte de apresentar a comprovação dos atos e negócios registrados em sua escrituração, de modo que a mera falta de apresentação pode conduzir à caracterização de uma infração à lei tributária.

Com efeito, a lei dispõe que cabe à autoridade administrativa a prova da inveracidade dos fatos registrados na escrituração do contribuinte, quando os registros estão amparados por documentação comprobatória hábil e idônea.[9]

Todavia, a prova, no âmbito do lançamento fiscal relacionado aos planejamentos tributários em geral e à figura do propósito negocial em particular, contém nuances próprias.

Via de regra, em se tratando de planejamento tributário, os fatos registrados pelo contribuinte em sua escrituração contábil e fiscal estão devidamente amparados em documentos formalizados segundo a legislação aplicável à espécie, de modo que cabe à fiscalização demonstrar, por meios de provas diretas e/ou de um conjunto de elementos indiciários, que os fatos registrados não possuem, quando examinada a sua essência, o conteúdo pretendido, a despeito da roupagem apresentada pelo contribuinte, desnudando a operação para revelar outro intento negocial de cunho predominantemente fiscal.

Como grande estudioso no assunto, Greco aponta que *"a prova relevante e necessária é, no geral, aquela que demonstra determinada qualificação jurídica dos fatos e condutas que aponta em direção diversa da apresentada pelos contribuintes".*

Destaca Greco que o objeto da prova no planejamento tributário transcende o que está escrito, pois os documentos apresentados quase sempre estarão coerentes com os fatos neles retratados. Embora seja um elemento essencial de prova, que não pode ser desconsiderado, salvo demonstração cabal que o comprometa, não têm valor absoluto. Cabe à autoridade fiscal ir

---

[9] Vide art. 9º do DL nº 1598/1977.

além do texto e determinar seu significado, mediante o cotejo com outros elementos relevantes e o contexto em que foi produzido:

Se a prova visa demonstrar algo que não está escrito – mas que corresponde à manifestação de vontade das partes – assume relevância o agir das partes. Isto implica não apenas provar a ocorrência dessas condutas, mas também detectar o seu significado (...) para poder qualificá-las em determinada categoria jurídica. A somatória de escritos e condutas pode adquirir um perfil não coincidente com o texto escrito a denotar a existência de uma intenção que consubstancia manifestação de vontade diferente daquela que resultaria apenas do texto.[10]

A prova direta de que ocorreu evento diverso do descrito nos documentos é exceção. Podem até existir alguns elementos isolados, mas em regra a construção se dá pelo conjunto de elementos que cercam o caso, situando-os no contexto temporal e negocial em que ocorreram as operações.

A falta de inerência, de relevância (entre o motivo e operação), ou a falta de pertinência (entre operação e finalidade), bem como a falta de congruência entre os três elementos (motivo, operação e finalidade) é um indicador de que a operação apresentada pelo contribuinte não é aquela que resulta dos textos e das condutas, mas o que realmente existiu foi outra operação, esta sim que atende a outra estrutura de inerência, relevância, pertinência e congruência, segundo Greco. Ele adverte ainda que incumbe ao fisco ir além da demonstração da atipicidade da conduta do contribuinte, provando que se trata de operação com enquadramento diferente do defendido pelo sujeito passivo e que leve à exigência do tributo.

Da parte do contribuinte, incumbe comprovar, já no curso do procedimento fiscal, que os atos e negócios praticados são válidos não apenas sob seu aspecto formal e de registro, mas principalmente demonstrar que atendem a objetivos organizacionais previamente definidos, apresentando para tanto os documentos e elementos indicativos dos processos de tomadas de decisão, tais como atas, estudos, ajustes prévios ou posteriores, correspondências, autorizações de órgãos reguladores, notas explicativas, notícias veiculadas na imprensa, etc; tudo a demonstrar sua efetividade e que inexistem vícios que os tornem inoponíveis ao Fisco.

O conflito na qualificação dos fatos via de regra desemboca na instauração do litígio administrativo, momento em que as autoridades julgadoras terão de avaliar se existem provas suficientes para afastar a qualificação jurídica

---

[10] GRECO, Marco Aurélio. Op. cit. p. 530.

dada pelo contribuinte, tornando o planejamento inoponível ao Fisco ou se, ao revés, não se configura a requalificação proposta pela fiscalização, mantendo-se íntegros os seus efeitos.[11]

Outro aspecto fundamental destacado por Greco, no tocante às provas, é que o seu foco não é determinado conceito jurídico. *"Ou seja, o foco da prova no planejamento tributário não é a simulação, a fraude à lei ou o abuso em si mesmo considerados".* O reconhecimento desses vícios *"será decorrência de uma prova anteriormente produzida que estará focada no caso em si, naquilo que ocorreu e em função da conclusão que extrair disto, então, será possível afirmar ter ou não ocorrido a patologia do negócio jurídico".*[12]

Esse aspecto é bastante relevante na prática, pois constata-se a grande dificuldade, em muitos casos, de se apontar qual a qualificação jurídica do vício identificado pelo Fisco, após requalificar os fatos e apresentá-los na roupagem que, segundo a fiscalização, melhor retrata a conduta das partes no negócio praticado. Isto se dá tanto nos lançamentos realizados, como nos julgamentos dos casos, como se constatará adiante.

Esse dissenso não é exclusividade do processo administrativo fiscal em sua aplicação concreta; antes, nos parece muito mais reflexo das posições controvertidas da doutrina acerca de quais condutas caracterizam cada um desses vícios do negócio.

Sérgio Rocha identifica essa desinteligência na doutrina, observando que *"o ponto chave neste debate é o conceito de simulação. No fundo, embora ele esteja onipresente em todos esses autores, em termos práticos, cada um tem uma simulação 'para chamar de sua', que só fica clara diante dos casos concretos. O que um autor chama de simulação, para outro é abuso de formas jurídicas, ou fraude à lei. Somente a situação concreta é capaz de revelar se os autores concordam ou divergem e em que concordam ou divergem."*

Ressalta Rocha que *"por mais que se pretenda analisar as patologias dos negócios jurídicos de uma perspectiva conceitual a experiência com as discussões práticas sobre planejamento tributário mostra um certo sincretismo de conceitos, visto que são utilizados de forma variada".* (...) *Que não haja dúvidas:*

---

[11] Quanto a esse aspecto, Greco adverte que se o Fisco não atender ao seu duplo ônus da prova, se não demonstrar a qualificação jurídica pertinente ou se houver um insuperável "empate", o critério de decisão deve ser o de prestigiar a liberdade do contribuinte organizar seus negócios. (Vide p. 540-541 op. cit.).

[12] GRECO, Marco Aurélio. Op. cit. p. 524.

a maior fonte de controvérsias são os rótulos mais do que as posições substanciais dos autores".[13]

Feitas essas considerações sobre a construção da prova, importa situar as principais incidências fáticas em que o tema do "propósito negocial" se insere, antes de adentrar à análise dos casos jurisprudenciais.

3. Principais incidências fáticas envolvendo a questão do propósito negocial

Originalmente o olhar da fiscalização federal voltou-se para operações e negócios formalizados pelos contribuintes que afetavam diretamente a base tributável do Imposto sobre a Renda das Pessoas Jurídicas – IRPJ, visando identificar a falta de propósito negocial nos atos e negócios realizados, especialmente em casos envolvendo reestruturações societárias. Em período mais recente foram detectadas operações que implicavam na redução da base tributável mediante a criação de despesas em face de empresas ligadas, criação de fundo de investimentos nas participações para postergar a tributação de ganho de capital, devolução de bens aos sócios para tributação menor do ganho de capital etc.

Atualmente verificam-se autuações, tendo como foco a falta de propósito negocial, relacionadas às incidências da CIDE, do IPI, Imposto de Exportação, geralmente associadas a operações realizadas entre pessoas ligadas, deslocando, p. ex, a base tributável para empresas situadas no exterior e, ainda ao PIS/Cofins, em operações com empresas interdependentes.

Em muitas dessas apurações a autoridade fiscal busca caracterizar a falta de propósito negocial em fatos, como: operações estruturadas em sequência e/ou entre partes relacionadas, interposição de empresas-veículo com vida efêmera, criação de sociedades aparentes ou fictícias, operações invertidas e inusuais, cláusulas atípicas, ausência de fluxo financeiro

---

[13] ROCHA, Sergio André. Op. cit. p. 50, 76-77. Vide tópico 6.2.2 (p. 12/128) da referida obra, no qual o autor volta a defender que é irrelevante o batismo da patologia, pois entende que estas sempre se confundem no conceito amplo de simulação e, considerando que não aceita a aplicação do Código Civil para fundamentar a desconsideração e requalificação dos atos e negócios jurídicos praticados com fins exclusivamente fiscais, sugere que esta se dê sempre com base no inc. VII do art. 149 do CTN. Não obstante, adverte o autor que a correta capitulação legal é essencial para o exercício do direito de defesa do contribuinte, sob pena de violar o seu direito de defesa, o que, para ele, importaria em nulidade da autuação.

ou sacrifício patrimonial, entre outras situações que, dentro do contexto em que ocorreram denotam um propósito exclusiva ou eminentemente fiscal.

As incidências mais comuns do tema no âmbito do contencioso administrativo federal nos últimos anos são aquelas relacionadas à amortização fiscal de ágio apurado em reestruturações societárias.

Em menor escala identificam-se operações de cisão para fragmentação das atividades e receitas tributáveis, criação de despesas entre empresas ligadas, devolução de capital a sócios para reduzir tributação de ganho de capital na alienação, incorporação de ações em fundos de investimentos para postergar ganho de capital na alienação.

Na maior parte desses casos, a autoridade fiscal aponta a falta de propósito negocial como um dos elementos a tipificar a conduta do contribuinte como simulação ou fraude. Em menor escala a patologia apontada refere-se a abuso de direito, amparado no Código Civil.

Constatam-se, ainda, autuações em que a desconsideração do negócio praticado tem como fundamento o art. 116, § único do CTN, a despeito da discussão quanto à aplicabilidade do dispositivo enquanto não editada a lei regulamentadora do procedimento. Por vezes não se identifica claramente o vício jurídico do negócio em face da requalificação.

4. O propósito negocial nos casos concretos examinados pelo CARF

Como referido no tópico anterior, a principal incidência do tema relativo ao propósito negocial, quando examinada a jurisprudência do CARF, está nos casos de operações societárias que resultam em amortização de ágio com base na expectativa de rentabilidade futura da empresa adquirida no negócio.

As discussões envolvendo o propósito negocial nas operações societárias geradoras do ágio amortizado perpassam, em geral, a interposição de empresas-veículo com vistas a viabilizar o aproveitamento do ágio gerado. Há uma diversidade de situações que podem conduzir ao reconhecimento ou não do direito à amortização do ágio pelo contribuinte.

A falta de propósito negocial nas operações de reestruturações societárias dentro de um mesmo grupo de empresas, de que decorrem a geração de ágio (chamado ágio interno), tem sido reconhecida de forma mais ou menos uniforme tanto pelas turmas ordinárias do CARF quanto pela Câmara Superior de Recursos Fiscais – CSRF.

Os atos de reorganização societária, ainda que reconhecidos como formalmente regulares, têm sido considerados sem propósito negocial e inoponíveis ao Fisco, uma vez identificado que foram praticados entre partes relacionadas, sem efetivo dispêndio e que visavam exclusiva ou predominantemente a redução da carga fiscal.

Vide, à guisa de exemplo, o Acórdão da CSRF nº 9101-003.885 (Natura), em que se consideraram as operações de reorganização como fraude, sendo mantida a multa qualificada.[14] Já o Acórdão da CSRF nº 9101-004.098 (Haco), ao apreciar a aplicação da multa qualificada em lançamento de glosa de ágio interno, entendeu estar caracterizada a simulação. No mesmo sentido, o Acórdão nº 1302-001.108 (Agrenco), em que se reputou a reorganização societária como simulação absoluta.

Outros exemplos em que se repudiou a falta de propósito negocial no ágio interno são os acórdãos nº 1302-003.160 (GE Celma); 1401-002-883 (Ipiranga), sem identificar qual a patologia dos negócios (simulação, fraude ou abuso) e o acórdão nº 1301-003.984 (GE Transportes), em que se considerou ter havido abuso de direito.

Nota-se que o liame comum entre estas decisões é a falta de propósito negocial, caracterizada pelas operações realizadas entre partes relacionadas, estruturadas em sequência e em curto espaço de tempo e sem a ocorrência de efetivo dispêndio, muito embora se constate divergência quanto à natureza da patologia dos negócios, denotando a dificuldade de enquadramento dos rótulos, conforme sublinhado em tópico anterior.

Maior diversidade de entendimento se verifica quanto à estruturação dos negócios em que ocorre o efetivo pagamento pelo investimento com utilização de empresas-veículo.

Aqui o que se verifica, na maior parte das decisões, é que não basta existir o propósito negocial da operação de aquisição da participação em si para legitimar o aproveitamento do ágio. A inserção de empresa-veículo, como forma de viabilizar o aproveitamento do ágio, no bojo da operação tem sido examinada como elemento essencial do negócio do ponto de vista da

---

[14] Acórdão 9101-003.885: A reorganização societária na qual inexista motivação outra que não a criação artificial de condições para obtenção de vantagens tributárias é inoponível à Fazenda Pública. Negada eficácia fiscal ao arranjo societário sem propósito negocial, restam não atendidos os requisitos para a amortização do ágio como despesa dedutível, impondo-se a glosa da despesa e a recomposição da apuração dos tributos devidos.

dedutibilidade do ágio como despesa. Salvo se demonstrado que a empresa-veículo tem participação extrafiscal no negócio, com propósitos negociais efetivos, a sua utilização não tem sido aceita.

Ocorre que, quando a empresa-veículo se insere no negócio apenas como intermediária da aquisição e não apresenta ela própria nenhuma operacionalidade e capacidade financeira, dependendo integralmente do financiamento da sua controladora e, ainda, é incorporada pouco tempo depois da formalização do investimento, além de ser identificada a ausência de propósito negocial na sua interposição, a jurisprudência majoritária é no sentido de que não se concretiza a subsunção dos fatos à norma autorizadora da amortização do ágio (arts. 7º e 8º da Lei nº 9.532/1997), que exigiria a confusão patrimonial entre a empresa adquirida e a real adquirente (no caso a controladora).

Nesse sentido têm-se inúmeras decisões tanto das turmas ordinárias como da CSRF. Vide, por exemplo, o acórdão nº 1401-003.185 (Harman), em que se entendeu que a única função da empresa-veículo foi permitir a amortização de ágio pela recorrente, sem que sua existência tivesse qualquer função econômica que não essa. O argumento de que seria necessária a interposição de uma empresa-veículo sediada no Brasil, porque a transação envolvia 8 vendedores foi afastada, uma vez que havia sido nomeado um procurador para representar os vendedores em conjunto.

Outros casos considerando a falta de propósito negocial na utilização de empresa-veículo, afastando a amortização pela não subsunção dos fatos à norma tributária: acórdão 1201-002.982 (Raizen) e 1201-002.983 (Rumo) e 1402-003.736 (Bradesco Cartões).

Entre as exceções estão as empresas adquiridas em leilão público de privatização, como, por exemplo, o caso do acórdão nº 1401-003.308 (Energisa), em que se relativizou o papel da empresa-veículo no negócio, na medida em que o ágio seria gerado com ou sem ela.

No acórdão nº 1201-003203 (Owens-Illinois), reconheceu-se um papel relevante da empresa-veículo de caráter extratributário, identificando-se a racionalização de atividades e a simplificação da estrutura societária após a saída de acionistas minoritários. Situação semelhante ao que ocorreu no caso discutido no acórdão nº 1301-003.656 (Arcelormittal).

Em outros casos o colegiado identificou que a utilização de empresas-veículo visou a alavancagem de recursos financeiros junto a terceiros para viabilizar a aquisição do investimento, o que revelaria evidente propósito

EFICIÊNCIA PROBATÓRIA E A ATUAL JURISPRUDÊNCIA DO CARF

extratributário, afastando a glosa. Vide acórdão nº 1301-003.469 (CVC) e 1401-003.082 (Ri Happy)[15].

Cite-se, também, o caso do Acórdão nº 1301-003.937 (Iriel), em que se reconheceu o papel extratributário da empresa-veículo e seu propósito negocial diante da demonstração de que foi criada uma "Conta Garantia", destinada a garantir obrigações de indenização posteriormente devidas pelos vendedores, em virtude de "prejuízos, passivos, reclamações, danos ou gastos" que não estivessem refletidas nas demonstrações financeiras da sociedade-investida.

A CSRF tem sido bastante rigorosa na análise do papel das empresas-veículo nas operações societárias, mesmo estando comprovada a efetividade da aquisição do investimento. O acórdão nº 9101-004.117 (Auto Sueco) retrata bem esta posição. Nesta decisão se considerou a ocorrência de abuso de direito na utilização da empresa-veículo, capitalizada por empresa situada no exterior, com vistas ao aproveitamento fiscal do ágio efetivamente pago, tendo em vista a sua curta duração e a ausência de qualquer outra atividade econômica além do registro do ágio e posterior incorporação reversa.

Pelos mesmos motivos tem sido afastada a utilização de empresas-veículo para a transferência do ágio e viabilização de sua amortização fiscal. Nesse sentido, os acórdãos nº 9101-003.740 (Hipercard), que aponta também a existência de abuso de direito na utilização de empresa-veículo unicamente para viabilizar o aproveitamento fiscal do ágio, e o acórdão nº 9101-004.009 (Bradesco Financiamentos), em que se apontou a inatividade da empresa-veículo até o ano anterior à operação e, no ano seguinte, apenas o registro da operação de transferência do ágio, além da estruturação da reorganização societária em sequência (*step transaction*), tudo com vistas a viabilizar o aproveitamento fiscal do ágio.

O que se percebe nas operações não validadas é, antes de tudo, a requalificação dos atos e negócios praticados pelo contribuinte para em seguida cotejá-los com a previsão da lei tributária e afastar seus efeitos fiscais. O rótulo quanto à patologia vem em segundo plano, tendo influência, no mais das vezes, para a imputação/manutenção da multa qualificada, ou não.

---

[15] Acórdão 1401-003.082: Evidenciada a presença de outra finalidade além da economia tributária produzida que justifica a existência, ainda que efêmera, de sociedade investidora que venha a ser incorporada pela sociedade na qual possuía participação societária adquirida anteriormente com ágio, como no caso da chamada "compra alavancada", é legítimo o aproveitamento das amortizações do referido ágio pela incorporadora.

1. A PROVA NA DEMONSTRAÇÃO DO PROPÓSITO NEGOCIAL

Outro tipo de planejamento fiscal em que a fiscalização acusa a inexistência de propósito negocial, que se verifica com certa frequência, é a cisão ou criação de novas empresas com a segregação de atividades visando a fragmentação da receita e/ou a criação de despesas em face da empresa criada, com vistas a reduzir a tributação.

É o caso do acórdão nº 9101-002880 (Pandurata), operação considerada como abuso de direito pela CSRF em face do seguinte conjunto probatório: – a fiscalizada e a empresa contratada, controladas por uma mesma empresa, celebram contrato de prestação de serviços de assessoramento comercial; – a fiscalizada, obrigada à tributação pelo lucro real, deduz despesas de prestação de serviços, enquanto a contratada tributa suas receitas pelo lucro presumido; – a empresa contratada não exercia qualquer atividade em sua sede; – ex-empregados da fiscalizada, transferidos para a empresa contratada, desconheciam a sede da nova empresa e continuaram prestando serviços à contratante no mesmo local; – a contratada prestava serviços exclusivamente para a fiscalizada; – saídas de numerários para o pagamento da suposta prestação de serviços retornavam sob a forma de mútuos para a controladora que depois repassava à fiscalizada em aumento de capital.

No acórdão nº 1302-003.938, avaliando o mesmo caso, proferido após a decisão da CSRF, apenas para a apreciação da multa qualificada, o colegiado entendeu haver fraude e simulação nos atos praticados, mantendo a qualificação da multa. Mais uma vez aparece a divergência nos rótulos, desta feita apreciando os mesmos fatos.

Situação similar foi examinada no acórdão nº 1302-002.986 (Novo Mundo Móveis), com a diferença de que as receitas foram divididas entre novas empresas e os custos concentrados na empresa tributada pelo lucro real.

Ainda sobre planejamentos envolvendo a segregação de receitas, mas desta feita voltado para redução do IPI, veja-se os casos dos acórdãos nº 1402-003814 (Átila Pneus) e 1402-003815 (BS Colway), nos quais foi constatada a venda de produtos subfaturados para empresa interdependente, que não possuía nenhuma estrutura e capacidade operacional sequer para o recebimento do faturamento, que era realizado por uma empresa de *factoring* ligada. Identificou-se simulação, nestes casos.

Caso semelhante envolvendo planejamento para redução da contribuição à Cofins monofásica foi analisada no acórdão nº 3402-004.374 (Komatsu). A fiscalização apontou a simulação na venda (subfaturada) entre as empresas sob controle comum, indicando a ausência de separação física entre os depósitos das empresas e a venda quase instantânea dos produtos transferidos entre os estoques de uma para outra e ainda que a compradora revendia a totalidade das máquinas da fabricante no mercado interno, o que foi referendado pelo colegiado como indicativos da ausência de propósito negocial nas operações.

Outro caso de planejamento tributário que envolveria subfaturamento entre empresas ligadas, neste caso na exportação, foi examinado no acórdão nº 3201.005.575 (Biosev), afastado pelo colegiado que entendeu que o conjunto de documentos apresentados representativo da cadeia de negociação (exportação e revenda) evidenciava a total desvinculação entre as operações de exportação e de revenda, após a análise das partes envolvidas, valores e datas de negociação. A existência de empréstimos de valores vultosos junto às instituições estrangeiras, com a obrigação contratual de aplicá-los no âmbito do ciclo de produção e comercialização do produto, faria prova não só da existência física como da efetiva substância econômica e propósitos negociais bem específicos.

Outro caso de planejamento envolvendo a glosa de despesas foi examinado no acórdão nº 1402-002.963 (Cia Luiz Zillo), no qual a emissão de debêntures, com remuneração abusiva para o tipo de operação desnatura o próprio título, sendo reputada, 'pelo conjunto da obra', inusual e com o único propósito de reduzir a carga tributária, configurando abuso de direito.

Em sentido diverso foi a decisão no acórdão nº 1302-003.803 (Bradesco Cartões), em que o planejamento tributário envolvendo despesas financeiras entre empresas ligadas, decorrente de empréstimos para aportar capital em uma terceira empresa do grupo, foi autuado pelo Fisco por falta de propósito negocial sob o pressuposto de que tinham como único objetivo aproveitamento de prejuízos fiscais em uma e a dedução das despesas financeiras nas outras. Neste caso, dadas as variáveis da operação, o colegiado entendeu que o contribuinte "pode até ter objetivado a economia tributária com aquelas operações, mas o resultado dependia de variáveis não totalmente controladas". Considerou ainda a necessidade da fiscalização avaliar o planejamento em seu conjunto, para aquilatar o seu real efeito de economia fiscal, o que não foi feito.

Em planejamento fiscal envolvendo a tributação de ganho de capital, o acórdão da CSRF nº 9101-004.335 (Vialco) reputou sem propósito negocial a redução de capital com transferência da participação acionária à empresa situada no exterior, tendo em vista que o negócio já teria sido estabelecido em momento anterior, fundamentando que "esta escolha deve ser efetivada antes da alienação do ativo, pois a partir do momento em que o preço do negócio está delimitado, projetando-se o ganho de capital, as operações passam a ter contornos exclusivamente fiscais e evidenciam ausência de propósito negocial suficiente para autorizar a desconsideração de seus efeitos no âmbito tributário". Situação muito semelhante foi apreciada no acórdão nº 1402-003.730 (Setiba), no qual se manteve a autuação e foi identificado o conluio entre as partes, o que justificou a qualificação da multa.

O planejamento fiscal consistente na utilização de Fundo de Investimento em Participações – FIP para diferimento da tributação do ganho de capital também tem sido objeto de análise no âmbito do CARF.

O acórdão nº 9101-004.382 (Tinto Holding) examinou este tipo de operação e concluiu que a incorporação de ações por pessoa jurídica mediante a constituição de fundo de investimento, sem qualquer finalidade negocial ou societária, unicamente para diferir o pagamento de tributos devidos, não produz o efeito tributário almejado pelo sujeito passivo, quando o negócio de venda das ações já havia sido acertado. A operação foi considerada fraudulenta.

O acórdão nº 2401-006.611 (Dario Telles/Ypioca) também rejeitou o planejamento que levou a alienação de investimento por meio de um FIP, entendendo que este teve a qualidade de mero ente interposto, pois não se cumpriu todas as etapas do ciclo de um investimento novo esperado para um fundo de investimento em participações e nem ao menos influiu efetivamente no processo de estruturação e decisório da empresa vendida, pelo exíguo tempo de investimento e nem influiu no de desinvestimento, tendo a venda sido efetivamente estruturada pelo sócio quotista majoritário e não pelo gestor do FIP. Foi identificada a ocorrência de simulação neste caso.

Noutro processo envolvendo o uso de FIP em planejamento fiscal para postergação da tributação de ganho de capital, analisado no acórdão nº 2402-006.696 (Mário Araripe/Salus Fip), também identificou-se que a operação de negociação já havia sido definida pelos titulares das quotas nas empresas alienadas antes da sua entrega para o FIP, configurando abuso de direito. Na hipótese o fundamento para a desconsideração foi o art. 116, § único do CTN e o art. 167 do Código Civil.

Mais uma vez se observa a requalificação dos fatos em situações seme-lhantes, porém com a identificação de patologias distintas nos negócios.

Por fim, à guisa de exemplo, menciono também o acórdão nº 3301-006.477 (CGG do Brasil) que referendou a cobrança de Contribuição de Intervenção no Domínio Econômico – CIDE em face da desconsideração de contrato de afretamento de embarcações, firmado entre a empresa contratante no Brasil, responsável pela prestação de serviços de pesquisa sísmica, e sua controladora no exterior. No caso entendeu-se que, pelo teor das cláusulas contratuais, embora denominados de afretamento, os referidos contratos, na essência, revelavam que a empresa estrangeira assumiu a gestão náutica e comercial das embarcações, ou seja, foi ela que assumiu a operação da embar-cação e a prestação dos serviços contratados com a empresa brasileira, uma vez que forneceu equipe sísmica e marítima. A análise de custos declarados na DIPJ também mostrava que a empresa brasileira não informou custo de pessoal, nem a contratação de serviços de PJ ou PF que pudessem ser aplica-dos na produção dos serviços contratados. Desta feita a desconsideração da natureza da contratação teve por base o art. 118 do CTN (predominância da essência sobre a forma).

Conclusões

A experiência prática demonstrada, exemplificativamente, na jurisprudên-cia analisada demonstra que, ao menos no âmbito administrativo, a aplicação do teste de propósito negocial nos atos e operações praticados pelos contri-buintes, com vistas a verificação de seu impacto fiscal é uma realidade que vai se impondo, a despeito das discussões doutrinárias acerca dos limites da atuação do Fisco, enquanto não regulamentados os procedimentos para a desconsideração dos negócios jurídicos, previstos no art. 116, § único do CTN.

Pelo que se extrai dos julgados citados, a prova é quase sempre indiciária e circunstancial por parte do Fisco, que busca extrair dos documentos apre-sentados pelo contribuinte o conteúdo que entende melhor exprimir o real negócio praticado, requalificando-o. Ao contribuinte incumbe se cercar dos elementos que demonstrem a efetividade dos negócios em prol de sua ativi-dade confirmando seu intento negocial.

O que se constata é que, diante do amplo quadro de planejamentos fis-cais que provocam a erosão da base tributável, o Fisco federal tem buscado enfrentar as lacunas do ordenamento exclusivamente tributário, por meio da interpretação integrativa com os demais ramos do direito, em especial o direito civil, e utilização dos princípios constitucionais, para afastar os efeitos tributários de negócios que, não obstante sejam formalmente válidos, não possuem outra substância que não a finalidade de redução da carga tributária.

A crítica à utilização do conceito de propósito negocial como medida de avaliação dos negócios praticados pelo contribuinte com intuito fiscal pelo fato de ser importado da doutrina e jurisprudência americana e da falta de sua expressa previsão legal parece não fazer muito sentido quando examinados os casos práticos em que têm sido aplicados.

Com efeito, a verificação do propósito negocial de uma operação ou negócio nada mais é do que o exame de sua efetividade dentro do escopo em que foi inserido, aferindo a existência de efeitos jurídicos que lhes são próprios e inerentes ao objetivo declarado pelo contribuinte. É uma espécie de teste de razoabilidade e adequação do ato praticado ao objetivo declarado. Quando ao se examinar a substância do negócio, verifica-se que o mesmo não tem outro efeito concreto que não a redução da carga tributária, é razoável que o Fisco possa valorar seus efeitos ante a lei fiscal vigente e afastá-lo quando for o caso.

Outro aspecto que sobressai é que, na maior parte das situações em que o teste do propósito negocial é aplicado e é verificado seu cunho meramente fiscal, constata-se que o sujeito passivo agiu com dolo, fraude ou a simulação, pelo que há expressa autorização do CTN[16] para o lançamento de ofício, repelindo os efeitos fiscais do negócio da base tributável.

Vejam que o conceito de fraude está definido no art. 72 da Lei nº 4.502/1964[17], sendo o de simulação por demais conhecido, dispensando maiores considerações. Resta uma pequena zona cinzenta concernente às situações consideradas 'mero' abuso de direito, quanto à aplicabilidade ou não das disposições do Código Civil ao direito tributário.

Assim, não se pode ignorar a lei civil para avaliar os atos praticados sob sua égide que representem abuso de direito por extrapolar os fins econômicos e

---

[16] CTN: art. 149: Art. 149. O lançamento é efetuado e revisto de ofício pela autoridade administrativa nos seguintes casos: [...] – VII – **quando se comprove que o sujeito passivo, ou terceiro em benefício daquele, agiu com dolo, fraude ou simulação;**

[17] Art. 72. **Fraude** é toda ação ou omissão dolosa tendente a impedir ou retardar, total ou parcialmente, a ocorrência do fato gerador da obrigação tributária principal, ou a excluir ou modificar as suas características essenciais, de modo a reduzir o montante do imposto devido a evitar ou diferir o seu pagamento.

sociais por ela visados, na medida em que *"a lei tributária não pode alterar a definição, o conteúdo e o alcance de institutos, conceitos e formas de direito privado"*[18] para definir ou limitar competências tributárias. Isso porque, como afirma o ex-ministro do STF, Eros Grau, citado por Neder: *"não se interpreta o direito em tiras, ou aos pedaços"*.[19]

Ressalte-se que a reclamada regulamentação do parágrafo único do art. 116, como óbice à desconsideração dos negócios do contribuinte pelo Fisco, deverá ter caráter meramente procedimental e não de integração com os conceitos de abuso ou fraude à lei existentes no direito civil.[20]

Essa tarefa, não satisfeita pelo Congresso Nacional até hoje, quiçá na suposição de que está protegendo o contribuinte, não impede a aplicação do dispositivo pelo Fisco Federal, mediante a instauração do procedimento previsto no Decreto nº 70.235/1972.

Enquanto isto, a realidade dos planejamentos tributários se impõe e desafia o Fisco, que se vale dos instrumentos existentes para enfrentá-los e, a despeito da dificuldade quanto aos rótulos aplicáveis, intenta demonstrar por meio de provas e indícios colhidos dentro dos próprios documentos formalizadores do negócio a sua falta de substância negocial.

E, nesse diapasão, a jurisprudência administrativa vai se consolidando para reconhecer como inoponíveis ao Fisco as operações com propósito exclusiva ou preponderantemente fiscal.

Referências
CAVALCANTE, Miquerlan Chaves. *Revista da PGFN*, ano 1 número 1, jan/jun. 2011. Disponível em: http://www.sinprofaz.org.br/artigos/o-proposito-negocial-e--o-planejamento-tributario-no-ordenamento-juridico-brasileiro/. Acesso em 05/11/2019.

---

[18] Vide art. 109 do CTN.
[19] NEDER, Marcos Vinícius, op. cit. p. 14.
[20] Concordo com a visão de Ricardo Lobo Torres, op. cit., p. 165: "Parece-nos que a recusa do Congresso Nacional em aprovar os arts. 15 a 19 da MP. 66/2002 desnorteou ulterior ação da fiscalização de rendas, por ausência de normas procedimentais. Mas não afetou a eficácia da LC nº 104/2001, que nunca esteve limitada à ulterior regulamentação, se o ente público possuir regras de processo tributário administrativo, como acontece com a União e os principais Estados brasileiros".

GRECO, Marco Aurélio. *Planejamento Tributário*. 3 ed. São Paulo, Dialética, 2011.

MARAFON, Plínio J. *Propósito Negocial na Visão Fiscal*. Valor – 11/07/2018. Disponível em: https://www.ibet.com.br/proposito-negocial-na-visao-fiscal/. Acesso em 04/11/2019.

MARTINS, Ives Gandra da Silva. *Planejamento Fiscal Anterior a Ocorrência do Fato Gerador sem Propósito Negocial e Legalidade*. Bonijuris ed. 616 – Março/2015. Disponível em:http://www.gandramartins.adv.br/project/ives-gandra/public/uploads/2015/03/26/b98f5cbbonijurisplanejamento_ fiscal_anterior_a_ocor-rencia_do_fato_gerador_sem_proposito_negocial_e_legalidade_032015.pdf. Acesso em 05/11/2019.

NEDER, Marcos Vinícius. O problema da prova na desconsideração de negócios jurídicos. Artigo publicado nos anais do *V Congresso do Instituto Brasileiro de Estudos Tributários do IBET* em 2008.

ROCHA, Sergio André. *Planejamento Tributário na obra de Marco Aurélio Greco*. Rio de Janeiro. Lumen Juris, 2019.

2. Glosas de ágio e a construção da prova: passado, presente e futuro-análise da eficiência probatória a partir dos precedentes do CARF sobre o ágio

ALEXANDRE EVARISTO PINTO
CAIO CESAR NADER QUINTELLA[1]

Introdução

Dentre os diversos temas que têm sido objeto de discussão no âmbito do Conselho Administrativo de Recursos Fiscais (CARF), a glosa da amortização de ágio das bases tributáveis do IRPJ e da CSLL é um dos que mais chama a atenção da mídia e dos operadores do Direito Tributário nacional, quer seja em virtude dos valores envolvidos nas autuações, quer seja em razão de seu impacto e relevância para o *mercado* de fusões e aquisições.

A matéria, ainda que relativamente antiga nos universos contábil e jurídico, ganhou tal atenção através dos julgamentos procedidos pela 1ª Seção de Julgamento do CARF, a partir do final dos anos 2000. O tema revela-se bastante polêmico, sendo objeto de intensos debates no âmbito do contencioso administrativo federal, correspondendo a relevante porcentagem do montante de R$ 600 bilhões referente ao valor total do estoque de processos pendente de julgamento no CARF[2].

---

[1] As opiniões contidas nesta publicação são reflexões acadêmicas dos próprios autores e não necessariamente expressam as posições defendidas por qualquer organização a qual estejam vinculados.

[2] CONSELHO ADMINISTRATIVO DE RECURSOS FISCAIS. *Dados Gerenciais de Janeiro de 2019*. Disponível em: http://idg.carf.fazenda.gov.br/dados-abertos/relatorios-gerenciais/dados-abertos-janeiro2019-v2.pdf

Não obstante, a quantidade de Acórdãos sobre tal tema também apenas se avoluma após 2013 e a matéria só veio a ser derradeiramente apreciada pela Câmara Superior de Recursos Fiscais (CSRF) do CARF apenas após 2015, ficando até então os julgamentos adstritos à atuação das suas Turmas Ordinárias.

E, até a presente data, verifica-se apenas um pequeno número de sentenças do Poder Judiciário sobre o tema, ainda muito escasso em tal esfera jurisdicional.

O presente artigo tem por objetivo apresentar os principais pontos discutidos no CARF relativos à glosa da amortização fiscal do ágio, a partir de uma análise da legislação pertinente e dos julgados administrativos.

Para tanto, serão observadas as questões relevantes e as diferenças nos pressupostos fáticos que foram os fatores determinantes das decisões, bem como quais são as provas produzidas e acatadas pelos Julgadores nos Acórdãos colhidos da jurisprudência do CARF.

1. Da evolução do tratamento tributário do ágio

A publicação da Lei nº 6.404/76 modernizou as práticas contábeis brasileiras, ao trazer um capítulo específico para as demonstrações financeiras.

Como decorrência de tais alterações contábeis, no ano seguinte houve a publicação do Decreto-lei nº 1.598/77, cuja finalidade foi a adequação da legislação fiscal às então novas normas contábeis, estabelecendo os critérios de apuração da base de cálculo do imposto de renda, cuja quantificação dependeria parcialmente do lucro contábil[3].

O Decreto-lei nº 1.598/77 determinou também como seria feita a contabilização de uma aquisição de participação societária avaliada pelo método de equivalência patrimonial. Nesse sentido, a redação original do artigo 20 do Decreto Lei nº 1.598/77[4] estabelecia que o contribuinte que avaliasse investimento em sociedade coligada ou controlada pelo valor de patrimônio

---

[3] NABAIS, José Casalta. *Direito Fiscal.* 3ª ed. Coimbra: Almedina, 2005. pp. 576-577.

[4] Decreto-Lei nº 1.598/77: *"Art. 20 – O contribuinte que avaliar investimento em sociedade coligada ou controlada pelo valor de patrimônio líquido deverá, por ocasião da aquisição da participação, desdobrar o custo de aquisição em:*
I – valor de patrimônio líquido na época da aquisição, determinado de acordo com o disposto no artigo 21; e
II – ágio ou deságio na aquisição, que será a diferença entre o custo de aquisição do investimento e o valor de que trata o número I.

2. GLOSAS DE ÁGIO E A CONSTRUÇÃO DA PROVA

líquido deveria, por ocasião da aquisição da participação, desdobrar o custo de aquisição em: (i) valor de patrimônio líquido na época da aquisição, determinado de acordo com o disposto no artigo seguinte; e (ii) ágio ou deságio na aquisição, que será a diferença entre o custo de aquisição do investimento e o valor de patrimônio líquido na época da aquisição.

Cumpre destacar, ainda, que o artigo 20, §2º, do Decreto Lei nº 1.598/77[5] determinava que o registro contábil do ágio deveria ser feito conforme o seu fundamento econômico, dentre as seguintes possibilidades: (i) valor de mercado de bens do ativo da coligada ou controlada superior ou inferior ao custo registrado na sua contabilidade; (ii) valor de rentabilidade da coligada ou controlada, com base em previsão dos resultados nos exercícios futuros; e (iii) fundo de comércio, intangíveis e outras razões econômicas.

Segundo o regime contábil do ágio aplicável à época, ele estava sujeito à amortização contábil, no qual era feito lançamento em conta redutora de ativo de amortização acumulada em contrapartida a despesas operacionais, sendo que os critérios de amortização iriam variar de acordo com o fundamento econômico do ágio[6].

O ágio decorrente da amortização por diferença do valor de mercado dos bens era amortizado na proporção em que o ativo fosse realizado na controlada ou coligada, por depreciação, amortização, exaustão ou baixa em decorrência de alienação ou perecimento do ativo, ao passo que o ágio por valor de rentabilidade futura era amortizado contabilmente no prazo, extensão e proporção dos resultados projetados, ou pela baixa por alienação ou perecimento do investimento. Por fim, o caso do ágio por outras razões econômicas deveria ser reconhecido como perda, sendo fundamental a

---

§ 1º – O valor de patrimônio líquido e o ágio ou deságio serão registrados em subcontas distintas do custo de aquisição do investimento".

[5] Decreto-Lei nº 1.598/77: "Art. 20 (...)

§ 2º – O lançamento do ágio ou deságio deverá indicar, dentre os seguintes, seu fundamento econômico:

a) valor de mercado de bens do ativo da coligada ou controlada superior ou inferior ao custo registrado na sua contabilidade;

b) valor de rentabilidade da coligada ou controlada, com base em previsão dos resultados nos exercícios futuros;

c) fundo de comércio, intangíveis e outras razões econômicas.(...)".

[6] IUDICIBUS, Sergio de, MARTINS, Eliseu, GELBCKE, Ernesto Rubens. *Manual de Contabilidade das Sociedades por Ações.* 7ª ed. São Paulo: Atlas, 2008. pp 173-177.

evidenciação em nota explicativa das razões da existência ou baixa de tal tipo de ágio[7].

Todavia, a redação original do artigo 25 do Decreto Lei nº 1.598/77 teve vida curta, sendo revogada pelo Decreto Lei nº 1.730/79, que deu nova redação ao artigo 25 do Decreto Lei nº 1.598/77 permitindo que somente houvesse dedução do ágio independentemente de seu fundamento econômico no momento de alienação ou liquidação do investimento. Tal regime perdurou até o início do processo de privatização das empresas estatais brasileiras, ocorrido na segunda metade da década de 90.

No âmbito do processo do programa nacional de desestatização, foi promulgada a Lei nº 9.532/97[8], que trazia disposição expressa no seu artigo 7º permitindo que, no caso de incorporação entre a empresa adquirente (que tenha registrado o ágio quando da aquisição do investimento) e a adquirida, as despesas com amortização do ágio fundamentado em expectativa de rentabilidade futura poderiam ser consideradas dedutíveis para fins de apuração do lucro real, com base em balanços levantados após a referida incorporação, na proporção máxima de 1/60 (um sessenta avos) ao mês (amortização a ser feita no período mínimo de 5 anos).

Com a convergência das normas contábeis brasileiras às normas contábeis internacionais (padrão "International Financial Reporting Standards – IFRS"), há uma significativa mudança no que toca ao registro do ágio.

A norma contábil internacional emitida pelo "International Accounting Standards Board" (IASB) que cuida das operações de combinações de negócios, é o "International Financial Report Standard" nº 3 (IFRS 3), que serviu de inspiração para norma contábil brasileira sobre o tema, que é o Pronunciamento Contábil nº 15 do Comitê de Pronunciamentos Contábeis (CPC 15).

---

[7] IUDICIBUS, Sergio de, MARTINS, Eliseu, GELBCKE, Ernesto Rubens. *Manual de Contabilidade das Sociedades por Ações*. 7ª ed. São Paulo: Atlas, 2008. pp 173-177.

[8] Lei nº 9.532/97: *"Art. 7º A pessoa jurídica que absorver patrimônio de outra, em virtude de incorporação, fusão ou cisão, na qual detenha participação societária adquirida com ágio ou deságio, apurado segundo o disposto no art. 20 do Decreto-Lei n.º 1.598, de 26 de dezembro de 1977:*
III – poderá amortizar o valor do ágio cujo fundamento seja o de que trata a alínea "b" do § 2º do art. 20 do Decreto-lei nº 1.598, de 1977, nos balanços correspondentes à apuração de lucro real, levantados posteriormente à incorporação, fusão ou cisão, à razão de um sessenta avos, no máximo, para cada mês do período de apuração;".

A referida norma contábil se utiliza do termo operações de combinação de negócios, expressão que engloba tanto as aquisições de sociedades quanto as aquisições de ativos ou estabelecimentos.

A aplicação dos critérios contábeis descritos no CPC 15 fica restrita às operações de combinações de negócios praticadas entre partes independentes nos termos do item B1 do CPC 15, que determina que o CPC 15 não se aplica às combinações de negócios sob controle comum[9].

Como decorrência de tal dispositivo, não é considerada combinação de negócios uma incorporação de uma sociedade que já está sob controle da incorporadora, ainda que tal operação possa ser chamada de reorganização societária[10].

Em outras palavras, operações de incorporação, fusão ou cisão somente serão consideradas combinações de negócios, para fins contábeis, quando envolverem partes independentes, ou seja, há alteração do controle societário em virtude da ocorrência de tais operações[11].

O CPC 15 dispõe sobre a contabilidade das operações de combinações de negócios, sendo que nele está previsto o método de compra ou aquisição (*purchase method*) como critério para contabilização de operações de combinações de negócios.

Nesse sentido, o item 4 do CPC 15 determina que o método de aquisição deverá ser aplicado em cada operação de combinação de negócios[12], sendo que a aplicação do método de aquisição pressupõe quatro etapas nos termos do item 5 do CPC 15: (i) identificação do adquirente; (ii) determinação da data de aquisição; (iii) reconhecimento e mensuração dos ativos identificáveis adquiridos, dos passivos assumidos e das participações societárias de não controladores na adquirida; e (iv) reconhecimento e mensuração do ágio

---

[9] CPC 15: *"B1. Este Pronunciamento não se aplica a combinação de negócios de entidades ou negócios sob controle comum. A combinação de negócios envolvendo entidades ou negócios sob controle comum é uma combinação de negócios em que todas as entidades ou negócios da combinação são controlados pela mesma parte ou partes, antes e depois da combinação de negócios, e esse controle não é transitório".*

[10] IUDICIBUS, Sérgio de, MARTINS, Eliseu, GELBCKE, Ernesto Rubens, SANTOS, Ariovaldo dos. *Manual de Contabilidade Societária.* São Paulo: Atlas, 2010. p. 403.

[11] IUDICIBUS, Sérgio de, MARTINS, Eliseu, GELBCKE, Ernesto Rubens, SANTOS, Ariovaldo dos. *Manual de Contabilidade Societária.* São Paulo: Atlas, 2010. p. 403.

[12] CPC 15: *"4. A entidade deve contabilizar cada combinação de negócios pela aplicação do método de aquisição".*

por expectativa de rentabilidade futura ou do ganho proveniente de compra vantajosa[13].

No tocante aos ativos e passivos recebidos da sociedade incorporada recebidos pela sociedade incorporadora, o item 18 do CPC 15 determina que eles deverão ser reconhecidos pelos respectivos valores justos da data da aquisição[14].

Assim, o ágio passa a ser a parte residual do preço da aquisição, isto é, a parcela do preço que não foi alocada a nenhum ativo líquido. Consoante o item 32 do CPC 15, o adquirente deve reconhecer o ágio por expectativa de rentabilidade futura (*goodwill*), na data da aquisição, mensurado pelo montante resultante da soma: (i) da contraprestação transferida em troca do controle da adquirida, mensurada de acordo com o CPC 15, para a qual geralmente se exige o valor justo na data da aquisição; (ii) do montante de quaisquer participações de não controladores na adquirida, mensuradas de acordo com o CPC 15; e (iii) no caso de combinação de negócios realizada em estágios, o valor justo, na data da aquisição, da participação do adquirente na adquirida imediatamente antes da combinação que exceder o valor líquido, na data da aquisição, dos ativos identificáveis adquiridos e dos passivos assumidos, mensurados de acordo com o CPC 15[15].

---

[13] CPC 15: "5. A aplicação do método de aquisição exige:
(a) identificação do adquirente;
(b) determinação da data de aquisição;
(c) reconhecimento e mensuração dos ativos identificáveis adquiridos, dos passivos assumidos e das participações societárias de não controladores na adquirida; e
(d) reconhecimento e mensuração do ágio por expectativa de rentabilidade futura (goodwill) ou do ganho proveniente de compra vantajosa".

[14] CPC 15: "18. O adquirente deve mensurar os ativos identificáveis adquiridos e os passivos assumidos pelos respectivos valores justos da data da aquisição".

[15] CPC 15: "32. O adquirente deve reconhecer o ágio por expectativa de rentabilidade futura (goodwill), na data da aquisição, mensurado pelo montante que (a) exceder (b) abaixo:
(a) a soma:
(i) da contraprestação transferida em troca do controle da adquirida, mensurada de acordo com este Pronunciamento, para a qual geralmente se exige o valor justo na data da aquisição (ver item 37);
(ii) do montante de quaisquer participações de não controladores na adquirida, mensuradas de acordo com este Pronunciamento; e
(iii) no caso de combinação de negócios realizada em estágios (ver itens 41 e 42), o valor justo, na data da aquisição, da participação do adquirente na adquirida imediatamente antes da combinação;
(b) o valor líquido, na data da aquisição, dos ativos identificáveis adquiridos e dos passivos assumidos, mensurados de acordo com este Pronunciamento".

2. GLOSAS DE ÁGIO E A CONSTRUÇÃO DA PROVA

Vale destacar, ainda, que o ágio por expectativa de rentabilidade futura (*goodwill*) não está mais sujeito à amortização contábil, estando sujeito ao teste de recuperabilidade (*impairment*) em bases anuais. Nesse sentido, o Pronunciamento Contábil nº 1 do Comitê de Pronunciamentos Contábeis (Redução ao Valor Recuperável de Ativos) estabelece que o ágio por expectativa de rentabilidade futura (*goodwill*) adquirido em combinação de negócios deve passar pelo teste de redução ao valor recuperável pelo menos uma vez ao ano.

Tendo em vista a alteração no que diz respeito ao cálculo do ágio e a impossibilidade de sua amortização contábil, cumpre salientar que foi editada a Lei nº 11.941/09 (conversão da Medida Provisória nº 449/08), que instituiu o Regime Tributário de Transição (RTT), pelo qual seriam neutros os reflexos dos métodos e critérios contábeis trazidos pela Lei nº 11.638/07 para fins de cálculo do Imposto de Renda da Pessoa Jurídica (IRPJ), da Contribuição Social sobre o Lucro (CSLL), e das Contribuições ao Programa de Integração Social (PIS) e para Financiamento da Seguridade Social (COFINS).

Segundo o RTT, as bases de cálculo dos referidos tributos deverão ser determinadas de acordo com a legislação contábil vigente em 31/12/2007.

O RTT foi extinto pela Lei nº 12.973/14, que trouxe disposições específicas sobre a tributação a partir da adoção dos novos critérios contábeis.

No que tange às combinações de negócios, vale ressaltar que o critério de contabilização das combinações de negócios pelo método de compra previsto no CPC 15 foi positivado, para fins fiscais, a partir da edição da Lei nº 12.973/14.

Nesse sentido, o artigo 20, §5º, do Decreto-Lei nº 1.598/77 (com redação dada pela Lei nº 12.973/14) estabeleceu que a aquisição de participação societária sujeita à avaliação pelo valor do patrimônio líquido exige o reconhecimento e a mensuração: (i) primeiramente, dos ativos identificáveis adquiridos e dos passivos assumidos a valor justo; e (ii) posteriormente, do ágio por rentabilidade futura ou do ganho proveniente de compra vantajosa[16].

---

[16] Decreto-Lei nº 1.598/77: "*Art. 20. O contribuinte que avaliar investimento pelo valor de patrimônio líquido deverá, por ocasião da aquisição da participação, desdobrar o custo de aquisição em: (Redação dada pela Lei nº 12.973, de 2014)*
(...)
§ 5º A aquisição de participação societária sujeita à avaliação pelo valor do patrimônio líquido exige o reconhecimento e a mensuração: (Incluído pela Lei nº 12.973, de 2014)

Em outras palavras, a legislação tributária adotou o critério contábil de reconhecimento do ágio, pelo qual este é somente o sobrepreço pago em relação ao patrimônio da sociedade adquirida avaliado a valor justo.

O artigo 20, §3º, do Decreto-Lei nº 1.598/77 estabelece que o valor da mais ou menos-valia de ativos deverá ser baseado em laudo elaborado por perito independente que deverá ser protocolado na Secretaria da Receita Federal do Brasil ou cujo sumário deverá ser registrado em Cartório de Registro de Títulos e Documentos, até o último dia útil do 13º (décimo terceiro) mês subsequente ao da aquisição da participação.

Considerando que o ágio não é mais amortizável, não há que se falar em dedutibilidade da despesa de ágio tal qual no regime previsto na Lei nº 9.532/97. Nesse sentido, o artigo 22 da Lei nº 12.973/14[17] previu que a pessoa jurídica que absorver patrimônio de outra, em virtude de incorporação, fusão ou cisão, na qual detinha participação societária adquirida com ágio por rentabilidade futura (*goodwill*) decorrente da aquisição de participação societária entre partes não dependentes, poderá excluir para fins de apuração do lucro real dos períodos de apuração subsequentes o saldo do referido ágio existente na contabilidade na data da aquisição da participação

I – primeiramente, dos ativos identificáveis adquiridos e dos passivos assumidos a valor justo; e (Incluído pela Lei nº 12.973, de 2014)

II – posteriormente, do ágio por rentabilidade futura (goodwill) ou do ganho proveniente de compra vantajosa. (Incluído pela Lei nº 12.973, de 2014)".

[17] Lei nº 12.973/14: *"Art. 22. A pessoa jurídica que absorver patrimônio de outra, em virtude de incorporação, fusão ou cisão, na qual detinha participação societária adquirida com ágio por rentabilidade futura (goodwill) decorrente da aquisição de participação societária entre partes não dependentes, apurado segundo o disposto no inciso III do caput do art. 20 do Decreto-Lei no 1.598, de 26 de dezembro de 1977, poderá excluir para fins de apuração do lucro real dos períodos de apuração subsequentes o saldo do referido ágio existente na contabilidade na data da aquisição da participação societária, à razão de 1/60 (um sessenta avos), no máximo, para cada mês do período de apuração.*

§ 1º O contribuinte não poderá utilizar o disposto neste artigo, quando:

I – o laudo a que se refere o § 3º do art. 20 do Decreto-Lei nº 1.598, de 26 de dezembro de 1977, não for elaborado e tempestivamente protocolado ou registrado;

II – os valores que compõem o saldo do ágio por rentabilidade futura (goodwill) não puderem ser identificados em decorrência da não observância do disposto no § 3º do art. 37 ou no § 1º do art. 39 desta Lei.

§ 2º O laudo de que trata o inciso I do § 1º será desconsiderado na hipótese em que os dados nele constantes apresentem comprovadamente vícios ou incorreções de caráter relevante.

§ 3º A vedação prevista no inciso I do § 1º não se aplica para participações societárias adquiridas até 31 de dezembro de 2013, para os optantes conforme o art. 75, ou até 31 de dezembro de 2014, para os não optantes".

2. GLOSAS DE ÁGIO E A CONSTRUÇÃO DA PROVA

societária, à razão de 1/60 (um sessenta avos), no máximo, para cada mês do período de apuração.

O artigo 22, §1º, da Lei nº 12.973/14 vincula a possibilidade de exclusão do ágio por rentabilidade futura (*goodwill*) a que o laudo que ateste a mais ou menos-valia de ativos tenha sido elaborado e tempestivamente protocolado ou registrado.

Conforme mencionado anteriormente, o ágio não se encontra mais sujeito à amortização contábil, no entanto, está sujeito ao teste anual de recuperabilidade.

Nesse sentido, o artigo 28 da Lei nº 12.973/14[18] dispõe que a contrapartida da redução do ágio por rentabilidade futura (*goodwill*), inclusive mediante redução ao valor recuperável, não será computada na determinação do lucro real.

Feitas as principais considerações sobre o regime tributário do ágio, passaremos à análise dos precedentes do CARF acerca do tema.

2. Das questões tributárias relevantes relativas ao ágio
2.1. Ágio interno

O ágio interno corresponde ao gerado entre partes relacionadas, ou seja, entre partes de um mesmo grupo econômico[19].

Até a edição da Lei nº 12.973/14, inexistia na legislação pátria qualquer menção ao reconhecimento – ou não – de ágio interno, sendo que a redação do artigo 36 da Lei nº 10.637/02 estabelecia inclusive incentivo de diferimento fiscal para o ganho de capital de integralização a valor de mercado por partes dependentes, sendo que tal incentivo só foi revogado em 2005.

Somente com a edição do artigo 22 da Lei nº 12.973/14[20] é que surge a previsão legal expressa de que o ágio passível de amortização fiscal é

---

[18] Lei nº 12.973/14: *"Art. 28. A contrapartida da redução do ágio por rentabilidade futura (goodwill), inclusive mediante redução ao valor recuperável, não será computada na determinação do lucro real.*
Parágrafo único. Quando a redução se referir ao valor de que trata o inciso III do art. 20 do Decreto-Lei nº 1.598, de 26 de dezembro de 1977, deve ser observado o disposto no art. 25 do mesmo Decreto-Lei".
[19] MOSQUERA, Roberto Quiroga. *Especial Ágio – Validade do Ágio na Jurisprudência do CARF.* São Paulo: Impressão Régia, 2015. p. 10.
[20] Lei nº 12.973/14: *"Art. 22. A pessoa jurídica que absorver patrimônio de outra, em virtude de incorporação, fusão ou cisão, na qual detinha participação societária adquirida com ágio por rentabilidade futura (goodwill) decorrente da aquisição de participação societária entre partes não dependentes,*

aquele decorrente de aquisição de participação societária entre partes não dependentes.

Diante de tal cenário legal, as autuações fiscais que foram discutidas no CARF se referem ao período anterior à Lei nº 12.973/14 e se fundamentam nos seguintes pontos: (i) artificialidade da operação em virtude da ausência de propósito negocial; (ii) ausência de nova riqueza ou fluxo financeiro real na transação; (iii) motivação exclusivamente tributária; e (iv) simulação e abuso de direito.

Por sua vez, o contribuinte centra a sua argumentação na legalidade da operação que gerou o ágio interno, isto é, inexiste proibição ao registro de ágio entre partes dependentes e efetiva materialização contábil do ágio, como previsto na norma que autoriza sua amortização.

Ao se analisar os precedentes do CARF julgados até novembro de 2014 (antes da reestruturação organizacional do CARF, procedida ao final de 2015), verifica-se que os autos de infração foram mantidos, como ilustram os Acórdãos nºs. 1402-001.460[21], 1201-000.969[22], 1202-000.954[23], 1401-000.850[24], 1301-001.350[25] e 1302-001.183[26]. Nos referidos casos, prevaleceu o entendimento de que há ausência de nova riqueza nas operações

apurado segundo o disposto no inciso III do caput do art. 20 do Decreto-Lei nº 1.598, de 26 de dezembro de 1977, poderá excluir para fins de apuração do lucro real dos períodos de apuração subsequentes o saldo do referido ágio existente na contabilidade na data da aquisição da participação societária, à razão de 1/60 (um sessenta avos), no máximo, para cada mês do período de apuração.

§ 1º O contribuinte não poderá utilizar o disposto neste artigo, quando:

I – o laudo a que se refere o § 3º do art. 20 do Decreto-Lei nº 1.598, de 26 de dezembro de 1977, não for elaborado e tempestivamente protocolado ou registrado;

II – os valores que compõem o saldo do ágio por rentabilidade futura (goodwill) não puderem ser identificados em decorrência da não observância do disposto no § 3º do art. 37 ou no § 1º do art. 39 desta Lei.

§ 2º O laudo de que trata o inciso I do § 1º será desconsiderado na hipótese em que os dados nele constantes apresentem comprovadamente vícios ou incorreções de caráter relevante.

§ 3º A vedação prevista no inciso I do § 1º não se aplica para participações societárias adquiridas até 31 de dezembro de 2013, para os optantes conforme o art. 75, ou até 31 de dezembro de 2014, para os não optantes".

[21] Votação unânime, publicado em 24/09/2014.

[22] Votação unânime, publicado em 29/08/2014.

[23] Votação por maioria, publicado em 17/04/2014.

[24] Votação unânime, publicado em 01/04/2014.

[25] Votação unânime, publicado em 28/03/2014.

[26] Votação por maioria, publicado em 27/01/2014.

2. GLOSAS DE ÁGIO E A CONSTRUÇÃO DA PROVA

que geraram o ágio interno, assim como tais operações tiveram motivação exclusivamente tributária.

Na época, pesquisando-se a jurisprudência, nota-se que apenas uma Turma Ordinária cancelava autuações de glosa de ágio interno, como se procedeu no julgamento do Acórdão nº 1101-000.841[27] (da mesma forma como precedentes anteriores, desde 2012), prevalecendo o entendimento pela legalidade, ou seja, diante da inexistência de proibição de geração de ágio em operações intragrupo.

Confira-se trechos de sua ementa:

> Imposto sobre a Renda de Pessoa Jurídica – IRPJ
> Ano-calendário: 2005, 2006, 2007, 2008
> (...)

ÁGIO. REQUISITOS DO ÁGIO.

O art. 385 do RIR/1999, estabelece a definição de ágio e os requisitos do ágio, para fins fiscais. O ágio é a diferença entre o custo de aquisição do investimento e o valor patrimonial das ações adquiridas. Os requisitos são a aquisição de participação societária e o fundamento econômico do valor de aquisição. Fundamento econômico do ágio é a razão de ser da mais valia sobre o valor patrimonial. A legislação fiscal prevê as formas como este fundamento econômico pode ser expresso (valor de mercado, rentabilidade futura, e outras razões) e registrado.

ÁGIO INTERNO.

A circunstância da operação ser praticada por empresas do mesmo grupo econômico não descaracteriza o ágio, cujos efeitos fiscais decorrem da legislação fiscal. A distinção entre ágio surgido em operação entre empresas do grupo (denominado de ágio interno) e aquele surgido em operações entre empresas sem vínculo, não é relevante para fins fiscais.

ÁGIO INTERNO. INCORPORAÇÃO REVERSA. AMORTIZAÇÃO.

A amortização do ágio está prevista no art. 386 do RIR/1999. Para fins fiscais, o ágio decorrente de operações com empresas do mesmo grupo (dito ágio interno), não difere em nada do ágio que surge em operações entre empresas

---

[27] Votação por maioria, publicado em 10/12/2013.

sem vínculo. Ocorrendo a incorporação reversa, o ágio poderá ser amortizado nos termos previstos nos arts. 7º e 8º da Lei nº 9.532, de 1997.

(...)

Como se verifica, tratava-se de tema em que a quase totalidade das decisões era negativa ao contribuinte. Tal entendimento não tem sido diferente nos precedentes do CARF julgados após a reestruturação do CARF, isto é, a partir de dezembro de 2015.

Nessa linha, até novembro de 2019, os autos de infração relativos a ágio interno foram mantidos nos Acórdãos 1301-003.984[28], 1401-003.635[29], 1402-003.798[30], 1302-003.381[31], 1201-002.672[32] e 9101-003.611[33]. Os principais fundamentos para a manutenção dos referidos autos foram a artificialidade das operações que geraram o ágio interno e a ausência de riqueza nova derivada de tais operações.

Confira-se passagem da ementa do mencionado Acórdão nº 9101-003.611, que ilustra a atual posição da CSRF sobre o tema:

Imposto sobre a Renda de Pessoa Jurídica – IRPJ
Ano-calendário: 2007, 2008

ÁGIO INTERNO. AMORTIZAÇÃO. INDEDUTIBILIDADE.
A hipótese de incidência tributária da possibilidade de dedução das despesas de amortização do ágio, prevista no art. 386 do RIR/1999, requer a participação de uma pessoa jurídica investidora originária, que efetivamente tenha acreditado na "mais valia" do investimento e feito sacrifícios patrimoniais para sua aquisição.

Inexistentes tais sacrifícios, notadamente em razão do fato de alienantes e adquirentes integrarem o mesmo grupo econômico e estarem submetidos a controle comum, evidencia-se a artificialidade da reorganização societária que,

---

[28] Votação por maioria, publicado em 11/09/2019.
[29] Votação por maioria, publicado em 19/08/2019.
[30] Votação unânime, publicado em 06/05/2019.
[31] Votação por maioria, publicado em 18/03/2019.
[32] Votação por maioria, publicado em 12/02/2019.
[33] Votação por maioria, publicado em 11/07/2018.

carecendo de propósito negocial e substrato econômico, não tem o condão de autorizar o aproveitamento tributário do ágio que pretendeu criar.

(...)

Atualmente, uma vez identificado pelos Julgadores tratar-se, efetivamente, de ágio interno, não se encontra mais posição de qualquer Turma Ordinária favorável à tese de legalidade arguida pelos contribuintes, ou a qualquer outro argumento. O debate sobre esse *subtema* do ágio sempre girou em torno de teses de Direito, pouco valendo-se de provas na demonstração do suposto direito à amortização.

Quando muito, demonstra-se que, mesmo procedida a operação entre partes do mesmo grupo econômico, foram recolhidos os tributos incidentes sobre o ganho de capital pela parte vendedora das participações societárias, dentro de uma narrativa postulatória de que, se tais tributos, de um lado, foram apurados e pagos, a amortização do ágio pelo adquirente, no outro lado da transação, seria, então, igualmente devida.

Ilustrando tal ocorrência, confira-se trecho da ementa do Acórdão nº 1201-002.479[34], que cancelou exação referente à glosa de ágio, sob a precisa acusação de ter sido gerado internamente, em transação entre empresas do mesmo grupo econômico, por ter sido provada a apuração e pagamento de tributos sobre o ganho patrimonial percebido na alienação procedida:

Assunto: Imposto sobre a Renda de Pessoa Jurídica – IRPJ
Ano-calendário: 2011
(...)

ÁGIO INTERNO. AMORTIZAÇÃO. GLOSA.

Se os atos de reorganização societária registrados pela recorrente, ainda que formalmente regulares, não configuram uma efetiva aquisição de participação societária mas mera permuta de ativos dentro do grupo de empresas sob controle comum, correta a glosa dos valores amortizados como ágio.

---

[34] Votação por maioria, publicado em 26/10/2018.

ÁGIO INTERNO. GLOSA. TRIBUTAÇÃO DO GANHO DE CAPITAL NA MESMA OPERAÇÃO SOCIETÁRIA

Se foram exigidos tributos sobre ganho de capital relativamente a ágio gerado internamente no grupo econômico, cabe deduzir do montante autuado a título de ágio não dedutível, o valor que foi tributado como ganho de capital, na mesma operação.

A utilização de provas também, por muitas vezes, é empregada para demonstrar que, diferentemente da acusação fiscal procedida nas autuações, aquele ágio foi gerado, efetivamente, com sacrifício econômico de partes não relacionadas, com fito de infirmar o rótulo procedido pela fiscalização de *ágio interno*, que macularia a amortização das despesas geradas com a mais-valia percebida.

Porém, como dito, em consequência dos termos das atuações e das defesas que envolvem tal temática, os seus correspondentes julgamentos pouco se debruçam sobre elementos probantes, geralmente, atendo-se a debates jurídicos.

2.2. Empresa veículo

Ao estabelecer a dedutibilidade das despesas com amortização de ágio fundamentado em expectativa de rentabilidade futura, o artigo 7º da Lei nº 9.532/97[35] exigia como requisito a absorção do patrimônio de determinada pessoa jurídica, em virtude de incorporação, fusão ou cisão, em relação a qual o contribuinte detivesse participação societária adquirida com ágio ou deságio, devidamente registrado.

Como se nota, o *gatilho* legal para o início da amortização fiscal do ágio era uma operação de fusão, incorporação ou cisão, envolvendo investidora que adquiriu participação societária com ágio da investida. No caso de incorporação, o requisito de absorção do patrimônio estaria cumprido tanto na

---

[35] Lei nº 9.532/97: *"Art. 7º A pessoa jurídica que absorver patrimônio de outra, em virtude de incorporação, fusão ou cisão, na qual detenha participação societária adquirida com ágio ou deságio, apurado segundo o disposto no art. 20 do Decreto-Lei n.º 1.598, de 26 de dezembro de 1977:*
III – poderá amortizar o valor do ágio cujo fundamento seja o de que trata a alínea "b" do § 2º do art. 20 do Decreto-lei nº 1.598, de 1977, nos balanços correspondentes à apuração de lucro real, levantados posteriormente à incorporação, fusão ou cisão, à razão de um sessenta avos, no máximo, para cada mês do período de apuração;".

hipótese de investidora incorporando investida quanto no caso de investida incorporando a investidora (incorporação reversa ou às avessas).

A partir de tal cenário, as autuações fiscais e os precedentes administrativos das DRJs e do CARF passaram a desenvolver o conceito das chamadas *empresas veículo*, que pode ser entendida como aquela que: (i) foi criada pela própria adquirente com seu investimento na empresa-alvo exclusivamente para transferência do ágio; (ii) sua criação não tem outro propósito econômico; (iii) é a empresa para o qual é transferido o ágio; (iv) é controladora da empresa que restou após a incorporação e na qual passou a ser amortizado o diferido ou o intangível; (v) é extinta por conta da incorporação; e (vi) possibilita que sua controlada possa, ao fim e ao cabo, amortizar, em ativo diferido ou intangível, o referido ágio[36].

Assim, as autuações fiscais que foram discutidas no CARF se fundamentam nos seguintes pontos: (i) ausência de propósito negocial na constituição da empresa veículo; (ii) motivação exclusivamente tributária; (iii) inocorrência de confusão patrimonial entre a investida e sua real adquirente (que não seria a *empresa veículo*); e (iv) simulação, abuso de direito e abuso de forma.

Por outro lado, os contribuintes têm se valido principalmente dos seguintes argumentos para justificar a constituição de empresas veículo: (i) liberdade de organização dos seus negócios jurídicos; (ii) irrelevância para a efetiva geração do Ágio, com materialidade econômica e (iii) diversas outras razões circunstanciais, de ordem societária, comercial e institucional.

Ao se analisar os precedentes do CARF julgados até novembro de 2014, verifica-se que os autos de infração foram mantidos nos Acórdãos nºs. 1402-001.460[37], 1102-001.006[38], 1103-000.960[39] e 1101-000.961[40]. Nos referidos casos, em suma, prevaleceu o entendimento de que não houve confusão patrimonial entre a investida e sua real adquirente, bem como inexistiu outro propósito negocial na constituição da empresa veículo que não fosse a motivação tributária.

---

[36] SCHOUERI, Luís Eduardo. *Ágio em Reorganizações Societárias – Aspectos Tributários*. São Paulo: Dialética, 2012. p. 103.

[37] Votação por qualidade, publicado em 24/09/2014.

[38] Votação por qualidade, publicado em 30/05/2014.

[39] Votação por maioria, publicado em 05/05/2014.

[40] Votação por maioria, publicado em 28/03/2014.

EFICIÊNCIA PROBATÓRIA E A ATUAL JURISPRUDÊNCIA DO CARF

Para ilustrar, confira-se parte da ementa e do voto vencedor do Acórdão nº 1101-000.961, que, primordialmente, endossou o entendimento sobre a ausência de confusão entre os reais adquirentes e adquirida, como óbice para o aproveitamento fiscal do ágio:

> Imposto sobre a Renda de Pessoa Jurídica – IRPJ
> Ano-calendário: 2005, 2006
>
> TRANSFERÊNCIADECAPITALPARAAQUISIÇÃODEINVESTIMENTO POR EMPRESA VEÍCULO, SEGUIDA DE SUA INCORPORAÇÃO PELA INVESTIDA. SUBSISTÊNCIA DO INVESTIMENTO NO PATRIMÔNIO DA INVESTIDORA ORIGINAL.
>
> Para dedução fiscal da amortização de ágio fundamentado em rentabilidade futura é necessário que a incorporação se verifique entre a investida e a pessoa jurídica que adquiriu a participação societária com ágio. Não é possível a amortização se o investimento subsiste no patrimônio da investidora original.
>
> (...)
>
> Claro está que as empresas envolvidas na incorporação devem ser, necessariamente, a adquirente da participação societária com ágio e a investida adquirida. Em que pese a lei não vede a transferência consoante antes demonstrado, este procedimento não extingue, na real adquirente, a parcela do investimento correspondente ao ágio, de modo que ao final dos procedimentos realizados, com a incorporação da empresa veículo pela investida, a propriedade da participação societária adquirida com ágio subsiste no patrimônio da investidora original, diversamente do que cogita a lei.

Todavia, na mesma época, os autos de infração lavrados sob a mesma acusação de emprego de empresa veículo foram exonerados nos Acórdãos nºs. 1301-001.224[41] e 1201-000.689[42], sendo que em ambos prevaleceu o entendimento de que a estrutura societária utilizada era lícita, não afetando a prerrogativa legal de amortização fiscal do ágio.

No que diz respeito aos precedentes do CARF posteriores, prolatados até novembro de 2019, inclusive pela CSRF, nota-se que os autos de

---

[41] Votação por maioria, publicado em 21/06/2013.
[42] Votação por unanimidade, publicado 04/07/2012.

infração foram mantidos nos Acórdãos nºs. 9101-004.383[43], 1302-003.822[44], 1201-002.983[45], 1401-003.185[46] e 1402-003.905[47], nos quais, mais uma vez, em relação aos dois primeiros julgados, essencialmente, prevaleceu o entendimento de que houve ausência de confusão patrimonial com a real adquirente e nos demais entendeu-se, em acréscimo, que tais estruturas seriam eivadas de abuso de direito e desprovidas de qualquer razão extratributária.

Em sentido contrário, verifica-se a desoneração do crédito tributário no Acórdão nº 1301-003.937[48], uma vez que se entendeu que a constituição da empresa veículo não afetou o montante do ágio gerado, enquadrando-se a operação colhida na hipótese legal de aproveitamento do ágio. Da mesma forma, aponta-se expressamente para a comprovação de *propósito negocial* no emprego da empresa veículo.

Confira-se trecho de sua ementa e do voto vencedor de tal julgado:

> Imposto sobre a Renda de Pessoa Jurídica – IRPJ
> Ano-calendário: 2006, 2007, 2008
> (...)

> IRPJ. INCORPORAÇÃO DE SOCIEDADE. AMORTIZAÇÃO DE ÁGIO. ARTIGOS 7º E 8º DA LEI Nº 9.532/97.
> A reorganizacão empresarial, sob amparo dos artigos 7º e 8º da Lei nº 9.532/97, mediante a utilização de empresa veículo, desde que dessa utilização não tenha resultado aparecimento de novo ágio, não pode ser qualificada de planejamento fiscal inoponível ao fisco.

> IRPJ. INCORPORAÇÃO DE SOCIEDADE. AMORTIZAÇÃO DE ÁGIO. EMPRESA VEÍCULO. PROPÓSITO NEGOCIAL. EXISTÊNCIA
> Há propósito negocial, quando demonstrado que criação de uma "Conta Garantia", destinada a garantir obrigações de indenização posteriormente devidas pelos vendedores, em virtude de "prejuízos, passivos, reclamações,

---

[43] Votação por qualidade, publicado em 22/11/2019.
[44] Votação por maioria, publicado em 14/08/2019.
[45] Votação por qualidade, publicado em 15/07/2019.
[46] Votação por qualidade, publicado em 08/07/2019.
[47] Votação por qualidade, publicado em 01/07/2019.
[48] Votação por maioria, publicado em 26/07/2019.

danos ou gastos" que não estejam refletidas nas demonstrações financeiras da sociedade-investida.

(...)

Também inexiste vedação na Lei nº 9.532/97 (ou em qualquer outro instrumento legal), no sentido de desautorizar a constituição das chamadas empresas-veículo para executar a fórmula prescrita pelo legislador, que consiste na confusão patrimonial, mediante incorporação, cisão ou fusão, das despesas de ágio contra os lucros da empresa adquirida.

Ora, salvo hipótese de fraude, que não é o caso dos autos, a utilização de "empresa-veículo" não gera qualquer efeito tributário, isto é, não altera o potencial de amortização deste em caso de posterior operação de fusão, incorporação ou cisão que ocasione o encontro patrimonial requerido pelo legislador. Por isso, correto afirmar que tais operações são neutras, não alterando a esfera de direitos dos contribuintes ou do fisco no que concerne a efetiva amortização do ágio.

(...)

Portanto, operações como as ora submetidas a julgamento nada têm de planejamento ilícito ou inoponível ao fisco, são, ao contrário, atuações induzidas, inclusive, pelo Poder Público.

Além desse fundamento, ainda há um outro, na direção de permitir o aproveitamento do ágio gerado: há claro propósito negocial na constituição da empresa denominada XXX.

Muito razoável a justificativa que apresentou a recorrente, quando sustenta a criação de uma "Conta Garantia", destinada a garantir obrigações de indenização posteriormente devidas pelos vendedores, em virtude de "prejuízos, passivos, reclamações, danos ou gastos" que não estivessem refletidas nas demonstrações financeiras da sociedade investida, no caso da XXX. Criouse, assim, mecanismos que teve o escopo de possibilitar à compradora quitar eventuais obrigações decorrentes de contingências não previstas, mediante a retirada de valores depositados na referida conta.

(....)

O julgado acima citado primeiro presta-se a ilustrar a evolução da jurisprudência da 1ª Seção do CARF sobre o ágio formado em transações em que se adotou na estrutura societária as chamadas empresas veículo. Nas primeiras oportunidades de julgamento em que se apreciou esse *subtema*, os debates cingiam-se, na maioria das vezes, à apreciação do argumento jurídico de que inexistia na legislação proibição do emprego da referida modalidade de entidade na operação, bem como a simples averiguação de seu efeito *neutro* no surgimento e na quantificação do ágio. Em contraposição a tais argumentos, apontava-se para a ausência de confusão entre as reais adquirentes e adquiridas, conforme demonstrado anteriormente.

Num segundo momento da jurisprudência do CARF sobre a mesma matéria, mais recente, volta-se a atenção dos Julgadores para a identificação da presença de figuras como o *propósito negocial* e da materialidade da empresa veículo, apurando-se desde aspectos mais objetivos, como a duração da empresa, entre a sua constituição ou aquisição por determinada companhia até a sua extinção, assim como as suas características comerciais, denotando uma efetiva função societária.

Além disso, passou-se a verificar a procedência de justificativas circunstanciais para a sua criação, trazendo outros motivos para a sua existência (ainda que de ordem prática), além dos efeitos tributários do seu emprego na estrutura das operações.

E exatamente como exemplifica o julgado transcrito anteriormente, a apresentação de provas que evidenciam que a empresa veículo não foi mero *canal de passagem* do valor dispendido por outras empresas do grupo para aquisição de participação societária, figurando em contratos referentes à aquisição por meio da contração de obrigações, ônus e direitos, passou a ganhar relevância nos julgados mais recentes do CARF.

A prova de robustez, substância e outras vantagens no emprego das companhias rotuladas de empresa veículo, muitas vezes, acaba sendo o verdadeiro *discrímen* decisório para que se entenda que aquela entidade, ainda que constituída sob formato de *holding* e capitalizada anteriormente pela sua controladora, efetivamente se revestiu de adquirente no momento da operação de compra e venda, denotando a existência de um debate mais subjetivo, baseado em fatos e elementos probantes, ainda que circunstanciais de cada operação, distanciando-se da primeira celeuma de legitimidade ou não do uso de tais companhias nas aquisições societárias procedidas.

2.3. Laudo de avaliação

Conforme visto anteriormente, a redação original do artigo 20, §2º, do Decreto-Lei nº 1.598/77[49] exigia que o lançamento contábil do ágio ou desá-

---

[49] Decreto-Lei nº 1.598/77: *"Art. 20 (...) § 2º – O lançamento do ágio ou deságio deverá indicar, dentre os seguintes, seu fundamento econômico:*

gio nas contas dos contribuintes indicasse o seu fundamento econômico, sendo que o §3º do referido artigo estabelecia que o ágio fundamentado em: (i) valor de mercado de bens do ativo da coligada ou controlada superior ou inferior ao custo registrado na sua contabilidade ou (ii) valor de rentabilidade da coligada ou controlada, com base em previsão dos resultados nos exercícios futuros, deveria ser baseado em *demonstração que o contribuinte arquivaria como comprovante da escrituração*.

Assim, o dispositivo legal em questão estabelecia a necessidade de uma *demonstração* do fundamento do referido. Como se observa, não havia na lei previsão própria de nenhuma formalidade acerca de tal *demonstração*, como um formato específico, quem deveria elaborá-la, a necessidade de sua publicação ou até quando tal demonstração deveria ser feita.

Registre-se aqui que o panorama normativo mudou substancialmente com a edição da Lei nº 12.973/14, que alterou o artigo 20 do Decreto-Lei nº 1.598/77, revogando o seu §2º e alterando, por inteiro, o teor do seu §3º[50], pelo qual o valor da mais ou menos-valia de ativos deverá ser baseado em laudo, elaborado por perito independente, que deverá ser protocolado na Secretaria da Receita Federal do Brasil ou cujo sumário deverá ser registrado em Cartório de Registro de Títulos e Documentos, até o último dia útil do 13º (décimo terceiro) mês subsequente ao da aquisição da participação.

Desse modo, com a novel legislação, surgiram como requisitos para aproveitamento do ágio: (i) a necessidade de laudo elaborado por perito independente; (ii) o protocolo do laudo na Secretaria da Receita Federal do Brasil ou cujo sumário deverá ser registrado em Cartório de Registro de Títulos e Documentos; e (iii) o protocolo do laudo deve ser feito até o último dia útil do 13º mês subsequente ao da aquisição da participação.

---

a) valor de mercado de bens do ativo da coligada ou controlada superior ou inferior ao custo registrado na sua contabilidade;
b) valor de rentabilidade da coligada ou controlada, com base em previsão dos resultados nos exercícios futuros;
c) fundo de comércio, intangíveis e outras razões econômicas.
§ 3º – O lançamento com os fundamentos de que tratam as letras a e b do § 2º deverá ser baseado em demonstração que o contribuinte arquivará como comprovante da escrituração.".
[50] Decreto-Lei nº 1.598/77: *"Art. 20 (...) § 3º O valor de que trata o inciso II do caput deverá ser baseado em laudo elaborado por perito independente que deverá ser protocolado na Secretaria da Receita Federal do Brasil ou cujo sumário deverá ser registrado em Cartório de Registro de Títulos e Documentos, até o último dia útil do 13o (décimo terceiro) mês subsequente ao da aquisição da participação.".*

2. GLOSAS DE ÁGIO E A CONSTRUÇÃO DA PROVA

Todavia, os autos de infração analisados no âmbito do CARF, cujos Acórdãos correspondentes foram publicados até novembro de 20019, envolvendo essa questão do laudo, são anteriores à demonstrada alteração do Decreto-lei nº 1.598/77, promovida pela Lei nº 12.973/14.

Nos lançamentos de ofício até então julgados sobre esse *subtema*, a fiscalização já se valia das acusações de que: (i) a fundamentação econômica deve ser específica para a rentabilidade futura; (ii) o laudo deve ser elaborado por terceiro; e (iii) o laudo deve ser preparado anteriormente ou na mesma data das operações.

Ao seu turno, os contribuintes costumam alegar que a redação original do §3º, do artigo 20 do Decreto-lei nº 1.598/77 não trazia nenhum requisito formal para a elaboração de um laudo relativo ao ágio, somente exigindo que houvesse uma comprovação para a fundamentação do ágio, de modo que esta poderia ser feita por um documento interno, elaborado dentro da própria adquirente – tal qual uma planilha ou mesmo uma apresentação. Ademais, eles também alegam que não há obrigatoriedade legal de que a demonstração fosse anterior ou na mesma data das operações.

Ao se analisar os precedentes do CARF julgados até novembro de 2014, verifica-se que os autos de infração foram mantidos nos Acórdãos nºs. 1301-001.637[51], 1102-001.104[52], 1101-001.075[53] e 1402-000.766[54]. Em todos os referidos processos prevaleceu o entendimento de que os laudos seriam extemporâneos (pois elaborados após a data das operações) e, em alguns casos, também não tratavam propriamente da expectativa de rentabilidade futura para justificar economicamente o ágio percebido.

Nos julgados do CARF publicados até novembro de 2019, nota-se que os autos de infração também foram mantidos nos Acórdãos nºs. 1401-003.565[55], 1302-003.821[56], 1301-003.935[57], 1402-003.869[58] e 9101-003.199[59]. Com exceção do Acordão nº 1401-003.565, no qual entendeu-se pela total ine-

---

[51] Votação por unanimidade, publicado em 18/09/2014.
[52] Votação por unanimidade, publicado em 16/05/2014.
[53] Votação por unanimidade, publicado em 13/05/2014.
[54] Votação por qualidade, publicado em 16/02/2013.
[55] Votação por unanimidade, publicado em 31/10/2019.
[56] Votação por maioria, publicado em 24/09/2019.
[57] Votação por unanimidade, publicado em 19/07/2019.
[58] Votação por unanimidade, publicado em 08/05/2019.
[59] Votação por unanimidade, publicado em 23/02/2019.

xistência de um laudo hábil a atender à exigência legal da época; nos demais julgamentos, prevaleceu o entendimento de que a demonstração apresentada era extemporânea.

Por outro lado, o crédito tributário foi exonerado nos Acórdãos 1201-002.247[60] e 1401-001.908[61].

Cumpre aqui citar trecho da ementa do Acórdão 1201-002.247, no qual resta evidenciada a adoção de entendimento de que, à época dos fatos, inexistia na lei previsão para que o laudo existisse na data da operação:

> Imposto sobre a Renda de Pessoa Jurídica – IRPJ
> Ano-calendário: 2012, 2013, 2014
>
> LAUDO DE AVALIAÇÃO. INTEMPESTIVIDADE. FALTA DE PREVISÃO LEGAL.
>
> Indevida a glosa do aproveitamento do ágio sob fundamento de intempestividade do laudo de avaliação vez que sequer existia previsão legal acerca da obrigatoriedade do laudo à época dos fatos.
>
> (...)
>
> O demonstrativo, no caso em tela, fora veiculado por meio do Relatório de Avaliação, apresentado cerca de seis meses após a aquisição da participação. Restou claro que, em nenhum momento a fiscalização questionou o conteúdo deste relatório, não apontando nenhuma falha técnica que dissesse respeito ao mérito e as conclusões ali expostas.
>
> Assim, cabe adentrar nas questões formais, novamente, para esclarecer que além de não haver previsão legal para a confecção de laudo técnico, inexistia à época da formação do ágio, qualquer dispositivo no pátrio ordenamento jurídico que determinasse algum prazo para apresentação deste demonstrativo.

Em igual sentido, no Acórdão 1401-001.908 também houve evidenciação na ementa sobre a inexistência de contemporaneidade do laudo, conforme abaixo:

---

[60] Votação por maioria, publicado em 19/07/2018.
[61] Votação por maioria, publicado em 08/08/2017.

Imposto sobre a Renda de Pessoa Jurídica – IRPJ
Ano-calendário: 2012, 2013, 2014

LAUDO DE AVALIAÇÃO. INTEMPESTIVIDADE. FALTA DE PREVISÃO LEGAL.
Indevida a glosa do aproveitamento do ágio sob fundamento de intempestividade do laudo de avaliação vez que sequer existia previsão legal acerca da obrigatoriedade do laudo à época dos fatos.

Dentro de tal entendimento presente na nova jurisprudência do CARF, ainda que minoritário, mas relevante, de que a lei não exigia a elaboração de um laudo formal, diferentes tipos de documentos que demonstram o fundamento do ágio podem ser aceitos no âmbito do processo administrativo tributário federal, inclusive de elaboração da própria companhia, posteriormente à transação, podendo ser até um relatório ou um memorando.

Nesse sentido, a questão das provas se faz bastante relevante, na medida em que resta ampliado os meios eficazes para o contribuinte demonstrar que existe documentação que atesta o fundamento econômico do ágio aproveitado.

Todavia, considerando que a maior parte dos precedentes tem sido no sentido de que o lastro documental da materialidade econômica do ágio deveria ser anterior ou simultâneo à data das operações, os debates sobre tal *subtema* do laudo, muitas vezes, ficam dependentes de – e, caso negativo, prejudicados pela – demonstração de contemporaneidade da documentação que arrimou esse sobrepreço dedutível, percebido na aquisição de participações societárias.

Conclusões

Constata-se que todos os precedentes analisados do CARF no presente trabalho, publicados entre fevereiro de 2013 a novembro de 2019, referem-se ao regime tributário do ágio vigente a partir da Lei nº 9.532/97 até a produção de efeitos da Lei nº 12.973/14. Sob tal *antigo* regime, independentemente dos debates travados no contencioso administrativo fiscal federal, era certo e objetivo que as despesas com a amortização do ágio seriam dedutíveis desde que: (i) este tivesse sido registrado contabilmente; (ii) fosse fundamentado em expectativa de rentabilidade futura; (iii) houvesse uma absorção do patrimônio da investida pela investidora (ou vice versa) em virtude de fusão, incorporação ou cisão; e (iv) a amortização fosse feita à razão de 1/60 (um sessenta avos), no máximo, para cada mês do período de apuração.

E conforme se depreende dos precedentes do CARF analisados, que trataram dos 3 (três) temas mais comuns que embasam as autuações de glosa do ágio (*ágio interno, empresa veículo* e *laudo de avaliação*), primeiro, verifica-se que quase a totalidade dos autos de infração envolvendo *ágio interno* foram mantidos no âmbito do CARF, sobretudo em função da constatação de ausência de geração de nova riqueza nas operações que deram margem ao ágio interno e a artificialidade comercial e econômica na razão e motivação de tais negócios intragrupo.

Atualmente, não se verifica mais julgados favoráveis às teses jurídicas do contribuinte sobre tal *subtema*, uma vez que, efetivamente, constatado pelos Conselheiros de, realmente, se tratar de ágio interno. Talvez por tal motivo, a matéria foi objeto de proposta de Súmula CARF, analisada pelo Órgão Pleno do Tribunal em 2018 e, novamente, em 2019 – mas sem que houvesse a aprovação dos enunciados pretendidos.

Em relação ao *subtema* da *empresa veículo*, historicamente, a maior parte das decisões mantém os autos de infração. Nota-se que, num primeiro momento da jurisprudência *recente* do CARF, até novembro de 2014, os debates giravam em torno do acatamento das arguições do contribuinte de legalidade, na esteira de que não havia vedação para o emprego de tal figura societária, e da neutralidade da presença de tal companhia na estrutura operacional da aquisição para fins de verificação concreta, econômica, e quantificação do ágio gerado nas aquisições.

Tais argumentos, quando afastados pela maioria ou totalidade dos colegiados, eram confrontados com a demonstração de que não teria havido, em razão do emprego da *empresa veículo*, a confusão entre a real empresa adquirente e a entidade adquirida.

Já a partir de dezembro de 2015, até novembro 2019, nota-se um aumento de julgados que passam a valorizar a análise da materialidade das companhias rotuladas pela fiscalização de *empresa veículo*, analisando desde aspectos objetivos, como a duração da empresa e sua presença do grupo econômico adquirente até sua extinção ou mesmo fluxo financeiro que esta percebeu no período.

Igualmente, passou a se observar outros elementos, muitas vezes circunstanciais das operações, passando a investigar outros motivos, das mais diversas ordens (contábil, regulatória, econômica, societária, de governança ou mesma de *praticidade*) para o uso de tais empresas nas transações, buscando-se por evidência de que estas tiveram função e importância diverso do resultado tributário percebido com a sua presença.

Desse modo, as provas atinentes a tais aspectos das chamadas *empresas veículo* ganharam maior pertinência, inclusive diante da recorrente adoção pelo Fisco da acusação de ausência de *propósito negocial* na sua constituição, sendo comum, muitas vezes, operações que adotaram os mesmos modelos societários e comercias, experimentarem desfechos jurisdicionais diversos, justamente em razão de elementos de prova que atestam a materialidade e a funcionalidade dessas companhias, bastante para revesti-las de *adquirentes*, em atendimento à norma extraída do art. 7º da Lei nº 9.532/97.

Porém, mister registrar aqui que, até novembro de 2019, com pontuais exceções, a CSRF do CARF, nos casos de ágio envolvendo *empresa veículo*, por votação de qualidade ou maioria, adota e aplica entendimento de que tal manobra impede a necessária confusão entre a real investidora e a empresa investida.

No tocante à necessidade de *laudo* para a avaliação da expectativa de rentabilidade futura (ou mesmo outra forma de comprovação do fundamento econômico do ágio, quando acatada) nota-se que a maior parte das decisões têm sido no sentido de exigir a sua contemporaneidade, devendo ter sido elaborado em momento anterior ou no mesmo momento da aquisição da participação societária. Naturalmente, o elemento probatório mais relevante torna-se os meios de demonstração de tal temporalidade exigida.

Ainda que existam debates pontuais sobre a quantificação do ágio fundamentado em expectativa de rentabilidade futura, provocado por questionamentos da fiscalização sobre a presença efetiva de outros elementos econômicos na apuração do sobrepreço, as discussões sobre tal *subtema* tendem sempre à análise jurídica das normas (ou ausência dessas) que regulavam o aproveitamento do ágio, reduzindo a relevância do conjunto probatório.

Por fim, destaca-se que a Lei nº 12.973/14 (regulada pela IN nº 1.700/17) alterou profundamente o regime do ágio, aparentemente vedando a possibilidade de *ágio interno*, dentro de uma leitura objetiva de seu texto, e estabelecendo a necessidade de um laudo de avaliação, da mais ou menos-valia de ativos, restando o ágio de expectativa de rentabilidade futura (*goodwill*) uma partícula residual do ágio, devendo ser para este elaborado documento por perito independente, a ser protocolado na Receita Federal do Brasil ou no Cartório de Pessoas Jurídicas, até o último dia útil do décimo terceiro mês subsequente ao do mês de aquisição da participação. Não foram encontrados julgados do CARF, publicados até novembro de 2019, referentes a ágio gerado à luz da nova legislação.

Tais alterações levam a questionar se, nos próximos anos, haverá uma redução do contencioso administrativo em torno do ágio, vez que tratou-se de dois dos aspectos mais polêmicos de tal figura, ou se tais alterações simplesmente mudarão os rumos dos debates e alterarão os elementos, de fato e de prova, valorados pelos Julgadores no momento de suas decisões, observando agora essa nova regulamentação sobre tal tema – tão notório no Direito Tributário federal.

Referências

BRASIL. Decreto-Lei n.º 1.598, de 26 de dezembro de 1977. Disponível em: < http://www.planalto.gov.br/ccivil_03/Decreto-Lei/Del1598.htm>. Acesso em 31/10/2019.

BRASIL. Lei n.º 12.973, de 13 maio de 2014. Disponível em: < http://www.planalto. gov.br/ccivil_03/_Ato2011-2014/2014/Lei/L12973.htm>. Acesso em 31/10/2019.

BRASIL. Lei n.º 9.532, de 10 de dezembro de 1997. Disponível em: < http://www. planalto.gov.br/ccivil_03/leis/L9532.htm>. Acesso em 31/10/2019.

COMITÊ DE PRONUNCIAMENTOS CONTÁBEIS. Pronunciamento Contábil n. 15 – Combinações de Negócios. Disponível em: < http://static.cpc.aatb.com.br/ Documentos/235_CPC_15_R1_rev%2013.pdf>. Acesso em 31/10/2019.

CONSELHO ADMINISTRATIVO DE RECURSOS FISCAIS. Dados Gerenciais de Janeiro de 2019. Disponível em: <http://idg.carf.fazenda.gov.br/dados-abertos/ relatorios-gerenciais/dados-abertos-janeiro2019-v2.pdf.>. Acesso em 31/10/2019.

IUDICIBUS, Sérgio de, MARTINS, Eliseu, GELBCKE, Ernesto Rubens, SANTOS, Ariovaldo dos. *Manual de Contabilidade Societária*. São Paulo: Atlas, 2010.

IUDICIBUS, Sergio de, MARTINS, Eliseu, GELBCKE, Ernesto Rubens. *Manual de Contabilidade das Sociedades por Ações*. 7ª ed. São Paulo: Atlas, 2008.

MOSQUERA, Roberto Quiroga. *Especial Ágio – Validade do Ágio na Jurisprudência do CARF*. São Paulo: Impressão Régia, 2015.

NABAIS, José Casalta. *Direito Fiscal*. 3ª ed. Coimbra: Almedina, 2005.

SCHOUERI, Luís Eduardo. *Ágio em Reorganizações Societárias – Aspectos Tributários*. São Paulo: Dialética, 2012.

3. Alienação de ativos recebidos em devolução de capital a valor contábil: aspectos probatórios

LIVIA DE CARLI GERMANO[1]

Introdução

O Conselho Administrativo de Recursos Fiscais (CARF) já analisou diversas autuações em que as autoridades fiscais pretenderam questionar aspectos relativos às operações envolvendo redução de capital de pessoa jurídica com entrega de ativos aos sócios a valor contábil, seguida de venda de tais ativos pelos sócios, geralmente por valor significativamente superior.

Em tais autuações, as autoridades fiscais buscam tributar a pessoa jurídica que reduz o capital tal como se esta tivesse realizado a venda dos ativos aos terceiros, considerando a carga tributária efetiva de aproximadamente 34% a elas aplicável – alíquota combinada da Contribuição Social sobre o Lucro Líquido (CSLL) e do Imposto de Renda da Pessoa Jurídica (IRPJ).

Em geral, os sócios que recebem o ativo em redução de capital e em seguida o alienam a terceiro estão sob regime fiscal mais favorável que a pessoa jurídica que teve o capital reduzido, seja por se tratar de sócio pessoa jurídica com prejuízos fiscais já acumulados no exercício, cujo aproveitamento reduz a base de cálculo tributável ao final do período de apuração, seja por se tratar de pessoas físicas residentes no país ou de pessoas domiciliadas no exterior, para as quais o ganho de capital era tributado à alíquota de 15%. Daí porque se diz, de forma leiga, que esse tipo de "planejamento" pode gerar uma "economia" de cerca de 19% do ganho de capital.

---

[1] As opiniões contidas nesta publicação são reflexões acadêmicas da própria autora e não necessariamente expressam as posições defendidas por qualquer organização a qual esteja vinculada.

Os aspectos tributários da operação de redução de capital de pessoa jurídica com entrega de bens aos sócios estão essencialmente regulados no artigo 22 da Lei 9.249/1995, que assim dispõe:

> Art. 22. Os bens e direitos do ativo da pessoa jurídica, que forem entregues ao titular ou a sócio ou acionista a título de devolução de sua participação no capital social, poderão ser avaliados pelo valor contábil ou de mercado.
>
> § 1º No caso de a devolução realizar-se pelo valor de mercado, a diferença entre este e o valor contábil dos bens ou direitos entregues será considerada ganho de capital, que será computado nos resultados da pessoa jurídica tributada com base no lucro real ou na base de cálculo do imposto de renda e da contribuição social sobre o lucro líquido devidos pela pessoa jurídica tributada com base no lucro presumido ou arbitrado.
>
> § 2º Para o titular, sócio ou acionista, pessoa jurídica, os bens ou direitos recebidos em devolução de sua participação no capital serão registrados pelo valor contábil da participação ou pelo valor de mercado, conforme avaliado pela pessoa jurídica que esteja devolvendo capital.
>
> § 3º Para o titular, sócio ou acionista, pessoa física, os bens ou direitos recebidos em devolução de sua participação no capital serão informados, na declaração de bens correspondente à declaração de rendimentos do respectivo ano-base, pelo valor contábil ou de mercado, conforme avaliado pela pessoa jurídica.
>
> § 4º A diferença entre o valor de mercado e o valor constante da declaração de bens, no caso de pessoa física, ou o valor contábil, no caso de pessoa jurídica, não será computada, pelo titular, sócio ou acionista, na base de cálculo do imposto de renda ou da contribuição social sobre o lucro líquido.

Como visto, tal dispositivo contempla uma alternativa para a pessoa jurídica, qual seja, a de avaliar o bem a ser entregue na redução de capital por valor contábil ou de mercado.

Essa alternativa é relevante já que, não fosse tal permissão legal, a entrega de bens aos sócios a valor contábil poderia autorizar a aplicação da hipótese de presunção de distribuição disfarçada de lucros (DDL) prevista no artigo 60 do Decreto-Lei 1.598/1977, o que pode levar à tributação, na pessoa jurídica, da diferença entre o valor de mercado do bem e o valor contábil pelo qual ele foi entregue, nos termos do artigo 62 desta mesma norma.

Assim, a transmissão de bens pela pessoa jurídica a valor contábil, mesmo em sendo este notoriamente inferior ao de mercado, não gera presunção de

DDL especificamente em razão da regra permissiva constante do artigo 22 da Lei 9.249/1995.

Não podendo, portanto, aplicar a presunção do artigo 60 do Decreto-Lei 1.598/1977, as autoridades fiscais então buscam descaracterizar a operação de redução de capital com devolução de bens aos sócios a valor contábil quando esta é seguida de venda do ativo pelos sócios a terceiros a valor substancialmente superior, ora alegando que a redução não ocorreu de fato – isto é, que a venda do ativo a terceiros foi realizada pela pessoa jurídica que reduziu o capital, e não por seus sócios –, ora sob argumentos outros como o fato de a operação consistir em "abuso", carecer de "propósito negocial". O presente estudo analisa casos práticos de forma a investigar as circunstâncias que efetivamente levaram às autuações fiscais em operações desse tipo, bem como os argumentos que foram considerados importantes pelos julgadores para as suas conclusões quer acerca da legitimidade ou da ilegitimidade da operação. Foram concentrados os esforços na análise sobre as provas consideradas relevantes para as autoridades fiscais autuantes e para os julgadores, o que permitiu, em seguida, tecer conclusões acerca dos limites jurídicos impostos aos contribuintes que pretendem se valer da permissão constante do artigo 22 da Lei 9.249/1995.

1. A jurisprudência do CARF sobre a devolução de capital seguida de venda dos ativos pelo sócio

O presente estudo nos desafiou a realizar uma pesquisa e análise de precedentes administrativos que analisaram operações de redução de capital a valor contábil seguida de venda dos ativos pelos sócios a valor superior.

Como corte metodológico, foram considerados os casos julgados pelo CARF a partir de 2015 até dezembro de 2019, buscando identificar, essencialmente, os argumentos indicados pelas autoridades autuantes como base para o questionamento da operação tal como realizada, bem como as provas dos autos – produzidas pelas autoridades autuantes e/ou pelos contribuintes – que convenceram os julgadores acerca da (i)legitimidade da operação. As anotações foram elaboradas exclusivamente com os dados constantes dos relatórios e votos dos precedentes analisados, conforme publicados no sítio do CARF na *internet*[2].

---

[2] Disponível em: http://carf.economia.gov.br/jurisprudencia/acordaos-carf-1. Acesso em: 20/02/2020.

Registrou-se também quando o lançamento envolveu a aplicação de multa qualificada e a responsabilização dos sócios e/ou administradores e como o CARF julgou tais circunstâncias. Além disso, foi observado quando o CARF aceitou o pedido subsidiário, formulado em algumas impugnações, de se deduzir, do valor do IRPJ julgado como devido, o valor do IRPF recolhido pelo sócio sobre o ganho de capital apurado.

O detalhamento da pesquisa consta de anexo a este artigo.

Em síntese, o que se verifica é que as autoridades fiscais questionaram a operação de redução de capital a valor contábil seguida de venda do ativo entregue na redução por valor significativamente superior quando identificam circunstâncias como: (i) curto lapso temporal entre a redução de capital e a venda; (ii) a negociação dos ativos entregues em redução de capital com os terceiros adquirentes já estava em trâmite antes da redução de capital; (iii) a pessoa jurídica que reduziu o capital de alguma forma participou das negociações para a venda dos ativos aos terceiros; (iv) o capital social da pessoa jurídica que entregou os ativos ou foi aumentado momentos antes da redução, ou recomposto após a redução; (v) os registros contábeis das empresas envolvidas contêm lapsos quanto às operações.

Nos casos em que as autuações foram mantidas pelo CARF, os julgadores consideraram relevantes para o seu convencimento provas de que: (i) efetivamente, quem negociou a venda das ações com o terceiro foi a pessoa jurídica que reduziu o capital, e não os seus sócios; e/ou (ii) o capital social da pessoa jurídica que reduziu o capital não se demonstrou, na prática, excessivo.

A investigação acerca do excesso do capital social tem por base o fato de que as hipóteses que permitem a redução de capital são específicas e estão previstas nas legislações que regem o tipo societário adotado pela pessoa jurídica – para as sociedades anônimas, Lei das S.A. (Lei 6.404/1976) e para as demais, Código Civil (Lei 10.406/2002).

De fato, muito embora a doutrina divirja sobre a função do capital social, sabe-se que ele é relevante tanto por representar a distribuição de poderes entre os sócios como para servir de garantia para os credores, conciliando a responsabilidade limitada dos sócios/acionistas com a proteção ao crédito. Daí a conclusão de que o capital social não pode ser alterado ao bel prazer dos sócios/acionistas ou administradores, mas apenas em se verificando a ocorrência das circunstâncias específicas previstas na legislação de regência.

3. ALIENAÇÃO DE ATIVOS RECEBIDOS EM DEVOLUÇÃO DE CAPITAL A VALOR CONTÁBIL

Tanto o artigo 173 da Lei das S.A.[3] quanto o artigo 1.082 do Código Civil[4] contemplam a possibilidade de os acionistas/sócios (respectivamente) deliberarem a redução do capital social com devolução de bens quando estes o julgarem excessivo. Neste caso, coerentemente com uma das funções que desempenha o capital social, a redução somente se torna efetiva após o prazo aberto para a oposição de credores, contado a partir da publicação da ata da assembleia-geral que a tiver deliberado, que é de 60 dias para as sociedades anônimas (artigo 174 da Lei das S.A.) e de 90 dias no caso das sociedades limitadas (artigo 1.084 do Código Civil).

A questão é que o conceito de excesso é aberto e, assim, importa analisar as provas que levaram à conclusão de que, no caso concreto, o excesso de capital se verificou ou não.

Em um dos casos, os julgadores concluíram que não restou configurado o excesso porque a redução, em valor, correspondeu a um percentual ínfimo do capital (2,77%), bem como porque o sócio que recebeu os ativos devia valores expressivos à pessoa jurídica, o que, segundo os julgadores, tornava "pouco crível" justificar a operação mais desfavorável de devolução de capital sob a forma de ativos que detinham valor de mercado muito superior ao valor contábil. Em outro precedente, a fiscalização logrou contraditar o argumento pelo excesso mediante a comprovação de que, meses depois, foram promovidos aumentos de capital de valor superior à redução anterior.

De se notar que nos casos em que, antes da redução de capital, a pessoa jurídica aumentou o capital social em valor aproximado ao da redução, mediante a capitalização de lucros acumulados, a discussão sobre o excesso

---

[3] Art. 173. A assembléia-geral poderá deliberar a redução do capital social se houver perda, até o montante dos prejuízos acumulados, ou se julgá-lo excessivo.

§ 1º A proposta de redução do capital social, quando de iniciativa dos administradores, não poderá ser submetida à deliberação da assembléia-geral sem o parecer do conselho fiscal, se em funcionamento.

§ 2º A partir da deliberação de redução ficarão suspensos os direitos correspondentes às ações cujos certificados tenham sido emitidos, até que sejam apresentados à companhia para substituição.

[4] Art. 1.082. Pode a sociedade reduzir o capital, mediante a correspondente modificação do contrato:

I – depois de integralizado, se houver perdas irreparáveis;

II – se excessivo em relação ao objeto da sociedade.

de capital não foi considerada relevante pelos julgadores, que consideraram a operação legítima.

Por sua vez, quanto à negociação da venda das ações com o terceiro, nos casos em que o auto de infração foi mantido, os julgadores consideraram que a pessoa jurídica que reduziu o capital foi quem efetivamente realizou a venda quando verificada a presença de provas diretas de que foi ela quem contratou a empresa de assessoria para avaliar as ações, pagando por referidos serviços, retendo e recolhendo os respectivos tributos e contabilizando tais custos. Também assim concluíram quando as circunstâncias da operação comprovaram que o terceiro adquirente concordou em pagar o preço à pessoa jurídica que reduziu o capital, e não a seus sócios, seja por ter negociado com esta ou por ter conferido a ela oferta vinculante neste sentido.

Alegações de que o negócio foi delineado em virtude de condições impostas pelo terceiro adquirente, pelo mercado e/ou por credores não foram consideradas relevantes pelos julgadores como circunstâncias a favor da legitimidade da operação quando não efetivamente comprovadas. Em apenas um dos casos analisados o contribuinte logrou articular indícios convergentes de tais condições e o argumento foi interpretado como relevante pelos julgadores, que consideraram insubsistente o auto de infração.

A análise dos casos em que os julgadores consideraram as operações legítimas revela o ponto em comum de a negociação das ações ter sido efetivada com os terceiros pelos próprios sócios/acionistas. Nos casos em que os sócios/acionistas negociaram a venda dos ativos antes da redução de capital, foi relevante a prova de que estes, quando negociaram as ações, tinham uma expectativa concreta de vir a ser detentores do ativo alienado – em um dos casos por se tratar de controladores da sociedade que reduziria o capital, em outros porque a redução de capital já tinha sido deliberada e aguardava apenas aprovações de credores e/ou autoridades reguladoras.

Percebe-se que esse é o tipo de negócio em que a mesma operação pode ser julgada legítima ou ilegítima, a depender essencialmente das provas constantes dos autos e da articulação destas com os argumentos realizada pelas partes.

2. Limites jurídicos impostos aos contribuintes que pretendem se valer da permissão constante do artigo 22 da Lei 9.249/1995

Considerando que o artigo 22 da Lei 9.249/1995 contempla uma alternativa para a pessoa jurídica – qual seja, a de avaliar o bem a ser entregue na

3. ALIENAÇÃO DE ATIVOS RECEBIDOS EM DEVOLUÇÃO DE CAPITAL A VALOR CONTÁBIL

redução de capital por valor contábil ou de mercado – , muitos tratam tal dispositivo legal como veiculador de uma "opção fiscal"[5].

De fato, escolher entre avaliar ativos a valor contábil ou de mercado na redução de capital não é diferente, por exemplo, da opção que as pessoas jurídicas têm de, salvo exceções expressamente previstas na legislação, escolher, no início de cada exercício fiscal, entre o regime de tributação do lucro real ou presumido. Em ambos os casos, a própria lei veicula expressamente alternativas para o atingimento de um mesmo fim – neste, a apuração da base de cálculo do IRPJ e da CSLL devidos e, naquele, a obtenção do valor da redução de capital a ser efetivada mediante entrega de bens aos sócios/acionistas.

Quando se está diante de regras imperativas – isto é, que estabelecem uma obrigação ou proibição – é mais fácil dizer quando o exercício de uma conduta se revela contrária a tal regra. Por outro lado, no caso das regras permissivas como as constantes das ditas "opções fiscais", as discussões costumam se centrar não no tipo de negócio celebrado, mas nos resultados com ele obtidos, sendo especialmente importante avaliar, essencialmente, dois aspectos – que são, muitas vezes, inclusive, confundidos entre si.

Primeiramente, a análise dos resultados obtidos com o ato jurídico celebrado deve revelar sua "consistência", isto é, que ele foi realizado no efetivo e legítimo exercício de tal opção, tendo sido produzidos todos os efeitos que lhe são próprios – para alguns, isso equivale à presença de "causa" e/ou à

---

[5] Há autores que até mesmo diferenciam as opções fiscais das situações de planejamento tributário, considerando que nas primeiras a própria lei oferece de forma explícita alternativas que, embora tenham consequência tributária diversa, atingem o mesmo fim prático/negocial desejado pelo contribuinte. O planejamento fiscal seria, neste sentido, uma opção fiscal "tácita". Nas palavras de Pérez Arraiz: "*la primera de estas figuras* [opción fiscal] *se produce cuando la ley ofrece de manera explícita das fórmulas jurídicas, que si bien tienen tratamientos impositivos distintos, ambas regulan el fin práctico que el contribuyente persigue. La economía fiscal o economía de opción tácita sin embargo, se encuentra en ese campo en el que las leyes impositivas, muestran indiferencia ante la actividad del particular que, sin utilizar formas jurídicas "anómalas" consigue una carga impositiva más ventajosa. Es decir, el contribuyente actúa dentro de la legalidad siempre que haga aquello que la ley no prohíbe. La ausencia de normas significa en este caso, que el legislador excluye de su esfera las acciones o relaciones en cuestión*" (PÉREZ ARRAIZ, Javier. *El Fraude de Ley en el Derecho Tributario*. Valencia: Tirant lo Blanch. 1996. p. 46). No mesmo sentido, a diferenciar planejamento de opções fiscais, GRECO, Marco Aurélio. *Planejamento Tributário*. São Paulo: Dialética, 2008. p. 100-101.

ausência de "simulação"[6]. Além disso, importa verificar se o resultado obtido não se revelou, na prática, um contorno a uma regra que proíba ou obrigue conduta diversa – é isso o que muitos entendem por ausência de "abuso"[7].

Se, por exemplo, os documentos da operação indicam que foram os sócios que venderam os ativos, mas as circunstâncias do caso concreto revelam que a negociação já tinha sido firmada antes da redução do capital, isso sugere "inconsistência", já que os atos não parecem refletir os efeitos jurídicos do negócio efetivamente praticado.

Nesse ponto, porém, é de se ressaltar a importância e se ter em conta sempre aspectos jurídicos. Assim, ainda no exemplo dado, quando se faz referência à negociação "firmada", é necessário considerar que o contrato de compra e venda de coisas móveis é do tipo consensual, tendo por elementos a coisa, o preço e o consentimento[8], de maneira que apenas se pode dizer que o contrato está firmado quando, para além do preço e do ativo a ser vendido, as partes acordam efetivamente em contratar *uma com a outra*. Daí porque, por

---

[6] Preferimos não rotular os conceitos e tratar as hipóteses que uns considerariam simuladas e/ou carentes de causa como situações de "inconsistência". Como bem observa Sergio André Rocha, *"Já faz algum tempo que suspeitamos que as diferenças entre os autores que escrevem sobre planejamento tributário não são tão acentuadas como se presume ou como aparentam ser."* (...) *"(...) é muito importante que redirecionemos o debate dos conceitos para os fatos. O que importa não é construirmos rótulos, é determinarmos as circunstâncias que legitimam a desconsideração e consequente requalificação de atos e negócios jurídicos. A determinação do verdadeiro alcance das posições de cada autor só é possível a partir de sua análise em casos concretos."* (ROCHA, Sergio André. *Planejamento Tributário na Obra de Marco Aurélio Greco*. Rio de Janeiro: Lumen Juris, 2019. p. 103 e 107).

[7] Em geral preferimos evitar a utilização do termo "abuso" eis que este não está previsto em nosso ordenamento e costuma trazer mais discussões que respostas. De qualquer forma, referimo-nos aqui ao que muitos denominam "abuso de direito", "ausência de substância", "falta de propósito negocial", "fraude à lei intrínseca" ou mesmo "elusão fiscal". Juridicamente, compreendemos que o que se costuma denominar de "abuso" é uma espécie de "ilícito atípico", ou seja, aquela categoria de negócios que, de maneira geral, não são proibidos pelo ordenamento (pelo contrário, são permitidos, portanto, a princípio, lícitos) mas que, no caso concreto, especificamente em razão do resultado atingido, tornam-se vedados e/ou merecem ter determinados efeitos desconsiderados, para garantia de equilíbrio do próprio ordenamento (por terem se tornado ilegítimos em seus resultados). Fizemos uma análise mais detalhada de tais conceitos em nosso *Planejamento Tributário e Limites para a Desconsideração de Negócios Jurídicos*. São Paulo: Saraiva, 2013, p. 81 e segs.

[8] Código Civil (grifamos): *Art. 482. A compra e venda, quando pura, considerar-se-á obrigatória e perfeita, desde que as partes acordarem no objeto e no preço.*

exemplo, no caso de proposta[9] de compra e/ou de venda efetuada a pessoas determinadas ou determináveis, ainda não se tem, juridicamente, o consentimento, necessário à conclusão de que o contrato está juridicamente firmado. Neste específico caso, portanto, é imprescindível avaliar os termos da proposta de modo a concluir se há ou não contrato firmado desde a sua emissão.

Ainda no debate acerca da "consistência" (ou substância, ou materialidade) do negócio, temos que, em uma redução de capital social motivada por excesso, como necessariamente é a hipótese sob análise, o que se espera é que tal ato efetivamente gere a descapitalização da empresa e devolução de recursos aos sócios. Por outro lado, se, mantidas mesmas circunstâncias econômicas e jurídicas, houver uma subsequente recapitalização desta mesma sociedade, seja mediante aumento de capital, adiantamento para futuro aumento de capital ("AFAC") ou mesmo empréstimo dos sócios/acionistas, tais condutas podem ser indicativos de que a redução de capital foi "simulada", eis que, em essência, o instituto – redução de capital – não produziu os efeitos que lhe são próprios e necessários, tendo, pelo contrário, subsequentemente revertidos os seus efeitos. Alguns diriam, por sua vez, que em tal hipótese estaria ausente a "causa" da operação de redução de capital, na medida em que a sua função econômico-social ou prático-social da operação restou esvaziada, pela própria ausência da redução em si.

Como se percebe, mesmo que se tenha concepções distintas a respeito de conceitos do planejamento tributário, é coincidente a percepção a respeito da presença de algum tipo de vício no negócio jurídico, que permite a sua requalificação e a correção dos efeitos tributários com ele obtidos, quando se verifique não apenas uma mera divergência, mas uma real incompatibilidade entre o que se declara fazer e os efeitos obtidos.

Por outro lado, uma vez atingidos os efeitos dos atos que se declara realizar, a circunstância de eles terem sido motivados por uma potencial economia de tributos se torna, a princípio, irrelevante.

Costumamos indicar um exemplo um pouco mais extremo, apenas no intuito de ilustrar o que se diz acima: nossa legislação garante determinadas reduções de tributos a contribuintes que se estabeleçam na Zona Franca de Manaus (ZFM). Pois bem. Quando as autoridades fiscais investigam os contribuintes que se beneficiam de tais incentivos, não questionam qual foi o motivo

---

[9] Código Civil: *Art. 427. A proposta de contrato obriga o proponente, se o contrário não resultar dos termos dela, da natureza do negócio, ou das circunstâncias do caso.*

extratributário que levou à decisão de se estabelecer em tal área. Pelo contrário, muitas vezes tais contribuintes realmente não têm outra justificativa, eis que se distanciam de seu mercado consumidor e não raro não encontram lá uma melhor infraestrutura ou maior oferta de mão de obra qualificada. O objetivo é, portanto, o gozo do incentivo fiscal, e isso é garantido às empresas que cumpram todos os requisitos da legislação independentemente do "propósito negocial" da decisão de se estabelecer na Zona Franca de Manaus.

Mas o que se espera de tais pessoas jurídicas? Que elas realmente se estabeleçam na região da Zona Franca de Manaus e lá produzam seus produtos. Assim, uma pessoa jurídica que o faça apenas formalmente, "no papel", não terá direito ao gozo dos benefícios – não porque a instalação da ZFM não tenha "propósito negocial", mas simplesmente porque a pessoa jurídica não existe como "sociedade empresária", ou seja, por não haver "empresa"[10] naquele local.

O mesmo se pode dizer da redução de capital. A legislação traz condições para que o capital social de uma pessoa jurídica possa ser reduzido e, uma vez que estas são preenchidas e efetivamente se atinja o resultado pretendido, a consequência da operação (que, no caso, é a entrega de ativos aos sócios/acionistas) deve ser considerada legítima independentemente do, por assim dizer, "propósito negocial" que levou à decisão por tal forma de transferir a participação.

Daí porque alguns qualificam alguns negócios "inconsistentes"/simulados como "abusivos". Nesse aspecto, tal "abuso" não passa de uma qualificação dada à utilização de um instituto jurídico (por exemplo, o da redução de capital) sem se atingir seu efeito ou fim próprio – ou sua "causa" (e que, no caso da redução e capital, é a descapitalização da empresa e entrega de recursos ou ativos aos sócios/acionistas).

Na verdade, a verificação de ausência de "abuso" depende da específica análise do caso concreto e importa verificar se os atos praticados, a despeito de serem lícitos e de terem atingidos os seus efeitos, não tiveram como efeito contornar uma regra que obrigue ou proíba determinada conduta, obtendo-se um *resultado* contrário ao ordenamento. Somente aqui é que podem se fazer relevantes a prova de aspectos de negócio e de circunstâncias que determinaram que os atos fossem praticados tal como se pretendeu formatar.

---

[10] O conceito de empresa pode ser extraído da definição de empresário constante do Código Civil, interpretando-se empresário como aquele que exerce empresa:
Art. 966. Considera-se empresário quem exerce profissionalmente atividade econômica organizada para a produção ou a circulação de bens ou de serviços.

3. ALIENAÇÃO DE ATIVOS RECEBIDOS EM DEVOLUÇÃO DE CAPITAL A VALOR CONTÁBIL

Vale pontuar, porém, que no caso das operações de redução de capital seguidas de venda do ativo, as discussões no CARF sequer costumam chegar a tal ponto, eis que não têm recaído sobre esse tipo de "abuso" aqui referido, residindo, substancialmente, no que tratamos acima como fatores de ausência de "consistência" / materialidade / substância / "simulação" / "causa".

Conclusões

A verificação da legitimidade, para fins fiscais, das operações de redução de capital a valor contábil seguida de venda do ativo por valor superior, depende essencialmente de prova de que a redução de capital foi efetiva, não teve os efeitos subsequentemente anulados, bem como que a negociação do ativo objeto da redução foi de fato e de direito realizada pelos sócios, e não pela pessoa jurídica que reduziu o capital. Estes são, em síntese, os fatores "consistência" / materialidade / substância / ausência de "simulação" / "causa" da operação, conforme se tratou acima.

Presentes tais circunstâncias, *em tese* a conclusão pela legitimidade da operação ainda dependeria de análise do caso concreto, para a verificação da não ocorrência de "abuso" – no sentido de obtenção de um efeito não desejado pelo ordenamento, por se revelar um contorno a uma obrigação ou vedação legalmente prevista.

Dizemos em tese não apenas em termos de método, conforme exposto, mas também por ser tal investigação cada vez mais usual quando da análise da legitimidade de atos de planejamento tributário. Não obstante, a análise dos precedentes julgados pelo CARF acerca da devolução de capital aos sócios efetuada com base no artigo 22 da Lei 9.249/1995 revela que, *na prática*, não se chega a investigar a ocorrência de tal concepção de "abuso" nesse tipo de operação, sendo a presença de ditos fatores (fatores de "consistência" / materialidade / substância / ausência de "simulação" / "causa" da operação) considerada suficiente pelos julgadores para a conclusão de que a redução de capital seguida de venda dos ativos deve ter seus efeitos tributários mantidos. Possivelmente, isso se deve ao fato de que, aqui, estamos diante da aplicação de uma regra tributária que, de maneira expressa, regula as duas possíveis formas de se atingir o resultado "devolver capital aos sócios", trazendo as consequências fiscais de cada uma delas, o que, se não inviabiliza, ao menos enfraquece muito o argumento de que o efeito final obtido poderia ser de alguma forma contrário ao ordenamento.

Anexo
SÍNTESE DOS PRECEDENTES ANALISADOS

A. Acórdão 1201-001.809 ("Caso Cobra") – Processo 16561.720087/2015-12, sessão de 25/07/2017

Resultado: autuação não mantida pelo CARF.

Multa qualificada: aplicada na autuação, no entanto a análise restou prejudicada no CARF em virtude de o mérito ter sido julgado de forma favorável ao contribuinte.

Responsabilidade dos sócios/administradores: aplicada na autuação, no entanto a análise restou prejudicada no CARF em virtude de o mérito ter sido julgado de forma favorável ao contribuinte.

Dedução do IRRF pago do IRPJ considerado como devido: não há informação.

Síntese das alegações da autoridade autuante: a documentação apresentada registra que negociação das ações pela PJ vinha de anos anteriores. O contrato de compra e venda menciona a redução de capital como etapa prévia da operação, inclusive fixando data a partir da qual o preço seria corrigido até a data da concretização da aquisição, sendo que nesse ínterim é que a autuada transferiu a participação aos sócios.

Provas consideradas relevantes pela Turma Julgadora: o motivo informado foi capital social excessivo para a atividade, "a operação é legal e cumpriu os trâmites legais, não havendo o que se falar em simulação." As negociações para o fechamento que culminou na venda das ações tiveram início posteriormente à redução de capital. O fato de os sócios visarem a subsequente alienação de suas ações a terceiros não caracteriza a operação de redução de capital como simulação.

B. Acórdão 1201-001.669 ("Caso Elizabeth Revestimentos") – Processo 14751.720194/2014-99, sessão de 27/07/2017

Resultado: Autuação não mantida pelo CARF.

Multa qualificada: não aplicada na autuação.

Responsabilidade dos sócios/administradores: não aplicada na autuação.

Dedução do IRRF pago do IRPJ considerado como devido: não há informação.

Síntese das alegações da autoridade autuante: a sequência de reestruturações societárias (criação de "empresa veículo", cisão parcial e alienação da "empresa veículo") ocorreu com o intento de transferir a tributação do ganho de capital da alienação de bens e direitos do ativo permanente da pessoa jurídica (estabelecimento filial) para as pessoas físicas dos sócios.

3. ALIENAÇÃO DE ATIVOS RECEBIDOS EM DEVOLUÇÃO DE CAPITAL A VALOR CONTÁBIL

Provas consideradas relevantes pela Turma Julgadora: a fiscalização não foi capaz de provar o que alegou. Tanto não houve prova de simulação que a autoridade autuante não qualificou a multa. A "Proposta Vinculativa de Aquisição" assinada entre a PJ autuada e a empresa adquirente em 05/11/2010 (portanto antes da venda das quotas pelos sócios pessoas físicas, ocorrida em 04/02/2011) *"evidencia de forma mais clara que o propósito de toda a negociação nunca foi simples compra de móveis e outros ativos, mas sim a efetiva transferência de todo um segmento de negócios"*. Os sócios pessoas físicas perceberam ganho de capital e ofereceram tal ganho à tributação.

C. Acórdão 1301-002.582 ("Caso Esteve Irmãos") – Processo 15586.720239/ 2014-47, sessão de 16/08/2017

Resultado: Autuação não mantida pelo CARF.

Multa qualificada: não aplicada na autuação.

Responsabilidade dos sócios/administradores: não aplicada na autuação.

Dedução do IRRF pago do IRPJ considerado como devido: alegação feita, porém a análise restou prejudicada em virtude de o mérito ter sido julgado em favor do contribuinte.

Síntese das alegações da autoridade autuante: o próprio contrato de venda das ações explicitou a operação planejada de redução de capital com o objetivo de trocar os reais alienantes, pessoas jurídicas, para os sócios pessoas físicas. Meses antes de reduzir seu capital social, a pessoa jurídica aumentou o capital social em valor aproximado ao da redução, mediante a capitalização de parte dos lucros acumulados.

Provas consideradas relevantes pela Turma Julgadora: a redução do capital social é "de competência exclusiva da Assembleia-Geral, desde que não haja pre-juízos a credores, e não seja hipótese de fraude ou simulação". A entrega de bens e direitos a acionistas, em devolução de capital, pode ocorrer em conformidade com o que dispõe o artigo 22 da Lei 9.249/1995. "as operações praticadas são lícitas, reais e resultam do regular cumprimento da legislação em vigor, não havendo, no caso, qualquer abuso de planejamento tributário".

D. Acórdão 1301-002.609 ("Caso Matone") – Processo 11080.732190/ 2015-96, sessão de 19/09/2017

* contra este acórdão foram interpostos recursos especiais do procurador e do contribuinte, comentados a seguir.

Resultado: autuação mantida pelo CARF.

Multa qualificada: aplicada na autuação e mantida pelo CARF.

Responsabilidade dos sócios/administradores: aplicada na autuação e mantida pelo CARF.

Dedução do IRRF pago do IRPJ considerado como devido: não há informação.

Síntese das alegações da autoridade autuante: "operação societária de redução de capital social em infração à Lei e materialmente simulada" – a pessoa jurídica procedeu todos os atos para alienar a participação a terceiros a preço de mercado, tendo contratado a empresa que avalia as ações, prestado as informações sobre a investida, recebido o laudo e as comunicações da empresa avaliadora, pago os serviços prestados, retido e recolhido os tributos e contabilizado as despesas. Próximo à concretização do negócio, simulou a redução de capital por excesso de capital para transferir a valor contábil para a sua controladora.

Provas consideradas relevantes pela Turma Julgadora: a turma considerou presente um *"conjunto de indícios que convergem à conclusão de que [a pessoa jurídica] promoveu a alienação por intermédio de outra pessoa, após uma série de operações sem propósito negocial e manteve atuação em aspectos relevantes do negócio que em tese não mais lhe competia."* (...) *"operações em reduzido lapso temporal, o protagonismo da autuada em aspectos relevantes do negócio que em tese não mais lhe competia, a interdependência das partes, a incoerência da operação com a lógica da atividade desenvolvida e a consequente falta de propósito negocial"* (trechos da ementa). Especificamente: a redução correspondeu a apenas 2,77% do capital social, não sendo comprovado o excesso; a sócia que recebeu os ativos devia valores expressivos à pessoa jurídica, "o que tornava pouco crível justificar a operação mais desfavorável de devolução de capital sob a forma de ativos que detinham valor de mercado (R$ 102.720.000,00), muito superior ao valor contábil (380.214,00)"; a pessoa jurídica praticou atos relacionados à venda, contratar a empresa de assessoria para avaliar as ações, pagar pelos referidos serviços, reter e recolher os respectivos tributos e contabilizou tais custos.

*D.1 Acórdão 9101-004.163 ("Caso Matone – CSRF") – Processo 11080.732190/2015-96, sessão de 09/09/2019

Resultado: autuação do principal mantida pela CSRF, em virtude de o recurso especial não ter sido conhecido nesta parte.

Multa qualificada: excluída pela CSRF.

Responsabilidade dos sócios/administradores: excluída pela CSRF com relação aos responsáveis que tiveram seu recurso especial conhecido.

Provas consideradas relevantes pela Turma Julgadora: o voto vencedor excluiu a qualificação da multa em virtude da ausência de prova do dolo

3. ALIENAÇÃO DE ATIVOS RECEBIDOS EM DEVOLUÇÃO DE CAPITAL A VALOR CONTÁBIL

(*"O contribuinte simplesmente efetivou uma redução de capital nos moldes do art. 173 da Lei das S/A e posterior entrega de ativos a valor contábil conforme expressamente previsto no art. 22 da Lei nº 9.249/95, não havendo espaço para imputação de qualquer ilícito ao contribuinte que vá além da simulação."*); idem quanto à responsabilidade dos administradores (*"Não é aceitável que a simples percepção da autoridade fiscal de que as operações perpetradas não tiveram propósito negocial e sim objetivo único de reduzir tributos, possa extrapolar os efeitos além da cobrança do tributo e resultar em conclusão de ocorrência de infração à lei e fraude, resultando em aplicação de multa qualificada e responsabilização dos administradores."*).

E. Acórdão 1201-001.920 ("Caso Terrativa") – Processo 15504.730268/2014-80, sessão de 18/10/2017

* contra este acórdão foi interposto recurso especial do procurador, o qual não foi conhecido nos termos do acórdão 9101-003.880, sessão de 07/01/2019.

Resultado: autuação não mantida pelo CARF.

Multa qualificada: aplicada na autuação, no entanto a análise restou prejudicada no CARF em virtude de o mérito ter sido julgado de forma favorável ao contribuinte.

Responsabilidade dos sócios/administradores: aplicada na autuação, no entanto a análise restou prejudicada no CARF em virtude de o mérito ter sido julgado de forma favorável ao contribuinte.

Dedução do IRRF pago do IRPJ considerado como devido: não há informação.

Síntese das alegações da autoridade autuante: há documentos que indicam que a pessoa jurídica tinha mantido negociações preliminares das ações; a efetiva venda das ações para o terceiro foi realizada pelos sócios quando as ações ainda pertenciam à pessoa jurídica; a pessoa jurídica precisou de recursos financeiros no mesmo dia da redução de capital e em momentos seguintes, de maneira que os valores da venda retornaram a ela.

Provas consideradas relevantes pela Turma Julgadora: a operação é legal (prevista no art. 22 da Lei 9.249/1995) e cumpriu os trâmites legais (inclusive com observância das disposições acerca da redução de capital). O procedimento é corroborado pela jurisprudência do CARF. O fato de os acionistas planejarem a redução do capital social, celebrando contratos preliminares visando a subsequente alienação de suas ações a terceiros, tributando o ganho de capital na pessoa física, não caracteriza a operação de redução de capital como simulação.

F. Acórdão 1301-002.761 ("Caso FMA") – Processo 16561.720144/2015-55, sessão de 19/02/2018

Resultado: autuação não mantida pelo CARF.

Multa qualificada: aplicada na autuação, no entanto a análise restou prejudicada no CARF em virtude de o mérito ter sido julgado de forma favorável ao contribuinte.

Responsabilidade dos sócios/administradores: aplicada na autuação, no entanto a análise restou prejudicada no CARF em virtude de o mérito ter sido julgado de forma favorável ao contribuinte.

Dedução do IRRF pago do IRPJ considerado como devido: não há informação.

Síntese das alegações da autoridade autuante: lapso temporal de 49 dias entre a transferência das ações para os sócios e sua venda a terceiros; a justificativa apresentada para o desinvestimento mediante redução do capital social não se verificou de fato; as respostas às intimações apresentadas não justificaram as razões negociais da operação, limitando-se a dizer que ela tinha sido efetuada dentro dos parâmetros legais.

Provas consideradas relevantes pela Turma Julgadora: a redução do capital social é "de competência exclusiva da Assembleia-Geral, desde que não haja prejuízos a credores, e não seja hipótese de fraude ou simulação". A entrega de bens e direitos a acionistas, em devolução de capital, pode ocorrer em conformidade com o que dispõe o artigo 22 da Lei 9.249/1995. "as operações praticadas são lícitas, reais e resultam do regular cumprimento da legislação em vigor, não havendo, no caso, qualquer abuso de planejamento tributário". Para "comprovação" de que as tratativas relativas à negociação da venda teriam se iniciado antes da redução de capital, a fiscalização apresentou apenas minutas, sem assinatura, sendo que a redução de capital foi deliberada por meio de Reunião de Quotistas realizada anteriormente às datas constantes das referidas minutas e, além disso, constavam como vendedores em tais minutas os sócios e não a pessoa jurídica que reduziu o capital.

G. Acórdão 1401-002.196 ("Caso Arainvest") – Processo 16561.720165/2014-90, sessão de 21/02/2018

* contra este acórdão foi interposto recurso especial do contribuinte, o qual não foi conhecido nos termos do acórdão 9101-004.400, sessão de 24/10/2019.

Resultado: autuação mantida pelo CARF.

Multa qualificada: aplicada na autuação e excluída pelo CARF por questões formais.

3. ALIENAÇÃO DE ATIVOS RECEBIDOS EM DEVOLUÇÃO DE CAPITAL A VALOR CONTÁBIL

Responsabilidade dos sócios/administradores: aplicada na autuação e excluída pelo CARF.

Dedução do IRRF pago do IRPJ considerado como devido: autorizada pelo CARF.

Síntese das alegações da autoridade autuante: em virtude de acordo de acionistas, a adquirente estava obrigada a oferecer as mesmas condições de compra a todos os acionistas (*tag along*). Cientificada da proposta de compra e detendo um prazo de 90 dias para exercer seu direito, a PJ autuada então procedeu a uma redução de capital e transferiu as ações aos sócios pessoas físicas, os quais exerceram a opção de venda das ações a tal adquirente ofertante da opção.

Provas consideradas relevantes pela Turma Julgadora: O patrimônio da empresa não pode ser confundido com o patrimônio dos seus sócios. Quando realizada a proposta, o direito de exercício do *tag along* era da PJ e não dos sócios. Não havia, em verdade, nenhum motivo outro para a realização da redução do capital e devolução das ações aos sócios senão o de transferir a tributação do ganho de capital a ser auferido na alienação da participação da pessoa jurídica para as pessoas físicas dos sócios.

H. Acórdão 1401-002.307 ("Caso Bexma") – Processo 19515.004547/2010-92, sessão de 15/03/2018

Resultado: autuação não mantida pelo CARF.

Multa qualificada: aplicada na autuação, no entanto a análise restou prejudicada no CARF em virtude de o mérito ter sido julgado de forma favorável ao contribuinte.

Responsabilidade dos sócios/administradores: aplicada na autuação, no entanto a análise restou prejudicada no CARF em virtude de o mérito ter sido julgado de forma favorável ao contribuinte.

Dedução do IRRF pago do IRPJ considerado como devido: não há informação.

Síntese das alegações da autoridade autuante: na data de assinatura do contrato de compra e venda de ações os sócios não detinham a participação acionária negociada, de modo que não poderiam negociar coisa alheia. Na mesma data a PJ aumentou e reduziu seu capital social. A redução de capital consistiu em simulação do principal objetivo que era o da redução do pagamento de tributos pela venda por meio dos sócios pessoas físicas.

Provas consideradas relevantes pela Turma Julgadora: a operação foi realizada, desde o início, pelos sócios pessoas físicas da empresa. Quem pode o mais pode o menos. Se os sócios podem livremente entregar suas ações para integralização em empresa específica com poderes para lhes representar em sociedade controladora, podem, igualmente, determinar junto a esta sociedade a realização da redução de capital e a devolução destas mesmas ações. O acionista controlador, caso queira, pode até determinar o encerramento das atividades da empresa que seria o pior cenário, quanto mais reduzir seu capital. A realização da redução pelo valor contábil do bem ao sócio, sem a caracterização da DDL, foi opção realizada pelo legislador com as consequências legais.

I. Acórdão 1201-002.082 ("Caso Cerradinho") – Processo 16561.720044/2016-18, sessão de 15/03/2018

Resultado: autuação não mantida pelo CARF.

Multa qualificada: aplicada na autuação, no entanto a análise restou prejudicada no CARF em virtude de o mérito ter sido julgado de forma favorável ao contribuinte.

Responsabilidade dos sócios/administradores: aplicada na autuação, no entanto a análise restou prejudicada no CARF em virtude de o mérito ter sido julgado de forma favorável ao contribuinte.

Dedução do IRRF pago do IRPJ considerado como devido: não há informação.

Síntese das alegações da autoridade autuante: dois indícios demonstrariam a ausência de *"qualquer propósito negocial na cisão parcial da Cerradinho Holding que não seja a mera economia tributária, ocasionada pela tributação do ganho de capital na pessoa física, evidenciando caso clássico de planejamento tributário abusivo"*: (i) o subsequente retorno do produto da alienação para a pessoa jurídica, mediante aumento de capital realizado pelos sócios, e (ii) o acordo de venda de ações indica que a intenção de alienar o bem era da pessoa jurídica, sendo também o que se veiculou na mídia.

Provas consideradas relevantes pela Turma Julgadora: os esclarecimentos e provas dos autos demonstram que a intenção de se negociar os ativos sempre foi dos sócios pessoas físicas e PJ autuada sequer existia quando se iniciaram as negociações para saneamento das dívidas do grupo. A operação precisava ser implementada de imediato, visando o pagamento das dívidas (vencimentos das obrigações pactuadas com os credores), o que justifica o fato de as operações societárias terem sido realizadas em curto espaço de tempo. O objetivo central era permitir a liberação do preço de venda antes do vencimento das obrigações e não reduzir o ônus fiscal. A maior parte do produto da venda ou foi destinada ao pagamento de dívidas ou ficou com os acionistas. A recomposição dos resultados revela que não houve efetiva redução do ônus tributário, já que se a operação tivesse sido realizada conforme quer a fiscalização resultaria em menos tributos devidos.

3. ALIENAÇÃO DE ATIVOS RECEBIDOS EM DEVOLUÇÃO DE CAPITAL A VALOR CONTÁBIL

J. Acórdão 1401-002.347 ("Caso CCI") – Processo 16561.720150/2015-11, sessão de 10/04/2018

Resultado: autuação não mantida pelo CARF.

Multa qualificada: aplicada na autuação, no entanto a análise restou prejudicada no CARF em virtude de o mérito ter sido julgado de forma favorável ao contribuinte.

Responsabilidade dos sócios/administradores: aplicada na autuação, no entanto a análise restou prejudicada no CARF em virtude de o mérito ter sido julgado de forma favorável ao contribuinte.

Dedução do IRRF pago do IRPJ considerado como devido: não há informação.

Síntese das alegações da autoridade autuante: lapso de tempo exíguo entre a redução de capital e a subsequente venda do ativo pelos sócios aos terceiros; quando da redução de capital já havia negociação em andamento para a aquisição das ações pelos terceiros por valor superior ao contábil; a sócia da PJ autuada recompôs seu capital social pouco mais de 5 meses após a redução de capital; há lapsos na contabilidade de uma das empresas.

Provas consideradas relevantes pela Turma Julgadora: as reduções de capital e transferências de participações societárias foram negociadas e instrumentalizadas no ano anterior (data da reunião de quotistas), apenas a efetivação da operação é que ocorreu no ano seguinte, após a autorização dos credores e da agência reguladora. Quando as negociações para a venda foram efetivamente retomadas com o terceiro já tinha ocorrido a deliberação sobre a redução de capital que resultaria na entrega da participação aos sócios. O fato de a sócia da PJ autuada recompor seu capital social pouco mais de 5 meses após a redução de capital não pode ser indício de simulação quanto à redução de capital realizada pela PJ autuada. Lapsos na contabilidade de uma das empresas não apontam necessariamente para a caracterização de simulação/fraude, podendo se tratar de mero erro.

K. Acórdão 1301-003.023 ("Caso Coveg") – Processo 16561.720148/2015-33, sessão de 16/05/2018

Resultado: autuação não mantida pelo CARF.

Multa qualificada: aplicada na autuação, no entanto a análise restou prejudicada no CARF em virtude de o mérito ter sido julgado de forma favorável ao contribuinte.

Responsabilidade dos sócios/administradores: aplicada na autuação, no entanto a análise restou prejudicada no CARF em virtude de o mérito ter sido julgado de forma favorável ao contribuinte.

Dedução do IRRF pago do IRPJ considerado como devido: não há informação.

Síntese das alegações da autoridade autuante: a documentação apresentada registra que negociação das ações pela PJ vinha de anos anteriores. O contrato de compra e venda menciona a redução de capital como etapa prévia da operação, inclusive fixando data a partir da qual o preço seria corrigido até a data da concretização da aquisição, sendo que nesse ínterim é que a autuada transferiu a participação aos sócios.

Provas consideradas relevantes pela Turma Julgadora: a redução do capital social é de competência exclusiva da Assembleia-Geral, desde que não haja prejuízos a credores, e também não seja hipótese de simulação. O art. 22 da Lei 9.249/1995 possibilitou que as pessoas jurídicas, ao entregarem bens ao titular ou a sócio ou acionista, a título de devolução de sua participação no capital social, avaliassem esses bens pelo valor contábil ou de mercado. Trata-se de opção do contribuinte e o Fisco não pode nem deve impor ao contribuinte uma opção mais onerosa. Em nenhum momento a autoridade fiscal demonstrou a falta de elementos essenciais, ou no sentido de que o contribuinte apenas tivesse o desejo de engodo. Os fatos ocorreram, as partes existem, a redução de capital é permitida e assim foi feita. A autuada continuou exercendo normalmente as suas atividades mesmo após a devolução das cotas para os seus sócios e seu capital social continuou bastante significativo, demonstrando-se, assim, que não houve o esvaziamento da empresa e cumprindo-se com o propósito da segregação dos negócios/atividades.

L. Acórdão de embargos 1201-002.149 ("Caso SSTowers") – Processo 16561.720079/2015-68, sessão de 19/06/2018 (embargos de declaração, com efeitos infringentes, ao acórdão 1201-001.778, julgado na sessão de 21/06/2017)

* Contra esta decisão foi interposto recurso especial do Procurador, ao qual a CSRF negou provimento em sessão de 16 de janeiro de 2020, nos termos do acórdão 9101-004.709, ainda não publicado.

Resultado: autuação não mantida pelo CARF.

Multa qualificada: aplicada na autuação, no entanto a análise restou prejudicada no CARF em virtude de o mérito ter sido julgado de forma favorável ao contribuinte.

Responsabilidade dos sócios/administradores: aplicada na autuação, no entanto a análise restou prejudicada no CARF em virtude de o mérito ter sido julgado de forma favorável ao contribuinte.

3. ALIENAÇÃO DE ATIVOS RECEBIDOS EM DEVOLUÇÃO DE CAPITAL A VALOR CONTÁBIL

Dedução do IRRF pago do IRPJ considerado como devido: requerida, porém a análise restou prejudicada em virtude de o mérito ter sido julgado de forma favorável ao contribuinte.

Síntese das alegações da autoridade autuante: a cisão parcial da autuada, com a transferência do acervo cindido, a valor contábil, para uma PJ constituída por sócio pessoa física, que então se retirou da empresa autuada, consistiu em planejamento tributário ilegítimo [não há informações precisas sobre as bases da autuação nos relatórios ou no inteiro teor dos votos].

Provas consideradas relevantes pela Turma Julgadora: não acata o argumento de equívoco no fato gerador em 31/03/2011, afirmando que o contrato foi firmado em 17/02/2011 e com fechamento em 01/03/2011, de modo que a apuração de ganho de capital, no regime do lucro presumido, na opção regime de competência, se dá no 1º trimestre de 2011, cujo fato gerador é 31/03/2011. Acata argumento de que no início de 2011 o sócio pessoa física estava negociando com diversos interessados, afirmado ainda que a negociação com a American Tower (futura adquirente) estava já em vias de fechamento. Corrige premissas fáticas equivocadas adotadas pelo voto embargado especialmente quanto a datas e à participação do sócio pessoa física, e conclui que não se tratou de simulação visando à venda da empresa ou artifício a fim de que a tributação do ganho de capital na venda da parcela entregue ao sócio dissidente fosse tributada na pessoa física deste e não pela autuada.

M. Acórdão 1201-002.584 ("Caso Eyedo") – Processo 19515.720803/2016-88, sessão de 21/09/2018

Resultado: autuação não mantida pelo CARF.

Multa qualificada: aplicada na autuação, no entanto a análise restou prejudicada no CARF em virtude de o mérito ter sido julgado de forma favorável ao contribuinte.

Responsabilidade dos sócios/administradores: não aplicada na autuação.

Dedução do IRRF pago do IRPJ considerado como devido: não há informação.

Síntese das alegações da autoridade autuante: o capital social foi aumentado e reduzido no mesmo dia, não se verificando o excesso que autorizaria a redução do capital, mas mecanismo utilizado para viabilizar a cessão de quotas, pelo valor contábil, para o sócio. As negociações da venda foram iniciadas há mais de um ano do efetivo contrato de compra e venda firmado pelo sócio e o lapso temporal entre a transferência das quotas para o sócio e a efetiva venda foi de pouco mais de dois meses.

EFICIÊNCIA PROBATÓRIA E A ATUAL JURISPRUDÊNCIA DO CARF

Provas consideradas relevantes pela Turma Julgadora: as circunstâncias fático-probatórias constantes dos autos revelam que a redução de capital foi realizada porque o sócio controlador e principal executivo era pressionado pelos demais sócios e pelo próprio mercado investidor para que detivesse diretamente a participação societária em seu nome, bem como que foi identificada a necessidade de o sócio destacar seus demais investimentos mantidos sob a titularidade da PJ das quotas que seriam posteriormente alienadas. Restou comprovado que em outras negociações realizadas com o mesmo tipo de ativo em datas contemporâneas as vendas foram realizadas pelas pessoas jurídicas, apurando-se ganho de capital, o que reforça que a redução de capital no caso dos autos não foi motivada exclusivamente por reduzir a carga tributária. Houve o decurso de 1 ano desde a aprovação da redução de capital até a venda da participação societária, e todos os requisitos formais para a redução de capital foram atendidos.

N. Acórdão 1401-003.012 ("Caso N.F. MOTTA") – Processo 16561.720117/2015-82, sessão de 21/11/2018

Resultado: autuação não mantida pelo CARF.

Multa qualificada: aplicada na autuação, no entanto a análise restou prejudicada no CARF em virtude de o mérito ter sido julgado de forma favorável ao contribuinte.

Responsabilidade dos sócios/administradores: aplicada na autuação, no entanto a análise restou prejudicada no CARF em virtude de o mérito ter sido julgado de forma favorável ao contribuinte.

Dedução do IRRF pago do IRPJ considerado como devido: não há informação.

Síntese das alegações da autoridade autuante: a documentação apresentada registra que negociação das ações pela PJ vinha de anos anteriores. O contrato de compra e venda menciona a redução de capital como etapa prévia da operação, inclusive fixando data a partir da qual o preço seria corrigido até a data da concretização da aquisição, sendo que nesse ínterim é que a autuada transferiu a participação aos sócios.

Provas consideradas relevantes pela Turma Julgadora: não há nos autos sequer início de prova de que, na prática, a venda dos ativos tenha sido realizada ou mesmo negociada pela pessoa jurídica autuada. Até porque a participação desta era minoritária e a citada participação de um de seus acionistas no Conselho de Administração não lhe conferia o poder de decisão sobre venda ou não de qualquer participação societária. Perante terceiros (isto é, conforme os registros na Junta Comercial) a autuada foi proprietária da participação na holding até 2010, todavia,

3. ALIENAÇÃO DE ATIVOS RECEBIDOS EM DEVOLUÇÃO DE CAPITAL A VALOR CONTÁBIL

a transferência de tal participação para os sócios já tinha ocorrido desde novembro de 2008, apenas a efetiva entrega e registro dos respectivos atos societários é que aguardava o cumprimento de condições suspensivas (autorizações dos credores e da agência reguladora, fatos estes que dependiam exclusivamente de terceiros e que, portanto ocorreriam independentemente de manifestação da autuada ou dos adquirentes).

O. Acórdão 1302-003.286 ("Caso Bracor") – Processo 16561.720228/2016-70, sessão de 12/12/2018

Resultado: autuação mantida pelo CARF.

Multa qualificada: aplicada na autuação e mantida pelo CARF.

Responsabilidade dos sócios/administradores: aplicada na autuação e mantida pelo CARF.

Dedução do IRRF pago do IRPJ considerado como devido: autorizada pelo CARF.

Síntese das alegações da autoridade autuante: em um breve lapso de tempo a PJ autuada reduz seu capital social, transferindo sua participação acionária para seus acionistas e, ato subsequente, essas são alienadas. Além do deslocamento do polo passivo decorrente das reorganizações societárias, houve também redução ilícita no preço de compra/venda, com o aval das compradoras, que inclusive calcularam o IRRF dos vendedores contratuais em valores inferiores ao que seria devido, por não considerar como parte do preço o valor de dívidas assumidas pelos sócios.

Provas consideradas relevantes pela Turma Julgadora: em nenhum momento o artigo 22 da Lei 9.249/95 autoriza a devolução de um bem, que sempre pertenceu a pessoa jurídica, para que ele seja alienado pela pessoa física do sócio. O capital social somente pode ser reduzido nos casos de absorção de prejuízos e de capital excessivo, e jamais de acordo com o livre interesse dos sócios, sob pena de prejudicar os interesses dos credores da sociedade. As justificativas dadas pelo contribuinte também não se firmaram – Ao estruturar o negócio utilizando Sociedade de Propósito Específico, deve-se arcar com todas as consequências legais, inclusive a tributária, não podendo apenas se valer das vantagens com relação à governança corporativa e segregação dos riscos. Uma vez terminado o empreendimento imobiliário, é lógico que o passo seguinte é a sua venda, que deverá ter como alienante a detentora das ações, com incidência de IRPJ e CSLL. A facilitação da tomada de decisão de cada sócio em relação à sua participação também é justificativa inócua quando se verifica que os sócios deram procuração à PJ para a efetivação das operações.

P. Acórdão 1402-003.731 ("Caso Gananian") – Processo 15504.724024/2015-49, sessão de 19/02/2019

Resultado: autuação mantida pelo CARF.

Multa qualificada: aplicada na autuação e mantida pelo CARF.

Responsabilidade dos sócios/administradores: aplicada na autuação, mas exclusivamente em virtude de sucessão por extinção da pessoa jurídica autuada.

Dedução do IRRF pago do IRPJ considerado como devido: autorizada pelo CARF.

Síntese das alegações da autoridade autuante: a venda foi realizada pela PJ que reduziu o capital – esta era uma holding, cujo objetivo é exatamente usufruir a valorização de seus investimentos; as Cartas de Intenções enviadas pela autuada para o Banco e para as empresas do grupo demonstram o interesse da compradora de adquirir a própria holding; falta de documentação e registros usuais da aquisição das ações pelo sócio, como contrato assinado, cópias dos comprovantes dos pagamentos acordados (TEDs, DOCs, cheques, etc), lançamentos contábeis tempestivamente registrados; lapso temporal de apenas dias entre a entrega da participação ao sócio e a venda a terceiros.

Provas consideradas relevantes pela Turma Julgadora: a única prova apresentada nos autos da cessão das quotas da pessoa jurídica para o sócio foram as alterações contratuais registradas na Junta Comercial, não havendo qualquer outra comprovação que dê substrato de existência real da operação, ocorrida 12 dias antes da venda a terceiros. A alegação de que a transferência ao sócio seria uma condição imposta ao negócio pelo terceiro adquirente não foi comprovada e foi inclusive contraditada pelas cartas de intenção constantes dos autos.

Q. Acórdão 9101-004.335 ("Caso Vialco – CSRF") – Processo 16561.720127/2015-18, sessão de 07/08/2019

Resultado: autuação mantida pela CSRF.

Multa qualificada: aplicada na autuação e mantida pela CSRF.

Responsabilidade dos sócios/administradores: não aplicada na autuação.

Dedução do IRRF pago do IRPJ considerado como devido: autorizada pela CSRF.

Síntese das alegações da autoridade autuante: a documentação apresentada registra que negociação das ações pela PJ vinha de anos anteriores. O contrato de compra e venda menciona a redução de capital como etapa prévia da operação, inclusive fixando data a partir da qual o preço seria corrigido até a data da concretização

3. ALIENAÇÃO DE ATIVOS RECEBIDOS EM DEVOLUÇÃO DE CAPITAL A VALOR CONTÁBIL

da aquisição, sendo que nesse ínterim é que a autuada transferiu a participação aos sócios.

Provas consideradas relevantes pela Turma Julgadora: a oferta de compra vinculante com estipulação de preço tomou contornos definitivos na data em que se fixou o preço sujeito a correção, naquele intervalo verificando-se outras providências para concretização do negócio especialmente em razão do Contrato de Concessão. Admite-se que os acionistas planejem a redução do capital social, visando a subsequente alienação de suas ações a terceiros, tributando o ganho de capital de forma menos onerosa, mas esta escolha deve ser efetivada antes da alienação do ativo, pois a partir do momento em que o preço do negócio está delimitado, projetando-se o ganho de capital, as operações passam a ter contornos exclusivamente fiscais e evidenciam ausência de propósito negocial suficiente para autorizar a desconsideração de seus efeitos no âmbito tributário. Para efetivar opção fiscal válida, a Contribuinte deveria ter promovido a transferência das ações antes de receber oferta vinculante de compra das ações. Em tais condições, a faculdade prevista no art. 22 da Lei nº 9.249/95 poderia ser exercida sem objeção fiscal à reorganização societária que constituísse outra pessoa como titular das participações societárias a serem negociadas. Além disso, a justificativa de ser o capital social excessivo restou infirmada no caso concreto, pois meses depois da alienação foram promovidos aumentos de capital de valor superior à redução anterior.

R. Acórdão 1201-003.229 ("Caso Zardust") – Processo 16561.720078/2017-85, sessão de 11/11/2019

Resultado: autuação não mantida pelo CARF.

Multa qualificada: aplicada na autuação, no entanto a análise restou prejudicada no CARF em virtude de o mérito ter sido julgado de forma favorável ao contribuinte.

Responsabilidade dos sócios/administradores: aplicada na autuação, no entanto a análise restou prejudicada no CARF em virtude de o mérito ter sido julgado de forma favorável ao contribuinte.

Dedução do IRRF pago do IRPJ considerado como devido: requerida, porém a análise restou prejudicada em virtude de o mérito ter sido julgado de forma favorável ao contribuinte.

Síntese das alegações da autoridade autuante: a pessoa jurídica autuada foi quem contratou empresa de assessoria para auxiliá-la na venda dos ativos, sendo que o contrato de compra e venda foi assinado em data anterior à operação de cisão. A pessoa jurídica que recebeu os ativos na cisão estava inativa, era uma "empresa

EFICIÊNCIA PROBATÓRIA E A ATUAL JURISPRUDÊNCIA DO CARF

de papel", o que se conclui (i) a partir das DIPJ, onde não há qualquer receita operacional ou não operacional, (ii) a partir do fato de os poucos gastos apresentados durante a fiscalização e não contabilizados se referirem apenas a período em que esta empresa não pertencia ao grupo da empresa autuada, e (iii) em virtude de não possuir bens, o que é incompatível com o CNAE registrado (68.10-2/02 – Aluguel de imóveis próprios). A participação de tal pessoa jurídica na operação *"não se justifica por quaisquer das finalidades negociais previstas no contrato, haja vista que a operação de compra e venda já estava delineada, inclusive com o contrato de compra e venda assinado e com formalização no CADE de Ato de Concentração Econômica sujeito ao seu crivo. Ou seja, a entrada e saída da Zoroastro na Tecondi não teve implicação prática ou necessária ao fim almejado e contratado (venda de ações da Tecondi)"*. Existência de operações estruturadas em sequência, com diminuto intervalo de tempo. *"Pode-se se afirmar que a operação realizada não representou uma cisão parcial de fato, senão um simulacro desta, sendo ilícita do ponto de vista tributário, pois visou apenas a transferência de parcela de investimento detido para os sócios pessoas físicas, em operação artificial, sem propósito negocial, para que fosse submetida por ocasião da alienação, a carga tributária minorada."*.

Provas consideradas relevantes pela Turma Julgadora: *"A autoridade fiscal não cuidou de (i) capitular a suposta infração nos termos do artigo 116, do CTN (pendente de regulamentação) ou do artigo 149, VII, do CTN (hipóteses de dolo, fraude e simulação); e (ii) trabalhar a construção técnica pertinente a demonstrar a existência do elemento doloso apto a configurar determinada conduta como "abusiva""*. O voto condutor afirma, ainda, que *"as normas gerais de controle de planejamentos tributários relacionadas às figuras do abuso de direito, abuso de forma, negócio jurídico indireto, inexistência de propósito negocial (razões extratributárias relevantes) não têm amparo no Direito Tributário Brasileiro e, portanto, não podem ser utilizadas como fundamento para o lançamento."*. Em seguida, afirma que *"estamos diante de operação com propósito negocial, onde não se verifica atipicidade da forma jurídica adotada em relação ao fim, ao intenso prático visado, tampouco adoção de forma jurídica anormal, atípica e inadequada."* O voto condutor conclui que a contratação da assessoria é fruto da intenção dos sócios pessoas físicas de alienar suas participações, bem como que a cisão decorreu de um conflito familiar, com base nos seguintes fatos (i) o contrato de compra e venda indica como vendedores das ações não apenas a pessoa jurídica autuada, mas também três pessoas físicas; (ii) a pessoa jurídica autuada foi notificada extrajudicialmente por um membro da família de tais três pessoas físicas a respeito de repúdio à venda, o que foi seguido de ajuizamento de medida cautelar na qual se requereu a suspensão da alienação e bloqueio dos bens resultantes da operação; (iii) a cisão parcial mostrou-se necessária: havia

3. ALIENAÇÃO DE ATIVOS RECEBIDOS EM DEVOLUÇÃO DE CAPITAL A VALOR CONTÁBIL

uma dívida com o BNDES que precisava ser quitada, de modo que a operação tinha por principal objetivo evitar que as ofensivas de tais pessoas físicas da família contrárias à venda acarretassem danos financeiros e econômicos; (iv) o fato de a pessoa jurídica que recebeu os ativos na cisão não ter sido a vendedora das ações não tem o condão de caracterizar tal companhia como "empresa veículo" ou "de papel", sua extinção após a operação decorreu de ausência de *affectio societatis* justificada por processo de divórcio entre os sócios; (v) nem a cisão parcial nem a participação da suposta empresa veículo eram necessárias para que se obtivessem os efeitos fiscais questionados já que estes também seriam obtidos nas operações de alienação das ações da pessoa jurídica autuada pelos sócios pessoas físicas, ou de dissolução da pessoa jurídica autuada.

S. Acórdão 1201-003.311 ("Caso CCVL") – Processo 16561.720010/2018-87, sessão de 12/11/2019

Resultado: autuação não mantida pelo CARF.

Multa qualificada: aplicada na autuação, no entanto a análise restou prejudicada no CARF em virtude de o mérito ter sido julgado de forma favorável ao contribuinte.

Responsabilidade dos sócios/administradores: aplicada na autuação, no entanto a análise restou prejudicada no CARF em virtude de o mérito ter sido julgado de forma favorável ao contribuinte.

Dedução do IRRF pago do IRPJ considerado como devido: requerida, porém a análise restou prejudicada em virtude de o mérito ter sido julgado de forma favorável ao contribuinte.

Síntese das alegações da autoridade autuante: a fiscalização buscou analisar o destino da diferença apontada que foi auferida pelas pessoas físicas dos ex-sócios, alegando que a diferença que deixou de ser recolhida aos cofres públicos retornou para pessoa jurídica do grupo. Operações estruturadas em sequência sem que nenhum motivo autônomo justifique a realização de cada uma das etapas da sequência, ocorridas em espaço de tempo exíguo, entre março e dezembro de 2013.

Provas consideradas relevantes pelo voto condutor do acórdão, acompanhado pelas conclusões: o tópico 2.1.11 do voto afirma que a fiscalização verificou que os sócios pessoas físicas investiram considerável parcela do produto da venda em um fundo de investimento, cujos recursos foram investidos em um FIP (fundo de investimento em participações) que, por sua vez, adquiriu uma franquia. Com base nisso a fiscalização teria concluído que o produto da venda retornou para pessoa jurídica do grupo, mas tal conclusão é fruto de um erro de interpretação. Os recursos a serem utilizados na aquisição da franquia têm origem no grupo em que faz parte a pessoa jurídica autuada, mas isso não permite afirmar que o valor foi aportados na autuada. *"A devolução do capital social para o sócio tem a finalidade de desinvestimento, ou seja, aplica-se quando o sócio deseja se retirar da sociedade, total ou parcialmente. Caso o mesmo sócio venha a fazer novo investimento na mesma empresa logo em seguida, isso indica, em princípio, que a finalidade da devolução do capital não era o desinvestimento, mas uma outra, diferente da finalidade da lei. Na espécie, seria a vantagem tributária. O desvio de finalidade configura uma fraude. Todavia, os elementos apontados pela fiscalização para demonstrar o novo investimento da Família Martins na empresa autuada mostraram-se inadequados para isso, conforme a análise contida no tópico 2.1.11 deste voto."*

Argumentos expostos em declaração de voto: trata-se de opção fiscal permitida pela lei. (...) *"somente não seria válida a tributação na pessoa física após a devolução a valor contábil de bens e direitos anteriormente detidos por pessoa jurídica se houvesse comprovação de simulação, tal qual ocorreria quando os instrumentos particulares forem antedatados, ou pós-datados."*

Referências

ATIENZA, Manuel e MANERO, Juan Ruiz. *Ilícitos Atípicos*. 2 ed. Madrid: Trotta, 2006.

BRASIL. Presidência da República. Lei nº 5.172, de 25 de outubro de 1966 (Código Tributário Nacional). Brasília, 27 out. 1966. Disponível em: http://www.planalto. gov.br/ccivil_03/leis/l5172.htm. Acesso em: 25 out. 2019.

BRASIL. Presidência da República. Lei nº 6.404, de 15 de dezembro de 1976. Brasília, 17 dez. 1976. Disponível em: http://www.planalto.gov.br/ccivil_03/ LEIS/L6404consol.htm. Acesso em: 25 out. 2019.

BRASIL. Presidência da República. Decreto-Lei nº 1.598, de 26 de dezembro de 1977. Brasília, 27 dez. 1977. Disponível em: http://www.planalto.gov.br/ccivil_03/ Decreto-Lei/Del1598.htm. Acesso em: 25 out. 2019.

BRASIL. Presidência da República. Lei nº 9.249, de 26 de dezembro de 1995. Brasília, 27 dez. 1995. Disponível em: http://www.planalto.gov.br/ccivil_03/leis/ L9249.htm. Acesso em: 25 out. 2019.

BRASIL. Presidência da República. Lei 10.406, de 10 de janeiro de 2002 (Código Civil). Brasília, 11 jan. 2002. Disponível em: http://www.planalto.gov.br/cci-vil_03/leis/2002/l10406.htm. Acesso em: 25 out. 2019.

GRECO, Marco Aurélio. *Planejamento Tributário*. São Paulo: Dialética, 2008.

3. ALIENAÇÃO DE ATIVOS RECEBIDOS EM DEVOLUÇÃO DE CAPITAL A VALOR CONTÁBIL

GERMANO, Livia De Carli. *Planejamento Tributário e Limites para a Desconsideração de Negócios Jurídicos.* São Paulo: Saraiva, 2013.

PÉREZ ARRAIZ, Javier. *El Fraude de Ley en el Derecho Tributario.* Valencia: Tirant lo Blanch. 1996.

ROCHA, Sergio André. *Planejamento Tributário na Obra de Marco Aurélio Greco.* Rio de Janeiro: Lumen Juris, 2019.

4. Exigência de IRPJ e CSLL sobre debêntures e a valoração da prova na jurisprudência no CARF

Luis Fabiano Alves Penteado[1]

Introdução

As debêntures constituem importante instrumento de captação de recursos das empresas no Brasil, sendo sua utilização mais comum em companhias do tipo sociedade anônima, apesar de não existir qualquer vedação à emissão de debêntures por empresas limitadas.

Do ponto de vista tributário, conforme adiante se verá com mais detalhes, a emissão de debêntures ocasiona despesa para o emissor do título e receita para o adquirente ou credor. Isso porque, aquele que emite a debênture deverá remunerar o adquirente do título e tal remuneração assemelha-se à despesa financeira ao emissor, podendo ser comparada aos juros de um empréstimo.

Todavia, a forma de remuneração das debêntures pode ser modelada de maneiras diversas, como, por exemplo, através da definição de uma taxa pré-fixada ou pós-fixada, bem como, um percentual do lucro da empresa emitente.

Seu prazo ou duração pode ser determinado ou indeterminado. E, o emissor pode fazer parte ou não do mesmo grupo econômico da empresa adquirente.

Em razão desta elasticidade de formas e estruturas e do efeito fiscal que provoca, é muito comum o surgimento de controvérsia tributária no âmbito

---

[1] As opiniões contidas nesta publicação são reflexões acadêmicas do próprio autor e não necessariamente expressam as posições defendidas por qualquer organização a qual esteja vinculado.

federal, especialmente do lado do emissor do título, onde se dá a dedução da despesa correspondente. O litígio é ainda mais presente na hipótese de emissão de debêntures intra-grupo.

Trata-se de situação análoga à encontrada nas discussões sobre dedução de amortização do ágio ou de subcapitalização (*thin capitalization*), nas quais o fisco imputa questionamentos diversos acerca da veracidade, legitimidade e necessidade das operações perpetradas entre partes ligadas.

Em termos práticos, no âmbito do CARF, verifica-se que não há ainda um arquétipo nas estruturas utilizadas na emissão de debêntures que seja aceitável para fins de garantir os efeitos fiscais desejados pelo contribuinte, em especial, a dedução da respectiva despesa financeira pelo emissor, o que impede a adoção de um padrão na análise e julgamento dos casos.

Nesse sentido, o contexto econômico e financeiro no qual a emissão das debêntures se inseriu em cada caso, mostra-se o ponto de partida pertinente para análise da legalidade e validade da operação no mesmo grau de importância em que se encontram os elementos relacionados à estrutura jurídica adotada e partes envolvidas.

Com efeito, é de extrema relevância a análise de todos os elementos de prova que direta ou indiretamente ratificam a necessidade e conveniência, do ponto de vista de negócio (*business purpose*), para a emissão das debêntures que geraram a despesa cuja dedução é objeto de litígio entre o fisco e o contribuinte.

A análise necessária perpassa não somente os documentos internos da operação, mas também elementos exógenos, como, por exemplo, a taxa média de juros praticada no mercado, o risco percebido pelo mercado quanto à área de atuação do contribuinte emissor do título ou mesmo a liquidez do mercado por ocasião da operação.

Conforme se verá adiante, a necessária busca da verdade material assume contornos decisivos no julgamento de contencioso quanto à exigência de IRPJ e CSLL nas operações de emissão de debêntures, cuja análise, se restrita aos elementos intrínsecos da operação, tende a trazer conclusão desconectada do contexto de negócios que a motivou.

1. Natureza das Debêntures

A Lei nº 6.404/76 entre seus artigos 52 e 74, dispõe sobre a conceituação legal das debêntures, bem como as regras aplicáveis à sua emissão, circulação, registro e extinção.

O art. 52, em especial, prevê que a companhia poderá emitir debêntures que conferirão aos seus titulares direito de crédito contra ela, nas condições constantes da escritura de emissão e, se houver, do certificado.

A leitura do art. 52 da Lei das S.A nos permite chegar à conclusão de que as debêntures são valores mobiliários que representam títulos de dívida, com ou sem garantia de ativos pelos emissores, cujo resgate poderá ocorrer através do pagamento do valor principal do título somado aos rendimentos pré-estabelecidos ou também através da conversão das debêntures em ações da companhia emissora.

Como já dito, para o emissor, a debênture é instrumento de captação direta de recursos para o negócio com a vantagem de esta ocorrer sem intermediação financeira. Do ponto de vista do adquirente, a debênture é uma forma de investimento cujo risco refere-se à capacidade do emissor de honrar o quanto contratado.

As debêntures representam uma dívida do emissor que pode ofertar tais títulos de forma privada ou por oferta pública para um ou vários investidores. Cada debênture emitida representa uma fração da dívida da empresa emissora.

Apesar de aqui tratarmos do termo dívida, a debênture não pode ser confundida com mútuo ou empréstimo no mercado bancário.

Isso porque, enquanto o empréstimo é classificado como tipo de operação em que uma instituição financeira faz a intermediação entre os agentes superavitários e os agentes deficitários de recursos financeiros, a debênture, por sua vez, representa legítimo instrumento de desintermediação financeira, vez que os recursos fluem diretamente entre aqueles que necessitam aplicar seus recursos para aqueles que necessitam captá-los.

Restando claro que as debêntures possuem natureza de valor mobiliário captado no mercado de capitais, é importante conhecer as formas como tal instrumento pode ser remunerado.

2. Formas de remuneração das debêntures

O art. 56 da já mencionada Lei das S.A dispõe que a debênture poderá assegurar ao seu titular juros, fixos ou variáveis, participação no lucro da companhia e prêmio de reembolso.

É no aspecto relacionado à forma de remuneração das debêntures que reside grande parte do contencioso tributário.

A Lei das S.A estabelece as formas como as debêntures podem ser remuneradas, mas não traz limites ou referências. Como é de se esperar em qualquer operação de captação de recursos que implica em risco para o investidor, a taxa de juros pactuada, por exemplo, irá refletir diretamente o risco percebido em relação à companhia emissora.

Quanto maior o risco representado pelo emissor, maior deverá ser a remuneração para o investidor, que assume um risco maior e em contrapartida espera um ganho maior. O inverso também ocorre, quando a empresa captadora de recursos através de debêntures não representa um risco relevante e, portanto, oferta juros menores, o que acaba atraindo investidores que aceitam menores ganhos desde que acompanhados de menor risco.

Por fim, temos também como modelo relevante de remuneração de debêntures aquela atrelada ao lucro da emitente. Trata-se de operação de maior risco para o investidor, pois, não há remuneração mínima garantida, mas um percentual do sucesso financeiro da companhia emissora representada pelo lucro alcançado.

Tal forma de remuneração baseada em percentual do lucro, geralmente é aplicável em projetos de maior risco, como no caso de infraestrutura, siderurgia ou novas tecnologias, onde o risco do emissor está fortemente atrelado ao sucesso de determinado projeto e, por conseguinte, é ofertada a possibilidade do investidor tornar-se um sócio em termos de assunção de risco, sem todas as complicações de tornar-se um sócio do ponto de vista societário.

Existem casos em que há previsão de remuneração baseada em percentuais altos do lucro, que podem chegar a 80% ou mesmo 90% do lucro apurado pelo emitente e por prazos de duração que podem chegar a 10 ou 20 anos. Existem, inclusive, casos de debêntures perpétuas, sem prazo de vencimento. Tais modelos demonstram a possibilidade e efetiva utilização do instrumento debênture como viabilizador de aproximação entre empresas que demanda captação de recursos e investidores que na busca de maior remuneração, aceitam tomar determinados riscos próprios daqueles assumidos por sócios ou acionistas, contudo, sem a necessidade de assumir tal papel do ponto de vista jurídico.

Não obstante a estranheza que tal estrutura de dívida pode trazer, ainda mais se levarmos em consideração que a despesa incorrida será deduzida para fins de IRPJ e CSLL ao passo que a distribuição de lucro não é, o julgador deve levar em consideração as condições econômicas e financeiras que cercaram a operação, de forma que seja possível diferenciar situações de simulação em que a debênture serviu apenas como instrumento de geração artificial de despesa dedutível em operação entre empresas ligadas e situações de real interesse na busca de instrumento legítimo de *"funding"* que possibilite um custo menor ao emissor em comparação aos instrumentos clássicos de captação junto às instituições financeiras.

Dito de outra forma, tão importante quanto analisar se o percentual definido do lucro é alto demais ou fez parte de estrutura que visou transformar distribuição de lucro indedutível em despesa financeira dedutível, o operador do direito deve também lançar mão de análise comparativa, em especial, com cenário em que os juros de um empréstimo obtido junto à instituição financeira de prazo longo e sem apresentação de garantias, também configuraria despesa dedutível para a empresa emissora.

Em suma, não somente fatores internos da operação como partes envolvidas e definição da remuneração e prazo devem ser levados em consideração para análise de legitimidade da operação de emissão de debênture, mas também fatores externos, como contexto econômico e financeiro na época da emissão do título, existência ou não de outras opções de captação em mesmas condições e respectivo custos dessas outras opções.

3. Aspectos Fiscais controvertidos das debêntures

3.1. Da emissão de debêntures baseada exclusivamente em percentual do lucro

Para analisar o cenário de contencioso fiscal que cerca as debêntures, vale tomar como exemplo o Acórdão nº 1201-001.466 – Processo nº 10120.731585/201242, da 1ª Turma da 2ª Câmara da 1ª Seção do CARF, sessão de 09 de agosto de 2016.

Neste caso, uma mineradora, que necessitava de recursos vultosos para estruturação de novas minas, emitiu debêntures cuja remuneração era baseada exclusivamente na participação nos lucros sem qualquer pagamento a título de juros. O percentual de participação nos lucros estipulado era de 90%.

A fiscalização glosou a dedutibilidade da despesa gerada pelas debêntures por considerar configurada simulação cujo objetivo foi o de anular o lucro da empresa emissora dos títulos, mediante a distribuição de dividendos (isentos) como se despesas de participação de debenturistas fossem.

Chamou a atenção da fiscalização o alto percentual (90%) do lucro definido como remuneração da debênture e a ausência de previsão conjunta de pagamento de juros.

Do ponto de vista da forma e em homenagem ao princípio da legalidade, cabe notar que o art. 56 da Lei n. 6.404/76 (Lei das S.A) ao prever que a debênture poderá assegurar ao seu titular juros, fixos ou variáveis, participação no lucro da companhia e prêmio de reembolso, trouxe opções possíveis de remuneração de debêntures e não condições obrigatórias ou compulsórias. Em outras palavras, a empresa que emitir debêntures tem essas opções de remuneração para oferecer aos debenturistas, não estando obrigada a adotar todas elas.

A empresa pode remunerar as debêntures por ela emitidas por meio de juros, fixos ou variáveis, mas não está obrigada a isso. Como também pode atrelar a remuneração a um percentual do lucro, isoladamente, sem encontrar limites objetivos na lei quanto ao percentual do lucro que remunerará as debêntures.

Trata-se de condição negocial livremente firmada entre as partes emissora e investidora. O art. 56 da Lei das S.A, ao prever essas diversas formas de remuneração das debêntures, propiciou liberdade de escolha à empresa emissora, para que esta opte pela forma que melhor lhe atende e, ao mesmo tempo, que pareça mais atrativa ao investidor debenturista.

Aliás, o art. 59 da mesma Lei, ratifica este entendimento:

> Art. 59 A deliberação sobre emissão de debêntures é da competência privativa da assembleia geral, que deverá fixar, observado o que a respeito dispuser o estatuto:
>
> (...)
>
> VII – a época e as condições do pagamento dos juros, da participação nos lucros e do prêmio de reembolso, se houver,

A leitura combinada dos dispositivos acima ressaltados permite concluir que a participação no lucro é uma forma válida de remuneração de uma debênture, pois, há previsão clara neste sentido (expressa previsão legal) e por outro lado, inexiste qualquer restrição ou limite quando a debênture for remunerada exclusivamente por participação no lucro ou, no mesmo sentido, quanto à obrigatoriedade de que a debênture seja remunerada também por juros.

Até porque, se a conclusão fosse de que existe obrigação de remuneração por juros, ainda que parcialmente, a pergunta inevitável é: qual seria o percentual da remuneração que deveria ser baseada em juros?

Não há resposta, pois, não há previsão legal neste sentido. Se, não há regra clara quanto ao percentual de remuneração de uma debênture que deva ser

4. EXIGÊNCIA DE IRPJ E CSLL SOBRE DEBÊNTURES E A VALORAÇÃO DA PROVA

paga através de juros, como defender, a *contrario sensu*, que a remuneração exclusivamente feita através de participação nos lucros está fora dos limites da lei?

Neste ponto, vale reforçar a importância de se observar as condições de cada caso, as necessidades da empresa emissora, sua condição financeira, a situação do mercado em que atua, o grau de maturação de seus negócios e o valor do prêmio pago. Em suma, cada caso é um caso, não há como definir qual é o padrão do mercado sem incorrer no risco de estar praticando simples especulação.

A essência, sem dúvida alguma, deve ser considerada, mas nunca em substituição à análise da forma jurídica adotada na operação. O princípio da legalidade é e sempre será um bom ponto de partida para qualquer análise tributária e, no cenário analisado no presente artigo, verifica-se que a lei permite a remuneração de debêntures por participação nos lucros, de forma exclusiva.

A essência e a forma são elementos que juntos formam o ato jurídico. O vício quanto à forma adotada em relação à legislação aplicável, bem como a essência desconectada da forma, são situações que inevitavelmente eivam o ato jurídico de vício.

Se por um lado, a ausência de restrições ou limites na legislação para definir o percentual do lucro que servirá de parâmetro para remuneração do debenturista é condição que permite validar, do ponto de vista de forma, operação na qual a remuneração fora baseada em percentual de 90% do lucro, temos que a análise financeira do contexto que cercou a operação de emissão de debenture é instrumento que permite efetuar validação do ponto de vista de essência.

Para tal análise, são vários os fatores que devem ser considerados: i-) situação financeira da empresa emissora; ii-) risco do negócio ou do projeto; iii-) situação macroeconômica no momento da emissão, em termos de taxa de juros, liquidez do mercado e demanda de debêntures pelos investidores; iv-) modelo de negócio e perfil de endividamento da companhia.

As demonstrações financeiras da companhia emissora, estudo de mercado, laudos independentes sobre o eventual projeto, estudos de mercado ou empresas de *rating* sobre o ramo de negócio ou sobre a própria empresa emissora, demonstração do custo ofertado por instituições financeiras na época, caso tenham sido procuradas, são exemplos de elementos de prova que são hábeis para demonstrar a real necessidade e conveniência na emissão das debêntures nas condições analisadas.

Em condições normais de pressão e temperatura, certamente, não é usual ofertar até 90% de seus lucros aos debenturistas. Contudo, se o cenário posto envolve necessidade de montantes elevados de recursos, alto risco na estruturação do negócio e ciclo de retorno de investimento muito longo, é razoável aceitar que a empresa opte por não se comprometer com o pagamento de juros, vez que não tem certeza se terá capacidade de pagar tais juros, dada as incertezas do negócio.

Além disso, a capacidade de efetuar novas captações, através do mercado financeiro, resta mantida no modelo de remuneração de debêntures baseado em percentual do lucro. Isso porque, ciente de que o debenturista apenas será remunerado se o resultado positivo (lucro) for alcançado, as instituições financeiras enxergam maior oportunidade de disponibilizar recursos à companhia vez que somente após o pagamento de tais dívidas bancárias, que compõem o resultado da empresa, é que os debenturistas serão remunerados.

Na ponta inversa da operação, o debenturista identifica operação de alto risco o que atrai uma remuneração mais alta, o que justificaria percentual tão alto do lucro destinado ao debenturista.

Neste viés, a medida mais razoável, do ponto de vista econômico, é oferecer parte dos resultados efetivamente alcançados, se alcançados, ao invés de oferecer uma remuneração fixa que pudesse se mostrar impraticável no futuro.

O CARF já se posicionou tanto favorável, quanto desfavoravelmente diante de operações como a colocada acima.

Primeiramente, merecem destaque alguns julgados deste Conselho que concluíram pela impossibilidade de glosar a oferta de debêntures baseada exclusivamente em percentual do lucro, mesmo que a emissão tenha ocorrido intra-grupo, vez que a forma adotada atende os requisitos da lei:

GLOSA DE REMUNERAÇÃO DE DEBÊNTURES. ACUSAÇÃO FISCAL INSUFICIENTE.

A subscrição privada de debêntures por empresa do mesmo grupo não pode ser desconsiderada em razão, apenas, da remuneração com base em percentual elevado dos lucros e da liquidação das obrigações decorrentes por meio de compensações entre empresas ligadas.

4. EXIGÊNCIA DE IRPJ E CSLL SOBRE DEBÊNTURES E A VALORAÇÃO DA PROVA

(Processo n. 10530.726113/201084, Acórdão 1101-000.888 da 1ª Turma da 1ª Câmara da 1ª Seção do CARF, sessão de 07 de maio de 2013 – Relatora Conselheira Edeli Pereira Bessa)

IRPJ. REMUNERAÇÕES DE DEBÊNTURES. DEDUTIBILIDADE. LIMITES.

A legislação societária e fiscal prevê a possibilidade de a debênture assegurar participação no lucro da companhia, sem contudo impor um limite percentual do lucro.

(Processo n. 13820.000860/2002-10, Acórdão 10197021 da 1ª Câmara do Primeiro Conselho de Contribuintes, Sessão de 13 de novembro de 2008 – Relator Conselheiro Valmir Sandri)

Contudo, também existem julgados no Conselho que entenderam pela impossibilidade de dedução da despesa com a emissão de debêntures quando esta se dá intra-grupo, inclusive da 1ªTurma da CSRF:

EMPRESAS COM MESMOS SÓCIOS. REMUNERAÇÃO DE DEBÊNTURE. INDEDUTÍVEL COMO DESPESA.

Gastos com a remuneração de debêntures emitidas/compradas entre empresas com os mesmos sócios, não podem ser aceitos como despesas dedutíveis, se a operação não alterou o risco das empresas, não houve ingresso de recursos, mas compensações de contas entre as empresas envolvidas, e resultou não só na redução do IRPJ e CSLL pagos, mas também na criação de crédito de Saldos Negativos, que foram requeridos para a compensação de débitos.

(16561.720070/201476, Acórdão 1201-001.752, da 1ª Turma da 2ª Câmara da 1ª Seção do CARF, sessão de 18 de maio de 2017 – Redatora Designada Conselheira Eva Maria Los)

REMUNERAÇÃO DE DEBÊNTURES.

O art. 462 do RIR/99 não ampara a redução do resultado pela remuneração de debêntures, quando demonstrado pela Fiscalização que a operação foi engendrada apenas entre pessoas ligadas, tendo sido levada a efeito em condições anormais e inusuais, dissociadas de uma efetiva realidade negocial, com nítido favorecimento às pessoas ligadas (no caso, sócios pessoas físicas) e com o objetivo de reduzir substancialmente a incidência dos tributos incidentes sobre o lucro da pessoa jurídica emissora dos títulos.

(16643.720002/201316, Acórdão 9101-003.699 da 1ª Turma da Câmara Superior de Recursos Fiscais, sessão de 8 de agosto de 2018 – Redator Designado Conselheiro Flávio Franco Corrêa)

Em tais julgados desfavoráveis aos contribuintes é possível verificar que os julgadores levaram em consideração a atipicidade das condições das operações realizadas, para ao fim concluir pela invalidade das operações.

A fixação de remuneração de debênture em percentual do lucro ao passo em que o próprio sócio recebia um valor fixo mensal, demonstrou incoerência do contribuinte para os julgadores, vez que o adquirente da debênture era quem assumia o risco do negócio no lugar do próprio sócio, bem como, o comprometimento de percentual alto do lucro, que em um dos casos acima citados foi de 85%, por prazo indeterminado, foi considerada não usual pelos julgadores.

Evidenciou-se no presente tópico deste artigo que, a cumulação de robusta demonstração quanto à forma adotada e evidências quanto à essência da operação, especialmente quando a operação se dá intra-grupo, é condição essencial para validação da dedução das despesas relacionadas à emissão de debêntures, vez que o fisco e o Conselho tendem a lançar um olhar mais restritivo caso entenda que outras opções seriam mais usuais ou normais na condução do negócio.

3.2. Do prêmio de subscrição das debêntures

Outro fator que traz intensa discussão entre fisco e contribuinte diz respeito ao prêmio na subscrição das debêntures, especialmente quando o percentual pago é muito superior ao valor de face da debênture.

Em relação a tal elemento da operação, é importante relembrar em ordem cronológica, o que diz e o que não diz a legislação acerca dos limites para o prêmio praticado na emissão de debêntures.

Anteriormente às alterações trazidas pela Lei 12.973/14, assim dispunha o art. 38 do Decreto-lei 1.598/77:

> Art. 38 Não serão computadas na determinação do lucro real as importâncias, creditadas a reservas de capital, que o contribuinte com a forma de companhia receber dos subscritores de valores mobiliários de sua emissão a título de:
>
> I – ágio na emissão de ações por preço superior ao valor nominal, ou a parte do preço de emissão de ações sem valor nominal destinadas à formação de reservas de capital;

4. EXIGÊNCIA DE IRPJ E CSLL SOBRE DEBÊNTURES E A VALORAÇÃO DA PROVA

II – valor da alienação de partes beneficiárias e bônus de subscrição e

III – prêmio na emissão de debêntures.

Cabe destacar, o acima mencionado inciso III fora revogado pela Lei 12.973/14, implicando na inclusão do prêmio na emissão de debêntures no lucro tributável da empresa emissora. Após tal alteração legislativa, não restaram mais dúvidas quanto ao correto tratamento fiscal dado ao prêmio pago.

Tal alteração ratifica entendimento de que a aplicação do princípio da estrita legalidade nos leva à conclusão de que se a lei não impõe limites, não pode o intérprete da lei fazê-lo. Em outras palavras, se a lei não prevê regras, não pode o fiscal da Receita Federal criá-las.

Quando o legislador quer impor limites, o faz de forma expressa, como é o caso dos limites das despesas de juros sobre capital próprio, por exemplo, ou limites de dedução de empréstimos com coligadas, a chamada *thin capitalization*.

No caso do prêmio na emissão de debêntures, deve ser avaliada a norma válida na época da emissão dos títulos em respeito ao princípio da previsibilidade, tão importante para a manutenção da segurança jurídica no mundo dos negócios.

Pois bem, vemos aqui que a legislação era omissa quanto aos limites do valor do prêmio na emissão de debêntures, o que tornava frágil as autuações baseadas exclusivamente no argumento de anormalidade no percentual do prêmio pago desacompanhadas de outros elementos que permitissem a identificação de eventual simulação.

Quanto a este ponto, merece destaque o Acórdão nº 1101-000.053[2] no qual a fonte dos recursos para a integralização do valor nominal dos títulos, de R$ 2.000.000,0, mais o prêmio ("ágio") de RS 13.800.000,00, derivou da conversão de passivo que a empresa tinha com os adquirentes, decorrente de contratos de mútuo cujos recursos tiveram origem remota na conversão de direitos relativos a juros sobre o capital próprio dos anos 1999 e 2000.

Neste caso, o voto condutor do Conselheiro Aloysio José Percínio da Silva diz não parecer típica a totalidade da subscrição unicamente pelos

---

[2] Processo n. 11065.001861/2007-51, Acórdão 1101-000.053 da 1ª Turma da 1ª Câmara da 1ª Seção do CARF, sessão de 13 de maio de 2009 – Relator Conselheiro Aloysio José Percinio da Silva.

acionistas da pessoa jurídica associada à ausência de fluxo financeiro, além de ser expressivo o percentual de 60% de participação nos lucros.

Cumpre destacar também o Acórdão nº 10516.062[3] no qual o redator do voto vencedor, Conselheiro Wilson Fernandes Guimarães, expôs o entendimento majoritário da Câmara, contrário à conclusão do Conselheiro Relator Eduardo da Rosa Schimidt, de que o art. 299 do RIR/99 não confere suporte legítimo à acusação fiscal e embora afastando a existência de fraude, afirmou a absoluta desnecessidade do dispêndio, na medida em que a subscrição das debêntures se fez com recursos que já integravam o Patrimônio Líquido da fiscalizada e impôs à companhia despesas até mesmo anteriores à sua emissão, representando a remuneração 88,61% da suposta captação de recursos.

Nos casos acima, não obstante o valor do prêmio ser também elevado, o que se levou em conta para a manutenção da glosa das despesas foi a inexistência de trânsito de recursos financeiros, fator este de importância nuclear para a análise da essência financeira da operação, visto que ausente elemento probatório indispensável para demonstração de qualquer tipo de captação de recursos que é o efetivo influxo de caixa.

Assertiva tal leitura, não à toa, o início do presente artigo cuidou de definir que as debêntures representam importante instrumento de captação de recursos, o que significa que tais recursos (caixa) devem fluir para a empresa emissora. A ausência de tal elemento pode desnaturar a operação de emissão de debêntures.

Contudo, a vontade da autoridade fiscal de aplicar sua interpretação à lei e com isso impor limites inexistentes no arcabouço legal, é de toda perniciosa para o sistema tributário, pois, implica na transferência do poder de legislar para os auditores fiscais.

Vale tomar, como exemplo, a despesa de depreciação de veículos utilizados nas atividades da empresa (caminhões utilizados no transporte das mercadorias).

Imaginem que, para fins de garantir bem-estar e, consequentemente, maior produtividade de seus motoristas, a empresa resolva adquirir apenas caminhões equipados com ar condicionado.

---

[3] Processo n. 13971.000747/2004-64, Acórdão 105-16.062 da 5ªCâmara do Primeiro Conselho de Contribuintes, Sessão de 18 de outubro de 2006 – Redator Designado Conselheiro Wilson Fernandes Guimarães)

4. EXIGÊNCIA DE IRPJ E CSLL SOBRE DEBÊNTURES E A VALORAÇÃO DA PROVA

Posteriormente, vem o auditor fiscal e glosa a despesa por entender que o custo adicional incorrido com o ar condicionado é desnecessário para atividade da empresa.

Vejam, a lei nada diz a respeito do ar condicionado. Poderia então o auditor fiscal decidir, na ausência de previsão expressa na lei, o que pode e o que não pode ser deduzido? Pode o auditor fiscal decidir os limites do que é ou não é necessário para as atividades da empresa? Acreditamos que não.

Além disso, há um aspecto prático que deve ser aqui considerado. O prêmio, que faz parte do preço de aquisição de uma debênture, por sua natureza, não é devolvida ao debenturista.

Isso porque, conforme previsto na Lei das S.A, o valor do prêmio deve ser registrado a crédito em conta de capital para futura capitalização ou, a depender, para absorção de prejuízo.

Assim, do ponto de vista financeiro, quanto mais elevado for o valor do prêmio, melhor para a empresa emissora da debênture, pois, trata-se de valor que vai direto para o seu capital, sem afetar o seu resultado, vez que não será devolvido ao debenturista.

Da perspectiva fiscal, isoladamente, o prêmio não gera despesa dedutível para a empresa emissora da debênture, assim, tal fator, não poderia ser utilizado para justificar a glosa da despesa com a remuneração das debêntures, pois, o prêmio não é devolvido ao debenturista e, por isso, não gera despesa.

Por outro lado, caso haja perda, esta é amortizada pelo debenturista, ou seja, o lucro tributável da debenturista é reduzido.

Mais uma vez, chega-se ao ponto em que se faz necessário complementar a análise do aspecto jurídico da operação com a avaliação dos aspectos negociais de forma a pavimentar exame que permita verificar se determinada operação de emissão de debêntures como concretizada, faz sentido econômico e financeiro.

3.3. Da emissão privada das debêntures

É comum no contencioso administrativo federal se deparar com posicionamento do fisco de que as debêntures são títulos que servem para a captação de recursos públicos junto a um grupo, um coletivo de debenturistas, sendo indevida a forma de emissão privada, especialmente, se subscrita por debenturista que é empresa pertencente ao mesmo grupo econômico da emitente.

É preciso lançar uma análise mais aprofundada quanto a este aspecto. Isso porque, a leitura conjunta dos arts. 38 e 58 do Decreto-lei 1.598 permite

EFICIÊNCIA PROBATÓRIA E A ATUAL JURISPRUDÊNCIA DO CARF

verificar que os efeitos fiscais trazidos por operação de emissão de debêntures não são condicionados a que as debêntures sejam emitidas para subscrição pública.

Não há qualquer disposição do Decreto-lei 1.598, nem de qualquer outra lei ou norma, que contenha previsão acerca da obrigatoriedade de emissão pública das debêntures ou da proibição de emissão privada, mesmo para o debenturista pessoa jurídica integrante do mesmo grupo econômico da emitente do papel.

Os dispositivos do Decreto-lei 1.598 não contêm qualquer elemento que diferencie as emissões públicas e as privadas de debêntures em relação à forma de remuneração, valor do prêmio ou aos efeitos tributários decorrentes de uma ou outra forma de emissão.

O mencionado dispositivo apenas prevê a possibilidade de emissão de debêntures por qualquer uma dessas formas, pública ou privada.

É possível encontrar julgados no mesmo sentido no CARF, à exemplo do Acórdão nº 1101-000.888[4], de Relatoria da Conselheira Edeli Pereira Bessa:

GLOSA DE REMUNERAÇÃO DE DEBÊNTURES. ACUSAÇÃO FISCAL INSUFICIENTE.

A subscrição privada de debêntures por empresa do mesmo grupo não pode ser desconsiderada em razão, apenas, da remuneração com base em percentual elevado dos lucros e da liquidação das obrigações decorrentes por meio de compensações entre empresas ligadas. A escolha empresarial de aportar recursos mediante subscrição de debêntures emitidas por empresa controlada pode estar baseada em outras razões econômicas que devem ser afastadas pelo Fisco, de modo a demonstrar que a despesa não seria necessária, usual e normal.

Nesse acórdão, prevaleceu o entendimento que não pode a autoridade fiscal discordar da forma de captação escolhida pelo sujeito passivo, dentre as hipóteses existentes.

Além da clareza constante da legislação quanto à possibilidade de emissão privada de debêntures, o intérprete da norma pode se socorrer das próprias orientações de entidades do mercado financeiro para dirimir eventual dúvida.

---

[4] Processo n. 10530.726113/201084, Acórdão 1101-000.888 da 1ª Turma da 1ª Câmara da 1ª Seção do CARF, sessão de 07 de maio de 2013 – Relatora Conselheira Edeli Pereira Bessa.

4. EXIGÊNCIA DE IRPJ E CSLL SOBRE DEBÊNTURES E A VALORAÇÃO DA PROVA

A Andima (Associação Nacional das Instituições do Mercado Financeiro) e a Abrasca (Associação Brasileira das Companhias Abertas), duas entidades de renome e constantemente chamadas pelo poder público para debater sobre novos normativos, elaboraram material orientativo[5] para investidores sobre os aspectos gerais que envolvem a emissão de debêntures, aplicáveis, inclusive, à época das operações ora em exame.

Neste material, vale destacar as seguintes informações:

Quem pode emitir debêntures?

A captação de recursos no mercado de capitais, via emissão de debêntures, pode ser feita por Sociedade por Ações (S.A.), de capital fechado ou aberto. Entretanto, somente as companhias abertas, com registro na CVM Comissão de Valores Mobiliários, podem efetuar emissões públicas de debêntures.

Qual a diferença entre emissão pública e privada?

A primeira é direcionada ao público investidor em geral, feita por companhia aberta, sob registro na CVM. Já a emissão privada é voltada a um grupo restrito de investidores, não sendo necessário o registro na Comissão.

Como transcorre um processo de emissão pública de debêntures?

A emissão de debêntures é decidida em assembleia geral de acionistas ou em reunião do conselho de administração da emissora, ambos com poderes para estabelecer todas as condições da emissão.

A companhia deve escolher uma instituição financeira (banco de investimento ou múltiplo, corretora ou distribuidora de títulos e valores mobiliários) para estruturar e coordenar todo o processo de emissão.

Essa instituição, denominada coordenador líder, será responsável pela modelagem da operação; transformação da empresa em Sociedade por Ações e obtenção de registro de companhia aberta, caso seja necessário; preparação da documentação e registro da emissão pública na CVM; formação do consórcio de distribuição; apresentações (*road shows*); apuração de bookbuilding, se for o caso; e colocação dos títulos aos investidores.

O coordenador é responsável, ainda, pela realização de uma diligência (*due diligence process*) sobre as informações da emissora que serão distribuídas ao público investidor e utilizadas para a elaboração do prospecto de emissão.

---

[5] Disponível em: http://www.debêntures.com.br/downloads/textostecnicos/cartilha_debêntures.pdf. Acesso em: 17/03/2020.

Além de ratificar a possibilidade de emissão privada de debêntures, as orientações acima demonstram também a maior complexidade e, por consequência, os maiores custos incorridos numa emissão pública de debêntures em comparação com a emissão privada.

Além da necessidade de contratação de instituição financeira para a estruturação e coordenação do processo de emissão, a modalidade pública de emissão demanda ainda a execução de *due dilligence, road show* e *bookbuilding*. Tudo isso consome montante relevante de recursos financeiros. Em outras palavras, o custo de captação fica muito mais caro.

Logicamente, este é o preço a ser pago pelas companhias que necessitam captar recursos que não conseguiriam fazer num processo de emissão privada.

Contudo, se a empresa possui condições de captar integralmente os recursos de que necessita com custos que possa arcar, mediante emissão privada de suas debêntures, não haveria qualquer razão financeira ou econômica para optar pela modalidade pública de emissão, vez que esta implica em suportar um custo elevado de estruturação e acompanhamento. Trata-se de simples decisão de negócio.

Conclusões

Conforme se percebe da leitura do presente artigo, a análise de operações de emissão de debêntures demanda investigação que vai muito além da leitura e interpretação da legislação.

Isso porque, a exemplo de diversas outras situações, como a dedução da amortização de ágio, temos que o contexto fático que envolve a operação analisada exerce fator essencial para conclusão sobre a aceitação ou não dos efeitos fiscais advindos da operação.

As decisões sobre a forma como as debêntures serão emitidas, se por oferta pública ou privada, a definição da forma de remuneração do debenturista, se através da estipulação de juros pré-determinados ou atribuição de percentual do lucro da empresa emissora ou mesmo a definição do próprio percentual de juros ou do lucro, decorrem de ambiente de negócios afetado por condições intrínsecas da parte envolvida e fatores exógenos como condições macroeconômicas, taxa de juros e liquidez adotada no mercado.

Muitas vezes, tais situações exteriores não são trazidas pelas partes logo no início do contencioso administrativo fiscal, sendo, portanto, necessário que os julgadores adotem um olhar mais abrangente, capazes de buscar elementos que possam conduzir à análise das condições econômicas e financeiras da operação, essenciais à validação da materialidade jurídica.

A busca da verdade material, às vezes utilizada de forma equivocada como tentativa de medida de extensão ilimitada de trazer subsídios aos autos dos processos administrativos, deve ser homenageada quando da análise de operação tão complexa quanto à emissão de debêntures e seus efeitos fiscais.

A correta valoração e alocação de informações trazidas por atores externos ao contencioso em andamento, mostra-se instrumento importante para avaliar a legitimidade, interesse, usualidade e necessidade dos diversos aspectos que circundam o instrumento debênture.

Não obstante os distintos posicionamentos que podemos encontrar na jurisprudência do CARF, há uma tendência do Conselho de se manifestar de forma equilibrada na busca da verdade material e, para tanto, aceitar provas ou informações mesmo após a apresentação de impugnação administrativa.

O equilíbrio é fundamental para que se evite situações de supremacia do formalismo sobre a verdade material, bem como para que se mantenha um grau razoável de previsibilidade no curso do PAF.

5. Prova na presunção de omissão de receitas: depósitos de origem não comprovada e suprimento de caixa

José Eduardo Dornelas Souza[1]

Introdução

O presente artigo aborda duas hipóteses de presunções legais. A primeira conhecida como *depósito de origem não comprovada* e a segunda denominada por *suprimento de caixa*, ambas permitem ao Fisco presumir a omissão de receitas, a partir da constatação de fato previsto em norma (fato indiciário).

As presunções são instrumentos que permitem ao Fisco a constituição de créditos tributários em situações que seriam de muito difícil alcance. Uma vez verificado, na prática, que um determinado fato econômico está, na grande maioria dos casos, associado ao fato gerador tributário, a lei atribui àquele primeiro fato (fato indiciário) a condição de necessário e suficiente para a constituição de crédito tributário, sem a necessidade de provar diretamente a ocorrência do fato gerador. A presunção diz-se relativa quando o contribuinte tem a faculdade de provar que, em seu caso particular, não ocorreu o fato gerador, apesar de ter ocorrido o fato indiciário.

Assim, passa-se à análise do tema proposto.

---

[1] As opiniões contidas nesta publicação são reflexões acadêmicas do próprio autor e não necessariamente expressam as posições defendidas por qualquer organização a qual esteja vinculado.

1. Depósito de origem não comprovada

A primeira hipótese de presunção encontra-se veiculada no artigo 42 da Lei nº 9.430, de 1996, que contém preceito no sentido que "caracterizam-se também omissão de receita ou de rendimento os valores creditados em conta de depósito ou de investimento mantida junto a instituição financeira, em relação aos quais o titular, pessoa física ou jurídica, regularmente intimado, não comprove, mediante documentação hábil e idônea, a origem dos recursos utilizados nessas operações."

Na lição de Pontes de Miranda[2], presunções são fatos que podem ser verdadeiros ou falsos, mas o legislador os tem como verdadeiros e divide as presunções *em iuris et de iure* (absolutas) e *iuris tantum* (relativas). As presunções absolutas, são irrefragáveis, nenhuma prova contrária se admite; quando, em vez disso, a presunção for *iuris tantum*, cabe a prova em contrário, a exemplo da presunção legal que se cuida este estudo. Nas palavras do autor:

> "A presunção simplifica a prova, porque a dispensa a respeito do que se presume. Se ela apenas inverte o ônus da prova, a indução, que a lei contém, pode ser ilidida *in concreto e in hypothesi*,"

Há diversas formas de se identificar indícios de existência de depósitos bancários de origem não comprovada. Tudo começa com o cruzamento de informações de movimentações globais prestadas por instituições financeiras, através de obrigações acessórias, que estas possuem perante à Receita Federal.

Com base em tais informações, é possível fazer o cruzamento entre as movimentações bancárias globais informadas e as receitas ou rendimentos declarados por determinado contribuinte, de forma a constatar (ou não) eventuais incompatibilidades. É possível ainda, no caso de pessoa jurídica, a fiscalização previamente cruzar tais informações globais com a ECF – Escrituração Contábil Fiscal – do contribuinte, identificando, por exemplo, se todas as contas mantidas nos bancos estão (ou não) registradas contabilmente, averiguando, por conseguinte, a compatibilidade com as receitas registradas e declaradas. Tudo isso é o que se costuma chamar de *plataformas tecnológicas de dados* que possui a fiscalização.

---

[2] MIRANDA, Pontes de, *Comentários ao Código de Processo Civil*, vol IV, Ed. Forense, 1974, p. 234.

5. PROVA NA PRESUNÇÃO DE OMISSÃO DE RECEITAS

A partir daí abrem-se os procedimentos de fiscalização, que são amparados por um documento denominado de Termo de Distribuição de Procedimento Fiscal – TDPF, e, mediante lavratura de intimação do contribuinte, dar-se-á início a ação fiscal propriamente dita, solicitando-se do contribuinte, entre outros, extratos bancários de contas mantidas junto a instituições financeiras, em determinado período de apuração.

Acaso o contribuinte se recuse a fornecer cópias dos extratos bancários, poderá a fiscalização, mediante Requisição de Movimentação Financeira (RMF), solicitar diretamente tais extratos às instituições financeiras.

Aqui há uma peculiaridade a ser observada pela fiscalização que é estritamente relacionada à matéria de provas: o CARF vem entendendo que a mera negativa do contribuinte na apresentação dos extratos bancários não justifica a emissão da RMF e, por conseguinte, não autoriza a obtenção de tais documentos diretamente em instituições financeiras, necessitando-se que a obtenção desses extratos seja de acordo com requisitos prescritos em lei, sob pena de considerar ilícita a prova obtida (no caso, os extratos bancários).

No Acórdão nº 1201-003.141[3], embora considerando-se válidas as provas obtidas diretamente das instituições financeiras (extratos bancários), a Turma Julgadora consignou a necessidade de observância pela fiscalização das determinações constantes do Decreto nº 3.724/2001 quando da emissão da RMF, esclarecendo, na ocasião, que tal emissão (da RMF), no caso, não se deu unicamente com base na negativa do contribuinte da apresentação de extratos bancários.

É que não basta alegar simplesmente negativa de apresentação espontânea de ditos extratos para que seja possível o repasse de informações ao Fisco por instituições financeiras de extratos de movimentação bancária, devendo tal repasse vincular-se aos procedimentos previstos em lei, de forma sejam evitados abusos, bem como seja preservada a segurança jurídica e a transparência do processo fiscal.

Com efeito, de acordo com o art. 6º da Lei Complementar nº 105/2001, as autoridades e os agentes fiscais tributários da União somente podem examinar documentos, livros e registros de instituições financeiras, acaso cumpridos dois requisitos, quais sejam: i) a existência de processo administrativo ou procedimento fiscal em curso e; ii) a indispensabilidade do exame de prova ou documento para a investigação fiscal:

---

[3] Relatora Gisele Barra Bossa, julgado em 18/09/2019.

Quanto à primeira das condições, a prova a ser produzida pelo fisco é de fácil obtenção, basta apenas que seja instaurado regular procedimento fiscal em desfavor de determinado contribuinte.

No que toca à indispensabilidade do exame das informações, o Decreto nº 3.724, de 2001, que regulamenta o art. 6º acima mencionado, relacionou objetivamente as hipóteses em que os exames são considerados indispensáveis. Ou seja, o art. 3º do Decreto em questão determina taxativamente todas as situações nas quais as informações serão consideradas indispensáveis, e aqui entra a questão da necessidade de relatório circunstanciado, matéria de prova a ser produzida por parte da fiscalização.

Nesse passo, a ausência do referido "relatório circunstanciado" acerca do procedimento de obtenção dos extratos bancários pelo Fisco, ou mesmo, na hipótese de existir tal documento nos autos, se na sua análise, restar demonstrado o descumprimento das determinações constantes do Decreto nº 3.724/2001, nestas duas hipóteses, não há como subsistir o lançamento fiscal baseado em tais extratos bancários.

Nesse sentido, o Acórdão nº 1302-000.489[4]:

O artigo 6º da Lei Complementar nº 105, de 2001, que autoriza as autoridades e os agentes fiscais tributários da União examinar documentos, livros e registros de instituições financeiras, inclusive os referentes a conta de depósitos e aplicações financeiras, estabelece as seguintes condições:

a) existência de processo administrativo ou procedimento fiscal em curso; e

b) indispensabilidade do exame.

No que tange à primeira das condições, inexiste controvérsia, eis que contra a Recorrente foi instaurado, de forma regular, procedimento fiscal.

Quanto à segunda, o Decreto nº 3.724, de 2001, regulamentando o art. 6º acima referenciado, estabeleceu as hipóteses em que os exames são considerados indispensáveis.

Entre tais hipóteses, sem dúvida, há a que foi apontada pela autoridade fiscal (as previstas no art. 33 da Lei nº 9.430, de 1996). Contudo, apesar de indicar as hipóteses do art. 33 em comento como fundamento para requisitar as informações bancárias, a referida autoridade, em relatório por demais econômico, simplesmente afirma que a contribuinte não disponibilizou os extratos e que a sua movimentação bancária difere significativamente das receitas declaradas.

---

[4] Relator Wilson Fernandes Guimarães, julgado em 22/02/2011.

5. PROVA NA PRESUNÇÃO DE OMISSÃO DE RECEITAS

O artigo 33 da Lei nº 9.430, de 1996, que trata do regime especial para cumprimento de obrigações pelo sujeito passivo, elenca as seguintes hipóteses:

I – embaraço à fiscalização, caracterizado pela negativa não justificada de exibição de livros e documentos em que se assente a escrituração das atividades do sujeito passivo, bem como pelo não fornecimento de informações sobre bens, movimentação financeira, negócio ou atividade, próprios ou de terceiros, quando intimado, e demais hipóteses que autorizam a requisição do auxílio da força pública, nos termos do art. 200 da Lei nº 5.172, de 25 de outubro de 1966;

II – resistência à fiscalização, caracterizada pela negativa de acesso ao estabelecimento, ao domicílio fiscal ou a qualquer outro local onde se desenvolvam as atividades do sujeito passivo, ou se encontrem bens de sua posse ou propriedade;

III – evidências de que a pessoa jurídica esteja constituída por interpostas pessoas que não sejam os verdadeiros sócios ou acionistas, ou o titular, no caso de firma individual;

IV – realização de operações sujeitas à incidência tributária, sem a devida inscrição no cadastro de contribuintes apropriado;

V – prática reiterada de infração da legislação tributária;

VI – comercialização de mercadorias com evidências de contrabando ou descaminho;

VII – incidência em conduta que enseje representação criminal, nos termos da legislação que rege os crimes contra a ordem tributária.

Desconsiderada a hipótese de que a requisição da movimentação bancária da Recorrente tenha sido feita em razão da divergência com os valores declarados, vez que, nesse caso, a fundamentação deveria ser com base no inciso XI do art. 3º do Decreto nº 3.724, a única situação que tangencia os motivos descritos pela autoridade fiscal é a estampada no item I acima (EMBARAÇO À FISCALIZAÇÃO).

Nessa linha, o embaraço estaria caracterizado pela não fornecimento de informações sobre movimentação financeira.

Se foi essa a direção adotada pelo agente fiscal, creio que o relatório de fls. 364 deveria ter reunido elementos capazes de caracterizar o embaraço à fiscalização, pois, considerada um interpretação sistemática da legislação, a simples ausência de apresentação de extratos bancários não autoriza o acesso à movimentação financeira do contribuinte por meio de requisição às instituições bancárias.

Observese que, se assim fosse, todas as demais hipóteses previstas no art. 3º do Decreto nº 3.724/2001 tornarseiam dispensáveis, visto que bastaria intimar o contribuinte a apresentar os documentos bancários e, uma vez não tendo sido apresentada resposta satisfatória, expedir a competente requisição aos estabelecimentos bancários.

A meu ver, resta fora de dúvida que o embaraço à fiscalização fica configurado a partir de condutas que, não obstante isoladamente pouco possam significar, no seu conjunto deixam clara a intenção do contribuinte de obstaculizar o prosseguimento da ação fiscalizadora. Nessas circunstâncias, deve a autoridade fiscal, com o intuito de robustecer a acusação (de embaraço), colacionar aos autos elementos capazes de demonstrar tal intenção.

No caso vertente, entretanto, não identifico nos autos tais elementos.

Com efeito, a Recorrente foi intimada a apresentar os extratos bancários (fls. 04) e, afirmando estar com as atividades paralisadas, esclareceu que havia solicitado aos estabelecimentos bancários os citados documentos.

Posteriormente, foi intimada a comprovar a origem dos valores ingressados em suas contas bancárias (fls. 142), vez que a Fiscalização, por meio de requisição de movimentação, obteve os extratos correspondentes.

Nada mais consta no processo capaz de refletir condutas que justifiquem o enquadramento da pessoa jurídica na hipótese estampada no inciso I do art. 33 da Lei nº 9.430, de 1996, ou em qualquer das outras hipóteses ali discriminadas.

Com relação a esse ponto, ressalte-se a importância de ter sido editado o Decreto nº 3.724, de 2001, para a hipótese de obtenção e análise de extratos bancários. Veja-se: sua existência é tão relevante, que o próprio Supremo Tribunal Federal, ao julgar a ADI 2.859-DF, e declarar constitucional o direito do Fisco à movimentação financeira do contribuinte, fez expressa referência, na ementa do acórdão, que as autoridades fiscais dos Estados e Municípios somente poderão acessar diretamente estas informações, quando os respectivos poderes executivos editarem regulamentos semelhantes ao citado Decreto Federal.

É necessário ainda observar que o lançamento deve ser efetuado nos limites do art. 42 da Lei nº 9.430/96. No Acórdão nº 1201-002.979[5], restou deliberado que a legitimidade da adoção da presunção em questão deve observar limites legais constantes no próprio art. 42 da Lei nº 9.430, de 1996, ou seja, (i) individualização dos lançamentos considerados de origem não comprovada; e (ii) efetiva intimação do contribuinte para comprovar a origem dos depósitos bancários.

---

[5] Relatora Gisele Barra Bossa, julgado em 11/06/2019.

5. PROVA NA PRESUNÇÃO DE OMISSÃO DE RECEITAS

Com efeito, de acordo com a norma jurídica em destaque, o lançamento com base em depósito bancário de origem não comprovada só possui validade acaso a autoridade fiscal individualize os depósitos que entende como não comprovados, para que, com base nessa segregação, o contribuinte possa defender-se.

Toda a presunção, ainda que estabelecida em lei, deve ter relação entre o fato adotado como indiciário[6] e sua consequência lógica, a fim de que se realize o primado básico de se partir de um fato conhecido para se provar um fato desconhecido.

Considerando-se questões fáticas levantadas tanto pela autoridade fiscal, por meio de suas *plataformas tecnológicas de dados*, como pelo contribuinte que, legalmente intimado, faz prova (ou não) da origem dos créditos bancários recebidos, não há como negar que sejam observados esses requisitos legais, sendo ônus do fisco trazer aos autos tais elementos de prova.

Nesse sentido, o Acórdão nº 1301-003.677[7], proferido pelo CARF, concluiu ser da fiscalização o ônus de comprovar a existência do fato indiciário, mediante extratos bancários de conta corrente, cuja movimentação financeira bancária não foi registrada na escrituração contábil/fiscal da pessoa jurídica, regularmente intimada.

Veja-se: não compete à Fiscalização, nessa hipótese, a comprovação de que o contribuinte omitiu receitas, bastando demonstrar o que preconiza o art. 42 da Lei nº 9.430, de 1996, e os limites ali estabelecidos. A inversão do ônus da prova se dá justamente em razão desse fato, qual seja, a conclusão de que houve omissão de receita a partir do fato indiciário erigido a presunção legal, cabendo ao contribuinte a prova em contrário.

No que tange à análise do tema sob o ponto de vista da defesa, temos as seguintes considerações.

O primeiro ponto da defesa diz respeito ao procedimento fiscal de intimação do contribuinte, exigindo-se, como se viu, sua regularidade, sob pena de tornar o lançamento viciado e, por consequência, cancelado.

---

[6] Maria Rita Ferragut define prova indiciária como uma *"prova indireta que visa a demonstrar, a partir da comprovação da ocorrência de fatos secundários, indiciários, a existência ou a inexistência do fato principal. Pode ser ela eletrônica, documental, testemunhal etc., mas, seja como for, a consideramos espécie de prova, porque ser indiciária a qualifica e a distingue das demais"* (FERRAGUT, Maria Rita. *As provas e o direito tributário*: teoria e prática como instrumentos para a construção da verdade jurídica. São Paulo: Saraiva, 2016, p. 43).

[7] Relator Nelso Kichel, julgado em 23/01/2019

No Acórdão nº 1301-002.975[8], este ponto foi muito bem explorado e ocasionou, por unanimidade de votos, justamente o cancelamento da autuação. Analisou-se caso em que a fiscalização efetuou o lançamento com base na presunção em tela, porém encaminhou intimação de forma irregular, ocasionando vício de procedimento. No entendimento da Turma Julgadora, tratando-se de autuação baseada no art. 42 da Lei nº 9.430, de 1996, a intimação prévia ao fiscalizado é condição necessária para aplicação dessa presunção de omissão de receita, para o fim da pessoa jurídica comprovar a origem dos créditos em suas contas bancárias. Para melhor clareza, transcreve-se trecho do voto condutor desse julgado:

> Entendo que a conclusão do Colegiado não merece reparos, em primeiro lugar porque, tratando-se de massa falida, a partir da ciência da RFB de que houve a decretação de falência e fora nomeado um Administrador Judicial, todas as intimações deveriam ter sido encaminhadas a esse administrador, e, não por via postal endereçada ao endereço postal da empresa já declarada inapta pela própria RFB por não ter sido localizada em seu endereço cadastral seguida de publicação de edital. No caso concreto, tratando-se de autuação baseada no art. 42 da Lei nº 9.430, de 1996, a intimação prévia ao fiscalizado é condição necessária para aplicação dessa presunção de omissão de receita, e, mesmo já tendo encaminhado, em uma situação, intimação dirigida diretamente ao Administrador Judicial da massa falida, a intimação para que a pessoa jurídica comprovasse a origem dos créditos em suas contas bancárias foi realizada por meio de edital. [...]

Superada esta etapa, deve a defesa verificar se a Fiscalização angariou aos autos os elementos mínimos necessários à comprovação do fato indiciário previsto em lei, quais sejam, a prova da obtenção regular dos extratos bancários, da intimação regular do contribuinte, inclusive, com individualização dos lançamentos considerados de origem não comprovada.

O próximo passo a ser analisado, sob o ponto de vista do contribuinte, é justamente demonstrar que a própria presunção legal não se confirmou e, para tanto, deve demonstrar, por meio de provas, e de forma individualizada, que houve lançamentos em duplicidade e/ou que não correspondem às receitas tributáveis, como é o caso dos resgates, estornos e transferências entre

---

[8] Relator Fernando Brasil de Oliveira Pinto, julgado em 11/04/2018.

contas do mesmo titular, ou ainda que valores depositados em sua conta pertencem a terceiros[9].

De se destacar que argumentos genéricos desacompanhados de elementos de prova nem de longe são suficientes para infirmar lançamentos baseados nessa infração, conforme se pode observar, por exemplo, no Acórdão nº 2101-001.431[10], cujos fragmentos da ementa se reproduz:

OMISSÃO DE RENDIMENTOS. DEPÓSITOS BANCÁRIOS DE ORIGEM NÃO COMPROVADA. PRESUNÇÃO LEGAL.

O art. 42 da Lei nº 9.430, de 1996, autoriza a presunção de omissão de rendimentos com base nos valores depositados em conta bancária para os quais o titular, regularmente intimado, não comprove, mediante documentação hábil e idônea, a origem dos recursos utilizados nessas operações.

Não servem como prova argumentos genéricos, que não façam a correlação inequívoca entre os depósitos e as origens indicadas.

Trata-se de presunção legal onde, após a intimação do Fisco para que o fiscalizado comprove a origem dos depósitos, passa a ser ônus do contribuinte a demonstração de que não se trata de receitas auferidas, sob pena de se considerar aquilo que não foi justificado como omissão de rendimentos.

2. Suprimento de Caixa

O art. 294 do RIR/2018 enuncia hipótese de omissão de receitas, quantificada com base na presunção legal, conhecida como *suprimentos de caixa*, dispondo que: "provada, por indícios na escrituração do contribuinte ou qualquer outro elemento de prova, a omissão de receita, a autoridade tributária poderá arbitrá-la com base no valor dos recursos de caixa fornecidos à empresa por administradores, sócios da sociedade não anônima, titular da empresa individual, ou pelo acionista controlador da companhia, se a efetividade da entrega e a origem dos recursos não forem comprovadamente demonstradas".

---

[9] De acordo com o que prevê o §5º do art. 42, da Lei 9.430/1996, quando provado que os valores creditados na conta de depósito ou de investimento pertencem a terceiros, evidenciando interposição de pessoa, a determinação de rendimentos ou receitas será efetuada em relação ao terceiro, na condição de efetivo titular da conta de depósito ou de investimento.

[10] Relator José Evande Carvalho Araújo, julgado em 20/01/2012.

Especificamente sobre a presunção legal aqui discutida, Higuchi[11] leciona:

> Os suprimentos de Caixa cuja origem dos recurso não for devidamente comprovada são tributados como receitas omitidas da própria empresa. Quando a pessoa jurídica paga duplicatas com recursos provenientes de receitas emitidas e contabiliza os pagamentos terá necessidade de contabilizar a entrada de dinheiro na conta Caixa, porque, do contrário, o seu saldo ficaria credor. Essa contabilização, denominada suprimento de Caixa, poderá ter como contrapartida a conta dos sócios ou capital.
>
> Qualquer que seja a contrapartida dos lançamentos, os suprimentos de caixa devem ser comprovados com documentação idônea e coincidente em data e valores.

A inteligência desta presunção é de que o contribuinte empregou recursos estranhos à contabilidade (caixa-dois) para efetuar pagamentos contabilizados. Para impedir ou mascarar o "estouro" do caixa, faz constar um ou mais lançamentos a débito na conta Caixa, como suprimento dessa conta, supostamente feito por sócio/acionista.

Veja-se: no suprimento de caixa tem-se presunção de omissão de receita decorrente de valores de recursos de caixa fornecidos à sociedade por pessoas ligadas, a qual pode ser elidida mediante a comprovação cumulativa da efetiva entrega e origem dos recursos.

A prova da efetividade da entrega pode ocorrer, por exemplo, mediante cheque depositado na conta da sociedade ou transferência bancária. Tais meios apenas demonstram que o recurso foi entregue para a sociedade. A prova da origem, por sua vez, tem por escopo demonstrar que os recursos entregues têm origem externa à sociedade.

Com efeito, a prova da origem com base apenas na existência de depósitos bancários ou cheques emitidos pelos supridores em favor da sociedade não são suficientes para acusar o contribuinte de omissão de receita com base na norma analisada, pois esses fatos apenas comprovam a efetividade da entrega dos valores e o legislador discriminou outra exigência: a prova da origem[12]. A comprovação deste outro requisito é fundamental, pois "se o sócio carreia

---

[11] HIGUCHI, Hiromi, e outros. *Imposto de Renda das Empresas Interpretação e Prática*. 29ª Ed. São Paulo: Editora do Autor, 2004, p. 600.

[12] Cf. Acórdão CARF CSRF/01-05.300, de 21 de setembro de 2005.

5. PROVA NA PRESUNÇÃO DE OMISSÃO DE RECEITAS

recursos à empresa e não prova que tais recursos tenham origem externa a presunção é que tenham sido gerados dentro da empresa e que são frutos de receita omitida"[13].

Ademais, depósitos bancários não configuram origem de recursos. Tanto que, em conformidade com o art. 42 da Lei nº 9.430, de 1996, caracteriza-se omissão de receita a não comprovação de origem de depósito bancário, conforme se viu em tópico acima. Origem exprime a procedência, a causa, a fonte, o motivo, o fundamento. Depósitos bancários, na espécie, configuram apenas meio para que os valores cheguem à sociedade, registros de recursos, portanto, não possuindo o condão de explicitar a causa, de explicar ou demonstrar, por si só, a verdadeira origem deles.

Por outro lado, "a simples prova da capacidade financeira do supridor não basta para comprovação dos suprimentos efetuados à pessoa jurídica. Faz-se necessário, para tal, a apresentação de documentação hábil e idônea, coincidente em datas e valores, com as importâncias supridas".[14]

A corroborar o exposto, editou-se a Súmula Vinculante CARF nº 95, dispondo que "a presunção de omissão de receitas caracterizada pelo fornecimento de recursos de caixa à sociedade por **administradores, sócios de sociedades de pessoas**, ou pelo **administrador da companhia**, somente é elidida com a demonstração **cumulativa da origem e da efetividade da entrega dos recursos**". (Grifo nosso)

É de se ressaltar que um dos pontos que pode ser essencial para a confirmação do lançamento é o fluxo financeiro da operação: não pode haver dúvidas de que os recursos efetivamente ingressaram no Caixa, que os valores supridos foram empregados em operações normais da empresa, com desembolsos e pagamentos variados, sempre a crédito da conta Caixa, e que, sem o suprimento, a conta Caixa ficaria com saldo credor.[15]

Na ótica da defesa, como a infração em discussão revela-se através da denominada presunção relativa, é possível ao contribuinte afastá-la, mediante prova irrefutável, cancelando a exigência.

---

[13] Cf. Acórdão CARF CSRF/01-05.231, de 13 de junho de 2005.

[14] Cf. Parecer Normativo COORDENADOR DO SISTEMA DE TRIBUTAÇÃO – CST nº 242 de 11.03.1971.

[15] Para Maria Rita Ferragut, *"Implica saldo credor da empresa, tornando provável ter havido mais saídas (pagamentos) que entradas oficiais de dinheiro, e com isso o não pagamento dos tributos devidos."* (FERRAGUT, Maria Rita. *Presunções no Direito Tributário*. 2. ed. São Paulo: Quartier Latin, 2005, p. 239).

Nesse caso, a atenção deve-se voltar na averiguação da presença ou não dos elementos mínimos necessários à comprovação do fato indiciário previsto em lei, quais sejam, prova da existência do suprimento de caixa fornecido à empresa por parte dos administradores, sócios/acionista, e *efetividade da entrega* e a *origem* dos recursos.

Nesse rumo, cumpre-se ressaltar que o dispositivo em estudo é expresso ao prever que a suposta operação de suprimento de numerário deve ser efetuada por uma das pessoas por ele elencadas, quais sejam: (i) administradores, (ii) sócios da sociedade não anônima, (iii) titular da empresa individual, ou (iv) pelo acionista controlador da companhia. Logo, eventuais suprimentos de pessoas estranhas à empresa, e que não se enquadram na hipótese prevista no artigo 294 do RIR/2018, correspondem a vício insanável, conforme decidido no Acórdão nº 9101-001.769. Transcreve-se sua ementa:

> O suprimento de caixa efetuado por sujeito não previsto nas hipóteses legais elencadas no art. 229 do RIR/94, estranhos ao quadro societário e administrativo da empresa, é motivo de extinção do auto de infração por estar eivado de vício insanável.

Com efeito, as pessoas dos supridores, ou mais precisamente, suas relações com a pessoa jurídica, constituem-se elementos indicativos de presunções acerca da legitimidade ou não dos suprimentos de caixa. Daí porque a norma esgotou-se nas pessoas citadas expressamente, sem dar qualquer importância às demais; nem a parentes daquelas, muito menos dizer de estranhos.

Assim, como decidido no Acórdão nº 101-95.114[16], empréstimos contratados pela pessoa jurídica, ainda que haja suspeita de que tenha ocorrido posterior favorecimento a um dos sócios da empresa, não podem ser considerados como se fossem suprimentos de caixa efetuados por uma das pessoas mencionadas no texto legal. Colhe-se do voto a seguinte passagem:

> Porém, deve-se atentar para o fato de que o fenômeno jurídico que consiste na concepção do caso concretamente ocorrido à hipótese descrita no texto legal, exige que tal fato corresponda, de forma completa, integral, às características previstas na norma. Nesse caso, quando é exigido pelo artigo 181 do RIR/80,

---

[16] Relator Paulo Roberto Cortez, julgado em 10/08/2005.

5. PROVA NA PRESUNÇÃO DE OMISSÃO DE RECEITAS

que a base para o arbitramento da receita omitida seja formada pelo: "valor dos recursos de caixa fornecidos à empresa por administradores, sócios da sociedade não anônima, titular da empresa individual, ou pelo acionista controlador da companhia...", somente os empréstimos efetuados pelas pessoas que satisfaçam tais exigências podem ser tomados como parâmetro para se chegar ao montante da receita que presumivelmente teria sido desviada.

O lançamento também pode ser desconstituído mediante prova da *origem* e *efetividade da entrega dos recursos*. Porém, a argumentação do contribuinte deve estar baseada em documentação que lhe dê suporte, sob pena de manutenção do lançamento. Conforme decidido no Acórdão nº 1301-003.627[17], os documentos apresentados pelo contribuinte não comprovariam a *origem* e *efetividade da entrega dos recursos*.

No Acórdão nº 1803-000.728[18], concluiu-se que a prova de *origem* não se sustenta com a simples prova de entrega de numerário pelo sócio da empresa a título de mútuo, sendo necessário ainda provar a *origem* dos recursos, pelo sócio, para arcar com tal suprimento, atentando que não foi originado da própria atividade da empresa.

Veja-se, em matéria de prova, que a *origem* não é demonstrada, como se disse, pela mera emissão dos cheques ou depósitos bancários por parte das supridoras sócias do contribuinte. Se assim fosse, mesmo os recursos provenientes de recursos extra-contábeis, vulgarmente denominados "caixa 2", seriam facilmente retornados para as empresas de onde provieram. A *origem* é demonstrada comprovando que os sócios administradores supridores dos recursos, possuíam prévia e regularmente acumulados na data dos aportes, recursos próprios suficientes para promover o suprimento de numerário no caixa da empresa. Inexistindo esta comprovação, certamente se manterá hígida a presunção legal de omissão de receitas por suprimento sem origem.

Pode ainda o contribuinte demonstrar que a presunção legal não se confirma, quando, em realidade, há mero erro no registro contábil. Por exemplo: embora a Fiscalização possa estar correta quanto ao registro contábil de entrada financeira no caixa da empresa, pode a defesa demonstrar que, na realidade, o que ocorreu foi um simples erro de registro contábil.

---

[17] Relator Nelso Kichel, julgado em 12/12/2018.
[18] Relator Walter Adolfo Maresch, julgado em 15/12/2010.

No Acórdão nº 1301-001.928[19], por exemplo, o colegiado acolheu a argumentação e provas produzidas pela defesa; de acordo com o julgamento, no caso de suprimento de caixa, o ingresso dos valores, em espécie, no caixa da pessoa jurídica tem que estar provado acima de qualquer dúvida e, no caso, restou comprovada a ocorrência de erro contábil. É de se ver trechos do voto condutor desse julgado:

> O ponto central da discussão é se os R$ 29.978.339,62 efetivamente ingressaram, em espécie, no caixa da ALPAR em 24/05/2007, conforme registrado na contabilidade daquela empresa, à fl. 320. Já se provou, à saciedade, que o lançamento contábil na investidora MASU6, na mesma data, não correspondeu à realidade (Razão fl. 334, conta contábil 1.1.02.09 – Unibanco), visto que não houve a correspondente saída de recursos da conta-corrente 300 1025208 mantida no Unibanco (extrato fl. 262). Mas antes de se buscar a "origem e efetivo ingresso" no Caixa da investida ALPAR, é necessário perquirir se o suprimento foi real, como afirma o Fisco, ou não, como sustenta a ora recorrente.
>
> Compulsando os autos, não encontro aquilo que, no meu entender, constituiria a prova da realidade do suprimento, a saber, o emprego do valor supostamente suprido para pagamentos e desembolsos, no curso da operação normal da pessoa jurídica. Em outras palavras, lançamentos a crédito da conta Caixa, correspondentes ao uso dos recursos supridos, a confirmar que, sem o suprimento, a conta Caixa ficaria com saldo credor.
>
> (...)
>
> Com isso, concluo que não há provas de que o suprimento de caixa no valor de R$ 29.978.339,62 tenha de fato ocorrido, tudo levando a crer que tenha se tratado, conforme sustenta a recorrente, de lançamento contábil sem sustentação na realidade fática, tanto na investida ALPAR quanto na investidora MASU6, ambas posteriormente incorporadas pela recorrente ALIANSCE.
>
> (...)
>
> O emprego da presunção legal pressupõe a inexistência de dúvidas acerca do fato indiciário. No caso do suprimento de caixa, o ingresso dos valores, em espécie, no caixa da pessoa jurídica tem que estar provado acima de qualquer dúvida. Não é o que ocorre no presente caso, pelo que a acusação de omissão de receitas com esse fundamento não pode subsistir.

---

[19] Relator Waldir Veiga Rocha, julgado em 01/03/2016.

Conclusões

O presente estudo teve o escopo, à luz da jurisprudência do CARF, de analisar o artigo 42 da Lei nº 9.430/96, que enuncia a hipótese de presunção legal de omissão de receitas: *depósito bancário de origem não comprovada*, bem como o art. art. 294 do RIR/2018, que trata da hipótese de presunção legal de *suprimento de caixa*.

Com base na jurisprudência do CARF, para que os lançamentos baseados em tais hipóteses possam ser confirmados, como visto, é dever da fiscalização fazer a prova do fato indiciário previsto em lei, de forma sejam trazidos aos autos elementos que atestam a existência de depósitos cuja origem o contribuinte, regularmente intimado, não logrou comprovar, no primeiro caso e, no segundo, prova da existência do suprimento de caixa fornecido à empresa por parte dos administradores, sócios/acionista, e efetividade da entrega e a origem dos recursos.

Por parte do contribuinte, como se trata de presunção relativa, cabe a ele fazer prova do contrário, ou seja, de que não praticou as omissões mencionadas, carreando aos autos os elementos de prova permitidos e que possuem o condão de afastar as conclusões do Fisco, com o escopo de cancelar o lançamento efetuado.

Referências

FERRAGUT, Maria Rita. *Presunções no Direito Tributário*. 2. ed. São Paulo: Quartier Latin, 2005.

FERRAGUT, Maria Rita. *As provas e o direito tributário:* teoria e prática como instrumentos para a construção da verdade jurídica. São Paulo: Saraiva, 2016.

HIGUCHI, Hiromi, e outros. Imposto de Renda das Empresas Interpretação e Prática. 29ª Ed. São Paulo: Editora do Autor, 2004

MIRANDA, Pontes, *Comentários ao Código de Processo Civil*, vol IV, Ed. Forense, 1974.

6. O ônus probatório do fisco e do contribuinte nas autuações de IRRF sobre pagamento sem causa ou a beneficiário não identificado

LEONARDO LUIS PAGANO GONÇALVES[1]

Introdução

Dentre as várias discussões que vêm sendo travadas no Conselho Administrativo de Recursos Fiscais – CARF, recentemente se destacam as autuações que exigem o Imposto de Renda Retido na Fonte – IRRF, à alíquota de 35% (trinta e cinco por cento), nas hipóteses de pagamentos (ou remessas de dinheiro) a beneficiários não identificados e pagamentos sem comprovação da existência da operação ou de sua causa para pessoas físicas ou jurídicas, ligadas ou não à fonte pagadora.

Tal autuação possibilita à Fazenda Pública Nacional cobrar tributos devidos sobre recursos auferidos por terceiros, na qual a fonte pagadora é eleita responsável pela retenção do imposto.

As autuações que imputam o pagamento do IRRF têm como fundamento jurídico o artigo 61 da Lei nº 9.891/1995, bem como os antigos artigos 674 e 675 do RIR/99, atuais 730 e 731 do RIR/18. O art. 61 da Lei 8.981/95 dispõe que:

---

[1] As opiniões contidas nesta publicação são reflexões acadêmicas do próprio autor e não necessariamente expressam as posições defendidas por qualquer organização a qual esteja vinculado.

Art. 61. Fica sujeito à incidência do Imposto de Renda exclusivamente na fonte, à alíquota de trinta e cinco por cento, todo pagamento efetuado pelas pessoas jurídicas a beneficiário não identificado, ressalvado o disposto em normas especiais.

§ 1º A incidência prevista no caput aplica-se, também, aos pagamentos efetuados ou aos recursos entregues a terceiros ou sócios, acionistas ou titular, contabilizados ou não, quando não for comprovada a operação ou a sua causa, bem como à hipótese de que trata o § 2º, do art. 74 da Lei nº 8.383, de 1991.

Em regra, essas autuações, além de cobrarem o IRRF sob a alíquota de 35% (trinta e cinco por cento) devido ao pagamento sem causa ou a beneficiário não identificado nos termos do artigo 61 da legislação acima citada, também glosam as despesas e custos que são deduzidos do IRPJ e da CSLL.

Para o Fisco, surge a necessidade de comprovação da ocorrência dos pagamentos. Nessa esteira, as autuações muitas vezes surgem a partir da ciência, por parte do Fisco, de investigações criminais ou até mesmo em razão de delações premiadas, e ensejam a utilização de prova emprestada, utilizando-se o Fisco de tais documentos para a comprovação da ocorrência dos pagamentos e cobrança do IRRF nos termos do artigo 61 da Lei 8.981/95.

Para imiscuir-se de tal pagamento, por outro lado, caberá ao contribuinte não somente demonstrar quem foi o beneficiário do pagamento, como a efetiva causa para esse pagamento, que deve ser decorrente de atividade lícita.

1. Verdade Material x Verdade Formal no processo tributário administrativo federal

O contencioso administrativo federal, por envolver a administração pública e os particulares, é regido por princípios contidos tanto na Constituição Federal como na legislação federal. Como é de amplo conhecimento, a administração pública obedecerá aos princípios da legalidade, impessoalidade, moralidade, publicidade e eficiência (art. 37, *caput*, da CF/88).

Aos litigantes, por sua vez, são assegurados o contraditório e ampla defesa, com os meios e recursos a ela inerentes (art. 5º, inciso LV, da CF/88).

A Lei Federal nº 9.784/99 impõe os princípios da legalidade, finalidade, motivação, razoabilidade, proporcionalidade, moralidade, ampla defesa, contraditório, segurança jurídica, interesse público e eficiência.

O princípio da verdade material é decorrência lógica do princípio da legalidade que rege os atos administrativos e, portanto, a exigência tributária.

Reza tal princípio que nos autos do processo administrativo deve ser buscada a verdade dos fatos, com o objetivo de se apurar se o fato gerador efetivamente ocorreu, em contraposição muitas vezes à verdade formal, que é aquela decorrente do processo, nem sempre guardando correspondência com a realidade fática.

Nas palavras de José Eduardo Soares de Melo[2], o "julgamento administrativo é norteado pelo Princípio da Verdade Material, constituindo-se em dever do Julgador Administrativo a sua busca incessante".

Celso Antônio Bandeira de Mello[3] é firme quanto à questão:

> (...) se a Administração tem por finalidade alcançar verdadeiramente o interesse público fixado na lei, é óbvio que só poderá fazê-lo buscando a verdade material, ao invés de satisfazer-se com a verdade formal, já que esta, por definição, prescinde do ajuste substancial com aquilo que efetivamente é, razão por que seria insuficiente para proporcionar o encontro com o interesse público substantivo.

Dessa maneira, a premissa inicial do julgador no processo administrativo é buscar aproximar-se da realidade dos fatos, em estrito cumprimento do seu dever funcional de respeito ao princípio da verdade material, não se contentando com a verdade formal dos autos.

2. O papel do julgador

Pois bem, diante da necessidade de respeito ao princípio da busca da verdade material, resta ao julgador apreciar a questão de maneira a se chegar o mais perto possível da realidade da operação ensejadora da tributação.

Vale dizer, no caso em análise, importa tentar estabelecer os motivos pelos quais os pagamentos ocorreram, de maneira a revelar a identidade de seus beneficiários para afastar-se ou não a tributação pelo IRRF.

Não se desconhece que não raro a origem desses pagamentos é ilícita, decorrente de fraudes em esquemas muitas vezes criminosos, mas não se pode olvidar de situações em que tais ilícitos podem não ter ocorrido.

---

[2] MELO, José Eduardo Soares de. *Processo Tributário Administrativo e Judicial*. 2 ed. São Paulo: Quartier Latin, 2009, p. 73.

[3] MELLO, Celso Antônio Bandeira de. *Curso de Direito Administrativo*. 26 ed. São Paulo: Malheiros, 2009, p. 502.

Tal discriminação é importante levando-se em conta o contexto atual, em que autuações têm sido decorrentes de investigações criminais de elevada notoriedade, envolvendo operações de grande vulto.

Não parece salutar que a grande repercussão gerada por tais operações possa influenciar no imparcial julgamento dos casos pelo operador do Direito. Sequer verificar-se-ia legitimidade em autuações que pretendem enquadrar situações não criminosas como se assim fossem, com a aplicação de multas qualificadas e representações criminais. O Estado de Direito obriga o agente julgador a analisar caso a caso, a fim de que a legalidade, a razoabilidade e a proporcionalidade sejam respeitadas.

Daí também a necessidade de se possibilitar ao contribuinte a sua ampla defesa, com todos os meios inerentes a ela, como forma de garantia ao preceito constitucional insculpido no art. 5º, inciso LV, da CF/88.

Todavia, certo é que a realidade dos autos muitas vezes não permite ao julgador estabelecer com certeza a origem dos fatos, e nesse cenário as provas apresentadas são de suma importância para o deslinde da discussão no sentido de permitir a reconstituição da realidade pelas partes.

3. O ônus probatório fiscal

Como parte de todo esse processo em busca da verdade material, não podemos deixar de citar o ônus da fiscalização em processos de tal natureza.

Conforme reiterada jurisprudência, cabe à autoridade fiscal comprovar o efetivo pagamento (remessa de dinheiro) efetuado pelo sujeito passivo responsável.

Trata-se de premissa inicial para aceitação dos julgadores em relação à exigência. Abaixo destacamos precedentes nesse exato sentido:

PAGAMENTO A BENEFICIÁRIO NÃO IDENTIFICADO, OU QUANDO NÃO FOR COMPROVADA A OPERAÇÃO OU SUA CAUSA. Por expressa determinação legal, sujeitam-se ao IRRF, exclusivamente na fonte, à alíquota de 35%, todo pagamento efetuado pelas pessoas jurídicas a beneficiário não identificado, assim como os pagamentos efetuados ou os recursos entregues a terceiros ou sócios, acionistas ou titular, contabilizados ou não, quando não for comprovada a operação ou a sua causa.

Trecho do voto: Com efeito, o primeiro requisito para aplicação da hipótese do artigo 61 é a existência de pagamentos efetivos, não bastando a presunção de pagamento ou eventual informação em registros contábeis. (CARF, acórdão nº 9101-004.153, sessão de 07.05.2019)

PAGAMENTOS SEM CAUSA. POSSIBILIDADE.

Estão sujeitos à exação do imposto de renda na fonte todos os pagamentos, escriturados ou não, realizados sob qualquer forma, desde que o fisco comprove a existência do pagamento e o contribuinte não logre êxito em identificar o beneficiário ou a causa da operação. (CARF acórdão nº 1401-003.803, sessão de 19.09.2019)

Portanto, em causas envolvendo a exigência de IRRF sobre pagamentos a sujeitos não identificados ou sem motivo conhecido, é ônus do Fisco comprovar a existência desses pagamentos.

Nesse diapasão, é de se verificar que para a comprovação da existência dos pagamentos, o Fisco tem se valido de diversos tipos de documentos, tais como extratos bancários, contratos, notas fiscais e até do instituto da prova emprestada[4].

Em relação às exigências de IRRF, a prova emprestada provém de processos judiciais, procedimentos no Ministério Público, investigações criminais e até mesmo de delações premiadas efetuadas pelos participantes dos ilícitos. São casos em que ocorrem pagamentos e transferências de recursos em decorrência do pagamento de propinas e vantagens indevidas. Observe-se no precedente abaixo a utilização de prova emprestada de processo judicial penal:

> Assim, com o intuito de garantir aos interesses do Fisco Federal no que tange às obrigações tributárias, esta Delegacia da Receita Federal do Brasil em Fortaleza buscou informações adicionais junto ao Ministério Público Federal e à Justiça Federal.

---

[4] A prova emprestada é aquela produzida em outro procedimento para surtir efeitos em causa diversa. Moacyr Amaral Santos (1952, p. 293): Muito comum é o oferecimento em um processo de provas produzidas em outro. São depoimentos de testemunhas, de litigantes, são exames, traslados, por certidão, de uns autos para outros, com o fim de fazer prova. Tais são as chamadas provas emprestadas, denominação consagrada entre os escritores e pelos tribunais do país. É a prova que "já foi feita juridicamente, mas em outra causa, da qual se extrai para aplicá-la à causa em questão", define Benthan.

Em 05 de maio de 2015, motivado por demanda do Ministério Público Federal, o M.M. Juiz Federal Titular da 32ª Vara Federal, Dr. Francisco Luiz Rios Alves, autorizou o compartilhamento dos dados da correspondente ação penal e seus apensos com esta Delegacia da Receita Federal do Brasil em Fortaleza (ANEXO 05 – AUTORIZAÇÃO JUDICIAL). (CARF, acórdão nº 1401-003.803, sessão de 19.09.2019)

Assim, o Fisco tem se valido atualmente de delações premiadas, em que pagamentos, muitas vezes propinas, são confessados aos agentes policiais em investigações criminais.

Esses depoimentos são emprestados pelo Fisco para comprovar justamente a existência dos pagamentos, ensejando a exigência do IRRF nos termos do art. 61 da Lei 8.981/95.

Mas poderia tal prova emprestada ensejar as autuações em destaque?

Segundo a orientação do CARF, não haveria problemas. É o que se observa dos precedentes abaixo verificados:

PROVA EMPRESTADA. VALIDADE. É válido o emprego no processo administrativo tributário de prova emprestada, bem como de provas indiciárias. O que se toma emprestado são as provas, não as conclusões, cabendo ao julgador efetuar a valoração das mesmas. (CARF, Acórdão nº 1301-004.045, sessão de 14.08.2019)

PROVA EMPRESTADA. ADMISSIBILIDADE. É lícita a utilização de provas oriundas de investigação criminal, obtidas por meio de autorização judicial, para subsidiar decisão em processo administrativo fiscal. (CARF, Acórdão nº 2202-005.252, sessão de 05.06.2019)

Contudo, de acordo com a jurisprudência do Tribunal Administrativo, a prova emprestada deve ser mais um elemento probatório, sendo certo que somente será aceita se a parte tiver participado do contraditório no processo outro, se os casos tiverem os mesmos elementos fáticos e que se preste a esclarecer ponto necessário para o segundo processo:

A doutrina majoritária opõe certas restrições à admissibilidade da prova emprestada, devendo ser observados alguns requisitos para sua eficácia em outro processo, a saber: a) a parte contra quem a prova é produzida deverá ter participado do contraditório na construção da prova; b) existência de identidade entre os fatos do processo anterior com os fatos a serem provados; e c) que seja impossível ou difícil a reprodução da prova emprestada no processo em que se pretenda demonstrar a veracidade de certa alegação. (CARF, acórdão nº 302-39.123, sessão de 06.11.2007)

Referida prova emprestada não se presta a formar a conclusão do agente fiscal, apenas deve fornecer elementos para a formação desta conclusão, que pode coincidir ou não com a do órgão que produziu tal prova.

IRRF. PAGAMENTOS SEM CAUSA. RECURSOS DESVIADOS MEDIANTE INTERPOSIÇÃO DE TERCEIROS COM FINALIDADE ILÍCITA DE PAGAMENTO DE VANTAGENS INDEVIDAS.

Os pagamentos a diversas empresas por serviços que não foram efetivamente prestados, efetuados como meios preparatórios para o desvio dos recursos que seriam posteriormente empregados nos pagamentos de vantagens indevidas a terceiros (propina), embora identifique sua finalidade não validam sua causa primária. Estes pagamentos não têm causa, pois não correspondem a serviços efetivamente prestados.

Trecho de voto: Ressarcimento aos cofres públicos:

Ressaltando, diz que é praticamente certo que um contrato ilícito foi celebrado e todas as empresas do consórcio se beneficiaram dele.

Ademais, o ponto aqui tratado é tributário, que adveio de um procedimento de investigação executado em conjunto pelo MPF – Ministério Público Federal e a PF – Polícia Federal, na conhecida Operação Lava Jato.

Ou seja, iniciou-se por meio dela, mas não são os mesmos procedimentos, aqui a fiscalização tributária seguiu seu caminho, e buscou esclarecimentos acerca da matéria tributária, que culminou com um auto de infração imputado ao contribuinte em matéria fiscal.

Nesse procedimento, o contribuinte foi intimado a esclarecer e apresentar provas de que os pagamentos efetuados tinham uma causa, no caso a indicação era de prestação de serviços à SARIN e a RIGIDEZ, o que não se mostrou provado e comprovado através de documentos hábeis e idôneos, como já decidido no acórdão a quo.

Assim, no meu entendimento, o Parecer mencionado não possui o condão de excluir ou cancelar a glosa aqui tratada, já que se tratam de procedimentos que se iniciaram de um mesmo fato, mas que seguiram cursos diferentes e próprios de cada matéria. (CARF, acórdão nº 1301-003.985, sessão de 16.07.2019)

Destarte, verifica-se o ônus do Fisco em comprovar os pagamentos a beneficiários não identificados ou sem causa definida, sendo aceita a prova emprestada para comprovação de tais pagamentos.

4. O ônus probatório do contribuinte: análise da atual jurisprudência do CARF sobre o tema

Já tratamos anteriormente sobre o princípio da verdade material, que rege o contencioso tributário administrativo. Nesse contexto, os fatos e as provas acostados aos autos são a base sólida sobre a qual o julgador poderá se pautar para a boa condução do caso, a resultar em uma decisão justa.

Todavia, não se verifica uma uniformidade de entendimentos no âmbito do Conselho Administrativo de Recursos Fiscais que permita estabelecer com segurança qual o arcabouço fático-probatório que propiciará ao contribuinte livrar-se da exigência.

Não se trata tal constatação de uma crítica, muito embora discrepâncias não sejam bem vistas sob o prisma da uniformidade jurisprudencial. Ocorre que, como alhures defendido, os princípios aplicados ao processo administrativo demandam a análise única de cada caso, sendo certo que o que poderá esclarecer um fato em um determinado caso poderá ser insuficiente para outro a depender das circunstâncias de cada processo e contribuinte.

Podemos perceber que será ônus do contribuinte comprovar o beneficiário do pagamento realizado. Mas não só isso, comprovado o beneficiário, a jurisprudência também exige a comprovação de que os pagamentos tiveram causa lícita, que foram gerados em razão de algum benefício obtido pela fonte pagadora, como a efetiva prestação de um serviço ou venda de bem.

No precedente abaixo, o contribuinte logrou comprovar que a remessa de valores era decorrente de acordo para compartilhamento de despesas pela apresentação de documentação de acompanhamento e controle dessas despesas:

PAGAMENTO SEM CAUSA A BENEFICIÁRIOS IDENTIFICADOS. Improcede a exigência de IRRF sobre pagamentos sem comprovação da operação ou da causa em face de restar demonstrado nos autos que os pagamentos decorrem do rateio de custos administrativos compartilhados e de não haver comprovação da utilização de documentação inidônea.

(...) A documentação comprobatória de fls. 223 a 328 e 1243 a 1386 demonstra que as despesas glosadas referem-se, em quase sua totalidade, a gastos com pessoal, cujo percentual das horas efetivamente despendidas por cada funcionário da EBX Investimentos e da EBX Holding em benefício da interessada encontra-se controlado nas Planilhas de Alocação GCO, com breve descrição da tarefa realizada. No caso dos gastos com o Instituto Bioatlantica, refere-se a serviços de saneamento básico prestados em benefício apenas da interessada.

Realmente, conforme já analisados no tópico Rateio de despesas controladas na conta Gestão Corporativa, a divisão dos custos administrativos compartilhados pode ser realizada com base em apropriação direta, com base em medição dos custos e despesas efetivamente utilizados por cada empresa do grupo econômico, tal como defendido pela impugnante. Logo, além de não haver nos autos comprovação da utilização de documentação inidônea, os pagamentos efetuados à empresa centralizadora dos gastos compartilhados não devem ser classificados como sem causa. (CARF, acórdão nº 1201-002.499, sessão de 20.09.2018)

Portanto, a comprovação tanto do beneficiário como da causa dos pagamentos deve ser feita mediante apresentação de extratos bancários dos beneficiários, notas fiscais eletrônicas, recibos, compromissos de compra e venda, planilhas de acompanhamento e contratos. Quando o beneficiário for pessoa jurídica, a empresa deverá estar apta a praticar o negócio, com os seus cadastros em dia. Nesse sentido:

PAGAMENTO A BENEFICIÁRIO NÃO IDENTIFICADO, OU QUANDO NÃO FOR COMPROVADA A OPERAÇÃO OU SUA CAUSA. Por expressa determinação legal, sujeitam-se ao IRRF, exclusivamente na fonte, à alíquota de 35%, todo pagamento efetuado pelas pessoas jurídicas a beneficiário não identificado, assim como os pagamentos efetuados ou os recursos entregues a terceiros ou sócios, acionistas ou titular, contabilizados ou não, quando não for comprovada a operação ou a sua causa.

Trecho do voto: 7.3. Deve-se entender, aqui, que operação e causa se referem, ambas, ao fato motivador do pagamento (por exemplo, a aquisição de determinado bem ou a remuneração por um serviço prestado), do qual se exige comprovação. A comprovação deve ser efetuada, em cada caso, com os elementos característicos à operação praticada: notas fiscais, duplicatas, recibos, escrituras, compromissos de compra e venda, com a devida comprovação do recebimento dos bens, direitos e mercadorias ou utilização dos serviços. Além disto, as notas fiscais, duplicatas, recibos, compromissos de compra e venda etc., contabilizados ou não, relativos ao pagamento ou crédito de preços de bens e serviços emitidos por Pessoas Jurídicas consideradas ou declaradas INAPTAS, sujeitar-se-á ao imposto de que trata este item. Nos casos em que ficar comprovada a inidoneidade do documento apresentado como comprovante, e havendo o pagamento da obrigação, quer por caixa, quer por banco ou outra forma, haverá a incidência do imposto de renda na fonte de que trata o artigo 61 da Lei nº 8.981/95.

7.4. Comprovamos no presente caso que as Notas Fiscais, os Recibos, os TED, transferências eletrônicas, recibos de pagamentos e a contabilidade do contribuinte registra o pagamento de um serviço a um destinatário irreal, INAPTO, inexistente de fato, e por uma operação igualmente irreal, inexistente, circunstâncias que caracterizam o pagamento sem causa a beneficiário não identificado. (CARF, acórdão nº 9101-004.153, sessão de 07.05.2019)

PAGAMENTOS A BENEFICIÁRIOS NÃO IDENTIFICADOS/ PAGAMENTOS SEM CAUSA. Fica sujeito à incidência do imposto de renda exclusivamente na fonte todo pagamento efetuado pelas pessoas jurídicas a beneficiário não identificado, assim como pagamentos efetuados ou recursos entregues a terceiros ou sócios, contabilizados ou não, quando não for comprovada a operação ou a sua causa.

COMPROVAÇÃO DO CAUSA DO PAGAMENTO. NEGÓCIOS ILÍCITOS. AUSÊNCIA DE CAUSA. A causa do pagamento deve ser demonstrada através de documentação idônea. Operações e negócios simulados não são causa a justificar o pagamento, posto que não se encontram amparados em documentação idônea. (CARF, acórdão nº 1301-004.045, sessão de 14.08.2019)

Em suma, o contribuinte terá o ônus de comprovar que a operação praticada não é decorrente de simulação, tendo aproveitado o benefício lícito do negócio jurídico praticado.

Tem-se verificado quanto ao tema curiosa tese segundo a qual beneficiário e causa, em casos envolvendo propina em casos de delações premiadas, estariam comprovados a ensejar o cancelamento da cobrança do IRRF.

Com a devida vênia, muito embora comprovado o beneficiário, falta à operação a referida causa, uma vez que o pagamento de propina, além de se tratar de ato ilícito, é objeto de contabilização fraudada e não guarda relação com o objeto social das empresas, de maneira que não haveria qualquer motivação para a efetuação destes pagamentos. Não se está aqui a defender que a causa deve estar relacionada a uma atividade necessária à empresa, como na glosa de uma despesa, mas sim que essa causa deve ter origem lícita[5]:

> IRRF. PAGAMENTOS SEM CAUSA. RECURSOS DESVIADOS MEDIANTE INTERPOSIÇÃO DE TERCEIROS COM FINALIDADE ILÍCITA DE PAGAMENTO DE VANTAGENS INDEVIDAS.
>
> Os pagamentos a diversas empresas por serviços que não foram efetivamente prestados, efetuados como meios preparatórios para o desvio dos recursos que seriam posteriormente empregados nos pagamentos de vantagens indevidas a terceiros (propina), embora identifique sua finalidade não validam sua causa primária. Estes pagamentos não têm causa, pois não correspondem a serviços efetivamente prestados.

Trecho de voto: Verifico que o contribuinte, em seu recurso voluntário, afirma que não poderia ser exigido o IRRF quando a fiscalização afirmou que os pagamentos tributados tinham o objetivo de transferir recursos para o pagamento de propina, entendendo que isto seria causa conhecida, embora ilícita.

E que num dos casos, a causa do pagamento é clara, e assim, descaracterizando a incidência do IRRF.

Recentemente, diante do grande número de autuações de IRRF decorrentes de pagamentos sem causa, criou-se tal tese, de que causa ilícita, decorrente do pagamento de propina justificaria a causa do pagamento e assim não haveria o que se falar em fato gerador desse IRRF.

---

[5] Sobre o tema, convém trazer trecho de voto proferido no acórdão nº 1201-003.307, sessão de 11.11.2019: "Extrai-se do diploma legal três hipóteses distintas sujeitas à incidência do IR Fonte, todas cumulativas com o pagamento: i) beneficiário não identificado; ii) quando não comprovada a operação e iii) quando não comprovada a causa. 68. Caso o beneficiário do pagamento não seja identificado é devido o lançamento; caso o seja, necessário verificar se a operação e a causa do pagamento foram comprovadas. Operação é o negócio jurídico (prestação de serviço, venda, entre outros) que ensejou o pagamento. Causa é o motivo, a razão, o fundamento do pagamento. Com efeito, não comprovada a efetividade do negócio jurídico ou a causa do pagamento o lançamento também é devido. Note-se que há uma relação entre a operação ensejadora do pagamento e a causa desse pagamento, porquanto não comprovada a primeira o pagamento também poderá ser considerado sem causa. 69. Nesse sentido, para comprovar tanto a operação quanto a causa não basta uma roupagem jurídica, registro contábil, tampouco a apresentação da nota fiscal, é indispensável que o contribuinte comprove de forma inequívoca, com documentos hábeis e idôneos, a efetividade da operação e a causa do pagamento. E mais, a operação e a causa devem ser lícitas, é dizer, não há falar-se que atividade ilícita, tal qual "propina", possa figurar como causa de pagamento e, com efeito, elidir o IR-Fonte".

Vem o embargante se valer de tal tese de que o pagamento de propina justificaria a causa! Ou seja, reconhece que realizou o pagamento e que o motivo foi o ilícito mesmo.

Na realidade, utiliza-se do TVF, que se embasou em declarações premiadas, de que o pagamento de vantagens indevidas estariam confessadas e que isso sequer foi discutido.

Pagamento de propina, ou seja, sem haver a ocorrência da prestação de serviço que disse ter sido prestado.

Ora, confessa o ilícito para se escusar do lançamento de IRRF.

Não me coaduno com essa tese e não acredito que pagamento de propina seja uma causa, mais ainda que seja no intuito da prestação do objeto social da empresa, ou seja, relacionada com a sua atividade. No meu entendimento não ocorreu a causa de igual forma.

Ademais, a causa que ele indicou era a prestação de serviços que não se provou como ocorrida, e sim a vantagem ilícita paga. Art. 61. Fica sujeito à incidência do Imposto de Renda exclusivamente na fonte, à alíquota de trinta e cinco por cento, todo pagamento efetuado pelas pessoas jurídicas a beneficiário não identificado, ressalvado o disposto em normas especiais. § 1º A incidência prevista no caput aplica-se, também, aos pagamentos efetuados ou aos recursos entregues a terceiros ou sócios, acionistas ou titular, contabilizados ou não, quando não for comprovada a operação ou a sua causa, bem como à hipótese de que trata o § 2º, do art. 74 da Lei nº 8.383, de 1991.

Assim, de se manter o lançamento. (CARF, acórdão nº 1301-003.985, sessão de 16.07.2019)

PAGAMENTOS SEM CAUSA. POSSIBILIDADE.

Estão sujeitos à exação do imposto de renda na fonte todos os pagamentos, escriturados ou não, realizados sob qualquer forma, desde o fisco comprove a existência do pagamento e o contribuinte não logre êxito em identificar o beneficiário ou a causa da operação.

Trecho de voto: Devemos esclarecer neste tempo que a existência que uma causa calcada em ilícito criminal realizado pela empresa que desborda de suas atividades não pode ser motivo suficientes para desconstituir os lançamentos Além da inexistência das causas das operações lançadas, o registro contábil destas operações também foi fraudado. As ilegais operações realizadas com os seus registros mantidos a parte da contabilidade oficial da empresa demonstram que as alegadas "causas" que o recorrente entende estarem demonstradas não podem ser consideradas para fins de comprovação.

Não se pode admitir que operações ilícitas, realizadas para fraudar clientes, credores e o fisco, realizadas sem os devidos registros contábeis e destinadas a ocultar o desvio de patrimônio sejam consideradas causa suficiente para a exoneração da imposição tributária aplicada. Veja-se, quando as operações são consideradas lícitas o lançamento aplicável é o de despesa indedutível. (CARF, acórdão nº 1401-003.803, sessão de 19.09.2019).

Não comunga de sorte diferente outro peculiar argumento, no sentido de que se em acordo de leniência a empresa se comprometeu a devolver o valor indevidamente pago aos cofres públicos, não subsistiria a exigência do tributo. Sequer a prova da devolução dos valores seria suficiente para escoimar o contribuinte da exigência, uma vez que tais devoluções não poderiam alterar o exercício fiscal já encerrado:

IRPJ/CSLL. GLOSA DE DESPESAS DECORRENTES DE ILÍCITO PENAL. PAGAMENTOS DE VANTAGENS INDEVIDAS. REPARAÇÃO DE DANOS OU RESSARCIMENTOS EM FACE DE ACORDOS DE COLABORAÇÃO PREMIADA OU DE LENIÊNCIA. EXCLUSÃO DA BASE TRIBUTÁVEL GLOSADA RELATIVA A FATOS GERADORES OCORRIDOS EM PERÍODOS ANTERIORES. IMPOSSIBILIDADE.

Ainda que as despesas glosadas sejam derivadas de desvios de recursos da empresa autuada para pagamentos de vantagens indevidas a terceiros, a sua indedutibilidade decorre essencialmente do fato de que não se enquadram como despesas efetivamente realizadas que reduziram indevidamente o resultado tributável dos exercícios fiscais sob apuração. Assim, a reparação de danos causados em decorrência dos ilícitos confessados ou a devolução de valores fixados em Termos de Colaboração Premiada ou em Acordos de Leniência, tem natureza completamente distinta das despesas originalmente deduzidas e não podem impactar a apuração de tributos de períodos já encerrados. Os fatos geradores complexivos do IRPJ e CSLL dos períodos em que ocorreram as infrações devem ser escoimados dos valores que afetaram indevidamente a base de cálculo dos tributos devidos, não podendo ser afetados retroativamente por quaisquer fatos, voluntários ou não que tenham sido praticados em momento posterior, visando a purgar total ou parcialmente os ilícitos penais cometidos e a atenuar a imposição de penalidades, seja na esfera administrativa ou judicial.

Os recorrentes alegam que os pagamentos de vantagens indevidas nas licitações, considerados indedutíveis nesta autuação, foram anulados, na medida em que os valores foram ressarcidos à Petrobrás, conforme acordos de leniência, como se ocorresse uma verdadeira reversão ou estorno, o que alteraria, também a possibilidade de exigência dos tributos devidos, posto que a "identificação da capacidade contributiva que originalmente permitia a formulação de exigências fiscais já não mais persiste".

Entendo que assiste razão à Fazenda Nacional, pois embora as despesas glosadas sejam derivadas de desvios de recursos da empresa autuada para pagamentos de vantagens indevidas a terceiros, a sua indedutibilidade decorre essencialmente do fato de que não se enquadram como despesas efetivamente realizadas que reduziram indevidamente o resultado tributável dos exercícios fiscais sob apuração. Os fatos geradores complexivos do IRPJ e CSLL daqueles períodos devem ser escoimados dos valores que afetaram indevidamente a base de cálculo dos tributos devidos, não podendo ser afetados retroativamente por quaisquer fatos, voluntários ou não que tenham sido praticados em momento posterior, visando a purgar total ou parcialmente os ilícitos penais cometidos e a atenuar a imposição de penalidades, seja na esfera administrativa ou judicial. Assim, a reparação de danos causados em decorrência dos ilícitos confessados ou a devolução de valores fixados em Termos de Colaboração Premiada ou em Acordos de Leniência, tem natureza completamente distinta das despesas originalmente deduzidas e, se fosse o caso, poderiam afetar o resultado dos exercícios em que foram firmados tais acordos, sendo que os efeitos fiscais teriam que ser melhor examinados nas hipóteses concretas, mas jamais poderiam impactar a apuração de tributos de períodos já encerrados. (CARF, acórdão nº 1302-002.549, sessão de 20.02.2018)

Outra possível argumentação, no sentido de que a confissão do ilícito valeria como prova para aplicação do benefício da denúncia espontânea, da mesma forma, não é aceita pela jurisprudência administrativa:

DENÚNCIA ESPONTÂNEA. APRESENTAÇÃO DE CONFISSÃO EM TERMO DE COLABORAÇÃO PREMIADA OU ACORDO DE LENIÊNCIA. APLICAÇÃO DO ART. 138 DO CTN. AUSÊNCIA DE PREENCHIMENTO DOS REQUISITOS. O instituto da denúncia espontânea, como o próprio nome revela, depende exclusivamente da ação do sujeito passivo, tanto no que se refere à confissão do tributo quanto ao seu pagamento ou depósito, quando este dependa de apuração. Cabe ao contribuinte retificar suas declarações de rendimentos, refazer suas apurações e efetuar o pagamento dos tributos devidos, ou o seu depósito, caso haja dúvida quanto ao montante total devido. Verificando-se, tão somente, a confissão dos crimes praticados ao Ministério Público Federal e à Justiça Federal que, posteriormente, ensejaram apurações por parte do Fisco Federal dos tributos devidos em face das irregularidades a ele comunicadas pelos órgãos de investigação e da Justiça, sem que o contribuinte tenha se antecipado a qualquer procedimento fiscal e adotado as medidas necessárias para a denúncia espontânea das obrigações tributárias perante o Fisco, esta não se configura.

O instituto da denúncia espontânea, como o próprio nome revela, depende exclusivamente da ação do sujeito passivo, tanto no que se refere à confissão do tributo quanto ao seu pagamento ou depósito, quando este dependa de apuração. Cabe ao contribuinte retificar suas declarações de rendimentos, refazer suas apurações e efetuar o pagamento dos tributos devidos, ou o seu depósito, caso haja dúvida quanto ao montante total devido. DF CARF MF Fl. 5729 Processo nº 13896.723534/201515 Acórdão n.º 1302002.788 S1C3T2 Fl. 5.730 65. No presente caso, o que se verifica é apenas a confissão dos crimes praticados ao Ministério Público Federal e à Justiça Federal, na atuação da recorrente junto à Petrobrás, que, posteriormente, ensejaram apurações por parte do Fisco Federal dos tributos devidos em face das irregularidades a ele comunicadas pelos órgãos de investigação e da Justiça. Poderia, se assim quisesse, o contribuinte ter se antecipado a qualquer procedimento fiscal e adotado as medidas necessárias para a denúncia espontânea das obrigações tributárias perante o Fisco, retificando suas declarações e pagando ou efetuando o depósito dos tributos devidos. Nenhuma dessas providências foi tomada pelos recorrentes, de sorte que é inviável a aplicação do instituto previsto no art. 138 do CTN ao presente caso. (CARF, acórdão nº 1302-002.788, sessão de 15.05.2018)

Há de se destacar, todavia, a existência de entendimento em favor dos contribuintes pautado sob a ótica do *bis in idem* e a necessidade de instrução probatória por parte do Fisco.

Isso porque, havendo a tributação do Imposto de Renda sobre os valores pagos pelo beneficiário, exigir-se novamente o IR da fonte pagadora seria considerado *bis in idem*, de maneira que, nessa situação, seria irrelevante a causa do pagamento se constituir ilícita. Caberia ao Fisco, portanto, antes de proceder à autuação, comprovar que, de fato, os beneficiários não foram identificados, que efetivamente não foi possível verificar a existência da prestação do serviço ou, ainda, que não houve a tributação dos valores.

Registre-se entendimento da E. Conselheira Gisele Barra Bossa na Resolução nº 1201000.652[6]:

> A partir da leitura do dispositivo acima, verifica-se que cabe ao contribuinte o ônus de provar/identificar o (s) beneficiário (s) e a ocorrência da operação ou causa dos pagamentos enquanto à fiscalização compete a tarefa de realizar diligência em face das empresas identificadas como beneficiárias para exigir que as mesmas demonstrem se os valores recebidos foram devidamente contabilizados em sua escrituração fiscal, e o IRPJ e a CSLL devidamente recolhidos, bem como se não há procedimento fiscal em curso para exigir os mesmos valores (AIIM de omissão de receitas em face das beneficiárias). A palavra de ordem é rastreabilidade da operação. (CARF, resolução nº 1201-000.652, sessão de 22.11.2018)

Embora válida e coerente a linha de raciocínio sobre o *bis in idem*, atualmente tal posicionamento tem-se mostrado vencido na maioria dos julgados sobre o tema[7].

A análise dos diversos precedentes acima citados permite, destarte, verificar que é ônus do contribuinte reunir documentação que ateste o beneficiário dos pagamentos realizados, bem como que demonstre a existência das operações e a causa desses pagamentos.

O beneficiário do pagamento deve ser ente idôneo, apto a realizar a causa do pagamento.

A causa do pagamento, por sua vez, deve ser econômica, deve ter conexão com a atividade própria do contribuinte (atividades comuns da atividade empresarial), e não deve ser ilícita, afrontando a função social da empresa.

Caberá ao contribuinte, portanto, apresentar notas fiscais, contratos, extratos bancários, planilhas de acompanhamento, recibos, compromissos de compra e venda e demais documentos que possam atestar a idoneidade da operação praticada e o beneficiário de tal pagamento, com o fim de exonerar-se da exigência do IRRF sobre os pagamentos efetuados.

---

[6] Sobre a necessidade de o Fisco proceder à correta instrução dos autos, mencione-se o acórdão nº 1302003.483, sessão de 15.04.2019.

[7] Cite-se acórdãos nºs 1201002.684 e 1201-003.307.

Conclusões

O presente artigo tem por objeto a análise da atual jurisprudência administrativa acerca dos elementos probatórios nas autuações que exigem o IRRF, à alíquota de 35% (trinta e cinco por cento), nas hipóteses de pagamentos (ou remessas de dinheiro) a beneficiários não identificados e pagamentos sem comprovação da existência da operação ou de sua causa para pessoas físicas ou jurídicas, ligadas ou não à fonte pagadora. Verifica-se que não há atualmente um consenso sobre os limites da atuação do Fisco e da natureza das operações para fins de exoneração ou não da tributação, de maneira que a presente análise não tem a pretensão de esgotar o tema, que encontra-se em constante evolução no âmbito administrativo.

As autuações que imputam o pagamento do IRRF têm como fundamento jurídico o artigo 61 da Lei nº 9.891/1995, bem como os artigos 674 e 675 do RIR/99, atuais 730 e 731 do RIR/18.

A premissa inicial do julgador no processo administrativo é buscar aproximar-se da realidade dos fatos, em estrito cumprimento do seu dever funcional de respeito ao princípio da verdade material, não se contentando com a verdade formal dos autos. Todavia, certo é que a realidade dos autos muitas vezes não permite ao julgador estabelecer com certeza a origem dos fatos, e nesse cenário as provas apresentadas são de suma importância para o deslinde da discussão no sentido de permitir a reconstituição da realidade pelas partes.

Conforme reiterada jurisprudência, cabe à autoridade fiscal comprovar o efetivo pagamento (remessa de dinheiro) efetuado pelo sujeito passivo responsável. Nessa esteira, para a comprovação da existência dos pagamentos o Fisco atualmente, por muitas vezes, tem se valido do instituto da prova emprestada.

Essa prova emprestada decorre de processos judiciais, procedimentos no Ministério Público, investigações criminais e até mesmo de delações premiadas e acordos de leniência efetuados pelos participantes dos ilícitos. São casos em que ocorrem pagamentos e transferências de recursos em decorrência do pagamento de propinas e vantagens indevidas.

Segundo a orientação do CARF é possível a utilização da prova emprestada. Contudo, esta deve ser mais um elemento probatório, e somente será aceita se a parte tiver participado do contraditório no processo outro, se os casos tiverem os mesmos elementos fáticos e que se preste a esclarecer ponto necessário para o segundo processo, de maneira que a prova emprestada não poderá formar a conclusão do agente fiscal, apenas deve fornecer elementos para a formação desta conclusão, que pode coincidir ou não com a do órgão que produziu tal prova.

Por sua vez, em nossa análise, será ônus do contribuinte comprovar o beneficiário do pagamento realizado, bem como a comprovação de que os pagamentos tiveram causa lícita, que foram gerados em razão de algum benefício obtido pela fonte pagadora, como a efetiva prestação de um serviço ou venda e aluguel de algum bem.

A comprovação tanto do beneficiário como da causa dos pagamentos deve ser feita mediante apresentação de extratos bancários dos beneficiários, notas fiscais eletrônicas, recibos, compromissos de compra e venda, planilhas de acompanhamento e contratos. Quando o beneficiário for pessoa jurídica, a empresa deverá estar apta a praticar o negócio, com os seus cadastros em dia.

Em suma, o contribuinte terá o ônus de comprovar que a operação praticada não é decorrente de simulação, tendo aproveitado o benefício lícito do negócio jurídico praticado.

A jurisprudência não tem aceitado a utilização das delações premiadas e dos acordos de leniência, em que há tanto a confissão dos pagamentos indevidos como a promessa de devolução destes, como provas para fins de se evitar a exigência do IRRF, baseadas na suposta comprovação do beneficiário e da causa, ou para gerar o benefício da denúncia espontânea. O que se afirma é que não haveria, nesses casos, causa econômica para tais pagamentos, compatível com a função social da empresa, sendo provenientes muitas vezes de fraudes por alterações indevidas da contabilidade.

Portanto, a análise dos diversos precedentes permite verificar que é ônus do contribuinte reunir documentação que ateste o beneficiário dos pagamentos realizados, bem como que demonstre a causa lícita desse pagamento. O beneficiário do pagamento deve ser ente idôneo, apto a realizar o evento ensejador do dever do pagamento pela outra parte. A causa do pagamento, por sua vez, deve ser econômica, deve ter conexão com a atividade própria do contribuinte, e não deve ser ilícita (afrontando a função social da empresa).

Referências

BRASIL. Constituição da República Federativa do Brasil de 1988. Brasília, DF: Presidência da República, Disponível em: http://www.planalto.gov.br/ccivil_03/Constituicao/Constituiçao.htm. Acesso em: 30 out. 2019.

BRASIL. Lei nº 8.981/95, de 20 de janeiro de 1995. Altera a legislação tributária Federal e dá outras providências. Brasília, DF: Senado Federal, Disponível em: http://www.planalto.gov.br/ccivil_03/LEIS/L8981.htm. Acesso em: 30 out. 2019.

BRASIL. Decreto nº 300, de 26 de março de 1999. Regulamenta a tributação, fiscalização, arrecadação e administração do Imposto sobre a Renda e Proventos de Qualquer Natureza. Brasília DF: Presidência da República. Disponível em: http://www.planalto.gov.br/ccivil_03/decreto/D3000.htm. Acesso em 30 nov. 2019.

BRASIL. Decreto nº 9.580, de 22 de novembro de 2018. Regulamenta a tributação, a fiscalização, a arrecadação e a administração do Imposto sobre a Renda e Proventos de Qualquer Natureza. Brasília DF: Presidência da República. Disponível em: http://www.planalto.gov.br/ccivil_03/_ato2015-2018/2018/decreto/D9580.htm. Acesso em 30 nov. 2019.

BRASIL. Conselho Administrativo de Recursos Fiscais. Acórdão nº 9101-004.153. Relator: Cristiane Silva Costa. Brasília, 07 de maio de 2019. Disponível em: https://carf.fazenda.gov.br/sincon/public/pages/ConsultarJurisprudencia/consultarJurisprudenciaCarf.jsf. Acesso em 30 nov. 2019.

BRASIL. Conselho Administrativo de Recursos Fiscais. Acórdão nº 1401-003.803. Relator: Abel Nunes de Oliveira Neto. Brasília, 19 de setembro de 2019. Disponível em: https://carf.fazenda.gov.br/sincon/public/pages/ConsultarJurisprudencia/consultarJurisprudenciaCarf.jsf. Acesso em 30 nov. 2019.

BRASIL. Conselho Administrativo de Recursos Fiscais. Acórdão nº 1301-004.045. Relator: Giovana Pereira de Paiva Leite. Brasília, 14 de agosto de 2019. Disponível em: https://carf.fazenda.gov.br/sincon/public/pages/ConsultarJurisprudencia/consultarJurisprudenciaCarf.jsf. Acesso em 30 nov. 2019.

BRASIL. Conselho Administrativo de Recursos Fiscais. Acórdão nº 2202-005.252. Relator: Ludmila Mara Monteiro de Oliveira. Brasília, 05 de junho de 2019. Disponível em: https://carf.fazenda.gov.br/sincon/public/pages/Consultar Jurisprudencia/consultarJurisprudenciaCarf.jsf. Acesso em 30 nov. 2019.

BRASIL. Conselho Administrativo de Recursos Fiscais. Acórdão nº 1301-003.985. Relator: Amelia Wakako Morishita Yamamoto. Brasília, 16 de julho de 2019. Disponível em: https://carf.fazenda.gov.br/sincon/public/pages/Consultar Jurisprudencia/consultarJurisprudenciaCarf.jsf. Acesso em 30 nov. 2019.

BRASIL. Conselho Administrativo de Recursos Fiscais. Acórdão nº 1201-002.499. Relator: Gisele Barra Bossa. Brasília, 20 de setembro de 2018. Disponível em: https://carf.fazenda.gov.br/sincon/public/pages/ConsultarJurisprudencia/consultarJurisprudenciaCarf.jsf. Acesso em 30 nov. 2019.

BRASIL. Conselho Administrativo de Recursos Fiscais. Acórdão nº 1302-002.549. Relator: LUIZ Tadeu Matosinho Machado. Brasília, 20 de fevereiro de 2018. Disponível em: https://carf.fazenda.gov.br/sincon/public/pages/Consultar Jurisprudencia/consultarJurisprudenciaCarf.jsf. Acesso em 30 nov. 2019.

BRASIL. Conselho Administrativo de Recursos Fiscais. Acórdão nº 1302-002.788. Relator: Luiz Tadeu Matosinho Machado. Brasília, 15 de maio de 2018. Disponível em: https://carf.fazenda.gov.br/sincon/public/pages/ConsultarJurisprudencia/consultarJurisprudenciaCarf.jsf. Acesso em 30 nov. 2019.

BRASIL. Conselho Administrativo de Recursos Fiscais. Acórdão nº 1201-003.307. Relator: Efigênio de Freitas Júnior. Brasília, 11 de novembro de 2019. Disponível em: https://carf.fazenda.gov.br/sincon/public/pages/ConsultarJurisprudencia/consultarJurisprudenciaCarf.jsf. Acesso em 05 fev. 2020.

BRASIL. Conselho Administrativo de Recursos Fiscais. Acórdão nº 1302003.483. Relator: Gustavo Guimarães da Fonseca. Brasília, 15 de abril de 2019. Disponível em: https://carf.fazenda.gov.br/sincon/public/pages/ConsultarJurisprudencia/consultarJurisprudenciaCarf.jsf. Acesso em 05 fev. 2020.

BRASIL. Conselho Administrativo de Recursos Fiscais. Acórdão nº 1201002.684. Relator: Gisele Barra Bossa. Brasília, 11 de dezembro de 2018. Disponível em: https://carf.fazenda.gov.br/sincon/public/pages/ConsultarJurisprudencia/consultarJurisprudenciaCarf.jsf. Acesso em 05 fev. 2020.

BRASIL. Conselho Administrativo de Recursos Fiscais. Resolução nº 1201000.652. Relator: Gisele Barra Bossa. Brasília, 11 de janeiro de 2019. Disponível em: https://carf.fazenda.gov.br/sincon/public/pages/ConsultarJurisprudencia/consultarJurisprudenciaCarf.jsf. Acesso em 05 fev. 2020.

BRASIL. Conselho de Contribuintes do Ministério da Fazenda. Acórdão nº 302-39.123. Relator: Marcelo Ribeiro Nogueira. Brasília, 06 de novembro de 2007. Disponível em: https://carf.fazenda.gov.br/sincon/public/pages/ConsultarJurisprudencia/consultarJurisprudenciaCarf.jsf. Acesso em 30 nov. 2019.

MELO, José Eduardo Soares de. *Processo Tributário Administrativo e Judicial*. 2 ed. São Paulo: Quartier Latin, 2009.

MELLO, Celso Antônio Bandeira de. *Curso de Direito Administrativo*. 26 ed. São Paulo: Malheiros, 2009.

SANTOS, Moacyr Amaral. *Prova Judiciária no Cível e Comercial*. 2 ed. São Paulo: Max Limonad, 1952.

7. A imputação de multa qualificada: dos aspectos técnicos à construção e valoração da prova no âmbito do CARF

GISELE BARRA BOSSA[1]

"A razão de estado não se deve opor ao estado da razão."[2]

Introdução

Nos últimos cinco anos, a imputação da multa qualificada, prevista no artigo 44, inciso I, §1º, da Lei nº 9.430/96, passou a ser tema de destaque no âmbito dos julgamentos do Conselho Administrativo de Recursos Fiscais (CARF), seja em razão do aumento substancial de autos de infração com essa penalidade agravada, como em virtude dos potenciais efeitos penais decorrentes da sua manutenção no âmbito do Processo Administrativo Fiscal (PAF), com o prosseguimento da Representação Fiscais para Fins Penais (RFFP)[3] ao Ministério Público Federal (MPF)[4].

---

[1] As opiniões contidas nesta publicação são reflexões acadêmicas da própria autora e não necessariamente expressam as posições defendidas por qualquer organização a qual esteja vinculada.

[2] Carlos de Habsburgo, historicamente chamado de Carlos I de Espanha, foi rei da Espanha entre 1516 e 1555 e Imperador do Sacro Império Romano.

[3] Ver Portaria da RFB nº 1.750/2018 que trata do procedimento adotado para formalização de RFFP diante de indícios de crimes identificados no curso das fiscalizações.

[4] A RFFP, nos termos do artigo 83, da Lei nº 9.430/1996, será encaminhada ao Ministério Público **após ser proferida decisão final na esfera administrativa.**

EFICIÊNCIA PROBATÓRIA E A ATUAL JURISPRUDÊNCIA DO CARF

Os julgadores estão sendo desafiados a avaliar em concreto a efetiva ocorrência do elemento doloso capaz de justificar tal imputação e valorar o respectivo conjunto probatório de forma a garantir sua adequada manutenção.

Em termos práticos, evidenciam-se duas principais casuísticas onde se discute a aplicação da multa qualificada: (i) os chamados "planejamentos tributários", em especial com relação aos temas: ágio, alienação de ativos recebidos em devolução de capital a valor contábil e ganho de capital e remuneração de debêntures no caso de empresas com os mesmos sócios; e (ii) infrações fiscais em geral, dentre as quais terão aqui destaque a omissão de receitas caracterizada por depósitos bancários de origem não comprovada e os pagamentos sem causa ou a beneficiários não identificados.

Assim sendo, este estudo tem como objetivo, a partir da análise não exaustiva de casos concretos da 1ª Seção de Julgamento do CARF, demonstrar os caminhos percorridos pelas decisões no tocante aos pressupostos técnicos, valoração qualitativa e quantitativa das provas para fins de manutenção ou exclusão da multa qualificada nas citadas hipóteses.

1. Aspectos técnicos relativos à incidência da multa qualificada e a comprovação do elemento doloso

A imputação no lançamento de ofício da multa qualificada de 150% tem lugar quando o contribuinte age com o dolo descrito nos artigos 71 a 73 da Lei nº 4.502/64. Logo, diante da prática de sonegação, fraude ou conluio a multa de ofício pode ser duplicada pela autoridade fiscal quando da lavratura do auto de infração, nos termos do §1º do artigo 44 (antigo inciso II) da Lei nº 9.430/96, *verbis*:

> Art. 44. Nos casos de lançamento de ofício, serão aplicadas as seguintes multas:
>
> I – de 75% (setenta e cinco por cento) sobre a totalidade ou diferença de imposto ou contribuição nos casos de falta de pagamento ou recolhimento, de falta de declaração e nos de declaração inexata;
>
> (...)
>
> § 1º. O percentual de multa de que trata o inciso I do caput deste artigo será duplicado nos casos previstos nos arts. 71, 72 e 73 da Lei nº 4.502, de 30 de novembro de 1964, independentemente de outras penalidades administrativas ou criminais cabíveis.

Da leitura do próprio dispositivo fica claro que a aplicação de multa qualificada é medida de caráter excepcional e, por conseguinte, cabe a autoridade fiscal o ônus de provar que o contribuinte praticou quaisquer das condutas dolosas descritas nos citados artigos da Lei nº 4.502/64. Lembrado que, nesses dispositivos, há a descrição dos **tipos infracionais fiscais**, cabendo a Lei nº 8.137/1990, em especial nos seus artigos 1º e 2º[5], cuidar dos **tipos penais** relativos aos crimes contra ordem tributária propriamente ditos.

---

[5] **Lei nº 8.137/1990**
Art. 1º Constitui crime contra a ordem tributária suprimir ou reduzir tributo, ou contribuição social e qualquer acessório, mediante as seguintes condutas:
I – omitir informação, ou prestar declaração falsa às autoridades fazendárias;
II – fraudar a fiscalização tributária, inserindo elementos inexatos, ou omitindo operação de qualquer natureza, em documento ou livro exigido pela lei fiscal;
III – falsificar ou alterar nota fiscal, fatura, duplicata, nota de venda, ou qualquer outro documento relativo à operação tributável;
IV – elaborar, distribuir, fornecer, emitir ou utilizar documento que saiba ou deva saber falso ou inexato;
V – negar ou deixar de fornecer, quando obrigatório, nota fiscal ou documento equivalente, relativa a venda de mercadoria ou prestação de serviço, efetivamente realizada, ou fornecê-la em desacordo com a legislação.
Pena – reclusão de 2 (dois) a 5 (cinco) anos, e multa.
Parágrafo único. A falta de atendimento da exigência da autoridade, no prazo de 10 (dez) dias, que poderá ser convertido em horas em razão da maior ou menor complexidade da matéria ou da dificuldade quanto ao atendimento da exigência, caracteriza a infração prevista no inciso V.
Art. 2º Constitui crime da mesma natureza:
I – fazer declaração falsa ou omitir declaração sobre rendas, bens ou fatos, ou empregar outra fraude, para eximir-se, total ou parcialmente, de pagamento de tributo;
II – deixar de recolher, no prazo legal, valor de tributo ou de contribuição social, descontado ou cobrado, na qualidade de sujeito passivo de obrigação e que deveria recolher aos cofres públicos;
III – exigir, pagar ou receber, para si ou para o contribuinte beneficiário, qualquer percentagem sobre a parcela dedutível ou deduzida de imposto ou de contribuição como incentivo fiscal;
IV – deixar de aplicar, ou aplicar em desacordo com o estatuído, incentivo fiscal ou parcelas de imposto liberadas por órgão ou entidade de desenvolvimento;
V – utilizar ou divulgar programa de processamento de dados que permita ao sujeito passivo da obrigação tributária possuir informação contábil diversa daquela que é, por lei, fornecida à Fazenda Pública.
Pena – detenção, de 6 (seis) meses a 2 (dois) anos, e multa.

Tal ponderação mostra-se relevante, pois determinada conduta pode ser considerada ilícito tributário, mas não ilícito penal. Não basta a existência de indícios de consciência e vontade (dolo) do ilícito tributário – leia-se *animus* deliberado de inadimplir a obrigação tributária –, o crime requer a prova que o autor conhecia a ilicitude criminal da conduta e desejava o resultado ilícito com a conduta que praticou[6]. Ainda assim, não há dúvidas que a manutenção da multa qualificada no âmbito do PAF acaba por repercutir na esfera penal[7].

Conforme dados do MPF, mais de 80% das denúncias oferecidas envolvendo crimes contra a ordem tributária têm sido aceitas pelos Juízes: 80,46% no 2º semestre de 2015, 79,64% no 1º semestre de 2016, 80,54% no 2º semestre de 2016 e 80,79% no 1º semestre de 2017[8].

Sabe-se que, nos termos do Decreto nº 982/1993, os Auditores da Receita Federal são obrigados a instaurar a RFFP sempre que apurarem indícios de ilícitos fiscais e crimes contra ordem tributária, sob pena de responsabilidade funcional. Contudo, não parece acertado o uso indiscriminado dessa penalidade. De acordo com os dados comparativos extraídos dos Planos Anuais de Fiscalização, em cerca de 30% das autuações fiscais foram instauradas RFFPs[9]. Confira-se:

---

[6] Maiores aprofundamentos em RUIVO, Marcelo, Os Crimes de Sonegação Fiscal (arts. 1º e 2º, Lei 8.137/90). *In*: BOSSA, Gisele Barra; RUIVO, Marcelo Almeida. *Crimes contra Ordem Tributária: do Direito Tributário ao Direito Penal*, São Paulo: Almedina, 2018, p. 448.

[7] Sobre esse aspecto, recomenda-se a leitura de PAIVA, Mariana Monte Alegre de. O princípio da função social da empresa como baliza à imputação da prática de crimes contra ordem tributária. *In*: BOSSA, Gisele Barra; RUIVO, Marcelo Almeida. *Crimes contra Ordem Tributária: do Direito Tributário ao Direito Penal*, São Paulo: Almedina, 2018, p. 19-42.

[8] Dados disponíveis em: http://www.mpf.mp.br/conheca-o-mpf/gestao-estrategica-e--modernizacao-do-mpf/ sobre/publicacoes/pdf/relatorio-gestao-pgr-2015-2017.pdf. Acesso em: 28/02/2020.

[9] Dados disponíveis em: http://receita.economia.gov.br/dados/resultados/fiscalizacao/arquivos-e-imagens/2019 _05_06-plano-anual-de-fiscalizacao-2019.pdf. Acesso em: 28/02/2020.

Ano	Número de RFFP	% do Total de Autuações Fiscais
2014	4 859	28,30%
2015	2 782	28,10%
2016	2 437	27,05%
2017	2 877	25,42%
2018	2 442	29,48%
2019	2 963	27,24%

Em vista desse cenário, natural que se coloque em xeque se todos esses casos em que as Autoridades Fiscais identificam elementos que evidenciam a prática criminosa e que são levados à análise do Poder Judiciário de fato envolvem crimes. O nosso empresariado é tão criminoso assim? Daí a importância da construção fático-probatória relativa à verificação do elemento doloso hábil a enquadrar determinada conduta do contribuinte como sonegação, fraude ou conluio.

É certo que o Direito Tributário e Direito Penal são disciplinas com histórico de limitação das tendências de abuso e arbítrio no exercício dos poderes públicos. Os dois ramos apresentam semelhanças científicas com origem na noção de Estado de Direito moderno, atento à proteção da liberdade e da segurança dos direitos do cidadão diante de abusos dos poderes públicos[10]. A importância **da lei e da metodologia jurídica rigorosa** de interpretação são pontos comuns da prática e da teoria do Direito Tributário e Penal[11].

Desse modo, ante a ausência do conceito de dolo em matéria tributária, em especial no tocante à atribuição de penalidade agravada em face do enquadramento de determinada conduta como ilícito fiscal, se mostra tecnicamente apropriado buscar esse conceito no Direito Penal[12].

---

[10] BECCARIA, Cesare, *Dos delitos e das penas*. Trad. José de Faria Costa, 3º ed., Lisboa: Fundação Calouste Gulbenkian, 2009, p. 63.

[11] Em RUIVO, Marcelo; BOSSA, Gisele. *Do Direito Tributário ao Direito Penal e a Criminalização de Condutas Empresariais*. Jota. http://jota.info/, 2018. Disponível em: https://bit.ly/3f4wmp6. Acesso em 28/02/2020.

[12] O dolo é a forma mais tradicional do elemento subjetivo da conduta criminosa desde o direito romano. Os elementos do dolo são o conhecimento e a vontade do resultado previstos no art. 18, I, do CP. Código Penal: *"Art. 18 – Diz-se o crime: I – doloso, quando o agente quis o resultado ou assumiu o risco de produzi-lo;"*

Dito isso, cabe trazer breves considerações sobre as hipóteses de ilícitos fiscais descritas nos artigos 71 a 73 da Lei nº 4.502/64.

Conforme disposto no artigo 71 da Lei nº 4.502/64, sonegar "*é toda ação ou omissão **dolosa** tendente a impedir ou retardar, total ou parcialmente, o conhecimento por parte da autoridade fazendária da ocorrência do evento tributário, sua natureza ou circunstâncias materiais*", bem como "*das condições pessoais de contribuinte, suscetíveis de afetar a obrigação tributária principal ou o crédito tributário correspondente*".

Da análise do dispositivo é possível concluir que a sonegação implica em descumprimento por parte do sujeito passivo de dever instrumental prejudicando a constituição da obrigação do crédito tributário. Em termos fáticos, a autoridade fiscal deve provar que a conduta do contribuinte impediu a apuração dos créditos tributários e, consequentemente, prejudicou o lançamento.

A segunda hipótese de aplicação de multa qualificada é a fraude, definida sobre a ótica tributária, do seguinte modo:

> Art. 72. Fraude é tôda ação ou omissão dolosa tendente a impedir ou retardar, total ou parcialmente, a ocorrência do fato gerador da obrigação tributária principal, ou a excluir ou modificar as suas características essenciais, de modo a reduzir o montante do impôsto devido a evitar ou diferir o seu pagamento.

Fraude no sentido da lei é ato que busca ocultar algo para que possa o contribuinte furtar-se do cumprimento da obrigação tributária. O legislador no citado artigo utilizou-se, claramente, do conceito de dolo penal para a definição de fraude. Isso porque, o dolo civil ocorre sempre com a participação da parte prejudicada (o agente induz terceiro a praticar o ilícito) enquanto a fraude é ato próprio do contribuinte que serve para lograr o fisco. Não por acaso, conforme já referenciado, tais ilícitos fiscais têm repercussões penais, nos termos dos artigos 1º e 2º, da Lei nº 8.137/90.

Conforme o artigo 18 do Código Penal, crime doloso ocorre *quando o agente quis o resultado ou assumiu o risco de produzi-lo*, assim, o dispositivo legal está conforme a teoria da vontade adotada pela lei penal brasileira. Para que o crime se configure, o agente deve conhecer os atos que realiza e a sua **significação**, além de estar disposto a **produzir o resultado** deles decorrentes. A responsabilidade pessoal do agente deve ser demonstrada/provada e, portanto, imperioso encontrar evidenciado nos autos o intuito de fraude, não sendo possível presumir sua ocorrência.

Em linha com este raciocínio, para o Alberto Xavier[13], a figura da fraude exige três requisitos. O um, que a conduta tenha **finalidade** de reduzir o montante do tributo devido, evitar ou diferir o seu pagamento; o dois, o **caráter doloso** da conduta com intenção de resultado contrário ao Direito; e, o três, que tal ato seja o **meio** que gerou o prejuízo ao fisco.

Na prática, a comprovação da finalidade da conduta, do seu caráter doloso e do nexo de causalidade entre a conduta ilícita do contribuinte e o prejuízo ao erário é condição *sine qua non* para enquadrar determinada prática como fraudulenta.

Logo, para restar configurada a fraude, a autoridade fiscal deve trazer aos autos elementos probatórios capazes de demonstrar que o sujeito passivo praticou conduta ilícita e intencional hábil a ocultar ou alterar o valor do crédito tributário, bem como que tal ato afetou a própria ocorrência do fato gerador.

A terceira hipótese de aplicação da multa qualificada é a prática do conluio que visa o dolo ou fraude por meio de ato intencional **entre duas ou mais pessoas:**

> Art. 73. Conluio é o ajuste doloso entre duas ou mais pessoas naturais ou jurídicas, visando qualquer dos efeitos referidos nos arts. 71 e 72.

Como se nota, o conluio é qualquer ato intencional praticado por mais uma parte visando o dolo ou a fraude. O que qualifica o conluio, distinguindo-o de outra espécie de conduta dolosa ou fraudulenta, é o aspecto subjetivo, isto é, a existência de mais de um sujeito que ajustem atos que visem à sonegação ou fraude.

É importante reforçar que o reconhecimento de quaisquer destas práticas deve ser comprovado pela autoridade fiscal através do nexo entre o caso concreto e a suposta sonegação, fraude ou conluio e caracterização efetiva do dolo. As próprias Súmulas CARF nºs 14, 25 e 34, deixam claro esse racional técnico:

---

[13] XAVIER, Alberto. *Tipicidade da Tributação, Simulação e Norma Antielisiva*. São Paulo: Dialética, 2000, p. 78.

Súmula CARF nº 14

A simples apuração de omissão de receita ou de rendimentos, por si só, **não autoriza a qualificação da multa de ofício, sendo necessária a comprovação do evidente intuito de fraude do sujeito passivo.**

Súmula CARF nº 25

A presunção legal de omissão de receita ou de rendimentos, por si só, **não autoriza a qualificação da multa de ofício, sendo necessária a comprovação** *de uma das hipóteses dos* **arts. 71,** *72 e 73 da Lei nº 4.502/64.*

Súmula CARF nº 34

Nos lançamentos em que se apura omissão de receita ou rendimentos, decorrente de depósitos bancários de origem não comprovada, é cabível a qualificação da multa de ofício, quando constatada a movimentação de recursos em contas bancárias de **interpostas pessoas.** *(destaques do original)*

E, nessa esteira, é o entendimento do Acórdão nº 1301-002.670[14] deste CARF, *verbis*:

> *(...) MULTA QUALIFICADA. FALTA DE COMPROVAÇÃO DE DOLO. NÃO CABIMENTO.*
>
> **É incabível a aplicação de multa qualificada, com percentual de 150%, quando não restar comprovada a conduta dolosa do sujeito passivo,** *em especial nos casos de planejamento tributário acerca do qual haja divergência na doutrina e na jurisprudência. (...). (destaques do original)*

Vejamos o seguinte excerto:

> *O pressuposto de multa qualificada, de acordo com o §1º do art. 44 da Lei nº 9.430/96, é a existência de sonegação, fraude ou conluio.* **É preciso que o sujeito passivo tenha agido de forma deliberada e consciente, buscando obter um ganho indevido, em detrimento da Fazenda. É necessária a prova da conduta dolosa.** *Os fatos comprovados nos autos devem gerar a convicção de que os autuados, tendo consciência da ilicitude, deliberam prosseguir na ação ilícita a fim de obter vantagem tributária a que não tinham direito. (destaques do original)*

---

[14] Processo nº 16682.720182/2010-27, Acórdão nº 1301002.670, 3ª Câmara / 1ª Turma Ordinária / 1ª Seção, Sessão de 18 de outubro de 2017, Relator Roberto Silva Junior.

7. A IMPUTAÇÃO DE MULTA QUALIFICADA

Já o Acórdão nº 1301-002.628[15], proferido a partir do Recurso de Ofício da Fazenda Nacional, ao tratar do tema omissão de receitas por depósitos bancários de origem não comprovada, afasta a multa qualificada ante a ausência de comprovação da intenção do agente de fraudar e sonegar. Destaque-se o seguinte trecho do voto condutor:

> *A DRJ entendeu que o dolo não ficou comprovado, faltou à fiscalização a comprovação de fatos que motivassem a aplicação da multa de 150%. (...)*
>
> *No seu entendimento,* **a simples constatação de conduta omissa de receitas por parte do contribuinte não é condição suficiente para qualificá-la. Ou seja, não bastaria a mera constatação de um ilícito, mas deveria ser verificada uma incontestável intenção de fraudar/sonegar.**
>
> *E isso que diferencia a conduta mais gravosa, da simples omissão de receitas, por falta de declaração de valores tributáveis ao fisco. (destaques do original)*

Os acórdãos citados deixam clara a necessidade de observância dos três requisitos acima expostos para fins de justificar a efetiva ocorrência das práticas infracionais em comento e, consequentemente, a imputação da multa de ofício qualificada.

No mais, não podemos olvidar que, nos termos do artigo 112, do CTN, *"a lei tributária que define infrações, ou lhe comina penalidades, interpreta-se da maneira mais favorável ao acusado, em caso de dúvida quanto: (...) IV – à natureza da penalidade aplicável, ou à sua graduação."* Assim sendo, em caso de dúvidas quanto a ocorrência do ilícito fiscal, deve o órgão autuante aplicar a pena menos gravosa.

Da mesma forma, deve ser observada em concreto a literalidade do artigo 44, inciso I, da Lei nº 9.430/96, vez que é cabível a **multa de 75%** (e não de 150%) *"sobre a totalidade ou diferença de imposto ou contribuição nos casos de falta de pagamento ou recolhimento, de falta de declaração e nos de declaração inexata"*.

2. Julgados envolvendo a imputação de multa qualificada

A partir dessas considerações de ordem técnica, passemos agora a analisar julgados administrativos relacionados à qualificação da multa de ofício.

---

[15] Processo nº 19515.002704/2007-20, Acórdão nº 1301002.628, 3ª Câmara / 1ª Turma Ordinária / 1ª Seção, Sessão de 5 de fevereiro de 2015, Relatora Amélia Wakako Morishita Yamamoto.

2.1. Qualificação da multa em casos de planejamento tributário

Com a maior utilização do instituto por parte das autoridades fiscais quando do lançamento, em especial nos casos envolvendo os chamados "planejamentos fiscais", coloca-se em questão se a mera economia fiscal é capaz de justificar o enquadramento da conduta do contribuinte como ilícito fiscal.

Tecnicamente, o ordenamento jurídico brasileiro não introduziu a suposta "norma antiabuso" ou "norma antielisão". O próprio parágrafo único do artigo 116, do CTN[16], não é autoaplicável, mas depende de regulamentação por lei ordinária, a qual não ocorreu até o presente momento.

E, por mais que as autoridades fiscais tentem aplicar **os efeitos** do citado parágrafo único do artigo 116, do CTN, a chamada "teoria da substância econômica", o entendimento uníssono na doutrina e jurisprudência atuais é o de que o referido dispositivo permanece sem efeitos e não pode ser aplicado a nenhum caso concreto até que sobrevenha a referida regulamentação por lei ordinária[17].

---

[16] CTN, "Art. 116. Salvo disposição de lei em contrário, considera-se ocorrido o fato gerador e existentes os seus efeitos: (...)

Parágrafo único. A autoridade administrativa poderá desconsiderar atos ou negócios jurídicos praticados com a finalidade de dissimular a ocorrência do fato gerador do tributo ou a natureza dos elementos constitutivos da obrigação tributária, observados os procedimentos a serem estabelecidos em lei ordinária."

No ano-calendário de 2002, houve tentativa de regulamentação do citado dispositivo por meio dos artigos 13 e 14, da Medida Provisória nº 66/2002.

A redação proposta para citados artigos era no sentido de que a desconsideração de ato ou negócio jurídico poderia ser feita se fosse verificada a "**falta de propósito negocial ou abuso de forma**". Entretanto, essa tentativa de regulamentação não logrou êxito, pois os respectivos artigos da MP 66/2002 foram excluídos quando da sua conversão na Lei nº 10.637/2002. O objetivo do parágrafo único do artigo 116, do CTN é introduzir no sistema tributário nacional a possibilidade de as autoridades fiscais desconsiderarem determinadas condutas dentro de circunstâncias específicas a serem dispostas por meio de norma regulamentadora que, conforme consignado, não existe.

[17] Nesse sentido, já se manifestou a própria Receita Federal do Brasil: "*Desconsideração de Atos e Negócios Jurídicos – O parágrafo único do art. 116 do CTN, com redação dada pela Lei Complementar nº 104/2001, possui eficácia limitada, sendo imprescindível para sua eficácia plena a entrada em vigor de lei integrativa*". (Decisão nº 3.310; 3ª Turma da Delegacia da Receita Federal do Brasil de Julgamento em Juiz de Fora/MG; sessão de 27/03/2003).

No mesmo sentido já se posicionou o antigo Conselho de Contribuintes: "*IPI. DESCONSIDERAÇÃO DE ATOS E NEGÓCIOS JURÍDICOS. O dispositivo previsto no parágrafo único do art. 116 do CTN, com a redação dada pela LC nº 104/2001, reveste-se de eficácia limitada, ou seja, dependia, à época da ocorrência dos fatos geradores alcançados pelo lançamento de ofício, da*

7. A IMPUTAÇÃO DE MULTA QUALIFICADA

Ainda assim, evidencia-se que o instituto do "propósito negocial" ou as ditas "razões extratributárias relevantes" são balizadores subjetivos adotados pelas autoridades fiscais e julgadoras sem qualquer amparo legal. A partir da análise dos precedentes, ainda que com foco na qualificação da multa de ofício, restará demonstrada a clara tendência do CARF de ultrapassar tais aspectos de direito material para fins de analisar, em termos fático-probatórios, a existência ou não de propósito negocial.

2.1.1. Casos envolvendo operações com ágio

Dada a variedade de casos envolvendo essa temática e sem adentramos nas especificidades técnicas propriamente[18], vale trazer o seguinte resumo

existência de norma integradora que lhe garantisse eficácia plena. Inexistente esta à época dos fatos, o lançamento padece da falta de suporte legal para sua validade e eficácia." (Acórdão nº 202-16.959, da antiga 2ª Câmara do Segundo Conselho de Contribuintes; Rel. Cons. Maria Cristina Roza da Costa; sessão de 28/03/2006).

O próprio poder Judiciário já se externou opinião acerca inaplicabilidade da interpretação visada pela d. fiscalização e autoridades julgadoras no presente caso. Devido à eficácia limitada do parágrafo único do artigo 116 do CTN, o Tribunal Regional Federal da 4ª Região proferiu a seguinte decisão: *"TRIBUTÁRIO. ELISÃO. EVASÃO. SIMULAÇÃO. PRESCRIÇÃO. (...) 4. Malgrado toda a discussão doutrinária acerca da aplicação da teoria econômica à elisão fiscal, o art. 116 do CTN não se aplica ao caso dos autos. É que o auto de infração se baseou no artigo 149 do CTN, isto é, na existência de simulação. Independentemente de ser considerada e aplicada com uma norma antielisiva, o art. 116 do CTN somente teria uma posição subsidiária no contexto da lide. Explico. O art. 149 do CTN é específico e taxativo ao prever os casos de evasão (dolo, simulação ou fraude). E tudo o que não se subsumir no art. 149 do CTN deve ser considerado elisão, isto até que o art. 116 do CTN (que não é autoaplicável) venha a ser regulamentado com outras vedações."* (TRF 4ª Região, 2ª Turma, Apelação Cível nº 2006.72.04.004363-8, Rel. Des. Vânia Hack de Almeida; sessão de 19/08/2008).

[18] Dispositivos Legais: Arts. 385 e 386, RIR/99: *"Art. 385. – O contribuinte que avaliar investimento em sociedade coligada ou controlada pelo valor de patrimônio líquido deverá, por ocasião da aquisição da participação, desdobrar o custo de aquisição em: (...) § 2º O lançamento do ágio ou deságio deverá indicar, dentre os seguintes, seu fundamento econômico (Decreto-Lei nº 1.598, de 1977, art. 20, § 2º): I – valor de mercado de bens do ativo da coligada ou controlada superior ou inferior ao custo registrado na sua contabilidade; II – valor de rentabilidade da coligada ou controlada, com base em previsão dos resultados nos exercícios futuros; III – fundo de comércio, intangíveis e outras razões econômicas. § 3º O lançamento com os fundamentos de que tratam os incisos I e II do parágrafo anterior deverá ser baseado em demonstração que o contribuinte arquivará como comprovante da escrituração."*
"Art. 386. A pessoa jurídica que absorver patrimônio de outra, em virtude de incorporação, fusão ou cisão, na qual detenha participação societária adquirida com ágio ou deságio, apurado segundo o disposto no artigo anterior (Lei nº 9.532, de 1997, art. 7º, e Lei nº 9.718, de 1998, art. 10)".

analítico elaborado a partir do estudo "Especial Ágio" realizado pelo escritório Mattos Filho[19]:

Ágio: Decisões CSRF (2016-2018)			
Quantidade de Casos Julgados	Matéria Analisada	Entedimento	Multa Qualificada
48	Ágio Interno	100% Desfavorável	17 (35,4%) – Manutenção da Multa Qualificada 2 (4,16%) – Cancelamento da Multa 29 (60,4%) – Não foi Objeto do Acórdão
17	Transferência de Ágio	100% Desfavorável	2 (11,76%) – Manutenção da Multa Qualificada 1 (5,88%) – Cancelamento da Multa 14 (82,35%) – Não foi Objeto do Acórdão
30	Sociedade Veículo	100% Desfavorável	5 (16,66%) – Manutenção da Multa Qualificada 2 (6,66%) – Cancelamento da Multa 23 (76,66%) – Não foi Objeto do Acórdão
13	Privatização	11 (84,61%) – Desfavorável 2 (15,38%) – Favorável	100% – Não foi Objeto do Acórdão
123	Ágio: Todas as Matérias	118 (95,93%) – Desfavorável 5 (4,06%) – Favorável	23 (18,69%) – Manutenção da Multa Qualificada 5 (4,06%) – Cancelamento da Multa 95 (77,23%) – Não foi Objeto do Acórdão

O panorama em questão deixa clara a utilização do instituto em **18,69%** dos casos. Contudo, na medida em que as operações estão calcadas na lei, em especial nos artigos 385 e 386, RIR/99[20] (vigente à época dos fatos geradores analisados) e, mais recentemente, no artigo 22 da Lei nº 12.973/2014, no mínimo é possível constatar a inobservância da literalidade do artigo 44, inciso I, da Lei nº 9.430/96 – hipótese em que seria exigível, quando muito, a multa de ofício de 75%.

Vale consignar que, as questões de mérito levadas atualmente ao CARF, quais sejam: necessária confusão patrimonial entre o real investidor e a sociedade investida; inaptidão do demonstrativo da expectativa de rentabilidade futura (elaboração após a operação, ao prazo previsto pela Lei nº 12.973/14

Artigo 22 da Lei nº 12.973/2014: *"participação societária adquirida com ágio por rentabilidade futura (goodwill) decorrente da aquisição de participação societária entre partes não dependentes"*, não restando dúvidas sobre a criação de nova condição para amortização fiscal do ágio.

[19] FILHO, MATTOS. *Especial Ágio. O Contencioso Administrativo e Judicial e as alterações trazidas pela Lei nº 12.973/14*. 2019. Disponível em: http://online.fliphtml5.com/flrj/orqr/. Acesso em: 28/02/2020.

[20] O Decreto nº 3.000/90 (RIR/99) foi revogado pelo Decreto nº 9.580/2018 (RIR/2018). Disciplinamentos atuais nos artigos 421 e ss., do RIR/2018.

7. A IMPUTAÇÃO DE MULTA QUALIFICADA

ou não atendimento dos requisitos formais); utilização de "empresa veículo"; ágio pautado em expectativa de rentabilidade futura seria apenas residual (período pré Lei nº 12.973/14); ausência de propósito negocial das operações; ausência de fluxo financeiro nas operações de aquisição do investimento; operações de aquisição de investimentos entre partes relacionadas ou pertencentes a mesmo grupo econômico ("ágio interno"); e impossibilidade de adição, à base de cálculo da CSLL, da despesa com amortização do ágio (pedido subsidiário), são fruto de construção casuística e estão, por vezes, à margem da dicção legal. E, quanto ao ágio interno, o legislador não fez constar tal proibição e, portanto, não cabe ao intérprete limitar a autonomia das empresas de se auto-organizar.

Nesse contexto, questiona-se a manutenção da multa qualificada. Como pode determinada operação ser considerada ilícito fiscal com repercussões penais nessas circunstâncias? Bom, por ser uma das temáticas mais polêmicas, vale trazer importantes precedentes da Câmara Superior de Recursos Fiscais (CSRF) que **mantiveram a qualificação da multa no período de 2015-2020.**

Data da Sessão	Acórdão	Contribuinte	Matéria Analisada
16/04/06	9101-002.301	CENTER AUTOMÓVEIS	Ágio Interno
16/04/07	9101-002.300	BARIGUI VEÍCULOS LTDA.	Ágio Interno
16/05/03	9101-002.311	ALLIANCE ONE BRASIL EXPORTADORA DE TABACOS LTDA.	Ágio Interno
16/08/17	9101-002.427	PLANOVA PLANEJAMENTO E CONSTRUÇÕES S/A	Ágio Interno
16/11/23	9101-002.487	MAGIUS METALÚRGICA INDUSTRIAL S/A	Ágio Interno
16/12/12	9101-002.503	AGRENCO DO BRASIL S/A	Ágio Interno
17/04/05	9101-002.759	VOTORANTIM CIMENTOS S/A	Ágio Interno
17/04/06	9101-002.780	O. V. D. IMPORTADORA E DISTRIBUIDORA LTDA.	Ágio Interno
17/05/10	9101-002.803	GOL LINHAS AEREAS S/A	Ágio Interno
17/05/10	9101-002.802	CCL LABEL DO BRASIL S/A	Ágio Interno
17/08/09	9101-003.011	CAIMI & LIAISON INDÚSTRIA E COMÉRCIO DE COURO E SINTÉTICOS LTDA.	Ágio Interno
17/10/04	9101-003.161	NATURA COSMÉTICOS S/A	Ágio Interno
17/11/08	9101-003.208	BUNGE FERTILIZANTES S/A	Empresa-Veículo e Transferência de Ágio
17/12/06	9101-003.275	MAN LATIN AMÉRICA INDÚSTRIA E COMÉRCIO DE VEÍCULOS LTDA.	Empresa-Veículo
18/01/18	9101-003.364	RAÍZEN ENERGIA S/A	Ágio Interno
18/01/18	9101-003.368	BRAFER CONSTRUÇÕES METÁLICAS S/A	Ágio Interno
18/02/05	9101-003.396	TEMPO SERVIÇOS LTDA.	Transferência de Ágio
18/03/06	9101-003.442	ALLIANCE ONE BRASIL EXPORTADORA DE TABACOS LTDA.	Ágio Interno
18/04/04	9101-003.538	RAÍZEN MIME COMBUSTÍVEIS S/A	Ágio Interno
18/04/04	9101-003.533	RENOSA INDÚSTRIA BRASILEIRA DE BEBIDAS S/A	Empresa-Veículo
18/05/09	9101-003.584	KOERICH ENGENHARIA E TELECOMUNICAÇÕES S/A	Ágio Interno
Data da Sessão	Acórdão	Contribuinte	Matéria Analisada
18/06/06	9101-003.620	AGRICOPEL COMÉRCIO DE DERIVADOS DE PETRÓLEO LTDA	Ágio Interno
18/11/07	9101-003.885	NATURA COSMÉTICOS S/A	Ágio Interno
19/04/09	9101-004.098	HACO ETIQUETAS LTDA.	Ágio Interno
19/08/07	9101-004.331	COMPANHIA DE BEBIDAS DAS AMÉRICAS – AMBEV	Ágio Interno
19/09/10	9101-004.383	BUNZL EQUIPAMENTOS PARA PROTEÇÃO INDIVIDUAL LTDA.	Empresa-Veículo
19/12/03	9101-004.559	BIOSINTÉTICA FARMACÊUTICA LTDA.	Transferência de Ágio
19/12/05	9101-004.591	LUPATECH S/A – EM RECUPERACAO JUDICIAL	Empresa-Veículo
20/02/04	9101-004.761	WESTROCK, CELULOSE, PAPEL E EMBALAGENS LTDA.	Ágio Interno
20/02/04	9101-004.750	UNILEVER BRASIL INDUSTRIAL LTDA.	Ágio Interno
20/02/04	9101-004.752	JOHNSON & JOHNSON DO BRASIL INDÚSTRIA E COMÉRCIO DE PRODUTOS PARA SAÚDE LTDA.	Ágio Interno

Desses precedentes, merecem destaque as seguintes ementas:

Acórdão nº 9101-002.301 – Ágio Interno
ASSUNTO: IMPOSTO SOBRE A RENDA DE PESSOA JURÍDICA – IRPJ
Ano-calendário: 2007, 2008, 2009
QUALIFICAÇÃO DA MULTA. PLUS NA CONDUTA. DOLO.
Operações empreendidas no universo de um mesmo grupo econômico, com transferência de ações com sobrepreço para integralizar o capital social de uma empresa de papel, sem sacrifício de ativos, sem pagamento pelo sobrepreço, que foi *criado artificialmente e especificamente para consumar o aproveitamento de uma despesa fictícia, implicam na presença dos elementos volitivo e cognitivo, caracterizando o dolo, o plus na conduta que ultrapassa o tipo objetivo da norma tributária e é apenado com a qualificação da multa de ofício.*

Acórdão nº 9101-002.300 – Ágio Interno
ASSUNTO: NORMAS GERAIS DE DIREITO TRIBUTÁRIO
Ano-calendário: 2007, 2008, 2009
MULTA QUALIFICADA. CABIMENTO.
A constatação de evidente intuito de fraudar o Fisco, pela intencional prática de atos simulados, enseja a qualificação da multa de ofício.

Acórdão nº 9101-002.487 – Ágio Interno
ASSUNTO: NORMAS GERAIS DE DIREITO TRIBUTÁRIO
Ano-calendário: 2007, 2008, 2009
ÁGIO INTERNO. QUALIFICAÇÃO DA MULTA DE OFÍCIO APLICADA. INEXISTÊNCIA DE ÁGIO. SIMULAÇÃO.
Qualifica-se a multa de ofício aplicada quando o pretenso "ágio interno" trata-se de uma mera grandeza criada artificialmente, a que se pretendeu dar a aparência de ágio que, na realidade, nunca existiu.

Acórdão nº 9101-002.503 – Ágio Interno
ASSUNTO: NORMAS GERAIS DE DIREITO TRIBUTÁRIO
Ano-calendário: 2006
MULTA QUALIFICADA. ÁGIO INTERNO. ÁGIO DE SI MESMO. OCORRÊNCIA DE FRAUDE E CONLUIO.
A consecução de atos que culminaram com a supressão ilícita de tributos, obtida com a dedução da amortização de ágio, ágio esse que, surgido da

7. A IMPUTAÇÃO DE MULTA QUALIFICADA

reavaliação de participação na empresa autuada, em operação intra-grupo, foi por ela mesma contabilizado e deduzido, *de forma artificial e sem qualquer dispêndio, evidencia conduta dolosa tendente a impedir a ocorrência do fato gerador da obrigação tributária principal ("fraude", na inteligência do art. 72 da Lei nº 4.502, de 1964) e ajuste doloso entre duas ou mais pessoas naturais ou jurídicas visando os efeitos em questão ("conluio", conforme art. 73 da mesma Lei).* Impõe-se, assim, a qualificação da multa de ofício.

Acórdão nº 9101-002.802 – Ágio Interno e replicada no Acórdão nº 9101-004.559 – Transferência de Ágio
ASSUNTO: NORMAS DE ADMINISTRAÇÃO TRIBUTÁRIA
Ano-calendário: 2006, 2007, 2008, 2009, 2010
MULTA DE OFÍCIO. QUALIFICAÇÃO.
Quando o planejamento tributário evidencia uma intenção dolosa de *alterar as características do fato gerador, com o intuito de fazer parecer que se tratava de uma outra operação com repercussões tributárias diversas, tem-se a figura da fraude* a ensejar a multa qualificada.

Acórdão nº 9101-003.208 – Empresa-Veículo e Transferência de Ágio
ASSUNTO: NORMAS GERAIS DE DIREITO TRIBUTÁRIO
Ano-calendário: 2005, 2006, 2007, 2008, 2009
MULTA QUALIFICADA. EVIDENTE INTUITO DE FRAUDE.
Caracteriza o evidente intuito de *fraudar* o Fisco as operações de reestruturação societárias criadas com o objetivo único de possibilitar a amortização de ágio gerado *artificialmente*, mediante a *utilização de empresas-veículo, sem propósito negocial* que não seja o de obter benefício tributário.

Acórdão nº 9101-003.275 – Empresa-Veículo
ASSUNTO: IMPOSTO SOBRE A RENDA DE PESSOA JURÍDICA – IRPJ
Ano-calendário: 2009, 2010, 2011
QUALIFICAÇÃO DA MULTA. PLUS NA CONDUTA. DOLO.
Operações empreendidas com utilização de *empresa de papel, sem substância econômica*, visando construir deliberadamente o suporte fático para aproveitamento do ágio demonstram flagrante *artificialidade*. Evidencia-se a presença dos elementos volitivo e cognitivo, caracterizando o dolo, o plus na conduta que ultrapassa o tipo objetivo da norma tributária e que é apenado com a qualificação da multa de ofício.

EFICIÊNCIA PROBATÓRIA E A ATUAL JURISPRUDÊNCIA DO CARF

Acórdão nº 9101-003.364 – Ágio Interno e replicada no Acórdão nº 9101-003.396 – Transferência de Ágio
ASSUNTO: NORMAS GERAIS DE DIREITO TRIBUTÁRIO
Ano-calendário: 2006, 2007, 2008, 2009
MULTA QUALIFICADA. ATOS SOCIETÁRIOS SEM PROPÓSITO NEGOCIAL. ÁGIO DESPROVIDO DE SUBSTÂNCIA ECONÔMICA. PROCEDÊNCIA.

Se os fatos retratados nos autos deixam foram de dúvida a *intenção do contribuinte de, por meio de atos societários diversos, desprovidos de propósito negocial, gerar ágios artificiais, despidos de substância econômica* e, com isso, reduzir a base de incidência de tributos, descabe afastar a qualificação da multa aplicada pela Fiscalização.

Acórdão nº 9101-003.538 – Ágio Interno
ASSUNTO: IMPOSTO SOBRE A RENDA DE PESSOA JURÍDICA – IRPJ
Ano-calendário: 2005, 2006, 2007, 2008, 2009
MULTA QUALIFICADA. INEXISTÊNCIA DE ÁGIO.

Presente o *dolo em operações de reestruturação societárias criadas com o objetivo único de possibilitar a amortização de ágio fictício*, mediante a utilização artificial de empresa cuja utilização visa especificamente a construção falaciosa de despesa tributária, cabe a qualificação da multa de ofício.

Acórdão nº 9101-003.533 – Empresa-Veículo
ASSUNTO: NORMAS GERAIS DE DIREITO TRIBUTÁRIO
Ano-calendário: 2007, 2008, 2009, 2010
MULTA QUALIFICADA. EMPREGO DE EMPRESA VEÍCULO. AUSÊNCIA DE PROPÓSITO ECONÔMICO.

O emprego de empresa veículo, despida de propósito econômico, com o fim de dar a aparência de obediência aos requisitos de dedutibilidade do ágio amortizado, previstos nos artigos 7º e 8º da Lei nº 9.532/1997, autoriza a aplicação da multa qualificada, prevista no artigo 44, § 1º, da Lei nº 9.430/1996, para os fatos geradores ocorridos a partir do ano-calendário de 2007.

Acórdão nº 9101-003.584 – Ágio Interno
ASSUNTO: NORMAS GERAIS DE DIREITO TRIBUTÁRIO
Ano-calendário: 2006, 2007, 2008, 2009, 2010
RECURSO ESPECIAL DA PGFN. MULTA QUALIFICADA EM CASO DE ÁGIO GERADO ARTIFICIALMENTE. CABIMENTO.

7. A IMPUTAÇÃO DE MULTA QUALIFICADA

1 – A multa qualificada não foi aplicada por ter a contribuinte optado por alternativa com menor carga tributária.

A aplicação da multa qualificada não visou punir a simples economia de imposto, o mero planejamento tributário ou a fraude à lei, *mas sim a criação artificial/simulada de todo um contexto para que a contribuinte pudesse deduzir despesas que não tinham correspondência com verdadeiros dispêndios*. As operações societárias criaram um falso ágio, e esse falso ágio passou a gerar falsas despesas que reduziram indevidamente o lucro tributável. É evidente que a conduta da contribuinte teve repercussão direta nos fatos geradores do IRPJ e da CSLL, e nos débitos autuados. A criação artificial das despesas de amortização de ágio configurou conduta que visava excluir/modificar as características essenciais do fato gerador (no caso, o lucro da empresa), ao mesmo tempo que *visava impedir que a autoridade fazendária tomasse conhecimento do seu real montante*. Correta a aplicação da multa qualificada.

Acórdão nº 9101-004.752 – Ágio Interno e replicada no Acórdão nº 9101-004.591 – Ágio Empresa-Veículo

ASSUNTO: IMPOSTO SOBRE A RENDA DE PESSOA JURÍDICA (IRPJ)

Ano-calendário: 2007, 2008, 2009

LEGALIDADE. APRECIAÇÃO INTEGRADA. PLUS NA CONDUTA. DOLO. SIMULAÇÃO. MULTA QUALIFICADA

1 – Não há que se *tolerar o desvirtuamento dos institutos jurídicos*. Legalidade não é dizer que se o negócio jurídico é legal para um ramo do direito (civil, empresarial, dentre outros) encontra-se intocável para todo o ordenamento. Legalidade é verificar se o negócio jurídico é legal sob o âmbito de todo o direito, inclusive o tributário.

2 – Presente o dolo em operações de reestruturação societárias criadas com o objetivo exclusivo de possibilitar a amortização de ágio fictício, mediante a *utilização artificial* de empresa cuja utilização visa especificamente a construção falaciosa de despesa tributária.

3 – Demonstrado o intuito doloso, elemento comum nas hipóteses previstas nos arts. 71, 72 e 73 da Lei nº 4.502, de 1964, e a *incidência nos art. 149, inciso VII do CTN* e art. 44, § 1º da Lei nº 9.430, de 1996, cabe a qualificação da multa de ofício para 150%. (destaques dos originais)

Resta evidente que **não** há efetiva valoração qualitativa da prova relativa à ocorrência ou não do elemento doloso hábil a justificar a incidência da multa qualificada nesses casos. O que motivou em concreto as autoridades fiscais e julgadoras manterem a exigência tributária com a qualificação da multa de ofício foi o fato do **ágio ser interno e, em alguns casos, em vista da utilização da chamada "empresa-veículo"**. Remanesce a questão: Será que o contribuinte tinha consciência e vontade (dolo) quanto à **prática do ilícito fiscal** ou estava dentro da sua zona de gestão das atividades empresariais? É incontroverso que a lei não trazia qualquer vedação à realização das operações em comento e, portanto, nos parece que a atual jurisprudência do CARF vai na contramão da autonomia privada e da liberdade de gestão empresarial.

Verifica-se, em linhas gerais, que as autoridades autuantes e julgadoras baseiam seu posicionamento em institutos de direito comparado que sequer têm amparo no direito brasileiro, em especial a ausência de substância econômica e a falta de propósito negocial[21]. Criou-se um preconceito em torno dessas operações, busca-se conectar a economia fiscal (suposta conduta abusiva) à materialização do elemento doloso para fins de imputação do ilícito fiscal ao contribuinte, vez que não estamos cuidando aqui de operações simuladas, tampouco fraudulentas.

No mais, em vista da relação de julgados supra, é possível evidenciar a adoção de ementas idênticas tanto para os casos de ágio interno como para os casos de ágio envolvendo empresa veículo entre partes não relacionadas para fins de manutenção da multa qualificada, o que por si só demonstra a fragilidade da linha adotada.

Por voto de qualidade, predomina o entendimento subjetivo do fisco no sentido de que se o ágio foi gerado artificialmente para reduzir os tributos devidos, sem que tenha real ou séria motivação econômica e, portanto, despido de propósito negocial, é aplicável a multa qualificada de 150%, nos termos do artigo 44, § 1º, da Lei nº 9.430/1996. Frise-se que, tais ponderações estão à margem da lei e não são hábeis a dar concretude ao elemento

---

[21] Maiores aprofundamentos em SCHOUERI, Luis Eduardo (Coord.). *Planejamento Tributário e o "Propósito Negocial"*. São Paulo: Quartier Latin, 2010, p. 30-32; MACHADO, Hugo de Brito. A Falta de Propósito Negocial como Fundamento para Exigência do Tributo. *In: Revista Dialética de Direito Tributário nº 143*. São Paulo: Editora Dialética, agosto/2007; OLIVEIRA, Ricardo Mariz. A Elisão Fiscal ante a Lei Complementar nº 104. *In:* ROCHA, Valdir de Oliveira (Coord.). *O Planejamento Tributário e a Lei Complementar nº 104*. São Paulo: Dialética, 2001.

7. A IMPUTAÇÃO DE MULTA QUALIFICADA

doloso (consciência e vontade) quanto à prática do **ilícito fiscal**. Daí, aliás, a falta de unanimidade no tema.

Ademais, constata-se nítida confusão técnica quando da adoção dos institutos como: abuso de direito, fraude e simulação e suas respectivas repercussões[22]. Tratam-se de figuras distintas, sendo certo que a legislação relativa às infrações fiscais **não cuida da figura da simulação como hipótese de qualificação da multa de ofício, tampouco do abuso de direito**.

Com relação à figura do abuso de direito, registro ser filiada à doutrina que defende a impossibilidade de se aplicar o artigo 187, do Código Civil[23] ao Direito Tributário sem os devidos ajustes normativos específicos (dada a peculiaridade do disciplinamento), via lei complementar. O abuso de direito em matéria cível foi concebido com o *animus* de regular relações de direito privado e não de direito público, daí a necessária conformação constitucional (CF/88) e legal (CTN) para fins de aplicação deste instituto em matéria tributária[24].

---

[22] Ver SAMPAIO DÓRIA, Antônio Roberto. Elisão e Evasão Fiscal. 2ª Ed. São Paulo: José Bushatsky, p. 83 e ss.; HUCK, Hermes Marcelo. *Evasão e Elisão – Rotas Nacionais e Internacionais do Planejamento Tributário*. São Paulo: Saraiva, 2001, p. 27.

[23] CC, "Art. 187. Também comete ato ilícito o titular de um direito que, ao exercê-lo, excede manifestamente os limites impostos pelo seu fim econômico ou social, pela boa-fé ou pelos bons costumes."

[24] De acordo com Paulo Ayres Barreto, os princípios informadores do Direito Privado e do Direito Público não são necessariamente os mesmos, enquanto em relação às normas cíveis *"aceita-se com maior tranquilidade a dilargação do conteúdo das regras em situações conflituosas apreciadas pelo Poder Judiciário, com base nos seus princípios informadores (eticidade, socialidade, operabilidade)"*, em matéria tributária prestigia-se a certeza no direito, a segurança jurídica e a estrita legalidade, de modo que seria assegurado ao contribuinte prever com antecedência o alcance preciso das normas tributárias. BARRETO, Paulo Ayres. *Elisão Tributária: Limites Normativos*. Tese apresentada ao concurso à livre docência do Departamento de Direito Econômico, Financeiro e Tributário da Faculdade de Direito da Universidade de São Paulo – SP. São Paulo: USP, 2008, p. 215. Por sua vez, Humberto Ávila, ao tratar da eficácia do Código Civil na legislação tributária, fez questão de registrar que para todos os temas reservados às normas gerais em matéria tributária, em que se requer lei complementar, "o novo Código Civil não importa". Para os demais temas, as normas privadas somente importariam caso não houvesse normas tributárias específicas (princípio da especialidade). Logo, a repercussão tributária do Código Civil é restrita. ÁVILA, Humberto. Eficácia do Novo Código Civil na Legislação Tributária. *In:* GRUMPENMACHER, Betina Treiger (coord.) – *Direito Tributário e o novo Código Civil*. São Paulo: Quartier Latin, 2004, p. 72-73.

Na prática, as diretrizes do artigo 187, do Código Civil, ecoam de forma a anular o ato ilícito e não permitem a requalificação do ato – efeito esperado quando da aplicação do instituto em matéria tributária, por exemplo[25].

A partir destes pressupostos, caberia, em havendo efetiva conduta fraudulenta, dolosa ou simulatória, a aplicação e motivação fático-probatória à luz do artigo 149, inciso VII, do CTN[26], **para fins de manter a exigência tributária, mas não necessariamente a multa qualificada.**

Isso porque, enquanto para prática de conduta fraudulenta o contribuinte se vale de meios ilícitos para retardar, reduzir ou evitar o pagamento do tributo, no caso da simulação o contribuinte pretende que a autoridade administrativa acredite que determinada operação ocorreu quando, na realidade, nada se concretizou ou se concretizou de forma diversa[27]. Dada a diferenciação técnica e fática, o legislador optou por trazer como ilícitos fiscais, tão somente, as figuras da sonegação, fraude e conluio.

A par destas questões de ordem técnica, quando da análise dos casos concretos, evidenciamos que as autoridades autuantes pouco cuidam de motivar e comprovar a necessária requalificação dos atos e negócios jurídicos a partir das disposições contidas no artigo 149, inciso VII, do CTN, tampouco trazem concretude probatória à ocorrência dos citados ilícitos fiscais, nos termos dos artigos 71, 72 e 73 da Lei nº 4.502, de 1964, para fins de imputação da multa qualificada. Conjecturas e referências genéricas a dispositivos não materializam a ocorrência de conduta dolosa.

De fato, nesses julgados, o que se verifica (quando muito), se aceita a linha adotada pelo fisco, é potencial falta de pagamento ou recolhimento de tributos, o que enseja a aplicação da multa de ofício regular no percentual de 75%.

---

[25] Maiores aprofundamentos em SCHOUERI, Luís Eduardo. Planejamento Tributário: Limites à Norma Antiabuso. *In: Revista de Direito Tributário Atual, nº 24.* São Paulo: IBDT/ Dialética, 2010, p. 349. NETO, Luis Flávio. *Teorias do "Abuso" no Planejamento Tributário.* Dissertação apresentada para obtenção do título de Mestre em Direito Tributário pela Faculdade da Universidade de São Paulo – SP. São Paulo: USP, 2011, p. 141 e ss.

[26] CTN, "Art. 149. O lançamento é efetuado e revisto de ofício pela autoridade administrativa nos seguintes casos: (...) VII – quando se comprove que o sujeito passivo, ou terceiro em benefício daquele, agiu com dolo, fraude ou simulação;"

[27] Abordando os elementos essências da simulação, Alberto Xavier aponta que a simulação consiste em um caso de divergência entre a vontade (vontade real) e a declaração (vontade declarada), procedente de acordo simulatório entre o declarante e o declaratário e determinada pelo intuito de enganar terceiro que, no caso da simulação fiscal, é o Estado. XAVIER, op. cit., p. 78 e ss.

Para reforçar tais ponderações, nos casos julgados pela CSRF entre 2015-2020, nos quais a multa qualificada foi afastada, é clara a invocação de ausência de construção probatória apta a demonstrar a efetiva ocorrência de fraude, sonegação ou conluio. Confira-se a relação e ementas de destaque:

Data da Sessão	Acórdão	Contribuinte	Matéria Analisada
16/01/20	9101-002.183	JOHNSON CONTROLS DO BRASIL AUTOMOTIVE LTDA.	Transferência de Ágio
17/09/12	9101-003.074	TILIBRA PRODUTOS DE PAPELARIA LTDA.	Empresa-Veículo
18/01/18	9101-003.365	JOHNSON & JOHNSON DO BRASIL INDÚSTRIA E COMÉRCIO DE PRODUTOS PARA SAÚDE LTDA.	Ágio Interno
18/01/19	9101-003.371	TELEFÔNICA BRASIL S/A	Empresa-Veículo e Ágio Interno
18/01/19	9101-003.374	TELEFÔNICA BRASIL S/A	Ágio Indireto
19/07/10	9101-004.288	INTERNATIONAL PAPER DO BRASIL LTDA.	Empresa-Veículo

Acórdão nº 9101-002.183 – Transferência de Ágio
ASSUNTO: NORMAS GERAIS DE DIREITO TRIBUTÁRIO
Ano-calendário: 2004, 2005, 2006, 2007
MULTA DE OFÍCIO. QUALIFICAÇÃO.

A demonstração da existência de fraude, *a partir de uma conduta dolosa específica*, a ensejar qualificação da multa de ofício, deve ser *feita no momento do lançamento de maneira a evidenciar a conduta dolosa do contribuinte*, a caracterizar as figuras delitivas dos arts. 71 a 73 da Lei 4.502/1964.

Acórdão nº 9101-003.074 – Empresa-Veículo
ASSUNTO: IMPOSTO SOBRE A RENDA DE PESSOA JURÍDICA – IRPJ
Ano-calendário: 2008, 2009, 2010
QUALIFICAÇÃO DA MULTA. DESCABIMENTO. AUSÊNCIA DE DEMONSTRAÇÃO DOS REQUISITOS LEGAIS.

A qualificação da multa de ofício, nos termos do artigo 44, §1º, da Lei 9.430/96 apenas pode ocorrer na hipótese em que *demonstrada pela fiscalização a ocorrência de conduta passível de enquadramento nas situações previstas nos artigos 71, 72 ou 73 da Lei 4.502/64.*

A utilização de empresa veículo, com base apenas no argumento de ausência de propósito negocial, não admite a qualificação da conduta como fraude, mormente quando a operação, se realizada diretamente, geraria o mesmo direito à amortização do ágio.

Acórdão nº 9101-003.365 – Ágio Interno
ASSUNTO: IMPOSTO SOBRE A RENDA DE PESSOA JURÍDICA – IRPJ
Ano-calendário: 2009, 2010
MULTA QUALIFICADA.

A acusação de artificialismo de uma operação baseada na ausência de seu propósito negocial revelada pela geração de ágio interno e com uso de empresa veículo, *sem a demonstração cabal de invalidades efetivas e do intuito de fraudar, sonegar ou atuar em conluio do sujeito passivo, com a devida subsunção aos artigos 71, 72 e 73 da Lei n. 4502/64 não autoriza a qualificação da multa de ofício*, independentemente do posicionamento que se tenha quanto à dedutibilidade do ágio na questão.

Acórdão nº 9101-003.371- Empresa-Veículo e Ágio Interno e replicada no Acórdão 9101-003.374 – Ágio Indireto
ASSUNTO: NORMAS GERAIS DE DIREITO TRIBUTÁRIO
Ano-calendário: 2007, 2008, 2009, 2010, 2011, 2012
MULTA QUALIFICADA. INTENÇÃO FRAUDULENTA NÃO CARACTERIZADA. AFASTAMENTO DA PENALIDADE.

É inapropriada a aplicação da multa qualificada quando resta não demonstrada *a intenção do contribuinte de sonegar total ou parcialmente o tributo*. Não havendo prova da existência de dolo ou fraude, cabível o afastamento da qualificadora.

Acórdão nº 9101-004.288 – Empresa-Veículo
ASSUNTO: CONTRIBUIÇÃO SOCIAL SOBRE O LUCRO LÍQUIDO (CSLL)
Ano-calendário: 2007
MULTA QUALIFICADA. FRAUDE. LEI 4.502/1964, ART. 72.

Sem que tenha ocorrido fraude, na forma do artigo 72, da Lei nº 4.502/1964, a multa de ofício é *exigida no percentual de 75%*. (destaques dos originais)

Interessante que, nesses casos análogos envolvendo ágio interno, empresa-veículo e transferência de ágio, as decisões materializam justamente a inocorrência de fraude na operação e/ou a falta de provas capazes de materializar a consciência de vontade do agente de praticar o ilícito fiscal. Como algo pode, ao mesmo tempo, ser ou não ser ilícito fiscal? Não pode.

Portanto, ainda que se assista certa tendência à manutenção da multa qualificada em casos de ágio interno, dada a divergência jurisprudencial apresentada, cabe concluir que o tema ainda carece de efetivo desenvolvimento

7. A IMPUTAÇÃO DE MULTA QUALIFICADA

técnico-probatório para fins de garantir a uniformidade e satisfatividade das decisões administrativas no tocante à incidência de tal penalidade.

2.1.2. Casos de alienação de ativos recebidos em devolução de capital a valor contábil e ganho de capital e remuneração de debêntures no caso de empresas com os mesmos sócios

Cumpre consignar que todo racional técnico trabalhado nos itens 2.1. e 2.1.1. é plenamente aplicável às duas casuísticas, especialmente quanto à suposta tendência a adoção da tese do propósito negocial para fins de manutenção da exigência tributária.

Especificamente, com relação à imputação da multa qualificada, mostra-se rara sua manutenção nos casos envolvendo a alienação de ativos recebidos em devolução de capital a valor contábil e ganho de capital, mas potencialmente usual nos casos de remuneração de debêntures.

Nesse sentido, vale referenciar e comentar os seguintes julgados envolvendo a temática da alienação de ativos recebidos em devolução de capital a valor contábil e ganho de capital:

> **Acórdão 9101-004.163 – Sessão de 07/05/2019 – Caso Matone**
> ASSUNTO: IMPOSTO SOBRE A RENDA DE PESSOA JURÍDICA – IRPJ
> Ano-calendário: 2009
> MULTA QUALIFICADA.
> Constituem fatos que, em seu conjunto, evidenciam intuito de fraude e implicam a qualificação da multa de ofício a realização de operações em reduzido lapso temporal, o protagonismo da autuada em aspectos relevantes do negócio que em tese não mais lhe competia, a interdependência das partes, a incoerência da operação com a lógica da atividade desenvolvida e a conseqüente falta de propósito negocial.

Vejam que, em um rol de 18 casos pesquisados entre 2017-2019[28], restou mantida a multa qualificada apenas no precedente supracitado, pois,

---

[28] PAF's nºs 16561.720044/2016-18 – Caso Cerradinho; 16561.720150/2015-11 – Caso CCI; 16561.720144/ 2015-55 – Caso FMA; 16561.720148/2015-33 – Caso Coveg; 19515.004548/2010-37 – Caso Polpar; 19515.004546/2010-48 – Caso Suzano; 19515.004547/2010-92 – Caso Bexma; 12448.725714/2012-04 – Caso Globo; 15504.730268/2014-80 – Caso Terrativa; 16561.720087/2015-12 – Caso Cobra;

diferente dos demais casos, não houve redução de capital para devolução do valor para pessoas físicas, mas para outra pessoa jurídica que tinha prejuízo e, por conseguinte, entendeu a Turma Ordinária estar diante de operação fraudulenta. Essa decisão acabou por ser revertida pela CSRF no Acordão nº 9101-004.163 (sessão de 07/05/2019), vez que *"a acusação de simulação no sentido de que os atos foram perpetrados com objetivo único de redução de tributação sem qualquer evidência de ocorrência de fraude ou dolo é insuficiente para justificar a aplicação de multa qualificada de 150%"*. Logo, nesses casos, a multa qualificada tende a ser afastada.

E, sem adentrar nas construções recentes ventiladas pela CSRF com relação ao momento em que houve a redução de capital/cisão, se antes do *closing* ou antes do *signing,* como intuito de justificar a exigência fiscal[29], a ementa abaixo transcrita bem resume a tendência atual dos julgados, especialmente nas Turmas Ordinárias[30]:

Acórdão nº 1201-002.082 – Sessão de 15/03/2018 – Caso Cerradinho
REDUÇÃO DE CAPITAL. ENTREGA DE BENS E DIREITOS DO ATIVO AOS SÓCIOS E ACIONISTAS PELO VALOR CONTÁBIL. PROCEDIMENTO LÍCITO.

É vedado à autoridade administrativa alterar o regime de tributação adotado para, desconsiderando-o, tributar o ganho de capital na pessoa jurídica que

16327.720614/2011-20 – Caso Socopa; 11080.732190/2015-96 – Caso Matone; 16561.720127/2015-18 – Caso Vialco; 16561. 720165/2014-90 – Caso Arainvest; 19515.720803/2016-88 – Caso Eyedo; 16561.720117/2015-82 – N.F. Motta; 10120.723067/ 2016-89 – Emsa; e 16561.720116/2015- 38 – Serve.

[29] Ver Acórdão nº 9101-004.335 – Sessão de 07/08/2019 – Caso Vialco. Segue trecho da ementa: "GANHO DE CAPITAL. CESSÃO DE PARTICIPAÇÃO SOCIETÁRIA A PESSOA JURÍDICA DOMICILIADA NO EXTERIOR. REDUÇÃO DE CAPITAL PROMOVIDA DEPOIS DO RECEBIMENTO DE OFERTA VINCULANTE DE COMPRA DAS AÇÕES. Não produzem efeitos perante o Fisco as operações realizadas sem propósito negocial, com o único intuito de reduzir a tributação incidente sobre o ganho de capital materializado a partir da estipulação do preço a ser pago pelas ações detidas pelo sujeito passivo".

[30] As duas exceções nas Turmas Ordinárias são: (i) o já citado Acórdão nº 9101-004.163 – Sessão de 07/05/2019 – Caso Matone; e (ii) o Acórdão nº 9101-004.400 – Sessão de 11/09/2019 – Caso Arainvest. Nesse caso a negociação e venda ocorreram entre as pessoas jurídicas sem a participação das pessoas físicas. A operação de redução de capital foi considerada não oponível ao fisco – afastada a multa qualificada e a responsabilidade dos sócios.

promoveu a devolução de capital aos acionistas, alegando que a carga tributária aplicável seria mais elevada. A própria lei autoriza ao contribuinte optar pela tributação na pessoa física, sujeita a carga tributária inferior, conforme dispõe os artigos 22 e 23, da Lei nº 9.249/1995.

APLICAÇÃO DE MULTA QUALIFICADA. AUSÊNCIA DE CARACTERIZAÇÃO DE CONDUTA DOLOSA.

A autoridade fiscal não logrou êxito em comprovar que a contribuinte teria praticado quaisquer das condutas dolosas descritas nos artigos 71, 72 e 73 da Lei nº 4.502/64.

De outra parte, acerca da temática relativa à remuneração de debêntures, cabe referenciar o seguinte Acórdão:

Acórdão nº 1201-003.555 – Caso Ventisol
ASSUNTO: IMPOSTO SOBRE A RENDA DE PESSOA JURÍDICA (IRPJ)
Ano-calendário: 2014
MULTA DE OFÍCIO. QUALIFICAÇÃO. DEBÊNTURES.
A emissão de debêntures sem substância material e realizada com a finalidade de dar aparência de legalidade a uma dedução indevida de despesa é suficiente para caracterizar a fraude que dá ensejo à qualificação da multa de ofício.

SIMULAÇÃO. FRAUDE. MULTA QUALIFICADA.
A simulação é uma conduta que tem como pressuposto a vontade de obter um resultado ilícito por meio da interposição de um negócio lícito, embora sem substância material. Assim, para fins de apuração da qualificação da multa de ofício, a simulação é uma forma qualificada de fraude.

Verifica-se nesse julgado a equivocada equiparação das figuras da simulação e da fraude. No caso concreto, em que pese o contribuinte tenha deixado explícitos seus atos e negócio jurídicos (vontade real e declarada coincidentes), restou evidenciada a fraude à lei, vez que a autoridade autuante cuidou de **provar** que: (i) as debêntures emitidas não atendiam a finalidade legal de captação de recursos; (ii) a empresa não possuía necessidade de captar recursos no mercado financeiro, na medida em que detinha aplicações financeiras em valores maiores do que o valor captado; e (iii) as obrigações assumidas em razão das debêntures eram substancialmente superiores ao valor captado e não possuíam qualquer paralelo no mercado financeiro.

Vale consignar que, o fato das debêntures serem adquiridas pelos próprios sócios e pagas com os recursos da própria empresa, por si só, não implica em fraude e pode sim ser considerado mero erro de interpretação quanto ao regime jurídico da debênture, capaz de ensejar, se for o caso, a manutenção da exigência fiscal e da multa de ofício regular (75%).

Frise-se, com base no artigo 149, VII, do CTN, o dolo, a fraude ou a simulação foram equiparados, tão somente, para autorizar a revisão do lançamento e a requalificação dos atos e negócios jurídicos praticados, **mas não para fins de imputação da multa qualificada**.

O raciocínio aqui externado (ocorrência de fraude) foi, inclusive, confirmado pela CSRF, em processo administrativo fiscal relativo a anos-calendário anteriores, envolvendo o mesmo contribuinte, para fins de justificar a manutenção da multa qualificada.

> **Acórdão nº 9101-004.105 – Sessão de 09/04/2019 – Caso Ventisol**
> ASSUNTO: NORMAS GERAIS DE DIREITO TRIBUTÁRIO
> Ano-calendário: 2012, 2013, 2014
> MULTA QUALIFICADA. DOLO. FRAUDE. CONFIGURAÇÃO.
> Mantém-se a qualificação da multa de ofício quando comprovado nos autos o dolo do sujeito passivo ao praticar qualquer das hipóteses previstas nos artigos 71, 72 e 73 da Lei nº 4.502/64.

Contudo, cumpre destacar que, nos recentes Acórdãos nºs 9101-004.764 e 9101-003.310 da CSRF, a operação foi enquadrada como simulação em linha com o citado precedente da 1ª Turma da 2ª Câmara da 1ª Seção do CARF e, mesmo diante desse enquadramento e do conjunto probatório pouco eficiente e assertivo quando comparado com o caso o Ventisol (itens relacionados supra), foi mantida a qualificação da multa. Confira-se a seguinte ementa:

> **Acórdão nº 9101-004.764 – Sessão de 05/02/2020 – Caso Lorenzetti e replicada no Acórdão nº 9101-003.310 – Sessão de 17/01/208 – Caso Heinz**
> ASSUNTO: IMPOSTO SOBRE A RENDA DE PESSOA JURÍDICA (IRPJ)
> Ano-calendário: 2009, 2010, 2011, 2012

MULTA DE OFÍCIO QUALIFICADA. APLICABILIDADE. OCORRÊNCIA DE SIMULAÇÃO.

Caracterizada a ação dolosa do contribuinte visando impedir ou retardar, total ou parcialmente, o conhecimento por parte da autoridade fazendária da ocorrência do fato gerador da obrigação tributária principal, sua natureza ou circunstâncias materiais, é cabível a aplicação da multa qualificada de 150%.

Por fim, mostra-se ainda mais surpreende o recente Acórdão nº 9101-004.658, segundo o qual a verificação de falta de propósito negocial é condição suficiente para manutenção da multa qualificada. Confira-se:

> **Acórdão nº 9101-004.658 – Sessão de 16/01/2020 – Caso H Stern**
> ASSUNTO: NORMAS GERAIS DE DIREITO TRIBUTÁRIO
> Ano-calendário: 1999, 2000, 2001, 2002, 2003
> MULTA QUALIFICADA. ATO SEM PROPÓSITO NEGOCIAL. EMISSÃO/SUBSCRIÇÃO DE DEBÊNTURES SEM CAPTAÇÃO DE NOVOS RECURSOS. PROCEDÊNCIA.
> Se os fatos retratados nos autos deixam fora de dúvida a intenção do contribuinte de, por meio de ato desprovido de propósito negocial ou fundamento econômico, subscrever debêntures artificialmente emitidas por empresa controlada, com a exclusiva finalidade de reduzir a base de incidência de tributos, deve ser mantida a qualificação da multa aplicada pela autoridade fiscal.

Do exposto, até então, é nítida a tendência de se manter a multa qualificada nas operações envolvendo remuneração de debêntures, mesmo diante do inadequado enquadramento das operações como simulação e em detrimento da necessária comprovação de fraude por parte das autoridades autuantes.

2.2. Qualificação da multa em casos de omissão de receitas caracterizadas por depósitos bancários de origem não comprovada e pagamentos sem causa ou a beneficiário não identificados

Com relação aos julgados envolvendo a infração fiscal relativa aos depósitos bancários de origem não comprovada, as próprias súmulas CARF e premissas técnicas apresentadas no item 1, demonstram que a prova da ocorrência de conduta dolosa é condição *sine qua non* para manutenção da multa qualificada[31]. Vejamos esse recente precedente da CSRF:

> **Acórdão nº 9101-004.838 – Sessão de 04/03/2020**
> ASSUNTO: IMPOSTO SOBRE A RENDA DE PESSOA JURÍDICA (IRPJ)
> Ano-calendário: 2005
> MULTA QUALIFICADA. REITERADA OMISSÃO DE RECEITAS PRESUMIDAS A PARTIR DE DEPÓSITOS BANCÁRIOS DE ORIGEM NÃO COMPROVADA.
> Quando a imputação de omissão de receitas é corroborada não apenas pela falta de comprovação da origem dos recursos depositados nas contas correntes de titularidade da empresa, mas também pela comprovação de prestação de falsa informação ao Fisco Federal acerca de receitas escrituradas, e pela comprovação das compras efetuadas no período com recursos mantidos à margem da tributação, é inafastável a incidência da multa qualificada pelo evidente intuito de fraude.

In casu, de forma acertada, foi mantida a multa qualificada a partir de conjunto probatório eficiente com especial destaque para reiterada omissão de receitas presumidas e comprovação de prestação de informação falsa às autoridades fiscais.

Aliás, nesse tópico, nos parece importante chamar a atenção para a recorrente utilização da terminologia "prática reiterada", especialmente em virtude da sinalização jurisprudencial trazida pelo Supremo Tribunal Federal (STF).

---

[31] Nesse sentido, vale referenciar os seguintes julgados recentes: Acórdão nº 1201-003.585, sessão de 12/02/2020; Acórdão nº 1301-004.163, sessão de 11/11/2019; Acórdão nº 1201-003.334, sessão de 13/11/2019; Acórdão nº 1301-003.994, sessão de 16/07/2019; Acórdão nº 1201-002.977, sessão de 11/06/2019; Acórdão nº 1402-003.906, sessão de 15/05/2019; Acórdão nº 1201-002.931, sessão de 14/05/2019; Acórdão nº 1201-003.017, sessão de 16/07/2019; Acórdão nº 1201-002.255, sessão de 13/06/2018; Acórdão nº 1201-002.273, sessão de 14/06/2018. Fogem à regra os julgados que mantêm a multa qualificada sem a prova específica da intenção do contribuinte de praticar o ilícito fiscal, a exemplo do Acórdão nº 1302-002.932, sessão de 24/07/2018 e demais referências constantes da nota de rodapé 32.

Recentemente[32], o STF no julgamento do RHC 163.334, por maioria de votos, fixou a seguinte tese: *"O contribuinte que, de forma contumaz e com dolo de apropriação, deixa de recolher o ICMS cobrado do adquirente da mercadoria ou serviço incide no tipo penal do art. 2º, II, da Lei nº 8.137/1990"*, vencido o Ministro Marco Aurélio.

Em que pese a análise técnica do citado julgado não seja o foco do presente artigo, verifica-se, também no âmbito do CARF, a utilização da figura da "prática reiterada"[33]. Interessante que, os precedentes do órgão administrativo não diferenciam, em termos fático-probatórios, as figuras do devedor contumaz, eventual e reiterado para fins de aferir o dolo do agente[34].

Os devedores eventual e reiterado desenvolvem suas atividades de forma lícita, porém, deixam de recolher o tributo de modo isolado (devedor eventual) ou em diversos períodos (devedor reiterado), seja por considerá-lo indevido, ou mesmo para obter capital de giro para a realização de seu objeto social com custo inferior ao cobrado pelas instituições financeiras, muitas vezes, no aguardo de eventual programa de parcelamento tributário para regularizar a situação fiscal.

Diversa é a situação do devedor contumaz que pode ser definido, à luz do voto do Ministro Joaquim Barbosa no RE 550.769, como *"estruturas empresariais que têm na inadimplência tributária sistemática e consciente sua maior vantagem concorrencial"*. Via de regra esse devedor desenvolve suas atividades empresariais de forma ilícita, ao adotar a inadimplência tributária como se fosse parte do seu "objeto social", visando reduzir artificialmente seus preços e ganhar mercado, em detrimento do fisco, da concorrência e da sociedade.

---

[32] Sessão plenária de 18/12/2019. Acórdãos ainda não disponibilizados. Acompanhamento disponível em: http://portal.stf.jus.br/processos/detalhe.asp?incidente=5562955. Acesso em: 28/02/2020.

[33] Nesse sentido, vale referenciar os seguintes julgados recentes: Acórdão nº 1402-004.445, sessão de 11/02/2020; Acórdão nº 9101-004.669, sessão de 16/01/2020 (apresentação de DIPJ e DCTF's zeradas como elemento motivador da qualificação da multa); Acórdão nº 9101-004.104, sessão de 09/04/2019; Acórdão nº 1401-002.359, sessão de 11/04/2018; e Acórdão nº 1302-002.371, sessão de 19/09/2017.

[34] Ver SOUZA, Hamilton Dias de; FUNARO, Hugo. *Devedor Contumaz deve ser o foco da criminalização da dívida de ICMS*. Revista Consultor Jurídico. https://www.conjur.com.br/. Disponível em: https://bit.ly/2WURu9c. Acesso em 28/02/2020.

EFICIÊNCIA PROBATÓRIA E A ATUAL JURISPRUDÊNCIA DO CARF

Vejam que, nos julgados envolvendo fraudes estruturadas[35], como regra, o conjunto probatório mostra-se eficiente para comprovar o dolo dos sujeitos passivos, mas isso não se verifica nos casos em que o principal ou único elemento é a "prática reiterada" (inclusive à luz da definição supra). Nessa segunda hipótese, as provas precisam materializar condutas adicionais perpetradas pelo contribuinte, como é o caso da falsificação de documentos, o que elevará a convicção do julgador quanto à consciência e vontade do agente no cometimento do ilícito fiscal[36].

Tais ponderações são de extrema relevância, porque não se mostra adequado e legítimo aplicar a mesma penalidade qualificada do devedor contumaz para o devedor reiterado ou habitual. Da mesma forma, é irracional e um verdadeiro dissenso aplicar a mesma penalidade das operações que envolvem falsificação de documentos fiscais; interposição de pessoas jurídicas (e.g., empresas de fachada); transações jurídicas artificiais (e.g., inexistência de estrutura operacional, inocorrência de efetiva prestação de serviços ou vendas de mercadorias), reais fraudes estruturadas, para os casos de planejamento tributário[37].

Já no tocante à qualificação da multa de ofício nos **casos de pagamento sem causa ou a beneficiário não identificado**, constata-se forte tendência a sua manutenção[38]. As ementas dos Acórdão nºs 9101-004.597 e

---

[35] Vale citar os seguintes julgados: Acórdão nº 9101002.826, sessão de 11/05/2017; Acórdão nº 1301003.612, sessão de 21/11/2018, Acórdão nº 1201002.368, sessão de 16/08/2018; e Acórdão nº 1201002.164, sessão de 18 de maio de 2018.

[36] Sobre esse aspecto, insta referenciar o Acórdão nº 9101-004.423, sessão de 12/09/2019, Relatora Livia De Carli Germano, cuja ementa vale transcrever: *"A falta de escrituração de depósitos bancários e de comprovação de sua origem autorizam a presunção de omissão de receitas, mas o dolo necessário à exasperação da multa somente é caracterizado se reunidas, pela autoridade lançadora, provas ou, ao menos, indícios convergentes da intenção do contribuinte para a prática de ilícitos penais. A reiteração da conduta que serviu de base à presunção de omissão de receitas pode até servir de indício mas ela, sozinha, não faz presumir o dolo necessário à imposição da multa qualificada de 150%"*.

[37] Embora não seja o escopo desse trabalho, vale ponderar a necessária ressignificação das penalidades em matéria tributária, sendo potencialmente bem-vinda a possibilidade de trabalhar a dosimetria da pena em matéria tributária e/ou, a partir de aprimoramento legislativo, trazer gradações intermediárias. Sobre essa temática, FAJERSZTAJN, Bruno. *Multas no Direito Tributário*. São Paulo: Quartier Latin, 2019.

[38] Sobre essa perspectiva, confiram-se os seguintes julgados: Acórdão nº 1201-003.615, sessão de 10/03/2020; Acórdão nº 1201-003.614, sessão de 10/03/2020; Acórdão nº 1201-003.668, sessão de 11/03/2020; Acórdão nº 1201-003.681, sessão de 11/03/2020;

1201-003.307[39], bem ilustram este posicionamento, especialmente nos casos envolvendo esquemas de corrupção:

Caso Stone Brothers
ASSUNTO: IMPOSTO SOBRE A RENDA RETIDO NA FONTE (IRRF)
Exercício: 2000, 2001, 2002
PAGAMENTO SEM CAUSA OU A BENEFICIÁRIO NÃO IDENTIFICADO. MULTA QUALIFICADA DE 150%. CABIMENTO. Nos pagamentos sem causa ou a beneficiário não identificado, o IRRF deve ser exigido com a multa de ofício de 150% no caso em que a conduta não se limitou à simples inobservância do dever de recolhimento do IRRF. O complexo modus operandi do contribuinte com o intuito consciente de esconder a prática do ilícito restou demonstrado pelo trabalho fiscal aparentando se tratar de um elaborado esquema de lavagem de dinheiro, onde o contribuinte, através de ordens de pagamento a débito de uma sub conta, determinava ao preposto bancário-financeiro o pagamentos a terceiros.

Caso JBS
ASSUNTO: IMPOSTO SOBRE A RENDA DE PESSOA JURÍDICA (IRPJ)
Ano-calendário: 2012
IR-FONTE. ART. 61 DA LEI Nº 8.981, DE 1995. CONCOMITÂNCIA COM MULTA QUALIFICADA. COMPATIBILIDADE.
Compatibilidade do IR-Fonte com a multa qualificada. A alíquota máxima do imposto de renda pessoa física vigente à época da publicação da Lei nº 9.8981, de 1995, prevista em seu art. art. 8º, era 35%. O fato desta alíquota ter sido revogada posteriormente pela Lei nº 9. 250, de 1995, e permanecido no mesmo patamar para o art. 61 da mesma lei é opção legislativa.
Por mais onerosa que seja a alíquota de 35%, a análise deve ser feita à luz do Código Tributário Nacional no sentido de que tributo não constitui sanção de ato ilícito, ou seja, tributo não é penalidade, sanção. Assim, uma vez comprovado que houve simulação, fraude ou conluio, no pagamento de algumas das hipóteses prevista no art. 61 da Lei 8.981, de 1995, a multa qualificada

---

[39] Processo nº 11618.003239/2005-12, Acórdão nº 9101-004.597, 1ª Turma da CSRF, sessão de 05/12/2019, Relatora Viviane Vidal Wagner e Processo nº 10880.736168/2017-07, Acórdão nº 1201-003.307, da 1ª Turma da 2ª Câmara da 1ª Seção, sessão de 12/11/2019, Relator Efigênio de Freitas Júnior.

deve ser aplicada. O que atrai a incidência dessa espécie de multa é a conduta praticada pelo sujeito passivo ao efetuar o referido pagamento. Deixar de aplicá-la ao argumento de dupla penalidade significa considerar tributo como sanção, ou, de outro modo, negar vigência ao texto legal por considera-lo inconstitucional.

Contudo, vale citar três precedentes das Turmas Ordinárias que fogem à regra, os Acórdãos nºs 107-09.465, 1201-002.509 e 1201-003.688[40]. Isso porque, o artigo 61, da Lei nº 8.981/95, ao imputar a responsabilidade tributária à fonte pagadora, já está qualificando a conduta do agente de não manter sua regular e transparente escrituração fiscal e contábil de forma a permitir que a autoridade fiscal tenha clareza das operações realizadas. Adotar aqui uma segunda qualificadora, por meio da imputação da multa de ofício de 150%, implica, novamente, em utilizar o tributo como mecanismo de sanção, o que é vedado pelo artigo 3º do CTN. A conduta de não identificar os beneficiários de pagamentos enseja a tributação pelo IRRF de 35%, acrescido de multa de 75%, como determina a lei.

Frise-se, por mais que não se conheça o beneficiário ou a causa, há previsão legal de tributação específica. Admitindo-se como correta a aplicação pela fiscalização da tributação exclusiva do art. 61 da Lei nº 8.981/95, as saídas de recurso equivalem a um pagamento a terceiro, cujo ônus do imposto a lei autoriza a fonte pagadora a assumir, por isso o reajuste da base de cálculo prevista na legislação.

Assim sendo, o referido imposto na fonte, quando não recolhido, deve ser exigido com multa de ofício regular, pois *"o que se está punindo aqui é o não recolhimento do imposto de renda na fonte e não a omissão do beneficiário ou da causa, sob pena de aceitarmos a absurda utilização de tributo como forma de punição pelo pagamento "anônimo"*[41].

Em termos práticos, a multa qualificada somada à cobrança do IRRF à alíquota máxima de 35% serve como uma dupla sanção relativa à mesma conduta de fazer pagamentos sem causa ou a beneficiários não identificados.

---

[40] Processo nº 11618.003239/2005-12, Acórdão nº 107-09.465, Sétima Câmara do 1º Conselho de Contribuintes, sessão de 14/08/2008, Relator Luiz Martins Valero; Processo nº 16561.720152/2016-82, Acórdão nº 1201-002.509, sessão de 20/09/2018 e Acórdão nº 1201-003.688, sessão de 12/03/2020, ambos da 1ª Turma da 2ª Câmara da 1ª Seção, Relatora Gisele Barra Bossa.

[41] Trecho extraído do voto condutor do Acórdão nº 107-09.465.

Já em termos numéricos, estamos falando na incidência de 34% (IRPJ + CSL) já aplicada pelo beneficiário + 53,8462% (35% com gross-up), num total de 87,85% só de principal. Não parece ser esta a intenção do legislador, tampouco a melhor intepretação quando buscamos conformar o artigo 61, da Lei nº 8.981/95 com o artigo 3º do CTN.

Conclusões

Em vista do racional técnico apresentado em cotejo com julgados analisados, cabe trazer os seguintes pontos conclusivos:

1. Especialmente nos casos envolvendo ágio interno e remuneração de debêntures, verifica-se a imputação de multa qualificada de forma reincidente e, por vezes, calcada na ausência de "propósito negocial" (instituto que não tem amparo no Direito Tributário Brasileiro) e não em conjunto probatório eficiente capaz de materializar a consciência e vontade do contribuinte de cometer ilícito fiscal. Como regra, os julgados são decididos por voto de qualidade;

2. Nos casos de alienação de ativos recebidos em devolução de capital a valor contábil e ganho de capital, a imputação de multa qualificada vem sendo afastada nas Turmas Ordinárias e/ou pela própria CSRF, vez que não há provas da ocorrência de fraude hábil a justificar sua aplicação;

3. Com relação aos julgados relativos à omissão de receitas por depósitos bancários de origem não comprovada, até com base nas Súmulas CARF nºs 14, 25 e 34, evidencia-se, em sua maioria, que a comprovação do elemento doloso é condição fundamental para manutenção da multa de ofício de 150%. Contudo, nota-se a tendência da CSRF de manter tal penalidade nos casos em que o devedor pratica a conduta de forma reiterada e/ou não apresenta escrituração fiscal e contábil ou apresenta DCTF's e DIPJ's zeradas, ainda que não se comprove o dolo do agente – consciência e vontade quanto à prática do ilícito fiscal (leia-se esforço adicional para ocultar a omissão de receitas, e.g. emissão de notas subfaturadas, apresentação de documentos falsos, interposição de pessoas, etc.);

4. Em que pese se constate a forte tendência de manutenção da multa qualificada nos casos relativos à exigência do IRRF à alíquota de 35% em razão de pagamentos sem causa ou a beneficiários não

identificados, merece destaque o fato de que o próprio artigo 61, da Lei nº 8.981/95, tem nítido caráter punitivo e, assim sendo, a qualificação da multa implica em clara violação ao artigo 3º, do CTN. O que se "pune" é o não recolhimento do imposto, portanto dever ser aplicada, se for o caso, a multa de ofício regular de 75%.

Longe de exaurir as nuances da imputação da multa qualificada no âmbito do órgão administrativo, o presente estudo teve como principal objetivo instigar o leitor a colocar essa temática em perspectiva e questionar a legitimidade da imputação dessa severa penalidade em realidades fáticas e probatórias absolutamente discrepantes, a exemplo dos casos de planejamento tributário quando comparados com efetivas fraudes estruturadas. Na linha freudiana, será que as ditas razões de Estado podem de fato justificar a manutenção da multa de ofício qualificada de 150% em circunstâncias não equânimes? Seguramente, é preciso reavaliar a literalidade do artigo 44, inciso I, da Lei nº 9.430/96.

Referências

ÁVILA, Humberto. Eficácia do Novo Código Civil na Legislação Tributária. *In:* GRUMPENMACHER, Betina Treiger (coord.) – *Direito Tributário e o novo Código Civil*. São Paulo: Quartier Latin, 2004.

BARRETO, Paulo Ayres. *Elisão Tributária: Limites Normativos*. Tese apresentada ao concurso à livre docência do Departamento de Direito Econômico, Financeiro e Tributário da Faculdade de Direito da Universidade de São Paulo – SP. São Paulo: USP, 2008.

BECCARIA, Cesare, *Dos delitos e das penas*. Trad. José de Faria Costa, 3º ed., Lisboa: Fundação Calouste Gulbenkian, 2009.

BOSSA, Gisele Barra; RUIVO, Marcelo Almeida. *Crimes contra Ordem Tributária: do Direito Tributário ao Direito Penal*, São Paulo: Almedina, 2018.

HUCK, Hermes Marcelo. *Evasão e Elisão – Rotas Nacionais e Internacionais do Planejamento Tributário*. São Paulo: Saraiva, 2001.

MACHADO, Hugo de Brito. A Falta de Propósito Negocial como Fundamento para Exigência do Tributo. *In: Revista Dialética de Direito Tributário nº 143*. São Paulo: Editora Dialética, agosto 2007.

NETO, Luis Flávio. *Teorias do "Abuso" no Planejamento Tributário*. Dissertação apresentada para obtenção do título de Mestre em Direito Tributário pela Faculdade da Universidade de São Paulo – SP. São Paulo: USP, 2011.

OLIVEIRA, Ricardo Mariz. A Elisão Fiscal ante a Lei Complementar nº 104. *In*: ROCHA, Valdir de Oliveira (Coord.). *O Planejamento Tributário e a Lei Complementar nº 104*. São Paulo: Dialética, 2001.

PAIVA, Mariana Monte Alegre de. O princípio da função social da empresa como baliza à imputação da prática de crimes contra ordem tributária. *In*: BOSSA, Gisele Barra; RUIVO, Marcelo Almeida. *Crimes contra Ordem Tributária: do Direito Tributário ao Direito Penal*, São Paulo: Almedina, 2018.

RUIVO, Marcelo, Os Crimes de Sonegação Fiscal (arts. 1º e 2º, Lei 8.137/90). *In*: BOSSA, Gisele Barra; RUIVO, Marcelo Almeida. *Crimes contra Ordem Tributária: do Direito Tributário ao Direito Penal*, São Paulo: Almedina, 2018.

SAMPAIO DÓRIA, Antônio Roberto. *Elisão e Evasão Fiscal*. 2ª Ed. São Paulo: José Bushatsky, 1977.

SCHOUERI, Luis Eduardo (Coord.). *Planejamento Tributário e o "Propósito Negocial"*. São Paulo: Quartier Latin, 2010.

___. Planejamento Tributário: Limites à Norma Antiabuso. *In*: *Revista de Direito Tributário Atual, nº 24*. São Paulo: IBDT/Dialética, 2010.

XAVIER, Alberto. *Tipicidade da Tributação, Simulação e Norma Antielisiva*. São Paulo: Dialética, 2000.

8. Responsabilidade tributária, solidariedade e interesse comum qualificado por dolo, fraude ou simulação

Efigênio de Freitas Júnior[1]

Introdução

Este estudo se propõe a apresentar uma releitura do instituto da solidariedade no âmbito do Direito Tributário, mediante alteração da norma sem alteração do texto legal, bem como contribuir com o conceito de interesse comum qualificado por dolo, fraude ou simulação, com vistas a estabelecer parâmetros para identificação do terceiro previsto no art. 124, I do CTN.

Objetiva-se investigar se há fundamento para interpretar a solidariedade como norma de inclusão de terceiro no polo passivo da obrigação tributária, com base no art. 110 do CTN, assim como se o terceiro que tenha interesse comum no fato jurídico tributário pode ser responsabilizado, seja por ter mero interesse comum ou por interesse comum qualificado por dolo, fraude ou simulação, sendo essa última hipótese objeto específico do estudo.

Por fim, ao analisar o entendimento do Superior Tribunal de Justiça (STJ), do Conselho Administrativo de Recursos Fiscais (CARF) e da Receita Federal emitido no Parecer Normativo Cosit/RFB nº 4, de 10 de dezembro de 2018, conclui-se que esses órgãos, ao atribuir responsabilidade solidária

---

[1] As opiniões contidas nesta publicação são reflexões acadêmicas do próprio autor e não necessariamente expressam as posições defendidas por qualquer organização a qual esteja vinculado.

por interesse comum a terceiro, adotam como fundamento implícito os conceitos de solidariedade e interesse comum qualificado por dolo, fraude ou simulação, desenvolvidos neste estudo.

1. Noções gerais de responsabilidade tributária

A Constituição Federal de 1988 (CF/88) não prescreve quem deve figurar na posição de sujeito passivo[2], mas remete à lei complementar, no caso o CTN, o mister de estabelecer normas gerais em matéria de legislação tributária sobre contribuintes (art. 146, III, "a").

O CTN, em uma concepção *lata*, em seu art. 121 dispõe que o "sujeito passivo da obrigação principal é a pessoa obrigada ao pagamento de tributo ou penalidade pecuniária"[3], o qual poderá ser considerado contribuinte ou responsável:

i) contribuinte: aquele que tem relação pessoal e direta com a situação que constitua o fato gerador da obrigação principal;

ii) responsável: aquele que, sem revestir da condição de contribuinte, sua obrigação decorre de disposição expressa de lei.

Enquanto a obrigação do contribuinte tem relação direta e automática com a ocorrência do fato gerador, a do responsável decorre de disposição legal, observado os requisitos estabelecidos pelo art. 128 do CTN.

O art. 128, inserto no capítulo V do CTN, o qual trata especificamente de responsabilidade tributária, estabelece que, "sem prejuízo do disposto neste capítulo" – essa ressalva é importante –, a lei pode atribuir de modo expresso responsabilidade tributária a terceira pessoa "vinculada ao fato gerador da respectiva obrigação, excluindo a responsabilidade do contribuinte ou atribuindo-a a este em caráter supletivo do cumprimento total ou parcial da referida obrigação"[4].

Cuidou o legislador complementar de estabelecer balizas no sentido de que mesmo os responsáveis tributários devem ter algum vínculo com o fato gerador da obrigação tributária.

---

[2] BECHO, 2014, p. 16; FERRAGUT, 2013, p. 34. Renato Lopes Becho registra que "o sujeito passivo tributário está, pelo menos, implicitamente, previsto no texto constitucional".
[3] BRASIL, 1966.
[4] *ibid.*

8. RESPONSABILIDADE TRIBUTÁRIA, SOLIDARIEDADE E INTERESSE COMUM

Oportuno esclarecer que determinadas responsabilidades elencadas no CTN, cujo vínculo não decorre do fato gerador da obrigação, mas sim de situações eleitas pelo próprio Código, encontram amparo na ressalva prevista no próprio art. 128. Portanto, não há que se falar em eventual contradição[5].

Tem-se, pois, a seguinte estrutura de responsabilidade tributária: caso seja atribuída por lei complementar, não necessariamente a responsabilidade deve estar vinculada ao fato gerador da obrigação tributária, nessa hipótese o legislador complementar tem maior liberdade para atribuir responsabilidades. De forma diversa, caso a atribuição seja decorrente de lei ordinária, vínculo com o fato gerador é obrigatório, em função da premissa estabelecida no art. 128 do CTN[6].

Maria Rita Ferragut[7], sem fazer distinção entre o legislador complementar e o ordinário, entende que "o legislador é livre para eleger qualquer pessoa como responsável, dentre aquelas pertencentes ao conjunto de indivíduos que estejam: (i) indiretamente vinculadas ao fato jurídico tributário ou (ii) direta ou indiretamente vinculadas ao sujeito que o praticou".

Segundo o STF[8], as questões que envolvem responsabilidade tributária referem-se aos "sujeitos, se não da relação contributiva (tributária em sentido estrito), ao menos de relações jurídicas que, envolvendo terceiros em posição de contato com o fato gerador ou com o contribuinte, facilitam a arrecadação e asseguram o crédito tributário."

A obrigação do terceiro de responder por débito do contribuinte não decorre direta e automaticamente da ocorrência do fato gerador. Deste decorre obrigação direta do contribuinte, uma vez que "cada pessoa é sujeito de direitos e obrigações próprios e o dever fundamental de pagar tributos está associado às revelações de capacidade contributiva a que a lei vincule o surgimento da obrigação do contribuinte[9]".

Assim, "a relação contributiva dá-se exclusivamente entre o Estado e o contribuinte em face da revelação da capacidade contributiva deste"; o que significa dizer que "a relação de responsabilidade tributária não se confunde, pois, com a relação contributiva. Embora a pressuponha e só se aperfeiçoe

---

[5] NEDER, 2007, p. 30.

[6] Na mesma linha de pensamento DARZÉ, 2010, p. 84.

[7] FERRAGUT, 2013, p. 43.

[8] Esse trecho consta da página 427 do voto da Relatora no RE 562.276/PR.

[9] Esse trecho consta da página 428 do voto da Relatora no RE 562.276/PR.

em face da inadimplência do tributo pelo contribuinte, decorre de norma específica e tem seu pressuposto de fato próprio[10]".

Nessa linha de pensamento, o responsável não pode ser qualquer pessoa, deve guardar relação seja com o fato gerador, seja com o contribuinte. Ou seja, é necessário que o responsável tenha possibilidade de influir no recolhimento do tributo ou no teor das informações que são prestadas ao Fisco em relação ao surgimento da obrigação tributária[11].

Importante observar ainda que o responsável tributário, em respeito ao princípio do contraditório e ampla defesa[12], deve ser intimado mediante termo de sujeição passiva solidária, e no documento que formalizar a exigência tributária, principalmente no caso de lançamento de ofício, é fundamental a descrição dos fatos e da conduta praticada que atraiu a responsabilidade tributária acompanhados dos respectivos elementos comprobatórios, caso contrário fica inviabilizada a defesa, o que torna o ato de sujeição passiva insubsistente[13].

2. Responsabilidade do administrador[14]

O art. 135 do CTN responsabiliza as pessoas referidas no art. 134 do CTN, mandatários, prepostos e empregados e diretores, gerentes ou representantes de pessoas jurídicas de direito privado, em relação aos créditos tributários decorrentes de "atos praticados com excesso de poderes, ou infração de lei[15], contrato social ou estatutos", bem como no caso de dissolução irregular da sociedade[16]. Essa última hipótese foi acrescida pela jurisprudência do STJ conforme dispõe a Súmula 435: "presume-se dissolvida irregularmente[17] a

[10] Esse trecho consta da página 428 e 429 do voto da Relatora no RE 562.276/PR.

[11] Esse trecho consta da página 428 do voto da Relatora no RE 562.276/PR.

[12] Cf. Ag.Reg.RE 608.426. DJe: 21 de outubro de 2011.

[13] Ver tópico 5.2. Cf. acórdão CARF nº 3401-003.426, de 28 de março de 2017.

[14] Em razão do objetivo deste estudo e do recorte metodológico abordamos somente as responsabilidades prevista nos arts. 135, III e 124, I do CTN.

[15] Há posicionamentos que limitam a aplicação do caput do art. 135 do CTN somente às hipóteses de infração à lei societária (Ac. CARF 1402-002.203, de 07 de junho de 2016); bem como posicionamentos, ao qual me filio, que entendem aplicar-se também à infração de lei tributária (Ac. CARF 1402002.462, de 11 de abril de 2017).

[16] Cf. Ac. CARF 1201.659, de 15 de maio de 2017.

[17] Acerca da responsabilidade do sócio-gerente na dissolução irregular, a matéria foi afetada ao rito dos recursos repetitivos, nos autos do REsp 1.645.333, 05.04.2017, para verificar se o redirecionamento da execução fiscal dar-se-á contra: "(i) o sócio com poderes de

8. RESPONSABILIDADE TRIBUTÁRIA, SOLIDARIEDADE E INTERESSE COMUM

empresa que deixar de funcionar no seu domicílio fiscal, sem comunicação aos órgãos competentes legitimando o redirecionamento da execução fiscal para o sócio-gerente".

A responsabilidade tributária de dirigentes, gerentes ou representantes de pessoas jurídicas de direito privado – resumidamente sócio-gerente – não se confunde com a responsabilidade do sócio[18]. Não é a condição de ser sócio da pessoa jurídica que atrai a responsabilidade tributária, mas sim a atuação como gestor ou representante da pessoa jurídica e a prática de atos com excesso de poder[19], infração de lei, contrato social ou estatutos que resultaram em descumprimento de obrigação tributária[20].

O mero inadimplemento não atrai responsabilidade tributária. A jurisprudência do STJ é firme no sentido de que o sócio-gerente somente será responsabilizado, nos termos do 135, III, se em razão da prática dos citados atos ocorrer inadimplemento fiscal[21]. Tal posicionamento restou consolidado na Súmula 430, cujo enunciado dispõe: "o inadimplemento da obrigação tributária pela sociedade não gera, por si só, a responsabilidade solidária do sócio-gerente".

Embora o CTN estabeleça que a responsabilidade prevista no art. 135, III seja de caráter pessoal – entenda-se, exclusiva do sócio-gerente – o que

---

administração da sociedade, **na data em que configurada a sua dissolução irregular** ou a presunção de sua ocorrência (Súmula 435/STJ), e que, **concomitantemente**, tenha exercido **poderes de gerência, na data em que ocorrido o fato gerador** da obrigação tributária não adimplida; ou (ii) o sócio com poderes de administração da sociedade, **na data em que configurada a sua dissolução irregular** ou a presunção de sua ocorrência (Súmula 435/STJ), ainda que **não tenha exercido poderes de gerência, na data em que ocorrido o fato gerador** do tributo não adimplido".

[18] TORRES, 2012, p. 125-131.

[19] Cf. FERRAGUT, 2013, p. 147-152, sobre atos que configuram excesso de poder, infração de lei, contrato social ou estatuto.

[20] "A regra matriz de responsabilidade do art. 135, III, do CTN responsabiliza aquele que esteja na direção, gerência ou representação da pessoa jurídica. Daí a jurisprudência no sentido de que apenas o sócio com poderes de gestão ou representação da sociedade é que pode ser responsabilizado, o que resguarda a pessoalidade entre o ilícito – má gestão ou representação por prática de atos com excesso de poder ou infração à lei, contrato social ou estatutos – e a consequência de ter de responder pelo tributo devido pela sociedade". RE 562.276/PR, página 432. (MARTINS, 1998, p. 53).

[21] Cf. Embargos de Divergência n. 494.887/RS, DJe: 05 de maio de 2008 e EREsp 374.139/RS, DJ: 28 de fevereiro de 2005.

desperta controvérsia[22], entendemos tratar-se de responsabilidade solidária[23], pois se o art. 128 do CTN exige lei expressa para atribuir responsabilidade a terceiro, de igual modo a exclusão da responsabilidade do contribuinte deve estar prevista em lei. Outro ponto a reforçar esse posicionamento é a própria Súmula 430 do STJ, citada anteriormente, que ao tratar especificamente da matéria, enuncia responsabilidade **solidária** do sócio-gerente e não responsabilidade **pessoal**.

Em relação a atribuição de responsabilidade do sócio-gerente prevista nos arts. 135, III, e 134, VII, do CTN, o STJ[24] tem entendido que não se faz necessário a instauração do incidente de desconsideração da personalidade jurídica da sociedade empresária nos termos do art. 133 do CPC/2015, uma vez que a responsabilidade atribuída pelo próprio CTN permite a cobrança do crédito tributário de forma direta desses terceiros. A instauração do incidente far-se-á necessária na hipótese de redirecionamento da execução fiscal em face de terceiro não elencado diretamente pelo CTN[25].

A seguir cabe analisar o instituto da solidariedade, em específico a solidariedade do terceiro que tenha interesse comum na situação que constitua o fato gerador.

---

[22] Entendem que a responsabilidade é pessoal: FERRAGUT, 2013, p. 137; AMARO, 1999, p. 309; DARZÉ, 2010, p. 177-179.

[23] MACHADO, 2007, p. 189; ROCHA, 2015, p. 178; TORRES, 2012, p. 125, 127. No mesmo sentido o Ac. CARF 9101002.954, de 03 de julho de 2017.

[24] Esse trecho consta da página 13 do voto do Relator no REsp 1.775.269/PR, DJe: primeiro de março de 2019. No mesmo sentido: REsp 1.786.311, de 14.05.2019, DJe: 28 de novembro de 2017. O Tribunal Regional Federal da 4ª Região editou a Súmula 112: "A responsabilização dos sócios fundada na dissolução irregular da pessoa jurídica (art. 135 do CTN) prescinde de decretação da desconsideração de personalidade jurídica da empresa e, por conseguinte, inaplicável o incidente processual previsto nos arts. 133 a 137 do CPC/15". Na mesma linha, o enunciado 53 da Escola Nacional de Formação e Aperfeiçoamento de Magistrados (ENFAM): "O redirecionamento da execução fiscal para o sócio-gerente prescinde do incidente de desconsideração da personalidade jurídica previsto no art. 133 do CPC/2015."

[25] No mesmo sentido Renato Lopes Becho; o autor, porém, considera sem fundamento legal a dissolução irregular (2012, p. 310).

3. Responsabilidade do terceiro que tenha interesse comum na situação que constitua o fato gerador da obrigação principal

O art. 124 do CTN estabelece que: "São solidariamente obrigadas: I – as pessoas que tenham interesse comum na situação que constitua o fato gerador da obrigação principal; II – as pessoas expressamente designadas por lei".

A análise desse artigo provoca os seguintes questionamentos: i) a solidariedade pode ser interpretada como norma de atribuição de responsabilidade tributária? ii) em caso positivo, quem são essas pessoas – os terceiros – e como deve ser interpretada a expressão "interesse comum na situação que constitua o fato gerador da obrigação principal"? É o que veremos a seguir.

3.1 Solidariedade no âmbito do Direito Civil

Nas palavras de Misabel Derzi[26], "a solidariedade não é forma de eleição de responsável tributário", tampouco "espécie de sujeição passiva por responsabilidade indireta", mas "simples forma de garantia, a mais ampla das fidejussórias". É dizer, para Misabel, solidariedade não é "forma de inclusão de terceiro no polo passivo da obrigação tributária, apenas maneira de graduar a responsabilidade daqueles sujeitos que já compõem o polo passivo[27]."

O posicionamento de Misabel Derzi está em consonância com a Lei nº 10.406, de 10 de janeiro de 2002 – Código Civil de 2002, cujo art. 264 estabelece haver "solidariedade, quando na mesma obrigação concorre mais de um credor, ou mais de um devedor, cada um com direito, ou obrigado, à dívida toda".[28]

A propósito, oportuno observar o teor do art. 942 do Código Civil, segundo o qual "os bens do responsável pela ofensa ou violação do direito

---

[26] BALEEIRO, 2015, p. 1125. No mesmo sentido, Hugo de Brito Machado Segundo dispõe: "O art. 124 do CTN não cuida da *atribuição* de responsabilidade. Ele dispõe sobre a forma como pessoas que são responsáveis, em razão de incidência de outros dispositivos do Código, poderão ser chamadas a responder, vale dizer, se solidária ou subsidiariamente" (2014, p. 208). Cf. DENARI, 1977, p. 47-48; JUSTEN FILHO, 1986, p. 300-302; MACHADO, 2011, p. 63.

[27] Oportuno mencionar que esse posicionamento de Misabel Derzi foi utilizado pelo STF, no RE 562.276, DJe: 10 de fevereiro de 2011, páginas 433-434, em que se discutiu a constitucionalidade do art. 13 da Lei nº 8.620, de 1993, que atribuiu responsabilidade solidária aos sócios de sociedades limitadas. Entretanto, o raciocínio desenvolvido neste estudo não foi objeto de análise pelo STF, conforme veremos mais adiante.

[28] BRASIL, 2002.

EFICIÊNCIA PROBATÓRIA E A ATUAL JURISPRUDÊNCIA DO CARF

de outrem ficam sujeitos à reparação do dano causado; e, se a **ofensa** tiver **mais de um autor**, todos responderão **solidariamente** pela reparação". Analisando-se exclusivamente o instituto da solidariedade, tem-se exatamente o ato ilícito[29] como forma de atração da solidariedade. Observa-se, pois, que na hipótese de participação ou coautoria em ato ilícito, mesmo no âmbito do Direito Civil, a solidariedade não parece ser um instituto tão fechado[30].

No que interessa a este estudo, resta saber se o instituto da solidariedade pode ser interpretado de forma diversa à luz do CTN. É o que veremos a seguir.

3.2 Solidariedade no âmbito do Direito Tributário

Ao tratar de interpretação e integração da legislação tributária, os arts. 109 e 110 do CTN estabelecem a fronteira entre o Direito Privado e o Direito Tributário, bem como as diretrizes para a conformação de ambos os ramos do Direito.

O art. 109 dispõe que na pesquisa da definição, do conteúdo e do alcance dos institutos, conceitos e formas de direito privado devem ser utilizados os princípios de direito privado, os quais, entretanto, não podem ser utilizados para definir efeitos tributários. Quer-se dizer que o Direito Tributário, após reconhecer os conceitos e as formas de Direito Privado, pode atribuir-lhes efeitos diversos sob o ponto de vista tributário[31].

O art. 110, por sua vez, encerra que a lei tributária não pode alterar a definição, o conteúdo e o alcance de institutos, conceitos e formas de Direito Privado utilizados pela Constituição Federal, Constituição dos Estados ou Leis Orgânicas para definir ou limitar competências tributárias. Com o

---

[29] Washington de Barros, ao discorrer quanto à causa da solidariedade, dispõe: "pode a solidariedade ser diferente para os diversos coobrigados; por exemplo, para um, provir de culpa contratual, para outro de culpa extracontratual ou aquiliana". Além disso, ele cita o seguinte exemplo: "no abalroamento de ônibus com outro veículo, que desenvolvia excesso de velocidade, vem a ser vitimado um dos passageiros do primeiro carro, a quem assiste, por isso, direito de ser indenizado, demandando solidariamente a empresa transportadora (responsabilidade contratual) e o dono do veículo que abalroou o ônibus (responsabilidade aquiliana)" (1997, p. 165). É o caso de solidariedade decorrente de ato ilícito.

[30] Cf.: MONTEIRO, 1997, p. 150-151; ALMEIDA, 1916, p. 37-38; NUCCI, 2006, p. 454; PEREIRA, 1962, p. 75-77.

[31] BALEEIRO, 1983, p. 443.

8. RESPONSABILIDADE TRIBUTÁRIA, SOLIDARIEDADE E INTERESSE COMUM

objetivo de preservar a rigidez constitucional em relação às competências tributárias dos entes federados, institutos, conceitos e formas de Direito Privado devem ser interpretados no âmbito do Direito Tributário à luz das regras próprias desse ramo do Direito.[32]. Trata-se, na verdade, de decorrência lógica em razão de hierarquia normativa, uma vez que as regras de incidência tributária estão contempladas na Constituição Federal[33].

Entretanto, a Constituição Federal não utiliza, seja de forma expressa ou implícita, institutos como **solidariedade**, pagamento, domicílio, compensação, mora, remissão, entre outros previstos no Código Civil, para definir ou limitar competência tributária, o que significa dizer que ao interpretar o CTN é possível extrair de tais institutos definição, conteúdo e alcance diverso do estabelecido no Direito Civil.

Aliomar Baleeiro[34] destaca o fato de o Direito Tributário poder modificar os efeitos fiscais de determinados institutos de Direito Privado, dentre eles a solidariedade. Veja-se:

> LIMITES DO PREDOMÍNIO DO DIREITO PRIVADO. Combinado com o art. 109, o art. 110 faz prevalecer o império do Direito Privado – Civil ou Comercial – quanto à definição, conteúdo e ao alcance dos institutos, conceitos e formas daquele direito, sem prejuízo de o Direito Tributário modificar-lhes os efeitos fiscais. **Por ex., a solidariedade, a compensação, o pagamento, a mora, a quitação, a consignação, a remissão etc. podem ter efeitos tributários diversos. A quitação fiscal, p. ex., é dada sob ressalva implícita de revisão do crédito fiscal.[35]**

Baleeiro[36] observa ainda que, embora a solidariedade seja conceituada pelo Código Civil, "seus efeitos fiscais, por aplicação dos arts. 109 e 110 do CTN, poderão ser diversos dos estabelecidos naquele diploma, se assim o dispuser a lei tributária", qual seja, "a norma geral de Direito Financeiro ou a

---

[32] COÊLHO, 2003, p. 169.

[33] GODOI e SALIBA, 2010, p. 288. Consta da página 7 do voto do Relator no REsp. 550.099/SC, que "a violação ao art. 110 do CTN não pode ser analisada em sede de recurso especial, uma vez que tal dispositivo, sendo mera explicitação do princípio da supremacia da Carta Magna, possui nítida carga constitucional".

[34] BALEEIRO, 1983, p. 444.

[35] Cf. BRASIL, 1966, CTN, art. 158, grifos nossos.

[36] BALEEIRO, 1983, p. 472.

lei da pessoa de Direito Público interno competente para decretar o tributo. No silêncio duma ou doutra, o CTN regula os efeitos tributários da solidariedade", em relação ao pagamento, isenção ou remissão e interrupção da prescrição, previstos em seu art. 125.

Importante destacar que os arts. 109 e 110 do CTN autorizam, respectivamente, tanto atribuir efeito tributário distinto à solidariedade, conforme salientou Baleeiro, quanto alterar a definição, o conteúdo e o alcance desse instituto. Para tanto, não se faz necessário alteração do texto legal, tampouco se trata de um comando dirigido somente ao legislador ordinário, pode-se alterar a norma, o próprio CTN, mediante nova interpretação. Voltaremos a esse ponto mais adiante.

Ao aplicar os critérios de hermenêutica ao caso concreto – critérios lógico-sistemático, histórico e teleológico – deve o intérprete analisar se o instituto de Direito Privado objeto de análise, ainda que não defina ou limite competência tributária, comporta a interpretação desejada pelo Direito Tributário. A interpretação e o acolhimento, ou não, de conceitos e sentidos de institutos do Direito Privado pelo Direito Tributário não é ponto de partida, mas, sim, de chegada, a conclusão[37].

Visto que o instituto da solidariedade não é utilizado na Constituição para definir ou limitar competência, o que permite ao Direito Tributário atribuir-lhe definição e alcance diverso do Direito Privado, vejamos como se dá a interpretação desse instituto como norma de inclusão no polo passivo da obrigação tributária do terceiro que tenha interesse comum na situação que constitua o fato gerador da obrigação principal.

3.3. Interesse comum na situação que constitua o fato gerador da obrigação principal

O art. 124, I, do CTN não diz quais pessoas tampouco revela qual o interesse comum[38] dessas pessoas na situação que constitua o fato gerador. Tem-se na hipótese uma expressão de conteúdo indeterminado[39], vago, aberto.

Como observa Ricardo Lobo Torres[40], "a clareza do texto da norma, com os seus conceitos determinados e enumerações taxativas, nem sempre é

---

[37] GODOI; SALIBA, 2010, p. 287-288.
[38] Cf.: CARVALHO, 2011, p. 386; BALEEIRO, 1983, p. 471; FERRAGUT, 2013, p. 80.
[39] Sobre conceitos indeterminados Cf. FREITAS JÚNIOR, 2014; NAVARRO; SANTI, 2008.
[40] TORRES, 2010, p. 334-335.

8. RESPONSABILIDADE TRIBUTÁRIA, SOLIDARIEDADE E INTERESSE COMUM

possível no Direito Tributário". Ademais, continua Lobo Torres, "o Direito Tributário não pode prescindir dos conceitos indeterminados e dos tipos jurídicos, que, abertos por natureza, possibilitam a reelaboração e a renovação da norma por parte do intérprete". É o caso. Busca-se a renovação interpretativa da norma prevista no art. 124, I do CTN.

Para melhor compreensão, dividimos o interesse comum em duas hipóteses:

i) mero interesse comum: hipótese que trata do entendimento clássico, tradicional, do art. 124, I do CTN;

ii) interesse comum qualificado por dolo, fraude ou simulação: hipótese principal deste estudo.

3.3.1. Mero interesse comum

Maria Rita Ferragut[41] entende interesse comum como "a ausência de interesses jurídicos opostos na situação que constitua o fato jurídico tributário, somada ao proveito conjunto dessa atuação". Segundo a autora, não é necessário que os sujeitos da relação jurídica de direito privado figurem em um mesmo polo para que haja solidariedade em relação ao débito tributário. Como exemplo cita "a solidariedade no pagamento do IPTU por todos os proprietários de um mesmo imóvel e do ITBI pelas transmissões imobiliárias de interesse tanto do comprador como do vendedor".

No caso de operações em que haja pessoas, "em posições contrapostas, com objetivos antagônicos", segundo Paulo de Barros Carvalho[42], "a solidariedade vai instalar-se entre os sujeitos que estiveram no mesmo polo da relação, se e somente se for esse o lado escolhido pela lei para receber o impacto jurídico da exação". Tal qual ocorre no imposto de transmissão de imóveis, quando há mais de um comprador; no ICMS, quando há mais de um comerciante; no ISS, quando mais de um sujeito prestar serviço único ao mesmo tomador.

Na mesma linha dos anteriores, Luciano Amaro[43] dispõe que o interesse comum coloca os devedores solidários também em situação comum. Na copropriedade de imóveis, por exemplo, se a lei define os coproprietários

---

[41] FERRAGUT, 2013, p. 80-81.
[42] CARVALHO, 2011, p. 386.
[43] AMARO, 1999, p. 298. No mesmo sentido Cf. DARZÉ, 2010, p. 239.

– titular do domínio – como contribuintes, nenhum deles poderia figurar como terceiro, haja vista ocuparem a posição de sujeito passivo como contribuinte. Ocorre que cada um poderia alegar que é contribuinte em relação à parcela do tributo correspondente à sua quota no imóvel, ou seja, à sua quota de interesse na situação, ao seu quinhão de interesse. O art. 124, I do CTN, entretanto, determina "a solidariedade de ambos como devedores da obrigação inteira, donde se poderia dizer que a condição de sujeito passivo assumiria forma híbrida em que cada codevedor seria contribuinte na parte que lhe toca e responsável pela porção que caiba ao outro".

3.3.2. Interesse comum qualificado por dolo, fraude ou simulação

Diferentemente da situação anterior, nesta hipótese o interesse comum é qualificado por dolo, fraude ou simulação. E o terceiro não é qualquer pessoa, mas, sim, aquele que pratica atos, mediante fraude, dolo ou simulação em conjunto ou com consentimento do contribuinte, com o fim de alterar características essenciais do fato gerador ou impedir o seu conhecimento por parte da autoridade fazendária.

No interesse comum qualificado[44] por dolo, fraude ou simulação o terceiro, em conjunto ou com consentimento do contribuinte, há a prática de atos com o objetivo de:

i) modificar características essenciais do fato ocorrido no mundo fenomênico e impedir a ocorrência do fato gerador da obrigação tributária principal; muda-se a roupagem do fato no mundo concreto, dá-se aparência diversa para que a subsunção à hipótese legal ocorra de forma mais benéfica ao contribuinte ou talvez nem ocorra. Assim, tem-se na prática um fato gerador diverso, com tributação menos onerosa ou, a depender do arranjo tributário, desonerado.

ii) impedir o conhecimento por parte do Fisco da ocorrência do fato gerador da obrigação tributária principal; nessa hipótese, o fato ocorrido no mundo concreto guarda harmonia com a hipótese descrita na lei, não há características aparentes, todas são reais, daí o motivo de ocultar o conhecimento por parte do Fisco.

Desde logo, afirma-se não haver interesse comum qualificado das pessoas que somente fruem de resultados econômicos de fatos geradores que lhes

---

[44] Cf. arts. 71 a 73 da Lei nº 4.502, de 1964 (BRASIL, 1964).

8. RESPONSABILIDADE TRIBUTÁRIA, SOLIDARIEDADE E INTERESSE COMUM

sejam favoráveis, tais como acionistas, empregados, administradores, dentre outros. Também não há interesse comum qualificado em relação aos atos praticados por terceiros, sejam pessoas físicas ou jurídicas, que se referem a meras opiniões e/ou sugestões, pareceres, ainda que haja interesse econômico envolvido.

O que atrai a responsabilidade solidária é a participação do terceiro, ele não apenas sugere ao contribuinte o caminho a ser trilhado para burlar o Fisco, vai além, tem participação influente no procedimento de atribuir ao fato ocorrido no mundo concreto uma roupagem diversa da hipótese descrita na lei, com vistas a alterar as características essenciais do fato gerador ou impedir o seu conhecimento; o interesse econômico nessa hipótese também pode existir, mas não é primordial, privilegia-se a conduta[45]. Nem sempre é uma prova fácil de ser obtida, mas é função do Fisco carreá-la aos autos.

Carlos Jorge Sampaio[46], embora não aponte o fundamento de a solidariedade ser interpretada como forma de inclusão de terceiro no polo passivo da obrigação tributária, sustenta que **"na fraude ou conluio, o interesse comum se evidencia pelo próprio ajuste entre as partes, almejando a sonegação.** A solidariedade passiva no pagamento de tributos por aqueles que agiram fraudulentamente é pacífica".

Ao enfrentar o tema, Marco Aurélio Greco[47] posiciona-se de forma diversa. Entende que a participação do terceiro no cometimento de infração à legislação tributária não é capaz de torná-lo devedor solidário. Segundo o autor, o raciocínio apresenta-se como "autorreferente no sentido de que gira sobre si próprio, pois o artigo 124, I, trata do contribuinte solidário e não do terceiro; assim, o terceiro ou é terceiro ou é contribuinte e vice-versa. Não é o grau de participação na ocorrência dos atos materiais ou jurídicos", continua o autor, "que materializam um fato gerador que irá determinar a mudança de sua qualidade".

---

[45] Considerando-se a corrente doutrinária que divide o planejamento tributário em planejamento *elisão*, planejamento *elusão* e planejamento *evasão*, o racional desenvolvido neste estudo aplicar-se-ia somente em relação ao último.

[46] COSTA, 1978, p. 304.

[47] Marco Aurélio Greco admite, entretanto, que "se o terceiro, pela sua conduta consciente e voluntária (dolosa), foi coautor de um dano ao patrimônio público (consistente na arrecadação do tributo a tempo e hora), então, em tese, cabe ser responsabilizado por indenizar a entidade publica lesada" (2019, p. 629). Entendemos que esse raciocínio contrasta com o art. 11 da Lei nº 8.137, de 1990.

Concordaríamos com Marco Aurélio se o instituto da solidariedade tivesse sido utilizado pela Constituição para definir ou limitar competências tributárias, o que não é o caso. Conforme visto acima, o art. 110 do CTN permite interpretar a solidariedade como norma de inclusão de terceiro no polo passivo da obrigação tributária, especificamente no caso de terceiro que tenha interesse comum qualificado na situação que constitua o fato gerador da obrigação principal.

O Direito é uma ciência social que reflete os anseios da sociedade, com efeito está sujeito a mudanças. E essas mudanças decorrem não somente de alteração legislativa, mas também de sua interpretação. É ínsito ao dinamismo do Direito. Conforme observa Sacha Calmon[48], "frequentemente, o Direito segue mudando em razão de sua própria aplicação. Isto, todavia, é *Direito Positivo*, eis que Direito Positivo não é sinônimo nem de dogma nem de *imutabilidade*".

Nas palavras do próprio Marco Aurélio Greco[49], no passado, quando tínhamos uma "sociedade bem estratificada (povo é povo, clero é clero, nobreza é nobreza), existiam interesses uniformes que vigoraram por 50, 100, 200 anos"; nessa época "a constância leva ao direito". Com o passar do tempo, em decorrência de alterações na estrutura social – o que ocorre paulatinamente e não da noite para o dia – o Direito passa a olhar também para o futuro, ocasião em que "a mudança leva ao direito".

Nessa nova realidade, a pluralidade de interesses demanda novas **normas** para solucionar novos problemas, novos conflitos. A realidade é muito mais rápida do que a norma e mais ainda do que o texto legal. Nesse contexto, é oportuno lembrar que norma nova não significa lei nova, novo texto legal, afinal "a norma é construída pela interpretação do texto e, portanto, aquela pode mudar se esta se modificar"[50].

---

[48] COÊLHO, 2012, p. 13.

[49] GRECO, 2011, p. 33-34. "Daí cabe perguntar: uma vez que o direito é 'posto', por que ele é posto prevendo determinada conduta? A resposta é porque 'deve ser' assim (= futuro) e não porque 'foi' assim, ou porque 'veio sendo' assim (= passado). Ele é posto com certa feição porque se 'quer que ele seja assim', porque ele 'deve ser' de determinada maneira, diferente da existente no passado. Isso não significa a supressão ou eliminação de valores protetivos que visam assegurar a constância; significa apenas que, ao lado deles, existem também valores ligados à mudança que merecem igual prestígio."

[50] GRECO, 2011, p. 34.

8. RESPONSABILIDADE TRIBUTÁRIA, SOLIDARIEDADE E INTERESSE COMUM

Vejamos um exemplo que retrata bem a mudança de entendimento do Direito sem alteração legislativa.

No passado havia entendimento no STJ no sentido de que o não recolhimento de tributo configurava infração à lei suficiente para atrair responsabilidade do sócio-gerente, nos termos do art. 135, III, do CTN[51]. Posteriormente, sem que houvesse alteração no texto legal, o STJ modificou seu posicionamento no sentido de que "o inadimplemento da obrigação tributária pela sociedade não gera, por si só, responsabilidade solidária do sócio-gerente", que resultou na Súmula nº 430, conforme visto anteriormente.

Entende o STJ, acompanhado pelo STF[52], que é ínsito à atividade empresarial o risco do negócio, assim, não basta o simples inadimplemento para atrair a responsabilidade do sócio-gerente, exige-se um ilícito qualificado. O STJ, portanto, mediante nova valoração jurídica, modificou a interpretação do texto legal, sem alterá-lo, o que resultou em mudança da norma.

É o caso. Mediante nova interpretação do instituto da solidariedade, autorizada pelo art. 110 do CTN, é possível extrair a norma que permite incluir no polo passivo da obrigação tributária terceiro que tenha interesse comum qualificado por dolo, fraude ou simulação.

Importante assinalar ainda que o art. 11 da Lei nº 8.137, de 1990, dispõe que "quem, de qualquer modo, **inclusive** por meio de pessoa jurídica, **concorre** para os crimes" contra a ordem tributária, "incide nas penas a estes cominadas, na medida de sua culpabilidade".[53]

Considerando que tais crimes carecem de lançamento definitivo para sua tipificação, uma vez que materiais, conforme Súmula Vinculante 24, do STF[54], e que o art. 149, VII, do CTN dispõe que o lançamento deve ser efetuado de ofício pela autoridade fiscal "quando se comprove que o sujeito passivo, ou **terceiro** em benefício daquele, agiu com **dolo**, **fraude** ou

---

[51] Cf. REsp.34.429-7/SP, DJ 06 de setembro de 1993; REsp.33.731-1/MG, DJ 06 de março de 1995; REsp 211.842/MG, DJ 06 de setembro de 1999; AgRg no Ag 314838/RS, DJ 30 de outubro de 2000.

[52] Esse trecho consta da página 431 do voto da Relatora no RE 562.276/PR.

[53] BRASIL, 1990, grifos nossos.

[54] Súmula Vinculante 24 do STF: "Não se tipifica crime material contra a ordem tributária, previsto no art. 1º, incisos I a IV, da Lei nº 8.137/1990, antes do lançamento definitivo do tributo".

simulação", forçoso concluir que o terceiro que tenha interesse comum qualificado deve ser incluído como responsável tributário, uma vez que praticou atos mediante dolo, fraude ou simulação em conjunto ou com consentimento do contribuinte.

4. O interesse comum na visão do STJ, do CARF e da Receita Federal
4.1. Interesse comum na visão do STJ

No âmbito do STJ[55], prevalece o posicionamento no sentido de que "o interesse comum na situação que constitua o fato gerador da obrigação principal implica que as pessoas solidariamente obrigadas sejam sujeitos da relação jurídica que deu azo à ocorrência do fato imponível". Nesse sentido, continua o STJ, "feriria a lógica jurídico-tributária a integração, no pólo passivo da relação jurídica, de alguém que não tenha tido qualquer participação na ocorrência do fato gerador da obrigação[56]". O que significa dizer, a nosso ver corretamente, que somente o interesse econômico não legitima a atribuição de responsabilidade tributária ao terceiro.

Por outro lado, nos poucos precedentes[57] em que o STJ permite seja mantida a responsabilidade solidária com base no art. 124, I, e que giram em torno de grupo econômico, há uma questão fundamental, que vai ao encontro deste estudo. Os atos praticados pelos responsáveis, além de influir na constituição do fato gerador, têm qualificadoras como confusão patrimonial, fraude, conluio; enfim, práticas ilícitas, o que demonstra haver configuração de interesse comum qualificado. Ante o contexto fático-probatório, o STJ tem mantido a responsabilidade solidária desses terceiros com apoio na Súmula nº 7 que veda o reexame de prova em sede de recurso especial.

---

[55] Entre os paradigmas principais destacam-se: REsp 834.044/RS, DJe: 15 de dezembro de 2008 e REsp 884.845/SC, DJ:18 de fevereiro de 2009. No mesmo sentido: REsp 611.964/SP, DJ: 10 de outubro de 2005; REsp 859.616/RS, DJ: 15 de outubro de 2007; AgInt no REsp 1.558.445/PE, DJe: 03 de maio de 2017; AgInt no AREsp 942.940/RJ, DJe: 12 de setembro de 2017; AgInt no AREsp 1.035.029/SP, DJe: 30 de maio de 2019.

[56] Esse trecho consta da página 9 do voto do Relator no REsp 884.845/SC.

[57] Precedentes STJ: REsp 1.689.431/ES, DJe: 19 de dezembro de 2017; AgInt no REsp 1.721.146/RJ DJe:19 de novembro de 2018; AgInt no REsp 1.615.554/PR, DJe: 26 de outubro de 2018; AgInt no AREsp 1.191.407/RJ, DJe: 21 de maio de 2018; AgInt no AREsp 1.041.022, DJe: 28 de agosto de 2018.

8. RESPONSABILIDADE TRIBUTÁRIA, SOLIDARIEDADE E INTERESSE COMUM

4.2. Interesse comum na visão do CARF

No âmbito do CARF[58], embora a questão também não seja pacífica, há uma tendência de alinhamento ao posicionamento do STJ, porquanto na maioria dos casos em que se reconhece a responsabilidade solidária por interesse comum tem-se atos qualificados por confusão patrimonial, interposição de pessoas, atos simulados, evasão de divisas, fraude, sonegação ou conluio, conforme veremos adiante.

Tal qual no STJ, não localizamos no CARF precedente que tenha enfrentado a premissa de a solidariedade permitir a inclusão de terceiros no polo passivo da obrigação tributária.

Na Câmara Superior há entendimento no sentido de que é cabível a imposição de responsabilidade tributária com base no art. 124, I, do CTN, quando comprovado que os "sujeitos passivos solidários atuaram de maneira ativa, individual e unida com a fiscalizada, assumindo reciprocamente direitos e obrigações que circunscreveram os fatos jurídicos que dão essência à obrigação tributária[59]". Na mesma linha, entendeu-se que "se o contribuinte e uma terceira pessoa tramam a evasão do pagamento dos tributos devidos pelo contribuinte ao Fisco", resta claro que "o terceiro possui junto ao contribuinte um "interesse comum" (evasão fiscal) e que tal interesse é qualificado" e não mero interesse[60].

A seguir elencamos casos em que Turmas Ordinárias do CARF mantiveram a responsabilidade tributária solidária por interesse comum. Na maioria dos casos analisados, o interesse comum revelou-se jurídico e não meramente econômico, ainda que este último possa existir. É dizer, tem-se "a presença de interesse direto, imediato, no fato gerador, que acontece quando as pessoas atuam em conjunto na situação que o constitui, isto é, quando participam em conjunto da prática da hipótese de incidência[61]".

---

[58] Em função da quantidade de acórdãos sobre a matéria, neste tópico fez-se um recorte metodológico e pautou-se somente nos julgados da 1ª Seção do CARF a partir do ano-calendário 2015. Para maior aprofundamento da jurisprudência do CARF sobre o tema cf. DIAS, TEIXEIRA, *et al.*, 2016, p. 32-47.

[59] Ac. 9101003.889, de 7 de novembro de 2018. Na mesma linha: Ac. 9101002.349, de 14 de junho de 2016; Ac. 9101003.379, de 5 de fevereiro de 2018.

[60] Ac. 9101002.955, de 03 de julho de 2017.

[61] Ac. 1401001.786, de 14 de fevereiro de 2017.

i) Considerou-se caracterizada confusão patrimonial típica do interesse comum "beneficiar-se pela utilização da estrutura legal da empresa contribuinte com o fim de comercializar seus produtos" e da "conta bancária de titularidade da empresa contribuinte". De igual modo considerou-se haver interesse comum, e com efeito, responsáveis solidários, "aqueles que intencionalmente contribuíram para a consecução de ilícito tributário de ocultar do Fisco a realização do fato gerador ou qualquer dos critérios essenciais da obrigação tributária[62]". Apurou-se confusão também em razão de "controle único exercido pelo proprietário do grupo econômico de fato, acompanhado de utilização dos mesmos recursos e atuando de forma conjunta na prática da fraude", bem como constatou-se "interpostas pessoas no quadro societário das empresas, com intuito de frustrar eventual cobrança de créditos tributários[63]".

ii) Assentou-se que "a única explicação para que pessoas jurídicas supostamente autônomas assumam débitos umas das outras sem qualquer remuneração ou contrapartida pelo ônus assumido é o fato de que se encontram umbilicalmente ligadas". Entendeu-se que os atos praticados "eram essenciais para fomentar a operação e "fazer o negócio girar". E, mais ainda, tais atos evidenciam, mais uma vez, a referida confusão patrimonial[64]".

iii) Apurou-se que determinada pessoa jurídica "atuava como única grande empresa, sob comando único, com objetivos e estrutura comuns e confusão patrimonial, valendo-se de uma estrutura jurídica composta por diversas pessoas jurídicas, formalmente independentes"[65]. A responsabilidade solidária foi mantida também em relação a determinadas pessoas jurídicas em razão de terem "sido

---

[62] Ac. 1401-001.541, de 10 de dezembro de 2015; Ac. 1102-001.301, de 03 de março de 2015. Na mesma linha considerando-se confusão patrimonial: Ac. 1401001.417, de março de 2015; Ac. 1201001.271, 20 de janeiro de 2016; Ac. 1402002.257, de 09 de agosto de 2016; Ac. 1201-001.598, de 22 de março de 2017; Ac. 1401-002.083, Sessão de 20 de setembro de 2017; Ac. 1401002.951, de 16 de outubro de 2018; Ac. 1201001.760, de 20 de junho de 2017; Ac. 1401-001.876, de 17 de maio de 2017; Ac. 1402002.462, de 11 de abril de 2017; Ac. 1302002.285, 21 de junho de 2017; Ac. 1201002.056, de 23 de fevereiro de 2018.

[63] Ac. 1301003.938, de 11 de junho de 2019.

[64] Ac. 1201001.904, de 17 de outubro de 2017.

[65] Ac. 1302002.812, de 12 de junho de 2018.

8. RESPONSABILIDADE TRIBUTÁRIA, SOLIDARIEDADE E INTERESSE COMUM

utilizadas como meio para transferir débitos da empresa localizada no Brasil para as offshores no exterior". Na espécie, restou "cristalino a configuração de grupo econômico a demonstrar a presença de interesse jurídico pela própria engenharia contratual orquestrada entre as sociedades empresárias integrantes do grupo econômico[66]".

iv) Constituição de pessoas jurídicas "em nome de "laranjas" [...], e vazias de patrimônio", as quais foram "utilizadas para movimentar a maior parte do faturamento das empresas ostensivas do grupo sem pagar os tributos devidos, e servir de anteparo" para o Grupo que especifica "em face das ações fiscais e trabalhistas movidas contra suas empresas, com o intuito de proteger o patrimônio do grupo e de seus sócios[67]".

v) Entendeu-se "comprovado que o poder decisório e de gestão da entidade imune, de fato, estava concentrado nas mãos dos sócios--gerentes das empresas que já atuavam como mantenedoras do Colégio "X"", os quais incluíram mais uma mantenedora cujos recursos foram desviados para aplicação em empresas com finalidade lucrativa. Neste caso foi mantida a responsabilidade com base nos arts. 135, inc. III e 124, inc. I do CTN[68].

vi) Considerou-se a existência de operações simuladas, mediante constituição de pessoas jurídicas em nome de interpostas pessoas para que estas gerassem despesas com fretes e de aluguel, reduzindo as bases de cálculo do IRPJ, CSLL, PIS e COFINS. Com efeito, "ante os elementos fáticos convergentes" e o interesse comum, entendeu--se pela responsabilização solidária em razão de o responsabilizado ser "o principal protagonista no planejamento tributário com a

---

[66] Ac. 1402002.726, de agosto de 2017.

[67] Ac. 1401001.371, de 04 de fevereiro de 2015; Ac. 1302002.285, 21 de junho de 2017. Na mesmo linha considerando-se interpostas pessoas: Ac. 1802002.542, de 24 de março de 2015; Ac. 1102001.289, de 4 de fevereiro de 2015; Ac. 1201001.453, de 5 de julho de 2016; Ac. 1402002.044, de 18 de janeiro de 2016; Ac. 1201001.416, de 3 de maio de 2016; Ac. 1302001.953, de 10 de agosto de 2016; Ac. 1402002.732, de 16 de agosto de 2017; Ac. 1402-002.523, de 17 de maio de 2017; Ac. 1401001.818, de 21 de março de 2017; Ac. 1401002.022, de 27 de julho de 2017; Ac. 1402003.014, de 11 de abril de 2018.

[68] Ac. 1302002.285, 21 de junho de 2017. No mesmo sentido: Ac. 1401001.782, de 14 de fevereiro de 2017. No Ac. 1201002.505, de 20 de setembro de 2018, manteve-se a responsabilidade do administrador de fato com base no art. 135, III do CTN.

criação de empresas que geravam despesas, reduzindo a carga tributária[69]". A responsabilidade solidária também foi atribuída no caso de simulações em contrato de aluguéis, ausência de registros contábeis, divergência/ausência de pagamentos alegados nos extratos bancários[70].

vii) Assentou-se restar comprovado o interesse jurídico comum entre o contribuinte e o responsável tido como solidário, "uma vez que estes atuavam claramente de forma conjunta para a ocultação dos fatos a fim de que a obrigação tributária" não tivesse nascimento[71].

viii) Entendeu-se que a autoridade fiscal comprovou de forma exaustiva que a pessoa jurídica "X" pertencia de fato à pessoa física "Y" que a "utilizava para a prática de crimes financeiros, especialmente evasão de divisas e operação de instituição financeira irregular" ou utilizava a pessoa jurídica "X" "inclusive para fazer remessas de recursos fraudulentos ao exterior às suas demais empresas". Comprovou-se ainda que o quadro social da pessoa jurídica "X" era composto por interpostas[72].

ix) Comprovado que à época dos fatos o administrador da entidade já não figurava como diretor, gerente ou representante da pessoa jurídica, inaplicável responsabilizá-lo com suporte no artigo 135, III, do CTN. "Constatado, porém, que continuava a atuar, de fato, como gestor nos negócios da entidade, mesmo depois de formalmente excluído, é lícito à autoridade fiscal qualificá-lo como responsável solidário pelo crédito tributário constituído, nos termos do art. 124, I, do CTN[73]".

Conforme mencionado no tópico 2, em determinados casos a responsabilidade tributária, seja com base no art. 124, I ou 135, III do CTN, é afastada em razão de não restar demonstrada a participação do administrador, descrição detalhada da conduta, falta de elementos probatórios, dentre outros. Vejamos.

[69] Ac. 1302003.481, de 15 de abril de 2019.

[70] Ac. 1401001.786, de 14 de fevereiro de 2017. Na mesma linha da simulação e fraude: Ac. 1201001.396, de 02 de março de 2016; Ac. 9101002.955, de 03 de julho de 2017.

[71] Ac. 1302001.706, de 25 de março de 2015.

[72] Ac. 1401002.881, de 18 de setembro de 2018.

[73] Ac. 1402003.014, de 11 de abril de 2018.

8. RESPONSABILIDADE TRIBUTÁRIA, SOLIDARIEDADE E INTERESSE COMUM

i) A Turma manteve a responsabilidade solidária de determinada pessoa jurídica em razão da comprovação de "conluio para desviar recursos financeiros da contribuinte", mas excluiu a responsabilidade do sócio administrador ante a ausência de indicação do ilícito praticado. Nesse sentido, assentou-se que "por mais que se prove que a pessoa jurídica tenha praticado atos ensejadores de sua responsabilização tributária, não há dispositivo legal que permita a presunção de que seu sócio-administrador participou de tais atos". É dizer, "para a aplicação do artigo 135, III, do CTN é necessário indicar e provar que o sócio e/ou administrador praticou, com excesso de poderes ou infração de lei, contrato social ou estatutos, os atos que deram origem às obrigações tributárias então exigidas[74]".

ii) Em situação semelhante o Colegiado entendeu que a "a fiscalização não empreendeu o mínimo esforço em demonstrar de que forma teria sido configurado o interesse comum, limitando-se a tão somente afirmá-lo[75]".

iii) Entendeu a Turma assistir razão aos recorrentes porquanto não constou dos autos prova ou liame "a indicar que os recorrentes participaram por qualquer forma nas operações da pessoa jurídica fiscalizada, exceto quanto ao fato do recebimento de valores cuja motivação restou, efetivamente, mal explicada tanto pela pessoa física como pela pessoa jurídica," qualificados como responsáveis. Assentou-se ainda não ser possível "apenas a partir da constatação trazida pelo Fisco (recebimento de valores da fiscalizada, sem uma justificação plausível) imputar aos ora recorrentes, à míngua de qualquer outro elemento, a responsabilidade solidária por interesse comum" prevista no art. 124, I, do CTN[76].

iv) A Turma assentou que "somente é possível sustentar a responsabilidade solidária por interesse comum [...] se a Autoridade Fiscal demonstrar que os sujeitos passivos praticaram conjuntamente o fato

---

[74] Ac. 1401-002.083, Sessão de 20 de setembro de 2017.

[75] Ac. 1102001.280, de 3 de fevereiro de 2015.

[76] Ac. 1302001.921, de 06 de julho de 2016. No mesmo sentido: Ac. 1201001.266, de 19 de janeiro de 2016; Ac. 1302002.812, de 12 de junho de 2018; Ac. 1201-003.017, de 16 de julho de 2019.

gerador ou desfrutaram de seus resultados em caso de fraude", o que não ocorreu na espécie[77].

v) O Colegiado entendeu "indispensável a nítida evidência pela autoridade fiscal da conduta dolosa da pessoa física, responsabilizada de forma solidária, esclarecendo seu interesse comum e direto na evasão fiscal." Destacou ainda ser "insuficiente a mera a acusação de que a movimentação financeira, omitida da escrituração fiscal e contábil, ocasiona a responsabilidade solidária de quem integrava administração da sociedade ou era seu mandatário[78]". No mesmo sentido, pontuou que "não se mantém a responsabilidade solidária quando nem o auto de infração nem o Termo de Verificação Fiscal descrevem suficientemente a base legal e a hipótese fática que fundamentam a autuação[79]", ou seja, faz-se necessário demonstrar "liame entre os devedores solidários e a infração que, ao fim e ao cabo, é o núcleo-problema do processo[80]".

vi) Mesmo no caso em que restou evidente a "participação no esquema ilegal", bem como elementos probatórios suficientes para fins de responsabilidade solidária, entendeu a Turma que "para fins tributários e responsabilização de terceiros sobre um determinado crédito tributário há de se demonstrar, de forma cabal, a efetiva participação da interessada em atos ilegais em matéria fiscal, seja no recebimento de valores, movimentação de contas bancárias, etc.[81]".

Localizamos ainda nas Turmas Ordinárias julgados no sentido de que a solidariedade prevista no art. 124, do CTN, "não tem o condão de incluir um terceiro no pólo passivo da obrigação tributária, mas apenas de graduar a responsabilidade daqueles sujeitos que já o compõem[82]", mesmo na hipótese de "confirmada a acusação de sonegação e/ou fraude". O entendimento nesse

---

[77] Ac. 1302003.418, de 19 de março de 2019.

[78] Ac. 1201002.623, de 17 de outubro de 2018. Na mesma linha: Ac. 1402002.726, de 15 de agosto de 2017; Ac. 1402002.603, de 20 de junho de 2017; Ac. 1301003.823, de 17 de abril de 2019.

[79] Ac. 1401002.066, de 17 de agosto de 2017.

[80] Ac. 1302003.223, de 21 de novembro de 2018.

[81] Ac. 1401002.206, de 22 de fevereiro de 2018. Na mesma linha: Ac. 1201001.515, de 04 de outubro de 2016. Ac. 1401001.707, de 13 de setembro de 2016.

[82] Ac. 1402-002.203, de 07 de junho de 2016; 1302001.951, de 09 de agosto de 2016.

8. RESPONSABILIDADE TRIBUTÁRIA, SOLIDARIEDADE E INTERESSE COMUM

caso é que "os atos da pessoa jurídica são determinados por seus administradores, e as garantias que a lei civil lhes confere quando atuam regularmente são afastadas em razão do disposto no art. 135, III, do CTN[83]", que autoriza a responsabilização pelo crédito tributário em razão de infrações de lei, contrato social ou estatutos ou extinção irregular da pessoa jurídica.

4.3. Interesse comum na visão da Receita Federal do Brasil

A Receita Federal ao tratar do tema no Parecer Normativo Cosit/RFB nº 4, de 10 de dezembro de 2018 parte da **premissa** que a solidariedade é forma de atribuição de responsabilidade nos seguintes termos: "primeiro, deve-se esclarecer que o disposto no inciso I do art. 124 do CTN é forma de responsabilização tributária autônoma desde que haja interesse comum na situação que constitua o fato gerador da obrigação principal[84]".

Para confirmar sua premissa a Receita Federal[85] cita Rubens Gomes de Souza:

9.3 É ainda o entendimento de Rubens Gomes de Souza, que incluiu expressamente a solidariedade como hipótese de responsabilidade por transferência:

TRANSFERÊNCIA: Ocorre quando a obrigação tributária depois de ter surgido contra um a pessoa determinada (que seria o sujeito passivo direto), entretanto em virtude de um fato posterior transfere-se para outra pessoa diferente (que será o sujeito passivo indireto). As hipóteses de transferência, como dissemos, são três:

a) **SOLIDARIEDADE: é a hipótese em que as duas ou mais pessoas sejam simultaneamente obrigadas pela mesma obrigação. (...)**

Para melhor analisar o posicionamento de Rubens Gomes de Souza[86], necessário transcrever, na íntegra, o trecho em que o autor trata da solidariedade:

Entretanto **pode acontecer que em certos casos o Estado tenha interesse ou necessidade de cobrar o tributo de pessoa diferente: dá-se então**

---

[83] Ac. 1302001.858, de 04 de maio de 2016 no mesmo sentido: Ac. 1302003.223, de 21 de novembro de 2018.

[84] Parecer p. 5-6.

[85] BRASIL, 2018, p. 6, grifos nossos.

[86] SOUSA, 1975, p. 92-93, grifos nossos.

EFICIÊNCIA PROBATÓRIA E A ATUAL JURISPRUDÊNCIA DO CARF

a sujeição passiva indireta. A sujeição passiva indireta apresenta duas modalidades: *transferência* e *substituição;* por sua vez a transferência comporta três hipóteses: solidariedade, sucessão e responsabilidade. As definições são as seguintes:

A) *Transferência:* Ocorre quando a obrigação tributária depois de ter surgido contra um a pessoa determinada (que seria o sujeito passivo direto), entretanto em virtude de um fato posterior transfere-se para outra pessoa diferente (que será o sujeito passivo indireto). As hipóteses de transferência, como dissemos, são três:

a) *Solidariedade:* é a hipótese em que as duas ou mais pessoas sejam simultaneamente obrigadas pela mesma obrigação. **No caso de condomínio (imóvel com mais de um proprietário) o Município pode cobrar o imposto predial de qualquer dos proprietários, à sua escolha; é claro que aquele que pagou imposto total terá pago a sua parte e mais as dos outros condôminos: quando *(sic)* a estas, a obrigação tributária transferiu-se para um dos devedores solidários, que fica com o direito (chamado *regressivo*) de recuperá-la dos outros.**

Rubens Gomes de Souza ao definir solidariedade como a hipótese em que duas ou mais pessoas sejam simultaneamente obrigadas pela mesma obrigação, ainda que se trate de responsabilidade por transferência, e citar como exemplo a cobrança de IPTU, atribuiu responsabilidade tributária solidária a coproprietários de imóvel que já se encontram no mesmo polo da relação jurídica. O que não é o motivo de controvérsia.

A fundamentação desse autor, aliada ao respectivo exemplo, não permite extrair um posicionamento sólido no sentido de que a solidariedade prevista no art. 124 do CTN seja forma de inclusão de terceiro no polo passivo da obrigação tributária. Na verdade, tal fundamentação reforça o posicionamento de Misabel Derzi e Hugo de Brito Machado Segundo, conforme visto anteriormente, que defendem tese oposta.

No tocante ao interesse comum, segundo a Receita Federal, tal interesse ocorre tanto no fato quanto na relação jurídica vinculada ao fato gerador[87]. Assim, é responsável solidário

---

[87] "Ao caracterizar o interesse comum como sendo aquele relacionado com algum vínculo ao fato jurídico tributário, pode-se criar a falsa impressão de que neste parecer se alinharia à tese de que o interesse comum seria o que se denominou interesse jurídico, o que não é verdade." Cf. BRASIL, 2018, p. 9.

8. RESPONSABILIDADE TRIBUTÁRIA, SOLIDARIEDADE E INTERESSE COMUM

tanto quem atua de forma direta, realizando individual ou conjuntamente com outras pessoas atos que resultam na situação que constitui o fato gerador, como o que esteja em relação ativa com o ato, fato ou negócio que deu origem ao fato jurídico tributário mediante cometimento de atos ilícitos que o manipularam. Mesmo nesta última hipótese está configurada a situação que constitui o fato gerador, ainda que de forma indireta[88].

Com efeito, não é qualquer pessoa que pode figurar como responsável solidária nos termos do art. 124, I, do CTN, somente aquela que possuir "vínculo com o ilícito e com a pessoa do contribuinte ou do responsável por substituição, comprovando-se o nexo causal em sua participação comissiva ou omissiva, mas consciente, na configuração do ato ilícito com o resultado prejudicial ao Fisco dele advindo[89]".

Nesse sentido, não seria admissível, continua a Receita, o Fisco identificar "a verdadeira essência do fato jurídico no mundo fenomênico[90]" e não responsabilizar quem tentou ocultá-lo ou manipulá-lo. A partir do momento que o contribuinte e terceiros se reúnem "para o cometimento de ilícito, é evidente que elas não estão mais em lados contrapostos, mas sim em cooperação para afetar o Fisco numa segunda relação paralela àquela constante do negócio jurídico", cujo vínculo torna-se jurídico mediante imputação de responsabilidade tributária.

Por fim, a Receita Federal cita exemplos de prática de atos ilícitos que podem atrair a responsabilidade solidária:

(i) abuso da personalidade jurídica em que se desrespeita a autonomia patrimonial e operacional das pessoas jurídicas mediante direção única ("grupo econômico irregular");

(ii) evasão e simulação fiscal e demais atos deles decorrentes, notadamente quando se configuram crimes;

(iii) abuso de personalidade jurídica pela sua utilização para operações realizadas com o intuito de acarretar a supressão ou a redução de tributos mediante manipulação artificial do fato gerador (planejamento tributário abusivo)[91].

---

[88] *Ibid.*, p. 7.
[89] *Ibid.*, p. 8-9.
[90] *Ibid.*, p. 8.
[91] BRASIL, 2018, p. 10.

Veja-se que os exemplos citados pela Receita Federal se enquadram na hipótese de atos praticados por terceiros com interesse comum qualificado por dolo, fraude ou simulação, conforme elencado neste estudo.

A divergência reside na premissa traçada pela Receita Federal em relação ao conceito de solidariedade. Tal qual ocorreu com o posicionamento do STJ e do CARF, a Receita Federal também não elencou elementos robustos o suficiente que permitam concluir que a solidariedade pode ser interpretada como forma de inclusão de terceiro no polo passivo da obrigação tributária.

Entretanto, conforme explicitado neste estudo, ao considerar que o art. 110 do CTN autoriza interpretar o instituto da solidariedade como norma de inclusão de terceiro no polo passivo da obrigação tributária, no caso de interesse comum qualificado por dolo, fraude ou simulação, tem-se uma fundamentação. Dito de outra forma, a premissa encontra sustentabilidade.

Conclusões

Ante as novas relações econômicas em decorrência do fenômeno da globalização, da queda das fronteiras físicas com avanço da tecnologia, bem como do próprio dinamismo do direito, necessário reconhecer que o direito positivo não mais alcança a integralidade de determinados fatos jurídicos, seja em função da sofisticação destes, seja em função de uma interpretação alicerçada nas relações econômicas de outrora.

Nesse sentido, sem perder de vista os conceitos clássicos do Direito Tributário no tocante a contribuintes, sujeito passivo, responsabilidade, fato gerador, entre outros, propõe-se uma nova interpretação do instituto da solidariedade, previsto no art. 124, do CTN, diversa do Direito Civil. Interpretação inclusive autorizada pelo art. 110 do CTN, em razão de a Constituição Federal não utilizar esse instituto para definir ou limitar competência tributária.

Nessa releitura, sem alteração do texto legal, extrai-se da solidariedade norma que permite incluir terceiro no polo passivo da obrigação tributária. Assim, mediante sujeição passiva solidária, alcança-se o terceiro. Observe-se que não se trata de qualquer terceiro, mas o que praticar atos, mediante fraude, dolo ou simulação, em conjunto ou com consentimento do contribuinte, com o fim de alterar características essenciais do fato gerador ou impedir o seu conhecimento por parte da autoridade fazendária.

Essa releitura do instituto solidariedade permite responsabilizar o terceiro que pratica atos mediante fraude, dolo ou simulação, em conjunto

8. RESPONSABILIDADE TRIBUTÁRIA, SOLIDARIEDADE E INTERESSE COMUM

ou com consentimento do contribuinte, com prejuízo ao Fisco, tal quais o seriam, se assim agissem, os terceiros incursos nas hipóteses previstas no art. 135, com reflexo nos art. 134, e 137, do CTN.

Ao responsabilizar o terceiro por atos praticados com interesse comum qualificado por dolo, fraude ou simulação, mediante a lavratura do termo de sujeição passiva solidária, atribui-se efetividade ao art. 11 da Lei nº 8.137, de 1990, ante o teor da Súmula Vinculante nº 24, do STF e do art. 149, VII, do CTN, que determina o lançamento de ofício na hipótese de o contribuinte, ou o terceiro em benefício daquele, agir com dolo, fraude ou simulação, bem como assegura o contraditório e ampla defesa na esfera administrativa.

Por fim, fundamental destacar a obrigatoriedade de o Fisco comprovar todos os atos praticados com interesse comum qualificado por dolo, fraude ou simulação; pois, sem esses elementos probatórios, cria-se um óbice intransponível, vez que ficam prejudicados o direito à ampla defesa e ao contraditório, manifestações do devido processo legal previsto no art. 5º da Constituição Federal.

Referências

ALMEIDA, F. D. P. L. D. *Obrigações: exposição systematica desta parte do direito civil patrio segundo o methodo dos "direitos de familia" e "direito das cousas" do conselheiro Lafayette Rodrigues Pereira.* 2ª. ed. Rio de Janeiro: Revista dos Tribunais, 1916.

AMARO, L. *Direito tributário brasileiro.* 3. ed. São Paulo: Saraiva, 1999.

BALEEIRO, A. *Direito tributário brasileiro.* 10. ed. Rio de Janeiro: Forense, 1983.

BALEEIRO, A. *Direito tributário brasileiro.* Atualizada por Misabel Abreu Machado Derzi. 13. ed. Rio de Janeiro: Forense, 2015.

BECHO, R. L. Responsabilidade de terceiros e desconsideração da personalidade jurídica em matéria tributária. *In:* ROCHA, V. D. O. *Grandes Questões Atuais do Direito Tributário.* São Paulo: Dialética, 2012. p. 293-313.

BECHO, R. L. *Responsabilidade tributária de terceiros.* São Paulo: Saraiva, 2014.

CALCINI, F. P. Responsabilidade tributária. O dever de observância ao devido processo legal e motivação. *In:* ROCHA, V. D. O. *Revista Dialética de Direito Tributário.* São Paulo: Dialética, v. 164, 2009. p. 32-42.

CARVALHO, P. D. B. *Curso de direito tributário.* 23. ed. São Paulo: Saraiva, 2011.

COÊLHO, S. C. N. *Teoria geral do tributo, da interpretação e da exoneração tributária.* São Paulo: Dialética, 2003.

COÊLHO, S. C. N. *Curso de direito tributário brasileiro.* 12. ed. Rio de Janeiro: Forense, 2012.

COSTA, C. J. S. Solidariedade passiva e o interesse comum no fato gerador. *Revista de Direito Tributário*. São Paulo, v. 4, n. 2, p. 300-305, Abril/Junho 1978.

DARZÉ, A. M. *Responsabilidade tributária. Solidariedade e subsidiariedade*. São Paulo: Noeses, 2010.

DENARI, Z. *Solidariedade e sucessão tributária*. São Paulo: Saraiva, 1977.

DIAS, K. J. et al. Responsabilidade. *In*: DIAS, K. J., et al. *Repertório analítico de jurisprudência do CARF*. [S.l.]: Max Limonad, 2016. p. 32-47.

FERRAGUT, M. R. *Responsabilidade tributária e o código civil de 2002*. 3. ed. São Paulo: Noeses, 2013.

FREITAS JÚNIOR, E. Conceitos indeterminados no direito tributário. *Revista dos Tribunais*, São Paulo, v. 942, n. 103, p. 195-213, abril 2014.

GODOI, M. S. D.; SALIBA, L. G. F. Interpretação e aplicação da lei tributária. *In*: MACHADO, H. D. B. *Interpretação e aplicação da lei tributária*. Fortaleza: Dialética e Instituto Cearense de Estudos Tributários – ICET, 2010. p. 268-293.

GRECO, M. A. *Planejamento tributário*. São Paulo: Dialética, 2011.

GRECO, M. A. *Planejamento tributário*. 4ª. ed. São Paulo: Quartier Latin, 2019.

JUSTEN FILHO, M. *Sujeição passiva tributária*. Belém: Cejup, 1986.

MACHADO SEGUNDO, D. B. Notas sobre a responsabilidade tributária de terceiros. In: ROCHA, V. D. O. *Grandes Questões Atuais do Direito Tributário*. São Paulo: Dialética, 2014. p. 201-217.

MACHADO, H. D. B. *Curso de direito tributário*. São Paulo: Malheiros, 2007.

MACHADO, H. D. B. A solidariedade na relação tributária e a liberdade do legislador no art. 124, II, do CTN. *In*: ROCHA, V. D. O. *Revista Dialética de Direito Tributário*. São Paulo: Dialética, 2011. p. 58-67.

MARTINS, I. G. D. S. Responsabilidade tributária à luz do art. 135 do CTN. *In*: SCHOUERI, E.; ZILVETI, F. A. *Direito Tributário. Estudos em Homenagem a Brandão Machado*. São Paulo: Dialética, 1998. p. 48-59.

MONTEIRO, W. D. B. *Curso de Direito Civil. Direito das obrigações*. 1ª parte. 29. ed. São Paulo: Saraiva, 1997.

NAVARRO, P. E.; SANTI, E. M. D. D. São válidas as normas tributárias imprecisas? *Revista Dialética de Direito Tributário*, São Paulo, v. 148, 2008.

NEDER, M. V. Solidariedade de direito e de fato. Reflexões acerca de seu conceito. *In*: FERRAGUT, M. R.; NEDER, M. V. *Responsabilidade tributária*. São Paulo: Dialética, 2007. p. 27-47.

NUCCI, G. D. S. *Código Penal Comentado*. 6ª. ed. São Paulo: Revista dos Tribunais, 2006.

PEREIRA, C. M. D. S. *Instituições de Direito Civil*. São Paulo: Forense, v. II, 1962.

ROCHA, A. M. D. S. Responsabilidade tributária de administradores com base no artigo 135, inciso III, do código tributário nacional. *Revista da Receita Federal – Estudos Tributários e Aduaneiros*, Brasília, 01, n. 02, jan./Jul 2015. 168-189.

SOUSA, R. G. D. *Compêndio de legislação tributária.* São Paulo: Resenha Tributária Ltda., 1975.

TORRES, H. T. Responsabilidade de terceiros e desconsideração da personalidade jurídica em matéria tributária. *In*: ROCHA, V. D. O. *Grandes Questões Atuais do Direito Tributário.* São Paulo: Dialética, v. 16, 2012. p. 115-153.

TORRES, R. L. Interpretação e integração da lei tributária. *In*: MACHADO, H. D. B. *Interpretação e aplicação da lei tributária.* Fortaleza: Dialética e Instituto Cearense de Estudos Tributários – ICET, 2010. p. 333-355.

SOUSA, R. G. D. Compêndio de legislação tributária. São Paulo: Resenha Tributária Ltda, 1975.

TORRES, H. T. Responsabilidade de terceiros e desconsideração da personalidade jurídica em matéria tributária. In: ROCHA, V. O. O. Grandes Questões Atuais do Direito Tributário. São Paulo: Dialética, v. 16, 2012, p. 115-153.

TORRES, R.L. Interpretação e integração da lei tributária. In: MACHADO, H. D. B. Interpretação/aplicação da tributária. Fortaleza: Dialética e Instituto Cearense de Estudos Tributários – ICET, 2010, p. 333-355.

9. Glosa de despesas e os desafios probatórios

Luis Henrique Marotti Toselli[1]

Introdução

O fato gerador do imposto sobre a renda consiste no acréscimo patrimonial apurado no período definido pela lei, acréscimo este correspondente à diferença entre os elementos patrimoniais positivos (receitas, rendimentos, ganhos ou vantagens) e os elementos patrimoniais negativos (custos e despesas dedutíveis).

Quando a fiscalização não concorda com a dedutibilidade de determinado elemento patrimonial negativo, cabível a glosa e, consequentemente, a sua adição de ofício na apuração do Lucro Real. A adoção deste procedimento resulta na emissão de Auto de Infração que, a depender do caso concreto, tem o condão de reduzir prejuízo fiscal ou exigir o imposto de renda que deixou de ser pago em face da "indevida" dedução.

O presente artigo almeja analisar, a partir dos parâmetros constitucionais e da regra legal geral que assegura o direito à dedução de despesas operacionais, quando a glosa é procedente e quais os principais desafios probatórios em prol da dedutibilidade.

---

[1] As opiniões contidas nesta publicação são reflexões acadêmicas do próprio autor e não necessariamente expressam as posições defendidas por qualquer organização a qual esteja vinculado.

1. Tributação da renda no Brasil

O artigo 153, III, § 2º do texto constitucional dispõe que compete à União instituir imposto sobre *a renda e proventos de qualquer natureza*.

A partir da interpretação do artigo 43 do Código Tributário Nacional, e diante dos contornos e limites traçados pela própria Constituição Federal, prevalece a ideia de *renda-acréscimo* no ordenamento jurídico vigente. Nesses termos, *renda* constitui *resultado líquido positivo*, ou melhor, o *acréscimo patrimonial* percebido em um dado intervalo de tempo.[2]

Os componentes da *renda* (elementos patrimoniais positivos e elementos patrimoniais negativos) podem ser obtidos pelos mais variados meios (capital, trabalho, proventos ou pagamentos de qualquer natureza) e são influenciáveis por diversos fatores. É, em cada período de apuração que esteja sujeito, que o contribuinte deve, após unir todos esses componentes e fazer os ajustes jurídicos necessários, verificar se houve ou não acréscimo e quanto ele representa, para aí sim apurar a base de cálculo (*renda líquida tributável*).

2. Universalidade da renda

O texto constitucional ainda prevê que o imposto sobre a renda *"será informado pelos critérios da generalidade, da universalidade e da progressividade, na forma da lei"*.

A universalidade requer que a tributação seja global. Assim, deve ser incluída, para fins de qualificação jurídica e apuração da renda tributável, a totalidade dos elementos patrimoniais do contribuinte no período prescrito pela lei.

Algumas questões inerentes à universalidade se colocam, quais sejam: (i) todos os elementos positivos (receitas, ganhos ou rendimentos) são tributáveis? (ii) todos os elementos negativos (custos, despesas ou gastos) podem ser subtraídos, ou seja, são sempre dedutíveis? A origem (ou causa) desses elementos influencia a tributação da *renda líquida*?[3]

---

[2] Como já interpretou o STF (RE 89.971. Relator Min. Cunha Peixoto, DJU 20/10/1978 (RTJ 96/783)), *"por mais variado que seja o conceito de renda, todos os economistas, financistas e juristas se unem em um ponto: renda é sempre um ganho ou acréscimo do patrimônio"*.

[3] Desconsideraremos, aqui, as hipóteses de isenção ou não incidência, bem como as normas que expressamente consideram a dedutibilidade de determinadas despesas, as quais não interferem na formação da renda tributável.

9. GLOSA DE DESPESAS E OS DESAFIOS PROBATÓRIOS

Do ponto de vista dos elementos positivos, já nos manifestamos no sentido de que *a origem da atividade produtora de renda não é relevante para fins de incidência*.[4] Na ocasião, buscamos demonstrar que as receitas, desde que disponíveis, revelam capacidade contributiva independentemente de sua causa, devendo ser oferecidos à tributação também em face do *"non olet"* e isonomia, conforme já foi reconhecido pelos Tribunais Superiores.

Especificamente em relação ao princípio da igualdade[5], cumpre notar que o próprio texto constitucional enfatiza a vedação de distinção de tratamento em função da *denominação jurídica* dos elementos patrimoniais positivos (*rendimentos, títulos ou direitos*), o que não se repete em relação aos elementos patrimoniais negativos (custos ou despesas), os quais não possuem essa mesma "ressalva".

A propósito, o § 1º do artigo 43 do CTN, introduzido por lei de caráter geral (Lei Complementar nº 104/2001), dispõe expressamente que *a incidência do imposto independe da denominação **da receita ou do rendimento**, (...), **da origem e da forma de percepção**,* o que também pode servir de mais um indicativo quanto à unidirecionalidade do *non olet* no Brasil.

De qualquer forma, se por um lado a universalidade da tributação dos elementos positivos é objetiva e parece questão já consolidada que a origem do ganho é irrelevante para fins de tributação, o mesmo não se pode dizer da "outra ponta", ou seja, de como o critério constitucional da universalidade deve informar os elementos negativos do patrimônio. Afinal, aplica-se ou não aplica-se o *princípio do non olet* para as despesas?

Antecipamos que a resposta é negativa. Segundo pensamos, não é toda saída do patrimônio ou gasto que podem ser deduzidos. A apuração da *renda líquida*, na sua acepção jurídica, não é afetada por todo desembolso ou qualquer decréscimo patrimonial, existindo dois limites que flexibilizam o *non olet* aos elementos patrimoniais negativos.

O primeiro é o de que apenas os dispêndios que sejam incorridos *pela empresa para a empresa* é que são passíveis de dedução fiscal. Não se deve,

---

[4] TOSELLI, Luis Henrique. A Tributação da "propina", (...). P. 132.

[5] Cuja matriz é o Art. 150 – *Sem prejuízo de outras garantias asseguradas ao contribuinte, é vedado à União, aos Estados, ao Distrito Federal e aos Municípios: (...) II – instituir tratamento desigual entre contribuintes que se encontrem em situação equivalente, proibida qualquer distinção em razão de ocupação profissional ou função por eles exercida, **independentemente da denominação jurídica dos rendimentos, títulos ou direitos**.*

assim, confundir *despesas operacionais* com despesas em benefícios de terceiros.

Com efeito, a diminuição do patrimônio (*elemento negativo*) pode envolver: **(i)** *despesas próprias da empresa*, incorridas no exercício legítimo de empreender, explorar ou desenvolver atividades econômicas; e **(ii)** *outras despesas*, entendidas como aquelas desvinculadas do objeto social ou das necessidades empresariais.

Este segundo grupo (*outras despesas*) representa aquilo que alguns autores denominam de "transferências patrimoniais", termo que denota gastos não relacionados, de forma direta ou indireta, para a produção ou busca de riqueza nova ou para a manutenção da estrutura operacional já existente.

Sobre o assunto, Ricardo Mariz de Oliveira[6] leciona que:

> (...) *a base de cálculo do imposto de renda corresponde ao aumento adquirido, sendo irrelevante os gastos desse aumento, ou mesmo do patrimônio anterior, gastos aqui no sentido de fruição, gozo, destinação. (...)*
>
> *Em outras palavras, e como já afirmamos antes, o fato gerador é o acréscimo do patrimônio entre o início e o final do período, mas não consideradas, na diferença de valores entre esses dois momentos, as transferências patrimoniais positivas e negativas.*

Os elementos negativos que representam meras *transferências patrimoniais*, contudo, são indedutíveis por excelência.

Ainda que caracterizados como despesas pela contabilidade, desembolsos dessa natureza devem integrar a renda líquida para fins de IRPJ até mesmo para evitar a manipulação ou dissimulação do acréscimo patrimonial juridicamente considerado, podendo o fisco, inclusive, identificar o efetivo patrimônio do contribuinte como forma de dar eficácia ao princípio da capacidade contributiva[7].

Por outro lado, "*aquilo que é perdido ou investido com o intuito de obter renda não é renda. As despesas necessárias à manutenção da fonte produtora e ao cumprimento*

---

[6] Cf. DE OLIVEIRA, Ricardo Mariz. *Fundamentos do imposto de renda*. São Paulo: Quartier Latin. P. 410.

[7] Lembre-se, aqui, que a CF (Art. 145, § 1º) prescreveu que *sempre que possível, os impostos terão caráter pessoal e serão graduados segundo a capacidade econômica do contribuinte, **facultado à administração tributária**, especialmente para conferir efetividade a esses objetivos, **identificar, respeitados os direitos individuais e nos termos da lei, o patrimônio, os rendimentos e as atividades econômicas do contribuinte.**

9. GLOSA DE DESPESAS E OS DESAFIOS PROBATÓRIOS

do objeto social não devem ser incluídas na base de cálculo do imposto sobre a renda porque não constituem acréscimo patrimonial, mas mera condição para a produção desse acréscimo"[8].

Registrada essa diferença conceitual da maior relevância (*despesas operacionais x transferências patrimoniais*), cumpre ainda mencionar que entendemos que o critério da universalidade da renda (e sua capacidade contributiva) devem ser interpretados de forma harmônica e sistemática com outros valores constitucionais, como o da isonomia, razoabilidade e notadamente o da liberdade de profissão e livre iniciativa.

Tem-se por livre iniciativa a capacidade do agente privado em tomar suas decisões dentro de sua liberdade de empreender. Sob o aspecto empresarial, significa o direito à livre organização, produção e circulação de bens. Assim, onde a Constituição ou o Legislador não impediram condutas ou fixaram limites à liberdade de atuar na atividade econômica, é inadmissível uma intervenção negativa ou restritiva de direitos por parte do Estado.

Humberto Ávila[9], ao relacionar esses dois valores com a universalidade da renda, esclarece que o direito à dedução:

> *(...) não decorre apenas do conceito constitucional de renda como acréscimo patrimonial. Ele também é resultado da aplicação dos princípios constitucionais da liberdade de exercício de profissão e de atividade econômica.*
>
> *(...). O direito fundamental de liberdade pressupõe, portanto, a autonomia de escolha do contribuinte com relação ao que contratar, com quem contratar, como contratar e quando contratar.*
>
> *Por essa razão, o direito fundamental de liberdade também compreende a livre escolha a respeito dos negócios jurídicos a serem celebrados e as decisões gerenciais tomadas para o regular exercício das atividades empresariais, **conquanto seja essa liberdade exercida dentro dos limites fornecidos pelo ordenamento jurídico.***

---

[8] Cf. ÁVILA, Humberto. Dedutibilidade de despesas com o pagamento de indenização decorrente de ilícitos praticados por ex-funcionários. *In: Tributação do Ilícito*. São Paulo: Malheiros Editores. 2018. P. 85.

[9] ÁVILA, Humberto. Dedutibilidade de despesas com o pagamento de indenização decorrente de ilícitos praticados por ex-funcionários. *In: Tributação do Ilícito*. São Paulo: Malheiros Editores. 2018. P. 86 e 87.

No contexto cada vez mais dinâmico das relações comerciais e do desenvolvimento de atividades econômicas, os empreendedores são livres para, na tentativa de buscar riquezas, incorrerem em despesas que bem entenderem, mas daí a enquadrar pagamentos considerados atos ilícitos pelo próprio Direito como despesa operacional ou necessária, entendemos existir uma enorme distância. Eis aqui o segundo limite ao *non olet* para elementos patrimoniais negativos: *despesas tipificadas como atos ilícitos* são indedutíveis.

Embora o sistema jurídico, através do princípio da capacidade contributiva e critério da universalidade, assegure um direito à dedução de qualquer despesa operacional, este mesmo sistema, através dos outros princípios referidos, impede que um pagamento que seja tipificado como conduta proibida seja inserido nesta classe.

O direito à dedutibilidade de despesas para fins de formação da *renda líquida tributável*, não deve ser interpretado, segundo pensamos, com um tom *maquiavélico*, no sentido de que os fins (obtenção de receita) justificam *per se* os meios (qualquer desembolsos, inclusive pagamento considerado ato ilícito), mas sim a partir de um enfoque *jurídico*, que traz como pressuposto do que pode ser tomado como operacional a adoção de meios de aferição de elementos patrimoniais positivos que não sejam combatidos pelo próprio sistema.

Como reconhece Ricardo Mariz de Oliveira[10], *"ainda que os respectivos custos ou despesas possam estar atrelados à produção de lucro, a sua impossibilidade jurídica poderia ser justificativa por um critério no mínimo razoável e consistente para a indedutibilidade fiscal, mesmo perante o princípio da universalidade".*

Ora, não há dúvidas de que o contribuinte tem a escolha de se valer de todos os caminhos para aumentar o seu patrimônio, assumindo os riscos da atividade praticada e colhendo os frutos ou prejuízos econômicos de suas ações. Todavia, a escolha por destinar ou empregar parcela do seu patrimônio em situações que o próprio Direito repudia (crime, por exemplo), não só o coloca em uma posição não isonômica diante do que se espera da livre iniciativa e liberdade de profissão, mas também traz como consequência a impossibilidade jurídica de considerar o respectivo decréscimo patrimonial como despesa operacional, independentemente dos efeitos econômicos gerados pela conduta proibida.

---

[10] Cf. DE OLIVEIRA, Ricardo Mariz. *Fundamentos do imposto de renda*. São Paulo: Quartier Latin. P.410.

3. Lucro real

De acordo com o artigo 44 do CTN, *a base de cálculo do imposto é o montante, real, arbitrado ou presumido, da renda ou dos proventos tributáveis*. Para os contribuintes sujeitos ao Lucro Real, referido *montante real* corresponde ao lucro líquido do exercício, ajustado pelas adições, exclusões ou compensações previstas na legislação tributária[11].

A partir do lucro societário (lucro líquido ou lucro contábil), então, cabe ao contribuinte fazer as adições (caso das despesas indedutíveis), exclusões (receitas não tributáveis) e/ou compensações e, em seguida, quantificar a *renda líquida* (aumento patrimonial) ou o *prejuízo fiscal* (decréscimo patrimonial) do período, levando em conta as aproximações e os distanciamentos entre contabilidade e direito tributário.

4. Dedutibilidade de despesas

A regra geral de dedutibilidade está prevista no artigo 47 da Lei nº 4.506/1964[12], dispositivo este que restringe a dedução às *despesas operacionais*. Mais precisamente, da análise desse dispositivo legal, verificam-se 4 (quatro) requisitos cumulativos para a dedutibilidade das despesas. São eles:

(i) **não serem custos** – as despesas não podem ser registradas como custo, o que significa dizer que, uma vez computadas nos custos, são em regra indedutíveis, salvo se o contribuinte provar eventual erro de escrita.

(ii) **necessidade** – despesa operacional é aquela que é necessária, ou seja, atrelada à prática de atividades empresariais e/ou formação do lucro.

Para Ricardo Lobo Torres[13], as despesas podem ser deduzidas se puderem se caracterizar como *causa* do aumento de receita ou ainda se tiverem por intuito promover o *desenvolvimento* da atividade empresarial.

---

[11] Cf. artigo 6º do Decreto-Lei nº 1.598/77.

[12] *Art. 47. São operacionais as despesas não computadas nos custos, necessárias à atividade da empresa e a manutenção da respectiva fonte produtora.*

§ 1º São necessárias as despesas pagas ou incorridas para a realização das transações ou operações exigidas pela atividade da empresa.

§ 2º As despesas operacionais admitidas são as usuais ou normais no tipo de transações, operações ou atividades da empresa.

[13] Cf. TORRES, Ricardo Lobo. *Tratado de Direito Constitucional Financeiro e Tributário*. Vol. IV. Rio de Janeiro: Renovar. 2007. P. 131.

A *necessidade* não se caracteriza apenas em função do desenvolvimento do objeto social *strictu sensu* da pessoa jurídica, isto é, do exercício de sua *atividade-fim*, mas também se faz presente com a pertinência da despesa com atos ou negócio subjacentes, cuja causa pode variar de acordo com o contexto em que esteja inserida.

A lei não condiciona a dedutibilidade à relação direta com uma receita. Ao contrário, ao admitir a dedução de despesa necessária às atividades da empresa, a legislação aceita e pressupõe a dedução de quaisquer despesas relacionadas à atividade operacional, tanto as diretas quanto as indiretas, portanto. Tal constatação é fundamental: a despesa será necessária se estiver objetivamente relacionada ao exercício da atividade operacional da empresa ou à manutenção da sua fonte produtora de rendimentos.[14]

Na prática, porém, a aferição da *necessidade* muitas vezes acaba se sujeitando à subjetividade do operador do Direito, que inclusive se coloca indevidamente na posição de administrador da empresa, intervindo nas próprias decisões que poderiam ou não ter sido tomadas, para, a partir desse juízo de valor, enquadrar ou não a despesa enquanto operacional.

Provavelmente por isso que a menção ao signo "necessidade" na lei tenha sido criticada por Brandão Machado[15], quando assim se manifestou:

> *É equivocada a afirmação pela qual as despesas dedutíveis na determinação da base de cálculo do imposto de renda são somente as necessárias. Aceitar tal assertiva levaria a atribuir-se à autoridade da Administração Tributária poderes para administrar a empresa-contribuinte, decidindo o que é e o que não é necessário gastar para produzir determinada renda.*
>
> *Na determinação do valor da renda tributável devem ser considerados, isto sim, os seguintes aspectos:*
>
> *(a) Efetividade – as despesas devem ser verdadeiras, isto é, devem ter essa natureza econômica, e não devem acobertar práticas evasivas, fraudulentas ou não.*
>
> *(b) Pertinência – as despesas devem ser pertinentes, posto que as despesas admitidas são as usuais ou normais no tipo de transações, operações ou atividades da empresa.*

---

[14] Cf. ÁVILA, Humberto. Dedutibilidade de despesas com o pagamento de indenização decorrente de ilícitos praticados por ex-funcionários. *In: Tributação do Ilícito*. São Paulo: Malheiros Editores. 2018. P. 90 e 91.

[15] MACHADO, Brandão. Multas administrativas e imposto de renda. *In: Direito Tributário Atual*, vol. 10. São Paulo: Resenha Tributária, 1990. Páginas 2.745 e 2.746.

Em que pese o conceito de necessidade, em um primeiro lance de olhar, parecer carregar margem subjetiva acentuada, o fato é que o sistema jurídico estipula critérios objetivos que deveriam vincular o intérprete, prescrevendo que despesas dedutíveis são todas aquelas ligadas às atividades operacionais e à manutenção da fonte produtora.

Como bem notou Humberto Ávila[16], a *necessidade* não deve ser confundida com a sua *obrigatoriedade*, assim como a *liberalidade* não deve ser confundida com a sua *facultatividade*. A questão não é saber se o contribuinte poderia ter desempenhado suas atividades de maneira diversa, sem incorrer na despesa controvertida ou efetuá-la em valor menor. Decisivo, em vez disso, é verificar se a despesa em questão consubstancia uma imposição das operações e negócios jurídicos que o contribuinte escolhe desempenhar enquanto expressão do livre exercício de atividade econômica ou empresarial.

Nessa linha de raciocínio, a *necessidade* leva em conta não só a vinculação da despesa com uma obrigação legal ou contratual que demande o seu pagamento, mas também a existência de *causa jurídica* e alguma contrapartida, efetiva ou em potencial, para a empresa, como um resultado econômico, visibilidade no mercado, credibilidade com fornecedores, fidelização de clientela, restabelecimento da marca etc.

Caso contrário, ou seja, quando a despesa foi gerada por um ato de *liberalidade*, ela é indedutível, na linha do que expõe Ricardo Mariz de Oliveira[17]:

> (...) o conceito de "necessidade" é objetivamente determinado pela lei, e, por este mesmo critério, a despesa é não necessária quando envolva liberalidade, mas liberalidade também no sentido objetivo legal, isto é, de ato de favor, estranho aos objetivos sociais, contrários aos estatutos sociais, além dos poderes conferidos à administração da empresa.

Nessa trilha, pode-se dizer que despesas que se mostrem como mera *liberalidade* equivaleria às referidas *transferências patrimoniais*, razão pela qual são indedutíveis.

---

[16] Cf. ÁVILA, Humberto. Dedutibilidade de despesas com o pagamento de indenização decorrente de ilícitos praticados por ex-funcionários. *In: Tributação do Ilícito*. São Paulo: Malheiros Editores. 2018. Páginas 91 e 92.

[17] Cf. DE OLIVEIRA, Ricardo Mariz. *Fundamentos do imposto de renda*. São Paulo: Quartier Latin, 2008. P. 701 e 702.

(iii) usualidade ou normalidade – trata-se de expressão que nem precisaria constar na lei, afinal o requisito da *necessidade* já é suficiente para aferir a dedutibilidade ou não. Não obstante, despesa *usual* ou *normal* é aquela inerente ao negócio explorado, não podendo tais termos serem confundidos com habitualidade, como bem alertou Luís Eduardo Schoueri[18]:

> *Usual, importa deixar claro, não é necessariamente algo que ocorre com frequência. Do contrário, obstar-se-ia a criatividade da despesa empregada para, por exemplo, promover a venda de uma mercadoria. Seria absurdo dizer que qualquer inovação, por seu próprio caráter de inédito (portanto, não frequente), seria indedutível. Ao contrário, a empresa pode incorrer em despesa inusual justamente para levantá-la.*

(iv) comprovação – a dedução da despesa ainda demanda o seu registro na contabilidade, a débito da conta de resultado, devendo ainda estar suportada com base em prova que identifique a sua efetiva natureza ou causa jurídica, nos termos do artigo 9°, § 1° do Decreto-Lei nº 1.598[19].

Cumpridos esses requisitos, isto é, sendo a despesa **(i)** não computada como custo, **(ii)** necessária, **(iii)** usual ou normal e **(iv)** passível de comprovação, não há que se falar em glosa. A dedução de *despesa operacional*, pois, não corresponde a uma vantagem ou benefício fiscal, constituindo ela, na verdade, um direito legítimo do contribuinte em face da própria materialidade do IR (*renda líquida*).

E juntamente com a norma geral, existem na legislação outras previsões específicas (muitas delas, sim, figurando como benefícios fiscais) que permitem ou reconhecem a dedutibilidade (total ou parcial) ou a indedutibilidade de dispêndios determinados[20], previsões estas que, em face do princípio da especificidade, em regra se sobrepõem[21].

---

[18] Cf. SCHOUERI, Luís Eduardo. Considerações acerca da Disponibilidade da Renda: Renda Disponível é Renda Líquida. (...) Página 29.

[19] *A escrituração mantida com observância das disposições legais faz prova a favor do contribuinte dos fatos nela registrados e comprovados por documentos hábeis.*

[20] Não entraremos no mérito dessas regras específicas, até mesmo porque a matéria ensejaria um "tratado".

[21] Dizemos "em regra" porque se uma previsão legal específica pretender tributar o patrimônio, e não propriamente a renda, nada impede que o contribuinte questione a sua constitucionalidade, lembrando que o Carf *não é competente para se pronunciar sobre a inconstitucionalidade de lei tributária*, cf. Súmula CARF nº 2.

5. Precedentes de casos de glosa de despesas

Passaremos agora a analisar julgados administrativos relacionados à glosa de despesas.

5.1. Despesas com "utilidades" ou "benefícios"

Pagamentos de viagens, aluguéis, veículos ou outras utilidades não raramente são objeto de glosa. A dedutibilidade, nessas situações, depende da comprovação de que o destino dos gastos a estes títulos de fato foi revertido em prol da empresa.

Se o contribuinte não cumprir esse ônus ou se o fisco já demonstrar na autuação que o beneficiário da despesa não foi a empresa, mas sim terceiros (tais como sócios, dirigentes ou outros funcionários), entendemos que a glosa realmente é correta, pois, conforme visto, transferência patrimonial não configura despesa operacional.

No Acórdão **1202-000.923**[22], a glosa foi mantida em face da constatação de que os pagamentos de passagens e a título de representação não se reverteram para a empresa que assumiu as despesas, mas sim para sua controladora. Foi, então, decidido que *"as despesas de representação e reembolso de passagens, objeto da autuação, são de responsabilidade da controladora da impugnante; estas se configuram desnecessárias aos objetivos sociais desta última, não sendo permitido, portanto, sua dedução para fins de imposto de renda".*

No Acórdão **1201-002.253**[23], prevaleceu o entendimento de que é *"descabida a glosa de despesas de viagens sob o fundamento de que somente cabe ao Coordenador Geral da Fundação a atribuição de arrecadar as rendas, doações, subvenções e transferências para a Fundação. É senso comum que o Presidente de determinada entidade, independente das obrigações constantes do Estatuto, acaba por representar institucionalmente o órgão".* Por outro lado, este mesmo julgado concluiu que *"deve ser mantida a glosa de valores contabilizados como retiradas e pagamentos de despesas pessoais do Presidente da Fundação e de sua empresa, em vista da ausência de documentação probatória capaz de contradizer a conclusão das autoridades fiscal e julgadora".*

---

[22] Processo n. 18471.001831/2005-31. 2ª Turma Ordinária da 2ª Câmara da 1ª Seção do CARF. Sessão de 05 de dezembro de 2012. Relator Orlando Jose Gonçalves Bueno.

[23] Processo n. 10950.724423/2011-02. 1ª Turma Ordinária da 2ª Câmara da 1ª Seção do CARF. Sessão de 13 de junho de 2018. Relatora Gisele Barra Bossa.

Em se tratando de aluguéis, o Acórdão **107-07.380**[24] bem destaca que *"somente as despesas intimamente ligadas com a fonte produtora podem ser dedutíveis, não alcançando a dedutibilidade por locação de bens imóveis quando cedidos aos sócios da empresa por mera liberalidade"*.

Por outro lado, o CARF também já admitiu que *"devem ser admitidas como dedutíveis as despesas com os aluguéis pagos pelos imóveis em que funcionam a sede e as filiais da empresa, devidamente comprovadas nos contratos de locação apresentados. Entretanto, não comprovada a vinculação com a atividade da empresa do imóvel locado, mantém-se a glosa da despesa"* (Acórdão **1402-003.579**[25]).

5.2. Despesas incorridas com a contratação de serviços

No caso de despesas com serviços, a comprovação da necessidade e efetividade da prestação varia de caso para caso, de acordo com o próprio serviço tomado, sua periodicidade, materialidade e relevância econômica.

Trata-se de matéria comum no âmbito de autuações decorrentes de glosas de despesas, até mesmo porque a experiência demonstra que há empresas que, simulando a contratação de serviços necessários, dissimulam *transferências patrimoniais* (para terceiros ou ilícitas) ou criam despesas inexistentes para, assim, reduzir indevidamente a *renda líquida*.

Em um primeiro momento, cabe ao contribuinte indicar a despesa pelo serviço na contabilidade, bem como apresentar a respectiva nota fiscal e o contrato de prestação de serviços[26].

Uma vez apresentados esses elementos probatórios, entendemos que, caso a fiscalização não mais questione a efetividade da operação, incabível a glosa.

Caso, porém, a "existência real" ou a necessidade da despesa ainda seja colocada em xeque – o que pode ocorrer, por exemplo, com a descrição genérica do serviço da nota fiscal ou diante de uma *circularização* –, o fisco, após reunir os indícios colhidos, pode intimar o contribuinte a melhor evidenciar o porquê e o que de fato contratou e pagou.

---

[24] Processo n. 11072.000056/98-41. 7ª Câmara do 1º Conselho de Contribuintes. Sessão de 16 de outubro de 2003. Relator Neicyr de Almeida.

[25] Processo n. 19515.720891/2012-94. 2ª Turma Ordinária da 4ª Câmara da 1ª Seção do CARF. Sessão de 20 de novembro de 2018. Relator Evandro Correa Dias.

[26] Apesar da possibilidade jurídica do contrato ser verbal, a formalização de instrumento próprio cria maior segurança jurídica e assegura o cumprimento do ônus da comprovação da natureza do que se pagou.

9. GLOSA DE DESPESAS E OS DESAFIOS PROBATÓRIOS

Nessa hipótese, ou seja, sendo questionados os elementos probatórios iniciais acerca da contratação do alegado serviço, cabe ao contribuinte reunir outros elementos materiais acerca do objeto contratual e seu resultado, elementos estes que variam conforme o escopo e a sua forma de execução.

Os dois julgados da Câmara Superior de Recursos Fiscais (CSRF) abaixo ilustram bem a ideia que pretendemos passar:

> *(...) Não basta comprovar que a despesa foi assumida e que houve o desembolso, é indispensável, principalmente, comprovar que o dispêndio corresponde à contrapartida de algo recebido e que, por isso mesmo, torna o pagamento devido. Nota fiscal com descrição genérica dos serviços como "assessoria comercial" sem especificação de quais serviços teriam sido prestados e sem qualquer documento que comprove a prestação dos serviços à empresa não se presta a acobertar a dedutibilidade da despesa.* (Acórdão **CSRF/01-01.549**[27])
>
> *IRPJ – DESPESAS DE SERVIÇOS – EFETIVIDADE DA PRESTAÇÃO – ÔNUS DA PROVA – GLOSA – CABIMENTO – Não é lícito ao Fisco proceder à glosa de despesas de serviços suficientemente descritos em notas fiscais, se a fiscalização deixa de reunir provas, ou mesmo indícios, de que os serviços não foram ou não poderiam ter sido prestados. Cabível, entretanto, a glosa, se o contribuinte deixa de comprovar documentalmente os lançamentos contábeis relativos às despesas de serviços.* (Acórdão **CSRF/01-03.972**[28])

Esses julgados bem demonstram que, no âmbito de contratação de serviços, é preciso que o contribuinte, para fazer jus à dedução, apresente documentos que comprovem que o que foi prestado de fato foi necessário (direta ou indiretamente para a empresa), realizado pelo contratado a preço justo e que foi este o beneficiário do pagamento.

Esses elementos probatórios variam de serviço para serviço e em função das particulares de cada um deles. Caso tenha sido um serviço de engenharia, por exemplo, cabe ao contribuinte demonstrar a construção, o reparo, as medições etc. Caso tenha sido uma consultoria, cabe evidenciar qual foi a utilidade gerada, o que a motivou, eventuais troca de mensagens, eventual relatório ou laudo produzido etc, dentro da razoabilidade de cada situação fática.

---

[27] Processo n. 10680.002381/90-98. 1ª Turma da Câmara Superior de Recursos Fiscais. Sessão de 18 de junho de 1993.

[28] Processo n. 10880.026891/96-44. 1ª Turma da Câmara Superior de Recursos Fiscais. Sessão de 18 de junho de 2002. Relator Manoel Antônio Gadelhas Dias.

O Acórdão **101-83.874**[29] revela interessante exemplo de dedução de despesa necessária indireta incorrida com a contratação de serviço. Veja-se:

> *1) São dedutíveis na determinarão do lucro real as despesas com a atividade operacional da empresa tal como o levantamento topográfico de área a ser adquirida e cujo negócio não se última em razão do resultado desse serviço.*

Já o Acórdão **1301-00.497**[30] manifestou-se em favor da glosa de despesa com serviços tomados, sob a alegação de *"se o contribuinte não comprova a efetividade da alegada locação e nem mesmo é capaz de identificar quais foram os equipamentos supostamente locados, torna-se impossível ao fisco aferir a necessidade, usualidade e normalidade da operação. As despesas são, pois, indedutíveis".* Em seguida este mesmo julgado esclarece que *"diante da inexistência de prova documental que possa levar à conclusão sobre a efetividade das alegadas despesas com serviços de advocacia, muito menos permitir ao Fisco aferir sua necessidade, usualidade e normalidade, a glosa se revela correta".*

5.3. Atos ilícitos

A (in)dedutibilidade de pagamentos relacionados com atos ilícitos constitui matéria que mereceria páginas e páginas de reflexão, mas por ora nossa intenção é a de apenas sintetizar a jurisprudência e opinar sobre o tratamento fiscal aplicável[31].

Para tanto, é importante registrar, de plano, que uma coisa é incorrer em despesas consideradas ilícitas, onde o próprio pagamento é tipificado como antijurídico (crime ou contravenção penal aos olhos do Direito Penal, por exemplo); outra coisa é incorrer em despesas decorrentes de atos ilícitos, como as multas pecuniárias e as indenizações, cujo pagamento não constitui conduta proibida, mas sim a *causa jurídica* de "reparar um ilícito", seja ele ato descumpridor de norma pública, de norma privada ou um dano patrimonial.

---

[29] Processo n. 10980-007.597/90-74. 1ª Câmara do 1º Conselho de Contribuintes. Sessão de 24 de agosto de 1992. Relator Carlos Alberto Gonçalves Nunes.

[30] Processo n. 19515.000782/2006-17. 1ª Turma Ordinária da 3ª Câmara da 1ª Seção do CARF. Sessão de 23 de fevereiro de 2011. Relator Waldir Veiga Rocha.

[31] Sobre esse assunto, recomenda-se a leitura do artigo Dedutibilidade de despesas com atividades ilícitas, de autoria de SCHOUERI, Luís Eduardo e GALDINO, Guilherme. *In: Tributação do Ilícito.* Coordenadores: ADAMY, Pedro Augusto e FERREIRA NETO, Arthur M. São Paulo: Malheiros Editores. 2018. P. 148 a 212.

9. GLOSA DE DESPESAS E OS DESAFIOS PROBATÓRIOS

Quando determinada empresa incorre em uma despesa enquadrada como ato ilícito (*pagar propina*, por exemplo), o pagamento por si só já configura ato de mera liberalidade. É contraditório que um pagamento qualificado juridicamente como ato ilícito seja também qualificado juridicamente como despesa operacional.

A *transferência patrimonial ilícita*, enquanto ato antijurídico, elimina a possibilidade de seu enquadramento como *despesa operacional* aos olhos do Direito, independentemente do resultado econômico obtido. Simulando-se despesa, dissimula-se um crime.

Entendemos, com a devida vênia àqueles que pensam em sentido contrário, que a ilicitude detectada na figura de um pagamento o torna indedutível mesmo em face do princípio da renda líquida. Antes de ser *despesa*, é crime. E pagamento que tipifica crime é carente de causa jurídica, estando fora do alcance da norma de dedutibilidade.

E nem se diga que a adição de *despesas contábeis* tipificadas como *pagamentos ilícitos* pelo sistema jurídico caracterizaria uma espécie de sanção. Trata-se esta adição fiscal, na verdade, de um ajuste inerente à própria técnica de apuração do Lucro Real a partir do lucro societário, técnica esta que não permite que pagamentos não necessários do ponto de vista jurídico (como é o caso das *transferências patrimoniais ilícitas ou para terceiros*) sejam deduzidos da base de cálculo.

Ainda que pela contabilidade a "propina", por exemplo, possa ser registrada como despesa, reduzindo o lucro líquido aos olhos desta ciência econômica, sob o ângulo do Direito este pagamento, por já ter sido qualificado como ato ilícito, não constitui despesa operacional da empresa em sentido jurídico. Há, aqui, um distanciamento entre a classificação contábil e o tratamento fiscal.

Sobre o tema, vale assinalar que o CARF, por meio dos Acórdãos **1302-002.549**[32] e **1302-002.788**[33], já se posicionou pela indedutibilidade de propinas dissimuladas como comissões no bojo da "operação Lava Jato", por entender, dentre outros fundamentos (tais como o da violação à liberdade concorrencial), que tais pagamentos teriam sido feitos por mera liberalidade

---

[32] Processo n. 13896.723262/2015-45. 1ª Turma Ordinária da 3ª Câmara da 1ª Seção do CARF. Sessão de 20 de fevereiro de 2018. Relator Luiz Tadeu Matosinho Machado.

[33] Processo n. 13896.723534/2015-15. 1ª Turma Ordinária da 3ª Câmara da 1ª Seção do CARF. Sessão de 15 de maio de 2018. Relator Luiz Tadeu Matosinho Machado.

do administrador da companhia, afinal não há que se cogitar a ilicitude da despesa no conteúdo semântico de *necessário* ou *usual*.

Pois bem.

Quanto à (in)dedutibilidade de pagamentos que não tipificam condutas ilícitas, mas que são decorrentes de atos ilícios – caso das multas pecuniárias e indenizações – entendemos que a análise deve ser feita sob outro enfoque, afinal *pagar multas* ou *pagar indenizações* não constituem atos ilícitos (condutas proibidas) propriamente ditos.

A *causa jurídica* dessas despesas é a própria multa ou a própria indenização, figuras típicas e aptas a compensar uma conduta proibida, mas que com ela não se confunde.

Com efeito, multas e indenizações constituem despesas *da empresa para a empresa*, e não atos ilícitos em si considerados, razão pela qual a dedutibilidade deve ser aferida em face de sua ligação ou não às atividades empresariais, sem maiores preconceitos.

Entretanto, conforme sugere o estudo referido na Nota de Rodapé 31 "*existem dispositivos legais específicos (e.g. multas fiscais), pareceres normativos sobre assuntos pontuais (e.g. multas contratuais), havendo, não rara as vezes, confusão sobre o dispositivo que deve ser aplicado e ainda decisões com fundamentações meramente retóricas*".

De fato, há previsão legal[34] que determina que não são dedutíveis as multas por infrações fiscais, exceto as de natureza compensatória e as impostas por infrações de que não resultem falta ou insuficiência de pagamento de tributo.[35]

Essa distinção feita na lei, e na forma interpretada pelo PN CST nº 61/79, foi adotada pelo Conselho de Contribuintes e pelo CARF na grande maioria

---

[34] Lei nº 8.981, de 1995, art. 41, § 5º, dispositivo este que repetiu a redação já prevista no artigo 16, §4º, do Decreto-lei 1.598/77 e artigo 7º, §5º, da Lei nº 8.541/92.

[35] O PN CST nº 61/79 concluiu que a indedutibilidade em questão é cabível para as multas fiscais decorrentes: (i) de descumprimento do dever instrumental que envolve a prestação de informações acerca do fato gerador; (ii) da inobservância da obrigação de reter o IRRF; e (iii) da falta ou insuficiência de pagamento de tributos que não sejam compensatórias. Para a multa ser enquadrada como compensatória, o PN estabelece duas condições: (i) a de que ela não deva ser excluída pela denúncia espontânea; e (ii) que deva guardar equivalência com a lesão provocada (como os juros de mora de 1% ao mês e a multa moratória de 10% ou 20%).

9. GLOSA DE DESPESAS E OS DESAFIOS PROBATÓRIOS

dos casos sem maiores questionamentos[36], apesar de existir uma minoria de decisões que enquadraram a própria multa de mora como punitiva, conferindo-lhe natureza de dispêndio indedutível[37].

A nosso ver a dedutibilidade apenas parcial prevista na norma específica de dedutibilidade de multas tributárias, a todo rigor, já é reconhecida pela norma geral de dedutibilidade. Isso porque o não pagamento de tributo ou multa por infração da legislação tributária é normal na realidade das empresas, tem por causa o próprio exercício de gestão empresarial e, mais ainda, impede a obtenção de certidão negativa, podendo prejudicar o próprio desenvolvimento da atividade operacional do contribuinte.

É a indedutibilidade, isto sim, uma tentativa indevida de aumentar a própria penalidade ("pena reflexa"), afinal o contribuinte, ao infringir a legislação tributária, já sofre a imposição de multa punitiva (*elemento patrimonial negativo*).

No tocante às multas não tributárias, as decisões costumam dividi-las em dois grupos: **(i)** o primeiro abarca as despesas com multas contratuais; e **(ii)** o segundo diz respeito às multas não fiscais decorrentes de infrações de normas de ordem pública.

A dedutibilidade de multas contratuais restou admitida sem maiores divergências na jurisprudência, prevalecendo, na linha do que sustentamos, que este tipo de penalidade é inerente ao risco da própria atividade desenvolvida, razão pela qual pode ser qualificada como despesa necessária.

No Acórdão **103-19.527**[38], por exemplo, foi decidido que "*a multa contratual prevista para as hipóteses de desfazimento do negócio, assim como as cláusulas de indenização por perdas e danos, ajustam-se ao conceito de despesa operacional dedutível*".

---

[36] O Acórdão **107-05.531**, por exemplo, qualificou a multa de mora no caso analisado como compensatória, nos exatos termos do PN CST nº 61/79. (Processo 13883.000024197-93. 7ª Câmara do 1º Conselho de Contribuintes. Sessão de 23 de fevereiro de 1999. Relatora Maria do Carmo S. R. de Carvalho).

[37] Como, por exemplo, Acórdão **1103-00.065**. (Processo 10763.027863/93-93. 3ª Turma Ordinária da 1ª Câmara da 1ª Seção do CARF. Sessão de 03 de novembro de 2009. Hugo Correia Sotero).

[38] Processo n. 10980.004614/94-17. 3ª Câmara do 1º Conselho de Contribuintes. Sessão de 18 de agosto de 1998. Relatora Sandra Maria Dias Nunes.

EFICIÊNCIA PROBATÓRIA E A ATUAL JURISPRUDÊNCIA DO CARF

Nesse sentido, o Acórdão **108-07.109**[39] considerou que *"a multa contratual prevista para a hipótese de descumprimento de metas de distribuição de energia ajusta--se ao conceito de despesa operacional dedutível previsto na legislação do Imposto de Renda, sendo usual e necessária à atividade da empresa".*

Já as despesas relativas às multas não fiscais de ordem pública, a posição atual da jurisprudência é pela indedutibilidade, sendo que os precedentes existentes ou se fundamentam na ausência de base legal em favor de sua dedutibilidade ou na ausência de necessidade ou usualidade do dispêndio.

No âmbito da Câmara Superior de Recursos Fiscais, restou vencedor, quando do Acórdão **9101-003.876**[40], o entendimento segundo o qual:

> *Descumprir as normas de natureza não tributárias, regulatórias de setor econômico específico, não pode ser considerado da essência da atividade empresarial, logo, não se pode acatar a idéia de que o pagamento destas sanções se insere no conceito de despesas necessárias à atividade da empresa só pelo fato de que o seu eventual não pagamento desautorizaria a continuidade da prestação do serviço. A dedução das multas administrativas (...) resultaria em verdadeiro benefício, eis que a empresa repassaria para a Administração Pública, e em maior extensão, para a sociedade brasileira, parte dos custos pela sua desídia, o que ofenderia o sistema jurídico vigente, na medida em que a pena não pode passar da pessoa do infrator.*

Não concordamos com esse racional.

Como bem evidenciou o estudo de Luís Eduardo Schoueri e Guilherme Galdino[41]:

> *(...) dado que a regra geral de dedutibilidade precede o dispositivo específico sobre multas fiscais, não se poderia afirmar que "as multas não atendem ao critério da necessidade para fins de dedutibilidade da base de cálculo do imposto de renda", pois, de outra forma, tal regra particular sobre multas "seria totalmente redundante". Além disso, esse dispositivo*

---

[39] Processo n. 10283.006064/2001-38. 8ª Câmara do 1º Conselho de Contribuintes. Sessão de 17 de setembro de 2002. Relator Nelson Lósso Filho.

[40] Processo n. 19740.720197/2009-16. 1ª Turma da Câmara Superior de Recursos Fiscais. Sessão de 06 de novembro de 2018. Relator André Mendes de Moura.

[41] Sobre esse assunto, recomenda-se a leitura do artigo Dedutibilidade de despesas com atividades ilícitas, de autoria de SCHOUERI, Luís Eduardo e GALDINO, Guilherme. *In: Tributação do Ilícito.* Coordenadores: ADAMY, Pedro Augusto e FERREIRA NETO, Arthur M. São Paulo: Malheiros Editores. 2018. Página 173.

9. GLOSA DE DESPESAS E OS DESAFIOS PROBATÓRIOS

"teria inovado a ordem então vigente de indedutibilidade das punições pecuniárias para permitir a dedução de multas atinentes a infrações pelo descumprimento de obrigações tributárias acessórias". A razão para a introdução de regra específica para multas fiscais adviria do contexto de que "as multas normalmente impostas num determinado tipo de atividade empresarial devem ser reconhecidas como despesas necessárias para o desempenho desta atividade". Em segundo lugar, adotou-se o argumento do risco da atividade empresarial. Isso porque "[o] risco faz parte do negócio, e suas consequências também, inclusive aquelas de cunho pecuniário punitivo".[42]

Ora, o pagamento de multa por eventual violação à norma de ordem pública, além de poder sim ser comum no ramo de atividade do contribuinte, é fruto do próprio risco da sua atividade econômica, razão pela qual a despesa incorrida a este título, cujo pagamento, no pior cenário, pode ensejar até a paralisação das atividades, é operacional ou necessária e, portanto, dedutível.

Por mais discordância que se possa ter com a causa da conduta que levou à imposição da penalidade, a própria multa já é o "remédio jurídico" que pune o infrator, sem que isso afaste seu caráter operacional ou sua vinculação com a atividade econômica explorada.

Negar a dedutibilidade de multas ligadas ao exercício de atividades econômicas significaria punir o contribuinte em valor maior que o da própria penalidade, uma vez que sobre o valor da multa também se exigiria o imposto de renda sobre ela, o que inclusive não tem coerência com a previsão do referido artigo 3º do CTN[43], que claramente impossibilita a cobrança de tributo revestido de sanção.

Humberto Ávila[44], nesse particular, foi direto ao ponto:

(...) o contribuinte não deve ser tributado de modo mais oneroso apenas porque a despesa paga ou incorrida decorre de ato ilícito. A indedutibilidade de despesas decorrentes de prejuízos causados por atos ilícitos equivale à utilização da tributação pelo imposto

---

[42] Acórdão **1401-001.793**. No mesmo sentido, Acórdão **1401-002.031**.

[43] Art. 3º *Tributo é toda prestação pecuniária compulsória, em moeda ou cujo valor nela se possa exprimir, **que não constitua sanção de ato ilícito**, instituída em lei e cobrada mediante atividade administrativa plenamente vinculada.*

[44] Cf. ÁVILA, Humberto. Dedutibilidade de despesas com o pagamento de indenização decorrente de ilícitos praticados por ex-funcionários. *In: Tributação do Ilícito.* São Paulo: Malheiros Editores. 2018. Página 97.

sobre a renda como sanção de ato ilícito, o que é vedado pelo artigo 3º do Código Tributário Nacional, (...)

Decisivo, para o caso analisado neste artigo, é a relação entre a despesa paga e o desenvolvimento das atividades operacionais do contribuinte. Sendo assim, as despesas operacionais pagas ou incorridas em razão de contingências verificadas no exercício das atividades empresariais do contribuinte devem, sim, ser consideradas necessárias e, portanto, dedutíveis da base de cálculo do IRPJ e da CSLL.

Por fim, em relação às indenizações, a jurisprudência é firme no sentido de que, sendo o pagamento apto a reparar dano causado no exercício da atividade econômica da empresa, inclusive quando ocorrer por força contratual ou condenação judicial, a despesa é dedutível.

O Acórdão **01-01.514**[45], aliás, decidiu que *"as indenizações devidas em razão de rescisão de contrato de representação comercial, firmado por prazo certo, quando comprovadamente pagas, são dedutíveis como despesas operacionais."*

Já no Acórdão **101-83.874**[46] o Conselho entendeu que *as despesas referentes ao pagamento de indenização trabalhista são dedutíveis do lucro operacional da empresa posto que indispensáveis ao atendimento de uma obrigação legal.*

Em outro julgado (Acórdão **108-06.023**[47]), restou assentado que *"é dedutível a importância paga à empresa ligada, em 31/12/88, a título de indenização, pelo não cumprimento de compromisso assumido com a venda de produtos para entrega futura, cujo valor da transação foi recebido antecipadamente, em 10/12/87."*

5.4. Necessidade x Liberalidade

O enquadramento de uma despesa enquanto necessária ou não necessária é tema que costuma gerar muitas controvérsias e divergências nos julgados. Muitas vezes o contribuinte entende que um pagamento constitui despesa necessária, mas o fisco questiona a dedutibilidade por entender que seria decorrente de mera liberalidade.

---

[45] Processo n. 13707/000.877/90-70. 1ª Turma da Câmara Superior de Recursos Fiscais. Sessão de 31 de dezembro de 1969. Relator Sebastião Rodrigues Cabral.

[46] Processo n. 10980-007.597/90-74. 1ª Câmara do 1º Conselho de Contribuintes. Sessão de 24 de agosto de 1992. Relator Carlos Alberto Gonçalves Nunes.

[47] Processo n. 10880.052628/92-05. 8ª Câmara do 1º Conselho de Contribuintes. Sessão de 24 de fevereiro de 2000. Relatora Marcia Maria Loria Meira.

9. GLOSA DE DESPESAS E OS DESAFIOS PROBATÓRIOS

O caso julgado pelo Acórdão **1201-002.650**[48], por exemplo, diz respeito à glosa das despesas de prêmios e comissões incorridas pelo contribuinte em razão de reestruturação de dívida originada de aquisição de participação societária.

O fisco qualificou tais dispêndios como decorrentes de mera liberalidade, ao passo que o contribuinte buscou comprovar que o projeto de "recompra de *bonds*" foi necessário, afinal reduziria o custo total de endividamento até a data do seu respectivo vencimento, bem como a empresa se livraria de avenças contratuais (*covenants*) que permitiriam a expansão de suas atividades no Brasil.

Por maioria de votos, prevaleceu o entendimento de afastar a glosa, uma vez que restou demonstrado que a renegociação de dívida foi feita visando a obtenção de caixa e lucro futuro para a empresa. Ainda que não existisse uma obrigação contratual, foi considerado que a recompra dos títulos constitui uma opção jurídica válida e normal nesse tipo de negócio, razão pela qual os gastos foram enquadrados como necessários.

Outra discussão interessante ocorreu no bojo do Acórdão **1201-002.665**[49], o qual tratou de analisar a dedutibilidade ou não de despesas incorridas por determinado Banco – patrocinador de plano de previdência complementar – com "contribuições extraordinárias" destinadas ao custeio de déficits neste plano.

No caso, o fisco entendeu que essas contribuições deveriam ser somadas às contribuições ordinárias, sujeitando-se ao limite de dedutibilidade previsto no artigo 361 do RIR/99 (20% do total dos salários dos empregados e remuneração dos dirigentes). Considerando, assim, que a soma dos aportes feitos pelo Banco ultrapassava o limite, a diferença foi considerada como despesa não necessária.

A glosa, porém, foi afastada pelo Acórdão em questão, sob as seguintes justificativas: ambas as contribuições (normais e extraordinárias) não poderiam ter sido confundidas, nos termos da legislação reguladora; o desequilíbrio atuarial no plano foi diagnosticado pela PREVIC (órgão regulador), fato este que motivou a celebração de TAC (Termo de Ajustamento de Conduta) pelo

---

[48] Processo n. 19515.720509/2015-95. 1ª Turma Ordinária da 2ª Câmara da 1ª Seção do CARF. Sessão de 19 de outubro de 2018. Relator Luis Henrique Marotti Toselli.

[49] Processo n. 11080.721652/2017-10. 1ª Turma Ordinária da 2ª Câmara da 1ª Seção do CARF. Sessão de 21 de novembro de 2018. Relator Luis Henrique Marotti Toselli.

qual os signatários (dentre eles a Recorrente) se obrigavam a solucionar as causas do déficit e efetuar aportes imediatos; e o resultado negativo acumulado impactava o Patrimônio Líquido do Banco, pois passaram a ter o dever de registrar as perdas atuariais em suas demonstrações contábeis.

Diante desse cenário, restou comprovado que os pagamentos das *contribuições extraordinárias* foram realizados na forma pactuada em termo de ajuste de conduta, homologado pelo órgão regulamentador competente, bem como que a necessidade da despesa ainda se revelaria em face dos próprios efeitos de uma não repactuação do plano nos resultados, que comprometeria sua demonstração financeira e, como consequência, impactaria a sua atividade-fim (concessão de crédito no mercado nacional).

Outro exemplo comum da "dicotomia" (necessidade x liberalidade) diz respeito à glosa de despesas de juros, notadamente em relação a contratos de empréstimos (mútuos) entre empresas ligadas, que não raramente costumam ser taxados pelo fisco de simulados.

É o caso referido no Acórdão **1201-003.083**[50], cuja glosa de juros foi afastada.

Para a fiscalização, o mútuo e as despesas financeiras teriam sido criados artificialmente (simulados), afinal os juros provenientes de contratos firmados entre sociedades do mesmo grupo nunca teriam sido pagos, sendo o principal liquidado por meio de aumento de capital e contratos de pré-pagamento de exportação ("PPE") "apenas formais".

Em primeiro lugar, o Acórdão demonstra que a norma específica[51] não veda a contratação e dedução de juros *intercompany*, bem como evidencia que em nenhum momento a fiscalização teria indicado que a empresa possuiria mútuo concedido a juros menores[52].

Além disso, tal julgado elucida que no trabalho da auditoria fiscal que culminou na glosa dos juros, a fiscalização não procedeu a uma análise acerca do

---

[50] Processo n. 13161.720468/2016-99. 1ª Turma Ordinária da 2ª Câmara da 1ª Seção do CARF. Sessão de 13 de agosto de 2019. Relator Luis Henrique Marotti Toselli.

[51] *RIR/99 – Art. 374. Os juros pagos ou incorridos pelo contribuinte são dedutíveis, como custo ou despesa operacional, observadas as seguintes normas (Decreto-Lei nº 1.598, de 1977, art. 17, parágrafo único): (...)*

[52] Apenas para esclarecer, pacificou-se na jurisprudência o entendimento de que, havendo repasse de empréstimo a juros menores do que os contratados, a diferença correspondente à diferença excedente é indedutível, afinal não é necessário pagar mais juros quando há receita (menor) desta mesma natureza.

9. GLOSA DE DESPESAS E OS DESAFIOS PROBATÓRIOS

destino dos recursos aportados, ou seja, nunca buscou saber se os recursos recebidos pelo empréstimo foram ou não empregados para o desenvolvimento do objeto social da contribuinte[53], ao passo que a empresa comprovou que utilizou os recursos provenientes do mútuo para desenvolvimento de suas atividades, que as despesas com os juros incidentes foram compatíveis aos valores de mercado e pagas em anos subsequentes e que a empresa credora tributos as receitas financeiras correspondentes.

Situação inversa levou à glosa de juros em julgado da CSRF (Acórdão **9101-003.218**[54]), sob o fundamento de *"o excesso de juros pagos em contrato firmado com sociedade com ações ao portador sediada no exterior (Montevidéu – Uruguai), cujos procuradores, no Brasil, são o próprio Recorrente e o sócio desta, a taxas significativamente superiores (112,91% a.a.) às do mercado financeiro (21,32% a.a.), conforme atestado pela autoridade monetária do país, não é dedutível como despesa operacional, para fins fiscais, por não ser usual e normal no tipo de transações, operações ou atividades da empresa"*, não podendo *"ter por usual, normal, comum, ordinário ou habitual o valor excedente de encargos financeiros decorrentes de empréstimos contratados no exterior, em condições de favorecimento a pessoa ligada, e a taxas muito superiores à maior praticada no mercado interno"*.

Conclusões

As dezenas de precedentes citados estão longe de esgotar o tema, mas são suficientes para evidenciar a problemática do ônus da prova em litígios decorrentes de glosa de despesas fundada na *ausência de necessidade.*

Em se tratando de despesas incorridas pela empresa com utilidades, cabe ao contribuinte comprovar que o gasto, antes de figurar como benefício, possui relação com as atividades empresariais. Deve a empresa, então, sob pena de manutenção da glosa, reunir provas de que a despesa é incorrida para a própria empresa, e não como forma de remunerar trabalho ou transferir patrimônio.

Para provar a dedutibilidade de despesas com serviços tomados, cabe ao contribuinte apresentar, num primeiro momento, os registros contábeis,

---

[53] Há decisões no CARF (Acórdão **1201-00.010** e Acórdão **9101-001.454,** por exemplo), que já assentaram que a glosa de despesas financeiras fundada na desnecessidade do mútuo e juros não se justifica quando não estiver lastreada em provas, mas sim em meras insinuações.
[54] Processo n. 15374.000281/00-94. 1ª Turma da Câmara Superior de Recursos Fiscais. Sessão de 15 de agosto de 2012. Relator Francisco de Sales Ribeiro de Queiroz.

as notas fiscais e os pagamentos. Havendo questionamentos fiscais (o que normalmente ocorre em função da descrição genérica das notas ou em função de *circularização*), é preciso reunir outros elementos materiais inerentes ao objeto contratado, dentro de um mínimo de razoabilidade e levando em conta a boa fé, periodicidade e sua relevância econômica, o que varia de serviço para serviço e de acordo com as peculiaridades do caso concreto.

No contexto do aparente conflito *despesa necessária* x *despesa decorrente de mera liberalidade*, existem desafios para cada uma das partes.

Ao fisco, o desafio inicial consiste em se livrar do dogma de que a dedutibilidade constituiria vantagem ou benefício fiscal. A dedução fiscal, pois, deve ser norteada pela objetividade das normas jurídicas, e não pela subjetividade do intérprete.

Ademais, um segundo desafio se faz presente, qual seja, o das autoridades fiscais aceitarem as decisões gerenciais dos atos escolhidos pelos contribuintes na condução de seus negócios, assegurando o direito à dedutibilidade como manifestação do pleno exercício da *liberdade de empreender, livre iniciativa* e *princípio da renda líquida*.

Por outro lado, o desafio dos contribuintes em prol da dedutibilidade é o de demonstrar a efetividade da despesa assumida, que foi incorrida em conformidade com a causa jurídica declarada e registrada contabilmente e que o dispêndio possui vinculação, direta ou indireta, à obtenção de receitas ou à manutenção da fonte produtora. A simulação de uma operação, para dissimular meras *transferências patrimoniais*, legitima a glosa.

Referências

ÁVILA, Humberto. Dedutibilidade de despesas com o pagamento de indenização decorrente de ilícitos praticados por ex-funcionários. *In: Tributação do Ilícito*. Coord.: ADAMY, Pedro Augusto e FERREIRA NETO, Arthur M. São Paulo: Malheiros Editores. 2018.

DE OLIVEIRA, Ricardo Mariz. *Fundamentos do imposto de renda*. São Paulo: Quartier Latin. 2008.

MACHADO, Brandão. Multas administrativas e imposto de renda. *In: Direito Tributário Atual*, vol. 10. São Paulo: Resenha Tributária. 1990.

SCHOUERI, Luís Eduardo. Considerações acerca da Disponibilidade da Renda: Renda Disponível é Renda Líquida. *In: Direito Tributário. Princípio da Realização no Imposto sobre a Renda. Estudos em Homenagem a Ricardo Mariz de Oliveira*. São Paulo: IBDT. 2019.

SCHOUERI, Luís Eduardo e GALDINO, Guilherme. Dedutibilidade de despesas com atividades ilícitas. *In: Tributação do Ilícito*. Coord. ADAMY, Pedro Augusto e FERREIRA NETO, Arthur M. São Paulo: Malheiros Editores. 2018. Páginas 148 a 212.

TORRES, Ricardo Lobo. *Tratado de Direito Constitucional Financeiro e Tributário*. Vol. IV. Rio de Janeiro: Renovar. 2007.

TOSELLI, Luis Henrique Marotti. A Tributação da "propina", efeitos penais e as práticas adotadas pela fiscalização. *In: Crimes Contra a Ordem Tributária*. Coord. Gisele Barra Bossa e Marcelo Almeida Ruivo. São Paulo: Almedina. 2019.

10. Rateio de despesas. Ônus da prova. Análise crítica de alguns julgados proferidos pelo CARF

FLÁVIO MACHADO VILHENA DIAS[1]

Introdução

No processo administrativo fiscal, a definição de quem é ônus da prova e o momento oportuno para sua apresentação têm trazido acalorados debates na doutrina e, em especial, nos julgamentos proferidos no âmbito do Conselho Administrativo de Recursos Fiscais (CARF).

Neste sentido, um tema ainda tormentoso refere-se ao rateio de despesas realizado por entidades ligadas, que utilizam, muitas vezes, a mesma estrutura administrativa para gerir os seus negócios, uma vez que esse compartilhamento otimiza as operações e, na maioria das vezes, proporciona uma economia considerável nos gastos das entidades envolvidas.

Assim, o presente trabalho, sem o objetivo de esgotar toda a problemática que envolve o rateio de despesas, demonstrará de quem é o ônus da prova, quando o crédito tributário é constituído de ofício pela fiscalização, via Auto de Infração.

Posteriormente, se demonstrará os requisitos para que o rateio de despesas possa ser realizado pelos contribuintes e quando e como estas despesas poderão ser deduzidas das bases de cálculo do IRPJ e da CSSL.

---

[1] As opiniões contidas nesta publicação são reflexões acadêmicas do próprio autor e não necessariamente expressam as posições defendidas por qualquer organização a qual esteja vinculado.

Analisar-se-á, assim, os recentes julgados proferidos pelo CARF, tanto no âmbito das Turmas Ordinárias, como nos julgados proferidos pela Câmara Superior de Recursos Fiscais do Tribunal Administrativo Federal.

Por fim, cumpre ressaltar que os entendimentos que serão expostos a seguir não refletem uma posição oficial do CARF, em que pese, na condição de conselheiro titular da 2ª Turma, da 3ª Câmara da 1ª Seção de Julgamento, este autor já tenha externado sua posição nos acórdãos em que foi relator ou naqueles casos em que foi designado para confeccionar o voto vencedor.

1. Do ônus da prova no processo administrativo fiscal

De início, no presente trabalho, entende-se como necessário fazer breves apontamentos acerca do ônus da prova no processo administrativo fiscal, em especial quando há constituição de ofício do crédito tributário por parte da fiscalização, via Auto de Infração.

É que, naqueles casos em que a administração constitui créditos tributários de ofício, quando identifica incorreções e/ou omissões nos lançamentos contábeis e fiscais previamente realizados pelo contribuinte, há que se entender de quem é o ônus probatório: do fisco ou do contribuinte?

No presente contexto, afasta-se, de pronto, os casos de presunção relativa, como, por exemplo, o de omissão de receitas por depósitos bancários, nos termos do artigo 42, da Lei 9.430/96[2].

Nesses casos, em que pese a discutível constitucionalidade do dispositivo[3], o legislador entendeu que o ônus probatório é do contribuinte. Assim,

[2] O dispositivo legal tem a seguinte redação:

Art. 42. Caracterizam-se também omissão de receita ou de rendimento os valores creditados em conta de depósito ou de investimento mantida junto a instituição financeira, em relação aos quais o titular, pessoa física ou jurídica, regularmente intimado, não comprove, mediante documentação hábil e idônea, a origem dos recursos utilizados nessas operações.

[3] Deve-se ressaltar que o STF reconheceu a repercussão geral do tema nos autos do RE 855.649. Transcreve-se a ementa da decisão proferida:

IMPOSTO DE RENDA – DEPÓSITOS BANCÁRIOS – ORIGEM DOS RECURSOS NÃO COMPROVADA – OMISSÃO DE RENDIMENTOS CARACTERIZADA – INCIDÊNCIA – ARTIGO 42 DA LEI Nº 9.430, DE 1996 – ARTIGOS 145, § 1º, 146, INCISO III, ALÍNEA "A", E 153, INCISO III, DA CONSTITUIÇÃO FEDERAL – RECURSO EXTRAORDINÁRIO – REPERCUSSÃO GERAL CONFIGURADA. Possui repercussão geral a controvérsia acerca da constitucionalidade do artigo 42 da Lei nº 9.430, de 1996, a autorizar a constituição de créditos tributários do Imposto de Renda tendo por base, exclusivamente, valores de depósitos bancários cuja origem não seja comprovada pelo contribuinte no âmbito de

10. RATEIO DE DESPESAS. ÔNUS DA PROVA

sendo devidamente intimado acerca das informações financeiras levantadas pela fiscalização e caso não haja comprovação em contrário por parte do fiscalizado, a ele será presumida determinada conduta.

Mesmo nesses casos, entretanto, não pode a fiscalização, de forma unilateral, afirmar a existência de renda omitida, por exemplo, sem que seja dada a oportunidade ao contribuinte de fazer prova em contrário. Fabiana Del Padre Tomé, refutando de forma veemente a possibilidade de existência, no ordenamento jurídico brasileiro, das chamadas presunções absolutas ou mistas, se pronuncia no sentido de que as *"presunções susceptíveis de serem empregadas pelo Fisco são apenas as relativas, por possibilitarem ao contribuinte a livre produção probatória em sentido contrário"*[4].

Contudo, excetuado os casos de presunção relativa (as únicas presunções que se pode admitir em direito tributário, diga-se), o dever de provar é da fiscalização.

Há que se entender que, nos termos do artigo 142[5], do Código Tributário Nacional, a competência para apurar, constituir e calcular o crédito tributá-

procedimento fiscalizatório. (RE 855649 RG, Relator(a): Min. MARCO AURÉLIO, julgado em 27/08/2015, PROCESSO ELETRÔNICO DJe-188 DIVULG 21-09-2015 PUBLIC 22-09-2015)

[4] Veja-se os seus ensinamentos:

"Apesar de caracterizarem importante instrumento de que dispõe a Administração, auxiliando-a nas tarefas fiscalizatória e arrecadatória, as presunções têm seu emprego delimitado por normas constitucionais que traçam os contornos da competência tributária, além das que asseguram direitos dos contribuintes. Por tal razão, não encontram guarida em nosso ordenamento as presunções absolutas nem as chamadas presunções mistas. As primeiras são obstadas pela rígida repartição constitucional das competências para instruir tributos, bem como pelos princípios da estrita legalidade tributária, da tipicidade e da capacidade contributiva. Quanto às presunções mistas, violam não apenas os primados da tipicidade e capacidade contributiva, mas também o direito à ampla defesa, já que restringem as provas possíveis de serem utilizadas para ilidir o fato presumido.

As presunções susceptíveis de serem empregadas pelo Fisco são apenas as relativas, por possibilitarem ao contribuinte a livre produção probatória em sentido contrário. (TOMÉ, Fabiana Del Padre. *A prova no Direito Tributário*. São Paulo: Noeses, 2008. Págs. 301 e 302)

[5] O dispositivo tem a seguinte redação:

"Art. 142. Compete privativamente à autoridade administrativa constituir o crédito tributário pelo lançamento, assim entendido o procedimento administrativo tendente a verificar a ocorrência do fato gerador da obrigação correspondente, determinar a matéria tributável, calcular o montante do tributo devido, identificar o sujeito passivo e, sendo caso, propor a aplicação da penalidade cabível.

rio é da autoridade administrativa, de forma privativa, em especial quando é promovida a constituição de ofício do crédito tributário, quando presentes umas das hipóteses listadas no artigo 149 do mesmo Código.

Assim, salvo naqueles casos em que há uma presunção relativa de determinadas condutas, reitere-se, é dever da administração tributária comprovar as suas alegações. Mais uma vez, cita-se os ensinamentos de Fabiana Del Padre Tomé que, após discorrer sobre as diferenças entre ônus, dever e faculdade na produção das provas, assim se manifesta:

> (...) A existência do ônus pressupõe um direito subjetivo disponível, que pode ou não ser exercido, situação que não se verifica na esfera tributária, tendo em vista que os atos de lançamento e de aplicação de penalidades pelo descumprimento de obrigações tributárias e deveres instrumentais competem ao Poder Público, de modo privativo e obrigatório, tendo de fazê-lo com base nos elementos comprobatórios do fato jurídico e do ilícito tributário. Daí por que não tem a autoridade administrativa mero ônus de provar o fato jurídico ou o ilícito tributário que dá suporte aos seus atos, mas verdadeiro dever, (...) (TOMÉ, Fabiana Del Padre. A prova no Direito Tributário. São Paulo: Noeses, 2008. Págs. 236 e 237) (destacou-se)

E arremata a festejada professora:

> Caso o ato de lançamento não se fundamente em provas, estará irremediavelmente maculado, devendo ser retirado do ordenamento. Na hipótese de o contribuinte deixar de apresentar os documentos comprobatórios do fato enunciado no antecedente da norma individual e concreta por ele emitida, sujeitar-se-á ao ato de lançamento a ser realizado pela autoridade administrativa e à aplicação das penalidades cabíveis, como adverte Geraldo Ataliba: 'o sistema de legislação vigente, quanto ao assunto, é claro: omissão do contribuinte, a sua falta de colaboração ou a colaboração maliciosa ou danosa, além de serem criminalmente reprimidos, não inibem o fisco no lançamento'. Opostamente, se o contribuinte fornecer os documentos que se referem ao objeto fiscalizado, as informações nele contidas farão prova a seu favor.
>
> Devidamente provado o fato enunciado pelo Fisco ou pelo contribuinte, as alegações que pretendam desconstituí-lo devem, igualmente, estar fundadas em

Parágrafo único. A atividade administrativa de lançamento é vinculada e obrigatória, sob pena de responsabilidade funcional.

10. RATEIO DE DESPESAS. ÔNUS DA PROVA

elementos probatórios. Tudo, na esteira da regra segundo a qual o ônus/dever da prova cabe a quem alega, não se admitindo, na esfera tributária, convenções que alterem essa forma de distribuição. (...) A existência do ônus pressupõe um direito subjetivo disponível, que pode ou não ser exercido, situação que não se verifica na esfera tributária, tendo em vista que os atos de lançamento e de aplicação de penalidades pelo descumprimento de obrigações tributárias e deveres instrumentais competem ao Poder Público, de modo privativo e obrigatório, tendo de fazê-lo com base nos elementos comprobatórios do fato jurídico e do ilícito tributário. Daí por que não tem a autoridade administrativa mero ônus de provar o fato jurídico ou o ilícito tributário que dá suporte aos seus atos, mas verdadeiro dever, (...) (TOMÉ, Fabiana Del Padre. A prova no Direito Tributário. São Paulo: Noeses, 2008. Págs. 239 e 240)

O Conselho Administrativo de Recursos Fiscais já se posicionou em diversas oportunidades quanto à impossibilidade de se inverter o ônus probatório, quando a fiscalização tinha o dever de provar as ilações lançadas em Auto de Infração. Veja-se um julgado neste sentido:

Imposto sobre a Renda de Pessoa Jurídica – IRPJ – Ano-calendário: 2000
USUFRUTO DE AÇÕES. RECEITAS AUFERIDAS EM RAZÃO DA CESSÃO DOS DIREITOS DE FRUIÇÃO DOS ATIVOS. RECEITAS QUE NÃO SE CONFUNDEM COM A PERCEPÇÃO DE LUCROS E DIVIDENDOS. TRIBUTAÇÃO. APROPRIAÇÃO PRO RATA DA RECEITA. A celebração de contrato oneroso de usufruto de ações importa na transferência, ao usufrutuário, do direito, inerente à posição acionária, de percepção de juros e dividendos. A remuneração estabelecida em decorrência da cessão do direito de fruição das ações não se confunde com a percepção de juros e dividendos, constituindo receita do cedente obrigatoriamente submetida à tributação pelo Imposto sobre a Renda. Nessas condições, a receita deve ser apropriada pro-rata, durante o período do contrato. RATEIO DE CUSTOS – **GLOSA – INVERSÃO DO ÔNUS DA PROVA – IMPROCEDÊNCIA DO LANÇAMENTO. Provado, pelos elementos constantes da escrituração mercantil, que a recorrente contabilizara despesas recebidas em rateio de sua controladora, pratica usual em se tratando de grupos financeiros, caberia à fiscalização provar a inexistência ou a não dedutibilidade das despesas que assumira, não simplesmente ter promovido a sua glosa, mediante ilegal inversão do ônus da prova.** *(...) (Número do Processo 19740.000004/2006-56 – Acórdão 107-09.588 – Data da sessão: 17/12/2008)*

Por outro lado, como se verifica da ementa acima, inclusive, não se pode desprezar o "peso" da prova dos lançamentos contábeis do contribuinte. Desde que lastreados por documentação hábil e idônea que comprove eventual lançamento, a contabilidade feita nos ditames da legislação tem o condão de provar a ocorrência do evento escriturado.

Não é por outro motivo que o Decreto 9.580/2108 (RIR/18) é categórico ao afirmar que os lançamentos contábeis fazem prova em favor do contribuinte, sendo dever da autoridade administrativa comprovar eventuais inveracidades. Neste sentido é a redação dos artigos 967, 968 e 969 do RIR/18[6].

Portanto, o dever de comprovar as ilações lançadas na autuação fiscal é da fiscalização. Não se pode admitir a transferência desse ônus ao contribuinte, quando a legislação assim não autoriza. Sendo apresentada documentação que comprove e sustente os lançamentos na contabilidade, a fiscalização deve empreender as diligências necessárias para comprovar suas alegações.

Contudo, uma vez instado, pela fiscalização, a comprovar os lançamentos contábeis, cabe ao contribuinte apresentar documentação hábil e idônea que dê suporte factível àqueles lançamentos. Não se pode admitir que o simples lançamento na contabilidade faça prova irrefutável ao contribuinte. É dever deste demonstrar e, principalmente, comprovar que a sua contabilidade é fidedigna e representa de forma correta a realidade dos fatos ocorridos.

Não sendo apresentado nenhum documento para comprovar os lançamentos contábeis, não pode o contribuinte, invocar os dispositivos infralegais acima, para indicar que o ônus probatório é da fiscalização. É temerária a

---

[6] Essas mesmas previsões podiam ser observadas nos artigos 923, 924 e 925 do Regulamento de Imposto de Renda de 1999 (Decreto nº 3.000/99). Os artigos 967, 968 e 969 do RIR/18 têm a seguinte redação:
"Art. 967. A escrituração mantida em observância às disposições legais faz prova a favor do contribuinte dos fatos nela registrados e comprovados por documentos hábeis, de acordo com a sua natureza, ou assim definidos em preceitos legais (Decreto-Lei nº 1.598, de 1977, art. 9º, § 1º).
Ônus da prova
Art. 968. Cabe à autoridade administrativa a prova da inveracidade dos fatos registrados em observância ao disposto no art. 967 (Decreto-Lei nº 1.598, de 1977, art. 9º, § 2º).
Inversão do ônus da prova
Art. 969. O disposto no art. 968 não se aplica às hipóteses em que a lei, por disposição especial, atribua ao contribuinte o ônus da prova de fatos registrados na sua escrituração (Decreto-Lei nº 1.598, de 1977, art. 9º, § 3º)".

interpretação do dispositivo de forma literal, até mesmo porque é dever do contribuinte a guarda dos documentos que dão suporte aos lançamentos contábeis.

2. Do contrato de rateio de custos e despesas e os requisitos para a sua admissibilidade

As entidades ligadas entre si, visando otimizar e reduzir os gastos inerentes às atividades por ela desenvolvidas, celebram contrato de rateio de despesas. Esse tipo de pactuação se mostra bastante relevante em estruturas complexas e que demandam esforços em comum, como serviços administrativos, financeiros, contábeis, fiscais, de publicidade, dentre outros.

Desta feita, na grande maioria das vezes, se elege uma das empresas de determinado grupo econômico, para que ela fique responsável em realizar os serviços necessários ao exercício da sua atividade e das demais empresas vinculadas, pactuando-se que aquela empresa centralizadora será reembolsada dos custos com os serviços desenvolvidos, de acordo com a proporção de utilização destes por cada uma das partes envolvidas.

Refutando a posição de que esse tipo de contrato teria natureza de uma prestação de serviços[7], com todas as consequências inerentes a este tipo de contratação, inclusive tributárias, Luciana Rosanova Galhardo assim se pronuncia sobre os contratos de rateio de despesas firmados entre as entidades:

> As partes simplesmente elegem uma determinada empresa do grupo econômico para figurar como a empresa centralizadora de determinadas despesas e custos necessários para a produção de bens, serviços ou direitos, sendo estes gastos restituídos ou reembolsados pelas demais empresas do grupo, na exata parcela que lhes couber e mediante acordo prévio. Diversas podem ser as razões para a escolha de uma empresa como a centralizadora dos custos e despesas na produção de bens, serviços ou direitos, tais como: questões de praticidade,

---

[7] Concorda-se com a autora Luciana Rosanova Galhardo quando ela aduz que "Contrato dessa natureza também não se confundem com contratos de prestação de serviços, como se verá a seguir, por não envolverem a figura da remuneração ou do acréscimo de margem de lucro, mas apenas a mera repartição dos custos e despesas que podem ter sido ou que ainda possam vir a ser incorridos. (GALHARDO, Luciana Rosanova. *Rateio de Despesas no Direito Tributário*. São Paulo: Quartier Latin, 2018. Págs. 39 e 40)

gerenciais, maior adequação, capacitação técnica ou outras conveniências. (GALHARDO, Luciana Rosanova. Rateio de Despesas no Direito Tributário. São Paulo: Quartier Latin, 2018. Pág. 43).

Assim, as entidades que fazem o reembolso à empresa centralizadora, acabam por gerar despesas que poderão ser deduzidas das bases de cálculo do IRPJ e da CSLL.

Desta feita, neste ponto, deve-se discorrer, mesmo que de forma breve, acerca das despesas dedutíveis na apuração do lucro real, que é a forma de apuração do lucro utilizada pelas entidades que se utilizam do rateio de despesas.

Neste contexto, é importante esclarecer que o dispêndio feito pela entidade ou toda obrigação incorrida para aquisição de bens, serviços ou utilidades, deve ser considerado dedutível se for feito com o propósito de manter em funcionamento a fonte produtora de rendimentos. Nessa linha, confira-se os ensinamentos de Hiromi Higuchi em sua obra "Imposto de Renda das Empresas: Interpretação e Prática":

> *As despesas efetuadas pelas pessoas jurídicas podem ser dedutíveis ou indedutíveis na apuração do lucro real. Importante é também o momento em que a despesa operacional é dedutível na determinação do lucro real. A despesa é dedutível pelo regime de competência, ou seja, no momento em que a despesa é considerada incorrida.*
>
> *As* **despesas operacionais dedutíveis** *na determinação do lucro real são aquelas que se encaixam nas condições fixadas no art. 299 do RIR/99, isto é, despesas necessárias à atividade da empresa e à respectiva fonte produtora de receitas. As* **despesas necessárias**, *ainda de acordo com a legislação fiscal, são as despesas pagas ou incorridas e que sejam usuais e normais no tipo de transações, operações ou atividades da empresa (HIGUCHI, Hiromi, Imposto de Renda das empresas: interpretação e prática: atualizado até 10-01-2015 – 40º ed. – São Paulo: IR Publicações, 2015, p.279) (destacou-se).*

Os conceitos de despesas necessárias, usuais ou normais estão contidos no artigo 311, do RIR/18[8].

---

[8] Veja-se a redação do dispositivo, deixando claro que essa mesma previsão era contida no artigo 299 do RIR/99 (Decreto nº 3.000/99):
Art. 311. São operacionais as despesas não computadas nos custos, necessárias à atividade da empresa e à manutenção da fonte produtora (Lei nº 4.506, de 1964, art. 47, caput).

Por sua vez, o Parecer Normativo CST nº 32/1981, previu que *"o gasto é necessário quando essencial a qualquer transação ou operação exigida pela exploração das atividades, principais ou acessórias, que estejam vinculadas com as fontes produtoras de rendimentos"*.

Os Tribunais pátrios não destoam deste entendimento, como se observa do julgado, cuja ementa segue transcrita abaixo, proferido pelo Tribunal Regional Federal da 3ª Região:

> *PROCESSUAL CIVIL. TRIBUTÁRIO. CONTRIBUIÇÃO SOCIAL SOBRE O LUCRO-CSLL. IMPOSTO DE RENDA PESSOA JURÍDICA-IRPJ. DEDUÇÃO DE DESPESAS TIDAS COMO OPERACIONAIS. IMPOSSIBILIDADE. CONDENAÇÃO EM VERBA HONORÁRIA QUE SE MANTÉM.*
>
> *1 – Quanto ao agravo retido, é remansoso o entendimento de que a realização de perícia se revela como o meio de prova oneroso e causador da delonga procedimental, cabendo quando devem ser esclarecidas questões que não possam ser verificadas sem o conhecimento técnico. A não realização de perícia contábil não caracteriza cerceamento de defesa, vez que a matéria tratada na inicial era de direito, possibilitando assim o julgamento da lide. Com efeito, o CPC/2015 permite o julgamento, dispensando a produção de provas, quando a questão for unicamente de direito e os documentos acostados aos autos forem suficientes ao exame do pedido. Também, o art. 370 do CPC/2015 permite ao juiz a possibilidade de indeferir diligências inúteis ou meramente protelatórias, assim como determinar a realização das provas que entenda necessárias à instrução do processo, mesmo sem requerimento da parte. Na hipótese, o que se discute é a possibilidade de descontos concedidos a clientes como despesas operacionais e despesas de viagem e estadia de médicos e cirurgiões cardiologistas e técnicos, dedutíveis da base de cálculo do IRPJ e da CSLL, sendo totalmente desnecessária a realização de prova pericial, pelo que rejeito o agravo retido interposto.*
>
> ***2. Despesas operacionais são as pagas ou incorridas para vender produtos ou serviços e administrar a empresa. A legislação de regência prescreve restrições quanto à dedução de despesas efetivamente incorridas e regularmente escrituradas.***

§ 1º São necessárias as despesas pagas ou incorridas para a realização das transações ou operações exigidas pela atividade da empresa (Lei nº 4.506, de 1964, art. 47, § 1º)

§ 2º As despesas operacionais admitidas são as usuais ou normais no tipo de transações, operações ou atividades da empresa (Lei nº 4.506, de 1964, art. 47, § 2º).

§ 3º O disposto neste artigo aplica-se também às gratificações pagas aos empregados, independentemente da designação que tiverem.

3. O Parecer Normativo CST nº 32/81 declara que gasto necessário é o essencial a qualquer transação ou operação exigida pela exploração das atividades, principais ou acessórias, que estejam vinculadas com as fontes produtoras de rendimentos.

4. Na determinação da base de cálculo do IRPJ, a legislação considera dedutíveis as despesas operacionais, aquelas necessárias à atividade da empresa e à manutenção da respectiva fonte produtora.

5. Na hipótese, no tocante a dedução dos prejuízos operacionais como despesa, não foram cumpridos os requisitos legais, de forma que não se pode simplesmente acolher o argumento genérico de que estão presentes as condições do artigo 299, do RIR/1999.

6. A autoridade fiscal efetuou a glosa dos valores referentes às despesas efetuadas com pessoas não vinculadas a empresa, como viagens, transporte, estadia de médicos para participação em congressos, exposições e conferências, bem como descontos concedidos a clientes.

7. As notas acostadas aos autos, por si só, não demonstram a finalidade, o relacionamento com a atividade desenvolvida pela autora. As viagens ao exterior deveriam estar devidamente escrituradas e de encontro com a atividade da empresa.

8. Embora útil ou vantajoso o emprego do valor, caracteriza-se um incremento, mas não uma despesa necessária ou operacional.

9. Quanto à verba honorária, esta deve ser mantida, conforme fixada na r. sentença.

10. Agravo retido rejeitado. Apelação não provida.

(AC 00089632520114036100, DESEMBARGADOR FEDERAL NERY JUNIOR, TRF3 – TERCEIRA TURMA, e-DJF3 Judicial 1 DATA:18/01/2017.)

Deve-se ressaltar, ainda, que, tendo em vista o regime de competência, mesmo aquelas despesas ainda não efetivamente pagas, mas já reconhecidas na contabilidade (incorridas), podem ser deduzidas da base de cálculo do IRPJ e da CSLL, como, inclusive, já decidiu o Superior Tribunal de Justiça. Veja-se:

DIREITO TRIBUTÁRIO. IRPJ. LUCRO REAL. DESPESA OPERACIONAL. FÉRIAS. EMPREGADOS. REGIME DE COMPETÊNCIA. AQUISIÇÃO DO DIREITO. CONCEITO DE DESPESA INCORRIDA.

1. Cuida-se, na origem, de Ação Declaratória proposta com a finalidade de obter provimento jurisdicional que reconheça o direito à dedutibilidade de despesas incorridas pela aquisição do direito às férias dos empregados, na apuração do IRPJ do ano-base de 1978 (fl. 12).

10. RATEIO DE DESPESAS. ÔNUS DA PROVA

2. A controvérsia posta, desde a inicial, diz respeito ao período em que essa dedução é possível, e não propriamente à existência desse direito, o que se tornou inquestionável.

3. Uma vez adquirido o direito às férias, a despesa em questão corresponde a uma obrigação líquida e certa contraída pelo empregador, embora não realizada imediatamente. Dispõe o art. 134 da CLT que "As férias serão concedidas por ato do empregador, em um só período, nos 12 (doze) meses subsequentes à data em que o empregado tiver adquirido o direito".

4. De acordo com o § 1º do art. 47 da Lei 4.506/1964, são necessárias as despesas pagas ou incorridas para realizar as transações ou operações exigidas pela atividade da empresa. Tais despesas são consideradas operacionais e a legislação autoriza seu abatimento na apuração do lucro operacional (art. 43 da Lei 4.506/1964).

5. Se a lei permite a dedução das despesas pagas e das incorridas, não só as que já foram efetivamente adimplidas são dedutíveis. Despesa incorrida é aquela que existe juridicamente e possui os atributos de liquidez e certeza.

6. Na legislação tributária, prevalece a regra do regime de competência, de modo que as despesas devem ser deduzidas no lucro real do período-base competente, ou seja, quando jurídica ou economicamente se tornarem devidas.

7. Com a aquisição do direito às férias pelo empregado, a obrigação de concedê-las juntamente com o pagamento das verbas remuneratórias correspondentes passa a existir juridicamente para o empregador. Nesse momento, a pessoa jurídica incorre numa despesa passível de dedução na apuração do lucro real do ano-calendário em que se aperfeiçoou o direito adquirido do empregado.

8. Recurso Especial não provido.

(REsp 1313879/SP, Rel. Ministro HERMAN BENJAMIN, SEGUNDA TURMA, julgado em 07/02/2013, DJe 08/03/2013) (destacou-se)

Dessa forma, são requisitos básicos para os gastos com despesas serem dedutíveis da base de cálculo do IRPJ e da CSLL:

(i) a comprovação do pagamento ou, na ausência deste, a despesa deve ser ao menos incorrida/reconhecida (regime de competência);

(ii) os gastos devem ser úteis ou necessários para a manutenção da entidade e relacionados ao seu objeto social.

Esses são os requisitos para a dedutibilidade das despesas em geral incorridas pelo contribuinte.

Por outro lado, no que se refere ao rateio de despesas entre empresas do mesmo grupo ou conglomerado, não há óbices para que seja feito, até mesmo porque, em última análise, como mencionado, este rateio proporciona uma melhor eficiência e controle de gastos para as entidades, que podem, de alguma forma, reduzir e otimizar os seus custos, principalmente aqueles relacionados às atividades administrativas das sociedades.

A Lei 6.404/76 (Lei das S/A's), por exemplo, em seu artigo 274[9], deixa clara a possibilidade de a remuneração dos administradores do grupo e os investidos em cargos de mais de uma sociedade ser rateada.

E essa possibilidade de ratear as despesas se estende aos gastos com pessoal ligados a áreas administrativas comuns das entidades e essenciais à condução dos negócios, mesmo que os objetos sociais sejam distintos. Contudo, os critérios de rateio devem ser razoáveis, com justificativas operacionais e econômicas plausíveis e comprovadas pelo contribuinte.

Como bem apontado por Edmar Oliveira Andrade Filho, a Solução de Divergência COSIT nº 23, de 14 de outubro de 2013, trouxe os balizamentos necessários para se admitir que as despesas sejam rateadas pelas entidades coligadas e/ou pertencentes a um mesmo grupo econômico. Eis os seus ensinamentos, que detalham o que restou estabelecido naquela Solução de Consulta:

> De acordo com a Solução de Divergência nº 223 (sic), de 14 de outubro de 2013, para que os valores movimentados em razão do citado rateio de custos e despesas sejam dedutíveis do IRPJ, exige-se que correspondam a custos e despesas necessárias, normais e usuais, devidamente comprovadas e pagas. É exigível, ainda, que sejam calculados com base em critérios de rateio razoáveis e objetivos, previamente ajustados, formalizados por instrumento firmado entre os intervenientes; que correspondam ao efetivo gasto de cada empresa e ao preço global pago pelos bens e serviços; que a empresa centralizadora da operação aproprie como despesa tão somente a parcela que lhe cabe de acordo com o critério de rateio, assim como devem proceder de forma idêntica as empresas

[9] O dispositivo tem a seguinte redação:
"Art. 274. Os administradores do grupo e os investidos em cargos de mais de uma sociedade poderão ter a sua remuneração rateada entre as diversas sociedades, e a gratificação dos administradores, se houver, poderá ser fixada, dentro dos limites do § 1º do artigo 152 com base nos resultados apurados nas demonstrações financeiras consolidadas do grupo".

descentralizadas beneficiárias dos bens e serviços, e contabilize as parcelas a serem ressarcidas como direitos de créditos a recuperar; e, finalmente, que seja mantida escrituração destacada de todos os atos diretamente relacionados com o rateio das despesas administrativas.

Por fim, é indispensável considerar que os valores suportados devem estar alinhados com os preços praticados no mercado, ou, ao menos, que haja contraprestação justa pelos bens recebidos, de modo a evitar a alocação de receitas com base em critérios não racionais." (ANDREADE FILHO, Edmar Oliveira. Imposto de Renda das empresas. 13ª ed. – São Paulo: Atlas, 2018. Pág. 245).

Assim, para que seja admitido o aproveitamento de despesas rateadas entre empresas coligadas ou pertencentes ao mesmo grupo econômico, entende-se que os seguintes requisitos devem ser cumpridos e comprovados pela entidade:

(i) as despesas correspondam a despesas necessárias, normais e usuais, devidamente comprovadas e pagas ou incorridas;

(ii) os critérios de rateio devem ser razoáveis e objetivos, devendo estar alinhados com o preço real do serviço prestado;

(iii) o rateio deve ser previamente formalizado entre as partes, através de instrumento contratual, em que reste previsto expressamente os critérios, formas de remuneração e justificativas para que as despesas sejam rateadas;

(iv) a empresa centralizadora da operação (que assume, em um primeiro momento, a integralidade da despesa, mas depois é reembolsada pelas demais, de acordo com o critério de rateio) aproprie como despesa tão somente a parcela que lhe cabe;

(v) a empresa descentralizada, beneficiária dos bens e serviços, aproprie como despesa tão somente a parcela que lhe cabe, de acordo com o critério de rateio; e

(vi) que a contabilidade das entidades envolvidas reflita de forma fidedigna as operações.

Portanto, fixadas essas premissas, tanto no que tange ao ônus da prova, como no que tange aos requisitos necessários para que o rateio de despesas seja válido, analisar-se-á, a seguir, alguns julgados proferidos pelo CARF que referendaram a validade ou não do rateio de despesas realizados pelas entidades.

3. Dos julgados proferidos pelo CARF: das provas aceitas ou não para que o contrato de rateio de custos e despesas gere despesas passíveis de dedução das bases de cálculo do IRPJ e da CSLL

Como o objetivo do presente trabalho é verificar como o Conselho Administrativo de Recursos Fiscais tem se pronunciado sobre quais os elementos de provas admitidos para que as despesas decorrentes dos contratos de rateio sejam, de fato, dedutíveis das bases de cálculo do IRPJ e da CSLL, entendeu-se como necessário fazer um corte metodológico e temporal na análise.

No que tange ao corte metodológico, se verificará apenas aqueles julgados que tratam da dedução de despesas que impactam na quantificação do IRPJ e da CSSL, deixando de lado as decisões correlatas, notadamente as que se referem à tributação da CIDE, da contribuição ao PIS e da COFINS.

Quanto ao corte temporal, selecionou-se, para análise, julgados proferidos pelo CARF após o ano de 2015, uma vez que a partir desta data, como sabido, o Tribunal Administrativo passou por importantes alterações, notadamente pela impossibilidade de os conselheiros representantes dos contribuintes exercerem a advocacia.

Neste passo, no acórdão de nº 1401.001.607, proferido em 03/05/2016, os julgadores da 1ª Turma, da 4ª Câmara da 1ª Seção de Julgamento do CARF, ao analisarem a fixação, pelo agente autuante, de percentual (proporcionalidade) das despesas rateadas por entidades pertencentes ao mesmo grupo econômico, entenderam que *"bem se pode aceitar o rateio de custos desde que fosse criteriosamente definido de forma a que o Fisco pudesse averiguar a sua consistência lógica e contábil"*.

No caso objeto do julgamento, a fiscalização glosou despesas registradas na contabilidade da entidade, uma vez que seriam despesas de terceiros, ou seja, despesas decorrentes de contrato de rateio, que, se dedutíveis, o seriam na pessoa que se beneficiou dos serviços e não da empresa centralizadora.

O contribuinte, por sua vez, ainda no curso da fiscalização, não se manifestou acerca do rateio, trazendo essa discussão apenas quando apresentou a Impugnação Administrativa, oportunidade em que apresentou o contrato de rateio de despesas que teria sido firmado entre as entidades envolvidas.

Contudo, fazendo fortes críticas ao contrato apresentado, que continha diversas inconsistências, o relator deixou bem claro não se pode falar *"em faturamento como critério de rateio"*.

É que, pelo o que se denota do acórdão proferido, o rateio fixado no contrato apresentado teria sido fixado de acordo com o faturamento de cada uma das empresas e não pelos serviços consumidos. Assim, entendeu-se que o percentual de rateio definido não teria razoabilidade ou fundamento, para fins de validação da dedução das despesas na proporção pactuada. Por isso, entendeu-se que a proporcionalidade feita pela fiscalização estaria correta.

A mesma linha da decisão acima pode ser verificada no acórdão de nº 1302.003219 (sessão de 20/11/2018), que foi relatado pelo autor do presente trabalho. Neste julgamento, proferido pela 2ª Turma, da 3ª Câmara da 1ª Seção, o contrato de rateio apresentado para justificar a dedução das despesas pelas entidades envolvidas, que foi denominado como sendo um "Acordo para Repartição de Custos", tinha como objeto o compartilhamento de despesas com pessoal empregado nas seguintes atividades: *"(i) gerenciamento de recursos humanos; (ii) suporte jurídico; (iii) despesas administrativas; (iv) tecnologia da informação; (v) marketing; (vi) centro de atividades compartilhadas (contabilidade, contas a pagar, contas a receber, custo, inventário e reconhecimento de receita) e (vii) suporte financeiro"*.

No voto condutor do acórdão, deixou-se claro que, a princípio, as despesas incorridas poderiam ser deduzidas das bases de cálculo do IRPJ e da CSLL, uma vez que *"se encaixam no comando"* do então vigente artigo 299, do RIR/99 (Decreto nº 3.000/99). Consignou-se que *"estas despesas, em que pese não estarem diretamente ligadas à atividade-fim da entidade, são essenciais à manutenção da respectiva fonte produtora"*. Ou seja, no que tange à dedutibilidade das despesas, as provas acostadas aos autos não deixavam dúvidas quanto a sua possibilidade.

Entretanto, quando da análise do contrato de rateio apresentado pelo contribuinte, o entendimento que prevaleceu no colegiado foi de que a referida pactuação não seria suficiente para comprovar a efetividade do compartilhamento de despesas entre as entidades envolvidas, uma vez que identificou-se inúmeras fragilidades no pacto firmado.

Dentre as fragilidades apontadas, se demonstrou que não poderia se aceitar, como prova do rateio, que este seria realizado levando-se em conta *"a proporção da receita de cada uma das empresas"*. No acórdão proferido, deixou-se claro que não haveria qualquer relação entre o tamanho da receita do contribuinte e a respectiva utilização dos serviços com pessoal. Assim, consignou-se que não haveria objetividade *"nesse critério, até mesmo porque, em uma construção argumentativa, uma empresa em maior dificuldade financeira (menor receita) pode ter que demandar mais as áreas administrativas, tais como, por exemplo, jurídico, financeiro, contabilidade, para que possa gerir melhor seus negócios"*.

Por outro lado, foi apontado no acórdão que as empresas envolvidas no rateio, em especial a centralizadora, não comprovaram, através de suas demonstrações contábeis e fiscais, que apropriaram como despesas *"tão--somente a parcela que lhe cabe de acordo com o critério de rateio"*, como é orientação dada pela Solução de Divergência COSIT nº 23/13[10].

Assim, deixou-se claro no acórdão que *"não restou comprovado nos autos que 'a empresa centralizadora da operação (que assume, em um primeiro momento, a integralidade da despesa, mas depois é reembolsada pelas demais, de acordo com o critério de rateio) aproprie como despesa tão somente a parcela que lhe cabe'"*.

Em outro acórdão proferido pela 1ª Turma, da 4ª Câmara da 1ª Seção de Julgamento do CARF (acórdão 1401.002.293 – sessão de 13/03/2018), também houve a demonstração de que o contrato de rateio apresentado pelo contribuinte não poderia embasar a dedução das despesas incorridas, tendo em vista que não se poderia estabelecer *"controles mínimos que garantam a possibilidade de se aferir"* em qual medida haveria o *"dispendido pelas empresas contratantes do compartilhamento e o seu critério de rateio a cada uma das empresas envolvidas no contrato"*.

No caso analisado pelo CARF, mais uma vez, o contrato apresentado trazia como critério de rateio *"a repartição dos custos em razão do faturamento de cada empresa do grupo"*.

Portanto, como nos casos apontados acima, o entendimento que prevaleceu no âmbito do Tribunal Administrativo foi de que o faturamento/receita das partes envolvidas não pode ser definido como critério para definir a

---

[10] Essa solução de consulta afirma que:

"Sendo assim, no que tange ao IRPJ, despesas administrativas rateadas são dedutíveis se: (...)

e) a empresa centralizadora da operação de aquisição de bens e serviços aproprie como despesa tão-somente a parcela que lhe cabe de acordo com o critério de rateio, assim como devem proceder de forma idêntica as empresas descentralizadas beneficiárias dos bens e serviços, e contabilize as parcelas a serem ressarcidas como direitos de créditos a recuperar, orientando a operação conforme os princípios técnicos ditados pela Contabilidade". (destacou-se)

10. RATEIO DE DESPESAS. ÔNUS DA PROVA

proporção (participação) de cada uma das entidades no rateio das despesas compartilhadas.

A Câmara Superior, em que pese seu limitado campo de atuação[11], também já enfrentou a discussão do rateio de despesas, como se verifica do acórdão de nº 9101.003.003 (sessão de 08/08/2017).

Nesta discussão, a fiscalização, não tendo elementos (provas) para verificar a regularidade do rateio de despesas realizado, adotou o método de rateio indireto e acabou por glosar o excedente das despesas apropriadas pelo contribuinte.

No CARF, em um primeiro momento, quando do julgamento da demanda pela Turma Ordinária (Acórdão nº 101.96.600), entendeu-se que *"os documentos trazidos, cuja anexação aos autos foi determinada, demonstram que os valores foram rateados tendo em vista a efetiva utilização dos serviços e à necessidade das empresas"*. Assim, foi afastada a glosa realizada pela fiscalização.

Cumpre ressaltar, neste ponto, que a análise da Turma Julgadora se deu com base em laudos de auditorias independentes, que foram apresentados pelo contribuinte no curso do processo administrativo.

Como houve a interposição de Recurso Especial por parte da Procuradoria da Fazenda Nacional, a matéria em debate acabou por ser devolvida à Câmara Superior, que, por voto de qualidade, admitiu o apelo apresentado pela PGFN.

Ainda, por maioria de votos, a Câmara Superior entendeu pela possibilidade de o contribuinte apresentar provas no curso do processo administrativo, sendo consignado, no voto vencedor, que as provas podem ser apresentadas junto com o Recurso Voluntário, *"desde que apresentadas no prazo legal de trinta dias da ciência da decisão recorrida e tenham natureza complementar, não inovando na discussão trazida aos autos"*.

Contudo, quando da análise do mérito, o entendimento que prevaleceu no julgamento da CSRF foi no sentido de que os laudos apresentados para justificar e demonstrar o rateio das despesas entre as entidades seriam extemporâneos, na medida em que *"foram elaborados em meados de 2006, muito*

---

[11] Como se verifica do artigo 67 da Portaria MF nº 343 de 09 de Junho de 2015 (Regimento Interno do CARF), a Câmara Superior só tem competência para *"julgar recurso especial interposto contra decisão que der à legislação tributária interpretação divergente da que lhe tenha dado outra câmara, turma de câmara, turma especial ou a própria CSRF"*.

depois dos fatos e já depois da lavratura dos autos de infração em apreço, o que diminui seu valor de prova em razão terem sido confeccionados para contrapor a um lançamento, quando, como dito, o correto seria o sujeito passivo ter toda a documentação e planilhas de cálculo prévias e necessárias à sua contabilização".

Veja-se, neste sentido, que o entendimento que prevaleceu no julgamento do acórdão nº 9101.003.003 foi de que o controle e a respectiva comprovação do rateio das despesas devem ser previamente elaborados pelo contribuinte, não se admitindo a apresentação dos critérios de rateio em estudos realizados após a prática dos fatos geradores.

Ademais, neste mesmo julgamento, fixou-se o entendimento, como mencionado, de que *"não tendo a contribuinte fornecido à fiscalização os documentos necessários para ser aferido o cumprimento do critério de rateio convencionado"*, estaria correto o trabalho da fiscalização, que adotou *"método de aferição indireta de rateio de despesas, conforme foi efetivamente realizado"*.

A importância deste precedente não passou desapercebida por Luciana Rosanova Galhardo. A já citada autora fez interessante síntese do que restou decidido pela CSRF. Confira-se:

> (...) O contribuinte apresentou, ao longo do processo administrativo, laudos de avaliação confirmando a correção dos procedimentos adotados à luz do contrato de compartilhamento, bem como a objetividade e clareza dos critérios. A decisão do CARF havia sido favorável, no sentido de reconhecer a validade da estrutura. Contudo, a Fazenda Nacional apresentou Recurso Especial à Câmara Superior de Recursos Fiscais alegando que se trataria de provas extemporâneas, razão pela qual não poderiam ser admitidas.
>
> Analisando o teor dos laudos técnicos juntados pelo contribuinte aos autos, considerou a CSRF, por voto de qualidade, que, não tendo sido considerados nesses documentos a correção quanto à forma de alocação contábil das despesas e posterior compartilhamento, não seria possível 'acreditar 'cegamente' nas palavras dos auditores independentes'. Segundo a Turma Julgadora, o sujeito passivo deveria ter toda a documentação e planilhas de cálculos prévias e necessárias à contabilização das despesas compartilhadas. Cita o Acórdão 9101-002.202, de 2.2.2016 (GALHARDO, Luciana Rosanova. Rateio de Despesas no Direito Tributário. São Paulo: Quartier Latin, 2018. Pág. 146)

Por fim, cumpre ressaltar que, após este julgamento, a Câmara Superior de Recursos Fiscais enfrentou mais uma vez a mesma discussão, tendo decidido no mesmo norte da anterior, como se verifica do acórdão nº 9101.004210 (sessão de 04/06/2019).

No voto proferido, a relatora, superando a questão de se poder ou não apresentar provas junto com o Recurso Voluntário, entendeu que, no caso em análise, o contribuinte apresentou *"simplesmente um parecer que descreve a metodologia do rateio e atesta sua conformidade com a técnica contábil. Inexiste, contudo, prova efetiva de que as despesas foram deduzidas com base nesse critério, do que o contribuinte foi exaustivamente intimado durante o procedimento de fiscalização".*

Conclusões

Como se demonstrou no decorrer do presente trabalho, entende-se que, na constituição de ofício do crédito tributário, o dever de comprovar eventuais ilicitudes cometidas pelos contribuintes, em regra, é da fiscalização, tendo em vista que o ato administrativo de lançamento deve ser devidamente motivado e comprovado pela autoridade fazendária.

Contudo, uma vez instado, pela fiscalização, a comprovar, via documentação hábil e idônea, a assertividade dos seus lançamentos contábeis, cabe ao contribuinte apresentar provas e elementos que embasaram aqueles lançamentos. O simples lançamento na contabilidade não faz prova irrefutável em face do contribuinte, podendo o agente fazendário contestá-lo no curso da fiscalização.

De toda forma, como se viu, a própria Câmara Superior de Recursos Fiscais, arrimada no princípio da Verdade Material, tem admitido que o contribuinte apresente provas no curso do processo administrativo fiscal, para desconstruir as ilações do agente autuante, mesmo que aquelas provas não tenham sido apresentadas quando a fiscalização as solicitou.

No caso das despesas compartilhadas entre entidades do mesmo grupo econômico, para que estas possam ser deduzidas das bases de cálculo do IRPJ e da CSLL, cabe ao contribuinte demonstrar os critérios de rateio fixados entre as entidades e que aquelas despesas são, de fato, passíveis de dedução.

Ademais, quando do aproveitamento das despesas, estas devem ser aproveitadas de acordo com a proporção definida para cada uma das partes, para que não haja, de alguma forma, deduções em duplicidade, em mais de uma entidade.

Quando se analisa os recentes julgados proferidos pelo CARF, o que se percebe é que o Tribunal Administrativo tem fincado o entendimento que não basta a simples alegação de que as despesas são rateadas. O posicionamento que tem prevalecido é pela necessidade de uma pactuação prévia e com critérios objetivos para que haja o rateio e, em consequência, para que as despesas possam ser deduzidas das bases de cálculo do IRPJ e da CSLL, na proporção de utilização dos serviços por cada uma das entidades.

Os julgados proferidos pelo CARF, por outro lado, têm refutado a ideia de que a proporção do rateio pode ser definida de acordo com o percentual de faturamento ou receita das entidades que compartilham as despesas. Como se demonstrou, o entendimento que prevalece é no sentido que o faturamento ou receita da entidade não é capaz de mensurar a utilização dos serviços pelas entidades.

Por outro lado, mesmo admitindo a juntada eventual de provas no curso do processo, como mencionado, a CSRF já proferiu julgados refutando a comprovação do rateio por relatórios de auditorias independentes, que foram produzidos após a lavratura do Auto de Infração. O entendimento que prevaleceu, mesmo que por voto de qualidade, é no sentido de que o sujeito passivo deve ter *"toda a documentação e planilhas de cálculo prévias e necessárias à sua contabilização"*, até mesmo para justificar o rateio e, em especial, a proporcionalidade utilizada.

Referências

ANDREADE FILHO, Edmar Oliveira. *Imposto de Renda das empresas*. 13ª ed. – São Paulo: Atlas, 2018.

BRASIL. Palácio do Planalto. Lei 5.172 de 25 de outubro de 1966 extraída de http://www.planalto.gov.br/ccivil_03/leis/l5172.htm, acessado em 07/11/2019.

BRASIL. Palácio do Planalto. Lei 9.430 de 27 de dezembro de 1996 extraída de http://www.planalto.gov.br/ccivil_03/LEIS/L9430.htm, acessado em 07/11/2019.

BRASIL. Palácio do Planalto. Decreto 9.580 de 22 de dezembro de 2018 extraída de http://www.planalto.gov.br/ccivil_03/_ato2015-2018/2018/decreto/D9580.htm, acessado em 07/11/2019.

BRASIL. Palácio do Planalto. Decreto 3.000 de 26 de março de 1999 extraída de http://www.planalto.gov.br/ccivil_03/decreto/D3000.htm, acessado em 07/11/2019.

GALHARDO, Luciana Rosanova. *Rateio de Despesas no Direito Tributário*. São Paulo: Quartier Latin, 2018.

HIGUCHI, Hiromi. *Imposto de Renda das empresas*: interpretação e prática: atualizado até 10-01-2015 – 40º ed. – São Paulo: IR Publicações, 2015.

TOMÉ, Fabiana Del Padre. *A prova no Direito Tributário*. São Paulo: Noeses, 2008.

Precedentes do CARF analisados

Processo nº 10183.722328/2013-66, Acórdão nº 1401-001.607, 1ª Turma, da 4ª Câmara da 1ª Seção de Julgamento, sessão de 03 de Maio de 2016. Relator Antônio Bezerra Neto.

Processo nº 10855.721449/2016-83, Acórdão nº 1302-003.219, 3ª Câmara da 2ª Turma da 1ª Seção de Julgamento, sessão de 20 de Dezembro de 2018. Relator Flávio Machado Vilhena Dias.

Processo nº 16682.720950/2014-76, Acórdão nº 1401-002.293, 1ª Turma, da 4ª Câmara da 1ª Seção de Julgamento, sessão de 13 de Março de 2018. Relator Abel Nunes de Oliveira Neto.

Processo nº 16327.001227/2005-42, Acórdão nº 9101-003.003, 1ª Turma, da Câmara Superior de Recursos Fiscais, sessão de 08 de Agosto de 2017. Relatora Adriana Gomes Rêgo.

Processo nº 16327.001227/2005-42, Acórdão nº 101-96.600, 1ª Câmara do 1º Conselho de Contribuintes, sessão de 06 de Março de 2008. Relator Valmir Sandri.

Processo nº 16327.000014/2005-01, Acórdão nº 9101-004.210, 1ª Turma, da Câmara Superior de Recursos Fiscais, sessão de 04 de Junho de 2019. Relatora Viviane Vidal Wagner.

Procedimentos do CARF analisados.

Processo n° 10183.722328/2012-66, Acórdão n° 1401-001.607, 1ª Turma, da 4ª Câmara da 1ª Seção de Julgamento, sessão de 03 de Maio de 2016, Relator Antônio Bezerra Neto.

Processo n° 10855.721147/2016-81, Acórdão n° 1202-003.219, 2ª Câmara da 2ª Turma da 1ª Seção de Julgamento, sessão de 20 de Dezembro de 2018, Relator Flávio Machado Vilhena Dias.

Processo n° 16643.720950/2011-96, Acórdão n° 1401-002.293, 1ª Turma, da 1ª Câmara da 1ª Seção de Julgamento, sessão de 13 de Março de 2018, Relator Abel Nunes de Oliveira Neto.

Processo n° 16327.001227/2005-42, Acórdão n° 9101-003.003, 1ª Turma, da Câmara Superior de Recursos Fiscais, sessão de 08 de Agosto de 2017, Relatora Adriana Gomes Rego.

Processo n° 16327.001227/2005-42, Acórdão n° 101-96.600, 1ª Câmara do 1° Conselho de Contribuintes, sessão de 06 de Março de 2008, Relator Valmir Sandri.

Processo n° 16327.000014/2005-01, Acórdão n° 9101-001.210, 1ª Turma, da Câmara Superior de Recursos Fiscais, sessão de 04 de Junho de 2019, Relatora Viviane Vidal Wagner.

11. *Swap* e *Hedge*: desafios probatórios para fins de dedução de perdas

NEUDSON CAVALCANTE ALBUQUERQUE[1]

> *A excelência da técnica, a virtuosidade da inspiração, a qualidade das ferramentas e todo o tempo disponível de nada valem para o artífice quando não há matéria apta a ser moldada.*

Introdução

Em suas Lições Preliminares de Direito[2], Miguel Reale já destacava a natureza multidimensional do Direito, o qual se estrutura por três tipos de elementos que coexistem em uma unidade concreta, interagindo dinamicamente e dialeticamente como elos de um processo. Tais tipos são: as normas, os valores e os fatos. Assim, os operadores do Direito devem reconhecer e dar organicidade a sua obra a partir de elementos desses três tipos. No presente estudo, cabe destaque a um desses tipos, qual seja, os fatos.

O processo administrativo tributário, como meio concreto para se obter uma prestação administrativa de natureza jurisdicional, tem como pilar os fatos relatados no seu documento inicial e seus decorrentes. A autoridade tributária, ao imputar uma infração tributária a um administrado, inicia apontando os fatos que configurariam tal infração. O administrado, ao se

---

[1] As opiniões contidas nesta publicação são reflexões acadêmicas do próprio autor e não necessariamente expressam as posições defendidas por qualquer organização a qual esteja vinculado.

[2] REALE, Miguel. *Lições Preliminares de Direito*, 24 ed. São Paulo: Saraiva, 1998, p. 64.

defender da acusação, pode negar tais fatos ou apresentar outros fatos que afastem a exigência tributária correspondente.

É possível que não haja dissenso sobre os fatos apontados e que o contencioso se estabeleça em torno das normas aplicadas e dos valores principiológicos que as informam. Todavia, ainda assim, a interpretação adotada para as normas e a concretização dos princípios no caso concreto terão sempre os fatos como a principal referência a guiar o julgador nos meandros hermenêuticos e valorativos.

Para que os fatos narrados pelas partes possam atingir tal efeito, é necessário que eles estejam apresentados por meio de evidências de que a narrativa possui um correspondente real. Tais evidências ingressam no processo, em geral, por meio de documentos de veracidade reconhecida. Estes são as provas.

O presente capítulo tem a finalidade de trazer à discussão as provas que vêm sendo apresentadas pelas partes em processos administrativos tributários cujo objeto é a glosa de dedução de despesas na apuração do IRPJ e da CSLL relativas a perdas em operações de *swap* e *hedge*.

Adicionalmente, a existência de tais despesas, no período de eficácia do artigo 84[3] da Lei nº 10.833/2003, era convertida em crédito presumido na apuração da COFINS não-cumulativa, em condições semelhantes à dedutibilidade das despesas para o IRPJ e CSLL, de forma que as questões aqui tratadas podem servir para o reconhecimento daquele crédito presumido.

Considerando que as provas devem evidenciar a realidade, é necessário dedicar algum esforço para trazer a esse texto um mínimo de clareza sobre a realidade de que se está tratando. Assim, o tópico *Cenário econômico* abordará, ainda que sucintamente, as operações de *swap* e *hedge* como instrumentos econômicos. Com a mesma finalidade, o tópico *Cenário jurídico tributário* abordará a legislação tributária que trata da utilização dessas operações pelos administrados e seus efeitos tributários. O tópico *Cenário fático probatório* introduzirá o elemento probatório necessário para a aplicação das normas jurídicas tratadas, o que será aprofundado por meio de estudo de casos no tópico *Cenário jurisprudencial administrativo*, que abordará as formas como a Administração Tributária vem evidenciando as acusações de indedutibilidade de despesa com perdas em operações de *swap* e *hedge*, como os administrados vêm se defendendo das correspondentes exigências e como

---

[3] Revogado expressamente pela Lei nº 11.051/2004, art. 35.

11. *SWAP E HEDGE*: DESAFIOS PROBATÓRIOS PARA FINS DE DEDUÇÃO DE PERDAS

o Conselho Administrativo de Recursos Fiscais vem decidindo sobre tais questões.

1. Cenário econômico

A produção de bens e serviços, sua distribuição e comercialização são atividades econômicas incluídas naquilo que se convencionou chamar de economia real, por lidar com a matéria e a mão-de-obra. A monetização da economia potencializou a economia real e fez surgir outras atividades econômicas, naquilo conhecido por mercado financeiro. O mercado financeiro lida com os chamados ativos financeiros, como as participações, os compromissos e outros.

Em toda atividade econômica há riscos. Como os riscos são mensuráveis financeiramente, eles podem ser negociados. Assim, os riscos de natureza material (sinistros) podem ser negociados por meio de seguros e os riscos de natureza financeira (variações de preços e índices) podem ser negociados por meio de derivativos.

Uma ótima referência introdutória para a compreensão conceitual do mercado de derivativos é o livro *Mercado de Derivativos no Brasil: Conceitos, Produtos e Operações*, produzido por uma parceria entre a Comissão de Valores Mobiliários (CVM) e a BM&FBOVESPA, disponível na *Internet*[4]. Elenca-se, a seguir, algumas informações contidas naquela obra e que possuem alguma relevância para o desenvolvimento do tema.

Os principais mercados para os derivativos são as *commodities*, os índices de ações, as taxas de câmbio e as taxas de juros. Há sempre um risco sobre o valor dos ativos nesses mercados e o derivativo é um compromisso entre partes que tem por objeto a criação de uma relação entre o risco de uma parte frente ao risco da outra parte. Esse compromisso pode ser estabelecido de duas formas: os derivativos de exercícios contingentes (*contingente claims*) são compromissos estabelecidos em função da ocorrência de um evento futuro e incerto; já os compromissos a termo (*forward commitments*) são derivativos estabelecidos em função de uma data futura específica e com valor predeterminado. O *swap* é um derivativo desta última categoria e será tratado com mais detalhe.

---

[4] BM&FBOVESPA, CVM-Comissão de Valores Mobiliários. *Mercado de derivativos no Brasil: conceitos, produtos e operações*, Rio de Janeiro, 2015. Disponível em www.investidor.gov.br/publicacao/LivrosCVM.html#Derivativos

1.1. Swap

O *swap* é um derivativo em que as duas partes contratantes detêm ativos com algum risco e comprometem-se a trocar os seus riscos em uma data preestabelecida. Assim, não há uma troca inicial de valores, isso ocorre apenas na data da liquidação do contrato, previamente estabelecida. A liquidação do compromisso dependerá da valoração dos ativos envolvidos. Por isso, diz-se que o *swap* é uma troca de fluxo de caixa.

Um caso típico de *swap* ocorre quando uma parte possui um contrato de venda futura em moeda estrangeira, portanto sujeito à variação cambial, e a outra parte possui títulos públicos indexados pela inflação. No momento em que o compromisso de *swap* é firmado, é convencionado um valor de referência (valor nocional) e a data da liquidação, mas não há troca de numerário. Nessa situação, diz-se que a primeira parte está vendendo variação cambial e comprando variação da inflação. Reciprocamente, a segunda parte está vendendo variação da inflação e comprando variação cambial.

Na data do vencimento do compromisso, a variação cambial da moeda estrangeira (contrato de venda) é comparada com a variação da inflação (títulos públicos) e a parte que obtiver maior rendimento relativo paga a diferença entre as alíquotas correspondentes, aplicada ao valor de referência.

As operações de *swap* são muito utilizadas por empresas da economia real para reduzir os riscos inerentes ao mercado futuro, como a variação de preço das *commodities* e a variação cambial. Ao adotar tal prática, essas empresas realizam uma estratégia de proteção financeira denominada *hedge*, abordada a seguir.

1.2. Hedge

O mercado financeiro é um setor da economia com forte regulação no nosso país. Exercido primeiramente pelas chamadas instituições financeiras, essas empresas devem seguir regras especiais quanto a sua prática contábil, quanto aos serviços prestados e quanto a sua tributação. Mas não são apenas as instituições financeiras que atuam no mercado financeiro. As empresas da economia real estão fortemente presentes nesse mercado, quase sempre por meio de instituições financeiras.

Assim, as empresas podem ingressar no mercado financeiro com finalidades diferentes em sua atuação. No que diz respeito aos derivativos, as empresas que manipulam esses ativos visam, em geral, uma das seguintes finalidades: proteção, alavancagem, especulação ou arbitragem. No presente capítulo, interessa apenas a finalidade de proteção, quando materializada por operações chamadas de *hedge*.

No referido livro da BM&FBOVESPA-CVM[5], o hedge está assim definido:

> *Hedge (proteção): Proteger o participante do mercado físico de um bem ou ativo contra variações adversas de taxas, moedas ou preços. Equivale a ter uma posição em mercado de derivativos oposta à posição assumida no mercado a vista, para minimizar o risco de perda financeira decorrente de alteração adversa de preços.*

Em outras palavras, *hedge* é a atuação no mercado de derivativos com a finalidade de conter o risco da atividade operacional da empresa dentro de um limite considerado suportável.

Por exemplo, uma empresa produtora de uma *commodity* agrícola que irá vender a sua safra após a colheita, mas já deve arcar imediatamente com o custo dos insumos, caso queira evitar o risco de que a variação de preços de seu produto venha reduzir a sua margem de lucro, ou mesmo lhe trazer prejuízo, poderá adquirir um derivativo para que o seu risco seja minimizado ou se torne mais previsível.

O *hedge* pode trazer muitas vantagens para as empresas que produzem *commodities*, cujo preço varia conforme uma cotação internacional, para empresas que comercializam com o exterior, cujos bens são precificados em moeda estrangeira e para empresas cuja produção está sendo financiada com juros variáveis.

Observe que há uma certa congruência entre a finalidade de proteção (*hedge*) e o tipo de derivativo que troca fluxos de caixa (*swap*). Por isso, o *swap* é o derivativo mais utilizado pelas empresas da economia real que querem se proteger dos riscos financeiros inerentes a sua atividade.

2. Cenário jurídico tributário

Os bens materiais de uma empresa devem ser contabilmente registrados por meio de uma conta do ativo. Talvez por isso, esses bens são chamados de ativos. Também estão nessa categoria os direitos mantidos no mercado financeiro, mas estes ganharam a denominação especial de ativos financeiros. Os ativos materiais e financeiros possuem as suas semelhanças: são adquiridos (o que pode envolver um custo de aquisição), podem consumir

---

[5] BM&FBOVESPA, CVM. Op. Cit. p. 39.

EFICIÊNCIA PROBATÓRIA E A ATUAL JURISPRUDÊNCIA DO CARF

parte da riqueza do seu titular (como as despesas de manutenção de um ativo material e as despesas financeiras de um ativo financeiro), podem aumentar a riqueza do seu titular (como os frutos de um ativo material e as receitas financeiras de um ativo financeiro) e podem ser alienados (o que pode resultar em um ganho de capital, quando o valor auferido pela alienação do ativo for superior ao seu custo de aquisição).

Para fins tributários, em regra, o ganho de capital obtido na alienação de qualquer ativo deve ser tributado. Contudo, a legislação tributária contém regras especiais para a tributação dos ganhos com ativos financeiros, assim como contém regras especiais para a dedução de suas despesas. Nesse contexto, ganham bastante relevância os artigos 72 a 77 da Lei nº 8.981/1995. Em síntese, esses dispositivos legais, no que diz respeito à matéria em comento, trazem as seguintes regras:

i)   Devem ser tributados pelo Imposto de Renda os ganhos líquidos em operações realizadas nas bolsas de valores, de mercadorias, de futuros e assemelhadas, apurados mensalmente, calculados pela diferença positiva entre o preço de liquidação e a média ponderada dos custos unitários de aquisição dos títulos liquidados. Eventuais perdas podem ser compensadas com os ganhos líquidos auferidos nos meses subsequentes, em operações da mesma natureza (artigo 72).

ii) Os rendimentos auferidos em operações de *swap* estão sujeitos à incidência do Imposto de Renda na fonte, tendo como base de cálculo o resultado positivo auferido na liquidação do contrato. Somente operações registradas nos termos da legislação vigente podem ter reconhecidas as suas eventuais perdas (artigo 74). O Poder Executivo poderá permitir a compensação dos resultados apurados (artigo 75).

iii) O imposto de renda retido na fonte ou pago será deduzido na apuração do lucro real e será definitivo para outros regimes de tributação (artigo 76, *caput*).

iv) As perdas apuradas somente podem ser deduzidas até o limite dos ganhos auferidos no próprio ano (artigo 76, §4º), mas podem ser compensados nos anos subsequentes, segundo as mesmas regras (artigo 76, §5º).

v)   Esse regime de tributação não se aplica aos rendimentos ou ganhos líquidos em operações de cobertura (*hedge*), assim consideradas as operações destinadas, exclusivamente, à proteção contra riscos inerentes às oscilações de preço ou de taxas, quando o objeto do contrato negociado estiver relacionado com as atividades operacionais da pessoa jurídica e destinar-se à proteção de seus direitos ou obrigações, conforme a regulamentação do Poder Executivo (artigo 77).

Também merecem destaque outros dispositivos legais que vieram depois, a seguir apontados.

O artigo 36 da Lei nº 9.532/1997 determina que os rendimentos decorrentes das operações de *swap* passem a ser tributados com a mesma alíquota incidente sobre os rendimentos de aplicações financeiras de renda fixa.

O artigo 5º da Lei nº 9.779/1999 determina, expressamente, que os rendimentos auferidos em operações de cobertura (*hedge*), realizadas por meio de contratos de *swap* e outros, sujeitam-se à incidência do imposto de renda na fonte. Com isso, verifica-se uma aproximação das operações de *hedge* com as demais operações financeiras.

A Lei nº 11.033/2004 consolida essa aproximação, trazendo dispositivos que determinam a tributação das operações financeiras, fora e dentro de bolsas de valores, sem fazer distinção para a finalidade de *hedging* dentre essas operações. Todavia, essa lei não aborda o mecanismo de aproveitamento de perdas das operações financeiras, o que permite concluir que permanece em vigor as correspondentes regras trazidas na Lei nº 8.981/1995, ou seja, a limitação do aproveitamento das perdas ao montante dos ganhos não se aplicaria às operações de cobertura.

O artigo 32 da Lei nº 11.051/2004 determina que os resultados, positivos ou negativos, incorridos nas operações realizadas em mercados de liquidação futura, inclusive os sujeitos a ajustes de posições, devem ser reconhecidos por ocasião da liquidação do contrato, cessão ou encerramento da posição. Vimos que o *swap* é uma espécie de contrato a termo e, portanto, de liquidação futura, embora não permita ajuste de posições.

Como se verifica, a tributação das operações de *swap* segue, em regra, o regime de tributação das operações de renda variável, com exceção para o aproveitamento das perdas nas operações que possuam a finalidade de dar cobertura aos negócios das empresas da economia real (*hedge*) que implicam riscos financeiros. Não havendo um regime especial para esse caso, deve-se entender que ele é alcançado pelas regras do regime de tributação do lucro real, ou seja, receitas e despesas seriam computadas independentemente.

Todavia, as leis citadas dão ao Poder Executivo a competência para regulamentar as regras que estipula, pelo que cabe consultar a legislação infralegal.

O Regulamento do Imposto de Renda (RIR), dado pelo Decreto nº 9.580/2018 aborda a tributação das operações financeiras de forma detalhada, trazendo um capítulo próprio para as operações de *swap* (artigo 837) e um capítulo próprio para a recuperação das respectivas perdas (artigo 838), em que remete o seu regramento a um ato do Ministro da Economia.

O Regimento Interno da Secretaria da Receita Federal do Brasil (RFB), aprovado por portaria do Ministro da Fazenda (atualmente denominado Ministro da Economia), dá competência ao Secretário daquele órgão para expedir atos normativos sobre assuntos de competência da RFB.

As instruções normativas da RFB têm por objetivo consolidar as regras impostas a determinada matéria, criadas por dispositivos legais diversos, e determinar o procedimento a ser adotado para o seu cumprimento. Nesse mister encontra-se a Instrução Normativa RFB nº 1.585/2015, que dispõe sobre o imposto sobre a renda incidente sobre os rendimentos e ganhos líquidos auferidos nos mercados financeiro e de capitais.

No que diz respeito às operações de *swap*, essa instrução normativa orienta, em síntese, que:

i)   As operações de *swap* estão sujeitas à retenção na fonte do imposto de renda, com base de cálculo no resultado positivo auferido na liquidação do contrato (artigo 50).

ii) As perdas incorridas são dedutíveis na determinação do lucro real, desde que a operação de *swap* seja registrada e contratada de acordo com as normas emitidas pelo CMN e pelo Bacen (artigo 50). Essa dedução fica limitada ao montante dos ganhos auferidos nas operações de mesma natureza (artigo 70, §7º).

iii) As perdas não deduzidas em um período de apuração poderão ser deduzidas nos períodos subsequentes, também limitado ao montante dos ganhos auferidos nas operações de mesma natureza (artigo 70, §8º).

iv) Essas perdas não poderão ser compensadas com os ganhos líquidos auferidos em outras operações de renda variável, para efeitos de apuração e pagamento do imposto mensal sobre os ganhos líquidos (artigo 50).

11. *SWAP* E *HEDGE*: DESAFIOS PROBATÓRIOS PARA FINS DE DEDUÇÃO DE PERDAS

No que diz respeito às operações de *hedge* (cobertura), essa instrução normativa orienta, em síntese, que:

i) Os ganhos auferidos em operações realizadas em bolsas de valores, de mercadorias, de futuros e assemelhadas não devem compor o imposto mensal sobre a renda em operações no mercado financeiro, mas devem compor a receita bruta da empresa para fins do cálculo do imposto mensal estimado (artigo 71, §2º).

ii) Os rendimentos auferidos por meio de operações de *swap* sujeitam--se à incidência do imposto sobre a renda na fonte (artigo 71, §4º).

iii) O aproveitamento das perdas incorridas não está sujeito ao limite dos ganhos auferidos (artigo 71, §6º).

Em apertada síntese, a tributação dos ganhos nas operações de *swap* segue as mesmas regras das demais operações financeiras de renda variável, mas o aproveitamento das respectivas perdas é tomado em separado, por meio de compensação na apuração do tributo mensal ou do tributo anual desse mesmo tipo de derivativo, mas limitado ao total das correspondentes receitas. Contudo, quando a operação de *swap* tem a função de *hedge*, a tributação é feita como uma receita operacional e o aproveitamento das respectivas perdas é realizado como uma despesa ordinária dedutível.

Assim, verifica-se que as operações de *swap* e *hedge* recebem um tratamento excepcional na legislação tributária em relação às demais operações financeiras. Como tal, devem merecer uma atenção especial do administrado no momento de serem registradas contabilmente, para que possam ser averiguadas pela Administração Tributária as respectivas naturezas e valores. Nesse contexto jurídico, é conveniente comentar, ainda que superficialmente, as normas contábeis correspondentes.

O Comitê de Pronunciamentos Contábeis emitiu o Pronunciamento Técnico CPC 48 com a finalidade de tratar da contabilização dos instrumentos financeiros que são utilizados pelas entidades, sejam ativos ou passivos financeiros. Esse pronunciamento trata do reconhecimento, da classificação, da mensuração inicial, das mutações do seu valor, da baixa e dos ganhos e perdas dos instrumentos financeiros.

A mensuração inicial do instrumento financeiro, conforme o referido pronunciamento, deve ser feita pelo seu valor justo (5.1.1), o qual corresponde, em regra, ao preço de transação. Contudo, se o valor justo for diferente do preço de transação, a entidade deve levar essa diferença ao resultado, como ganho ou perda (B5.1.2A). Assim, a mensuração inicial pelo valor justo pode afetar o valor contábil da perda ou do ganho relacionado ao instrumento, o que causa uma diferença em relação à apuração do resultado para fins tributários. Tal fato exige um esforço maior do administrado ao apresentar sua demonstração tributária, pois deverá ajustar a sua contabilidade.

O capítulo 6 desse pronunciamento merece destaque no presente estudo, pois trata especificamente da contabilização de *hedge*. Para fins contábeis, o instrumento de *hedge* é, em regra, um derivativo ou outro elemento patrimonial não derivativo mensurado ao valor justo por meio do resultado (6.2.1 e 6.2.2). Verifica-se, de início, que a definição contábil de *hedge* é mais ampla do que a definição tributária, a qual é restrita a títulos financeiros derivativos.

O *hedge* é estabelecido sempre em função de um item que deve ser contabilizado, denominado item protegido, o qual pode ser *"ativos, passivos, compromissos firmes ou transações previstas altamente prováveis com parte externa à entidade que reporta"* (6.3.5). Destaque-se a necessidade, em regra, de o item protegido estabelecer uma relação com entidade fora do grupo econômico, embora caibam exceções (6.3.6).

Destaque-se, ainda, os requisitos exigidos para que determinado instrumento seja contabilizado como *hedge* (6.4.1), dentre eles: o registro formal, em documentos, do item de *hedge* e do item protegido; a existência de relação econômica entre os itens; a adoção de um desenho que permita a efetivação da finalidade da proteção.

O pronunciamento traz muitas outras informações relativas à contabilização de um *hedge*, conforme a sua classificação em tipos (*hedge* de valor justo, *hedge* de fluxo de caixa, *hedge* de investimento líquido) e outras informações que não serão abordadas aqui, mas que podem possuir relevância no tratamento de um instrumento de *hedge* específico.

3. Cenário fático probatório

O objetivo desse estudo é abordar os desafios que o administrado deve vencer para fazer valer a sua prerrogativa de deduzir da base de cálculo dos tributos as perdas na utilização do instrumento financeiro *swap* quando usado com a finalidade de *hedge* (proteção).

A rápida explanação aqui oferecida sobre os fundamentos jurídicos dessa dedução permite concluir que as perdas oriundas de contratos de *swap*

11. *SWAP E HEDGE*: DESAFIOS PROBATÓRIOS PARA FINS DE DEDUÇÃO DE PERDAS

devem ser deduzidas dos ganhos oriundos também de contratos de *swap* dentro do período de apuração, ressalvadas as exceções legais. Assim, pode--se dizer que essas perdas não são dedutíveis, apenas reduzem os ganhos sujeitos à tributação, enquanto existirem. Sendo o *swap* uma troca de fluxo de caixa, o administrado deve manter em seu poder documentos e registros contábeis suficientes para demonstrar a contratação do derivativo e para demonstrar os dois fluxos de caixa trocados. Para tanto, o contrato, a movimentação financeira e os registros contábeis costumam ser suficientes.

Todavia, quando o *swap* é contratado com a finalidade de *hedge*, toda a perda é dedutível, independentemente da existência de ganho tributável. Nesse caso, o esforço probatório é maior. Além das informações acima referidas, o administrado deve ser capaz de demonstrar ao Fisco que o objeto protegido (posição de venda no *swap*) faz parte da atividade operacional da empresa e que este é um direito ou obrigação próprio do administrado. Ademais, o objeto protegido deve estar submetido a um risco de natureza financeira, de modo a justificar a contratação do derivativo.

Um risco de natureza financeira é aquele que depende de uma cotação de mercado, ou seja, que não depende da vontade do administrado, declarada em contrato, nem da sua atividade operacional. Os exemplos mais conhecidos de operações com risco de natureza financeira são a venda futura em moeda estrangeira, que depende da flutuação do câmbio das moedas, e a venda de *commodities*, cujo preço varia conforme uma cotação oriunda do mercado internacional.

A grande variedade de possibilidades, existentes e hipotéticas, torna temerária a tarefa de erigir uma regra fechada, que seja minimamente confiável e satisfatória, para distinguir as situações de dedutibilidade e de não dedutibilidade. Melhor mesmo é o estudo de alguns casos que já foram apreciados e julgados no âmbito do contencioso administrativo tributário.

4. Cenário jurisprudencial administrativo

Nessa quadra, serão apresentadas as decisões mais recentes do Conselho Administrativo de Recursos Fiscais relativas à dedução das perdas em operações de *hedge*.

Saliente-se que a grande crise financeira iniciada no último trimestre de 2008 fez a tendência duradoura de valorização do Real, então existente, converter-se rapidamente em uma grande desvalorização deste, de forma que o risco cambial, contra o qual se pretende proteger com a aquisição de derivativos, materializou-se em efetiva e profunda perda cambial. Várias das decisões a seguir apresentadas possuem esse cenário fático.

Acórdão 1402-002.115, de 01/03/2016 (Cargill Agrícola S.A.)

A empresa autuada comercializava produtos agrícolas no mercado nacional e no mercado internacional e, assim, assumiu obrigações futuras sobre *commodities* e obrigações em moeda estrangeira. Em razão de sua atividade, buscou proteção por meio dos derivativos *swap,* NDF (*non deliverable forward*) e opções. A fiscalização intimou a empresa a comprovar as operações que teriam dado ensejo às deduções a título de *perdas incorridas no mercado de renda variável* e a título de *outras despesas financeiras.* O lançamento tributário foi realizado em razão de as comprovações apresentadas não terem sido consideradas satisfatórias, em razão de a empresa não ter realizado diretamente as operações nas bolsas no exterior e em razão de não ter sido comprovado que os correspondentes ganhos foram oferecidos à tributação.

Em sua impugnação, a empresa apresentou grande quantidade de documentos comprobatórios, o que levou à autoridade julgadora de primeira instância a determinar uma diligência fiscal para, em seguida, exonerar a exigência tributária. Essa decisão causou a remessa necessária ao CARF.

A decisão do CARF corroborou o entendimento da decisão de primeira instância, com unanimidade de votos, considerando que as operações foram devidamente comprovadas e que estas caracterizam a finalidade de proteção financeira das atividades operacionais da empresa. Ademais, verificou que a atuação da empresa nas bolsas estrangeiras por meio de uma outra empresa do mesmo grupo é aceitável por ser esta agente corretora, que não atua em nome próprio. O terceiro fundamento do lançamento era decorrente dos dois primeiros e foi igualmente superado.

Acórdão 1402-002.181, de 03/05/2016 (A.M.C. Têxtil Ltda.)

A empresa autuada é uma indústria têxtil que, em 2008, contratou empréstimos junto a várias instituições financeiras com o objetivo de fortalecer o seu capital de giro. Os empréstimos eram remunerados conforme um percentual do CDI mais um percentual fixo. Junto aos empréstimos foram contratados *swaps* em que a empresa se comprometeu a comprar um percentual do CDI mais um percentual da variação cambial do dólar. Ademais, os *swaps* possibilitavam a liquidação antecipada e previam verificações parciais (*strikes*) pelas quais as partes se obrigavam a fazer pagamentos parciais ao serem atingidas determinadas cotações do dólar. A acentuada valorização do dólar que sobreveio levou a empresa a ter perdas já no pagamento dos *strikes*, o que foi deduzido das bases de cálculo do IRPJ e da CSLL a título de despesas financeiras. Não há questionamentos contra tais fatos ou suas provas.

O contribuinte realizou as deduções sobre o fundamento de que os *swaps* tiveram a finalidade de *hedge*. A fiscalização, por sua vez, considerou que os *swaps* tiveram a finalidade especulativa e glosou a dedução de despesas acima das receitas financeiras obtidas em outros *swaps*.

A decisão do CARF corroborou o entendimento da fiscalização e da decisão de primeira instância, com unanimidade de votos, com fundamento no fato de o objeto protegido (reforço do capital de giro) não ser operação contida no objeto social da empresa e também com fundamento no fato de haver um descasamento temporal entre os *swaps* e os empréstimos, considerando que os prejuízos com os *swaps* foram liquidados antes da liquidação dos empréstimos, por ocasião dos *strikes*.

Ademais, poderia ser questionada a finalidade de proteção dos *swaps* pelos quais foi trocada a taxa de juros fixa do contrato de empréstimo pela variação cambial do dólar do *swap*, considerando que ambos eram simultaneamente remunerados por um percentual do CDI. Em outras palavras, a empresa trocou uma operação de menor risco por uma operação de maior risco, o que caracteriza a finalidade de especulação e não a finalidade de proteção.

Acórdão 1302-002.012, de 24/01/2017 (Nufarm Indústria Química e Farmacêutica S.A.)

A empresa autuada tem em seu objeto social a fabricação e a comercialização de defensivos agrícolas, adubos e fertilizantes, além da exploração de atividades agrícolas em geral. Constitui uma prática nesse ramo o fornecimento de insumos ao agricultor em troca de *commodities* agrícolas (*barter*). Assim, a empresa teria permutado com diversos produtores o fornecimento de defensivos agrícolas pela entrega futura de sacos de soja, valorados a US$ 11,74 a unidade. Na hipótese de o preço da soja, na data de liquidação, superar esse limite, a empresa repassaria ao agricultor o benefício da alta até US$ 13,41 e ficaria com o benefício da alta que ultrapassasse este último valor. Caso o preço da soja caísse abaixo de US$ 11,74, ainda assim a empresa receberia a soja pelo preço preestabelecido, arcando com a correspondente perda.

Paralelamente, a empresa teria comprado opções de venda futura (*put*) de soja pelo preço de US$ 11,74 na Bolsa de Mercadorias de Chicago (CBOT), de forma a evitar o risco da desvalorização da *commodity*. Para compensar o custo de aquisição dessas opções de venda no mercado futuro (prêmio), a empresa também teria oferecido opções de compra (*call*) de soja pelo preço de USS 13,41, abrindo mão do benefício da valorização da soja em troca de um prêmio. Em suma, a empresa permutou a possibilidade de ganho na hipótese de alta do preço da soja pela eliminação do risco de perda, na hipótese de queda do preço da soja.

Visando assegurar que os produtores rurais iriam entregar a soja, permutada pelos insumos adquiridos, estes deveriam emitir em benefício da empresa Cédulas de Produto Rural (CPR). Contudo, por uma falha da empresa, esta deixou de exigir de alguns produtores rurais as CPR e estes, ao final da safra, não entregaram a soja esperada e pagaram os insumos em dinheiro. Com isso, a empresa não possuía soja suficiente para honrar os compromissos das opções negociadas na CBOT, sendo obrigada a pagar pela diferença entre o preço compromissado e o preço atual do mercado, o que gerou as perdas deduzidas do IRPJ e da CSLL.

A fiscalização entendeu que o fato de a empresa não ter exigido as CPR dos seus clientes e de ter aceito o pagamento dos insumos em dinheiro, conforme o preço previamente estipulado, fez com que a operação de venda dos insumos não possuísse risco a ser coberto, de forma que as opções de venda na CBOT não poderiam ser admitidas com a finalidade de *hedge*. A decisão do CARF, tomada por maioria de votos, seguiu a mesma linha.

Acórdão 1402-002.415, de 21/03/2017 (Ajinomoto do Brasil Ind. e Com. de Alim. Ltda)

A empresa autuada é uma indústria de produtos alimentares que exportava grande parte da sua produção. Para adquirir proteção frente às variações cambiais, a empresa contratou NDFs (*non deliverable forward*), que são contratos a termo de moeda, sem entrega física. Alguns contratos celebrados entre 2007 e 2008 foram antecipadamente liquidados em janeiro de 2009, com prejuízo para a empresa. O referido prejuízo foi deduzido da base de cálculo do IRPJ e da CSLL a título de despesas financeiras.

A fiscalização entendeu que a contratação dos NDFs não poderia se caracterizada como *hedging* em razão de os NDFs não serem vinculados a qualquer ativo ou passivo da empresa e em razão de terem sido liquidados de forma antecipada, o que caracterizaria a finalidade especulativa. Ao defender-se, a empresa afirmou que as contratações de NDFs foram feitas para proteger o fluxo de caixa da empresa e, por isso, devem ser consideradas como operações de *hedge*.

A decisão do CARF, tomada por unanimidade de votos, não abordou de forma direta a caracterização do *hedge de fluxo de caixa* aventado pela empresa, por ter entendido que, ainda que a finalidade inicial do contribuinte tenha sido obter proteção com a contratação de derivativos, a decisão de encerrar tais contratos de forma antecipada tem natureza eminentemente financeira, descaracterizando a sua função de *hedge*. Essa decisão destaca que se a empresa tivesse carregado os contratos até a sua data de vencimento, o ingresso de dólares oriundo das suas vendas anularia o prejuízo com os NDFs.

Acórdão 1301-002.915, de 09/04/2018 (FRS S/A Agro Industrial)

A empresa autuada é uma indústria de produtos agrícolas que exportava mais de 80% da sua produção. A empresa contratou com instituições financeiras nacionais a antecipação do pagamento de cerca de 80% dos seus contratos de exportação, por meio de ACC (adiantamento de contrato de câmbio), ACE (adiantamento de contrato de exportação) e PPE (pré-pagamento de exportação). Ademais, contratou derivativos em montante que superou o total de suas exportações. Os prejuízos obtidos na liquidação desses derivativos foram totalmente deduzidos pelo contribuinte.

A fiscalização entendeu que a antecipação do pagamento das exportações por meio de ACC, ACE e PPE, com custo financeiro fixado em moeda nacional, retirou o risco financeiro da atividade operacional do contribuinte, pelo que os derivativos contratados não poderiam ser considerados como tendo a finalidade de *hedge*.

A decisão do CARF, tomada por maioria de votos, acolheu o argumento do contribuinte de que as antecipações contratadas (ACC, ACE e PPE) não elidiam a necessidade de *hedge*, dentre outros argumentos.

Acórdão 1401-002.352, de 10/04/2018 (CTA Continental Tobaccos Alliance S/A)

A empresa autuada produz tabaco e exporta a quase totalidade de sua produção. O financiamento da safra era feito mediante a contração com instituições financeiras nacionais da antecipação do pagamento dos seus futuros contratos de exportação, por meio de ACC (adiantamento de contrato de câmbio), ACE (adiantamento de contrato de exportação), PPE (pré-pagamento de exportação) e outros. Ademais, contratou derivativos com a finalidade de poder oferecer seu produto com preço compatível aos valores antecipados, acima referidos. Os prejuízos obtidos na liquidação desses derivativos foram totalmente deduzidos pelo contribuinte.

A fiscalização entendeu que a estratégia da empresa para poder oferecer seu produto dentro de um valor planejado, compensando eventuais perdas com as receitas financeiras dos derivativos não poderia ser considerada como tendo a finalidade de *hedging*.

A decisão do CARF, tomada por unanimidade de votos, afastou a acusação fiscal de que a aquisição dos derivativos dentro da estratégia de preços da empresa tinha uma intenção especulativa.

Acórdão 1401-003.640, de 13/08/2019 (OSX Brasil S/A)

A empresa autuada é uma holding que controlava uma empresa de construção naval e uma empresa de exploração de petróleo e gás, ainda incipientes na época. A empresa abriu o seu capital e obteve um aporte vultoso de recursos. Considerando que as atividades a serem realizadas demandariam a assunção de compromissos em moeda estrangeira, a empresa adquiriu derivativos com a finalidade de proteger o seu caixa contra a variação cambial das suas obrigações futuras. Tendo sido apuradas perdas, estas foram deduzidas da base de cálculo dos tributos.

A fiscalização entendeu que essas perdas não poderiam ser diretamente deduzidas em razão de os derivativos contratados não estarem relacionados a qualquer item do acervo de direitos e obrigações contabilmente registrados pela empresa.

A decisão do CARF corroborou o entendimento da fiscalização, por unanimidade de votos, ao verificar que o contrato de *leasing* apresentado como prova do risco cambial não possuía relação com a atividade operacional da empresa.

Acórdão 1301-004.082, de 17/09/2019 (Tecsis Tecnologia e Sistemas Avançados S.A.)

A empresa autuada fabrica pás eólicas para aerogeradores e outras aplicações industriais, exportando mais de 90% da sua produção, com preços fixados em moedas estrangeiras, o que deu ensejo à contratação de derivativos, com a finalidade de *hedge*, baseado no fluxo de caixa estimado a partir dos seus pedidos de compra (*purchase orders* – PO).

A fiscalização entendeu que as PO não são ativos passíveis de proteção por meio de derivativos. Salientou que o montante das PO superou várias vezes o total das vendas efetivamente realizadas. Além disso, a fiscalização não conseguiu correlacionar a liquidação dos contratos de derivativos (*swap*) com os extratos financeiros, uma vez que estes estavam consolidando as operações liquidadas no mesmo dia.

A decisão do CARF, inicialmente, superou a referida carência probatória relativa aos extratos financeiros, considerando os contratos juntados aos autos por ocasião da impugnação e os demonstrativos apresentados em laudo técnico juntado ao recurso voluntário. Comprovada a efetividade das despesas na liquidação dos derivativos, essa decisão entendeu que as despesas poderiam ser deduzidas, ainda que não contabilizadas, aceitando a possibilidade de *hedging* do fluxo de caixa. Contudo, não foi acatada a dedutibilidade do *over-hedging*, ou seja, o valor que foi contratado acima da efetiva exposição ao risco cambial.

Conclusões

A prova é o meio pelo qual se evidencia um fato. A empresa que realiza uma troca de fluxo de caixa (*swap*) associado a um ativo ou a um passivo seu pode provar esse fato com o correspondente contrato, com as correspondentes movimentações financeiras e com os correspondentes lançamentos contábeis.

Todavia, se a troca do fluxo de caixa tem a finalidade específica de proteger a empresa de um risco financeiro (*hedge*), deve-se demonstrar não apenas a operação, mas também a intenção a ela associada. Isso também se faz evidenciando fatos, mas estes devem estar correlacionados de uma forma tal que a intenção seja transparecida.

No caso do *hedge*, a *intenção que transparece* parece ser o mais importante a ser evidenciado, podendo inclusive suprir carências de prova em relação aos requisitos materiais do negócio, como visto em algumas decisões acima abordadas, dentre as quais destaca-se a decisão de *hedging* sobre o fluxo de caixa estimado (Acórdão 1301-004.082), ou seja, a proteção de negócios dos quais se tem apenas a expectativa de realização. Nesse viés, também ganha relevância o esforço sobre o revés, ou seja, o esforço para demonstrar que não há intenção especulativa na aquisição dos derivativos, o que é associado à presunção de que se a intenção não é especulativa então a intenção é de proteção.

De toda sorte, ainda que a prova deva voltar-se para o elemento subjetivo (intenção), deve-se evitar a tentação de transformar o debate sobre o *hedge* em mera discussão de teses, pois, ao final, a tese somente enraíza no processo por meio das provas competentemente angariadas nos autos.

Referências

FREITAS, Newton. *Dicionário Oboé de Finanças*, 5 ed. Fortaleza: ABC Editora, 2002.

REALE, Miguel. *Lições Preliminares de Direito*, 24 ed. São Paulo: Saraiva, 1998.

TORRES, Heleno Taveira (coordenação). *Tributação nos Mercados Financeiro e de Capitais e na Previdência Privada*, São Paulo: Quartier Latin, 2005.

BM&FBOVESPA, CVM – Comissão de Valores Mobiliários. *Mercado de Derivativos no Brasil: Conceitos, Produtos e Operações*, Rio de Janeiro, 2015.

TOMÉ, Fabiana del Padre. *A Prova no Direito Tributário*, 2 ed. São Paulo: Noeses, 2008.

12. O benefício fiscal da depreciação acelerada e a análise da postergação do imposto: aspecto técnico-probatórios

EDELI PEREIRA BESSA[1]

Introdução

Algumas infrações tributárias não se limitam a reduzir a base imponível em período estanque. Enquanto certos registros afetam a apuração do lucro por serem indedutíveis a qualquer momento, ou por terem sido, simplesmente, omitidos, outros reduzem o lucro tributável indevidamente num primeiro momento, mas seriam admissíveis em períodos de apuração subsequentes. Nesta segunda hipótese, pode estar presente a figura da postergação do pagamento do tributo suprimido no período de apuração em que constatada a infração, a demandar apurações específicas para determinação dos valores exigíveis.

Este deslocamento no tempo pode decorrer não só da antecipação de despesas e da postecipação de receitas, como também de ajustes ao lucro contábil para apuração do lucro tributável, ou seja, mediante antecipação de exclusões e compensações ou da postecipação de adições. No primeiro grupo, a disciplina contábil define o momento do registro de receitas e despesas. Já no segundo, a legislação tributária estipula as exclusões e compensações

---

[1] As opiniões contidas nesta publicação são reflexões acadêmicas da própria autora e não necessariamente expressam as posições defendidas por qualquer organização a qual esteja vinculada.

como faculdades do sujeito passivo, razão pela qual sua alocação em outro momento e, por consequência, a ocorrência de postergação, passa a depender da intervenção da vontade do sujeito passivo.

O objetivo deste trabalho é analisar as normas que regem a matéria no âmbito dos tributos incidentes sobre o lucro e discorrer sobre sua aplicação prática, demonstrando como a apuração do tributo não recolhido se opera em tais circunstâncias, ao longo do procedimento fiscal e do contencioso administrativo, tomando como referência, em especial, o benefício fiscal da depreciação acelerada na atividade rural[2] muitas vezes aproveitado nas aplicações para formação de lavouras de cana-de-açúcar[3], em desacordo com o entendimento consolidado na jurisprudência administrativa.

Todas as referências que serão feitas a lucro tributável ou prejuízo fiscal terão em conta as bases de cálculo do Imposto de Renda das Pessoas Jurídicas e da Contribuição Social sobre o Lucro Líquido na sistemática do lucro real pois, no que importa aos aspectos sob análise, a apuração de ambos os tributos se sujeitam a regras semelhantes[4].

1. Aspectos procedimentais e probatórios

A pretensão de classificar as lavouras de cana-de-açúcar como bens sujeitos a depreciação, e assim desfrutar dos benefícios da depreciação acelerada, com a exclusão integral dos custos de formação no período de apuração em que incorridos[5], não encontra amparo no âmbito administrativo, como

---

[2] O benefício fiscal originalmente estabelecido no art. 12, §2º da Lei nº 8.023, de 1990, foi revogado pelo art. 36, inciso III da Lei nº 9.249, de 1995, mas restabelecido pelo art. 7º da Medida Provisória nº 1.459, de 1996, ao final sucedida pela Medida Provisória nº 2.159-70, de 2001: Art. 6º. Os bens do ativo permanente imobilizado, exceto a terra nua, adquiridos por pessoa jurídica que explore a atividade rural, para uso nessa atividade, poderão ser depreciados integralmente no próprio ano da aquisição.

[3] Segundo a doutrina contábil, os custos necessários para a formação da cultura devem ser ativados e apropriados ao custo a partir da colheita mediante quotas de exaustão quando a formação vegetal sujeita-se a corte, como é o caso da lavoura de cana-de-açúcar. Neste sentido são as lições de MARION (1996), p. 39, 41, 64, 65 e 71.

[4] Conforme interpretação firmada no art. 104 da Instrução Normativa SRF nº 390, de 2004, e renovada no art. 260 da Instrução Normativa RFB nº 1700, de 2017, inclusive no que se refere à apuração de estimativas mensais a partir de balancetes de suspensão ou redução, consoante art. 259, §2º da mesma Instrução Normativa.

[5] O benefício fiscal se opera mediante exclusão da diferença entre o custo de aquisição do bem imobilizado destinado à atividade rural e o respetivo encargo de depreciação normal

evidenciam as reiteradas manifestações da 1ª Turma da Câmara Superior de Recursos Fiscais[6] a respeito do tema[7].

Em tais circunstâncias, as exclusões promovidas pelo sujeito passivo são glosadas, e disto decorre o lançamento dos tributos incidentes sobre o lucro minorado, ou a redução do prejuízo fiscal apurado no período. Na segunda hipótese, se o prejuízo fiscal for aproveitado em período subsequente, a compensação será passível de glosa e consequente exigência dos tributos correspondentes. Mas, na primeira hipótese, surge a discussão acerca do direito ao aproveitamento fiscal, em períodos posteriores, dos custos incorridos e antecipadamente excluídos, na medida em que, ao aplicar o benefício fiscal, o sujeito passivo deve anular as subsequentes apropriações contábeis da depreciação, mediante adições ao lucro líquido.

Essa primeira hipótese ganha especial complexidade quando a infração tributária é praticada de forma continuada[8], ou seja, quando o sujeito passivo, sob a mesma vertente interpretativa, exclui integralmente os custos incorridos na formação da lavoura de cana-de-açúcar em sucessivos períodos de apuração. Isto porque, se o procedimento fiscal teve por objeto a

escriturado contabilmente durante o período de apuração, com posterior adição ao lucro tributável do encargo de depreciação normal que vier a ser registrado na escrituração comercial.

[6] A 1ª Turma da Câmara Superior de Recursos Fiscais é o Colegiado competente para solucionar dissídios jurisprudenciais veiculados no recurso especial previsto no art. 37, §2º do Decreto nº 70.235, de 1972, acerca de matérias incluídas na competência de julgamento da 1ª Seção de Julgamento do Julgamento do Conselho Administrativo de Recursos Fiscais – CARF, dentre elas as exigências de Imposto sobre a Renda das Pessoas Jurídicas e de Contribuição Social sobre o Lucro Líquido, na forma dos artigos 2º, 9º e 67 do Anexo II Regimento Interno de CARF, aprovado pela Portaria MF nº 343, de 2015, com a redação dada pelas Portarias MF nº 39, de 2016; 152, de 2016; e 329, de 2017).

[7] O debate acerca da aplicação do benefício fiscal de depreciação acelerada a bens sujeitos a exaustão principia com o litígio analisado no Acórdão nº 9101-002.214, de 2016. O entendimento ali firmado foi replicado a partir do julgamento vertido no Acórdão nº 9101-002.798, de 2017, e recentemente confirmado no Acórdão nº 9101-004.305, de 2019, todos disponíveis em https://carf.fazenda.gov.br/sincon/public/pages/ConsultarJurisprudencia/ consultar JurisprudenciaCarf.jsf

[8] As análises aqui desenvolvidas têm por referência, apenas, os casos nos quais o sujeito passivo se manteve optante pelo lucro real em todos os períodos afetados pelo aproveitamento do benefício fiscal, pois a legislação tributária traz regras específicas para adição dos valores antecipadamente excluídos na hipótese de o sujeito passivo optar pelo lucro presumido ou se sujeitar ao lucro arbitrado.

revisão destas apurações sucessivas, poder-se-ia cogitar, à primeira vista, que a apuração dos tributos não recolhidos se daria mediante mera recomposição da apuração do lucro tributável em cada um dos períodos verificados, com anulação das exclusões e adições indevidas, aferindo-se a parcela líquida do lucro não tributada.

Contudo, a postergação do recolhimento dos tributos incidentes sobre o lucro submete-se a regramento específico, fixado nos seguintes termos no Decreto-lei nº 1.598, de 1977:

> Art 6º – Lucro real é o lucro líquido do exercício ajustado pelas adições, exclusões ou compensações prescritas ou autorizadas pela legislação tributária.
>
> [...]
>
> § 5º – A inexatidão quanto ao período-base de escrituração de receita, rendimento, custo ou dedução, ou do reconhecimento de lucro, somente constitui fundamento para lançamento de imposto, diferença de imposto, correção monetária ou multa, se dela resultar:
>
> a) a postergação do pagamento do imposto para exercício posterior ao em que seria devido; ou
>
> b) a redução indevida do lucro real em qualquer período-base.
>
> § 6º – O lançamento de diferença de imposto com fundamento em inexatidão quanto ao período-base de competência de receitas, rendimentos ou deduções será feito pelo valor líquido, depois de compensada a diminuição do imposto lançado em outro período-base a que o contribuinte tiver direito em decorrência da aplicação do disposto no § 4º.
>
> § 7º – O disposto nos §§ 4º e 6º não exclui a cobrança de correção monetária e juros de mora pelo prazo em que tiver ocorrido postergação de pagamento do imposto em virtude de inexatidão quanto ao período de competência.

Nestes termos, se a autoridade lançadora constata postergação do pagamento de tributo para período de apuração posterior àquele no qual seria devido, deve lançar apenas a diferença apurada, depois de deduzida a parcela espontaneamente recolhida, considerando-se, neste cálculo, a atualização monetária e os encargos moratórios eventualmente devidos. Significa dizer que a apuração do tributo não recolhido demanda aferição individualizada do valor postergado, para imputação da parcela especificamente recolhida em período futuro.

12. O BENEFÍCIO FISCAL DA DEPRECIAÇÃO ACELERADA

O Parecer Normativo COSIT nº 2, de 1996[9], por sua vez, assim trata a matéria versada naqueles dispositivos:

5. No que se refere à postergação do pagamento do imposto em virtude de inexatidão quanto ao período-base de escrituração de receita, rendimento, custo, despesa, inclusive em contrapartida a conta de provisão, dedução ou do reconhecimento de lucro, determinações de natureza semelhantes vigem desde 1977, com o Decreto-lei nº 1.598, de 26 de dezembro daquele ano, de onde se transcreve:

[...]

5.1 – O art. 6º, de onde foram transcritos estes parágrafos, trata, em seu todo, de definir o que é o lucro real e de estabelecer os critérios para a sua correta determinação, seja pelo contribuinte, seja pelo fisco, como, aliás, esta Coordenação-Geral já se manifestou por intermédio do referido Parecer Normativo CST nº 57/79.

5.2 – O § 4º, transcrito, é um comando endereçado tanto ao contribuinte quanto ao fisco. Portanto, qualquer desses agentes, quando deparar com **uma inexatidão quanto ao período-base de reconhecimento de receita ou de apropriação de custo ou despesa deverá excluir a receita do lucro líquido correspondente ao período-base indevido e adicioná-la ao lucro líquido do período-base competente; em sentido contrário, deverá adicionar o custo ou a despesa ao lucro líquido do período-base indevido e excluí-lo do lucro líquido do período-base de competência.**

5.3 – Chama-se a atenção para a letra da lei: o comando é para se ajustar o lucro líquido, que será o ponto de partida para a determinação do lucro real; não se trata, portanto, de simplesmente ajustar o lucro real, mas que este resulte ajustado quando considerados os efeitos das exclusões e adições procedidas no lucro líquido do exercício, na forma do subitem 5.2. Dessa forma, constatados quaisquer fatos que possam caracterizar postergação do pagamento do imposto ou da contribuição social, devem ser observados os seguintes procedimentos:

a) tratando-se de receita, rendimento ou lucro postecipado: excluir o seu montante do lucro líquido do período-base em houver sido reconhecido e adicioná-lo ao lucro líquido do período-base de competência;

---

[9] Publicado no Diário Oficial da União em 29 de agosto de 1996, seção 1, página 16648. Disponível em http://normas.receita.fazenda.gov.br/sijut2consulta/link.action?visao=anot ado&idAto=30884

b) tratando-se de custo ou despesa antecipada: adicionar o seu montante ao lucro líquido do período-base em que houver ocorrido a dedução e excluí-lo do lucro líquido do período-base de competência;

c) apurar o lucro real correto, correspondente ao período-base do início do prazo de postergação e a respectiva diferença de imposto, inclusive adicional, e de contribuição social sobre o lucro líquido;

d) efetuar a correção monetária dos valores acrescidos ao lucro líquido correspondente ao período-base do início do prazo de postergação, bem assim dos valores das diferenças do imposto e da contribuição social, considerando seus efeitos em cada balanço de encerramento de período-base subseqüente, até o período-base de término da postergação;

e) deduzir, do lucro líquido de cada período-base subseqüente, inclusive o de término da postergação, o valor correspondente à correção monetária dos valores mencionados na alínea anterior;

f) apurar o lucro real e a base de cálculo da contribuição social, corretos, correspondentes a cada período-base, inclusive o de término da postergação, considerando os efeitos de todos os ajustes procedidos, inclusive o da correção monetária, e a dedução da diferença da contribuição social sobre o lucro líquido;

g) apurar as diferenças entre os valores pagos e devidos, correspondentes ao imposto de renda e à contribuição social sobre o lucro líquido.

6. O § 5º, transcrito no item 5, determina que a inexatidão de que se trata, somente constitui fundamento para o lançamento de imposto, diferença de imposto, inclusive adicional, correção monetária e multa se dela resultar postergação do pagamento de imposto para exercício posterior ao em que seria devido ou redução indevida do lucro real em qualquer período-base.

6.1 – **Considera-se postergada a parcela de imposto ou de contribuição social relativa a determinado período-base, quando efetiva e espontaneamente paga em período-base posterior.**

6.2 – O fato de o contribuinte ter procedido espontaneamente, em período--base posterior, ao pagamento dos valores do imposto ou da contribuição social postergados deve ser considerado no momento do lançamento de ofício, o qual, em relação às parcelas do imposto e da contribuição social que houverem sido pagas, deve ser efetuado para exigir, exclusivamente, os acréscimos relativos a juros e multa, caso o contribuinte já não os tenha pago.

6.3 – **A redução indevida do lucro líquido de um período-base, sem qualquer ajuste pelo pagamento espontâneo do imposto ou da contribuição social em período-base posterior, nada tem a ver com postergação, cabendo**

12. O BENEFÍCIO FISCAL DA DEPRECIAÇÃO ACELERADA

a exigência do imposto e da contribuição social correspondentes, com os devidos acréscimos legais. Qualquer ajuste daí decorrente, que venha ser efetuado posteriormente pelo contribuinte não tem as características dos procedimentos espontâneos e, por conseguinte, não poderá ser pleiteado para produzir efeito no próprio lançamento.

7. O § 6º, transcrito no item 5, determina que o lançamento deve ser feito pelo valor líquido do imposto e da contribuição social, **depois de compensados os valores a que o contribuinte tiver direito em decorrência do disposto no § 4º**. Por isso, após efetuados os procedimentos referidos no subitem 5.3, somente será passível de inclusão no lançamento a diferença negativa de imposto e contribuição social que resultar após a compensação de todo o valor pago a maior, no período-base de término da postergação, com base no lucro real mensal ou na forma dos arts. 27 a 35 da Lei nº 8.981, de 20 de janeiro de 1995, com o valor pago a menor no período-base de início da postergação. (destacou-se)

Observe-se que o Parecer Normativo COSIT nº 2, de 1996, ao mencionar as hipóteses de aplicação do art. 6º do Decreto-lei nº 1.598, de 1977 reporta--se, apenas, à *inexatidão quanto ao período-base de reconhecimento de receita ou de apropriação de custo ou despesa*, determinando à autoridade lançadora dois procedimentos específicos: a) *excluir a receita do lucro líquido correspondente ao período-base indevido e adicioná-la ao lucro líquido do período-base competente*; ou b) *adicionar o custo ou a despesa ao lucro líquido do período-base indevido e excluí-lo do lucro líquido do período-base de competência.*

Emerge daí o questionamento quanto à aplicação de tais determinações em face de **glosa de exclusão** de depreciação acelerada, possivelmente vinculada à adição futura dos valores antecipadamente deduzidos na apuração do lucro tributável, ou seja, na hipótese de a infração cometida pelo sujeito passivo não se operar na escrituração contábil, mas sim nos ajustes ao lucro líquido para fins de determinação do lucro tributável.

Relevante ter em conta que, ao disciplinar os ajustes ao lucro líquido, o Decreto-Lei nº 1.598, de 1977, no mesmo art. 6º, veicula de forma diferenciada os direitos e deveres atribuídos aos sujeitos passivos:

Art 6º – Lucro real é o lucro líquido do exercício ajustado pelas adições, exclusões ou compensações prescritas ou autorizadas pela legislação tributária.

§ 1º – O lucro líquido do exercício é a soma algébrica de lucro operacional (art. 11), dos resultados não operacionais, do saldo da conta de correção monetária (art. 51) e das participações, e deverá ser determinado com observância dos preceitos da lei comercial.

§ 2º – Na determinação do lucro real **serão adicionados** ao lucro líquido do exercício:

a) os custos, despesas, encargos, perdas, provisões, participações e quaisquer outros valores deduzidos na apuração do lucro líquido que, de acordo com a legislação tributária, não sejam dedutíveis na determinação do lucro real;

b) os resultados, rendimentos, receitas e quaisquer outros valores não incluídos na apuração do lucro líquido que, de acordo com a legislação tributária, devam ser computados na determinação do lucro real.

§ 3º – Na determinação do lucro real **poderão ser excluídos** do lucro líquido do exercício:

a) os valores cuja dedução seja autorizada pela legislação tributária e que não tenham sido computados na apuração do lucro líquido do exercício;

b) os resultados, rendimentos, receitas e quaisquer outros valores incluídos na apuração do lucro líquido que, de acordo com a legislação tributária, não sejam computados no lucro real;

c) os prejuízos de exercícios anteriores, observado o disposto no artigo 64.

§ 4º – Os valores que, por competirem a outro período-base, forem, para efeito de determinação do lucro real, adicionados ao lucro líquido do exercício, ou dele excluídos, serão, na determinação do lucro real do período competente, excluídos do lucro líquido ou a ele adicionados, respectivamente.

[...]

Nestes termos, enquanto as adições "devem" ser promovidas, as exclusões e compensações "podem" ser realizadas. Ou seja, o sujeito passivo pode optar por não promover uma exclusão, e manter integrada ao lucro tributável a receita contabilizada, bem como deixar de aproveitar prejuízo fiscal para reduzir o lucro tributável do período. Apenas que o exercício destas faculdades não deve se prestar como meio para vantagens indevidas, como vislumbrado, por exemplo, quando a compensação de prejuízos fiscais se sujeitava a limite temporal e a realização apenas formal da reserva de reavaliação poderia antecipar a formação de lucro e evitar a prescrição dos prejuízos acumulados, hipótese que motivou o regramento assim consolidado no Regulamento do Imposto de Renda aprovado pelo Decreto nº 1.041, de 1994 – RIR/94:

12. O BENEFÍCIO FISCAL DA DEPRECIAÇÃO ACELERADA

Art. 503. A pessoa jurídica poderá compensar o prejuízo apurado em um período-base, encerrado até 31 de dezembro de 1991, com o lucro real determinado nos quatro anos-calendário subseqüentes (Decreto-Lei nº 1.598/77, art. 64).

Art. 504. O prejuízo fiscal apurado em um mês do ano de 1992 poderá ser compensado com o lucro real de períodos-base subseqüentes (Lei nº 8.383/91, art. 38, § 7º).

Art. 505. Os prejuízos fiscais apurados a partir de 1º de janeiro de 1993 poderão ser compensados com o lucro real apurado em até quatro anos-calendário, subseqüentes ao ano da apuração (Lei nº 8.541/92, art. 12).

[...]

Art. 512. A contrapartida da reavaliação de bens somente poderá ser utilizada para compensar prejuízos fiscais, quando ocorrer a efetiva realização do bem que tiver sido objeto da reavaliação (Lei nº 7.799/89, art. 40).

Sob a mesma inspiração está a orientação contida na Instrução Normativa SRF nº 51, de 1995[10]:

Art. 26. Para efeito de determinação do lucro real, as exclusões do lucro líquido, em anos-calendário subseqüentes ao em que deveria ter sido procedido o ajuste, não poderão produzir efeito diverso daquele que seria obtido, se realizadas na data prevista.

---

[10] No mesmo sentido, a Instrução Normativa SRF nº 11, de 1996:
Art. 34. Para efeito de determinação do lucro real, as exclusões do lucro líquido, em período-base subseqüente àquele em que deveria ter sido procedido o ajuste, não poderão produzir efeito diverso daquele que seria obtido, se realizadas na data prevista.
Parágrafo único. O disposto neste artigo alcança, inclusive:
a) a parcela dedutível em cada ano-calendário, correspondente à diferença da correção monetária complementar IPC/BTNF relativa aos prejuízos fiscais apurados até 31 de dezembro de 1989 (art. 426, § 1º, do RIR/94 e art. 40, § 2º, do Decreto nº 332, de 4 de novembro de 1991);
b) a parcela dedutível em cada ano-calendário, correspondente ao saldo devedor da diferença de correção monetária complementar IPC/BTNF (art. 424 do RIR/94).

§ 1º As exclusões que deixarem de ser procedidas, em ano-calendário em que a pessoa jurídica tenha apurado prejuízo fiscal, terão o mesmo tratamento deste.

§ 2º O disposto neste artigo alcança, inclusive:

a) a parcela dedutível em cada ano-calendário (art. 426, § 1º, do RIR/94), correspondente à diferença da correção monetária complementar IPC/BTNF relativa aos prejuízos fiscais apurados até 31 de dezembro de 1989 (art. 40, § 2º, do Decreto nº 332, de 4 de novembro de 1991);

b) a parcela dedutível em cada ano-calendário (art. 424 do RIR/94), correspondente ao saldo devedor da diferença de correção monetária complementar IPC/BTNF.

No cenário assim delineado constata-se que, se a infração identificada resulta na possibilidade de uma exclusão ou compensação em período futuro, ou mesmo na reversão de uma adição, a autoridade lançadora não opera sozinha no reconhecimento de eventual postergação, porque o sujeito passivo deve manifestar seu interesse em promover o ajuste futuro e, inclusive, fazer a prova necessária para tanto. Assim evoluiu, por exemplo, a interpretação acerca da repercussão das glosas de compensações de prejuízos fiscais por inobservância do limite legal de 30%[11], das quais decorre o restabelecimento

---

[11] Limitação veiculada originalmente nos artigos 42 e 58 da Medida Provisória nº 812, de 1994, convertida na Lei nº 8.981, de 1995, e atualmente prevista na Lei nº 9.065, de 1995: Art. 15. O prejuízo fiscal apurado a partir do encerramento do ano-calendário de 1995, poderá ser compensado, cumulativamente com os prejuízos fiscais apurados até 31 de dezembro de 1994, com o lucro líquido ajustado pelas adições e exclusões previstas na legislação do imposto de renda, observado o limite máximo, para a compensação, de trinta por cento do referido lucro líquido ajustado.

Parágrafo único. O disposto neste artigo somente se aplica às pessoas jurídicas que mantiverem os livros e documentos, exigidos pela legislação fiscal, comprobatórios do montante do prejuízo fiscal utilizado para a compensação.

Art. 16. A base de cálculo da contribuição social sobre o lucro, quando negativa, apurada a partir do encerramento do ano-calendário de 1995, poderá ser compensada, cumulativamente com a base de cálculo negativa apurada até 31 de dezembro de 1994, com o resultado do período de apuração ajustado pelas adições e exclusões previstas na legislação da referida contribuição social, determinado em anos-calendário subseqüentes, observado o limite máximo de redução de trinta por cento, previsto no art. 58 da Lei nº 8.981, de 1995. Parágrafo único. O disposto neste artigo somente se aplica às pessoas jurídicas que mantiverem os

12. O BENEFÍCIO FISCAL DA DEPRECIAÇÃO ACELERADA

de prejuízos passíveis de aproveitamento futuro, consolidada administrativamente nos seguintes termos[12]:

Súmula CARF nº 36
A inobservância do limite legal de trinta por cento para compensação de prejuízos fiscais ou bases negativas da CSLL, quando comprovado pelo sujeito passivo que o tributo que deixou de ser pago em razão dessas compensações o foi em período posterior, caracteriza postergação do pagamento do IRPJ ou da CSLL, o que implica em excluir da exigência a parcela paga posteriormente. (**Vinculante**, conforme Portaria MF nº 383, de 12/07/2010, DOU de 14/07/2010).
Acórdãos Precedentes:
Acórdão nº 103-22679, de 19/10/2006 Acórdão nº 105-16138, de 08/11/2006 Acórdão nº 105-17260, de 15/10/2008 Acórdão nº 107-09299, de 05/03/2008 Acórdão nº 108-09603, de 17/04/2008.

Significa dizer que, na hipótese de o sujeito passivo desrespeitar o regime de competência contábil para fins de reconhecimento de receitas ou apropriação de despesas, a autoridade fiscal tem o dever de perquirir as repercussões futuras destas ocorrências, não podendo se limitar a adicionar a receita no período de competência cabível, ou glosar a despesa equivocadamente apropriada. Este dever, porém, não existe se a exclusão ou compensação foi promovida indevidamente, ou a adição foi omitida. De toda a sorte, demonstrada a vinculação das ocorrências, devem ser reconhecidos os efeitos da postergação na apuração do tributo devido, até porque esta prova revela pagamento futuro do tributo lançado em virtude da infração autuada.

Especificamente quanto ao benefício fiscal de depreciação acelerada em tela, indevidamente aproveitado, não é razoável afastar a hipótese de postergação apenas porque a legislação de reporta à apuração contábil, e assim desconsiderar o fato de a inversão de conceitos decorrer, justamente, da

---

livros e documentos, exigidos pela legislação fiscal, comprobatórios da base de cálculo negativa utilizada para a compensação.

[12] Neste sentido, o voto vencedor do Acórdão nº 9101-004.212, disponível em www. https:// carf.fazenda.gov.br/sincon/public/pages/ConsultarJurisprudencia/listaJurisprudencia Carf.jsf

natureza do benefício que, se fosse aplicável também a bens sujeitos a exaustão, permitiria a dedução imediata das aplicações em formação de lavoura canavieira. As exclusões e adições promovidas para implementação do pretendido benefício fiscal são o reverso da aplicação contábil do regime de competência e objetivam, precisamente, o deslocamento da incidência tributária no tempo, sendo esta a reparação a ser buscada pelo Fisco frente ao aproveitamento indevido do benefício.

Assim, embora a legislação tributária não afirme a obrigatoriedade de, na reversão de exclusão indevida, ser promovida a reversão, também, da adição correspondente eventualmente registrada em período futuro, é lícito afirmar a possibilidade deste procedimento se a natureza dos ajustes foi afetada pela pretendida supressão do regime de reconhecimento de receitas e despesas, previsto em lei.

Porém, consequência da inexistência desta obrigatoriedade é a dispensa de a autoridade lançadora perquirir das adições futuras, na hipótese de o procedimento fiscal alcançar, apenas, o período de apuração no qual a exclusão foi indevidamente promovida. Caberá ao sujeito passivo, se questionado durante o procedimento fiscal, ou na impugnação ao lançamento, estabelecer a correspondência entre a exclusão glosada e as adições futuras para, assim, pretender a redução do tributo lançado em razão da exclusão indevida.

De outro lado, se o procedimento de revisão das bases de cálculo afetar mais de um período de apuração, esta repercussão deverá ser, necessariamente, avaliada, pois está ao alcance da autoridade fiscal verificar a existência de adições futuras da exclusão tida por indevida no primeiro período fiscalizado. É fato, porém, que se a investigação fiscal alcançar mais de um período de apuração, possivelmente serão identificadas outras exclusões referentes aos custos incorridos na formação da lavoura em períodos subsequentes. E, se for este o caso, não bastará a definição, em cada período de apuração, do valor líquido do lucro minorado, anulando exclusões e adições referentes à aplicação indevida do benefício fiscal de depreciação acelerada, porque, para reconhecimento dos efeitos da postergação, o Parecer Normativo COSIT nº 2, de 1996 estabelece que devem ser *compensados os valores a que o contribuinte tiver direito em decorrência do disposto no § 4º.*

Neste ponto, cabe abrir um parêntese para esclarecer que os termos adotados no referido Parecer, replicando as disposições do Decreto-lei nº 1.598, de 1977, poderia suscitar dúvidas quanto à necessidade de observância dos requisitos presentes desde a vigência da Medida Provisória nº 66, de 2002,

12. O BENEFÍCIO FISCAL DA DEPRECIAÇÃO ACELERADA

para compensação de tributos e contribuições administrados pela antiga Secretaria da Receita Federal, inclusive se de mesma espécie.

Isto porque, desde a edição da Medida Provisória, convertida na Lei nº 10.637, de 2002[13], atribuindo nova redação ao art. 74, §1º da Lei nº 9.430, de 1996, foi derrogado o art. 66 da Lei nº 8.383, de 1991[14], que admitia a compensação de tributos de mesma espécie independentemente de requerimento administrativo, passando a ser exigida a apresentação de Declaração de Compensação – DCOMP[15].

Sob esta ótica, poder-se-ia argumentar que o reconhecimento da postergação no procedimento fiscal somente era obrigatório por corresponder a compensação entre tributos de mesma espécie, para a qual era dispensável

---

[13] Art. 49. O art. 74 da Lei nº 9.430, de 27 de dezembro de 1996, passa a vigorar com a seguinte redação: "Art. 74. O sujeito passivo que apurar crédito, inclusive os judiciais com trânsito em julgado, relativo a tributo ou contribuição administrado pela Secretaria da Receita Federal, passível de restituição ou de ressarcimento, poderá utilizá-lo na compensação de débitos próprios relativos a quaisquer tributos e contribuições administrados por aquele Órgão.

§ 1º A compensação de que trata o caput será efetuada mediante a entrega, pelo sujeito passivo, de declaração na qual constarão informações relativas aos créditos utilizados e aos respectivos débitos compensados.

[...]

[14] Art. 66. Nos casos de pagamento indevido ou a maior de tributos, contribuições federais, inclusive previdenciárias, e receitas patrimoniais, mesmo quando resultante de reforma, anulação, revogação ou rescisão de decisão condenatória, o contribuinte poderá efetuar a compensação desse valor no recolhimento de importância correspondente a período subseqüente. (Redação dada pela Lei nº 9.069, de 29.6.1995)

§ 1º A compensação só poderá ser efetuada entre tributos, contribuições e receitas da mesma espécie. (Redação dada pela Lei nº 9.069, de 29.6.1995)

§ 2º É facultado ao contribuinte optar pelo pedido de restituição. (Redação dada pela Lei nº 9.069, de 29.6.1995)

§ 3º A compensação ou restituição será efetuada pelo valor do tributo ou contribuição ou receita corrigido monetariamente com base na variação da UFIR. (Redação dada pela Lei nº 9.069, de 29.6.1995)

§ 4º As Secretarias da Receita Federal e do Patrimônio da União e o Instituto Nacional do Seguro Social – INSS expedirão as instruções necessárias ao cumprimento do disposto neste artigo. (Redação dada pela Lei nº 9.069, de 29.6.1995)

[15] Recentemente, aliás, a 1ª Turma da CSRF aprovou o seguinte enunciado expresso na Súmula CARF nº 145: "A partir da 01/10/2002, a compensação de crédito de saldo negativo de IRPJ ou CSLL, ainda que com tributo de mesma espécie, deve ser promovida mediante apresentação de Declaração de Compensação – DCOMP."

a apresentação de requerimento por parte do sujeito passivo. Todavia, deve--se ter em conta que a designação deste procedimento como *compensação* remonta à edição do Decreto-lei nº 1.598, de 1977, quando a Lei nº 4.320, de 1964[16], vedava a *compensação da observação de recolher rendas ou receitas com direito creditório contra a Fazenda Pública*, e ainda não existia, sequer, a possibilidade de compensação de ofício pela Administração Tributária, procedimento criado com o Decreto-lei nº 2.287, de 1986[17].

A vedação a compensação, vigente à época, reforça a constatação de o procedimento previsto no Decreto-lei nº 1.598, de 1977, em verdade, não tratar de compensação, mas sim de imputação de pagamento tardiamente efetuado e pertinente ao período de apuração no qual a infração foi constatada. Esta razão, inclusive, de a determinação dos efeitos da postergação em tais circunstâncias exigir a individualização do efetivo pagamento postergado para, então, confrontá-lo com o tributo antes não recolhido, e assim aferir a parcela a descoberto, passível de exigência com os acréscimos previstos para o lançamento de ofício[18].

---

[16] Art. 54. Não será admitida a compensação da obrigação de recolher rendas ou receitas com direito creditório contra a Fazenda Pública.

[17] Art. 7º A Receita Federal do Brasil, antes de proceder à restituição ou ao ressarcimento de tributos, deverá verificar se o contribuinte é devedor à Fazenda Nacional. (Redação dada pela Lei nº 11.196, de 2005)

§ 1º Existindo débito em nome do contribuinte, o valor da restituição ou ressarcimento será compensado, total ou parcialmente, com o valor do débito. (Redação dada pela Lei nº 11.196, de 2005)

§ 2º Existindo, nos termos da Lei nº 5.172, de 25 de outubro de 1966, débito em nome do contribuinte, em relação às contribuições sociais previstas nas alíneas a, b e c do parágrafo único do art. 11 da Lei nº 8.212, de 24 de julho de 1991, ou às contribuições instituídas a título de substituição e em relação à Dívida Ativa do Instituto Nacional do Seguro Social – INSS, o valor da restituição ou ressarcimento será compensado, total ou parcialmente, com o valor do débito. (Redação dada pela Lei nº 11.196, de 2005)

§ 3º Ato conjunto dos Ministérios da Fazenda e da Previdência Social estabelecerá as normas e procedimentos necessários à aplicação do disposto neste artigo. (Redação dada pela Lei nº 11.196, de 2005)

[18] Lei nº 9.430, de 1996:

Art. 44. Nos casos de lançamento de ofício, serão aplicadas as seguintes multas: (Redação dada pela Lei nº 11.488, de 2007)

I – de 75% (setenta e cinco por cento) sobre a totalidade ou diferença de imposto ou contribuição nos casos de falta de pagamento ou recolhimento, de falta de declaração e nos de declaração inexata; (Redação dada pela Lei nº 11.488, de 2007)

12. O BENEFÍCIO FISCAL DA DEPRECIAÇÃO ACELERADA

A imputação do pagamento em atraso, dessa forma, deve ser implementada para fins de lançamento de ofício independentemente dos requisitos posteriormente fixados em lei para compensação pelo sujeito passivo, ou mesmo por parte da Administração Tributária. Logo, se o procedimento de revisão alcançar períodos de apuração nos quais houve o registro de adições vinculadas à exclusão tida por indevida, deverá a autoridade fiscal verificar a repercussão da infração nos períodos seguintes também investigados. Nos demais casos, resta ao sujeito passivo a possibilidade de requerer o reconhecimento de seus efeitos mediante prova da existência do pagamento postergado.

Fechando o parêntese, e retomando o procedimento para reconhecimento da postergação na forma do Parecer COSIT nº 2, de 1996, vale ressaltar que tal normativo exclui o procedimento em tela quando caracterizada mera *redução indevida do lucro líquido de um período-base, sem qualquer ajuste pelo pagamento espontâneo do imposto ou da contribuição social em período-base posterior.* O reconhecimento dos efeitos da postergação, portanto, é dependente da prova do efetivo pagamento espontâneo realizado em períodos de apuração subsequentes.

Logo, se o sujeito passivo apurar prejuízo fiscal em período posterior no qual promoveu a adição vinculada à exclusão indevida, a exigência decorrente da exclusão glosada não se sujeitará a qualquer redução, porque inexistirá

[...]

§ 1º O percentual de multa de que trata o inciso I do caput deste artigo será duplicado nos casos previstos nos arts. 71, 72 e 73 da Lei nº 4.502, de 30 de novembro de 1964, independentemente de outras penalidades administrativas ou criminais cabíveis. (Redação dada pela Lei nº 11.488, de 2007)

§ 2º Os percentuais de multa a que se referem o inciso I do caput e o § 1º deste artigo serão aumentados de metade, nos casos de não atendimento pela sujeito passivo, no prazo marcado, de intimação para: (Redação dada pela Lei nº 11.488, de 2007)

I – prestar esclarecimentos; (Redação dada pela Lei nº 11.488, de 2007)

II – apresentar os arquivos ou sistemas de que tratam os arts. 11 a 13 da Lei no 8.218, de 29 de agosto de 1991; (Redação dada pela Lei nº 11.488, de 2007)

III – apresentar a documentação técnica de que trata o art. 38 desta Lei. (Redação dada pela Lei nº 11.488, de 2007)

§ 3º Aplicam-se às multas de que trata este artigo as reduções previstas no art. 6º da Lei nº 8.218, de 29 de agosto de 1991, e no art. 60 da Lei nº 8.383, de 30 de dezembro de 1991.

[...]

pagamento postergado a ser imputado no período de apuração inicial[19]. De outro lado, se o sujeito passivo, apesar de apurar lucro tributável, nada recolheu ao final do período por ter sofrido retenções, ou recolhido estimativas em valor equivalente ou superior ao devido, estas antecipações, por força da legislação[20], são deduzidas no encerramento do período de apuração, convertendo-se em pagamento. Assim, nesta segunda hipótese, poderá haver pagamento postergado na data de encerramento do período de apuração se o tributo originalmente apurado for superior ao tributo calculado sobre o lucro reduzido pela anulação da adição vinculada à exclusão originalmente glosada.

Já na hipótese de investigação fiscal em períodos sucessivos, a determinação do valor líquido do lucro minorado, mediante anulação de exclusões e adições referentes à aplicação indevida do benefício fiscal de depreciação acelerada, como já adiantado, não se presta a evidenciar a postergação porque não revela se, em período futuro, houve efetivo pagamento espontâneo do tributo antes não recolhido.

---

[19] Ainda que o sujeito passivo recolha ou sofra antecipações, estas não se convertem em pagamento ao final período de apuração, como será demonstrado para as demais hipóteses mais à frente, porque inexiste tributo devido quando a base de cálculo é negativa.

[20] Lei nº 9.430, de 1996:

Art. 2º A pessoa jurídica sujeita a tributação com base no lucro real poderá optar pela pagamento do imposto, em cada mês, determinado sobre base de cálculo estimada, mediante a aplicação dos percentuais de que trata o art. 15 da Lei nº 9.249, de 26 de dezembro de 1995, sobre a receita bruta definida pela art. 12 do Decreto-Lei nº 1.598, de 26 de dezembro de 1977, auferida mensalmente, deduzida das devoluções, vendas canceladas e dos descontos incondicionais concedidos, observado o disposto nos §§ 1º e 2º do art. 29 e nos arts. 30, 32, 34 e 35 da Lei nº 8.981, de 20 de janeiro de 1995. (Redação dada pela Lei nº 12.973, de 2014)

[...]

§ 4º Para efeito de determinação do saldo de imposto a pagar ou a ser compensado, a pessoa jurídica poderá deduzir do imposto devido o valor:

I – dos incentivos fiscais de dedução do imposto, observados os limites e prazos fixados na legislação vigente, bem como o disposto no § 4º do art. 3º da Lei nº 9.249, de 26 de dezembro de 1995;

II – dos incentivos fiscais de redução e isenção do imposto, calculados com base no lucro da exploração;

III – do imposto de renda pago ou retido na fonte, incidente sobre receitas computadas na determinação do lucro real;

IV – do imposto de renda pago na forma deste artigo.

12. O BENEFÍCIO FISCAL DA DEPRECIAÇÃO ACELERADA

Se, por exemplo, os investimentos na lavoura canavieira forem crescentes, as exclusões glosadas serão sempre superiores ao valor das adições revertidas nos períodos subsequentes, e o resultado final da revisão fiscal será a apuração de tributo devido em todos os períodos fiscalizados, incompatível com a cogitação de pagamento a maior espontaneamente realizado em período futuro. A repercussão em períodos subsequentes das exclusões indevidas, assim, deve ser isolada dos efeitos das exclusões posteriores, porque o lançamento daquela primeira glosa pode estar vinculado a futuro pagamento a maior decorrente das adições promovidas na apuração original do sujeito passivo. Melhor dizendo, não se pode afirmar inexistente um pagamento a maior espontaneamente promovido pelo sujeito passivo em relação à primeira infração a partir de uma apuração em período posterior já ajustada por outras glosas de exclusões promovidas pela autoridade fiscal.

Nas infrações continuadas, portanto, é imperiosa a análise isolada da postergação em relação a cada aplicação imobilizada, de modo a determinar se há pagamento de tributo a maior em razão da adição futura de parcelas vinculadas à exclusão tida por indevida. Assim procedendo, a aferição dos efeitos da postergação em infrações continuadas evidenciará o mesmo resultado que seria obtido se o procedimento fiscal estivesse limitado à verificação do primeiro período de apuração no qual identificada a infração. Por outro lado, se apuradas as bases tributáveis mediante mera anulação das exclusões e adições decorrentes da aplicação indevida do benefício fiscal de depreciação acelerada, o tributo eventualmente postergado por meio das adições espontaneamente promovidas nos períodos subsequentes será, em verdade, aproveitado para reduzir o tributo devido pelas infrações verificadas nestes outros períodos. A autoridade lançadora, portanto, incorrerá no erro de imputar o tributo postergado no período de apuração no qual ele foi pago, e não no período de apuração no qual ele deixou de ser recolhido.

Se desconsiderados os efeitos da mora no tributo postergado, os procedimentos antes referidos apresentariam, no conjunto dos períodos fiscalizados, resultados equivalentes quanto ao valor principal dos tributos devidos[21]. Todavia, na forma da legislação de regência, o tributo postergado não reduz a exigência inicial por seu valor original, mas sim por seu valor reduzido pelos

---

[21] Exemplo prático neste sentido consta no voto condutor do Acórdão nº 1101-00.334, disponível em https://carf.fazenda.gov.br/sincon/public/pages/ConsultarJurisprudencia/consultarJurisprudenciaCarf.jsf

acréscimos moratórios devidos em razão do atraso. Ou seja, embora o sujeito passivo atribua a natureza de principal ao total recolhido, com a reclassificação deste pagamento como postergado, seu valor é distribuído, mediante imputação proporcional[22], ao principal e aos acréscimos moratórios devidos, o que reduz o valor do principal a ser imputado ao tributo apurado em razão da exclusão indevida. Em consequência, se correlacionados o tributo que deixou de ser recolhido no momento da exclusão indevida e o tributo espontaneamente pago quando promovida a adição correspondente, a imputação deste por seu valor reduzido em razão dos efeitos da mora resultará em exigência tributária maior que a apurada mediante mera anulação das exclusões e adições decorrentes da continuada aplicação indevida do benefício fiscal em questão.

De outro lado, se a investigação fiscal se restringiu ao período de apuração no qual promovida a exclusão indevida, o sujeito passivo poderá, no curso do contencioso administrativo, provar a existência de pagamento postergado em períodos de apuração ocorridos até o início do procedimento fiscal[23]. Para tanto, deve demonstrar o cômputo da adição correspondente na base imponível de período posterior e evidenciar, mediante comparação, o tributo apurado originalmente e o tributo que seria devido sem aquela adição, apresentando também as provas de sua declaração[24] e quitação. Eventualmente,

---

[22] O Código Tributário Nacional (Lei nº 5.172, de 1966) disciplina, apenas, a ordem de imputação de pagamentos na hipótese de existir, simultaneamente, dois ou mais débitos vencidos do mesmo sujeito passivo para com a mesma pessoa jurídica de direito público (art. 163). Assim, a definição quanto à alocação de pagamentos entre as parcelas componentes de um mesmo crédito tributário é extraída, por simetria, da regra nele assim estipulada para restituição de pagamento indevido ou a maior:
Art. 167. A restituição total ou parcial do tributo dá lugar à restituição, na mesma proporção, dos juros de mora e das penalidades pecuniárias, salvo as referentes a infrações de caráter formal não prejudicadas pela causa da restituição.

[23] Nos termos do art. 7º, § 1º do Decreto nº 70.235, de 1972, "o início do procedimento exclui a espontaneidade do sujeito passivo em relação aos atos anteriores e, independentemente de intimação a dos demais envolvidos nas infrações verificadas."

[24] A prova da declaração do tributo postergado será relevante se o sujeito passivo pretender invocar os benefícios da denúncia espontânea no recolhimento em atraso, pois o Superior Tribunal de Justiça firmou o entendimento, em sede de recursos repetitivos, de que a exclusão da multa moratória somente se verifica se o tributo pago em atraso não foi estava antes declarado, mas desde que associado à declaração concomitante do débito (REsp nº 1.149.022-SP, proferido em 24 de junho de 2010 e disponível em https://ww2.stj.jus.br /

12. O BENEFÍCIO FISCAL DA DEPRECIAÇÃO ACELERADA

a autoridade julgadora demandará diligências para confirmação do alegado, bem como para aferir se há repercussões de outros procedimentos fiscais no período de apuração em que localizado o alegado pagamento postergado.

Frise-se que a postergação está limitada aos pagamentos promovidos até o início do procedimento fiscal em que constatada a exclusão indevida, porque dependente de atuação espontânea do sujeito passivo. Se este, ignorando a notificação acerca da glosa da exclusão por indevida aplicação do benefício fiscal, permanece adicionando as despesas contabilizadas, os pagamentos indevidos eventualmente promovidos não se revestem, mais, da necessária espontaneidade que autoriza a redução do tributo exigido com os acréscimos previstos para a hipótese de lançamento de ofício, e os pagamentos posteriores ao início do procedimento fiscal somente poderão ser pleiteados como indébito, mas em procedimentos autônomos de restituição ou compensação.

Conclusões

A dinâmica das repercussões do aproveitamento indevido do benefício fiscal da depreciação acelerada nas aplicações para formação de lavouras de cana-de-açúcar evidencia a possibilidade de reconhecimento dos efeitos da postergação ainda que a infração não configure, propriamente, inobservância do regime de competência contábil. A vinculação entre adições ao lucro tributável de períodos futuros e exclusões que antes minoraram indevidamente a base imponível permite a imputação ao tributo apurado neste primeiro momento do valor espontaneamente pago pelo sujeito passivo em períodos posteriores, quer mediante efetivo recolhimento, quer mediante antecipações deduzidas do tributo devido ao final do período de apuração correspondente, mas sempre já reduzido em razão dos efeitos da mora.

Contudo, como a legislação tributária estabelece a obrigação de a autoridade fiscal investigar a postergação apenas na hipótese de inobservância do regime de competência contábil, a apuração de sua ocorrência em razão de irregularidades no âmbito dos ajustes ao lucro líquido somente é exigida da autoridade fiscal se o procedimento de verificação alcançar ajustes promovidos em mais de um período de apuração. Nos demais casos, cabe ao sujeito passivo demonstrar a existência de adições posteriores vinculadas à exclusão

processo/revista/documento/mediado/?componente=ITA&sequencial=979375&num_regi stro=200901341424&data=20100624&formato=PDF).

glosada, bem como o correspondente pagamento espontâneo promovido a maior.

A imputação do pagamento postergado, impropriamente referida na legislação como compensação, está limitada às providências espontaneamente adotadas pelo sujeito passivo, ou seja, aos pagamentos a maior promovidos antes do início do procedimento fiscal que classificou como indevidas as exclusões inicialmente escrituradas. Pagamentos a maior posteriores, porque não espontâneos, somente são passíveis de reconhecimento em face de pedido de restituição ou declaração de compensação.

Referências

ANDRADE FILHO, Edmar Oliveira. *Imposto de renda das empresas*. 3. ed. São Paulo: Atlas, 2006.

HIGUCHI, Hiromi; HIGUCHI, Fábio Hiroshi; HIGUCHI, Celso Hiroyuki. *Imposto de Renda das empresas: interpretação e prática: atualizado até 10-01-2011*. 36. ed. São Paulo: IR Publicações, 2011.

MARION, José Carlos. *Contabilidade Rural: contabilidade agrícola, contabilidade da pecuária, imposto de renda-pessoa jurídica*. 4. ed. São Paulo: Atlas, 1996.

13. As provas na dedutibilidade das provisões contábeis constituídas e a atual jurisprudência do CARF

Amélia Wakako Morishita Yamamoto[1]

Introdução

Esse trabalho tem o objetivo de trazer à luz quais provas devem ser apresentadas pelos contribuintes quando o objeto do lançamento fiscal refere-se a dedução das provisões anteriormente adicionadas.

Sob essa perspectiva, relevante analisar os recentes julgados deste Tribunal Administrativo com o propósito de que o contribuinte e seu advogado consigam identificar quais documentos têm maior relevância quando da apreciação do caso concreto.

1. CPC 25 – Comitê de Pronunciamentos Contábeis 25[2]

Antes de adentrarmos nas provisões propriamente ditas, devemos analisar o que diz a atual contabilidade.

O CPC 25 é o pronunciamento que trata justamente das contabilizações de provisões, passivos e ativos contingentes.

As provisões são passivos de **prazo ou de valor incertos**. O passivo trata de uma obrigação presente da entidade, derivada de eventos já ocorridos,

---

[1] As opiniões contidas nesta publicação são reflexões acadêmicas da própria autora e não necessariamente expressam as posições defendidas por qualquer organização a qual esteja vinculada.

[2] Disponível em: http://static.cpc.aatb.com.br/Documentos/304_CPC_25_rev%2013.pdf. Acesso em: 17/03/ 2020.

cuja liquidação se espera que resulte em saída de recursos da entidade capazes de gerar benefícios econômicos.

Elas representam estimativas de uma perda com ativos ou uma obrigação com terceiros. E, ainda que estejam contabilizados em razão disso, não possuem exatidão com relação a sua ocorrência e o seu valor, daí a estimativa.

De acordo com o item 11 do CPC 25:

> As provisões podem ser distintas de outros passivos tais como contas a pagar e passivos derivados de apropriações por competência (*accruals*) porque há **incerteza sobre o prazo ou o valor do desembolso futuro necessário para a sua liquidação**. Por contraste:
>
> (a) as contas a pagar são passivos a pagar por conta de bens ou serviços fornecidos ou recebidos e que tenham sido faturados ou formalmente acordados com o fornecedor; e
>
> (b) **os passivos derivados de apropriações por competência (*accruals*) são passivos a pagar por bens ou serviços fornecidos ou recebidos, mas que não tenham sido pagos, faturados ou formalmente acordados com o fornecedor, incluindo valores devidos a empregados (por exemplo, valores relacionados com pagamento de férias). Embora algumas vezes seja necessário estimar o valor ou prazo desses passivos, a incerteza é geralmente muito menor do que nas provisões.**
>
> Os passivos derivados de apropriação por competência (*accruals*) são frequentemente divulgados como parte das contas a pagar, enquanto as provisões são divulgadas separadamente.

Ainda, continua o item 14:

> Uma provisão deve ser reconhecida quando:
>
> (a) a entidade tem uma obrigação presente (legal ou não formalizada) como resultado de evento passado;
>
> (b) seja provável que será necessária uma saída de recursos que incorporam benefícios econômicos para liquidar a obrigação; e
>
> (c) possa ser feita uma estimativa confiável do valor da obrigação. Se essas condições não forem satisfeitas, nenhuma provisão deve ser reconhecida.

Contabilmente, ainda de acordo com o item 59, as provisões reconhecidas e contabilizadas devem ser reavaliadas em cada data de balanço e ajustadas a

13. AS PROVAS NA DEDUTIBILIDADE DAS PROVISÕES CONTÁBEIS CONSTITUÍDAS

fim de refletir a melhor estimativa corrente. E se já não for mais provável que seja necessária uma saída de recursos que incorporam benefícios econômicos futuros para liquidar a obrigação, a provisão deve ser revertida.

2. Efeitos fiscais

No que tange aos efeitos fiscais das provisões, a Lei 9.249/95 em seu art. 13, inc. I, assim dispõe:

> Art. 13. Para efeito de apuração do lucro real e da base de cálculo da contribuição social sobre o lucro líquido, **são vedadas as seguintes deduções**, independentemente do disposto no art. 47 da Lei nº 4.506, de 30 de novembro de 1964:
>
> I – de qualquer provisão, exceto as constituídas para o pagamento de **férias de empregados e de décimo-terceiro salário, a de que trata o art. 43 da Lei nº 8.981, de 20 de janeiro de 1995, com as alterações da Lei nº 9.065, de 20 de junho de 1995, e as provisões técnicas das companhias de seguro e de capitalização, bem como das entidades de previdência privada, cuja constituição é exigida pela legislação especial a elas aplicável;**
>
> (Vide Lei 9.430, de 1996)

Dessa forma, a lei é clara ao vedar a dedução de qualquer provisão, exceto aquelas decorrentes para pagamentos de férias e 13º de empregados, bem como as provisões técnicas de empresas de seguros e entidades de previdências privadas e capitalização. E isso é óbvio, já que as exceções decorrem de exigência legal.

Entretanto, por mais que as provisões sejam dedutíveis para fins fiscais, devem estar suportadas em cálculos e documentos gerados pela empresa, documentos esses que embasam a própria contabilização da provisão.

E dentre as provisões contabilizadas, as mais comuns na prática empresarial são as provisões decorrentes de contingências fiscais, cíveis, trabalhistas, provisões para perdas em geral, créditos, estoques e outros.

Então, para aqueles que se encontram na sistemática do lucro real, a despesa com provisões não é dedutível para fins de apuração do IRPJ e da CSLL, devendo assim ser controlada na Parte B do LALUR, já que se trata de adição temporária apta a se tornar dedutível quando, de alguma forma, se tornar uma despesa efetiva e, portando, incorrida.

A título exemplificativo, vale ilustrar a seguinte situação: registra-se na contabilidade provisão com fornecedores em dez/X1 – provável ocorrência fática em momento futuro-, no valor de R$10.000,00, com contrapartida de uma despesa com provisão em seu resultado, hábil a afetar o lucro líquido da empresa. Fiscalmente, faz-se a adição e controla-se na Parte B do LALUR. No ano seguinte, aquela despesa se efetivou, houve a emissão da nota fiscal pelo fornecedor, porém não de R$10.000,00, como se imaginou inicialmente, mas de R$8.000,00, então, contabilmente, o que ocorre é a baixa da provisão de R$8.000,00 contra o caixa e de R$2.000,00 como reversão de provisão. Portanto, no resultado da entidade no ano X2 apenas constará a receita com reversão de provisão de R$2.000,00 e, diante da adição feita em X1, poderá ser excluída do cálculo de IRPJ e CSLL. E, em vista da ocorrência do pagamento ao fornecedor de R$8.000,00 mediante apresentação da nota fiscal, poderá ser excluída do cálculo, baixando-se o valor da parte B do LALUR, já que no resultado esse valor não mais aparecerá em X2.

Daí é que podemos verificar a ocorrência de alguns dos problemas.

Obviamente o exemplo dado é simples, imaginem que numa situação normal, tais operações acontecem às centenas num mês e ao longo do exercício e até de muitos exercícios (questões fiscais por exemplo).

O que se vê na prática, é o controle não só da Parte B do LALUR, por meio de sistemas corretamente parametrizados e regularmente verificados, mas mediante a guarda de documentação hábil e idônea capaz de comprovar aquilo que se exclui nos anos posteriores.

Para ilustrar, o Acórdão nº 1401-001.767 analisou a autuação do contribuinte em razão da dedução de valores tratados como provisão, sob o argumento de falta de previsão legal para sua dedução. Em impugnação, o contribuinte alegou erro na contabilização e que o valor não se tratava de provisão, mas sim de despesa necessária, juntando nova versão das razões contábeis e planilhas. A DRJ analisou a nova prova, porém a julgou inconsistente, vez que os valores apresentados não convergiam com os demonstrados na própria planilha. Ao chegar ao CARF, mediante apresentação de Recurso Voluntário, o contribuinte poderia apresentar nova documentação diante da negativa da DRJ, mas não o fez. Limitou-se a repetir os argumentos de impugnação e manteve a documentação já considerada insuficiente pelo fisco. Assim, diante dessa falta de base documental, decidiu o relator e o colegiado por manter a glosa.

13. AS PROVAS NA DEDUTIBILIDADE DAS PROVISÕES CONTÁBEIS CONSTITUÍDAS

Com relação à outra glosa apontada, esse mesmo acórdão, em linha com a autoridade fiscal, entendeu tratar-se de perdas decorrentes de plano de recuperação de receitas. Em sede de Impugnação, justificou o contribuinte tratar-se de perdas no recebimento de créditos e que a não tributação se deu em razão de tratar-se de reversão de provisão de anos anteriores, cujo credor era o Estado da Bahia. A DRJ manteve a glosa com o fundamento de que o contribuinte não apresentou nenhuma documentação com informações contábeis que comprovassem a tal reversão de provisão de perdas com clientes do poder público. E assim também manteve o CARF:

> Por fim, caberia à recorrente provar a sua alegação de ocorrência da postergação, pois não basta alegar que foi "tributado" em anos subsequentes, mas tem que provar também que redundou em imposto a pagar nesses anos, prova essa que também não foi feito no presente processo. Ademais, é pacífico no CARF que esse ônus é do Contribuinte e feito no momento da defesa, o que, repita-se não aconteceu.

Outro acórdão muito interessante, e que só trata desta matéria, é o nº 1401-001.992, de 25 de julho de 2017, em que foi negado provimento ao Recurso de Ofício e dado provimento ao Recurso Voluntário, por unanimidade.

Nessa decisão, a autuação decorreu de exclusões indevidas e falta de adição na apuração de IRPJ e CSLL, tendo a RFB iniciado o procedimento fiscalizatório em razão de valores relativamente vultosos de exclusões lançadas na DIPJ, na ficha de cálculo de apuração do lucro real. E assim, intimado a explicar esses montantes, se verificou serem compostos de diversos valores decorrentes de reversão de provisões.

Nesse caso, o contribuinte se utilizava da metodologia, que posteriormente foi confirmada através de diligências realizadas, de adicionar toda a provisão de um ano e reverter todas do ano anterior. Algumas diferenças foram explicadas pontualmente, inclusive através de demonstração das formas de contabilização.

Confira-se parte do relato do Termo de Verificação Fiscal:

> 14. A Fiscalização entende que:
>
> Como é sabido a **reversão** da provisão constituirá também uma receita que deve ser classificada como operacional no demonstrativo do Resultado Exercício

(no grupo "Outras Receitas Operacionais"). Como consequência a empresa deverá baixar o valor correspondente na parte B **e excluí-lo na parte A do LALUR. (...)**

(...) Entretanto, quando a provisão constituída **não chega a ser utilizada ou for utilizada, só parcialmente,** o seu saldo, por ocasião da apuração dos resultados do período de apuração seguinte, deverá ser revertido a crédito de resultado desse período de apuração. (...) Portanto, **este saldo não pode ser excluído na parte A do LALUR,** pois não ocorreu a reversão integral, pois este saldo, não utilizado ou utilizado parcialmente, **não corresponde a uma recuperação de despesa.** (fl. 414)

E a decisão da DRJ:

67. De pronto, deve-se destacar que a diferença só poderia ser tratada como falta de adição ou como exclusão indevida, mas nunca como duas infrações independentes, pois se fosse corrigida a falta de adição não haveria exclusão indevida, e vice-versa.

68. Contudo, a Fiscalização entendeu que as infrações seriam autônomas porque a falta de adição decorreria da exclusão efetuada no ano seguinte, ou seja, se houve exclusão, devia ter havido a prévia adição. Já as exclusões indevidas, foram assim consideradas por se tratarem de saldos não utilizados de provisões, conforme justificativas apresentadas nos itens 2.2, 3.1 e 3.2 do TVF. No entanto, como vimos, o fato de o saldo não ter sido utilizado não afasta a possibilidade de exclusão da respectiva reversão, logo é improcedente a parte do lançamento que decorre das glosas de exclusões. Sobre as faltas de adição, trataremos na seção seguinte.

Dessa forma, com relação à não adição de diversos valores de provisão, a metodologia era equivalente e com base na documentação para cada item de provisão apresentada, então se comprovou a adição em ano anterior e sua exclusão para o ano seguinte, de tal forma que esses itens foram cancelados. E mesmo em sede de Recurso de Ofício, foi mantido o cancelamento nesses termos:

De fato, se a provisão é indedutível, todos os efeitos do seu registro em contrapartida do resultado do exercício devem ser anulados. A sua constituição

13. AS PROVAS NA DEDUTIBILIDADE DAS PROVISÕES CONTÁBEIS CONSTITUÍDAS

(e aumento) tem como contrapartida um registro de despesa que reduz o lucro comercial, logo impõe a adição equivalente para fins de apuração do lucro real. Por outro lado, a sua reversão tem como contrapartida um registro de receita e, assim, autoriza ao contribuinte excluir o valor para fins de determinação do lucro real.

Para a parte remanescente submetida à análise do CARF, em Recurso Voluntário, também foram anexados Laudos Complementares que embasaram o procedimento contábil adotado pela empresa, e reforçados após diligências realizadas pela própria fiscalização, o que resultou no provimento.

Dessa forma, o que se percebe é que o contribuinte, quando do início da Fiscalização já apresentou suas respostas demonstrando a forma de contabilização e utilização de metodologia contábil que lhe respaldavam e ainda demonstravam coerência. Parte daquilo que a fiscalização entendeu não passível de dedução ou exclusão foram glosados.

Posteriormente, já na fase contenciosa, o entendimento e a demonstração com as devidas explicações das diferenças apresentadas foram acatadas pela DRJ. E ao final, após a apresentação de Laudo Complementar, as diligências realizadas acabaram por confirmar o procedimento adotado pela empresa, fulminando o auto de infração.

No caso do Acórdão nº 1402-002.514, a glosa se referia a exclusão de valores que o contribuinte mesmo após diversas intimações apenas afirmou que estariam interligadas com a adição temporária de um outro valor maior em ano-calendário passado, proveniente de tributos pagos indevidamente, sem apresentar documentação comprobatória de suas alegações. E apontou a fiscalização que o único indício dessa possível interligação seria o histórico do lançamento de exclusão na parte A do Lalur de 2008, "tributos pagos em duplicidade realização parcial adição em set/2004", mas que na parte B do mesmo Lalur não constaria saldo inicial relativo à ficha "Tributos pagos em Duplicidade", contrariando o alegado pela interessada, face à inexistência de saldos anteriores passíveis de exclusão.

Nesses autos, o contribuinte, seja em sede de impugnação, seja em sede recursal não apresentou mais nenhuma outra documentação, alegando que se tratava de empresa incorporada com dificuldades de levantar outras informações além daquelas já dadas e refutadas. Assim, o Recurso teve seu provimento negado. Ou seja, a mera alegação, sem a efetiva juntada de documentação não cancelará o lançamento.

No Acórdão nº 1301-003.901, a empresa excluiu valores que se referiam a Reclamações Trabalhistas supostamente adicionadas em anos-calendários anteriores. A acusação assim dizia:

7.19. Nas intimações fiscais possibilitou-se ao contribuinte apresentar os registros necessários a partir de reconstituição que fizesse no presente, visto que não ficou demonstrado estarem disponíveis os cálculos e comprovantes das épocas dos fatos, mas, em contrapartida, a admissibilidade das informações que se apresentassem ficou condicionada ao exame da consistência e razoabilidade dos dados que se oferecessem, e, desde sempre, estas informações deveriam abranger a totalidade dos eventos que levaram aos provisionamentos geradores de exclusões no Lalur de 2010.

(...)

7.23. Não tendo sido apresentados demonstrativos com as totalidades dos eventos de cada título de exclusão no Lalur de 2010 não se pode nem mesmo garantir que os extratos dos trinta processos de RT apresentados se relacionassem efetivamente as maiores verbas pleiteadas, como exigido no TIF 05.

7.24. A não reconstituição dos registros de época nos demonstrativos exigidos impossibilitou que se apurasse a justeza de como foram escriturados em contabilidade os reflexos das reversões das provisões que supostamente teriam dado causa as exclusões de bases de cálculo tributária registradas no Lalur de 2010.

7.25. Sem conhecer estes reflexos não se tem base para se apurar de que forma o calculo do lucro contábil/societário foi afetado, o que tornou inadmissível as correspondentes exclusões de bases de calculo que se levaram a efeito no Lalur, nestes casos de reversões de provisões relacionadas a reclamatórias trabalhistas. (...)

9.1. Para títulos e valores provisionados que se apontam neste relatório, e apos os esclarecimentos requeridos ao sujeito passivo, constatou-se que:
1 – Não ficou demonstrado que as exclusões feitas em Lalur no ano calendário de 2010 foram feitos a partir de controles precisos: 1.1 – as partes B dos livros Lalur não tinham as informações para tanto; 1.2 – não se apresentaram controles complementares aos existentes em Lalur, mesmo tendo sido dada a oportunidade de reconstituição destes controles no procedimento fiscal;

13. AS PROVAS NA DEDUTIBILIDADE DAS PROVISÕES CONTÁBEIS CONSTITUÍDAS

2 – O que ficou evidente é que o único critério para as exclusões em Lalur era a existência de saldos de adições feitas em tempos passados no mesmo título de provisão não dedutível.

9.2. Dos constatados pode-se afirmar:

1 – Não se pode apurar para cada provisão feita, para cada evento em cada título provisionado, qual era o valor do custo/despesa realizado e qual era o superávit, se acontecido, de cada provisão;

2 – Não sendo possível apurar custos/despesas e superávit de cada provisão não se pode admitir que o resultado societário em cada mês de 2010 foi ajustado como deveria ter sido, para que, então, se pudesse admitir que as efetivações das exclusões sobre os lucros societários mensais representaram de fato o justo calculo dos resultados fiscais mensais. (...)

9.8. O que se aponta neste relatório é que o sujeito passivo deixou de demonstrar ter tido os controles individuados das provisões e suas reversões, de tal forma que o permitisse ter feito as exclusões em Lalur sobre bases corretamente ajustadas de lucro/ prejuízo contábil/societário, por justa apropriação de despesas realizadas e de receitas sobre desonerações relacionadas a provisões, razão porque foram glosadas as exclusões em Lalur promovidas pelo sujeito passivo que não puderam ser demonstradas ou serem objeto de conferencia quanto a terem sido feitas sobre lucro/prejuízo contábil/societário corretamente calculado. (gn)

A DRJ apenas reconsiderou parte, em que os valores de adição realizadas no passado e a exclusão feita em ano-calendário posterior eram exatamente iguais.

O contribuinte intimado remetia a páginas de razões contábeis, contratos e cálculos trabalhistas, porém, de maneira aleatória, bem como remetia a folhas do LALUR respectivo, mas inexistentes, esclarecendo apenas que decorriam de eventos que não são reversão de provisões, mas também: realização de estornos de importâncias equivocadamente contabilizadas; atualização por conta da revisão a partir do cálculo de novas médias históricas das provisões já constituídas; realização de lançamentos contábeis para "transferir" valor originalmente registrado na conta 225909004 para conta 225999002 e fez considerações sobre cada uma dessas rubricas, todavia não apresentou os lançamentos contábeis no livro razão. Outras informações foram apresentadas, mas sem a devida conciliação entre os documentos referenciados no recurso. A falta de construção probatória eficiente e assertiva acabou por repercutir na manutenção da exigência fiscal.

Ademais, nesse caso, dado o volume de reclamações trabalhistas, o auditor fiscal apresentou interessante forma de demonstração, a partir da compatibilização horizontal e vertical, para se verificar se seriam iguais. Contudo, o contribuinte considerou irrelevantes tais ponderações, diante do método que ele já havia escolhido, e por entender ser sua prerrogativa a opção. Sobre o tema, veja o que disse o acórdão:

> De fato, não existe um único critério para fins de constituir a provisão para reclamatórias trabalhistas, devendo apenas estar de acordo com o CPC25, que trata das provisões e dos passivos e ativos contingentes. As provisões são passivos de prazo ou valor incertos. No caso das reclamatórias trabalhistas, é legítimo o reconhecimento de provisões pela empresa em face do grau de incerteza em relação ao prazo e ao valor para implemento da obrigação. Ninguém melhor do que a própria empresa para saber o percentual a ser provisionado em razão do histórico de suas ações e qual o critério a ser utilizado para melhor demonstrar a evolução patrimonial da entidade.
>
> Contudo, isto não exime a Recorrente de apresentar os valores provisionados em anos-calendários pretéritos para fins de justificar os valores revertidos em exercícios futuros. (...)
>
> Uma vez que a Recorrente não conseguiu demonstrar a compatibilidade dos valores revertidos com os respectivos valores provisionados e adicionados nos exercícios anteriores, há de se manter a glosa das exclusões, tanto no que se refere à reversão da provisão, quanto aos valores dela decorrentes, quais sejam, estorno, atualização e transferência de valores.

Nesse processo também, a dificuldade de se manter a documentação de períodos anteriores após incorporações ocorridas e o volume de informações de reclamações trabalhistas demonstram não só a importância de se manter razões contábeis e demais informações que embasaram a adição num período. Aqui, o importante é ressaltar que, em situações normais, o período de guarda das documentações é de 5 anos, porém, nos casos em que há litígio, o correto é que todos os documentos relacionados sejam guardados pelo período que perdurar o processo, seja ele administrativo ou judicial.

13. AS PROVAS NA DEDUTIBILIDADE DAS PROVISÕES CONTÁBEIS CONSTITUÍDAS

O Acórdão nº 1201-001.542 também merece destaque, pois nesta autuação tratou-se de glosa de prejuízo fiscal de determinado ano, onde houve um registro direto na Parte B de uma despesa que estava relacionada há 9 anos. O contribuinte demonstrou através de contratos e outras documentações que a despesa era necessária à atividade, mas o que se discutiu efetivamente foi o Princípio da Competência ao se registrar tais valores 9 anos depois e diretamente no LALUR.

O relator do caso e voto vencedor foi no sentido de que não houve a verificação do prejuízo ao Erário, nem a comprovação de que a despesa não era necessária:

> A autoridade fiscal não trouxe aos autos qualquer evidência ou mesmo afirmação de que tais valores glosados não tenham sido incorridas ou comprovadas. Tampouco, demonstrou que tal postergação da despesa trouxe efeitos danosos ao Fisco.
>
> Pelo contrário, a Recorrente demonstrou que deduziu uma despesa (ou efetuou uma exclusão no Lalur) 09 anos após o período em que poderia tê-lo feito e utilizando do valor original sem qualquer correção ou juros.
>
> Em outras palavras: adiantou recursos ao Fisco para recuperá-lo apenas 09 depois e sem qualquer correção.

Eis a Ementa:

> PERÍODO DE COMPETÊNCIA. EXCLUSÃO. INEXATIDÃO
>
> A inexatidão quanto ao período de apuração de escrituração de receita, rendimento, custo ou dedução, ou do reconhecimento de lucro, somente constitui fundamento para lançamento de ofício, se dela resultar a postergação do pagamento do imposto para período de apuração posterior ao em que seria devido, ou a redução indevida do lucro real em qualquer período de apuração.

Outro caso interessante é o Acórdão nº 1402-004.006, em que a discussão envolvia também exclusões indevidas na apuração do IRPJ e da CSLL, tais exclusões se referiam a reversões de provisões de contingências. Em impugnação, o contribuinte demonstrou que parte desses valores foram adicionados em ano-calendário anterior, e após diligências, foi cancelada parte das glosas. Veja que o fundamento da autuação foi também o procedimento contábil adotado pelo contribuinte, que levou à confusão o fiscal, mas em sede recursal foi revertido o entendimento:

> Em 2010, de acordo com a boa regra contábil, a fiscalizada deveria, caso não tivesse sido utilizada, reverter a provisão constituída em 2009, e, caso necessário, constituir nova provisão a ser levada para o ano de 2011. Nesse sentido, no caso da reversão da provisão constituída em 2009 e trazida para 2010, a fiscalizada deveria fazê-la, tendo como contrapartida uma conta de receita, e, no caso da constituição de nova provisão a ser levada para 2011, a fiscalizada deveria fazê-la, tendo como contrapartida uma conta de despesa. Dessa forma, o reflexo fiscal seria, no caso da reversão de provisão, uma exclusão e, no caso da constituição de nova provisão, uma adição.
>
> Já o contribuinte, ratificado pela instância *a quo*, vale-se de outro procedimento, no sentido de que quando a provisão indedutível constituída no ano anterior não for utilizada ou for utilizada só parcialmente, constitui provisão pela diferença, para completar o novo saldo, e adiciona o respectivo valor no Lalur, sem nenhuma exclusão (quando aumenta o saldo), ou excluir (reversão) a diferença do valor no Lalur (quando o saldo diminui). (...)
>
> Compulsando os autos, não verifiquei nenhum motivo para discordar do decidido pela 1ª instância administrativa. Não há efeitos fiscais no procedimento adotado pelo contribuinte, em relação ao esperado pela autoridade fiscal autuante, ou seja, não houve nenhum prejuízo ao fisco ou divergências apuradas por conta destes critérios.
>
> Para a autoridade fiscal autuante, a glosa se deu basicamente em virtude de não ter seguido orientações contidas basicamente no Perguntas e Respostas da DIPJ/2011, conforme ressaltou a decisão recorrida.
>
> Contudo, ficou devidamente demonstrado que não há motivos para não aceitar o procedimento adotado pelo contribuinte, pelo qual, nas matérias exoneradas pela DRJ, NEGO PROVIMENTO ao recurso de ofício.

No Acórdão nº 1101-001.204, em que uma das discussões versava sobre as provisões de contingências cíveis e trabalhistas, o contribuinte argumenta que as provisões decorreram de processos judiciais de natureza cível e trabalhista em que a contribuinte figurava como ré, revelando *obrigações já definidas em acordos judiciais e/ou decisões proferidas nos processos cíveis e trabalhistas*. Todavia, também aqui, nenhuma prova foi juntada aos autos para demonstrar o alegado e, por conseguinte, o seu Recurso Voluntário foi negado.

A ementa restou assim descrita:

ACORDOS JUDICIAIS. RECLAMAÇÕES TRABALHISTAS.
Correta a decisão que afasta a glosa por entender que a comprovação de que os acordos judiciais realizados se referiam a reclamações de funcionários da Impugnante é suficiente para considerar as despesas como dedutíveis.

PROVISÃO SOBRE CONTENCIOSO CÍVEL E TRABALHISTA.
Somente são dedutíveis para efeito de apuração do lucro real as provisões previstas em lei. Correta a glosa se não provado que o débito na conta de despesas não se referia à provisão, mas sim, a decisões judiciais ou acordos realizados.

DESPESAS DE PRESTAÇÃO DE SERVIÇOS.
Somente são admissíveis como operacionais, para fins fiscais, as despesas efetivamente comprovadas, não bastando como elemento probante apenas a apresentação de notas fiscais emitidas pela prestadora dos serviços. Todavia, devem ser canceladas as glosas de despesas acerca das quais a contribuinte não foi intimada a apresentar comprovação no curso do procedimento fiscal.

Como se verificou dos julgados retromencionados, muitas das discussões travadas tratam das provisões trabalhistas e cíveis, bem como tributárias.

As discussões tributárias possuem suas particularidades decorrentes da suspensão da exigibilidade do crédito. No entanto, no que se referem às provas, a discussão segue o mesmo racional aqui trabalhado, com destaque para: o necessário controle contábil dos valores das contingências; a adoção de metodologias claras para esse controle; e o respectivo lastro documental, tudo para fins de bem atender potencial fiscalização.

Adicionalmente, cite-se o Acórdão nº 9101-003.648 da CSRF, no que se refere às contingências fiscais relacionadas aos tributos com exigibilidade suspensa:

BASES DE CÁLCULO DO IRPJ E DA CSLL. DEDUÇÃO DE TRIBUTOS EXIGIDOS DE OFÍCIO. EXCEÇÃO AO REGIME DE COMPETÊNCIA. DEDUTIBILIDADE APÓS CONSTITUIÇÃO DEFINITIVA DO CRÉDITO TRIBUTÁRIO.
A dedução dos valores de tributos e juros exigidos de ofício não segue a regra geral do regime de competência, somente podendo ser efetivada na apuração

do resultado referente ao período em que se operar a constituição definitiva do crédito tributário lançado.

Já no Acórdão nº 1402-002.964, a empresa havia tratado certos valores como despesas, já que oriundos de decisões e acordos trabalhistas, no entanto, não conseguiu, através da documentação competente, comprovar que os casos já estavam definidos e, na realidade, tratavam-se de provisões (não dedutíveis):

PROVISÕES PARA CONTINGÊNCIAS CÍVEIS E TRABALHISTAS – INDEDUTIBILIDADE – Provisões são valores futuros e incertos que não devem afetar a base do imposto sobre a renda, ressalvadas as provisões expressamente previstas em lei. (Recurso negado)

E no que se refere a este ponto, importante destacar que os juros relativos a essas discussões também acompanham o principal, essencialmente quanto às provisões fiscais, pois tratamos de tributos com exigibilidade suspensa, e o entendimento é de que os juros também devem seguir o principal, nos termos do art. 41, §1º, da Lei 8.981/95.

Art. 41. Os tributos e contribuições são dedutíveis, na determinação do lucro real, segundo o regime de competência.

§ 1º O disposto neste artigo não se aplica aos tributos e contribuições cuja exigibilidade esteja suspensa, nos termos dos incisos II a IV do art. 151 da Lei nº 5.172, de 25 de outubro de 1966, haja ou não depósito judicial.

Há também a Súmula CARF nº 5:

São devidos juros de mora sobre o crédito tributário não integralmente pago no vencimento, ainda que suspensa sua exigibilidade, salvo quando existir depósito no montante integral.

E nessa toada, o Acórdão nº 1301-00.978, cujo voto vencedor segue o teor do decidido em DRJ:

JUROS DE MORA. DEPÓSITO JUDICIAL.

A existência de depósito judicial não afasta a incidência dos juros moratórios. Porém, em caso de decisão judicial final favorável à União, o depósito será

13. AS PROVAS NA DEDUTIBILIDADE DAS PROVISÕES CONTÁBEIS CONSTITUÍDAS

transformado em pagamento definitivo considerando-se a data da realização do depósito.

E, o Acórdão nº 1202-000.794:

> TRIBUTOS COM EXIGILIDADE SUSPENSA. INDEDUTIBILIDADE EXTENSÍVEL AOS JUROS.
> O disposto no art. 41, §1º, da Lei nº 8.981/95, aplica-se tanto ao imposto quanto aos juros que lhe são acessórios.

Outro ponto de destaque acerca das variações monetárias, ativas e passivas, decorrentes das contingências fiscais, diz respeito às diretrizes constantes da Súmula 58 do CARF, *verbis*:

> Súmula CARF nº 58: As variações monetárias ativas decorrentes de depósitos judiciais com a finalidade de suspender a exigibilidade do crédito tributário devem compor o resultado do exercício, segundo o regime de competência, salvo se demonstrado que as variações monetárias passivas incidentes sobre o tributo objeto dos depósitos não tenham sido computadas na apuração desse resultado.

Ora, em se tratando de depósitos judiciais de discussões fiscais, haverá o surgimento de receitas de atualização monetária, claramente, haverá a existência de uma provisão para essa discussão gerando de igual forma despesas com atualização monetária. Dessa forma, as receitas não serão tributadas, caso se comprove haver a respectiva despesa de outro ponto, que não diminuiu o lucro tributável.

O Acórdão nº 1301-003.630 tangencia essa questão, pois a fiscalização glosou uma parte da exclusão realizada, sem documentação pertinente, e que se tratava justamente das receitas de variação monetária decorrentes da atualização dos depósitos judiciais.

A DRJ, diante da documentação apresentada, afastou a glosa nos seguintes termos:

> Muito bem. É ponto incontroverso que os juros e as atualizações monetárias decorrentes de valores depositados em juízo devem ser reconhecidos como receitas apenas por ocasião da sua disponibilidade jurídica ou econômica, configurando-se esta disponibilidade na data em que o depositante é autorizado

a levantar os depósitos — o que se dá, em regra, após a decisão definitiva da lide.

Assim, enquanto não houver uma decisão judicial definitiva favorável ao sujeito passivo, e uma consequente autorização para levantamento dos depósitos, as receitas apropriadas contabilmente a título de juros e atualizações poderão ser excluídas do lucro líquido, para fins de apuração do lucro real.

No caso em foco, o Auditor-Fiscal autuante não questionou a existência dos depósitos, nem tampouco o cálculo das atualizações. A razão da glosa prendeu-se tão somente a uma suposta impossibilidade de identificar a situação das ações judiciais vinculadas aos referidos depósitos.

Ora, em que pese a documentação fornecida no curso da ação fiscal não tenha sido realmente suficiente para identificar o andamento de todas as ações, os elementos que ora se encontram anexados aos autos demonstram, de forma inequívoca, que os processos judiciais referidos pelo contribuinte ainda se encontravam pendentes de decisão definitiva em 31/12/2008, data de encerramento do período sob fiscalização.

Em vista do Recurso de Ofício, o julgador analisou se as variações monetárias passivas haviam sido adicionadas nos termos da súmula mencionada. Entretanto, foi negado provimento em razão do contribuinte, durante o procedimento fiscalizatório, nunca ter sido intimado para verificação e esclarecimentos da parte passiva, e não cabia a alteração do lançamento àquela altura das discussões na DRJ, sob pena de se configurar erro de direito com tentativa de correção, ao arrepio do art. 145 e 149 do CTN.

Outro ponto de destaque é que tal procedimento, como diz a Súmula seria aplicável aos casos de tributos com exigibilidade suspensa. Dessa forma, alguns fiscais têm entendido que não seriam aplicáveis aos casos cíveis e trabalhistas, embasando-se na Lei 9.703/98, que trata dos depósitos judiciais e extrajudiciais de tributos e contribuições federais, bem como na Solução de Consulta nº 36, de 2013, da DISIT, segundo a qual as atualizações dos depósitos cíveis e trabalhistas não estariam acobertadas pela Lei 9.703/98 e, assim sendo, não haveria previsão legal de deslocamento do fato gerador do IRPJ e da CSLL para o momento da solução da lide.

Não seria o escopo deste trabalho discutir se esse procedimento estaria correto ou não. Entretanto, como já mencionado alhures, antes de mais nada, a documentação de todas as discussões, devem ser guardadas a fim de esclarecer quaisquer dúvidas.

13. AS PROVAS NA DEDUTIBILIDADE DAS PROVISÕES CONTÁBEIS CONSTITUÍDAS

As provisões com créditos de devedores duvidosos deixou de ser uma provisão com a Lei 9.430/96, já que passou a ter regras próprias de dedutibilidade, em seus arts. 9º e seguintes.

Conclusões

A constituição de provisões, para fins fiscais, regra geral não é dedutível, a não ser aquelas decorrentes de férias e décimo terceiro salário e as provisões técnicas, nos termos do art. 13, I, da Lei 9.249/95. Tal natureza de indedutibilidade se faz necessária, diante da incerteza de sua realização, bem como de sua quantificação. Daí que num momento futuro, quando tornar-se certa e efetiva, com valor sabido, tornam-se dedutíveis.

O ponto fulcral do trabalho foi no sentido de se verificar justamente no ponto da dedutibilidade dessas provisões, quando se tornarem despesas efetivas ou ainda quando forem revertidas diante da não ocorrência daquela provisão.

Através dos recentes julgados, verifica-se nos diversos tipos de provisão, que a metodologia utilizada na forma de contabilização dessas provisões e seus controles a cada exercício são de fundamental importância quando da realização de eventuais fiscalizações. A correção dos esclarecimentos da área contábil, a documentação de controles apresentados, planilhas e sua convergência com a contabilidade, parte B do LALUR, muitas vezes são a chave daquilo que pode culminar com a autuação ou não e, posteriormente, sua manutenção ou não. Daí a relevância da prova nesses casos.

Referências

Comitê de Pronunciamentos Contábeis 25 – http://static.cpc.aatb.com.br/Documentos /304 _CPC_25_rev%2013.pdf.

HIGUCHI, Hiromi. *Imposto de Renda das Empresas*. 40ª ed. São Paulo: IR Publicações, 2015.

14. Despesas com licença e comercialização de software e a dedutibilidade do IRPJ: aspectos técnico-probatórios

GUSTAVO GUIMARÃES DA FONSECA[1]

Introdução

O direito não é estático; não se pode, mais, o conceber, como propunha o positivismo jurídico, mormente no início do século XX, como um conjunto de normas postas, dotadas de tamanha autonomia em relação aos demais sistemas sociais e, em especial, ao próprio aplicador/hermeneuta que, na ótica da teoria Kelseniana, estaria adstrito a aplicação silogística da norma sobre o fato, sem se autorizar qualquer interpretação racional das respectivas prescrições.

O tema central deste artigo revela, talvez, a prova definitiva da necessidade de se repensar o direito sob a ótica pós-moderna, sendo imperioso que, para que a melhor solução possível seja apresentada, num dado caso concreto, se admita a abertura do sistema jurídico, não sob suas bases, mas via iterações pontuais, ao meio em que se insere.

Note-se que o tratamento prescritivo despendido com as despesas incorridas pelas empresas na aquisição de licença e comercialização de *softwares*, de acordo com as teses que discorrem sobre o problema, remonta a 1.964 e

---

[1] As opiniões contidas nesta publicação são reflexões acadêmicas do próprio autor e não necessariamente expressam as posições defendidas por qualquer organização a qual esteja vinculado.

aos preceitos da Lei 4.506/64, período em que a computação e as tecnologias computacionais não passavam, para o grosso da população, de conjecturas próprias de filmes de ficção científica. De fato, quando da edição da predita lei, apenas as grandes corporações e os órgãos governamentais tinham acesso a este tipo de tecnologia e, mais, os computadores não eram dissociados dos *softwares* que permitiam o seu manuseio. Esta dissociação somente ocorreu no início da década de 70, quando a IBM passou a vender os seus *softwares* de forma independente dos respectivos hardwares[2].

A predita Lei 4.506/64, destaque-se, buscou definir *royalties* em seu art. 22, restando claro que a descrição contida no *caput* era suficientemente genérica a ponto de tornar mero *numeros apertus* a listagem posta em seus incisos. Em outras palavras, a expressão contida na regra prescritiva em análise, qual seja, "*decorrentes do uso, fruição, exploração de direitos*", por certo pode, ou poderia, abarcar também os contratos de licença de *softwares*, ainda que semelhantes avenças não fossem, nem mesmo, pensáveis à época da publicação desta norma legal.

O *quid pro quo*, e, talvez a questão efetivamente nodal, se revela nos preceitos do inciso IV do citado art. 22, que trata dos direitos autorais (cuja cessão é remunerável por *royalties*), afastando-se da definição constante do *caput* apenas os proveitos percebidos *pelos autores ou criadores do bem ou das obras*. E é neste contexto em que a Lei 4.506/64 deve ser considerada, quando da construção hermenêutica da norma individual já que, como advertido alhures, a criação, o licenciamento, a venda e a aquisição de *softwares* não eram operações reais (ainda). Seria possível, neste caso, incluir os *softwares* dentro do rol de bens e direitos descritos, v.g., pela Lei 9.610/98 (que trata dos chamados "*direitos autorais*")? E ainda que o seja, seria factível equiparar os titulares dos direitos concernentes aos *softwares*, definidos, por sua vez, pela Lei 9.609/98, aos "autores" das obras mencionadas pela Lei 9.610/98, incluindo-os, pois, na exceção preconizada pela parte final do mencionado inciso IV do art. 22 da Lei 4.506/64?

E é curioso que, mesmo ultrapassada a questão anterior, e cravando-se que, por exemplo, a cessão de uso, ou de licença de uso de *softwares* seja, efetivamente, remunerada por *royalties*, a discussão ainda se acirra...

---

[2] Veja-se, nesse sentido o texto extraído do seguinte link, https://pt.wikipedia.org/wiki/História_do_ software_ livre, acessado em 28/10/2019.

14. DESPESAS COM LICENÇA E COMERCIALIZAÇÃO DE SOFTWARE

Isto porque, a teor do art. 74 da, por vezes mencionada, Lei 4.506/64, é possível apropriar-se de despesas incorridas com *royalties* pagos em decorrência da aquisição de direitos de uso; todavia, este preceptivo excetua da regra os casos em que tais operações se deem entre as empresas e seus sócios, pessoas físicas ou jurídicas; e, neste passo, um dos entendimentos sustentados é de que a exceção retro se aplique, também, aos negócios pactuados entre empresas coligadas ou entre controlada e controladora *indireta*. É verdade que este problema, especificamente, foi, num primeiro momento, mitigado pela própria Secretaria da Receita Federal, ao editar a Solução de Consulta COSIT de nº 182/2019. Eventuais litígios, destarte, potencialmente restarão embasados, tão só, na qualificação dos fatos apresentados no caso concreto, questão que será, ao longo deste trabalho, melhor tratada.

Vale lembrar, de toda sorte, que o objeto do presente estudo é a valoração da prova no processo administrativo tributário (particularmente realizada no âmbito do Conselho Administrativo de Recursos Fiscais); mas a apreciação da prova, e o valor que a ela será dado, dependerá, objetivamente, da própria interpretação da hipótese normativa e da definição de sua extensão ou abrangência, algo que não pode ser feito sem o necessário exercício exegético que, outrossim, pressuporá o emprego das diversas técnicas hermenêuticas contempladas na teoria geral moderna (suplantado, neste passo, o modelo eminentemente formal-científico positivista).

Intenta-se, portanto, definir as interpretações possíveis das prescrições jurídicas aplicáveis ao tema, com o uso dos métodos hermenêuticos cabíveis, para, somente, então, após a efetiva compreensão da norma abstrata, definir os elementos de fato juridicamente relevantes à construção da norma jurídica concreta e individual.

1. Pressupostos hermenêuticos essenciais à compreensão da norma jurídica

1.1 A dialética e o encontro de horizontes

A norma jurídica não se confunde com a lei ou a prescrição legal; obviamente não se está "descobrindo a roda" por meio de semelhante assertiva que, sabidamente, para a doutrina pátria e alienígena atual, trata-se de um axioma. A norma posta, diga-se, é resultado da soma das diversas proposições legais (num sentido amplo) à dialética que se segue entre aqueles que pretendem alcançar a sua compreensão e correta aplicação.

Tal concepção é uma das várias reações à noção positivista da autonomia absoluta do direito em relação ao seu intérprete ou aplicador – observador. O direito, assim como as demais ciências humanas, ultrapassou a noção prevalente no positivismo científico de ausência de interação entre o objeto e o estudioso[3]. Habermas, adepto da Teoria Crítica da Escola de Frankfurt, já criticava a neutralidade pressuposta pelo positivismo a sustentar, notadamente quando tece as suas considerações acerca de uma, apenas aparente, dicotomia verificada entre a autonomia privada e a autonomia pública. Para ele, descabe uma preconcepção dos direitos fundamentais à luz de uma gênese eminentemente moral, pré-ordenada e pré-conferida; a autonomia jurídica do cidadão *"exige, isso sim, que os destinatários do direito possam ao mesmo tempo ver-se como seus autores"* (HABERMAS, 2002, p. 293).

Do mesmo modo, a filosofia, no curso do chamado "Giro Hermenêutico" abandonou a ideia da neutralidade absoluta do observador em relação ao objeto, mormente quando adota a teoria dos horizontes como método interpretativo necessário à compreensão atualizada daquilo que se pretende interpretar. O que se sustentara, então, é que o horizonte seria o alcance da visão do homem; o seu ponto de vista, *"um posicionar-se perante os fenômenos"* (VIANA, 2007, p. 27).

Gadamer, citado por Viana, afirma que esse horizonte não é hermético, estático; pelo contrário, a sua abertura é essencial, permitindo ao homem ter uma preconcepção do fenômeno, essencial a sua integral compreensão. Na esteira, diga-se, daquilo que Luhmann viria a sustentar em sua "teoria dos sistemas", o direito deve ser fechado em suas bases linguísticas, a fim de evitar a sua contaminação, mas com aberturas pontuais para absorver elementos que, ao fim e ao cabo, permitem a sua evolução (autopoiese):

> [...] o conceito de autopoiese lança perspectivas adicionais. Tanto para a vida como para a consciência, a autorreprodução só é possível num sistema fechado (...). Apesar desse fechamento, em ambos os níveis a autopoiese só é possível sob condições ecológicas, e a sociedade pertence às condições ambientais de

---

[3] V.g., a física moderna, inclusive, comprovou, empiricamente, a sua impossibilidade material (ao medir a velocidade de uma partícula, o observador, obrigatoriamente afeta a sua posição e, ao medir a posição, ele modifica a velocidade da partícula). Semelhante realidade é demonstrada por Brian Greene ao discorrer sobre o colapso das ondas das partículas verificado quando da sua medição (GREENE, 2011, p. 248).

14. DESPESAS COM LICENÇA E COMERCIALIZAÇÃO DE SOFTWARE

autorreprodução da vida humana e da consciência humana. Para se formular esse discernimento não se deve, como já enfatizado várias vezes, conceber fechamento e abertura de sistemas como oposição, mas como relação de condição. O sistema social, baseado na vida e na consciência, possibilita, por sua vez, a autopoiese dessas condições, ao proporcionar que elas se renovem constantemente numa concatenação fechada de reprodução. A vida e mesmo a consciência não precisam 'saber' que isso acontece desse modo. Mas elas têm que ajustar sua autopoiese de tal maneira que o fechamento atue como base para a abertura (LUHMANN, 2016, p. 247).

A posição filosófica que se assentou após o citado giro, deixou de admitir a dissociação dicotômica entre objeto e observador, passando a aplicar este entendimento às artes e à própria interpretação da História, recusando-se a analisar como um observador externo, alheio, alienado: *"a compreensão possível situa-se, pois, na própria História, e não fora dela* (VIANA, 2007, p. 24).

A interpretação da norma jurídica, diga-se, não foge desta realidade; é o discurso dialético e a interação entre o intérprete ou aplicador e os destinatários da norma, mais particularmente, com a apresentação e comprovação do caso concreto (com a fixação do horizonte em que serão inseridos o antecedente e seu consequente), que desvela o alcance ou extensão da norma e, por certo, a sua compreensão (ou a compreensão logicamente admissível).

1.2 O sentido semântico-gramatical das palavras e os métodos integrativos

Inclusive para se exercitar o processo hermenêutico do encontro dos horizontes, a compreensão da linguagem e de seus possíveis significados dentro da norma ou mesmo da prescrição normativa se faz premente. Em verdade, o giro hermenêutico mencionado no tópico anterior, comporta como método de compreensão do objeto, a verificação das suas origens históricas ou mesmo de sua significância histórica, sendo papel do intérprete trazer tais preconcepções para o seu próprio horizonte.

E, como já dito, a linguagem ou o código linguístico utilizado naquele determinado sistema, como defendido por Luhmann, estabelece os limites mínimos de sua integração. Negar, pois, a par das conhecidas imprecisões que a linguagem possui, a importância do sentido das palavras para a compreensão da norma é negar a própria essência do direito do qual aquela é instrumento. Isto é, até para concluir que dada prescrição legal não encerra a sua compreensão no sentido semântico ou gramatical da linguagem, é necessário, primeiramente, alcançar-se um entendimento sobre o que o texto legal diz (MACCORMICK, 2005, p. 121).

Daí as ponderações de Humberto Ávila ao classificar os métodos interpretativos, a fim de viabilizar a construção de um argumento racional sobre os contornos de uma dada norma jurídica:

> Se as normas são inteligíveis no contexto da linguagem ordinária, elas devem ser interpretadas de acordo com o significado que um cidadão médio iria atribuir-lhe como sendo o significado mais imediato, ao menos que existam razões suficientes para uma interpretação diversa (ÁVILA, 2001, p. 162).

Em outras palavras, a interpretação passa, primeiramente, pela análise semântico-gramatical das palavras/expressões, apreendidas dentro da significância própria do sistema jurídico; se a compreensão literal do texto encerrar uma conclusão satisfatória, o processo hermenêutico tem que se encerrar aí, ultrapassando-a, se, e somente se, o resultado de tal compreensão culminar em situações contrárias ao *télos* da norma (apreendido historicamente) ou, outrossim, contrárias ao sistema jurídico (compreendendo-se, dentro deste, as demais regras e princípios vetores do objeto de regulação pela norma).

Válida, aqui, a menção feita por Frederick Schauer ao debate realizado por H. L. A Hart e Lon Fuller, em que o primeiro, ao tratar do direito "estatutário" inicia suas ponderações a partir de uma norma que proibia a entrada de "veículos" em um parque público (SHAUER, 2009, p. 152). A discussão que se sucede se centra no que se pode entender por veículo; isto é, ao mencionar "veículo" a lei estaria se referindo exclusivamente a automóveis? Abarcaria outros tipos de veículos autopropulsores ou não? Aviões seriam veículos, para os fins da norma? Carrinhos de bebê ou skates?

Como apontado por Schauer, Hart destaca o exemplo em questão justamente para demonstrar as duas características próprias das proposições legais, quais sejam, um significado mínimo (ou o que chama de *"core of settle meaning"*), do qual, como tratado acima, não se pode dissociar totalmente, é uma área cinzenta ou de *"penumbra"*. E é, justamente, e somente, quando observada esta última característica que o intérprete deverá ultrapassar o sentido semântico-gramatical para apreender a exata extensão e compreensão da norma, lançando mão, agora, justificadamente, dos demais métodos hermenêuticos.

14. DESPESAS COM LICENÇA E COMERCIALIZAÇÃO DE SOFTWARE

E tais considerações, frise-se, são de suma importância ao entendimento do tema deste artigo, que será tratado a seguir.

2. O tema problema e as regras legais aplicáveis

O cerne de toda a celeuma que revolve a dedutibilidade de despesas incorridas na aquisição de *softwares* ou, mais especificamente, da sua licença de uso, é observado em três pontos nodais: i) a natureza destas despesas; ii) definida esta (natureza), quais comandos normativos serão aplicados para autorizar o seu aproveitamento; iii) por fim, identificados estes comandos, como serão aplicados e quais os elementos fáticos conformarão a norma concreta e individual.

Cada um dos pontos acima destacados, por sua vez, demandará uma construção racional calcada, particularmente, nas premissas fixadas no capítulo anterior que nortearão a apreensão, pelo aplicador da lei, ou mesmo do exegeta, do conteúdo normativo e de suas implicações para o caso concreto.

2.1 Despesas com aquisição de *softwares* ou de sua respectiva licença de uso – Natureza

A identificação da natureza das despesas incorridas na aquisição de um determinado *software* para uso ou revenda tem relevada importância porque, *a priori*, a legislação do imposto de renda optou por tratar separadamente determinados tipos de dispêndios, ao invés de jogá-los na vala comum das despesas ditas "operacionais" (usuais e necessárias ao desenvolvimento da atividade econômica).

Realmente, os valores pagos para se adquirir um dado *software* (ou a sua licença de uso), podem, em tese, conformar a hipótese geral preconizada pela Lei 4.506, de 30 de novembro de 1964, art. 47, acaso não se identifique, nelas, quaisquer particularidades que possam culminar com a aplicação de uma regra especial. Como já adiantado na introdução deste artigo, dada a generalidade da definição contida no art. 22, *caput*, do diploma legal retro, é possível, sem um maior esforço exegético, considerar-se que os valores pagos pela aquisição dos direitos afeitos ao uso ou exploração dos *softwares* (que seja para sua posterior comercialização), sejam, efetivamente, considerados *royalties* (ressalte-se que o preceptivo retro considera, genericamente, *royalties* os rendimentos pagos pelo "*uso, fruição, exploração de direitos*").

A questão que exsurge, também como apontado no introito supra, é se os direitos concernentes aos *softwares* poderiam ser considerados, para os fins da exceção contida na segunda parte do inciso IV do aludido art. 22, como direitos autorais. Para tanto, a Lei 4.506, por si só, é insuficiente para se identificar, no caso, qualquer elemento suficiente para se oferecer uma solução, racionalmente construída, à querela.

Aqui, a apreensão eminentemente gramatical não basta à compreensão teleológica e sistêmica da norma, já que, sem o uso de outros métodos hermenêuticos, a solução proposta resultará numa conclusão absurda ou não satisfatória. O cotejo sistêmico, pois, é premente porque, quanto a este ponto, a Lei 4.506 se utiliza de um termo fluido, aberto, impreciso. Vale relembrar as advertências já propostas no início deste trabalho: não só não se tem um conceito definitivo na Lei 4.506 sobre o que se possa compreender por "direitos do autor", como também não se pode considerar que o legislador tinha em mente, nos idos de 1.964, tratar objetivamente dos *softwares*.

Particularmente, as teses antinômicas que se apresentam se resumem a duas proposições: i) os *softwares* poderiam ser enquadráveis como obras autorais, estendendo-se-lhes, pois, as definições e efeitos contidos na Lei 9.609/98 e, por conseguinte, enquadrando-os na exceção contida no prefalado inciso IV do art. 22 da Lei 4.506, hipótese em que as regras de dedutibilidade aplicáveis serão aquelas depreendidas das disposições do art. 47 do diploma legal retro; ou ii) pela mesma Lei 9.609, somente pode se considerar autor de obras ou bens por ela regulados, a pessoa física que as erigiu ou criou, não se podendo considerar como autores destas obras as pessoas jurídicas.

O art. 11 da Lei 9.610/98 (Lei de Proteção aos Direitos Autorais, expressamente referenciada pela Lei 9.609/98) é suficientemente explícito ao definir "autor" como sendo "*a pessoa física criadora de obra literária, artística ou científica*". Pela regra em questão, não parece ser possível ultrapassar o sentido semântico-gramatical da expressão "*pessoa física*" para, a partir, exclusivamente, desta, alçar-se a conclusão de que a lei pretenderia, em verdade, estender os seus efeitos também às pessoas jurídicas detentoras dos direitos concernentes aos programas de computador.

De outro turno, vale lembrar que a Lei 9.610/98 não dispõe sobre a figura do autor ou criador do *software* (aliás, ao listar as "obras" por ela protegidas, a lei em questão não menciona, em momento algum, particularmente em seu art. 7º, os programas de computador).

Outrossim, a norma legal que trata dos programas de computador é a Lei 9.609/98 e, para o legislador, mormente a partir da leitura dos preceitos do seu art. 4º e § 2º, as figuras do autor e do titular do *software* se confundem;

a lei só aparta tais figuras quando o programa é erigido por um terceiro que não mantenha, para com a pessoa jurídica, uma relação de emprego.

Neste passo, considerando-se, exclusivamente, a leitura das Leis 9.609/98 e 9.610/98, qualquer interpretação é possível: a) é razoável afirmar que não só a exceção descrita no inciso IV do art. 22 da Lei 4.506, como o próprio preceito contido no *caput*, não se aplicariam aos programas de computador por falta expressa de previsão; b) ou, noutra esteira, não é absurdo equiparar a figura do "autor ou criador" a do titular dos direitos inerentes ao *software* (já que a Lei 9.609/98 diz sobre a autoria) ou ainda c) a parte final inciso IV do 22 realmente não se aplica à pessoa jurídica dado que, não obstante poder ser titular de direitos inerentes aos *softwares*, inexiste previsão prescritiva que permita a sua equiparação ao autor da obra.

O CARF, em alguns julgados, apontou as justificativas que fundamentariam as duas teses antinômicas, destacando-se aqui o Acórdão de nº 1201002.158, julgado em sessão realizada no dia 16 de maio de 2018[4], em que, no voto vencido consignou-se, precisamente a "*fusão*" entre as figuras do "autor" do *software* e do "titular dos direitos" a ele inerentes (tirante a ressalva já apontada alhures).

E, mais, para fundamentar a tese então sustentada, a D. Relatora invocou, inclusive, a Lei de Introdução ao Código Civil, mormente porque, naquele feito, o contribuinte haveria comprovado a realização do registro da "*criação*" em órgão de controle e produção autoral norte americano. Neste passo, e afirmando que legislação dos EUA "*também permite a pessoa jurídica ser titular dos direitos moral e patrimonial sobre o software*".

Mais que uma questão de interpretação das regras legais atinentes à autoria e titularidade dos programas de computador, assentou-se no aludido voto ponderações acerca do conflito entre normas locais e normas estrangeiras que, a teor Convenção de Berna, invocada pela relatora, imporia o reconhecimento não só dos efeitos dos registros lá (nos EUA) realizados, como, também da autoria reconhecida pelo sistema jurídico Estadunidense.

Como se vê deste posicionamento, sobrelevaria, acaso prevalecesse, a comprovação não só do registro dos programas em órgãos de proteção à propriedade intelectual e/ou industrial, como também o local e data de tais registros teriam sido efetuados, a fim de que as premissas daquele tese pudessem ser verificadas no caso concreto.

---

[4] Publicado no DJ de 02 de julho de 2018.

Como dito, todavia, aquele entendimento restara vencido, prevalecendo, então, a posição adotada pela própria DRJ e, reproduzida no voto vencedor, que faz um interpretação literal das disposições da Lei 9.610/98 (já destacada anteriormente) e considerando despicienda a demonstração fática de que a contribuinte teria registrado os *softwares* no seu país de origem.

Digno de nota, o entendimento defendido pelo voto vencedor acima vem sendo referendado pela Câmara Superior do CARF, conforme se extrai do Acordão de nº 9101-003.874, publicado em 26/11/2018

Em linhas gerais, a interpretação eminentemente gramatical, no caso, não é suficiente para permitir construir, racionalmente, um entendimento sobre a correta interpretação das disposições do art. 22, seja pela laicidade dos conceitos e definições contidos nas Leis 9.609/98 e 9.610/98, seja porque, insista-se, a Lei 4.506/64 foi editada num contexto histórico em que a figura dos programas de computadores não era, ainda, uma realidade.

Como sustentado pelo próprio CARF, por ocasião, noutro giro., da prolação do acórdão de nº 1302-002.695, publicado em 26/04/2018, a solução possível e racional para o problema perpassa por uma interpretação sistêmico-horizontal e pela abertura, pontual, do sistema jurídico à nova realidade divisada na evolução tecnológica, notadamente, ocorrida, rapidamente, na ciência da computação.

Como foi alardeado no voto vencedor daquele caso, a tributação de *royalties* não está adstrita ao Imposto de Renda, à CSLL, PIS, COFINS e, também, ao ISSQN. No ano de 2003 foi editada a Lei 10.168 que instituiu a chamada CIDE/*Royalties*, dispondo em seu art. 1º, § 1º, que:

§ 1º-A. A contribuição de que trata este artigo não incide sobre a remuneração pela licença de uso ou de direitos de comercialização ou distribuição de programa de computador, salvo quando envolverem a transferência da correspondente tecnologia.

Considerando que o fato gerador desse tributo é a remuneração paga pela exploração de direitos autorais (fato-tipo da expressão *"royalty"*) e, mais, que o §1º-A, acima, exclui explicitamente da hipótese de incidência as operações com programas de computador em que não se observe a *"transferência de tecnologia"*, é mais que razoável assumir que haverá pagamento de *royalties* pela cessão de direito de uso de *software* se e quando se verificar *"a transferência de aludido direito"*. Até porque, a simples aquisição da licença de uso, sem a

14. DESPESAS COM LICENÇA E COMERCIALIZAÇÃO DE SOFTWARE

transferência da respectiva tecnologia, vem sendo tratada, inclusive, pela Receita Federal, *como operação com mercadorias* à luz do entendimento exarado na Solução de Consulta Disit de nº 149/2013[5].

Como dito, o sistema jurídico admite pequenas aberturas para se apropriar de conceitos ou institutos próprios de outros sistemas sociais. O recorte de tais institutos é incorporado pelo Direito de sorte a lhe emprestar juridicidade e isso, destaque-se, é o que se observa no art. 1º da Lei 9.609/98. Com efeito, este preceptivo toma para si, frise-se, o conceito das ciências exatas, definindo, agora juridicamente, como *software* o *"conjunto organizado de instruções em linguagem natural ou codificada, contida em suporte físico de qualquer natureza"* que, outrossim, representaria o chamado código-fonte dos programas, apreendido como sendo *"qualquer definição completamente executável de um sistema de software"* incluindo-se o *"código de máquina, linguagens de alto nível e representações gráficas executáveis de sistemas"* (HARMAN, 2010, p. 2)[6].

Reprisando, destarte, que a CIDE é exigida apenas quanto as cessões de programas de computador em que se observa a transferência da respectiva tecnologia (=código-fonte), qualquer outra discussão, incluindo-se, aí, a tipificação ou não, por tais operações, da exceção descrita no art. 22, IV, torna-se inócua! Porque não se pode considerar para fins de incidência da CIDE (cujo fato-tipo é o pagamento de *royalties*) um determinado negócio e não se qualificar o fato, da mesma forma, para fins de dedução de despesas objetivando conformar o aspecto material do IRPJ.

2.2 As regras de dedução aplicáveis a partir da definição da natureza dos pagamentos realizados para a aquisição dos softwares

Assentadas as teses contrapostas acerca da natureza dos valores pagos pelas empresas para a aquisição da licença de uso de *softwares*, ter-se-ão, no caso, como já aventado nos subtópicos anteriores, duas possíveis consequências jurídicas: se se considerar que tais dispêndios se referem a *royalties*, a dedução

---

[5] *"A remessa ao exterior em pagamento pela aquisição de softwares de prateleira obtidos através de download na rede mundial de computadores não está sujeita à incidência da Cide/Royalties"*, entendimento este que se reproduz quanto aos demais tributos federais (IRRF, II, IPI, PIS e COFINS).

[6] Em tradução livre de *"for the purpose of clarity 'source code' is taken to mean any fully executable description of a software system. It is therefore so construed as to include machine code, very high level languages and executable graphical representations of systems"*.

EFICIÊNCIA PROBATÓRIA E A ATUAL JURISPRUDÊNCIA DO CARF

destes valores para fins de determinação da base de cálculo do IRPJ obedecerá aos ditames contidos no art. 71, e seu parágrafo único, da Lei 4.506/64, com todas as limitações ali dispostas. Do contrário, a regra aplicável será aquela preconizada pelo art. 47, isto é, a regra geral atinente ao aproveitamento das despesas operacionais.

Por tudo o que foi exposto alhures, a discussão sobre a aplicação ou não da exceção contida no inciso IV do art. 22 da por vezes mencionada Lei 4.506/64 perde a sua razão de ser. Ainda que se conclua, que seja a partir do exame das Leis 9.609 e 9.610, que os direitos comercializados são, de fato, direitos de autoria das pessoas jurídicas que os detêm (com as ressalvas cabíveis a tal entendimento), é inegável que, se à luz das normas que tratam especificamente da CIDE, tais dispêndios sejam considerados *royalties* para fins de incidência da aludida contribuição, não se teria como, sistemicamente, tergiversar acerca de sua natureza. Se o direito os considera como *royalties* para exigir a exação retro, há que considerá-los como tal para fins do regramento relativo ao IRPJ.

Nesta esteira, e realmente em se tratando de *royalties*, chega-se ao segundo problema destacado na introdução deste artigo: qual seria, concretamente, a abrangência da vedação descrita no parágrafo único, "d", do art. 71 já mencionado alhures.

A fiscalização sempre defendeu, inclusive no processo em que foi proferido o acórdão de nº 1302-002.695, invocado anteriormente, que a vedação ali descrita, não obstante literalmente dispor a proibição de aproveitamento das aludidas despesas em relação às operações praticadas entre "*sócios ou dirigentes de emprêsas, e a seus parentes ou dependentes*", se estenderia às negociações concretizadas dentro de um mesmo grupo econômico.

Semelhante entendimento, todavia, desafia severas críticas.

Observa-se que o citado preceito não revolve, em seu núcleo típico, qualquer tipo de previsão laica, genérica ou indeterminada; não há, aí, o uso de expressões que, para além de um senso comum, demandem uma integração hermenêutica sem que, com isso, se retire das palavras empregadas o seu necessário sentido gramatical. Em linhas gerais, o dispositivo em análise exaure, nos seus dizeres, o conteúdo possível e razoável da norma.

Dito isto, é preciso sopesar duas possíveis proposições: i) se a compreensão do conteúdo normativo se satisfaz com o sentido semântico-gramatical das expressões contidas na prescrição legal, não se vê necessário (pelo contrário,

14. DESPESAS COM LICENÇA E COMERCIALIZAÇÃO DE SOFTWARE

é absolutamente impensado) o uso de qualquer outro método interpretativo, sob pena, como já advertido, de se incorrer em sofisma, justamente por se afastar do limite mínimo divisado a partir do sentido literal daquelas palavras; ii) ainda que admitido o sentido mínimo das expressões empregadas, seria possível buscar-se uma maior extensão ou abrangência da norma a partir de uma análise principiológica, a fim de que situações de fato não expressamente abordadas pelo texto da lei, sejam, a luz, v.g., da igualdade, por ela abarcada.

Vale dizer, contudo, que a regra geral concernente à dedução dos *royalties* pagos está positivada no *caput* do aludido art. 71; conforme este preceito, em adição ao comando inserto em seu inciso I, tais valores serão apropriados para fins de determinação da base de cálculo do IRPJ, considerando-se, tão só, como critérios de legitimação desta dedução a necessidade dos aludidos dispêndios para a manutenção da *"posse, uso ou fruição do bem ou direito que produz o rendimento"*; trata-se, inadvertidamente, de regra geral de dedutibilidade para a maioria dos pagamentos realizados e que detenham a natureza de *royalties*.

Neste passo, está claro que as exceções contempladas pelo parágrafo único do predito art. 71 detêm um caráter eminentemente antielisivo e, assim o sendo, assumem natureza de norma de competência. As prescrições antielisivas, destaca-se, são prescrições de exceção, voltadas para viabilizar a exigência fiscal sobre fatos signo-presuntivos que, pela hipótese de incidência tributária, estariam, *a priori*, a margem do poder de tributar.

Os *royalties*, neste particular, são dedutíveis da base de cálculo do tributo sobre o qual ora nos reportamos (desde que necessários para a manutenção da posse ou uso do bem adquirido), compondo, negativamente, o aspecto quantitativo da norma de incidência. Em linhas gerais, eles são deduzidos da base de cálculo justamente porque a manifestação de riqueza, neste caso, observada, particularmente quanto ao adquirente do bem ou direito, não se encontra abrangida pelo fato signo-presuntivo descrito no aspecto material da norma de incidência.

É de se ressaltar que a relação de pertinência lógica entre os aspectos da norma jurídica tributária é da essência da validade da própria norma jurídica; é o "porto-seguro" à identificação da espécie tributária e o atendimento desta aos contornos constitucionais e legais visceralmente vinculados à sua própria validade, como defendido, há mais de cinquenta anos, por Becker e Ataliba, e muito bem explicitado por Paulo de Barros Carvalho:

Abundam motivos para que recebamos com prudência e certa desconfiança o texto cru do nosso direito positivo. As elaborações da Ciência, todavia, encontraram na base de cálculo o índice seguro para identificar o genuíno critério material da hipótese, ofertando-nos instrumento sólido e eficiente para confirmar, infirmar ou afirmar o enunciado da lei, surpreendendo o núcleo lídimo da incidência jurídica.

Não foi por menos que Alfredo Augusto Becker divisou nesse elemento a pedra angular das investigações em torno da natureza jurídica dos tributos (...). A grandeza haverá de ser mensuradora adequada da materialidade do evento, constituindo-se, obrigatoriamente, de uma característica peculiar ao fato jurídico tributário. Eis a base de cálculo, na sua função comparativa (...). Confirmando, toda vez que houver perfeita sintonia entre o padrão de medida e o núcleo do fato dimensionado. Infirmando, quando for manifesta a incompatibilidade entre a grandeza eleita e o acontecimento que o legislador declara como a medula da previsão fática (CARVALHO, 1991, p. 229/230).

Consentaneamente, ao se pretender aumentar o alcance da regra descrita no aludido art. 71, aqueles que assim se propõe defender, estariam aumentando o próprio núcleo típico da hipótese de incidência. E, isso, e tal como já sustentado nas linhas acima, não seria possível a partir do uso de qualquer método interpretativo (já que as expressões empregadas na lei não são imprecisas).

Neste diapasão, das duas, uma: ou se busca alcançar outro(s) fato(s) que não aqueles explicitamente aventados na prescrição legal, mediante uso de analogia, como método integrativo e não interpretativo; ou b) a partir do conjunto fático apreendido no caso concreto, se conclui pela existência de práticas *evasivas* (e não elisivas), tendentes, justamente, a se refugir à vedação externada na alínea "d" do parágrafo único do art. 71.

Se se concorda que as vedações contidas na lei têm caráter anti-elisivo, e, neste passo, assumem a natureza de norma de competência, o emprego da analogia é vedado pelo princípio da legalidade (ou, mais especificamente, da tipicidade) e, expressamente, pelo Código Tributário Nacional, art. 108, I. Daí o entendimento cravado pela própria Receita Federal por ocasião da prolação da Solução de Consulta COSIT de nº 182, que deixou estreme de dúvidas a compreensão restritiva dos ditames da aludida regra:

14. DESPESAS COM LICENÇA E COMERCIALIZAÇÃO DE SOFTWARE

PAGAMENTO DE ROYALTIES. DIREITO DE COMERCIALIZAÇÃO DE SOFTWARE. CONTROLADORES INDIRETOS. PESSOAS PERTENCENTES AO MESMO GRUPO ECONÔMICO. DEDUTIBILIDADE.

O fato dos pagamentos a título de royalties pelo direito de distribuição/comercialização de softwares serem realizados a controladores indiretos pertencentes ao mesmo grupo econômico, não implica, por si, a indedutibilidade prevista na alínea "d" do parágrafo único do art. 71 da Lei nº 4.506, de 1964. O termo "sócios" do aludido dispositivo legal se refere a pessoas físicas ou jurídicas, domiciliadas no País ou no exterior, que detenham participação societária na pessoa jurídica.

Outrossim, ao se considerar uma dada estrutura, ou estruturação, societária falseada, não se estará propriamente pretendendo estender as hipóteses legais de vedação às situações não abrangidas pela norma; pelo contrário, estar-se-á, objetivamente, buscando a aplicação da norma sobre as situações de fato concretamente engendradas, uma vez ultrapassado o ato ilícito decorrente de uma possível simulação. Talvez por esta razão, ainda que não explicitamente o diga, a Solução de Consulta transcrita anteriormente tenha utilizado a expressão *"por si"*.

De toda sorte, numa operação "normal", em que se observe a operacionalização da cessão de licença de uso de *softwares* entre empresas pertencentes a um mesmo grupo econômico, em princípio, considerar-se-ão dedutíveis os *royalties* pagos.

Conclusões

Como dito na introdução deste trabalho, só será, ou seria, possível concretizar o exercício silogístico próprio à construção da norma jurídica individual se, num primeiro momento, se compreender, de forma racional e argumentativa, a sua hipótese ou antecedente, o que se dá a partir i) da necessária interação discursiva entre os destinatários da norma e seus aplicadores; ii) na dialética própria do processo hermenêutico, considerando-se que as prescrições normativas devem ser trazidas para o horizonte histórico sistêmico dos agentes do discurso; e, finalmente iii) da subsunção dos fatos materiais identificados de acordo com os elementos de prova trazidos ao longo do discurso dialético à norma abstrata construída no início deste processo.

Compreendida, pois, a prescrição abstrata da norma, aí sim, ter-se-á nos fatos a necessária importância ao deslinde da querela.

Conforme demonstrado, ao longo do texto foram construídas duas premissas normativas abstratas:

a) somente se considerará como *royalties* os gastos com licença de uso de programas de computador em que se verifique a transferência da respectiva tecnologia, hipótese em que se aplicará, ao caso, a regra restritiva preconizada pelo art. 71, parágrafo único, "d", da Lei 4.506/64;

b) noutro giro, a regra exceptiva mencionada alhures somente será observada quando, concretamente, as operações forem praticadas entre empresas com vínculo societário diretamente observado, não cabendo a sua aplicação às empresas que mantenham, entre si, relações societárias indiretas (grupo econômico).

À luz das duas premissas acima, ganha relevo a produção de elementos probatórios, de início, que permitam a concretização silogística perfeita tendente, justamente, à demonstração da natureza dos dispêndios; reprise-se que, mesmo que se queira sustentar a aplicação da segunda parte do art. 22, inciso IV, da Lei 4.506/64 para afastar a restrição contida nos preceitos do art. 71, acaso verificado que em dada operação houve transferência de tecnologia, observando, ou não, remuneração paga ao "autor da obra", haverá, no caso, a incidência da CIDE/*Royalties*. Isto é, considerar-se-á *royalties* tais dispêndios, não por conta de uma construção interpretativa da Lei 4.506/64 ou das citadas Leis 9.609/98 e 9.610/98, mas, ao fim e ao cabo, porque estes pagamentos aperfeiçoarão o fato-tipo da norma que trata efetivamente da incidência da contribuição retro sobre este fato-signo.

Toda a discussão, pois, perpassará, pela análise dos contratos de cessão e dos documentos comprobatórios (notas fiscais, recibos, acertos e quejandos) e pela constatação efetiva, caso-a-caso, operação-a-operação, da transferência ou cessão do próprio *"código-fonte"* do *software* cuja licença de uso foi adquirida, único fato, à luz do antecedente da norma, tal como construído, realmente relevante.

De outra sorte, demonstrado que houve o pagamento de *royalties*, a regra exceptiva contida no parágrafo único, "d', do art. 71 da Lei 4.505/64 somente será aplicada para as operações praticadas entre empresas que mantenha vínculo societário direto; esta realidade fático-formal somente ensejará outro resultado que não a aceitação da dedutibilidade das respectivas despesas, se, por elementos fáticos concretamente apreendidos e compreendidos[7], se verificar a ocorrência de uma estrutura societária simulada, erigida de forma falseada e inexistente (formal e materialmente) para refugir-se à regra acima invocada.

A análise dos pressupostos caracterizadores da simulação, todavia, passará por outras premissas que não as abordadas neste artigo e que deverão, dada a complexidade da matéria, ser apreendidos em trabalhos específicos. Ainda assim, os fatos que objetiva e concretamente serão considerados se referem exclusivamente à estrutura societária identificada e a lisura, formal e material, desta mesma estruturação.

Por fim, e a não ser que haja uma reviravolta na jurisprudência do CARF de sorte a se passar a admitir que as pessoas jurídicas possam ser consideradas "autoras" dos programas de computador, a prova quanto ao registro dos aludidos *softwares* em órgãos de proteção continuará sendo considerada desnecessária.

Referências

ÁVILA, Humberto. *Argumentação Jurídica e Imunidade do Livro Eletrônico*. Revista da Faculdade de Direito da UFRGS, vol. 19, março de 2001.

ÁVILA, Humberto. *Teoria dos Princípios*. 18ª ed., São Paulo: Malheiros, 2018.

BRASIL. Ministério da Economia. Conselho Administrativo de Recursos Fiscais. acórdão de nº 1302-002.695, publicado no DJe em 26/04/2018 e extraído de https://carf.fazenda.gov.br/ sincon/public/pages/ConsultarJurisprudencia/consultarJurisprudenciaCarf.jsf, acessado em 28/10/2019.

BRASIL. Ministério da Economia. Conselho Administrativo de Recursos Fiscais. acórdão de nº 1201-002.158, publicado no DJe em 02/07/2018 e extraído de https://carf.fazenda.gov.br/ sincon/public/pages/ConsultarJurisprudencia/consultarJurisprudenciaCarf.jsf, acessado em 05/03/2020.

BRASIL. Ministério da Economia. Conselho Administrativo de Recursos Fiscais. acórdão de nº 9101-003.874, publicado no DJe em 26/11/2018 e extraído de https://carf.fazenda.gov.br/ sincon/public/pages/ConsultarJurisprudencia/consultarJurisprudenciaCarf.jsf, acessado em 05/03/2020.

BRASIL. Ministério da Economia. Secretaria da Receita Federal do Brasil. Solução de Consulta DISIT 149, de 05 de agosto de 2013, extraída de http://normas.receita.

---

[7] Em particular pela Fiscalização Federal, quem, efetivamente, detém o ônus probatório, a teor dos preceitos do art. 142 do CTN.

fazenda.gov. br/sijut2consulta/link.action?visao=anotado&idAto=45663; acessada em 28/10/2019.

BRASIL. Ministério da Economia. Secretaria da Receita Federal do Brasil. Solução de Consulta de nº 182, de 31 de maio de 2018, extraída de http://normas.receita. fazenda.gov.br/ sijut2consulta/link.action?idAto=101736&visao=anotado, acessado em 28/10/2019.

BRASIL. Palácio do Planalto. Lei 4.506, de 30 de novembro de 1964. *Dispõe sôbre o impôsto que recai sôbre as rendas e proventos de qualquer natureza*, extraída de http:// www.planalto.gov.br/ccivil_03/LEIS/L4506.htm, acessada em 28/10/2019.

BRASIL. Palácio do Planalto. Lei 5.172, 25 de outubro de 1966. *Aprova o Código Tributário Nacional*, extraída de http://www.planalto.gov.br/ccivil_03/Leis/ L9718compilada.htm, acessado em 28/2019.

BRASIL. Palácio do Planalto. Lei 9.609, de 19 de fevereiro de 1998. *Dispõe sobre a proteção da propriedade intelectual de programa de computador, sua comercialização no País, e dá outras providências*, extraída de http://www.planalto.gov.br/ccivil_03/ leis/l9609.htm, acessado em 28/10/2019.

BRASIL. Palácio do Planalto. Lei 9.610, de 19 de fevereiro de 1998. *Altera, atualiza e consolida a legislação sobre direitos autorais e dá outras providências*, extraída de http:// www.planalto.gov.br/ccivil_03/leis/l9610.htm, acessado em 28/10/2019.

BRASIL. Palácio do Planalto. Lei 10.168, de 29 de dezembro de 2000. *Institui contribuição de intervenção de domínio econômico destinada a financiar o Programa de Estímulo à Interação Universidade-Empresa para o Apoio à Inovação e dá outras providências*, extraída de http://www.planalto.gov.br/ccivil_03/LEIS/L10168.htm, acessado em 28/10/2019.

CARVALHO, Paulo de Barros. *Curso de Direito Tributário*. 4.ª ed. São Paulo: Saraiva, 1991.

GREENE, Brian. *Realidade Oculta, Universos Paralelos e as Leis Profundas do Cosmo*. 1ª ed., tradução de José Viegas Jr., São Paulo: Companhia das Letras, 2011.

HABERMAS, Jürgen. *A inclusão do Outro, estudos de teoria política*. Ed. Brasileira, São Paulo: Edições Loyola, 2002.

HARMAN, Mark.«*Why Source Code Analysis and Manipulation Will Always Be Important*». 12-13 de Dezembro de 2010. 10th IEEE International Working Conference on Source Code Analysis and Manipulation (SCAM 2010). Disponível em http://www0.cs.ucl.ac.uk/staff/ M.Harman/scam10.pdf. Acessado em 05/03/2020.

LUHMANN, Niklas. *Sistemas Sociais – Esboço de uma teoria geral*. Tradução de Antonio C. Luz Costa, Roberto Dutra Torres Júnior, Marcos Antônio dos Santos Casanova, 1ª ed., Rio de Janeiro: Editora Vozes, 2016.

MACCORMICK, Neil. *Rethoric and The Rule of Law: a Theory of Legal Reasoning*. Oxford University Press: Oxford, 2005.

SCHAUER, Frederick. *Thinking Like a Lawyer: A New Introduction to Legal Reasoning.* Cambridge Massachussets, London, England: Havard University Press, 2009.

VIANA, Rodolfo Pereira. *Hermêutica Filosófica e Constitucional.* 2ª ed., Belo Horizonte: Del Rey, 2007.

WIKIPÉDIA, a enciclopédia livre. *Código Fonte,* texto extraído de https://pt.wikipedia.org/ wiki/Código-fonte, acessado em 21/09/2017.

15. A prova na presunção de passivo fictício ou de exigibilidade não comprovada: requisitos para autuação e eficácia das defesas

FERNANDO BRASIL DE OLIVEIRA PINTO[1]

Introdução

De acordo com a previsão constitucional, e na forma concretizada no Código Tributário Nacional (CTN), a tributação da renda possui como pressuposto a aquisição de disponibilidade *econômica* ou *jurídica* de renda ou proventos de qualquer natureza, materializada com a aquisição de riqueza nova, de forma incondicional e permanente.

O conceito de renda, contudo, é dependente da delimitação normativa que ditará em que termos pode incidir a tributação sobre a manifestação de capacidade contributiva, uma vez que, ante às diversas acepções de renda, pode o legislador optar por uma ou mais delas ante à ponderação da efetividade da tributação aplicável[2].

---

[1] As opiniões contidas nesta publicação são reflexões acadêmicas do próprio autor e não necessariamente expressam as posições defendidas por qualquer organização a qual esteja vinculado.

[2] SILVEIRA, Rodrigo Maito. A realização da renda à luz do Código Tributário Nacional. In: ZILVETI, Fernando Aurelio; FAJERSZTAJN, Bruno; SILVEIRA, Rodrigo Maito (Coords.). *Direito Tributário*: princípio da realização no imposto sobre a renda – estudos em homenagem a Ricardo Mariz de Oliveira. São Paulo: IBDT, 2019, p. 93.

Por outro lado, a legislação tributária preocupa-se também com os casos em que os sujeitos passivos possam vir a omitir, ao menos em parte, os rendimentos auferidos.

Genericamente falando, pode-se definir omissão de receita como a ausência de registro contábil de ganhos tributáveis auferidos no respectivo período, implicando uma indevida redução no lucro líquido do exercício ou no total de receitas declarado e, consequentemente, reduzindo o saldo de imposto de renda devido no exercício[3].

No que diz respeito às provas de omissão de receita, essas podem ser classificadas em:

- Diretas: quando se referem ao próprio fato que se quer demonstrar (infração);
- Indiretas (presunções): quando demonstram um fato conhecido (indício[4]), mas delas se extraem a ocorrência de outro fato, o qual se quer demonstrar (infração).

Especificamente em relação ao imposto de renda, trata-se do tributo mais apto a ser graduado segundo a capacidade econômica do contribuinte, a teor do que dispõe o art. 145, §1º da Constituição Federal de 1988 (CF/88)[5].

Nas tensões que são ínsitas ao Direito, a estrutura jurídica do imposto de renda está marcada entre o embate da realização da tributação segundo a *capacidade contributiva* e a necessidade de *praticabilidade*[6].

---

[3] ANDRADE FILHO, Edmar Oliveira. *Imposto de Renda das Empresas*, 11. ed. São Paulo: Atlas, 2014, p. 196.

[4] Maria Rita Ferragut define prova indiciária como uma *"prova indireta que visa a demonstrar, a partir da comprovação da ocorrência de fatos secundários, indiciários, a existência ou a inexistência do fato principal. Pode ser ela eletrônica, documental, testemunhal etc., mas, seja como for, a consideramos espécie de prova, porque ser indiciária a qualifica e a distingue das demais."* (FERRAGUT, Maria Rita. *As provas e o direito tributário:* teoria e prática como instrumentos para a construção da verdade jurídica. São Paulo: Saraiva, 2016, p. 43).

[5] Art. 145 [...] § 1º Sempre que possível, os impostos terão caráter pessoal e serão graduados segundo a capacidade econômica do contribuinte, facultado à administração tributária, especialmente para conferir efetividade a esses objetivos, identificar, respeitados os direitos individuais e nos termos da lei, o patrimônio, os rendimentos e as atividades econômicas do contribuinte.

[6] Misabel Derzi leciona que esse princípio provém da economicidade e exequibilidade que inspiram todas as normas, assim entendido como o conjunto de meios e técnicas

15. A PROVA NA PRESUNÇÃO DE PASSIVO FICTÍCIO OU DE EXIGIBILIDADE

Misabel Derzi leciona que esse princípio provém da economicidade e exequibilidade que inspiram todas as normas, assim entendido como o conjunto de "meios e técnicas utilizáveis com o objetivo de tornar simples e viável a execução das leis"[7].

No contexto da aplicação desse princípio se inserem as presunções[8], e o seu uso justifica-se por razões de praticabilidade, objetivando evitar investigações custosas de uma série de casos isolados que, de todo modo, tendem a seguir o mesmo padrão[9].

Já as presunções podem ser de dois tipos, a saber:

- Presunções legais: nesse caso, a própria a lei expressamente estabelece que a demonstração de um indício (por exemplo, passivo fictício ou passivo não comprovado) autoriza a autoridade fiscal a presumir a ocorrência da infração (nos exemplos dados, permite presumir a ocorrência de omissão de receita).

- Presunções simples: quando provém de um raciocínio lógico da autoridade que, a partir da comprovação de determinados fatos, infere que outro efetivamente ocorreu (por exemplo, quando se detecta que diversas pessoas jurídicas contabilizam despesas com serviços prestados por uma empresa que se declara inativa, ou essa empresa está omitindo receitas ao crivo da tributação, ou aquelas pessoas jurídicas apropriaram despesas inexistentes).

---

utilizáveis com o objetivo de tornar simples e viável a execução das leis (DERZI, Misabel de Abreu Machado. *Direito Tributário, Direito Penal e Tipo*, 2. ed. São Paulo: Editora RT, 2007, p. 138-139).

[7] DERZI, Misabel de Abreu Machado. *Direito Tributário, Direito Penal e Tipo*, 2. ed. São Paulo: Editora RT, 2007, p. 138-139.

[8] Ricardo Mariz de Oliveira, tratando das chamadas presunções relativas, assevera que, nesses casos, a ocorrência do fato tributário não demonstrado é intuída a partir de fatos provados e conhecidos (OLIVEIRA, Ricardo Mariz de. Presunções no direito tributário. In: MARTINS, Ives Gandra da Silva (Coord.). *Presunções no direito tributário*. São Paulo: Resenha Tributária, 1984, p. 299 (Col. Caderno de Pesquisas Tributária, v. 9)).

[9] FOLLONI, André. Presunções em Matéria de Imposto de Renda. In: ZILVETI, Fernando Aurelio; FAJERSZTAJN, Bruno; SILVEIRA, Rodrigo Maito (Coords.). *Direito Tributário*: princípio da realização no imposto sobre a renda – estudos em homenagem a Ricardo Mariz de Oliveira. São Paulo: IBDT, 2019, p. 140.

Pois bem, o presente estudo tem como objeto a análise da presunção legal de omissão de receitas decorrente de passivo fictício e de passivo não comprovado[10].

Essa presunção legal está prevista no art. 293 do Decreto nº 9.580, de 2018 (RIR/2018)[11], permitindo ao Fisco presumir a omissão de receita nas hipóteses em que comprovar que a pessoa jurídica mantém no passivo obrigações já pagas ou cuja exigibilidade não seja comprovada.

Passa-se à análise do tema.

1. A distinção entre passivo fictício e passivo não comprovado

Conforme já abordado, o art. 293 do RIR/2018 abarca inúmeras presunções legais de omissão de receitas.

Entre elas encontra-se o objeto de nosso estudo: os casos em que o contribuinte mantém no passivo obrigação já paga ou cuja exigibilidade não possa ser comprovada.

Em realidade, esse dispositivo abrange duas hipóteses distintas de presunções legais de omissão de receitas:

a) Passivo Fictício: essa infração resta caracterizada quando há no passivo o registro de uma dívida, ou seja, de um débito supostamente ainda não honrado, mas que, de fato, já fora quitado;

b) Passivo Não Comprovado: nesse caso, apesar do registro de um passivo, sua exigibilidade não pode ser comprovada. Veja-se que, na hipótese de passivo fictício, não se questiona a existência inicial da operação que deu ensejo ao débito registrado, mas sim o seu pagamento sem o devido registro contábil, ao passo que, no caso de passivo não comprovado, o fato primordial a caracterizá-lo é a não comprovação de sua existência desde o registro no passivo.

---

[10] Leonardo Sperb de Paola argumenta que se trata de uma técnica utilizada por sonegadores, consistindo em criar um passivo fictício, inexistente, com o intuito de encobrir ou justificar o ingresso de recursos oriundos de vendas ou prestação de serviços sem a emissão de notas fiscais (PAOLA, Leonardo Sperb de. *Presunções e Ficções no Direito Tributário*. Belo Horizonte: Del Rey, 1997, p. 260-261).

[11] Art. 293. Caracteriza-se como omissão no registro de receita, ressalvada ao contribuinte a prova da improcedência da presunção, a ocorrência das seguintes hipóteses (Decreto-Lei nº 1.598, de 1977, art. 12, § 2º; e Lei nº 9.430, de 1996, art. 40):

[...] III – a manutenção no passivo de obrigações já pagas ou cuja exigibilidade não seja comprovada.

15. A PROVA NA PRESUNÇÃO DE PASSIVO FICTÍCIO OU DE EXIGIBILIDADE

Essa distinção não é apenas teórica, tanto assim que tais presunções foram inseridas no ordenamento jurídico em momentos muito distintos: a hipótese de passivo fictício propriamente dita foi introduzida pelo art. 12, §2º do Decreto-Lei 1.598/1977[12], enquanto que a infração de passivo não comprovado somente passou a ser prevista com a edição da Lei nº 9.430/1996 (art. 40)[13].

2. Passivo fictício: caracterização, provas e argumentos de defesa

Antes de adentrarmos nas questões atinentes à comprovação da infração decorrente de passivo fictício, faz-se necessária uma breve explanação sobre o ônus probatório, em especial tratando-se de presunções legais.

Os incisos IV a VII do art. 149 do CTN[14] determinam que a autoridade administrativa deve comprovar a ocorrência de falsidade, erro, omissão, inexatidão, dolo, fraude ou simulação.

Já o Decreto nº 70.235, de 1972, em seu art. 9º[15], exige que o auto de infração deve ser acompanhado de todas as provas que o sustentam, tendo

---

[12] Art. 12. [...] § 2º O fato de a escrituração indicar saldo credor de caixa ou a manutenção, no passivo, de obrigações já pagas, autoriza presunção de omissão no registro de receita, ressalvada ao contribuinte a prova da improcedência da presunção.

[13] Art. 40. A falta de escrituração de pagamentos efetuados pela pessoa jurídica, assim como a manutenção, no passivo, de obrigações cuja exigibilidade não seja comprovada, caracterizam, também, omissão de receita.

[14] Art. 149. O lançamento é efetuado e revisto de ofício pela autoridade administrativa nos seguintes casos:

[...]

IV – quando se comprove falsidade, erro ou omissão quanto a qualquer elemento definido na legislação tributária como sendo de declaração obrigatória;

V – quando se comprove omissão ou inexatidão, por parte da pessoa legalmente obrigada, no exercício da atividade a que se refere o artigo seguinte;

VI – quando se comprove ação ou omissão do sujeito passivo, ou de terceiro legalmente obrigado, que dê lugar à aplicação de penalidade pecuniária;

VII – quando se comprove que o sujeito passivo, ou terceiro em benefício daquele, agiu com dolo, fraude ou simulação;

[...]

[15] Art. 9º A exigência do crédito tributário e a aplicação de penalidade isolada serão formalizados em autos de infração ou notificações de lançamento, distintos para cada tributo ou penalidade, os quais deverão estar instruídos com todos os termos, depoimentos, laudos e demais elementos de prova indispensáveis à comprovação do ilícito.

a autoridade julgadora total liberdade para, no exame dessas provas, formar sua convicção[16].

Por sua vez, o Regulamento do Imposto de Renda[17] define que, em regra, a escrituração do contribuinte, acompanhada dos documentos comprobatórios, faz prova a seu favor (art. 967 do RIR/2018).

Em decorrência dessa presunção de legitimidade, compete à autoridade fiscal a prova da inveracidade dos fatos registrados com observância ao disposto no citado art. 967 do RIR/2018.

Além disso, havendo apresentação de esclarecimentos por parte do contribuinte, a autoridade lançadora somente poderá infirmá-los com elemento seguro de prova ou indício veemente de falsidade ou de inexatidão ($1º do art. 909 do RIR/2018).

Por outro lado, caso o contribuinte seja intimado e não apresente os esclarecimentos pertinentes, pode a autoridade fiscal realizar o lançamento com os elementos que dispuser (inciso II do art. 909 do RIR/2018).

---

[16] Decreto nº 70.235, de 1972: Art. 29. Na apreciação da prova, a autoridade julgadora formará livremente sua convicção, podendo determinar as diligências que entender necessárias.

[17] Art. 909. Será feito o lançamento de ofício, inclusive (Decreto-Lei nº 5.844, de 1943, art. 79, caput e alíneas "a" ao "c"):

[...]

II – abandonando-se as parcelas que não tiverem sido esclarecidas e fixando os rendimentos tributáveis de acordo com as informações de que dispuser, quando os esclarecimentos deixarem de ser prestados, forem recusados ou não forem satisfatórios; [...]

§ 1º Os esclarecimentos prestados só poderão ser refutados pela autoridade administrativa lançadora com elemento seguro de prova ou indício veemente de falsidade ou de inexatidão (Decreto-Lei nº 5.844, de 1943, art. 79, § 1º).

Da prova

Art. 967. A escrituração mantida em observância às disposições legais faz prova a favor do contribuinte dos fatos nela registrados e comprovados por documentos hábeis, de acordo com a sua natureza, ou assim definidos em preceitos legais (Decreto-Lei nº 1.598, de 1977, art. 9º, § 1º) .

Ônus da prova

Art. 968. Cabe à autoridade administrativa a prova da inveracidade dos fatos registrados em observância ao disposto no art. 967 (Decreto-Lei nº 1.598, de 1977, art. 9º, § 2º) .

Inversão do ônus da prova

Art. 969. O disposto no art. 968 não se aplica às hipóteses em que a lei, por disposição especial, atribua ao contribuinte o ônus da prova de fatos registrados na sua escrituração (Decreto-Lei nº 1.598, de 1977, art. 9º, § 3º).

15. A PROVA NA PRESUNÇÃO DE PASSIVO FICTÍCIO OU DE EXIGIBILIDADE

De toda forma, em regra, o ônus da ocorrência da infração é da autoridade lançadora, sendo que, apenas no caso de presunção legal está autorizada a inversão do ônus da prova (art. 969 do RIR/2018), competindo ao Fisco somente a demonstração da ocorrência do fato indiciário previsto em lei como suficiente para presumir a infração.

A propósito, essa possibilidade vem ao encontro do que dispõe também a legislação processual civil, nos termos do art. 374, inciso IV, do Código de Processo Civil – CPC[18], aplicado supletiva e subsidiariamente ao processo administrativo fiscal[19].

Retornando ao cerne do estudo, é importante se observar que a lógica por trás da presunção legal de omissão de receitas decorrente de passivo fictício baseia-se no fato de que os pagamentos não registrados contabilmente teriam sido efetuados com recursos mantidos à margem da escrituração contábil e oriundos de receitas não escrituradas ("caixa dois").

Nesses casos, em geral, não é possível ao contribuinte o registro contábil do pagamento, sob pena de o saldo do caixa contábil tornar-se credor[20], talvez uma das infrações decorrentes de presunção legal de mais fácil detecção pelo Fisco[21-22].

Conforme já abordado, no caso da imputação de omissão de receitas com base em passivo fictício, a inversão do ônus da prova não exime a autoridade fiscal autuante de carrear aos autos a comprovação da existência do passivo fictício. Explica-se: *caberá ao Fisco a prova de que houve o pagamento do passivo* em questão! Somente assim restará perfectibilizada, ao menos em um primeiro

---

[18] Art. 374. Não dependem de prova os fatos:
[...]
IV – em cujo favor milita presunção legal de existência ou de veracidade.

[19] Art. 15 do CPC.

[20] HIGUCHI, Hiromi. *Imposto de Renda das Empresas – Interpretação e Prática*. 35. ed. São Paulo: IR Publicações, 2010, p. 662.

[21] RIR/2018 – Art. 293. Caracteriza-se como omissão no registro de receita, ressalvada ao contribuinte a prova da improcedência da presunção, a ocorrência das seguintes hipóteses (Decreto-Lei nº 1.598, de 1977, art. 12, § 2º ; e Lei nº 9.430, de 1996, art. 40): I – a indicação na escrituração de saldo credor de caixa; [...]

[22] Para Maria Rita Ferragut, *"Implica saldo credor da empresa, tornando provável ter havido mais saídas (pagamentos) que entradas oficiais de dinheiro, e com isso o não pagamento dos tributos devidos."* (FERRAGUT, Maria Rita. *Presunções no Direito Tributário*. 2. ed. São Paulo: Quartier Latin, 2005, p. 239).

momento, a aplicação da presunção legal de omissão de receita com base em passivo fictício.

Aliás, esse mesmo entendimento vem sendo há muito adotado no âmbito do CARF e no extinto Conselho de Contribuintes, como, por exemplo, no Acórdão nº 1103-000.932[23], que concluiu *ser da fiscalização o ônus de comprovar que o contribuinte mantinha no passivo obrigações já pagas*, não podendo tal fato ser presumido, e também no Acórdão nº 101-93.925[24] no qual se entendeu que, no que diz respeito às obrigações registradas no passivo com data de vencimento prevista posterior ao encerramento do Balanço, é ônus da Fiscalização comprovar *que o pagamento deu-se antes do vencimento, e antes do encerramento do Balanço, caracterizando o fictício o passivo,* devendo ser cancelada a infração nos casos em que tal prova não seja carreada aos autos.

Veja-se: *não compete à Fiscalização,* nessa hipótese, *a comprovação de que o contribuinte omitiu receitas,* bastando demonstrar que há um passivo ainda registrado que já fora efetivamente quitado. A inversão do ônus da prova se dá justamente em razão desse fato, qual seja, a conclusão de que houve omissão de receitas a partir do fato indiciário erigido a presunção legal, cabendo ao contribuinte a prova em contrário.

Pois bem, retornando aos elementos de prova necessários ao lançamento, competirá então à autoridade fiscal autuante comprovar a existência de títulos pagos e, por ocasião do balanço, registrados como pendentes. Nesse mesmo sentido, no Acórdão nº 1401-001.201[25] decidiu-se que, tratando-se de passivo fictício, o fato gerador é a data do pagamento da dívida, momento em que se presume a omissão de receitas, cabendo à autoridade fiscal comprovar o dispêndio realizado pela empresa e, no que diz respeito ao contribuinte, a demonstração de que a dívida questionada ainda é exigível, ou seja, não foi quitada.

Há diversas formas de se identificar *indícios de existência de passivo fictício.* Em geral, um simples exame da conta de fornecedores pode ser o ponto inicial de análise fiscal. Desse modo, hipoteticamente tratando-se de empresa não sujeita a variações sazonais de operação, cujo prazo médio de compras seja de 60 dias, é de se esperar que o saldo médio na conta de fornecedores

---

[23] Relator Conselheiro Eduardo Martins Monteiro, julgado na sessão de 19/09/2013.

[24] Relatora Conselheira Sandra Faroni, julgado na sessão de 22/08/2002.

[25] Redator *ad hoc* Conselheiro André Mendes de Moura, julgado na sessão de 03/06/2014.

15. A PROVA NA PRESUNÇÃO DE PASSIVO FICTÍCIO OU DE EXIGIBILIDADE

(valores médios pendentes de pagamento) seja o valor equivalente às compras dos últimos 60 dias.

Nesse contexto, caso a Fiscalização identifique significativa diferença entre o saldo dessas contas e o referido saldo projetado, a autoridade fiscal deve intimar o contribuinte a apresentar as duplicatas pendentes de pagamento, ou seja, aquelas que compõem a respectiva rubrica contábil na data do balanço.

É importante ressaltar que, caso o contribuinte não apresente as duplicatas ou ainda outro documento *que ao menos comprove a existência do passivo à época de seu registro*, poderá o Fisco imputar-lhe a infração de omissão de receitas, mas não com base em passivo fictício, pois a prova de que houve pagamento sem baixa na contabilidade não teria sido feita. Nessa hipótese, pode o Fisco imputar ao sujeito passivo a infração de omissão de receitas baseada na presunção de legal de *passivo com exigibilidade não comprovada*, conforme será analisado de modo mais aprofundado no próximo item deste estudo.

Caso o Fisco entenda por bem aprofundar a análise da possibilidade da ocorrência de passivo fictício, ainda que o contribuinte não lhe alcance as duplicadas requeridas, poderá a autoridade fiscal diligenciar junto aos respectivos fornecedores, intimando-os[26] a informar se as duplicatas foram ou

---

[26] Os arts. 971 e 972 do RIR/2018 tratam dos poderes gerais da Fiscalização para exigir de terceiros informações e esclarecimentos de interesse fiscal. Veja-se:

Art. 971. As pessoas físicas ou jurídicas, contribuintes ou não, ficam obrigadas a prestar as informações e os esclarecimentos exigidos pelos Auditores-Fiscais da Secretaria da Receita Federal do Brasil do Ministério da Fazenda no exercício de suas funções, hipótese em que as declarações serão tomadas por termo e assinadas pelo declarante (Lei nº 5.172, de 1966 – Código Tributário Nacional, art. 197 ; e Decreto-Lei nº 1.718, de 27 de novembro de 1979, art. 2º) .

Art. 972. Nenhuma pessoa física ou jurídica, contribuinte ou não, poderá eximir-se de fornecer, nos prazos marcados, as informações ou os esclarecimentos solicitados pelas unidades da Secretaria da Receita Federal do Brasil do Ministério da Fazenda (Decreto-Lei nº 5.844, de 1943, art. 123 ; Decreto-Lei nº 1.718, de 1979, art. 2º; e Lei nº 5.172, de 1966 – Código Tributário Nacional, art. 197).

§ 1º O disposto neste artigo aplica-se, também, às instituições financeiras, aos tabeliães e aos oficiais de registro, às empresas de administração de bens, aos corretores, às bolsas de valores e às empresas corretoras, aos leiloeiros, aos despachantes oficiais, ao INPI, às juntas comerciais ou às repartições e às autoridades que as substituírem, às caixas de assistência, às associações e às organizações sindicais, às companhias de seguros e às demais pessoas,

não quitadas, e apresentar os documentos correspondentes, incluindo-se cópia dos lançamentos contábeis. Se for o caso, pode-se requerer ainda a prova do recebimento dos respectivos recursos, como, por exemplo, extratos bancários onde conste o registro das duplicatas pagas, a transferência bancária ou ainda outro documento que comprove a data e valor efetivamente pago em relação à operação questionada.

De posse das duplicatas, caberá uma análise individual a fim de se identificar a data do efetivo pagamento de cada uma delas. Caso se comprove que duplicatas tenham sido quitadas antes da data do balanço, resta caracterizado o passivo fictício.

Um outro indício significativo da existência de passivo fictício *é a identificação do registro contábil de duplicatas pagas* após a data de vencimento, mas sem a incidência de multa e juros. Nesse caso, competirá ao Fisco confrontar a data em que efetivamente foi realizado o pagamento da duplicata com a data em que fora efetuado o registro contábil de sua baixa. Caso o pagamento tenha sido realizado antes do registro contábil, restará também configurada a infração de passivo fictício.

Veja-se, assim, que não é necessário que a conta de fornecedores mantenha indefinidamente em aberto determinada duplicata já paga. Com efeito, se, hipoteticamente, seja lavrada intimação para que o contribuinte demonstre a composição do saldo da conta Fornecedores em 31/12/X0, ainda que determinada duplicata tenha sido baixada da escrituração como tendo sido quitada em 30/09/X0, mas a Fiscalização demonstre que, na realidade, ela foi paga cinco meses antes (30/04/X0), é *nessa data em que restará configurado o passivo fictício* e, consequentemente, momento que o lançamento deverá considerar como a data da ocorrência fato gerador da obrigação tributária, sob pena de vício insanável no lançamento.

Convém ainda ressaltar que a autoridade fiscal deve adotar as cautelas necessárias para não computar a mesma duplicata em mais de um período de

---

entidades ou empresas que possam, por qualquer forma, esclarecer situações de interesse para a fiscalização do imposto sobre a renda (Decreto-Lei nº 1.718, de 1979, art. 2º, caput ; e Lei nº 5.172, de 1966 – Código Tributário Nacional, art. 197).

§ 2º Se as solicitações não forem atendidas, a autoridade fiscal competente cientificará imediatamente o infrator da multa que lhe foi imposta, observado o disposto no art. 1.013 , e estabelecerá novo prazo para o cumprimento da exigência (Decreto-Lei nº 5.844, de 1943, art. 123, § 1º). [...]

15. A PROVA NA PRESUNÇÃO DE PASSIVO FICTÍCIO OU DE EXIGIBILIDADE

apuração, pois, como no exemplo citado alhures, uma única duplicata pode estar registrada como pendente em mais de um Balanço.

Frisa-se, contudo, que nessa hipótese deverá o Fisco demonstrar que embora a duplicata tenha sido paga em determinada data, o saldo da conta de fornecedores continuou registrando em aberto o respectivo débito, carreando aos autos também cópia do Balanço ou Balancete Patrimonial e, se for o caso, a demonstração de composição do passivo naquela data, *de modo a evidenciar que a duplicata em questão, embora paga, compôs o saldo contábil dessa rubrica naquela demonstração financeira.*

Sobre esse último aspecto, é de suma importância destacar que o passivo fictício fica caracterizado no momento em que a obrigação já paga permanece registrada no passivo, conforme se pode observar, por exemplo, no decidido no Acórdão nº 1301-004.140[27].

De fato, o art. 142 do CTN elenca a verificação da ocorrência do fato gerador da obrigação, a determinação da matéria tributável, o cálculo do montante do tributo devido e a identificação do sujeito passivo como elementos fundamentais e essenciais do lançamento, cuja delimitação precisa se faz necessária para que se admita a existência da obrigação tributária.

Ademais, caso não se considere como data da ocorrência do fato gerador o momento em que uma obrigação já paga permanece registrada no passivo, poderia a Fiscalização eleger, de modo arbitrário, qual seria a data da ocorrência do fato gerador, podendo, inclusive, evitar a declaração de extinção do crédito tributário em razão de decadência ao se deparar com duplicata paga e ainda em aberto no passivo em seguidos Balanços, e atribuir como data do fato gerador aquele período em que a constituição do lançamento estivesse dentro do lustro previsto nos arts. 150, §§ 1º e 4º, e 173, I, todos do CTN.

Não por outras razões, recentemente a matéria foi sumulada pelo CARF, e, ainda que tratando de passivo não comprovado, seus fundamentos aplicam-se integralmente aos casos de passivo fictício. Por oportuno, reproduz-se o teor do enunciado nº 144 da Súmula CARF:

---

[27] "[...] a manutenção no passivo de obrigação já paga ou cuja exigibilidade não seja comprovada *fica caracterizada no momento do pagamento da obrigação, que continuou registrada no passivo* e, também, no momento da escrituração da obrigação inexistente". [grifos nossos]. (Acórdão nº 1301-004.140, Relator Conselheiro Fernando Brasil de Oliveira Pinto, julgado em 15/10/2019).

Súmula CARF nº 144: A presunção legal de omissão de receitas com base na manutenção, no passivo, de obrigações cuja exigibilidade não seja comprovada ("passivo não comprovado"), caracteriza-se no momento do registro contábil do passivo, tributando-se a irregularidade no período de apuração correspondente.

Depois de analisar o cerne da legislação sobre passivo fictício e os elementos de prova que devem ser colacionados pela autoridade administrativa autuante, passa-se a analisar o tema sob o ponto de vista da defesa.

Em primeiro lugar, tratando-se de presunção *juris tantum*, é possível ao contribuinte afastar as conclusões do lançamento, competindo-lhe a prova de que o lançamento não se sustenta, tanto em relação a erros no procedimento fiscal, em especial no que diz respeito à própria aplicação da presunção legal de omissão de receita decorrente de passivo fictício, quanto na demonstração de mero erro em suas demonstrações contábeis.

O primeiro passo a ser analisado, sob o ponto de vista do contribuinte, é se a Fiscalização angariou aos autos os elementos mínimos necessários à comprovação do fato indiciário previsto em lei, quais sejam, a prova da quitação de obrigação e a continuidade de seu registro contábil em conta de passivo.

De se destacar que argumentos genéricos desacompanhados de elementos de prova nem de longe são suficientes para infirmar lançamentos baseados nessa infração, conforme se pode observar, por exemplo, no Acórdão nº 1302-003.014[28], cujo trecho do voto condutor pede-se vênia para se reproduzir a seguir:

> Além da negativa genérica e do pedido de perícia, nos mesmos moldes acima tratados, o sujeito passivo nada alegou especificamente acerca da infração em pauta, razão pela qual o lançamento foi mantido pela decisão de primeira instância.
>
> No Recurso Voluntário, apesar de destinar tópico específico para se contrapor a esta infração, ao lado da constatação de pagamentos não contabilizados (Tópico III. a), a Recorrente se limita a afirmar que a constatação fiscal se deu "pela desconsideração, pelo auditor fiscal, da conta caixa escriturada pela Recorrente".

---

[28] Relator Conselheiro Paulo Henrique Silva Figueiredo, julgado na sessão de 15/08/2018.

15. A PROVA NA PRESUNÇÃO DE PASSIVO FICTÍCIO OU DE EXIGIBILIDADE

Ora, como se observa da transcrição acima, em nenhum momento a infração decorreu de desconsideração da conta Caixa (que sequer foi desconsiderada no procedimento fiscal), mas do confronto entre as provas obtidas junto a instituições financeiras, que demonstram que a Recorrente pagou obrigações junto a Fornecedores, e a sua escrituração contábil, na qual tais obrigações foram mantidas em conta do Passivo, amoldando-se a situação, então, perfeitamente, à presunção legal.

Em seguida, deve verificar a defesa se no caso concreto não incide o disposto na já citada Súmula CARF nº 144. Em outras palavras: o lançamento considerou como data do fato gerador o período de quitação da dívida e consequente manutenção do débito no passivo ou utilizou-se de demonstrações financeiras de períodos de apuração posteriores? Caso *não* tenha sido considerado como data da ocorrência do fato gerador aquele período em que, pela primeira vez após o pagamento da dívida, o passivo continuou a registrá-la, não há como a exigência prosperar.

Além disso, compete à defesa averiguar a congruência entre a descrição dos fatos contida no lançamento, a infração que lhe foi imputada e as provas coligidas pelo Fisco. Isso porque, conforme já abordado, embora as hipóteses de passivo fictício e passivo não comprovado estejam inseridas no mesmo dispositivo do RIR/2018 (inciso III do art. 293) e impliquem a mesma consequência (presunção legal de omissão de receitas), por outro lado, contemplam infrações diversas, com conjuntos probatórios próprios.

A esse respeito, no já citado Acórdão nº 1301-004.140[29], analisou-se caso que, embora a descrição dos fatos imputasse ao contribuinte a infração de passivo não comprovado, as provas coligidas aos autos pela própria autoridade fiscal denotavam, no máximo, um indício de passivo fictício, pois restara evidente que o passivo registrado, ao menos inicialmente, estaria amplamente comprovado, concluindo o colegiado pela insubsistência no lançamento. Pede-se vênia para se transcrever trecho elucidativo do voto condutor desse aresto:

> Ora, em primeiro lugar, a meu ver, resta inconteste a existência das operações em questão. Poderia o Fisco ter verificado se os valores em aberto desde 1999 não teriam sido efetivamente quitados, mas sem registro do pagamento,

---

[29] Relator Conselheiro Fernando Brasil de Oliveira Pinto, julgado em 15/10/2019.

o que poderia redundar na infração de passivo fictício, ou seja, manutenção no passivo de obrigações já pagas, mas jamais optar pela infração que corresponde a um passivo não comprovado! Que o passivo, ao menos em algum momento, existiu, não há dúvidas.

Por essas razões, a exigência já não se sustenta. [...]

Pode ainda o contribuinte demonstrar que a presunção legal não se confirma, pois, em realidade, houve mero erro no registro contábil. Por exemplo: embora a Fiscalização possa estar correta quanto à quitação de um débito ainda registrado no passivo da empresa, pode a defesa demonstrar que, na realidade, o que ocorreu foi a simples ausência do registro contábil do pagamento efetuado, pois a quitação teria sido realizada mediante débito em conta bancária. Para tanto, deveria demonstrar, por meio do extrato bancário[30] (evidentemente de conta registrada contabilmente) e comprovante de pagamento, que a conclusão da autoridade fiscal estaria equivocada, pois, na verdade, os recursos utilizados para pagamento da duplicata em questão não eram mantidos à margem da escrituração, e sim devidamente contabilizados em conta bancária cujos ingressos de recursos também se encontravam registrados em sua contabilidade.

Contudo, a argumentação do contribuinte deve estar baseada em documentação que lhe dê suporte, sob pena de manutenção do lançamento, conforme decidido no Acórdão 1201-002.325[31], concluindo a turma julgadora que os documentos apresentados pelo contribuinte não comprovariam que a obrigação questionada pelo Fisco houvesse sido paga em data posterior àquela a que se referia a demonstração financeira que ainda registrava o passivo.

3. Passivo não comprovado: caracterização, provas e argumentos de defesa

Conforme já esclarecido, o inciso III do art. 293 do RIR/2018 encampa duas infrações distintas baseadas em presunções legais de omissão de receitas: a hipótese de passivo fictício, já analisada neste trabalho, e a de passivo cuja exigibilidade não seja comprovada, ou, simplesmente, passivo não comprovado.

---

[30] Segundo Higuchi, a exigência não se sustentará se o contribuinte provar que a obrigação foi paga por cheque (HIGUCHI, Hiromi. *Imposto de Renda das Empresas – Interpretação e Prática*. 35. ed. São Paulo: IR Publicações, 2010, p. 663).

[31] Relatora Conselheira Eva Maria Los, julgado na sessão de 27/07/2018.

15. A PROVA NA PRESUNÇÃO DE PASSIVO FICTÍCIO OU DE EXIGIBILIDADE

Normalmente, o ponto de partida do Fisco na investigação de possível exigência registrada indevidamente no passivo é a identificação das mesmas rubricas em aberto ao longo do tempo. Em regra, essas contas de passivo utilizadas de forma indevida recebem um ou poucos lançamentos na composição de seu saldo, mas permanecem em aberto por longos períodos, sem a baixa que se espera em rubricas dessa natureza.

Nessa infração, em geral, o contribuinte lança mão de registros no passivo[32], com contrapartida a débito da conta Caixa, a fim de evitar o "estouro" dessa conta (indicação de saldo credor).

Novamente é imperioso relembrar que, ainda que se trate de presunção legal de omissão de receitas, a facilitação ao trabalho do Fisco em razão da inversão do ônus prova, embora não o obrigue a comprovar a pretensa omissão com provas diretas, *exige da autoridade fiscal* ao menos prova da hipótese prevista em lei, no caso, *a existência de um passivo cuja exigibilidade o contribuinte não consegue comprovar.*

No caso de *passivo fictício*, para que o lançamento possa ser confirmado exige-se do Fisco não só a prova do registro em passivo de determinada obrigação, mas principalmente, *que tal débito já foi alvo de quitação sem a correspondente baixa nos registros contábeis.* Já na hipótese de *passivo comprovado*, o trabalho da Fiscalização é ainda mais facilitado: após identificação de determinada rubrica no passivo e a lavratura de intimação para que o contribuinte sob procedimento fiscal apresente elementos que comprovem a exigibilidade do débito em questão, uma vez não demonstrada a existência dessa obrigação, restarão preenchidos os requisitos para formalização da exigência baseada na presunção legal de omissão de receitas decorrente de passivo não comprovado[33].

Vale lembrar que basta a identificação, em qualquer Balanço, de passivo não comprovado para que a Fiscalização possa utilizar-se dessa presunção legal, não sendo exigido que o débito permaneça em aberto indefinidamente[34].

---

[32] Por exemplo, adiantamento de clientes, mútuos, etc.

[33] No mesmo sentido, decidiu-se no Acórdão 101-93.925 que o ônus de provar a efetividade do passivo é da pessoa jurídica, devendo ser mantida a exigência somente em relação àquelas obrigações para as quais a empresa não logrou fazer a efetiva comprovação (Relatora Conselheira Sandra Faroni, julgado na sessão de 22/08/2002).

[34] É comum que os contribuintes que se utilizam desse subterfúgio deem baixa dessas contas do passivo assim que houver disponibilidade de caixa suficiente para tanto, o que não

Um dos pontos que pode ser essencial para a manutenção da exigência é o fluxo financeiro da operação: como, em geral, a contrapartida do passivo questionado pelo Fisco é um lançamento a débito de conta de ativo (Caixa ou Bancos), a Fiscalização pode exigir a demonstração do recebimento desses recursos. De igual forma, se o débito em questão já foi alvo de quitação, em geral requer-se também a comprovação da devolução desses recursos.

Do ponto de vista do contribuinte, por outro lado, se houver êxito na comprovação do fluxo de recursos, em especial mediante a apresentação de extratos bancários, são maiores as chances de se afastar a exigência, mormente se houver um mínimo de documentação comprobatória do registro inicial do passivo.

Por oportuno, é importante relembrar que o §1º do art. 909 do RIR/2018 determina que os esclarecimentos prestados pelo contribuinte só poderão ser refutados pela autoridade administrativa lançadora com elemento seguro de prova ou indício veemente de falsidade ou de inexatidão. Portanto, uma vez apresentada a documentação que, em tese, confirmaria a existência do passivo, competirá ao Fisco demonstrar o porquê da não aceitação dessa comprovação, podendo lançar mão de circularização junto aos fornecedores do contribuinte para averiguar a confiabilidade dos elementos e esclarecimentos prestados.

Sobre o momento da ocorrência do fato gerador, conforme já salientado, a matéria atualmente está pacificada no âmbito do CARF.

Mas nem sempre foi assim. Por exemplo, no Acórdão nº 1401-001.777[35], o colegiado rejeitou a arguição de decadência sob o fundamento de que o dever comprovação das obrigações registradas no passivo se daria no momento do procedimento fiscal e em relação ao registro contábil questionado, sendo desinfluente a data em que as obrigações foram registradas na contabilidade, ainda que esse registro inicial tenha sido realizado em período já acobertado pela decadência.

Em sentido semelhante, nos Acórdãos números 1401-001.586[36] e 1201-001.801[37], concluiu-se que a lei não teria fixado o momento em que o passivo

impede o Fisco de imputar-lhe a infração, pois, o fato gerador é o registro do passivo não comprovado, sendo indiferente o lapso temporal que a rubrica permaneceu em aberto.

[35] Relator Conselheiro Antonio Bezerra Neto, julgado na sessão de 26/01/2017.

[36] Relator Conselheiro Ricardo Marozzi Gregório, julgado na sessão de 05/04/2016.

[37] Relatora Conselheira Eva Maria Los, julgado na sessão de 22/06/2017.

15. A PROVA NA PRESUNÇÃO DE PASSIVO FICTÍCIO OU DE EXIGIBILIDADE

tornar-se-ia "fictício[38]" ou "insubsistente", não havendo como se inferir que a lei remetesse a omissão de receita para períodos pretéritos ao da constatação do passivo fictício, uma vez que somente se faz menção à "manutenção" no passivo de obrigações cuja exigibilidade não seja comprovada.

Seguindo o mesmo entendimento, o Acórdão nº 1302-002.771[39], entendeu-se que o prazo decadencial deveria ser contado a partir do período do Balanço onde está registrado passivo e objeto de questionamento pelo Fisco.

Por outro lado, no Acórdão nº 1402-002.197[40], concluiu-se que a infração resta caracterizada no momento do registro do passivo inexistente, pois foi naquele momento que o ganho mantido à margem da escrituração foi utilizado para suprir o saldo da conta Caixa.

A mesma linha foi seguida no Acórdão nº 1301-002.960[41], esclarecendo-se que a data do fato gerador somente poderia ser a do registro contábil do passivo não comprovado, pois, do contrário, seria permitido à autoridade fiscal, de modo arbitrário, a fixação da sua data de ocorrência, ao arreio do CTN e em afronta ao princípio da segurança jurídica.

Pacificando o entendimento divergente entre os colegiados das turmas de piso da 1ª Seção do CARF, na 1ª Turma da CSRF, por meio dos Acórdãos números 9101-002.340[42] e 9101-003.258[43], prevaleceu o entendimento de que o fato gerador considera-se ocorrido na data do registro do passivo inexistente.

Por fim, conforme já comentado neste estudo, foi a edição da Súmula CARF nº 144[44] que, de forma definitiva, estabeleceu que a presunção legal de omissão de receitas com base em passivo não comprovado resta caracterizada no momento do registro contábil do passivo.

Esclarecidos os pontos controvertidos, resta analisarem-se, sob o ponto de vista da defesa, as questões que merecem destaque.

---

[38] Na realidade, o caso trata de passivo não comprovado.

[39] Relator Conselheiro Flávio Machado Vilhena Dias, julgado na sessão de 12/04/2018.

[40] Relator Conselheiro Leonardo de Andrade Couto, julgado na sessão de 07/06/2016.

[41] Relator Conselheiro José Eduardo Dornelas Souza, julgado na sessão de 11/04/2018.

[42] Relatora Conselheira Adriana Gomes Rêgo, julgado na sessão de 05/05/2016.

[43] Relatora Conselheira Daniele Souto Rodrigues Amadio, julgado na sessão de 05/12/2017.

[44] Súmula CARF nº 144: A presunção legal de omissão de receitas com base na manutenção, no passivo, de obrigações cuja exigibilidade não seja comprovada ("passivo não comprovado"), caracteriza-se no momento do registro contábil do passivo, tributando-se a irregularidade no período de apuração correspondente.

Tendo em vista tratar-se de presunção relativa, pode o contribuinte angariar aos autos elementos que refutem a conclusão do lançamento.

Para tanto, é essencial que sejam acostados ao processo elementos de prova *contundentes* sobre a origem do passivo. Por exemplo, caso se trate de um mútuo, deve-se anexar os contratos, extratos bancários demonstrando a origem dos recursos e o seu efetivo ingresso no patrimônio da pessoa jurídica; em caso de adiantamento de clientes, deve ser apresentada a comprovação da operação, identificando-se o cliente, o produto ou serviço a que se refere o recebimento, assim como os documentos pertinentes à operação (contrato, e-mails, pedidos, etc.) e o efetivo fluxo financeiro. Além disso, em caso de já ter sido dado baixa no passivo em questão, deve ser demonstrada qual foi sua contrapartida: tratando-se de mútuo, os lançamentos que comprovam a devolução dos recursos e também os documentos bancários dos pagamentos, em caso do adiantamento de clientes, a comprovação do reconhecimento das receitas posteriormente auferidas e da prestação do serviço ou entrega dos produtos vendidos.

Novamente chama-se a atenção para a citada Súmula CARF nº 144: deve a defesa averiguar se o lançamento levou em consideração o momento do registro do passivo como sendo a data da ocorrência do fato gerador. Muitas vezes, essa informação *pode não vir à tona* somente com os elementos coligidos pelo Fisco, devendo o contribuinte observar se o passivo indicado pela autoridade fiscal não se refere a valores registrados *em períodos de apuração pretéritos*, trazendo aos autos, se for o caso, cópia dos registros contábeis demonstrando que o passivo indicado pela Fiscalização, ao menos em parte, já estava registrado em períodos anteriores, o que, se realizado a contento, redundará, ao menos em relação a essa parcela da exigência, o seu cancelamento.

Note-se que a efetiva demonstração de que a formação do passivo se deu em períodos anteriores é essencial ao sucesso da defesa: no Acórdão nº 1302-002.910[45], por exemplo, além de não se acatar as notas fiscais apresentadas pelo contribuinte para pretensamente comprovar a exigibilidade do passivo registrado – em razão da ausência da comprovação de que as compras foram a prazo e que supostamente compunham o passivo ao final do período de apuração –, em relação ao argumento de defesa de que o registro

---

[45] Conselheiro Relator Marcos Antonio Nepomuceno Feitosa, julgado na sessão de 24/07/2018.

do passivo haveria se dado em períodos anteriores, o colegiado entendeu que a mera apresentação das fichas do Livro Razão, com existência de saldos iniciais relativos ao período questionado, não seria suficiente para demonstrar que as rubricas questionadas pelo Fisco teriam sido registradas em períodos anteriores, pois os referidos saldos poderiam ter sido quitados ao longo daquele ano-calendário e novas obrigações poderiam ter sido assumidas nesse mesmo ínterim.

Conclusões

Buscou-se com o presente estudo analisar, à luz da jurisprudência do CARF, o inciso III do art. 293 do RIR/2018, que traz em seu bojo duas hipóteses de presunções legais de omissão receitas: a primeira, denominada passivo fictício, decorrente de obrigações já pagas e ainda computadas no passivo, e a segunda, advinda de obrigações mantidas no passivo cuja exigibilidade não seja comprovada.

É possível concluir que essas hipóteses de omissão de receitas presumidas objetivam facilitar o trabalho do Fisco na busca da tributação de rendimentos mantidos à margem da escrituração contábil.

Para que os lançamentos baseados nessas infrações possam ser confirmados, a jurisprudência do CARF exige que autoridade fiscal comprove o fato indiciário previsto em lei, carreando aos autos as provas de quitação da obrigação e sua manutenção no passivo, ou o registro no passivo de obrigação cuja exigibilidade o contribuinte não logrou comprovar.

De toda forma, tratando-se de presunção relativa, é possível o contribuinte, em sua defesa, colacionar elementos de prova que infirmem as conclusões da Fiscalização, dando ensejo ao cancelamento da exigência.

Referências

ANDRADE FILHO, Edmar Oliveira. *Imposto de Renda das Empresas*. 11. ed. São Paulo: Atlas, 2014.

DANIEL NETO, Carlos Augusto. A fiscalização e cobrança do IRPJ nas hipóteses de omissão de receitas. In: DONIAK JUNIOR, Jimir (Coord.). *Novo RIR*: aspectos jurídicos relevantes do Regulamento do Imposto de Renda 2018. São Paulo: Quartier Latin, 2019.

DERZI, Misabel de Abreu Machado. *Direito Tributário, Direito Penal e Tipo*, 2. ed. São Paulo: Editora RT, 2007.

FERRAGUT, Maria Rita. *Presunções no Direito Tributário*. 2. ed. São Paulo: Quartier Latin, 2005.

FERRAGUT, Maria Rita. *As provas e o direito tributário:* teoria e prática como instrumentos para a construção da verdade jurídica. São Paulo: Saraiva, 2016.

FOLLONI, André. Presunções em Matéria de Imposto de Renda. In: ZILVETI, Fernando Aurelio; FAJERSZTAJN, Bruno; SILVEIRA, Rodrigo Maito (Coords.). *Direito Tributário*: princípio da realização no imposto sobre a renda – estudos em homenagem a Ricardo Mariz de Oliveira. São Paulo: IBDT, 2019.

HIGUCHI, Hiromi. *Imposto de Renda das Empresas – Interpretação e Prática*. 35. ed. São Paulo: IR Publicações, 2010.

OLIVEIRA, Ricardo Mariz de. Presunções no direito tributário. In: MARTINS, Ives Gandra da Silva (Coord.). *Presunções no direito tributário*. São Paulo: Resenha Tributária, 1984 (Col. Caderno de Pesquisas Tributária, v. 9).

PAOLA, Leonardo Sperb de. *Presunções e Ficções no Direito Tributário*. Belo Horizonte: Del Rey, 1997.

SILVEIRA, Rodrigo Maito. A realização da renda à luz do Código Tributário Nacional. In: ZILVETI, Fernando Aurelio; FAJERSZTAJN, Bruno; SILVEIRA, Rodrigo Maito (Coords.). *Direito Tributário*: princípio da realização no imposto sobre a renda – estudos em homenagem a Ricardo Mariz de Oliveira. São Paulo: IBDT, 2019.

16. A prova nos debates sobre os métodos de cálculo dos preços de transferência

RICARDO MAROZZI GREGORIO[1]

Introdução

A questão da prova concernente ao controle dos preços de transferência no Brasil envolve a dificuldade característica de métodos que pretendem apurar com exatidão matemática o chamado preço parâmetro, a ser comparado com o preço praticado por empresas residentes em toda espécie de transação realizada, a cada ano-calendário, com pessoas vinculadas, situadas em paraísos fiscais ou beneficiadas por regimes fiscais privilegiados no exterior. Se o preço parâmetro for maior que o praticado em operações de exportação, ou menor, em operações de importação, haverá necessidade de se promover uma adição ao lucro real e ao resultado ajustado, nova denominação dada para a base de cálculo da CSLL pela Instrução Normativa da Receita Federal do Brasil (IN/RFB) nº 1700/17, na mesma medida da diferença encontrada.

Dependendo do ramo setorial, é comum que as empresas realizem grande variedade de transações sujeitas ao controle dos preços de transferência. Por isso, o próprio cálculo dos preços praticados, através de médias ponderadas, já exige a conservação de uma enorme quantidade de documentos. Imagine-se, por exemplo, uma empresa do ramo automobilístico. Cada componente importado para a confecção dos seus produtos, normalmente

---

[1] As opiniões contidas nesta publicação são reflexões acadêmicas do próprio autor e não necessariamente expressam as posições defendidas por qualquer organização a qual esteja vinculado.

oriundos de empresas vinculadas, comporá a amostra do respectivo preço praticado no ano-calendário. A rigor, portanto, para comprovar a exatidão da média apurada, será necessário demonstrar a fonte (documentos de importação) dos valores e quantidades envolvidos.

Por outro lado, conforme o método escolhido para o cálculo do preço parâmetro de cada espécie de transação, outra diversidade de documentos será exigida. Se for o dos Preços Independentes Comparados (PIC), semelhantemente ao que foi dito para os preços praticados, haverá necessidade de se conservar a fonte (documentos de importação) dos valores e quantidades utilizados no cálculo das médias ponderadas dos preços de transações idênticas ou similares praticadas por empresas não vinculadas incluídas na respectiva amostra (cf. inciso I, do art. 18, da Lei nº 9.430/96).

Se a escolha recair sobre o Método do Preço de Revenda menos Lucro (PRL), dois tipos de fontes terão que ser preservadas: (i) as notas fiscais dos produtos vendidos no mercado interno, na produção dos quais os componentes importados foram utilizados, uma vez que os respectivos preços, quantidades, descontos, tributos e comissões devem integrar o cálculo das médias ponderadas de preços líquidos de venda (cf. alínea "a", do inciso II, do art. 18, da Lei nº 9.430/96); e (ii) os demonstrativos (planilhas e respectivos documentos comprovativos) de participação dos componentes importados nos custos dos produtos vendidos (cf. alínea "b", do inciso II, do art. 18, da Lei nº 9.430/96).

Por fim, se o método escolhido for o do Custo de Produção mais Lucro (CPL), haverá que se obter das empresas vinculadas no exterior os demonstrativos (planilhas e respectivos documentos comprovativos) dos custos de produção de bens, serviços ou direitos idênticos ou similares aos componentes importados, uma vez que os respectivos preços, quantidades e tributos cobrados na exportação devem integrar o cálculo das médias ponderadas de custos (cf. inciso III, do art. 18, da Lei nº 9.430/96).

Como se vê desse pequeno exemplo, a quantidade de documentos, os cálculos das médias ponderadas e a necessidade de registros produzidos no exterior revelam a complexidade da prova no controle dos preços de transferência.

De fato, o tema apresenta tantas questões que os limites do presente trabalho não permitem que se lhe dedique uma completa abordagem. Por isso, apenas algumas, efetivamente enfrentadas em alguns julgados do Conselho Administrativo de Recursos Fiscais (CARF), serão aqui examinadas. Para

16. A PROVA NOS DEBATES SOBRE OS MÉTODOS DE CÁLCULO DOS PREÇOS DE TRANSFERÊNCIA

facilitar, as questões serão agregadas em tópicos que envolvem os aspectos mais conhecidos na doutrina sobre o tema dos preços de transferência.

1. Método de cálculo mais favorável

Esse aspecto envolve duas questões. A primeira é a de saber se o Fisco seria obrigado a perquirir todos os métodos para verificar qual deles chega a um resultado mais favorável para o contribuinte. Tal assunto gerou grandes discussões antes da mudança legislativa provocada pela introdução do art. 20-A na Lei nº 9.430/96, pela Lei nº 12.715/12. Isso porque boa parte da doutrina havia se manifestado no sentido de que a lei exige que o Fisco, nos lançamentos de ofício, deduza o maior valor dentre os preços parâmetros apurados na importação (art. 18, § 4º, da Lei nº 9.430/96) e o menor valor dentre os preços parâmetros apurados na exportação (art. 19, § 5º, da Lei nº 9.430/96)[2].

Essa exigência imporia ao Fisco um grande esforço probatório na medida em que estaria obrigado a reunir os diversos elementos envolvidos na aplicação de cada um dos métodos aplicáveis às operações de importação ou exportação. Diante da possibilidade de infinitas fontes para a pesquisa desses elementos, querer que o Fisco só tenha direito de aplicar um método se fizer prova de inaplicabilidade dos outros ou da inexistência de informações adicionais, seria uma verdadeira *"probatio* diabólica".

O tema foi bastante discutido nas turmas do CARF, mas, desde cedo, a jurisprudência majoritária se posicionou contra a referida exigência. Veja-se, por exemplo, os seguintes julgados:

> PREÇOS DE TRANSFERÊNCIA. PROCEDIMENTO FISCAL. ALTERAÇÃO DO MÉTODO. IMPOSSIBILIDADE.
>
> Na apuração do preço de transferência o sujeito passivo pode escolher o método que lhe seja mais favorável dentre os aplicáveis à natureza das operações realizadas. À faculdade conferida pela Lei ao contribuinte se contrapõe apenas

---

[2] Cf. Luís Eduardo Schoueri, *Preços de transferência no direito brasileiro*, 2. ed. rev e atual. São Paulo: Dialética, 2006, pp. 98 e 99; Ricardo Mariz de Oliveira, "Métodos de Apuração dos Preços de Transferência no Brasil: Efeitos da Escolha de um Método e Possibilidade de Indicação de Métodos Diversos. Consequências da Falta de Indicação de Métodos". In: Luís Eduardo Schoueri (coord.). *Tributos e Preços de Transferência*. v. 3. São Paulo: Dialética, 2009, p. 167; e Raquel Novais e Marco Antônio Behrndt, "A interpretação das Regras de Preços de Transferência pelo Conselho de Contribuintes". In: *Revista de Direito Tributário Internacional* nº 6. São Paulo: Quartier Latin, 2007, p. 78.

o dever da fiscalização de aceitar a opção por ele regularmente exercida. Não há como extrair do texto legal o corolário de que a fiscalização teria o dever de suplantar a escolha do próprio contribuinte e, de ofício, considerar dedutível o maior valor apurado.

(Acórdão nº 1402-001.493, de 05/11/2013, Relator: Conselheiro Leonardo de Andrade Couto)

PREÇO DE TRANSFERÊNCIA. MÉTODO DE CÁLCULO MAIS FAVORÁVEL.

A norma inserta no § 4º do art. 18 da Lei nº 9.430, de 1996, tem como destinatário o contribuinte, pois lhe confere o direito de realizar os cálculos do ajuste pelos vários métodos previstos nessa Lei e a adotar aquele que lhe assegurar a maior dedutibilidade. Tal norma não é direcionada ao Auditor-Fiscal, o qual deve respeitar a opção feita pelo contribuinte, caso esteja em consonância com o figurino legal. Discordando o Auditor-Fiscal do método adotado pelo contribuinte deverá justificar e aplicar o método cabível, não se lhe impondo a aplicação de vários métodos, para buscar o ajuste que implique em maior dedutibilidade.

(Acórdão nº 1302-001.742, de 19/01/2016, Relator: Conselheira Edeli Pereira Bessa)

Decisões mais recentes da Câmara Superior de Recursos Fiscais (CSRF) também ilustram essa tendência:

PREÇOS DE TRANSFERÊNCIA. MÉTODO DE CÁLCULO MAIS FAVORÁVEL.

Não cabe ao fisco assumir o ônus de sempre aplicar o método de apuração de preços de transferência mais favorável ao contribuinte. Não há prevalência de aplicação dos três métodos de preços de transferência que servem de parâmetro para o estabelecimento de custos de importação. O Fisco pode apurar o valor base do arbitramento do custo parâmetro por apenas um dos métodos existentes e, nessa hipótese, não há falar na adoção do método mais favorável ao contribuinte.

(Acórdãos nº 9101-002.174, de 19/01/2016, e nº 9101-002.315, de 03/05/2016, Relator: Conselheiro Marcos Aurélio Pereira Valadão; Acórdão nº 9101-003.457, de 06/03/2018, Redator do voto vencedor: Conselheiro André Mendes de Moura)

O outro debate atinente ao método de cálculo mais favorável é a indeterminação que havia sobre o prazo para a escolha do método. E foi também a alteração legislativa que resultou no art. 20-A, da Lei nº 9.430/96, que eliminou o problema ao definir o início do procedimento fiscal como prazo e ao estabelecer um adicional de trinta dias para que o contribuinte possa apresentar novo cálculo de acordo com qualquer outro método caso o originalmente escolhido seja desqualificado pela fiscalização. Porém, para os fatos geradores anteriores ao ano-calendário de 2012, a discussão revelou posicionamentos com efeitos importantes sobre a questão probatória, tanto para o lado do Fisco, quanto para o lado do contribuinte.

Com efeito, havia diversas possibilidades para o termo final da escolha do método. Seria este o encerramento do período de apuração, a data da apresentação da Declaração de Informações Econômico-Fiscais (DIPJ), o início do procedimento de fiscalização, a ciência do lançamento, a apresentação da impugnação administrativa, a apresentação do recurso administrativo de segunda instância, a preclusão consumativa no processo judicial ou a qualquer tempo?[3]

Diante dessa dúvida, alguns julgados fixaram o momento de início do procedimento fiscal. Confira-se:

PREÇOS DE TRANSFERÊNCIA. OPÇÃO PELO MÉTODO.

Após o início do procedimento fiscal, não cabe mais ao contribuinte alterar o método utilizado na DIPJ para determinação dos ajustes decorrentes da legislação dos preços de transferência.

(Acórdão nº 1402-001.209, de 11/09/2012, Relator: Conselheiro Antônio José Praga de Souza)

PREÇO DE TRANSFERÊNCIA. APLICAÇÃO SUBSIDIÁRIA DO MÉTODO PIC. IMPOSSIBILIDADE.

Após o início da ação fiscal, o contribuinte não se encontra em situação de espontaneidade para alterar opções por ele antes realizadas em declaração. Assim, vinculado a sua opção, ele deve se sujeitar à verificação da autoridade fiscal, nos termos da legislação. O início do procedimento fiscal exclui a espontaneidade do contribuinte, nos termos do §1º do artigo 7º do Decreto 70.235/72.

(Acórdão nº 1301-002.043, de 08/06/2016, Relator: Conselheiro Hélio Eduardo de Paiva Araújo)

---

[3] Cf. Luís Eduardo Schoueri ..., pp. 100 e 101; e Ricardo Mariz de Oliveira ..., pp. 167 e 168.

Noutros casos, entendeu-se que a fiscalização só está livre para a escolha do método caso o contribuinte não o indique (na DIPJ ou no procedimento de fiscalização) ou não apresente os documentos para a comprovação do preço parâmetro. Veja-se:

MÉTODO PIC. DIREITO DE OPÇÃO DO CONTRIBUINTE. MÉTODO NÃO OBRIGATÓRIO PARA FISCALIZAÇÃO.

A escolha pelo método mais favorável deve ser exercida pelo contribuinte com a entrega da DIPJ e não pela fiscalização nos lançamentos de ofício.

Nos casos em que não for indicado o método, nem apresentado os documentos para comprovação do preço parâmetro, a fiscalização poderá determiná-lo com base nos documentos disponíveis, aplicando um dos métodos previstos no art. 18 da Lei nº 9.430/96.

(Acórdãos nº 1301-002.185, de 25/01/2017, Relator: Conselheira Milene de Araújo Macedo; e nº 1401-003.079, de 13/12/2018, Conselheira Luciana Yoshihara Arcangelo Zanin)

Ademais, não se aceitou a eleição do método quando o litígio estava instaurado nos seguintes julgados:

PREÇOS DE TRANSFERÊNCIA. MÉTODO DE APURAÇÃO ELEITO PELO SUJEITO PASSIVO. SUBSTITUIÇÃO EX OFFICIO. DEFINITIVIDADE.

A lei faculta ao sujeito passivo eleger, dentre os três métodos de apuração dos preços de transferência por ela previstos, aquele que melhor lhe aprouver. Iniciado o procedimento de ofício, e não tendo sido apresentados os documentos necessários à auditoria dos preços de transferência segundo o método eleito pelo sujeito passivo, caberá à autoridade promover, de ofício, a apuração por meio de um dos dois outros métodos previstos na lei. A apresentação, na fase impugnatória, dos documentos exigidos durante a fiscalização não tem o condão de restabelecer o método de apuração dos preços de transferência eleito pelo sujeito passivo. Caberá ao órgão julgador, tão-somente, verificar se no caso concreto realmente encontravam-se presentes as condições que levaram ao auditor a adotar a "medida extrema".

(Acórdão nº 1201-001.061, de 30/07/2014, Relator: Conselheiro Marcelo Cuba Netto)

PREÇOS DE TRANSFERÊNCIA. MÉTODO. OPÇÃO. MOMENTO.

Em regra, a opção pelo método de determinação do preço parâmetro é da pessoa jurídica, inexistindo necessidade de comunicação prévia à Receita Federal. Exercida a opção e sendo os valores apurados objeto de questionamento por parte da Fiscalização, descabe a apresentação, em sede de contestação do feito fiscal, de cálculos segundo um método distinto do correspondente à opção anteriormente exercida, mormente na circunstância em que os referidos cálculos dependem de comprovação por meio de procedimento complementar e em que foi oportunizado meios, no curso da ação fiscal, para que eles fossem apresentados.

(Acórdão nº 1301-001.983, de 06/04/2016, Relator: Conselheiro Wilson Fernandes Guimarães)

PREÇOS DE TRANSFERÊNCIA. MÉTODO DE APURAÇÃO ELEITO PELO SUJEITO PASSIVO. SUBSTITUIÇÃO EX OFFICIO. DEFINITIVIDADE.

A lei faculta ao sujeito passivo eleger, dentre os métodos de apuração de preço parâmetro por ela previstos, aquele que melhor lhe aprouver. Todavia, iniciado o procedimento de ofício, e não tendo o sujeito passivo informado à fiscalização o método por ele eleito, caberá à autoridade fiscal promover, de ofício, o cálculo, mediante adoção de quaisquer dos métodos previstos na lei. Inexiste possibilidade jurídica de o sujeito passivo, na fase litigiosa do procedimento fiscal, pretender alterar o método de cálculo do preço parâmetro empregado de ofício pela fiscalização, haja vista a preclusão de seu direito de exercer a faculdade de eleger o método.

(Acórdão nº 9101-003.357, de 18/01/2018, Redator do voto vencedor: Conselheiro Rafael Vidal de Araújo)

2. Questões que envolvem o PIC e o PVEx

Neste tópico, cumpre destacar três questões relevantes. A primeira trata da confusão comumente estabelecida a respeito da possibilidade de comparações interna e externa no âmbito dos Métodos PIC e do Preço de Venda nas Exportações (PVEx). Assim, a prova a ser colhida para o cálculo do preço parâmetro pode ser buscada em transações não controladas realizadas por empresas do mesmo grupo ao qual pertencem as empresas vinculadas (comparação interna) ou por empresas independentes (comparação externa)[4].

---

[4] Cf. Luís Eduardo Schoueri ..., pp. 121 e 122.

Nesse sentido, a jurisprudência administrativa corrobora sem maiores divergências o referido entendimento. Veja-se, por exemplo, os seguintes acórdãos:

PREÇO DE TRANSFERÊNCIA. MÉTODO PREÇOS INDEPENDENTES COMPARADOS. MÉTODO PIC.

De acordo com o art. 18, § 2º, da Lei nº 9.430/96, inexiste óbice à consideração, na apuração de preços parâmetros, de operações e de compra e venda, realizadas entre uma sociedade vinculada ao sujeito passivo e terceiros independentes.

(Acórdão nº 1301-003.212, de 24/07/2018, Relator: Conselheiro José Eduardo Dornelas Souza)

PREÇO DE TRANSFERÊNCIA. MÉTODO PREÇOS INDEPENDENTES COMPARADOS. MÉTODO PIC.

De acordo com o art. 18, § 2º, da Lei nº 9.430/96, para fins de determinação do preço parâmetro, a comparação deve se dar entre o preço praticado na operação de importação com a pessoa vinculada e o preço utilizado em outras operações de compra e venda entre pessoas jurídicas não vinculadas. Quando o legislador estipula que a comparação pode ser feita com base nos preços de bens idênticos ou similares vendidos pela mesma empresa exportadora, a pessoas jurídicas não vinculadas, essa empresa exportadora terá que ser vinculada ao importador no Brasil, uma vez que, se assim não fosse, em regra, não seriam aplicados os métodos de preço de transferência.

(Acórdão nº 1301-003.349, de 18/09/2018, Relator: Conselheiro Fernando Brasil de Oliveira Pinto)

PREÇO DE TRANSFERÊNCIA. MÉTODO PIC. INDEVIDA DESCONSIDERAÇÃO.

Incabível a desconsideração, pela fiscalização, do método adotado pela contribuinte se as faturas utilizadas pela contribuinte para a apuração dos preços-parâmetro pelo método PIC (Preços Independentes Comparados) decorreram de operações de compra e venda entre pessoas jurídicas não vinculadas entre si.

(Acórdão nº 1402-003.686, de 22/01/2019, Relator: Conselheiro Marco Rogério Borges)

16. A PROVA NOS DEBATES SOBRE OS MÉTODOS DE CÁLCULO DOS PREÇOS DE TRANSFERÊNCIA

Outra questão que vale a pena ressaltar é uma restrição aos meios de prova que foi reclamada pela doutrina tão logo surgiu a legislação dos preços de transferência. Ela dizia respeito à proibição de o Fisco utilizar dados sigilosos, como, por exemplo, do Sistema Integrado de Comércio Exterior (SISCOMEX), para a obtenção de preços comparáveis, situação internacionalmente conhecida como *secret comparables*[5].

A matéria está na raiz das discussões que envolvem a chamada comparação externa no âmbito dos métodos que calculam o preço parâmetro a partir dos preços diretamente observados em transações não controladas (o PIC e o PVEx) praticadas entre empresas totalmente desvinculadas do contribuinte. Os defensores dessa proibição argumentam que não se poderia impor ao contribuinte um preço calculado a partir de informações as quais não possui acesso.

O assunto foi bem dissecado pela CSRF no julgamento do Acórdão nº 9101-003.343. Na ocasião, a turma se dividiu entre os que concordam e ou não com a proibição. A decisão em favor desta última posição se deu pelo voto de qualidade, com opiniões bem fundamentadas tanto no voto vencedor do conselheiro relator quanto na declaração de voto apresentada. Destarte, a questão ainda está aberta para maior amadurecimento pela jurisprudência administrativa. A ementa foi publicada com o seguinte teor:

PREÇOS DE TRANSFERÊNCIA. PREÇO PARÂMETRO. MÉTODO PIC.

Para fins dos ajustes às bases de cálculo do IRPJ e da CSLL previstos na legislação que cuida dos preços de transferência, o sujeito passivo poderá adotar como preço parâmetro, calculado segundo as regras relativas ao método dos Preços Independentes Comparados (PIC), aquele indicado em pesquisa efetuada por empresa ou instituição de notório conhecimento técnico, ou em

---

[5] Cf. Luís Eduardo Schoueri, "Considerações sobre o Princípio *Arm's Length* e os *Secret Comparables*". In: Luís Eduardo Schoueri (coord.). Direito Tributário: Homenagem a Paulo de Barros Carvalho. São Paulo: Quartier Latin, 2008, pp. 834 a 845; Daniel Vitor Bellan, "Preços de Transferência: Dificuldades Práticas na Aplicação do Método PIC". In: Luís Eduardo Schoueri (coord.). *Tributos e Preços de Transferência*. v. 3. São Paulo: Dialética, 2009, pp. 14 a 19; e José Gomes Jardim Neto, "Siscomex e Preços de Transferência – Limites e Obrigações do Fisco na Utilização da Valiosa Base de Dados". In: Alexandre Siciliano Borges, Edison Carlos Fernandes e Marcelo Magalhães Peixoto (coords.). *Manual dos Preços de Transferência no Brasil – Celebração dos 10 anos de vigência da lei*. São Paulo: MP Editora, 2007, p. 154.

publicação técnica, desde que em tal pesquisa ou publicação sejam indicados o setor, o período, as empresas pesquisadas e a margem encontrada, bem como identifiquem, por empresa, os dados coletados e trabalhados. Art. 18, I, c/c art. 21, II, ambos da Lei nº 9.430/96.

(Acórdão nº 9101-003.343, de 17/01/2018, Relator: Conselheiro Rafael Vidal de Araújo, Declaração de voto: Conselheiro Luís Flávio Neto)

Outra relevante questão que envolve os Métodos PIC e PVEx é o exame do conceito indeterminado de similaridade embutido na própria definição contida nos arts. 18, I, e 19, § 3º, I, da Lei nº 9.430/96[6]. Apesar de o conceito ter sido relativamente delineado pelas regulamentações administrativas que se seguiram, muitas dúvidas remanescem acerca da aplicabilidade de novos conceitos indeterminados introduzidos e, principalmente, dos ajustes que devem ser efetuados para compensar os efeitos da ausência de identidade. Com efeito, aquelas regulamentações assim explicitaram o tema[7]:

Art. 42. Para efeito do disposto nesta Instrução Normativa, 2 (dois) ou mais bens, em condições de uso na finalidade a que se destinam, serão considerados similares quando, simultaneamente:

I – tiverem a mesma natureza e a mesma função;

II – puderem substituir-se mutuamente, na função a que se destinem; e

III – tiverem especificações equivalentes.

Não obstante o potencial espaço para controvérsias, houve ainda pouca discussão no CARF. Importa registrar, no entanto, a existência dos seguintes julgados sobre o assunto:

---

[6] É verdade que a lei utilizou a ideia da similaridade também para outros métodos. Mas, como a questão está precipuamente associada aos métodos que possuem a análise de comparabilidade na sua essência (no Brasil, apenas os métodos inspirados no internacionalmente denominado *comparable uncontrolled price* – CUP), parece que a sua aplicabilidade naqueles outros será mais restrita. Para maiores informações sobre o assunto, cf. Ricardo Marozzi Gregorio, *Preços de transferência das transações internacionais: incidência e reajuste das bases de cálculo dos tributos sobre lucros*, Curitiba: Juruá, 2018, pp. 58, 64 e 68.

[7] Texto reproduzido conforme o vigente art. 42 da IN/RFB nº 1.312/12. Nada obstante, o conteúdo contido nas instruções normativas anteriores era rigorosamente idêntico.

PREÇOS DE TRANSFERÊNCIA. SIMILARIDADE.

A similaridade deve ser verificada na fidedignidade dos ajustes efetuados. Há que se verificar se foram efetuados ajustes de natureza física ou de conteúdo, considerando os custos relativos à produção do bem, exclusivamente nas partes que corresponderem às diferenças entre os modelos objeto da comparação.

(Acórdão nº 1102-001.238, de 25/11/2014, Relator: Conselheiro Ricardo Marozzi Gregorio)

PREÇO DE TRANSFERÊNCIA. RECURSO DE OFÍCIO NÃO APRECIADO. OMISSÃO CONSTITUÍDA. OPOSIÇÃO DE EMBARGOS POR CONSELHEIRO DO COLEGIADO. RECURSO DE OFÍCIO JULGADO E PROVIMENTO NEGADO. OMISSÃO SANADA. SIMILARIDADE DE PRODUTOS NÃO CARACTERIZADA.

Em Recuso de Ofício, a Fiscalização entendeu existente a similaridade entre dois princípios ativos (Dabon e Cloxazolan) somente baseada na função destes. Todavia, o artigo 26 da IN SRF nº 38/97 nos traz o conceito (vinculante à fiscalização) de similaridade. Prevê o dispositivo que a similaridade entre dois ou mais bens somente se constituirá quando atendidos concomitantemente os seguintes fatores: mesma natureza, substituição mútua e equivalência de especificações. Consequentemente, cabe manter a exoneração do crédito tributário, posto que a similaridade não subsistiu, já que fundamentada somente na função dos produtos.

(Acórdão nº 1402-002.240, de 05/07/2016, Relator: Conselheiro Demetrius Nichele Macei)

3. Questões que envolvem o PRL

De longe, o ponto mais polêmico envolvendo o PRL foi a discussão sobre a legalidade do procedimento instituído pela IN/SRF nº 243/02 antes da vigência das alterações promovidas pela Lei nº 12.715/12 no texto do inc. II, do art. 18, da Lei nº 9.430/96. Com efeito, vários foram os julgados em que os diversos conselheiros se posicionaram sobre o tema[8].

---

[8] Nossa posição pessoal favorável à legalidade do procedimento veiculado pela referida instrução normativa foi externada em alguns julgados. Veja-se, por exemplo, o Acórdão nº 1401-001.594.

No entanto, mais recentemente, a questão foi pacificada com o reconhecimento da legalidade daquele procedimento através da edição da Súmula CARF nº 115, *verbis*:

> A sistemática de cálculo do "Método do Preço de Revenda menos Lucro com margem de lucro de sessenta por cento (PRL 60)" prevista na Instrução Normativa SRF nº 243, de 2002, não afronta o disposto no art. 18, inciso II, da Lei nº 9.430, de 1996, com a redação dada pela Lei nº 9.959, de 2000.

Por isso, as questões remanescentes atinentes ao método não exibem a mesma envergadura. Ainda assim, alguns pontos merecem ser destacados. É o que se sucede com o importante debate sobre a integração dos valores de frete, seguros e tributos no cálculo do preço praticado para fins de comparação com o preço parâmetro apurado pelo PRL antes das alterações promovidas no método pela Lei nº 12.715/12. Os dois julgados a seguir ilustram a controvérsia:

> PREÇOS DE TRANSFERÊNCIA. PRL. PREÇO PRATICADO. FRETE. SEGURO. TRIBUTOS.
> É incabível a inclusão do frete, seguro e tributos no cálculo do preço praticado a ser comparado com o PRL.
> (Acórdão nº 1102-001.238, de 25/11/2014, Relator: Conselheiro Ricardo Marozzi Gregorio)

> MÉTODO PRL. PREÇOS PRATICADOS. FRETE, SEGURO E TRIBUTOS.
> Na apuração dos preços praticados segundo o método PRL (Preço de Revenda menos Lucro), deve-se incluir o valor do frete e do seguro, cujo ônus tenha sido do importador, e os tributos incidentes na importação.
> (Acórdão nº 1402-003.577, de 20/11/2018, Relator: Conselheiro Marco Rogério Borges)

A CSRF, confirmando a discórdia que o tema desperta, tem se posicionado de forma apertada no sentido de exigir a inclusão daqueles valores. O acórdão a seguir descreve bem a divergência dos diferentes pontos de vista:

> PREÇOS DE TRANSFERÊNCIA. MÉTODO PRL. LEI 9.430 DE 1996.
> MECANISMO DE COMPARABILIDADE. PREÇOS PRATICADO E

PARÂMETRO. INCLUSÃO. FRETE, SEGURO E TRIBUTOS INCIDENTES NA IMPORTAÇÃO.

Operação entre pessoas vinculadas (no qual se verifica o preço praticado) e a operação entre pessoas não vinculadas, na revenda (no qual se apura o preço parâmetro) devem preservar parâmetros equivalentes. Analisando-se o método do PRL, a comparabilidade entre preços praticado e parâmetro, sob a ótica do § 6º do art. 18 da Lei nº 9.430, de 1996, opera-se segundo mecanismo no qual se incluem na apuração de ambos os preços os valores de frete, seguros e tributos incidentes na importação.

PREÇOS DE TRANSFERÊNCIA. MÉTODO PRL. LEI 12.715, DE 2012. MECANISMO DE COMPARABILIDADE. PREÇOS PRATICADO E PARÂMETRO. EXCLUSÃO. FRETE, SEGURO E TRIBUTOS INCIDENTES NA IMPORTAÇÃO.

Com a Lei nº 12.715, de 2012 (conversão da MP nº 563, de 2012) o mecanismo de comparabilidade passou por alteração em relação à Lei nº 9.430, de 1996, no sentido de se excluir da apuração dos preços praticado e parâmetro os valores de frete, seguros (mediante atendimento de determinadas condições) e tributos incidentes na importação.

(Acórdão nº 9101-002.840, de 12/05/2017, Relator: Conselheiro Luís Flávio Neto; Redator do voto vencedor: Conselheiro André Mendes Moura)

Outra questão relevante é a possibilidade ou não de se incluir, na amostra para o cálculo da média aritmética ponderada dos preços de venda utilizada na apuração do preço parâmetro, as vendas realizadas para empresas brasileiras que são vinculadas ao importador. O interessante é que o posicionamento não favorável a essa possibilidade chegou a ser externado para impedir que o próprio Fisco se utilizasse de uma amostra que resultava em apuração não desejada pelo contribuinte. Veja-se sobre isso o seguinte acórdão:

PRL – APURAÇÃO DO PREÇO PARÂMETRO COM BASE EM VENDAS PRATICADAS COM PESSOA LIGADA.

A expressão "não vinculados" no contexto do art. 18, § 3º, da Lei 9.430/96 deve ser interpretada lógica, sistemática e teleologicamente. Nesse sentido, ela compreende a vedação da apuração do preço parâmetro pelo método PRL, com base nas vendas feitas pela importadora a pessoa ligada (situada no País). Trata-se de norma de apoio, e não de norma base de preços de transferência. O contrário torna sem sentido a regra de ajuste, distorcendo-a completamente, além de colidir com o princípio arm's length concretizado através desse método. Aplicação do método PRL efetuada pelo autuante que resulta derruída.

(Acórdão nº 1301-002.093, de 09/08/2016, Relator: Conselheiro Hélio Eduardo de Paiva Araújo)

Num outro julgado, desta feita proferido pela CSRF, a questão foi decidida de forma apertada no sentido de não se incluir os preços de venda praticados com empresa vinculada. Confira-se:

PREÇO DE TRANSFERÊNCIA. PESSOAS NÃO VINCULADAS. COMPRADORES NÃO VINCULADOS. DIMENSÕES. PESSOAL, SOCIETÁRIAS, FAMILIARES, COMERCIAIS. PRODUTIVA. SITUAÇÕES NORMAIS DE MERCADO.

O conceito de pessoas vinculadas, para efeitos de preço de transferência, deve ser construído em face de interpretação sistemática mediante análise dos arts. 18 e 23 da Lei nº 9.430/96). A análise do preço do insumo objeto de controle do preço de transferência não deve restringir o princípio do arm's lenght apenas quanto a aspecto subjetivo mediante análise de vínculos societários, familiares ou comerciais entre as pessoas envolvidas. Há que se apreciar outra dimensão, produtiva, e compreender que não há motivos, em situações normais de mercado, para que a pessoa responsável pela importação atribua ao insumo preço superior (preço praticado) do que aquele atribuído pela pessoa responsável pela sua transformação e posterior revenda (preço parâmetro). Deve-se verificar se um ciclo produtivo entre pessoas do mesmo grupo econômico se operacionaliza sob as mesmas circunstâncias daquelas entre pessoas independentes.

(Acórdão nº 9101-002.444, de 21/09/2016, Relator: Conselheiro André Mendes de Moura)

Ainda na CSRF, houve outro caso em que o relator foi favorável a incluir na amostra os preços de venda praticados entre o importador e a vinculada brasileira. Foi vencido, contudo, nesse entendimento. Veja-se:

PREÇOS DE TRANSFERÊNCIA. MÉTODO DO PREÇO DE REVENDA MENOS LUCRO (PRL). COMPRADOR NACIONAL SUBMETIDO A CONTROLE COMUM. NÃO CARACTERIZAÇÃO DA VINCULAÇÃO DEFINIDA NO ART. 23 DA LEI Nº 9.430/1996.

O § 3º do art. 18 da Lei nº 9.430/1996 veda que o cálculo do preço parâmetro pelo método PRL utilize preços praticados pela empresa com compradores vinculados. O art. 23 da mesma Lei define as hipóteses de vinculação, estabelecendo um requisito de ordem territorial: a sede da pessoa vinculada deve ser no exterior. Assim, compradores brasileiros, ainda que pertencentes ao grupo econômico do contribuinte, não são considerados vinculados para fins de aplicação do art. 18 daquela Lei.

(Acórdão nº 9101-003.601, de 10/05/2018, Relator: Conselheiro Luís Flávio Neto; Redator do voto vencedor: Conselheiro Rafael Vidal de Araújo)

4. Questões que envolvem o CPL

No tocante ao CPL, a dificuldade na obtenção da prova está relacionada à demonstração dos custos dos bens, serviços ou direitos idênticos ou similares aos importados conforme previsto no art. 18, III, da Lei nº 9.430/96. Afirma-se, com certa razão, que as matrizes estrangeiras não querem abrir seus custos para as subsidiárias brasileiras. Por isso, há quem condene as exigências administrativas estabelecidas para a aceitação das planilhas de custos obtidas[9].

Essa discussão parece ignorar o fato de que os métodos inspirados no *cost plus* só deveriam ser aplicados na empresa relacionada (parte testada da transação controlada) em que há uma baixa incidência de funções realizadas, ativos empregados e riscos assumidos[10]. Isto é, por empresas que realizam funções de baixa complexidade. Afinal, com frequência, as matrizes estrangeiras são as empresas dos grupos multinacionais que realizam as funções de mais alta complexidade. Não se nega que sempre há alguma dificuldade na obtenção das planilhas de custos da empresa relacionada no exterior, mas essa dificuldade se torna muito mais acentuada porque o CPL pode ser aplicado em empresas de alta complexidade.

Toda essa dificuldade pode ser verificada nas disputas concernentes ao método que já chegaram no CARF. Por parte dos contribuintes, algumas situações que podem levar à desqualificação do método podem ser

[9] Cf. Cassius Vinícius de Carvalho, "Anotações sobre o Método do Custo de Produção mais Lucro (CPL)". In: Alexandre Siciliano Borges, Edison Carlos Fernandes e Marcelo Magalhães Peixoto (coords.). *Manual dos Preços de Transferência no Brasil – Celebração dos 10 anos de vigência da lei*. São Paulo: MP Editora, 2007, pp. 77 a 83.

[10] Cf. Ricardo Marozzi Gregorio ..., pp. 65 a 69.

constatadas na leitura dos votos condutores das decisões proferidas nos seguintes casos:

PREÇOS DE TRANSFERENCIA. MÉTODO CPL. FALTA DE COMPROVAÇÃO. DESQUALIFICAÇÃO.

Não logrando a contribuinte em comprovar materialmente os cálculos de ajustes segundo o método CPL (Custo de Produção mais Lucro), correta a sua desqualificação pela fiscalização.

(Acórdão nº 1301-001.263, de 07/08/2013, Relator: Conselheiro Edwal Casoni de Paula Fernandes Junior)

DESQUALIFICAÇÃO DO MÉTODO CPL. FALTA DE COMPROVAÇÃO.

Não logrou a contribuinte êxito em comprovar materialmente cálculos de ajustes segundo o método CPL (Custo de Produção mais Lucro), correta a sua desqualificação pela fiscalização.

(Acórdão nº 1402-001.808, de 23/09/2014, Relator: Conselheiro Frederico Augusto Gomes de Alencar)

PREÇOS DE TRANSFERÊNCIA. CPL. DEMONSTRATIVOS DE CUSTOS. AUSÊNCIA DE ELEMENTOS COMPROBATÓRIOS.

Impossível assumir como verdadeiros os dados que pretensamente justificam a composição dos custos de bens importados, contidos num documento elaborado por empresa de auditoria situada no exterior, juntado aos autos em sede de impugnação, sem que este se faça acompanhar de qualquer elemento probatório dos valores e condições inseridos nos respectivos demonstrativos.

(Acórdão nº 1102-001.238, de 25/11/2014, Relator: Conselheiro Ricardo Marozzi Gregorio)

Nada obstante, o Fisco também enfrenta dificuldades envolvendo o método quando ele próprio tenta desqualificá-lo a partir das provas apresentadas pelo contribuinte. É o que aconteceu no seguinte julgado:

APURAÇÃO DOS PREÇOS DE TRANSFERÊNCIA. MÉTODO CPL. DOCUMENTAÇÃO SUPORTE IMPRESTÁVEL OU INSUFICIENTE. FUNDAMENTAÇÃO DEFICIENTE.

É preciso que o auto de infração fundamente adequadamente as situações que ensejaram a desqualificação de determinado método relativo ao preço de transferência. Se os documentos apresentados pela contribuinte são insuficientes ou imprestáveis para formar a convicção quanto ao preço de transferência, a fiscalização poderá determiná-lo com base em outros documentos, mas desde que tenha antes intimado o contribuinte a apresentar tal documentação de forma específica.

(Acórdão nº 1401-001.844, de 10/04/2017, Relator: Conselheiro Antônio Bezerra Neto)

5. Questões que envolvem os *safe harbours* das exportações

No regime brasileiro de controle dos preços de transferência, é possível verificar a presença de alguns mecanismos internacionalmente conhecidos como *safe harbours*. Trata-se de regras voltadas à simplificação das exigências tributárias no âmbito daquele controle[11]. Assim, duas são as variantes que podem ser observadas quanto à operacionalização do benefício: quando o próprio controle é afastado ou quando os procedimentos aplicáveis ao controle são simplificados.

Nesse contexto, merecem destaque três *safe harbours* especialmente projetados para as operações de exportação. São eles: (i) o das transações de empresas que pratiquem um preço médio em suas exportações superior a 90% do preço médio praticado para as mesmas transações no mercado interno (art. 19, caput, da Lei nº 9.430/96); (ii) o das empresas com lucro referente às exportações para empresas vinculadas superior a 10% da receita proveniente destas exportações (art. 48 da IN/RFB nº 1.312/12)[12]; e (iii) o das empresas com receita líquida das exportações inferior a 5% da receita líquida total (art. 48 da IN/RFB nº 1.312/12)[13].

Relativamente ao *safe harbour* das transações de empresas que pratiquem um preço médio em suas exportações superior a 90% do preço médio praticado para as mesmas transações no mercado interno, deve-se que caracterizá-lo na modalidade que afasta o controle dos preços de transferência. O CARF já se manifestou nas seguintes oportunidades sobre os requisitos comprobatórios para o gozo do benefício:

---

[11] Cf. Luís Eduardo Schoueri ..., pp. 233 a 236.

[12] O percentual já foi de 5% quando este *safe harbour* estava previsto no art. 35 da IN/SRF nº 243/02 e no art. 33 da IN/SRF nº 38/97.

[13] Este *safe harbour* estava antes previsto no art. 36 da IN/SRF nº 243/02 e no art. 34 da IN/SRF nº 38/97.

PREÇOS DE TRANSFERÊNCIA. EXPORTAÇÃO.

As receitas auferidas nas operações de exportação efetuadas com pessoa vinculada ficam sujeitas a arbitramento quando o preço médio de venda dos bens, serviços ou direitos, for inferior a noventa por cento do preço médio praticado na venda dos mesmos bens, serviços ou direitos, no mercado brasileiro. Lançamento exonerado em parte por falta de comprovação da necessidade do arbitramento.

(Acórdão nº 1301-000.485, de 27/01/2011, Relator: Conselheiro Paulo Jakson da Silva Lucas)

EMBARGOS DE DECLARAÇÃO – OMISSÃO – SAFE HARBOUR – TAXA DE CÂMBIO VIGENTE DATA DA OPERAÇÃO DE EXPORTAÇÃO PREÇO DE TRANSFERÊNCIA. EXPORTAÇÕES. SAFE HARBOUR.

Conforme se verifica da análise dos elementos contidos nos autos os produtos cotejados na fixação do preço parâmetro embora não idênticos são similares o que satisfaz a exigência da legislação tributária pátria de salvaguarda na aplicação das regras de preços de transferência (art.14, IN 243/2013). Admitindo-se os produtos similares na fixação do preço parâmetro se constata que a contribuinte praticou preços nas exportações não inferiores à 90% ao praticado no mercado interno presente salvaguarda que dispensa aplicação de qualquer dos métodos de preço de transferência (safe harbour).

Os laudos apresentados pela recorrida atestam que o valor da taxa de câmbio era aquele vigente na data da operação da exportação de modo que a recorrida encontra guarida na salvaguarda.

(Acórdão nº 1402-002.496, de 16/05/2017, Relator: Conselheiro Lucas Bevilacqua Cabianca Vieira)

Por sua vez, no tocante aos outros dois *safe harbours* idealizados para as operações de exportação, sua caracterização deve ser entendida como uma mera simplificação do procedimento determinado pelo controle dos preços de transferência. Isso porque o art. 60, II, da IN/RFB nº 1.312/12, estatui que o disposto quanto a eles *"não implica a aceitação definitiva do valor da receita reconhecida com base no preço praticado, o qual poderá ser impugnado, se inadequado, em procedimento de ofício, pela RFB"*. Ora, então, a Administração criou os *safe harbours* não como afastamento definitivo do controle, mas, sim, como uma simplificação. Se ficar comprovado em procedimento de ofício que o preço praticado é inadequado, retoma-se o controle.

Em duas ocasiões, o CARF pôde enfrentar questões envolvendo esses *safe harbours*; Veja-se:

EXPORTAÇÃO. PREÇOS DE TRANSFERÊNCIA. SAFE HARBOUR.

Não estão sujeitas a ajustes decorrentes de preços de transferência as operações de exportação promovidas por pessoa jurídica residente no Brasil à pessoa vinculada no exterior, desde que observados os limites estabelecidos nos arts. 33 e 34 da Instrução Normativa SRF nº 38/1997.

(Acórdão nº 1201-001.272, de 20/01/2016, Relator: Conselheiro Marcelo Cuba Netto)

PREÇOS DE TRANSFERÊNCIA. EXPORTAÇÃO. "SAFE HARBOUR".

Constatado que o contribuinte cumpriu os requisitos legais previstos no art. 35 da IN SRF nº 243/2002, com a redação vigente em 31 de dezembro de 2003, exonera-se o crédito tributário constituído com base no disposto no art. 19 da Lei nº 9.430/96.

(Acórdão nº 1301-003.007, de 15/05/2018, Relator: Conselheiro Fernando Brasil de Oliveira Pinto)

6. Questões que envolvem o conceito de pessoas vinculadas

A definição do aspecto subjetivo do controle dos preços de transferência no Brasil foi desenvolvida para evitar a incerteza que o intérprete enfrentaria caso o antecedente normativo da disciplina fosse simplesmente inspirado no pressuposto subjetivo teórico criado no contexto internacional, qual seja, a mera referência a "empresas relacionadas". Por isso, foram criadas três situações para indicar o relacionamento de uma empresa brasileira com uma pessoa (física ou jurídica) residente no exterior.

Em duas dessas situações, a necessidade do controle foi estabelecida nas hipóteses em que a empresa brasileira realiza transações com pessoas situadas em "países com tributação favorecida" ou beneficiadas por "regimes fiscais privilegiados" (arts. 24 e 24-A da Lei nº 9.430/96). As dificuldades que poderiam advir da indeterminação dessas expressões foram minimizadas com a enunciação taxativa daqueles países e regimes veiculada nos atos administrativos que se seguiram (a IN/SRF nº 188/02 e, depois, a IN/RFB nº 1.037/10).

Na outra situação, o legislador se socorreu de outro conceito, em tese, indeterminado para indicar quando a pessoa residente no exterior será relacionada com a empresa brasileira. Positivou, assim, no art. 23 da Lei nº 9.430/96, o conceito de "pessoa vinculada". Essa denominação, inclusive indicando que se trata de um conceito, foi registrada no próprio título do artigo. O fechamento do conceito foi depois promovido pela enunciação taxativa dos dez incisos do artigo, os quais definiram as hipóteses de "pessoas vinculadas" essencialmente caracterizadas por pessoas residentes ou domiciliadas no exterior que possuem algum tipo de relacionamento com a empresa brasileira.

Dentro desse quadro, as controvérsias a respeito do tema foram sensivelmente reduzidas. Ainda assim, alguns casos que chegaram ao CARF valem ser ressaltados. É o que se sucedeu no seguinte julgado com a discussão sobre a vinculação observada entre a empresa situada no exterior e a empresa brasileira quando há outras empresas intermediando a relação de controle:

PREÇOS DE TRANSFERÊNCIA. PESSOAS LIGADAS. CONCEITO.

Nos termos do Art. 23, inciso V da Lei 9.430/96, deve ser considerada vinculada à pessoa jurídica domiciliada no Brasil a pessoa jurídica domiciliada no exterior, quando esta e a empresa domiciliada no Brasil estiverem sob controle societário ou administrativo comum ou quando pelo menos dez por cento do capital social de cada uma pertencer a uma mesma pessoa física ou jurídica.

(Acórdão nº 1301-001.732, de 27/11/2014, Relator: Conselheiro Carlos Augusto de Andrade Jenier)

Outra questão que surgiu a respeito do tema foi a definição daquilo que seria a "exclusividade" reclamada pela norma contida no inc. X, do art. 23, da Lei nº 9.430/96. Isto é, para ser considerada vinculada, qual seria o grau de exclusividade que a pessoa jurídica domiciliada no Brasil deve possuir na condição de agente, distribuidora ou concessionária da pessoa física ou jurídica residente ou domiciliada no exterior? Essa questão foi debatida nos seguintes julgados:

PREÇOS DE TRANSFERÊNCIA, EMPRESA VINCULADA POR EXCLUSIVIDADE.

Com base nos relatórios extraídos do sistema SISCOMEX foi constatado que a recorrente foi a única e exclusiva adquirente dos bens importados das empresas empresas Cavestany S.A (Uruguai), Lake Ville Equities S.A (Uruguai) e Pharmanedh C.V. (Holanda), no período compreendido entre 2007 e 2011, assim restou caracterizada a exclusividade prevista no art. 23, inciso X, da Lei nº 9.430/96.

(Acórdão nº 1301-002.185, de 25/01/2017, Relatora: Conselheira Milene de Araújo Macedo)

PREÇO DE TRANSFERÊNCIA. LEI 9.430/1996, ART. 23, INCISO X. EXCLUSIVIDADE; AGENTE, DISTRIBUIDORA OU CONCESSIONÁRIA.

A aplicação do artigo 23, X, da Lei nº 9.430/1996 depende da demonstração da relação como agente, distribuidora ou concessionária, não sendo suficiente a exclusividade na comercialização de mercadorias importadas pelo contribuinte.

(Acórdão nº 9101-003.909, de 04/12/2018, Relatora: Conselheira Cristiane Silva Costa)

Conclusões

O controle dos preços de transferência no Brasil apresenta muito pouca controvérsia se comparado com as vibrantes discussões que são verificadas no contexto da disciplina no direito tributário internacional. As razões para isso são bem conhecidas: restrições da análise de comparabilidade, margens brutas de lucros predeterminadas pela lei, liberdade de escolha de métodos e ausência de considerações especiais sobre temas relevantes (intangíveis, serviços intragrupo, acordos de compartilhamentos de custo e reestruturações societárias).

Se pode parecer louvável a existência de uma legislação que prima pela baixa litigiosidade, é de se questionar o porquê de não ter sido copiada por outras jurisdições. O problema, como já nos manifestamos em trabalhos de maior envergadura, está na falta de eficácia do controle que aqui é exercido[14].

Mesmo assim, como há uma grande variedade de transações sujeitas ao controle e os métodos previstos em lei exigem a comprovação documental das fontes inseridas nos cálculos realizados para a apuração dos preços praticado e parâmetro, o tema da prova surge como o mais importante fator de análise no processo administrativo fiscal. Diante disso, o presente artigo buscou apresentar um panorama sobre os debates mais expressivos já travados no CARF sobre o assunto.

[14] Cf. Ricardo Marozzi Gregorio, *Preços de Transferência: Arm's Length e Praticabilidade*. São Paulo: Quartier Latin, 2011; e Ricardo Marozzi Gregorio, *Preços de transferência das transações internacionais: incidência e reajuste das bases de cálculo dos tributos sobre lucros*, Curitiba: Juruá, 2018.

Com efeito, pretendeu-se classificar as questões atinentes ao tema segundo aspectos teoricamente já bem dissecados na doutrina. Considerando os limites do presente trabalho, a ideia foi apenas enunciar alguns julgados que efetivamente enfrentaram essas questões. A partir de uma pesquisa sistematizada acerca do que foi decidido, espera-se que o leitor possa ter uma compreensão mais qualificada sobre a matéria.

Referências

BELLAN, Daniel Vitor. "Preços de Transferência: Dificuldades Práticas na Aplicação do Método PIC". In: Luís Eduardo Schoueri (coord.). *Tributos e Preços de Transferência*. v. 3. São Paulo: Dialética, 2009.

CARVALHO, Cassius Vinícius de. "Anotações sobre o Método do Custo de Produção mais Lucro (CPL)". In: Alexandre Siciliano Borges, Edison Carlos Fernandes e Marcelo Magalhães Peixoto (coords.). *Manual dos Preços de Transferência no Brasil – Celebração dos 10 anos de vigência da lei*. São Paulo: MP Editora, 2007.

GREGORIO, Ricardo Marozzi. *Preços de transferência das transações internacionais: incidência e reajuste das bases de cálculo dos tributos sobre lucros*, Curitiba: Juruá, 2018.

____. *Preços de Transferência: Arm's Length e Praticabilidade*. São Paulo: Quartier Latin, 2011.

JARDIM NETO, José Gomes. "Siscomex e Preços de Transferência – Limites e Obrigações do Fisco na Utilização da Valiosa Base de Dados". In: Alexandre Siciliano Borges, Edison Carlos Fernandes e Marcelo Magalhães Peixoto (coords.). *Manual dos Preços de Transferência no Brasil – Celebração dos 10 anos de vigência da lei*. São Paulo: MP Editora, 2007.

NOVAIS, Raquel e BEHRNDT, Marco Antônio. "A interpretação das Regras de Preços de Transferência pelo Conselho de Contribuintes". In: *Revista de Direito Tributário Internacional nº 6*. São Paulo: Quartier Latin, 2007.

OLIVEIRA, Ricardo Mariz de. "Métodos de Apuração dos Preços de Transferência no Brasil: Efeitos da Escolha de um Método e Possibilidade de Indicação de Métodos Diversos. Consequências da Falta de Indicação de Métodos". In: Luís Eduardo Schoueri (coord.). *Tributos e Preços de Transferência*. v. 3. São Paulo: Dialética, 2009.

SCHOUERI, Luís Eduardo. *Preços de transferência no direito brasileiro*, 2. ed. rev e atual. São Paulo: Dialética, 2006.

____. "Considerações sobre o Princípio *Arm's Length* e os *Secret Comparables*". In: Luís Eduardo Schoueri (coord.). *Direito Tributário*: Homenagem a Paulo de Barros Carvalho. São Paulo: Quartier Latin, 2008.

17. Tributação de lucros de controladas no exterior e a compensação de prejuízos: desafios probatórios

PAULO HENRIQUE SILVA FIGUEIREDO[1]

Introdução

A tributação dos lucros de empresas controladas no exterior é tema que, há duas décadas, tem suscitado enorme debate doutrinário e jurisprudencial, em especial, quanto à constitucionalidade e à compatibilidade de tal incidência com as convenções firmadas pelo Brasil para evitar a dupla tributação. Como se exporá, as sucessivas alterações legislativas, o pronunciamento do Supremo Tribunal Federal (STF), no julgamento da Ação Direta de Inconstitucionalidade (ADIN) nº 2.588, e os esclarecimentos adicionados à própria Convenção-Modelo da Organização para a Cooperação e Desenvolvimento Econômico (OCDE) parecem encaminhar a discussão a um desfecho, embora tal pacificação ainda não seja observada na jurisprudência do contencioso administrativo federal.

Dado o caráter da obra na qual este artigo está inserido, contudo, o foco central da abordagem não será a discussão acerca da tributação dos lucros de empresas controladas no exterior, em si, mas sim da compensação dos prejuízos apurados por tais empresas, e mais, especificamente, em relação à prova da existência de referidos prejuízos.

---

[1] As opiniões contidas nesta publicação são reflexões acadêmicas do próprio autor e não necessariamente expressam as posições defendidas por qualquer organização a qual esteja vinculado.

Assim, apenas à guisa de embasamento doutrinário, apresentar-se--á, inicialmente, a evolução da legislação relacionada com a tributação dos lucros de empresas controladas no exterior, a interpretação dada pelo STF ao tema e o posicionamento das turmas julgadoras integrantes do Conselho Administrativo de Recursos Fiscais (CARF) quanto à matéria. Em seguida, serão abordadas as disposições legais relacionadas com a possibilidade de compensação de prejuízos apurados pelas empresas controladas no exterior. E, finalmente, a partir de pesquisa jurisprudencial, no âmbito do CARF, apontar-se-á diversas questões relacionadas à prova da existência de tais prejuízos, seja em relação ao aspecto do ônus probatório, seja quanto às exigências formais para a aceitação dos meios de prova.

1. Da tributação dos lucros de controladas no exterior

Até o advento da Lei nº 9.249, de 26 de dezembro de 1995, a tributação do Imposto sobre a Renda das Pessoas Jurídicas (IRPJ) se pautava pelo princípio da territorialidade, segundo o qual apenas as fontes de renda situadas no território nacional sofriam a incidência do referido tributo[2]. Com aquela norma, as pessoas jurídicas situadas no Brasil passaram a submeter à tributação também os lucros, rendimentos e ganhos de capital auferidos no exterior, consoante a denominada "tributação em bases universais". Diante da nova sistemática, os lucros provenientes das empresas controladas situadas no exterior nas quais as pessoas jurídicas situadas no Brasil detenham participação societária passaram a sofrer a incidência do IRPJ, conforme o art. 25, §§3º e 4º, da nova Lei.

O teor do texto legal apontava para a tributação dos lucros oriundos das controladas no exterior no momento da apuração, independentemente da efetiva disponibilização à controladora, o que atentaria contra o conceito de renda constante do art. 43 do Código Tributário Nacional (CTN), que exige a sua disponibilidade econômica ou jurídica. A extrapolação do legislador foi corrigida pela Receita Federal, por meio da Instrução Normativa SRF nº 38, de 27 de junho de 1996, que determinou a adição dos lucros provenientes das controladas no exterior apenas ao final do ano-calendário em que houvessem sido disponibilizados (VASCONCELLOS; RUBINSTEIN;

---

[2] Na verdade, desde o Decreto-Lei nº 2.397, de 21 de dezembro de 1987, havia a previsão para o cômputo no Lucro Real dos resultados obtidos por filiais, sucursais, agências ou representações situadas no exterior.

VETTORI, 2007), regramento que foi positivado, em nível legal, por meio do art. 1º da Lei nº 9.532, de 10 de dezembro de 1997.

A restrição quanto ao momento em que os lucros seriam submetidos à incidência do IRPJ, obviamente, fazia com que a legislação em questão não alcançasse, plenamente, o principal objetivo para o qual havia sido estabelecida: evitar a não incidência sobre os lucros gerados por meio de planejamentos tributários internacionais abusivos. Os lucros obtidos nas controladas no exterior poderiam permanecer indefinidamente sem serem distribuídos, por uma decisão da controladora, e fora, portanto, do alcance da tributação (HIGUCHI, 2013).

Assim, com a Lei Complementar nº 104, de 2001, foram acrescidos dois parágrafos ao artigo 43 do CTN, tornando plenamente aplicável a tributação nos moldes previstos no art. 25 da Lei nº 9.249, de 1995, e remetendo à legislação ordinária o disciplinamento sobre as condições e momento em que seriam considerados disponibilizados os lucros à pessoa jurídica situada no Brasil, para fins de incidência do tributo. A regulamentação prevista pelo novo dispositivo do CTN veio à luz por meio do art. 74 da Medida Provisória nº 2.158-34, de 27 de julho de 2001 (reeditada pela Medida Provisória nº 2.158-35, de 24 de agosto de 2001, ainda em vigor, por força do art. 2º da Emenda Constitucional nº 32, de 11 de setembro de 2001). *In verbis*:

> *Art. 74. Para fim de determinação da base de cálculo do imposto de renda e da CSLL, nos termos do art. 25 da Lei nº 9.249, de 26 de dezembro de 1995, e do art. 21 desta Medida Provisória, os lucros auferidos por controlada ou coligada no exterior serão considerados disponibilizados para a controladora ou coligada no Brasil na data do balanço no qual tiverem sido apurados, na forma do regulamento.*
>
> *Parágrafo único. Os lucros apurados por controlada ou coligada no exterior até 31 de dezembro de 2001 serão considerados disponibilizados em 31 de dezembro de 2002, salvo se ocorrida, antes desta data, qualquer das hipóteses de disponibilização previstas na legislação em vigor.*

Como se percebe, os lucros auferidos pelas controladas no exterior passaram a ser considerados disponibilizados para a controladora situada no Brasil, desde a data de apuração contábil, passível, portanto, da incidência do IRPJ. No âmbito da Receita Federal, houve a edição da Instrução Normativa SRF nº 213, de 7 de outubro de 2002, alinhada à nova regra legal.

A norma, contudo, foi objeto de questionamento quanto à sua constitucionalidade, sendo a questão apreciada pelo Supremo Tribunal Federal, por meio da Ação Direta de Inconstitucionalidade (ADIN) nº 2.588, que reconheceu, com eficácia *erga omnes* e efeito vinculante, a inconstitucionalidade do dispositivo, em relação às coligadas situadas em países sem tributação favorecida, e a sua constitucionalidade, quanto às controladas situadas em países com tributação favorecida. O julgamento considerou, ainda, constitucional a aplicação do art. 74 da Medida Provisória nº 2.158-35, de 2001, no que tange às coligadas situadas em países com tributação favorecida e às controladas situadas em países sem tributação favorecida. Nesses casos, porém, não foi alcançada a maioria necessária para o efeito vinculante e eficácia *erga omnes*. Por tal razão, permanece aberta a discussão acerca da validade da tributação em questão.

Parte da doutrina e da jurisprudência considera que a referida regra tem a natureza de norma CFC (*Controled Foreign Company Rule*), ou seja, uma daquelas regras que busca alcançar as entidades que ofereçam riscos de erosão da base tributária e transferência artificial de lucros (ROCHA, 2016), atendendo, ainda, à sistemática de transparência fiscal (VASCONCELLOS; RUBINSTEIN; VETTORI, 2007). Nessa linha, o propósito explícito da norma brasileira visaria não à dupla tributação do lucro auferido pela controlada sediada no exterior (como acusam os seus detratores), mas exatamente evitar que a pessoa jurídica sediada no Brasil, reduza a sua base tributável, por meio do investimento em países sem nenhuma tributação ou com tributação reduzida, ou ainda, por meio do diferimento indeterminado da submissão dos lucros auferidos por meio da controlada[3]. É que, quando uma Companhia nacional decide investir no exterior, inegavelmente, ela reduz a base tributável disponível para tributação no Brasil. E tal base permanecerá reduzida até que o lucro apurado na Companhia Investida no Exterior seja distribuído e remetido ao Brasil ou, indefinidamente, caso tal distribuição e/ou remessa nunca aconteça.

Deste modo, uma vez que a decisão sobre distribuir ou não os lucros auferidos na Investida pertence totalmente à Controladora sediada no Brasil, a regra trazida pelo referido art. 74, para fins de aplicação da tributação em bases universais, faz com que o lucro apurado no exterior seja considerado

---

[3] Tal posicionamento já foi exposto, por este autor, dentre outras decisões, nos Acórdãos nº 1302-003.382, de 23 de janeiro de 2019, e 1302-003.813, de 13 de agosto de 2019.

distribuído tão logo seja apurado no balanço da Investida, em plena consonância com o conceito legal de renda. A tributação em questão, ademais, de forma alguma, implicaria em dupla tributação, posto que: caso o país da controlada tribute os referidos lucros a uma alíquota inferior, será possível a compensação dos impostos pagos, em um ou outro país (o que se dá por meio dos tratados para evitar a dupla tributação internacional); caso o país da investida não tribute os lucros, a única tributação sofrida será exatamente aquela imposta pelo Brasil. Tal metodologia atenderia plenamente, ainda, ao propósito de evitar a erosão da base tributável por meio da movimentação do capital (*Base Erosion and Profit Shifting*), uma das grandes preocupações das autoridades tributárias e econômicas internacionais, o que originou o plano BEPS da OCDE e G20, cuja Ação 3 se destina exatamente ao estudo e formulação das regras CFC. O dispositivo está em plena consonância, finalmente, com o Relatório Final da referida Ação 3, intitulado *"Designing Effective Controlled Foreign Company Rules"*, destinado a estabelecer recomendações aos Estados na formulação de regras CFC efetivas (OCDE, 2015).

Em sentido diverso, há manifestações doutrinárias e jurisprudenciais que divergem do enquadramento do referido art. 74 como autêntica regra CFC (SCHOUERI, 2013), bem como contestam a compatibilidade da referida tributação com o conceito de renda veiculado pelo art. 43 do CTN e entendem que, de acordo com as referidas regras, a tributação está incidindo sobre lucros da pessoa jurídica domiciliada no exterior (XAVIER, 2010).

Por outro lado, mesmo dentro dos parâmetros acima fixados, outra grande discussão é travada: a compatibilidade da tributação na forma do art. 74 da Medida Provisória nº 2.158-35, de 2001, com as convenções para evitar a dupla tributação firmadas pela República Federativa do Brasil com outras nações. Até hoje, a jurisprudência administrativa permanece dividida (as decisões proferidas pelas Turmas Ordinárias do Conselho Administrativo de Recursos Fiscais (CARF) e pela 1ª Turma da Câmara Superior de Recursos Fiscais (CSRF) têm sido, em regra, por voto de qualidade[4]) e a matéria se

---

[4] Neste sentido, a título exemplificativo, os Acórdãos nº 9101-004.060, de 12 de março de 2019, Redator designado Conselheiro André Mendes de Moura; 1201-002.761, de 19 de março de 2019, Relator Conselheiro Neudson Cavalcante de Albuquerque; 1301-003.770, de 20 de março de 2019, Redator designado Conselheiro Roberto Silva Júnior; 1401-003.640, de 13 de agosto de 2019, Relator Conselheiro Abel Nunes de Oliveira Neto; e 9101-004.581, de 04 de dezembro de 2019, Relatora Conselheira Edeli Pereira Bessa.

encontra pendente de julgamento por parte do Supremo Tribunal Federal (Recurso Extraordinário nº 870.214, originado do REsp 1.325.709).

De acordo com o entendimento que tem prevalecido, o objetivo a ser combatido pelos acordos e convenções é evitar a dupla tributação jurídica internacional, ou seja, *"a imposição de impostos comparáveis em dois (ou mais) Estados, sobre o mesmo contribuinte, em relação ao mesmo objeto e durante períodos idênticos"* (OCDE, 2019, p. 14, tradução nossa). Assim, dado que a redação das convenções firmadas pelo Brasil seguem, quanto à matéria, o modelo proposto pela Organização para a Cooperação e o Desenvolvimento Econômico (OCDE), considera-se que as dúvidas acerca da discussão em questão são solucionadas pelo teor dos Comentários da referida Organização ao dispositivo comumente invocado, constante no parágrafo 1 do artigo 7 das convenções[5]:

14. O propósito do parágrafo 1 é limitar o direito de um Estado Contratante de tributar os lucros das empresas do outro Estado Contratante. Como confirmado pelo parágrafo 3 do Artigo 1, o parágrafo não limita o direito de um estado Contratante de tributar seus próprios residentes segundo as disposições referentes a empresas estrangeiras controladas contidas em sua legislação interna, mesmo que o imposto incidente sobre esses residentes possa ser calculado por referência à parcela dos lucros de uma empresa residente no outro estado Contratante que seja atribuível à participação desses residentes naquela empresa. O imposto exigido dessa forma por um Estado de seus próprios residentes não reduz os lucros da empresa do outro Estado e não se poderá, então, dizer-se que está sendo exigido sobre tais lucros (ver também o parágrafo 81 do Comentário ao Artigo 1). (OCDE, 2019, p. 151-152, tradução nossa)

O art. 74 da MP 2.158-35, de 2001, não trataria da tributação, segundo o critério da fonte, dos lucros da empresa no exterior, nem da tributação do lucro de estabelecimentos permanentes da empresa estrangeira situados no Brasil, quando, aí sim, incidiriam as convenções para evitar dupla tributação. Não se tributaria, ademais, o lucro produzido pela empresa estrangeira, até porque a legislação pátria não pode alcançar esta última sem que algum critério de conexão se estabeleça. O objeto da incidência seria o lucro da pessoa

---

[5] Disposição semelhante se vê no item 80 do comentário ao art. 1 da Convenção-modelo (OCDE, 2019).

jurídica situada no Brasil, consoante o critério da residência, tomando como base de cálculo a proporção que lhe cabe, com base nos lucros apurados pela empresa no exterior, por meio da aplicação do Método da Equivalência Patrimonial.

É importante que se perceba que, quando se pretendeu afastar a tributação na forma determinada pelo art. 74 da MP nº 2.158-35, de 2001, as convenções firmadas pelo Brasil incluíram cláusula específica para evitar a tributação dos lucros enquanto não distribuídos (v.g., o art. 23, item 5, da Convenção firmada com o Reino da Dinamarca, Decreto nº 75.106, de 20 de dezembro de 1974, e da Convenção firmada com a República Federativa Tcheca e Eslovaca, Decreto nº 43, de 25 de fevereiro de 1991). Na ausência de semelhante restrição, seria plenamente compatível a tributação sob análise com a existência de tratados para evitar a dupla tributação.

Há entendimento em sentido diverso, segundo o qual os tratados firmados pelo Brasil, para evitar a dupla tributação, afastariam a incidência prevista no art. 74 da MP nº 2.158-35, de 2001. O tema é bem explorado por Xavier (2010).

A Lei nº 12.973, de 13 de maio de 2014 (que revogou o art. 74 da Medida Provisória nº 2.158-35, de 2001), embora não solucionando esta última controvérsia, trouxe, em seu Capítulo IX, maiores detalhamentos acerca da tributação dos lucros oriundos das controladas no exterior, adequando-se ao posicionamento do STF, esclarecendo alguns pontos que haviam suscitado dúvidas na aplicação da normatização anterior, e estabelecendo maiores mecanismos de controle (a exemplo do registro contábil em subcontas individualizadas para cada controlada direta e indireta). A Receita Federal do Brasil, por seu lado, trouxe nova regulamentação à matéria, por meio da Instrução Normativa RFB nº 1.520, de 04 de dezembro de 2014.

Nos dispositivos da nova Lei, ficou explícita que a incidência do IRPJ se dá sobre a *"parcela do ajuste do valor do investimento em controlada, direta ou indireta, domiciliada no exterior equivalente aos lucros por ela auferidos antes do imposto sobre a renda"*, bem como que a aplicação do método da equivalência patrimonial para a apuração da referida parcela *"compreende apenas os lucros auferidos no período, não alcançando as demais parcelas que influenciaram o patrimônio líquido da controlada"*[6].

---

[6] Art. 77, *caput* e §1º, da Lei nº 12.973, de 2014.

A nova legislação, contudo, foi objeto de críticas mais severas em relação à apuração individualizada dos lucros decorrentes das controladas indiretas, com o fim da chamada "consolidação vertical" nas controladas diretas, o que poderia levar à tributação da controladora sem a ocorrência de qualquer acréscimo patrimonial (COSTA, 2018), e representaria um retorno à teoria do órgão, de inspiração alemã (XAVIER, 2014). Prevê-se, assim, nova disputa jurídica quanto à constitucionalidade.

Foi possibilitado, porém, um regime temporário de consolidação dos resultados na controladora situada no Brasil. De acordo com o seu art. 78, até o ano-calendário de 2022 (excetuadas determinadas situações ali explicitadas), os resultados de todas as controladas poderão ser consolidados, para, só então, serem adicionados ao lucro líquido da controladora domiciliada no Brasil.

2. Da compensação de prejuízos das controladas no exterior

Esclarecida a normatização acerca da tributação dos lucros decorrentes de controladas localizadas no exterior, é necessário o exame das disposições da legislação relacionadas com a possibilidade de compensação dos prejuízos apurados pelas referidas entidades.

Antes da Lei nº 12.973, de 2014, o art. 25 da Lei nº 9.249, de 1995, limitava-se a vedar a compensação dos prejuízos decorrentes das operações das controladas no exterior com os lucros auferidos pela controladora no Brasil. Tal característica é vista como uma peculiaridade da adoção pelo Brasil do princípio da universalidade (VASCONCELLOS; RUBINSTEIN; VETTORI, 2007). A razão para tanto seria evitar o duplo aproveitamento do prejuízo: na investidora e na investida (HIGUCHI, 2013).

O art. 4º da Instrução Normativa SRF nº 213, de 2002, foi dedicado, exclusivamente, ao tratamento da compensação de prejuízos e, inovando em relação ao texto legal, previu a possibilidade de compensação dos prejuízos apurados por uma controlada ou coligada situada no exterior com os lucros dessa mesma entidade[7]. Além disso, a norma excluiu, na compensação em questão, a limitação prevista no art. 15 da Lei nº 9.065, de 1995, ou seja, trinta por cento do lucro líquido ajustado.

---

[7] Ver interessante discussão travada a esse respeito nos votos que resultaram no Acórdão nº 1302-001.844, de 3 de maio de 2016, Relator Conselheiro Alberto Pinto Souza Júnior, Redator Designado Conselheiro Luiz Tadeu Matosinho Machado.

17. TRIBUTAÇÃO DE LUCROS DE CONTROLADAS NO EXTERIOR

A Lei nº 12.973, de 2014, explicitou a mencionada hipótese de compensação, nos seus arts. 77, §2º, 78, §4º, e 79, inciso II, porém, limitou-a aos estoques de prejuízos que fossem informados, na forma e prazos estabelecidos em ato infralegal pela Receita Federal do Brasil (RFB).

A regulamentação veio por meio da Instrução Normativa RFB nº 1.520, de 2014, que instituiu, em seu art. 38, o *Demonstrativo de Prejuízos Acumulados no Exterior*", que deve ser transmitido ao Sistema Público de Escrituração Digital (Sped), no mesmo prazo fixado pela RFB para a transmissão da Escrituração Contábil Fiscal (ECF)[8]. Atualmente, o prazo limite é o último dia útil do mês de julho do ano seguinte ao ano-calendário a que se refere o prejuízo. Para os prejuízos apurados anteriormente aos efeitos dos arts. 77 e 82 da Lei nº 12.973, de 2014, o prazo era 30 de setembro de 2015[9].

A Instrução Normativa RFB nº 1.520, de 2014, também veio esclarecer algumas controvérsias suscitadas na realização da compensação, ante o laconismo do regramento anterior. Por exemplo, foi esclarecida a questão acerca da taxa de câmbio aplicável para a conversão dos prejuízos, na medida em que o art. 10, §3º, previu que a compensação dos prejuízos acumulados anteriores a 2015 deve ser realizado com os lucros futuros antes da conversão em reais[10].

Antes disso, algumas decisões do CARF[11] entendiam que a conversão dos prejuízos, tal qual expressamente determinado para os lucros, no art. 25, §4º, da Lei nº 9.249, de 1995, e no Art. 6º, §3º, da Instrução Normativa SRF nº 213, de 2002, deveria ser realizada no momento do encerramento do período de apuração. Outros julgados, porém, entendiam que a referida conversão somente deveria ser realizada no período em que houver lucro

---

[8] Literalmente, o dispositivo remete ao art. 3º da Instrução Normativa RFB nº 1.422, de 19 de dezembro de 2013, que estabelece o prazo de transmissão da ECF.

[9] Cabe destacar que a pessoa jurídica poderia optar pelos efeitos dos arts. 76 a 92 da Lei nº 12.973, de 2014, já para o ano-calendário de 2014, conforme art. 96 daquela norma, regulamentado pelo art. 5º da IN RFB nº 1.520, de 2014.

[10] Tal qual já sustentado nos Acórdãos nº 1201-001.241, de 10 de dezembro de 2015, Relator Conselheiro Marcelo Cuba Netto, e nº 1402-002.411, de 21 de março de 2017, Relator Conselheiro Caio Cesar Nader Quintella.

[11] Nessa linha, Acórdão nº 1401-002.199, de 21 de fevereiro de 2018, Redator Designado Conselheiro Guilherme Adolfo dos Santos Mendes, e Acórdão nº 1401-002.740, de 25 de julho de 2018, Conselheiro Relator Abel Nunes de Oliveira Neto.

passível de compensação com os prejuízos acumulados[12]. A fundamentação para tal raciocínio é que, embora a legislação brasileira permita que o lucro apurado por uma controlada em um período seja deduzido de prejuízos apurados em períodos pretéritos, não faria sentido se permitir que tal compensação se dê mediante o emprego de taxas de conversão distintas para as grandezas compensadas. Para os que assim pensam, ainda, os dispositivos legais acima referidos tratam da conversão em reais das demonstrações financeiras da controlada, mas não da conversão em reais do resultado a ser adicionado pela controladora.

Com a edição da Instrução Normativa RFB nº 1.520, de 2014, a matéria foi regulada de forma explícita, como visto, para os prejuízos acumulados anteriores a 2015, mas a mesma regra deve ser aplicada aos demais prejuízos, já que serão informados nos Demonstrativos de que tratam os arts. 36 e 38 da referida Instrução Normativa, na moeda do país de domicílio da controlada.

A consolidação horizontal permitida pela Lei nº 12.973, de 2014, entre 2015 e 2022, possibilita que, em tal período, os prejuízos apurados pelas diversas controladas em um determinado ano-calendário sejam compensados com os lucros apurados por outras controladas no mesmo ano. Xavier (2014) critica que o benefício seja temporário, o que, na sua visão, revelaria uma visão preconceituosa em relação aos resultados apurados pelas empresas brasileiras no exterior, considerando "normal" a apuração de lucros e "suspeito" o registro de prejuízos.

3. Da prova dos prejuízos: abordagem jurisprudencial

Apresentado o arcabouço legal que disciplina a matéria, cabe a análise do posicionamento jurisprudencial acerca do tema, no âmbito do CARF, com enfoque especial à questão da comprovação dos prejuízos verificados nas controladas, para fins de compensação com os lucros a serem tributados no Brasil.

Inicialmente, cabe destacar que as provas por excelência dos prejuízos apurados pelas controladas, para fins de compensação, são as demonstrações financeiras destas entidades apuradas consoante as regras previstas no art. 6º da Instrução Normativa SRF nº 213, de 2002: (i) tais demonstrações devem ser levantadas segundo as normas da legislação comercial do país de

---

[12] Nesse sentido, Acórdão nº 1301-001.858, de 9 de dezembro de 2015, Relator Conselheiro Waldir Veiga Rocha.

domicílio da controlada, e mantidas até o transcurso do prazo decadencial do direito de a Secretaria da Receita Federal do Brasil constituir o crédito tributário a elas relacionado; (ii) as contas e subcontas das referidas demonstrações devem ser traduzidas para a língua portuguesa e os valores nelas constantes devem ser convertidos para reais, após o que devem ser classificadas segundo a legislação comercial brasileira, nas demonstrações levantadas para a apuração do lucro real e da base de cálculo da CSLL; (iii) as demonstrações financeiras, após a conversão, devem ser registradas no Livro Diário da pessoa jurídica no Brasil.

Assim, a mera apresentação de demonstrações financeiras já convertidas em reais não pode ser acatada como suficiente para a comprovação do prejuízo apurado pela controlada[13]. Na mesma linha, em julgamento realizado em 10 de agosto de 2016, a 1ª Turma Ordinária da 3ª Câmara da Primeira Seção do Conselho Administrativo de Recursos Fiscais (CARF), em decisão unânime, julgou insuficiente a apresentação de demonstrativo traduzido para o português e em reais, mas cujas contas contábeis não haviam sido classificadas de acordo com a legislação comercial brasileira, nem transcritas no livro Diário da controladora situada no Brasil, conforme ementa a seguir:

> *LUCROS DE SUCURSAL NO EXTERIOR. COMPENSAÇÃO DE PREJUÍZO DE PERÍODOS ANTERIORES. PROVA. REQUISITOS FORMAIS.*
>
> *Para fins de comprovação de prejuízos auferidos por sucursais no exterior em períodos anteriores, passíveis de compensação com os lucros dessas mesmas sucursais no período fiscalizado, as demonstrações financeiras levantadas pelas sucursais, traduzidas em idioma nacional e convertidas em Reais que embasarem as demonstrações financeiras no Brasil, deverão ser transcritas ou copiadas no livro Diário da pessoa jurídica no Brasil. Não cumpridos tais requisitos, a compensação de prejuízos pretendida não pode ser admitida.[14]*

A decisão justificou que o apego às referidas exigências da legislação não seria excesso de formalismo, mas sim meio de conferir crédito às

---

[13] Assim, decidiu o Acórdão nº 1401-002.198, de 21 de fevereiro de 2018, Relator Conselheiro Luiz Rodrigo de Oliveira Barbosa.

[14] Acórdão nº 1301-002.115, de 10 de agosto de 2016, Relator Conselheiro Waldir Veiga Rocha.

demonstrações em questão e a garantia de que estas teriam sido elaboradas contemporaneamente à apuração do resultado do período a que se referem[15].

Em 12 de março de 2018, contudo, a mesma Turma julgadora (em composição diversa), em nova decisão unânime[16], acatou como válida, para a comprovação de prejuízo apurado por coligada de pessoa jurídica situada no Brasil, a transcrição, no Livro Razão da controladora, de balanço patrimonial e demonstração de resultado da coligada, em moeda nacional e estrangeira, conjugada com a apresentação de demonstrações das mutações do patrimônio líquido da controladora e da coligada.

Considerando o fato de que os elementos de prova apresentados neste último julgado não estão sujeitos a registro perante a Junta Comercial, observa-se que não houve, por parte dos julgadores, a mesma preocupação em se certificar da autenticidade e contemporaneidade dos demonstrativos apresentados, com a exigência de todos os requisitos previstos no art. 6º da art. 6º da Instrução Normativa SRF nº 213, de 2002.

Se na decisão anterior a discussão acerca da necessidade de atendimento aos requisitos em questão não foi, explicitamente, abordada, a mesma Turma julgadora, expressamente, já havia afastado as exigências em questão[17]. A compensação dos prejuízos apurados pela controladora havia sido obstada pela autoridade julgadora de primeira instância, exatamente, porque não apresentados os livros Diário da pessoa jurídica fiscalizada com a transcrição das demonstrações contábeis, em reais, da controlada. O Relator consignou que, diante da comprovação por meios alternativos (balanço patrimonial, demonstração do resultado do exercício, relatórios de auditoria e balancetes analíticos), o descumprimento do requisito formal não poderia impedir o direito da Recorrente, em analogia ao entendimento consolidado na Súmula CARF nº 93.[18]

---

[15] No mesmo sentido, o Acórdão nº 1302-001.974, de 13 de setembro de 2016, Relatora Talita Pimenta Félix, que considerou que o Livro Razão não é substituto hábil do Livro Diário, para fins de comprovação.

[16] Acórdão nº 1301-002.816, de 12 de março de 2018, Relator Conselheiro Marcos Paulo Leme Brisola Caseiro.

[17] Acórdão nº 1301-001.858, de 9 de dezembro de 2015, Relator Conselheiro Waldir Veiga Rocha.

[18] A falta de transcrição dos balanços ou balancetes de suspensão ou redução no Livro Diário não justifica a cobrança da multa isolada prevista no art. 44 da Lei nº 9.430, de 27 de dezembro de 1996, quando o sujeito passivo apresenta escrituração contábil e fiscal suficiente

17. TRIBUTAÇÃO DE LUCROS DE CONTROLADAS NO EXTERIOR

No mesmo sentido, o Acórdão nº 1402-002.832 (de 25 de fevereiro de 2018, Relator Conselheiro Leonardo Luis Pagano Gonçalves), em que a Turma julgadora acatou como comprovação dos prejuízos apurados pela controlada, em anos anteriores, apenas relatório de auditoria e Declaração de Informações Econômico-Fiscais da Pessoa Jurídica (DIPJ); e o Acórdão nº 1302-001.844 (de 3 de maio de 2016, Redator Designado Conselheiro Luiz Tadeu Matosinho Machado), em que pareceres de auditoria independente foram aceitos como hábeis à comprovação, sem sequer se cogitar da exigência formal em questão.

Constata-se, portanto, a disparidade de entendimentos no âmbito do CARF em relação a exigências expressamente consignadas na legislação tributária. Pelo histórico de posicionamentos em defesa da prevalência da verdade material sobre a formalidade[19], a tendência jurisprudencial parece ser a consolidação da posição que acata meios alternativos para a comprovação dos prejuízos, sem a estrita vinculação com a transcrição do Livro Diário ou, de conformidade com o novo regramento, com a informação no Demonstrativo de Prejuízos Acumulados no Exterior.

É importante, porém, ponderar-se que, sempre, deve estar presente a preocupação de que os registros de prejuízos constem de meios de prova dotados de idoneidade irrefutável (ou pelo menos, sem dúvida razoável), já que as provas produzidas unilateralmente pelo sujeito passivo não podem ser impostas de modo vinculante ao Fisco (ROCHA, 2015), cabendo o seu sopesamento com outros meios de prova (FERRAGUT, 2016).

Interessante discussão se travou no julgamento do processo administrativo nº 16561.000204/2007-18. Naquele caso, a autoridade administrativa ignorou o prejuízo apurado em balancete e balanço apresentado pela autuada, em relação a controlada situada no exterior, uma vez que não foram apresentados os documentos em que se lastrearam os registros contábeis que produziram as referidas demonstrações. Ainda apontou que alguns lançamentos não possuiriam verossimilhança ou não teriam fundamento de acordo com as regras contábeis vigentes no Brasil. O CARF, porém, considerou que o balanço apresentado pela contribuinte atenderia ao art. 25 da

---

para comprovar a suspensão ou redução da estimativa. (**Vinculante**, conforme Portaria MF nº 277, de 07/06/2018, DOU de 08/06/2018).

[19] Além da citada Súmula CARF nº 93, cabe citar a Súmula CARF nº 143.

Lei nº 9.249, de 1995, e seria prova hábil suficiente para a demonstração dos prejuízos acumulados, não podendo a autoridade fiscal revisar os valores nele constantes[20].

De fato, revela-se absolutamente inadmissível que a autoridade fiscal brasileira venha a exigir a apresentação dos documentos que embasaram a elaboração da escrituração contábil das controladas situadas no exterior, pela patente inexistência de competência para tanto.[21] No caso de dúvidas razoáveis acerca do conteúdo das demonstrações elaboradas em outro país, caberia à autoridade brasileira a busca da confirmação das informações junto às autoridades estrangeiras, valendo-se, para tanto, dos meios legais disponíveis, dentre os quais aqueles previstos na Convenção sobre Assistência Mútua Administrativa em Matéria Tributária, de que trata o Decreto nº 8.842, de 29 de agosto de 2016.

O caso apreciado pelo CARF, no processo administrativo nº 16561. 720035/2012-95, abre a discussão acerca de outras possíveis exigências em relação à comprovação dos prejuízos apurados pelas controladas no exterior. É que, naquele julgamento[22], exigiu-se não apenas que as demonstrações elaboradas pelas controladas situadas no exterior estivessem traduzidas, mas também que houvessem sido submetidas a autenticação perante a autoridade consular brasileira. Diante da não-apresentação pela controladora de nenhuma demonstração contábil das controladas, a discussão acerca da exigência em questão não avançou. Cabe, porém, a apreciação de sua procedência, à luz da legislação nacional.

De fato, a Lei nº 6.051, de 31 de dezembro de 1973, exige, para que os documentos exigidos no exterior possam produzir efeitos em relação a terceiros no Brasil, a legalização perante a autoridade consular e a tradução para a língua portuguesa realizada por tradutor público juramentado

---

[20] Acórdão nº 1402-001.833, de 21 de outubro de 2104, Relator Conselheiro Carlos Pelá.

[21] Nesse sentido, Acórdão nº 1302-003.385, de 19 de fevereiro de 2019, Relator Gustavo Guimarães da Fonseca. Em sentido diverso, Acórdão nº 1101-001.205, de 21 de outubro de 2014, Relatora Conselheira Edeli Pereira Bessa, Acórdão nº 1201-001.690, de 17 de maio de 2017, Relator Conselheiro Roberto Caparroz de Almeida, e Acórdão nº 1401-001.578, de 5 de abril de 2016, Relator Conselheiro Guilherme Adolfo dos Santos Mendes.

[22] Acórdão nº 1401-002.198, de 21 de fevereiro de 2018, Relator Conselheiro Luiz Rodrigo de Oliveira Barbosa.

brasileiro[23]. A referida exigência é excepcionada em relação aos países signatários da "Convenção sobre a Eliminação da Exigência de Legalização dos Documentos Públicos Estrangeiros", da qual o Brasil faz parte desde 14 de agosto de 2016, para quem basta o apostilamento realizado no país emissor, conforme o Decreto nº 8.660, de 29 de janeiro de 2016. Cabe destacar, porém, que as Lei nº 9.249, de 1995, e 12.973, de 2014, apesar de expressamente exigirem a consularização para a comprovação do imposto pago no exterior, não trouxeram a mesma exigência em relação aos prejuízos apurados pelas controladas.

O mesmo julgado, ainda, permite a discussão de um outro tema. É que, naquele caso, uma das controladas se situava no Uruguai, tendo sido informado pela controladora que a legislação daquele país não exige a elaboração de nenhuma demonstração contábil, pelo que o elemento de prova apresentado (não para fins de comprovação do prejuízo, mas sim da apuração do resultado da controlada) foi a declaração de imposto de renda da controlada. Os elementos de prova apresentados pela controladora foram admitidos pela autoridade fiscal sem quaisquer críticas. Como o caso não envolvia prejuízo apurado na referida controlada, a questão da comprovação dos prejuízos apurados por controladas situadas em países que não exigem demonstrações contábeis não avançou. Mais uma vez, porém, é relevante aventar a discussão.

Apenas com a Instrução Normativa RFB nº 1.520, de 2014, tal matéria foi objeto de regulamentação. Consoante o art. 8º, §2º, daquela Norma, nos *"casos de inexistência de normas expressas que regulem a elaboração de demonstrações financeiras no país de domicílio da filial, sucursal, controlada ou coligada, estas deverão ser elaboradas com observância dos princípios contábeis geralmente aceitos, segundo as normas da legislação brasileira"*. A solução dada pelo legislador parece razoável.

Conclusões

Todas as problemáticas expostas no presente artigo revelam o grau de complexidade envolvido na tributação dos lucros auferidos por meio de empresas controladas situadas no exterior. Não por outra razão, nem mesmo a discussão acerca da constitucionalidade da Lei nº 9.249, de 1995, editada há mais de vinte anos, pôde ser encerrada de forma definitiva. Na mesma linha, resta

---

[23] Somente cumpridas as referidas exigências, a comprovação do prejuízo foi acatada no Acórdão nº 1201-001.241, de 10 de dezembro de 2015, Conselheiro Relator Marcelo Cuba Netto.

indefinida a questão da compatibilidade das regras de incidência sobre bases universais do IRPJ com os tratados para evitar a dupla tributação, matéria pendente de análise pelo Supremo Tribunal Federal e que vem sendo decidida, em regra, por meio de voto de qualidade, no âmbito do Conselho Administrativo de Recursos Fiscais (CARF).

A extensa produção doutrinária e jurisprudencial produzida, desde então, contudo, permitiu um aprimoramento e detalhamento das regras, o que pode ser acompanhado na jurisprudência administrativa e na nova legislação relacionada ao tema (Lei nº 12.973, de 2014, e Instrução Normativa RFB nº 1.520, de 2014). É bem verdade que a extinção da consolidação dos resultados das controladas indiretas nas controladas diretas, antes da submissão do resultado às controladoras situadas no Brasil, é nova matéria a suscitar extensa polêmica na doutrina e nos órgãos de jurisdição.

Especificamente, em relação ao foco principal do presente artigo, a análise da nova legislação e da jurisprudência das Turmas Ordinárias do CARF permite a constatação de que o grande desafio em relação à prova da existência dos prejuízos fiscais apurados pelas controladas no exterior diz respeito exatamente ao fato de que tais provas são produzidas em um outro país, em uma outra língua e moeda, e fora da jurisdição da autoridade tributária brasileira. Assim, embora observada, no âmbito da jurisprudência administrativa, certa tendência à mitigação das exigências meramente formais em relação à construção da prova, observa-se, em concomitância, o avanço da legislação no sentido de criar mecanismos mais eficazes para garantir a confiabilidade das informações de suporte (a exemplo do Demonstrativo de Prejuízos Acumulados no Exterior) e de possibilitar a verificação da acurácia na apuração de tais prejuízos (a exemplo das trocas internacionais de informações).

Considerando-se que os casos sob a incidência da nova legislação, ainda, não foram objeto de julgamento no CARF, os principais meios de prova observados na jurisprudência relacionada ao tema abordado continuam sendo as demonstrações contábeis, em relação às quais o histórico mostra que a melhor prática, no sentido de facilitar a construção probatória por parte dos sujeitos passivos e o seu reconhecimento por parte da administração tributária e dos julgadores administrativos, é a observância mais estrita possível das regras determinadas pela legislação para a elaboração, conversão em língua e moeda nacionais e autenticação das demonstrações contábeis de apuração dos prejuízos.

Referências

COSTA, Hugo Marcondes Rosestolato da. Lei nº 12.973/14: a nova sistemática de tributação dos lucros de sociedades estrangeiras controladas por empresas domiciliadas no Brasil. *In*: SAUNDERS, Ana Paula *et al.* (org.). *Estudos de tributação internacional*. v. 2. Rio de Janeiro: Lumen Juris, 2018. p. 123-149.

FERRAGUT, Maria Rita. *As provas e o direito tributário: teoria e prática como instrumentos para a construção da verdade*. São Paulo: Saraiva, 2016.

OCDE. *Designing effective controlled foreign company rules, action 3 – 2015 final report*. Paris: OECD Publishing, 2015. Disponível em: http://dx.doi.org/10.1787/9789264241152-en. Acesso em: 30 set. 2019.

OCDE. *Model tax convention on income and on capital 2017 (full version)*. Paris: OECD Publishing, 2019. Disponível em: https://doi.org/10.1787/g2g972ee-en. Acesso em: 30 set. 2019.

ROCHA, Sérgio André. A contabilidade como prova no processo administrativo fiscal. *In*: ROCHA, Sérgio André. *Estudos de direito tributário*. Rio de Janeiro: Lumen Juris, 2015. p. 287-306.

ROCHA, Sérgio André. São as regras brasileiras de tributação de lucros auferidos no exterior "Regras CFC"? análise a partir do relatório da ação 3 do Projeto BEPS, *In*: ROCHA, Sérgio André. *Estudos de Direito Tributário Internacional*. 1. ed. Rio de Janeiro: Lumen Juris, 2016. p. 64-67.

VASCONCELLOS, Roberto França; RUBINSTEIN, Flavio; VETTORI, Gustavo Gonçalves. Tributação das controladas e coligadas no exterior. *In*: DE SANTI, Eurico Marcos Diniz; ZILVETI, Fernando Aurélio (coord.). *Direito tributário: tributação internacional*. São Paulo: Saraiva, 2007. p. 158-189.

XAVIER, Alberto. A lei nº 12.973, de 13 de maio de 2014, em matéria de lucros no exterior: objetivos e características essenciais. *In*: ROCHA, Valdir de Oliveira (coord.). *Grandes questões atuais do direito tributário*. São Paulo: Dialética, 2014. p. 11-23.

XAVIER, Alberto. *Direito tributário internacional do Brasil*. 7. ed. Rio de Janeiro: Forense, 2010.

18. Declaração de compensação: da análise dos pedidos aos desafios probatórios

PAULO CEZAR FERNANDES DE AGUIAR
ROBERTO SILVA JUNIOR[1]

Introdução

Desde 1966, o Código Tributário Nacional – CTN previa, no seu art. 170, a compensação como uma das formas válidas de extinção da obrigação tributária. Embora prevista desde a década de sessenta, a compensação como meio de extinção do crédito tributário manteve-se no limbo por algum tempo, sem aplicação prática no âmbito federal, salvo nas hipóteses em que a Fazenda Pública se via impelida a restituir valores pagos indevidamente. Nesses casos, a compensação era feita por iniciativa da própria Administração que, antes de devolver os valores indevidamente vertidos aos cofres públicos, procedia à compensação com débitos do contribuinte, de modo que este só recebia aquilo que subsistisse à compensação.

Bernardo Ribeiro de Moraes (1994) dá notícia de que havia, em passado mais distante, uma resistência à compensação como forma de extinção do crédito tributário em razão da natureza especial do crédito público e da necessidade de uma arrecadação rápida.

---

[1] As opiniões contidas nesta publicação são reflexões acadêmicas dos próprios autores e não necessariamente expressam as posições defendidas por qualquer organização a qual estejam vinculados.

EFICIÊNCIA PROBATÓRIA E A ATUAL JURISPRUDÊNCIA DO CARF

Malgrado essa resistência, o CTN contemplou a compensação como forma de extinção do crédito tributário, mas seu emprego, no caso concreto, dependia de lei do poder tributante que assim o admitisse. A exigência de lei da entidade tributante fez com que a compensação, na prática, não se tornasse um meio efetivo de extinção da obrigação tributária.

Tal irrelevância prática da compensação levou Aliomar Baleeiro a fazer o seguinte comentário:

> No Direito Tributário o encontro de dívidas é raro e excepcional, como modo de extinção delas na medida em que se contrabalançam. A regra é o pagamento inexorável do crédito público, líquido e certo, por efeito da inscrição da dívida do sujeito passivo nos livros do sujeito ativo, salvo disposição legal em contrário. (BALEEIRO, 1994, p. 572).

No âmbito federal, esse quadro começou a mudar com o advento da Lei nº 8.383/1991, que, no art. 66[2], concedeu ao contribuinte realizar a compensação. A lei autorizou a compensação entre tributos e contribuições de mesma espécie quando do pagamento de débito correspondente a período subsequente, garantindo-se ao contribuinte, ao invés de fazer a compensação, requerer a restituição do indébito.

Na oportunidade, o então Departamento da Receita Federal, detalhando o procedimento de compensação, editou a Instrução Normativa DpRF nº 67/1992, definindo que a compensação poderia ser efetuada por iniciativa do próprio contribuinte, independentemente de prévia solicitação à unidade da Receita Federal, devendo manter em seu poder a documentação comprobatória da compensação efetuada, para eventual exibição à autoridade fiscal, enquanto não prescritas as eventuais ações que lhe fossem pertinentes.

---

[2] Art. 66. Nos casos de pagamento indevido ou a maior de tributos e contribuições federais, inclusive previdenciárias, mesmo quando resultante de reforma, anulação, revogação ou rescisão de decisão condenatória, o contribuinte poderá efetuar a compensação desse valor no recolhimento de importância correspondente a períodos subsequentes.

§ 1º A compensação só poderá ser efetuada entre tributos e contribuições da mesma espécie.

§ 2º É facultado ao contribuinte optar pelo pedido de restituição.

§ 3º A compensação ou restituição será efetuada pelo valor do imposto ou contribuição corrigido monetariamente com base na variação da Ufir.

§ 4º O Departamento da Receita Federal e o Instituto Nacional do Seguro Social (INSS) expedirão as instruções necessárias ao cumprimento do disposto neste artigo.

18. DECLARAÇÃO DE COMPENSAÇÃO: DA ANÁLISE DOS PEDIDOS AOS DESAFIOS PROBATÓRIOS

Segundo aquela instrução normativa, no preenchimento da DCTF[3], o contribuinte deveria informar o valor de cada tributo ou contribuição efetivamente apurado, não considerando eventuais ajustes decorrentes da compensação. O procedimento de compensação seria controlado na escrituração da pessoa jurídica. Posteriormente, a Instrução Normativa SRF nº 73/1996 determinou que na DCTF fosse inserida a informação das compensações efetuadas[4].

Com o advento da Lei nº 9.430/1996, permitiu-se a compensação entre quaisquer tributos e contribuições, mesmo de espécies diferentes, afastando-se, assim, da regra original e restritiva do art. 66 da Lei nº 8.383/1991[5].

A Instrução Normativa SRF nº 21/1997, respaldada na Lei nº 9.430/1996, passou a admitir, independentemente de requerimento, a compensação de tributos e contribuições da mesma espécie. Para tributos de espécies diferentes, a compensação havia de ser objeto de pedido à autoridade fiscal, nascendo a partir daí processo administrativo específico.

Em agosto de 2002, foi editada a Medida Provisória nº 66, convertida na Lei nº 10.637/2002, que alterou a redação do art. 74 da Lei nº 9.430/1996, concedendo ao contribuinte a possibilidade de compensar, mediante declaração por ele mesmo apresentada, quaisquer tributos e contribuições administrados pela Receita Federal, independentemente de serem da mesma espécie. A compensação passou a ter imediato efeito extinto do crédito tributário, embora sujeita a posterior homologação pela autoridade administrativa.

O art. 74 passou a ter a seguinte redação:

> Art. 74. O sujeito passivo que apurar crédito, inclusive os judiciais com trânsito em julgado, relativo a tributo ou contribuição administrado pela Secretaria da Receita Federal, passível de restituição ou de ressarcimento, poderá utilizá-lo na compensação de débitos próprios relativos a quaisquer tributos e contribuições administrados por aquele Órgão.

---

[3] Declaração de Débitos e Créditos Tributários Federais, documento no qual o contribuinte declara à Receita Federal os débitos, por ele mesmo apurados, relativos a tributos federais sujeitos ao lançamento por homologação.

[4] IN SRF nº 73/1996, art. 7º, inciso XI, §§ 1º e 2º.

[5] Art. 74. Observado o disposto no artigo anterior, a Secretaria da Receita Federal atendendo a requerimento do contribuinte, poderá autorizar a utilização de créditos a serem a ele restituídos ou ressarcidos para a quitação de quaisquer tributos e contribuições sob sua administração.

EFICIÊNCIA PROBATÓRIA E A ATUAL JURISPRUDÊNCIA DO CARF

§ 1º A compensação de que trata o caput será efetuada mediante a entrega, pelo sujeito passivo, de declaração na qual constarão informações relativas aos créditos utilizados e aos respectivos débitos compensados.

§ 2º A compensação declarada à Secretaria da Receita Federal extingue o crédito tributário, sob condição resolutória de sua ulterior homologação.

§ 3º Além das hipóteses previstas nas leis específicas de cada tributo ou contribuição, não poderão ser objeto de compensação:

I – o saldo a restituir apurado na Declaração de Ajuste Anual do Imposto de Renda da Pessoa Física;

II – os débitos relativos a tributos e contribuições devidos no registro da Declaração de Importação.

§ 4º Os pedidos de compensação pendentes de apreciação pela autoridade administrativa serão considerados declaração de compensação, desde o seu protocolo, para os efeitos previstos neste artigo.

§ 5º A Secretaria da Receita Federal disciplinará o disposto neste artigo.

Em 2002 se concluiu o processo iniciado em 1991 de alteração da legislação tributária federal que tirou do limbo a compensação, conferindo-lhe especial importância como modalidade de extinção do crédito tributário.

Seja pela praticidade, celeridade ou imediato efeito extintivo do débito compensado, a verdade é que a compensação passou a ser utilizada em larga escala pelos contribuintes. E, na esteira dessa utilização mais frequente, vieram as controvérsias, as dissensões e os litígios.

As controvérsias, na maioria dos casos, giram em torno de questões formais ligadas ao correto preenchimento das declarações de compensação, à interpretação da lei e dos atos normativos e, sobretudo, de questões relativas à matéria fática, ou seja, da prova da existência do fato de que decorre o direito do contribuinte e da determinação do montante do crédito.

1. Pagamento indevido

A compensação tem por pressuposto a reciprocidade das obrigações, de modo que as partes são mutuamente credoras e devedoras uma da outra. O mesmo se dá na compensação prevista como modalidade de extinção do crédito tributário. A Fazenda Pública é credora do tributo e, ao mesmo tempo, é devedora de uma prestação em dinheiro. Essa prestação em dinheiro, que é crédito do contribuinte contra a Fazenda, em geral decorre de pagamento indevido ou de saldo negativo de IRPJ ou de CSLL, que podem ser, a critério do contribuinte, objeto de pedido de restituição ou compensação.

O dever da Administração de devolver quantias indevidamente vertidas aos cofres públicos a título de tributo é decorrência do princípio da legalidade, pelo qual o contribuinte só está obrigado a pagar o que a lei determina. Além disso, todo pagamento indevido gera enriquecimento ilícito para quem o recebeu. Aqui entra em cena o princípio da moralidade: se o ordenamento jurídico repudia o enriquecimento ilícito do particular, pelas mesmas razões há de repudiar o enriquecimento ilícito pelo Estado.

Portanto, o dever de restituir o indébito decorre diretamente da Constituição Federal.

Não obstante, o CTN prevê de forma expressa e inequívoca a obrigação de restituir o indébito. A restituição, segundo o CTN, está condicionada apenas à comprovação de dois requisitos: primeiro, que o valor tenha sido recolhido aos cofres públicos; segundo, que esse pagamento não corresponda a qualquer obrigação existente ou que ele tenha sido feito em montante superior ao devido. Nenhuma outra prova precisa ser feita.

Desse ponto, o tributarista Hugo de Brito Machado trata com clareza:

> De acordo com o art. 165 do CTN, o sujeito passivo tem direito à restituição do tributo que houver pago indevidamente. Esse direito independe de prévio protesto, não sendo, portanto, necessário que ao pagar o sujeito passivo tenha declarado que o fazia "sob protesto". O tributo decorre da lei e não da vontade, sendo por isso mesmo irrelevante o fato de haver sido pago voluntariamente. Na verdade o pagamento do tributo só é voluntário no sentido da inocorrência de atos objetivando compelir alguém a fazê-lo. Mas é óbvio que o devedor do tributo não tem alternativas. Está obrigado por lei a fazer o pagamento.
>
> Estes esclarecimentos são interessantes porque no direito civil havia regra expressa dizendo que quem paga voluntariamente só terá direito à restituição se provar que o fez por erro (CC de 1916, art. 965). Aliás, essa regra chegou a ser invocada pelo Fisco para não restituir tributos, mas a tese foi repelida pelos tribunais, e hoje, diante do Código Tributário Nacional, dúvida não pode mais haver quanto ao direito à restituição.
>
> O erro a que se reportava a lei civil é um vício ou defeito na formação da vontade. No direito privado, nas obrigações nascidas a vontade, é de grande relevância o seu exame. Já, no direito tributário a vontade é irrelevante na formação

da relação jurídica. Assim, um contribuinte, mesmo sabendo que o tributo é indevido, se o paga, tem direito à restituição. O que importa é a demonstração de que o tributo é realmente indevido. (MACHADO, 2011, pp. 206 e 207).

Em se tratando de crédito oriundo de pagamento indevido de tributo, ao sujeito passivo cabe comprovar que houve o recolhimento do valor, ou seja, que determinada quantia ingressou nos cofres públicos, e provar que o pagamento não correspondia, no todo ou em parte, a uma obrigação existente.

O art. 170 do CTN menciona duas qualidades do crédito: a certeza e a liquidez. O contribuinte deve comprovar que o crédito existe e demonstrar o valor a que tem direito[6].

Parte dos processos relativos à declaração de compensação tem como ponto controverso a matéria fática relacionada a um destes dois requisitos: liquidez e certeza.

O ônus da prova é de quem procura o Fisco se dizendo titular de um direito creditório, que ele quer ver restituído ou compensado com outro débito.

Aqui aparece o problema da instrução probatória. É assente na jurisprudência do CARF que se deve permitir ao contribuinte fazer prova do indébito, ainda que o pagamento que se alega indevido esteja em conformidade com a DCTF, a DIPJ[7], ou qualquer outra declaração feita e apresentada pelo próprio contribuinte.

A retificação da DCTF ou da DIPJ depois da ciência da decisão que indefere a restituição do indébito, ou que não homologa a compensação declarada, não é, por si só, motivo para que o CARF negue provimento ao recurso voluntário. Mas a retificação tardia da declaração não é prova do indébito e, por isso, não afasta o ônus do contribuinte de provar o fato constitutivo de seu direito.

Esse entendimento, majoritário no CARF, foi expresso de forma didática no voto condutor do Acórdão nº 1301-004.018. No caso a que se refere o julgamento, a recorrente havia alegado que se equivocara na apuração do

---

[6] O Acórdão CARF nº 1101-000.568, de 2011, decidiu que cabe ao contribuinte comprovar a existência do crédito pleiteado contra a Fazenda Pública, concluindo que não é necessário à Administração comprovar a inexistência do direito.

[7] Declaração de Informações Econômico-Fiscais da Pessoa Jurídica, extinta desde 2014, conforme a Instrução Normativa RFB nº 1.422/2013.

tributo, sendo levada por esse erro a informar erroneamente o débito na DCTF e a recolher um valor indevido. Apresentada a declaração de compensação, o Fisco não a homologou, ao argumento de que o valor tinha sido utilizado para extinguir o débito informado pelo próprio contribuinte.

Só depois de intimada da decisão denegatória, a contribuinte retificou a DCTF para corrigir o erro, informando o valor efetivamente devido. A impugnação e o posterior recurso ao CARF foram instruídos com a DCTF retificadora, mas não se fizeram acompanhar de nenhuma prova do erro cometido.

O relator do processo, naquela ocasião, demonstrou de forma clara e precisa a possibilidade de retificar as declarações depois da intimação da decisão denegatória, mas ao mesmo tempo enfatizou a necessidade de comprovar, mediante documentação fiscal e contábil, a existência do erro e, consequentemente, do direito ao crédito. Eis os fundamentos expressos no voto:

> Em primeiro lugar, é preciso pontuar que, a despeito da DCTF ser uma declaração com eficácia constitutiva do crédito tributário, referindo-se à obrigação nascida de fato gerador realizado pelo contribuinte, dotado de liquidez e certeza, inclusive para fins de cobrança em caso de inadimplemento, o indébito tributário decorre da lei, mais especificamente do disposto no art. 165 do Código Tributário Nacional[8].
>
> Veja-se, portanto, que o art. 165, I dispõe que a identificação do indébito deve se dar à luz do que seria devido em face da legislação tributária aplicável, e não do que foi confessado pelo contribuinte em sua DCTF. Estabelece, pois, de forma clara e literal o parâmetro de cotejo para o pagamento ou cobrança realizado – aquilo que seria devido à luz da lei, e não aquilo que entendeu devido

---

[8] Art. 165. O sujeito passivo tem direito, independentemente de prévio protesto, à restituição total ou parcial do tributo, seja qual for a modalidade do seu pagamento, ressalvado o disposto no § 4º do artigo 162, nos seguintes casos:
I – cobrança ou pagamento espontâneo de tributo indevido ou maior que o devido em face da legislação tributária aplicável, ou da natureza ou circunstâncias materiais do fato gerador efetivamente ocorrido;
II – erro na edificação do sujeito passivo, na determinação da alíquota aplicável, no cálculo do montante do débito ou na elaboração ou conferência de qualquer documento relativo ao pagamento;
III – reforma, anulação, revogação ou rescisão de decisão condenatória.

o contribuinte, ao realizar a sua declaração no contexto de um lançamento por homologação.

Procura-se, pois, uma correspondência com os fatos efetivamente ocorridos, verificáveis mediante o acervo probatório a ser produzido no bojo do processo administrativo, pelo contribuinte, e não em relação apenas a declarações emitidas pelo contribuinte – original e retificadora – que evidenciem divergências e constituam indébitos tributários.

Desse modo, parece-nos que mesmo nas hipóteses em que o contribuinte não tenha efetuado a retificação de sua DCTF, uma vez demonstrada de forma inequívoca, por meio de documentação contábil e fiscal suficiente, a existência do indébito em relação àquilo que deveria ter sido pago originalmente, há que se reconhecer o direito creditório, ficando a retificação das declarações a cabo da própria fiscalização, de ofício.

Além disso, a DIPJ transmitida pelo contribuinte também deve ser levada em consideração, para fins de verificação de indébito tributário, especialmente diante da ausência de retificação da DCTF, não ensejando esta circunstância a perda do direito creditório, uma vez que a IN SRF nº 166/99[9] reconhece a produção de efeitos daquela declaração (DIPJ), para fins de restituição e/ou compensação de tributos.

Assim, o fato do contribuinte não ter retificado sua DCTF, ou mesmo tendo retificado a após a prolação do despacho decisório para reduzir o tributo originalmente informado, não implica a perda do direito creditório, tampouco implica no direito da Fiscalização de limitar a sua análise apenas às informações prestadas em DCTF, mormente diante da existência de informações advindas da produção de provas pelo contribuinte, ou mesmo pelo banco de dados da Receita Federal, cabendo à atividade de fiscalização confrontar o acervo probatório que documenta a materialidade tributável com os tributos pagos, para verificar efetivamente a existência do indébito tributário.

---

[9] Instrução Normativa SRF nº 166/1999:
Art. 4º Quando a retificação da declaração apresentar imposto menor que o da declaração retificada, a diferença apurada, desde que paga, poderá ser compensada ou restituída.
Parágrafo único. Sobre o montante a ser compensado ou restituído incidirão juros equivalentes à taxa referencial do Sistema Especial de Liquidação e Custódia – SELIC até o mês anterior ao da restituição ou compensação, adicionado de 1% ao mês da restituição ou compensação, observado o disposto no art. 2º, inciso I, da Instrução Normativa SRF nº 22, de 18 de abril de 1996.

18. DECLARAÇÃO DE COMPENSAÇÃO: DA ANÁLISE DOS PEDIDOS AOS DESAFIOS PROBATÓRIOS

Ademais, entendo que a redação do art. 165, I do CTN torna despicienda eventual invocação do "princípio da verdade material", pois a sua redação já estabelece que mero erro formal no preenchimento de declaração acessória, desde que devidamente comprovada por outros elementos de prova, não teria o condão, para invalidar ou mesmo macular eventual direito creditório do contribuinte, que decorre de pagamento a maior em relação àquilo que seria devido à luz da legislação aplicável. (Acórdão nº 1301-004.018, relator Conselheiro Carlos Augusto Daniel Neto)

Mesmo havendo erro na DCTF, ou em qualquer outra declaração, isso não obsta, nem anula um eventual direito de crédito decorrente de pagamento indevido. Mas o contribuinte tem de demonstrar o erro. Em geral, a prova é feita mediante a apresentação de documentos fiscais e contábeis, ou seja, notas fiscais, faturas, contratos, comprovantes de depósito bancário, extratos bancários, borderôs de desconto de duplicatas e outros documentos, conforme o caso. Também podem fazer prova em favor do contribuinte os livros fiscais e contábeis, desde que os respectivos registros estejam respaldados por documentação idônea.

O problema que amiúde se enfrenta nos julgamentos do CARF diz respeito ao momento em que a prova documental pode ser apresentada, ou até quando o contribuinte pode apresentar a prova no processo administrativo.

A matéria está longe de ser pacífica. Existem decisões que consideram precluso o direito do contribuinte de apresentar provas depois da impugnação. Os adeptos desse entendimento fazem uma interpretação literal do § 4º do art. 16 do Decreto nº 70.235/1972[10], considerando precluso o direito de apresentar provas em outro momento do processo administrativo, salvo as situações excepcionais previstas no próprio dispositivo.

Há decisões, entretanto, que, flexibilizando essa regra, têm admitido a apresentação de novos documentos até na fase recursal.

---

[10] Art. 16. A impugnação mencionará:
(...)
§ 4º A prova documental será apresentada na impugnação, precluindo o direito de o impugnante fazê-lo em outro momento processual, a menos que:
a) fique demonstrada a impossibilidade de sua apresentação oportuna, por motivo de força maior;
b) refira-se a fato ou a direito superveniente;
c) destine-se a contrapor fatos ou razões posteriormente trazidas aos autos.

A Câmara Superior de Recursos Fiscais, no Acórdão nº 9101-004.401, sem negar vigência ao § 4º do art. 16 do Decreto nº 70.235, temperou o rigor do dispositivo com as disposições da Lei nº 9.784/1999, em especial seu o art. 38[11].

Com esses fundamentos, a Câmara Superior aceitou documentos apresentados depois da interposição do recurso, determinando o retorno do processo à Câmara de origem para novo julgamento:

> Respeitosamente, divirjo da conclusão da ilustre Relatora de que, ao considerar tais documentos para formar a convicção quanto à improcedência do lançamento, o acórdão recorrido fez tábula rasa da previsão contida no art. 16, § 4º, do Decreto 70.235/1972.
>
> Na verdade, minha percepção converge para o sentido oposto, eis que, considerando o contexto do presente processo administrativo, entendi que tais documentos visaram apenas a complementar as provas já trazidas aos autos e, neste sentido, sua apresentação ocorre no contexto do diálogo das provas, sendo sua admissão corolário da regra excepcional prevista no § 4º do artigo 16 do Decreto 70.235/1972.
>
> No caso, conforme relatado, o contribuinte apresentou tempestivamente sua impugnação, juntando documentos, e depois o recurso voluntário, com mais documentos. Até aqui não se discute a admissibilidade das provas.
>
> Todavia, passados os 30 dias do recurso voluntário, mas ainda sem que houvesse previsão de data para a sessão de julgamento (que viria a ocorrer cerca de 2 anos depois), o contribuinte junta aos autos laudos/relatórios da Fundação Instituto de Pesquisas Contábeis, Atuariais e Financeiras – FIPECAFI, da Moore Stephens Auditores Independentes e da BDO Trevisan, objetivando demonstrar a validade dos critérios e procedimentos relativos ao Convênio de Rateio de Custos, que foi o objeto da autuação.
>
> Discute-se, especificamente, a admissibilidade de análise e consideração, pelos então julgadores, de tais documentos.

---

[11] Art. 38. O interessado poderá, na fase instrutória e antes da tomada da decisão, juntar documentos e pareceres, requerer diligências e perícias, bem como aduzir alegações referentes à matéria objeto do processo.

§ 1ºOs elementos probatórios deverão ser considerados na motivação do relatório e da decisão.

§ 2º Somente poderão ser recusadas, mediante decisão fundamentada, as provas propostas pelos interessados quando sejam ilícitas, impertinentes, desnecessárias ou protelatórias.

Importante observar que os laudos/relatórios em questão não visaram, por si sós, constituir a prova que o contribuinte estava obrigado a demonstrar, mas apenas sistematizar as informações constantes dos documentos comprobatórios que ele já havia tempestivamente apresentado.

Sobre o tema, tenho observado que, em regra, as provas documentais, assim como os fundamentos de defesa e pedidos de diligência, devem ser apresentados por ocasião da impugnação/manifestação de inconformidade, precluindo o direito de o contribuinte fazê-lo em outro momento processual, nos termos do artigo 16 do Decreto 70.235/1972.

Como exceções, temos os casos expressamente previstos na legislação (v.g. os do § 4º do artigo 16 do Decreto 70.235/1972), bem como as hipóteses em que o argumento possa ser conhecido de ofício pelo julgador, quer por tratar de matéria de ordem pública, quer por ser necessário à formação do seu livre convencimento.

Sobre o livre convencimento do julgador, observo que, muito embora no processo administrativo este seja um princípio ampliado – em virtude da busca da verdade material que o orienta – tal mandamento também encontra limites, devendo-se fazer uma interpretação integrada do ordenamento jurídico.

Nesse passo, compreendo que a aplicação de tal princípio – bem como a de dispositivos constantes de outros diplomas legais, tais como o artigo 38 da Lei nº 9.784/19991 – não pode esvaziar o conteúdo expresso das regras que regem especificamente o processo administrativo fiscal, em especial o artigo 16 do Decreto 70.235/1972. A palavra chave neste caso é diálogo.

A doutrina assim compreende o princípio da verdade material:

"O princípio da verdade material, também denominado de liberdade na prova, autoriza a administração a valer-se de qualquer prova que a autoridade julgadora ou processante tenha conhecimento, desde que a faça trasladar para o processo. E a busca da verdade material em contraste com a verdade formal **Enquanto nos processos judiciais o Juiz deve cingir-se às provas indicadas no devido tempo pelas partes, no processo administrativo a autoridade processante ou julgadora pode, até o julgamento final, conhecer de novas provas**, ainda que produzidas em outro processo ou decorrentes de fatos supervenientes que comprovem as alegações em tela". (MEIRELLES. Hely Lopes. Direito Administrativo Brasileiro. 37ª edição. São Paulo: RT, 2011, p. 581. grifamos)

O livre convencimento do julgador, orientado pela busca da verdade material, encontra-se positivado no artigo 29 do Decreto 70.235/1972, que estabelece:

Art. 29. Na apreciação da prova, a autoridade julgadora formará livremente sua convicção, podendo determinar as diligências que entender necessárias.

Assim, por exemplo, há casos em que, não obstante não tenha sido aventado pelas partes, o argumento ou informação pode ser conhecido de ofício pelo julgador, seja por tratar de matéria de ordem pública, de revisão de ato ilegal, ou por ser necessário à formação do seu livre convencimento, também em vista da vedação ao *non liquet* (dever de decidir).

Isso não implica dizer que o livre convencimento do julgador não encontre limites e, é bem verdade, estes estão no próprio ordenamento jurídico, não se podendo admitir uma aplicação ampla deste princípio/regra que esvazie o teor de outras regras positivadas e, presumidamente, constitucionais.

Daí porque a livre convicção que orienta a busca pela verdade material não deve ser tão plena a ponto de se rechaçar por completo a aplicação do artigo 16 do Decreto 70.235/1972, que expressamente prevê o momento oportuno para a apresentação de provas e também traz as situações de exceção.

(...)

Como se sabe, não existe princípio pleno, até porque naturalmente uns podem parecer contrários a outros em determinadas situações concretas. Por outro lado, é de se considerar que as regras em vigor têm presunção de legalidade e constitucionalidade e não podem ser puramente ignoradas a depender do caso. Diante disso, deve-se buscar uma interpretação da regra para o caso concreto que a compatibilize com as demais regras e também com os princípios norteadores do tema.

Especificamente, não se pode negar que o processo administrativo é regido pela busca pela verdade material, mas isso também não significa afirmar que esta seja ilimitada.

Uma interpretação compatível entre os princípios e regras em jogo revela que os princípios do livre convencimento e da busca pela verdade material servem de norte para impedir uma interpretação demasiadamente estrita das hipóteses de exceção previstas no § 4º do artigo 16 do Decreto 70.235/1972, mas nunca para negar a sua aplicação.

Por exemplo, quando a alínea "c" permite a apresentação de provas posterior à impugnação para "contrapor fatos ou razões posteriormente trazidas aos autos", tal hipótese pode ser entendida como impondo à parte uma necessária correlação entre a prova inauguralmente trazida e o contexto processual, ou seja, ela traz o requisito da dialeticidade – de diálogo entre provas, argumentos e decisões.

18. DECLARAÇÃO DE COMPENSAÇÃO: DA ANÁLISE DOS PEDIDOS AOS DESAFIOS PROBATÓRIOS

É nesse sentido que entendo como aplicável a alínea "c" do § 4º do artigo 16 do Decreto 70.235/1972 ao caso dos autos.

Sem embargo, compreendo válido ressaltar que situações mais extremas – a exemplo de permitir a apresentação de provas novas até um momento processual outro que não a impugnação, sem que haja qualquer diálogo entre tal prova e o contexto dos autos até então – já significaria alargar demasiadamente o princípio, negando com isso a aplicação de uma regra positivada, o que deve ser evitado.

Nesse passo, observo também que a Lei 9.784/1999, que regula o processo administrativo no âmbito da Administração Pública Federal, é aplicável apenas subsidiariamente ao Decreto 70.235/1972 (que tem status de lei ordinária), conforme esclarece o próprio artigo 69 daquele diploma legal. Assim, por exemplo, se, em um caso concreto, a aplicação do artigo 38 da Lei 9.784/1999 resultar no completo afastamento do disposto no artigo 16 do artigo 70.235/1972 e seus parágrafos, a exegese estará, com a devida vênia, equivocada para tal caso.

Estas são as razões pelas quais, também quanto à questão acerca da análise de documentos juntados após o prazo do recurso voluntário, com o devido respeito ao voto da ilustre Relatora, orientei meu voto para negar provimento ao recurso da Fazenda Nacional. (Acórdão nº 9101-004.401, relatora Conselheira Lívia De Carli Germano)

2. Diligência e perícia

No que tange a diligências e perícias, há decisões no sentido de que nenhuma das duas se presta a suprir deficiência probatória imputável ao contribuinte (Acórdãos nº 3403-002.477, de 2013, e 1301-003.963, de 2019). Não se determina diligência para juntar aos autos documentos cuja guarda e conservação cabiam ao contribuinte, sem prejuízo do disposto no art. 37 da Lei nº 9.784/1999, que dispõe que quando o interessado declarar que fatos e dados estão registrados em documentos existentes na própria Administração responsável pelo processo ou em outro órgão administrativo, o órgão competente para a instrução proverá, de ofício, a obtenção dos documentos ou das respectivas cópias.

Ainda quanto ao ônus da prova, não se pode esquecer do art. 166 do CTN, que condiciona a restituição de tributos que, por sua natureza, comportem a transferência do respectivo encargo financeiro, à prova da assunção do encargo ou, no caso de transferência a terceiro, haver autorização deste para o recebimento do respectivo valor.

Embora o dispositivo se refira à hipótese de restituição, a regra é também aplicável aos casos de compensação, quando o crédito advém do pagamento de tributos indiretos[12].

A Súmula 546 do Supremo Tribunal Federal dispõe que cabe restituição de tributo pago indevidamente, quando reconhecido por decisão, que o contribuinte "de jure" não recuperou do contribuinte "de facto" o "quantum" respectivo.

Na jurisprudência administrativa uma decisão, quanto a essa matéria, pode ser destacada. Trata-se do o Acórdão nº 3403-002.554, de 2013, que cuidou do pedido de restituição do PIS/Pasep, da Cofins e do Imposto sobre Produtos Industrializados (IPI) em face do cancelamento da Declaração de Importação.

A decisão de primeira instância denegatória do crédito, e que motivou o recurso ao CARF, está fundamentada em *"falta de comprovação da assunção do encargo financeiro sem repasse a terceiros dos valores dos tributos"*.

Na decisão do CARF, o direito creditório foi deferido, já que o sujeito passivo a pleiteá-lo foi o pagador dos tributos, ou seja, quem efetivamente sofreu o ônus, uma vez que a importação havia sido realizada diretamente para ele.

Há também o Acórdão nº 9303-003.168, de 2014, da 3ª Turma da Câmara Superior de Recursos Fiscais. No caso, o processo tinha por objeto a restituição de Imposto sobre a Importação (II) que, de acordo com o voto do conselheiro relator, não comporta transferência do encargo a terceiro.

Em face da escassa jurisprudência administrativa sobre a matéria, é oportuno enfatizar também que há decisão do Superior Tribunal de Justiça (STJ), na qual se considerou que somente o contribuinte de direito, aquele que efetivamente pagou o tributo, é quem tem legitimidade para pleitear a restituição (REsp nº 903.394-AL, relator Min. Luiz Fux), e também, em sentido contrário, que reconheceu legitimidade do contribuinte de fato para pleitear tal direito, fazendo menção de que não se aplica a decisão anterior (REsp nº 1.299.303-SC, relator Min. Cesar Asfor Rocha).

3. Do prazo para verificar livros e documentos fiscais

Questão recorrente diz respeito ao prazo de que dispõe o Fisco para examinar livros e documentos do contribuinte, a fim de verificar a existência do

---

[12] Aqui se utiliza a expressão tributo indireto para aqueles que, por sua natureza, comportem a transferência do encargo a terceiro.

18. DECLARAÇÃO DE COMPENSAÇÃO: DA ANÁLISE DOS PEDIDOS AOS DESAFIOS PROBATÓRIOS

direito creditório. A outra face do problema é saber durante quanto tempo o contribuinte que pede restituição ou apresenta uma declaração compensação está obrigado a conservar livros e documentos fiscais e contábeis.

No Acórdão nº 1101-000.568 de 2011, ficou decidido que, em casos de pedidos de restituição ou declaração de compensação, não há limite temporal para examinar livros, documentos e declarações, a fim de averiguar a certeza e a liquidez do crédito do sujeito passivo. O prazo decadencial é do direito de efetuar o lançamento de eventual tributo devido e não pago, mas não impede a Administração de efetuar o exame de livros e documentos relacionados ao crédito pleiteado. Infere-se, portanto, que a apresentação desses documentos, mesmo já decorrido o prazo decadencial para o lançamento tributário, é do interesse do contribuinte, para a prova do seu direito. Na mesma linha, os Acórdãos 3403-002.477, de 2013, 3802-002.606, de 2014, 1301-003.963, de 2019 e o Acórdão 9303-009.181, de 2019, da 3ª Turma da Câmara Superior de Recursos Fiscais.

4. Saldo negativo de IRPJ e de CSLL

As normas de apuração do IRPJ e da CSLL pelo lucro real anual impõem ao contribuinte submetido a essa sistemática fazer recolhimentos mensais por estimativa. Além desses recolhimentos, a lei também prevê inúmeros casos em que receitas recebidas ficam sujeitas à incidência na fonte. Tanto os recolhimentos por estimativa, quanto as retenções na fonte têm natureza de antecipação do tributo devido no final do período. Findo o período de apuração, o contribuinte deve colocar frente a frente o débito apurado e a soma das antecipações. Se esta superar o valor devido no ano, a diferença será crédito em favor do contribuinte contra a Fazenda. Esse crédito é chamado saldo negativo e é largamente usado nas declarações de compensação.

Das compensações envolvendo saldo negativo que chegam ao CARF, a grande maioria se refere às antecipações, ou seja, pagamento e compensação de estimativas, imposto retido na fonte e pagamento no exterior de imposto incidente sobre lucros auferidos, rendimentos e ganhos de capital também no exterior.

A verificação do crédito referente a saldo negativo traz de volta a discussão acerca do limite temporal para a verificação do correto valor do saldo negativo, especialmente no que diz respeito às parcelas que o compõem.

Prevalece o entendimento de que a verificação não se submete ao prazo decadencial previsto no artigo 150, § 4º, do CTN, nem tampouco ao previsto no artigo 173, inciso I, do mesmo diploma legal. Essa foi a conclusão adotada no Acórdão nº 1401-003.627, sessão de 18 de julho de 2019. No mesmo sentido, o Acórdão nº 1401-003.502, sessão de 12 de junho de 2019.

Ali se verifica, mais uma vez, a possibilidade de a averiguação quanto às parcelas que compõem o saldo negativo extrapolarem o prazo pretérito de cinco anos contados do último dia do exercício. Além disso, restou inequívoco o entendimento de que a guarda dos documentos para comprovação das parcelas é de responsabilidade do contribuinte, independentemente do prazo decorrido entre o fato e a análise do crédito, não havendo direito do contribuinte à realização de diligências para que seja suprida a ineficiência probatória a seu cargo.

Ponto específico no que tange ao direito creditório decorrente de saldo negativo e sua comprovação é o erro formal na indicação do fato gerador do crédito. Muitas vezes o requerente indica valor relativo a uma ou mais estimativas apuradas, ao invés do próprio saldo negativo.

Como pode ser visto no Acórdão nº 9101-004.200, sessão de 9 de maio de 2019, da 1ª Turma da Câmara Superior de Recursos Fiscais, o caso tomou grande proporção chegando até essa instância administrativa.

Ficou decidido nesse acórdão que, mesmo que haja erro de natureza formal, ele não é óbice ao reconhecimento do direito creditório, desde que comprovado que tenha havido a apuração do saldo negativo no período.

Como se percebe, para a controvérsia ter chegado até essa instância (Câmara Superior), houve decisões divergentes nas Câmaras baixas. Exemplo de uma decisão divergente é o Acórdão nº 1003-000.933, da 1º Turma Extraordinária da 1ª Seção do CARF, sessão de 8 de agosto de 2019, que emitiu entendimento no sentido de que a retificação do PER/Dcomp só pode ocorrer até a decisão administrativa, entenda-se Despacho Decisório emitido pela Delegacia da Receita Federal. Tal entendimento tem base em instrução normativa da Receita Federal do Brasil.

Explicitou o relator que, delimitada a amplitude do exame do direito creditório pelo preenchimento do PER/Dcomp, após instaurado o contencioso administrativo não mais é admitida a alteração do pedido, procedimento que desnaturaria o objeto da lide. Concluiu ainda que tal retificação não pode ocorrer por não se tratar de mera correção de inexatidões materiais devidas a lapso manifesto, nem erros de escrita ou cálculo, mas consubstanciar-se em "retratação de situação nova não passível de convalidação" não sujeita à aceitação no momento processual, qual seja, depois de emitido o

Despacho Decisório, consubstanciando-se em "inovação da matéria tratada nos autos".

Contudo, como visto mais acima, essa posição tem sido revertida pela Câmara Superior de Recursos Fiscais.

No Acórdão nº 1301-003.954, sessão de 12 de junho de 2019, prevaleceu o entendimento de que a alegação do erro deve vir acompanhada da demonstração deste e dos documentos hábeis a comprová-lo, não se admitindo a alegação genérica, que "atrairia para o órgão julgador o encargo de refazer todo o levantamento a fim de encontrar o erro ou de provar que ele não existe".

Quanto ao saldo negativo, algumas situações são recorrentes. A primeira diz respeito à comprovação de uma das parcelas do saldo negativo, qual seja, o valor retido na fonte.

Inicialmente, abordar-se-á a questão relativa à comprovação de que o valor foi efetivamente retido.

Conforme explicitado no Acórdão nº 1401-003.140, sessão de 20 de fevereiro de 2019, muito embora o contribuinte tenha apresentado os comprovantes de retenção emitidos pelas fontes pagadoras, o batimento feito pelo sistema da Receita Federal do Brasil não logrou êxito em sua totalidade, ou seja, nem todos os valores retidos que estavam explicitados nos comprovantes de retenção foram reconhecidos pelo sistema que utilizava a base de dados das DIRFs[13] apresentadas pelas respectivas fontes pagadoras.

Verifica-se, portanto, que, no caso, as DIRFs apresentadas pelas fontes pagadoras adquiriram uma grande importância, uma vez que os créditos reconhecidos foram somente aqueles constantes nessas declarações.

Já em sentido contrário, há o Acórdão nº 1201-002.689, sessão de 12 de dezembro de 2018, em que outros documentos são aceitos para a comprovação do valor retido na fonte.

Nessa decisão, vê-se que o valor probante da DIRF não é objeto de questionamento, uma vez que, como ali consta, a comprovação do valor retido, exigida tanto na análise para fins de emissão de Despacho Decisório quanto para a decisão de primeira instância, foi condicionada à apresentação dos informes de rendimentos, não tendo sido aceitos outros documentos para esse fim.

---

[13] Declaração do Imposto de Renda Retido na Fonte.

Como pode ser ali visto, foi aceito para fins de comprovação da retenção dos valores a prova de que o contribuinte incluiu a receita dentre aquelas tributáveis no período e o destaque da retenção em sua escrituração contábil e na DIPJ.

Também, relativamente à comprovação da CSLL retida na fonte, foi proferido o Acórdão nº 1402-003.992, sessão de 28 de julho de 2019, em que não foram apresentados os comprovantes de retenção. No entanto, a direção do voto do relator é no sentido de que eles não são imprescindíveis.

Trata-se ali de retenção de CSLL efetuada por órgão público. Pelo que se vê no voto condutor do acórdão, a falta do comprovante de retenção, nos termos definidos pela legislação, pode ser suprida por outros meios probatórios, como por exemplo, escrituração contábil e notas fiscais, desde que corroborados por extratos do sistema SIAFI.

Nesse ponto, cabe uma indagação: uma vez que a emissão do informe de rendimentos com a indicação dos valores retidos, assim como a DIRF, são atos de terceiros, se não houver nem a emissão do primeiro nem a declaração, como o contribuinte poderia fazer a comprovação dos valores retidos?

Por certo que o direito creditório do contribuinte não pode ficar atrelado a obrigações de terceiros alheios à relação processual e, muito embora ainda possa haver divergências, a jurisprudência administrativa pende para a aceitação de outras provas, desde que consistentes, para a comprovação dos valores retidos.

Nesse sentido, o Acórdão nº 1402-002.335, sessão de 5 de outubro de 2016, em que, mesmo não sendo apresentado o comprovante de retenção pela fonte pagadora, não pode haver a penalização do contribuinte por esse motivo, abrindo-se a possibilidade da comprovação por outros meios.

Também, no Acórdão nº 1201-003.031, sessão de 17 de julho de 2019, a relatora, muito embora vencida no ponto mas por outra razão, reconhece que o erro ou a omissão de um terceiro na relação processual "não pode de forma alguma obstar o direito ao aproveitamento desses créditos".

A mesma conclusão é extraída do voto condutor do Acórdão nº 9101-003.437, da Câmara Superior de Recursos Fiscais, sessão de 7 de fevereiro de 2018, relator Cons. Rafael Vidal de Araújo.

(...) Não há como prejudicar um contribuinte por falha/infração cometida por outro. No caso, negar o direito de aproveitamento de retenção na fonte sofrida pelo beneficiário de um rendimento em razão de a fonte pagadora descumprir o

18. DECLARAÇÃO DE COMPENSAÇÃO: DA ANÁLISE DOS PEDIDOS AOS DESAFIOS PROBATÓRIOS

dever instrumental de emitir e lhe fornecer o respectivo comprovante de rendimentos e de retenção na fonte.

Não há como impor um ônus para um contribuinte cujo atendimento depende única e exclusivamente de conduta a ser praticada por outro contribuinte (emissão de comprovante de rendimentos e de retenção na fonte).

A imagem de um empregado/servidor que recebe pagamento descontado do IR-Fonte e que não pode computar essa retenção na sua declaração de rendimentos porque a fonte pagadora não emitiu o correspondente informe de rendimentos e de retenção na fonte ilustra bem o que está sendo dito.

O sentido que se dá ao texto da lei não pode conflitar de forma tão flagrante com o sistema jurídico.

Se a fonte pagadora não emite o referido comprovante, ou se o beneficiário do pagamento não tem como obter esse documento da fonte pagadora (e isso pode ocorrer em função de várias situações), não se pode negar ao beneficiário do pagamento o direito ao aproveitamento da retenção que este sofreu e que consegue comprovar com outros meios de prova. (Acórdão nº 9101-003.437, Relator Conselheiro Rafael Vidal de Araújo)

Situação bastante emblemática é a concernente à parcela do saldo negativo que advém de tributos retidos na fonte relativos a receitas financeiras.

Como é sabido, para fins fiscais, algumas receitas financeiras das pessoas jurídicas têm de ser reconhecidas pelo regime de competência, ocorrendo a tributação no exercício financeiro em que se dá tal reconhecimento. Todavia, as fontes pagadoras promovem a retenção dos tributos quando da liquidação do contrato, que pode se dar em exercício posterior. Assim, apenas nesse exercício é que ocorre a escrituração e o aproveitamento do tributo retido.

Muitas vezes ocorre de o imposto retido na fonte não ser aceito na composição do saldo negativo, sob o argumento de que as respectivas receitas não terem sido oferecidas à tributação. Esse entendimento se encontra consolidado na jurisprudência do CARF e está expresso na Súmula CARF 80[14].

Um exemplo disso tem-se no Acórdão nº 1402-001.679, sessão de 7 de maio de 2014, muito embora as receitas e a retenção não se refiram a

---

[14] SÚMULA CARF 80: Na apuração do IRPJ, a pessoa jurídica poderá deduzir do imposto devido o valor do imposto de renda retido na fonte, desde que comprovada a retenção e o cômputo das receitas correspondentes na base de cálculo do imposto.

exercícios diferentes, mas a declarações diversas, tendo-se em vista a cisão parcial ocorrida.

Vê-se nessa decisão que a pessoa jurídica havia escriturado receitas decorrentes de mútuo no período compreendido entre 1º de janeiro de 2002 a 31 de março de 2002. Em face da cisão parcial, houve a apresentação da DIPJ relativa a esse período (especial: cisão parcial). Contudo, os valores retidos pelas fontes pagadoras só foram escriturados e declarados na DIPJ relativa ao período posterior, ou seja, de 1º de abril de 2002 a 31 de dezembro desse mesmo ano.

Tendo como motivação que as receitas a que se referiam as retenções não haviam sido oferecidas à tributação no período em que estas últimas (retenções) foram utilizadas para a composição do saldo negativo, houve a glosa do valor retido após a análise do pedido pela unidade da Receita Federal competente e, no Despacho Decisório, o consequente indeferimento do direito creditório. A decisão de primeira instância também foi nessa mesma linha.

No voto condutor do aludido acórdão do CARF, ficou claramente demonstrado que os registros contábeis apresentados pelo contribuinte atestam que a receita decorrente dos contratos de mútuo foi devidamente escriturada, parte em anos calendários anteriores a 2002 e parte no período compreendido entre 1º de janeiro de 2002 a 31 de março de 2002. Entretanto, a escrituração do IRRF só ocorreu em maio e dezembro de 2002, sendo tais parcelas informadas na correspondente DIPJ que englobou tais meses.

Confirmados esses fatos pelo referido acórdão, foi dado provimento integral ao recurso do contribuinte, sob o fundamento de que a retenção do IRPJ só ocorre quando da liquidação do contrato de mútuo e o seu recolhimento deve ocorrer até o terceiro dia útil da semana subsequente ao da ocorrência do fato gerador, nos termos do art. 865 do Regulamento do Imposto de Renda então em vigor (Decreto nº 3.000/1999). Embora o reconhecimento da receita seja *pro rata tempore*, a retenção e a informação em DIRF seguem o regime de caixa.

Situação semelhante se vê no Acórdão nº 1301-003.454, sessão de 18 de outubro de 2018, que trata de juros sobre o capital próprio (JCP).

Restaram comprovadas a retenção e a quitação do IRRF relativo ao pagamento de JCP, por meio da escrituração contábil e fiscal da fonte pagadora.

Ocorre que não havia a prova do oferecimento dos rendimentos à tributação na DIPJ do período correspondente da pessoa jurídica recebedora desses valores.

18. DECLARAÇÃO DE COMPENSAÇÃO: DA ANÁLISE DOS PEDIDOS AOS DESAFIOS PROBATÓRIOS

Contudo, como ali consta, em face da comprovação de que a omissão foi corrigida de forma retroativa em DIPJ de exercício posterior, mas antes da apresentação da Dcomp, e não havendo postergação de pagamento ou redução do lucro real, foi reconhecido o direito ao crédito do saldo negativo pleiteado, com a inclusão da parcela relativa ao IRRF do recebimento do JCP.

Caso similar é o dos contratos de "swap" para fins de "hedge".

Como pode ser visto no Acórdão nº 1302-003.420, sessão de 19 de maio de 2019, a fonte pagadora declarou em DIRF o rendimento pago, assim como a retenção do IRRF.

No entanto, o próprio contribuinte admitiu ter cometido um erro no preenchimento da DIPJ, não fazendo constar das linhas apropriadas os valores corretos dos rendimentos e das despesas, nos termos da legislação pertinente. Contudo, ressaltou que a incorreta indicação de outros valores não teria causado nenhum impacto na apuração do resultado final do ano-calendário em questão, porque a diferença entre os valores incorretamente indicados e aqueles que deveriam ter sido seria a mesma.

O quanto contido no voto do relator, que foi vencido em outros temas mas não neste, foi no sentido de que, mesmo tendo havido erros de preenchimento na DIPJ, bem como a falta de indicação em DCTF do valor do IRRF recolhido, ficou demonstrada a liquidez e certeza quanto dessa parcela do saldo negativo pleiteado.

5. Crédito de contribuição para o PIS/PASEP e COFINS

Outra modalidade de crédito muito empregada na compensação de tributos, especialmente no caso de empresas exportadoras, é o crédito das contribuições do PIS/Pasep e da Cofins não utilizado para dedução dos débitos das próprias contribuições decorrentes de vendas tributadas no mercado interno.

Tal direito está previsto no art. 5º, § 1º, inciso II, da Lei nº 10.637/2002, e no art. 6º, § 1º, inciso II, da Lei nº 10.833/2003.

Nesse caso, a questão probatória mais relevante diz respeito à comprovação dos créditos nos termos estabelecidos nos artigos 3º das leis mencionadas.

Merece atenção especial o ponto relativo aos "bens e serviços utilizados como insumo na prestação de serviços e na produção ou fabricação de bens ou produtos destinados à venda, inclusive combustíveis e lubrificantes", como disposto nos incisos II dos citados artigos 3º.

A classificação como insumo dos referidos bens foi por muito tempo objeto de discussão no âmbito do processo administrativo fiscal, o que gerou uma corrida ao Poder Judiciário tendo-se em vista a interpretação restrita do termo utilizada pela Receita Federal do Brasil e também pelo CARF.

Recentemente, houve decisão do STJ, em sede de Recurso Especial sob a sistemática de recursos repetitivos (REsp nº 1.221.170/PR), que explicitou a interpretação do termo insumo, sob os conceitos da essencialidade e da relevância.

Pelo que se pode notar da jurisprudência administrativa superveniente à referida decisão judicial, o maior desafio probatório agora se dá no tocante a se comprovar que o bem ou o serviço adquirido é essencial e tem relevância para o processo produtivo do contribuinte.

Por óbvio, há situações de natureza fática a serem comprovadas por meios documentais, para que o crédito possa ser reconhecido.

No voto condutor do Acórdão nº 3201-005.430, sessão de 23 de maio de 2019, essa questão probatória foi bem abarcada, tendo sido determinadas duas diligências para que fosse averiguado o emprego dos itens cujo crédito havia sido glosado. Nas respostas, a recorrente apresentou o detalhamento do seu processo produtivo com a indicação clara da essencialidade e relevância dos itens cuja glosa do crédito pretendia reverter.

Isso também pode ser visto no voto condutor do Acórdão nº 3401-002.075, sessão de 28 de novembro de 2012, em que está explicitada a necessidade de prova documental para que determinado custo ou despesa seja considerado para fins de creditamento quanto à contribuição para o PIS/Pasep ou Cofins. Ficou ali bem claro que "despesas de corretagem" podem ensejar direito a crédito se provado, por meio de "notas fiscais ou recibos correspondentes de forma a identificar os beneficiários de tais pagamentos", que são "inerentes à consecução da atividade econômica empresarial".

Situação bem interessante se apresenta no voto que conduziu ao Acórdão nº 3301-004.275, sessão de 20 de março de 2018, relatora Liziane Angelotti Meira. Consta ali que, mesmo não se sabendo exatamente como era utilizado o insumo, a possibilidade de creditamento foi reconhecida tendo-se em vista que, em face do processo produtivo do contribuinte, a condição de insumo seria irrefutável.

Conclusões

Essas são algumas das questões envolvendo compensação tributária. Existem outras tantas que não foram abordadas aqui, como as relativas ao Imposto de Renda da pessoa física, aos tributos aduaneiros, ao IPI e às diversas situações de ressarcimento.

O tema, mais do que extenso, é dinâmico. A exigência de emissão de notas fiscais eletrônicas e a introdução da escrituração digital, seguramente, vão trazer mudanças significativas no que tange à possibilidade de demonstração de fatos relevantes para comprovar a existência do direito creditório, dando ensejo ao surgimento de novas controvérsias.

Referências

MORAES, Bernardo Ribeiro. *Compêndio de Direito Tributário*, Segundo Volume. Rio de Janeiro: Forense. 2ª ed. revista, atualizada e aumentada. 1994.

BALEEIRO, Aliomar. *Direito Tributário Brasileiro*. Rio de Janeiro: Forense, 10ª ed. 1994.

MACHADO, Hugo de Brito. *Curso de Direito Tributário*. 32ª edição. São Paulo: Malheiros, 2011.

STJ. REsp nº 903.394-AL 2006/0252076-9. Relator: Ministro Luiz Fux. Data de julgamento 24/03/2010, S1 – Primeira Seção, Data de publicação: Dje 16/04/2010. Disponível em: https://stj.jusbrasil.com.br/jurisprudencia/9112631/recurso-especial-resp-903394-al-2006-0252075-stj/certidao-de-julgamento--14259476?ref=serp. Acesso em: 9 nov. 2019.

STJ. REsp 1299303 SC 2011/0308476-3. Relator: Ministro Cesar Asfor Rocha. Data de julgamento: 08/08/2012, S1 – Primeira Seção, Data de publicação: DJe 14/08/2012. Disponível em: <https://stj.jusbrasil.com.br/jurisprudencia/22127897/recurso-especial-resp-1299303-sc-2011-0308476-3-stj?ref=juris-tabs>. Acesso em: 9 nov. 2019.

CARF, 2019. Disponível em http://idg.carf.fazenda.gov.br/jurisprudencia/acordaos-car-. Acesso em: 9 nov. 2019.

PARTE II

BLOCO TEMÁTICO ELABORADO NO ÂMBITO DA 2ª SEÇÃO DE JULGAMENTO

1. Cessão do uso da imagem do atleta profissional às entidades desportivas: contencioso fiscal no âmbito do Conselho Administrativo de Recursos Fiscais (CARF) e aspectos probatórios

RONNIE SOARES ANDERSON[1]

Introdução

Este artigo visa colaborar na compreensão dos debates que ocorrem no curso do contencioso fiscal, particularmente na seara do Conselho Administrativo de Recursos Fiscais (CARF), no que diz respeito à tributação da cessão do uso de imagem do atleta profissional às entidades desportivas e terceiros em geral. Serão abordados, além dos conceitos básicos sobre o assunto, a legislação aplicável, a evolução das controvérsias no âmbito daquele Órgão, e os principais elementos de prova examinados para a formação da convicção da fiscalização e dos julgadores acerca dos fatos envolvidos.

São muitas as celeumas que cercam a exploração do direito de imagem dos atletas, efetuada, costumeiramente, por intermédio de pessoas jurídicas nas quais aqueles profissionais constam como sócios.

Se, de uma maneira geral, a tendência é de reconhecimento da possibilidade de cessão dos aspectos patrimoniais do direito de imagem, ou seja, seu uso e exploração, permanece séria contenda quanto aos efeitos tributários

---

[1] As opiniões contidas nesta publicação são reflexões acadêmicas do próprio autor e não necessariamente expressam as posições defendidas por qualquer organização a qual esteja vinculado.

dessa cessão. Isso porque o Fisco tem firme posicionamento no sentido de que os valores recebidos em virtude da prestação de serviços personalíssimos – os quais são, em grande medida, o objeto dos contratos de licenciamento de uso de imagem firmados pelas pessoas jurídicas com terceiros – devem ser tributados, salvo eventuais exceções legais, na pessoa física do prestador, a despeito de ter ocorrido a cessão da exploração da imagem à pessoa jurídica. Nesse compasso, ineficaz para fins tributários seria a cessão de tais direitos à entidade desportiva, sendo atribuído caráter salarial à contraprestação recebida por sua exploração.

Em tal ordem de ideias, importa verificar quais são os debates que tomam corpo no CARF sobre o tema, visto que os contribuintes defendem ser tal cessão perfeitamente válida, inclusive sob a ótica tributária, e que a prestação de serviços em questão pode ser realizada por pessoa jurídica, sob o abrigo de diversas disposições normativas.

E, a partir do exame dos lançamentos e das decisões exaradas pela mencionada corte administrativa, destacamos os principais elementos de prova que são objeto de apreciação das autoridades lançadoras e dos julgadores, no propósito de fundamentar as conclusões sobre as controvérsias a respeito da matéria.

1. Do direito de imagem e sua exploração

O direito de imagem enquadra-se dentre os direitos da personalidade, considerados como aqueles que têm por objeto os atributos físicos, psíquicos e morais da pessoa em si e em suas projeções sociais[2], atributos inerentes à condição humana, cabendo ao Estado reconhecê-los e positivá-los, dando-lhes a devida proteção.

Dentre as características desses direitos sobressaem-se, para os propósitos do debate em foco, sua vitaliciedade, seu caráter absoluto ou oponibilidade *erga omnes,* e a sua indisponibilidade, englobando aí as facetas intransmissibilidade e irrenunciabilidade, a teor do art. 11 da Lei nº 10.406/02 (Código Civil)[3].

---

[2] GAGLIANO, Pablo Stolze e PAMPLONA FILHO, Rodolfo. *Novo Curso de Direito Civil –* Parte Geral. São Paulo: Saraiva, 2003, p. 143.

[3] Art. 11. Com exceção dos casos previstos em lei, os direitos da personalidade são intransmissíveis e irrenunciáveis, não podendo o seu exercício sofrer limitação voluntária.

1. CESSÃO DO USO DA IMAGEM DO ATLETA PROFISSIONAL

O direito de imagem constitui assim a expressão jurídica exterior sensível da individualidade humana, apresentando suas projeções tanto no conceito de imagem-retrato – aspecto físico de uma pessoa, quanto no conceito de imagem-atributo – que corresponde à exteriorização da personalidade do indivíduo, ou seja, à forma como ele é visto socialmente. Foi esse o direito protegido nos termos previstos no art. 5º, inciso X, da Constituição Federal[4], sendo que, em harmonia, o art. 20 do Código Civil giza que:

> Art. 20. **Salvo se autorizadas,** ou se necessárias à administração da justiça ou à manutenção da ordem pública, a divulgação de escritos, a transmissão da palavra, ou a publicação, **a exposição ou a utilização da imagem de uma pessoa poderão ser proibidas,** a seu requerimento e sem prejuízo da indenização que couber, se lhe atingirem a honra, a boa fama ou a respeitabilidade, ou se se destinarem a fins comerciais.
>
> Parágrafo único. Em se tratando de morto ou de ausente, são partes legítimas para requerer essa proteção o cônjuge, os ascendentes ou os descendentes. (grifamos)

A norma prevê expressamente a hipótese de a imagem de uma pessoa ser utilizada por outra, mediante autorização do titular do direito de imagem, o que comporta, em tese, a sua utilização/exploração para fins econômicos. Não se cogita, note-se, de transferência do direito em si, o que seria incompatível com sua natureza, tampouco se adentra na questão se tal autorização poderia se dar de forma onerosa ou gratuita, o que, a princípio, indica abarcar as duas possibilidades. E, de sua parte, tanto a doutrina quanto a jurisprudência vêm firmando o entendimento de que o direito de imagem tem uma faceta moral, essa intransferível, e outra patrimonial, sujeita à exploração econômica, conforme consta do REsp nº 74.473/RJ, julgado pela 4ª Turma do Superior Tribunal de Justiça (STJ) em 23/02/1999.[5]

---

[4] Art. 5º Todos são iguais perante a lei, sem distinção de qualquer natureza, garantindo-se aos brasileiros e aos estrangeiros residentes no País a inviolabilidade do direito à vida, à liberdade, à igualdade, à segurança e à propriedade, nos termos seguintes:
(...)
X – são invioláveis a intimidade, a vida privada, a honra e a imagem das pessoas, assegurado o direito a indenização pelo dano material ou moral decorrente de sua violação;
[5] DIREITO AUTORAL. DIREITO À IMAGEM. PRODUÇÃO CINEMATOGRÁFICA E VIDEOGRÁFICA. FUTEBOL. GARRINCHA E PELÉ. PARTICIPAÇÃO DO ATLETA.

De fato, o direito de imagem, assim como o direito de autor, encerra dimensão passível de ser transferida a terceiros, ou seja, seu uso ou exploração, viabilizada por meio de cessão que deverá respeitar a vontade de seu titular e ser interpretada sempre restritivamente.

No que diz respeito aos atletas profissionais, a lei que instituiu normas gerais sobre desportos – Lei nº 9.615/98, doravante 'Lei Pelé' – não trazia, em sua redação original, maior detalhamento sobre o direito de imagem, muito menos sobre a possibilidade de cessão do direito sobre seu uso. Havia menção significativa apenas no tratamento normativo do Direito de Arena, definido em seu art. 42[6]. Esse direito, contudo, não se confunde com o Direito de Imagem do atleta profissional, por ter como titular o clube esportivo, dizendo respeito à imagem coletiva do espetáculo e não à imagem individual

UTILIZAÇÃO ECONÔMICA DA CRIAÇÃO ARTÍSTICA, SEM AUTORIZAÇÃO. DIREITOS EXTRAPATRIMONIAL E PATRIMONIAL. LOCUPLETAMENTO. FATOS ANTERIORES ÀS NORMAS CONSTITUCIONAIS VIGENTES. REJUDICIALIDADE. RE NÃO CONHECIDO. DOUTRINA. DIREITO DOS SUCESSORES À INDENIZAÇÃO. RECURSO PROVIDO. UNÂNIME.

I – O direito à imagem reveste-se de duplo conteúdo: moral, porque direito de personalidade; patrimonial, porque assentado no princípio segundo o qual a ninguém é lícito locupletar-se à custa alheia.

II – O direito à imagem constitui um direito de personalidade, extrapatrimonial e de caráter personalíssimo, protegendo o interesse que tem a pessoa de opor-se à divulgação dessa imagem, em circunstâncias concernentes à sua vida privada.

III – Na vertente patrimonial o direito à imagem protege o interesse material na exploração econômica, regendo-se pelos princípios aplicáveis aos demais direitos patrimoniais.

IV – A utilização da imagem de atleta mundialmente conhecido, com fins econômicos, sem a devida autorização do titular, constitui locupletamento indevido ensejando a indenização, sendo legítima a pretensão dos seus sucessores.

[6] Art. 42. Às entidades de prática desportiva pertence o direito de negociar, autorizar e proibir a fixação, a transmissão ou retransmissão de imagem de espetáculo ou eventos desportivos de que participem.

§ 1o Salvo convenção em contrário, vinte por cento do preço total da autorização, como mínimo, será distribuído, em partes iguais, aos atletas profissionais participantes do espetáculo ou evento.

§ 2o O disposto neste artigo não se aplica a flagrantes de espetáculo ou evento desportivo para fins, exclusivamente, jornalísticos ou educativos, cuja duração, no conjunto, não exceda de três por cento do total do tempo previsto para o espetáculo.

§ 3o O espectador pagante, por qualquer meio, de espetáculo ou evento desportivo equipara-se, para todos os efeitos legais, ao consumidor, nos termos do art. 2º da Lei nº 8.078, de 11 de setembro de 1990.

da pessoa física do atleta profissional, que careceu de alusão específica até o advento da Lei nº 12.395/11.

Sem embargo, no período os atletas profissionais, com destaque para os jogadores de futebol, no nosso país usualmente contemplados com rendimentos maiores que os atletas de outras categorias esportivas, já recebiam dos clubes que os empregavam significativas quantias com base em contratos de cessão de direitos de uso da imagem, o que passou a ser questionado pelas autoridades fiscais.

Usualmente, o atleta constitui pessoa jurídica, da qual consta como sócio, e lhe cede o direito à utilização de sua imagem; a pessoa jurídica, de sua parte, firma contratos com os clubes, e, eventualmente, com terceiros patrocinadores, que versam sobre a exploração da imagem do atleta, o qual consta como interveniente ou anuente naqueles contratos, e recebe dividendos da pessoa jurídica, em decorrência desses acertos.

Por sua vez a fiscalização tributária reclassifica ou requalifica tais valores como sendo rendimentos do atleta profissional e não receitas da pessoa jurídica, autuando-o por omissão de rendimentos – de natureza salarial, em regra, se vinculados à entidade desportiva – e cobrando o imposto de renda pessoa física decorrente, bem como autuando o clube face à ausência de recolhimento das contribuições previdenciárias sobre os pagamentos efetuados a título de dividendos.

Por suposto, a experiência dos tribunais administrativos evidencia que diversas peculiaridades podem vir à tona quando se passa à análise dos casos concretos, ainda mais, conforme se verá, diante das mudanças legislativas que aconteceram sobre o tema, mas o arranjo básico costuma girar em torno das configurações supranarradas.

2. Das controvérsias no âmbito do contencioso administrativo tributário

No âmbito do CARF (Conselho Administrativo de Recursos Fiscais), a tributação pelo imposto de renda pessoa física, bem como a incidência de contribuições previdenciárias e do imposto de renda retido na fonte sobre os valores pagos como contraprestação pela exploração do direito de imagem dos atletas profissionais vêm sendo objeto de acirrado debate.

Importa registrar previamente que, de um modo geral, o Fisco vem mantendo o entendimento, ao longo dos anos, de que a legislação vigente tem como base o princípio de que a prestação de serviços pessoais se sujeita ao imposto de renda pessoa física, sendo o critério distintivo a natureza da renda auferida. Dessa maneira, a tributação na pessoa jurídica de rendimentos vinculados a serviços do gênero só poderia ocorrer mediante expressa permissão normativa.

A respeito, são reiteradas, nas manifestações fazendárias, as referências à alínea 'b' do art. 6º do Decreto-Lei nº 5.844/43[7], que prevê a tributação pelo imposto de renda pessoa física das "prestações de serviços não comerciais". Observe-se que tal vetusto decreto, ainda que se reporte ao tempo em que a tributação do imposto de renda pessoa física se dava por 'cédulas", não foi revogado, sendo que várias de suas disposições encontram-se vigentes no ordenamento, das quais é pertinente destacar o art. 162, § 2º, inciso II do Decreto nº 9.580/18 (antigo art.150, § 2º, inciso II do Decreto nº 3.000/99 – RIR/99), que reproduz os preceitos do Decreto-Lei nº 5.844/43.

---

[7] Art 2º Para os fins do impôsto, os rendimentos serão classificados em oito cédulas que se coordenam e denominam pelas primeiras letras do alfabeto.

(...)

Art. 6º Na cédula D serão classificados os rendimentos não compreendidos nas outras cédulas, tais como:

a) honorários do livre exercício das profissões de médico, engenheiro, advogado, dentista, veterinário, professor, contador, jornalista, pintor, escritor, escultor e de outras que se lhes possam assemelhar;

a) honorários do livre exercício da profissão de médico, engenheiro, advogado, dentista, veterinário, contador e de outras que se lhes possam assemelhar. (Redação dada pela Lei nº 154, de 1947)

b) proventos de profissões, ocupações e prestação de serviços não comerciais;

c) remunerações dos agentes, representantes e outras pessoas que, tomando parte em atos de comércio, não os pratiquem, todavia, por conta própria;

d) emolumentos e custas dos serventuários de justiça, como tabeliães, notários, oficiais públicos e outros, quando não forem remunerados exclusivamente pelos cofres públicos;

e) corretagens e comissões dos corretores, leiloeiros e despachantes, seus prepostos e adjuntos;

f) lucros da exploração individual de contratos de empreitada únicamente de lavor, qualquer que seja a natureza, quer se trate de trabalhos arquitetônicos, topográficos, terraplenagem, construções de alvenaria e outras congêneres, quer de serviços de utilidade pública, tanto de estudos como de construções;

g) ganhos de tôdas as ocupações lucrativas, inclusive os percebidos de sociedades em conta de participação, da locação de móveis, da sublocação de imóveis e da exploração de patentes de invenção, marcas de indústria e de comércio e processos ou fórmulas de fabricação, quando o possuidor auferir lucros sem as explorar diretamente;

h) ganhos da exploração de patentes de invenção, processos ou fórmulas de fabricação, quando o possuidor auferir lucros sem as explorar diretamente.

1. CESSÃO DO USO DA IMAGEM DO ATLETA PROFISSIONAL

Então, sob a perspectiva de tal regramento, em tese harmônico com os termos dos posteriores arts. 1º a 3º da Lei nº 7.713/88, negava-se, para os períodos de apuração anteriores ao advento do art. 129 da Lei nº 11.196/05, e predominantemente por acórdãos unânimes, provimento aos recursos voluntários.

Essa vertente argumentativa, merece ser repisado, tem por pressuposto que a exploração do direito de imagem envolve a prestação de serviços personalíssimos pelo titular do direito de imagem, ainda que este tenha o cedido para terceiros, seja pessoa física, seja pessoa jurídica do qual é sócio. Tais serviços personalíssimos, prestados no âmbito dos contratos realizados pelo cessionário junto aos interessados na exploração da imagem do cedente, seriam rendimentos deste último, como pessoa física, e nessa qualidade tributados pelo imposto de renda.

Foram vários os acórdãos nessa toada, exarados tanto para casos de comunicadores, artistas, técnicos de futebol – vg, Acórdãos nºs 104-2915, (ago/05), 104-21.583 (maio/06), quanto para atletas profissionais, ou empresas a eles relacionadas – ver Acórdãos nºs 104-23.433 (set/08), 106-17147 (nov/08), 2202-00252 (set/09) e 2801-002.733 (out/12).

No que tange especificamente aos atletas profissionais de futebol, outra linha de abordagem frequente então, sob influência de decisões trabalhistas nesse sentido, era a de que os contratos de cessão de uso de direito de imagem e os contratos de trabalho avençados com os clubes eram indissociáveis, o que indicaria que os pagamentos advindos das cessões de imagem seriam, na realidade, de natureza laboral. Tal posicionamento prosperou não só em autuações concernentes ao imposto de renda pessoa física, mas também com relação a lançamentos de imposto de renda retido na fonte e, especialmente, na esfera das contribuições previdenciárias – vide Acórdãos nºs 2402-00283 (dez/09), 2401-001441 (out/10), 2401-001.617 (fev/11), e 2301-004.734 (jun/16).

Por seu turno, os contribuintes defendem que não existe vedação no ordenamento à constituição de pessoas jurídicas para a prestação de serviços pessoais por parte de seu sócio, devendo ser respeitada tal opção na ausência de elementos caracterizadores de fraude. Voto vencido no Acórdão nº 2202-00.252 (set/09) discorre sobre o assunto, apresentando algumas das normas que demonstrariam a existência de tal possibilidade, a saber, dentre outras, os artigos 966, 981 e 997 do Código Civil; o art. 647 do RIR/99; e o art. 9º, inciso XIII, da Lei nº 9.317/96 (Lei do SIMPLES).

EFICIÊNCIA PROBATÓRIA E A ATUAL JURISPRUDÊNCIA DO CARF

O advento do art. 129 da Lei nº 11.196/05 reforçou as aduções dos contribuintes no sentido de ser admissível que as prestações de serviço pessoais se efetivem por meio de pessoas jurídicas, e serem tributadas pelo imposto de renda nessa condição, cabendo transcrever, por oportuno, tal norma[8]:

Art. 129. Para fins fiscais e previdenciários, a prestação de serviços intelectuais, inclusive os de natureza científica, artística ou cultural, em caráter personalíssimo ou não, com ou sem a designação de quaisquer obrigações a sócios ou empregados da sociedade prestadora de serviços, quando por esta realizada, se sujeita tão-somente à legislação aplicável às pessoas jurídicas, sem prejuízo da observância do disposto no art. 50 da Lei no 10.406, de 10 de janeiro de 2002 – Código Civil.

Mais à frente, com a edição da Lei nº 12.441/11, a qual introduziu o art. 980-A no Código Civil (CC)[9], artigo que versa sobre a Empresa Individual de Responsabilidade Limitada (EIRELI), e com a mudança promovida pela Lei nº 12.395/11 na Lei Pelé, via inserção do art. 87-A nesse diploma legal, aumentaram as controvérsias quanto ao tema em apreço. Reproduzam-se tais preceitos desse último artigo[10-11]:

[8] Não é despiciendo aludir que, malgrado visões diversas, resta consolidado no CARF o entendimento pela ausência de caráter interpretativo desse artigo, por ser ele de natureza inovadora, cabendo citar, nesse sentido, o decidido no Acórdão nº 104-21.583 (maio/06).
[9] Código Civil
Art. 980-A. A empresa individual de responsabilidade limitada será constituída por uma única pessoa titular da totalidade do capital social, devidamente integralizado, que não será inferior a 100 (cem) vezes o maior salário-mínimo vigente no País. (Incluído pela Lei nº 12.441, de 2011)
(...)
§ 5º Poderá ser atribuída à empresa individual de responsabilidade limitada constituída para a prestação de serviços de qualquer natureza a remuneração decorrente da cessão de direitos patrimoniais de autor ou de imagem, nome, marca ou voz de que seja detentor o titular da pessoa jurídica, vinculados à atividade profissional.
§ 6º Aplicam-se à empresa individual de responsabilidade limitada, no que couber, as regras previstas para as sociedades limitadas.
[10] Como decreto regulamentar da Lei nº 9.615/98, temos o Decreto nº 7.984/13, que no seu art. 45 dispõe:
Art. 45. O direito ao uso da imagem do atleta, disposto no art. 87-A da Lei nº 9.615, de 1998, pode ser por ele cedido ou explorado, por ajuste contratual de natureza civil e com fixação de direitos, deveres e condições inconfundíveis com o contrato especial de trabalho desportivo.

1. CESSÃO DO USO DA IMAGEM DO ATLETA PROFISSIONAL

Art. 87-A. O direito ao uso da imagem do atleta pode ser por ele cedido ou explorado, mediante ajuste contratual de natureza civil e com fixação de direitos, deveres e condições inconfundíveis com o contrato especial de trabalho desportivo. (Incluído pela Lei nº 12.395, de 2011).

Parágrafo único. Quando houver, por parte do atleta, a cessão de direitos ao uso de sua imagem para a entidade de prática desportiva detentora do contrato especial de trabalho desportivo, o valor correspondente ao uso da imagem não poderá ultrapassar 40% (quarenta por cento) da remuneração total paga ao atleta, composta pela soma do salário e dos valores pagos pelo direito ao uso da imagem. (Incluído pela Lei nº 13.155, de 2015)

A interpretação sistemática de tais disposições, conforme aduzem os contribuintes, volta-se para reconhecer que a cessão de direitos de uso de direito de imagem é plenamente compatível com o direito vigente, sendo expressamente admitida para as EIRELI, o que seria extensível para as demais sociedades. E, quanto ao art. 87-A, voltado especificamente aos atletas profissionais, estaria ele a dirimir qualquer dúvida ainda existente quanto à possibilidade de que aqueles poderiam ceder o direito de exploração de sua imagem a terceiros.

A partir de então, em situação que se mantém até o presente, as decisões do CARF vêm se apresentando bastante divididas, ao menos no que diz respeito às Turmas Ordinárias.

§ 1º O ajuste de natureza civil referente ao uso da imagem do atleta não substitui o vínculo trabalhista entre ele e a entidade de prática desportiva e não depende de registro em entidade de administração do desporto.

§ 2º Serão nulos de pleno direito os atos praticados através de contrato civil de cessão da imagem com o objetivo de desvirtuar, impedir ou fraudar as garantias e direitos trabalhistas do atleta.

[11] Entendemos por bastante felizes as palavras do relator do voto vencedor no Acórdão nº 2301-003.825, ponderando sobre a inovação trazida com a introdução do art. 87-A da Lei Pelé:

"(...) Como se observa no novel texto legal, o dispositivo preocupouse em determinar a 'fixação de direitos, deveres e condições inconfundíveis com o contrato especial de trabalho desportivo'. Portanto, o contrato de cessão de direito de imagem deve prever os deveres recíprocos, evidenciando tratarse de verdadeiro contrato civil, bem como os fatos subjacentes devem permitir chegarmos a idênticas conclusões. Em outras palavras, a lei nova não "imunizou" a fraude, ao contrário, esclareceu que não basta um ajuste formal, mas devem existir deveres e condições inconfundíveis com o contrato de trabalho do atleta."

No Acórdão nº 2202-003.682 (jul/17) admitiu-se, em tese, a possibilidade de ser aplicável o art. 129 no caso dos jogadores de futebol que cediam o uso do direito de imagem a pessoas jurídicas das quais eram sócios – o que seria corroborado pelo art. 980-A do Código Civil, sendo negado provimento ao recurso voluntário por voto de qualidade, por certas circunstâncias existentes no caso concreto atinentes aos contratos de cessão do uso de imagem perante o clube esportivo. A mesma Turma no anterior Acórdão nº 2202-003.682 (fev/17 – caso "Alexandre Pato"), também por voto de qualidade e motivação similar, manteve parte da autuação no que se refere a esses direitos junto ao clube, porém no particular exonerou o lançamento no que tange aos contratos efetuados pela cessionária diretamente com os patrocinadores, sem vínculo com o clube.

Na mesma linha, no Acórdão nº 2402-005.703 (mar/17 – caso Neymar) entendeu-se, por unanimidade de votos, que os contratos de cessão de uso de direito de imagem realizados junto à entidade desportiva refletiam o que era, na realidade, contraprestação laboral, sendo, entretanto excluída, por maioria de votos, a parcela do lançamento correlacionada com os contratos de licenciamento realizados pela pessoa jurídica detentora do uso dos direitos de imagem diretamente com os patrocinadores, sem intermediação do clube.

Já no Acórdão nº 2201-003.748 (jul/17), em decisão por maioria de votos, foi dado provimento ao recurso do contribuinte, também sob o entendimento de que o art. 129 da Lei nº 11.196/05 dava amparo à cessão dos direitos de uso de imagem para pessoa jurídica. Todavia, tal decisão foi reformada mediante a prolação, por voto de qualidade, do Acórdão nº 9202-007.322 da Câmara Superior de Recursos Fiscais – CSRF (out/18), no qual foram considerados os contratos de trabalho e de cessão de uso de direito de imagem vinculados, denotando o caráter salarial das contraprestações a ambos relacionadas.

Nesse julgado da CSRF, retornou-se ainda, e de maneira incisiva, ao anteriormente aludido posicionamento segundo o qual a legislação do imposto de renda não comporta a prestação de serviços personalíssimos por pessoa jurídica, salvo as exceções legais tais como as do precitado art. 129, que não seria aplicável aos atletas profissionais, por não se tratar nesses casos de prestação de serviços de natureza intelectual, entendimento que foi partilhado no posterior Acórdão nº 2401-005.938 (jan/19), em decisão também por voto de qualidade.

1. CESSÃO DO USO DA IMAGEM DO ATLETA PROFISSIONAL

Do panorama traçado, revela-se uma tendência geral nos julgados do CARF, ainda que não consolidada, em manter as autuações referentes aos pagamentos pela utilização da imagem dos atletas cedentes, realizadas pelos clubes às pessoas jurídicas cessionárias desse direito.

Já no que tange aos valores advindos dos contratos efetuados pelas pessoas jurídicas cessionárias, junto a empresas patrocinadoras, sem intermediação dos clubes, as decisões apresentam-se nitidamente mais divididas, o que indica ser tema ainda sujeito à maior maturação quanto aos argumentos ventilados pelos interessados.

3. Das provas

Os procedimentos fiscais versando sobre o direito de imagem dos atletas profissionais, em particular envolvendo as agremiações desportivas, costumam solicitar aos referidos vários documentos como padrão, os quais restam por ser o foco do exame fiscal, sem prejuízo de serem pedidos outros elementos, tendo em vista as circunstâncias específicas de um dado caso.

Pode-se citar como destaques, dentre outros: os contratos de trabalho celebrados entre o jogador e as entidades de prática desportiva; contrato de cessão de direito de uso, gozo, exploração da imagem firmado entre o atleta e o cessionário pessoa jurídica, ou com terceiros; eventualmente, extratos bancários e demais comprovantes dos rendimentos declarados.

Também as pessoas jurídicas constituídas pelos jogadores ou pessoas relacionadas são objeto de fiscalização e/ou diligência, sendo demandados: atos constitutivos; livros contábeis (Livro Caixa, ou Diário e Razão), bem como os documentos que suportem os lançamentos registrados nos livros; contratos firmados com os clubes e empresas terceiras versando sobre a exploração do direito de imagem, tais como contratos de licenciamento, merchandising e prestação de serviços; eventualmente, extratos bancários.

Os clubes esportivos aos quais se vinculam os atletas podem eles mesmos serem fiscalizados, no que concerne ao imposto de renda retido na fonte e às contribuições previdenciárias incidentes sobre os pagamentos a título de contraprestação pelo uso do direito de imagem, sendo então habitual serem pedidos pelo Fisco: atos constitutivos; livros contábeis (Livro Caixa, ou Diário e Razão), bem como os documentos que suportem os lançamentos registrados nos livros; contrato de trabalho firmado com o atleta; contrato de direito de uso de imagem firmado com a pessoa jurídica cessionária desses

EFICIÊNCIA PROBATÓRIA E A ATUAL JURISPRUDÊNCIA DO CARF

direitos, bem como com terceiros; folha de pagamentos; demonstração da efetiva exploração dos direitos de imagem do atleta; etc.

À luz de tais elementos, a autoridade lançadora, com escopo no art. 142 do Código Tributário Nacional (CTN), e os colegiados de julgamento administrativo, em sede de contencioso e com esteio no art. 145 do CTN, traçam suas conclusões acerca da real natureza dos pagamentos em relevo, se dotados de cunho salarial ou civil, e até mesmo sobre a possibilidade jurídica dos atos, tais como formalizados, serem eficazes perante o Fisco, conforme já explicado no item anterior deste artigo.

Passaremos a pontuar, com base nos procedimentos fiscais e decisões administrativas, quais são os aspectos que vêm sendo de destaque para a formação de convicção tanto da fiscalização quanto dos membros das Turmas de Delegacias da Receita Federal de Julgamento (DRJ) e do CARF, sobre as situações em tela.

3.1. Aspectos contratuais

Como é cediço, a prova documental é a mais utilizada no processo administrativo fiscal. E, para a apreensão das relações jurídicas acordadas entre os atletas profissionais, entidades desportivas e as pessoas jurídicas cessionárias do direito de exploração de imagem, é de especial importância a análise dos contratos que lhes serviram de respaldo.

Assim, os contratos pactuados entre o atleta e a pessoa jurídica da qual é sócio, entre essa pessoa jurídica e as entidades desportivas, os contratos de trabalho, e os contratos de licenciamento de direito de imagem, são objeto de exame detalhado por parte das autoridades administrativas, cabendo realçar as principais vertentes de discussão, representadas nos questionamentos descritos na sequência.

1. Desproporção entre os valores pagos pelos clubes a título de contraprestação pela utilização da imagem do atleta e o salário a este pago pela sua atuação profissional junto à entidade.

Decerto, esse é o tópico mais corriqueiro, devendo ser de pronto alertado que a Justiça do Trabalho já tinha tal apreciação como cerne de muitas de suas decisões[12], diante do abuso verificado em alguns casos levados adiante

---

[12] Ver, a título ilustrativo, as decisões em: RO nº 00448.2003.403.04.00.4 – TRT 4ª região (j. set/04), RO nº 1433-2004-011-07-00-0 – TRT 7ª Região (j. jul/06), RO

1. CESSÃO DO USO DA IMAGEM DO ATLETA PROFISSIONAL

perante os tribunais laborais. Nesse rumo, tanto os julgamentos de contribuições previdenciárias, a onerar os clubes, como os atinentes ao imposto de renda pessoa física, ainda que em menor peso, tomaram tal dissonância como uma das principais razões decisórias.

Especial relevo tem esse ponto quando se está diante de jogadores em início ou final de carreira, situações em que a imagem a eles associada ou trata-se de mero potencial, ou está desgastada.

Então, ainda que efetuados à pessoa jurídica cessionária da qual o atleta é sócio, se tais valores forem dimensionados desproporcionalmente frente ao salário, podem ser reputados como de natureza salarial.

Não por acaso, veja-se que em 2015 foi inserido o parágrafo único no art. 87-A da Lei Pelé, no qual é frisado que os valores correspondentes ao uso de imagem pago pelas entidades desportivas não poderá ultrapassar 40% (quarenta por cento) da remuneração total do atleta, somados aqueles valores ao salário.

É visível a pretensão do legislador de colocar um "freio" nas situações abusivas que surgiam cotidianamente nos mais diversos tribunais, criando-se assim uma presunção de que os valores pagos a maior do que o dito percentual restam descaracterizados como contraprestação pelo uso da imagem, devendo ser reconhecidos como de caráter salarial. Embora o dispositivo legal não se refira ao caso em que a licença do uso desses direitos seja realizada por pessoa jurídica da qual o atleta é sócio e que é detentora dos direitos ao uso de imagem, parece, a toda vista, ser àquele a regra também aplicável, até mesmo porque o costumeiro é que as licenças para utilização da imagem sejam efetuadas pelas pessoas jurídicas cessionárias, não diretamente pelos atletas.

2. Uniformidade nos valores pagos periodicamente pelos clubes a título de contraprestação pela utilização da imagem do atleta.

Pagamentos constantes, especialmente se efetuados com periodicidade mensal, e, mais ainda, tendo por base equivalência percentual invariável face

---

nº 16750-2002-011-09-00-8 – TRT 9ª Região (j. ago/06), no RR nº 16300-65.2004.5.036.0106 – TST (j. set/09), RR nº 60800-81.2207.5.04.0011 (DJ maio/11) – TST, RR nº 8800-58.2004.5.04.0028 (DJ nov/13). No CARF, versando sobre lides tributárias, cite-se os Acórdãos nº 2301-004.734, nº 2401-005.938 e nº 2402-005.703.

ao salário, também são considerados indicativos da natureza laboral de tais rendimentos.

3. Cláusulas contratuais que apontam para liame necessário entre o contrato de trabalho e o contrato de direito de uso de imagem.

É razoável o enfoque segundo o qual os contratos de cessão de direito ao uso da imagem possam guardar certos liames com o contrato laboral, pois é no curso do relacionamento entre o clube e o atleta que costuma acontecer tal pactuação. Não obstante, a partir do momento em que várias características, tais como a vigência, a suspensão, a rescisão do contrato de direito de uso da imagem, estão diretamente correlacionadas aos correspondentes eventos ocorridos no bojo do contrato laboral[13], resta deveras difícil defender a independência dos contratos, devendo ser lembrado que o art. 87-A prescreve que os direitos e deveres do contrato de cessão dos direitos de uso de imagem, de natureza civil, devem ser inconfundíveis com os que constam do contrato especial de trabalho desportivo.

A pactuação de contrapartidas fixas a título de pagamentos pelo uso do direito de imagem, independentemente de sua utilização, e o estabelecimento de comissões por transferência de clube, no corpo do contrato de cessão de direito de uso, foram também considerados como comprovação do entrelaçamento excessivo dos contratos de direito de uso e do contrato de trabalho com a entidade desportiva[14], a descaracterizar a pretensa independência dos contratos.

4. Falta de comprovação da efetiva exploração da imagem do atleta por parte da entidade desportiva.

Ainda que, em tese, os clubes possam pagar valores pelo uso do direito de imagem sem sua efetiva utilização, seja como investimento potencial em atletas com carreira em ascensão, seja para evitar que outras entidades desportivas acabem por utilizar essa imagem, o fato é que, de um modo geral, vem sendo questionados os casos em que o clube é intimado a comprovar a exploração da imagem e não tem sucesso em tal tarefa. Vem sendo considerado, ademais, que o argumento de que os pagamentos decorrem da valorização da imagem do clube com a contratação de atleta de renome, ou

[13] Acórdãos nº 2202-004.008, nº 2202-003.682, nº 9202-007.322.
[14] Acórdão nº 2402-005.703.

de que há eventual incremento das receitas do clube em razão dessa contratação são precários, por serem de difícil caracterização ou mensuração, e ineficazes para justificar, por si sós, pagamentos vultuosos a título de direito de imagem[15].

3.2. Aspectos relativos à pessoa jurídica cessionária dos direitos ao uso da imagem

Em outro giro, também sobressai como importante para o deslinde das controvérsias o exame das características da pessoa jurídica, da qual geralmente o atleta é sócio, cessionária dos direitos de exploração da imagem. Os pontos a seguir referem enfoques recorrentes ocorridos durante a fiscalização e no curso do contencioso.

1. – Existência de contrato de cessão do direito de uso da imagem à pessoa jurídica.

Em alguns casos, constatou-se que sequer o contrato firmado entre o atleta e a pessoa jurídica, tendo por objeto a cessão do direito ao uso da imagem foi apresentado[16]. Igualmente, é recomendável que o contrato seja levado a registro, para que não seja considerado, eventualmente, sem efeito perante terceiros. Deve restar claro no contrato, ainda, até para que tenha objeto juridicamente possível, que o objeto do contrato é o direito ao uso/exploração da imagem, não o direito de imagem em si, que não é passível de cessão.

Observe-se que o entendimento predominante é que tal cessão não pode se dar por tempo indeterminado, por contrariar tal feito o caráter indisponível dos direitos de imagem, ainda que sob o prisma patrimonial.

2. – Preenchimento escorreito das formalidades relativas à constituição da empresa, e registros associados.

A manutenção de escrituração contábil, com respeito às formalidades extrínsecas e intrínsecas de praxe, e a constituição da pessoa jurídica com observância das normas previstas na legislação de regência, é essencial, como princípio, para sua consideração como destinatária efetiva, ao menos sob o ponto de vista formal, dos contratos de cessão de direito de uso de imagem.

---

[15] Acórdão nº 2402-005.703.
[16] Acórdãos nº 2202-004.008, nº 2201-003.748.

Indiretamente relacionado com tal tópico, há que se lembrar que são considerados com muita cautela os casos em que o endereço da pessoa jurídica se confunde com o da pessoa física do cessionário ou com o de pessoa a ele relacionada por vínculo de parentesco. O mesmo acontece nos casos em que tal domicílio é vinculado ao de determinado contador ou escritório de contabilidade, que também serve de endereço para pessoas jurídicas vinculadas a outros atletas profissionais, tanto mais quando estes trabalham para a mesma entidade desportiva[17].

Dentro da mesma temática, lembre-se que há casos em que o sócio atleta da pessoa jurídica – cedente do direito ao uso da imagem – responde por percentuais consideráveis do capital social, por exemplo mais de 90%[18]; ou nos quais só existe como sócio, cônjuge ou parente próximo. Tais situações, ainda que por si só não vedadas, podem ser vistas pelo Fisco ou pelos Colegiados de julgamento como elementos indiciários a amparar o entendimento pelas feições meramente formais da pessoa jurídica.

3. – Comprovação da atuação efetiva da pessoa jurídica como empresa.

Ainda que a pessoa jurídica cessionária atenda às formalidades legais, é fundamental que reste demonstrado que ela efetivamente realiza as atividades previstas como objeto, nos seus atos constitutivos, tais como administrar e gerenciar licenças de exploração do direito de imagem do atleta.

Nesse passo, a inexistência de funcionários costuma ser apontada como demonstração adicional de que a pessoa jurídica formalizada se presta à simulação, mascarando vínculos empregatícios.

A alegação de que toda a atividade empresarial é realizada pelos sócios tende a ser vista com ressalvas, se não houver comprovação clara de sua conexão com a realidade, devendo existir evidências de que tais sócios foram signatários de contratos, compareceram a reuniões, etc., nas quais foram discutidos os termos dos licenciamentos do uso de imagem a terceiros ou ao clube.

Outra questão que, por vezes é objeto de olhar mais atento, é o fato de a única receita da empresa provir da exploração do direito de imagem junto ao clube[19], ainda que se possa entender não haver óbice para que as receitas de uma dada pessoa jurídica serem oriundas de um único contratante.

[17] Acórdão nº 104-1944.
[18] Acórdão nº 2201-003.748.
[19] Acórdãos nº 104-1944, nº 2202-00.252, nº 2202-004.008.

1. CESSÃO DO USO DA IMAGEM DO ATLETA PROFISSIONAL

Os próprios lançamentos constantes da contabilidade devem estar amparados, por suposto, em documentação hábil que os respalde. Desse modo, registros associados a pagamentos a advogados, escritórios de contabilidade e firmas de assessoramento na área de marketing podem estar sujeitos a questionamentos durante o contencioso, devendo então ser carreados os respectivos contratos e notas fiscais associadas – bem como as notas vinculadas aos pagamentos pelas licenças de uso, logicamente.

Aliás, convém observar, concluindo pela inexistência de fato da empresa, dada a ausência das atividades previstas nos seus atos constitutivos, e pela sua utilização como mero artifício formal para o deslocamento dos encargos tributários da pessoa física para a pessoa jurídica, não é raro a fiscalização imputar a qualificação da multa de ofício, a qual pode restar mantida em sede de julgamento administrativo.

Cabe salientar que, ainda que o foco dessas considerações sobre os principais aspectos probatórios tenham sido voltados ao relacionamento entre os atletas profissionais e os clubes no que tocante à exploração dos direitos de imagem, a maior parte do observado aplica-se, *mutatis mutandis*, aos contratos efetuados pelas pessoas jurídicas detentoras do direito ao uso da imagem com terceiros outros que não as agremiações esportivas, como empresas patrocinadoras.

Conclusões

Entendemos que o exame atento das decisões do CARF, e da legislação aplicável, permite a verificação de várias cautelas que devem tomar os atletas profissionais e as entidades desportivas, na exploração do direito de imagem do atleta via cessão de seu uso aos clubes, ou mesmo a terceiros.

A observância do limite de 40% (quarenta por cento) estabelecido pelo multicitado parágrafo único do art. 87-A da Lei Pelé é mais recomendável, devendo ser os contratos, bem como as pessoas jurídicas cessionárias do direito ao uso da imagem, formalizados com os cuidados já referidos.

Há que se atentar também para que a pessoa jurídica cessionária dos direitos de uso de imagem realize, efetivamente, as atividades que constam do seu objeto social contratual, e que os pagamentos que lhes forem efetuados pelas entidades desportivas sejam proporcionais aos ingressos decorrentes da exploração da imagem, não parcelas fixas estabelecidas *a priori*.

Ainda que a perspectiva real seja, ao menos no horizonte próximo, de que as controvérsias quanto ao tema permaneçam, devem os contribuintes evitar, sobretudo, a eleição de formas artificiais e que não encontrem correspondência com a realidade subjacente às relações jurídicas acordadas, o que poderá atrair não só eventual lançamento tributário, mas também a qualificação da multa de ofício.

Referências

DIDIER JR, Fredie; BRAGA, Paula Sarno; OLIVEIRA, Rafael Alexandria de. *Curso de Direito Processual Civil*. Volume 2. Salvador: Jus Podium, 2014.

FACHIN, Julmar Antônio. *A Proteção Jurídica da Imagem*. São Paulo: Celso Bastos, 1999.

FILHO, Álvaro Melo. *Nova Lei Pelé*: Avanços e Impactos. Rio de Janeiro: Maquinária, 2011.

GAGLIANO, Pablo Stolze; PAMPLONA FILHO, Rodolfo. *Novo Curso de Direito Civil* – Parte Geral. São Paulo: Saraiva, 2003.

GRISARD, Luiz Antônio. *Considerações sobre a Relação entre Contrato de Trabalho do Atleta Profissional de Futebol e Contrato de Licença de Uso de Imagem*. Disponível em https://jus.com.br/artigos/3490/consideracoes-sobre-a-relacao-entre-contrato--de-trabalho-de-atleta-profissional-de-futebol-e-contrato-de-licenca-de-uso--de-imagem. Acesso em: 06/11/2019.

MARCONDES, Rafael Marchetti. *A Tributação da Imagem de Artistas e Desportistas*. São Paulo: Quartier Latin, 2017.

MONÇÃO, André Augusto Duarte. O direito de imagem do atleta profissional de futebol sob a perspectiva da legislação luso-brasileira. *Revista Jus Navigandi*, ISSN 1518-8862, Teresina, ano 20, n. 4564, 30 dez. 2015. Disponível em: https://jus.com.br/artigos/45145. Acesso em: 9 nov. 2019.

NEDER, Marcos Vinicius; LOPES, Maria Tereza Martínez. *Processo Administrativo Fiscal Federal Comentado*. São Paulo: Dialética, 2010.

SOARES, Jorge Miguel Acosta. *Direito de Imagem e Direito de Arena no Contrato de Trabalho do Atleta Profissional*. São Paulo: LTR, 2008.

2. Pejotização e valoração da prova no âmbito do CARF

RITA ELIZA REIS DA COSTA BACCHIERI[1]

Introdução

Entre os temas afetos à Segunda Seção de Julgamento do Conselho Administrativo de Recursos Fiscais estão as Contribuições Previdenciárias, tributo de grande relevância e, atualmente, foco das atenções em razão do debate travado no âmbito da Reforma da Previdência. Fonte de custeio dos benefícios ofertados aos segurados da Previdência Social, as Contribuições Previdenciárias oneram significativamente a folha de pagamento das empresas.

Neste cenário, buscando a redução de custos e manutenção das condições de competitividade – em especial em relação ao mercado internacional –, as pessoas jurídicas optam por realizar seu objeto social a partir da contratação de mão de obra em regime diverso da relação de emprego. Não há, e nunca houve, na legislação qualquer vedação a contratação de serviços de terceiros pelas empresas, ainda que para o desempenho da atividade fim do contratante.

O Supremo Tribunal Federal pacificou a discussão a partir do julgamento da Arguição de Descumprimento de Preceito Fundamental – ADPF nº 324 e do Recurso Extraordinário nº 958.252/MG (em repercussão geral, ainda sob análise de modulação de efeitos), na oportunidade restou concluído que

---

[1] As opiniões contidas nesta publicação são reflexões acadêmicas da própria autora e não necessariamente expressam as posições defendidas por qualquer organização ao qual esteja vinculada.

a prática da terceirização já era válida no direito brasileiro mesmo no período anterior à edição das Leis nº 13.429/2017 e 13.467/2017, independentemente dos setores em que adotada ou da natureza das atividades contratadas com terceira pessoa, reputando-se inconstitucional a Súmula nº 331 do TST, por violação aos princípios da livre iniciativa (artigos 1º, IV, e 170 da CRFB) e da liberdade contratual (art. 5º, II, da CRFB)[2].

Ainda que legalmente prevista, essa modalidade de contratação de prestação de serviço de terceiros deve observar certos limites, em especial aqueles descritos na própria Consolidação das Leis do Trabalho, aprovada pelo Decreto-Lei nº 5.452/1943, a qual define haver uma relação de emprego toda vez que restar caracterizado os elementos de pessoalidade, subordinação, não eventualidade e onerosidade do serviço prestado por pessoa física. E não é incomum esbarrarmos em situações onde ocorrem abusos, alguns contratantes extrapolam a ideia da lei e utilizam de artifícios para reduzir, por meio da contratação de pessoas jurídicas, o custo incidente sobre a respectiva folha de pagamento.

Em geral os lançamentos realizados pela Receita Federal, sob este aspecto, têm como objeto a imputação da existência de contratação dissimulada de empregados sob a roupagem de pessoas jurídicas, nesta situação – além dos demais reflexos relativos aos direitos trabalhistas – temos uma redução no recolhimento das Contribuições Previdenciárias, pois essas deixam de incidir sobre a folha de pagamento da empresa contratante e passam a ser recolhidas segundo os critérios de tributação da empresa contratada, a qual, em geral, adota regime tributário mais favorecido.

Importante destacar que nem todos os casos de terceirização de contratação de mão de obra são fraudulentos, nem todos podem ser classificados como 'pejotização', e o presente trabalho tem como intuito destacar – a partir da análise de casos concretos – quais provas e elementos assumem relevância para fins de comprovação de conduta lícita do contribuinte.

---

[2] STF. RECURSO EXTRAORDINÁRIO: RE 958.252/MG. Relator: Ministro Luiz Fux. DJ: 30/08/2018. Disponível em: <http://redir.stf.jus.br/paginadorpub/paginador. jsp?docTP=TP&docID=750817537>. Acesso em: 06 nov. 2019.

1. Da problematização

A Constituição Federal ao tratar da Seguridade Social como conjunto integrado de ações destinadas a assegurar os direitos relativos à saúde, à previdência e à assistência social, descreve em seu art. 195, que entre outras fontes, essa será custeada por todos a partir do pagamento de contribuições. Assim, e após edição da Emenda Constitucional nº 20/1998 – por meio da qual houve uma ampliação da base de cálculo –, ficou determinado que as empresas se sujeitam à incidência de contribuições sociais sobre a folha de pagamento, receita ou faturamento e lucro:

> Art. 195. A seguridade social será financiada por toda a sociedade, de forma direta e indireta, nos termos da lei, mediante recursos provenientes dos orçamentos da União, dos Estados, do Distrito Federal e dos Municípios, e das seguintes contribuições sociais: (Vide Emenda Constitucional nº 20, de 1998)
>
> I – do empregador, da empresa e da entidade a ela equiparada na forma da lei, incidentes sobre:
>
> a) a folha de salários e demais rendimentos do trabalho pagos ou creditados, a qualquer título, à pessoa física que lhe preste serviço, mesmo sem vínculo empregatício;
>
> b) a receita ou o faturamento;
>
> c) o lucro;
>
> (...)

Interessa-nos o debate acerca da contribuição devida sobre a folha de pagamento. Neste caso, segundo consta do art. 22 da Lei nº 8.212/1991, sobre o total das remunerações pagas, devidas ou creditadas, durante o mês, aos segurados empregados, trabalhadores avulsos e contribuintes individuais que lhe prestem serviços, deverá a empresa recolher o percentual de 20%. Somam-se a esse valor as parcelas variáveis relativas ao GILRAT (Contribuição do Grau de Incidência de Incapacidade Laborativa decorrente dos Riscos Ambientais do Trabalho – percentuais de 1% a 3%) e aquelas relativas às contribuições previstas no art. 240 da CF/88 e devidas a outras entidades e fundos, chamados terceiros (percentuais previstos na Instrução Normativa RFB nº 971/2009, art. 109-C, §2º).

Assim, além dos demais custos relacionados aos aspectos trabalhistas, em média uma pessoa jurídica, por exemplo, do setor industrial cujo fator de risco seja grave, tem sua folha de pagamento onerada pelas contribuições previdenciárias em pelo menos 28,80%: 20% de CP, 3% de GIL-RAT (sem considerar o FAP – Fator Acidentário de Prevenção) e 5,8% de Terceiros.

Embora este não seja o local adequado para o debate acerca da melhor política de custeio da Seguridade Social, é fato incontroverso que a atividade econômica no país é impactada com este custo, haja vista a constatação que em países que concorrem com o Brasil o custo da mão de obra é significativamente menor.

Neste cenário, as empresas buscam mecanismos para se tornarem mais competitivas. Em pesquisa realizada pela Confederação Nacional das Indústrias (CNI, 2014) restou comprovado que 69,7% das empresas industriais (transformação, extrativa e construção) contratam serviços terceirizados, tendo sido apontado como motivação para esse tipo de contratação o ganho de tempo e o aumento da produtividade em razão do acesso à mão de obra qualificada e a novas tecnologias de produção e gestão[3], elementos que levam à redução dos custos.

Observa-se que a terceirização, hoje regulamentada expressamente pela CLT, não se trata de prática ilícita. Entretanto, a Receita Federal sob o argumento da caracterização do abuso de forma, acaba por efetuar lançamentos por meio dos quais aponta a existência da relação de emprego direta entre os trabalhadores e a empresa contratante. Em muitos casos essa caracterização é consequência da atuação do próprio Ministério Público do Trabalho, que após realização de investigação cujo viés é a apuração de práticas contrárias às leis trabalhistas, envia comunicados à Receita Federal notificando acerca de possível sonegação fiscal.

Alguns casos possuem potencial indicativo da caracterização de abusos, por exemplo: demissão em massa de funcionários que são empregados por outra pessoa jurídica e esta passa a prestar serviço para o empregador originário, contratação de pessoa jurídica para prestação de serviço em caráter exclusivo, compartilhamento de espaço físico entre as empresas contratante e contratada, entre outros.

O traço comum entre as práticas abusivas é a caracterização de arranjo laboral com o intuito exclusivo de redução dos encargos incidentes sobre a folha de pagamento, por isso, os prestadores de serviço, em geral, são

---

[3] CNI – Confederação Nacional da Indústria. Sondagem Especial, Terceirização. Brasília 2014. Disponível em: <http://arquivos.portaldaindustria.com.br/app/conteudo_18/2014/08/13/6746/SondagemEspecialTerceirizacao.pdf> Acesso em 11 out. 2019.

optantes pelo Simples Nacional (da Lei Complementar nº 123/2006), são sociedades unipessoais, EIRELI (Empresa Individual de responsabilidade Ilimitada) ou MEI (Microempreendedor individual).

O CARF por diversas vezes já se debruçou sob o tema e, invariavelmente, a solução dos conflitos sempre passa pela análise das provas e das circunstâncias do caso concreto.

2. Os lançamentos e suas fundamentações

Conforme exposto, a prática conhecida como 'pejotização' não se confunde com a terceirização trabalhista. Esta última é forma lícita de contratação de mão de obra, enquanto aquela é instrumento utilizado pelos empregadores para fraudar uma relação de vínculo empregatício, fraude apurada a partir da aplicação do princípio da "primazia da realidade sobre a forma", princípio que reflete a busca da verdade material tão presente nos processos tributários administrativos.

Nos dizeres do Ministro do Tribunal Superior do Trabalho, Min. Maurício Godinho Delgado, independente da forma da sua exteriorização, sempre que restar comprovada, a partir da análise do caso concreto, a presença dos elementos previstos no art. 3º da CLT, estaremos diante de uma relação de emprego *stricto sensu*[4]:

> (...) o conteúdo do contrato não se circunscreve ao transposto no correspondente instrumento escrito, incorporando amplamente todos os matizes lançados pelo cotidiano da prestação de serviço. O princípio do *contrato realidade* autoriza, assim, por exemplo, a descaracterização de uma pactuada relação civil de prestação de serviço, desde que no cumprimento do contrato despontem, concretamente, todos os elementos fático-jurídicos da relação de emprego (trabalho por pessoa física, com pessoalidade, não eventualidade, onerosidade e sob subordinação).

Duas são as formas mais comuns da 'pejotização'. Na primeira, o empregador exige que o trabalhador constitua uma pessoa jurídica, na segunda os contratantes se utilizam de uma pessoa jurídica interposta constituída com

---

[4] DELGADO, Mauricio Godinho. *Curso de Direito do Trabalho*. 13ª ed. São Paulo: LTr, 2014. p. 206.

a finalidade exclusiva de reduzir a tributação; em ambas as formas o contrato individual de trabalho é substituído por um contrato comercial.

Pelo princípio da primazia da realidade sobre a forma nestes casos não se trata de discutir se a pessoa jurídica foi licitamente constituída ou se ela é patrimonialmente idônea, a discussão assume o viés da comprovação da caracterização dos elementos do vínculo empregatício. Presentes os requisitos do art. 3º da CLT, a empresa sofrerá além das consequências inerentes ao Direito do Trabalho, também os reflexos tributários relativos às Contribuições Sociais.

É por essa razão que os lançamentos sempre estão fundamentados no entendimento da fiscalização de que, a partir das provas colhidas no caso concreto, estão presentes os elementos de pessoalidade, não eventualidade, subordinação e onerosidade. Contraditoriamente, mesmo sendo da Justiça do Trabalho a competência para definição acerca da existência de um vínculo empregatício, as exigências fiscais nem sempre se baseiam ou mesmo acompanham entendimento externado pela justiça especializada.

Como todo processo que envolve a discussão de provas, também nos lançamentos tributários para exigência de Contribuições Previdenciárias constituídas a partir da descaracterização daquelas pessoas jurídicas, restará ao contribuinte o ônus de desconstituir a imputação de fraude, fraude essa que fundamenta ainda – em alguns casos – a exigência da multa qualificada prevista no art. 35-A da Lei nº 8.212/91 c/c art. 44, §1º da Lei nº 9.430/96.

O lançamento tributário, nos moldes em que previsto no art. 142 do Código Tributário Nacional, exige que a autoridade competente descreva e comprove a ocorrência do fato gerador. Tratando-se de Contribuições Previdenciárias – cota patronal – a hipótese de incidência do tributo está descrita no art. 22 da Lei nº 8.212/91:

> Art. 22. A contribuição a cargo da empresa, destinada à Seguridade Social, além do disposto no art. 23, é de:
>
> I – vinte por cento sobre o total das remunerações pagas, devidas ou creditadas a qualquer título, durante o mês, aos segurados empregados e trabalhadores avulsos que lhe prestem serviços, destinadas a retribuir o trabalho, qualquer que seja a sua forma, inclusive as gorjetas, os ganhos habituais sob a forma de utilidades e os adiantamentos decorrentes de reajuste salarial, quer pelos serviços efetivamente prestados, quer pelo tempo à disposição do empregador ou tomador de serviços, nos termos da lei ou do contrato ou, ainda, de convenção

ou acordo coletivo de trabalho ou sentença normativa. (Redação dada pela Lei nº 9.876, de 1999).

(...)

Na redação do inciso I estão presentes os elementos essenciais ao lançamento, e entre eles, temos a necessidade de restar comprovado que o pagamento apurado foi destinado a retribuir trabalho prestado por pessoa física na condição de empregado ou contribuinte individual.

Diante da competência privativa, e pela condição reforçada pela redação do art. 9º do Decreto nº 70.235/72 – "a exigência do crédito tributário e a aplicação de penalidade isolada serão formalizados em autos de infração ou notificações de lançamento, distintos para cada tributo ou penalidade, os quais deverão estar instruídos com todos os termos, depoimentos, laudos e demais elementos de prova indispensáveis à comprovação do ilícito" –, é do Auditor Fiscal o dever de demonstrar, nos casos da imputação decorrer de relação de emprego, a presença dos elementos da pessoalidade, não eventualidade, subordinação e onerosidade previstos na legislação trabalhista.

Em contrapartida, por força do art. 16 do mesmo Decreto nº 70.235/72 e do art. 373 do Código de Processo Civil, uma vez realizado o lançamento, recairá sobre o contribuinte o ônus de desconstituir a imputação fiscal. E, neste cenário, as provas deverão ser produzidas até a apresentação da impugnação sob pena de preclusão:

Art. 16. A impugnação mencionará:

I – a autoridade julgadora a quem é dirigida;

II – a qualificação do impugnante;

III – *os motivos de fato e de direito em que se fundamenta, os pontos de discordância e as razões e provas que possuir*;

IV – as diligências, ou perícias que o impugnante pretenda sejam efetuadas, expostos os motivos que as justifiquem, com a formulação dos quesitos referentes aos exames desejados, assim como, no caso de perícia, o nome, o endereço e a qualificação profissional do seu perito.

V – se a matéria impugnada foi submetida à apreciação judicial, devendo ser juntada cópia da petição.

§ 1º Considerar-se-á não formulado o pedido de diligência ou perícia que deixe de atender aos requisitos previstos no inciso IV do art. 16.

§ 2º É defeso ao impugnante, ou a seu representante legal, empregar expressões injuriosas nos escritos apresentados no processo, cabendo ao julgador, de ofício ou a requerimento do ofendido, mandar riscá-las.

§ 3º Quando o impugnante alegar direito municipal, estadual ou estrangeiro, provar-lhe-á o teor e a vigência, se assim o determinar o julgador.

§ 4º A prova documental será apresentada na impugnação, precluindo o direito de o impugnante fazê-lo em outro momento processual, a menos que:

a) fique demonstrada a impossibilidade de sua apresentação oportuna, por motivo de força maior;

b) refira-se a fato ou a direito superveniente;

c) destine-se a contrapor fatos ou razões posteriormente trazidas aos autos.

§ 5º A juntada de documentos após a impugnação deverá ser requerida à autoridade julgadora, mediante petição em que se demonstre, com fundamentos, a ocorrência de uma das condições previstas nas alíneas do parágrafo anterior.

§ 6º Caso já tenha sido proferida a decisão, os documentos apresentados permanecerão nos autos para, se for interposto recurso, serem apreciados pela autoridade julgadora de segunda instância. (grifamos)

Embora o próprio artigo citado preveja hipóteses de mitigação da preclusão é importante ter em mente que lançamentos que envolvem a imputação de 'pejotização' são baseados em aspectos essencialmente fáticos e, por isso, dificilmente se vislumbra situações onde o contribuinte possa alegar uma das exceções do §4º. Os requisitos do art. 3º da CLT são objetivos e a contratação lícita de empresa para prestação de serviços pressupõe, mediante controle prévio, a inexistência da ocorrência destes desde a origem da relação comercial.

Vale destacar que alguns dos lançamentos tomavam como premissa a ideia da Súmula nº 331 do TST, presumindo a relação de emprego nas situações onde o prestador do serviço executava uma atividade fim da empresa contratante. Entretanto, até mesmo nesses casos a presunção não é absoluta, podendo o contribuinte apresentar elementos contrários à acusação imputada.

3. A jurisprudência do CARF e as provas relevantes

Analisando as decisões mais recentes do Tribunal Administrativo é possível observar que a grande maioria dos julgados é proferida por unanimidade de votos ou por maioria. Os julgados que envolvem decisão por voto de qualidade, em geral, estão relacionados à prestação de serviços de natureza intelectual ou artística.

Para estes últimos casos é importante lembrar que a partir da edição da Lei nº 11.196/2005, passou-se a admitir a exploração de atividade econômica personalíssima por meio de pessoas jurídicas. Ainda são poucos os lançamentos julgados e relativos a fatos geradores realizados após a vigência do art. 129[5], e para os lançamentos pretéritos o que se discute é se este dispositivo seria norma interpretativa a teor do disposto no art. 106, I do CTN, admitindo sua aplicação retroativa.

Para o presente trabalho, em todo caso, interessa o debate acerca de quais os elementos são considerados para caracterizar ou afastar uma relação de emprego capaz de gerar como consequência a exigência de contribuição previdenciária, mesmo que em uma relação de prestação de serviço artístico ou intelectual.

No acórdão nº 2301005.271, foi analisado lançamento lavrado contra a Rede de Televisão Bandeirantes. No caso concreto, os apresentadores e artistas foram considerados empregados, constatação feita a partir das condições presentes nos contratos analisados pela fiscalização e os quais previam – entre outros elementos – remuneração mensal em valor fixo, necessidade de comparecimento em horários e dias fixados pela contratante, previsão de dias de folga sem prejuízo da remuneração pactuada. Neste caso, por decisão unânime, decidiu o Colegiado:

> Tal qual exposto no Acórdão da DRJ, no tocante à ausência de critério para descaracterização da pessoa jurídica, posto que não há elementos que demonstrem o vínculo empregatício, vale notar que há uma série de documentos que contraditam integralmente tal alegação, na medida em que diversos contratos de prestação de serviços foram trazidos aos autos e não deixam nenhuma dúvida quanto à prática adotada pela empresa (de um total de mais de quinhentos prestadores de serviços mantidos no lançamento, somente em relação a cento

---

[5] Art. 129 – Para fins fiscais e previdenciários, a prestação de serviços intelectuais, inclusive os de natureza científica, artística ou cultural, em caráter personalíssimo ou não, com ou sem a designação de quaisquer obrigações a sócios ou empregados da sociedade prestadora de serviços, quando por esta realizada, se sujeita tão-somente à legislação aplicável às pessoas jurídicas, sem prejuízo da observância do disposto no art. 50 da Lei no 10.406, de 10 de janeiro de 2002 – Código Civil.

EFICIÊNCIA PROBATÓRIA E A ATUAL JURISPRUDÊNCIA DO CARF

e trinta e oito não houve apresentação do contrato) que são a causa do lançamento pela constatação de que a empresa em determinada época passou a tratar como se fossem pessoas jurídicas aqueles que eram os seus mais importantes empregados, mantendo, no entanto, as mesmas condições e com todos os requisitos do vínculo empregatício, condições que estão expressamente previstas nos próprios contratos de prestação de serviços, embora formalmente constem geralmente como contratada uma pessoa jurídica, uma sociedade, e no mesmo pólo, ao lado, a pessoa do Anuente (na verdade por trás a mesma pessoa muita conhecida pela exposição na mídia, veiculada pela própria contratante ou outros veículos de comunicação).

Tais contratos (anteriores à Lei n. 11.196/05) prevêem a prestação de serviços pelo Anuente com todos os requisitos do vínculo empregatício, e deste cumprimento se responsabiliza a pessoa jurídica contratada, sociedade que de fato só tem esta mesma pessoa que presta o serviço, constando formalmente no contrato social desta sociedade um outro nome como sócio com participação praticamente inexistente, e geralmente constando também a previsão de que horas extras e demais encargos sociais, trabalhistas e previdenciários seriam de responsabilidade da pessoa jurídica contratada, ou seja, da mesma pessoa que também é o Anuente, que é o único que presta os serviços contratados.

Não merece prosperar também a alegação de que conflitos que digam respeito à existência ou não de relação de emprego ou a desconstituição da personalidade jurídica são de competência exclusiva da Justiça do Trabalho, visto que no presente processo administrativo não se está julgando os aspectos trabalhistas com a consequente determinação de pagamento de verbas trabalhistas, de modo que somente estão sendo atribuídos efeitos tributários a situações que envolvem relações de trabalho.

Interessante debate é travado exatamente sobre esse último argumento – efeitos de eventual decisão proferida pela Justiça do Trabalho reconhecendo ou não o vínculo empregatício. Se a justiça especializada reconhece o vínculo esse elemento é utilizado para fundamentar lançamento, em contrapartida, mesmo nos casos de a relação de emprego ser afastada pelo Poder Judiciário, há quem defenda que a Receita Federal permanece com a competência para fiscalizar e exigir o recolhimento das contribuições sociais previdenciárias sempre que os serviços prestados preencherem – sob o seu entendimento – os elementos do vínculo, ainda que para isso seja preciso desconsiderar contratos formalmente celebrados entre pessoas jurídicas[6].

No acórdão nº 9202004.640, a Câmara Superior de Recursos Fiscais – por voto de qualidade – entendeu que decisão da Justiça do Trabalho não tem o condão de afastar a caracterização do fato gerador devidamente demonstrado pela fiscalização. Vale destacar que neste caso a Relatora do acórdão esclareceu que a decisão da Justiça do Trabalho em ação coletiva não analisa as mesmas provas que a fiscalização tributária, deixando transparecer que eventual decisão proferida em ação individual poderia assumir uma importância diferente. Vejamos:

> Podemos observar que a decisão colacionada aos autos pelo recorrente diz respeito ao julgamento do auto de infração elaborado pelo Ministério do Trabalho, com a indicação da irregularidade da contratação das pessoas jurídicas, tendo àquele órgão, aduzido as razões que entendeu suficientes para formação do vínculo. Foi nesse processo que houve manifestação do tribunal, que diga-se, não adentrou ao mérito da contratação individual das pessoas físicas.

> Vale observar que a denúncia do Ministério do Trabalho junto à fiscalização da previdência, apenas ensejou o início do procedimento fiscal, contudo os elementos probatórios colacionados aos autos não são necessariamente os mesmos. Pelo contrário, fez a fiscalização procedimento próprio, com a intimação para apresentação de todos os documentos que entendeu necessários a apreciação de existência ou não de contratação irregular. Dessa forma, o julgamento ora sob análise possui elementos de provas e discussão autônoma. Não se está aqui desobedecendo decisão judicial, posto que o tribunal que analisou a autuação do ministério do trabalho não teve acesso aos elementos e informações contidas no presente processo. Da mesma forma, a improcedência de autuação da Receita Federal do Brasil, não vincularia a autuação do Ministério do Trabalho.

---

[6] Conforme noticiado, "a Associação Brasileira da Indústria de Artigos e Equipamentos Médicos (Abimo) protocolou arguição de descumprimento de preceito fundamental (ADPF nº 647) contestando a constitucionalidade de decisões do Conselho Administrativo de Recursos Fiscais (Carf) e das Delegacias da Receita Federal (DRFs) que conferiram competência para que o auditor fiscal da Receita Federal reconheça vínculo de emprego sem a intermediação e pronunciamento jurisdicional da Justiça do Trabalho" (<https://www.conjur.com.br/2020-jan-24/adpf-contesta-reconhecimento-vinculo-empregaticio-receita>. Acesso em 31.01.2020).

EFICIÊNCIA PROBATÓRIA E A ATUAL JURISPRUDÊNCIA DO CARF

Note-se, ainda, que não foram apresentadas reclamatórias trabalhistas improcedentes em relação a cada um dos empregados, mas apenas ação da empresa para desconstituir autuação do ministério, razão pela qual não existiu por parte do tribunal do trabalho apreciação do mérito em relação a cada trabalho, mas apenas a decisão que os elementos constantes naquele auto de infração do Ministério do Trabalho carecia dos elementos necessários a convicção do referido tribunal.

Embora, de fato, a fiscalização do ilícito tributário não esteja condicionada à existência de decisão da Justiça do Trabalho, considerando ser o fato gerador da contribuição previdenciária prevista na primeira parte do art. 22, I da Lei nº 8.212/91 (segurado empregado) condicionado à caracterização da relação de emprego, uma vez havendo manifestação da justiça especializada seria coerente a aplicação dos seus efeitos também ao processo tributário administrativo.

Neste sentido o acórdão nº 2401005.952, o qual externou entendimento no sentido da União não se vincular às decisões da Justiça do Trabalho, mas concluiu: "Como o lançamento se lastreia em provas indiciárias, considero como acertada a decisão de se excluir do lançamento a base de cálculo pertinente aos trabalhadores para os quais há decisão judicial trabalhista transitada em julgado não reconhecendo o vínculo de trabalho subordinado".

Continuando com a análise dos julgados é possível observar certos padrões de entendimento da fiscalização em relação às condutas dos contribuintes que apontariam para existência de operações simuladas motivadoras da desconsideração dos pactos firmados entre os particulares.

Nos casos de utilização de pessoa jurídica interposta são indícios de irregularidade a caracterização da prestação de serviços exclusivamente à contratante, desenvolvimento de atividade fim, confusão patrimonial entre contratante e contratada (sócios 'laranjas'), compartilhamento de espaço físico, mesma administração contábil, movimento de 'migração' dos empregados da contratante para a contratada, compartilhamento de despesas administrativas entre as empresas, empresa interposta optante pelo Simples Nacional.

Todos estes elementos são potenciais caracterizadores de operações simuladas para fins de exigência de contribuição previdenciária sobre remuneração paga a pessoa física na condição de empregado. Nestes casos – uma vez desconsiderada a existência formal da empresa prestadora do serviço,

2. PEJOTIZAÇÃO E VALORAÇÃO DA PROVA NO ÂMBITO DO CARF

por consequência lógica – o vínculo de emprego é, por assim dizer, automaticamente imputado à empresa contratante.

No acórdão nº 2301-004.324, foi mantido o lançamento exatamente em razão da presença desses elementos, valendo destacar que, por decisão unânime, a Câmara Superior (acórdão nº 9202-003.827) votou ainda pela manutenção da multa qualificada em razão da conduta fraudulenta. Aqui o lançamento envolvia a constatação de arranjo societário onde a empresa contratada 'criou' pessoas jurídicas fictícias com o único intuito de se beneficiar da tributação favorecida da Lei Complementar nº 123/06. A fiscalização demonstrou que a maior parte da mão de obra da indústria estava alocada nos quadros das microempresas cuja prestação de serviços atendia exclusivamente a empresa mãe.

Neste mesmo sentido os acórdãos nº 2402-006.179[7] e 2201-004.591[8].

[7] PLANEJAMENTO TRIBUTÁRIO. FRACIONAMENTO DAS ATIVIDADES. UTILIZAÇÃO DE EMPRESAS INTERPOSTAS. ABUSO DE FORMA. AUSÊNCIA DE AUTONOMIA OPERACIONAL E PATRIMONIAL. ADMINISTRAÇÃO ÚNICA E ATÍPICA. PREVALÊNCIA DA SUBSTÂNCIA SOBRE A FORMA. PRINCÍPIO DA PRIMAZIA DA REALIDADE. PRINCÍPIO DA VERDADE MATERIAL. SIMULAÇÃO. CARACTERIZAÇÃO. MULTA QUALIFICADA. Não é vedado o planejamento tributário, mas a prática abusiva, como a simulação de relações entre empresas com objetivo claro de obter vantagens tributárias. O abuso de forma viola o direito e a fiscalização deve rejeitar o suposto planejamento tributário que nela se funda, cabendo a requalificação dos atos e fatos ocorridos, com base em sua substância, para a aplicação do dispositivo legal pertinente. Não há nesse ato nenhuma violação dos princípios da legalidade ou da tipicidade, nem de cerceamento de defesa, pois o conhecimento dos atos materiais e processuais pela Recorrente e o seu direito ao contraditório estiveram plenamente assegurados. A simulação pode configurar-se quando as circunstâncias e evidências indicam a coexistência de empresas com regimes tributários favorecidos, perseguindo a mesma atividade econômica, com sócios ou administradores em comum e a utilização dos mesmos empregados, mesmos meios de produção mesmas instalações físicas, implicando confusão patrimonial e gestão empresarial atípica. O fracionamento das atividades empresariais, mediante a utilização de mão de obra existente em empresas interpostas, sendo estas desprovidas de autonomia operacional, administrativa e financeira, para usufruir artificial e indevidamente dos benefícios do regime de tributação do Simples Nacional, viola a legislação tributária, cabendo então a partir de inúmeras e sólidas evidências a desconsideração daquela prestação de serviços formalmente constituída.

[8] ORGANIZAÇÃO DA ATIVIDADE EMPRESARIAL EM DIVERSAS EMPRESAS. PROPÓSITO NÃO NEGOCIAL E AUSÊNCIA DE AUTONOMIA. RECONSIDERAÇÃO DAS RELAÇÕES JURÍDICAS. VINCULAÇÃO DA MÃO-DE-OBRA À EMPRESA BENEFICIÁRIA DOS SERVIÇOS. A organização empresarial de um conjunto de atividades

Relevante destacar a existência de julgados admitindo a possibilidade de 'aproveitamento' do valor da contribuição previdenciária recolhida (cota patronal) pela empresa fictícia optante pelo Simples Nacional. Uma vez afirmado pela fiscalização que tal pessoa jurídica não era o real sujeito passivo da relação tributária analisada, coerente o atendimento ao pleito de abatimento dos valores. Consta do acórdão nº 2202-004.759:

> Afirmou o Fisco que os empregados registrados formalmente na empresa ARM Confecções Ltda. executavam sua atividades com empregados do contribuinte, utilizando veículos, instalações, máquinas e equipamentos a ele pertencentes, caracterizando assim aquela pessoa jurídica como empresa de fachada, criada com o fito precípuo de que o faturamento se enquadrasse nos limites do regime simplificado.
>
> ...
>
> De fato, o inciso VI do art. 13 da Lei Complementar nº 126/06 preconiza que o recolhimento mensal do Simples abrange a contribuição patronal previdenciária de que trata o art. 22 da Lei nº 8.212/91.
>
> E, em casos similares ao ora enfrentado, devem ser aproveitados os tributos já pagos pela pessoa jurídica reconhecida como sendo mera interposta pessoa da empresa que é a verdadeira titular da capacidade contributiva, e responsável pelo recolhimento das contribuições previdenciárias devidas fade à contratação de prestadores de serviços.
>
> Com efeito, o deslocamento artificial da responsabilidade tributária via expediente simulatório não é eficaz perante o Fisco, conclusão essa que deu azo, inclusive, ao lançamento guerreado. Por seu turno, constituiria-se incoerência lógica intrínseca, em desvelar-se a simulação, mas não possibilitar que os tributos pagos pela empresa de fachada sejam aproveitados pelo titular material das atividades exercidas e responsável pelos tributos delas decorrentes.
>
> Tendo em vista tais constatações, a não consideração dos tributos já pagos pela pessoa interposta, ainda que sob o regime de recolhimento simplificado, sujeito a um controle comum na forma de empresas distintas deve corresponder à realidade econômica e ter propósito eminentemente negocial, sob pena de serem reconsideradas as relações jurídicas subjacentes e vinculada a mão-de-obra à empresa efetivamente beneficiária dos serviços sempre que identificados a falta de autonomia entre as empresas e o objetivo principal de redução de tributos que, conjugados, propiciem a determinação artificial das bases de cálculo desses tributos.

2. PEJOTIZAÇÃO E VALORAÇÃO DA PROVA NO ÂMBITO DO CARF

como compensáveis com os débitos lançados, constituiria-se em locupletamento indevido da Fazenda Pública, caso simplesmente denegada, ou possivelmente implicaria violação aos princípios constitucionais da eficiência e da duração razoável do processo, se condicionada à posterior formulação de pedido de restituição.

Já nos lançamentos em que é atribuído vínculo de emprego direto entre o sócio da pessoa jurídica contratada e a empresa contratante, exige-se uma maior demonstração da fiscalização acerca dos demais elementos caracterizadores da relação empregatícia: subordinação, não eventualidade, onerosidade e pessoalidade.

No acórdão nº 2401-005.347, a caracterização do vínculo com o prestador do serviço foi comprovada em razão da existência de reembolso de deslocamento mediante apresentação de 'relatório de despesas', despesas essas lançadas na contabilidade como 'salários a pagar', funcionários demitidos e contratados posteriormente como pessoas jurídicas, previsão no contrato de ajuda de custo com alimentação e assistência médica, prestação de serviços vinculados à atividade fim da contratada.

Mesmo após a edição da Lei nº 11.196/2005 o entendimento que prevalece é no sentido de "ser permitido à fiscalização tributária desconsiderar a contratação de pessoa jurídica prestadora de serviços intelectuais, desde que demonstre que os serviços, no plano fático, são efetivamente prestados pelo sócio desta, na condição de segurado empregado". Concluiu neste sentido o acórdão nº 2401-005.669[9].

Entretanto, a ausência de demonstração pela fiscalização de um dos elementos da relação de emprego leva ao cancelamento da exigência fiscal, ainda que por meio da caracterização de vício de natureza formal do lançamento.

---

[9] PEJOTIZAÇÃO. CONTRATAÇÃO DE TRABALHADORES. EMPRESA INTERPOSTA. EFEITOS FISCAIS E PREVIDENCIÁRIOS. CONJUNTO PROBATÓRIO.
Se o conjunto probatório existente nos autos demonstra que a empresa optou por exigir que os empregados com cargo de gerência se tornassem sócios de outra empresa para a continuidade da prestação de serviços, tem-se o que costumeiramente se chama de "pejotização". Para afastar a caracterização de contratação de trabalhadores por empresa interposta e seus respectivos efeitos tributários e previdenciárias, a impugnante deve ultrapassar o campo das alegações e produzir provas que se contraponham as levantadas pelo setor fiscal, mormente aquelas relacionadas à existência dos elementos caracterizadores da relação de emprego, pessoalidade, onerosidade, não eventualidade e subordinação.

São exemplos os acórdãos nº 2401005.900 e 2201-004.586. Neles foram analisados lançamentos que envolviam a contratação de médicos e outros profissionais por instituições de saúde e, a partir da análise dos elementos trazidos aos autos, os Colegiados concluíram pela ausência de demonstração da existência do vínculo de emprego, em especial a existência da relação de subordinação.

No primeiro (acórdão nº 2401-005.900), destacou-se que a pessoa jurídica contratada foi constituída antes da celebração do contrato, prestava serviço para outros tomadores no mercado e ainda foi afirmado que não é qualquer forma de direcionamento da prestação de serviços que leva a caracterização da subordinação típica das normas trabalhistas. No segundo julgado (acórdão nº 2201-004.586), foi relevante o fato do lançamento não ter se debruçado sobre cada um dos contratos celebrados pelas pessoas envolvidas, optando por concluir pela existência da subordinação e demais elementos apenas com base em indícios gerais da conduta analisada.

Por fim, com viés um pouco distinto, temos os acórdãos nº 2201-004.632 e 9202-007.031. Nestes casos a pessoa jurídica autuada era composta por diversos sócios, parte pequena deles possuía poderes de gestão e, em contrapartida aos demais sócios minoritários e diante das circunstâncias apuradas, entendeu a fiscalização que esses últimos desempenhavam funções mediante subordinação, onerosidade e não eventualidade. Nestes casos não houve a desconsideração da pessoa jurídica e sim a reclassificação dos sócios minoritários como empregados da sociedade.

Nestes lançamentos chamou a atenção da fiscalização o fato das respectivas pessoas jurídicas prestadoras dos serviços terem centenas de sócios compondo seu contrato social, situação que *"não encontra lastro no ideal que rege os negócios societários, qual seja, a união de forças, com a participação efetiva e direta de todos os sócios na direção e sucesso do empreendimento social, pondo em xeque a própria noção de* affectio societatis.[10]*"*. O acórdão nº 2201-004.632 ainda destacou que as pessoas físicas eram detentoras de montantes ínfimos do capital social e que não seria razoável a existência de política perene de delegação de poderes de representação:

> Para deslindar a questão, não basta a análise dos elementos formais da relação jurídica entabulada entre a autuada e os referidos profissionais. É mister ir

[10] Acórdão nº 2201-004.632.

além e visualizar a realidade fática envolvida na execução dos serviços em tela. É imprescindível destacar que o exercício de organização da atividade econômica é livre, enquanto não afetar o legítimo interesse da sociedade e dos trabalhadores, porque isto implica abuso do poder econômico em detrimento de sua função social.

À fiscalização não se permitem ingerências quanto à forma de administrar a empresa. Contudo, se o contribuinte age de forma contrária aos direitos trabalhistas, e, por extensão, em violação à lei de tributação previdenciária, o fisco tem o poder-dever de agir e foi, exatamente, o que se observou na situação em comento.

Inicialmente, cabe destacar que foge à razoabilidade que todos os supostos sócios, prestadores de serviços, apontados pelo fisco como segurados empregados, ao ingressarem na empresa em tela, abram mão de seu direito de decidir diretamente o rumo da sociedade empresarial, delegando poderes a um reduzido grupo.

Ao sempre delegarem seu poder de participar das deliberações, referidos trabalhadores resultaram, ao fim e ao cabo, alijados do processo decisório dos rumos da empresa.

A alegada licitude deste procedimento não encontra lastro no ideal que rege os negócios societários, qual seja, a união de forças, com a participação efetiva e direta de todos os sócios na direção e sucesso do empreendimento social, pondo em xeque a própria noção de *affectio societatis*.

Ressalte-se, ainda, a ínfima parcela de participação de mencionados obreiros no capital social da impugnante, representando pouco mais de 0,5% do total, percentual que foi pulverizado em diminutas quotas para atender aos diversos profissionais que as adquiriram. E mais: foram estes mesmos profissionais que mantiveram o negócio social ativo, pela prestação de seus serviços, pessoalmente, a terceiros, gerando as receitas do empreendimento.

Da análise dos julgados do Tribunal Administrativo e mesmo da jurisprudência do Poder Judiciário, podemos afirmar que, em geral, os lançamentos relativos à imputação da ocorrência de 'pejotização' são precedidos de condutas que carregam certa dúvida quanto a sua legalidade. Essa presunção relativa precisa ser desconstituída pelo contribuinte por meio de prova capaz de descaracterizar os elementos do vínculo empregatício descritos pela fiscalização.

Conclusões

Para a realização de lançamento fiscal de exigência de Contribuição Previdenciária decorrente da caracterização de segurado como empregado, nos termos em que previsto no art. 22, I da Lei nº 8.212/91 c/c art. 3º da Consolidação das Leis do Trabalho, aprovado pelo Decreto-lei nº 5.452/43, exige-se a comprovação por parte da autoridade fiscal de que o pagamento apurado foi destinado a retribuir trabalho não eventual de pessoa física sujeita à subordinação.

Alguns elementos são utilizados pela autoridade competente para desconstituir o negócio particular celebrado pelas partes envolvidas e justificar a caracterização do vínculo empregatício, são eles: utilização de pessoa jurídica interposta com regime de tributação mais favorecido, prestação de serviço vinculado à atividade fim da contratante, contratos de prestação de serviços com cláusulas de exclusividade, pagamento de benefícios típicos de uma relação de emprego, confusão patrimonial e administrativa, entre outros.

A caracterização da 'pejotização' requer a correta caracterização da relação de emprego entre as pessoas físicas prestadoras dos serviços e a respectiva empresa contratante. Não basta a mera atribuição geral por parte da autoridade competente pelo lançamento acerca dessa caracterização, seu é o ônus de comprovar a existência do vínculo, valendo destacar que tal atuação não se confunde e nem está condiciona à manifestação da Justiça do Trabalho. A jurisprudência converge no sentido do auditor fiscal ter o poder-dever de – uma vez presentes os elementos – realizar os procedimentos necessários à exigência do tributo não pago.

De toda forma a presunção adotada pela fiscalização admite prova em contrário, devendo o Contribuinte, no exercício do seu direito à ampla defesa, trazer para o órgão julgador provas capazes de afastar os elementos do art. 3º da CLT: pessoalidade, não eventualidade e subordinação, e desses a demonstração da inexistência da subordinação assume maior relevância, pois a não-eventualidade e a pessoalidade são características que podem ser comuns aos contratos de prestação continuada.

Assim e pelos julgados analisados, havendo a apresentação de prova capaz de afastar a existência dos elementos do vínculo de emprego, maiores são as chances de êxito do contribuinte na discussão do lançamento.

Referências

DELGADO, Maurício Godinho. *Curso de Direito do Trabalho*. 13ª ed. São Paulo: LTr, 2014.

Confederação Nacional da Indústria – CNI. *Sondagem Especial, Terceirização*. Brasília 2014. Acesso em 11 out. 2019.

STF. *Recurso Extraordinário nº 958.252/MG*. Relator: Ministro Luiz Fux. Julgado em 30/08/2018. Disponível em: <http://redir.stf.jus.br/paginadorpub/paginador. jsp?docTP=TP&d ocID=750817537>. Acesso em: 06 nov. 2019.

BRASIL. Conselho Administrativo de Recursos Fiscais. *Processo nº 36624.003262/ 2004-78*. Acórdão 2301005.271. Relator Alexandre Evaristo Pinto, 02 de julho de 2018. Disponível em: <https://carf.fazenda.gov.br/sincon/public/pages/ ConsultarJurisprudencia/consultarJurispr udenciaCarf.jsf>. Acesso em: 23 nov. 2019.

BRASIL. Conselho Administrativo de Recursos Fiscais. *Processo nº 10680.722450/ 2010-89*. Acórdão 9202004.640. Relatora Elaine Cristina Monteiro E Silva Vieira, 07 de abril de 2017. Disponível em: <https://carf.fazenda.gov.br/sincon/public/ pages/ConsultarJurisprudencia/con sultarJurisprudenciaCarf.jsf>. Acesso em: 23 nov. 2019.

BRASIL. Conselho Administrativo de Recursos Fiscais. *Processo nº 11065.003144/ 2010-60*. Acórdão 2402-006.179. Relator Luis Henrique Dias Lima, 04 de junho de 2018. Disponível em: <https://carf.fazenda.gov.br/sincon/public/pages/Consultar Jurisprudencia/consultarJurisp rudenciaCarf.jsf>. Acesso em: 23 nov. 2019.

BRASIL. Conselho Administrativo de Recursos Fiscais. *Processo nº 13971.721476/ 2012-94*. Acórdão 2202-004.759. Relator Ronnie Soares Anderson, 05 de outubro de 2018. Disponível em: <https://carf.fazenda.gov.br/sincon/public/pages/Consultar Jurisprudencia/consultarJurisp rudenciaCarf.jsf>. Acesso em: 23 nov. 2019.

BRASIL. Conselho Administrativo de Recursos Fiscais. *Processo nº 19515.720394/ 2015-39*. Acórdão 2401-005.669. Relator Cleberson Alex Friess, 18 de setembro de 2018. Disponível em: <https://carf.fazenda.gov.br/sincon/public/pages/Consultar Jurisprudencia/consultarJuris prudenciaCarf.jsf>. Acesso em: 23 nov. 2019.

BRASIL. Conselho Administrativo de Recursos Fiscais. *Processo nº 15540.720472/ 2013-75*. Acórdão 2201-004.632. Relator Marcelo Milton da Silva Risso, 06 de setembro de 2018. Disponível em: <https://carf.fazenda.gov.br/sincon/public/ pages/ConsultarJurisprudencia/consultarJurisprudenciaCarf.jsf>. Acesso em: 23 nov. 2019.

BRASIL. Conselho Administrativo de Recursos Fiscais. *Processo nº 16682.720355/ 2015-11*. Acórdão 2401-005.952. Relator Jose Luis Hentsch Benjamin Pinheiro, 12 de março de 2019. Disponível em: <https://carf.fazenda.gov.br/sincon/public/ pages/ConsultarJurisprudencia/consultarJurisprudenciaCarf.jsf>. Acesso em: 23 nov. 2019.

3. Salário indireto e a valoração das provas no âmbito do CARF

Ana Paula Fernandes[1]

Introdução

Atualmente as Empresas precisam se esforçar para garantir a permanência dos bons empregados nos seus quadros de trabalhadores. Assim, além de um salário atraente, muitas empresas optam por oferecer benefícios interessantes, tais como: veículos, auxílio-combustível, vale-refeição, aparelhos celulares, planos de saúde, planos de previdência social, reembolso de despesas médicas, bolsas de estudo, cursos de idiomas etc.

Além de tornarem o emprego mais atrativo, tais benefícios tendem a auxiliar na manutenção de um conjunto estável de profissionais, uma vez que o tempo e investimento para treinamento de profissionais também é um problema para as empresas.

No âmbito previdenciário, de acordo com a Constituição Federal (artigo 195) e a Lei nº 8.212/91, a contribuição previdenciária devida pelas empresas incide sobre o total da remuneração paga ou creditada a qualquer título ao segurado empregado e demais trabalhadores sem vínculo empregatício, para fins de retribuir o trabalho.

Somente não haverá incidência de contribuição previdenciária sobre as verbas de natureza nitidamente indenizatória, bem como sobre as

---

[1] As opiniões contidas nesta publicação são reflexões acadêmicas da própria autora e não necessariamente expressam as posições defendidas por qualquer organização a qual esteja vinculada.

verbas que estiverem expressa e taxativamente indicadas como isentas na Lei nº 8.212/1991 (parágrafo 9º, artigo 28).

Todavia, o descumprimento das regras previstas no artigo citado ou na lei ordinária que o regulamenta é suficiente para que tal benefício seja enquadrado em salário indireto.

O intuito deste artigo é apontar os impactos dos parâmetros de valoração das provas adotados pelo Conselho Administrativo de Recursos Fiscais – CARF a respeito do tema, tomando como base o conceito de salário de contribuição e o enquadramento dos benefícios em salário-indireto.

1. Contribuição previdenciária das empresas

A Constituição Federal de 1988 inaugura junto ao sistema jurídico da época um novo regramento de Previdência Social no Brasil.

A ideia da solidariedade e diversidade da fonte de custeio como base legal de arrecadação previdenciária, expressa na Constituição Federal em seu art. 195, I, "a", alterou de modo significativo as contribuições vertidas para o caixa da Seguridade Social.

Todavia, um importante postulado foi marcado – a CF/88 elegeu o trabalho (atividade laboral remunerada) como fato gerador da incidência de contribuição social previdenciária – e não todas as receitas recebidas pelo trabalhador.

E, para melhor esclarecer detalhes da aplicabilidade deste postulado, tratou de disciplinar o referido artigo por meio da edição da Lei nº 8.212/91, conhecida como Lei de Custeio da Previdência Social.

Assim podemos observar que tanto o artigo 195 da CF/88 como a referida Lei de Custeio estabelecem que a tributação previdenciária está claramente limitada a rendimentos do trabalho.

A doutrina segue neste sentido, como podemos observar as pontuações de ZAMBITTE IBRAHIM[2]:

> Tanto histórica como normativamente, a contribuição previdenciária é delimitada a rendimentos do trabalho, tendo em vista o objetivo das prestações previdenciárias em substituir rendimentos habituais do trabalhador, os quais, por regra, são derivados da atividade laboral. Ou seja, a legislação vigente, de

[2] IBRAHIM, Fábio Zambitte. *Curso de Direito Previdenciário.* 22 ed. Niterói: Impetus, 2016. p. 89.

3. SALÁRIO INDIRETO E A VALORAÇÃO DAS PROVAS NO ÂMBITO DO CARF

forma muito clara, delimita a incidência previdenciária, em qualquer hipótese, a rendimentos do trabalho.

Observe-se que esta foi uma opção da própria Constituição Federal que, mesmo após a EC nº 20/98, optou por tributar somente os rendimentos do trabalho.

Assim, embora a EC nº 20/98 tenha ampliado as possibilidades de incidência da cota patronal previdenciária, disciplinado posteriormente pela Lei nº 9.876/99, ao dar nova redação para o art. 22, I da Lei nº 8.212/91 (responsável pela previsão da cota patronal previdenciária), ainda assim se restringe a verba advinda do trabalho. Vejamos:

Art. 22. A contribuição a cargo da empresa, destinada à Seguridade Social, além do disposto no art. 23, é de:

I – vinte por cento sobre o total das remunerações pagas, devidas ou creditadas a qualquer título, durante o mês, aos segurados empregados e trabalhadores avulsos que lhe prestem serviços, destinadas a retribuir o trabalho, qualquer que seja a sua forma, inclusive as gorjetas, os ganhos habituais sob a forma de utilidades e os adiantamentos decorrentes de reajuste salarial, quer pelos serviços efetivamente prestados, quer pelo tempo à disposição do empregador ou tomador de serviços, nos termos da lei ou do contrato ou, ainda, de convenção ou acordo coletivo de trabalho ou sentença normativa.

Observe-se que o legislador ordinário, ao disciplinar as inovações trazidas pela Emenda Constitucional citada, alargou a incidência da cota patronal previdenciária, mas, desta vez, com a competência tributária prévia devidamente estabelecida.

No entanto, como se percebe do preceito reproduzido, a incidência é, ainda, restrita aos rendimentos do trabalho.

Para melhor compreender esta alteração – ampliação da base de incidência da cota patronal – é necessário mencionar que a alteração produzida pela nova lei foi unicamente no sentido de incluir outros segurados além da categoria dos empregados.

Não por incluir valores outros além dos rendimentos do trabalho, mas, unicamente, pela inserção de remunerações pagas ou devidas a outros segurados, além de empregados, mantendo, portanto, a mesma regra quanto ao tipo de rendimentos, qual seja, que esse seja advindo do trabalho.

Professor Zambitte[3] esclarece a questão:

> Este sempre foi o real objetivo da alteração constitucional, aqui devidamente conquistado. Novamente, não há qualquer previsão na Lei nº 8.212/91 que albergue a incidência de contribuições previdenciárias sobre os lucros e resultados de diretores não-empregados. Não é de imposto de renda que se trata, mas sim de contribuição previdenciária.
>
> Neste ponto, merece referência a Lei nº 8.212/91, no art. 28, III, a qual prevê, como salário-de-contribuição de contribuintes individuais, a remuneração auferida em uma ou mais empresas ou pelo exercício de sua atividade por conta própria. O pagamento de lucros e resultados, como visto, não reflete remuneração, pois não se trata de rendimento do trabalho.
>
> Aqui, não há inclusão de tais valores na base previdenciária, seja do segurado ou da empresa. Como reconhece o próprio Regulamento da Previdência Social – RPS, no art. 201, § 5º, somente na hipótese de ausência de discriminação entre a remuneração do capital e do trabalho, na precisa dicção do RPS, é que haverá a potencial incidência sobre o total pago ou creditado ao contribuinte individual, haja vista a comprovada fraude.

Com esta nova organização na classificação dos segurados da Previdência Social (Lei nº 9.876/99), resta evidente que as parcelas recebidas pelos trabalhadores de uma empresa somente terão a respectiva incidência previdenciária sobre os valores que visarem retribuir o trabalho, nunca o capital, deixando nítida a não incidência da Contribuição Previdenciária patronal sobre a Participação em Lucros e Resultados – PLR.

Castro e Lazzari[4] também são peremptórios ao afirmar que "a contribuição previdenciária incidirá sobre as verbas de natureza remuneratória". Contudo, reforce-se que a tributação das utilidades, quando verificada, condiciona-se à habitualidade.

Partindo da premissa de que a contribuição previdenciária é devida tão somente sobre as parcelas recebidas a título de remuneração pelo trabalho, são incabíveis muitas das glosas efetuadas pela fiscalização no lançamento de autos de infração sobre a rubrica de salário indireto.

---

[3] IBRAHIM, Fábio Zambitte. Acesso em 17.05.16.
[4] CASTRO, Carlos Alberto Pereira de; LAZZARI, João Batista. *Manual de Direito Previdenciário*. 5ª ed. São Paulo: Ltr, 2004, p. 213.

Para melhor compreender a amplitude da discussão, passaremos adiante a discorrer sobre o conceito de folha de salários, que corresponde à indicação do salário de contribuição[5] em GFIP, de todos os colaboradores da Empresa.

2. Conceitos e limites do salário de contribuição do trabalhador para elaboração da folha de salários

O financiamento do modelo de proteção social escolhido pela Carta Magna é regido por alguns princípios fundamentais, que podem ser encontrados nos artigos 194 e 195, da Constituição Federal, quais sejam: equidade na forma de participação no custeio, diversidade da base de financiamento e preexistência do custeio em relação ao benefício ou serviço (regra da contrapartida), conforme já tive a oportunidade de descrever[6].

É justificada a preocupação com o equilíbrio atuarial do sistema de seguridade social instituído, porém, é importante observar que ele não será aplicado isoladamente, mas, sempre em conjunto com a correta implementação dos direitos dos cidadãos, como bem aponta Marco Aurélio Serau Junior:

> O equilíbrio financeiro e atuarial, tão relevante em qualquer sistema previdenciário, assegurado constitucionalmente (artigos 40 e 201), não deve vigorar isoladamente ou com primazia. É elemento estrutural do sistema que deve ser respeitado, mas não pode sobrepujar a finalidade precípua da Seguridade Social, que é levar proteção social aos cidadãos em momentos de contingência social.

Assim, o sistema que prevê direitos deve associadamente prever sua forma de custeio. Exatamente por este motivo que o Poder Constituinte Originário tratou de estabelecer as regras gerais de custeio do sistema de seguridade no texto constitucional.

A literalidade do referido artigo 195 (CF) nos mostra que a Seguridade Social será custeada por toda sociedade, por meio das contribuições sociais devidas pelo I – empregador, empresa e entidade a ela equiparada na forma

---

[5] Salário de Contribuição corresponde ao somatório dos rendimentos pagos, devidos ou creditados aos trabalhadores de uma empresa, sejam empregados ou contribuintes individuais que lhe prestem serviço.

[6] FERNANDES, A. P. Lei da Terceirização e Contribuições Previdenciárias, *In*: SERAU JÙNIOR, M. A. *Terceirização: conceito, crítica, reflexos trabalhistas e previdenciários*. São Paulo: LTR, 2018.

da lei, incidentes sobre: (a) a folha de salários e demais rendimentos do trabalho pagos ou creditados, a qualquer título, à pessoa física que lhe preste serviço, mesmo sem vínculo empregatício; (b) a receita ou o faturamento – Cofins; (c) o lucro (CSLL) e II – do trabalhador e dos demais segurados da previdência social, não incidindo contribuição sobre aposentadoria e pensão concedidas pelo regime geral de previdência social.

Embora a Constituição Federal discuta amplamente a contrapartida financeira dos segurados e o financiamento solidário do sistema, é na Lei nº 8.212/1991 que encontramos a denominação dos regimes previdenciários, a classificação dos segurados da Previdência Social, das empresas e equiparadas a ela e sua respectiva forma de custeio.

Assim, quando a Constituição Federal remete a folha de salários da empresa (artigo 195, CF), é preciso compreender todos os valores que constituem o salário de contribuição dos indivíduos, segurados empregados ou contribuintes individuais que lhe prestem serviço, nos exatos termos definidos pelo Constituinte originário, a fim de não onerar empresas e trabalhadores em montante superior ao definido pela norma.

As Contribuições Previdenciárias, portanto, possuem uma restrita linha de aplicação, pois, conforme bem delimitado pela Constituição Federal e pela Lei de Custeio Previdenciário, estas exações se referem exclusivamente a valores advindos do trabalho, portanto, verbas de natureza remuneratória.

O Salário de Contribuição, contudo, compreende, desde o conceito legal previdenciário previsto na Constituição Federal e na Lei nº 8212/91, até o conceito legal trabalhista previsto na CLT, nos seguintes termos:

LEI DE CUSTEIO

Art. 28. Entende-se por salário-de-contribuição:

I – Para o empregado e trabalhador avulso: a remuneração efetivamente recebida ou creditada a qualquer título, durante o mês em uma ou mais empresas, inclusive os ganhos habituais sob a forma de utilidades, ressalvado o disposto no § 8º e respeitados os limites dos §§ 3º, 4º e 5º deste artigo;

I – Para o empregado e trabalhador avulso: a remuneração auferida em uma ou mais empresas, assim entendida a totalidade dos rendimentos pagos, devidos ou creditados a qualquer título, durante o mês, **destinados a retribuir o**

3. SALÁRIO INDIRETO E A VALORAÇÃO DAS PROVAS NO ÂMBITO DO CARF

trabalho, qualquer que seja a sua forma, inclusive as gorjetas, os ganhos habituais sob a forma de utilidades e os adiantamentos decorrentes de reajuste salarial, quer pelos serviços efetivamente prestados, quer pelo tempo à disposição do empregador ou tomador de serviços nos termos da lei ou do contrato ou, ainda, de convenção ou acordo coletivo de trabalho ou sentença normativa; (Redação dada pela Lei nº 9.528, de 10.12.97)

II – Para o empregado doméstico: a remuneração registrada na Carteira de Trabalho e Previdência Social, observadas as normas a serem estabelecidas em regulamento para comprovação do vínculo empregatício e do valor da remuneração;

III – Para o trabalhador autônomo e equiparado, empresário e facultativo: o salário-base, observado o disposto no art. 29.

III – Para o contribuinte individual: a remuneração auferida em uma ou mais empresas ou pelo exercício de sua atividade por conta própria, durante o mês, observado o limite máximo a que se refere o § 5o; (Redação dada pela Lei nº 9.876, de 1999).

IV – Para o segurado facultativo: o valor por ele declarado, observado o limite máximo a que se refere o § 5o. (Incluído pela Lei nº 9.876, de 1999). **(GRIFO NOSSO).**

Já para a CLT, nos seus artigos 457, 457-A e 458, não se fala estritamente em valores pagos para retribuir o trabalho, mas, sim, em importâncias pagas como contraprestação do serviço:

Art. 457 – Compreendem-se na remuneração do empregado, para todos os efeitos legais, além do salário devido e pago diretamente pelo empregador, como contraprestação do serviço, as gorjetas que receber. *(Redação dada pela Lei nº 1.999, de 1.10.1953)*

§ 1º Integram o salário a importância fixa estipulada, as gratificações legais e as comissões pagas pelo empregador. *(Redação dada pela Lei nº 13.467, de 2017)*

§ 2º As importâncias, ainda que habituais, pagas a título de ajuda de custo, auxílio-alimentação, vedado seu pagamento em dinheiro, diárias para viagem, prêmios e abonos não integram a remuneração do empregado, não se incorporam ao contrato de trabalho e não constituem base de incidência de qualquer encargo trabalhista e previdenciário. *(Redação dada pela Lei nº 13.467, de 2017)*

§ 3º Considera-se gorjeta não só a importância espontaneamente dada pelo cliente ao empregado, como também o valor cobrado pela empresa, como serviço ou adicional, a qualquer título, e destinado à distribuição aos empregados. *(Redação dada pela Lei nº 13.419, de 2017)*

§ 4º Consideram-se prêmios as liberalidades concedidas pelo empregador em forma de bens, serviços ou valor em dinheiro a empregado ou a grupo de empregados, em razão de desempenho superior ao ordinariamente esperado no exercício de suas atividades. *(Redação dada pela Lei nº 13.467, de 2017)*

§ 5 O fornecimento de alimentação, seja **in natura** ou seja por meio de documentos de legitimação, tais como tíquetes, vales, cupons, cheques, cartões eletrônicos destinados à aquisição de refeições ou de gêneros alimentícios, não possui natureza salarial e nem é tributável para efeito da contribuição previdenciária e dos demais tributos incidentes sobre a folha de salários e tampouco integra a base de cálculo do imposto sobre a renda da pessoa física. *(Redação dada pela Medida Provisória nº 905, de 2019) Produção de efeitos.*

Art. 458. Além do pagamento em dinheiro, compreende-se no salário, para todos os efeitos legais, a habitação, o vestuário ou outras prestações in natura que a empresa, por força do contrato ou do costume, **fornecer habitualmente ao empregado**, e, em nenhuma hipótese, será permitido o pagamento com bebidas alcoólicas ou drogas nocivas.(Redação dada pela Medida Provisória nº 905, de 2019) **(GRIFO NOSSO)**

Observe-se aqui que o conceito de salário de contribuição foi relativizado na CLT através da edição da MP nº 905/2019, o que não altera a interpretação já anteriormente mencionada de diferenciação de entendimento dos reflexos trabalhistas e previdenciários do salário de contribuição, mas serve de reforço argumentativo para a conceituação e aplicação da incidência das contribuições de cunho fiscal. Deste modo, embora recentemente a referida MP tenha sido revogada por meio da MP n. 955/2020, já demonstra um aceno da intenção do legislador no sentido de restringir a amplitude do conceito.

Isso por que é importante ressalvar que, enquanto a CLT é responsável por disciplinar a relação entre particulares ou contratos especiais entre administração pública e trabalhadores que lhe prestem serviços (regidos por um contrato de trabalho), o direito previdenciário é responsável por regular a relação havida entre o custeio e os benefícios estabelecendo as contribuições, e o direito tributário em gerir a sua arrecadação.

Assim fica mais fácil compreender que nem toda obrigação trabalhista do empregador para com o empregado figura como fonte de contribuição previdenciária. O que esclarece a tamanha diferença entre o conceito de salário de contribuição na legislação trabalhista – CLT e na legislação previdenciária – Lei de Custeio.

Registre-se que, o salário de contribuição utilizado como parâmetro para tributação da folha de pagamento deve respeitar os exatos limites do texto constitucional: "verbas destinadas a retribuir o trabalho", vejamos:

CONSTITUIÇÃO FEDERAL

Art. 195. A seguridade social será financiada por toda a sociedade, de forma direta e indireta, nos termos da lei, mediante recursos provenientes dos orçamentos da União, dos Estados, do Distrito Federal e dos Municípios, e das seguintes contribuições sociais:

I – do empregador, da empresa e da entidade a ela equiparada na forma da lei, incidentes sobre: (Redação dada pela Emenda Constitucional nº 20, de 1998)

a) **a folha de salários e demais rendimentos do trabalho** pagos ou creditados, a qualquer título, à pessoa física que lhe preste serviço, mesmo sem vínculo empregatício; (Incluído pela Emenda Constitucional nº 20, de 1998) – **(GRIFO NOSSO)**

Logo, podemos firmar o postulado de que nem toda verba paga pelo empregador ao empregado consiste em salário de contribuição para fins previdenciários. Embora os direitos sociais trabalhistas sejam mantidos, alguns não correspondem à exata contraprestação de trabalho.

Neste sentido Zambitte[7] afirma que: "incluem-se na base de cálculo todas as parcelas de natureza remuneratória, ou seja, aquelas pagas em decorrência da contraprestação do serviço prestado pelo trabalhador. As parcelas indenizatórias e ressarcitórias não são incluídas na base de cálculo previdenciária".

Vencido este importante ponto da discussão e firmadas algumas premissas a respeito das diferenças de análise dos conceitos trabalhistas e previdenciários, passamos a analisar a discussão que se forma em virtude do desconhecimento destas diferenças.

Assim, os valores recebidos pelos empregados podem ser classificados eminentemente em: (a) verbas decorrentes do contrato de trabalho de cunho

---

[7] IBRAHIM, Fábio Zambitte. *Curso de Direito Previdenciário*. 10ª ed. Rio de Janeiro: Impetus, 2007, p. 220-223.

EFICIÊNCIA PROBATÓRIA E A ATUAL JURISPRUDÊNCIA DO CARF

indenizatório, tais como: terço constitucional de férias, primeiros quinze dias do auxílio-doença, aviso prévio indenizado, salário maternidade; (b) verbas decorrentes do contrato de trabalho isentas de contribuição previdenciária por definição legal, àquelas que exigem o cumprimento de requisitos específicos previstos no artigo 28, § 9º; e (c) verbas decorrentes do capital, que são àquelas advindas da relação empresarial havida entre empregadores e empregados.

Enquanto as verbas constantes do item (a) correspondem a direitos eminentemente indenizatórios, ou seja, relacionados ao contrato de trabalho em si, uma vez que não retribuem o efetivo exercício do trabalho, há de se salientar que não possuem na lei critério para exclusão do salário de contribuição (exigindo, portanto, que essa definição seja dada pelo poder judiciário).

E é neste sentido que aponta a doutrina pátria e a jurisprudência do Superior Tribunal de Justiça, ressaltando que se deve levar em conta o caráter finalístico da verba como fator preponderante para sua classificação em indenizatória ou remuneratória.

Observe-se que a redação do artigo 28, I da Lei nº 8212/91, ao disciplinar o conceito de salário de contribuição para o empregado e trabalhador avulso, refere-se à totalidade de rendimentos pagos, devidos ou creditados a qualquer título, durante o mês, **destinados a retribuir o trabalho.**

Para fins explicativos, este raciocínio se aplica a todas as verbas que tenham caráter indenizatório, ou seja, mesmo que decorram do contrato de trabalho elas não retribuem o exercício efetivo do trabalho, mas, são pagas em razão de uma ficção legal criada pela CLT a fim de constituir um conjunto de direitos do trabalhador, buscando atingir o princípio da proteção integral. E, embora a nobreza de tais normas, estas são custeadas pela iniciativa privada como uma majoração de direitos do trabalhador, mas não possuem o condão de alargar as fontes de custeio da seguridade social.

Por fim, conclui-se que as parcelas indenizatórias e ressarcitórias não estão inclusas na base de cálculo previdenciária.

Todavia, no que se refere aos itens (b) e (c), são parcelas comumente concedidas a título de benefícios pelo empregador aos seus colaboradores, todavia devem respeitar vários requisitos legais, para que não sejam tidas como remuneração disfarçada.

Importante ressalvar que a concessão de tais benefícios ocorre de dois modos distintos, ou por liberalidade do empregador ou por conta de obrigações imputadas em acordos e convenções trabalhistas.

3. SALÁRIO INDIRETO E A VALORAÇÃO DAS PROVAS NO ÂMBITO DO CARF

Independentemente do modo, vontade do empregador ou obrigação acordada com a categoria profissional, para que os benefícios sejam isentos de contribuições previdenciárias devem seguir rígidos critérios dispostos na norma, e seu descumprimento pode levar a caracterização dos mesmos como salário disfarçado de benefícios – **também chamado de salário indireto.**

Há uma grande discussão a respeito dos benefícios, primeiramente porque nem todos são de fato pagos em retribuição ao trabalho, e também há discussão a respeito do rigor excessivo de algumas regras, que extrapolariam o texto constitucional – tirando o sentido da benesse lá prevista.

Para além disso, há a problemática da forma de atuação do Fisco que cria requisitos através de uma interpretação um tanto quanto equivocada da vontade do legislador e que na sistemática de valoração das provas que o Contribuinte traz em sua defesa insiste em desconsiderar elementos importantes da realidade prática que impedem o cumprimento de alguns pormenores da norma.

Nesta discussão, portanto, podemos retomar a divisão de verbas/matérias que de acordo com sua classificação fariam ou não parte da composição do salário de contribuição, assim temos como exemplo para o item (b): auxílio-transporte, auxílio-educação, auxílio-saúde, auxílio-creche, auxílio-babá, auxílio-alimentação, seguro de vida em grupo, previdência complementar aberta ou fechada, ajuda de custo, prêmios, abonos e reembolso de despesas.

E para o item (c) podemos listar: Participação em Lucros e Resultados, Stock Options, Hiring Bônus.

Tanto a doutrina quanto parte dos julgadores do Tribunal Administrativo – Conselho Administrativo de Recursos Fiscais – CARF, tem por hábito denominar de salário indireto a verba paga ao trabalhador (citada nos itens (b) e (c)) que se encontre fora da definição clássica de salário de contribuição, e que tenha o condão de remunerar o seu trabalho. De outro lado, há também a interpretação de que tais verbas devem ser examinadas de acordo com o caso concreto para sua classificação com base nas provas trazidas aos autos pelas partes devendo ser analisados pontualmente seus critérios de isenção.

3. Salário indireto e suas implicações como base de incidência de contribuição previdenciária

Salário é o conjunto de prestação econômica devido pelo empregador ao colaborador em função da contraprestação do trabalho, do período em que o empregado fica à disposição do empregador aguardando ordens, do descanso

EFICIÊNCIA PROBATÓRIA E A ATUAL JURISPRUDÊNCIA DO CARF

devidamente remunerado, das interrupções legais que ocorrem na vigência do contrato de trabalho e por força de lei.

Para Martins[8], o salário é considerado como valor econômico pago diretamente pelo empregador ao empregado em decorrência de prestação de serviços braçais e\ou intelectuais, destinando-se a satisfazer suas necessidades pessoais e familiares.

Para caracterização de uma verba como salário indireto, ou seja, aquele que é pago a outro título, mas pode ser revertido como remuneração, é necessário que este pagamento tenha caráter remuneratório contrariando a disposição legal que o isentava do recolhimento da contribuição previdenciária.

Diversas verbas são elencadas pela própria legislação como parcelas isentas de contribuição previdenciária, expressamente arroladas no artigo 28, §9º da Lei 8.212/91, contudo, para gozar desta benesse, são impostas condições a forma de disponibilização dos benefícios ao empregado e sua forma de pagamento.

Vejamos as rubricas/benefícios indicados pela lei, artigo 28, §9º da Lei de Custeio:

§ 9º Não integram o salário-de-contribuição para os fins desta Lei, exclusivamente:

a) os benefícios da previdência social, nos termos e limites legais, salvo o salário-maternidade; (Redação dada pela Lei nº 9.528, de 10.12.97).

b) as ajudas de custo e o adicional mensal recebidos pelo aeronauta nos termos da Lei nº 5.929, de 30 de outubro de 1973;

c) a parcela "in natura" recebida de acordo com os programas de alimentação aprovados pelo Ministério do Trabalho e da Previdência Social, nos termos da Lei nº 6.321, de 14 de abril de 1976;

d) as importâncias recebidas a título de férias indenizadas e respectivo adicional constitucional, inclusive o valor correspondente à dobra da remuneração de férias de que trata o art. 137 da Consolidação das Leis do Trabalho-CLT; (Redação dada pela Lei nº 9.528, de 10.12.97).

e) as importâncias: 14 (Redação dada pela Lei nº 9.528, de 1997)

1. previstas no inciso I do art. 10 do Ato das Disposições Constitucionais Transitórias; (Incluído pela Lei nº 9.528, de 1997);

---

[8] MARTINS, Sergio P. *Direito do Trabalho*. 24. Ed. São Paulo: Atlas, 2008.

3. SALÁRIO INDIRETO E A VALORAÇÃO DAS PROVAS NO ÂMBITO DO CARF

2. relativas à indenização por tempo de serviço, anterior a 5 de outubro de 1988, do empregado não optante pelo Fundo de Garantia do Tempo de Serviço-FGTS; (Incluído pela Lei nº 9.528, de 1997);

3. recebidas a título da indenização de que trata o art. 479 da CLT; (Incluído pela Lei nº 9.528, de 1997);

4. recebidas a título da indenização de que trata o art. 14 da Lei nº 5.889, de 8 de junho de 1973; (Incluído pela Lei nº 9.528, de 1997);

5. recebidas a título de incentivo à demissão; (Incluído pela Lei nº 9.528, de 1997);

6. recebidas a título de abono de férias na forma dos arts. 143 e 144 da CLT, (Incluído pela Lei nº 9.711, de 1998);

7. recebidas a título de ganhos eventuais e os abonos expressamente desvinculados do salário; (Incluído pela Lei nº 9.711, de 1998);

8. recebidas a título de licença-prêmio indenizada (Incluído pela Lei nº 9.711, de 1998);

9. recebidas a título da indenização de que trata o art. 9º da Lei nº 7.238, de 29 de outubro de 1984; (Incluído pela Lei nº 9.711, de 1998).

f) a parcela recebida a título de vale-transporte, na forma da legislação própria;

g) a ajuda de custo, em parcela única, recebida exclusivamente em decorrência de mudança de local de trabalho do empregado, na forma do art. 470 da CLT; (Redação dada pela Lei nº 9.528, de 10.12.97).

h) as diárias para viagens; (Redação dada pela Lei nº 13.467, de 2017)

i) a importância recebida a título de bolsa de complementação educacional de estagiário, quando paga nos termos da Lei nº 6.494, de 7 de dezembro de 1977;

j) a participação nos lucros ou resultados da empresa, quando paga ou creditada de acordo com lei específica;

l) o abono do Programa de Integração Social-PIS e do Programa de Assistência ao Servidor Público-PASEP; (Incluída pela Lei nº 9.528, de 10.12.97);

m) os valores correspondentes a transporte, alimentação e habitação fornecidos pela empresa ao empregado contratado para trabalhar em localidade distante da de sua residência, em canteiro de obras ou local que, por força da atividade, exija deslocamento e estada, observadas as normas de proteção estabelecidas pelo Ministério do Trabalho; (Incluída pela Lei nº 9.528, de 10.12.97);

n) a importância paga ao empregado a título de complementação ao valor do auxílio-doença, desde que este direito seja extensivo à totalidade dos empregados da empresa; (Incluída pela Lei nº 9.528, de 10.12.97);

EFICIÊNCIA PROBATÓRIA E A ATUAL JURISPRUDÊNCIA DO CARF

o) as parcelas destinadas à assistência ao trabalhador da agroindústria canavieira, de que trata o art. 36 da Lei nº 4.870, de 1º de dezembro de 1965; (Incluída pela Lei nº 9.528, de 10.12.97).

p) o valor das contribuições efetivamente pago pela pessoa jurídica relativo a programa de previdência complementar, aberto ou fechado, desde que disponível à totalidade de seus empregados e dirigentes, observados, no que couber, os arts. 9º e 468 da CLT; (Incluída pela Lei nº 9.528, de 10.12.97);

q) o valor relativo à assistência prestada por serviço médico ou odontológico, próprio da empresa ou por ela conveniado, inclusive o reembolso de despesas com medicamentos, óculos, aparelhos ortopédicos, próteses, órteses, despesas médico-hospitalares e outras similares; (Redação dada pela Lei nº 13.467, de 2017);

r) o valor correspondente a vestuários, equipamentos e outros acessórios fornecidos ao empregado e utilizados no local do trabalho para prestação dos respectivos serviços; (Incluída pela Lei nº 9.528, de 10.12.97);

s) o ressarcimento de despesas pelo uso de veículo do empregado e o reembolso creche pago em conformidade com a legislação trabalhista, observado o limite máximo de seis anos de idade, quando devidamente comprovadas as despesas realizadas; (Incluída pela Lei nº 9.528, de 10.12.97);

t) o valor relativo a plano educacional, ou bolsa de estudo, que vise à educação básica de empregados e seus dependentes e, desde que vinculada às atividades desenvolvidas pela empresa, à educação profissional e tecnológica de empregados, nos termos da Lei nº 9.394, de 20 de dezembro de 1996, e: (Redação dada pela Lei nº 12.513, de 2011);

1. não seja utilizado em substituição de parcela salarial; e (Incluído pela Lei nº 12.513, de 2011);

2. o valor mensal do plano educacional ou bolsa de estudo, considerado individualmente, não ultrapasse 5% (cinco por cento) da remuneração do segurado a que se destina ou o valor correspondente a uma vez e meia o valor do limite mínimo mensal do salário-de-contribuição, o que for maior; (Incluído pela Lei nº 12.513, de 2011);

u) a importância recebida a título de bolsa de aprendizagem garantida ao adolescente até quatorze anos de idade, de acordo com o disposto no art. 64 da Lei nº 8.069, de 13 de julho de 1990; (Incluída pela Lei nº 9.528, de 10.12.97);

v) os valores recebidos em decorrência da cessão de direitos autorais; (Incluída pela Lei nº 9.528, de 10.12.97);

3. SALÁRIO INDIRETO E A VALORAÇÃO DAS PROVAS NO ÂMBITO DO CARF

x) o valor da multa prevista no § 8º do art. 477 da CLT. (Incluída pela Lei nº 9.528, de 10.12.97)

y) o valor correspondente ao vale-cultura. (Incluído pela Lei nº 12.761, de 2012);

z) os prêmios e os abonos. (Incluído pela Lei nº 13.467, de 2017);

aa) os valores recebidos a título de bolsa-atleta, em conformidade com a Lei no 10.891, de 9 de julho de 2004. (Incluído pela Lei nº 13.756, de 2018)

Saímos aqui do conceito amplo de salário de contribuição, aquele que engloba todas as verbas tidas como remuneratórias de ordem direta e indireta, para a análise do conceito de salário indireto, tomado como parcela do salário de contribuição dos empregados para fins de recolhimento das Contribuições Previdenciárias por parte das Empresas.

Assim, para ter direito ao gozo da isenção, é necessário que o Contribuinte se cerque de um conjunto de cuidados e cumprimento de requisitos dispostos na legislação, a fim de que os benefícios oferecidos ao trabalhador não sejam enquadrados no conceito de salário de contribuição, fato gerador da contribuição previdenciária.

Observe-se que a característica individual para isenção de cada verba decorre deste artigo, e, na maioria dos casos, ele requer que o pagamento seja realizado eventualmente ou que seja concedido à totalidade dos empregados, não podendo em nenhuma hipótese substituir o salário.

O rol citado é considerado pela Receita Federal como taxativo, em razão do artigo 111, do CTN, referir que imunidades e isenções devem ser tomadas com devida cautela em sua literalidade.

A grande discussão que aqui reside é que o mencionado artigo figura como uma garantia protetiva aos contribuintes e não a contrário, como quer fazer parecer o Fisco, utilizando-o como forma de limitação aos benefícios dispostos em lei.

4. Valoração das provas no CARF na análise do salário indireto

As discussões acerca dos lançamentos que envolvem fatos geradores de Contribuições Previdenciárias são as que geram as maiores polêmicas na Segunda Seção do CARF.

No que se refere a salário indireto, não poderia ser diferente, uma vez que a discussão gira em torno do cumprimento detalhado dos requisitos exigidos por lei para isenção da cota patronal.

Contudo, o que merece análise nas jurisprudências que serão aqui colacionadas é o respeito ao Devido Processo Legal, consubstanciado na ampla defesa e no contraditório, permitidos por meio da produção probatória capaz de exaurir a controvérsia nos autos quando da discussão do fato gerador de contribuição previdenciária.

Insta ressaltar que a acusação de pagamento de salário indireto exige da fiscalização início de prova material do descumprimento da obrigação legal. Todavia, em matéria de defesa, também exige do Contribuinte provas suficientes a elidir o levantamento apurado no auto de infração.

Conforme explanado anteriormente, no tocante às isenções previstas no artigo 28, §9º da Lei nº 8212/91, a jurisprudência leva em conta a prova e também a contraprova realizada nos autos, a fim de verificar se houve o descumprimento dos requisitos legais das isenções aos benefícios constantes dos seus incisos.

Analisando separadamente alguns dos temas mais frequentes em julgamento na 2ª Seção, observa-se que alguns destes admitem prova em contrário para elidir o lançamento, enquanto outros lançamentos já se mantêm pela inexistência de previsão legal.

Considerando a amplitude dos assuntos, seleciono abaixo alguns julgados que bem representam estes pontos abordados. Dessa forma, tratando agora especificamente de casos concretos, vamos verificar a concessão de diversos benefícios e a valoração da prova dentro do processo.

4.1. Concessão de uniformes aos empregados
A concessão de uniformes aos colaboradores sempre se presume como deliberalidade do empregador ou pode também ser uma obrigação legal? Neste caso a prova dos autos foi suficiente para demonstrar que a Empresa não tinha opção quanto a esta concessão desta verba, vejamos:

> Número do Processo 15540.720291/2011-87 Contribuinte VIAÇÃO NOSSA SENHORA DO AMPARO LTDA Tipo do Recurso: RECURSO ESPECIAL DO PROCURADOR Data da Sessão 18/06/2019 Relator (a) ANA PAULA FERNANDES Nº Acórdão 9202-007.961 Tributo / Ementa (s) ASSUNTO: CONTRIBUIÇÕES SOCIAIS PREVIDENCIÁRIAS Período de apuração: 01/01/2007 a 31/12/2008 SALARIO INDIRETO UNIFORME EM PECÚNIA. EVENTUALIDADE DA VERBA. UNIFORME. VERBA PARA O TRABALHO. Entende-se por salário de contribuição, para o empregado e trabalhador avulso,

a remuneração auferida em uma ou mais empresas, assim entendida a totalidade dos rendimentos pagos, devidos ou creditados a qualquer título, durante o mês, destinados a retribuir o trabalho, qualquer que seja a sua forma, inclusive as gorjetas, os ganhos habituais sob a forma de utilidades e os adiantamentos decorrentes de reajuste salarial, quer pelos serviços efetivamente prestados, quer pelo tempo à disposição do empregador ou tomador de serviços nos termos da lei ou do contrato ou, ainda, de convenção ou acordo coletivo de trabalho ou sentença normativa. *Na hipótese em análise a verba discutida não integra o salário de contribuição por tratar de valor correspondente a vestuário fornecido ao empregado e utilizados no local do trabalho para prestação dos respectivos serviços, em virtude de previsão expressa em acordo ou convenção coletiva.*

Ou seja, com as provas dos autos observou-se que não se tratava de mera deliberalidade, uma vez que a obrigação decorria de norma municipal contemplada nos instrumentos de cunho trabalhista.

4.2. Concessão de auxílio-educação

O auxílio-educação exige que o benefício seja oferecido aos empregados da empresa, estendido a todos os empregados, que após alteração da legislação que o regulamenta em 2011 não seja de curso superior.

Isso porque o entendimento da Câmara Superior, é de que no tocante ao auxílio-educação, o fiscal que especificar a descrição do auto de infração com o levantamento previsto no artigo 28, parágrafo 9º, "t" da Lei nº 8.212/91, deverá apresentar o descumprimento da extensão a todos ou da desvinculação das atividades na empresa para respaldar o lançamento, eis que vige a interpretação de que a educação superior estaria abrangida nos cursos de capacitação ou mesmo qualificação profissional até a edição da Lei nº 12.513, de 2011, que alterou o dispositivo, (conforme acórdão 9202-006.578).

No restante dos casos que envolvem a verba de auxílio-educação resta a divergência a respeito dos critérios de oferecimento do plano a todos os empregados, se o regulamento pode ou não prever regras objetivas para autorização do gozo de tal benefício, entendimento este refutado na CARF, por voto de qualidade.

Contudo, em alguns casos, a glosa depende exclusivamente da falta de previsão legal, independente da prova, quando se trata de estender os benefícios aos dependentes:

Número do Processo 19311.000349/2009-11 Contribuinte ASSOCIAÇÃO CULTURAL E EDUCACIONAL ATIBAIENSE LTDA-ACEA – EPP Tipo do Recurso RECURSO ESPECIAL DO PROCURADOR Data da Sessão 20/08/2019 Relator (a) ANA CECILIA LUSTOSA DA CRUZ Nº Acórdão 9202-008.091. Ementa (s) ASSUNTO: CONTRIBUIÇÕES SOCIAIS PREVIDENCIÁRIAS Período de apuração: 01/01/2004 a 31/12/2004 CONTRIBUIÇÃO PREVIDENCIÁRIA E DE TERCEIROS. AUXÍLIO EDUCAÇÃO. DEPENDENTES. INCIDÊNCIA. Inexiste previsão legal para a isenção de contribuições previdenciárias em relação valores pagos a título de auxílio educação a dependentes de empregados e dirigentes vinculados a empresa na legislação vigente à época dos fatos geradores objeto do lançamento.

4.3. Concessão de benefícios da relação com capital – PLR e bônus de contratação

Para as parcelas de capital, que em nada se relacionam com remuneração, a discussão também é acirrada. Veremos adiante duas delas: Hiring Bônus, também chamado de bônus de contratação, e Participação em Lucros e Resultados – PLR.

No caso do Bônus de Contratação, a discussão envolve análise da prova, mas, sobretudo, a interpretação dada a norma para fins de aceitação da prova. Isso porque, por voto de qualidade, o colegiado só afasta a tributação nos casos em que não são trazidos aos autos pela fiscalização elementos de convicção acerca do vínculo do pagamento da verba com o contrato de trabalho.

Número do processo: 19515.001052/2009-78. Turma: 2ª TURMA/CÂMARA SUPERIOR REC. FISCAIS Câmara: 2ª Seção: Câmara Superior de Recursos Fiscais Data da sessão: Tue Feb 26 00:00:00 BRT 2019 Data da publicação: Wed Mar 20 00:00:00 BRT 2019 Ementa: Assunto: Contribuições Sociais Previdenciárias Período de apuração: 01/02/2004 a 31/10/2004 PROCESSO ADMINISTRATIVO FISCAL. RECURSO ESPECIAL DE DIVERGÊNCIA. PRESSUPOSTOS. CONHECIMENTO. Não se conhece de Recurso Especial, por falta de demonstração do alegado dissídio interpretativo, em face da ausência de similitude fática entre os julgados em confronto. BÔNUS DE CONTRATAÇÃO (HIRING BÔNUS). NATUREZA SALARIAL. COMPROVAÇÃO. AUSÊNCIA. *Não há que se falar que a natureza salarial do Bônus de Contratação restou comprovada, quando não são trazidos aos autos elementos de convicção acerca do vínculo do pagamento da verba com o contrato de trabalho.* Número da decisão: 9202-007.637.

3. SALÁRIO INDIRETO E A VALORAÇÃO DAS PROVAS NO ÂMBITO DO CARF

Decisão: Vistos, relatados e discutidos os presentes autos. Acordam os membros do colegiado, por unanimidade de votos, em conhecer parcialmente do Recurso Especial, apenas quanto ao Bônus de Contratação e, no mérito, na parte conhecida, acordam em negar-lhe provimento. Votaram pelas conclusões as conselheiras Patrícia da Silva, Ana Paula Fernandes, Ana Cecília Lustosa da Cruz e Rita Eliza Reis da Costa Bacchieri. (assinado digitalmente) Maria Helena Cotta Cardozo – Presidente em Exercício e Relatora (...)

O mesmo foi decidido em caso análogo, Acórdão 9202-008.254, no qual a Fazenda Nacional teve improvido seu recurso em razão de *"não ter logrado êxito em provar que os rendimentos tributados equivocadamente pela Fiscalização não são fruto de contratos que os relacionem com contraprestação do exercício de trabalho, nem sequer com o cumprimento de metas advindas da contratação, quanto menos há compensação desta verba com o salário percebido posteriormente após o início da relação de emprego, logo não há que se falar da incidência do tributo".*

Todavia, este posicionamento não se aplica a todos os casos de Bônus de Contratação; na grande maioria, a verba é tida como salário de contribuição, como o exemplo abaixo:

Número do processo: 16327.721384/2011-16 Turma: 2ª TURMA/CÂMARA SUPERIOR REC. FISCAIS Câmara: 2ª SEÇÃO Seção: Câmara Superior de Recursos Fiscais Data da sessão: Wed Jan 25 00:00:00 BRST 2017 Data da publicação: Mon Sep 11 00:00:00 BRT 2017 Ementa: Assunto: Contribuições Sociais Previdenciárias Período de apuração: 01/02/2006 a 30/08/2008 CONTRIBUIÇÕES PREVIDENCIÁRIAS. BÔNUS DE CONTRATAÇÃO (HIRING BÔNUS). PAGAMENTO VINCULADO A PERMANÊNCIA DO EMPREGADO NA EMPRESA E EM SUBSTITUIÇÃO DAS VANTAGENS SALARIAIS DEVIDAS DURANTE O PERÍODO DO LABOR. PARCELA DE NATUREZA SALARIAL. INCIDÊNCIA. Tendo em vista que o pagamento do bônus de contratação se deu de forma a retribuir os trabalhos prestados na empresa contratante, com expressa determinação contratual de que o mesmo substitui e engloba todas as vantagens que o empregado poderia auferir no exercício de suas funções junto ao contratante, além de exigir-lhe tempo mínimo de permanência na empresa, é de se reconhecer a natureza salarial da verba, devendo compor a base de cálculo das contribuições previdenciárias lançadas. Número da decisão: 9202-005.156 Decisão: Vistos, relatados e discutidos os presentes autos. Acordam os membros do Colegiado, por unanimidade de

EFICIÊNCIA PROBATÓRIA E A ATUAL JURISPRUDÊNCIA DO CARF

votos, em conhecer do Recurso Especial do contribuinte e, no mérito, por voto de qualidade, em negar-lhe provimento, vencidos os conselheiros Ana Paula Fernandes, Patrícia da Silva e Fábio Piovesan Bozza, que lhe deram provimento e, ainda, a conselheira Rita Eliza Reis da Costa Bacchieri, que lhe deu provimento parcial. Designada para redigir o voto vencedor a conselheira Elaine Cristina Monteiro e Silva Vieira. (assinado digitalmente) Luiz Eduardo de Oliveira Santos – Presidente em Exercício (assinado digitalmente) Ana Paula Fernandes – Relatora (assinado digitalmente) Elaine Cristina Monteiro e Silva Vieira – Redatora Designada (...)

Já no que se refere à Participação em Lucros e Resultados, a prova tem sido analisada exaustivamente, pois a discussão divide-se entre as rubricas de pacto prévio, regras claras e objetivas, mecanismos de aferição, participação do sindicato e periodicidade do pagamento.

Observe-se que o entendimento firmado na Câmara Superior tem sido no sentido de que um descumprimento invalida o plano de PLR em sua totalidade, sendo toda verba paga nesta rubrica entendida como salário de contribuição:

Número do processo: 16327.001389/2009-12 Turma: 2ª TURMA/CÂMARA SUPERIOR REC. FISCAIS Câmara: 2ª SEÇÃO Seção: Câmara Superior de Recursos Fiscais Data da sessão: Wed Aug 29 00:00:00 BRT 2018 Data da publicação: Mon Oct 15 00:00:00 BRT 2018 Ementa: Assunto: Contribuições Sociais Previdenciárias Período de apuração: 01/08/2007 a 31/08/2007 LEI Nº 13.655, de 25/04/2018 – (...) PARTICIPAÇÃO NOS LUCROS E RESULTADOS PLR. REQUISITOS DA LEI Nº 10.101/2000. AUSÊNCIA DE FIXAÇÃO PRÉVIA DE CRITÉRIOS PARA RECEBIMENTO DO BENEFÍCIO. DESCONFORMIDADE COM A LEI REGULAMENTADORA. INCIDÊNCIA DE CONTRIBUIÇÃO. *Os valores auferidos por segurados obrigatórios do RGPS a título de participação nos lucros ou resultados da empresa, quando pagos ou creditados em desconformidade com a lei específica, integram o conceito jurídico de Salário de Contribuição para todos os fins previstos na Lei de Custeio da Seguridade Social.* **A ausência da estipulação entre as partes trabalhadora e patronal, de metas e objetivos previamente ao início do período aquisitivo do direito ao recebimento de participação nos lucros e resultados da empresa, caracteriza descumprimento da lei que rege a matéria. Decorre disso, a incidência de contribuição previdenciária sobre a verba. (...) Número da decisão: 9202-007.145 Decisão:**

Vistos, relatados e discutidos os presentes autos. Acordam os membros do colegiado, (...)Acordam, ainda, por unanimidade de votos, em conhecer do Recurso Especial do Contribuinte e, no mérito, por voto de qualidade, em negar-lhe provimento, vencidas as conselheiras Patrícia da Silva, Ana Paula Fernandes, Ana Cecília Lustosa da Cruz e Rita Eliza Reis da Costa Bacchieri, que lhe deram provimento. (...)

O julgamento de casos envolvendo PLR, por voto de qualidade, têm sido excessivamente rigoroso com os Contribuintes, sob a alcunha de estrita legalidade. Estão sendo mantidas as glosas sobre os contratos, mesmo nos casos em que tenha havido prova nos autos da impossibilidade no cumprimento de algum requisito, independentemente da vontade das partes – como ocorre reiteradamente – com a não participação dos sindicatos nas deliberações.

Neste último caso, mesmo com prova explícita nos autos da sua convocação, a CSRF por voto de qualidade tem exigido que o Contribuinte busque o Judiciário para obrigar o sindicato a participar, glosando todo plano de PLR face sua ausência mesmo que justificada.

4.4. Falta de demonstração do fato gerador – dever de comprovação – nulidade do auto de infração

Quando a prova não foi claramente detalhada no relatório fiscal, o lançamento tem sido declarado nulo por vício. A grande discussão, no entanto, é a natureza do vício. Por maioria de votos, tem sido considerado vício formal, quando o relançamento puder ocorrer com base na prova dos autos sem a necessidade de diligências.

Acórdão: 9202-008.108. Número do Processo: 37280.001036/2006-15. Data de Publicação: 17/10/2019. Contribuinte: DFL INDUSTRIA E COMERCIO S/A Relator(a): ANA PAULA FERNANDES Ementa: ASSUNTO: CONTRIBUIÇÕES SOCIAIS PREVIDENCIÁRIAS Período de apuração: 01/04/2002 a 28/02/2004, 01/12/2004 a 31/12/2005 NULIDADE. NATUREZA DO VÍCIO. CONSTITUIÇÃO DO VÍCIO FORMAL. A falta de demonstração clara e inequívoca da constituição do fato gerador enseja a declaração de vício formal, quando as provas dos autos possibilitam a efetivação do relançamento. Decisão: Vistos, relatados e discutidos os presentes autos. Acordam os membros do Colegiado, por unanimidade de votos, em conhecer do Recurso Especial e, no mérito, em negar-lhe provimento. (Assinado digitalmente) Maria Helena

Cotta Cardozo – Presidente em exercício (Assinado digitalmente) Ana Paula Fernandes – Relatora Participaram do presente julgamento os Conselheiros: Mário Pereira de Pinho Filho.

E vício material, quando não for possível o relançamento.

Número do processo: 10580.004359/2007-19. Turma: 2ª TURMA/CÂMARA SUPERIOR REC. FISCAIS. Câmara: 2ª SEÇÃO Seção: Câmara Superior de Recursos Fiscais. Data da sessão: Wed Aug 21 00:00:00 BRT 2019 Data da publicação: Thu Oct 17 00:00:00 BRT 2019 Ementa: ASSUNTO: CONTRIBUIÇÕES SOCIAIS PREVIDENCIÁRIAS Período de apuração: 01/04/2006 a 31/05/2006 NATUREZA DO VÍCIO. CONSTITUIÇÃO DO VÍCIO MATERIAL. A falta de demonstração clara e inequívoca da constituição do fato gerador é suficiente para justificar a declaração de vício material, quando as provas dos autos não possibilitam a efetivação do relançamento. Número da decisão: 9202-008.111 Decisão: Vistos, relatados e discutidos os presentes autos. Acordam os membros do Colegiado, por unanimidade de votos, em conhecer do Recurso Especial e, no mérito, em negar-lhe provimento. (Assinado digitalmente) Maria Helena Cotta Cardozo – Presidente em exercício (Assinado digitalmente) Ana Paula Fernandes – Relatora (...)

Conforme se observa, não há prejuízo ao Contribuinte na produção da prova, embora, seja importante ressaltar o formalismo exacerbado quanto à preclusão para juntada de provas tardiamente nos autos.

A problemática reside na forma de valoração da prova, na tomada de postulados gerais em desfavor do Contribuinte, e na inobservância da prova mesmo quando esta demonstra motivo legítimo que impediu o contribuinte de cumprir algum dos requisitos legais da isenção pretendida.

Conclusões

Observamos que a legislação exige que um conjunto minucioso de requisitos sejam seguidos para que seja configurada a isenção de Contribuições Previdenciárias, seja sobre as verbas previstas no artigo 28, §9º da Lei de Custeio, seja para as verbas advindas da relação entre capital e trabalhadores.

Não se trata de defender indiscriminadamente os pagamentos realizados pelos empregadores por fora da remuneração constante da folha de salários, eis que estes quando comprovada sua arbitrariedade obviamente consistem em salário indireto. O que se pretende aqui é analisar o grau de subjetividade da norma que permite interpretações a respeito do que seria o descumprimento legal a ser penalizado tendo sérios reflexos na valoração da prova apresentada pelas partes.

No entanto, da pesquisa realizada e do dia a dia dos julgamentos, cumpre salientar que o CARF permite ampla instrução probatória, desde que esta ocorra sempre no momento oportuno, sem que tenha havido preclusão consumativa temporal em nenhuma das etapas da produção da prova, nos termos do PAF.

Entretanto, é importante salientar que o excessivo rigor das atuais decisões da CSRF em matéria de 2ª Seção/CARF, tem trazido um real prejuízo ao desempenho do Tribunal Administrativo que não consegue dar a melhor resposta a sociedade.

Isso ocorre não pela limitação da produção da prova, mas, sim, pela pouca importância que é dada às provas dos autos que demonstrem a impossibilidade de cumprimento de um requisito isentivo.

É como se o Tribunal Administrativo não estivesse atento à realidade social, muito menos ao contexto no qual está inserido. Julga-se com base na literalidade da norma, pouco importando os motivos que levaram o Contribuinte a não cumpri-la, total ou parcialmente, chegando ao absurdo de invalidar toda uma situação jurídica perfeita em razão de uma vírgula fora do lugar[9].

Não há dúvidas de que este não é o papel do Tribunal Administrativo, muito menos é o que se espera dele após a edição da Lei nº 9784/99, justamente porque o formalismo moderado e a adoção da atuação do conselheiro nos moldes previsto no art. 2ª deveriam reduzir a judicialização e em detrimento da prática do voto de bancada que tanto prejudica as instituições e toda a sociedade.

Referências

CARDOSO, Alessandro Mendes. *Evolução da jurisprudência a respeito da participação nos lucros e resultados.* Leandro Paulsen e Alessandro Mendes Cardoso (coord.). Contribuição Previdenciária Sobre a Remuneração. Porto Alegre: Livraria do Advogado, 2013.

---

[9] Referência a figura de linguagem – vírgula fora do lugar – equivale ao descumprimento de um requisito legal, mesmo que de origem formal e não material.

DIMOULIS, D.; MARTINS, L. *Teoria Geral dos Direitos Fundamentais*. 3. ed. São Paulo: Editora Revista dos Tribunais, 2011.

FRANÇA, R. L.. *Hermenêutica Jurídica*. 10. ed. São Paulo: Editora Revista dos Tribunais, 2010.

FERNANDES, Ana Paula. Pagamento de Lucros e Resultados – Condições Legais para não incidência de Contribuição Previdenciária e Controvérsias Jurisprudenciais na Interpretação da Norma Legal. *In:* FERNANDES, SERAU E CARVALHO SANTOS. *Temas Relevantes e Pontos Controvertidos do Direito Previdenciário*. São Paulo: LTR, 2018.

GRAU, Eros Roberto. *A ordem econômica na Constituição de 1988*. 15. Ed. São Paulo: Malheiros, 2012.

HORVATH JÚNIOR, Miguel. *Direito Previdenciário*. 2ª ed. São Paulo: Quartier Latin, 2002.

IBRAHIM, Fábio Zambitte. *Curso de Direito Previdenciário*. 22 ed. Niterói: Impetus, 2016.

IBRAHIM, Fábio Zambitte. *Pagamentos de lucros e resultados a diretores e administradores não-empregados. A questão da contribuição previdenciária*. Migalhas. Acesso em 17.05.16. Disponível em http://www.migalhas.com.br/dePeso/16,MI239286,41046+Pagamentos+de+lucros+e+resultados+a+ diretores+e+administradores.

KERTZMAN, Ivan; CYRINO, Sinésio. *Salário-de-Contribuição: A base de cálculo previdenciárias das empresas e dos segurados*. 3ª ed. Salvador: JusPODIVM, 2010.

KERTZMAN, Ivan. *Curso Prático de Direito Previdenciário*. 3ª ed. Salvador: JusPODIVM, 2007.

MARTINS, Sergio Pinto. *Participação dos empregados nos lucros das empresas*. São Paulo: Malheiros, 1996.

MAXIMIANO, Antônio César Amaru. *Teoria Geral da Administração: da escola científica à competitividade na economia globalizada*. 2ª ed., São Paulo: Atlas, 2000.

PIACINI NETO, Odasir. *Participação nos lucros: uma análise do instituto de acordo com a jurisprudência dos tribunais pátrios*. Disponível em – https://m.migalhas.com.br/depeso/283357/ participacao-nos-lucros-uma-analise-do-instituto-de-acordo--com-a. Acesso em 10/07/2108.

SARLET, I. W. *A Eficácia dos Direitos Fundamentais*. 6. ed., Porto Alegre: Livraria do Advogado, 2006.

4. Acréscimo patrimonial a descoberto: desafios probatórios

RAYD FERREIRA[1]

Introdução

A complexidade do sistema tributário nacional, com todo o acervo de normas e princípios que refletem a dinâmica da relação entre o contribuinte e o Fisco, se constitui de variadas fases com características e elementos próprios.

O art. 5º da Constituição Federal prevê o processo administrativo tributário como direito e garantia fundamental do administrado, assegurando-lhe o direito ao contraditório e ampla defesa, bem como direito de petição, a fim de expor os argumentos que julgar necessários a lide.

No entanto, além dos direitos constitucionais do administrado de manifestar-se em processo fiscal, inclui-se também o poder-dever do Fisco de averiguar a incidência de determinado tributo e exigi-lo do contribuinte, devendo a autoridade competente exercer as atividades fiscais com estrito cumprimento legal.

Sabe-se que no decorrer do tempo o patrimônio do contribuinte pode sofrer variações com decréscimo ou acréscimo patrimonial, e estes influem no fato gerador do tributo. Para os fins a que se destina o presente artigo, é necessária a análise apurada dos acréscimos de rendimentos do contribuinte, de modo que se vislumbre justificativa plausível para o aumento

---

[1] As opiniões contidas nesta publicação são reflexões acadêmicas do próprio autor e não necessariamente expressam as posições defendidas por qualquer organização a qual esteja vinculado.

patrimonial, caso contrário, o contribuinte incorre no Acréscimo Patrimonial a Descoberto.

O Acréscimo Patrimonial a Descoberto se vislumbra a partir da comparação entre a renda líquida auferida pelo contribuinte e a variação patrimonial ocorrida em determinado período, de maneira que se a renda líquida for menor que o valor patrimonial constatado, haverá o acréscimo patrimonial a descoberto, ocasionando a instauração do procedimento fiscal, que visa o alcance da verdade material e oportunizar ao contribuinte se manifestar/justificar essa eventual diferença apurada.

No tocante à fase probatória, mister ressaltar que, conforme dispõe o Código de Processo Civil, adotado no âmbito tributário, todos os meios legalmente previstos, assim como aqueles moralmente e legítimos, são hábeis a comprovar a verdade dos fatos.

Assim, em observância ao que dispõe a doutrina e jurisprudência pátria, o procedimento fiscal destina-se a preservar a legalidade na apuração do fato gerador do tributo, bem como assegurar os meios de provas admitidos em direito, para o alcance da justiça e segurança jurídica nas relações do Fisco com o contribuinte.

1. Referências constitucionais e legais do IRPF

Antes de contemplar o cerne da questão, mister se faz enfatizar as referências constitucionais e legais que servem de parâmetro para compreensão acerca do Imposto de Renda e demais proventos de qualquer natureza.

A Constituição Federal confere, por meio do art. 153, inciso III, à União a competência para instituir impostos e proventos de qualquer natureza. Além da Carta Magna, há dispositivos legais tais como a Lei nº 7.713/98 e nº 9.250/95 (Brasil, [2019]), que fixam regras e o Decreto nº 9.580/18 (Brasil, [2019]) que estabelece a administração, arrecadação, fiscalização e tributação do Imposto de Renda Pessoa Física.

Ademais, no âmbito do Imposto sobre a Renda de Pessoas Físicas-IRPF, merecem destaque os arts. 43 a 45 do Código Tributário Nacional-CTN, que instituem as normas gerais acerca do imposto de renda, servindo de referência às demais normas que tratam a matéria.

Com vista ao que dispõe o art.153, inciso III, da Constituição Federal, bem como o art. 43 do CTN, é possível inferir que o âmbito de incidência do imposto de renda encontra respaldo na disponibilidade econômica ou jurídica da renda, compreendido como produto do capital, do trabalho ou

4. ACRÉSCIMO PATRIMONIAL A DESCOBERTO: DESAFIOS PROBATÓRIOS

até mesmo de ambos e os demais proventos de qualquer natureza, que configuram os acréscimos patrimoniais não inseridos no conceito de renda, como ensinou Hugo Brito Machado (p. 332, [2010]).

2. Fase procedimental e contenciosa na atividade fiscal

Para a devida compreensão do momento em que é exercida a atividade fiscal, bem como o exercício dos direitos do contribuinte diante do ônus tributário, impende diferenciar as fases dos procedimentos que envolvem o Fisco e o contribuinte.

Na fase procedimental não é exercido o contraditório e a ampla defesa, pois não há ainda obrigação fiscal sendo exigida pela Fazenda Pública, mas apenas o exercício da atividade fiscal em averiguar o cumprimento das normas tributárias pelo sujeito passivo. A fase litigiosa é iniciada com a impugnação da exigência, não sendo cabível, portanto, a elaboração de defesa antes de formalizada a exigência fiscal, por meio da lavratura do auto de infração ou notificação do lançamento tributário.

Destarte, o momento anterior à lavratura do Auto de Infração e ao processo administrativo fiscal, compreende fase meramente inquisitória, que embora esteja adstrita às normas legais, confere maior liberdade na atividade de verificação da incidência do fato gerador. Conforme aludido, nessa fase não se exige o exercício do contraditório e ampla defesa, pois a atividade do Fisco se presta a coletar dados para consubstanciar ou não a ocorrência do fato gerador do tributo.

A etapa contenciosa, por sua vez, evidencia-se de início pela formalização do conflito de interesses, que passa de procedimento administrativo para processo, em que o contribuinte manifesta inconformismo com a atividade da autoridade fiscal, seja o ato de lançamento de tributo ou outro ato que possua o condão de causar-lhe algum gravame.

O ato administrativo de lançamento é vinculado, devendo ser realizado com estrita observância aos elementos estabelecidos pelo art. 142 do CTN e demais normas legais, o que impede o exercício de juízo de conveniência e oportunidade pela autoridade competente. O ato administrativo deve observar instrumentos capazes de asseverar os legítimos fundamentos que consubstanciaram o fato jurídico tributário.

Merece destaque a observância de que, na fase contenciosa, além da possibilidade de o contribuinte impugnar o lançamento, é possível, quando a decisão de primeira instância não é favorável ao autuado, a interposição de

Recurso Voluntário destinado ao CARF, com o fito de questionar os fundamentos da decisão pela autoridade julgadora.

3. Acréscimo patrimonial-breves apontamentos

Como é de conhecimento daqueles que lidam com o Direito Tributário, este se presta, dentre outros objetivos, a estabelecer as regras de tributação, bem como as obrigações do Fisco e do contribuinte ante as determinações legais.

De modo simplificado, o termo patrimônio é compreendido como o conjunto de bens, direitos e obrigações de determinada pessoa, passíveis de avaliação econômica, ou seja, dotados de valores e estimados economicamente.

Para fins tributários, é imperioso compreender que o patrimônio do contribuinte pode sofrer mutações, tanto diminuição, denominado decréscimo patrimonial, como aumento, que é conhecido como acréscimo patrimonial. Este, por sua vez, é definido como a incorporação de riquezas ao patrimônio já existente.

Como se verifica, os bens e direitos correspondem a montante positivo do patrimônio, enquanto as obrigações compõem a parte negativa. Portanto, o valor do patrimônio de uma pessoa é composto pela soma dos bens e direitos, subtraindo o valor das obrigações.

Desta forma, ao submeter à análise os valores correspondentes ao patrimônio de determinada pessoa, em períodos distintos, é possível constatar se houve aumento, diminuição ou se o patrimônio se manteve estável. Quando ocorre o aumento, fala-se, conforme já mencionado, em acréscimo patrimonial.

Tais considerações auxiliam na compreensão a respeito da incidência sobre acréscimos cuja origem não fora identificada ou devidamente comprovada. Conforme preleciona o art. 77 da Instrução Normativa RFB nº 1.500/14 (Brasil, [2019]), *in verbis:*

> Art. 77. Constitui rendimento tributável na DAA o valor correspondente ao acréscimo patrimonial, apurado mensalmente, não justificado pelos rendimentos tributáveis, não tributáveis, isentos, tributados exclusivamente na fonte ou de tributação definitiva.

A previsão normativa acima, fundamentada na Lei nº 7.713/88 (Brasil, [2019]), prevê a presunção de omissão de rendimentos, quando ao analisar determinado período com os rendimentos declarados, o contribuinte não conseguir justificar o acréscimo patrimonial percebido, caracterizando-se, assim, o acréscimo patrimonial a descoberto.

Portanto, para fins tributários, poderá ser justificado o acréscimo patrimonial com base no valor total de rendimentos e receitas líquidas, podendo ser elas tributáveis, não tributáveis ou passíveis de tributação exclusiva na fonte, sendo possível ainda acrescer outros montantes com a venda de bens pertencentes ao acervo patrimonial do contribuinte.

Desse modo, ao somar os rendimentos líquidos, estes deverão ser, sempre, superiores ao acréscimo patrimonial no período em análise, sob pena de caracterizar-se acréscimo patrimonial a descoberto, caso o aumento patrimonial seja superior ao valor total dos rendimentos declarados ao Fisco, consoante preceitua o art. 47, inciso XIII, do RIR/18.

4. Acréscimo patrimonial a descoberto

Como demonstrado alhures, o acréscimo patrimonial é determinado pela variação positiva do patrimônio e, em geral, a verificação da modificação patrimonial ocorre entre os períodos de 31/12 de determinado ano, até 31/12 do ano seguinte, ou seja, entre a avaliação do patrimônio inserido na declaração de bens de um ano com a declaração realizada no ano seguinte.

No entanto, o Decreto nº 9.580/18 (Brasil, [2019]) em seu art. 47, inciso XIII estabelece que também serão objeto de tributação os rendimentos correspondentes ao acréscimo patrimonial da pessoa física, apurados mensalmente, quando esse aumento não for justificado pelos rendimentos tributáveis, não tributáveis, tributados exclusivamente na fonte ou no caso de tributação definitiva, senão vejamos:

> Art. 47. São também tributáveis:
> [...]
> XIII – as quantias correspondentes ao acréscimo patrimonial da pessoa física, apurado mensalmente, quando esse acréscimo não for justificado pelos rendimentos tributáveis, não tributáveis, tributados exclusivamente na fonte ou objeto de tributação definitiva;
> [...]

Assim, como mencionado, a soma dos recursos financeiros líquidos deverá ser superior ao acréscimo patrimonial declarado, de sorte que, ocorrendo aumento do patrimônio superior aos rendimentos percebidos, será caracterizado o acréscimo patrimonial a descoberto.

Isto posto, é possível inferir que o acréscimo patrimonial a descoberto traduz-se na comparação entre a renda líquida auferida e a modificação patrimonial do contribuinte no período sob análise.

O acréscimo patrimonial a descoberto-APD decorre da presunção legal *iuris tantum* (presunção relativa) de que, se o patrimônio obteve aumento superior aos rendimentos declarados pelo contribuinte ao Fisco, essa variação decorreu de rendimentos omitidos pelo contribuinte em sua Declaração de Ajuste Anual- DAA, recaindo sobre este ônus probatório em contrário, no sentido de refutá-las.

Na presunção de omissão patrimonial denominada acréscimo patrimonial a descoberto, previsto nos arts. 2º e 3º da Lei nº 7.713/88 (Brasil, [2019]), compreende-se que caso o contribuinte não utilize o direito legal de esclarecer a origens dos recursos contestados, o Fisco detém o poder de exigir o tributo, devido à presunção relativa legalmente prevista.

Além disso, é atribuição conferida ao contribuinte, após a lavratura do auto de infração informando a ocorrência do acréscimo patrimonial a descoberto, a prova em sentido contrário, tendente a justificar o acréscimo percebido, bem como rendimentos e outras formas de recursos angariados, e, por fim, caso necessário, negar o próprio acréscimo patrimonial.

À vista disso, a declaração de bens que integram o patrimônio do contribuinte deverá ser realizada anualmente, se prestando tal medida para que o Fisco mantenha controle acerca da variação patrimonial dos contribuintes, de modo que não seja omitida nenhuma mudança econômica.

Ocorre que, em certos casos, determinada parcela do acréscimo patrimonial a descoberto é apenas aparente, pois decorrem de erros meramente materiais, por exemplo, com preenchimento da Declaração de Rendimentos ou Declaração de Bens e Rendimentos inseridos no DAA, cabendo ao contribuinte realizar a devida retificação da Declaração, caso tenha ocorrido eventual erro, ou a comprovação da origem do rendimento não declarado por meio de documentos idôneos.

Na esteira desse raciocínio, mister aludir que, em se tratando de lançamento de ofício proveniente de acréscimo patrimonial a descoberto-APD, denota-se que o patrimônio levado a efeito de tributação torna-se conhecido pela autoridade tributária competente quando da entrega pelo contribuinte ao Fisco da Declaração de Ajuste Anual, oportunidade em que a totalidade do acervo patrimonial e econômico obtido pelo obrigado são informados e, por conseguinte, computado tanto a base de cálculo do tributo exigível, quanto o montante devido por ocasião do Imposto de Renda.

Nesse viés, depreende-se que o objeto tributável informado no DAA contempla todos os rendimentos econômicos ou jurídicos obtidos pela pessoa física em determinado lastro temporal, o qual finda-se no último dia do ano civil, tendo como iniciada a obrigação tributária no primeiro dia imediatamente seguinte, ou seja, primeiro de janeiro.

O lançamento, bem como qualquer outra manifestação da Fazenda Pública, somente se dará após a entrega da Declaração de Ajuste Anual ou com o fim do prazo limite para a entrega do DAA. Somente após o transcurso do prazo em comento é que se considera o descumprimento da obrigação tributária principal, subsidiando-se assim a lavratura do lançamento de ofício.

No momento em que a autoridade lançadora realiza a apuração do fluxo financeiro de origens e aplicações, ou seja, a entrada e saída dos recursos de determinado contribuinte, averiguando-se assim possível Acréscimo Patrimonial a Descoberto, deverá realizar o procedimento de apuração mensalmente, com o fito de analisar todos os ingressos de recursos, bem como, os dispêndios do mês.

O Presidente de Turma e Relator do CARF ao tempo do julgamento, Nelson Mallmann, se manifestou com muita propriedade sobre a matéria nos autos do processo nº 10680.010994/200880, por meio do Acordão nº 2202.001.304, nos seguintes termos:

> É entendimento pacífico, nesta Turma de Julgamento, que quando a fiscalização promove o fluxo financeiro ("fluxo de caixa") do contribuinte, através de demonstrativos de origens e aplicações de recursos devem ser considerados todos os ingressos (entradas) e todos os dispêndios (saídas), ou seja, devem ser considerados todos os rendimentos, retornos de investimentos e empréstimos, (já tributados, não tributados, isentos e os tributados exclusivamente na fonte), bem como todos os dispêndios/ aplicações/ investimentos/ aquisições e possíveis de se apurar, a exemplo de: despesas bancárias, aplicações financeiras, água, luz, telefone, empregada doméstica, cartões de crédito, juros pagos, pagamentos diversos, aquisições de bens e direitos (móveis e imóveis), etc., apurados mensalmente.

A Lei somente autoriza a aplicação da presunção legal de omissão, em caso de constatação da ocorrência de gastos ou aplicações desproporcionais quanto aos recursos disponíveis.

Dessa forma, quando o caso concreto se amolda ao dispositivo legal que dispõe acerca do acréscimo patrimonial a descoberto, a apuração realizada pela autoridade fiscal deve considerar todos os recursos auferidos pelo obrigado, sendo eles os tributados, não tributáveis, isentos e os tributados exclusivamente na fonte, compreendendo os rendimentos declarados e os lançados de ofício pela autoridade competente.

5. Fase probatória e as modalidades admitidas

No tocante à Teoria Geral da Prova, o ônus probatório, em princípio, é atribuído àquele que alega determinado fato. No entanto, algumas ponderações devem ser realizadas, a fim de que a correta e eficaz atribuição probatória seja levada a efeito.

Entende-se por prova todos os elementos capazes de asseverar a existência ou inexistência de determinado fato jurídico, ou ainda de fornecer subsídios necessários para que o julgador tome conhecimento da realidade fática.

No processo administrativo tributário, não há previsão expressa de quais meios probatórios serão admissíveis, sendo, portanto, utilizado o Código de Processo Civil, a fim de servir como parâmetro para as partes envolvidas no âmbito tributário. O CPC dispõe acerca do tema da seguinte forma:

> Art. 369. As partes têm o direito de empregar todos os meios legais, bem como os moralmente legítimos, ainda que não especificados neste Código, para provar a verdade dos fatos em que se funda o pedido ou a defesa e influir eficazmente na convicção do juiz.

Depreende-se do dispositivo legal, que no processo, seja ele administrativo ou judicial, todas as provas em direito admitidas deverão ser analisadas pelo julgador como elementos de formação de seu convencimento, objetivando a solução da lide de maneira justa.

Em se tratando de matéria tributária, vê-se que o processo administrativo fiscal presta-se a preservar a legalidade na apuração da ocorrência do fato gerador, bem como a constituição do crédito tributário, devendo a autoridade julgadora esmerar-se para averiguar se, de fato, o caso concreto

4. ACRÉSCIMO PATRIMONIAL A DESCOBERTO: DESAFIOS PROBATÓRIOS

amolda-se às hipóteses legais, e em caso de recurso interposto pelo contribuinte, verificar a veracidade dos fatos alegados.

Assim, nos casos de presunção legal, é atribuição do contribuinte a produção probatória compatível com o alegado, e não da administração. De outra feita, se o fato declarado pelo obrigado não existir, compete ao fisco promover o lançamento, aplicando-se este entendimento aos demais meios de prova, que deverão ser claros e precisos, conduzindo assim, a formação do juízo de convencimento do julgador.

No tocante ao ônus probatório, é cediço que os atos administrativos praticados pela autoridade fiscal gozam de presunção de veracidade, portanto, é necessária apresentação de prova inequívoca em sentido contrário, para que seja contestada e averiguada a incidência do tributo, recaindo ao sujeito passivo da obrigação tributária a produção probatória.

A Lei prevê a presunção de omissão de rendimentos, porém, desde que a autoridade lançadora comprove a existência de aumento do patrimônio do contribuinte sem justificativa nos recursos declarados.

O Código Tributário Nacional estabelece quanto a distribuição do ônus da prova nos lançamentos de ofício, que é atribuição do Fisco o encargo probatório, a fim de comprovar os fatos que embasaram o ato de lançamento. Portanto, compete ao Fisco a comprovação da falsidade, erro ou omissão de determinado fato considerado de declaração obrigatória.

Nesse viés, caso haja a comprovação, por meio das provas produzidas e acostadas aos autos, da ocorrência de acréscimo patrimonial, a autoridade fiscal detém o poder-dever de efetuar de ofício o lançamento.

Dessa forma, somente poderá ser exigido Imposto de Renda se houver a comprovação da ocorrência do fato gerador do tributo, de forma que o lançamento será considerado constituído quando a autoridade fiscal averiguar e constatar a disponibilidade econômica ou jurídica dos rendimentos do contribuinte. Portanto, é possível inferir que o lançamento somente poderá ser exigível quando repousar em fatos comprovadamente existentes, ou quando as informações prestadas pelo obrigado sejam impugnadas pelas autoridades competentes, por meio de provas ou indícios hábeis a demonstrar inexatidão ou falsidade de determinadas informações prestadas pelo contribuinte.

Nesse sentido, se o Fisco apresenta provas com esteio no fluxo financeiro do contribuinte, realizando demonstrativo de entradas e saídas dos recursos, comprovando que o obrigado efetuou gastos além da disponibilidade de rendimentos declarados, evidencia-se a ocorrência de omissão de rendimentos com base no acréscimo patrimonial a descoberto, ensejando a apuração detalhada no mês que ocorreu a aparente omissão.

A Lei nº 7.713/88 (Brasil, [2019]) que dispõe acerca da matéria, elenca relevantes dispositivos que auxiliam o exercício da atividade tributária. *In verbis:*

> Artigo 1º- Os rendimentos e ganhos de capital percebidos a partir de 1º de janeiro de 1989, por pessoas físicas residentes pu domiciliadas no Brasil serão tributados pelo Imposto de Renda na forma da legislação vigente, com as modificações introduzidas por esta Lei".

> Art. 2º O imposto de renda das pessoas físicas será devido, mensalmente, à medida em que os rendimentos e ganhos de capital forem percebidos.

> Art. 3º O imposto incidirá sobre o rendimento bruto, sem qualquer dedução, ressalvado o disposto nos arts. 9º a 14 desta Lei.

> § 1º Constituem rendimento bruto todo o produto do capital, do trabalho ou da combinação de ambos, os alimentos e pensões percebidos em dinheiro, e ainda os proventos de qualquer natureza, assim também entendidos os acréscimos patrimoniais não correspondentes aos rendimentos declarados.

LEI Nº 8.134/90

> Art. 1º A partir do exercício financeiro de 1991, os rendimentos e ganhos de capital percebidos por pessoas físicas residentes ou domiciliadas no Brasil serão tributados pelo Imposto de Renda na forma da legislação vigente, com as modificações introduzidas por esta lei.

> Art. 2º O Imposto de Renda das pessoas físicas será devido à medida em que os rendimentos e ganhos de capital forem percebidos, sem prejuízo do ajuste estabelecido no art. 11.

> [...]

> Art. 4º Em relação aos rendimentos percebidos a partir de 1º de janeiro de 1991, o imposto de que trata o art. 8º da Lei nº 7.713, de 1988:

> I – Será calculado sobre os rendimentos efetivamente recebidos no mês.

> Art. 6º O lançamento de ofício, além dos casos já especificados em lei, far-se-á arbitrando-se os rendimentos com base na renda presumida, mediante utilização dos sinais exteriores de riqueza.
>
> § 1º Considera-se sinal exterior de riqueza a realização de gastos incompatíveis com a renda disponível do contribuinte.
>
> § 2º Constitui renda disponível a receita auferida pelo contribuinte, diminuída dos abatimentos e deduções admitidos pela legislação do Imposto de Renda em vigor e do Imposto de Renda pago pelo contribuinte.

Conforme se infere da legislação mencionada, o Imposto de Renda de Pessoas Físicas será verificado mensalmente, acompanhando os rendimentos que forem percebidos pelo contribuinte, conforme dispõe a Lei nº 8.134/90 (Brasil, [2019]), que estabeleceu a Declaração Anual de Ajuste, com intuito de apurar o imposto devido por pessoas físicas. Portanto, na apuração a ser realizada, abrange-se tanto o imposto devido como o saldo do imposto a pagar ou a restituir, sendo apurados anualmente, concluindo-se que o recolhimento mensal passou a ser considerado como antecipação do exigido e não pagamento definitivo.

Consoante ao previsto na Lei nº 7.713/88 (Brasil, [2019]), no art. 2º, o qual estabeleceu que "o imposto de renda das pessoas físicas será devido, mensalmente, à medida que os rendimentos e ganhos de capital forem recebidos", imperioso mencionar a relevância dos arts. 24 e 29 da lei em comento, bem como os arts. 12 e 13 da Lei nº 8.383/91 (Brasil, [2019]), que preservaram o regime de tributação anual, para as pessoas físicas.

Em sessão de julgamento no Conselho Administrativo de Recursos Fiscais-CARF, este órgão colegiado de segunda instância, ao debater acerca dos objetos de provas admissíveis, proferiu decisão, por meio do Acórdão nº 2202-001.304, afirmando o que se segue:

> ACRÉSCIMO PATRIMONIAL A DESCOBERTO. ÔNUS DA PROVA.
>
> [...]
>
> Valores alegados, oriundos de saldos bancários, disponibilidades, resgates de aplicações, dívidas e ônus reais, como os demais recursos declarados, são objeto de prova por quem as invoca como justificativa de eventual aumento patrimonial. As operações declaradas, que importem em origem de recursos, devem ser comprovadas por documentos hábeis e idôneos que indiquem a natureza, o valor e a data de sua ocorrência.

MEIOS DE PROVA. INFRAÇÃO FISCAL.

A prova infração fiscal pode realizar-se por todos os meios admitidos em Direito, inclusive a presuntiva com base em indícios veementes, sendo, outrossim, livre a convicção do julgador.

Conforme mencionado acima, caso não seja acostado ao processo prova objetiva de determinada alegação, a autoridade julgadora proferirá decisão conforme livre convencimento, na forma do art. 29 do Decreto nº 70.235/72 (Brasil, [2019]). *In verbis:*

> Art. 29. Na apreciação da prova, a autoridade julgadora formará livremente sua convicção, podendo determinar as diligências que entender necessárias.

Portanto, como é cediço, o contribuinte possui o dever de informar, e, caso necessário, comprovar os dados inseridos na declaração de rendimentos, e, por conseguinte, calcular e efetuar o pagamento do valor correspondente ao imposto apurado. De outra feita, compete à autoridade fiscal a incumbência de realizar a conferência dos dados preenchidos pelo obrigado.

Na ausência de documentação comprobatória hábil e idônea das deduções realizadas na base de cálculo do Imposto de Renda dos dispêndios superiores aos rendimentos, é obrigação da autoridade competente lançar mão da presunção de omissão e realizar o lançamento para a devida cobrança do crédito tributário apurado.

Vez que, caso seja averiguada e constatada a evolução patrimonial do obrigado e, por conseguinte, apurado o acréscimo patrimonial a descoberto, tal procedimento enseja a ocorrência do fato gerador do Imposto de Renda, nos termos do art. 43, inciso II do CTN. Nesse caso, compete ao contribuinte esclarecer, por meio de acervo probatório, a existência de recursos financeiros suficientes para afastar a incidência do acréscimo patrimonial a descoberto lançado, haja vista que, a inversão do ônus da prova é mecanismo aceito, ainda que em casos específicos, no âmbito tributário.

Conforme destacado anteriormente, na presunção o legislador apanha um fato conhecido, no caso o acréscimo patrimonial a descoberto e, deste dado, mediante raciocínio lógico, chega a um fato desconhecido que é a obtenção de rendimentos. A obtenção de renda presumida a partir do APD é um fato que pode ser verdadeiro ou falso, mas o legislador o tem como verdadeiro, cabendo à parte que tem contra si presunção legal fazer prova

4. ACRÉSCIMO PATRIMONIAL A DESCOBERTO: DESAFIOS PROBATÓRIOS

em contrário. Neste sentido, não se pode ignorar que a lei, estabelecendo uma presunção legal de omissão de rendimentos, autoriza o lançamento do imposto correspondente sempre que o contribuinte, regularmente intimado, não comprove, mediante documentação hábil e idônea, a origem dos recursos. A presunção em favor do Fisco transfere ao contribuinte o ônus de elidir a imputação, mediante a comprovação, no caso, da origem dos recursos, sejam eles decorrentes de empréstimos, distribuição de lucros, dinheiro em caixa (em espécie), entre outros.

A respeito dos elementos de provas capazes de elidir a presunção do acréscimo patrimonial a descoberto, imperioso trazer à tona os posicionamentos desenvolvidos no âmbito do Conselho Administrativo de Recursos Fiscais sobre cada uma delas, ao menos as mais importantes/invocadas, senão vejamos:

Especificamente acerca do dinheiro em caixa declarado (em espécie), a 2ª Turma da Câmara Superior de Recursos Fiscais, ao analisar a possibilidade de aproveitamento de saldo positivo de ano anterior como origem na apuração do exercício seguinte, por meio do Acórdão nº 9202-007.224, de 26 de setembro de 2018, concluiu pela possibilidade desta disponibilidade nos seguintes termos:

> (...) Quanto ao mérito, a matéria cinge-se à definição da possibilidade ou não de se admitir como origem, na apuração de acréscimo patrimonial a descoberto, de valores declarados como disponibilidade em espécie na declaração de bens do exercício anterior, independentemente de prova da efetividade dessa disponibilidade.
>
> Penso que sim. Ao elaborar a declaração de rendimentos os contribuintes devem declaram o seu patrimônio, na forma de bens e direitos, créditos, etc, o que inclui a disponibilidade financeira, em moeda nacional ou estrangeira. Ao se apurar acréscimo patrimonial se compara a magnitude do patrimônio havido em um exercício com o do outro e esse cotejo deve incluir todo o patrimônio, seja em bens, em direitos ou em dinheiro em espécie. Este entra como aplicação no exercício em que declarado e como origem, se declarado no exercício anterior.
>
> A exigência de prova da efetividade da disponibilidade financeira, mormente tratando-se de exercícios referentes a anos anteriores, se constitui, a meu juízo, em exigência descabida, pois não há outro meio de comprovar a existência de dinheiro em espécie que não a apresentação do próprio dinheiro, e isso não é mais possível quando este não está mais disponível.

EFICIÊNCIA PROBATÓRIA E A ATUAL JURISPRUDÊNCIA DO CARF

Por outro lado, quando o contribuinte declara a disponibilidade de dinheiro em espécie poderá ser confrontado pelo Fisco com a demonstração de que não obteve rendimentos suficientes para ter tais disponibilidades. Nessas condições, caberia o Fisco, para infirmar a declaração do Contribuinte, demonstrar que o contribuinte não teria lastro financeiro para ter essas disponibilidades.

Relativamente ao posicionamento encimado, cabe mencionar que antigamente a tese defendida era no sentido contrário, ou seja, para o aproveitamento como origem do caixa declarado em espécie, indispensável se fazia a comprovação de sua existência. Dito isto, conclui-se ter o Colegiado evoluído com sua posição, entendendo ser tarefa do fisco demonstrar que o contribuinte não teria lastro financeiro da disponibilidade declarada e, uma vez não o fazendo, mister se admitir o dinheiro declarado como origem.

Por sua vez, quando o contribuinte invoca a distribuição de lucros com o intuito de rechaçar a pretensão fiscal, o Tribunal Administrativo também já enfrentou a matéria, conforme depreende-se do Acórdão nº 2301-004.509, da lavra da Ilustre Conselheira Alice Grecchi, concluindo pela necessidade da prova inequívoca da efetiva existência da distribuição e de sua transferência, sintetizado na ementa abaixo:

ASSUNTO: IMPOSTO SOBRE A RENDA DE PESSOA FÍSICA – IRPF
Ano-calendário: 2006, 2007, 2008, 2009
NULIDADE. DECISÃO DE PRIMEIRA INSTÂNCIA. INOCORRÊNCIA.
Se o acórdão recorrido enfrentou as alegações do impugnante e teve fundamento suficiente para a decisão adotada rejeita-se a alegação de nulidade da decisão.
ACRÉSCIMO PATRIMONIAL A DESCOBERTO. ÔNUS DA PROVA.
O acréscimo patrimonial a descoberto somente pode ser justificado por rendimentos tributáveis, não tributáveis, isentos ou tributados exclusivamente na fonte, mediante provas firmes e seguras da sua existência.
Para justificar os recursos no fluxo financeiro mensal com lucros distribuídos de empresas das quais o contribuinte seja sócio é necessário prova inequívoca da efetiva existência e da transferência do dinheiro, sendo que o ônus da prova cabe a quem alega possuir os recursos.

4. ACRÉSCIMO PATRIMONIAL A DESCOBERTO: DESAFIOS PROBATÓRIOS

AUTO DE INFRAÇÃO. MULTA DE OFÍCIO. LEGALIDADE. CARÁTER CONFISCATÓRIO.

A multa de ofício de 75 % (setenta e cinco por cento) aplicada nos lançamentos de ofício está prevista no inciso I, do art. 44 da Lei nº 9.430/96.

Seguindo a linha encimada, agora com desfecho favorável ao contribuinte, por constar dos autos os registros contábeis da pessoa jurídica além de indicativos das transferências dos valores (cheques, extratos etc), a 1ª Turma Ordinária da 4ª Câmara da 2ª Seção de Julgamento, ao analisar o PAF nº 10746.720758/2014-10, entendeu por bem reconhecer como origem a distribuição de lucros, concluindo o que segue:

> Superada a questão dos empréstimos, enfrentaremos o ponto quanto à distribuição de lucros da CRT para o contribuinte. A DRJ, apesar de conhecer dos empréstimos, entendeu que não havia provas nos autos suficientes para comprovar o valor isento (distribuição de lucros), vejamos:
>
> (...)
>
> Conforme depreende-se do excerto encimado, o motivo da negativa foi a falta de provas. Diante deste fato, o contribuinte, em sede de recurso voluntário, colacionou aos autos demonstrações contábeis dos lucros acumulados na CRT, para efetiva comprovação das alegações.
>
> A autoridade preparadora, de posse de tal documentação, se manifestou da seguinte forma:
>
> (...)
>
> Conforme depreende-se da planilha acima colacionada, há saldos de lucros acumulados no período de 2007 a 2011.
>
> Neste aspecto, divirjo da autoridade julgadora de primeira instância, uma vez demonstrado a existência de saldos de lucros acumulados gerados em período anteriores passíveis de distribuição no dia 03/01/2011, conforme documentação hábil e idônea.
>
> Por fim, quanto a sub-rogação dos empréstimos efetuados pela CRT ao Sr. Rossine a título de distribuição de lucros, consta na contabilidade da empresa os lançamentos referentes a transação, motivo pelo qual, mais uma vez, resta comprovada tal alegação.
>
> (...)
>
> Portanto, sanada a exigência que deu margem ao auto de infração, estando demonstrado nos autos que efetivamente houve a distribuição de lucros pela

empresa CRT ao contribuinte, mediante sub-rogação dos empréstimos mencionados, deve-se afastar o acréscimo patrimonial a descoberto.

Percebe-se das jurisprudências retro mencionadas ser indispensável que o sujeito passivo colija todos os meios de provas capazes de convencer o julgador de maneira a ilidir a presunção do acréscimo patrimonial a descoberto, até mesmo na fase de recurso voluntário, conforme depreende-se do segundo caso.

No que concerne à alegação da existência de empréstimos e/ou doação para ilidir a acusação de acréscimo patrimonial a descoberto, por maioria dos votos, a Colenda 2ª Turma da CSRF, na sessão de 23 de novembro de 2016, por meio do Acórdão nº 9202-004.556, no caso concreto, entendeu não ser suficiente estar a doação consignada na declaração do doador e do donatário, consoante se infere da ementa, senão vejamos:

> ASSUNTO: IMPOSTO SOBRE A RENDA DE PESSOA FÍSICA – IRPF
> Exercício: 2001
> ACRÉSCIMO PATRIMONIAL A DESCOBERTO. DOAÇÃO.
> Quando da apuração de acréscimo patrimonial a descoberto, a alegação de origem de recursos a título de doação deve ser comprovada através de documento hábil e idônea, mesmo no caso de doador e donatário serem parentes próximos. O fato de a doação estar consignada na declaração do doador e do donatário, não é meio suficiente de prova. *In casu*, não foi comprovada a efetiva transferência dos recursos.

Dito isto, infere-se que o fato da doação estar consignada na declaração do doador e do donatário, não é meio suficiente de prova para descaracterizar a omissão com base em APD, sendo essencial o *plus* comprobatório, qual seja: cheques, extratos, transferências bancárias, registros contábeis, entre outros que comprovem a efetiva transferência dos recursos.

Oportuno mencionar novamente que o contribuinte presta voluntariamente as informações contidas na Declaração de Rendimentos e de Bens, sob sua responsabilidade e passível de questionamento e exigência de comprovação, caso necessário. O art. 66 do Decreto nº9.580/18 (Brasil, [2019]) assim determina:

> Art. 66. As deduções ficam sujeitas à comprovação ou à justificação, a juízo da autoridade lançadora (Decreto-Lei nº 5.844, de 1943, art. 11, § 3º).

§ 1º O sujeito passivo será intimado a apresentar, no prazo estabelecido na intimação, esclarecimentos ou documentos sobre inconsistências ou indícios de irregularidade fiscal detectados nas revisões de declarações, exceto quando a autoridade fiscal dispuser de elementos suficientes para a constituição do crédito tributário.

§ 2º As deduções glosadas por falta de comprovação ou de justificação não poderão ser restabelecidas depois que o ato se tornar irrecorrível na esfera administrativa (Decreto-Lei nº 5.844, de 1943, art. 11, § 5º).

Portanto, verifica-se que o legislador delimitou as atribuições probatórias das partes envolvidas na atividade tributária, a fim de que seja oportunizada a utilização dos direitos preconizados na Constituição Federal e de observância obrigatória a todas as demais normas infraconstitucionais.

Observa-se que são muitos os argumentos e meios de provas capazes de ilidir a presunção do acréscimo patrimonial a descoberto, tendo o contribuinte o desafio de municiá-los com documentação robusta e convergente, consideradas hábeis e idôneas a rechaçar a pretensão fiscal.

Conclusões

De todo o exposto, vislumbra-se que dentre as atividades conferidas à autoridade fiscal, a verificação do fluxo financeiro com o ingresso de recursos e dispêndios realizados é essencial à atividade fiscal, pois partindo deste pressuposto, a autoridade competente poderá constatar a ocorrência, ou não, do acréscimo patrimonial a descoberto.

O Decreto nº 70.235/72 (Brasil, [2019]) dispõe acerca da lide fiscal, por meio da exigência tributária, dispondo que antes da formalização da exigência não há o exercício do contraditório e da ampla defesa pelo contribuinte, por se tratar de procedimento inquisitório. A impugnação da obrigação tributária que inicia a fase litigiosa do procedimento, conferindo-se oportunidade ao obrigado de constituir o acervo probatório hábil a comprovar o alegado por este.

O princípio da verdade material tem por pressuposto o alcance, na medida do possível, da realidade fática, por isso, no decorrer do processo administrativo fiscal, as partes possuem a faculdade de produzir provas para influenciarem o convencimento dos julgadores.

No curso do processo tributário, todas as provas legalmente admitidas devem ser consideradas, para fins de elemento de formação do convencimento do julgador, visando a resolução justa e equânime da divergência entre as partes no processo administrativo fiscal.

Portanto, verifica-se que é garantia constitucional a existência de processo administrativo fiscal, tendente a analisar, de forma mais apurada, a ocorrência de determinado fato gerador do tributo, oportunizando às partes o direito de exercer a defesa de suas pretensões, por meio da fase probatória e recursal, em caso de inconformidade com a decisão prolatada pela autoridade competente.

Os elementos que instituem o processo fiscal são em verdade uma maneira mais célere e menos burocrática para a resolução dos conflitos entre o Fisco e o contribuinte. No entanto, o processo fiscal deve fiel observância aos ditames constitucionais, pois a atividade fiscal é de suma importância ao estado e, por conseguinte, aos administrados, e está prevista na Constituição como dever do estado e direito fundamental do contribuinte.

Referências

ALEXANDRE, Ricardo. *Direito tributário esquematizado*. 9. ed. rev., atualizada e ampliada. Rio de Janeiro: Forense; São Paulo: Método, 2015.

CAIS, Cleide Previtalli. *O Processo Tributário*. 5.ed.ver.ampl.atual. São Paulo: Revista dos Tribunais, 2007.

COELHO, Sacha Calmon Navarro, *Curso de direito tributário brasileiro*. 6.ed.. Rio de Janeiro. Editora Forense, 2002.

MACHADO, Hugo de Brito. *Curso de direito tributário*. 31. ed. São Paulo: Malheiros, 2010.

MARINS, James. *Direito Processual Tributário Brasileiro (Administrativo e Judicial)*. 4.ed. São Paulo: Dialética, 2005.

MELO, Eduardo José Soares de. *Processo Tributário Administrativo: Federal, Estadual e Municipal*. 1ª ed. São Paulo: Quartier Latin, 2006.

MARTINS, Sérgio Pinto. *Manual de direito tributário*. 8. ed. São Paulo: Atlas, 2009.

NEDER, Marcos Vinícius; MARTINEZ, Maria Teresa Lopes. *Processo Administrativo Fiscal Federal: (decreto nº 70.235/72 e lei nº 9.784/99)*. 2.ed. São Paulo: Dialética, 2004.

SABBAG, Eduardo. *Manual de direito tributário*. São Paulo: Saraiva, 2008/2009.

5. Omissão de rendimentos: depósitos não identificados

CLEBERSON ALEX FRIESS[1]

Introdução

O presente trabalho propõe-se a abordar a temática da omissão de rendimentos caracterizada por depósitos não identificados, à luz da atual jurisprudência do Conselho Administrativo de Recursos Fiscais (CARF). A ideia é revelar as posições que têm prevalecido no campo da produção probatória na fase do procedimento de fiscalização e, em particular, no contencioso administrativo tributário, com destaque para os aspectos mais frequentemente apontados para a aceitação ou rejeição de determinada prova no processo.

Inegável que o assunto está diretamente associado aos lançamentos tributários fundados na presunção estabelecida no art. 42 da Lei nº 9.430, de 27 de dezembro de 1996, pela qual se considera omissão de receitas ou rendimentos quando o titular de conta mantida junto a instituição financeira, após regularmente intimado, não comprova a origem dos recursos nela creditados.

Em razão da especialização da matéria, o tema está afeto à competência de julgamento da 1ª e 2ª Seções do CARF, tendo em vista que os lançamentos podem ser efetivados em face de titular de conta bancária pessoa jurídica ou física, o que amplia o universo de julgados que versam sobre casos concretos.[2]

---

[1] As opiniões contidas nesta publicação são reflexões acadêmicas do próprio autor e não necessariamente expressam as posições defendidas por qualquer organização a qual esteja vinculado.

[2] À 1ª Seção do CARF, cabe processar e julgar recursos que versem sobre aplicação da legislação relativa ao Imposto sobre a Renda da Pessoa Jurídica (IRPJ) e lançamento de tributos reflexos; ao passo que a 2ª Seção aprecia os recursos que versem sobre aplicação da legislação

O texto é orientado, sobretudo, pelas decisões administrativas emanadas na 2ª Seção do CARF, através de suas turmas ordinárias e da Câmara Superior, devido à maior repetição de autuações fiscais em nome de pessoas físicas com fundamento nesta presunção legal. É de se frisar, todavia, que não existem diferenças significativas na construção e/ou atividade valorativa da prova que obrigue a segregação da análise dos precedentes entre as Seções. Quando pertinente, é feita a devida ressalva.

A correlação da matéria entre 1ª e 2ª Seções do CARF estimula avançar nas ponderações fáticas para também tecer algumas linhas a respeito da dupla tributação sobre o mesmo fato econômico, na hipótese de exigência fiscal em nome de pessoa jurídica em relação a valores que integram a base de cálculo do lançamento de omissão de rendimentos na pessoa física.

1. Depósitos de origem não comprovada

Estabelece o art. 42 da Lei nº 9.430, de 1996, a seguir copiado:[3]

Art. 42. Caracterizam-se também omissão de receita ou de rendimento os valores creditados em conta de depósito ou de investimento mantida junto a instituição financeira, em relação aos quais o titular, pessoa física ou jurídica, regularmente intimado, não comprove, mediante documentação hábil e idônea, a origem dos recursos utilizados nessas operações.

§ 1º O valor das receitas ou dos rendimentos omitido será considerado auferido ou recebido no mês do crédito efetuado pela instituição financeira.

§ 2º Os valores cuja origem houver sido comprovada, que não houverem sido computados na base de cálculo dos impostos e contribuições a que estiverem sujeitos, submeter-se-ão às normas de tributação específicas, previstas na legislação vigente à época em que auferidos ou recebidos.

§ 3º Para efeito de determinação da receita omitida, os créditos serão analisados individualizadamente, observado que não serão considerados:

relativa ao Imposto sobre a Renda da Pessoa Física – IRPF (art. 2º, incisos I e IV, e art. 3º, inciso I, do Anexo II do Regimento Interno do CARF, aprovado pela Portaria MF nº 343, de 9 de junho de 2015).

[3] Os valores em moeda corrente mencionados no art. 3º, inc. II, foram alterados pela Lei nº 9.481, de 13 de agosto de 1997, nos termos seguintes: "Art. 4º Os valores a que se refere o inciso II do § 3º do art. 42 da Lei nº 9.430, de 27 de dezembro de 1996, passam a ser de R$ 12.000,00 (doze mil reais) e R$ 80.000,00 (oitenta mil reais), respectivamente."

5. OMISSÃO DE RENDIMENTOS: DEPÓSITOS NÃO IDENTIFICADOS

I – os decorrentes de transferências de outras contas da própria pessoa física ou jurídica;

II – no caso de pessoa física, sem prejuízo do disposto no inciso anterior, os de valor individual igual ou inferior a R$ 1.000,00 (mil reais), desde que o seu somatório, dentro do ano-calendário, não ultrapasse o valor de R$ 12.000,00 (doze mil reais).

§ 4º Tratando-se de pessoa física, os rendimentos omitidos serão tributados no mês em que considerados recebidos, com base na tabela progressiva vigente à época em que tenha sido efetuado o crédito pela instituição financeira.

§ 5º Quando provado que os valores creditados na conta de depósito ou de investimento pertencem a terceiro, evidenciando interposição de pessoa, a determinação dos rendimentos ou receitas será efetuada em relação ao terceiro, na condição de efetivo titular da conta de depósito ou de investimento.

§ 6º Na hipótese de contas de depósito ou de investimento mantidas em conjunto, cuja declaração de rendimentos ou de informações dos titulares tenham sido apresentadas em separado, e não havendo comprovação da origem dos recursos nos termos deste artigo, o valor dos rendimentos ou receitas será imputado a cada titular mediante divisão entre o total dos rendimentos ou receitas pela quantidade de titulares.

Como se observa do dispositivo de lei, tem-se configurada omissão de rendimentos tributáveis quando o titular de conta bancária mantida junto à instituição financeira, depois de regularmente intimado pela fiscalização, deixa de comprovar a origem dos recursos financeiros nela creditados.[4]

Dada a força probatória dos extratos bancários, recai sobre o contribuinte o ônus de apresentar documentação hábil e idônea a comprovar a origem dos depósitos, sob pena de caracterizar-se omissão de rendimentos tributável.

Desde que se tornou norma, a caracterização de depósitos bancários como omissão de renda tem sido alvo de críticas de parte da doutrina. Maria Rita Ferragut[5], por exemplo, endossou a necessidade de que a fiscalização aduza outros elementos probatórios para imputar a presunção válida, tais como comprovação de que os valores revestem natureza tributável e que já não sofreram a tributação do imposto de renda.

---

[4] Para fins de simplificação, utiliza-se no presente trabalho, via de regra, a expressão "omissão de rendimentos".

[5] *Presunções no direito tributário*, 2ª edição, p. 234/236.

Em que pese tais anotações, o contencioso administrativo tem dado ampla acolhida aos lançamentos calcados na presunção de omissão de rendimentos, mesmo porque resultaria inviável apelar a razões de incompatibilidade com preceitos constitucionais para deixar de aplicá-la.[6][7]

2. Prova: fase de fiscalização

No que tange à construção da prova na fase que antecede e prepara o lançamento, com o advento do art. 42 da Lei nº 9.430, de 1996, o agente fazendário ficou dispensado de demonstrar, a partir dos fatos geradores do ano de 1997, a existência de sinais exteriores de riqueza ou acréscimo patrimonial incompatível com os rendimentos declarados pelo contribuinte:[8]

> ASSUNTO: IMPOSTO SOBRE A RENDA DE PESSOA FÍSICA – IRPF
> Exercício: 2003
> (...)
> IMPOSTO DE RENDA. TRIBUTAÇÃO EXCLUSIVAMENTE COM BASE EM DEPÓSITOS BANCÁRIOS. REGIME DA LEI Nº 9.430/96. POSSIBILIDADE.
> A partir da vigência do art. 42 da Lei nº 9.430/96, o fisco não mais ficou obrigado a comprovar o consumo da renda representado pelos depósitos bancários de origem não comprovada a transparecer sinais exteriores de riqueza (acréscimo patrimonial ou dispêndio), incompatíveis com os rendimentos declarados, como ocorria sob égide do revogado parágrafo 5º do art. 6º da Lei nº 8.021/90.
> Agora, o contribuinte tem que comprovar a origem dos depósitos bancários, sob

---

[6] Decreto nº 70.235, de 6 de março de 1972, que trata do processo administrativo fiscal: "Art. 26-A. No âmbito do processo administrativo fiscal, fica vedado aos órgãos de julgamento afastar a aplicação ou deixar de observar tratado, acordo internacional, lei ou decreto, sob fundamento de inconstitucionalidade."

[7] A propósito, encontra-se pendente o julgamento do Recurso Extraordinário (RE) nº 855.649/MG, com repercussão geral reconhecida pelo Supremo Tribunal Federal (STF), no qual se questiona a constitucionalidade do art. 42 da Lei nº 9.430, de 1996, tendo em conta a alegação de vício formal, ante a reserva da lei complementar para definir o fato gerador do imposto de renda, e de vício material, por afronta a princípios constitucionais e ao conceito constitucional de renda (cf. Tema 842).

[8] Súmula CARF nº 26: A presunção estabelecida no art. 42 da Lei nº 9.430/96 dispensa o Fisco de comprovar o consumo da renda representada pelos depósitos bancários sem origem comprovada.

5. OMISSÃO DE RENDIMENTOS: DEPÓSITOS NÃO IDENTIFICADOS

pena de se presumir que estes são rendimentos omitidos, sujeitos à aplicação da tabela progressiva.

(...)

(CARF, 2ª Seção/1ª Câmara/2ª Turma Ordinária, Acórdão nº 2102-01.616, de 25/10/2011).

Dentre as diversas hipóteses de presunção legal da ocorrência do fato gerador da obrigação tributária, figura esta, fundada na existência de depósitos bancários sem origem comprovada, o que constitui forma indireta de apuração de omissão de rendimentos.

Tal qual nas demais hipóteses, cuida-se aqui de presunção relativa. Caberá ao contribuinte, dentro da ampla faculdade probatória de que dispõe, desconstituir a omissão fiscal que se lhe imputa. Ao Fisco incumbe antes de tudo comprovar a ocorrência do fato presuntivo de omissão de rendimentos. Como bem destaca Fabiana Del Padre Tomé, em análise do ônus probatório em face de presunções legais, "(...) A demonstração do fato presuntivo é condição inarredável para a constituição do fato presumido."[9]

Daí afloram as condições de validade do lançamento fiscal na espécie. Dos autos do processo administrativo há de restar confirmado que o titular da conta bancária, embora intimado a tanto, deixou de comprovar a origem dos recursos utilizados nas operações financeiras, fazendo incidir a presunção legal de omissão de rendimentos tributáveis.

Para a jurisprudência administrativa, descabe a intimação para comprovar a origem dos depósitos bancários de maneira global, mas sim tomados individualmente, a partir dos dados dos extratos bancários, com identificação das contas, datas e dos valores do depósitos/créditos, o que tem o condão de viabilizar a comprovação pelo fiscalizado no curso do procedimento fiscal. De modo análogo, é necessária a indicação no auto de infração dos valores individualizados que compõem o total dos rendimentos tributáveis omitidos.

Aliás, o requisito é decorrente da própria lei, a qual exige a análise individualizada dos créditos para efeito de determinação da receita omitida (art. 42, § 3º, da Lei nº 9.430, de 1996). Sua inobservância pode levar ao cancelamento do lançamento:

---

[9] *A prova no direito tributário*, 3ª edição, p. 273.

ASSUNTO: IMPOSTO SOBRE A RENDA DE PESSOA JURÍDICA (IRPJ)
Ano-calendário: 1998

OMISSÃO DE RECEITAS. DEPÓSITOS BANCÁRIOS DE ORIGEM NÃO COMPROVADA. FALTA DE INTIMAÇÃO INDIVIDUALIZADA DOS CRÉDITOS PARA COMPROVAÇÃO DA ORIGEM.

A intimação para comprovação da origem dos depósitos bancários por valores globais, sem sua individualização, não preenche os requisitos legais para aplicação da presunção de omissão de receitas. Diante da possibilidade de o Colegiado a quo não ter localizado intimação com estas características nos autos, correto o cancelamento do lançamento.

(CARF, 1ª Turma da Câmara Superior de Recursos Fiscais, Acórdão nº 9101-004.395, de 11/09/2019).

Como pressuposto para o lançamento válido com base em depósitos bancários, emerge a questão da delimitação do alcance da expressão "não comprove (...) a origem dos recursos utilizados nessas operações", inserta no "caput" do art. 42 da Lei nº 9.430, de 1996.

A interpretação desse trecho da lei é de extrema importância para a construção da prova pela autoridade fazendária, porquanto quando o contribuinte demonstra a origem dos depósitos bancários, os valores devem ser submetidos às normas de tributação específica, em detrimento da presunção legal (art. 42, § 2º, da Lei nº 9.430, de 1996).[10]

Com apoio no histórico de precedentes do CARF, é possível afirmar que a fiscalização tributária interpreta a palavra "origem" como vinculada à identificação da operação efetuada, isto é, em sentido amplo, exigindo do contribuinte a comprovação tanto da fonte/procedência (=depositante) quanto da natureza de depósito (=causa/motivação da operação, a que título foi recebido), mediante documentação hábil e idônea.

Em contrapartida, o tema no contencioso administrativo, notadamente na 2ª Seção, sempre foi alvo de controvérsias. Para alguns, origem no sentido estrito e, para outros, origem na acepção ampla, que inclui o caráter motivador da operação.[11]

[10] Origem em ganho de capital na alienação de bens e direitos, atividade rural, rendimentos do trabalho não assalariado, etc.

[11] A título de exemplos quanto ao dissenso na interpretação da lei: Acórdão nº 2201-002.582, de 04/11/2014, proferido pela 2ª Seção/2ª Câmara/1ª Turma Ordinária, Acórdão

5. OMISSÃO DE RENDIMENTOS: DEPÓSITOS NÃO IDENTIFICADOS

Os precedentes mais recentes do CARF apontam no sentido de que a mera identificação do depositante não se mostra suficiente para comprovar a origem do depósito bancário, sendo imprescindível a comprovação da natureza da operação, de maneira a permitir que o Fisco efetivamente averigue o cumprimento das obrigações tributárias pelo beneficiário do crédito em conta:

> ASSUNTO: IMPOSTO SOBRE A RENDA DE PESSOA FÍSICA – IRPF
> Exercício: 2004
> OMISSÃO DE RENDIMENTOS. DEPÓSITOS BANCÁRIOS SEM COMPROVAÇÃO DE ORIGEM. IDENTIFICAÇÃO DO DEPOSITANTE. INSUFICIÊNCIA.
> Para elidir a presunção contida no art. 42 da Lei n.º 9.430/1996, não basta a identificação do depositante, sendo imprescindível a comprovação da natureza da operação que envolveu os recursos depositados na conta-corrente.
> (CARF, 2ª Turma da Câmara Superior de Recursos Fiscais, Acórdão nº 9202-006.829, de 19/04/2018).

Desse julgado, é oportuno trazer à baila uma passagem do voto condutor, eis que tece considerações relevantes sobre as possíveis consequências de exigir-se tão somente a identificação do depositante para afastar a presunção de omissão de rendimentos:

> (...)
> Assim, trata-se de presunção legal relativa, por meio da qual se transfere ao Contribuinte o ônus de comprovar a origem dos depósitos efetuados em suas contas bancárias. Por outro lado, comprovada a origem dos recursos, e sendo esses tributáveis, a Fiscalização deve formalizar a exigência aplicando a legislação específica, caso ditos recursos não tenham sido oferecidos à tributação pelo Contribuinte.
> Com efeito, não haveria qualquer sentido nos dispositivos legais acima, caso a intenção do Legislador fosse a de exigir apenas a identificação do depositante, o que de forma alguma esclareceria acerca da natureza da operação, se tributável

nº 2201-002.904, de 17/02/2016, proferido pela 2ª Seção/2ª Câmara/1ª Turma Ordinária, e Acórdão nº 2402-005.523, de 21/09/2016, de lavra da 2ª Seção/4ª Câmara/2ª Turma Ordinária.

ou não. Ademais, não se pode supor que o art. 42 da Lei nº 9.430, de 1996, operaria efeitos unicamente quanto aos depósitos efetuados em espécie.

Destarte, adotar-se a interpretação no sentido de que bastaria a identificação do depositante faria tábula rasa da presunção ora analisada, já que voltaria a caber ao Fisco o ônus de comprovar o consumo dos respectivos valores, como ocorria quando da vigência da Lei nº 8.021, de 1990. Com efeito, configurar-se-ia situação inusitada em que, invertido o ônus da prova para o Contribuinte, se identificado o depositante haveria nova inversão, desta vez para a Fiscalização.

(...)

É de ver-se que, para alcançar a eficácia na prova da origem do crédito em conta, há que se entendê-la na acepção de procedência e natureza do crédito em conta.

De qualquer modo, mesmo na ausência de prova cabal da relação existente entre crédito bancário e natureza da operação, há precedentes em segunda instância que não admitem o lançamento fundado na presunção de omissão de rendimentos quando, em resposta à intimação fiscal, o sujeito passivo apresenta um rol de documentos e esclarecimentos que contradizem o conteúdo axiológico da presunção legal.

Nessas situações, avaliado o caso concreto, a fiscalização com o seu poder investigatório possui o dever de aprofundar a auditoria para confirmar ou refutar a natureza dos fatos que lhe são apresentados e submetê-los, se for o caso, à tributação de acordo com as normas específicas:

ASSUNTO: IMPOSTO SOBRE A RENDA DE PESSOA FÍSICA – IRPF
Ano-calendário: 2000
(...)
OMISSÃO DE RENDIMENTOS. LANÇAMENTO COM BASE EM DEPÓSITOS BANCÁRIOS. ART. 42 DA LEI Nº 9.430, DE 1996. RESPOSTA DO SUJEITO PASSIVO. ELEMENTOS SÉRIOS E CONVERGENTES. VALORES PERTENCENTES A TERCEIRO. APROFUNDAMENTO DA INVESTIGAÇÃO.
A presunção em lei de omissão de rendimentos tributáveis autoriza o lançamento com base em depósitos bancários para os quais o titular, regularmente intimado pela autoridade fiscal, não comprove, mediante documentação hábil e idônea, a procedência e natureza dos recursos utilizados nessas operações. Incabível o lançamento fundado na presunção de omissão de rendimentos

5. OMISSÃO DE RENDIMENTOS: DEPÓSITOS NÃO IDENTIFICADOS

quando o fiscalizado, em resposta à intimação, apresenta para a autoridade fiscal um conjunto de documentos e esclarecimentos dotados de seriedade e convergência no sentido de que os valores creditados em conta bancária pertencem a terceiros, deixando a fiscalização de proceder a qualquer aprofundamento da investigação para submetê-los às normas de tributação específicas, previstas na legislação vigente à época em que auferidos ou recebidos.

(CARF, 2ª Seção/4ª Câmara/1ª Turma Ordinária, Acórdão nº 2401-006.967, de 12/09/2019).

3. Prova: contencioso administrativo fiscal

Uma vez formalizado o auto de infração de omissão de rendimentos caracterizada por depósitos bancários de origem não comprovada, opera-se a inversão do ônus probatório, cabendo ao autuado apresentar provas hábeis e suficientes a afastar a presunção legal em que se funda a exação fiscal.

Quanto à possibilidade de comprovação da origem dos depósitos bancários na fase contenciosa objetivando a improcedência do lançamento, o entendimento predominante no CARF é no sentido de que ela somente há de ser acolhida quando demonstrado que os valores em causa não são tributáveis ou já sofreram a tributação.

> ASSUNTO: IMPOSTO SOBRE A RENDA DE PESSOA FÍSICA – IRPF
> Exercício: 2010
> (...)
> OMISSÃO DE RENDIMENTOS. COMPROVAÇÃO DA ORIGEM.
> Uma vez transposta a fase do lançamento fiscal, sem a comprovação da origem dos depósitos bancários, a presunção do art. 42 da Lei nº 9.430, de 1996, somente é elidida com a comprovação, inequívoca, de que os valores depositados não são tributáveis ou que já foram submetidos à tributação do imposto de renda.
> (...)
> (CARF, 2ª Seção/4ª Câmara/1ª Turma Ordinária, Acórdão nº 2401-007.151, de 06/11/2019).

Com efeito, transposta a fase de autuação, sem comprovação da procedência e natureza dos depósitos bancários, torna-se inviável efetuar a reclassificação dos rendimentos, como determinado pelo § 2º do art. 42 da Lei nº 9.430, de 1996, para fins de aplicação das normas de tributação específica. Nesse raciocínio, o contribuinte deve sofrer o ônus da presunção legal; caso contrário, poderia livremente optar por comprovar a origem apenas em sede de contencioso administrativo, o que tornaria inócua a presunção legal.

Para o exercício da atividade probatória, é facultado ao contribuinte apresentar toda e qualquer prova admitida em direito, hábil e idônea para contrapor-se à presunção legal regularmente estabelecida no lançamento fiscal. A prova documental é o meio predominantemente aceito, assentada em extratos bancários, cópias de cheques, comprovantes de depósitos e transferências bancárias, notas fiscais, contratos, duplicatas, recibos, escrituras de compra e venda, declarações fiscais, escrituração contábil e livro caixa, dentre outros, em conformidade com os elementos característicos de cada operação praticada.

No caso de créditos decorrentes de transferências entre contas de mesma titularidade, resgates de aplicações financeiras, estornos, cheques devolvidos e empréstimos bancários, quando já não excluídos previamente ao lançamento fiscal, o próprio histórico bancário contendo a descrição expressa da operação vem sendo aceito como hábil para afastar a omissão de rendimentos:

ASSUNTO: IMPOSTO SOBRE A RENDA DE PESSOA FÍSICA IRPF
Exercício: 2005
(...)
DEPÓSITOS BANCÁRIOS. EXCLUSÕES.
Excluem-se da tributação os créditos decorrentes de transferências de outras contas da própria pessoa física e os referentes a resgates de aplicações financeiras, estornos, cheques devolvidos e empréstimos bancários, desde que devidamente comprovados.
(...)
(CARF, 2ª Seção/2ª Câmara/2ª Turma Ordinária, Acórdão nº 2202-003.753, de 04/04/2017).

Outro é o cenário quando não há rastro inequívoco da natureza da movimentação bancária, o que demandará esforço probatório adicional do contribuinte, na tentativa de convencer o julgador dos fatos que alega ocorridos. Exemplo disso são os saques em dinheiro anteriormente realizados e os valores declarados como dinheiro em espécie no final de um ano-calendário, para fins de justificar a origem de depósitos bancários em dinheiro:

5. OMISSÃO DE RENDIMENTOS: DEPÓSITOS NÃO IDENTIFICADOS

ASSUNTO: IMPOSTO SOBRE A RENDA DE PESSOA JURÍDICA – IRPJ
Exercício: 2003
(...)
DEPÓSITOS BANCÁRIOS COMPROVAÇÃO DE ORIGEM. SAQUES EM DINHEIRO.
Não servem como justificativa de origem de depósitos feitos em espécie, saques em dinheiro anteriormente realizados.
(...)
(CARF, 1ª Seção/3ª Turma Especial, Acórdão nº 1803-00.546, de 05/08/2010).

ASSUNTO: IMPOSTO SOBRE A RENDA DE PESSOA FÍSICA (IRPF)
Ano-calendário: 2004
(...)
DEPÓSITOS BANCÁRIOS. ORIGEM EM DINHEIRO EM ESPÉCIE DECLARADOS.
Os valores declarados como dinheiro em espécie no final de um ano-calendário só se prestam para justificar a origem dos depósitos bancários mediante prova inconteste de sua existência.
(CARF, 2ª Seção/2ª Câmara/1ª Turma Ordinária, Acórdão nº 2201-005.448, de 11/09/2019).

O lançamento decorrente de omissão de rendimentos ancorada em presunção não está livre de contestação que envolva a interpretação do próprio dispositivo legal. Contudo, na prática, a aceitação ou rejeição da prova da origem do depósito bancário é essencialmente uma questão de convencimento do julgador administrativo à luz do contexto fático.[12]

Acresço também que o ato de provar não é sinônimo de colocar à disposição do julgador administrativo uma massa de documentos, sem a mínima preocupação em correlacioná-los com a movimentação bancária listada pela autoridade tributária.

Por tais razões, mesmo que o juízo de avaliação comporte certa discricionariedade, há a necessidade de demonstrar o nexo de cada depósito e o respectivo suporte documental apresentado para elisão da presunção legal de

---

[12] Segundo expõe Fabiana Del Padre Tomé, o julgador está habilitado, diante do caso concreto, a atribuir maior ou menor força axiológica a cada elemento de prova, firmando sua convicção a respeito do conjunto probatório juntado aos autos. Obra citada, p. 358.

omissão rendimentos. Em simetria com o lançamento fiscal, que pressupõe a individualização dos créditos de origem não identificada, a comprovação de cada depósito pelo autuado deve ser feita de forma individualizada, evidenciada a correspondência, em data e valor, com a documentação de origem. Não têm sido aceitas, para fins de desconstituição do lançamento, as justificativas lançadas em termos gerais, a abranger o somatório dos depósitos objeto da exação fiscal:

> ASSUNTO: IMPOSTO SOBRE A RENDA DE PESSOA FÍSICA (IRPF)
> Ano-calendário: 2006, 2007
> (...)
> DEPÓSITOS BANCÁRIOS. DOCUMENTAÇÃO COMPROBATÓRIA. NEXO DE CAUSALIDADE.
> O recurso deverá ser instruído com os documentos que fundamentem as alegações do interessado. É, portanto, ônus do contribuinte a perfeita instrução probatória.
> A comprovação da origem dos recursos depositados na conta bancária de titularidade do contribuinte deve ser feita de forma individualizada, apontando a correspondência de datas e valores constantes da movimentação bancária com os documentos apresentados, e de forma a atestar o nexo de causalidade entre os depósitos e os dispêndios que alega ser de terceiros.
> Ao acostar diversos documentos aos autos sem minimamente fazer qualquer cotejo dos valores de entradas de terceiros e saídas para pagamento de despesas destes mesmos terceiros, o contribuinte não comprova nada e apenas transfere para a fiscalização o seu dever de comprovar suas alegações.
> (...)
> (CARF, 2ª Seção/2ª Câmara/1ª Turma Ordinária, Acórdão nº 2201-005.446, de 12/09/2019).

Esse rigor probatório é passível de atenuação, especialmente na autuação da pessoa física, desobrigada que está de manter escrituração contábil. Assim, por exemplo, admite-se que o contribuinte supra eventual falta de coincidência de datas e valores mediante documentação hábil e suficiente que esclareça as divergências, a tornar plausível a compatibilidade entre os dados apresentados. Senão vejamos um trecho do voto condutor do precedente abaixo:

5. OMISSÃO DE RENDIMENTOS: DEPÓSITOS NÃO IDENTIFICADOS

(...)

Quanto à necessidade de coincidência de datas e valores, entendo que se deva, porém, fazer ressalva. Em meu entendimento, o que deve haver é uma correspondência (e não coincidência) unívoca entre cada depósito realizado e a respectiva documentação suporte, hábil e idônea comprobatória de sua origem (abrangendo sua natureza), permitido, assim, haver divergência entre datas e valores dos documentos comprobatórios e dos depósitos realizados, mas somente, note-se, no caso em que tal divergência seja devidamente esclarecida pelo autuado, também com base em suporte probatório hábil e idôneo. Assim, tanto quanto ao valor principal constante da documentação suporte e àquele que compõe eventual diferença, necessária a anexação, pelo autuado, de elementos que comprovem que os recursos, provenientes da transação alegada como origem de recursos, transitaram pela conta corrente em questão.

(...)

(CARF, 2ª Turma da Câmara Superior de Recursos Fiscais, Acórdão nº 9202-005.243, de 22/02/2017).

Ainda sobre confrontação entre cada depósito e documentos comprobatórios, convém articular algumas palavras para o contexto da atividade rural e dos rendimentos tributáveis declarados pela pessoa física, dada a relativização da premissa de produção probatória de forma individualizada, consoante julgados oriundos da 2ª Seção.

Durante anos quando o conjunto probatório evidenciava que o contribuinte tinha a atividade rural como única fonte de rendimentos, declarando somente rendimentos dessa atividade no ano-calendário, perdurou nos colegiados o entendimento de que os depósitos bancários remanescentes não justificados deveriam ser qualificados como receita da atividade rural, reduzindo a base de cálculo do lançamento fiscal ao percentual de 20%.[13]-[14]

Entretanto, a aceitação de justificativa geral para alterar o lançamento fiscal com base em presunção de omissão de rendimentos sofreu revés. Ultimamente, afirma-se que o exercício da atividade rural não é hábil, por si só, para demonstrar que toda a movimentação financeira tem origem nessa

---

[13] A título de exemplo, o Acórdão nº 2202-00.564, de 16/06/2010, proferido pela 2ª Seção/2ª Câmara/2ª Turma Ordinária.

[14] Os rendimentos da atividade rural auferidos pela pessoa física estão sujeitos à tributação mais favorecida, nos termos da Lei nº 8.023, de 12 de abril de 1990.

atividade, pois não exclui a possibilidade de omissão de rendimentos de outras atividades ou negócios não declarados, exigindo-se a comprovação, de forma individualizada, das origens dos depósitos bancários:

> ASSUNTO: IMPOSTO SOBRE A RENDA DE PESSOA FÍSICA – IRPF
> Ano-calendário: 1998
> (...)
> IRPF. LANÇAMENTO COM BASE EM DEPÓSITOS BANCÁRIOS. PRESUNÇÃO DE OMISSÃO DE RENDIMENTOS. ATIVIDADE RURAL.
> O exercício da atividade rural pelo contribuinte por si só não autoriza a presunção de que toda a sua movimentação financeira teve origem nessa atividade, não afastando a necessidade de comprovação, de forma individualizada, das origens dos depósitos bancários.
> (CARF, 2ª Turma da Câmara Superior de Recursos Fiscais, Acórdão nº 9202-007.826, de 25/04/2019).

No que tange aos rendimentos tributáveis declarados pela pessoa física, a jurisprudência tem sido direcionada para a possibilidade de exclusão dos valores em bloco, dada a razoabilidade de admitir-se que os rendimentos ofertados à tributação, assim como os omitidos, transitaram pelas contas de depósito ou investimento do contribuinte:[15]

> ASSUNTO: IMPOSTO SOBRE A RENDA DE PESSOA FÍSICA – IRPF
> Exercício: 2004, 2005, 2006
> OMISSÃO DE RENDIMENTOS. DEPÓSITOS BANCÁRIOS. EXCLUSÃO DA BASE DE CÁLCULO DO VALOR DOS RENDIMENTOS TRIBUTÁVEIS DECLARADOS PELO CONTRIBUINTE.
> Os rendimentos tributáveis declarados pela pessoa física devem ser considerados como origem para fins de apuração do imposto de renda devido nos casos em que a tributação se dá com fundamento no art. 42 da Lei nº 9.430/1996. Tal medida se justifica pelo fato de se presumir que os rendimentos recebidos,

---

[15] Na hipótese de rendimentos isentos, tributados exclusivamente na fonte ou não tributáveis declarados, a exclusão da base de cálculo do lançamento pressupõe a comprovação da sua natureza e que tais valores transitaram pelas contas bancárias. Nesse sentido, o decidido no Acórdão nº 9202-008.013, de 19/06/2019, proferido pela 2ª Turma da Câmara Superior de Recursos Fiscais.

5. OMISSÃO DE RENDIMENTOS: DEPÓSITOS NÃO IDENTIFICADOS

declarados e já oferecidos à tributação transitaram pelas contas bancárias do contribuinte.

(...)

(CARF, 2ª Turma da Câmara Superior de Recursos Fiscais, Acórdão nº 9202-008.151, de 22/08/2019).

Tal ponto de vista é conciliável com a hipótese de lançamento como omissão de rendimentos da totalidade dos depósitos em conta, sem qualquer exclusão dos já oferecidos à tributação. Nas demais situações, é indispensável a avaliação do julgador sobre a plausibilidade do trânsito pelas contas de depósito ou investimento dos valores oportunamente declarados pelo contribuinte, inclusive no que refere à inclusão deles no conjunto de depósitos de origem não comprovada que compõe o auto de infração, tendo em mente a existência de compatibilidade de datas, valores e formas de ingresso na conta bancária, entre outros elementos de convicção:

ASSUNTO: IMPOSTO SOBRE A RENDA DE PESSOA FÍSICA – IRPF

Exercício: 2003, 2006

(...)

DEPÓSITOS BANCÁRIOS. RENDIMENTOS TRIBUTÁVEIS DECLARADOS.

O montante de rendimentos tributados na declaração de ajuste anual somente deve ser excluído dos valores creditados em conta de depósito e tributados a título de presunção para o respectivo ano-calendário quando plausível admitir que transitaram pela referida conta, estando assim abrangidos nos depósitos objetos de tributação.

(CARF, 2ª Turma da Câmara Superior de Recursos Fiscais, Acórdão nº 9202-004.286, de 19/07/2016).

Ressalvo que, no âmbito da 1ª Seção, predomina opinião mais restritiva. Em respeito ao comando legal que determina a identificação da origem de forma individualizada, não cabe presumir que a receita declarada está contida nos depósitos bancários apurados, sendo admissível a exclusão, como regra, quando o contribuinte faça prova da vinculação entre os valores da receita declarada e os respectivos depósitos sem origem conhecida de suas contas bancárias:

> ASSUNTO: IMPOSTO SOBRE A RENDA DE PESSOA JURÍDICA IRPJ
> Ano-calendário: 2002, 2003
> (...)
> ARBITRAMENTO DO LUCRO.
> Sujeita-se ao arbitramento a empresa, optante pelo regime de tributação com base no Lucro Presumido, que não mantém escrituração regular e cujo Livro Caixa não registra sua movimentação financeira.
> BASE DE CÁLCULO DO ARBITRAMENTO. DEPÓSITOS BANCÁRIOS. RECEITA DECLARADA. INEXISTÊNCIA DE DUPLICIDADE.
> Na ausência de provas de que as receitas escrituradas pelo contribuinte integram o montante total dos depósitos bancários, não ha que se falar em duplicidade de cobrança sobre uma mesma base tributável.
> (CARF, 1ª Seção/1ª Câmara/2ª Turma Ordinária, Acórdão nº 1102-00.382, de 27/01/2011).

Em sede de contencioso administrativo, é bastante comum o relato que depósitos com origem não identificada são provenientes de operações de mútuo, realizadas com terceiros, familiares ou pessoa jurídica da qual o contribuinte é sócio, na condição de mutuário ou mutuante.

Para fins de comprovação da operação de mútuo, as decisões têm sido pela apresentação de um conjunto probatório consistente, apto a demonstrar a existência material do negócio jurídico, mediante vinculação segura entre depósitos bancários e suporte documental carreado aos autos, não sendo suficiente, por exemplo, apenas a exibição de contrato particular de mútuo:

> ASSUNTO: IMPOSTO SOBRE A RENDA DE PESSOA FÍSICA – IRPF
> Exercício: 2011
> (...)
> MÚTUO. REQUISITOS PARA COMPROVAÇÃO. IMPROCEDÊNCIA.
> O negócio jurídico de mútuo deve ser comprovado por contrato registrado em cartório à época do negócio, ou por meio de registros que demonstrem que a quantia foi efetivamente emprestada e que posteriormente foi retornado no mesmo montante, ou acrescida de juros e/ou correção monetária. O contrato particular de mútuo, por si só, não tem condições absolutas de comprovar a efetividade da operação, devendo estar lastreado por elementos que comprovem a sua existência material.

5. OMISSÃO DE RENDIMENTOS: DEPÓSITOS NÃO IDENTIFICADOS

(...)

(CARF, 2ª Seção/2ª Câmara/2ª Turma Ordinária, Acórdão nº 2202-003.836, de 09/05/2017).

Mesmo empréstimos firmados entre familiares, em que prepondera a informalidade na relação entre as partes, própria da confiança e amizade, a comprovação dos fatos demanda a apresentação de provas específicas da efetividade do negócio jurídico, além da transferência de numerário entre credor e devedor, e vice-versa:

> ASSUNTO: IMPOSTO SOBRE A RENDA DE PESSOA FÍSICA – IRPF
> Ano-calendário: 2003, 2004, 2005, 2006
>
> (...)
>
> DEPÓSITOS BANCÁRIOS. EMPRÉSTIMOS. NECESSIDADE DE COMPROVAÇÃO. MANUTENÇÃO.
>
> A alegação de existência de empréstimos firmados entre familiares, quando desprovida da efetiva comprovação do negócio jurídico e do trânsito de valores entre mutuante e mutuário e vice-versa, não se presta à comprovação da origem dos recursos depositados em conta bancária.
>
> (...)
>
> (CARF, 2ª Seção/4ª Câmara/1ª Turma Ordinária, Acórdão nº 2401-007.150, de 06/11/2019).

Em outros casos, alega-se que os créditos havidos em conta, ou parte deles, dizem respeito a recursos financeiros pertencentes a terceiros, tais como clientes e/ou empresa da qual é sócio o contribuinte, com mero trânsito pela conta bancária, inexistente o incremento patrimonial.[16]

Aqui também apenas a identificação da fonte dos depósitos bancários é medida incapaz de afastar a presunção de omissão de rendimentos, eis que permanece a exigência de confirmação, mediante documentos hábeis e idôneos, compatíveis em data e valor, a que título os créditos foram efetuados na conta bancária da pessoa física, aptos para estabelecer uma inegável vinculação entre ingressos e saídas dos recursos, através da devolução dos valores e/ou do pagamento de despesas de terceiros. Nessa linha de compreensão, transcrevo um trecho do voto condutor do precedente abaixo:

---

[16] A titularidade da conta bancária, de fato e de direito, é concernente à pessoa física indicada nos dados cadastrais, não se tratando de interposição de pessoa.

(...)

Neste sentido, a planilha apresentada pelo contribuinte de fls. 664/670, apenas pretensamente comprovam que os recursos são provenientes das empresas em questão, todavia, apenas este fato não é suficiente para afastar a tributação. É necessário apontar individualizadamente os créditos e comprovar a qual título os valores foram recebidos. Portanto, para comprovar que são simples movimentações bancárias de terceiros, em razão da prestação de serviço de comissário, além de comprovar o "ingresso" dos valores, é necessário os vincular a uma "saída", e esta ser ligada ao terceiro que teria efetuado os depósitos, o que não foi feito. O contribuinte se limita a criar uma coluna de "crédito", sem relacionar os supostos cheques emitidos com o serviço prestado.

(...)

(CARF, 2ª Seção/2ª Câmara/1ª Turma Ordinária, Acórdão nº 2201-004.998, de 13/02/2019).

4. Dupla tributação: pessoa física e pessoa jurídica

A aplicação da tributação pela fiscalização deve ser feita de forma sistemática, de sorte a evitar uma dupla incidência relativamente ao mesmo fato quando não há amparo na legislação.

Na presunção de omissão de rendimentos tributáveis, não é determinante que a origem primária dos valores creditados na conta bancária da pessoa física constitua receita da atividade empresarial ou qualquer outra renda tributada em nome do terceiro. É que, ao deixar de comprovar a origem dos valores, na acepção de origem, em sentido estrito, e a que título foram recebidos os créditos, o autuado arcará com o ônus da presunção legal que considera rendimentos tributáveis os depósitos em sua conta. Em consequência, sobrevém uma nova hipótese de incidência tributária com base na presunção legal de acréscimo patrimonial em nome do titular da conta.

Mesmo quando o lançamento fiscal não se finca em presunção de omissão de rendimentos da pessoa física, mas sim em apuração direta da omissão de renda, a partir da identificação da fonte e da natureza tributável dos valores creditados, os fatos geradores continuam distintos.

Em qualquer caso, tributa-se, de um lado, a renda da pessoa jurídica e, de outro, a omissão de rendimentos da pessoa física. Logo, não há porque se falar em dupla tributação sobre o mesmo fato.

No entanto, a questão assume outra feição quando, em relação aos mesmos depósitos em conta bancária, há o lançamento de omissão de rendimentos

5. OMISSÃO DE RENDIMENTOS: DEPÓSITOS NÃO IDENTIFICADOS

tributáveis na pessoa física e, ao mesmo tempo, a lavratura de auto de infração na pessoa jurídica por falta de identificação do beneficiário e/ou quando não comprovada a operação ou a causa do pagamento, com incidência do imposto de renda exclusivamente na fonte, nos termos do art. 61 da Lei nº 8.981, de 20 de janeiro de 1995:[17]

> Art. 61. Fica sujeito à incidência do Imposto de Renda exclusivamente na fonte, à alíquota de trinta e cinco por cento, todo pagamento efetuado pelas pessoas jurídicas a beneficiário não identificado, ressalvado o disposto em normas especiais.
>
> § 1º A incidência prevista no caput aplica-se, também, aos pagamentos efetuados ou aos recursos entregues a terceiros ou sócios, acionistas ou titular, contabilizados ou não, quando não for comprovada a operação ou a sua causa, bem como à hipótese de que trata o § 2º, do art. 74 da Lei nº 8.383, de 1991.
>
> § 2º Considera-se vencido o Imposto de Renda na fonte no dia do pagamento da referida importância.
>
> § 3º O rendimento de que trata este artigo será considerado líquido, cabendo o reajustamento do respectivo rendimento bruto sobre o qual recairá o imposto.

Na hipótese de incidência do imposto de renda exclusivamente na fonte, a interpretação em sede de julgamento na 2ª Seção do CARF é que não é legítima, na pessoa física, nova tributação sobre o mesmo fato econômico, atraindo a cobrança do tributo tão somente na fonte pagadora, à alíquota de 35%, como responsável tributário, o que afasta a exigência fiscal no beneficiário do pagamento, na condição de contribuinte:[18]

---

[17] Ainda que identificado o beneficiário, porém reputada não comprovada a operação ou a causa do pagamento, é cabível o lançamento com base no art. 61 da Lei nº 8.981, de 1995 (Nesse sentido, Acórdão nº 1201-003.195, de 15/10/2019, proferido pela 1ª Seção/ 2ª Câmara/1ª Turma Ordinária). Na outra ponta, apenas a identificação do depositante, conforme visto, não impede o lançamento calcado na presunção de omissão de rendimentos.

[18] Até pouco tempo, incumbia à 2ª Seção do CARF o julgamento de recursos referentes ao Imposto de Renda Retido na Fonte (IRRF) quando de pagamento a beneficiário não identificado ou sem comprovação da operação ou da causa. A Portaria MF nº 329, de 4 de junho de 2017, promoveu alteração regimental e deslocou para a 1ª Seção a competência para julgamento, ressalvados os processos sorteados aos conselheiros anteriormente à sua edição (art. 2º, inciso III, do Anexo II do Regimento Interno do CARF).

ASSUNTO: IMPOSTO SOBRE A RENDA DE PESSOA FÍSICA IRPF
Ano-calendário: 2008
(...)
PAGAMENTOS SEM CAUSA. EXIGÊNCIA DE IMPOSTO DE RENDA RETIDO NA FONTE – IRRF DA PESSOA JURÍDICA. IMPOSSIBILIDADE DE TRIBUTAÇÃO NA PESSOA BENEFICIÁRIA.

A existência de pagamento sem causa atrai a incidência do imposto exclusivamente na fonte pagadora, sendo descabida a tributação nas pessoas dos contribuintes beneficiários.

(...)

(CARF, 2ª Seção/4ª Câmara/2ª Turma Ordinária, Acórdão nº 2402-006.793, de 04/12/2018).

O entendimento da 1ª Seção não é discrepante, devendo prevalecer a tributação exclusiva na fonte em detrimento da regra ordinária de incidência do imposto no beneficiário do pagamento. Nesse sentido, a ementa do julgado abaixo que, embora referente a beneficiário pessoa jurídica, é perfeitamente aplicável ao tema em apreço:

ASSUNTO: IMPOSTO SOBRE A RENDA RETIDO NA FONTE –IRRF
Ano-calendário: 2009, 2010, 2011
(...)
IR-FONTE DE 35%. IRPJ SOBRE OS PAGAMENTOS RECEBIDOS. *BIS IN IDEM.*

O potencial *bis in idem* causado pela exigência de IRRF e de IRPJ sobre o mesmo pagamento, como resultado de procedimentos fiscais distintos, não poderá ser conhecido, em princípio, no âmbito de qualquer um dos processos, devendo ser solucionado no âmbito da liquidação das exigências.

Nesse caso, em regra, deve prevalecer a exigência do IRPJ, em razão de o IRRF ter natureza de antecipação.

Todavia, no caso especial de lançamento de IRRF em cumprimento do artigo 61 da Lei nº 8.981/1995, deve prevalecer a exigência do IRRF, uma vez que prevalece a antecipação pela tributação exclusiva na fonte prevista nesse dispositivo. Trata-se de regra especial que prevalece sobre a regra ordinária de incidência do IRPJ.

(...)

(CARF, 1ª Seção/2ª Câmara/1ª Turma Ordinária, Acórdão nº 1201-003.397, de 10/12/2019).

5. OMISSÃO DE RENDIMENTOS: DEPÓSITOS NÃO IDENTIFICADOS

Nessas situações, a formalização das exigências fiscais é feita em processos autônomos, que não se comunicam em segunda instância, razão pela qual é fundamental, em especial no processo de autuação da pessoa física, a provocação por parte do interessado a respeito da exigência simultânea de tributo sobre renda sujeita à tributação exclusiva na fonte, permitindo que o colegiado aprecie a matéria com base nos fatos trazidos aos autos.

Conclusões

No transcorrer do texto, procurou-se dar um panorama geral sobre a produção probatória nos lançamentos decorrentes da presunção legal de omissão de rendimentos tributáveis caracterizada por depósitos não identificados, a que alude o art. 42 da Lei nº 9.430, de 1996.

Para efeito do lançamento tributário, o Fisco deve mostrar que, intimado o contribuinte, deixou de comprovar a origem dos recursos creditados em conta bancária, na acepção de procedência e natureza dos valores.

Na fase do contencioso administrativo, o sucesso na produção da prova com vistas a desconstituir a presunção legal impõe ao sujeito passivo a tarefa de carrear ao processo, de forma individualizada e compatível em data e valor, os elementos que possam atestar a origem regular dos depósitos, com respectivo suporte documental, segundo as características de cada operação praticada, apto a demonstrar que os valores não são tributáveis ou já sofreram a tributação.

As justificativas lançadas em termos gerais, sem a evidência da correlação entre cada depósito e a respectiva documentação, têm sido comumente rechaçadas para comprovar a origem do crédito em conta.

E, por fim, com respeito à dupla tributação pela fiscalização sobre o mesmo fato econômico, as decisões do CARF apontam para a impossibilidade da incidência tributária na pessoa física beneficiária dos rendimentos quando, ao mesmo tempo, é exigido da fonte pagadora o imposto com fundamento no art. 61 da Lei nº 8.981, de 1995, na medida em que os valores estão sujeitos à incidência de imposto de renda exclusivamente na fonte.

Referências

FERRAGUT, Maria Rita. *Presunções no direito tributário*. 2ª ed. São Paulo: Quartier Latin, 2005.

TOMÉ, Fabiana Del Padre. *A prova no direito tributário*. 3ª ed. São Paulo: Noeses, 2011.

6. Tributação pelo IRPF das quantias recebidas em *escrow account*: aspectos probatórios

João Victor Ribeiro Aldinucci[1]

Introdução

O Conselho Administrativo de Recursos Fiscais (CARF), a quem compete julgar, em última instância administrativa, recursos relativos à exigência de tributos ou contribuições administrados pela Secretaria da Receita Federal do Brasil, tem se deparado com lançamentos nos quais são exigidas diferenças de imposto, juros e multa referentes a quantias recebidas em *escrow account*.

Neste trabalho, e diante da importância do tema, será feita uma rápida definição do contrato acessório *escrow account*, para ser estudada, em seguida, e com maior profundidade, a incidência do imposto de renda sobre ganhos de capital decorrentes de quantias recebidas em tal negociação, com maior enfoque na determinação do momento em que se considera auferida a renda sobre tal parcela, sobretudo em função dos princípios da realização da renda e da capacidade contributiva, bem como na determinação do critério a ser utilizado no cálculo dos ganhos de capital, considerando-se que se trata de alienação a prazo, na qual, a rigor, o ganho deve ser apurado como venda à vista e tributado na proporção das parcelas recebidas em cada mês.

---

[1] As opiniões contidas nesta publicação são reflexões acadêmicas do próprio autor e não necessariamente expressam as posições defendidas por qualquer organização a qual estejam vinculados.

A propósito, em se tratando de alienações a prazo, como é o caso das quantias recebidas em *escrow account*, que somente são liberadas após o prazo pré-determinado no contrato principal de compra e venda, a legislação estabelece que o ganho de capital será tributado na proporção das parcelas recebidas em cada mês. Deste modo, e de acordo com o ordenamento jurídico brasileiro, deverá ser calculada a relação percentual do ganho de capital sobre o valor da alienação, que será aplicada sobre cada parcela recebida.

Todavia, e como será demonstrado, na data de recebimento da parcela de entrada (parcela fixa), é impossível determinar-se, com certeza, o valor total da alienação, tendo em vista que o valor a ser recebido em *escrow account* é variável, de forma a impossibilitar a mensuração de tal relação percentual, o que, de toda forma, não inviabiliza a apuração e o recolhimento do imposto devido.

Em seguida, ver-se-á que o CARF tem julgado a matéria com relativa pacificação, entendendo que as verbas auferidas em *escrow account* configuram ganho de capital e se sujeitam à tributação correspondente quando do seu recebimento. Esse também parece ser o entendimento da Secretaria da Receita Federal do Brasil, muito embora tenham ocorrido autuações.

Por fim, e do ponto de vista probatório, a demonstração é predominantemente documental, de tal maneira que eventuais divergências serão, com maior frequência, de ordem interpretativa, e não fático-probatória.

1. Importância do tema

A *escrow account* será definida no tópico seguinte. Neste tópico, importa destacar que tal contrato é muito usado e difundido nos Estados Unidos e em outros países desenvolvidos, inclusive para a aquisição de imóveis e de outros bens mais simples, ao passo que, no Brasil, a sua utilização tem sido mais restrita à aquisição de participações societárias, sobretudo para trazer maior segurança e tranquilidade para o comprador, diante de contingências prováveis e de passivos atribuíveis ao vendedor/alienante da participação que está sendo adquirida.

Quer dizer, tal negócio jurídico, que visa a proteger o adquirente de um bem ou direito, é de grande importância em negociações societárias complexas e de grande magnitude, mas também pode tornar-se mais comum, inclusive na aquisição de outros bens mais simples, como imóveis, veículos *etc.* Com a maior inclusão da população brasileira nas atividades financeiras, bancárias e securitárias, é bem provável que esse fenômeno seja observado com mais vigor.

Ocorre que a utilização da conta garantia pode suscitar dúvidas relativas à tributação dos valores disponibilizados ao vendedor, sobretudo na consideração do momento em que se considera que ele efetivamente adquiriu a disponibilidade econômica ou jurídica dos rendimentos oriundos da negociação (como, por exemplo, a alienação de uma determinada participação societária). Para ilustrar a questão, se, por exemplo, 10% do valor da negociação devida ao vendedor ficar depositada numa *escrow account*, quando se considera efetivamente auferido o valor equivalente a tal fração? Essa disponibilização ocorre na data de fechamento do negócio, na data do depósito ou na data da efetiva disponibilização do valor à pessoa física ou jurídica alienante?

Esses questionamentos, bem como as considerações acima tratadas, demonstram a importância do tema a ser desenvolvido adiante. Acrescente-se, a tais constatações, a afirmação de que o Conselho Administrativo de Recursos Fiscais (CARF) tem julgado vários processos administrativos que versam sobre essa temática, em autuações e lançamentos de vultosa monta e, portanto, de grande importância para o Fisco e para o contribuinte.

2. *Escrow account*

Para os fins deste trabalho, é importante definir, em linhas gerais, o que significa *escrow account*, pois tal definição é importante para delimitar a tributação, pelo IRPF, das quantias recebidas em tal operação acessória.

A *escrow account* é um contrato acessório a um contrato principal, que geralmente é um contrato de compra e venda. Naquele pacto acessório, as partes vendedora e compradora acordam em confiar a um terceiro (principalmente um banco) a guarda de valores, bens ou direitos, para serem entregues à vendedora ou restituídos à compradora, nesta última hipótese caso ocorram as contingências ou os passivos previstos e/ou determinados no contrato principal.

O cotidiano das empresas é muito complexo e as suas atividades estão sujeitas a riscos trabalhistas, fiscais, tributários, cíveis *etc*, cujas perdas podem ser prováveis, possíveis ou remotas. Tais estimativas de perdas, ademais, podem ser verificadas e quantificadas através de *due diligence*, para serem pré-determinadas no contrato de venda de uma determinada sociedade. A partir de tais estimativas, as partes podem estipular, no contrato principal, que as quantias das contingências ficarão depositadas em *escrow account*, para serem liberadas à vendedora apenas caso elas não ocorram, ou serem devolvidas à compradora, caso realmente venham a se verificar no futuro.

Como se vê, o depósito tem a função de prevenir riscos para o comprador, o qual, a propósito, e por força de lei, muitas vezes sub-roga-se nos débitos devidos pelo vendedor ou simplesmente responde por tais valores, a exemplo do que determinam os artigos 130 e 133 do Código Tributário Nacional. Em artigo sobre o tema, João Tiago Morais Antunes faz a seguinte conceituação sobre a *escrow account*:

> *A convenção pela qual as partes de um contrato bilateral ou sinalagmático acordam em confiar a um terceiro, designada-mente um banco, a guarda de bens móveis (tais como dinheiro, valores mobiliários títulos de crédito e/ou documentos), ficando este irrevogavelmente instruído sobre o destino a dar aos referidos bens, que – em função do modo como vier a evoluir a relação jurídica emergente daquele contrato – poderá passar pela sua restituição ao depositante ou, eventualmente, pela sua entrega ao beneficiário do depósito[2].*
>
> *[...]*
>
> *O depósito escrow é um contrato que tem como função econômico-individual e concreta garantir o cumprimento das obrigações emergentes de um contrato bilateral ou sinalagmático em que a prestação das partes não ocorre em simultâneo, existindo, como tal, o risco de uma delas não cumprir quando a outra já realizou a sua prestação. É um contrato trilateral: tem três partes. Com efeito, o contrato é subscrito entre as partes contratantes do negócio principal e uma entidade fiduciária, normalmente uma instituição bancária, incumbindo a esta funções atinentes ao cumprimento desse negócio principal. No cumprimento desta obrigação, este fiduciário – o depositário escrow – encontra-se totalmente sujeito às instruções que lhe foram conferidas, irrevogavelmente, pelas partes, não sendo, assim, responsável pelas decisões que, em cumprimento dessas instruções, venha a tomar quanto à entrega dos bens. É um contrato real quod constitutionem, isto é, a entrega dos bens moveis ao depositário escrow constitui uma condição indispensável à formação do negócio jurídico, que não fica concluído com a mera emissão da declaração de vontade das partes[3].*

[2] ANTUNES, João Tiago Morais. *Do Contrato de Depósito Escrow*. Coimbra: Almedina, 2007. p. 173.
[3] ANTUNES, João Tiago Morais. *Do Contrato de Depósito Escrow*. Coimbra: Almedina, 2007, p. 273.

Para exemplificar, imagine-se que no contrato de alienação das quotas da sociedade "A", firmado em 05/11/2017, no valor total de R$ 650.000.000,00, as partes pré-determinem que a quantia de R$ 80.000.000,00 fique depositada em *escrow account*, como indenização por despesas de contingências pré-definidas, mensuradas após *due diligence* na vendedora, pagando-se à vendedora, portanto, e no ato de assinatura do negócio, R$ 570.000.000,00. Já em 05/11/2018, R$ 30.000.000,00 são devolvidos à compradora, como indenização por despesas que efetivamente ocorreram, ao passo que em 05/11/2019, os R$ 50.000.000,00 restantes são liberados à vendedora, como quitação do preço restante. O exemplo é hipotético, mas, na experiência do CARF e no cotidiano das alienações societárias, efetivamente ocorre.

Como se pode imaginar, e conforme já foi sinalizado anteriormente, a problemática reside em saber como serão tributados os valores recebidos em *escrow account*, isto é, tomando-se em consideração o caso hipotético acima, como e quando a vendedora tributará o valor de R$ 50.000.000,00 como ganho de capital.

3. Ganho de capital

A incidência do imposto de renda pessoa física sobre ganhos de capital está basicamente fundamentada nos arts. 2º e 3º, § 2º, da Lei 7.713/88[4], e no art. 21 da Lei 8.981/95[5]. Em suma, o ganho de capital é determinado pela diferença positiva entre o valor de alienação e o custo de aquisição e estará sujeito ao

---

[4] Art. 2º O imposto de renda das pessoas físicas será devido, mensalmente, à medida em que os rendimentos e ganhos de capital forem percebidos.
Art. 3º O imposto incidirá sobre o rendimento bruto, sem qualquer dedução, ressalvado o disposto nos arts. 9º a 14 desta Lei.
§ 2º Integrará o rendimento bruto, como ganho de capital, o resultado da soma dos ganhos auferidos no mês, decorrentes de alienação de bens ou direitos de qualquer natureza, considerando-se como ganho a diferença positiva entre o valor de transmissão do bem ou direito e o respectivo custo de aquisição corrigido monetariamente, observado o disposto nos arts. 15 a 22 desta Lei.
[5] Art. 3º O imposto incidirá sobre o rendimento bruto, sem qualquer dedução, ressalvado o disposto nos arts. 9º a 14 desta Lei.
§ 2º Integrará o rendimento bruto, como ganho de capital, o resultado da soma dos ganhos auferidos no mês, decorrentes de alienação de bens ou direitos de qualquer natureza, considerando-se como ganho a diferença positiva entre o valor de transmissão do bem ou direito e o respectivo custo de aquisição corrigido monetariamente, observado o disposto nos arts. 15 a 22 desta Lei.

EFICIÊNCIA PROBATÓRIA E A ATUAL JURISPRUDÊNCIA DO CARF

pagamento do imposto às alíquotas que variam de 15% a 22,5%. A Instrução Normativa SRF 84/2001 regulamenta, no plano infralegal, a apuração e a tributação dos ganhos auferidos por pessoas físicas, trazendo conceitos e preceitos, que, na maior parte das vezes, coincidem com aqueles previstos nas Leis 7.713/88 e 8.981/95, a exemplo do art. 2º abaixo transcrito:

> Art. 2º. Considera-se ganho de capital a diferença positiva entre o valor de alienação de bens ou direitos e o respectivo custo de aquisição.

Em se tratando de alienações a prazo, como é o caso das quantias recebidas em *escrow account*, que somente são liberadas (quando e se liberadas), após o transcurso de um certo tempo desde a assinatura do negócio jurídico e o recebimento da primeira parcela, a legislação estabelece que o ganho de capital será tributado na proporção das parcelas recebidas em cada mês. Veja-se, nesse sentido, o art. 21 da Lei 7.713/88 e o art. 151 do Regulamento do Imposto de Renda vigente (Decreto 9.580/18):

> Art. 21. Nas alienações a prazo, o ganho de capital será tributado na proporção das parcelas recebidas em cada mês, considerando-se a respectiva atualização monetária, se houver.

> Art. 151. Nas alienações a prazo, o ganho de capital deverá ser apurado como venda à vista e tributado na proporção das parcelas recebidas em cada mês, considerada a atualização monetária, se houver (Lei nº 7.713, de 1988, art. 21).

Art. 21. O ganho de capital percebido por pessoa física em decorrência da alienação de bens e direitos de qualquer natureza sujeita-se à incidência do imposto sobre a renda, com as seguintes alíquotas:
I – 15% (quinze por cento) sobre a parcela dos ganhos que não ultrapassar R$ 5.000.000,00 (cinco milhões de reais);
II – 17,5% (dezessete inteiros e cinco décimos por cento) sobre a parcela dos ganhos que exceder R$ 5.000.000,00 (cinco milhões de reais) e não ultrapassar R$ 10.000.000,00 (dez milhões de reais);
III – 20% (vinte por cento) sobre a parcela dos ganhos que exceder R$ 10.000.000,00 (dez milhões de reais) e não ultrapassar R$ 30.000.000,00 (trinta milhões de reais); e
IV – 22,5% (vinte e dois inteiros e cinco décimos por cento) sobre a parcela dos ganhos que ultrapassar R$ 30.000.000,00 (trinta milhões de reais).

6. TRIBUTAÇÃO PELO IRPF DAS QUANTIAS RECEBIDAS EM *ESCROW ACCOUNT*

§ 1º Para fins do disposto no caput, deverá ser calculada a relação percentual do ganho de capital sobre o valor de alienação, que será aplicada sobre cada parcela recebida.

§ 2º O valor pago a título de corretagem poderá ser deduzido do valor da parcela recebida no mês do seu pagamento.

Voltando ao exemplo hipotético, e supondo-se que o custo médio de aquisição das quotas alienadas seja de R$ 50.000.000,00, poder-se-ia concluir, num exame mais apressado, que o alienante teria um ganho de capital no valor de R$ 600.000.000,00 (R$ 650.000.000,00 – R$ 50.000.000,00), o que não é verdade, já que o valor total efetivamente recebido é de R$ 620.000.000,00 (R$ 570.000.000,00 pagos na assinatura do negócio mais R$ 50.000.000,00 em *escrow account*), de forma que o ganho de capital efetivo é de R$ 570.000.000,00.

Neste ponto, é importante lembrar que o alienante não tem a disponibilidade econômica ou jurídica do valor total, visto que a parcela depositada em conta *escrow* somente é creditada pela instituição financeira depois de levantada a condição suspensiva determinada pelas partes, o que será melhor esclarecido logo adiante. Também é relevante observar que o alienante não realiza a renda sobre a parcela que foi devolvida à adquirente, como indenização por despesas de contingências pré-definidas, não se verificando, sobre tal monta, o princípio da realização da renda.

Dificuldade maior que se verifica é a seguinte: a legislação determina que deverá ser calculada a relação percentual do ganho de capital sobre o valor da alienação, que será aplicada sobre cada parcela recebida. Contudo, na data de recebimento da parcela de entrada, é impossível determinar-se, com certeza, o valor total da alienação, de forma a mensurar tal relação percentual. Com efeito, e na hipótese, o valor total da alienação é de R$ 620.000.000,00, mas poderia ter sido de qualquer valor que variasse de R$ 570.000.000,00 a R$ 650.000.000,00, a depender da efetiva indenização das perdas pré-definidas. Ora, o valor depositado na conta *escrow* tanto poderia ser integralmente liberado à vendedora, como integralmente restituído à compradora, a depender de eventos futuros e incertos.

Daí, e como o ganho de capital deve ser apurado como venda à vista, a única alternativa possível para o alienante é descarregar todo o custo de aquisição da participação societária sobre a parcela fixa. Voltando ao exemplo, o alienante tributa os ganhos da seguinte forma: (a) R$ 520.000.000,00 de ganhos na entrada, já deduzido o custo integral de aquisição; e (b) R$ 50.000.000,00 de ganhos recebidos em *escrow account*, sem dedução de qualquer valor. Veja-se, todo o custo de aquisição é considerado no cálculo da prestação fixa, pois, quando do seu recebimento, é absolutamente impossível determinar-se a relação percentual de que trata o Regulamento e a legislação tributária. Como afirmado, o valor total e efetivo da alienação pode ser de qualquer valor que varie de R$ 570.000.000,00 a R$ 650.000.000,00.

Entretanto, a fiscalização tributária, ao reexaminar lançamentos por homologação efetuados pelos contribuintes brasileiros e o consequente recolhimento do imposto de renda sobre os ganhos de capital, geralmente se depara, pelo transcurso do tempo, com situações e fatos já consolidados, ou seja, com casos cujo destino da parcela depositada em *escrow account* já foi dado pelas partes. Obviamente que, nessa situação, o agente fazendário tem como determinar, com precisão, o valor total da alienação e a sua relação percentual com os ganhos de capital. Todavia, e conforme exposto, o contribuinte não tinha como fazer o mesmo quando da apuração dos ganhos auferidos na data de recebimento da primeira parcela, o que justifica o posicionamento adotado neste artigo.

Como, na dicção do art. 2º da Lei 7.713/88, o imposto de renda é devido mensalmente, na medida em que os ganhos de capital forem sendo percebidos, devendo o imposto ser apurado no mês em que os ganhos forem auferidos (vide § 2º do art. 128 do Regulamento[6]), o contribuinte, ao fazer tal apuração, deve calcular o imposto sobre o ganho de capital com base na parcela fixa que lhe é paga, cotejando-a com o custo integral de aquisição de sua participação societária. Não se pode exigir conduta diversa do sujeito passivo, pois os valores relativos à *escrow account* são incertos e inclusive podem ser iguais a zero, caso a indenização por contingências pré-definidas em favor da compradora consuma toda a parcela variável.

---

[6] Art. 128. Fica sujeita ao pagamento do imposto sobre a renda de que trata este Título a pessoa física que auferir ganhos de capital na alienação de bens ou direitos de qualquer natureza (Lei nº 7.713, de 1988, art. 2º e art. 3º, § 2º ; e Lei nº 8.981, de 1995, art. 21) .
[...]
§ 2º Os ganhos serão apurados no mês em que forem auferidos e tributados em separado, não integrarão a base de cálculo do imposto sobre a renda na declaração de ajuste anual e o valor do imposto sobre a renda pago não poderá ser deduzido do imposto sobre a renda devido na declaração (Lei nº 8.981, de 1995, art. 21, § 2º) .

É inegável que, quando a fiscalização revisa lançamentos do imposto, a situação e os valores já estão definitivamente constituídos, mas quando o contribuinte faz a apuração mensal do tributo, conforme exige a legislação, somente a parcela fixa é realmente determinada. Ou seja, o resgate posterior do fundo *escrow* deve ser tratado como ganho apenas no momento em que não mais pender qualquer dúvida sobre sua disponibilidade.

Conforme preceitua o artigo 43 do Código Tributário Nacional, o imposto de renda tem como fato gerador a aquisição de disponibilidade econômica ou jurídica de renda (fonte) ou proventos de qualquer natureza (acréscimos patrimoniais), sendo traço característico, tanto da renda, quanto dos proventos, o acréscimo de riqueza que incremente ou possa incrementar o patrimônio do contribuinte, elevando a sua capacidade contributiva. Esse acréscimo somente se viabiliza quando os valores são entregues ao sujeito passivo, mormente porque a pessoa física está sujeita ao regime de caixa, estatuído no art. 2º da Lei 7.713/88, que, em regra, requer a existência de fluxo financeiro.

No ordenamento jurídico tributário brasileiro, a renda tributável é a variação patrimonial positiva verificada dentro de determinado tempo, excluindo-se de tal conceito a renda consumo (serviços prestados ao indivíduo a partir de sua propriedade) ou a renda psíquica (bem-estar proporcionado ao indivíduo pelo Estado e pela renda), havendo, portanto, necessidade de sua realização no mundo real. Expressando-se de outra forma, no Brasil o imposto de renda está diretamente vinculado ao princípio da realização e ao princípio da capacidade contributiva. Como explicitado na dissertação de Victor Borges Polizelli[7]:

> O princípio da realização encontra-se atrelado ao princípio da capacidade contributiva e, desse modo, busca implementar os valores correspondentes (justiça e igualdade). Identificando-se na renda o elemento indicador da capacidade contributiva por excelência, torna-se imperativo apurar a renda realizada, de modo a impedir que a tributação atinja eventos econômicos incompletos ou incertos.

---

[7] *O princípio da realização da renda e sua aplicação no imposto de renda das pessoas jurídicas*, disponível em https://www.teses.usp.br/teses/disponiveis/2/2133/tde-18112011-145517/publico/Versao_Integral.pdf, acesso em 15/8/19.

Com o mero depósito do valor em conta *escrow*, o alienante não tem sua disponibilidade, nem mesmo jurídica, na medida em que o valor poderá ser integralmente restituído ao comprador. Logo, não há realização da renda e nem acréscimo de capacidade contributiva com o depósito, os quais somente ocorrerão quando levantada a condição suspensiva do fato gerador. Sobre o tema, segue posicionamento constante de artigo doutrinário:

> *A questão da titularidade da conta-garantia merece algumas considerações. A conta em nome do vendedor pode dar margem às autoridades fiscais entenderem que esse valor está sujeito a tributação, ao fazerem o cruzamento das declarações de imposto de renda com as informações fornecidas pelas instituições financeiras. Caberá então ao vendedor fazer prova de que ele ainda não tem disponibilidade desses recursos e, portanto, esses recursos ainda não podem ser considerados como base de cálculo de operações tributáveis. Para se evitar esse possível incômodo, os recursos poderiam, em tese, ser deixados em nome do comprador. Ao manter a conta-garantia em nome do comprador, todavia, o vendedor corre o risco de os recursos depositados nessa conta serem arrolados para partilha com os demais credores em caso de quebra do comprador. Para mitigar esse risco, é possível constituir um penhor sobre os direitos creditórios correspondentes aos recursos depositados na conta-garantia, de forma que a dívida, em relação ao credor-vendedor, seja considerada como dívida com garantia-real, subindo de degrau em relação aos demais credores quirografários[8].*

Mais ainda, os contribuintes não têm como desdobrar o custo de aquisição da participação societária, pois a incerteza e a indefinição dos valores relativos ao depósito *escrow* indubitavelmente impedem a proporcionalização prevista na lei. A parcela variável, no caso hipotético, pode até mesmo ser igual a zero, caso a indenização por contingências seja igual ou superior a R$ 80.000.000,00.

De acordo com a Solução de Consulta nº 282 – Cosit – 2014, *"a parcela do valor da operação de alienação de participação societária auferida a título de valor suplementar integra o preço de venda da participação societária e deverá ser tributada como ganho de capital quando do seu auferimento"*. Isto é, as parcelas complementares recebidas pelo alienante somente devem ser tributadas quando dos seus respectivos auferimentos. No mesmo sentido, e de acordo com a Solução

---

[8] HALEMBECK, Luiz Fernando Amaral. Compra e venda de sociedades fechadas. In: ROVAL, Armando Luiz e MURRAY NETO, Alberto (coord.). *As Sociedades por ações na visão prática do advogado.* Rio de Janeiro: Elsevier, 2010. p.161.

6. TRIBUTAÇÃO PELO IRPF DAS QUANTIAS RECEBIDAS EM *ESCROW ACCOUNT*

de Consulta DISIT/SRRF04 nº 58/2013, que trata da específica hipótese do ganho de capital auferido em *escrow account*, o fato gerador ocorre na *"efetiva disponibilidade econômica ou jurídica destes para o alienante, após realizadas as condições a que estiver subordinado o negócio jurídico"*. Veja-se a ementa da aludida Solução:

> EMENTA: Ganho de capital. "Escrow account". Tributação.
>
> Somente haverá a incidência do Imposto de Renda sobre o ganho de capital, decorrente da alienação de bens e direitos, no tocante a rendimentos depositados em "escrow account" (conta-garantia), quando ocorrer a efetiva disponibilidade econômica ou jurídica destes para o alienante, após realizadas as condições a que estiver subordinado o negócio jurídico.
>
> DISPOSITIVOS LEGAIS: Lei nº 5.172, de 1966 (CTN), arts. 43 e 114 a 117; Lei nº 10.406, de 2002 (Código Civil), arts. 121, 125 e 126; Decreto nº 3.000 de 1999 (RIR/1999), arts. 117, § 2º; 123, § 6º, e 140, § 1º; Instrução Normativa SRF nº 84, de 2001, arts. 19, § 3º, e 31.

Conforme preleciona o art. 116, inc. II, do Código Tributário Nacional, tratando-se de situação jurídica, considera-se ocorrido o fato gerador desde o momento em que esteja definitivamente constituída, e, sendo suspensiva a condição pactuada em atos ou negócios jurídicos condicionais, o fato gerador considera-se ocorrido desde o momento do implemento da condição. E *"considera-se condição a cláusula que, derivando exclusivamente da vontade das partes, subordina o efeito do negócio jurídico a evento futuro e incerto"* (art. 121 do Código Civil), situação que se amolda ao tema, cuja parcela variável é induvidosamente dependente de evento futuro e incerto. Conforme a doutrina do professor Luís Eduardo Schoueri:

> *Cabe insistir que quando a hipótese tributária descreve uma "situação jurídica", i.e., quando a hipótese tributária exige, por exemplo, um negócio válido, somente se pode cogitar o consequente normativo (obrigação tributária) se o negócio é perfeito e completo. Se, por exemplo, a "situação jurídica" vincula-se a uma condição, o art. 117 do Código Tributário Nacional prescreve:*
>
> *Art. 117. Para os efeitos do inciso II do artigo anterior e salvo disposição de lei em contrário, os atos ou negócios jurídicos condicionais reputam-se perfeitos e acabados:*
>
> *I – sendo suspensiva a condição, desde o momento de seu implemento;*

II – sendo resolutória a condição, desde o momento da prática do ato ou da celebração do negócio.

Não poderia ser diferente: havendo condição, dependerá dela a existência, ou não, do ato ou negócio jurídico. Ora, se a obrigação tributária se vincula ao último, apenas com sua existência é que se dará aquela.[9]

Logo, as verbas auferidas a título de valor suplementar, ou complementar, relativamente ao preço da alienação, configuram ganho de capital e se sujeitam à tributação correspondente quando do seu recebimento.

Este tema foi objeto de interessante coluna jurídica, de autoria do Conselheiro do CARF, Alexandre Evaristo Pinto, que sintetizou o entendimento do Conselho nos seguintes termos[10]:

> O tema da tributação pelo IRPF dos montantes depositados em escrow account já foi analisado em alguns acórdãos do Carf.
>
> No Acórdão 2202-002.859, foi negado, por unanimidade de votos, provimento ao recurso de ofício para confirmar o entendimento da DRJ no sentido de que o tratamento tributário a ser dispensado ao escrow account é aquele do ganho de capital das alienações a prazo, de forma que somente incidirá o IRPF quando ocorrer a efetiva disponibilidade econômica ou jurídica destes para o alienante, após realizadas as condições a que estiver subordinado o negócio jurídico.
>
> Na mesma linha, no Acórdão 2301-005.377, entendeu-se, por unanimidade de votos, que os valores decorrentes da alienação de bens e direitos depositados em escrow account serão tributados quando ocorrer a efetiva aquisição da disponibilidade econômica ou jurídica pelo alienante, após realizadas as condições a que estiver subordinado o negócio jurídico. Todavia, no caso concreto, identificou-se que as autoridades fiscais já haviam segregado os montantes recebidos a título de preço predeterminado e de juros, de forma que os montantes de juros foram tributados como reajustes do preço segundo o regime do recolhimento mensal obrigatório nos termos do artigo 31 da Instrução Normativa SRF 84/01.
>
> No Acórdão 2402-006.601, entendeu-se, por voto de qualidade, que os montantes recebidos após o cumprimento do escrow account são tributados

---

[9] SCHOUERI, Luís Eduardo. *Direito tributário*. 7. ed. São Paulo: Saraiva, 2017, p. 539.

[10] https://www.conjur.com.br/2019-jul-24/direto-carf-carf-analisa-tributacao-irpfdo--escrow-account#_ftn1, acesso em 6 de novembro de 2019.

6. TRIBUTAÇÃO PELO IRPF DAS QUANTIAS RECEBIDAS EM *ESCROW ACCOUNT*

na sistemática do ganho de capital, bem como que houve comprovação, no caso concreto, de aquisição de disponibilidade econômica das parcelas entregues ao alienante e remanescentes do contrato de escrow account, de modo que não há que se falar em vício material do lançamento.

No Acórdão 2301-005.754, entendeu-se, por unanimidade de votos, que os valores depositados em escrow account, destinados a cobrir garantias estabelecidas em contrato de compra e venda, não integram o ganho de capital da pessoa física, enquanto não cumpridas as condições contratuais com o consequente recebimento de tais valores pelo alienante.

Nos acórdãos 2402-006.869 e 2402-006.870, entendeu-se, por maioria de votos, que a parcela do valor da operação de alienação de participação societária auferida a título de escrow account será tributada na sistemática do ganho de capital, mas tão somente na medida em que houver a aquisição da disponibilidade da renda pelo alienante.

Diante do exposto, verifica-se que os precedentes do Carf têm sido no sentido de que as quantias depositadas em escrow account serão tributadas segundo o regime do ganho de capital, no entanto, tal tributação somente se torna possível com a aquisição de disponibilidade econômica ou jurídica pelo vendedor, o que se dá, no caso da pessoa física, quando do recebimento pelo alienante dos montantes depositados após o cumprimento de todas as condições pactuadas contratualmente.

Sob o ponto de vista da prova, deve estar satisfatoriamente demonstrada a existência de um negócio jurídico principal, que justifique a existência de um contrato acessório, com a finalidade de prevenir riscos para o comprador. Essa necessidade de prevenção fica bastante clara em auditorias e exames realizados no vendedor, que apurem a existência de perdas prováveis, possíveis ou remotas, potencialmente lesivas ao adquirente. Em havendo tal demonstração, atrelada à prova do depósito de parte do valor em *escrow account*, o cuidado maior deve ser com o cálculo do imposto de renda devido sobre ganhos de capital, havendo necessidade de separar-se, para tal mister, as parcelas fixas das parcelas variáveis, estas últimas depositadas em fundo *escrow*. Pelo que se percebe, a prova, na hipótese, é predominantemente documental, de tal maneira que eventuais divergências serão, com maior frequência, de ordem jurídica, e não probatória. Confira-se, nesse sentido, os acórdãos 2402-006.870 e 2401-005.811, do CARF.

Conclusões

Resumidamente, as quantias recebidas em *escrow account* estão sujeitas à tributação do imposto de renda incidente sobre ganhos de capital. O fato gerador do imposto ocorre com a efetiva disponibilidade do valor ao vendedor, após realizadas as condições a que estiver subordinado o negócio jurídico. Trata-se, em suma, de negociação acessória que embute uma condição suspensiva do fato gerador, que somente se considera ocorrido quando implementada a condição, conforme prevê o art. 117, inc. I, do Código Tributário Nacional.

Há realização da renda e consequente incremento da capacidade contributiva do alienante por ocasião da liberação dos valores depositados em conta *escrow*, quando se pode cogitar da efetiva ocorrência do fato gerador do tributo. Antes de tal liberação, e pendente a condição suspensiva a que estava sujeito o negócio, o valor ainda pode ser devolvido ao comprador, o que afasta inclusive a tese de disponibilidade jurídica.

O depósito não pode ser considerado pagamento, porque tem a função de prevenir riscos para o comprador, o qual, a propósito, e por força de lei, muitas vezes sub-roga-se nos débitos devidos pelo vendedor ou simplesmente responde por tais valores.

As alienações com depósito em *escrow account* são alienações a prazo, hipótese em que a legislação estabelece que o ganho de capital será tributado na proporção das parcelas recebidas em cada mês. Quer dizer, deverá ser calculada a relação percentual do ganho de capital sobre o valor da alienação, que será aplicada sobre cada parcela recebida.

Entretanto, na data de recebimento da parcela de entrada (parcela fixa), é inviável determinar-se, com precisão, o valor total da alienação, mormente porque tal variável depende da efetiva indenização das perdas pré-definidas. Ora, o valor depositado na conta *escrow* tanto pode ser integralmente liberado à vendedora, como integralmente restituído à compradora, a depender de eventos futuros e incertos.

Daí, e como o ganho de capital deve ser apurado como venda à vista, a única alternativa para o alienante é descarregar todo o custo de aquisição da participação societária sobre a parcela fixa. Noutro giro, todo o custo de aquisição é considerado no cálculo da prestação fixa, pois, quando do seu recebimento, é impossível determinar-se a relação percentual de que trata o Regulamento e a legislação tributária. Não se pode exigir conduta diversa do contribuinte.

Os precedentes do CARF são no sentido de que as quantias recebidas em *escrow account* devem ser tributadas segundo o regime dos ganhos de capital e que se considera ocorrido o fato gerador do imposto quando do recebimento dos valores, conforme acórdãos 2402-006.870 e 2401-005.811

Ao examinar tais casos, o intérprete deve verificar se foi demonstrada a existência de um negócio jurídico principal, que justifique a existência de um contrato acessório com a finalidade de prevenir riscos para o comprador. Em havendo tal demonstração, atrelada à prova do depósito de parte do valor em *escrow account*, o cuidado maior deve ser com o cálculo do imposto de renda devido sobre ganhos de capital, havendo necessidade de separar-se, para tal mister, as parcelas fixas das parcelas variáveis, estas últimas depositadas em fundo *escrow*.

Referências

ANTUNES, João Tiago Morais. *Do Contrato de Depósito Escrow*. Coimbra: Almedina, 2007. pp. 192-193.

HALEMBECK, Luiz Fernando Amaral. Compra e venda de sociedades fechadas. In: ROVAL, Armando Luiz e MURRAY NETO, Alberto (coord.). *As Sociedades por ações na visão prática do advogado*. Rio de Janeiro: Elsevier, 2010.

PINTO, Alexandre Evaristo. *CARF analisa tributação IRPF do escrow account*. Disponível em https://www.conjur.com.br/2019-jul-24/direto-carf-carf-analisa-tributacao-irpfdo-escrow-account#_ftn1, acesso em 6 de novembro de 2019.

POLIZELLI, Victor Borges. *O Princípio da Realização da Renda e sua Aplicação no Imposto de Renda das Pessoas Jurídicas*, disponível em https://www.teses.usp.br/teses/disponiveis/2/2133/tde-18112011-145517/publico/Versao_Integral.pdf, acesso em 15/8/19.

SCHOUERI, Luís Eduardo. *Direito tributário*. 7. ed. São Paulo: Saraiva, 2017.

PARTE III

BLOCO TEMÁTICO ELABORADO NO ÂMBITO
DA 3ª SEÇÃO DE JULGAMENTO

1. O conceito de insumo para fins de apuração do PIS e COFINS não-cumulativos: a prova acerca da essencialidade e relevância diante do RESP n. 1.221.170

Tatiana Josefovicz Belisário[1]

Introdução

O presente trabalho tem por objetivo examinar o panorama jurisprudencial firmado no âmbito do CARF (Conselho Administrativo de Recursos Fiscais do Ministério da Economia) em torno do conceito legal de "insumo" trazido pela legislação de regência das contribuições sociais conhecidas como PIS (Contribuição para os Programas de Integração Social) e COFINS (Contribuição para o Financiamento da Seguridade Social), no chamado regime não cumulativo, dentro do aspecto probatório. Trata-se da regra de incidência disciplinada, respectivamente, pelas Leis nº 10.637/2002 e 10.833/2003, com suporte na alteração constitucional trazida pela Emenda Constitucional nº 42, de 19.12.2003[2].

---

[1] As opiniões contidas nesta publicação são reflexões acadêmicas da própria autora e não necessariamente expressam as posições defendidas por qualquer organização a qual esteja vinculada.

[2] Constituição da República de 1998:

Art. 195. A seguridade social será financiada por toda a sociedade, de forma direta e indireta, nos termos da lei, mediante recursos provenientes dos orçamentos da União, dos Estados, do Distrito Federal e dos Municípios, e das seguintes contribuições sociais:

A sistemática de apuração prevê que o regime não cumulativo se dê por meio da apropriação de crédito sobre diversas aquisições efetuadas pelos contribuintes, a serem deduzidos na composição da receita tributável. Dentre tais créditos, os de maior impacto financeiro são aqueles previstos nos artigos 3º, inciso II[3] de ambos os diplomas legais, quais sejam os *"bens e serviços, utilizados como insumo na prestação de serviços e na produção ou fabricação de bens ou produtos destinados à venda"*. É, justamente, a ausência de definição clara acerca do conceito de "insumo" que deu início a grandes questionamentos em torno da aplicação da norma, como se verá no item 2 do presente estudo.

Todavia, consoante diretrizes fixadas a partir do julgamento pelo Superior Tribunal de Justiça, em sede de recurso representativo de controvérsia, do Recurso Especial nº 1.221.170, dirimiram-se diversas controvérsias ideológicas em torno do conceito de insumo a ser aplicado (se o conceito de agregação física do IPI ou se o conceito de custo/despesa do IRPJ), passando a ser adotada, como regra, a ideia da "essencialidade" e, de forma inovadora, da "relevância", como se abordará no item 3 deste trabalho. Nesse contexto, sobressai-se a necessidade do exame casuístico, baseado especialmente no contexto probatório apresentado.

I – do empregador, da empresa e da entidade a ela equiparada na forma da lei, incidentes sobre: (Redação dada pela Emenda Constitucional nº 20, de 1998)

(...)

b) a receita ou o faturamento; (Incluído pela Emenda Constitucional nº 20, de 1998)

(...)

IV – do importador de bens ou serviços do exterior, ou de quem a lei a ele equiparar. (Incluído pela Emenda Constitucional nº 42, de 19.12.2003)

(...)

§ 12. A lei definirá os setores de atividade econômica para os quais as contribuições incidentes na forma dos incisos I, b; e IV do *caput*, serão não-cumulativas. (Incluído pela Emenda Constitucional nº 42, de 19.12.2003)

[3] Art. 3º. Do valor apurado na forma do art. 2º a pessoa jurídica poderá descontar créditos calculados em relação a:

(...)

II – bens e serviços, utilizados como insumo na prestação de serviços e na produção ou fabricação de bens ou produtos destinados à venda, inclusive combustíveis e lubrificantes, exceto em relação ao pagamento de que trata o art. 2o da Lei no 10.485, de 3 de julho de 2002, devido pelo fabricante ou importador, ao concessionário, pela intermediação ou entrega dos veículos classificados nas posições 87.03 e 87.04 da TIPI; (Redação dada pela Lei nº 10.865, de 2004)

1. O CONCEITO DE INSUMO PARA FINS DE APURAÇÃO DO PIS E COFINS NÃO-CUMULATIVOS

Nesse ponto, traz-se, no tópico 4, exame preliminar acerca da atribuição do ônus da prova quanto à essencialidade e relevância de determinado item para o processo produtivo do contribuinte, de modo a se aferir sua natureza de insumo.

Os questionamentos específicos em torno da definição de insumos aplicados no processo de produção de bens e na prestação de serviços e os efeitos da importante decisão proferida pelo STJ na jurisprudência do CARF serão examinados nos itens 5 e 6, sendo que neste último se verão especialmente as questões atinentes aos insumos na prestação de serviços, ainda em menor grau de maturidade.

Para fins do presente estudo, utilizou-se o sistema de pesquisas de jurisprudência e acórdãos disponibilizado pelo sítio do CARF, com limitação de busca entre os meses de 03/2018 a 11/2019[4] buscando-se, inicialmente, pelos termos "contribuição e insumo", onde foram identificados 1.959 acórdãos. Acrescentando o termo "relevância", o resultado foi reduzido a 608 decisões, sobre as quais a presente análise se deteve. Nota-se que o termo "relevância" apenas passou a constar nas ementas relativas aos acórdãos publicados a partir de setembro de 2018, muito embora o Recurso Especial 1.221.170 tenha sido julgado pelo STJ em fevereiro de 2018 e, o acórdão publicado em abril do mesmo ano.

Ao final, apresenta-se síntese conclusiva acerca dos estudos realizados e apontamentos feitos.

1. A evolução jurisprudencial acerca do conceito de insumo na jurisprudência do CARF

Em breves linhas, é sabido que desde a criação do regime não cumulativo para o PIS e a Cofins, inúmeras controvérsias se travaram quanto à interpretação da nova legislação. De início, formou-se a dicotomia entre aqueles que defendiam que esta deveria ser realizada nos termos da legislação aplicável ao IPI, conforme Instruções Normativas RFB nº 247/02 e 404/02[5] (corrente restritiva), e também os que entendiam ser aplicável a definição de custos e despesas trazidos pela legislação do Imposto de Renda[6] (corrente ampla).

---

[4] Pesquisa realizada em dezembro/2019, www.carf.fazenda.gov.br

[5] Vide Acórdãos 3301-001.656, de 19/11/2010; 3803-003.595, de 23/10/2012 e 3302-002.530, de 25/03/2013.

[6] Vide Acórdão 3403-002718, de 29/01/2014.

EFICIÊNCIA PROBATÓRIA E A ATUAL JURISPRUDÊNCIA DO CARF

A corrente que efetivamente se firmou no âmbito do CARF, conhecida como "corrente intermediária", é aquela que legitima o direito à apropriação de créditos sobre todas aquelas aquisições efetivamente e diretamente empregadas na produção de bens ou a prestação de serviços.

Os Acórdãos nº 9303-01.035 e 9303-01.036, proferidos em 23/08/2010, pela 3ª Turma da Câmara Superior de Recursos Fiscais, demonstram a consolidação da chamada corrente intermediária na jurisprudência do tribunal administrativo:

> ASSUNTO: CONTRIBUIÇÃO PARA O PIS/PASEP
> Período de apuração: 01/04/2006 a 30/06/2006
> CRÉDITO. RESSARCIMENTO.
> A inclusão no conceito de insumos das despesas com serviços contratados pela pessoa jurídica e com as aquisições de combustíveis e de lubrificantes, denota que o legislador não quis restringir o creditamento do PIS/Pasep às aquisições de matérias-primas, produtos intermediários e ou material de embalagens (alcance de insumos na legislação do IPI) utilizados, diretamente, na produção industrial, ao contrário, ampliou de modo a considerar insumos como sendo os gastos gerais que a pessoa jurídica precisa incorrer na produção de bens ou serviços por ela realizada.
> Recurso negado
> (Acórdãos nº 9303-01.035)

O Conselheiro Relator, Henrique Pinheiro Torres, destacou a necessidade de ampliação – relativamente à legislação do IPI – do conceito de insumo, de modo a atender os efetivos anseios do legislador:

> A meu sentir, o alcance dado ao termo insumo, pela legislação do IPI não é o mesmo que foi dado pela legislação dessas contribuições. No âmbito desse imposto, o conceito de insumo restringe-se ao de matéria-prima, produto intermediário e de material de embalagem, já na seara das contribuições, houve um alargamento, que inclui ate prestação de serviços, o que demonstra que o conceito de insumo aplicado na legislação do IPI não tem o mesmo alcance do aplicado nessas contribuições. (...)

Nada obstante note-se o afastamento da corrente restritiva (INs RFB nº 247/02 e 404/02), as primeiras decisões da CSRF do CARF ainda não

1. O CONCEITO DE INSUMO PARA FINS DE APURAÇÃO DO PIS E COFINS NÃO-CUMULATIVOS

admitiam integralmente a tese da "essencialidade". Veja-se posicionamento do Conselheiro Júlio César Alves Ramos, Redator Designado por ocasião dos Acórdãos nº 9303-003.477 e 9303-003.478, julgados em 25 de fevereiro de 2016:

> De outra banda, não adiro à noção de essencialidade que é por muitos advogada. Como primeiro contra-argumento, porque, preservada a premissa econômica de racionalidade do empresário, seria difícil encontrar algum item efetivamente empregado no processo, e portanto gerador de custo, sem que haja necessidade para tal, no mínimo, para que o produto final seja aceito pelo consumidor.
>
> De fato, esse critério apenas nos leva a uma nova dificuldade, qual seja, a delimitação do grau de necessidade do item em consideração: seria ela estritamente técnica ou também econômica, no sentido acima? A primeira opção nos levaria a ter de nos embrenhar nas minúcias de cada processo produtivo; a segunda, a aceitar praticamente todo e qualquer gasto.

Observa-se que a ideia da essencialidade é afastada exatamente em razão da necessidade de se *"embrenhar nas minúcias de cada processo produtivo"* para fins de aferição da natureza de insumo em casa caso concreto.

A despeito de tal posicionamento, mais adiante, evoluiu a jurisprudência da CSRF, de modo a admitir a aplicação da teoria da essencialidade e pertinência, como indica o Acórdão nº 9303-004.192, de 06/07/2016:

> Assunto: Contribuição para o PIS/Pasep
> Período de apuração: 01/01/2007 a 31/12/2007
> PIS/PASEP. REGIME NÃO-CUMULATIVO. INSUMOS. CREDITAMENTO.
> Para se verificar se determinado bem ou serviço prestado pode ser caracterizado como insumo para fins de creditamento do PIS/PASEP, impende analisar se há: pertinência ao processo produtivo (aquisição do bem ou serviço especificamente para utilização na prestação do serviço ou na produção, ou, ao menos, para torná-lo viável); essencialidade ao processo produtivo (produção ou prestação de serviço depende diretamente daquela aquisição) e possibilidade de emprego indireto no processo de produção (prescindível o consumo do bem ou a prestação de serviço em contato direto com o bem produzido)

TAMBORES UTILIZADOS COMO EMBALAGEM PARA TRANSPORTE. GÁS EMPREGADO EM EMPILHADEIRAS. É legítima a apropriação do crédito da contribuição ao PIS/PASEP não-cumulativo em relação às aquisições de tambores empregados como embalagem de transporte e sobre o gás empregado em empilhadeiras, tendo em vista a relação de pertinência, relevância e essencialidade ao processo produtivo.

Assunto: Contribuição para o Financiamento da Seguridade Social – Cofins
Período de apuração: 01/01/2007 a 31/12/2007
(...)

Tal evolução culminou com a consolidação dos critérios da essencialidade e pertinência para fins de aferição do direito ao crédito sobre a aquisição de insumos na apuração não cumulativa do PIS e da Cofins, como se percebe pelos Acórdãos nº 3301-003.064, de 06/10/2016; 3201-002.820, de 01/06/2017; 3201-003.073, de 11/09/2017; 9303-006.096, de 02/02/2018; 3301-004.392, de 03/05/2018, além de diversos outros.

Esse cenário, contudo, passou a sofrer reflexos da decisão proferida pelo Superior Tribunal de Justiça nos autos do Recurso Especial nº 1.221.179, como se passa a expor adiante.

2. Os reflexos da decisão no REsp nº 1.221.170 na jurisprudência do CARF

Em 22 de fevereiro de 2018, o STJ concluiu o julgamento do Recurso Especial nº 1.221.179, afetado ao rito dos recursos repetitivos[7] e, portanto, de efeito vinculante ao CARF[8], por meio do qual foi submetido a julgamento a discussão

---

[7] Conforme art. 543-C do CPC/1973 e arts. 1.036 e seguintes do CPC/2015.

[8] Conforme art. 62 do RICARF – Regimento Interno do Conselho Administrativo de Recursos Fiscais (CARF), aprovado pela Portaria MF Nº 343, de 09 de junho de 2015:
Art. 62. Fica vedado aos membros das turmas de julgamento do CARF afastar a aplicação ou deixar de observar tratado, acordo internacional, lei ou decreto, sob fundamento de inconstitucionalidade.
(...)
§ 2º As decisões definitivas de mérito, proferidas pelo Supremo Tribunal Federal e pelo Superior Tribunal de Justiça em matéria infraconstitucional, na sistemática dos arts. 543-B e 543-C da Lei nº 5.869, de 1973, ou dos arts. 1.036 a 1.041 da Lei nº 13.105, de 2015 – Código de Processo Civil, deverão ser reproduzidas pelos conselheiros no julgamento dos recursos no âmbito do CARF. (Redação dada pela Portaria MF nº 152, de 2016)

1. O CONCEITO DE INSUMO PARA FINS DE APURAÇÃO DO PIS E COFINS NÃO-CUMULATIVOS

"se o conceito de insumo tal como empregado nas Leis 10.637/02 e 10.833/03 para o fim de definir o direito (ou não) ao crédito de PIS e COFINS dos valores incorridos na aquisição".

A ementa do julgado deixa clara a tese fixada:

> TRIBUTÁRIO. PIS E COFINS. CONTRIBUIÇÕES SOCIAIS. NÃO-CUMULATIVIDADE.
>
> CREDITAMENTO. CONCEITO DE INSUMOS. DEFINIÇÃO ADMINISTRATIVA PELAS INSTRUÇÕES NORMATIVAS 247/2002 E 404/2004, DA SRF, QUE TRADUZ PROPÓSITO RESTRITIVO E DESVIRTUADOR DO SEU ALCANCE LEGAL.
>
> DESCABIMENTO. DEFINIÇÃO DO CONCEITO DE INSUMOS À LUZ DOS CRITÉRIOS DA ESSENCIALIDADE OU RELEVÂNCIA. RECURSO ESPECIAL DA CONTRIBUINTE PARCIALMENTE CONHECIDO, E, NESTA EXTENSÃO, PARCIALMENTE PROVIDO, SOB O RITO DO ART. 543-C DO CPC/1973 (ARTS. 1.036 E SEGUINTES DO CPC/2015).
>
> 1. Para efeito do creditamento relativo às contribuições denominadas PIS e COFINS, a definição restritiva da compreensão de insumo, proposta na IN 247/2002 e na IN 404/2004, ambas da SRF, efetivamente desrespeita o comando contido no art. 3o., II, da Lei 10.637/2002 e da Lei 10.833/2003, que contém rol exemplificativo.
>
> **2. O conceito de insumo deve ser aferido à luz dos critérios da essencialidade ou relevância, vale dizer, considerando-se a imprescindibilidade ou a importância de determinado item – bem ou serviço – para o desenvolvimento da atividade econômica desempenhada pelo contribuinte.**
>
> 3. Recurso Especial representativo da controvérsia parcialmente conhecido e, nesta extensão, parcialmente provido, para **determinar o retorno dos autos à instância de origem, a fim de que se aprecie, em cotejo com o objeto social da empresa, a possibilidade de dedução dos créditos** relativos a custo e despesas com: água, combustíveis e lubrificantes, materiais e exames laboratoriais, materiais de limpeza e equipamentos de proteção individual-EPI.
>
> 4. Sob o rito do art. 543-C do CPC/1973 (arts. 1.036 e seguintes do CPC/2015), assentam-se as seguintes teses: (a) é ilegal a disciplina de creditamento prevista nas Instruções Normativas da SRF ns. 247/2002 e 404/2004, porquanto compromete a eficácia do sistema de não-cumulatividade da contribuição ao PIS e da COFINS, tal como definido nas Leis 10.637/2002 e 10.833/2003; e (b) o

conceito de insumo deve ser aferido à luz dos critérios de essencialidade ou relevância, ou seja, considerando-se a imprescindibilidade ou a importância de terminado item – bem ou serviço – para o desenvolvimento da atividade econômica desempenhada pelo Contribuinte.

(REsp 1221170/PR, Rel. Ministro NAPOLEÃO NUNES MAIA FILHO, PRIMEIRA SEÇÃO, julgado em 22/02/2018, DJe 24/04/2018)

(sem destaques no original)

Os trechos grifados acima destacam os dois principais aspectos delineados pela decisão.

O primeiro deles diz respeito à tese jurídica firmada: critério da essencialidade ou relevância, assim entendido como *"imprescindibilidade ou a importância de determinado item – bem ou serviço – para o desenvolvimento da atividade econômica desempenhada pelo contribuinte"*, destacando as expressões **"relevância"**, **"importância"** e **"atividade econômica"**, até então não aprofundadas pela jurisprudência do CARF.

No voto da Ministra Regina Helena Costa, encampado pelo Ministro Relator Napoleão Nunes Maia, observou-se a existência das conhecidas 3 (três) correntes acerca da definição de insumo:

i)   orientação restrita, manifestada pelo Ministro Og Fernandes e defendida pela Fazenda Nacional, adotando como parâmetro a tributação baseada nos créditos físicos do IPI, isto é, a aquisição de bens que entrem em contato físico com o produto, reputando legais, via de consequência, as Instruções Normativas da SRF ns. 247/2002 e 404/2004;

ii) orientação intermediária, acolhida pelos Ministros Mauro Campbell Marques e Benedito Gonçalves, consistente em examinar, casuisticamente, se há emprego direto ou indireto no processo produtivo ("teste de subtração"), prestigiando a avaliação dos critérios da essencialidade e da pertinência. Tem por corolário o reconhecimento da ilegalidade das mencionadas instruções normativas, porquanto extrapolaram as disposições das Leis ns. 10.637/2002 e 10.833/2003; e

iii) orientação ampliada, protagonizada pelo Ministro Napoleão Nunes Maia Filho, Relator, cujas bases assenhoreiam-se do conceito de insumo da legislação do IRPJ. Igualmente, tem por consectário o

1. O CONCEITO DE INSUMO PARA FINS DE APURAÇÃO DO PIS E COFINS NÃO-CUMULATIVOS

reconhecimento da ilegalidade das instruções normativas, mostrando-se, por esses aspectos, a mais favorável ao contribuinte.

Anotou-se que na chamada orientação intermediária, que já vinha sendo acolhida pelo STJ e pelo CARF, prevaleciam os critérios da essencialidade e da pertinência, sobre os quais não há muito mais o que se debater. O chamado *"teste de subtração"* traz objetividade: é essencial tudo aquilo que, subtraído do processo produtivo, impeça o processo produtivo ou o prive de qualidade, quantidade ou suficiência.

Ocorre que, o STJ, neste julgamento, passa a adotar não mais o critério da pertinência outrora utilizado conforme salientado pela Ministra ao descrever as 3 (três) principais orientações. O critério a ser adotado passa a ser o da relevância, também conceituado:

> Por sua vez, a relevância, considerada como critério definidor de insumo, é identificável no item cuja finalidade, embora não indispensável à elaboração do próprio produto ou à prestação do serviço, integre o processo de produção, seja pelas singularidades de cada cadeia produtiva (v.g., o papel da água na fabricação de fogos de artifício difere daquele desempenhado na agroindústria), seja por imposição legal (v.g., equipamento de proteção individual EPI), distanciando-se, nessa medida, da acepção de pertinência, caracterizada, nos termos propostos, pelo emprego da aquisição na produção ou na execução do serviço.

Destacou-se, portanto, no julgamento que *"o critério da relevância revela-se mais abrangente do que o da pertinência"*.

Essa definição, *a priori*, trouxe um novo elemento a ser identificado pelos aplicadores da norma e, especialmente, pelos julgadores. O que seria a tal relevância e em qual medida ela se afasta da pertinência? A conclusão adotada para fins de "fixação da tese" apresenta tal distinção: a relevância do insumo se mostra em face do desenvolvimento da atividade econômica. É diferente do critério da essencialidade pura, que se faz em razão do processo produtivo (industrial ou serviço).

Logo, observa-se que o julgamento proferido pelo STJ, muito embora tenha se alinhado à jurisprudência que se firmara no âmbito do CARF (essencialidade e pertinência), trouxe nova definição a ser considerada pelos julgadores administrativos: a relevância.

Anota-se a existência de críticas a tal entendimento, como pondera, por exemplo, Vanessa Rahal Canado e Melina Rocha Lukic[9], que apontam o enorme contencioso administrativo e judicial gerado em torno desta definição, sugerindo que *"se a legislação finalmente seguisse o critério do crédito financeiro como norteador da não cumulatividade, tanto a contenda em torno do assunto quanto a insegurança jurídica causada por esta indefinição diminuiriam"*.

Sem dúvidas, a fixação do tema mesmo com efeitos vinculantes, não foi capaz de trazer pacificação em torno da apuração do PIS e da Cofins pelos contribuintes.

É o que se conclui, também, a partir do segundo aspecto que se deve destacar relativamente ao REsp nº 1.221.170, que se relaciona justamente à questão probatória. Mais do que fixar a tese jurídica, o Tribunal chancelou a imprescindibilidade de se apreciar a possibilidade de apropriação de créditos em cotejo com o objeto social do contribuinte e as provas existentes nos autos, sendo, nesse sentido, o dispositivo do voto condutor:

> (...) para dar-lhe parcial provimento, para determinar o retorno dos autos ao Tribunal de origem, a fim de que, observados os critérios da essencialidade ou da relevância, seja analisada, em cotejo com o objeto social da empresa e à vista da prova documental produzida nestes autos de Mandado de Segurança, a possibilidade de creditamento dos dispêndios mencionados na petição inicial.

Assim, passa-se a examinar, no âmbito das decisões proferidas pelo CARF, especialmente após a prolação da referida decisão com efeitos vinculantes, de que modo vem sendo feito justamente o "cotejo" entre as provas existentes e a ideia de *"essencialidade ou relevância (...) para o desenvolvimento da atividade econômica desempenhada pelo contribuinte"*.

3. O ônus probatório acerca da essencialidade ou relevância

Conforme demonstrado, a partir do julgamento realizado pelo Superior Tribunal de Justiça, consolidando a interpretação jurídica a ser dada ao termo legal "insumo", afastaram-se grande parte das controvérsias ideológicas.

---

[9] CANADO, Vanessa Rahal e LUKIC, Melina Rocha. O conceito de insumo para fins de creditamento do PIS e da Cofins. *In*: SACHSIDA, Adolf., SIMAS, Erich Endrillo Santos (Organizadores). *Reforma tributária: Ipea-OAB/DF*. Rio de Janeiro: Ipea, OAB/DF, 2018. 268 p.: il.: gráfs., disponível em http://repositorio.ipea.gov.br/handle/11058/8649

1. O CONCEITO DE INSUMO PARA FINS DE APURAÇÃO DO PIS E COFINS NÃO-CUMULATIVOS

Assentou-se, contudo, de forma patente, a necessidade de se efetuar o exame caso a caso, de se aferir os critérios da "essencialidade ou relevância" de modo casuístico, examinando-se as peculiaridades de cada situação.

O exame da jurisprudência do CARF demonstra que, de fato, as discussões atinentes à definição dos "insumos" para fins de apropriação do crédito correspondente é sempre fundamentada na verificação concreta, sendo, invariavelmente, do contribuinte, o ônus de demonstrar tal enquadramento.

Vale salientar que não se está a falar na repartição do ônus da prova no sentido processual, mas, sim, material[10]. No âmbito do processo administrativo, já se encontra sedimentada a noção de verdade material e do princípio inquisitório, não sendo as regras procedimentais próprias tidas, por si só, como limitadoras ao reconhecimento do direito. Isso porque, é exatamente a necessidade de se avaliar o processo produtivo e suas peculiaridades, que torna o contribuinte o melhor e mais capacitado autor da prova.

São inúmeros os julgados que, a par de chancelarem a imperatividade do critério da essencialidade e relevância, deixam de reconhecer o direito ao crédito em face da ausência de prova mínima por parte do contribuinte.

Cita-se, a exemplo, o Acórdão nº 3401-005.073, de 24 de maio de 2018, do qual se extrai o seguinte trecho:

> Em síntese, já não há, no seio do colegiado, dúvida sobre a abrangência do conceito de insumos, havendo apenas divergências na aplicação de tal conceito a casos concretos.
>
> (...)
>
> No caso em análise, no qual sequer se defende especificamente a recorrente em relação aos serviços glosados (serviços esses que não são, a nosso ver, necessários à obtenção do produto final, nem imprescindíveis à atividade econômica da empresa, à luz dos critérios da essencialidade/relevância), cabe a manutenção das glosas efetuadas pela fiscalização.
>
> Nesse aspecto, não merecem prosperar as razões de defesa, genéricas, em relação ao tema.

---

[10] Como assevera Fabiana Del Padre Tomé, *"As provas não apresentam unicamente a função de instrumentalizar o conhecimento do julgador. Têm, também, o objetivo de dar sustento aos fatos descritos no antecedente de normas individuais e concretas que irradiam seus efeitos independentemente de serem levadas à apreciação do Poder Judiciário ou de outro órgão julgador"* (TOMÉ, Fabiana Del Padre. In: *A prova no direito tributário: de acordo com o código de processo civil de 2015. – 4. Ed., rev., atuali. – São Paulo: Noeses, 2016. p. 266).

No caso examinado, a discussão fora acerca do conceito de insumos relativamente a *"serviços de topografia, projetos de gerenciamento e engenharia, serviços de manutenção eletromecânica nos equipamentos de monitoramento ambiental, serviços de monitoramento ambiental das partículas emitidas, disponibilização de informações especializadas e de indicadores econômicos e financeiros, e serviços de auditoria"*, sendo a contribuinte empresa da área de mineração. Nada obstante se pudesse conjecturar ao menos a sua pertinência, a defesa foi tida por genérica e o direito ao crédito negado por ausência de comprovação.

No mesmo sentido, ainda, os seguintes julgados:

Acórdão 3402-006.302, de 27 de fevereiro de 2019
Ainda que se adote o conceito de insumo definido pelo STJ, não é possível reconhecer o direito ao crédito à recorrente para os referidos dispêndios. Em primeiro lugar, porque a recorrente não apresentou qualquer elemento que poderia comprovar a relevância e essencialidade para o seu processo produtivo em relação a tais despesas. Consta, de seu recurso voluntário, apenas indagações e considerações acerca da possibilidade de crédito em relação a tais serviços, por entender como essenciais e fundamentais a seu processo produtivo.

Acórdão 3302-007.728, de 19 de novembro de 2019
O conceito de insumo deve ser aferido à luz dos critérios da essencialidade ou relevância, vale dizer, considerando-se a imprescindibilidade ou a importância de determinado item – bem ou serviço – para o desenvolvimento da atividade econômica desempenhada pelo contribuinte.

O fato é que o Recorrente não descreve as despesas, de modo que prejudica a aplicação dos critérios da essencialidade ou relevância.

Nota-se, assim, o dever imposto aos contribuintes na defesa do direito à apropriação de créditos sobre itens utilizados como insumo: demonstração de como tais itens se inserem na sua atividade (seja produção de bens, seja prestação de serviços) e por qual razão são essenciais ou relevantes. À míngua de tais elementos, fica prejudicado o exame do mérito.

4. Os insumos na produção de bens
Como se pode depreender dos aspectos teóricos já expostos, os insumos identificados na atividade de produção de bens são basicamente de 3 (três) naturezas: **(i)** bens e serviços que se incorporam diretamente ao

1. O CONCEITO DE INSUMO PARA FINS DE APURAÇÃO DO PIS E COFINS NÃO-CUMULATIVOS

processo industrial **(ii)** bens e serviços que embora não se incorporem diretamente, viabilizam ou decorrem do processo industrial e **(iii)** gastos decorrentes de exigências legais / regulatórias próprias da atividade exercida. Desse modo, o contexto probatório se dá basicamente em torno dessas categorias.

O Acórdão nº 3302-006.556, de 26 de fevereiro de 2019, é exemplar na medida em que examina diversos itens apropriados pelo contribuinte, de naturezas bastante específicas, em consonância com *"farta quantidade de documentos trazidos pela recorrente no decorrer do processo administrativo, destacando de forma especial o laudo do IPT (...), demonstrou o processo produtivo da recorrente e a utilização dos insumos na industrialização de produtos finais, bem como a contratação de prestação de serviços especializados indispensáveis para a manutenção de suas atividades."*

Nada obstante, em que pesem a questões particulares, de maior ou menor complexidade de cada processo industrial, não se pode negar que a sua tangibilidade facilita a compreensão acerca da pertinência, essencialidade e mesmo relevância dos bens e serviços empregados como insumo. Ademais, há que se ponderar que a familiaridade destes contribuintes e da própria fiscalização com a apuração do IPI contribui com a melhor compreensão do processo produtivo.

Para além de tais constatações, o volume de contribuintes sujeitos ao regime não cumulativo de apuração do PIS e da Cofins que se sujeitam à produção de bens é consideravelmente superior àqueles que se dedicam exclusivamente à prestação de serviços.

Este cenário remete ao que o Código de Processo Civil[11] denomina de *"regras de experiência comum"*. Como explica Humberto Theodoro Júnior[12], *"são definições ou juízos hipotéticos de conteúdo geral"* não limitados aos dados concretos do processo, mas apreendidos pela experiência de fatos diversos que podem ser **observados** por todos, e que se diferenciam dos fatos de **conhecimento** pessoal do julgador.

---

[11] Art. 375. O juiz aplicará as regras de experiência comum subministradas pela observação do que ordinariamente acontece e, ainda, as regras de experiência técnica, ressalvado, quanto a estas, o exame pericial.

[12] THEODORO JÚNIOR, Humberto. *In: Curso de Direito Processual Civil* – 59 ed. Ver., atual. e ampl. – Rio de Janeiro: Forense, 2018. p. 948.

Tais circunstâncias, portanto, levaram ao maior amadurecimento jurisprudencial em torno da definição de insumos nos processos de produção de bens, em detrimento da prestação de serviços, examinada adiante.

Nota-se, contudo, que é ainda vacilante a jurisprudência do CARF acerca da valoração/suficiência da prova produzida pelo contribuinte quanto à demonstração de inserção de determinado item no processo produtivo.

No Acórdão nº 3401-006.913, de 25 de setembro de 2019, realizou-se o exame de material típico de embalagem e transporte de mercadorias para pessoa jurídica agroindustrial, qual seja o pallet. A despeito da alegação de pertinência apresentada pelo contribuinte, esta foi tida por insuficiente face ao *"caráter genérico das alegações e o parco material probatório"*:

2.7.3. O material de embalagem segue o mesmo tratamento dado a qualquer dispêndio, ou seja, essencial ou relevante ao processo produtivo é insumo, caso contrário, não. Destarte, é possível a concessão de crédito não cumulativo de COFINS ao pallet e ao contêiner, quando i) estes constituam embalagem primária do produto final, ii) quando sua supressão implique na perda do produto ou da qualidade do mesmo (contêiner refrigerado em relação à carne congelada), ou iii) quando exista obrigação legal de transporte em determinada embalagem.

2.7.4. No caso em análise, é certo que a Recorrente afirma apenas em sede de Recurso Voluntário que o uso dos pallets é determinado pela Portaria SVS/MS 326/1997 – o que tornaria o insumo relevante. Todavia, trata-se de matéria nova, a qual este Colegiado encontra-se impedido de conhecer por não se tratar de matéria não sujeita a preclusão. De todo modo, o capítulo 5 da Portaria SVS/MS 326/1997 trata das condições higiênico-sanitárias do estabelecimento dos produtores de alimento, isto é, ao falar de estrados, a norma dispõe sobre o local em que as mercadorias devem ficar nos estoques e não no curso do transporte. Já o item 8.8 da mesma matrícula, que trata da armazenagem e transporte do gênero alimentício, nada dispõe acerca do uso de pallets. Assim, ante o caráter genérico das alegações e o parco material probatório coligido a tempo no item em questão, e a divergência entre o alegado em sede de voluntário e o constatado da leitura da Portaria SVS/MS 326/1997, de rigor a manutenção da glosa.

O julgado supra, representativo de diversos outros, demonstra que embora tenha sido sedimentado o aspecto de direito em torno da essencialidade e

1. O CONCEITO DE INSUMO PARA FINS DE APURAÇÃO DO PIS E COFINS NÃO-CUMULATIVOS

relevância dissociada da inserção física, a imperatividade da prova efetiva por parte do contribuinte vem se firmando em caráter majoritário.

Na mesma linha, o Acórdão nº 3301-005.719, de 26 de fevereiro de 2019, reflete a necessidade da demonstração específica de cada item aplicado como insumo, destacando-se dois pontos em que é claro tal entendimento:

> Em relação aos serviços propriamente ditos, no entanto, a Recorrente não descreveu a essencialidade dos serviços tomados para seu processo produtivo, com exceção dos serviços de desmontagem de rocha, afirmado pela própria fiscalização, como uma despesa relacionada com o processo de extração e lavra do minério de ferro. Já em relação aos demais serviços, como construção civil e serviços de manutenção de frota e de caminhões RK, não há nenhuma informação, nem mesmo descrição pela Recorrente, sobre sua relação com seu processo produtivo.
>
> (...)
>
> Por mais que possa fazer parte de seu processo produtivo, a Recorrente não apresentou nenhum tipo de prova, nem em manifestação de inconformidade, nem em Recurso voluntário, sobre a utilização de tais equipamentos em seu processo produtivo. A Recorrente, frise-se, não informou em qual etapa de sua produção estes equipamentos utilizados, seja qual for, lavra, filtragem ou moagem. (...)

Lado outro, em linha minoritária, é interessante observar que em alguns casos a formação do convencimento se deu para além do aspecto probatório, adentrando às regras de experiência, admitindo-se a tomada de créditos pela simples descrição dos insumos, como no Acórdão nº 3201-005.309 25, de abril de 2019, em que se analisou indústria agropecuária:

> As glosas de gastos com bens e serviços descritos a partir do item "4.1" a "4.4" do Relatório Fiscal tiveram fundamento na ausência de enquadramento no conceito de insumo.
>
> Como relatado linhas acima, a contribuinte não questiona o conceito de insumo empregado pelo Fisco e tampouco asseverou seu próprio entendimento, apenas pretende crédito de todos os gastos incorridos em sua atividade empresarial.
>
> Nada obstante, a descrição de alguns dos dispêndios permite concluir pela sua essencialidade ou relevância face à atividade industrial desenvolvida.

Dessa forma revertem-se as glosas relativas a:

Transporte de resíduos industriais;

Serviço de dedetização, desde que nas instalações da atividade produtiva;

Produtos químicos, desde que utilizados na limpeza de instalações industriais;

Produtos químicos específicos para tratamento de águas.

Outros bens e serviços pretensamente utilizados nas atividades industriais carecem de comprovação, ônus do qual não se desincumbiu a recorrente.

É de se atentar, pelo exposto, que a definição acerca da possibilidade de aproveitamento de crédito sobre insumos que se mostrem essenciais e relevantes ao processo produtivo não afasta o dever do contribuinte de realizar a efetiva demonstração e comprovação destes elementos. Em que pese a existência de decisões acatando determinados itens em razão do senso comum e da experiência decorrente dos inúmeros julgados já proferidos, observa-se um maior rigor por parte dos julgadores quando ao ônus material que recai sobre o contribuinte.

5. Os insumos na prestação de serviços

Como já mencionado, as decisões que examinam a apropriação de créditos como insumo à prestação de serviços são mais escassas no âmbito do CARF.

Verificou-se no item anterior, quando se examinou a atividade de produção de bens, que o aspecto lógico e o senso comum do julgador influenciam no exame da pertinência e essencialidade dos itens, quase sempre no sentido de legitimar o direito à apropriação dos créditos, quando existente a prova.

Todavia, quando se está diante da prestação de serviços, em que se fala de aspectos intangíveis, tal compreensão não se dá na mesma medida.

Situações em que se examinam aquisições físicas realizadas para fins de viabilização da prestação de serviços vêm sendo solucionadas sem grandes debates.

Por exemplo, o Acórdão nº 3402-006.465, de 23 de abril de 2019, que legitimou o direito ao crédito sobre a aquisição de softwares por empresa de telefonia móvel, uma vez que se demonstrou que estes viabilizavam *"serviços indispensáveis para a operadora possibilitar aos respectivos usuários, sem o qual não seria possível a transmissão de dados e voz, como por exemplo: a transmissão de voz, mensagens SMS, serviços de identificadores de chamadas, cobranças detalhadas de contas, dentre outros".*

1. O CONCEITO DE INSUMO PARA FINS DE APURAÇÃO DO PIS E COFINS NÃO-CUMULATIVOS

Do mesmo modo, sem grandes debates, a verificação de exigências legais impostas aos contribuintes e, ainda que em menor grau, serviços avaliados conforme *"regras de experiência comum"*, influenciam a apreciação dos insumos para as empresas prestadoras de serviços, como se extrai do Acórdão nº 3402-006.656, de 23 de maio de 2019, que admitiu o crédito sobre a contratação de seguros para empresa prestadora de serviços de transporte de cargas, fazendo referência ao Acórdão nº 9303-004.342, da Câmara Superior, que afirmou ser *"intuitivo, ausentes tais serviços, acreditamos que, o mais das vezes, sequer o serviço de transporte de cargas seria contratado, uma vez que assim estaria desprovido de garantias mínimas para a sua execução"*.

Cenário diverso, contudo, se observa quanto ao exame de insumos peculiares ou similares àqueles tidos como gerenciais ou administrativos. Percebe-se a manutenção, ainda, da concepção de que estas são, por pressuposto, entendidas como gastos gerais, não vinculados à atividade econômica exercida pelo contribuinte.

É o que se analisa no Acórdão nº 3201-004.298, de 23 de outubro de 2018, que examinou insumos apropriados por contribuinte que se dedicava à prestação de serviços de fornecimento de água. Vide descrição do voto:

> Os serviços efetivamente prestados ao cliente são, em resumo, o fornecimento de água tratada e coleta de esgotos, e somente os insumos/serviços que contribuem para a execução dessa finalidade é que podem gerar crédito. Como já visto, nenhum serviço vinculado a administração, gerenciamento, cobrança, informática, contabilidade, e serviços correlatos, pode gerar crédito.

Veja-se que, antes mesmo de se adentrar ao exame dos insumos pleiteados, já se partiu da negativa dos chamados gastos gerais, independentemente do robusto contexto probatório existente nos autos. Prevaleceu, no julgamento, a ideia de essencialidade e pertinência ligada aos aspectos físicos:

> A exceção são os serviços de instalações e manutenções da estrutura física da rede de água e esgotos, perfazendo, portanto, os critérios adotados para o direito de geração de crédito, caso tal parcela seja passível de identificação com documentação hábil e idônea.
>
> (...)
>
> Os serviços de inspeção da rede, para verificação de vazamentos e serviços semelhantes, têm natureza de manutenção, e podem gerar crédito.

Entendo, ainda, que os serviços de corte e religamento do fornecimento de água, e serviços de leitura de hidrômetros são atividades pertinentes à prestação de serviços, gerando crédito. No mesmo sentido a Solução de Consulta Cosit nº 67, de 2017.

Nota-se, ainda, em alguns julgados, a tentativa de se traçar um paralelo entre as atividades de produção e de prestação de serviços[13], talvez no intuito de simplificar ou estabelecer método sistemático de avaliação, o que, como já mencionado, não parece se legitimar em razão do REsp nº 1.221.170.

Todavia, é de se ressaltar o surgimento de decisões mais adequadas ao atual posicionamento vinculante, legitimando a tomada de créditos sobre gastos administrativos específicos à prestação de serviços pelo contribuinte, como o Acórdão nº 3302-006.528, de 30 de janeiro de 2019, que examinou os insumos apropriados por empresa administradora de consórcios, tais como comissões e *"gastos com serviços de telemarketing, registros de gravame e pesquisa, atividades administrativas rotineiras, correio e impressão eletrônica".*

Mais recente, também o acórdão 3301-007.117, de 20 de novembro de 2019, que, ao tratar da validação de insumos para a prestação de serviços intelectuais ("prestação de serviços de assessoria empresarial), reconheceu o direito a crédito sobre *"despesas realizadas com serviços de telefonia para a execução de serviços contratados, por serem necessários e essenciais"*, além de despesas com reprodução de documentos.

Por fim, apresenta-se decisão de relatoria desta Autora, enquanto ainda Conselheira no CARF (Acórdão nº 3201-005.668, de 21 de agosto de 2019), que mereceu grande repercussão em razão do efetivo exame das

---

[13] Nesse sentido, o Acórdão nº 3402-006.684, de 18 de junho de 2019:

Tal como definido e para os fins a que se propõe o artigo 3º da Lei nº 10.637, de 2002, e art. 3º da Lei nº 10.833, de 2003, INSUMOS são apenas as mercadorias, bens e serviços que, assim como no comércio, estejam diretamente vinculados à operação na qual se realiza o negócio da empresa.

Na atividade de comércio, sendo o negócio a venda dos bens no mesmo estado em que foram comprados, o direito ao crédito restringe-se ao gasto na aquisição para revenda. Na indústria, uma vez que a transformação é intrínseca à atividade, o conceito abrange tudo aquilo que é diretamente essencial a produção do produto final, conceito igualmente válido para as empresas que atuam na prestação de serviços.

Somente a partir desta lógica é que os créditos admitidos na indústria e na prestação de serviços observarão o mesmo nível de restrição determinado para os créditos admitidos no comércio.

1. O CONCEITO DE INSUMO PARA FINS DE APURAÇÃO DO PIS E COFINS NÃO-CUMULATIVOS

peculiaridades da atividade econômica do contribuinte, atentando-se especialmente ao fato de que se estava diante de uma pessoa jurídica prestadora de serviços, cujos insumos apropriados também decorriam de serviços tomados. Ou seja, não existia, na hipótese dos autos, liame físico entre os insumos e as atividades exercidas.

Na situação examinada, estava-se diante de uma contribuinte empresa prestadora de serviços, em que houve a descrição pormenorizada de cada um dos contratos originários das despesas glosadas. Ademais, a contribuinte demonstrou de forma clara e robusta a natureza da atividade exercida, de grande complexidade. Tal contexto probatório que suportou o entendimento vencedor na ocasião do julgamento:

> Observa-se que o Acórdão recorrido, ao examinar tais aspectos relacionados à natureza / essencialidade dos serviços tomados pela Recorrente, atentou-se aos serviços tomados, isoladamente, sem o necessário contexto com a atividade exercida pela Recorrente. Não houve, no meu entendimento, o necessário cotejo entre a natureza da receita apurada e os respectivos insumos utilizados.
>
> (...)
>
> Como demonstrado anteriormente, os serviços específicos prestados pela Recorrente aos seus clientes são exatamente aqueles vinculados ao desenvolvimento de marcas, desempenho de mercado, etc. Ou seja, em resumo, serviços ligados ao marketing e publicidade.
>
> Com a devida vênia aos nobres julgadores de primeira instância, entendo que a questão relativa à natureza dos serviços prestados pela Recorrente e a essencialidade dos serviços apropriados como insumos, além de não considerar a necessária relação vinculação entre receitas e despesas, foi analisada sob o aspecto coloquial, pelo senso comum, sem se adentrar às questões técnicas e regras próprias do mercado aplicáveis ao segmento de atuação do contribuinte.
>
> Os documentos trazidos aos autos pelo contribuinte demonstram de modo objetivo a natureza dos serviços prestados pela Recorrente (essencialmente ligado ao marketing), que é de onde advém a receita tributável. Logo, é a partir desta receita que deve se examinar a correlação direta entre a atividade fim da Recorrente e o objeto dos serviços contratados e utilizados como insumo. E, desse modo, é explícita a essencialidade e relevância de tais insumos.

Trata-se de posicionamento ainda isolado no âmbito do CARF e que, se espera, com o maior número de julgados avaliando a casuística das empresas prestadoras de serviços das mais diversas naturezas, venha a se desenvolver com maior solidez.

Conclusões

Por todo o exposto, conclui-se que a atual jurisprudência do CARF reflete sólido processo evolutivo da interpretação do conceito legal de insumo trazido pelo legislador ordinário ao instituir os regimes não cumulativos de apuração do PIS e da Cofins (Leis nº 10.637/02 e 10.833/03).

Partindo da interpretação fiscalista restritiva que limitava a definição de insumo ao conceito de pertinência física trazida pela legislação do IPI e tangenciando a interpretação ampla, que defende a apropriação de todo e qualquer custo e despesa vinculado à obtenção de receita operacional, tal qual a legislação do Imposto de Renda, a jurisprudência do Tribunal Administrativo se firmou na eleição dos critérios da essencialidade e pertinência ao processo produtivo como aspecto definidor do conceito.

O Superior Tribunal de Justiça, a seu turno, quando do exame da matéria em sede de precedente vinculante (REsp nº 1.221.170), trouxe novo aspecto a ser considerado pelo aplicador da norma: o da relevância, definido como mais amplo do que a pertinência e vinculado à ideia de imprescindibilidade ou importância do item para o desenvolvimento da atividade econômica do contribuinte. E, nesse cenário, chancelou a premência de se examinar casuisticamente a natureza de determinado item como insumo, consoante exame da atividade exercida.

Após a prolação de tal decisão, percebeu-se o reforço, no âmbito do CARF, do dever probatório imposto ao contribuinte no sentido de descrever a atividade econômica exercida e, especialmente, demonstrar a inserção de cada item no seu processo produtivo, de modo a comprovar a sua essencialidade ou relevância.

No que se refere às atividades de produção de bens, nota-se maior amadurecimento nos julgados realizados, sendo invariavelmente chancelado o direito ao crédito a partir da demonstração da pertinência ou da essencialidade, esta especialmente sob o aspecto das exigências legais e/ou regulatórias próprias da atividade. Nos casos examinados, percebe-se que muitas vezes o emprego de regras de experiência comum na verificação casuística. Ademais, ideia da relevância, na quase totalidade dos casos, se confunde com a da essencialidade.

De modo diverso, no que se refere aos contribuintes prestadores de serviços, se verifica menor prevalência da ideia de senso comum ou fato notório. A necessidade de produção probatória, especialmente a completa descrição da atividade exercida, com a demonstração do nexo de pertinência, essencialidade e relevância, recebem, assim, maior impacto na formação da convicção.

Referências

CANADO, Vanessa Rahal e LUKIC, Melina Rocha. O conceito de insumo para fins de creditamento do PIS e da Cofins. *In:* SACHSIDA, Adolf., SIMAS, Erich Endrillo Santos (Organizadores). *Reforma tributária*: Ipea-OAB/DF. Rio de Janeiro: Ipea, OAB/DF, 2018.

THEODORO JÚNIOR, Humberto. *Curso de Direito Processual Civil* – 59 ed. Ver., atual. e ampl. – Rio de Janeiro: Forense, 2018.

TOMÉ, Fabiana Del Padre. *A prova no direito tributário*: de acordo com o código de processo civil de 2015. – 4. Ed., rev., atuali. – São Paulo: Noeses, 2016.

2. Eficácia probatória dos créditos de insumos de PIS e COFINS: perspectiva de aplicação do REsp 1.221.170 – PR e Parecer Normativo do RFB/COSIT nº 5 aos processos administrativos pendentes de julgamento

SEMÍRAMIS DE OLIVEIRA DURO[1]

Introdução

O processo[2] administrativo é regido pelos seguintes princípios: contraditório e ampla defesa (art. 5º, LIV e LV; CF); legalidade (art. 5º, II, CF; art. 2º, I, Lei nº 9.784/99 e 142 do CTN); segurança jurídica (art. 5º, XXXVI, CF e art. 54, Lei nº 9.784/99); motivação das decisões (art. 93, IX, CF; 131 do CPC; 6º, parágrafo único, 48 e 50 da Lei nº 9.784/99, art. 2º, VII e VIII da Lei

---

[1] As opiniões contidas nesta publicação são reflexões acadêmicas da própria autora e não necessariamente expressam as posições defendidas por qualquer organização a qual esteja vinculada.

[2] Como premissa, cumpri fazer a digressão quanto à importância da distinção entre procedimento e processo: o regime jurídico aplicável. Procedimento é a sucessão de atos voltados à constituição do fato jurídico-tributário. É a forma prescrita em Lei para o desenvolvimento da função administrativa. Tem natureza inquisitorial e investigativa, configurando como fase não contenciosa. Estabelecido o litígio, tem-se o processo, cujo início da fase contenciosa se dá com a oferta da impugnação ou da manifestação de inconformidade. A finalidade a ser alcançada é a solução de conflito, através do controle de legalidade dos atos administrativos.

nº 9.784/99), duplo grau de cognição (art. 5º, LV, CF) e formalismo moderado (art. 2º, parágrafo único, IX da Lei nº 9.784/99)[3].

O princípio da verdade material é diretamente decorrente desses princípios, sendo voltado à busca da comprovação da ocorrência ou não do fato jurídico-tributário. Tem como pilar a ampla liberdade da prova, porquanto o processo é instrumento e não um fim em si mesmo[4].

A incidência tributária pressupõe a devida aplicação da linguagem das provas como a garantia da observância da estrita legalidade tributária e da tipicidade tributária, que são limites-objetivos voltados à proteção do valor segurança jurídica, garantindo que os contribuintes estarão sujeitos à tributação somente se for praticado o fato conotativamente descrito na hipótese normativa tributária. Por isso, a prova forma a convicção acerca dos fatos controversos[5].

---

[3] O signo "princípio" pode ser entendido como "valor" ou como "limite-objetivo", os valores estão insertos em regras jurídicas de posição privilegiada, ao passo que os limites-objetivos são os mecanismos de realização dos valores. Assim, são valores: a segurança jurídica, a dignidade da pessoa humana, a justiça, a liberdade e, são limites-objetivos a legalidade, a anterioridade, a irretroatividade, a não-cumulatividade, a tipicidade tributária, a capacidade contributiva etc. Cf. CARVALHO, Paulo de Barros. *Direito Tributário Linguagem e Método*. 5ª ed. São Paulo: Editora Noeses, 2013, p. 299.

[4] "O significado deste princípio pode ser melhor compreendido por comparação: no processo judicial normalmente tem-se entendido que aquilo que não consta dos autos não pode ser considerado pelo juiz, cuja decisão fica adstrita às provas produzidas nos autos; no processo administrativo o julgador deve sempre buscar a verdade, ainda que, para isso, tenha que se valer de outros elementos além daqueles trazidos aos autos pelos interessados. A autoridade administrativa competente para decidir não fica na dependência da inciativa da parte ou das partes interessadas, nem fica obrigada a restringir seu exame ao que foi alegado, trazido ou provado pelas partes, podendo e devendo buscar todos os elementos que possam influir no seu convencimento." In: FERRAZ, Sérgio e DALLARI, Adilson Abreu. *Processo Administrativo*. São Paulo: Malheiros Editores, 2001, p. 86.

[5] "A finalidade da prova é demonstrar a existência ou inexistência dos fatos afirmados pelas partes e, com isso, assegurar a legalidade e a tipicidade. A prova não pode ser considerada um fim em si mesma. É instrumento para constituir a verdade no processo: a prova é sempre prova de algo. Por isso, não obstante sua função seja persuasiva, essa tarefa de convencer o julgador visa a atingir determinada finalidade, orientada à constituição ou desconstituição do fato jurídico em sentido estrito". (FERRAGUT, Maria Rita. *As Provas e o Direito Tributário*: teoria e prática como instrumentos para a construção da verdade jurídica. São Paulo: Saraiva, 2016, p. 51).

2. EFICÁCIA PROBATÓRIA DOS CRÉDITOS DE INSUMOS DE PIS E COFINS

Nessa toada, o aproveitamento de créditos de PIS e COFINS a título de insumo é matéria vinculada à produção de prova, o que implica na análise da eficácia dos meios empregados na demonstração de que os dispêndios são essenciais ou relevantes ao processo produtivo ou à prestação de serviço, e a repartição do ônus dessa produção probatória.

Objetiva-se, sem a pretensão de esgotar o assunto, estabelecer o delineamento da eficácia da prova no contexto pós-julgamento do Recurso Especial nº 1.221.170-PR e pós-edição do Parecer Normativo nº 5, ou seja, a aplicação do conceito de insumo fixado pelo STJ como aquele "essencial ou relevante", aos processos administrativos em andamento.

Para tanto, aponta-se as seguintes fases dos processos em curso: a- sem julgamento em 1ª Instância na Delegacia Regional de Julgamento; b- julgado por DRJ, mas em curso no CARF, com instrução probatória deficitária; c- processo com diligência determinada pela Turma de Julgamento no CARF, concluída antes da edição do Parecer; d- processos "maduros" para julgamento pela Turma Ordinária no CARF e f- julgamento pela 3ª Turma da Câmara Superior de Recursos Fiscais.

Antes de ingressar nas hipóteses traçadas, expõe-se as linhas gerais da distribuição do ônus da prova e os meios possíveis de produção probatória, bem como a evolução do percurso interpretativo do conceito de insumo para fins de creditamento no regime não-cumulativo do PIS e da COFINS.

1. Apontamentos sobre a distribuição do ônus da prova no processo administrativo

Como regra geral, a prova dos fatos constitutivos cabe a quem pretenda o nascimento da relação jurídica, enquanto a dos extintivos, impeditivos ou modificativos compete a quem os alega, nos termos do art. 373, do CPC/15[6].

Dispõe o art. 9º do Decreto nº 70.235/72 que a exigência do crédito tributário e a aplicação de penalidade isolada deverão estar instruídas com todos

---

[6] Confira-se a lição de Fabiana Del Padre Tomé: "A prova compete a quem tem interesse em fazer prevalecer o fato afirmado. Por outro lado, se o autor apresenta provas do fato que alega, incumbe ao demandado fazer a contraprova, demonstrando fato oposto. Em processo tributário, por exemplo, se o Fisco afirma que houve determinado fato jurídico, apresentando documento comprobatório, ao contribuinte cabe provar a inocorrência do alegado fato, apresentando outro documento, pois a negativa se resolve em uma ou mais afirmativas." (*A Prova no Direito Tributário*. 3ª ed. São Paulo: Noeses, 2011, p. 264).

os termos, depoimentos, laudos e demais elementos de prova indispensáveis à comprovação do ilícito.

Então, a prova produzida pela autoridade fiscal é vinculada à estrita legalidade, tipicidade e motivação do ato administrativo de lançamento (art. 3º e 142, CTN), e, obrigatoriamente, é posta no lançamento. Dado o caráter vinculado da tributação, a produção de prova na constituição do fato jurídico-tributário é "dever" e não mero "ônus" da prova[7].

Por outro lado, a escrituração contábil e fiscal do contribuinte mantida segundo as disposições legais faz prova a favor dele dos fatos nela registrados e comprovados por documentos hábeis, segundo sua natureza, ou assim definidos em preceitos legais, conforme prescrição do art. 26 do Decreto nº 7.574/2011. Dessa forma, incumbe à autoridade fiscal a prova da inveracidade dos fatos registrados na escrita do contribuinte (parágrafo único do mesmo dispositivo legal).

Em processos decorrentes de pedidos de restituição/declaração de compensação, cabe ao contribuinte o ônus da prova da liquidez e certeza do crédito reclamado à Administração Tributária, nos termos do art. 170, do CTN[8].

---

[7] "(...) a Administração não goza de ônus de provar a legalidade de seus atos, mas sim de verdadeiro dever de demonstrá-la. Assim, não há que se falar em transferência do ônus da prova da Administração para o administrado, sendo certo que, enquanto este tem mero ônus de provar os fatos que demonstram a ilegalidade e ilegitimidade do ato administrativo, aquela tem verdadeiro dever jurídico. É de se assinalar que quando se fala em *dever de provar* da Administração Pública se está referindo não ao *dever* de formar o convencimento do julgador quanto à verossimilhança de determinados fatos a partir de sua representação, mas sim no dever das autoridades administrativas de investigarem a verdade material lastreando os seus atos administrativos em representações idôneas dos fatos que se alega terem ocorrido." In: ROCHA, Sérgio André. *Processo Administrativo Fiscal – Controle Administrativo do Lançamento Tributário*. 4ª ed. Rio de Janeiro: Lumen Juris Editora, 2010, p. 181.

[8] A Instrução Normativa RFB nº 1.717/2017, que rege atualmente os processos de restituição, compensação e ressarcimento de créditos tributários, dispõe:
"Art. 7º A restituição poderá ser efetuada: I – a requerimento do sujeito passivo ou da pessoa autorizada a requerer a quantia; ou II – mediante processamento eletrônico da Declaração de Ajuste Anual do Imposto sobre a Renda da Pessoa Física (DIRPF). § 1º A restituição de que trata o inciso I do caput será requerida pelo sujeito passivo por meio do programa Pedido de Restituição, Ressarcimento ou Reembolso e Declaração de Compensação (PER/DCOMP) ou, na impossibilidade de sua utilização, por meio do formulário Pedido de Restituição ou de Ressarcimento, constante do Anexo I desta Instrução Normativa.
(...)

2. EFICÁCIA PROBATÓRIA DOS CRÉDITOS DE INSUMOS DE PIS E COFINS

Saliente-se que, em repetição/compensação, é exigida a apresentação dos documentos comprobatórios da existência do direito creditório como pré--requisito ao conhecimento do requerimento, não sendo suficiente apenas a apresentação de declarações retificadoras. Isso porque o art. 5º do Decreto--Lei nº 2.124/1984 prescreve que o cumprimento de obrigação acessória, comunicando a existência de crédito tributário, constitui confissão de dívida e instrumento hábil e suficiente para a exigência do referido crédito[9].

Tem-se que documentos comprobatórios do crédito são aqueles que evidenciam a origem, natureza do crédito e quantificação. Assim, a prova da legitimidade do crédito alegado pode se dar por meio de: planilha com as bases de cálculo original e reapurada; exibição de pagamentos; apontamento do dispositivo legal que sustenta o erro de apuração; conciliação entre escrituração e declarações, e ainda apresentação de documentos fiscais e contábeis que permitam afirmar o direito creditório.

Por fim, é de se lembrar que a validade da prova depende da licitude e legitimidade do meio pelo qual foi obtida. Dessa forma, a prova tem que estar legalmente prevista e não pode a forma como foi obtida ser proibida, já que são inadmissíveis provas colhidas por meios ilícitos (art. 5º, LVI, CF; 332, CPC/15 e art. 30 da Lei nº 9.784/99)[10].

2. Meios de prova admitidos

As normas processuais são supletivamente aplicáveis ao processo administrativo (art. 15, do CPC/15), em vista disso as partes têm o direito de empregar

---

Art. 161. O Auditor-Fiscal da Receita Federal do Brasil competente para decidir sobre a restituição, o ressarcimento, o reembolso e a compensação poderá condicionar o reconhecimento do direito creditório:

I – à apresentação de documentos comprobatórios do referido direito, inclusive arquivos magnéticos; e

II – à verificação da exatidão das informações prestadas, mediante exame da escrituração contábil e fiscal do interessado."

[9] A retificação das declarações DCTF após o despacho decisório não comprova o indébito. Então, se transmitida a PER/Dcomp sem a retificação ou com retificação após o despacho decisório da DCTF e do DACON, por imperativo do princípio da verdade material, o contribuinte tem direito subjetivo à compensação, desde que prove a liquidez e certeza de seu crédito. Vide Parecer Normativo COSIT nº 02/2015, publicado no DOU de 01/09/2015.

[10] A prova ilícita não se apresenta como *fato* para o direito se sua produção deixou de observar prescrições jurídicas. Contudo, a quebra de sigilo bancário não é prova ilícita. Vide RE 601.314 RG e ADI's nº 2.386, 2.390, 2.397 e 2.859.

todos os meios legais e moralmente legítimos na demonstração da verdade dos fatos (art. 369, CPC/15).

Os meios de prova previstos no CPC/2015 são: ata notarial (art. 384); depoimento pessoal (art. 385); confissão (art. 389); exibição de documento ou coisa (art. 396); prova documental (art. 405 e ss.); documentos eletrônicos (art. 439); prova testemunhal (art. 442); prova pericial (art. 464 e ss) e inspeção judicial (art. 481 e ss.).

Diante disso, é sendo possível vislumbrar os seguintes meios de prova comuns na esfera administrativa:

(i) Prova documental[11]: documentos retirados da própria escrituração do contribuinte ou de terceiros relacionados ao fato jurídico-tributário; notas fiscais; certidões; contratos; declarações (DIPJ, DCTF, PER/DCOMP), etc.

A prova documental eletrônica tem validade condicionada à autenticidade e integridade dos arquivos: SPED – Sistema Público de Escrituração Digital (Decreto nº 6.022/2007); Escrituração Contábil Digital ECD (Lei nº 9.779/99): Livro Diário, Razão, Balancetes, etc.; Sped fiscal (LALUR, demonstrativo de notas fiscais; etc.) e nota fiscal eletrônica.

(iii) Depoimento pessoal: prestação de informações úteis à construção de todo o contexto fático, tais como declaração do contribuinte e depoimento de terceiros vinculados ao fato jurídico, que costumam ser tomados pela fiscalização, transcritos no Termo de Verificação Fiscal e acostados aos autos ou ainda, tomados pela autoridade policial (quando o procedimento fiscal decorre de denúncia criminal). Cite-se como exemplos, os casos de simulação; posse/propriedade na apreensão de cigarros sem documentação de importação regular, poder de gestão empresarial para fins de responsabilidade tributária do art. 135, III, do CTN, interposição fraudulenta nas operações de comércio exterior, e outros. O contribuinte também pode apresentar

---

[11] Os livros obrigatórios de escrituração comercial e fiscal e os comprovantes dos lançamentos neles efetuados devem ser conservados até que ocorra a prescrição dos créditos tributários decorrentes das operações a que se refiram (Art. 195, CTN). Os art. 1179 a 1194 do Código Civil tratam da obrigatoriedade de sistema de contabilidade baseado na escrituração uniforme de livros, em correspondência com a documentação respectiva.

depoimentos em declarações escritas juntadas aos autos em conjunto com os demais argumentos de defesa[12].

(iv) Laudo técnico: os laudos podem ser elaborados por órgãos oficiais ou privados. A título exemplificativo, são comuns nos processos administrativos os laudos para: a- caracterização da área de preservação permanente para fins de isenção do ITR; b- de auditoria independente cujo objeto é o apontamento da correta composição de base de cálculo ou configuração de erro ocorrido na escrita do contribuinte; c- descritivo do processo produtivo e/ou da prestação de serviços, bem como da essencialidade dos dispêndios, para fins de caracterização de insumo, no regime da não-cumulatividade de PIS e COFINS; d- esclarecimento da natureza, composição química e uso, para fins de classificação fiscal; e- cumprimento de requisitos para gozo de incentivos fiscais; f- demonstração de fundamento de pagamento de ágio; g- encargos de depreciação de máquinas e equipamentos do ativo imobilizado destinados à locação a terceiros, etc.

Importa dizer que a elaboração de laudo por órgãos oficiais, visando ao esclarecimento de questões de natureza técnica postas à análise dos órgãos julgadores administrativos, devem ter suas conclusões acatadas pelos Colegiados, nos termos do art. 30 do Decreto nº 70.235/72[13].

3. Evolução do conceito de insumo de PIS e COFINS

A não-cumulatividade foi instituída para o PIS pela Lei nº 10.637/2002 e para a COFINS pela Lei nº 10.833/2003.

Com o advento da Emenda Constitucional nº 42, de 19 de dezembro de 2003, a não-cumulatividade antes prevista na Lei nº 10.833/2003 adquiriu

---

[12] Vide acórdão nº 2301-005.234, Relator Conselheiro Alexandre Evaristo Pinto: *"PROVA TESTEMUNHAL. DEPOIMENTO PESSOAL. DESNECESSIDADE. No rito do processo administrativo fiscal inexiste previsão legal para audiência de instrução na qual seriam ouvidas testemunhas ou apresentados depoimentos pessoais, devendo a parte apresentar tais depoimentos sob a forma de declaração escrita já com a sua impugnação. Em todo o caso, tais depoimentos não se justificam a partir do momento que as questões abordadas no julgamento estão suficientemente claras nos autos, através de vasto conjunto probatório."*

[13] Sobre a obrigatoriedade de observância dos Pareceres dos órgãos oficiais, para fins específicos de classificação fiscal, há o Parecer Normativo COSIT nº 6, de 20 de dezembro de 2018, 24/12/2018.

status constitucional: "§ 12. A lei definirá os setores de atividade econômica para os quais as contribuições incidentes na forma dos incisos I, b; e IV do caput, serão não-cumulativas."

As leis de regência, em seus art. 3º, II, prescrevem que é possível o creditamento em relação a bens e serviços utilizados como insumos na fabricação de produtos destinados à venda:

> II – bens e serviços, utilizados como insumo na prestação de serviços e na produção ou fabricação de bens ou produtos destinados à venda, inclusive combustíveis e lubrificantes, exceto em relação ao pagamento de que trata o art. 2º da Lei no 10.485, de 3 de julho de 2002, devido pelo fabricante ou importador, ao concessionário, pela intermediação ou entrega dos veículos classificados nas posições 87.03 e 87.04 da Tipi;

Entretanto, o conceito de insumo para fins de creditamento no regime da não-cumulatividade do PIS e da COFINS gerou, desde a edição das Leis nº 10.637/2002 e 10.833/2003, controvérsia de interpretação entre a administração tributária e os sujeitos passivos acerca dos dispêndios que podem ser tomados como créditos.

Isso porque, de um lado, a Receita Federal do Brasil regulamentou a sistemática da não-cumulatividade do PIS e da COFINS, por meio das Instruções Normativas nº 247/02 (art. 66, § 5º) e 404/04 (art. 8º, § 4º), aplicando ao insumo o conceito restritivo da legislação do IPI:

> I – utilizados na fabricação ou produção de bens destinados à venda: a) as matérias primas, os produtos intermediários, o material de embalagem e quaisquer outros bens que sofram alterações, tais como o desgaste, o dano ou a perda de propriedades físicas ou químicas, em função da ação diretamente exercida sobre o produto em fabricação, desde que não estejam incluídas no ativo imobilizado; b) os serviços prestados por pessoa jurídica domiciliada no País, aplicados ou consumidos na produção ou fabricação do produto;
>
> II – utilizados na prestação de serviços: a) os bens aplicados ou consumidos na prestação de serviços, desde que não estejam incluídos no ativo imobilizado; e b) os serviços prestados por pessoa jurídica domiciliada no País, aplicados ou consumidos na prestação do serviço.

2. EFICÁCIA PROBATÓRIA DOS CRÉDITOS DE INSUMOS DE PIS E COFINS

Dessa forma, nos termos das instruções normativas, a apuração de crédito é autorizada, apenas, na fabricação ou produção de bens destinados à venda, se tratar-se de: matéria-prima, produto intermediário, material de embalagem e quaisquer outros bens que sofram alterações, tais como o desgaste, o dano ou a perda de propriedades físicas ou químicas, em função da ação diretamente exercida sobre o produto em fabricação, desde que não estejam incluídas no ativo imobilizado. E, para a prestação de serviços, os bens e serviços prestados por pessoa jurídica domiciliada no País, desde que os bens não estejam incluídos no ativo imobilizado e os serviços sejam aplicados ou consumidos na atividade.

Em sentido oposto, os sujeitos passivos defendem que insumo é aquele que encontra fundamento na legislação do IRPJ, nos termos dos art. 302[14] e 311[15] do Decreto nº 9.580/2018 (anteriores art. 290 e 299, do revogado Decreto nº 3.000/99), como todo e qualquer custo da pessoa jurídica com o consumo de bens ou serviços integrantes do processo de fabricação ou da prestação de serviços.

Nessa linha, insumo corresponderia ao custo de produção dos bens ou dos serviços vendidos e às despesas operacionais não computadas nos custos, necessárias para a atividade da empresa e manutenção da fonte produtora.

No CARF, há acórdãos que adotaram como premissas de julgamento as duas correntes. Cite-se como exemplos os seguintes: (i) conceito do IPI: acórdãos nº 202-19.126; 2101-00.057; 3301-00.423; 3301-00.415; 3801-00.547 e

---

[14] Art. 302. O custo de produção dos bens ou dos serviços vendidos compreenderá, obrigatoriamente (Decreto-Lei nº 1.598, de 1977, art. 13, § 1º): I – o custo de aquisição de matérias-primas e de outros bens ou serviços aplicados ou consumidos na produção, observado o disposto no art. 301; II – o custo do pessoal aplicado na produção, inclusive de supervisão direta, na manutenção e na guarda das instalações de produção; III – os custos de locação, manutenção e reparo e os encargos de depreciação dos bens aplicados na produção; IV – os encargos de amortização diretamente relacionados com a produção; e V – os encargos de exaustão dos recursos naturais utilizados na produção.

[15] Art. 311. São operacionais as despesas não computadas nos custos, necessárias à atividade da empresa e à manutenção da fonte produtora (Lei nº 4.506/1964, art. 47). § 1º São necessárias as despesas pagas ou incorridas para a realização das transações ou operações exigidas pela atividade da empresa (Lei nº 4.506, de 1964, art. 47, § 1º). § 2º As despesas operacionais admitidas são as usuais ou normais no tipo de transações, operações ou atividades da empresa (Lei nº 4.506, de 1964, art. 47, § 2º). § 3º O disposto neste artigo aplica-se também às gratificações pagas aos empregados, independentemente da designação que tiverem.

EFICIÊNCIA PROBATÓRIA E A ATUAL JURISPRUDÊNCIA DO CARF

3102-00.861 e (ii) conceito do IRPJ: acórdãos nº 203-13.045; 3202-00.225 e 201-81.737.

Ao longo do tempo, todavia, o CARF construiu e consolidou entendimento de que o insumo deve ser essencial ou pertinente ao processo produtivo e, por conseguinte, à execução da atividade empresarial desenvolvida, afastando-se a adoção dos critérios tanto da legislação do IPI quanto do IRPJ e estabelecendo conceito intermediário, baseado no critério da essencialidade e pertinência ao processo produtivo.

Por conseguinte, foi afastada a restrição ao conceito de insumo construído a partir da legislação do IPI, porquanto as Leis nº 10.637/02 e 10.833/03 não prescreviam a remissão às normas desse imposto. Assim, as leis de regência não limitavam a tomada de créditos aos relacionados com a aquisição de matérias-primas, produtos intermediários e materiais de embalagem, e mais, não faziam nenhuma referência à aplicação da legislação do IPI.

Logo, o conceito de insumo, para fins de creditamento de PIS e COFINS, não passa pela análise do desgaste, incorporação ou consumo direto no processo produtivo. Dessarte, podem ser insumos aqueles bens utilizados diretamente ou indiretamente no processo produtivo da empresa, ainda que não sofram alterações decorrentes do processo de transformação do qual resulta a mercadoria industrializada.

Ademais, não se equipara o conceito de insumo ao de despesa necessária previsto na legislação do imposto de renda, por se tratar de previsão legal também específica a esse imposto.

Em síntese, são insumos os bens e serviços utilizados diretamente ou indiretamente no processo produtivo ou na prestação de serviços da empresa, que obedeçam ao critério de pertinência ou essencialidade à atividade desempenhada pela empresa. Nesse sentido, alguns de inúmeros acórdãos, que adotam o critério intermediário, para variadas atividades e despesas diversas: acórdão nº 3301-004.392; 3201-003.576; 9303-006.091; 9303-006.223; 9303-006.068; 9303-006.135; 9303-006.604; 3402-003.097; 9303-004.192 e 3402-005.223.

3.1. Paradigma decorrente do julgamento do Recurso Especial nº 1.221.170 – PR

O limite interpretativo do conceito de insumo para tomada de crédito no regime da não-cumulatividade do PIS e da COFINS foi objeto de análise do

2. EFICÁCIA PROBATÓRIA DOS CRÉDITOS DE INSUMOS DE PIS E COFINS

Recurso Especial nº 1.221.170-PR[16], julgado na sistemática dos recursos repetitivos e com decisão publicada em 24 de abril de 2018.

O recurso era de empresa industrial do ramo alimentício, que pleiteou como insumo, os custos gerais de fabricação e despesas gerais comerciais incorridos na produção de seus produtos: "Custos Gerais de Fabricação" (água, combustíveis, gastos com veículos, materiais de exames laboratoriais, materiais de proteção de EPI, materiais de limpeza, ferramentas, seguros, viagens e conduções) e "Despesas Gerais Comerciais" (combustíveis, comissão de vendas a representantes, gastos com veículos, viagens e conduções, fretes, prestação de serviços – PJ, promoções e propagandas, seguros, telefone, comissões).

Em contraposição, a Fazenda Nacional defendeu que a definição de insumo deve ser restritiva, voltada aos bens e serviços que exerçam função direta sobre o produto ou serviço final, tal como disciplinado pelas Instruções Normativas da Receita Federal. Dessa forma, caso o legislador desejasse ampliar o conceito de insumo, não teria incluído dispositivos legais autorizando o creditamento de despesas outras taxativamente enumeradas nas Leis nº 10.637/02 e 10.833/03.

No julgamento[17-18], foram fixadas as seguintes teses: (a) é ilegal a disciplina de creditamento prevista nas Instruções Normativas nº 247/2002 e

---

[16] Foi admitida, como objeto de análise recursal, a ofensa ao conceito de insumo dos art. 3º, II, das Leis nº 10.637/02 e 10.833/03. O STJ afetou a questão como representativa de controvérsia, nos termos do art. 543-C do CPC/1973 (art. 1.036 e seguintes do CPC/2015), em 10/04/2014.

[17] O voto do Ministro Relator foi acompanhado pelos Ministros Mauro Campbell Marques, Assusete Magalhães, Regina Helena Costa e Gurgel de Faria. O Relator realinhou seu voto para acompanhar as razões tecidas no voto-vista da Ministra Regina Helena Costa, as quais delimitaram o desenho da tese firmada pela Corte.

[18] No voto-vista da Ministra Regina Helena Costa está posto que "o critério da essencialidade diz com o item do qual dependa, intrínseca e fundamentalmente, o produto ou o serviço, constituindo elemento estrutural e inseparável do processo produtivo ou da execução do serviço, ou, quando menos, a sua falta lhes prive de qualidade, quantidade e/ou suficiência". Ademais, "Conforme já tive oportunidade de assinalar, ao comentar o regime da não-cumulatividade no que tange aos impostos, a não-cumulatividade representa autêntica aplicação do princípio constitucional da capacidade contributiva (...) Em sendo assim, exsurge com clareza que, para a devida eficácia do sistema de não-cumulatividade, é fundamental a definição do conceito de insumo (...) Nesse cenário, penso seja possível extrair das leis disciplinadoras dessas contribuições o conceito de insumo segundo os critérios da

EFICIÊNCIA PROBATÓRIA E A ATUAL JURISPRUDÊNCIA DO CARF

404/2004, porquanto compromete a eficácia do sistema de não-cumulatividade da contribuição ao PIS e da COFINS, tal como definido nas Leis nº 10.637/2002 e 10.833/2003; e (b) o conceito de insumo deve ser aferido à luz dos critérios de essencialidade ou relevância, ou seja, considerando-se a imprescindibilidade ou a importância de terminado item – bem ou serviço – para o desenvolvimento da atividade econômica desempenhada pelo contribuinte.

Destarte, ilegais as Instruções Normativas nº 247/2002, e 404/2004, por ofensa direta à sistemática da não-cumulatividade disciplinada em Lei e, em consequência, o princípio da capacidade contributiva.

Consignados os critérios, as despesas com água, combustíveis e lubrificantes, materiais e exames laboratoriais, materiais de limpeza e equipamentos de proteção individual – EPI, em tese, inserem-se no conceito de insumo para efeito de creditamento.

Já as despesas com veículos, ferramentas, seguros, viagens, conduções, comissão de vendas a representantes, fretes (salvo na hipótese do inciso IX do art. 3º da Lei nº 10.833/2003), prestações de serviços de pessoa jurídica, promoções e propagandas, telefone e comissões não se configurariam como insumo.

Nesse contexto, a atividade industrial ou a prestação de serviços pressupõe a análise da relevância ou essencialidade dos dispêndios relacionados à atividade, sendo vedada a tomada de crédito em relação a despesas gerais e administrativas[19].

essencialidade ou relevância, vale dizer, considerando-se a importância de determinado item – bem ou serviço – para o desenvolvimento da atividade econômica desempenhada pelo contribuinte (...) Demarcadas tais premissas, tem-se que o critério da essencialidade diz com o item do qual dependa, intrínseca e fundamentalmente, o produto ou o serviço, constituindo elemento estrutural e inseparável do processo produtivo ou da execução do serviço, ou, quando menos, a sua falta lhes prive de qualidade, quantidade e/ou suficiência. Por sua vez, a relevância, considerada como critério definidor de insumo, é identificável no item cuja finalidade, embora não indispensável à elaboração do próprio produto ou à prestação do serviço, integre o processo de produção, seja pelas singularidades de cada cadeia produtiva (v.g., o papel da água na fabricação de fogos de artifício difere daquele desempenhado na agroindústria), seja por imposição legal (v.g., equipamento de proteção individual – EPI), distanciando-se, nessa medida, da acepção de pertinência, caracterizada, nos termos propostos, pelo emprego da aquisição na produção ou na execução do serviço. Desse modo, sob essa perspectiva, o critério da relevância revela-se mais abrangente do que o da pertinência".
[19] O acórdão do STJ consignou que insumo é dispêndio essencial e relevante para o desenvolvimento da atividade econômica do contribuinte. Logo, partindo dessa premissa, muitos

2. EFICÁCIA PROBATÓRIA DOS CRÉDITOS DE INSUMOS DE PIS E COFINS

É possível concluir que a jurisprudência construída pelo CARF de "conceito intermediário" está alinhada com o *decisum* do STJ[20], diferindo apenas a nomenclatura "pertinente" e "relevante", mas tendo as expressões o mesmo significado.

Observa-se que prevaleceu no julgado a concepção de que o reconhecimento de um dispêndio como insumo pressupõe a análise casuística. Consequentemente, a afirmação de que insumo é essencial ou relevante para o processo produtivo ou para a atividade empresarial passa pela produção probatória.

3.2. Edição do Parecer RFB/COSIT nº 5, de 17 de dezembro de 2018 (DOU 18/12/2018)

O acórdão do STJ não era aplicável aos julgamentos administrativos de 1ª Instância, nos termos do § 5º, do art. 19, da Lei nº 10.522/02, que prescreve que a RFB fica vinculada ao entendimento adotado em decisões de mérito repetitivo, apenas após manifestação expressa da PGFN. O § 3º do mesmo artigo impõe o início da aplicação a partir da ciência de Nota Explicativa. Por isso, adveio a Nota SEI nº 63/2018/CRJ/PGACET/PGFN-MF, em 26/09/2018.

Faltava ainda para o julgador de 1ª Instância a manifestação expressa da Receita Federal, tendo em vista a inexistência de dispositivo retirando a aplicação das Instruções Normativas existentes.

Em seguida, em 17/12/2018, foi publicado o Parecer Normativo COSIT/RFB nº 05, determinando expressamente a aplicação dos critérios da essencialidade ou da relevância para determinar o que é insumo para a não-cumulatividade de PIS e COFINS. O veículo normativo se volta a explicitar

---

contribuintes defendem que atividade comercial pode se creditar de insumo. Então, negar creditamento à empresa comercial representaria violação da não-cumulatividade prevista no art. 195, § 12, da CF/88. Contudo, não há falar-se em extensão pelo STJ dos limites impostos pelo inciso II das leis de regência, as quais prescrevem, em seus art. 3º, créditos diversos a diferentes setores. Todavia, especificamente, os incisos II dos art. 3º versam restritivamente sobre produção de bens e a prestação de serviços.

[20] Quanto à aplicação dessa decisão pelo CARF, dispõe o § 2º, do art. 62 do RICARF, que: "§ 2º As decisões definitivas de mérito, proferidas pelo Supremo Tribunal Federal e pelo Superior Tribunal de Justiça em matéria infraconstitucional, na sistemática dos arts. 543-B e 543-C da Lei nº 5.869, de 1973, ou dos arts. 1.036 a 1.041 da Lei nº 13.105, de 2015 – Código de Processo Civil, deverão ser reproduzidas pelos conselheiros no julgamento dos recursos no âmbito do CARF. (Redação dada pela Portaria MF nº 152, de 2016)."

os limites interpretativos do conceito de insumo estabelecido pelo STJ[21]. A Ementa restou assim redigida:

Ementa. CONTRIBUIÇÃO PARA O PIS/PASEP. COFINS. CRÉDITOS DA NÃO CUMULATIVIDADE. INSUMOS. DEFINIÇÃO ESTABELECIDA NO RESP 1.221.170/PR. ANÁLISE E APLICAÇÕES.

Conforme estabelecido pela Primeira Seção do Superior Tribunal de Justiça no Recurso Especial 1.221.170/PR, o conceito de insumo para fins de apuração de créditos da não cumulatividade da Contribuição para o PIS/Pasep e da Cofins deve ser aferido à luz dos critérios da essencialidade ou da relevância do bem ou serviço para a produção de bens destinados à venda ou para a prestação de serviços pela pessoa jurídica. Consoante a tese acordada na decisão judicial em comento:

a) o "critério da essencialidade diz com o item do qual dependa, intrínseca e fundamentalmente, o produto ou o serviço": a.1) "constituindo elemento estrutural e inseparável do processo produtivo ou da execução do serviço"; a.2) "ou, quando menos, a sua falta lhes prive de qualidade, quantidade e/ou suficiência";

b) já o critério da relevância "é identificável no item cuja finalidade, embora não indispensável à elaboração do próprio produto ou à prestação do serviço, integre o processo de produção, seja": b.1) "pelas singularidades de cada cadeia produtiva"; b.2) "por imposição legal".

Os pareceres normativos, por serem atos interpretativos[22], possuem natureza declaratória, retroagindo sua eficácia ao momento em que a norma por eles interpretada começou a produzir efeitos. Dito de outra forma, a partir da edição do Parecer Normativo nº 5, a adoção do conceito de insumo dado pelo STJ é obrigatória na lavratura e revisão de ofício do lançamento tributário,

---

[21] Buscou-se a aplicação concreta dos critérios definidos pelo STJ para evitar conclusões divergentes dentro do Órgão, "dada a necessidade de segurança jurídica para agentes internos e externos a esta Secretaria e de eficiência nas inúmeras análises acerca desta matéria realizadas pelos Auditores-Fiscais da Receita Federal do Brasil" (Cf. p. 8 do Parecer).

[22] Dispõe o Parecer Normativo COSIT nº 5/1994, DOU 25/05/1994, que o Parecer Normativo e o Ato Declaratório Normativo, por serem interpretativos, possuem natureza declaratória, retroagindo, sua eficácia, ao momento em que a norma por eles interpretada começou a produzir efeitos. Sua normatividade funda-se no poder vinculante do entendimento neles expresso.

2. EFICÁCIA PROBATÓRIA DOS CRÉDITOS DE INSUMOS DE PIS E COFINS

no julgamento de repetição de indébito administrativa, além da aplicação imediata aos processos administrativos em trâmite.

O Parecer Normativo nº 5, embora não afaste a análise casuística da atividade empresarial de cada contribuinte, traça aplicações específicas do conceito de insumo definido no acórdão do STJ. As diretrizes voltadas às autoridades fiscais podem ser assim sintetizadas, sem caráter exaustivo:

- Não há insumos na atividade de revenda de bens, pois a esta atividade foi reservada a apuração de créditos em relação aos bens adquiridos para revenda (art. 3º, I, da Lei nº 10.637/2002 e da Lei nº 10.833/2003).

- Há a possibilidade de apuração de créditos do insumo de insumo: "na modalidade aquisição de insumos em relação a dispêndios necessários à produção de um bem-insumo utilizado na produção de bem destinado à venda ou na prestação de serviço a terceiros".

- São insumos que integram o processo de produção por imposição legal: a) no caso de indústrias, os testes de qualidade de produtos produzidos exigidos pela legislação; b) tratamento de efluentes do processo produtivo exigido pela legislação; c) no caso de produtores rurais, as vacinas aplicadas em seus rebanhos exigidas pela legislação, etc.

- Gastos posteriores à finalização do processo de produção ou de prestação não são insumos como regra geral.

- As despesas da empresa com atividades diversas da produção de bens e da prestação de serviços não representam aquisição de insumos, tais como as despesas ocorridas nos setores administrativo, contábil, jurídico, etc., da pessoa jurídica.

- Os bens e serviços utilizados pela pessoa jurídica no desenvolvimento interno de ativos imobilizados podem ser insumos e permitir a apuração de créditos das contribuições, desde que preenchidos os requisitos cabíveis e inexistam vedações.

- É expressamente vedada a apuração de crédito de gastos da pessoa jurídica com mão de obra paga a pessoa física (art. 3º, § 2º, I, da Lei nº 10.637/ 2002 e da Lei nº 10.833/2003). É possível o creditamento, se a mão de obra paga a pessoa jurídica se destinar a atuação direta nas atividades de produção de bens destinados à venda ou de prestação de serviços da empresa contratante.

- Não são insumos aqueles dispêndios relacionados com a viabilização da atividade de mão de obra, tais como: alimentação, vestimenta, transporte, educação, saúde, seguro de vida, equipamentos de segurança, etc., salvo os exigidos expressamente pela legislação (ex. equipamentos de proteção individual – EPI).
- São insumos os combustíveis e lubrificantes consumidos em máquinas, equipamentos ou veículos responsáveis por qualquer etapa do processo de produção de bens ou de prestação de serviços, inclusive pela produção de insumos do insumo efetivamente utilizado na produção do bem ou serviço finais disponibilizados pela pessoa jurídica.
- São insumos do processo produtivo os testes de qualidade aplicados anteriormente à comercialização sobre produtos que já finalizaram sua montagem industrial ou sua produção, na medida em que sua exclusão priva o processo produtivo do atributo de qualidade.
- É passível de creditamento a subcontratação *de serviços* de outra pessoa jurídica para a realização de parcela da cadeia produtiva.

4. Perspectivas de aplicação do conceito de insumo consignado pelo STJ aos processos administrativos pendentes de julgamento

Nos processos administrativos **em curso**, cujo ponto controvertido seja o conceito de insumo para fins de creditamento no âmbito do regime de apuração não-cumulativa de PIS e COFINS, tem-se o seguinte contexto:

(i) O conceito de insumo que norteou as autuações ou glosas de crédito é restrito, nos termos das Instruções Normativas nº 247/2002 e 404/2004. Consequentemente, ao Fisco cabia, até a edição do Parecer, comprovar que o dispêndio não se desgasta em contato físico direto com o produto em fabricação, ou que o serviço não é empregado diretamente na produção.

(ii) Em contraposição, ao contribuinte incumbia provar a relação de pertinência e essencialidade entre insumos e o processo produtivo, bem como não constituir um gasto de ativação (mesmo antes da edição do Parecer, segundo a jurisprudência majoritária do CARF de "conceito intermediário"). Como meios de prova a serem utilizados, laudos técnicos e descrição do processo produtivo produzido, além de documentação idônea.

2. EFICÁCIA PROBATÓRIA DOS CRÉDITOS DE INSUMOS DE PIS E COFINS

(iii) O contexto pós-edição do Parecer Normativo nº 5, de aplicação do conceito "insumo" difere totalmente das premissas da fiscalização e muitas vezes da própria defesa calcada no conceito amplo do IRPJ.

(iv) É possível apontar as seguintes situações relacionadas aos processos administrativos em andamento: a- sem julgamento em 1ª Instância na Delegacia Regional de Julgamento; b- julgado por DRJ, mas em curso no CARF, com instrução probatória deficitária; c- processo com diligência determinada pela Turma de Julgamento no CARF, concluída antes da edição do Parecer; d- processos "maduros" para julgamento pela Turma Ordinária no CARF e f- julgamento pela 3ª Turma da Câmara Superior de Recursos Fiscais.

a) Sem julgamento em 1ª Instância na Delegacia Regional de Julgamento

Os processos sem julgamento em 1ª Instância na Delegacia Regional de Julgamento passam a ser julgados com supedâneo no Parecer, ainda que a fiscalização tenha sido feita sob a égide das instruções normativas. Como já dito acima, o referido ato normativo tem natureza interpretativa, sendo aplicável imediatamente a todos os fatos constituídos.

Na verificação da aplicação das despesas controvertidas nas diversas faces da prestação de serviços ou processo produtivo, para aferir a essencialidade ou relevância das mesmas, pode o julgador de 1ª Instância, a teor do art. 18 e 29 do Decreto nº 70.235/1972, determinar, de ofício ou a requerimento do interessado, a realização de diligências ou perícias, quando entendê-las necessárias ao seu convencimento.

Superado tal estágio, a análise dos créditos passa pela aplicação do Parecer. Confira-se o acórdão nº 10-066.196, proferido pela 2ª Turma da DRJ/POA:

> *Ementa*
> *CRÉDITOS DA NÃO-CUMULATIVIDADE. INSUMOS. DEFINIÇÃO ESTABELECIDA NO RESP 1221170/PR. Conforme estabelecido pela Primeira Seção do Superior Tribunal de Justiça no Recurso Especial 1221170/PR, o conceito de insumo para fins de apuração de créditos da não-cumulatividade da Contribuição para o PIS/Pasep e da Cofins deve ser aferido à luz dos critérios da essencialidade ou da relevância do bem ou serviço para a produção de bens destinados à venda ou para a prestação de serviços pela pessoa jurídica.*

Trecho do voto

(...) Não tem melhor sorte o contribuinte também ao querer obter créditos de despesas com cópias e xerox, pois as mesmas se tratam de despesas administrativas, e não foram abarcadas pelo conceito de insumo adotado pelo STJ.

A impossibilidade de tal creditamento se encontra consubstanciado no próprio Parecer Normativo COSIT/RFB nº 5, de 17/12/2018, já de acordo com a decisão repercutória do STJ:

*69. Sem embargo, pode-se afirmar de plano que as despesas da pessoa jurídica com atividades diversas da produção de bens e da prestação de serviços não representam aquisição de insumos geradores de créditos das contribuições, como ocorre com as **despesas havidas nos setores administrativo**, contábil, jurídico, etc., da pessoa jurídica. (gn)*

*Finalmente, sobre as despesas com filiais, deve-se dizer que a peça de defesa **não precisa especificamente quais seriam tais despesas**, apenas dizendo estarem diretamente ligadas as suas operações.*

Observando-se as glosas citadas às fls. 515 a 517 depreende-se que serviços de segurança patrimonial, advogados, vigilância, acesso à internet, honorários contábeis, dados cadastrais, despachantes, jardinagem, recarga de extintor, taxas de entrega, planos de saúde, entre outros (todos esses itens, repita-se, não citados na peça de defesa), não estão abarcados pelo conceito de insumo adotado pelo STJ.

Dessa forma, devem ser mantidas as respectivas glosas.

b) Julgado por DRJ, mas em curso no CARF, com instrução probatória deficitária

Nos casos em que a negativa de creditamento foi pela aplicação do conceito restrito de insumo, ao passo que a Recorrente busca a aplicação ampla do conceito, remanescem dúvidas a serem dirimidas sobre a comprovação da efetiva associação dos dispêndios com o processo produtivo ou a prestação de serviços do contribuinte.

Dessa forma, deve ser estabelecida a relação de essencialidade ou relevância, para que se possa aferir se a despesa pleiteada pode ou não gerar créditos na sistemática da não-cumulatividade do PIS e da COFINS.

Para cumprir tal desiderato, várias Turmas Ordinárias do CARF têm convertido os julgamentos em realização de diligência para a juntada de laudo técnico e descritivo das atividades do contribuinte, bem como para sanar outras dúvidas como, por exemplo, a segregação de despesas de fretes entre frete de aquisição, de venda e *intercompany*.

2. EFICÁCIA PROBATÓRIA DOS CRÉDITOS DE INSUMOS DE PIS E COFINS

A determinação de realização de diligências ou perícias são corolários do próprio princípio da verdade material. Há que se ter em mente também que as diligências ou perícias podem ter comando voltado à unidade de origem ou ao próprio contribuinte, mas todas devem sempre obedecer ao princípio do contraditório.

O CARF detém a competência para interpretar e aplicar diretamente as prescrições do Recurso Especial. Embora o Parecer Normativo vincule apenas a DRF e a DRJ, as Turmas de Julgamento do CARF têm realizado diligências específicas para que a DRF se manifeste conclusivamente em relação à adequação dos itens objeto de glosa ao conceito de insumo prescrito no Parecer Normativo COSIT nº 5/2018.

Como aplicação do princípio da autotutela[23] da Administração, importa a abertura de possibilidade para a unidade de origem analisar a prova da essencialidade dos insumos produzida pelo contribuinte à luz do disposto no Parecer Normativo RFB nº 5/2018. Diante disso, o insumo reconhecido em relatório fiscal de diligência deixa de compor a lide administrativa, por se tornar fato não controvertido. Subsiste lide administrativa apenas quando a finalidade a ser alcançada é a solução de conflito, através do controle de legalidade dos atos administrativos.

Confira-se o teor de algumas diligências determinadas nesse contexto, dentre outras[24]:

> Industrialização de alumínio (Resolução nº 3402-002.360, Conselheiro Relator Rodrigo Mineiro Fernandes)
>
> *A partir do processo produtivo da Recorrente deve ser feito uma nova análise das glosas realizadas pela Fiscalização, objeto de discussão neste processo administrativo, de forma a apreciar o alegado direito creditório. Diante disso, converto o julgamento do recurso voluntário em diligência à repartição de origem para que a autoridade preparadora: (i) intime a Recorrente para apresentação de Laudo Técnico, com o detalhamento dos itens glosados e sua utilização dentro de seu processo produtivo, e explicar a forma de contabilização dos*

---

[23] Odete Medauar sintetiza didaticamente o conceito desse princípio de direito público: "a Administração deve zelar pela legalidade de seus atos e condutas e pela adequação dos mesmos ao interesse público. Se a Administração verificar que atos e medidas contêm ilegalidades, poderá anulá-los por si própria; se concluir no sentido da inoportunidade e inconveniência, poderá revogá-los". (*Direito Administrativo Moderno*. 19ª ed. São Paulo: Editora Revista dos Tribunais, 2015, p. 164-165).

[24] Vide Resoluções nº 3301-001.049; 3401-001.814, 3401-001.806 e 3402-001.855.

materiais refratários, levando em consideração a vida útil do bem e sua possível depreciação; (...) (v) elabore um novo parecer e um novo demonstrativo do direito creditório requerido, com as considerações efetuadas a partir da nova interpretação do conceito de insumo determinada pelo STJ de relevância e essencialidade, e Parecer Normativo 5/2018, e possíveis reconsiderações, a partir da nova análise efetuada.

Prestadora de serviços, parceria público-privada de cogestão prisional (Resolução nº 3301-001.138, Conselheira Relatora Semíramis de Oliveira Duro)

Intimação do contribuinte para que trazer aos autos, (i) descrição pormenorizada da cogestão prisional, com o apontamento dos serviços que executa no cumprimento do contrato de prestação de serviços firmado com a Administração Pública; (ii) Indicação dos insumos utilizados em cada um dos serviços do item (i), com a completa identificação dos mesmos e sua descrição funcional; (iii) Indicação das notas fiscais glosadas a que se referem os insumos do item (ii), considerando as planilhas de glosas da fiscalização e (iv) segregação dos bens e serviços glosados, entre o que é utilizado na administração penitenciária, do que é utilizado na parte administrativa da empresa. Após a juntada pelo contribuinte de tais informações, concessão de oportunidade de manifestação da autoridade fiscal, considerando o disposto no Parecer Normativo RFB nº 5/2018.

c) Processo com diligência determinada pela Turma de Julgamento no CARF, concluída antes da edição do Parecer

As diligências para fins de creditamento de insumos sempre têm como ponto comum a intimação do sujeito passivo para a apresentação do laudo técnico descritivo de todo o processo produtivo ou prestação de serviço, com a indicação individualizada dos insumos utilizados objeto do litígio, dentro de cada fase, com a completa identificação funcional de cada um.

Diante de diligência concluída nesses termos antes da edição do Parecer, é possível que a Tuma de Julgamento do CARF determine nova diligência para a unidade de origem aplicar o Parecer Normativo nº 5.

Por outro lado, em diligências determinadas mas não executadas, a autoridade fiscal da DRF pode devolver ao CARF, de ofício, para complementação das diretrizes à luz da nova interpretação legislativa. Foi exatamente o ocorrido no processo nº 16349.000083/2009-82, em que a informação fiscal consignou:

Estes processos encontram-se nesta EAC2 em diligência determinada por cada uma das Resoluções listadas no Quadro 1 acima, a fim de definir se existia

2. EFICÁCIA PROBATÓRIA DOS CRÉDITOS DE INSUMOS DE PIS E COFINS

ou não crédito, ressarcível ou utilizável para desconto, em cada um deles. No processo 11516.722955/2012-70, como informado acima, já foi realizada apuração do crédito, mas o processo está em diligência a fim de verificar o enquadramento ou não dos itens glosados no conceito de insumo.

Ocorre que o Egrégio Superior Tribunal de Justiça no Recurso Especial nº 1.221.170/PR, com rito de recurso repetitivo, vinculante a todas as instâncias administrativas, considerou ilegal a disciplina de creditamento prevista nas Instruções Normativas nº 247/2002 e 404/2004, da Secretaria da Receita Federal, e definiu novos critérios a serem adotados na aferição de créditos relativos ao conceito de insumo, baseados na essencialidade ou relevância, rechaçando os critérios do imposto de renda, do IPI, do contato direto com o produto e outros.

Foi editada a Nota SEI nº 63/2018/CRJ/PGACET/PGFN-MF com o objetivo de delimitar a extensão e o alcance do julgado, viabilizando a adequada observância da tese por parte da Secretaria da Receita Federal do Brasil – RFB. Em consequência, foi editado o PARECER NORMATIVO COSIT/RFB Nº 05, DE 17 DE DEZEMBRO DE 2018. Para dar notícia a este colegiado, estes documentos estão anexados neste processo imediatamente antes desta informação fiscal.

Desta forma, foi totalmente alterado o conceito de insumo no âmbito da RFB a fim de dar cumprimento à decisão do STJ. *É nossa opinião que deve ser realizada análise, mesmo no caso do processo 11516.722955/2012-70, onde a diligência solicita apenas nova descrição do processo produtivo, com base no PARECER NORMATIVO COSIT/RFB Nº 05, DE 17 DE DEZEMBRO DE 2018, por ser de natureza interpretativa e mais benéfico à contribuinte.*

Porém, orientação por mensagem Notes, emanada da DISIT/RF09 em 25/01/2019, estabelece que os processos em diligência que necessitem de análise de crédito envolvendo o conceito de insumo sejam retornados ao CARF para que, a par das modificações da legislação informadas, decorrentes de julgamento do STJ, determine quais os critérios a observar para esclarecer as possíveis dúvidas remanescentes do colegiado.

Isto posto, propomos o retorno dos processos ao CARF para avaliação e também, se aceita a conexão, para que sejam redistribuídos a um mesmo relator.

A Resolução nº 3301-001.241, de relatoria do Conselheiro Winderley Morais Pereira, proferida nos autos desse processo concordou com a posição da Autoridade Fiscal, por entender que atende ao interesse público:

Trata o presente processo de discussão acerca de créditos de PIS e COFINS não cumulativos, que a turma decidiu por converter em diligência para a análise dos créditos.

A teor do relatado, de forma diligente, a Autoridade Fiscal, considerando as novas interpretações do conceito de insumo, com a decisão do Superior Tribunal de Justiça, a edição do Parecer Normativo COSIT/RFB Nº 05/2018 e a nota PGFN busca confirmar nesta Turma os termos da diligência.

Concordo com a posição da Autoridade Fiscal, que buscando o interesse público e evitar discussões que podem ser solucionadas pela nova interpretação do arcabouço jurídico sobre o conceito de insumo a ser aplicado na apuração do PIS e da Cofins não cumulativos.

Diante do exposto, voto no sentido de converter o julgamento em diligência a fim de que unidade preparadora à luz do Parecer Normativo COSIT/RFB Nº 05/2018:

a) realize a verificação dos valores de créditos pleiteado pela Recorrente, podendo fazer as diligência e intimações complementares que julgar necessárias.

d) Processos "maduros" para julgamento pela Turma Ordinária no CARF

Como processo "maduro" para julgamento, entende-se aquele processo devidamente instruído, ou seja, em que haja a indicação individualizada dos insumos utilizados dentro de cada fase de produção ou prestação de serviço e a prova de sua essencialidade ou relevância. E ainda, a correlação dos insumos com as tabelas de glosas efetuadas pela fiscalização e a conciliação na escrituração contábil e fiscal do contribuinte[25].

A comprovação da relevância ou essencialidade pode se dar por descrição do processo produtivo ou de prestação de serviços confeccionada pelo próprio contribuinte e/ou laudos técnicos produzidos por terceiros.

Os acórdãos abaixo ilustram a utilização do laudo como prova para legitimação do creditamento do PIS e da COFINS:

Acórdão nº 3402-002.881, Conselheiro Relator Antonio Carlos Atulim

Entretanto, o CARF vem adotando o critério do custo de produção, e levando-se em conta as informações constantes do Parecer Técnico do IPT, verifica-se

---

[25] A mera explicitação dos códigos CFOP das notas fiscais não se presta à prova de essencialidade de uma despesa.

2. EFICÁCIA PROBATÓRIA DOS CRÉDITOS DE INSUMOS DE PIS E COFINS

que os demais itens descritos nessas planilhas de glosa guardam plena relação de pertinência com os processos desenvolvidos pela recorrente nos seus diversos estabelecimentos, possuindo a aptidão necessária para gerarem créditos por se enquadrarem como custos de produção.

Exemplos desses itens são as válvulas solenóides, o kit para reparo de válvula solenóide, as peças de manutenção aplicadas em caminhões, correias, perfis, pinos, mangueiras, kits para vedação, e os equipamentos de proteção individual (EPI), entre outros.

Apesar da riqueza de informações contidas no Parecer do IPT, existem vários itens glosados que geram dúvidas quanto ao seu enquadramento como custo de produção. Em relação a esses produtos a glosa também deve ser revertida, pois a complexidade e a magnitude do empreendimento da recorrente, reveladas pelo Parecer Técnico, lançaram dúvida razoável quanto ao fato desses itens integrarem ou não o custo de produção. Quanto aos itens que geram essa dúvida, o processo deve ser decidido favoravelmente ao contribuinte porque no auto de infração o ônus de provar os fatos jurígenos da pretensão fiscal é da Administração Tributária e não da defesa.

Acórdão 3301-004.056, Conselheiro Relator Marcelo Costa Marques d'Oliveira

Ao fim do laudo técnico (fls. 1.168 a 1.487), no "Capítulo 13 – SIF (Sistema de Inspeção Federal), há detalhada explicação acerca dos procedimentos adotados para preservação da integridade dos produtos alimentícios.

A meu ver, ainda que não fossem requeridos pelas autoridades sanitárias, indubitavelmente deveriam ser tidos como insumos, pois guardam íntima e indissociável relação com a preparação do produto e a preservação de sua integridade. Vale mencionar que há vários precedentes no CARF neste sentido, tais como, os Acórdãos nº 3802-001619, de 28/02/13, e 9303-004.382, de 07/04/17.

Desta forma, todos os serviços e produtos adquiridos para utilização nos setores industriais, em razão de exigências legais, porém cujo objetivo maior era o de preservar a qualidade do alimento, devem ser admitidos na base de cálculo dos créditos de COFINS, na qualidade de insumos (inciso II do art. 3º da Lei nº 10.833/03). Dada a natureza específica dos produtos tratados no tópico e sua explícita conexão com o processo produtivo, não vejo motivo para que fossem exigidos evidências documentais complementares acerca de sua aplicação na atividade industrial.

EFICIÊNCIA PROBATÓRIA E A ATUAL JURISPRUDÊNCIA DO CARF

Entretanto, não será apto como prova o laudo ou relatório de descrição de atividade que faça apenas a descrição genérica de bens adquiridos ou serviços tomados.

Como já dito, deve haver a correspondência entre o item glosado e a prova de que o gasto com o item fez parte do processo produtivo ou prestação de serviço da empresa. O voto condutor do acórdão nº 3301-004.086[26] ilustra tal apontamento:

> As despesas pleiteadas como "insumo" pela empresa foram apontadas de forma genérica: material de expediente, de limpeza, gasolina, despesas com representantes, comunicações, pedágios, manutenção de informática, segurança e transporte de valores, manutenção de veículos de frota leve e operações de embarque.
>
> Entendo que as glosas estão corretas, por duas razões: 1- não há como se atestar a segregação entre as despesas pleiteadas como inerentes à prestação de serviços ou como aplicadas em âmbito administrativo e 2- não constam nestes autos laudos, pareceres, contratos, nada em que se depositar a certeza da utilização dessas despesas como insumos.
>
> A gasolina (ou diesel como retificou no recurso voluntário), em tese, seria insumo para a empresa de logística, desde que tivesse havido a segregação entre o combustível aplicável na prestação de serviço e o aplicado na área administrativa. O mesmo raciocínio se aplica ao "Pedágio".
>
> As despesas com representantes e a segurança/transporte de valores também em tese seriam insumos, desde que devidamente apontados e descritos, com suporte documental mínimo.
>
> A manutenção de veículos de frota leve, se insumo fosse, deveria estar acompanhada de apontamento no ativo da empresa de quais veículos se trata e no que consiste tal "manutenção".
>
> Quanto às operações de embarque, alega a Recorrente que a consecução desse serviço se dava através de empresa terceirizada, mas não há contratos nos autos ou ordens de serviço que demonstrem essa relação.

e) Julgamento pela 3ª Turma da Câmara Superior de Recursos Fiscais
Nos termos do art. 67, *caput*, do Anexo II do Regimento Interno do CARF (RICARF, de 2015), é cabível o recurso especial contra decisão que der à

---

[26] Relatora Conselheira Semíramis de Oliveira Duro.

legislação tributária interpretação divergente da que lhe tenha dado outra câmara, turma de câmara, turma especial ou a própria CSRF.

Diante disso, a aplicação da decisão do STJ e do Parecer Normativo nº 5 pela 3ª Turma da CSRF se dá de forma conceitual, porquanto a divergência jurisprudencial não se estabelece em matéria de prova. Indica-se nesse aspecto os acórdãos nº 9303-009.972; 9303-009.967; 9303-010.242; 9303-010.248; 9303-009.983; 9303-010.218, dentre outros.

Considerações finais

Ao longo deste trabalho, foram expostas as premissas para a construção de sentido do conceito de "insumo" das três posições dos julgados administrativos do CARF antes do advento da decisão proferida no REsp 1.221.170-PR (tese restritiva – IPI, ampliativa – IRPJ e "posição intermediária"). É inegável a evolução do conceito.

Em seguida, expôs-se as teses fixadas no julgamento do REsp 1.221.170-PR e a fixação dos limites interpretativos do conceito de insumos estabelecidos pelo STJ consignados no Parecer Normativo COSIT/RFB nº 5/2018.

Ainda que esse Parecer não vincule o CARF (que está vinculado estritamente ao recurso repetitivo), indubitavelmente sua edição traz avanços ao deslinde os processos administrativos em curso.

Isso porque traz segurança jurídica quanto à uniformização do entendimento dentro da Receita Federal do Brasil, bem como tem potencial de redução de litígios, visto que admite: "insumo do insumo", gastos da fase anterior ao processo produtivo, mão de obra terceirizada, dispêndios incorridos por imposição legal e outros.

Não se pode perder de vista a total relação entre a prova da essencialidade ou relevância e a tomada de créditos, eis que não há como se conceder crédito de dispêndio que "em tese" poderia ser insumo, ao passo que as glosas passam a demandar maior esforço da autoridade fiscal em sua sustentação.

Há demanda para o futuro de contínuo aperfeiçoamento da aplicação do REsp 1.221.170-PR e do Parecer Normativo COSIT/RFB nº 5/2018 nos processos administrativos em trâmite, cujo ponto controvertido seja o conceito de insumo para fins de creditamento no âmbito do regime de apuração não-cumulativa de PIS e COFINS, tendo em vista o impulso oficial de determinação e saneamento de instrução deficitária.

Referências

BECKER, Alfredo Augusto. 7ª ed. *Teoria Geral do Direito Tributário*. São Paulo: Noeses, 2018.

CARVALHO, Paulo de Barros. *Direito Tributário Linguagem e Método*. 5ª ed. São Paulo: Editora Noeses, 2013.

FERRAGUT, Maria Rita. *As Provas e o Direito Tributário*: teoria e prática como instrumentos para a construção da verdade jurídica. São Paulo: Saraiva, 2016.

FERRAZ, Sérgio e DALLARI, Adilson Abreu. *Processo Administrativo*. São Paulo: Malheiros Editores, 2001.

JARDIM, Eduardo Marcial Ferreira; BORGES, Letícia Menegassi; DURO, Semíramis de Oliveira. *Dicionário de Direito Administrativo*. São Paulo: Editora Mackenzie, 2016.

KNIJNIK, Danilo. *A Prova nos Juízos Cível, Penal e Tributário*. Rio de Janeiro: Forense, 2007.

MEDAUAR, Odete. Direito Administrativo Moderno. 19ª ed. São Paulo: Revista dos Tribunais, 2015.

MELO, Fábio Soares de. *Processo Administrativo*: princípios, vícios e efeitos jurídicos. São Paulo: Dialética, 2012.

PIZOLIO, Reinaldo (Org.). *Processo Administrativo Tributário*. São Paulo: Quartier Latin, 2007.

ROCHA, Sérgio André. *Processo Administrativo Fiscal – Controle Administrativo do Lançamento Tributário*. 4ª ed. Rio de Janeiro: Lumen Juris Editora, 2010.

TOMÉ, Fabiana Del Padre. *A Prova no Direito Tributário*. 3ª ed. São Paulo: Noeses, 2011.

3. Da eficiência probatória nas operações entre empresas interligadas à luz da jurisprudência do CARF: IPI (valor tributável mínimo)

MARIA EDUARDA ALENCAR CÂMARA SIMÕES[1]

Introdução

O tema que me foi proposto é deveras instigante, pois visa abordar sob um enfoque prático aquilo que geralmente se discute apenas em teoria. No caso específico deste artigo, ainda que tenha início com um breve passeio sobre o direito em si, foca, primordialmente, nos aspectos probatórios deste direito, na tentativa de tornar o que seria apenas uma expectativa no campo conceitual, em um direito efetivo, palpável, quantificável, numérico.

É a ciência humana tentando aproximar-se, até certo ponto, da ciência exata, embora ciente de que as vicissitudes do direito nunca permitirão uma real aproximação. É uma busca por um direito mais preciso, com base na análise de casos concretos reais, tendo como pano de fundo um lema fundamental no processo administrativo fiscal: não basta alegar, tem que provar.

E é dentro dessa essência prática que serão delineadas as linhas a seguir, em uma insistente tentativa de tornar o direito tributário menos árido ao leitor e mais acessível ao aplicador do direito, visando, sempre, a tão sonhada segurança jurídica.

---

[1] As opiniões contidas nesta publicação são reflexões acadêmicas da própria autora e não necessariamente expressam as posições defendidas por qualquer organização a qual esteja vinculada.

1. Eficiência probatória no processo administrativo tributário

No processo administrativo fiscal, a capacidade probatória das partes é elementar ao êxito da contenda, seja por parte da fiscalização, seja por parte do contribuinte, pois, além de apontar a infração e o infrator, ou mesmo defender a detenção de um direito em tese, é preciso qualificá-los, bem como quantificar o montante objeto da lide.

Por parte da fiscalização, incumbe à autoridade autuante comprovar que o contribuinte incorreu na infração à legislação tributária que ensejou a lavratura do auto de infração, demonstrando a extensão deste descumprimento. Já ao contribuinte, incumbe, em tais casos, trazer aos autos elementos probatórios aptos a demonstrar a existência de fato impeditivo, modificativo ou extintivo do direito do Fisco.

Por outro lado, estando diante de processo iniciado pelo contribuinte, como é o caso dos pedidos de ressarcimento ou de compensação, o ônus probatório recai sobre o contribuinte, a quem compete demonstrar a existência do direito creditório almejado, por meio da comprovação da sua certeza e liquidez[2].

Essa orientação basilar sobre a distribuição do ônus probatório encontra respaldo no artigo 9º do Decreto nº 70.235/1972[3], que dispõe especificamente sobre o processo administrativo fiscal, bem como nos artigos 36 da Lei nº 9.784/1999[4], que regula o processo administrativo no âmbito da Administração Pública Federal, 28 do Decreto nº 7.574/2011, que regulamenta o processo de determinação e de exigência de créditos tributários da União[5],

---

[2] CTN – Art. 170. A lei pode, nas condições e sob as garantias que estipular, ou cuja estipulação em cada caso atribuir à autoridade administrativa, autorizar a compensação de créditos tributários com créditos líquidos e certos, vencidos ou vincendos, do sujeito passivo contra a Fazenda pública.

[3] Art. 9º. A exigência do crédito tributário e a aplicação de penalidade isolada serão formalizados em autos de infração ou notificações de lançamento, distintos para cada tributo ou penalidade, os quais deverão estar instruídos com todos os termos, depoimentos, laudos e demais elementos de prova indispensáveis à comprovação do ilícito.

[4] Art. 36. Cabe ao interessado a prova dos fatos que tenha alegado, sem prejuízo do dever atribuído ao órgão competente para a instrução do disposto no art. 37 desta Lei.

[5] Art. 28. Cabe ao interessado a prova dos fatos que tenha alegado, sem prejuízo do dever atribuído ao órgão competente para a instrução e sem prejuízo do disposto no art. 29.

3. DA EFICIÊNCIA PROBATÓRIA NAS OPERAÇÕES ENTRE EMPRESAS INTERLIGADAS

e 373 do Código de Processo Civil[6], estes últimos aplicados subsidiariamente ao processo administrativo fiscal[7].

Além da distribuição do ônus probatório, a legislação fixa, ainda, o momento em que esta prova poderá ser produzida.

No caso da fiscalização, o artigo 10 do Decreto nº 70.235/1972 dispõe sobre os elementos essenciais à lavratura de auto de infração, dentre os quais encontra-se a descrição do fato, a disposição legal infringida, a penalidade aplicável e a determinação da exigência. Nesse contexto, o auto precisa ser lavrado com elementos probatórios suficientes à demonstração da ocorrência da infração.

Por parte do contribuinte, a instrução probatória deverá ser realizada, primordialmente, quando da apresentação da impugnação. É o que se extrai do teor do *caput*, inciso III e parágrafos 4º e 5º do artigo 16 do Decreto nº 70.235/1972[8], que exige a apresentação da prova documental quando da apresentação da impugnação administrativa, sob pena de preclusão, salvo em três hipóteses expressamente previstas, quais sejam: (i) impossibilidade de sua apresentação oportuna, por motivo de força maior; (ii) refira-se a fato

---

[6] Art. 373. O ônus da prova incumbe:

I – ao autor, quanto ao fato constitutivo de seu direito;

II – ao réu, quanto à existência de fato impeditivo, modificativo ou extintivo do direito do autor.

[7] Lei nº 9.784/1999 – Art. 69. Os processos administrativos específicos continuarão a reger-se por lei própria, aplicando-se-lhes apenas subsidiariamente os preceitos desta Lei.

CPC – Art. 15 do CPC. Na ausência de normas que regulem processos eleitorais, trabalhistas ou administrativos, as disposições deste Código lhes serão aplicadas supletiva e subsidiariamente.

[8] Art. 16. A impugnação mencionará:

(...) III – os motivos de fato e de direito em que se fundamenta, os pontos de discordância e as razões e provas que possuir;

(...) § 4º A prova documental será apresentada na impugnação, precluindo o direito de o impugnante fazê-lo em outro momento processual, a menos que:

a) fique demonstrada a impossibilidade de sua apresentação oportuna, por motivo de força maior;

b) refira-se a fato ou a direito superveniente;

c) destine-se a contrapor fatos ou razões posteriormente trazidas aos autos.

§ 5º A juntada de documentos após a impugnação deverá ser requerida à autoridade julgadora, mediante petição em que se demonstre, com fundamentos, a ocorrência de uma das condições previstas nas alíneas do parágrafo anterior.

EFICIÊNCIA PROBATÓRIA E A ATUAL JURISPRUDÊNCIA DO CARF

ou direito superveniente; (iii) destine-se a contrapor fatos ou razões posteriormente trazidas aos autos[9].

Por último, importante mencionar que o artigo 29 do Decreto nº 70.235/1972[10] conferiu ao Julgador liberdade na apreciação das provas constantes dos autos, bem como admitiu a determinação de diligências que se entenderem necessárias à solução da contenda. Previu-se, portanto, uma certa flexibilização quanto à produção probatória, a qual, uma vez iniciada pela parte a quem compete provar, poderia ser confirmada ou mesmo complementada por meio de diligências determinadas pela autoridade julgadora, quando esta medida se apresentar pertinente no caso concreto analisado.

Essas regras processuais, portanto, visam delinear os caminhos a serem percorridos pelas partes, para fins de se atingir o objetivo principal do contencioso administrativo fiscal, qual seja, a identificação do valor em discussão e da procedência ou não da sua exigência.

Com base no cenário acima delineado, quando se fala em eficiência probatória, há de se ter em mente os seguintes elementos: (i) a quem compete provar (distribuição do ônus probatório); (ii) o momento em que as provas deverão ser produzidas (admissão das provas apresentadas x reconhecimento da preclusão de fazê-lo) e (iii) o alcance das provas apresentadas (identificação do montante acobertado pelo conjunto probatório). Logo, combinando esses elementos, tem-se que será eficiente aquele "interessado" (item i) que lograr comprovar "a tempo" (item ii) o *quantum* exigido (item iii).

2. Operações entre empresas interligadas

Quando se está diante de operações entre empresas interligadas, os requisitos para se obter a eficiência probatória tornam-se, naturalmente, mais rígidos. Isso se dá em razão da maior facilidade que as partes possuem de manipular dados e mascarar a real conjuntura das operações realizadas, face à interligação entre as empresas envolvidas. Sendo assim, é comum a existência

[9] A interpretação deste dispositivo legal encontra inúmeras variações no âmbito das decisões do CARF, existindo desde decisões mais estritas, em que a preclusão é geralmente aplicada, a decisões mais amplas, em que a aplicação desta norma é realizada em conjunto com princípios constitucionais, a exemplo dos princípios da eficiência e da verdade material.

[10] Art. 29. Na apreciação da prova, a autoridade julgadora formará livremente sua convicção, podendo determinar as diligências que entender necessárias.

3. DA EFICIÊNCIA PROBATÓRIA NAS OPERAÇÕES ENTRE EMPRESAS INTERLIGADAS

de regras antielisivas específicas, tendentes a evitar esse tipo de situação. É o caso, por exemplo, das regras relacionadas ao Preço de Transferência ou mesmo, no caso de IPI, do Valor Tributável Mínimo (VTM).

Para fins de aplicação dessas normas antielisivas, portanto, o primeiro passo a ser dado é identificar se se está diante de uma operação entre empresas interligadas. Caso positivo, aplica-se a regra antielisiva específica. Caso negativo, persiste em aplicação a norma aplicável de forma geral, nas demais situações.

No caso específico do Imposto sobre Produtos Industrializados (IPI), o Valor Tributável Mínimo (VTM) opera como uma norma antielisiva específica, no intuito de evitar situações em que se pudesse praticar tal burla. E, para que se possa identificar se se está diante de uma operação entre empresas interligadas, há de se socorrer à definição de "firmas interdependentes" disposta no artigo 612 do Regulamento do IPI (Decreto nº 7.212/2010)[11].

---

[11] **Firmas Interdependentes**

Art. 612. Considerar-se-ão interdependentes duas firmas:

I – quando uma delas tiver participação na outra de quinze por cento ou mais do capital social, por si, seus sócios ou acionistas, bem como por intermédio de parentes destes até o segundo grau e respectivos cônjuges, se a participação societária for de pessoa física (Lei nº 4.502, de 1964, art. 42, inciso I, e Lei n o 7.798, de 1989, art. 9 o);

II – quando, de ambas, uma mesma pessoa fizer parte, na qualidade de diretor, ou sócio com funções de gerência, ainda que exercidas sob outra denominação (Lei nº 4.502, de 1964, art. 42, inciso II);

III – quando uma tiver vendido ou consignado à outra, no ano anterior, mais de vinte por cento no caso de distribuição com exclusividade em determinada área do território nacional, e mais de cinquenta por cento, nos demais casos, do volume das vendas dos produtos tributados, de sua fabricação ou importação (Lei nº 4.502, de 1964, art. 42, inciso III);

IV – quando uma delas, por qualquer forma ou título, for a única adquirente, de um ou de mais de um dos produtos industrializados ou importados pela outra, ainda quando a exclusividade se refira à padronagem, marca ou tipo do produto (Lei nº 4.502, de 1964, art. 42, parágrafo único, inciso I) ; ou

V – quando uma vender à outra, mediante contrato de participação ou ajuste semelhante, produto tributado que tenha fabricado ou importado (Lei nº 4.502, de 1964, art. 42, parágrafo único, inciso II).

Parágrafo único. Não caracteriza a interdependência referida nos incisos III e IV a venda de matérias-primas e produtos intermediários, destinados exclusivamente à industrialização de produtos do comprador.

Esta norma antielisiva específica será melhor analisada no tópico a seguir.

3. IPI (Valor Tributável Mínimo): histórico legislativo e apresentação da problemática

O Imposto sobre Produtos Industrializados (IPI) encontra previsão no artigo 46 e seguintes do Código Tributário Nacional (Lei nº 5.172/1966), o qual fixa, em seu artigo 46[12], as hipóteses que configuram o fato gerador do imposto e, em seu artigo 47[13], a sua base de cálculo. A principal hipótese de fato gerador deste tributo é a saída dos produtos do estabelecimento industrial ou equiparado a industrial. Já quanto à base de cálculo, esta corresponderá, via de regra, ao valor da operação de que decorrer a saída da mercadoria e, na falta deste, ao preço corrente da mercadoria, ou sua similar, no mercado atacadista da praça do remetente.

A regra geral, portanto, é que o IPI incidirá sobre o valor da operação.

O Regulamento do IPI (Decreto nº 7.212/2010), por seu turno, prevê em seu artigo 190[14] o que constitui valor tributável, fixando-o, em tais casos,

---

[12] Art. 46. O imposto, de competência da União, sobre produtos industrializados tem como fato gerador:

I – o seu desembaraço aduaneiro, quando de procedência estrangeira;

II – a sua saída dos estabelecimentos a que se refere o parágrafo único do artigo 51;

III – a sua arrematação, quando apreendido ou abandonado e levado a leilão.

Parágrafo único. Para os efeitos deste imposto, considera-se industrializado o produto que tenha sido submetido a qualquer operação que lhe modifique a natureza ou a finalidade, ou o aperfeiçoe para o consumo.

[13] Art. 47. A base de cálculo do imposto é:

I – no caso do inciso I do artigo anterior, o preço normal, como definido no inciso II do artigo 20, acrescido do montante:

a) do imposto sobre a importação;

b) das taxas exigidas para entrada do produto no País;

c) dos encargos cambiais efetivamente pagos pelo importador ou dele exigíveis;

II – no caso do inciso II do artigo anterior:

a) o valor da operação de que decorrer a saída da mercadoria;

b) na falta do valor a que se refere a alínea anterior, o preço corrente da mercadoria, ou sua similar, no mercado atacadista da praça do remetente;

III – no caso do inciso III do artigo anterior, o preço da arrematação.

[14] Art. 190. Salvo disposição em contrário deste Regulamento, constitui valor tributável:

I – dos produtos de procedência estrangeira:

3. DA EFICIÊNCIA PROBATÓRIA NAS OPERAÇÕES ENTRE EMPRESAS INTERLIGADAS

como o valor total da operação de que decorrer a saída do estabelecimento industrial ou equiparado, este entendido como o preço do produto, acrescido do valor do frete e das demais despesas acessórias, cobradas ou debitadas pelo contribuinte ao comprador ou destinatário.

Esse contexto legislativo levava, então, a uma constante erosão da base tributável do IPI, visto que empresas industriais criavam estabelecimentos atacadistas para dar saída aos seus produtos industrializados com um baixo valor de operação e estabelecendo o preço adequado apenas quando da venda ao varejo.

a) o valor que servir ou que serviria de base para o cálculo dos tributos aduaneiros, por ocasião do despacho de importação, acrescido do montante desses tributos e dos encargos cambiais efetivamente pagos pelo importador ou dele exigíveis e

b) o valor total da operação de que decorrer a saída do estabelecimento equiparado a industrial; ou

II – dos produtos nacionais, o valor total da operação de que decorrer a saída do estabelecimento industrial ou equiparado a industrial.

§ 1º. O valor da operação referido na alínea "b" do inciso I e no inciso II compreende o preço do produto, acrescido do valor do frete e das demais despesas acessórias, cobradas ou debitadas pelo contribuinte ao comprador ou destinatário.

§ 2º. Será também considerado como cobrado ou debitado pelo contribuinte, ao comprador ou destinatário, para efeitos do disposto no §1º, o valor do frete, quando o transporte for realizado ou cobrado por firma controladora ou controlada – Lei nº 6.404, de 15 de dezembro de 1976, art. 243 , coligadas – Lei nº 10.406, de 10 de janeiro de 2002, art. 1.099 , e Lei nº 11.941, de 27 de maio de 2009, art. 46, parágrafo único , ou interligada – Decreto-Lei nº 1.950, de 1982, art. 10, § 2º – do estabelecimento contribuinte ou por firma com a qual este tenha relação de interdependência, mesmo quando o frete seja subcontratado.

§ 3º. Não podem ser deduzidos do valor da operação os descontos, diferenças ou abatimentos, concedidos a qualquer título, ainda que incondicionalmente.

§ 4º. Nas saídas de produtos a título de consignação mercantil, o valor da operação referido na alínea "b" do inciso I e no inciso II do *caput*, será o preço de venda do consignatário, estabelecido pelo consignante.

§ 5º. Poderão ser excluídos da base de cálculo do imposto os valores recebidos pelo fabricante ou importador nas vendas diretas ao consumidor final dos veículos classificados nas Posições 87.03 e 87.04 da TIPI, por conta e ordem dos concessionários de que trata a Lei nº 6.729, de 28 de novembro de 1979 , a estes devidos pela intermediação ou entrega dos veículos, nos termos estabelecidos nos respectivos contratos de concessão.

§ 6º. Os valores referidos no § 5º não poderão exceder a nove por cento do valor total da operação.

Com o objetivo de frear este tipo de planejamento tributário, o art. 195, inciso I, do RIPI/2010[15] previu um "valor tributável mínimo" (VTM) a ser observado no caso de operações entre "firmas interdependentes". Segundo este dispositivo legal, em tais casos, o valor tributável não poderá ser inferior ao *"preço corrente no mercado atacadista da praça do remetente"*.

O primeiro questionamento que há de ser feito, então, é se se está diante de operações entre empresas interdependentes. E a resposta a esta pergunta, como visto no tópico anterior, encontra previsão no artigo 612 do RIPI/2010, o qual prescreve o que seriam "firmas interdependentes". Sendo negativa a resposta, aplica-se a regra geral, devendo ser considerado para fins de incidência do IPI o valor da operação. Sendo positiva a resposta, aplicável a regra do valor tributável mínimo, disposta no referido art. 195, inciso I do RIPI/2010.

Na hipótese de se entender aplicável a regra do VTM, o segundo questionamento que há de ser feito é se há preço corrente no mercado atacadista da praça do remetente. Se a resposta for positiva, aplica-se o *caput* do artigo 196[16], que fixa como valor tributável mínimo a média ponderada dos preços de cada produto (comparação mercadológica). Já se a resposta for negativa, adota-se a base de cálculo ficta disposta no parágrafo único[17] deste artigo

---

[15] **Valor Tributável Mínimo**
Art. 195. O valor tributável não poderá ser inferior:
I – ao preço corrente no mercado atacadista da praça do remetente quando o produto for destinado a outro estabelecimento do próprio remetente ou a estabelecimento de firma com a qual mantenha relação de interdependência

[16] Art. 196. Para efeito de aplicação do disposto nos incisos I e II do art. 195, será considerada a média ponderada dos preços de cada produto, em vigor no mês precedente ao da saída do estabelecimento remetente, ou, na sua falta, a correspondente ao mês imediatamente anterior àquele.

[17] Parágrafo único. Inexistindo o preço corrente no mercado atacadista, para aplicação do disposto neste artigo, tomar-se-á por base de cálculo:
I – no caso de produto importado, o valor que serviu de base ao Imposto de Importação, acrescido desse tributo e demais elementos componentes do custo do produto, inclusive a margem de lucro normal; e
II – no caso de produto nacional, o custo de fabricação, acrescido dos custos financeiros e dos de venda, administração e publicidade, bem como do seu lucro normal e das demais parcelas que devam ser adicionadas ao preço da operação, ainda que os produtos hajam sido recebidos de outro estabelecimento da mesma firma que os tenha industrializado.

196, que levará em consideração o custo de produção, outras despesas e margem de lucro normal.

Tem-se, então, que ao contribuinte interessa afastar-se da aplicação do *caput* do art. 196, visto que a previsão disposta no parágrafo único lhe é, via de regra, mais benéfica, admitindo, inclusive, uma certa margem de manipulação. Isso porque, o preço corrente no mercado atacadista (hipótese descrita no *caput*) é um valor extraído por meio de comparação mercadológica, tomando por base o preço corrente no mercado atacadista adotado por terceiros naquela mesma operação (em tese, portanto, valor isento e não manipulável), ao passo que a base de cálculo ficta (hipótese prevista no parágrafo único) leva em consideração dados relacionados aos custos do produto, extraídos da própria parte interessada (até certo ponto manipuláveis, diante da possibilidade de realocação de determinados custos entre as empresas interligadas), acrescido de uma margem de lucro normal, a qual nem sempre corresponde à realidade mercadológica daquele determinado produto.

Por tais razões, portanto, à fiscalização interessa enquadrar o contribuinte no referido *caput*, o qual afasta possíveis manobras de manipulação e, na maior parte das vezes, finda por ampliar a base tributável pelo IPI. Inicia-se, então, uma verdadeira disputa de "cabo de guerra" entre as partes.

4. Definição do conceito de "praça" como potencial via solucionadora

Em que pese a boa intenção da norma, a qual possui, como visto, objetivo antielisivo tendente a evitar a erosão da base tributável pelo IPI, a sua aplicação encontra caminhos tortuosos, gerando intensos debates na doutrina e jurisprudência pátrias, em razão da dificuldade de se identificar o "preço corrente no mercado atacadista da praça do remetente". A principal discussão gira em torno do conceito de praça e a sua extensão para fins de aplicação das regras de VTM.

Atualmente, é possível se identificar a existência de duas principais correntes, as quais adotam os seguintes entendimentos: (i) praça como sinônimo de Município e (ii) o conceito de praça admitiria uma interpretação mais ampla.

Por mais envolvente que possa parecer a discussão teórica travada pelos defensores dessas correntes, como já delineado acima, não é este o objetivo do presente artigo, o qual, embora pincelando algumas nuances teóricas, visa, como pano de fundo, abordar a temática sob o ponto de vista prático, abordando a sua influência para a eficiência probatória de determinado caso concreto a ser analisado. E é com este intuito que passo a analisar cada uma dessas correntes.

4.1. Praça como sinônimo de Município

Para aqueles que defendem o conceito de praça como sinônimo de Município, este entendimento possuiria respaldo nos usos e costumes, na antiga lei do cheque (Decreto nº 2.591/1912), no parágrafo 1º do artigo 197 do RIPI/2010, no Parecer Normativo CST nº 44/1981, bem como no Projeto de Lei nº 1.559/2015. Todos esses elementos normativos possuiriam o condão de demonstrar que o conceito de "praça" possui um limite geográfico definido, correspondendo ao Município do remetente.

Os vários fundamentos daqueles que defendem esta tese podem ser observados na leitura do artigo "O valor tributável mínimo (VTM) no IPI e o conceito de "praça" na sua apuração", produzido pelos ex-Conselheiros do CARF, Carlos Augusto Daniel Neto e Diego Diniz Ribeiro[18].

Nas decisões do CARF, este entendimento prevaleceu de forma praticamente uníssona até 2017. É o que se pode constatar, por exemplo, através dos acórdãos nº 204-02.707, 3403-002.285 e 3402-004.341, este último, abaixo colacionado, por bem representar a matéria discutida:

> (...) IPI. VALOR TRIBUTÁVEL MÍNIMO. NORMA ANTIELISIVA ESPECÍFICA.
>
> O valor tributável mínimo – VTM é típica norma antielisiva específica para operações com produtos industrializados e tem por objetivo evitar uma manipulação artificial da base de cálculo do tributo quando da realização de operações entre empresas interdependentes.
>
> A delimitação de um dos dois métodos possíveis de apuração do VTM implica precisar qual o conteúdo semântico da expressão "praça do remetente" para então identificar se, naquela praça, há ou não um mercado atacadista, de modo a permitir a apuração do VTM com base em uma comparação mercadológica (preço médio das empresas da localidade do remetente) ou com base em ficção jurídica (levando em consideração como elementos mínimos os custos de produção, as despesas e a margem de lucro ordinária naquele tipo de operação).

---

[18] O valor tributável mínimo (VTM) no IPI e o conceito de "praça" na sua apuração. *In: Revista Direito Tributário Atual*, n. 29, 2018, p. 36-55.

3. DA EFICIÊNCIA PROBATÓRIA NAS OPERAÇÕES ENTRE EMPRESAS INTERLIGADAS

IPI. VALOR TRIBUTÁVEL MÍNIMO. CONCEITO DE "PRAÇA DO REMETENTE" E DE "MERCADO ATACADISTA".

O fato da lei não promover a delimitação semântica de determinado signo na esfera jurídico-tributária não redunda em negar a existência, para tal signo, de um conteúdo jurídico próprio, sob pena do princípio da legalidade em matéria tributária ser esvaziado de conteúdo. Assim, **o preenchimento semântico de um signo jurídico em matéria tributária deve socorrer-se da própria lei. Nesse sentido, os inúmeros dispositivos legais que empregam o termo "praça" o fazem no sentido de domicílio, i.e., limitando-se ao recorte geográfico de um Município,** nos termos do art. 70 do Código Civil. Logo, a regra antielisiva a ser aqui convocada é aquela prescrita no art. 196, parágrafo único, inciso II do RIPI/2010. Precedentes administrativos e judiciais neste sentido. Ademais, estender o conceito de praça ao de região metropolitana, além de não ter sustentação legal nem econômica, implicaria ainda em tornar a regra do art. 195, inciso I do RIPI/2010 um sem sentido jurídico, já que a tornaria redundante. (...).

Sendo assim, sob o enfoque de eficiência probatória, a adoção desta corrente possuiria uma aplicação mais simples, pois bastaria à fiscalização comprovar que o contribuinte adotou como valor tributável montante inferior ao "preço corrente no mercado atacadista do *Município* do remetente", ou mesmo ao contribuinte comprovar que inexiste "preço corrente no mercado atacadista do *Município* do remetente", o que levaria, então, à aplicação da regra subsidiária disposta no parágrafo únicodo artigo 196 do RIPI/2010.

Nesse contexto, a adoção de um conceito de praça preciso, como sinônimo de Município, confere maior uniformidade no tratamento da questão, e, por consequência, reflete na tão almejada segurança jurídica como sinônimo de previsibilidade do julgamento de demandas sobre a matéria.

A crítica que se faz a este entendimento é que, de fato, o Município corresponde a um espaço geográfico deveras limitado, o qual, via de regra, inviabiliza a aplicação desta norma antielisiva específica, o que, decerto, não era a intenção do legislador quando idealizou a norma. Penso, contudo, que esta crítica, apesar de válida, possui cunho nitidamente ideológico e não jurídico, pois, no meu entender, os fundamentos postos em defesa desta tese são os que melhor encontram respaldo normativo.

4.2. Conceito mais amplo de praça

Posteriormente, novas decisões foram sendo proferidas pelo CARF, nas quais passou a ser adotado um conceito mais amplo do termo "praça", a exemplo das decisões proferidas nos Acórdãos nº 3301-004.363 e 3201-003.444.

Segundo o Conselheiro José Henrique Mauri, relator do Acórdão nº 3301-004.363:

> O termo praça não teria limite geográfico genericamente estabelecido, devendo "representar a região onde o preço do produto será o mesmo em qualquer parte desse território, sem interferência externa como frete, seguro, comissões, entre outras despesas, que, em se existindo, provocariam desnivelamento do preço a ser comparado.
>
> (...) praça de comércio" pode ter abrangência igual, superior ou inferior ao território de Município, a depender dos fatores que integram a operação, dentre outros: produto, concorrência, exclusividade, produto único, segregação de preço por região de destino, tabelamento, segregado ou não por regiões.

Também adotando um conceito mais amplo de "praça", assim se manifestou a Relatora Tatiana Belisário no voto constante da decisão proferida no Acórdão nº 3201-003.444:

> o Direito Tributário não admite, na atualidade, interpretações estanques, dissociadas da realidade econômica, social e política". Assim, "a interpretação do direito tributário (...) deve acompanhar a evolução dos paradigmas sociais e econômicos". A "própria realidade mercadológica (...) inviabiliza restringir o conceito de praça comercial a um único município". (...)
>
> "na atual realidade, de economia globalizada, limitar o conceito de "praça comercial" de um comerciante de alcance internacional, às barreiras geográficas de um único município, significa corromper o próprio conceito normativo.

Nesta mesma decisão, assim se manifestou o Conselheiro Paulo Roberto Moreira em sua declaração de voto apresentada:

> (...) o local físico, geográfico, até onde se estende o campo de atuação de comercial atacadista da empresa. Dito de outra forma, compreende a área geográfica em que é permitido à empresa atuar, respeitados os limites legais e contratuais, quando exigidos.

3. DA EFICIÊNCIA PROBATÓRIA NAS OPERAÇÕES ENTRE EMPRESAS INTERLIGADAS

E esta tese findou sendo acolhida pela 3ª Turma da Câmara Superior de Recursos Fiscais, a qual, em sessão de julgamento realizada em 14/05/2019, assim se manifestou (Acórdão nº 9303-008.545):

> CONCEITO DE PRAÇA. NECESSÁRIA IDENTIDADE COM O DE MUNICÍPIO, DESCABIMENTO, CONFORME JURISPRUDÊNCIA PREDOMINANTE EM RECENTES DECISÕES DO CARF.
>
> O conceito de praça, utilizado no art. 195, I, do RIPI/2010, não tendo sido o legislador específico quanto à abrangência territorial, comporta interpretação, melhor se identificando, conforme vem sendo entendido pela recente jurisprudência do CARF, com o mercado, que não tem necessária identidade com configurações geopolíticas, em especial a de um Município, restrição esta que implicaria em dar azo a que grandes empresas com características operacionais que a esta possibilidade levam (como as do ramo de cosméticos), adotem livremente a prática de instalar um único distribuidor, interdependente, em outro Município, para forçosamente caracterizar que não existe mercado atacadista na "praça" do remetente e, assim, permitir, ao industrial, contribuinte do IPI, que pratique preços artificialmente muito inferiores ao de mercado, ou seja, admitir que a norma que visa justamente coibir esta prática venha a viabilizá-la.

Da leitura das passagens acima transcritas, então, é possível constatar que, nestas decisões, entendeu-se que o conceito de "praça" não poderia estar adstrito à limitação geográfica de um Município. Acontece que, ao fazê-lo, não foi indicado um critério objetivo para fins de definição deste conceito, ainda que mais amplo do que o conceito de "Município" por estas afastado. Ao contrário, foram indicados vários critérios subjetivos os quais, conjugados, levariam à definição do que seria "praça" naquele caso específico analisado.

Os fundamentos daqueles que defendem esta tese podem ser bem visualizados no artigo "A busca por um definitivo conceito de praça para fins de fixação do valo tributável mínimo – VTM", produzido pelo Procurador da Fazenda Nacional Fabrício Sarmanho Albuquerque e publicado no livro que trouxe os principais temas discutidos no Seminário CARF de 2018[19].

A crítica que se faz aqui a esta corrente é a ausência de definição precisa do que seria "praça", deixando a critério do aplicador do Direito, inclusive a

---

[19] A referência está disponível no link a seguir: http://carf.economia.gov.br/publicacoes

autoridade fiscal, a interpretação e aplicação deste termo. Afinal, fazendo-se uma adaptação da citação feita por Sérgio André Rocha ao tratar sobre o conceito de simulação[20], temos que, "em termos práticos, cada um tem uma "praça" para chamar de sua, que só fica clara diante de casos concretos".

Ou seja, o conceito de "praça" deixou de ser entendido como sinônimo de Município, o qual representava um conceito, embora arcaico, objetivo, preciso, definido, de fácil acepção para a fiscalização, para o contribuinte e para o aplicador do direito. Passou, então, a ser aplicado como um conceito mutável, heterogêneo, de acordo com o tempo ou as circunstâncias específicas do caso concreto, embarcando em um mar de insegurança jurídica.

Afinal, não se sabe se este critério indefinido, ao ser adotado pelo contribuinte, encontrará aceitação por parte da fiscalização, ou mesmo por parte das decisões do CARF. É a ciência humana se afastando sobremaneira da ciência exata, deixando claro que as vicissitudes do direito jamais admitiriam àquela sonhada aproximação.

Ao abraçar o entendimento desta corrente, passa-se a exigir um maior esforço das partes envolvidas no que tange à eficiência probatória, visto que se exigirá a demonstração de que o valor tributável adotado naquele caso concreto atendeu ao preço corrente no mercado atacadista do produto industrializado pela empresa autuada – seja qual for este critério –, de acordo com as suas circunstâncias específicas que se lhe apliquem, sem se ater a limites geográficos ou territoriais. Indago, então, se há como haver maior indefinição.

Este maior esforço probatório demandará, também, maior tempo e custo na sua produção, o que muitas vezes a inviabiliza, em especial quando se exige que a sua produção decorra da fiscalização, a qual nem sempre possui o aparato necessário para fazê-lo.

E penso não ter sido esta a intenção do legislador quando pensou a norma, até porque, sabe-se que a legislação brasileira, no que comporta à fixação de normas antielisivas, costuma adotar, como política, critérios objetivos,

---

[20] No artigo "Para que serve o parágrafo único do artigo 116 do CTN afinal?". *In: Direito Tributário – Os trinta anos do sistema tributário nacional na Constituição – estudos em homenagem a Ricardo Lobo Torres – Volume II*, 2018, p. 228-259, Sérgio André Rocha assim dispõe: "Com efeito, o ponto chave neste debate é o conceito de simulação. No fundo, embora ele seja onipresente em todos esses autores, em termos práticos, cada um tem uma simulação para chamar de sua, que só fica clara diante de casos concretos."

afastando-se, na medida do possível, de critérios subjetivos que encareçam a aplicação da norma. Tanto que, como é cediço, indo na contramão das regras aplicadas pelos países desenvolvidos, e por isso mesmo recebendo fortes críticas no cenário internacional, adota critérios objetivos para fins de identificação do preço de transferência aplicado no caso de operações com empresas interligadas, critérios esses que se distanciam dos critérios subjetivos pensados pela OCDE.

Como dito acima, sob o ponto de vista ideológico, até concordo que o conceito de praça como sinônimo de Município acabou ficando parado no tempo, não se amoldando mais à realidade econômica, social e política atual. Penso, contudo, que a solução para esta problemática está relacionada à necessária modificação legislativa do tema, expurgando por completo o arcaico termo "praça", que não é há muito adotado nas operações comerciais, e adotando um termo que melhor se amolde à conjuntura atual. Até porque, penso que o conjunto normativo atualmente vigente não permite interpretação diversa ao conceito de "praça" senão como sinônimo de Município.

Destaco, contudo, que qualquer novo termo que venha a ser adotado precisará estar revestido de um mínimo de precisão, para que torne a sua aplicação não apenas viável, mas de fácil acepção àqueles que a aplicam. Afinal, só se terá efetiva segurança jurídica quando o direito se tornar uma ciência humana minimamente previsível.

5. Eficiência probatória nos casos de VTM

Por fim, há de analisar a eficiência probatória nos casos específicos de VTM, levando em consideração os três pilares já analisados no tópico 3 acima, quais sejam: (i) a quem compete provar (distribuição do ônus probatório); (ii) o momento em que as provas foram produzidas (admissão das provas apresentadas x reconhecimento da preclusão de fazê-lo) e (iii) o alcance das provas apresentadas (identificação do montante acobertado pelo conjunto probatório).

Ainda que não haja impedimento de que os casos de VTM sejam objeto de um pedido de compensação ou ressarcimento, no caso de o contribuinte entender que recolheu IPI a maior, hipótese em que o ônus probatório recairia sobre ele, tem-se que a maior parte dos casos analisados pelo CARF dizem respeito à lavratura de um auto de infração, em que a fiscalização identifica a existência de recolhimento a menor. E, consoante já havia analisado em tópico anterior, estando-se diante da desconsideração do valor da operação por meio da lavratura de auto de infração, tem-se que o ônus probatório incumbe à fiscalização (item i). A esta, portanto, cabe comprovar o descumprimento da legislação tributária, apta a ensejar a exigência do tributo que entende devido, acrescido das penalidades correspondentes.

Por outro lado, é possível constatar que nem sempre a fiscalização entende que estaria diante do descumprimento objetivo das regras de VTM. Na prática, encontrando-se a fiscalização diante de operações entre "firmas interdependentes" em que se identifica que estas foram realizadas em valores inferiores aos valores de mercado, a desconsideração do valor tributável indicado pelo contribuinte tem sido realizada com base em duas posturas distintas: (a) aplicação do critério objetivo disposto nas regras de VTM e (b) arbitramento do valor tributável por entender que houve subfaturamento, fraude ou mesmo simulação. Nesta segunda hipótese, então, a lavratura do auto de infração enseja, necessariamente, a qualificação da multa aplicada ao contribuinte em razão do recolhimento a menor do imposto, em razão do disposto no inciso II do parágrafo 6º do artigo 80 da Lei nº 9.430/1996.

Nesse contexto, estando diante da hipótese descrita no item (a), basta à fiscalização demonstrar que o valor adotado pelo contribuinte não atendeu aos ditames dispostos na norma antielisiva específica em questão – adotando-se, para tanto, uma das correntes acima descritas quanto ao conceito de "praça" –, e que, portanto, é devida a diferença entre o valor tributável indicado pelo contribuinte e o valor tributável mínimo disposto na legislação.

De outro norte, caso tenha a fiscalização entendido por arbitrar o valor devido, com fundamento em subfaturamento, fraude ou mesmo simulação – situação descrita no item (b) –, as quais levam à qualificação da multa aplicada, tais fundamentos deverão estar devidamente comprovados nos autos, para fins de manutenção do auto de infração combatido. Em tais casos, não basta comprovar a ausência de observância do valor tributável mínimo, há de se comprovar que o contribuinte agiu com o dolo necessário à configuração de tais delitos.

O que acontece é que, em determinados casos, a fiscalização finda por se confundir quando da lavratura do auto de infração, e, embora esteja diante de situação de mero descumprimento das regras de VTM, sem que se esteja diante de hipótese de subfaturamento, fraude ou mesmo simulação, finda por lavrar auto de infração com fundamento em tais atos dolosos, sem que estes tenham sido minimante comprovados nos autos. Em tais casos, a depender da situação, o auto de infração será nulo, ou mesmo improcedente,

3. DA EFICIÊNCIA PROBATÓRIA NAS OPERAÇÕES ENTRE EMPRESAS INTERLIGADAS

face à inexistência ou ineficiência probatória quanto aos fatos que ensejaram a sua lavratura.

Embora tratando sobre tema distinto, no artigo em que analisa a função do controverso parágrafo único do artigo 116 do CTN nos debates sobre planejamento tributário, Sérgio André Rocha identifica a existência de problemática correlata à objeto do presente artigo ao assim dispor:

> Ou seja, em nenhum momento pretendeu-se a criação de um cenário como o atual, de completa insegurança, o qual, em grande medida, atribui-se aos supostos "defensores dos contribuinte", que jamais apoiaram ou trabalharam por uma regulamentação razoável do parágrafo único do art. 116. Esta regulamentação traria não só um rito processual específico, com garantias para os contribuintes, mas também poderia trazer regras sobre a aplicação de sanções, evitando-se a indevida proliferação das multas de ofício agravadas que verificamos hoje.
>
> Uma consequência natural do que estamos defendendo neste texto é que muitos dos autos de infração que são lavrados atualmente, no fundo, carecem de base legal. Devemos aceitar este fato e, neste particular, concordar com ponderação como a apresentada por Paulo Ayres Barreto (2016, p. 163-168), no sentido de que todas as vezes em que foi instado a regulamentar o parágrafo único do artigo 116 o Congresso Nacional ou rejeitou a iniciativa da Fazenda ou se omitiu.
>
> (...). Portanto, em casos de artificialidade evidente, onde é latente que houve um abuso de formas do direito privado com a única finalidade de economia tributária, nossa posição firme é no sentido não só de que tais atos podem ser desconsiderados e requalificados para fins fiscais, mas também de que lhes são aplicáveis a multa qualificada de 150%, já que configuram simulação. Fora destes casos, sem a regulamentação prevista no tantas vezes mencionado parágrafo único do art. 116 nenhuma desconsideração deveria ser possível.
>
> (...) Portanto, o debate teórico sobre este tema tem que se atualizar. Enquanto ficamos presos nas discussões axiológicas entre "solidaristas" e "pró-segurança", vamos completar duas décadas de autos de infração sem fundamentação adequada, de multas de ofício aplicadas sem qualquer critério, ou seja, de absoluta insegurança jurídica.
>
> A conclusão deste estudo está na interseção entre os autores "solidaristas" e pró-segurança". Em nossa visão: (1) atos e negócios jurídicos explicitamente artificiais, praticados com distorção de sua causa típica com a finalidade exclusiva de economia tributária caracterizam atos e negócios jurídicos simulados, podendo ser desconsiderados e requalificados pelas autoridades fiscais; (2) a seu

turno, situações fática e juridicamente complexas, onde razões tributárias concorrem com razões econômicas, onde a abertura dos textos normativos possa levar a interpretações razoáveis divergentes, jamais podem ser tratadas como simuladas. Para esses casos, onde admitimos possa haver a desconsideração e requalificação dos atos e negócios jurídicos praticados pelo contribuinte em alguns casos particulares, eventual questionamento por parte das autoridades fiscais de ser baseado – ou seja, não o sendo, o auto de infração seria nulo – no parágrafo único do artigo 116, o qual somente se tornará plenamente eficaz quando da edição da lei ordinária nele prevista[21].

Ou seja, reconheceu o autor que o resultado prático da heterogeneidade de entendimentos sobre a interpretação e a aplicação parágrafo único do artigo 116 do CTN (norma geral antielisiva) é a lavratura de autos de infração dissociados do caso concreto analisado, deixando de trazer fundamentação legal adequada à hipótese, o que, por vezes, o tornam nulos. No intuito de amenizar este efeito danoso, buscou encontrar um critério definido para a temática, com o objetivo de tentar tornar mais nítido tema tão nebuloso e controverso que é o planejamento tributário face a dito dispositivo legal.

E é justamente este o objetivo do presente artigo: conferir à temática aqui analisada contornos minimamente definidos, por meio de elementos que possam revesti-la de certa previsibilidade.

No caso específico do VTM, regra antielisiva específica, diante da existência de base legal determinada, esta há de ser aplicada sempre que se estiver diante de sua inobservância. A desconsideração dos critérios objetivos ali definidos, por meio do arbitramento do valor tributável mínimo, ou mesmo da aplicação da multa qualificada, portanto, apenas deverá ser admitida na medida em que a fiscalização lograr comprovar o ato doloso que embasou a adoção de tais medidas excepcionais[22].

Sobre a ineficiência probatória do Fisco, trago à colação o teor dos Acórdãos nº 3401-003.873 e 3401-006.610, respectivamente, por meio dos quais se entendeu, cada um à sua razão, pelo cancelamento da autuação:

[21] ROCHA, Sérgio André. Para que serve o parágrafo único do artigo 116 do CTN afinal?. *In*: DANTAS, José André Wanderley. ROSENBLATT. Paulo (Coordenadores). *Direito Tributário – Os trinta anos do sistema tributário nacional na Constituição – estudos em homenagem a Ricardo Lobo Torres – Volume II*. Recife: Ed. Dos Organizadores, 2018, p. 228-259.

[22] Vide inciso II do parágrafo 6º do artigo 80 da Lei nº 9.430/1996.

3. DA EFICIÊNCIA PROBATÓRIA NAS OPERAÇÕES ENTRE EMPRESAS INTERLIGADAS

(...) INSTRUÇÃO NORMATIVA Nº 82/2001. VALOR TRIBUTÁVEL MÍNIMO ("VTM") DE IPI. ARTIGO 142 DO CTN.

A incongruência entre os elementos e a motivação apresentados pela fiscalização, de um lado, e o fundamento legal indicado, de outro, ensejam o reconhecimento de **carência de fundamentação e improcedência da autuação**, por força no disposto no artigo 142, do CTN.

***

(...) PLANEJAMENTO TRIBUTÁRIO ABUSIVO. SUBFATURAMENTO. ÔNUS DA PROVA.

A acusação de subfaturamento nas operações comerciais não pode ser presumida, devendo ser efetivamente comprovada, não bastando a indicação de meros indícios ou do fato de haver interdependência entre comprador e vendedor para descaracterizar o valor da fatura comercial. (...).

ACÓRDÃO:

Acordam os membros do colegiado, em dar parcial provimento ao recurso, da seguinte forma: (a) por maioria de votos, para afastar a majoração da multa (reduzindo-a ao patamar de 75%) e a responsabilidade solidária dos sócios, **por se entender haver carência probatória a cargo do fisco**, vencidos os Conselheiros Lázaro Antônio Souza Soares e Carlos Henrique de Seixas Pantarolli; (b) por voto de qualidade, para manter o lançamento em relação ao contribuinte, no que se refere ao valor tributável mínimo, vencidos o relator, Conselheiro Leonardo Ogassawara de Araújo Branco, e os Conselheiros Tiago Guerra Machado, Oswaldo Gonçalves de Castro Neto e Muller Nonato Cavalcanti Silva. Designado para redigir o voto vencedor em relação ao valor tributável mínimo o Conselheiro Lázaro Antônio Souza Soares. (**Grifos apostos**)

Quanto ao momento em que as provas deverão ser produzidas (item ii), tem-se que o auto de infração deverá ser lavrado já com todo o arcabouço probatório necessário à demonstração da infração ali apontada, sob pena do seu cancelamento, como se viu nas decisões acima colacionadas.

O contribuinte, por seu turno, acaso ciente de algum fato impeditivo, modificativo ou extintivo do direito de a Fazenda lançar o tributo com os seus acréscimos legais, deverá manifestar-se, via de regra, na primeira oportunidade que possui para se manifestar nos autos, ou seja, em sua impugnação.

Por fim, há de se analisar, ainda, se a eficiência probatória do Fisco no caso concreto analisado foi suficiente para comprovar o *quantum* exigido (item iii). Para tanto, dois são os questionamentos a serem feitos: (a) todas as operações indicadas no auto de infração deverão ser, de fato, desconsideradas? e (b) o valor adotado pela fiscalização em substituição ao valor indicado pelo contribuinte atende aos critérios legais?

Ou seja, a uma, há de se analisar se a autuação está apta a ensejar a desconsideração de todas as operações objeto do auto de infração em relevo, ou de apenas parte dela, pois não basta alegar a infração em tese, há de se comprovar que as operações analisadas, de fato, não respeitaram o valor tributável mínimo nos moldes exigidos pela legislação. A duas, há de se verificar se, ao desconsiderar o valor tributável adotado pelo contribuinte, escolheu corretamente a fiscalização o valor mínimo tributável, de acordo com o conceito de praça que tiver adotado.

Não tendo sido respeitados tais critérios, novamente, há de se cancelar o auto de infração combatido. Nesse sentido, trago à colação passagem do voto que ensejou na lavratura do Acórdão nº 3201-005.567:

> Sendo a praça do remetente dos produtos tributados pelo IPI a cidade de São Paulo e existindo um mercado atacadista nesta praça, a fiscalização deveria ter apurado o preço médio, e não simplesmente considerado o preço da empresa Colgate Comercial de São Bernardo do Campo, motivo pelo qual deve ser cancelado o presente Auto de Infração.

Nesse mesmo sentido foi a orientação constante do Acórdão nº 3402-004.341, já anteriormente mencionado:

> IPI. VALOR TRIBUTÁVEL MÍNIMO. AUTO DE INFRAÇÃO E ÔNUS PROBATÓRIO DA FISCALIZAÇÃO.
>
> Ao afirmar que o conceito de praça é sinônimo de mercado e que este, por seu turno, se identifica com o conceito legal de região metropolitana, deveria a fiscalização ter feito prova neste sentido. Em outros termos, deveria a fiscalização ter provado que a região metropolitana é, economicamente falando, um "mercado de cosméticos" no âmbito de atuação da recorrente, o que não ocorreu no caso em tela.

Percebe-se, portanto, que a discussão da temática não se encontra adstrita à matéria de direito, encontrando-se, na maioria dos casos, relacionada à eficiência probatória, a qual, na maioria dos casos, recai sobre o Fisco.

3. DA EFICIÊNCIA PROBATÓRIA NAS OPERAÇÕES ENTRE EMPRESAS INTERLIGADAS

Para este, então, a ampliação do conceito de "praça" representa uma faca de dois gumes, pois ao mesmo tempo em que admite adotar a regra disposta no *caput* do artigo 196 em um campo mais abrangente de operações, exige um contexto probatório muito mais complexo e custoso para ser produzido, tornando-o, muitas vezes, inviável. É a possibilidade de cobrar mais, porém, em menos situações, face ao aparato probatório mais robusto exigido.

Conclusões

Diante do cenário exposto acima, é possível concluir que, independentemente do conceito de "praça" adotado para fins de aplicação das regras de "valor tributável mínimo" (VTM), a eficiência probatória é elemento crucial à validade da pretensão creditória. E, como visto, este ônus recairá sobre a fiscalização nos casos da lavratura do auto de infração, a quem competirá não apenas demonstrar que o valor tributável apontado pelo contribuinte estava aquém do mínimo determinado pela legislação, quanto apontar este *quantum* de forma adequada, por meio de elementos suficientes e aptos a este fim.

Nesse contexto, quando adotado o conceito mais "alargado" do conceito de "praça", a fiscalização deverá suportar não apenas o bônus decorrente deste alargamento, capaz de admitir a desconsideração de um maior número de operações entre empresas interligadas, como também o ônus a ela atrelado, tornando-se necessário, então, comprovar que o valor considerado pela fiscalização atendeu aos critérios de tempo e espaço especificamente utilizados naquele caso concreto. E, como dito, tal ônus comporta, além de um maior custo, uma maior complexidade na sua produção, visto que demanda uma pesquisa empírica em um campo geográfico até certo ponto indefinido, conforme recentes decisões do CARF.

Por outro lado, nas hipóteses que pretender a fiscalização desqualificar a operação realizada para fins de arbitramento da base tributável ou mesmo de aplicação da multa qualificada, afastando-se assim da aplicação das regras de VTM, deverá trazer na autuação fundamentação adequada e elementos probatórios suficientes à demonstração do ato doloso relatado.

Em resumo, não há como se admitir que a fiscalização se beneficie do bônus, sem exigir-lhe o correspondente ônus, pois estes (bônus e ônus) são duas faces de uma mesma moeda. Afinal, como já asseverou Marco Aurélio Greco: "(...) o Fisco não pode interpretar os negócios privados como bem entender, apenas com o intuito de enquadrá-los na hipótese tributariamente mais onerosa"[23]. Porém, poderá fazê-lo desde que aquela hipótese concreta se amolde à situação que acarrete, comprovadamente, exigência tributária mais onerosa.

De qualquer forma, seja à fiscalização, seja ao contribuinte, há de se exigir que a identificação do *quantum* de IPI devido seja realizada de forma numérica e precisa, atendendo aos critérios legislativos e comparativos adequados – a depender do conceito de "praça" aplicado ou mesmo da comprovação do ato doloso que levou à inaplicabilidade das regras atinentes ao VTM – e com embasamento em documentação comprobatória satisfatória. Afinal, por mais subjetivo que possa ser o direito, um pouco de objetividade não há como fazer mal.

Referências

GRECO, Marco Aurélio. *Planejamento tributário*. 3 ed. São Paulo: Dialética, 2011, p.212-223.

ROCHA, Sérgio André. Para que serve o parágrafo único do artigo 116 do CTN afinal?. *In*: DANTAS, José André Wanderley. ROSENBLATT. Paulo (Coordenadores). *Direito Tributário – Os trinta anos do sistema tributário nacional na Constituição – estudos em homenagem a Ricardo Lobo Torres – Volume II*. Recife: Ed. Dos Organizadores, 2018.

---

[23] GRECO, Marco Aurélio. *Planejamento tributário*. 3 ed. São Paulo: Dialética, 2011, p.212-223.

4. A prova na interposição fraudulenta

RODRIGO MINEIRO FERNANDES[1]

Introdução

O objeto de estudo do presente artigo é o tipo infracional aduaneiro denominado "ocultação do sujeito passivo, do real vendedor, comprador ou de responsável pela operação, mediante fraude ou simulação", previsto no inciso V do artigo 23, do Decreto-Lei nº 1.455/76, vulgarmente conhecido como interposição fraudulenta, cuja prática configura dano ao Erário e dificulta o controle aduaneiro.

A matéria é controversa e sempre ocasiona discussões acaloradas nas sessões de julgamento do Conselho Administrativo de Recursos Fiscais, especialmente por conter, em sua previsão legal, a configuração de dano ao Erário e a possibilidade de caracterizá-la como infração de mera conduta. Ademais, discute-se a obrigatoriedade da comprovação, por parte da autoridade fiscal, do dolo específico para o aperfeiçoamento dessa infração, e da demonstração efetiva do objetivo da simulação ou da fraude processada por meio da ocultação. A questão torna-se ainda mais conflitante devido à previsão legal da responsabilidade objetiva por infrações aduaneiras, prevista no §2º do artigo 94, do Decreto-Lei nº 37/1966[2], e à tentativa de mitigação

---

[1] As opiniões contidas nesta publicação são reflexões acadêmicas do próprio autor e não necessariamente expressam as posições defendidas por qualquer organização a qual esteja vinculado.

[2] Art. 94 – Constitui infração toda ação ou omissão, voluntária ou involuntária, que importe inobservância, por parte da pessoa natural ou jurídica, de norma estabelecida neste

dessa previsão legal, especialmente pela referência legal à fraude ou simulação no tipo infracional em análise.

Nas situações consideradas como dano ao Erário pela legislação aduaneira, está prevista a aplicação da pena de perdimento das mercadorias ou da multa equivalente ao respectivo valor aduaneiro, nos termos do parágrafo 3º do artigo 23, do referido Decreto-Lei, no caso de consumo, revenda ou não localização dos bens importados.

Entendemos que o ponto de partida para a análise das infrações aduaneiras é a violação do bem jurídico tutelado: o Controle Aduaneiro[3]. Na análise do tipo infracional aduaneiro e sua correspondente penalidade administrativa/aduaneira, a ação ou omissão definida pela legislação aduaneira como infração deve ser verificada independentemente de sua finalidade arrecadatória e considerando seu bem jurídico tutelado. Portanto, toda a análise efetuada no presente artigo partirá da alegada violação ao controle aduaneiro, e como o Conselho Administrativo de Recursos Fiscais (CARF) tem enfrentado o tema.

Importa-nos, na presente análise, avaliar o tipo infracional e sua interpretação pela autoridade fiscal e pelas turmas julgadoras do CARF, especialmente a construção da prova e sua aceitação pelas autoridades julgadoras, considerando as principais incidências fáticas relativas à interposição fraudulenta. Em resumo, procuraremos demonstrar qual conjunto probatório está sendo admitido e/ou desconsiderado no âmbito das turmas julgadoras do CARF.

Decreto-Lei, no seu regulamento ou em ato administrativo de caráter normativo destinado a completá-los.

§ 1º – O regulamento e demais atos administrativos não poderão estabelecer ou disciplinar obrigação, nem definir infração ou cominar penalidade que não estejam autorizadas ou previstas em lei.

§ 2º – Salvo disposição expressa em contrário, a responsabilidade por infração independe da intenção do agente ou do responsável e da efetividade, natureza e extensão dos efeitos do ato.

[3] Considera-se o "controle aduaneiro" como o bem jurídico tutelado pelo Direito Aduaneiro, representando o poder soberano e o poder de polícia do Estado. A atuação estatal por meio da Aduana reflete-se na proteção da economia nacional, por meio do combate às práticas ilícitas, defesa da concorrência e indução econômica; e na proteção da sociedade, por meio do combate à importação de mercadorias de importação restrita ou proibidas e ao tráfico de drogas, de armas e lavagem de dinheiro, e na proteção da saúde pública e do meio ambiente.

4. A PROVA NA INTERPOSIÇÃO FRAUDULENTA

1. O controle aduaneiro e as importações indiretas

Toda a normativa de combate à interposição fraudulenta de terceiros no comércio exterior brasileiro se fundamenta no artigo 237 da Constituição Federal, no qual consta a expressa referência ao controle aduaneiro pelo constituinte: "A fiscalização e o controle sobre o comércio exterior, essenciais à defesa dos interesses fazendários nacionais, serão exercidos pelo Ministério da Fazenda".

Dessa forma, o dispositivo constitucional reproduz a principal função aduaneira: o controle exercido sobre o comércio exterior. Trata-se da adoção pelo constituinte brasileiro do princípio do controle aduaneiro[4], sem o qual não haveria a função aduaneira, e do princípio da soberania nacional[5].

Outra característica do Direito Aduaneiro é a formalidade requerida nos atos praticados junto à administração aduaneira, não como mera obrigação acessória e burocrática, mas como medida de controle e segurança dos próprios atos aduaneiros praticados. Portanto, toda a análise das normas infraconstitucionais aduaneiras e operações de comércio exterior deve ter como referência a obediência ao controle aduaneiro, por expressa determinação constitucional. No Brasil, o controle aduaneiro está previsto no artigo 44, do Decreto-Lei nº 37/66, com redação dada pelo Decreto-Lei nº 2.472/1988[6].

Conforme previsão legal, o documento base para o despacho aduaneiro de importação é a Declaração de Importação (DI) apresentada pelo importador, cujo registro, de competência da Secretaria da Receita Federal do Brasil, consiste em sua numeração por meio do Sistema Integrado de Comércio Exterior (SISCOMEX) e serve como termo inicial para o despacho aduaneiro e como referência para cálculo do imposto de importação. São informações

---

[4] Cf. CARLUCI, José Lence. *Uma introdução ao Direito Aduaneiro*. São Paulo: Aduaneiras, 2001, p.25.

[5] Cf. SOSA, Roosevelt Baldomir. *A aduana e o comércio exterior*. São Paulo: Aduaneiras, 1996, p.44; e DOMINGO, Luiz Roberto. Direito aduaneiro e direito tributário – regimes jurídicos distintos. *In*: PEIXOTO, Marcelo Magalhães, SARTORI, Ângela e DOMINGO, Luiz Roberto (coord.). *Tributação aduaneira: à luz da jurisprudência do CARF – Conselho Administrativo de Recursos Fiscais*. São Paulo: MP Editora, 2013, p.192.

[6] Art. 44 – Toda mercadoria procedente do exterior por qualquer via, destinada a consumo ou a outro regime, sujeita ou não ao pagamento do imposto, deverá ser submetida a despacho aduaneiro, que será processado com base em declaração apresentada à repartição aduaneira no prazo e na forma prescritos em regulamento.

prestadas exclusivamente pelo importador, por meio do SISCOMEX, registradas eletronicamente, recebendo uma numeração sequencial (número da DI).

Assim, a Declaração de Importação deverá conter, além da identificação do importador, a identificação, a classificação, o valor aduaneiro e a origem da mercadoria, dentre outras informações relativas à operação de importação, conforme determinação da Secretaria da Receita Federal do Brasil. A identificação do importador e do responsável pela operação é elemento indispensável para que a administração aduaneira exerça o devido controle sobre as operações de importação. Observa-se, neste ponto, que a matéria aduaneira se vale de institutos tributários, como a identificação do sujeito passivo, em atendimento à norma do artigo 142, do Código Tributário Nacional (CTN), que define quem são os sujeitos de direitos obrigados ao pagamento dos tributos ou das penalidades pecuniárias, conforme definição do artigo 121, do CTN.

Por sua vez, o artigo 1º, do Decreto-Lei nº 37/66, dispõe que o Imposto de Importação incide sobre mercadoria estrangeira, configurando-se o fato gerador na entrada de mercadoria de origem estrangeira no território nacional. Já o artigo 31, do mesmo dispositivo legal, define como contribuinte do imposto: "o importador, assim considerada qualquer pessoa que promova a entrada de mercadoria estrangeira no Território Nacional".

Portanto, qualquer pessoa que promover a entrada de mercadoria estrangeira no território nacional, além de outras expressamente determinadas por lei, figura-se no polo passivo da obrigação tributária, devendo ser identificada na correspondente Declaração de Importação.

Entretanto, nem sempre quem é declarado como importador efetivamente o é. Em determinadas operações, quem de fato promove a operação de importação, ordena ou provoca de alguma forma a entrada de mercadorias estrangeiras no território nacional, não figura na operação como importador ou responsável, por motivos diversos, sendo denominado sujeito oculto da importação.

Esse sujeito oculto é o real detentor dos recursos, a pessoa que detém capacidade contributiva compatível com a operação e não figura na operação como importador. Em virtude do emprego de fraude ou simulação, oculta-se da relação obrigacional tributária, de modo a ludibriar o devido controle aduaneiro exercido pela Secretaria da Receita Federal do Brasil (RFB).

4. A PROVA NA INTERPOSIÇÃO FRAUDULENTA

Como exemplo das vantagens que podem ser auferidas indevidamente pela prática da ocultação do sujeito passivo, mediante fraude ou simulação, podemos elencar: (i) burla dos controles de habilitação para operar no comércio exterior, evitando uma auditoria preventiva por parte da fiscalização aduaneira; (ii) blindagem patrimonial, no caso de possível lançamento tributário; (iii) quebra da cadeia de incidência do IPI[7]; e (iv) lavagem de dinheiro e ocultação de bens e valores.

Para combater essa ilicitude, dentro do poder/dever da Aduana, gerar maior a transparência às operações de importação e promover o efetivo controle aduaneiro, no início do século XXI, foram editadas diversas normas que procuraram regular as operações de importação, dentre as quais destaca-se a Medida Provisória nº 2.158-35, de 24/08/2001, que delegou à RFB estabelecer requisitos e condições para a atuação de pessoa jurídica importadora por conta e ordem de terceiro[8]. Também foi editada a Lei nº 11.281/2006, que trouxe a modalidade de importação indireta por encomenda[9], remetendo à regulamentação da RFB a definição dos requisitos e condições para a atuação

---

[7] O importador de produtos estrangeiros é equiparado à industrial pela legislação do IPI, e está sujeito à incidência do imposto em suas saídas posteriores, mesmo que não industrialize qualquer produto. A quebra da cadeia de incidência do IPI ocorre quando o real adquirente da mercadoria (sujeito oculto), por não ter sido o importador declarado ou responsável pela operação identificado na DI, não destaca o IPI devido em suas saídas de mercadoria importada. A simulação praticada afasta, fraudulentamente, a condição de contribuinte do sujeito oculto.

[8] IN RFB nº 1.861/2018. Art. 2º Considera-se operação de importação por conta e ordem de terceiro aquela em que a pessoa jurídica importadora é contratada para promover, em seu nome, o despacho aduaneiro de importação de mercadoria estrangeira, adquirida no exterior por outra pessoa jurídica. § 1º Considera-se adquirente de mercadoria estrangeira importada por sua conta e ordem a pessoa jurídica que realiza transação comercial de compra e venda da mercadoria no exterior, em seu nome e com recursos próprios, e contrata o importador por conta e ordem referido no caput para promover o despacho aduaneiro de importação.

[9] IN RFB nº 1.861/2018. Art. 3º Considera-se operação de importação por encomenda aquela em que a pessoa jurídica importadora é contratada para promover, em seu nome e com recursos próprios, o despacho aduaneiro de importação de mercadoria estrangeira por ela adquirida no exterior para revenda a encomendante predeterminado.
§ 1º Considera-se encomendante predeterminado a pessoa jurídica que contrata o importador por encomenda referido no caput para realizar a transação comercial de compra e venda de mercadoria estrangeira a ser importada, o despacho aduaneiro de importação e a revenda ao próprio encomendante predeterminado.

de pessoa jurídica importadora na importação para revenda a encomendante predeterminado. Atendendo ao dispositivo legal, a RFB editou a Instrução Normativa nº 1.861, de 27 de dezembro de 2018, que estabeleceu requisitos e condições para a realização de operações de importação por conta e ordem de terceiro e por encomenda[10].

O referido ato normativo estabeleceu os procedimentos para registro da operação de importação por conta e ordem de terceiro e por encomenda, em seus artigos 4º e 5º:

Art. 4º O adquirente de mercadoria importada por sua conta e ordem e o encomendante predeterminado deverão, previamente ao registro da DI, estar:

I – habilitados para operar no Sistema Integrado de Comércio Exterior, nos termos da Instrução Normativa RFB nº 1.603, de 15 de dezembro de 2015; e

II – vinculados no Portal Único do Comércio Exterior (Pucomex) à pessoa jurídica importadora que promoverá a importação.

Art. 5º O importador por conta e ordem de terceiro e o importador por encomenda, ao registrar a DI, deverão:

I – indicar, em campo próprio da declaração, o número de inscrição no Cadastro Nacional de Pessoas Jurídicas (CNPJ) do adquirente de mercadoria importada por sua conta e ordem ou do encomendante predeterminado, conforme o caso; e

II – anexar cópia do contrato previamente firmado com o adquirente de mercadoria importada por sua conta e ordem ou com o encomendante predeterminado, conforme o caso, por meio do módulo Anexação Eletrônica de Documentos no Pucomex.

Contudo, a identificação do real adquirente ou do encomendante predeterminado, sujeito passivo da operação de importação, ainda que expressamente prevista na IN RFB nº 1.861/2018, decorre de previsão legal da sujeição passiva no Decreto-Lei nº 37/66. O artigo 31, do Decreto-Lei nº 37/66, definiu como contribuinte do imposto o importador, então

---

[10] A referida Instrução Normativa revogou a IN SRF nº 225/2002, que regulamentava a importação por conta e ordem de terceiros, e a IN SRF nº 634/2006, que tratava da importação por encomenda.

considerada qualquer pessoa que promova a entrada de mercadoria estrangeira no território nacional. Logo, aquele que promoveu e concorreu para a realização da operação, negociou e proporcionou as condições para a entrada de mercadoria estrangeira no território nacional, ou seja, o real adquirente das mercadorias importadas por terceiros, também é considerado importador. Logicamente, este concorre com o importador declarado, que também foi um elemento ativo para a ocorrência da importação. Já no artigo 32 do referido Decreto-Lei, com redação dada pela MP nº 2.158-35/2001, consta a responsabilização solidária do adquirente de mercadoria de procedência estrangeira, no caso de importação realizada por sua conta e ordem, por intermédio de pessoa jurídica importadora, e o encomendante predeterminado que adquire mercadoria de procedência estrangeira de pessoa jurídica importadora.

Portanto, como o real adquirente e o encomendante predeterminado também são sujeitos passivos do imposto de importação, são imprescindíveis suas identificações, tanto para fins aduaneiros (controle aduaneiro) como para fins tributários (identificação do sujeito passivo do imposto de importação), no momento de registro da Declaração de Importação. Em caso de sua ocultação, estar-se-á diante de um quadro que não condiz com a realidade tributária, ou seja, o elemento pessoal da regra-matriz de incidência do imposto de importação terá sido alterado, excluindo indevidamente da obrigação tributária o responsável pela entrada da mercadoria em território aduaneiro; também, conforme já exposto, estar-se-á diante de uma violação ao bem jurídico tutelado pelo direito aduaneiro, o seu controle.

2. O tipo infracional previsto no inciso V do DL nº 1.455/76: a ocultação do sujeito passivo, do real vendedor, comprador ou de responsável pela operação

2.1. Análise do tipo infracional

O tipo infracional em análise foi introduzido pela Lei nº 10.637/2002, cujo artigo 59 alterou a redação do artigo 23, do Decreto-Lei nº 1.455/1976, incluindo, entre as infrações consideradas como "dano ao Erário", a hipótese de ocultação do sujeito passivo, do real vendedor, comprador ou de responsável pela operação, mediante fraude ou simulação, inclusive a interposição fraudulenta de terceiros:

Art. 23. Consideram-se dano ao Erário as infrações relativas às mercadorias:

[...]

V – estrangeiras ou nacionais, na importação ou na exportação, na hipótese de ocultação do sujeito passivo, do real vendedor, comprador ou de responsável pela operação, mediante fraude ou simulação, inclusive a interposição fraudulenta de terceiros.

Em exame ao texto do inciso V do artigo 23, do Decreto-Lei nº 1.455/1976, após a alteração processada pela Lei nº 10.637/2002, percebe-se que se refere à conduta configurada como infração aduaneira de ocultar o real sujeito passivo da operação de importação, ou seja, aquele que promove a entrada de mercadoria estrangeira no território nacional, utilizando-se de artifícios fraudulentos ou de simulação, inclusive de interpostas pessoas.

Ante a impossibilidade de prever, elencar e combater todas as consequências da ocultação das partes envolvidas na operação, o legislador optou por combater tais meios de execução[11]. O dano ao Erário, decorrente da ocultação das partes envolvidas na operação comercial, é considerada, pela fiscalização aduaneira, como uma hipótese de infração de mera conduta, que se materializa quando o sujeito passivo oculta a intervenção de terceiro, adquirente ou encomendante da mercadoria. Trata-se de medida de proteção ao controle aduaneiro e, dessa forma, foi instituída em sua matriz legal dentro do sistema administrativo aduaneiro.

Relembremos, de forma resumida, as providências a serem tomadas na importação indireta: (i) habilitação prévia no SISCOMEX do real adquirente e do encomendante predeterminado; (ii) vinculação no Portal Único do Comércio Exterior (PUCOMEX) do real adquirente e do encomendante predeterminado à pessoa jurídica importadora que promoverá a importação; (iii) identificação dos CNPJs do real adquirente e do encomendante predeterminado, pelo importador contratado, em campos próprios da Declaração de Importação; (iv) anexação de cópia do contrato previamente firmado com o adquirente de mercadoria importada por sua conta e ordem ou com o encomendante predeterminado, conforme o caso, por meio do módulo Anexação Eletrônica de Documentos no PUCOMEX; e (v) indicação na

---

[11] Cf. Acórdão nº 3102-01.239, sessão de 11/11/2011, relator Conselheiro Luis Marcelo Guerra de Castro.

4. A PROVA NA INTERPOSIÇÃO FRAUDULENTA

fatura comercial da real adquirente e da encomendante predeterminada (Decreto nº 6.759/2009, art. 557, II).

A ocultação está vinculada especialmente aos seguintes documentos: (i) Declaração de Importação (DI) e (ii) fatura comercial. Destaca-se a obrigatoriedade de identificação na DI do sujeito passivo (contribuinte e responsável tributário, este na figura do adquirente da mercadoria importada por sua conta e ordem, e do encomendante da mercadoria importada por encomenda), e do vendedor estrangeiro. Dessa forma, a não identificação de qualquer dos intervenientes poderia configurar a ocultação.

Alguns julgadores administrativos e doutrinadores alegam que o aperfeiçoamento da infração capitulada no art. 23, V, do Decreto-Lei nº 1.455/76, exigiria o dolo específico, sendo imprescindível a demonstração do objetivo de simulação ou de fraude na ocultação processada. Ou seja, o legislador teria exigido que a ocultação a ser sancionada é aquela ocorrida mediante fraude ou simulação.

Portanto, importa-nos identificar o que seria uma ocultação fraudulenta ou simulada.

2.2. Conceito de ocultação fraudulenta ou simulada

Constata-se que, na ocultação do sujeito passivo, está caracterizada a modificação de uma das características essenciais da obrigação tributária principal: seu elemento pessoal. Indevidamente, o sujeito passivo (adquirente) não responderá pelo imposto devido na operação, em uma clara afronta aos princípios da capacidade contributiva e da igualdade tributária. Como a ocultação também impede ou retarda o conhecimento, por parte da autoridade fiscal, das condições pessoais do contribuinte, poderia ser caracterizado como sonegação, na qual o detentor da capacidade contributiva se abstém de pagar o imposto devido.

Entretanto, entendemos que o tipo infracional em questão, ocultação do sujeito passivo, encaixa-se de forma clara no conceito de simulação, ligado à causa do negócio jurídico[12]. É cristalino o fato que, na ocultação, o

---

[12] Marciano Seabra de Godoi assim analisou a questão da simulação como *vício na causa* do negócio jurídico: "O conceito de simulação é, no âmbito do próprio direito civil brasileiro, bastante controverso. Ainda que nem sempre deixem isso explícito, diversos autores definem e aplicam o conceito de simulação com base numa visão *causalista*. A causa dos negócios jurídicos pode ser definida como o "fim econômico ou social reconhecido e garantido pelo

negócio aparente é divergente do negócio real. A causa típica do negócio na importação (operação de compra e venda internacional) diverge da causa aparente, que transmitiu direitos na compra a terceira pessoa inexistente na relação comercial internacional. Nesse caso, há um vício na causa, pois as partes usam determinada estrutura negocial (compra e venda) para atingir um resultado prático que não corresponde à causa típica do negócio posto em prática, violando o controle aduaneiro. Não diverge desse entendimento o conceito civilista de simulação, previsto no §1º do art. 167, da Lei nº 10.406/2002 (Código Civil).

A simulação ocorre quando o importador ostensivo declara a operação como sendo por conta própria, mas, na realidade, é por conta e ordem de terceiros. A natureza da operação declarada é uma (importação por conta

direito, uma finalidade objetiva e determinante do negócio que o agente busca além da realização do ato em si mesmo". A causa é portanto o propósito, a razão de ser, a finalidade prática que se persegue com a prática de determinado negócio jurídico. Orlando Gomes inclusive promove uma classificação dos negócios jurídicos com base nas *causas típicas* de cada um deles (a cada negócio "corresponde causa específica que o distingue dos outros tipos"): o seguro é por exemplo um negócio jurídico cuja causa é a "prevenção de riscos", ao passo que o contrato de sociedade tem como causa uma associação de interesses, compondo a categoria dos "negócios associativos". Fixado esse conceito de causa dos negócios jurídicos, como encarar a figura da simulação? Na simulação há um *vício na causa*, pois as partes usam determinada estrutura negocial (compra e venda) para atingir um resultado prático (doar um patrimônio) que não corresponde à causa típica do negócio posto em prática. Na formulação de Orlando Gomes sobre a simulação relativa, "ao lado do contrato simulado há um contrato dissimulado, *que disfarça sua verdadeira causa*" – destacamos. Os autores causalistas ressaltam que na simulação não há propriamente um vício do consentimento (como no erro ou no dolo), pois as partes consciente e deliberadamente emitem um ato de vontade. O que ocorre é que o ato simulado não corresponde aos propósitos efetivos dos agentes da simulação. Por isso diversos autores vêem na simulação uma "divergência consciente entre a intenção prática e a causa típica do negócio". O espanhol Federico de Castro y Bravo sustenta que a natureza específica da simulação não é a de "uma declaração vazia de vontade", mas a de uma "declaração em desacordo com o objetivo proposto [pelas partes], ou, o que é o mesmo, *uma declaração com causa falsa*" – destacamos. Tanto na concepção causalista ora estudada, quanto na concepção restritiva vista na seção anterior, o negócio simulado é visto como "não-verdadeiro". Mas isso a partir de perspectivas diferentes. Com efeito, na perspectiva causalista haverá simulação mesmo que as partes não inventem nem escondam de ninguém um *fato específico* no bojo de cada um dos negócios praticados. (GODOI, Marciano Seabra de. Dois conceitos de simulação e suas consequências para os limites da elisão fiscal. *In:* ROCHA, Valdir de Oliveira (Coord.). *Grandes questões atuais do direito tributário – 11º vol.* São Paulo: Dialética, 2007, pp. 284-285).

4. A PROVA NA INTERPOSIÇÃO FRAUDULENTA

própria) e na realidade é outra (importação por conta e ordem de terceiros). O vício do ato materializa-se em sua própria realização, que revela sua causa oculta e contamina seus efeitos. O dolo está presente na própria essência do ato simulado e em sua prática[13]. Na ocultação simulada, o sujeito passivo fica à margem da relação obrigacional tributária e do devido controle aduaneiro.

A ocultação do sujeito passivo impacta de forma direta no controle aduaneiro, visto que as medidas impostas para se identificar o real interveniente nas operações de comércio exterior são violadas. A Aduana, com o sujeito oculto, não consegue identificar o interveniente e não consegue implementar as medidas de controle fiscal adequados em relação àquela transação, dificultando o controle. A parametrização da Declaração de Importação para canais de conferência aduaneira (canais vermelho, verde, amarelo e cinza), que leva em conta o interveniente, é prejudicada com a ocultação, distorcendo o sistema de controle aduaneiro. Ademais, ocorre a violação ao controle aduaneiro na ausência de habilitação (RADAR)[14] no SISCOMEX do sujeito oculto.

O referido tipo infracional relaciona a conduta de ocultação ao dano ao Erário, conforme previsto no art. 23, do Decreto-Lei nº 1.455/1976, independentemente de se identificar qual a vantagem (financeira ou não) efetivamente obtida com as operações, nas situações expressamente relacionadas no ato legal. O dano ao Erário diferencia-se do conceito de dano que é utilizado no Direito Civil por não estar relacionado, necessariamente, à ocorrência de lesão patrimonial ou moral, ou mesmo o não pagamento de tributos, alcançando somente as situações elencadas pelo art. 23, do

---

[13] A natureza dolosa da ação do importador em ocultar o real adquirente ou da omissão do real adquirente em não diligenciar junto ao importador, em caso de operação por sua conta e ordem, para exigir a sua identificação na operação de importação é cristalina: como o mandamento legal exige a identificação do sujeito passivo, devidamente regulamentado pela IN nº RFB 1.861/2018, e tais obrigações são de pleno conhecimento dos intervenientes no comércio exterior, qualquer ato contrário à perfeita identificação do real adquirente ou encomendante (sujeito passivo) configura a intenção do agente na prática do ato ou sua omissão.

[14] Ambiente de Registro e Rastreamento da Atuação dos Intervenientes Aduaneiros. Trata-se do procedimento de habilitação da pessoa física responsável por pessoa jurídica importadora, exportadora ou internadora da Zona Franca de Manaus (ZFM), para a prática de atos no SISCOMEX, e o credenciamento dos respectivos representantes para a prática de atividades relacionadas com o despacho aduaneiro, perante a RFB, que é regulamentado pela IN RFB nº 1.603/2015.

Decreto-Lei nº 1.455/1976, c/c art. 105 do Decreto-Lei nº 37/1966, de forma taxativa, sendo inclusive aplicável a bens imunes ou isentos.

3. A conduta infracional a ser comprovada pela Autoridade Fiscal e sua apreciação pelo CARF

Conforme acima exposto, a ocultação do sujeito passivo mediante fraude ou simulação consiste em uma infração tipificada como dano ao Erário, conforme previsto no art. 23, inciso V, do Decreto-Lei nº 1.455/1976, independentemente de se identificar qual a vantagem (financeira ou não) efetivamente obtida com as operações. O dispositivo legal não conceituou "dano ao Erário", mas enumerou as situações que caracterizam sua ocorrência.

O texto legal é claro quando afirma que as situações ali elencadas são consideradas "dano ao Erário". Isso não significa que, apenas quando ocasionarem um efetivo prejuízo aos cofres públicos, as infrações ali relacionadas seriam punidas com a pena de perdimento, não sendo necessário identificar o dano ao Erário enquanto motivo simulatório[15].

Com a edição da Súmula CARF nº 160,[16] o CARF pacificou o entendimento no sentido de não ser necessário comprovar qualquer prejuízo no recolhimento de tributos ou contribuições, ou seja, prejuízo financeiro ao Erário, para se configurar a infração. Esse entendimento já era conhecido e amplamente difundido no CARF. Como exemplo, cite-se o Acórdão nº 3401-003.843 da lavra do ilustre Ex-Conselheiro Rosaldo Trevisan:

> DANO AO ERÁRIO. PERDIMENTO. DISPOSIÇÃO LEGAL.
>
> Nos artigos 23 e 24 do Decreto-Lei nº 1.455/1976 enumeram-se as infrações que, por constituírem dano ao Erário, são punidas com a pena de perdimento das mercadorias (ou coa multa que o substitui, nas hipóteses legalmente previstas, no § 3o do referido artigo 23). É inócua, assim, a discussão sobre a existência de dano ao Erário nos dispositivos citados, visto que o dano ao Erário decorre do texto da própria lei.[17]

---

[15] Cf. Acórdão 3403-002.842, sessão de 25/03/2014, relator Conselheiro Rosaldo Trevisan.

[16] Súmula CARF nº 160: A aplicação da multa substitutiva do perdimento a que se refere o § 3º do art. 23 do Decreto-lei nº 1.455, de 1976 independe da comprovação de prejuízo ao recolhimento de tributos ou contribuições. Acórdãos Precedentes: 9303-007.454, 3302-006.328, 9303-006.509, 3201-003.645, 3402-005.132, 9303-006.343, 3401-004.381 e 3402-004.684.

[17] Acórdão nº 3401-003.843, sessão de 28/06/2017, relator Conselheiro Rosaldo Trevisan.

4. A PROVA NA INTERPOSIÇÃO FRAUDULENTA

Também encontramos na doutrina de Solon Sehn, em seu recente estudo sobre as infrações e penalidades aduaneiras, revendo sua posição anterior, a afirmação de que não é necessário comprovar o intuito de lesar o Erário para configurar a infração, exigindo-se apenas o propósito de enganar a Aduana, o que afasta o entendimento que apontava a existência de uma simulação inocente[18].

Trata-se de uma presunção legal relativa, que considera como "dano ao Erário" aquelas situações relacionadas na norma. Logicamente, por se tratar de uma presunção relativa, admite prova em contrário a ser feita pelo autuado. Entretanto, a contraprova não se consuma com meras alegações vazias de que não teriam ocorrido prejuízos tributários (sonegação e/ou subfaturamento), mas com a demonstração de sua real condição de adquirente da mercadoria importada ou que a ocultação apurada teria sido resultante de mero erro, sem prejuízo ao controle aduaneiro.

Portanto, para configuração da infração prevista no artigo 23, V, do Decreto-Lei nº 1.455/76, não é necessário identificar o dano ao Erário, sendo suficiente a ocorrência da ocultação simulada, que se configura pela presença: (i) do negócio aparente ou simulado (a importação declarada); (ii) do negócio dissimulado ou efetivamente pretendido (a importação oculta da autoridade aduaneira), desde que a ocultação não seja resultante de mero erro, plenamente comprovado nos autos; e (iii) do conluio entre as partes (importador declarado e sujeito oculto)[19].

O que se espera da autoridade fiscal, no procedimento de lançamento em que se apura a ocultação do sujeito passivo na importação, é a plena e inequívoca demonstração do evento, ou seja, a comprovação da ocultação praticada

---

[18] Cf. SEHN, Solon. *Comentários ao regulamento aduaneiro: infrações e penalidades*. São Paulo: Aduaneiras, 2019, p.108-109.

[19] Para o Mestre José Fernandes do Nascimento, a demonstração da ocorrência da infração depende da prova da ocultação dolosa mediante: (a) a identificação do real interveniente ou beneficiário oculto na importação; e (b) a comprovação de que a ocultação foi efetivada mediante fraude ou simulação (p.410). O ilustre autor entende que a fiscalização aduaneira deve provar a ocorrência (i) da importação dissimulada por conta e ordem ou por encomenda; (ii) a ocultação dolosa do comprador ou do responsável pela operação de importação; e (iii) o fato fraudulento ou simulatório, com o objetivo de acobertar os referidos intervenientes e beneficiários (NASCIMENTO, José Fernandes. As formas de comprovação da interposição fraudulenta na importação. *In*: PEREIRA, Cláudio Augusto Gonçalves; REIS, Raquel Segalla. *Ensaios de direito aduaneiro*. São Paulo: Intelecto Soluções, 2015, p.411).

e alegada, por meio de provas diretas ou indiretas que demonstrem, de forma inequívoca, que a operação de importação era por conta e ordem do real adquirente ou derivada de uma encomenda predeterminada.

A partir da comprovação do evento, deve ser feita a correlação com a violação do controle aduaneiro, por meio da interpretação dos fatos apresentados e comprovados que demonstrem a simulação praticada. Não se trata de presumir o dolo do agente que praticou a operação, mas de comprovar a ocultação praticada, com a demonstração inequívoca do sujeito oculto[20].

A questão acerca da conduta fraudulenta ou simulada, exigida pelo tipo infracional em análise, está diretamente relacionada à comprovação da ocultação: uma vez comprovada a ocultação, quase sempre está comprovada a conduta fraudulenta ou simulada. Os acórdãos do CARF apontam, em sua maioria, pela necessidade da comprovação da ocultação alegada pela fiscalização, configurando, por si só, elemento suficiente para a configuração da ilicitude. Em outros casos, em minoria[21], são exigidos a comprovação do dolo para a configuração da infração, além da ocultação.

A questão probatória se mostra determinante para a confirmação do cometimento da infração aduaneira de ocultação do sujeito passivo. A suficiência ou não do conjunto probatório, de forma a confirmar a acusação fiscal, é elemento que diferencia os diversos casos apreciados pelas turmas julgadoras do CARF, não bastando a simples alegação de ocultação e indícios do cometimento da infração.

---

[20] Afirmamos, em estudo anterior, que estando configurada a ocultação, com exceção do mero erro comprovado, está demonstrada a simulação praticada e a intenção do agente, tendo em vista a obrigação legal e regulamentar na declaração dos agentes intervenientes na Declaração de Importação e a omissão praticada com a não informação, no vício do negócio jurídico praticado e na responsabilidade objetiva das infrações aduaneiras (FERNANDES, Rodrigo Mineiro. *Introdução ao direito aduaneiro*. São Paulo: Intelecto, 2018, p. 170).

[21] No estudo sobre a jurisprudência do CARF até 2015, organizado pela Fundação Getúlio Vargas, constatou-se que apenas uma minoria dos julgados considerou como necessária a comprovação do dolo para a aplicação da penalidade pela interposição fraudulenta, algo em torno de 6%. Cf. DE SANTI, Eurico Marcos Diniz; VASCONCELOS, Breno Ferreira Martins; SILVA, Daniel Souza Santiago da; DIAS, Karem Jureidini Dias; e HOFFMANN, Susy Gomes Hoffmann (coord.). *Repertório Analítico de Jurisprudência do CARF*. São Paulo: FGV Direito e Max Limonad, 2016, p.753.

4. A PROVA NA INTERPOSIÇÃO FRAUDULENTA

Constata-se que as turmas julgadoras do CARF, na grande maioria dos casos, têm aceitado os seguintes elementos como prova para configurar a ocultação[22]:

(A) Elementos relacionados à transação comercial e prestação de serviços:

  (i) Contratos;
  (ii) Ordens de compra;
  (iii) Elementos diversos que apontam que a negociação foi efetuada pelo sujeito oculto;

(B) Elementos relacionados à liquidação financeira e controles:

  (iv) Registros contábeis do importador e do sujeito oculto;
  (v) Não comprovação, pelo importador, da origem dos recursos empregados;
  (vi) Ausência de capacidade financeira do importador;
  (vii) Comprovante financeiro do pagamento da importação e demonstração do fluxo financeiro da operação.

A questão é resolvida caso a caso, e os julgadores avaliam a necessidade de se apresentar mais de um dos elementos de prova, dentre aqueles acima relacionados, para se configurar a infração[23], além de outros fatos indiciários.

---

[22] Pesquisa realizada no sítio do CARF (www.carf.fazenda.gov.br), utilizando como critério "ementa + resultado" com os termos "interposição" e "fraudulenta", "período" de 01/12/2015 a 31/10/2019. Acesso em 25/11/2019. Para o período até 2015, utilizei o estudo sobre a jurisprudência do CARF organizado pela Fundação Getúlio Vargas.

[23] O Conselheiro Paulo Roberto Duarte Moreira, no Acórdão nº 3201-003.648, elencou os elementos que entendeu serem importantes para demonstrar o ilícito: "Deverá a fiscalização perquirir os elementos da operação relacionados a pessoas, documentos, logística com o fim de constatar e/ou demonstrar alguma(s) da(s) situação(ões): 1. Trata-se do efetivo comprador da mercadoria no exterior, diretamente do fornecedor ou exportador, mediante assinatura de contratos e/ou condução das tratativas comerciais; 2. Trata-se do efetivo provedor e/ou remetente dos recursos financeiros para a aquisição da mercadoria no exterior, diretamente ou na forma de adiantamento, anterior ao pagamento, ao importador interposto; 3. Trata-se do responsável devedor pela assunção de dívidas relacionadas às mercadorias importadas; 4. Trata-se do responsável por conduzir a negociação e logística de transporte/seguro da mercadoria procedente do exterior, ou seja, exerce efetivo comando e direção quanto aos

Não é possível afirmar, com absoluta certeza, qual seria o elemento suficiente para comprovar o ilícito. Ainda assim, pode-se considerar, como fator determinante, uma comprovação inequívoca da motivação para a realização da importação diretamente ligada ao sujeito oculto. A comprovação poderia ser mais forte, por meio de um contrato comercial, de ordens de compra, de comprovação do pagamento, ou mais fraca, por meio do conjunto indiciário de provas. Relembrando-se os ensinamentos de Aliomar Baleeiro, "indícios são provas se vários, convergentes e concordantes"[24].

A convergência das provas na simulação também foi destacada pelo Ex-Conselheiro Fábio Piovesan Bozza, no Acórdão nº 2301-005.119:

> A produção de prova indireta deve ser baseada na existência de outros fatos (indícios) que, por indução lógica, levam à conclusão sobre a ocorrência do fato principal. A natureza da prova indireta, entretanto, sujeita-se a diferentes graus de crença. Por isso, o quadro de indícios deve ser preciso, grave e harmônico, isto é:
>
> (a) preciso: o fato controvertido deve ter ligação direta com o fato conhecido, podendo dele extrair consequências claras e efetivamente possíveis, a ponto de rechaçar outras possíveis soluções;
>
> (b) grave: resultante de uma forte probabilidade e capacidade de induzir à persuasão; e
>
> (c) harmônico: com os indícios concordantes entre si e não contraditórios, os quais convergem para a mesma solução, de modo a aumentar o grau de confirmação lógica sobre uma dada ilação.
>
> [...]
>
> trâmites de remessa da mercadoria importada ao País; 5. Documentos emitidos no exterior, em data que antecede a aquisição da mercadoria importada, trazem consignado o nome do real adquirente; 6. O processo de "follow the money" no pagamento da mercadoria ou dos tributos na importação revelam a intermediação irregular ou incomum do real adquirente; 7. Transferência de recursos do adquirente oculto ao importador ostensivo, anteriormente à compra internacional; 8. Celebração de contrato de prestação de serviços de importação entre importador ostensivo e real adquirente; 9. Outras provas de que o importador, ostensivo, o é somente na aparência."

[24] SIMULAÇÃO. INDÍCIOS VÁRIOS E CONCORDANTES SÃO PROVA. NÃO SE CONHECE DO RECURSO EXTRAORDINÁRIO SE A DECISÃO ASSENTA AOS FATOS E PROVAS E NÃO SE DEMONSTROU O DISSIDIO NA FORMA DA SÚMULA N. 291. (STF – RE: 68006 MG, Relator: ALIOMAR BALEEIRO, Data de Julgamento: 31/12/1969, PRIMEIRA TURMA, Data de Publicação: DJ 14-11-1969).

O ideal é demonstrar a existência do acordo simulatório (causa simulandi) a fim de descortinar a cooperação entre os simuladores para a realização da maliciosa preordenação de uma aparência diversa da realidade.

Destaca-se, ademais, a importância de elementos probatórios relacionados à falta de estrutura operacional e logística e à ausência de habilitação do sujeito oculto. Entretanto, tais elementos devem vir acompanhados de outros para configurar o quadro probatório geralmente aceito pelos julgadores.

Ainda que o quadro probatório seja valorado de forma diferente em cada caso em julgamento, alguns elementos de prova se destacam na formação da convicção do julgador: (i) contrato firmado entre as partes ou com terceiros envolvidos; (ii) ordens de compra; e (iii) financiamento da operação.

Quanto aos contratos firmados entre as partes envolvidas na operação, trata-se de um elemento de prova de elevada carga valorativa, mas de difícil obtenção, visto que pode identificar de forma clara e incontroversa os papéis de todos os envolvidos na operação. Esse elemento foi o fator determinante na decisão unânime do julgamento ocorrido em 26 de setembro de 2019, na 2ª Turma Ordinária da 4ª Câmara da 3ª Seção do CARF, no Acórdão nº 3402-006.900.

Quanto à ordem de compra, ela deve refletir a motivação da operação de importação, ou seja, deve ser anterior à compra da mercadoria importada para configurar a importação indireta e a infração em questão. Portanto, a ordem de compra efetuada pelo sujeito oculto ao importador declarado deve ser anterior ao pedido de compra efetuado pelo importador ao fornecedor estrangeiro, devidamente comprovado por meio das faturas proforma ou de outros documentos que comprovam o pedido, inclusive mensagens eletrônicas trocadas, com coincidência dos itens comercializados e aqueles importados.

Quanto ao financiamento da importação, trata-se de uma das provas mais valorizadas pelos julgadores, desde que se demonstrem inequivocamente a origem do recurso e sua vinculação com a importação e o sujeito oculto. Trata-se de identificar o efetivo provedor ou remetente dos recursos financeiros para a aquisição da mercadoria importada, e/ou o responsável por seu pagamento, no processo denominado de "*follow the money*" no pagamento da mercadoria ou dos tributos incidentes[25].

---

[25] Cf. Acórdão nº 3201-003.648, sessão de 19/04/2018, relator Conselheiro Paulo Roberto Duarte Moreira.

De outro lado, a empresa importadora autuada pode fazer prova de sua real condição na operação, ou seja, que a importação não foi realizada para terceiro oculto. Nesse caso, pode apresentar elementos comprovando que seria a responsável pela logística e transporte, que detinha todos os riscos do negócio, que era a responsável financeira pelas operações e a responsável pela fase comercial. A presunção na qual a fiscalização se baseou poderá ser rechaçada mediante provas incontestáveis, afastando os indícios apresentados.

Contudo, o que seriam meros indícios apresentados pela fiscalização e o que os diferenciariam de um quadro probatório suficiente?

A jurisprudência do CARF é forte no sentido de se exigir um quadro probatório maior do que alguns indícios: (i) proximidade das datas de desembaraço, entrada e saída das mercadorias; (ii) ausência de capacidade financeira; (iii) concentração das vendas para um único cliente; e (iv) margem de lucro irrisória, incompatível com a operação. Exige-se mais elementos para se configurar o quadro probatório. Em diversos casos os julgadores entenderam que a fiscalização deveria ter aprofundado na investigação dos fatos a partir dos indícios apresentados, mas não o fez[26].

Outro ponto controverso enfrentado nos julgamentos é a questão da necessidade de comprovação do dolo para se configurar a infração.

Ao contrário de outros estudos que apenas apontam a necessidade de se comprovar o dolo, mas sem especificar quais elementos poderiam comprovar tal fato, José Fernandes do Nascimento explicita alguns pontos que poderiam servir como prova da alegação: (i) a burla do sistema de habilitação do SISCOMEX; (ii) a quebra da cadeia de incidência do IPI; e (iii) a forma de cobrança mais benéfica das contribuições para o PIS e COFINS, em razão da não equiparação a estabelecimento industrial ou a importador. O autor entende que a presunção legal de importação por conta e ordem quando realizada com recursos de terceiros (art. 27, da Lei nº 10.637/2002) não prescinde de comprovação do fato fraudulento ou simulado, para a configuração no tipo infracional. Segundo José Fernandes,

---

[26] Cf. Acórdão nº 3401-003.977, sessão de 26/09/2017, relator Conselheiro Tiago Guerra Machado; Acórdão nº 3302-006.011, sessão de 27/09/2018, redator designado Conselheiro Raphael Madeira Abad; Acórdão nº 3302-005.800, sessão de 24/09/2018, relator Conselheiro Fenelon Moscoso de Almeida.

4. A PROVA NA INTERPOSIÇÃO FRAUDULENTA

a fiscalização aduaneira precisa identificar a pessoa que forneceu os recursos utilizados na liquidação do contrato de câmbio e/ou no pagamento dos tributos devidos e demais despesas necessárias a liberação da mercadoria. E uma vez identificada o fornecedor dos recursos, a fiscalização aduaneira ainda deve provar que a ocultação do adquirente da mercadoria ocorreu mediante fraude ou simulação, o que poderá ser feito por meio de indícios veementes, tais como falta da capacidade operacional, econômica e financeira do importador, prática de subfaturamento na revenda das mercadorias ao fornecedor dos recursos etc.[27]

José Fernandes relaciona os principais fatos que foram acatados pelas turmas julgadoras do CARF para configurar a infração:

a) o suposto adquirente da mercadoria e intermediário entre o importador e o encomendante utilizou, recursos repassados pelo encomendante oculto, para adquirir as mercadorias no exterior;

b) o suposto adquirente e intermediário não apresentava capacidade operacional e econômico-financeira para realizar as operações declaradas por sua conta e ordem;

c) nas operações de revenda das mercadorias, realizadas no mercado interno, ao encomendante predeterminado, foram praticados preços artificialmente subfaturados, com a evidente finalidade de fraudar o pagamento dos tributos devidos nas respectivas operações;

d) a exclusão do encomendante predeterminado da condição contribuinte do IPI, por equiparação a estabelecimento industrial, com a consequente quebra da cadeia de incidência do imposto;

e) a obtenção de benefícios indevidos de programas de incentivo fiscal concedidos pelos Estados.[28]

A questão da comprovação do dolo, apesar de recorrente na escassa doutrina[29], não foi o fator essencial para a decisão em grande parte dos

---

[27] Cf. NASCIMENTO, José Fernandes. As formas de comprovação da interposição fraudulenta na importação. *In*: PEREIRA, Cláudio Augusto Gonçalves; REIS, Raquel Segalla. *Ensaios de direito aduaneiro*. São Paulo: Intelecto Soluções, 2015, p.414-415.

[28] Ibid., p.418-419.

[29] Ibid., p.396-416; BARBIERI, Luís Eduardo G.. A prova na interposição fraudulenta de pessoas no processo tributário. *In*: PEREIRA, Cláudio Augusto Gonçalves; REIS, Raquel Segalla. *Ensaios de direito aduaneiro*. São Paulo: Intelecto Soluções, 2015, p.375-395;

julgados[30], cujo entendimento foi pela suficiência das provas quanto à ocultação para configurar a infração. Caso comprovada a ocultação, especialmente quando fartamente documentada, entende-se que há o cometimento da infração. Entretanto, identifica-se, em alguns julgados[31], a expressa necessidade de comprovação do dolo para a configuração da ocultação[32], ou seja,

DOMINGO, Luiz Roberto e SARTORI, Angela. Dano ao erário pela ocultação mediante fraude: a interposição fraudulenta de terceiros nas operações de comércio exterior. *In*: PEIXOTO, Marcelo Magalhães; SARTORI, Angela; DOMINGO, Luiz Roberto (coord.). *Tributação aduaneira à luz da jurisprudência do CARF*. São Paulo: MP Ed., 2013, p.53-68.

[30] Cf. Acórdão nº 3102-01.239, sessão de 11/11/2011, relator Conselheiro Luis Marcelo Guerra de Castro; Acórdão nº 3402-005.542, sessão de 26/07/2018, relator Conselheiro Rodrigo Mineiro Fernandes; Acórdão nº 3302-006.328, sessão de 29/11/2018, relator Conselheiro Gilson Macedo Rosenburg Filho; Acórdão nº 3201-005.438, sessão de 17/06/2019, relatora Conselheira Tatiana Josefovicz Belisário.

[31] Cf. Acórdão nº 3201-005.473, sessão de 19/06/2019, relator Conselheiro Leonardo Correia Lima Macedo; Acórdão nº 3201-005.575, sessão de 21/08/2019, relator Conselheiro Paulo Roberto Duarte Moreira; Acórdão nº 3401-006.220, sessão de 23/05/2019, relator Conselheiro Carlos Henrique de Seixas Pantarolli; Acórdão nº 3401-006.745, sessão de 20/08/2019, relatora Conselheira Mara Cristina Sifuentes.

[32] No Acórdão nº 3201-003.648, foi dado provimento ao recurso voluntário pela não comprovação da simulação apontada. O conselheiro relator enumerou os elementos que poderiam comprovar a fraude ou simulação: "1. Existência de conluio entre importador ostensivo e real adquirente na prática de ato fraudulento ou simulado, em quaisquer das etapas de aquisição de mercadoria no exterior e/ou sua importação; 2. O recurso utilizado na aquisição da mercadoria no exterior e/ou no pagamento dos tributos e/ou outras despesas relacionadas com importação suportadas pelo real adquirente; 3. A operação por conta própria declarada foi simulada, e a importação verdadeira foi realizada por conta e ordem dissimulada; 4. Ocultação ocorreu mediante indícios de incapacidade operacional, econômica e financeira do importador, de subfaturamento na revenda da mercadoria ao real adquirente, de revenda com prejuízo ou com lucro reduzido; 5. A mercadoria importada não tem características de fungibilidade comercial, isto é, sua especificidade dificulta e/ou inviabiliza a revenda não é mercadoria de "prateleira"; 6. A mercadoria não se destina à comercialização a qualquer cliente de um mesmo ramo de atividade, em decorrência de sua especificidade; 7. Mercadoria é adquirida com especificações que a torna inservíveis a outros clientes; 8. O importador tem o conhecimento de que não poderá revender a mercadoria a qualquer cliente; 9. Mercadoria é exclusiva e/ou específica de uso do cliente adquirente; 11. Documentos ou logística de transporte após desembaraço aduaneiro revela mercadoria não entregue ao importador ou providências de remoção/retirada a cargo do adquirente oculto; 12. Permissividade do importador ostensivo em relação aos comandos diretivos do adquirente oculto na operação de importação ou na gestão empresarial do interposto; 13. Negócios mantidos entre as sociedades interposta e oculta revelam situação

4. A PROVA NA INTERPOSIÇÃO FRAUDULENTA

não bastaria a configuração da ocultação, mas que ela fosse praticada de forma dolosa. Destaca-se, nesse sentido, o Acórdão nº 3401-006.745, julgado em 20 de agosto de 2019, que tratou de um caso envolvendo uma grande rede varejista, que resultou na exoneração do lançamento pela ausência de comprovação de dolo, ainda que constatada a ocultação do real adquirente.

Conforme já exposto no presente estudo, a ocultação do sujeito passivo na importação, na grande maioria dos casos, configura-se como simulação. Conforme bem explicou no voto condutor do Acórdão nº 2301-005.119, Fabio Piovesan Bozza assim discorreu sobre a prova da simulação:

> A prova da simulação consiste em demonstrar que o negócio jurídico em discussão é mera aparência ou dissimula uma relação jurídica de natureza diversa. Para tanto, é necessário provar uma situação fática existente, só que divergente da realidade da declaração, do negócio ou do sujeito dissimulado[33].

A comprovação da simulação foi fator determinante também no Acórdão nº 3201-005.438, que apontou, ainda, o caráter objetivo da infração:

> IMPORTAÇÃO. OCULTAÇÃO DO REAL ADQUIRENTE MEDIANTE SIMULAÇÃO. DANO AO ERÁRIO. CARÁTER OBJETIVO.
>
> O inciso V do art. 23 do Decreto-lei n.º 1.455/76 define como dano ao erário a importação de mercadorias com a ocultação do real comprador mediante fraude ou simulação.

de sócios comuns, pessoas com incapacidade profissional na direção da interposta, sócios da interposta possuem vínculo trabalhista com a oculta, terceiros com poder de gerência procurações com plenos poderes; 14. Compartilhamento de instalações, pessoas, bens e despesas entre interposta e oculta; 15. Escrituração contábil e/ou fiscal da pessoa oculta revela provas negociação e/ou pagamento ao exterior realizada em relação à mercadoria importada pela pessoa interposta; 16. Adquirente da mercadoria importada é vinculado ao exportador ou fornecedor estrangeiro; 17. Nota fiscal emitida pelo importador ostensivo na saída de mercadoria em revenda ao adquirente oculto revela custo unitário de mercadoria inferior ao preço unitário consignado na respectiva nota fiscal de entrada, considerando-se as despesas e gastos incorridos após a chegada da carga, tais como: descarga, armazenagem, taxa de registro da DI, tributos incidentes na importação, despesas com despachante aduaneiro; 18. Constatação de outros fatos fraudulento ou simulado, com o objetivo de acobertar os referidos intervenientes e beneficiários."

[33] Acórdão nº 2301-005.119, sessão de 12/09/2017, relator Conselheiro Fabio Piovesan Bozza.

Demonstrada a ocorrência de simulação, consistente no ato de declarar como importação realizada por conta própria a operação realizada por conta e ordem de terceiros, incide a regra sancionatória de caráter objetivo.[34]

Adicionalmente, ressalta-se que a questão do dolo passa, necessariamente, pela configuração do conluio entre o sujeito oculto e o importador declarado[35]. Constatado que o sujeito oculto efetivamente participou da estruturação da operação, conclui-se que há a configuração da ocultação simulada.

Portanto, estando configurada a ocultação e o conluio, está demonstrada a simulação praticada e a intenção do agente. A omissão praticada com o descumprimento da obrigação legal e regulamentar de identificação dos agentes intervenientes na Declaração de Importação, na configuração do vício do negócio jurídico praticado (Declaração de Importação por conta própria quando, na verdade, seria por conta e ordem ou por encomenda), ainda que não se considere a responsabilidade objetiva das infrações aduaneiras.

Por fim, vale destacar um importante julgado da Câmara Superior de Recursos Fiscais[36], que apreciou a validade das provas obtidas durante uma operação realizada pela Polícia Federal em conjunto com a RFB e decidiu, por maioria de votos, por sua validade.

Segundo o entendimento da CSRF, ainda que derivadas de provas consideradas ilícitas pelo Poder Judiciário, quando ficar demonstrado que as provas poderiam ser obtidas por uma fonte independente, elas seriam consideradas válidas, aplicando-se a Teoria da Descoberta Inevitável e a Teoria da Fonte Independente para fins de validação das provas apresentadas pela

---

[34] Acórdão nº 3201-005.438, sessão de 17/06/2019, relatora Conselheira Tatiana Josefovicz Belisário.

[35] Solon Sehn, em seu recente estudo sobre as infrações e penalidades aduaneiras, relaciona os seguintes elementos necessários à caracterização da infração: (i) o conluio entre as partes; (ii) o negócio aparente o simulado (a importação declarada); (iii) o negócio oculto ou dissimulado (a importação oculta); e o intuito de enganar o fisco ou de afastar a incidência de preceito legal, bastando a presenta do propósito específico de enganar, não se exigindo o dano efetivo. Cf. SEHN, Solon. *Comentários ao regulamento aduaneiro: infrações e penalidades*. São Paulo: Aduaneiras, 2019, p.113-115.

[36] Acórdão nº 9303-008.694, sessão de 12/06/2019, relator Conselheiro Andrada Márcio Canuto Natal.

RFB. A turma julgadora determinou o retorno dos autos à câmara baixa para apreciação dos fatos e provas anteriormente consideradas ilícitas.

Conclusões

No presente estudo, procuramos identificar a dinâmica prática da matéria no processo tributário administrativo, por meio da análise dos elementos de prova colacionados pela Autoridade Fiscal na fase de fiscalização e sua apreciação pelo julgador administrativo, com base na análise do tipo infracional em questão.

Pela diversidade das decisões e pela complexidade dos casos concretos, não é possível apontar com absoluta certeza quais provas tendem a ser mais ou menos aceitas pelas autoridades fiscais e julgadoras, mas apenas uma indicação, com base em casos anteriores e na doutrina. Ainda assim, foi possível destacar os elementos probatórios relacionados à transação comercial e prestação de serviços (contratos, ordens de compra e outros elementos diversos que apontam que a negociação foi efetuada pelo sujeito oculto); e elementos probatórios relacionados à liquidação financeira e controles.

A matéria em questão está em sua "maioridade civil"[37] em 2019, e ainda está sujeita à evolução da maturidade, a ser vivida e sentida pelos colegiados do CARF, que já deram e ainda dão prova de sua capacidade técnica e independência no julgamento deste tema[38].

Referências

BARBIERI, Luís Eduardo G.. A prova na interposição fraudulenta de pessoas no processo tributário. *In*: PEREIRA, Cláudio Augusto Gonçalves; REIS, Raquel Segalla. *Ensaios de direito aduaneiro*. São Paulo: Intelecto Soluções, 2015, p. 375-395.

CARLUCI, José Lence. *Uma introdução ao Direito Aduaneiro*. São Paulo: Aduaneiras, 2001.

---

[37] Cf. TREVISAN, Rosaldo. Considerações em torno da maioridade civil da "interposição fraudulenta" e impressões analíticas da jurisprudência administrativa sobre o tema. *In*: MURICI, Gustavo Lanna; GODOI, Marciano Seabra de; RODRIGUES, Raphael Silva; FERNANDES, Rodrigo Mineiro [Orgs.]. *Análise crítica da jurisprudência do CARF*. Belo Horizonte: Editora D'Plácido, 2019, p.477-512.

[38] Rosaldo Trevisan, em seu estudo sobre a evolução da jurisprudência do CARF sobre a interposição fraudulenta, constatou que, nos 400 processos por ele analisados, 247 (61,75%) foram decididos por unanimidade de votos. Ibid., p.507.

DE SANTI, Eurico Marcos Diniz; VASCONCELOS, Breno Ferreira Martins; SILVA, Daniel Souza Santiago da; DIAS, Karem Jureidini Dias; e HOFFMANN, Susy Gomes Hoffmann (coord.). *Repertório Analítico de Jurisprudência do CARF*. São Paulo: FGV Direito e Max Limonad, 2016.

DOMINGO, Luiz Roberto e SARTORI, Ângela. Dano ao erário pela ocultação mediante fraude: a interposição fraudulenta de terceiros nas operações de comércio exterior. *In*: PEIXOTO, Marcelo Magalhães; SARTORI, Ângela; DOMINGO, Luiz Roberto (coord.). *Tributação aduaneira à luz da jurisprudência do CARF*. São Paulo: MP Ed., 2013, p. 53-68.

DOMINGO, Luiz Roberto. Direito aduaneiro e direito tributário – regimes jurídicos distintos. *In*: PEIXOTO, Marcelo Magalhães, SARTORI, Ângela e DOMINGO, Luiz Roberto (coord.). *Tributação aduaneira: à luz da jurisprudência do CARF – Conselho Administrativo de Recursos Fiscais*. São Paulo: MP Editora, 2013, p. 185-204

FERNANDES, Rodrigo Mineiro. *Introdução ao direito aduaneiro*. São Paulo: Intelecto, 2018.

GODOI, Marciano Seabra de. Dois conceitos de simulação e suas consequências para os limites da elisão fiscal. *In*: ROCHA, Valdir de Oliveira (Coord.). *Grandes questões atuais do direito tributário – 11º vol*. São Paulo: Dialética, 2007, p. 272-298.

NASCIMENTO, José Fernandes. As formas de comprovação da interposição fraudulenta na importação. *In*: PEREIRA, Cláudio Augusto Gonçalves; REIS, Raquel Segalla. *Ensaios de direito aduaneiro*. São Paulo: Intelecto Soluções, 2015, p. 396-424.

SEHN, Solon. *Comentários ao regulamento aduaneiro: infrações e penalidades*. São Paulo: Aduaneiras, 2019.

SOSA, Roosevelt Baldomir. *A aduana e o comércio exterior*. São Paulo: Aduaneiras, 1996.

TREVISAN, Rosaldo. Considerações em torno da maioridade civil da "interposição fraudulenta" e impressões analíticas da jurisprudência administrativa sobre o tema. *In*: MURICI, Gustavo Lanna; GODOI, Marciano Seabra de; RODRIGUES, Raphael Silva; FERNANDES, Rodrigo Mineiro [Orgs.]. *Análise crítica da jurisprudência do CARF*. Belo Horizonte: Editora D'Plácido, 2019, p. 477-512.

5. A teoria dos frutos da árvore envenenada na jurisprudência do CARF

Hélcio Lafetá Reis[1]

> *Ao contrário das proposições científicas, as proposições interpretativas não podem ser independentemente verdadeiras: só podem ser verdadeiras em virtude de uma justificação interpretativa que recorra a um complexo de valores, nenhum dos quais, do mesmo modo, pode ser independentemente verdadeiro.*

> (DWORKIN, 2014a, p. 234)

Introdução

O presente artigo tem como escopo a análise da jurisprudência do Conselho Administrativo de Recursos Fiscais (CARF) acerca da utilização de provas obtidas por meios ilícitos no procedimento e no contencioso administrativos, tendo-se em conta a Teoria dos Frutos da Árvore Envenenada, bem como as exceptivas Teorias da Descoberta Inevitável e da Fonte Independente, todas elas originárias da jurisprudência norte-americana.

Inobstante a origem alienígena de tais teorias, produzidas num contexto jurídico diverso do brasileiro, elas têm sido adotadas no País tanto pelo

---

[1] As opiniões contidas nesta publicação são reflexões acadêmicas do próprio autor e não necessariamente expressam as posições defendidas por qualquer organização a qual esteja vinculado.

legislador federal, quanto pelo Poder Judiciário e pelos julgadores administrativos, ocasionando, precipuamente em relação à sua aplicação no processo administrativo tributário federal, severas críticas acerca da flexibilização da garantia constitucional da inadmissibilidade, no processo, de provas obtidas ilicitamente.

Várias questões se imbricam nas práticas incipientes que vêm se desenvolvendo no País, pois que envolvem questionamentos diversos que vão além de eventual adoção acrítica das teorias importadas, como, exemplificativamente, (i) a utilização de regras próprias do processo penal no processo administrativo fiscal, (ii) a repercussão de decisões judiciais de natureza penal na esfera administrativa e (iii) as peculiaridades da atuação da Administração tributária e sua vinculação ao princípio da legalidade.

Trata-se de problemática assaz complexa por alcançar de um lado garantias fundamentais e de outro o combate, dentre outros ilícitos, ao crime de natureza financeiro-tributária e à evasão fiscal (crimes do colarinho branco), num país de democracia recente, de desigualdades sociais endêmicas e de corrupção sistêmica, cujas instituições se consolidam enquanto atuam no sentido de consolidar o Estado Democrático de Direito instituído constitucionalmente.

O então Ministro do Supremo Tribunal Federal (STF) Sepúlveda Pertence já havia alertado, em 1996, que se trata de questão dramática que não se restringe ao Brasil, sendo preocupação interminável de constitucionalistas e processualistas de todo o mundo, variando pendularmente as posições adotadas em diferentes países.

Segundo o Ministro, "[o] dilema está entre a crença nas garantias constitucionais e na necessidade de lhe dar efetividade, ou na crença de que às garantias constitucionais se deve sobrepor a perseguição, a qualquer custo, da verdade real, posta como única finalidade do processo penal, em qualquer caso ou pelo menos, no tocante à criminalidade de maior gravidade."[2]

É nesse contexto de profunda ambiguidade que se fará a análise pretendida, não se ignorando que eventuais conclusões obtidas a partir de consultas à jurisprudência judicial e administrativa não poderão ser tomadas como posições definitivas, tratando-se, em verdade, de revolvimento de possibilidades que possa contribuir de alguma forma ao aprofundamento da temática objeto deste estudo.

---

[2] STF, HC 73351-4/SP, Tribunal Pleno, Ministro Relator Ilmar Galvão, 09/05/1996.

5. A TEORIA DOS FRUTOS DA ÁRVORE ENVENENADA NA JURISPRUDÊNCIA DO CARF

1. Provas obtidas ilicitamente e a teoria dos frutos da árvore envenenada – repercussão no contencioso administrativo federal

De acordo com o inciso LVI do art. 5º da Constituição da República Federativa do Brasil, "são inadmissíveis, no processo, as provas obtidas por meios ilícitos", tratando-se tal regra de uma garantia fundamental, não passível de supressão nem mesmo por meio de emenda constitucional, nos termos do inciso IV do § 4º do art. 60 da mesma Constituição.

Tal norma encontra-se em consonância com outras garantias fundamentais, como o direito ao devido processo legal, ao contraditório e à ampla defesa, seja no processo judicial ou no administrativo, pois que a prova obtida ilicitamente pode comprometer uma eficaz contestação por parte da pessoa afetada, bem como debilitar a exigência ética da lealdade processual.

Em relação ao processo administrativo, a mesma regra encontra-se prevista no art. 30 da Lei nº 9.784/1999 nos seguintes termos: "São inadmissíveis no processo administrativo as provas obtidas por meios ilícitos."

A prova é elemento fulcral no processo, seja na esfera judicial ou administrativa, pois é por meio dela que se formará o juízo de probabilidade do que efetivamente ocorreu, devendo sua produção se dar em conformidade com as normas processuais, sob pena de invalidade, pois ninguém pode se valer de meios ilícitos para desfavorecer a defesa alheia.

A prova ilícita é aquela que não encontra amparo na lei, seja por não estar incluída dentre aquelas autorizadas taxativamente em rol exaustivo, seja por se tratar de prova proibida, assim definida na legislação, por afrontar normas de direito processual ou de direito material[3], ou seja, ilícita é toda prova que "contraria qualquer norma do ordenamento jurídico"[4].

São exemplos de provas ilícitas: (i) interceptação telefônica clandestina ou sem autorização judicial, (ii) busca e apreensão sem mandado judicial, quando exigível, (iii) violação do sigilo bancário ou fiscal, (iv) confissão sob ameaça ou tortura e (v) testemunho em juízo sem a presença do defensor ou sob coação moral.

E, uma vez tratar-se de prova ilícita, todas as demais provas dela decorrentes também serão consideradas ilegais, sendo esse o fundamento da Teoria dos Frutos da Árvore Envenenada (*Fruits of Poisonous Tree Theory*), que se ampara originalmente na Quarta Emenda da Constituição dos Estados

---

[3] PAULA, 2006, p. 157.
[4] DIDIER JR., 2019, p. 114.

Unidos e cuja aplicação remonta a um julgamento de 1886 naquele país (caso *Boyd v. United States*), em que se decidiu que era inconstitucional a emissão de notas fiscais, por ordem judicial, para dar suporte ao ilícito fiscal de não pagamento dos tributos devidos na importação (autoincriminação)[5].

Posteriormente, em 1914 (caso *Weeks v. United States*), a Suprema Corte norte-americana decidiu pela ilegalidade de uma busca e apreensão tida por desarrazoada, sem autorização judicial, por violar o princípio da inviolabilidade do domicílio, sendo consideradas também ilegais as provas advindas dessa medida[6].

Em 1920, a Suprema Corte analisou uma apreensão de documentos na empresa Silverthorne Lumber Co., que foi identificada como um "ilícito do governo", tendo decidido que tal medida era ilícita mesmo se o resultado pudesse ter sido obtido de forma legal[7].

Foi em 1939, quando do julgamento do caso *Nardone v. United States*, que a Suprema Corte se referiu de forma expressa à Teoria dos Frutos da Árvore Envenenada, abarcando, inclusive, a exceção relativa à fonte independente[8].

No Brasil, o Supremo Tribunal Federal (STF) e o Superior Tribunal de Justiça (STJ) já aplicaram a Teoria dos Frutos da Árvore Envenenada, merecendo destaque, por ora, as seguintes conclusões:

a) O Supremo Tribunal Federal, por maioria de votos, assentou entendimento no sentido de que sem a edição de lei definidora das hipóteses e da forma indicada no art. 5º, inc. XII, da Constituição não pode o Juiz autorizar a interceptação de comunicação telefônica para fins de investigação criminal. (...) a ilicitude da interceptação telefônica – à falta de lei que, nos termos do referido dispositivo, venha a discipliná-la e viabilizá-la – contamina outros elementos probatórios eventualmente coligidos, oriundos, direta ou indiretamente, das informações obtidas na escuta. (STF, HC 73351-4/SP, Tribunal Pleno, Ministro Relator Ilmar Galvão, 09/05/1996);

b) Ninguém pode ser investigado, denunciado ou condenado com base, unicamente, em provas ilícitas, quer se trate de ilicitude originária, quer se cuide de

---

[5] FERREIRA, 2019, p. 2.

[6] FERREIRA, 2019, p. 2.

[7] FERREIRA, 2019, p. 2 a 3.

[8] FREITAS.

5. A TEORIA DOS FRUTOS DA ÁRVORE ENVENENADA NA JURISPRUDÊNCIA DO CARF

ilicitude por derivação. Qualquer novo dado probatório, ainda que produzido, de modo válido, em momento subseqüente, não pode apoiar-se, não pode ter fundamento causal nem derivar de prova comprometida pela mácula da ilicitude originária. (...) A doutrina da ilicitude por derivação (teoria dos "frutos da árvore envenenada") repudia, por constitucionalmente inadmissíveis, os meios probatórios, que, não obstante produzidos, validamente, em momento ulterior, acham-se afetados, no entanto, pelo vício (gravíssimo) da ilicitude originária, que a eles se transmite, contaminando-os, por efeito de repercussão causal. (...) Se, no entanto, o órgão da persecução penal demonstrar que obteve, legitimamente, novos elementos de informação a partir de uma fonte autônoma de prova – que não guarde qualquer relação de dependência nem decorra da prova originariamente ilícita, com esta não mantendo vinculação causal –, tais dados probatórios revelar-se-ão plenamente admissíveis, porque não contaminados pela mácula da ilicitude originária. (STF, HC 93050/RJ, Segunda Turma, Ministro Relator Celso de Mello, 01/08/2008);

c) 1.Tendo o STF declarado a ilicitude de diligência de busca e apreensão que deu origem a diversas ações penais, impõe-se a extensão desta decisão a todas as ações dela derivadas, em atendimento aos princípios da isonomia e da segurança jurídica. 2. Se todas as provas que embasaram a denúncia derivaram da documentação apreendida em diligência considerada ilegal, é de se reconhecer a imprestabilidade também destas, de acordo com a teoria dos frutos da árvore envenenada, trancando-se a ação penal assim instaurada. 3. Ordem concedida para trancar a ação penal em questão, estendendo, assim, os efeitos da presente ordem também ao co-réu na mesma ação. (STJ, HC 100879 / RJ, Sexta Turma, Ministra Relatora Maria Thereza de Assis Moura, 19/08/2008);

d) A teoria dos frutos da árvore envenenada, com previsão constitucional no art. 5º, LVI, da CF/1988, determina que as provas, ainda que lícitas, mas decorrentes de outras ilegais, assim consideradas pela obtenção em desacordo com as normas que asseguram a sua higidez, são consideradas maculadas e devem ser extirpadas do processo. (STJ, AgRg na Rcl 29876/PB, Terceira Seção, Ministro Relator Joel Ilan Paciornik, 25/03/2019).

Verifica-se dos excertos supra que os tribunais superiores vêm aplicando a Teoria dos Frutos da Árvore Envenenada há alguns anos, indicando uma jurisprudência de Direito Processual Penal já assentada, contrária à utilização de provas obtidas ilicitamente, alcançando, inclusive, as provas derivadas, em consonância com o inciso LVI do art. 5º da Constituição da República Federativa do Brasil acima referenciado.

Ao longo do tempo, criaram-se regras de exceção à referida teoria, aplicáveis excepcionalmente, sendo elas as seguintes: (i) quando a prova obtida ilicitamente podia ter sido obtida de fato de forma válida (Teoria da Fonte Independente)[9], (ii) quando a descoberta da prova era inevitável, a despeito da fonte ilícita (Teoria da Descoberta Inevitável), (iii) relação de causalidade bastante atenuada entre a ação ilegal e a prova e (iv) busca e apreensão irregular mas executada por agentes públicos de boa-fé[10].

O próprio STF, no julgamento do HC 93050/RJ, ocorrido em 01/08/2008, cuja ementa encontra-se reproduzida parcialmente acima, se posicionou favoravelmente à aplicação da exceção relativa à fonte independente de prova, na hipótese de não haver qualquer relação de dependência entre a prova utilizada com a prova obtida ilicitamente.

Parte das regras excepcionais de exceção à Teoria dos Frutos da Árvore Envenenada foi albergada pelo legislador ordinário pátrio, quando, em 2008, a Lei nº 11.690 alterou a redação do art. 157 do Código de Processo Penal (CPC), incluindo os parágrafos 1º, 2º e 3º, nos seguintes termos:

> Art. 157. São inadmissíveis, devendo ser desentranhadas do processo, as provas ilícitas, assim entendidas as obtidas em violação a normas constitucionais ou legais. (Redação dada pela Lei nº 11.690, de 2008)
>
> § 1º São também inadmissíveis as provas derivadas das ilícitas, salvo quando não evidenciado o nexo de causalidade entre umas e outras, ou quando as derivadas puderem ser obtidas por uma fonte independente das primeiras. (Incluído pela Lei nº 11.690, de 2008)
>
> § 2º Considera-se fonte independente aquela que por si só, seguindo os trâmites típicos e de praxe, próprios da investigação ou instrução criminal, seria capaz de conduzir ao fato objeto da prova. (Incluído pela Lei nº 11.690, de 2008)
>
> § 3º Preclusa a decisão de desentranhamento da prova declarada inadmissível, esta será inutilizada por decisão judicial, facultado às partes acompanhar o incidente. (Incluído pela Lei nº 11.690, de 2008)
>
> § 4º (VETADO)

---

[9] Por exemplo, um mandado judicial autorizando uma busca e apreensão que também passou a dar suporte a outra busca e apreensão anterior realizada sem autorização judicial.
[10] FERREIRA, 2019, p. 3.

5. A TEORIA DOS FRUTOS DA ÁRVORE ENVENENADA NA JURISPRUDÊNCIA DO CARF

No parágrafo 1º acima transcrito, tem-se a adoção legislativa das Teorias da Descoberta Inevitável e da Fonte independente, cuja aplicação é ainda incipiente, seja na esfera judicial, seja na administrativa, situação em que eventuais conjecturas se mostrarão necessárias ao aprofundamento da matéria, com os riscos inerentes às abordagens investigativas.

A Teoria da Descoberta Inevitável concebe que "a prova, ainda que derivada de outra ilícita, não se torna imprestável se for ela, inexoravelmente, atingida por meios lícitos"[11] e a Teoria da Fonte Independente se refere a outras provas independentes da prova ilícita, provas essas "que não se tornam ilícitas pela sua simples presença no processo em que está a prova ilícita"[12].

Enquanto a segunda teoria acima referenciada se mostra, de relance, de fácil compreensão, a primeira é um pouco dúbia, nebulosa, podendo ser objeto de interpretações as mais diversas, com forte potencial a conturbar o processo em que discutida enquanto não se firmarem as balizas concretas de sua aplicação.

1.1. A Teoria dos Frutos da Árvore Envenenada na jurisprudência do CARF

Nas turmas ordinárias da Terceira Seção do Conselho Administrativo de Recursos Fiscais (CARF), a Teoria dos Frutos da Árvore Envenenada já vem sendo adotada, com prevalência do entendimento de que, tendo sido reconhecida judicialmente a ilicitude da prova e tendo em vista a impossibilidade de se segregarem as provas lícitas daquelas reconhecidas como ilícitas, todo o acervo probatório encontra-se, por derivação, contaminado pela ilicitude[13].

Contudo, em 12/06/2019, a Terceira Turma da Câmara Superior de Recursos Fiscais (CSRF) do CARF, por meio do acórdão nº 9303-008.694, decidiu favoravelmente ao Recurso Especial interposto pela Procuradoria-Geral da Fazenda Nacional (PGFN), cujo fundamento foi a existência de divergência de interpretação na 2ª Seção do CARF (acórdão nº 2401-004.578) quanto à possibilidade de se aplicarem, no processo administrativo fiscal, as Teorias da Descoberta Inevitável e da Fonte Independente para fins

---

[11] DIDIER JR., 2019, p. 116.
[12] DIDIER JR., 2019, p. 116.
[13] Acórdãos nº 3402-003.195, de 23/08/2016; 3402-004.389, de 31/08/2017; 3402-004.799, de 13/12/2017; 3302-005.574, de 20/06/2018; 3302-006.093, de 25/10/2018 e 3201-005.369.

de validação das provas utilizadas pela Fiscalização Federal no procedimento de lançamento de ofício.

Conforme descrito no relatório do acórdão nº 9303-008.694, colheram-se "diversos elementos de prova da prática dos ilícitos tributários e aduaneiros de interposição fraudulenta, de subfaturamento, quebra da cadeia do IPI e obtenção de benefícios fiscais vinculados ao ICMS", praticados pela empresa autuada "em conluio com outras diversas empresas vinculadas".

Ainda segundo o mesmo relatório, "[para] internalizar as mercadorias introduzidas fraudulentamente no país, interpunham-se entre o Real Importador e o Real Exportador diversas empresas constituídas, em sua maioria, em nome de interpostas pessoas ("laranjas"), que atuavam de forma simulada e sob controle centralizado dos mentores intelectuais" (...). "Assim, embora a real operação se desse entre as duas pessoas situadas na posição extrema da cadeia (Real Importador e Real Exportador), apareciam, entre elas, um exportador fictício, um importador fictício e um distribuidor intermediário, que operacionalizavam os ilícitos tributários."

Para comprovar as reais operações realizadas, a Fiscalização utilizou diversos elementos de prova, como, por exemplo, ordens de compra, tabelas de custos apreendidas em estabelecimentos da autuada, e-mails de negociação e *invoices*.

Informa, ainda, o relatório que, "[simultaneamente], tramitava perante o Poder Judiciário, o processo crime decorrente das ações perpetradas pelas pessoas físicas e jurídicas envolvidas nas ações criminosas", tendo sido concedido Habeas Corpus pelo Superior Tribunal de Justiça (STJ), no qual foram consideradas ilícitas todas as interceptações telefônicas realizadas após o sexagésimo dia a partir do seu início.

No voto condutor do acórdão nº 9303-008.694, o relator consignou que a existência ou não de instauração de procedimento fiscal previamente à decisão judicial que declarou nulas as provas em nada comprometia a aplicação das Teorias da Descoberta Inevitável e da Fonte Independente, pois, no seu entendimento, "as fontes das quais as provas provêm e as circunstâncias que tornam a descoberta inevitável não se modificam com a instauração do procedimento" (fl. 6 do acórdão).

Pautando-se no teor da decisão do STJ – Habeas Corpus (HC) nº 142.045 –, o relator informou que foi considerada ilícita somente parte da decisão proferida no juízo de primeiro grau, bem como parte dos procedimentos policial e fiscal e das próprias interceptações telefônicas, donde se concluiu

5. A TEORIA DOS FRUTOS DA ÁRVORE ENVENENADA NA JURISPRUDÊNCIA DO CARF

que referida decisão se eximira "de qualquer ilação acerca de seus efeitos sobre o acervo probatório que lastreava a acusação", pois determinou "a restituição dos autos ao Juiz originário para as determinações de direito" (fl. 7 do acórdão).

O Ministério Público Federal, demandado pelo Juiz de primeiro grau que considerara, no processo criminal, que parte das provas era hígida, esclareceu que era impossível separar as provas obtidas a partir dos mandados de busca e apreensão decorrentes de interceptações telefônicas autorizadas daquelas consideradas ilícitas, situação essa que, segundo o relator, não invalidava o acervo probatório na esfera administrativa, dadas as prerrogativas próprias dos servidores da Receita Federal.

Também segundo o relator, "o entendimento manifestado pelo Ministério Público Federal no processo que tramitava na esfera judicial não vincula a administração tributária, tampouco se aplica automaticamente ao processo administrativo fiscal", conforme já decidido pelo Tribunal Regional Federal da 4ª Região (TRF4)[14] "acerca dos efeitos da anulação das provas obtidas no âmbito da mesma Operação Dilúvio sobre os procedimentos administrativos disciplinares instaurados com base no compartilhamento dessas mesmas provas" (fls. 9 e 10 do acórdão).

Reportando-se ao art. 157 do CPC acima transcrito, precipuamente aos seus parágrafos 1º e 2º, em que se admitem as provas derivadas das ilícitas quando não evidenciado o nexo de causalidade entre elas (Teoria da Descoberta Inevitável) ou quando as derivadas puderem ser obtidas por uma fonte independente das ilícitas (Teoria da Fonte Independente), o relator consignou que "os Auditores-Fiscais da Receita Federal, no âmbito de suas prerrogativas legais, prescindem de ordem judicial para executar o procedimento de busca e apreensão nas dependências do contribuinte" (fl. 12 do acórdão), nos termos da legislação que regulamenta o exercício do cargo[15], cuja inatividade pode ser objeto de responsabilização funcional.

Destacou-se, ainda, que muitas das provas podiam ser obtidas nos próprios sistemas internos da Receita Federal e que as investigações das

---

[14] Mandado de Segurança nº 000284395.2014.404.0000/PR, impetrado contra o Juízo da 14ª Vara Federal de Curitiba Tribunal Regional Federal da 4ª Região.

[15] Arts. 194 a 197 do Código Tributário Nacional – CTN (Lei nº 5.172, de 25/10/1966); arts. 94 a 97 da Lei nº 4.502/1964; § 2º do art. 36 da Lei nº 8.630/1993 e arts. 34 a 38 da Lei nº 9.430/1996.

operações fraudulentas haviam se iniciado anteriormente às autorizações judiciais de interceptação telefônica.

Nesse contexto, concluiu o relator:

> Com base em todo o exposto, me sinto seguro em afirmar que, no caso concreto, deve prevalecer o disposto nos parágrafos 1° e 2° do art. 157 do Código de Processo Penal, na parte em que admite as provas derivadas de provas ilícitas, desde que fique demonstrado que tais provas, as derivadas, poderiam ser obtidas por meios independentes, seguindo-se os procedimentos típicos e de praxe da Fiscalização da Receita Federal. (fl. 17 do acórdão)

Assim que publicado, o acórdão n$^\circ$ 9303-008.694 da Terceira Turma da CSRF do CARF veio a ser objeto de severas críticas, cujos pontos relevantes são identificados a seguir:

a) O CARF, passando por cima da decisão do STJ, partiu de uma leitura simplista do art. 157 do Código de Processo Penal, cujo parágrafo 2° estabelece a possibilidade de mitigação do uso da prova ilícita quando fique demonstrado que tais provas poderiam ser obtidas por meios independentes[16];

b) a *"leitura da relativização da prova ilícita permite que o Estado escolha o modo proibido de busca da prova e, depois, alega que, se usasse os meios lícitos, chegaria no mesmo ponto"*[17];

c) o CPC prevê a aplicação das Teorias da Descoberta Inevitável e da Fonte Independente em relação a trâmites típicos da investigação ou instrução criminal, não se aplicando o dispositivo a procedimento fiscal[18];

d) o tribunal administrativo mitiga direito fundamental (inciso LVI do art. 5° da Constituição Federal) sem base legal e não observa a regra de aplicação da interpretação mais favorável ao acusado (art. 112 do CTN)[19];

---

[16] STRECK, 2019.
[17] STRECK, 2019.
[18] STRECK, 2019.
[19] STRECK, 2019.

e) o CARF, confundindo as teorias de exceção e lançando mão de um atalho, fundamentou sua decisão em previsões futurísticas ("prova que poderia ser descoberta") e não em provas concretas colhidas em procedimento de fiscalização, não tendo demonstrado, ainda, eventual inevitabilidade da descoberta da prova[20];

f) "não se fale em razoabilidade ou sopesamento, colocando de um lado o interesse público e, de outro, o interesse privado. Isso é falso e nunca foi afirmado no terreno do que se vem chamando de ponderação, proporcionalidade etc. Ou há um direito ou não há. Os fins não justificam os meios."[21];

g) "a decisão da Câmara Superior partiu de mera hipótese de possível obtenção da prova, na contramão do entendimento anterior do CARF de que a Teoria da Descoberta Inevitável deveria ser aplicada com parcimônia, já que, repise-se, "em última análise, hipoteticamente todo e qualquer fato da vida pode ser descoberto"[22];

h) "[a] decisão do CARF é no mínimo bastante preocupante, na medida em que abre margem para interpretações extensivas das exceções contidas nos §§ do artigo 157 do CPC, podendo validar, ao final, diversas autuações e cobranças de tributos baseadas em provas ilícitas, assumindo que (i) as Autoridades Fiscais inevitavelmente fiscalizariam as empresas; e (ii) em havendo a fiscalização, invariavelmente obteriam as mesmas provas."[23].

No nosso entendimento, não fosse o fato de o objeto do Recurso Especial da PGFN ser a aplicação das Teorias da Descoberta Inevitável e da Fonte Independente, a controvérsia analisada na CSRF se resolveria apenas com um dos argumentos utilizados pelo relator, qual seja, o de que a decisão judicial que considerou ilícitas as provas derivadas das interceptações telefônicas não autorizadas não invalidava o acervo probatório na esfera administrativa, dadas as prerrogativas próprias dos Auditores-Fiscais da Receita Federal.

Não consta da decisão judicial que o STJ tivesse determinado que os mesmos efeitos advindos daquela decisão deviam alcançar os processos

---

[20] STRECK, 2019.

[21] STRECK, 2019.

[22] FERREIRA, 2019, p. 6.

[23] FERREIRA, 2019, p. 7.

administrativos, sejam disciplinares ou de natureza tributária. E não poderia ser diferente, dado tratar-se de habeas corpus, remédio utilizado por pessoas físicas e não pela pessoa jurídica autuada. Além disso, conforme apontou o relator do acórdão da CSRF, o próprio Poder Judiciário, no caso o TRF4, já decidiu que os efeitos da anulação de provas em processo judicial de natureza penal não alcançam os procedimentos administrativos disciplinares instaurados com base no compartilhamento dessas mesmas provas.

1.2. A interpretação da garantia constitucional de inadmissibilidade da prova ilícita

A garantia constitucional insculpida no inciso LVI do art. 5º da Constituição Federal tem natureza preponderantemente penal, na mesma linha das demais garantias constantes dos incisos XXXV a LXVIII do mesmo artigo, enquanto que as normas de natureza tributária se encontram dispostas em capítulo próprio da Constituição Federal[24], destacando-se o princípio da legalidade presente no § 1º do art. 145[25], em que se delimita a atuação da Administração tributária aos termos da lei, respeitados os direitos individuais.

Merece destaque, a nosso ver, o fato de a Constituição limitar a atuação da fiscalização tributária somente à lei e aos direitos individuais – como o direito de propriedade, o direito ao sigilo dos dados, a liberdade de pensamento, dentre outros –, não se referindo às garantias fundamentais, estas de natureza eminentemente processual. E uma vez que a lei, conforme demonstrou o relator do acórdão nº 9303-008.694 da CSRF, garante à Administração tributária o acesso aos dados dos contribuintes de interesse da fiscalização, independentemente de autorização judicial, a existência de eventual mandado de busca e apreensão judicial em nada altera referida atribuição. Dito em outras palavras, a fiscalização se encontra autorizada por lei a obter os dados necessários a sua atividade investigativa, ressalvadas as exceções também previstas em lei, não atingindo seu mister as restrições impostas à atuação da polícia em persecuções penais, ainda que ambos os órgãos atuem em operações conjuntas.

---

[24] Capítulo I do Título VI da Constituição Federal.

[25] § 1º Sempre que possível, os impostos terão caráter pessoal e serão graduados segundo a capacidade econômica do contribuinte, facultado à administração tributária, especialmente para conferir efetividade a esses objetivos, identificar, respeitados os direitos individuais e nos termos da lei, o patrimônio, os rendimentos e as atividades econômicas do contribuinte.

Considerando o princípio da eficiência previsto no art. 37 da Constituição Federal, não se poderia exigir da Administração tributária que procedesse a intimações das pessoas investigadas para obtenção dos mesmos documentos que já se encontravam disponíveis em decorrência da operação alcunhada "Dilúvio", documentos esses, destaque-se, obtidos por meio de mandados de busca e apreensão judiciais.

Não se pode perder de vista que o inciso XII do art. 5º da Constituição Federal[26], regulamentado pela Lei nº 9.296/1996, prevê a hipótese de autorização judicial para se interceptarem comunicações telefônicas mas somente para fins de investigação criminal ou instrução processual penal, ou seja, mesmo que Administração tributária dependesse de interceptações telefônicas para levar a cabo ações fiscais, ela não obteria a autorização judicial em razão da restrição constitucional. Logo, no nosso entendimento, a prova ilícita no caso (interceptações telefônicas realizadas após o prazo autorizado) estava adstrita às investigações criminais, não alcançando o processo administrativo fiscal.

Portanto, os documentos contábeis e fiscais utilizados pela Fiscalização nas auditorias decorrentes da operação Dilúvio, obtidos via mandados judiciais específicos, não foram alcançados pela ilicitude das interceptações telefônicas, pois estas eram, repita-se, restritas à investigação criminal.

Deve-se ter em mente que "[a] decisão somente será nula ou rescindível se fundada exclusivamente na prova ilícita; se houver outro fundamento que, por si, sustente a decisão, não há razão para invalidar ou rescindir o julgado."[27]

A argumentação utilizada pelos críticos da decisão da CSRF de que a inadmissibilidade de prova obtida por meios ilícitos é uma garantia constitucional irrestrita que independe de ponderação ou de observância de outros princípios – como os da proporcionalidade, da razoabilidade, da legalidade e da busca pela verdade real – conota que a ela é atribuído caráter absoluto, de regência individualizada, independentemente das demais normas existentes no sistema jurídico em que inserida.

---

[26] XII – é inviolável o sigilo da correspondência e das comunicações telegráficas, de dados e das comunicações telefônicas, salvo, no último caso, por ordem judicial, nas hipóteses e na forma que a lei estabelecer para fins de investigação criminal ou instrução processual penal; (Vide Lei nº 9.296, de 1996)

[27] DIDIER JR., 2019, p. 123.

A par dos direitos e garantias fundamentais, existem na Constituição Federal outras normas jurídicas que não podem ser ignoradas na interpretação de cada uma delas, como o princípio fundamental da dignidade da pessoa humana e os objetivos fundamentais de construção de uma sociedade livre, justa e solidária e de redução das desigualdades sociais.

A natureza absoluta de uma garantia fundamental se justificava no século XVIII quando a burguesia precisava garantir seus direitos básicos em face do poder absoluto dos monarcas. Na contemporaneidade, o direito à liberdade individual convive com os direitos sociais e os fundamentos da justiça e da solidariedade, demandando proteção mais efetiva, não mais a burguesia, mas as minorias, os miseráveis e os marginalizados.

Não nos convence a assertiva de que os direitos e garantias fundamentais se destinam à proteção dos indivíduos contra o Estado todo poderoso, o Leviatã; pois, se no passado tal pressuposto se justificava, no paradigma do Estado Democrático de Direito, "[todo] o poder emana do povo, que o exerce por meio de representantes eleitos ou diretamente"[28].

Além disso, os direitos e garantias fundamentais não mais são interpretados somente no sentido vertical, Estado-indivíduo, mas horizontalmente, pois que eles se aplicam e devem ser observados, também, nas relações jurídicas entre particulares, não mais se restringindo à dimensão negativa de "proteção da esfera da autonomia individual face aos excessos da intervenção estatal"[29].

Se não se der efetividade aos postulados, princípios e valores devidamente constitucionalizados, estaremos admitindo que a Constituição detém normatividade somente em relação às regras, ou, o que é pior, somente a algumas delas, tratando-se de um rol de boas intenções as demais normas jurídicas emanadas do poder constituinte, aplicáveis somente num futuro longínquo, quando o Brasil deixar de ser o país do futuro.

Não se defende aqui que os fins justificam os meios, mas que ambos, fins e meios, devem ser tidos enquanto unidade, pois a proteção extremada ou ilimitada de um único direito particular, de forma isolada e individualizada, em detrimento de outros bens protegidos pelo sistema, bem como da coletividade, não se coaduna com os fundamentos e os objetivos de um Estado que se destina "a assegurar o exercício dos direitos sociais e individuais,

---

[28] Parágrafo único do art. 1º da Constituição da República Federativa do Brasil de 1988.
[29] CRUZ, 2007, p. 334.

5. A TEORIA DOS FRUTOS DA ÁRVORE ENVENENADA NA JURISPRUDÊNCIA DO CARF

a liberdade, a segurança, o bem-estar, o desenvolvimento, a igualdade e a justiça como valores supremos de uma sociedade fraterna, pluralista e sem preconceitos, fundada na harmonia social[30]".

A interpretação sistêmica do Direito[31], ou seja, a utilização do método sistemático na interpretação das normas jurídicas, bem como dos métodos teleológico[32] e sociológico[33], encontra ressonância na doutrina do jusfilósofo norte-americano Ronald Dworkin, que propugna por uma compreensão do Direito como unidade e como ferramenta de implementação de desígnios acolhidos pela própria Constituição e não como algo preconcebido a ser adotado de forma automatizada.

> O direito não é esgotado por nenhum catálogo de regras ou princípios, cada qual com seu próprio domínio sobre uma diferente esfera de comportamentos. Tampouco por alguma lista de autoridades com seus poderes sobre parte de nossas vidas. O império do direito é definido pela *atitude*, não pelo território, o poder ou o processo. (...). *É uma atitude contestadora* que torna todo cidadão responsável por imaginar quais são os compromissos públicos de sua sociedade com os princípios, e o que tais compromissos exigem em cada nova circunstância. (...) *A atitude do direito é construtiva*: sua finalidade, no espírito interpretativo, é colocar o princípio acima da prática para mostrar o melhor caminho para um futuro melhor, mantendo a boa-fé com relação ao passado. *É, por último, uma atitude fraterna*, uma expressão de como somos unidos pela comunidade apesar de divididos por nossos projetos, interesses e convicções. Isto é, de qualquer forma, o que o direito representa para nós: para as pessoas que queremos ser e para a comunidade que pretendemos ter. (DWORKIN, 2014b, p. 492)

Deve-se deixar bem claro que aqui não se defende a livre flexibilização dos direitos e garantias fundamentais para além do que já se encontra constitucionalizado[34], favorecendo ao aplicador da lei a imposição de seus próprios valores, mas que inexistem regras e princípios constitucionais estanques e

---

[30] Preâmbulo da Constituição da República Federativa do Brasil de 1988.

[31] Interpretação de um dispositivo legal tendo-se em conta outras normas jurídicas relativas ao mesmo objeto, em prol da unidade do sistema.

[32] Interpretação finalística, ou seja, busca da finalidade ou objetivo da norma jurídica.

[33] Interpretação da norma jurídica tendo-se em conta a realidade social.

[34] Por exemplo, o direito fundamental à propriedade encontra-se balizado na própria Constituição Federal por sua função social (incisos XII e XIII do art. 5º).

isolados, pois se a Justiça deve ser cega na aplicação da norma assecuratória de direitos e garantias individuais, ela deve, também, evitar privilégios, não se esquivando do entorno e do ambiente em que inserida, sob pena de servir de biombo às mais diversas desfaçatezes, e o que é pior, crendo estar fazendo justiça.

O próprio sistema jurídico já se encontra munido dos remédios necessários a combater eventuais abusos, como, exemplificativamente, o habeas corpus, o devido processo legal e o duplo grau de jurisdição, não podendo o receio de decisões parciais ou injustas justificar o enclausuramento de cada regra ou princípio em si mesmo, enquanto unidade absoluta.

Não se mostra salutar a aplicação de uma regra de forma automática, sem se aperceber das peculiaridades do caso concreto. Se não se respeitarem as especificidades de cada caso, a aplicação automática de uma tese jurídica ou de uma garantia fundamental potencializará sobremaneira a possibilidade de violação dos princípios da legalidade, da segurança jurídica e da isonomia, em sua materialidade.

Segundo Humberto Ávila[35], o direito não pode ser entendido "como algo total e previamente dado, a ser, por meio de um método discursivo, meramente descrito pelo intérprete", mas como "uma prática reconstrutiva e situativa de sentidos mínimos cuja realização depende de estruturas jurídico-racionais de legitimação, de determinação, de argumentação e de fundamentação".

Não se ignora, na aplicação das normas jurídicas, a importância prática da certeza e da previsibilidade em diferentes circunstâncias, mas isso não significa que, na interpretação de princípios ou garantias, a substância ou a concepção coerente da justiça deva ceder lugar, inexoravelmente, à estabilidade absoluta, pois não se pode exigir do juiz ou do julgador administrativo a adoção passiva de decisões anteriores, pois eles devem acolhê-las com espírito investigativo em face do sistema jurídico e do caso concreto.

Isso não significa que se está aqui a defender o ativismo judicial tosco, em que o intérprete impõe o seu próprio ponto de vista, mas a defender a aplicação do Direito por meio de interpretação apurada, envolvendo a moral política e pondo em prática a justiça e a equidade.

Não se defende, portanto, a flexibilização da inadmissibilidade da prova obtida por meios ilícitos, mas que tal garantia seja analisada, a par do caso

---

[35] ÁVILA, 2012, p. 93-94.

5. A TEORIA DOS FRUTOS DA ÁRVORE ENVENENADA NA JURISPRUDÊNCIA DO CARF

concreto, em conjunto com os demais direitos e princípios fundamentais, como a igualdade, a segurança, a legalidade, a solidariedade, a justiça, dentre muitos outros.

No Direito Tributário, o princípio da legalidade convive com a cláusula *pecunia non olet* (dinheiro não tem cheiro), não importando ao Fisco a origem dos rendimentos tributáveis, se lícita ou não, pois, diante do princípio da isonomia, devem ser tratadas igualmente as pessoas que geram a mesma quantidade de riqueza. De acordo com Ricardo Lobo Torres, "se o cidadão pratica atividades ilícitas com consistência econômica, deve pagar o tributo sobre o lucro obtido, para não ser agraciado com tratamento desigual frente às pessoas que sofrem a incidência tributária sobre os ganhos provenientes do trabalho honesto ou da propriedade legítima"[36].

Vê-se, portanto, que a ilicitude, em Direito Tributário, tem estatura diversa daquela presente no Direito Penal ou no Direito Processual Penal, em cujos domínios o delito é o centro de interesse e o seu contraponto é o direito à liberdade. Do ponto de vista tributário, o que importa é a capacidade contributiva e a ocorrência do fato gerador do tributo (princípio da legalidade), num contexto em que a solidariedade – e não o interesse individual – demanda de todos igual contribuição para que o Estado cumpra seu desiderato.

Nesse contexto, não se vislumbra a possibilidade de transplante automático e acrítico de normas de cunho criminal para o direito tributário sem que se amoldem às especificidades do sistema tributário, regido por princípios e regras próprias, o que não significa, por outro lado, que as diferentes disciplinas do Direito não possam se interagir, pois o Direito é uno, mas sua aplicação demanda minucioso conhecimento da realidade fática a que se reporta.

O Direito, além de se abrir a argumentos morais e ético-políticos, deve se alinhar a argumentos "pragmáticos que emanam do mundo da vida"[37].

A Teoria dos Frutos da Árvore Envenenada já é observada no Brasil pelos Poderes Legislativo, Judiciário e Executivo, vindo a concepção das Teorias da Descoberta Inevitável e da Fonte Independente, também já adotadas no processo penal pátrio, evidenciar que a garantia à inadmissibilidade da prova

---

[36] TORRES, 2005, p. 372.
[37] CRUZ, 2007, p. 370.

obtida por meios ilícitos não tem caráter absoluto, havendo exceções à regra, ainda que excepcionais.

Aplicando-se o princípio da proporcionalidade para a solução do conflito "direito à prova *versus* vedação da prova ilícita", "a solução deve ser dada sempre casuisticamente, à luz da ponderação concreta dos interesses em jogo", mas sempre excepcionalmente e desde que atendidos os critérios da (i) imprescindibilidade (prova única), da (ii) proporcionalidade ("o bem da vida objeto de tutela pela prova ilícita deve mostrar-se, no caso concreto, mais digno de proteção que o bem da vida violado pela ilicitude da prova"), da (iii) punibilidade (punição da conduta antijurídica da parte que se vale da prova ilícita) e da (iv) utilização *pro reo* (este critério aplicável apenas no processo penal)[38].

A Segunda Turma do Superior Tribunal de Justiça (STJ)[39], "ao avaliar a possibilidade de utilização de informações obtidas mediante monitoramento de e-mail corporativo de servidor público, concluiu pela licitude da prova, bem como pelo seu caráter relativo (mitigável) da intimidade." Nesse caso, entendeu-se que a proteção das comunicações não podia ser utilizada para acobertar ilícitos, mas desde que os dados obtidos fossem (i) relevantes para a Administração, (ii) não se referissem à vida pessoal do agente e que (iii) as regras de utilização do e-mail fossem previamente estipuladas[40].

Se as referidas teorias exceptivas tratassem apenas de caminhos alternativos de obtenção da prova, prova essa que deveria ter sido efetivamente colhida no procedimento ou na investigação criminal, elas não se justificariam, pois que referida prova não teria sido obtida por meios ilícitos, mas, sim, por outra via autorizada pelo ordenamento jurídico.

Não resta dúvida que a adoção automática dessas teorias de origem norte-americana pelo legislador nacional, sem uma prévia e profunda discussão teórica e doutrinária que lhes dê lastro e garanta um mínimo de segurança jurídica, tem grande potencial, dadas as suas ambiguidade e vagueza conceitual, de robustecer ainda mais a já precária efetividade do direito processual brasileiro.

---

[38] DIDIER JR., 2019, p. 118.
[39] STJ, Segunda Turma, RMS 48.665-SP, Rel. Ministro Og Fernandes, j. 15/09/2015.
[40] DIDIER JR., 2019, p. 120.

1.3. Aplicação de regras do processo penal no processo administrativo fiscal

Outro ponto que merece destaque é a utilização de regras do direito processual penal no processo administrativo fiscal, o que, para parte dos críticos, não se mostra adequada, pois, segundo eles, referidas regras se aplicam a processos criminais, inexistindo autorização legal a sua aplicação no âmbito administrativo fiscal[41].

Contudo, em relação ao inciso LV do art. 5º da Constituição Federal[42], inciso esse que se harmoniza com a inadmissibilidade de prova obtida por meios ilícitos (inciso LVI), José Afonso da Silva[43] considera que, uma vez que o dispositivo constitucional faz referência a litigantes e acusados, o processo administrativo a que ele se refere, a princípio, é o de natureza disciplinar, sendo, no entanto, aplicáveis as mesmas garantias constitucionais a outros processos administrativos na hipótese de haver litígio, como acontece no processo administrativo fiscal.

Merece registro o enunciado nº 301 do Fórum Permanente de Processualistas Civis que assim estipula: "Aplicam-se ao processo civil, por analogia, as exceções previstas nos §§ 1º e 2º do art. 157 do Código de Processo Penal, afastando a ilicitude da prova"[44].

Logo, não se vislumbra impedimento à utilização, também por analogia, de tais regras processuais penais no processo administrativo fiscal, pois, conforme já dito, neste, existe uma lide de natureza tributária, em que as regras do devido processo legal, do contraditório e da ampla defesa se aplicam e, sendo a regra da inadmissibilidade da prova obtida por meios ilícitos decorrente do contraditório, não se vislumbra impedimento à observância, no contencioso tributário, de regras processuais penais dele decorrentes, mas desde que, conforme aqui já enfatizado, respeitadas as peculiaridades desse domínio.

[41] STRECK, 2019.

[42] LV – aos litigantes, em processo judicial ou administrativo, e aos acusados em geral são assegurados o contraditório e ampla defesa, com os meios e recursos a ela inerentes;

[43] SILVA, 2005, p. 155.

[44] DIDIER JR., 2019, p. 117.

Conclusões

Neste ponto, já se pode concluir que o manejo de teorias geradas na jurisprudência norte-americana na análise de questões jurídicas próprias do sistema jurídico brasileiro não dispensa cuidados, pois tais teorias se desenvolveram no contexto da *common law*, sistema esse que possui diferenças importantes em relação à *civil law*, e abrange um amplo leque de interesses, de questões filosóficas e de temas relevantes nas comunidades jurídicas anglo-saxônicas, diversos dos enfrentados em terras brasileiras.

Diferentemente dos sistemas jurídicos da *common law*, em que os precedentes judiciais servem como referencial necessário às decisões judiciais, o ordenamento jurídico brasileiro sempre foi pautado pela legalidade, elemento esse presente de forma expressa mais de uma vez na Constituição Federal[45], o que a diferencia substancialmente de outras Constituições, pois as decisões judiciais no Brasil têm se baseado historicamente nas regras positivadas e essa tradição não pode ser abandonada automaticamente, de uma hora para outra.

Nada obstante esse contexto, há que se ressaltar que os inúmeros princípios e valores albergados pelo ordenamento jurídico pátrio, principalmente na Constituição Federal, têm em sua gênese forte conteúdo moral e que podem ser invocados ou de forma direta nas decisões judiciais ou para suprir eventuais indeterminações da linguagem presentes nas regras, como os termos linguísticos vagos e imprecisos.

É em razão dessa constatação, a nosso ver, que teorias desenvolvidas em outros países, com sistemas jurídicos distintos do brasileiro, encontram espaço para aqui se propagarem, munindo os intérpretes das leis de instrumentos interpretativos que vão muito além da subsunção e do silogismo.

Se de um lado se exige que o processo seja uniforme, célere e estável, por outro, não se pode se esquivar da necessidade de justificação das decisões judiciais e administrativas, ou seja, ao mesmo tempo em que se deve

---

[45] Exemplos do princípio da legalidade na Constituição Federal:

Art. 5º (...)

II – ninguém será obrigado a fazer ou deixar de fazer alguma coisa senão em virtude de lei;

(...)

Art. 150. Sem prejuízo de outras garantias asseguradas ao contribuinte, é vedado à União, aos Estados, ao Distrito Federal e aos Municípios:

I – exigir ou aumentar tributo sem lei que o estabeleça;

5. A TEORIA DOS FRUTOS DA ÁRVORE ENVENENADA NA JURISPRUDÊNCIA DO CARF

perseguir a segurança jurídica, deve-se privilegiar a realização da justiça a partir das peculiaridades do caso concreto, afastando-se da concepção absoluta de mundo, da gramática da subsunção e da lógica do "tudo ou nada" defendidas pelos positivistas.

A fundamentação é o suporte substancial da decisão, ou seja, é o elemento de construção do direito, pois inexiste acordo absoluto acerca dos fundamentos do direito, seja em nível teórico, seja na prática jurídica, que é onde obterão sentido as proposições argumentativamente analisadas e surgirá a norma jurídica, ajustada o máximo possível aos princípios de justiça, tornando coerente o sistema jurídico como um todo, pois a aplicação automática de axiomas cristalizados na prática jurídica não se coaduna com a realização da justiça em sua materialidade, ou seja, em conformidade com as especificidades do caso.

Referências

ÁVILA, Humberto Bergmann. *Segurança jurídica: entre permanência, mudança e realização no direito tributário*. 2. ed. São Paulo: Malheiros, 2012.

BONILHA, Paulo Celso Bergstrom. *Da prova no processo administrativo tributário*. São Paulo: LTR, 1992.

CRUZ, Álvaro Ricardo de Souza. *Hermenêutica jurídica e(m) debate: o constitucionalismo brasileiro entre a teoria do discurso e a ontologia existencial*. Belo Horizonte: Forum, 2007.

CRUZ, Álvaro Ricardo de Souza. *Jurisdição constitucional democrática*. Belo Horizonte: Del Rey, 2004.

DIDIER JR., Fredie; BRAGA, Paula Sarno; OLIVEIRA, Rafael Alexandria de. *Curso de direito processual civil: teoria da prova, direito probatório, decisão, precedente, coisa julgada e tutela provisória*. Salvador: Jus Podivm, 2019.

DWORKIN, Ronald. *A raposa e o porco-espinho: justiça e valor*. Tradução de Marcelo Brandão Cipolla. São Paulo: Martins Fontes, 2014.

DWORKIN, Ronald. *O império do direito*. Tradução de Jeferson Luiz Camargo. 3. ed. São Paulo: Martins Fontes, 2014.

FERREIRA, Mário Panseri; BOSSA, Gisele Barra; PAIVA, Mariana Monte Alegre de. *O CARF e a adoção da teoria da árvore envenenada: os impactos das decisões administrativas na prática processual tributária*. Sítio na internet: Jota. Disponível em <https://www.jota.info/opiniao-e-analise/artigos/carf-teoria-arvore-envenenada-12092019>. Acesso: 3 jan. 2020.

FREITAS, Marcio Luiz Coelho de. *A prova ilícita por derivação e suas exceções*. Disponível em <http://www2.tjam.jus.br/esmam/index.php?option=com_

content&view=article&id=221: a-prova-ilicita-por-derivacao-e-suas-excecoes& catid=70:artigosacademicos&Itemid=116> Acesso em: 5 jan. 2020.

MARINS, James. *Direito processual tributário brasileiro: administrativo e judicial*. 7. ed. São Paulo: Dialética, 2014.

NEDER, Marcos Vinicius; LÓPEZ, Maria Teresa Martínez. *Processo administrativo fiscal federal comentado: de acordo com a Lei nº 11.941, de 2009, e o Regimento Interno do CARF*. 3. ed. São Paulo: Dialética, 2010.

PAULA, Rodrigo Francisco de (coord.). *Processo administrativo fiscal federal*. Belo Horizonte: Del Rey, 2006.

SILVA, José Afonso da. *Comentário contextual à Constituição*. São Paulo: Malheiros, 2005.

STRECK, Lenio Luis. *A tese da fonte independente e o CARF: o que é descoberta inevitável?* 2019. Disponível em < https://www.conjur.com.br/2019-jul-25/tese-fonte-independente-carf-descoberta-inevitavel >. Acesso em: 8 de janeiro de 2020.

STRECK, Lenio Luis; NUNES, Dierle; CUNHA, Leonardo Carneiro da (Org.). FREIRE, Alexandre (Coordenador Executivo). *Comentários ao código de processo civil*. São Paulo: Saraiva, 2016.

TORRES, Ricardo Lobo. *Tratado de direito constitucional financeiro e tributário: os direitos humanos e a tributação: imunidades e isonomia*. Rio de Janeiro: Renovar, 2005.

6. O subfaturamento e a valoração aduaneira: os requisitos probatórios do lançamento fiscal sob a ótica da jurisprudência do CARF

PAULO ROBERTO DUARTE MOREIRA [1]

Introdução

O presente estudo traça um panorama atualizado das decisões proferidas pelo Conselho Administrativo de Recursos Fiscais (CARF) nos processos administrativos fiscais que tratam de litígios relacionados às operações de importações cujos valores informados das mercadorias foram rejeitados pelas autoridades fiscais sob a acusação de subfaturamento dos preços informados nas Declarações de Importações – DI, elaboradas com base em faturas comerciais (*invoices*) eivadas de falsidade, por intermédio de fraude, simulação ou conluio.

Apresenta o conjunto probatório e motivos apontados pelo Fisco que fundamentaram o subfaturamento e o arbitramento de preço, as razões de defesa e os elementos de prova do interessado, que permitiram aos julgadores administrativos firmarem convicção acerca das provas e a correta aplicação da legislação de regência.

Impende inicialmente diferenciar o subfaturamento e a subvaloração que ocorrem em operações de comércio exterior.

---

[1] As opiniões contidas nesta publicação são reflexões acadêmicas do próprio autor e não necessariamente expressam as posições defendidas por qualquer organização ao qual esteja vinculado.

O Acordo para Implementação do Artigo VII do GATT/1994 (AVA/GATT) disciplina o valor aduaneiro da mercadoria submetida a uma negociação internacional que servirá como base de cálculo de incidência dos tributos aduaneiros. Suas regras são dispostas de tal forma que sempre que possível o valor aduaneiro é o preço pago ou a pagar pela mercadoria em uma venda para exportação (artigo 1), admitindo ajustes neste valor em razão de circunstâncias previstas no seu artigo 8 (método do valor de transação). Prevê o Acordo que diante de operações com prática de ilícitos, caberá ao país signatário, disciplinar os meios de apuração do valor aduaneiro.

A subvaloração de um preço é praticada quando se desprezam os ajustes de valores obrigatórios determinados pelo AVA na utilização do método de transação da mercadoria (1º método de valoração). Trata-se, portanto, de uma irregularidade no campo da aplicação de regras, sem qualquer ilicitude.

De outro modo, o subfaturamento compreende sempre um agir ilícito com a finalidade de reduzir o preço do bem negociado (normalmente para minorar a base de cálculo dos tributos incidentes na importação), com artifício doloso, caracterizado por fraude, simulação, ou conluio. Sua consequência é a rejeição do preço declarado nos documentos e, na impossibilidade de apuração da base de cálculo, será esta determinada mediante arbitramento de preço, segundo os critérios-regras estabelecidos nos incisos do art. 88 da Medida Provisória nº 2.158/01-35, de 24/08/2001[2].

Destaca-se que o arbitramento somente é autorizado após ultrapassada a comprovação do subfaturamento, com o afastamento do preço declarado e desde que o preço efetivamente praticado não se evidencie de outro

---

[2] Art. 88. No caso de fraude, sonegação ou conluio, em que não seja possível a apuração do preço efetivamente praticado na importação, a base de cálculo dos tributos e demais direitos incidentes será determinada mediante arbitramento do preço da mercadoria, em conformidade com um dos seguintes critérios, observada a ordem sequencial:
I – preço de exportação para o País, de mercadoria idêntica ou similar;
II – preço no mercado internacional, apurado:
a) em cotação de bolsa de mercadoria ou em publicação especializada;
b) de acordo com o método previsto no Artigo 7 do Acordo para Implementação do Artigo VII do GATT/1994, aprovado pelo Decreto Legislativo nº 30, de 15 de dezembro de 1994, e promulgado pelo Decreto nº 1.355, de 30 de dezembro de 1994, observados os dados disponíveis e o princípio da razoabilidade; ou
c) mediante laudo expedido por entidade ou técnico especializado.

6. O SUBFATURAMENTO E A VALORAÇÃO ADUANEIRA

modo. Deve, assim, ser compreendido como procedimento fiscal posterior e independente à fase de comprovação do subfaturamento e que, em verdade, trata-se de um método substitutivo previsto, mas não disciplinado, pelo AVA/GATT para as administrações aduaneiras recomporem o valor aduaneiro derruído por um ilícito praticado justamente na formação de tal valor.

Esgotada essa introdução teórica, adentra-se no escopo deste trabalho, qual seja, verificar as decisões do CARF no tema proposto em cenários em que se admitiram tanto o subfaturamento como o arbitramento; aquelas em que reconheceram o subfaturamento mas não o arbitramento; e, por fim, as que rejeitaram ambos, porém, enfrentando-os nas decisões. A base de dados de estudo compõe-se de acórdãos do CARF, cujos argumentos de pesquisas são as expressões "subfaturamento", "arbitramento" e "valoração", que resultaram na seleção de cerca de 40 (quarenta) decisões.

Destarte, para fins de melhor compreensão e análise das decisões do CARF nas matérias subfaturamento, arbitramento (ou quando não realizado ou inaplicável, a valoração aduaneira) este trabalho será desenvolvido em tópicos, como apresentados a seguir.

1. Subfaturamento mantido nas decisões do CARF

O fundamento para a aceitação do subfaturamento é simplesmente a comprovação de que o preço ou valor praticado na importação não é o que consta nos documentos que instruem o despacho aduaneiro e na própria DI.

Neste tópico serão apresentados os quadros fáticos para os quais as Turmas do CARF mantiveram a atuação, com destaque às suas peculiaridades. São acórdãos representativos: 3301-002.975, 3201-00.094, 3201-002.831, 3101-001.040, 3201-002.846.

1.1 Provas materiais e indiciárias coletadas no curso do procedimento fiscal

Revela-se conjunto probatório suficiente que evidencia o subfaturamento aquele que se inicia com procedimento regular de diligência em estabelecimento do sujeito passivo onde o Fisco obtém prova material do ilícito, consubstanciada na fatura comercial verdadeira e/ou no pagamento à margem dos controles cambiais (remessa de divisas "por fora").

Uma primeira matéria enfrentada nos julgamentos diz respeito à prestabilidade de documentos internos localizados e apreendidos, que geralmente o autuado pretende retirar-lhe qualquer veracidade ou aduzir a insuficiência probatória do subfaturamento. Nada obstante, o Conselho tem reconhecido o aproveitamento desses documentos como prova, com fundamento no art. 369 do CPC/2015[3], pois os consideram como verdadeiras manifestações de vontade neles expressas com fins à prática de fraude contra a Fazenda. (Acórdão nº 3301-002.975).

Por vezes, conquanto realizada diligência no estabelecimento do importador, a Fiscalização não encontra a fatura com preços efetivamente praticados, valendo-se de outros documentos e elementos indiciários que indubitavelmente demonstram a artificialidade dos valores informados nas DIs, com destaque a tratativas comerciais por meio de mensagens eletrônicas, listas de preços, planilhas e papéis de controle interno, com a anuência dos julgadores (Acórdão nº 3302-004.776[4])

Em geral, o contribuinte em sua defesa suscita argumentos de que na ausência de uma fatura comercial com preços divergentes em relação àquela do despacho aduaneiro, qualquer outro documento utilizado pela fiscalização é imprestável a comprovar o subfaturamento, mormente porque se caracterizam como formulários pré-negociais que não traduzem a efetiva realidade dos preços finalmente negociados. Em outras palavras, listas de preços, e-mails, tabelas e planilhas não comprovariam pagamento a maior ou à margem do câmbio regular.

A aquiescência dos julgadores com as conclusões do subfaturamento no caso dos preços reais estarem inseridos em documentos auxiliares utilizados pelo importador tem por fundamento a pertinência dessas informações no histórico da transação que culminou com a realização de uma efetiva importação. Entendem os julgadores que tratativas entre as partes são conduzidas

---

[3] Art. 369. As partes têm o direito de empregar todos os meios legais, bem como os moralmente legítimos, ainda que não especificados neste Código, para provar a verdade dos fatos em que se funda o pedido ou a defesa e influir eficazmente na convicção do juiz.

[4] "O fato de não ter sido localizado a fatura original que comprovasse o real preço praticado pela Recorrente, não infirma o lançamento fiscal realizado por meio de outros documentos obtidos pela fiscalização junto a sede da empresa.

Aliás, diante de existência de identidade entre as mercadorias importadas pela Recorrente, as faturas originais que demonstraram o real preço praticado, servem de parâmetro para comprovar a existência de subfaturamento para demais importações onde não se localizou a fatura original."

de forma a concluir a operação com todos os elementos bem ajustados e perfeitamente definidos – (Acórdão 3302-003.141[5]).

No mesmo sentido, o Acórdão 3401-002.878[6], aponta inverossímil a negociação que se inicia com a cotação de produtos com uma lista de preço e a fatura expressa as mesmas mercadorias com redução substancial e uma lacuna probatória e convincente do desconto obtido.

1.2 Conjunto probatório parcial estendido a todas as operações

Não é incomum o contexto no qual a fiscalização obtém provas do subfaturamento para determinadas mercadorias de uma mesma importação, mas não para sua totalidade, e aplica nas demais importações. Os argumentos de defesa normalmente apontam a utilização de uma presunção simples ou *hominis*, não autorizada pelo ordenamento jurídico para comprovar um ilícito grave como o subfaturamento.

O CARF na maioria das decisões tem acatado o subfaturamento nas hipóteses em que a fiscalização reúne indícios harmônicos e suficientes para demonstrar a continuidade da conduta ilícita durante o período fiscalizado. Pode-se mencionar algumas das circunstâncias que avalizam a conclusão: os níveis de subfaturamento permanecem constantes em todo o período; os elementos materiais do ilícito potencialmente não se prestam a período limitado (formulários de fatura em branco, carimbos com identificação do

---

[5] "[...] a fiscalização não se baseou em qualquer mensagem eletrônica, mas nas mensagens eletrônicas enviadas pelos interlocutores do exportador estrangeiro à sócia e administradora da autuada, contendo as cotações dos preços das mesmas mercadorias declaradas na referida DI. Além disso, tais mensagens foram extraídas do computador da referida sócia e administradora e a legitimidade de sua autoria, bem como a idoneidade do seu conteúdo, não foi contestada pela recorrente. Logo, até prova em contrário, tais cotações representam informações fidedignas [...]"

[6] "Quanto ao argumento de que os documentos em referência são meras cotações de preço, não faz sentido. Não é razoável se admitir que, numa transação internacional, o vendedor estrangeiro envie listagem e faturas com preços que, em média, correspondem a mais de quatro vezes aos que seriam praticados. Qual seria a finalidade desses documentos? E onde estariam os comprovantes da negociação que teria resultado em tamanha redução dos preços, os quais não foram apresentados pelo importador nem por ocasião da revisão aduaneira, nem em sua peça de defesa? Ainda que se admitisse que as faturas apreendidas são "proforma", não se justificariam as diferenças entre os preços constantes nesses documentos e os indicados naqueles que instruíram as importações."

EFICIÊNCIA PROBATÓRIA E A ATUAL JURISPRUDÊNCIA DO CARF

exportador-signatário são utilizados); contumácia do sujeito passivo; ausência de refutação ou documentação que infirmem as conclusões fiscais.

Assim, o fato da não comprovação documental do subfaturamento para a totalidade das importações não afasta as conclusões obtidas em relação ao conjunto probatório documental, quando logra êxito em demonstrar a perpetração do *modus operandi* nas negociações antecedentes subfaturadas e na auditada – (Acórdão nº 3201-002.846[7]).

1.3 Conjunto probatório indireto: pesquisa de preços e laudos merceológicos

A fiscalização demonstra o subfaturamento por meio de conjunto probatório indiciário composto por pesquisas de preços nos bancos de dados da Receita Federal, laudo técnico de identificação da mercadoria e do preço de custo de sua fabricação e cotação de preço da matéria-prima em mercado internacional. O contribuinte justifica os preços extremamente baixos e inferiores ao preço da matéria-prima, apoiado na alegação de que adquire mercadoria de baixa qualidade técnica resultante de processo produtivo defeituoso ou descontos em função de quantidades.

A decisão do CARF tem arrimo nas conclusões de laudo merceológico que atesta a qualidade do produto, sem qualquer característica depreciativa deste atributo, e na demonstração do custo da fabricação que aponta valor substancialmente superior ao declarado para o produto na importação.

Acórdãos com enfrentamento desta materialidade fática: 3201-003.086, 3301-003.980, 3402-003.841, 3402-004.003.

1.4 Considerações acerca do subfaturamento comprovado

O procedimento fiscal que regularmente colhe provas materiais diretas ou indiretas do subfaturamento demanda do contribuinte contraprova que infirmem a redução artificial do preço declarado.

Usualmente a defesa atém-se à acusação de que as provas são insuficientes e a interpretação fiscal é equivocada e amparada em mera presunção. Afirma que os documentos de controle interno (planilha, listas de preços) somente poderiam ser tratados como meros indícios devendo ser comprovada a remessa de câmbio "por fora".

---

[7] "Assim, não encontro razão para desconsiderar que neste outro grupo de DI's, dadas as evidências de se persistirem com os mesmos procedimentos denunciados, as importações converteram-se em regulares."

6. O SUBFATURAMENTO E A VALORAÇÃO ADUANEIRA

Na decisão, os julgadores deparam-se com um robusto e evidente acervo probatório que somente restaria afastado em face de efetiva comprovação de que o conjunto probatório não permite relacionar os documentos com a realidade desvendada. A contraprova há de ser hábil e idônea apta a comprovar a veracidade do preço declarado na fatura entregue ao Fisco.

2. Determinação do preço subfaturado

Comprovado o subfaturamento, o Fisco tem o dever de apurar o correto valor aduaneiro da mercadoria.

É da interpretação do *caput* do art 88 da MP 2.158/01-35 que o valor aduaneiro no caso de fraude, sonegação ou conluio será, como regra primeira, o preço efetivamente praticado na importação, apurado no procedimento fiscal, o que implica na determinação do preço consoante a regra do valor de transação (Artigo 1 do AVA).

Somente na hipótese de não ser possível a apuração do preço efetivamente apurado o Fisco poderá arbitrar o preço que se comprovou subfaturado.

O arbitramento é matéria essencialmente de aplicação de regra jurídica sucessiva e sequencial. Tem-se por regular e aceito pelos julgadores administrativos o procedimento que aplica corretamente as regras de arbitramento de preços em obediência aos critérios estabelecidos nos incisos I e alíneas "a", "b" e "c" do inciso II do art. 88 da MP.

A análise a ser realizada, tomando os requisitos do *caput* do referido art. 88, será então a valoração aduaneira no contexto do subfaturamento (hipótese de apuração do preço praticado) ou o arbitramento diante do subfaturamento, na ausência da apuração do preço efetivo.

2.1 Valoração aduaneira no contexto do subfaturamento

Nessa conjuntura, a fiscalização detém documentos incontestes que apontam para o preço real praticado, que invariavelmente provém dos mesmos elementos de prova do subfaturamento. Assim, a partir de um mesmo conjunto probatório, o Colegiado reconhece o subfaturamento e a valoração aduaneira, esta pela aplicação do método de transação, posto que o preço real está desvelado.

Acórdãos em que o subfaturamento foi seguido de valoração aduaneira nos termos do Artigo 1 do AVA: 3301-002.975, 3101-001.040, 3201-00.094, 3201-002.831, 3201-002.846, 3201-005.284, 3302-002.399, 3302-002.808, 3403-002.864 e 3403-003.614.

2.2 Arbitramento do preço ratificado pelo CARF (preço real não apurado)

Como apontado alhures o reconhecimento ou não da regularidade do arbitramento resulta da estrita observância pela autoridade fiscal dos critérios a serem utilizados na determinação do preço da mercadoria.

O que interessa no julgamento é, portanto, se o procedimento do arbitramento aplicou corretamente as regras estampadas no art. 88 da MP 2.158/01-35.

A primeira observação que atesta a regularidade do arbitramento se dá quando a fiscalização motiva detalhadamente o procedimento e demonstra as razões da aplicação dos critérios sequenciais ou afastamento dos critérios anteriores tendo por fundamento legal a observância dos princípios de valoração expostos no AVA.

Critérios de arbitramento utilizados pela autoridade fiscal e corroborados nos julgamentos:

– Critério do preço de mercadoria idêntica ou similar (inciso I) – Acórdãos 3201-002.846, 3201-003.661, 3302-004.776 e 3401-002.878

A autoridade fiscal motiva detalhadamente o procedimento, correlacionando os produtos a serem valorados, mediante a identificação com outros do mesmo exportador e código de identificação, discriminados nas faturas comerciais colacionadas aos autos, que permitem a constatação dos preços subfaturados.

O arbitramento é efetuado com base em mercadorias idênticas, provenientes do mesmo exportador em operações regulares praticadas pela própria Recorrente.

Nesse cenário, o CARF considera legítimo o procedimento realizado com razoabilidade suficiente para acatar o método utilizado pela Fiscalização ao adotar como paradigma importações efetivadas pela própria Recorrente e de idênticos produtos.

– Critério do Artigo 7 do AVA-GATT – Acórdãos 3101-001.795, 3201-002.846, 3201-005.284, 3302-002.274, 3302-003.141, 3302-004.771, 3302-004.776 e 3401-002.878

Verifica-se que, na maioria dos acórdãos pesquisados, quando não aplicado o critério do preço de mercadoria idêntica ou similar, a fiscalização, com frequência, não encontra parâmetros para a aplicação dos critérios "II, a)"; assim, utiliza-se do critério "II b)" – aplicação do método do Artigo 7 do AVA-GATT, observados os dados disponíveis e o princípio da razoabilidade.

Neste critério, o CARF mantém o arbitramento, pois entende ter-se realizado o procedimento dentro da legalidade, com critérios razoáveis e condizentes com os princípios e disposições gerais do AVA e com base em dados disponíveis no país de importação, nos termos do art. 7 do AVA.

2.3 Considerações acerca do arbitramento sob o critério do Artigo 7 do AVA

A utilização dos critérios de arbitramento segundo os incisos do art. 88 da MP nº 2.158/01-35 não pode exigir que o preço seja determinado conforme critério inaplicável ou impossível de se atender, pois é da essência da valoração a utilização de dados disponíveis, o que não impede, por exemplo, a utilização de índice médio de subfaturamento calculado em razão de valores que são conhecidos da autoridade fiscal. São situações que levam à aplicação do art. 7º do AVA que impõe a determinação do preço com método atentando-se à razoabilidade e consistência com a realidade dos dados conhecidos, sempre a partir de preços reais de mercadorias. É o que se denomina flexibilização dos métodos precedentes do AVA.

3. O subfaturamento não comprovado

Subfaturamento é matéria essencialmente de cunho probatório. Com tal requisito é plenamente possível que diante situações de semelhanças fáticas o Fisco não logre êxito em comprovar a redução artificial e dolosa do preço mediante fraude, simulação ou conluio.

O cenário clássico do afastamento do subfaturamento nas decisões do CARF (incluindo aquelas que negam provimento ao recurso de ofício da DRJ) alcança o procedimento fiscal que não foi capaz de produzir prova satisfatória para o convencimento dos julgadores de que o preço ou valor praticado na operação não foi o informado pelo importador na declaração de importação.

Cumpre no presente tópico discorrer sobre as circunstâncias fáticas que têm por comum a ausência de elementos (documentos ou meios materiais) diretos ou indiretos de prova do subfaturamento na operação auditada e, portanto, a acusação sucumbe diante de uma presunção da autoridade fiscal.

3.1 Subfaturamento com base em prova emprestada

Trata-se de apontar o subfaturamento com esteio em procedimento fiscal anterior, em face de mesmos contribuinte e mercadoria, em que o preço real neste desnudado destoa do declarado na importação submetida à análise de valor aduaneiro.

Amiúde, o conjunto probatório compõe-se do translado processual de alegada prova emprestada, e o CARF rejeita-o com a convicção de que irregularidade constatada no curso de outro procedimento de fiscalização não traz, por si só, presunção absoluta de infração de caráter intencional praticada nas demais operações conduzidas pela pessoa jurídica. Em adição, o CARF aponta para o dever do Fisco de confrontar preços desiguais de mesma mercadoria e levar em consideração possíveis variações em seu estado ou características que as diferenciem, além da natureza da operação comercial.

A rigor, a situação narrada é de mera comparação de preços em que a fiscalização entende prevalecer o maior, pois assim constatou outrora. Esse mesmo raciocínio é estendido aos julgamentos em que o subfaturamento baseia-se unicamente no confronto de preços de mercadorias de mesma descrição (ou classificação tarifária) declarados em outras importações contidas nos bancos de dados da Receita Federal.

São exemplares de decisão, os acórdãos 3102-01.558, 3102-003.244, 3201-005.482, 3401-003.259, 3401.843.

3.2 Subfaturamento com base em pesquisa de preços no Siscomex, publicações, lista de preços do fabricante, mercado interno

São situações fáticas extraídas de procedimento fiscal que sustentam o subfaturamento com base em indícios, porém, afastadas pelo CARF por falta de prova:

– O comparativo entre o preço médio por quilograma da mercadoria importada inferior ao encontrado pelo Fisco em bancos de dados da Receita Federal é rechaçado pelo CARF, pois não há a prova do ilícito e nem a demonstração da utilização de uma fatura falsa. O indício apontado não se presta sequer para rejeitar o método de valoração, quanto mais para sustentar o subfaturamento de preço. Neste caso, assenta o CARF que a autoridade fiscal deveria diligenciar junto ao importador e exportador para verificar documentos e a realidade da negociação – (Acórdãos 3402-006.723, 3401-003.259, 3401.003.843, 3201-002.201);

- Falsidade da fatura por consignar preço praticado pelo exportador-revendedor de mercadoria inferior ao do próprio fabricante, com supedâneo em consulta em sítios da internet no exterior – (Acórdãos 3301-003.980, 3402-003.841, 3402-004.003);
- Preço inferior ao preço corrente no mercado para mercadoria idêntica como fundamento para acusação de subfaturamento ilegal – (Acórdãos 3201-001.927, 3402-003.484).

A razão para o CARF repelir o subfaturamento assenta-se no simples fato de que um preço inferior aos preços correntes de mercado para mercadorias idênticas não é motivo suficiente para a invalidação da fatura comercial, nos termos da Opinião Consultiva nº 2.1 do Comitê Técnico de Valoração Aduaneira[8], e reproduzida na IN 318/2003. As informações colhidas pelo Fisco podem representar indícios da ocorrência do alegado subfaturamento, mas não são provas cabais da ocorrência da infração e são inábeis para refutar o preço informado em declaração de importação.

3.3 Vínculo entre importador e exportador ou fabricante

Pesquisa na internet que aponta para o vínculo entre importador e exportador aliada à constatação de preços divergentes entre a fatura e tabelas ou listas de preços consignados não são fundamentos, segundo entendimento do CARF, que não reconhece o subfaturamento, visto que inexistem elementos que objetivamente demonstram que o vínculo entre exportador e importador influenciou o preço. A tese de que o preço é inferior ao do mercado exige a comprovação de que este, superior, fora o efetivamente praticado

---

[8] OPINIÃO CONSULTIVA 2.1
ACEITABILIDADE DE UM PREÇO INFERIOR AOS PREÇOS CORRENTES DE MERCADO PARA MERCADORIAS IDÊNTICAS
1. Foi formulada a questão acerca da aceitabilidade de um preço inferior aos preços correntes de mercadorias idênticas quando da aplicação do Artigo 1 do Acordo sobre a Implementação do Artigo VII do Acordo Geral sobre Tarifas Aduaneiras e Comércio.
2. O Comitê Técnico de Valoração Aduaneira examinou esta questão e concluiu que o simples fato de um preço ser inferior aos preços correntes de mercado para mercadorias idênticas não poderia ser motivo para sua rejeição para os fins do Artigo 1, sem prejuízo, no entanto, do estabelecido no Artigo 17 do Acordo.

EFICIÊNCIA PROBATÓRIA E A ATUAL JURISPRUDÊNCIA DO CARF

na operação. E mesmo diante de vínculo entre as partes, o arbitramento estaria autorizado na comprovação da ilícita redução do valor declarado, pois do contrário, o procedimento limita-se aos ajustes ou rejeição do 1º método de valoração – (Acórdão 3802-004.098 e 3402-001.984).

Os cenários em que a fiscalização apresenta indícios do subfaturamento com base na comparação de preços caracterizam-se, em verdade, apenas o ponto de partida para aprofundamento da análise de provável subfaturamento, que juntamente com outros elementos podem resultar um conjunto probatório robusto e suficiente a comprovar a fraude. Não se pode desprezar perícias ou laudos merceológicos e mesmo diligências que possam dirimir dúvidas acerca das informações prestadas pelo sujeito passivo.

4. Arbitramento rejeitado
A rejeição do arbitramento pode ter fundamento na ausência de comprovação do subfaturamento ou em razão da inobservância de regras-critérios previstos na legislação.

4.1 Rejeição decorrente da ausência de prova do subfaturamento
Pertencem a este conjunto os procedimentos de arbitramento em que a comprovação do subfaturamento restou deficiente, mormente, amparado em meros indícios. Constatam-se acórdãos com os seguintes quadros fáticos a partir dos quais se rejeita o arbitramento realizado pela fiscalização:

- Suspeitas fundadas em indícios da prática de preços irreais na importação que implicam o afastamento dos métodos de valoração do AVA, conforme art. 17 e 82 do RA/2009, atraindo a aplicação do art. 88 da MP;
- Ausência de demonstração da metodologia de "eleição" da DI paradigma na qual identificou mercadorias idênticas ou similares, dentro de um conjunto daquelas possíveis para a escolha;
- Adoção do maior preço disponível para mercadorias idênticas ou similares.

A inadmissão do arbitramento nas situações descritas tem por arrimo a utilização de critério não expressamente previsto no art. 88 da MP 2.158/01-35, além de ferir o princípio da razoabilidade que impede a escolha do maior preço dentre os disponíveis, previsto como critério sequencial na

6. O SUBFATURAMENTO E A VALORAÇÃO ADUANEIRA

alínea b, inciso II do art. 88. O Acórdão 3401-005.999[9] bem representa a decisão para a situação descrita.

4.2 Rejeição em razão de irregularidade no procedimento

A refutação do arbitramento decorre da aplicação do art. 17 do AVA para desconsiderar os preços declarados e proceder ao arbitramento em razão das constatações dos ilícitos praticados com simulação e/ou fraude.

As decisões do CARF são firmes no sentido de que o arbitramento de preço, quando autorizado, somente se realiza com estrita observância dos critérios prescritos no art. 88 da MP nº 2.158/2001-35 e nos princípios e regras do Acordo de Valoração Aduaneira AVA/ GATT.

Impende apresentar os fundamentos da rejeição do procedimento, conquanto a comprovação do subfaturamento tenha sido regular:

- "Em matéria de valoração, a prática de fraude de valor desobriga a administração aduaneira a adotar o valor apurado pela regra do 1º método do AVA, mas não das demais regras e princípios insculpidos no AVA"- (Acórdão 3401-005.999).
- "A fiscalização não colacionou aos autos qualquer demonstração de que a DI eleita para fins de valoração atendia aos requisitos do AVA. Assim, tanto recorrente como os julgadores não tiveram conhecimento do procedimento para a obtenção de preço de DI paradigma"- (Acórdão 3201-003.566).

4.3 Considerações acerca da rejeição do arbitramento

Nos casos em que o litígio é instaurado sobre determinadas circunstâncias fáticas, é da natureza do processo administrativo a dialética processual ao arrimo do binômio acusação-refutação.

O Fisco tem o dever de detalhar os critérios do arbitramento do preço de mercadoria idêntica, revelando como obteve a DI paradigma, se no despacho aduaneiro teve seu valor declarado auditado por alguns dos canais de conferência, demonstrando as quantidades negociadas, o período da negociação e

---

[9] "Em síntese, entendo que a fiscalização desempenhou suficientemente o papel de convencer este julgador da ocorrência de subfaturamento, mas não andou bem ao arbitrar preços sem demonstração de que tenha adotado um critério razoável, e não, somente, o maior entre dois preços sequer verificados."

reputação comercial, cuidando de ter observado o mesmo exportador para que afaste qualquer dúvida no tocante à transparência do procedimento para permitir a formação da convicção quanto à correção da valoração das DIs auditadas, que se encontram em conformidade com o art. 88 da MP nº 2.158/01- e o AVA/GATT – (Acórdão 3401-005.999).

5. Decisões no âmbito da 3ª Turma da Câmara Superior de Recursos Fiscais

Constatou-se nas pesquisas de Acórdãos que tratam das matérias estudadas neste artigo a escassez quase que total de julgamentos em sede de recurso especial. A razão para tal é que a comprovação do subfaturamento cinge-se à realidade fática peculiar de cada situação e que exige a demonstração de que a declaração de preço de um bem importado fora eivada de um ilícito mediante a fraude, simulação ou conluio.

Assim, o quadro fático de um procedimento fiscal que culminou na comprovação do subfaturamento raramente será paradigma de outro a amparar a comprovação de divergência de decisões nas Turmas Ordinárias do CARF, pois que é premissa da admissibilidade de um recurso especial a similitude fática entre o acórdão recorrido e o paradigma.

A despeito do que se assentou acima, será tratado no tópico seguinte uma situação de divergência entre acórdãos de colegiados cujo recurso admitido (com a premissa de divergência quanto ao vício no arbitramento) teve julgamento na CSRF.

6. Matérias com decisões divergentes
6.1 O entendimento divergente de que o arbitramento afasta (por completo) o AVA

A regra que causa interpretação distinta da aplicação ou do afastamento do AVA nas situações de arbitramento é a Opinião Consultiva 10.1[10] do Comitê

---

[10] OPINIÃO CONSULTIVA 10.1
TRATAMENTO APLICÁVEL AOS DOCUMENTOS FRAUDULENTOS
1. O Acordo obriga que as administrações aduaneiras levem em conta documentos fraudulentos?
2. O Comitê Técnico de Valoração Aduaneira emitiu a seguinte opinião:
Segundo o Acordo, as mercadorias importadas devem ser valoradas com base nos elementos de fato reais. Portanto, qualquer documentação que proporcione informações inexatas sobre esses elementos estaria em contradição com as intenções do Acordo. Cabe observar, a este

6. O SUBFATURAMENTO E A VALORAÇÃO ADUANEIRA

Técnico de Valoração Aduaneira, que interpreta o disposto no Artigo 17[11] e demais princípios do AVA/GATT.

As decisões que afastam o AVA entendem que este apenas regula as operações lícitas e leais às práticas negociais, prevendo em seu art. 17 a faculdade das Aduanas recusarem o valor declarado fraudulentamente.

O efeito do afastamento das regras e princípios do AVA é percebido na aplicação do critério do preço de mercadoria idêntica e similar, de modo que a fiscalização desconsidera os requisitos previstos nos Artigos 2, 3 e 15 do AVA para considerar a mercadoria submetida à valoração aduaneira idêntica ou similar à outra, conforme o caso. Decisão nesse sentido, o Acórdão nº 3201-002.605.

Outras decisões, todavia, entendem que o art. 17 do AVA e Opinião Consultiva 10.1 apenas autoriza a rejeição dos documentos fraudulentos, mas não afasta as regras, conceitos e princípios do AVA, em especial quando o arbitramento é realizado a partir de preços reais e determinados com a razoabilidade mencionada no art. 7 do AVA – (Acórdãos 3302-003.141, 3302-004.771, 3401-002.878).

6.2 A regularidade do arbitramento com base em índice médio de subfaturamento

O arbitramento efetuado com base no cálculo do índice médio de subfaturamento de um conjunto de mercadorias ou operações auditadas e que o Fisco conseguiu comprovar a redução dolosa dos valores declarados nas importações têm decisões antagônicas nos Acórdãos 3302-002.274, 3302-003.141e 3302-004.776, que aceitaram e o Acórdão 3101-001.795 que rejeitou.

---

respeito, que o Artigo 17 do Acordo e o parágrafo 6 do Anexo III enfatizam o direito das administrações aduaneiras de comprovar a veracidade ou exatidão de qualquer informação, documento ou declaração apresentados para fins de valoração aduaneira.

Consequentemente, não se pode exigir que uma administração leve em conta uma documentação fraudulenta. Ademais, quando uma documentação for comprovada fraudulenta, após a determinação do valor aduaneiro, a invalidação desse valor dependerá da legislação nacional.

[11] Nenhuma disposição deste Acordo poderá ser interpretada como restrição ou questionamento dos direitos que têm as administrações aduaneiras de se assegurarem da veracidade ou exatidão de qualquer afirmação, documento ou declaração apresentados para fins de valoração aduaneira.

De fato, os Acórdãos que se contrastam, dispõem do mesmo fundamento para assentarem suas razões de decidir – a aplicação do princípio da razoabilidade.

Não obstante, o Acórdão nº 9303-007.337 da CSRF, sessão de 15/08/2018, julgou o recurso especial do contribuinte em face do Acórdão nº 3302-002.274, no qual analisou os argumentos de defesa fundados na impossibilidade de proceder ao arbitramento com base em preços médios o que feriria o artigo 7 do AVA. Em síntese, a decisão assentiu com o procedimento de arbitramento realizado em base expressiva de DIs paradigmas com mercadorias idênticas ou similares, nos termos disciplinados no próprio AVA, conforme a ementa:

> VÍCIOS NA VALORAÇÃO ADUANEIRA. APLICAÇÃO DO AVA/GATT. UTILIZAÇÃO DE VALORES MÉDIOS EM VISTA DA AUSÊNCIA DE INFORMAÇÕES NAS DECLARAÇÕES DE IMPORTAÇÃO.
>
> Admite-se a utilização de "médias" pela fiscalização em razão da ausência de informações nas Declarações de Importação, as quais foram realizadas pela própria contribuinte. O primeiro método denominado "média" considerou os preços unitários de outras importações extraídas do Siscomex para mercadorias de mesma classificação fiscal e mesma espécie das valoradas, filtradas pelos mesmos anos em que foram importadas pela contribuinte e pelos mesmos países de aquisição, origem ou fabricação, conforme também espelhado nos registros das mencionadas planilhas de DI's. O segundo chamado de "média da média", representando a média de DI's Paradigmas extraídas do Siscomex afetas às mercadorias de mesma classificação fiscal e mesma espécie, para as quais já se tinham sido extraídos valores unitários de modelos diferentes, porém da mesma espécie e/ou mesmo tipo das mercadorias.

Destarte, verifica-se plenamente justificada e admitida pelo CARF a adoção de preços médios no arbitramento, conquanto haja perfeita demonstração do procedimento e que os preços sejam provenientes de valores reais praticados em outras importações de mercadorias, que nos termos do AVA, sejam idênticas ou similares.

Conclusões

Os acórdãos analisados possibilitam extrair relevantes fundamentos a serem apreciados nos litígios que envolvem o subfaturamento, a valoração aduaneira e o arbitramento:

6. O SUBFATURAMENTO E A VALORAÇÃO ADUANEIRA

1. A desconstituição da fatura comercial motivada por constatação de subfaturamento exige a comprovação de que o real valor da transação difere do valor faturado e, portanto, declarado. O simples fato de um preço ser inferior aos preços correntes de mercado para mercadorias idênticas não é motivo para sua rejeição.

2. A prova do pagamento da parcela subfaturada pode não ser direta (comprovação da liquidação do câmbio), contudo, o CARF aceita--a quando documentos coligidos efetivamente correlacionam tal parcela aos documentos do contribuinte (extratos bancários, por exemplo) em que os valores efetivamente praticados pelo importador são realçados.

3. O procedimento de desqualificação do valor declarado deve demonstrar a irrealidade do preço declarado informado na fatura comercial. É imprescindível para a manutenção da autuação a demonstração e comprovação da inidoneidade da fatura e a impossibilidade de apuração do real valor da transação.

4. Os argumentos de refutação do contribuinte aos procedimentos fiscais que atestam o subfaturamento devem ser aptos e suficientes a demonstrar que a verdade material está contida em suas contraprovas. O processo administrativo fiscal preza pela verdade material que exsurge dentro da dialética procedimental de prova e contraprova.

5. A perpetração da fraude, sob o mesmo *modus operandi*, desvendada pelo Fisco, é admitida em períodos posteriores quando se demonstra a prática fraudulenta elaborada que se entende utilizada continuamente, mormente, quando os níveis de preço informados nas DIs permanecem os mesmos daqueles que materialmente foram identificados como subfaturados.

6. O procedimento de arbitramento não pode ser uma arbitrariedade da autoridade fiscal, porque como ato administrativo requer obediência a dispositivos legais, especialmente aos incisos do art. 88 da MP 2158/01-35, cujos termos e conteúdos possuem fundamento e substrato nas regras e princípios do Acordo de Valoração, do qual não se pode afastar.

7. É regular o arbitramento realizado com base em preços reais de mercadorias idênticas ou similares, e com a determinação do preço com método que espelhe razoabilidade e consistência com a realidade e

com os dados conhecidos, em obediência aos ditames do Acordo de Valoração Aduaneira.

8. O uso de prova emprestada de outro procedimento obriga a autoridade fiscal a iniciar o procedimento de análise de valor utilizando-se da legislação de regência e oportunizando o contraditório à parte interessada, sob pena de cerceamento do direito de defesa e de recair em mera presunção, ainda que os indícios ensejem conclusão de subfaturamento ou subvaloração.

9. A aceitação do arbitramento impõe o dever de detalhar o procedimento realizado e a metodologia de escolha do preço adotado pela Fiscalização, de modo a tornar possível à autuada saber exatamente o critério utilizado, a motivação das DI paradigmas utilizadas, e o resultado de suas verificações de valor aduaneiro, sob pena de ser afastado, por não restar devidamente lastreado documental e argumentativamente.

10. Nos litígios instaurados sobre circunstâncias fáticas de subfaturamento de preços, é da natureza do processo administrativo a dialética processual ao arrimo do binômio acusação-refutação. Em situações tais não se pode rejeitar elementos coligidos aos autos pelo contribuinte, não somente sob ótica do cerceamento do direito de defesa e do contraditório, mas, sobretudo, da verdade material presente no processo, essencial ao julgador para firmar convicção e decidir a lide. Os argumentos de defesa regularmente produzidos devem ser considerados quando submetidos à apreciação fiscal e às esferas de julgamento. É o caso em que documentos que evidenciam a prática do valor declarado devem ser aferidos e diligenciados, quiçá na administração aduaneira do país exportador. O Fisco tem o dever de detalhar os critérios do arbitramento do preço efetuado, revelando como obteve a DI paradigma, demonstrando as quantidades negociadas, o período da negociação, reputação comercial e o exportador, para que se afaste qualquer dúvida no tocante à transparência do procedimento e permitir a formação da convicção quanto à correção da valoração das DIs auditadas, que se encontram em conformidade com o art. 88 da MP nº 2.158/01-35 e o AVA-GATT.

7. Regime aduaneiro especial de *drawback*: a prova sobre o cumprimento dos requisitos legais e a vinculação física das mercadorias do *drawback*/suspensão

Liziane Angelotti Meira[1]

Introdução

O estudo do regime aduaneiro especial de *drawback* justifica-se com fulcro em dois pilares: trata-se de um regime largamente utilizado, com considerável importância para a economia nacional; e há dificuldade de inteligência e aplicação do *drawback* em razão da sua abrangência e da complexidade da legislação brasileira que o regula.

Em termos econômicos, segundo dados da Secretaria de Comércio Exterior, nos últimos doze meses, as exportações amparadas pelo regime de *drawback* atingiram US$ 49,6 bilhões, o que representada 21% do total exportado. No mesmo período, as importações sob o regime aduaneiro especial de *drawback* foram de US$ 7,6 bilhões, correspondendo a 4,2% do total importado. Quanto às compras no mercado interno dentro do regime de *drawback*, o valor foi de US$ 508 milhões, 6,3% do total de insumos comprados via regime.[2]

---

[1] As opiniões contidas nesta publicação são reflexões acadêmicas da própria autora e não necessariamente expressam as posições defendidas por qualquer organização a qual esteja vinculada.

[2] Disponível em: < http://www.mdic.gov.br/images/REPOSITORIO/secex/decex/CGEX/ Relatorios_Drawback/ 201903.pdf>. Acesso em: 5 fev. 2020.

Os números levantados pela Secex confirmam que se trata de um regime aduaneiro especial muito relevante para a economia brasileira, especialmente no que concerne às exportações. Assim, faz sentido o título de "estímulo à exportação" concedido ao *drawback*.

No que tange à legislação brasileira, nosso sistema tributário é muito complexo, envolve uma gama enorme de tributos, divididos em três níveis de entes federativos e, em consequência, não conseguimos, com a mesma eficiência dos outros países, desonerar de tributos nossas exportações, tornando-as mais competitivas. É nesse esforço que desvirtuamos nossos regimes aduaneiros especiais, especificamente o *drawback*, transformando-o em um forte instrumento de incentivo e desoneração tributária das exportações.

Ou seja, em virtude dessa manobra que fazemos no Brasil com o *drawback*, é que ele atinge tamanho destaque econômico. Para entendermos melhor essa questão, necessário verificar o conceito de *drawback* e adentrar na sua disquisição, o que será feito nos itens que seguem.

Mister informar, com o objetivo de fornecer ao leitor a real dimensão deste trabalho, que o presente artigo foi organizado da seguinte forma: inicialmente abordam-se os regimes aduaneiros especiais, contexto e definição; depois trata-se do *drawback*: modalidades, submodalidades, especificidades; em seguida, atemo-nos à modalidade *drawback*/suspensão, tratamos dos procedimentos e das condições ou requisitos do regime.

Cumpre destacar que se procura explicar o regime, sua definição, características e modalidades de forma bastante objetiva e didática, para que o leitor consiga realmente ter uma visão geral e entender a sistemática do *drawback*.

Além disso, durante todo o desenvolvimento do trabalho, debruçamo-nos sobre a jurisprudência do Conselho Administrativo de Recursos Fiscais (CARF), com o escopo de não nos limitar à teoria, mas examinar como o *drawback* tem funcionado na realidade.

Importa ainda, tendo em conta a importância e complexidade do tema, registrar que o objetivo do presente estudo não é ser exaustivo, mas, elucidativo.

1. Regimes aduaneiros especiais

São denominados regimes aduaneiros especiais aqueles que se distinguem do regime comum de importação e de exportação em decorrência de: incentivos fiscais concernentes aos tributos sobre o comércio exterior (desoneração total ou parcial dos tributos); controle aduaneiro em relação aos bens objeto

7. REGIME ADUANEIRO ESPECIAL DE *DRAWBACK*

da operação; e aspecto cronológico, prazo (as importações ou exportações têm o caráter temporário, diferentemente do regime comum).[3]

[3] Os regimes aduaneiros são divididos em: 1) regime aduaneiro comum; 2) regimes aduaneiros especiais; e 3) regimes aduaneiros aplicados em áreas especiais.
Somente para se ter uma visão mais concreta, propõem-se alguns exemplos:
a) O primeiro exemplo é de regime comum de importação. Imaginemos que um brasileiro adquiriu a obra de arte tida atualmente como a mais cara do mundo, "Salvador Mundi", de Leonardo da Vinci. Quando o quadro chegar no Brasil, vai sofrer tributação na importação, com a perspectiva de que fique definitivamente por aqui, como um bem nacionalizado. Mas nada impede que algum tempo depois seja leiloado, vendido a um colecionador estrangeiro, desnacionalizado e exportado.
b) Imaginemos então um regime aduaneiro especial na importação, também com arte, para ser mais interessante. Um conjunto de dez quadros de Pablo Picasso, pertencentes ao museu Picasso em Paris, chegam no Brasil para exposição em algumas cidades. Infelizmente ninguém no Brasil adquiriu essas obras e a perspectiva é que elas permaneçam temporariamente no país, como bens estrangeiros. Não é exigido (naturalmente) imposto sobre a importação, nem os demais tributos sobre a entrada das obras. Os quadros ficam sob controle aduaneiro e devem deixar o Brasil no prazo estipulado. O regime adequado seria o regime aduaneiro especial de admissão temporária.
c) Agora vamos pensar na exportação...ainda com arte. O quadro "Abaporu", de Tarsila do Amaral – primeira obra de arte brasileira a ser vendida por mais de um milhão de dólares – foi adquirido por um empresário argentino em 1995. Infelizmente, nessa ocasião, houve uma exportação definitiva. Regime comum de exportação, a obra foi despachada para exportação, desnacionalizada.
d) Permaneçamos um pouco mais com Tarsila do Amaral, com a obra "Operários", que é brasileira, bem nacional, pertencente ao acervo do governo do Estado de São Paulo. Caso seja organizada uma exposição de Tarsila no Malba, o quadro iria para Argentina temporariamente, no regime aduaneiro especial de exportação temporária. Neste caso, não seriam devidos nem o imposto sobre a exportação nem os tributos sobre a importação no retorno. O quadro continuaria a ser bem nacional e deveria voltar para o Brasil no prazo estipulado.
e) Somente para mostrar a última face desse espectro, cumpre anotar que a expressão "regimes aduaneiros aplicados em áreas especiais" é reservada para desonerações tributárias destinadas a certas regiões delimitadas do país. Por exemplo, as desonerações de imposto de importação, IPI e contribuições estabelecidas para a Zona Franca de Manaus, desde que preenchidos certos requisitos legais.
Cumpre anotar que os exemplos foram oferecidos para que o leitor consiga vislumbrar de forma sistemática os três regimes aduaneiros, mas não se pretende explicar de modo integral as especificidades e submodalidades dos regimes aqui. Observe-se, além disso, que fora utilizada a expressão "desoneração", mas, na nossa perspectiva, trata-se de isenções sob condição, conforme se explica no parágrafo que segue.

Apesar da legislação se referir aos regimes aduaneiros especiais como suspensivos dos tributos incidentes na importação ou na exportação, entendemos que eles consistem em isenções tributárias condicionais dos tributos incidentes sobre o comércio exterior. As condições pertinentes à isenção da maioria dos regimes aduaneiros especiais são resolutivas, com exceção do regime especial de *Drawback* nas modalidades *Drawback*/restituição e *Drawback*/isenção, em relação aos quais a isenção é suspensiva.

O livro "Regimes Aduaneiros Especiais" é uma publicação que decorre de pesquisa de mestrado, no qual a tese defendida foi justamente que os regimes aduaneiros especiais não se caracterizam como casos de suspensão da exigibilidade do crédito tributário, mas como isenções condicionais. Isso porque, em um resumo *en passant*, as suspensões dependem de lei complementar (e a maioria dos regimes especiais tem respaldo em lei ordinária), além disso as suspensões não podem ser, em razão de sua própria natureza, *ad eternum*. Essa falta de definição da natureza jurídica dos regimes aduaneiros especiais gera numerosos problemas na sua interpretação e aplicação (alguns desses problemas abordaremos neste artigo) e certamente merece análise mais detida. De todo modo, a nota de rodapé que segue contém um trecho do livro que se aprofunda nessa questão.[4]

---

[4] "O art. 151 do Código Tributário Nacional elenca as situações que 'suspendem o crédito tributário'.

(...)

No que concerne aos regimes aduaneiros especiais, Osiris Lopes Filho defende que, além das espécies de suspensão do crédito tributário consignadas no art.151 do Código Tributário Nacional, *'O Trânsito Aduaneiro, Admissão Temporária, entrepostos industrial e de estocagem, na importação, constituem modalidades suspensivas, previstas, eis que, respectivamente, o Decreto-Lei 37/66, em seus arts. 73, 75, 78, II, art. 89, e Decreto-Lei 1.455, de 7.4.76, art. 9º, estabelecem que esses regimes possibilitam a importação de mercadorias com suspensão de tributos.'*

'Trata-se', afirma o autor, *'de nova modalidade suspensiva do crédito tributário, criada pela legislação aduaneira à margem do Código Tributário Nacional. As modalidades de suspensão previstas no art. 151 do CTN não são exaustivas. Ademais, o Decreto-Lei 37 é de 18.11.66, posterior à Lei 5.172, de 25.10.66, que somente se tornou Código por força do disposto no art. 7º do Ato Complementar 36, de 13.3.67. Ambos diplomas legais entraram em vigor em 1.1.67. Dessa forma é de se entender que a legislação brasileira prevê mais uma modalidade de suspensão da exigibilidade do crédito tributário, além das estatuídas no art. 151 do CTN, eis que é sabido que a lei nova pode revogar ou alterar a lei anterior e, na época, a Lei n.º 5.172/66 não dispunha do status deferido pelo Ato Complementar n.º 36/67.'*

Cabe salientar que, em razão da prescrição do art. 111, *caput* e inciso I, do Código Tributário Nacional, determinando a interpretação literal das regras que preveem a suspensão de tributos, é praticamente pacífico na moderna doutrina brasileira o entendimento de que as

7. REGIME ADUANEIRO ESPECIAL DE *DRAWBACK*

hipóteses previstas nos incisos do art. 151 do Código Tributário Nacional são *'numerus clausus'*, ou seja, a enumeração legal é taxativa.

Por outro lado, se as disposições constantes do Decreto-Lei n.º 37, de 18 de novembro de 1966, tivessem alterado o art. 151 da Lei n.º 5.172, de 25 de outubro de 1966, essas regras teriam integrado o Código Tributário Nacional e, juntamente com o artigo mencionado e outras disposições do Código, adquirido o *status* de lei complementar.

Assim, como justificar que os regimes aduaneiros criados (por meio de decretos-lei, leis ordinárias, decretos presidenciais *etc.*) após o ato que deu hierarquia de lei complementar a várias prescrições constantes do Código Tributário (entre elas a constante do artigo 151) também sejam considerados regimes suspensivos dos créditos tributários? Se as disposições do Decreto-Lei que preveem os regimes aduaneiros especiais equivalessem à lei complementar, não poderiam ser revogadas, alteradas ou complementadas, como efetivamente o foram, por decretos-lei, leis ordinárias ou medidas-provisórias posteriores.

O próprio Entreposto Aduaneiro, mencionado por Osiris Lopes Filho, teve sua regulação no Decreto-Lei n.º 37/1966 revogada pelo Decreto-Lei n.º 1.455, de 08 de abril de 1976, e passou a ser disciplinado pelos arts. 9º a 22 deste instrumento legal. Não seria possível um decreto-lei alterar e derrogar uma disposição normativa com *status* de lei complementar.

Caso os regimes especiais se caracterizassem como suspensão da exigibilidade do crédito tributário ou do prazo decadencial, em algum momento essa suspensão se finalizaria e teria de se dar a cobrança dos impostos. Pois, o que é uma determinação legal de 'suspensão *ad eternum*', ainda que condicional, da constituição ou exigibilidade de crédito tributário se não uma isenção?

Sabemos que não se pode levar as palavras constantes da lei ao 'pé-da-letra'. De nada serviriam as disposições constitucionais se o legislador ordinário pudesse, alterando a denominação dos institutos jurídicos, mudar-lhes a natureza jurídica. Não seria difícil imaginar impostos batizados de 'cessões compulsórias' e, assim, libertos das restrições prescritas pela Constituição, ou isenções estabelecidas sem observância dos princípios da legalidade, moralidade ou isonomia e denominadas 'não-incidências', 'suspensões' ou 'créditos tributários presumidos' *etc.*

A Constituição Federal, ao exigir lei para instituição de isenções e reduções tributárias, no seu art. 150, § 6º, fê-lo de forma incisiva e ampla, determinando que *'qualquer subsídio ou isenção, redução de base de cálculo, concessão de crédito presumido, anistia, ou remissão, relativos a impostos, taxas ou contribuições, só poderá ser concedido mediante lei específica, federal, estadual ou municipal, que regule exclusivamente as matérias acima enumeradas ou o correspondente tributo ou contribuição (...)'*

O objetivo desta norma foi submeter ao princípio da legalidade a concessão de qualquer isenção ou redução tributárias, independentemente do nome que lhes seja conferido pelo legislador ordinário.

Importante anotar que o conceito de isenção é pressuposto pelo legislador constitucional e não pode ser alterado ou restringido por meio de ato normativo de hierarquia inferior, muito

2. Regime aduaneiro especial de *drawback* no Brasil

No regime aduaneiro especial de *drawback*, permite-se a aquisição de insumos importados para industrialização ou aperfeiçoamento[5] no Brasil e exportação do produto final. Há desoneração tributária desde que o produto final seja exportado. A desoneração, neste caso, ocorre em relação aos

menos se com o propósito de desviar qualquer mandamento ou limitação constante da Carta Magna.

Dessarte, não concordamos com a posição perfilhada por Osiris Lopes Filho e adotada na legislação tributária brasileira. Entendemos que os regimes aduaneiros especiais não constituem modalidades de suspensão da exigibilidade do crédito tributário, mas se enquadram como isenções tributárias condicionais cujos objetos ficam sujeitos a controle aduaneiro. Isenções essas submetidas de modo absoluto às disposições do art. 150, § 6º, da Constituição Federal.

As condições pertinentes à isenção da maioria dos regimes aduaneiros especiais são resolutivas, com exceção do regime especial de *Drawback* nas modalidades *Drawback*/restituição e *Drawback*/substituição, que se identificam como isenções tributárias cujas condições são suspensivas. No regime de Exportação Temporária com alteração do produto no exterior, há condições resolutivas, em relação à isenção do imposto sobre a exportação, e condições suspensivas para isenção do imposto sobre a importação (se não houver a alteração, é simplesmente caso de não incidência do imposto sobre a importação).

O único regime aduaneiro especial que não consiste em uma isenção condicional é o de Admissão Temporária com pagamento proporcional dos impostos federais sobre a importação, instituído pelo art. 79 da Lei n.º 9.430/1996. Trata-se de uma redução tributária condicional."

(MEIRA, Liziane Angelotti. Regimes Aduaneiros Especiais. São Paulo: IOB, 2002, p. 321/325).

[5] O artigo 71 da Portaria SECEX nº 23, de 14 de julho de 2011, elenca as operações que geralmente podem ser realizadas sob o amparo do regime: transformação, beneficiamento, montagem, renovação, acondicionamento, embalagem para transporte. O artigo 72 traz alguns bens que podem ser objeto de drawback, transcrevemos:

"I – mercadoria para beneficiamento no País e posterior exportação;

II – matéria-prima, produto semielaborado ou acabado, utilizados na fabricação de mercadoria exportada, ou a exportar;

III – peça, parte, aparelho e máquina complementar de aparelho, de máquina, de veículo ou de equipamento exportado ou a exportar;

IV – mercadoria destinada à embalagem, acondicionamento ou apresentação de produto exportado ou a exportar, desde que propicie, comprovadamente, uma agregação de valor ao produto final; V – animais destinados ao abate e posterior exportação; e

VI – matéria-prima e outros produtos que, embora não integrando o produto a exportar ou exportado, sejam utilizados em sua industrialização, em condições que justifiquem a concessão."

tributos incidentes na importação, mas o objetivo é a exportação do produto com agregação de valor, por isso, conforme observamos na introdução deste estudo, a legislação refere-se ao *drawback* como um incentivo à exportação.[6]

Para entender o regime de *drawback* brasileiro, é necessário observar que aqui a abrangência do regime é maior e que há mais modalidades. Normalmente, o regime de *drawback* se restringe à posterior restituição dos tributos recolhidos na importação dos insumos utilizados em produto exportado. Nesse sentido, a definição constante do glossário da Aladi:

> DRAWBACK
>
> Régimen aduanero que permite, con motivo de la exportación de las mercaderías, obtener la restitución total o parcial de los gravámenes a la importación que se haya pagado, sea por esas mercaderías, sea por los productos contenidos en las mercaderías exportadas o consumidas durante su producción (ALADI/CR/Resolución 53 (1986))[7]

No Brasil, a restituição dos tributos na importação corresponde a uma das modalidades de *drawback*, aliás, pouquíssimo usada.[8] Portanto, há outras, que são efetivamente utilizadas, nas quais os tributos incidentes na importação deixam de ser recolhidos (*drawback*/substituição e *drawback* isenção).

Além disso, há outra jabuticaba no Brasil, que precisamos contextualizar antes de explicar:

Na grande maioria dos países do mundo, é praxe desonerar dos tributos a exportação e onerar a importação com os tributos incidentes sobre a produção/consumo (em muitos países, mediante a incidência do IVA – imposto sobre o valor agregado).

No Brasil, a dinâmica é similar, porém, nosso sistema tributário é muito mais complexo, há um maior número de tributos incidentes no ciclo produtivo, que são exigidos por diferentes entes da Federação. Por isso, não

---

[6] Nesse sentido, o caput do artigo 383 do Decreto nº 67.59/2009 (Regulamento Aduaneiro): "Art. 383. O regime de *drawback* é considerado incentivo à exportação, e pode ser aplicado nas seguintes modalidades:
(...)" (grifou-se)

[7] Disponível em: < http://www2.aladi.org/nsfaladi/vbasico.nsf/vbusqueda/>. Acesso em: 5 fev. 2020.

[8] Em quase trinta anos de nossa atividade na Receita Federal, vimos apenas duas vezes esta modalidade de regime de *drawback*.

conseguimos desonerar alguns desses tributos na exportação e outros conseguimos somente mais tarde mediante a utilização de crédito ou mediante a restituição em dinheiro.

Ou seja, no sistema tradicional brasileiro, primeiro são recolhidos os tributos incidentes na cadeia produtiva do produto a ser exportado e depois o exportador vai tomar as providências para recuperar parte dos valores, mediante crédito, ou, o que costuma ser mais moroso e burocrático[9], mediante restituição em dinheiro. A recuperação é ainda mais complicada em relação ao tributo estadual ICMS. Muitas vezes, este imposto é recolhido em um Estado (onde a mercadoria foi produzida ou circulou), mas a restituição deve ser solicitada a outro (por onde foi exportada). O ISS, por sua vez, sequer comporta desoneração em relação à incidência na cadeia anterior à exportação.

Vale lembrar que esse moroso e difícil processo acontece no Brasil, um país em que o acesso ao crédito é restrito e os juros comerciais estão entre os maiores do mundo.

Nesse panorama, fica realmente visível a importância dos regimes aduaneiros especiais, já destacada desde o início deste estudo; vislumbra-se o motivo desses regimes se proliferarem e se multiplicarem tanto no Brasil. Basicamente porque alguns regimes, dentre os quais o *drawback*, permitem que o industrial/produtor importe insumos desonerados, produza o bem e o exporte, alcançando a almejada desoneração das exportações com menor dependência dos complexos e morosos instrumentos do crédito e da restituição tributários.

O regime de *drawback* brasileiro permite, inclusive (aqui temos mais peculiaridades) que o produtor intermediário importe os insumos, industrialize, venda para o exportador, este termine a industrialização e então exporte. Tudo isso desonerado dos tributos incidentes sobre a importação e sobre a produção e consumo. Esse é o "drawback integrado", do qual nos tratamos no item 3.1.

Nas decisões do Conselho Administrativo de Recursos Fiscais, podemos verificar que se tem consciência da importância comercial e estratégica do regime aduaneiro especial de *drawback*. Nesse sentido, segue trecho do Acórdão nº 3201-001.049:

---

[9] Esta segunda forma tem de ser adotada se o contribuinte é majoritariamente exportador ou, por outro motivo, não tem tributos internos a compensar.

7. REGIME ADUANEIRO ESPECIAL DE *DRAWBACK*

Acontecem, portanto, o incremento das exportações e o aumento da competitividade do produto final no Mercado externo, uma vez que os produtos beneficiados, desonerados da carga tributária comum as importações, agregam-se ao processo produtivo de um país, possibilitando o barateamento de custos. Criado para incentivar as exportações, o *Drawback* enquadra-se dentre os regimes especiais previstos no Regulamento Aduaneiro/85. Para tanto, o beneficiário deve observar os termos, limites e condições estabelecidos pelo órgão concedente. Logo, são suspensivos; tendo em vista o aspecto jurídico da suspensão da exigibilidade da obrigação tributária que acarretam.

Todavia, como já observamos, o nosso processo de desoneração das exportações não alcança o grau de eficiência de outros sistemas tributários mais simples. Assim, caso o *drawback* se limitasse ao que comentamos até aqui e não houvesse um tratamento equivalente para os insumos nacionais, caracterizar-se-ia um grande estímulo à importação de insumos para industrialização e exportação. Se o produtor comprasse insumo nacional e esse insumo viesse sempre integralmente onerado com os tributos sobre a produção, considerando o tempo/trabalho para recuperar parte desses tributos, o insumo nacional seria menos competitivo. Ou seja, certamente seria mais interessante, em termos econômicos, importar insumos amparados pelo regime de *drawback*.

Para corrigir essa distorção, foi criada uma modalidade de *drawback*, eminentemente brasileira, o *"drawback* integrado", que permite que o industrial adquira também (ou somente) insumos internos, sem pagamento dos tributos internos incidentes sobre essa aquisição, para produzir os bens a serem exportados.[10]

Compreendido o espírito original do regime aduaneiro especial de *drawback* e como ele foi adaptado para atender às especificidades do sistema jurídico tributário brasileiro, passemos à análise das modalidades do regime.

---

[10] A base legal do *drawback* integrado é o artigo 12 da Lei nº 11.945/2009 e este regime está atualmente regulamentado no artigo 67 da Portaria SECEX nº 23, de 14 de julho de 2011.

3. Regime aduaneiro especial de *drawback*: Modalidades

O Regime Aduaneiro Especial de *Drawback* foi originalmente classificado nas seguintes modalidades: *"drawback/suspensão"; "drawback/isenção"* e *"drawback/restituição"*.[11]

No regime aduaneiro especial denominado **"drawback/suspensão"**, o insumo é importado desonerado dos tributos incidentes a importação, desde que se dê a posterior exportação dos produtos resultantes.[12]

No regime denominado *"drawback/isenção"*, é importado insumo para emprego em produto a ser exportado; concluída a operação de exportação, insumo semelhante em qualidade e quantidade pode ser importado em substituição ao primeiro, sem o pagamento de imposto sobre a importação, IPI e Contribuição para o PIS e o Cofins.[13]

No *drawback/restituição*, também é importado insumo para ser utilizado na produção de bem a ser exportado; após a exportação, o contribuinte tem direito à compensação dos valores recolhidos a título de imposto sobre a importação e IPI com impostos federais relativos a futuras importações (não necessariamente de produtos semelhantes ao insumo estrangeiro utilizado).[14]

3.1 Regime aduaneiro especial de *drawback*: Submodalidades

O regime de **drawback/suspensão** pode ser aplicado para a desoneração da aquisição de insumos nacionais; neste caso, tem-se o *"drawback integrado/ suspensão"*.[15]

---

[11] Apenas para esclarecer aqueles que eventualmente tenham lido ou venham a ler o livro "Regimes Aduaneiros Especiais": lá foi feita uma análise crítica da nomenclatura das espécies do regime de *drawback* e foram propostas outras denominações tidas como mais adequadas. No entanto, tendo em conta que o fôlego deste trabalho é muito menor, não é apresentada tal crítica e são utilizados aqui os termos originais.

[12] No livro "Regimes Aduaneiros Especiais", concluímos que se tratava de isenção subordinada à condição resolutiva.

[13] Na obra já mencionada, a conclusão foi que o *"Drawback/isenção"* era isenção sob condição suspensiva (primeiro devem ser preenchidos os requisitos, para depois se solicitar o benefício fiscal).

[14] Também é uma isenção submetida a condição suspensiva.

[15] A base legal é o artigo 12 da Lei nº 11.945/2009, regulamentado pelo artigo 383, I, do Regulamento Aduaneiro (Decreto nº 6.759/2009) e pelo artigo 67, I, da Portaria SECEX nº 23, de 14 de julho de 2011.

O *"drawback* integrado/suspensão" tem mais uma submodalidade que nos interessa: *drawback* (integrado/suspensão) intermediário ou simplesmente **"drawback intermediário"**. Este regime permite aquisição no mercado interno ou importação por empresas denominadas "fabricantes-intermediários" para industrialização de produto intermediário a ser fornecido a "empresas industriais-exportadoras", para emprego ou consumo na industrialização de produto final a ser exportado. Observe-se que no **"drawback intermediário"** há uma vantagem adicional: a desoneração atinge mais um elo da cadeia produtiva, ou seja, em vez de atingir uma "empresa industrial", atinge duas, desonerando ambas dos tributos sobre a importação e também sobre a produção e circulação dos bens a serem exportados.

No regime denominado *"drawback/isenção"*, também pode ser utilizada a sistemática de utilizar insumos nacionais na produção de mercadorias exportadas, neste caso caracteriza-se o *"drawback* integrado/isenção"[16]

A modalidade *drawback/restituição* é pouquíssimo utilizada, conforme já anotamos, e não se aplica a insumos nacionais.[17]

4. Regime aduaneiro especial de *drawback*: Situações atípicas

O *drawback* foi concebido como um regime aduaneiro especial que permitia importar insumos, promover industrialização ou operações similares, exportar o produto final e depois recuperar os valores recolhidos a título de tributos incidentes na importação.

No Brasil, tendo em vista nossas peculiaridades, o regime foi ampliado para permitir o não recolhimento dos tributos (*drawback*/suspensão) na importação ou a isenção de insumo similar ao importado originalmente e utilizado em produto exportado (*drawback*/isenção).

Tendo em conta a vantagem competitiva que o regime poderia trazer para o insumo importado em prejuízo do nacional, concebeu-se o *drawback* integrado. Até este ponto verificamos uma ampliação do conceito do regime, já com um certo desvirtuamento quando abrange insumos nacionais, mas sem perder sua característica mais essencial, que é o aspecto cronológico, a

---

[16] A base legal é o artigo 12 da Lei nº 11.945/2009, regulamentado pelo artigo 383, II, do Regulamento Aduaneiro (Decreto nº 6.759/2009) e pelo artigo 67, II, da Portaria SECEX nº 23, de 14 de julho de 2011.

[17] A base legal é o artigo 78, I, do Decreto-Lei nº 37/66, regulamentado pelo artigo 383, III, do Regulamento Aduaneiro (Decreto nº 6.759/2009).

temporalidade do regime (o prazo para exportação do produto final). Se a importação sem pagamento de tributos é desvinculada de qualquer exportação, estamos diante de uma situação de regime aduaneiro comum com isenção.

No entanto, são estabelecidas certas espécies de *drawback* que, na verdade, muito pouco tem que ver com o regime aduaneiro especial de *drawback*. Ou seja, são situações de isenção, em que se aproveitaram do nome com algum objetivo (muitas vezes, maior facilidade de desoneração de ICMS nos regimes aduaneiros especiais do que em novas isenções que teriam que passar por aprovação unânime no Confaz). No artigo 69 da Portaria Secex nº 23, de 14 de julho de 2011, encontramos duas dessas delas, intituladas de "operações especiais", vejamos:

- *drawback* para embarcação – concedido na modalidade suspensão para importação de mercadoria utilizada em processo de industrialização de embarcação destinada ao mercado interno.[18]
- *drawback* para fornecimento no mercado interno – concedido na modalidade suspensão para importação de matérias-primas, produtos intermediários e componentes destinados à fabricação dentro do Brasil de máquinas e equipamentos a serem fornecidos, no mercado interno, em decorrência de licitação internacional, contra pagamento em moeda conversível proveniente de financiamento concedido por instituição financeira internacional, da qual o Brasil participe, ou por entidade governamental estrangeira, ou ainda, pelo Banco Nacional de Desenvolvimento Econômico e Social (BNDES), com recursos captados no exterior.[19]

Em ambas as situações, devem ser observadas as condições previstas na base legal e os procedimentos previstos na Portaria Secex nº 23/2011. Contudo, sem muita digressão, é possível inferir que se trata de isenção na importação e que, nesses casos, diferentemente de todas as demais modalidades de *drawback*, a importação visa à definitividade absoluta, ou seja, não

---

[18] A base legal indicada na Portaria é § 2º do art. 1º da Lei nº 8.402, de 8 de janeiro de 1992.
[19] A base legal indicada na Portaria é art. 5º da Lei nº 8.032, de 12 de abril de 1990, com a redação dada pelo art. 5º da Lei nº 10.184, de 12 de fevereiro de 2001, e do Decreto nº 6.702, de 18 de dezembro de 2008.

se tem por objetivo a exportação do produto final, característica inafastável do *drawback*.

5. Regime aduaneiro especial de *drawback*/suspensão

Apesar de o regime de *drawback* ser muito importante na perspectiva econômica, conforme se registrou na introdução deste artigo, ele possui uma legislação muito complexa – envolve, como verificamos, várias modalidades, submodalidades, situações atípicas, regras e requisitos – o que torna difícil sistematizá-lo e entendê-lo. Por isso, dedicamos a primeira parte deste artigo a tecer uma visão geral e compreensiva do regime.

A partir deste ponto, a proposta é concentrar-se no regime de *drawback*/suspensão, isso porque o foco do presente artigo é o cumprimento dos requisitos legais e a vinculação física na jurisprudência do CARF, especificamente nesta modalidade do regime.

6. Procedimentos

O artigo 386 do Regulamento Aduaneiro e os artigos 87 a 99 da Portaria SECEX nº 23/2011 ocupam-se do rito aplicável ao *drawback*/suspensão.

A solicitação do regime de *drawback* é feita à Subsecretaria de Operações de Comércio Exterior (antigo Decex) da Secretaria de Comércio Exterior, Ministério da Economia, em módulo específico *drawback* no Siscomex. São exigidos documentos, indicados no artigo 87 da Portaria Secex nº 23/2011, que demonstrem o processo produtivo do requerente. A autoridade concedente, Subsecretaria de Operações de Comércio Exterior, precisa ter condições de verificar a relação insumo produto no processo produtivo e também outros aspectos, como subprodutos, produtos intermediários *etc.*

Aprovado o pedido, é conferida autorização pela Subsecretaria para utilização do regime em futuras importações, mediante o "Ato Concessório de *Drawback*" correspondente.[20]

---

[20] Dispõe a Portaria SECEX nº 23, de 14 de julho de 2011:
"Art. 86. Os pedidos de ato concessório de drawback serão analisados no prazo máximo de 30 (trinta) dias, contados a partir da data do registro no SISCOMEX. (Redação dada pela Portaria SECEX nº 47, de 2014) §1º As solicitações de alteração de ato concessório de drawback já aprovado serão analisadas no prazo do caput, contado da data da solicitação. (Incluído pela Portaria SECEX nº 79, de 2015) §2º O prazo para análise de resposta à exigência aposta em ato concessório será o previsto no caput, contado da data da apresentação da resposta. (Incluído pela Portaria SECEX nº 79, de 2015)"

Depois de habilitado a utilizar o regime, o sujeito passivo pode promover a importação dos bens sob o regime de *drawback*. O despacho de admissão é concedido mediante declaração de importação. O procedimento fiscal é o previsto para as demais importações, tendo como particularidade a necessidade de ser informado na declaração o número do ato concessório do regime.

Observa-se que o procedimento relativo ao regime de *drawback*/suspensão ocorre em duas etapas: a primeira, na qual o sujeito passivo tem sua solicitação aprovada pela Subsecretaria de Operações de Comércio Exterior da Secex (mediante ato declaratório), o que lhe confere legitimidade para solicitar o regime de *drawback* na importação de insumos; a segunda (que, em regra, ocorre várias vezes, dentro do prazo concedido pelo ato concessório), quando sujeito passivo promove a efetiva importação desses insumos e solicita o regime de *drawback*/suspensão por meio da declaração de importação.

Neste ponto, encontramos uma questão que foi levada ao CARF, trata-se das competências dos órgãos envolvidos na concessão e fiscalização do regime. Cabe à Secex analisar o processo produtivo da requerente e o cumprimento das condições e requisitos no momento da concessão do regime. À Secretaria da Receita Federal cumpre fiscalizar o cumprimento do regime posteriormente à concessão. Neste ponto, inclusive, houve Súmula, vejamos:

Súmula CARF nº 100

O Auditor-Fiscal da Receita Federal do Brasil tem competência para fiscalizar o cumprimento dos requisitos do regime de *drawback* na modalidade suspensão, aí compreendidos o lançamento do crédito tributário, sua exclusão em razão do reconhecimento de beneficio, e a verificação, a qualquer tempo, da regular observação, pela importadora, das condições fixadas na legislação pertinente. (**Vinculante**, conforme Portaria MF nº 277, de 07/06/2018, DOU de 08/06/2018).

Porém, permanecem alguns debates sobre essa divisão de competência; especialmente se a Receita Federal poderia rever o cumprimento das condições para a expedição do ato concessório. Sobre esse ponto, examinemos o posicionamento do CARF:

Nesse contexto, pode-se observar que a tarefa de verificar o cumprimento dos pressupostos legais para reconhecimento da isenção é repartida entre os dois órgãos envolvidos na operação; ao DECEX compete conceder o regime, mediante verificação do cumprimento das condições inerentes a tal etapa e à Administração Tributária, hoje exercida pela Secretaria da Receita Federal do Brasil (RFB), fiscalizar o correto cumprimento dos compromissos assumidos e, o que é mais importante, a baixa do regime. O reconhecimento da isenção, reitere-se, depende da atuação coordenada de dois órgãos que, dentro de suas esferas de competência, autorizam a admissão da mercadoria no regime; ou seja, o cumprimento dos pressupostos para sua concessão e verifiquem a sua aplicação na industrialização do produto exportado, ou seja, o cumprimento dos pressupostos para a regular baixa do regime.

Ou seja, também sobre a ótica da divisão de atribuições, só faz sentido discutir o cumprimento dos compromissos assumidos se tais compromissos forem validados pela autoridade competente ou, em outras palavras, se o regime foi concedido. (Acórdão nº 3102-01.172 – 1ª Câmara / 2ª Turma Ordinária)

Na mesma linha as conclusões constantes do Acórdão 303-31.077, do qual reproduzimos parte da ementa:

DRAWBACK – SUSPENSÃO. COMPETÊNCIA DA AUTORIDADE LANÇADORA. ALTERAÇÃO DE ATO CONCESSÓRIO FORA DO PRAZO. VINCULAÇÃO FÍSICA. COMPROVAÇÃO DE EXPORTAÇÃO.

Não acatada a preliminar de nulidade. Não há dúvida quanto à competência da SRF em fiscalizar o cumprimento das condições assumidas para efeito de suspensão de tributos. A ação fiscalizadora da SRF se dá em complemento ao trabalho da SECEX. As competências atribuídas a cada um dos órgãos não se superpõem, se complementam e devem ser mutuamente respeitadas. A competência para emissão de ato concessório de *drawback*, bem como para sua prorrogação é da SECEX. As evidências são de que o compromisso de exportação assumido pela recorrente foi efetivamente cumprido.

(...)

A autuação realizada denuncia que todo o trabalho fiscal se assentou na desconsideração dos aditamentos e prorrogações dos atos concessórios autorizadas pela SECEX, que é órgão competente para isso e, **ainda que houvesse qualquer irregularidade na prorrogação do prazo de validade dos atos concessórios por parte da SECEX este órgão é que seria o responsável** e não o contribuinte beneficiário. Não provado o inadimplemento do compromisso de exportar, descabe a cobrança dos tributos e acréscimos legais. RECURSO VOLUNTÁRIO PROVIDO. (grifou-se)

Em outro giro, há entendimentos (Acórdão nº 3301-007.444) de que cabe à Receita Federal ampla fiscalização do regime aduaneiro especial de *drawback*, podendo, inclusive, rever o cumprimento dos requisitos para expedição do ato concessório (já analisadas no momento da concessão pela autoridade competente, Secex).

Parece que as competências estão claramente atribuídas pela legislação. A concessão do regime é realizada pela Secretaria de Comércio Exterior, mediante ato concessório, e a esta cabe verificar o cumprimento dos requisitos e condições para essa concessão.[21] A fiscalização do cumprimento do regime de *drawback* pertence à seara de competência da Receita Federal.

Sabemos que a Secretaria da Receita Federal do Brasil e a Secretaria de Comércio Exterior (atualmente, ambas do Ministério da Economia) têm estruturas, competências e objetivos bastante diversos. O ideal seria que o regime de *drawback* não tivesse sido concebido de forma esquartejada entre entes tão distintos e, pior, a divisão não foi por matéria (poderia ser: uma se ocupa da questão comercial e outra da questão tributária). A divisão foi temporal ou por etapas: uma, a Secex, deve cuidar da primeira etapa, fase da concessão do regime; a Receita Federal (talvez até por ter uma estrutura maior, com mais funcionários e com presença em todo o país) deve se dedicar à segunda etapa, fiscalizar a implementação do regime concedido, seu funcionamento. Não parece que seja possível inversão das etapas, nem a Receita Federal poderia rever o ato concessório sob o fundamento de envolver questão tributária (naturalmente que envolve, o regime todo é tributário) e nem a Secex poderia se intrometer na segunda fase com o argumento de que haveria questões comerciais (os aspectos comerciais também estão presentes nas duas fases, mas esse não foi o critério de divisão de atribuições neste regime).

Nessa trilha de entendimento, não incumbiria à Receita Federal aplicar penalidades ou cancelar o regime por entender que foi incorretamente concedido nem à Secex revogar a concessão por entender que a Receita Federal deixou de fiscalizar o cumprimento do *drawback*. As atribuições foram determinadas pela legislação e, neste caso, um órgão não dispõe de competência

---

[21] Conforme artigo 386, *caput*, do Regulamento Aduaneiro (Decreto nº 6.759/2009): "Art. 366. A concessão do regime, na modalidade de suspensão, é de competência da Secretaria de Comércio Exterior, devendo ser efetivada, em cada caso, por meio do SISCOMEX."

legal para rever os atos do outro. Na hipótese de evidente ilegalidade, ou mesmo dúvida, o procedimento mais adequado seria representação para o órgão competente.

Voltemos à dinâmica do regime de *drawback*. Depois de obtido o ato concessório do *drawback*/suspensão, o sujeito passivo vai promover a importação ao amparo do regime, por meio da declaração de importação.

O artigo 388 do Regulamento Aduaneiro (Decreto nº 6.759/2009) e o artigo 93 da Portaria Secex nº 23/2011 tratam do prazo de validade do ato concessório. Tal prazo deve ser contabilizado, segundo o artigo, com o ciclo produtivo do bem a ser exportado. Como regra geral, o prazo é de até um ano, prorrogável por igual período. Para bens de longo ciclo de produção, o prazo pode ser de até cinco anos. Para embarcações, existe previsão de prazo máximo de sete anos.[22]

A questão do prazo de validade do regime aliada ao prazo para lançamento do tributo resultou em dúvidas que foram levadas ao CARF. Então, gerou-se muita discussão sobre o prazo decadencial para lançamento dos tributos no caso de descumprimento dos requisitos ou condições do regime de *drawback* porque o regime é mal entendido. Na verdade, como se comentou no início deste estudo, a natureza jurídica dos regimes aduaneiros especiais é questão pouco enfrentada e não se trata de querela acadêmica. Enquanto não se entender claramente a natureza jurídica dos regimes aduaneiros especiais, dentre eles, o *drawback*, tanto a legislação quanto sua interpretação e aplicação estão repletas de inconsistências, contradições..., o que torna realmente muito árduo o papel de aplicador do direito. É isso que enfrentamos...

Assim, se o *drawback* fosse realmente mais um caso, além daqueles previstos no artigo 151 do CTN, de suspensão da exigência do crédito tributário como parece indicar a legislação, somente haveria suspensão dos tributos efetivamente lançados, contudo parece que a falta de sistematização dos regimes aduaneiros nos impeliu em outro sentido, vejamos a Súmula do CARF:[23]

---

[22] Artigo 97, §7º, da Portaria Secex.

[23] Não vamos adentrar aqui na questão da prescrição e decadência aduaneiras, isso é matéria para outro estudo. Aliás, há outro estudo de nossa autoria sobre esse tema no prelo, talvez saia concomitantemente a este.

Súmula CARF nº 156

No regime de *drawback*, modalidade suspensão, o termo inicial para contagem do prazo quinquenal de decadência do direito de lançar os tributos suspensos é o primeiro dia do exercício seguinte ao encerramento do prazo de trinta dias posteriores à data limite para a realização das exportações compromissadas, nos termos do art. 173, I, do CTN.

7. Condições ou requisitos legais do regime aduaneiro especial de *drawback*

Um dos objetivos de explicarmos de maneira detida o regime de *drawback* é permitir que o leitor entenda os objetivos do regime e também a importância dos controles necessários para que o *drawback* não se transmute em uma operação desonerada de tributos destinada ao mercado interno com prejuízo à concorrência. Concorrência, esta, que recolheu toda a pesada carga tributária brasileira.

Em resumo, não há nenhum problema em desonerar um bem a ser exportado, aliás, esse é o objetivo, outros países o fazem de forma mais eficaz que nós, e, afinal, dependemos de superávit nas exportações. Todavia, desonerar indevidamente produtos destinados ao mercado interno é, além de prejuízo aos cofres públicos, lesivo os concorrentes que atuam dentro da lei; portanto: nada desejável em termos de políticas públicas!

Considerando que nossa carga tributária sobre a produção e consumo está entre as mais altas do mundo[24], fica visível por que as regras para controle e fiscalização do regime de *drawback*/suspensão são importantes e são alvo de muito cuidado pela Secretaria da Receita Federal.

As condições e requisitos que o sujeito passivo deve cumprir para que não esteja sujeito ao lançamento de tributos, juros e penalidades no regime aduaneiro de *drawback*/suspensão podem ser sintetizadas nos seguintes termos:

1. observar as regras do ato concessório, ou seja, exportar, o produto resultante da industrialização/aperfeiçoamento ou outra operação

---

[24] Nesse estudo se analisou a carga tributária sobre a importação e produção/consumo no Brasil. MEIRA, Liziane Angelotti. Tributos Incidentes sobre a Importação: regime jurídico e carga tributária brasileira. *In:* Paulo de Barros Carvalho. (Org.). *Direito Tributário e os novos horizontes do processo* (XII Congresso Nacional de Estudos Tributários do IBET). 1ed. São Paulo: Noeses, 2015, v. 1, p. 759-779.

prevista no seu processo produtivo respeitado o prazo e a quantidade previstos no ato concessório;

2. caso haja subprodutos, esses devem ser exportados ou sujeitos a despacho para consumo;

3. são permitidos resíduos até o percentual de 5%, acima disso também se considera descumprido o ato concessório;[25]

4. exigia-se ainda a vinculação física, ou seja, que o insumo importado sob o regime estivesse sob controle, separado dos demais insumos e fosse efetivamente utilizado no bem exportado. Atualmente, não. Exige-se apenas que o exportador comprove que utilizou a quantidade de insumo importado nos produtos exportados. Se eventualmente ele usou insumo sob o regime para outra finalidade e usou insumo tributado para produzir o bem no regime, não há problema. Assim, não há mais a vinculação física (nos aprofundamos sobre essa questão no subitem seguinte).

7.1 Requisitos e condições na jurisprudência do CARF

O tema em análise é extremamente rico e polêmico, não há condições de tratar de todas as nuances em um artigo. Sequer no livro "Regimes Aduaneiros Especiais" foi possível esgotar o assunto. Então vamos prosseguir dentro do corte epistemológico proposto. Vamos tratar dos requisitos e condições do regime de *drawback*/suspensão e da vinculação física na jurisprudência do CARF. Foram escolhidos alguns julgados para análise.

Os artigos 144 a 153 da Portaria SECEX nº 23, de 14 de julho de 2011 tratam da comprovação do cumprimento das condições relativas ao regime.

A comprovação das importações e exportações é realizada mediante o módulo específico do *drawback* no Siscomex e o prazo é de sessenta dias contados da data limite para exportação (constante do ato declaratório). Ou seja, como regra geral, o sujeito passivo deve comprovar as importações dos insumos e as exportações do produto final no Siscomex até sessenta dias do prazo do regime. Ultrapassado esse prazo, se não prorrogado, resta descumprido, total ou parcialmente, o regime e cabe à Secretaria da Receita Federal exigir tributos e multas.

---

[25] Conforme artigo 89 da Portaria SECEX nº 23/2011.

Se a venda for para comercial exportadora (Decreto-Lei nº 1.248, de 1972), a beneficiária comprova o cumprimento do regime mediante inclusão da nota fiscal de venda no campo específico.

O §4º do artigo 144 veicula regras específicas para o *drawback* intermediário e para as comerciais exportadoras: no caso de comprovação de fornecimento para empresa industrial-exportadora ou de fins comerciais habilitada a operar em comércio exterior e somente quando houver a posterior venda dos produtos, por essas entidades, a empresa comercial exportadora amparada pelo Decreto-Lei nº 1.248, de 1972, a fabricante--intermediária, beneficiária do ato concessório, deverá encaminhar ofício ao DECEX, solicitando a baixa do ato concessório, dentro do prazo de validade, contendo declaração onde conste que foi providenciado o lançamento de todas as notas fiscais destinadas à empresa comercial exportadora constituída na forma do referido Decreto-Lei.

A beneficiária do regime pode ainda solicitar a devolução ao exterior ou destruição do insumo importado sob o regime de *drawback* para concluir o regime. Essa situação é excepcional (a regra é a industrialização/aperfeiçoamento e exportação) e a legislação exige que seja motivada (arts. 159 e 160 da Portaria).

Tendo uma ideia geral das condições e dos procedimentos relativos ao *drawback*/suspensão, bem como da importância do cumprimento de ambos, vejamos algumas decisões do CARF.

No Acórdão nº 3101-00.343, verificou-se que houve autuação em razão do incorreto enquadramento das mercadorias, no entanto a decisão foi favorável ao contribuinte porque se entendeu que a fiscalização se apegou excessivamente ao formalismo sem demonstrar que efetivamente o regime fora descumprido, segue trecho do Acórdão:

> (...) apesar do lançamento ser motivado no inadimplemento de compromissos assumidos pela ora recorrente para a fruição dos benefícios do *drawback* suspensão, em nenhum momento é sequer denunciada insuficiência no quantitativo ou inobservância do prazo das exportações, senão decorrente de incorreto enquadramento das operações de exportação. O autuante apega--se a vícios formais nos procedimentos adotados pela autuada, mas não discute a efetiva saída das mercadorias do território nacional na forma compromissada. Entendo que o rigor dos aspectos formais têm como finalidade controlar o adimplemento dos compromissos. Se nenhuma dúvida concreta há quanto à

7. REGIME ADUANEIRO ESPECIAL DE *DRAWBACK*

efetiva adimplência, os vícios denunciados devem ser recepcionados como erros de forma.

Assim, apesar da importância do rigor no cumprimento do regime, na decisão em pauta, a preocupação foi verificar se, na prática, as condições do regime tinham sido cumpridas, se os produtos tinham sido exportados na quantidade e prazo corretos, ainda que sob código incorreto.

No Acórdão nº 3802-00.836, entendeu-se que a contribuinte deve comprovar o cumprimento das condições do regime na forma e no prazo previsto na legislação. Admitiu-se, apesar das formalidades previstas expressamente na legislação da Secex, outros meios de prova pela contribuinte, segue trecho da decisão:

> De acordo com o art. 159 da Portaria Secex nº 14, de 17 de novembro de 2004, a liquidação normal do compromisso de exportação assumido no âmbito do Regime de *Drawback*, modalidade suspensão, dar-se-á mediante a exportação efetiva do produto previsto no Ato Concessório, na quantidade, valor e prazo nele fixados.
>
> (...)
>
> Entretanto, na ausência do RE vinculado ao correspondente AC, restava ainda a Interessada **a possibilidade de comprovar a liquidação dos referidos compromissos de exportação com base em outros elementos de provas adequados, dentre quais as notas fiscais de entrada e saída, os laudos técnicos de produção, os livros fiscais** (Livro Registro de Controle de Produção e Estoque, por exemplo), a contabilidade de custos etc. No presente caso, embora tenha sido oportunizado à Interessada realizar tal comprovação, nenhum dos referidos documentos foi apresentado à Fiscalização, quando solicitados, nem carreado aos autos pela própria Recorrente. Além disso, analisando os referidos RE, constata-se que os produtos por eles exportados são distintos daqueles que foram especificados no compromisso exportação objeto dos respectivos AC. Em outras palavras, nos citados AC a Autuada se comprometeu a exportar o produto do código NCM 4104.4130, no entanto, os produtos exportados por meio dos mencionados RE são de códigos tarifários distintos. (grifou-se)

Dessarte, verifica-se que nessas decisões se tem exigido, naturalmente a prova do cumprimento das condições ou requisitos do regime de *drawback/*

EFICIÊNCIA PROBATÓRIA E A ATUAL JURISPRUDÊNCIA DO CARF

suspensão para afastar a exigência dos tributos e multas, mas, mesmo descumpridas as formalidades previstas na Portaria da Secex, outras formas de comprovação de adimplemento do regime têm sido admitidas. Por sua vez, quando transparece que efetivamente foram descumpridas as condições do regime, o compromisso constante do ato concessório, naturalmente que o CARF mantém os lançamentos (também neste sentido o Acórdão 3201-001.049).

Outro ponto que merece menção é a multa diária de mil reais por descumprimento de requisito, condição ou norma operacional para habilitar-se ou utilizar regime aduaneiro especial, prevista no artigo 107, VII, "e", do Decreto-lei nº 37/1966.[26]

Na maioria dos casos em que foi aplicada a multa diária de mil reais para o *drawback*, o procedimento foi o seguinte: verificado o descumprimento (normalmente depois da extinção do regime), o fiscal lançava tributos, juros de mora, multa de ofício e também a multa diária em relação a todo o período de vigência do regime ou desde que se verificou a irregularidade.

A jurisprudência do CARF que tem prevalecido é no sentido de afastar essa multa (Acórdãos nº 9303-005.872; 3301-003.436; 3401-004.473; e 3401005.694).

Realmente, não há propósito jurídico em exigir uma multa diária, de caráter inibitório, sobre fatos do passado, já encerrados e consolidados. Sem dúvida, a natureza jurídica da multa diária é coercitiva: a pena incide a cada dia para mudar o comportamento do infrator; forçar-lhe a sanar o erro.

Contudo, o fundamento adotado na maioria das decisões talvez não tenha sido o mais exato. Tem-se afirmado que o descumprimento do compromisso de exportação do *drawback* não é "descumprimento de requisito, condição ou norma operacional para habilitar-se ou utilizar regime aduaneiro especial".

---

[26] "Art. 107. Aplicam-se ainda as seguintes multas: (Redação dada pela Lei nº 10.833, de 29.12.2003)

(...)

VII – de R$ 1.000,00 (mil reais): (Redação dada pela Lei nº 10.833, de 29.12.2003)

(...)

e) por dia, pelo descumprimento de requisito, condição ou norma operacional para habilitar-se ou utilizar regime aduaneiro especial ou aplicado em áreas especiais, ou para habilitar-se ou manter recintos nos quais tais regimes sejam aplicados;"

7. REGIME ADUANEIRO ESPECIAL DE *DRAWBACK*

Tem-se interpretado a lei como se tivesse escrito: "requisito, condição ou norma operacionais para...", ou seja: **"todos operacionais"**. Também foi adotada essa linha na Solução de Consulta Interna nº 13 – Cosit.[27] Não é isso, entretanto, que está literalmente expresso. Segundo a gramática da língua portuguesa, o adjetivo operacional no singular se aplicaria adequadamente a norma e portanto, condição e requisito não estariam necessariamente restritos a "operacional", seriam simplesmente "requisito ou condição para habilitar-se ou utilizar regime aduaneiro especial". Logo, cumprir o compromisso de exportação configuraria uma condição, no sentido *lato*, para habilitar-se ou utilizar o regime de *drawback*.

A interpretação adotada na maioria das decisões do CARF, e no entendimento da Cosit, todavia, não deixa, ainda que de modo transverso, de ter certa sintonia com o objetivo da multa diária, isso porque é intuitivo que a pressão para mudar comportamento tem mais sentido em relação a condições ou requisitos operacionais, de funcionamento.

Contudo, o entendimento mais fiel seria de que a multa diária é coercitiva e, portanto, somente aplicável, em razão de sua natureza, para o futuro, a situações (descumprimento de requisito, condição ou norma operacional) em relação às quais o sujeito passivo possa alterar seu comportamento. Por exemplo, falta de organização e controle dos insumos importados (se isso fosse condição do regime). Esse entendimento é encontrado em trecho do Acórdão nº 3301-003.436:

> Cumpre ressaltar que a multa somente seria aplicável se houvesse condição ou requisito descumprido e o regime ainda estivesse vigente, a multa diária deve ser vista como meio coercitivo para o cumprimento das regras pertinentes ao

---

[27] A Ementa da Solução de Consulta da Coordenação-Geral de Tributação (Cosit) é a seguinte:
"ASSUNTO: REGIME ADUANEIRO ESPECIAL (*DRAWBACK*)
Não é cabível a aplicação da multa diária e sanção administrativa pelo descumprimento de requisito, condição ou norma operacional para habilitar-se ou utilizar regime aduaneiro especial na hipótese de descumprimento do compromisso de exportação no regime aduaneiro especial de drawback, na modalidade de suspensão.
Dispositivos Legais: Art. 107, VII, alínea "e", do Decreto-Lei nº 37, de 1966 (com redação dada pelo art. 77 da Lei nº 10.833, de 2003); e arts. 383, 389, 390, 728 e 735 do Decreto nº 6.759, de 2009; Portaria Secex nº 23, de 2011."

regime. Sendo assim, não cabe a aplicação dessa multa no caso de mercadorias já não amparadas pelo regime de *drawback*.

A sistemática de aplicação da multa diária em pauta, constante do artigo 735 do Regulamento Aduaneiro ajudou bastante na inteligência da penalidade em pauta. Nos termos do artigo 735, § 8º, I, "a", na advertência, o infrator será notificado a sanar a ilicitude, iniciando-se, com sua ciência, a contagem diária da multa diária. Adotado esse procedimento, sim, a multa cumpre exatamente seu propósito jurídico: o infrator é advertido da ilicitude, da necessidade de corrigi-la e do termo *a quo* da aplicação da multa diária.

Dessarte, parecem adequadas as decisões do CARF no sentido de afastar a multa diária aplicada em relação a fatos pretéritos, sem observância da característica coercitiva da multa ou do rito adequado. No entanto, caso a multa fosse aplicada com seus propósitos coercitivos, de acordo com o rito previsto no artigo 735 do Regulamento Aduaneiro a requisito ou condição do regime, ainda que não operacional, estaria correta. Por outro lado, se a multa diária fosse aplicada em relação a norma, requisito ou condição operacionais, mas com desvirtuamento de sua natureza ou sem observância de um rito adequado, deveria ser afastada.

Por fim, cumpre tratar ainda da questão da vinculação física, apesar da questão estar assentada a partir de 2014, ainda existem muitos processos relativos a períodos anteriores que têm gerado muita controvérsia.

O artigo 32 da Lei nº 12.350/2010 modificou o artigo 17 da Lei nº 11.774/2008, introduzindo a possibilidade de fungibilidade no regime de *drawback*. No entanto, a aplicação da fungibilidade dependia de regulamentação, conforme se prescrevia no § 1º do artigo 17 (regulamentação que definisse as condições para que os insumos seriam considerados equivalentes e, portanto, fungíveis). Tal regulamentação somente foi introduzida com Portaria Conjunta RFB/Secex nº 1.618/2014.

Portanto, adota-se a linha de pensamento de que a fungibilidade, como não se trata em si de definição de infração, mas sim de uma sistemática para permitir o controle do regime aduaneiro especial, somente pode ser adotada a partir do momento em que seus parâmetros foram definidos. Não é possível adotar uma nova forma de controle, ainda que conveniente para o sujeito passivo, de modo retroativo, para o tempo em que não havia regramento para sua utilização. Nesse sentido, os acórdãos do CARF nº 9303-008.652; 3403003.162; e 3301-007.049.

Anote-se, contudo, que há entendimentos de que a fungibilidade deveria ser aplicada retroativamente com base no artigo 106, II, do CTN.[28] Ademais, há decisões do CARF, anteriores à alteração legal que introduziu a possibilidade de fungibilidade no *drawback*, simplesmente aceitando a fungibilidade em função da própria natureza dos bens fungíveis (Acórdão nº 303-33.812; 3403-003.146; 301-30.533). Não trilhamos nesta linha, mas a expomos por honestidade intelectual.

Conclusões

O regime aduaneiro especial de *drawback*, como pudemos verificar na introdução deste estudo, é um dos mais importantes na perspectiva econômica. Atualmente, 21% das exportações brasileiras estão amparadas por *drawback*, tido como um "estímulo à exportação".

Contudo, convivemos com a complexidade do próprio sistema tributário brasileiro que, além de uma carga tributária alta sobre produção e consumo,

---

[28] Nesse sentido manifestou-se o Conselheiro do CARF Charles Mayer de Castro Souza: "(...)

Todavia, com a permissão introduzida pelo artigo 17 da Lei 11.774, de 2008, a observância do princípio em exame deixou de ser exigida, já que ao beneficiário do regime suspensivo permitiu-se importar insumos do exterior, vendê-los no mercado interno e, posteriormente, adquirir outros, também no mercado interno, nacionais ou importadas, da mesma espécie, qualidade e quantidade (é como dispõe a redação atual do art. 17 da Lei 11.774, de 2008, conferida pela Lei 12.350, de 2010), para, em seguida, empregá-los no processo de industrialização daqueles produtos a exportar, nos termos e condições estabelecidas no Ato Concessório que concedeu o benefício. Noutras palavras, positivou-se o que só em teoria se vislumbrava – o conhecido "princípio da fungibilidade", adotado, para o caso, em algumas decisões do Carf.

(...)

Entendemos que, fundamentado o lançamento unicamente na não observância do princípio em exame, o lançamento ainda pendente de julgamento na esfera administrativa deve ser cancelado pelas instâncias julgadoras.

A razão é simples: O artigo 106, II, "b", do CTN estabelece que a lei deve aplicar-se a ato ou fato pretérito quando deixe de tratá-lo como contrário a qualquer exigência de ação ou omissão, desde que não tenha sido fraudulento e não tenha implicado em falta de pagamento de tributo (uma observação adicional: há quem sustente, e com razão, que a primeira parte desse dispositivo apenas reproduz o disposto na alínea "a" do mesmo inciso, de modo que a aplicação de um ou de outro, por indiferentes, vale aqui)." Disponível em: < https://www.conjur.com.br/2015-jul-29/charles-souza-vinculacao-deixar-aplicada-drawback>. Acesso em: 5 fev. 2020.

não é eficiente na desoneração das exportações. Assim, os regimes aduaneiros especiais, com mais intensidade, o regime aduaneiro especial de *drawback*, têm sido desvirtuados e, simultaneamente, ganham importância para desonerar as exportações, no intuito de alcançar mais competitividade para os produtos brasileiros no exterior.

Há ainda indefinição no Brasil sobre a natureza jurídica dos regimes aduaneiros especiais, o que, conforme pudemos verificar em relação ao *drawback*, gera dificuldades na elaboração, interpretação e aplicação da legislação concernente aos regimes aduaneiros especiais.

Conforme afirmamos, apesar da legislação referir-se aos regimes aduaneiros especiais como suspensivos dos tributos incidentes na importação ou na exportação, entendemos que eles consistem em isenções tributárias condicionais dos impostos incidentes sobre o comércio exterior. As condições pertinentes à isenção da maioria dos regimes aduaneiros especiais são resolutivas, com exceção do regime especial de *drawback* nas modalidades *drawback*/restituição e *drawback*/isenção, em relação aos quais a isenção é suspensiva. Esse pensamento é justamente a tese da obra "Regimes Aduaneiros Especiais", mas ele é apresentado de forma bem resumida neste artigo.

Verificamos que o regime aduaneiro de *drawback* no Brasil tem uma conotação muito mais ampla, abrangendo além da clássica restituição dos tributos pagos nos insumos dos produtos importados, o *drawback*/suspensão e o *drawback*/isenção. Além disso, no Brasil, o *drawback* também abrange aquisições de insumos nacionais, chamado "*drawback* integrado". Existe ainda a submodalidade do "*drawback* intermediário", que permite que o regime abranja duas empresas industriais (uma importa, industrializa, vende para outra, que continua o processo e exporta).

Depois passamos a discorrer especificamente sobre o *drawback*/suspensão. Verificamos que a competência para conceder e fiscalizar o regime nesta modalidade é dividida entre a Secretaria de Comércio Exterior e a Receita Federal.

Examinamos o entendimento do CARF, consolidado na Súmula 100, segundo o qual a competência é do Auditor Fiscal (da Receita Federal) para fiscalizar o regime. Apresentamos alguns debates que persistem sobre o tema e concluímos que a concessão do regime é realizada pela Secretaria de Comércio Exterior, mediante ato concessório, e a esta cabe verificar o cumprimento dos requisitos e condições para essa concessão. A fiscalização

7. REGIME ADUANEIRO ESPECIAL DE *DRAWBACK*

do cumprimento do regime de *drawback* pertence à seara de competência da Receita Federal. As atribuições foram determinadas pela legislação, e um órgão não dispõe de competência legal para rever os atos do outro. Na hipótese de evidente ilegalidade, o procedimento correto seria representação para o órgão competente.

Analisamos também a Súmula 156 do CARF, sobre o início de contagem do prazo decadencial para lançar os tributos no caso de descumprimento do regime de *drawback*/suspensão. Nossa conclusão foi de que a Súmula não se coaduna com o entendimento de que este regime seria um caso de suspensão de exigibilidade do crédito tributário (como parece denotar a legislação aduaneira). Na verdade, para resolver essa questão, seria necessário aprofundar-se no problema da natureza jurídica dos regimes aduaneiros especiais.

Quanto ao posicionamento adotado pelo CARF acerca do cumprimento dos requisitos e condições legais do regime de *drawback*, nas decisões que analisamos pudemos verificar que se tem prezado mais a realidade fática do que as formalidades. Caso restem descumpridas algumas formalidades, mas o contribuinte consiga provar por outros meios que cumpriu as condições do regime, essa comprovação tende a ser admitida.

Sobre a possibilidade de aplicação da multa diária de mil reais por descumprimento de requisito, condição ou norma operacional para habilitar-se ou utilizar regime aduaneiro especial, prevista no art. 107, VII, "e", do Decreto-lei no 37/1966, ao *drawback*, a jurisprudência do CARF tende a afastá-la por entender que o compromisso de exportação não se enquadraria nessa categoria de requisito, condição ou norma operacional. Concordamos com a conclusão, mas por outros fundamentos, entendemos que a multa tem natureza jurídica coercitiva, por isso, somente pode ser aplicada durante a vigência do regime, em relação a fatos futuros e com observância do rito adequado.

No que concerne à fungibilidade, apesar dessa questão ainda não estar consolidada, seguimos na trilha daqueles que entendem que a fungibilidade veio a compor o regime de *drawback* suspensão somente com a Portaria Conjunta RFB/Secex nº 1.618/2014, que regulamentou o artigo 17 da Lei nº 11.774/2008 modificado pelo artigo 32 da Lei nº 12.350/2010.

Referências

MEIRA, Liziane Angelotti. *Regimes Aduaneiros Especiais*. São Paulo: IOB, 2002.

___. Tributos incidentes sobre a importação: regime jurídico e carga tributária brasileira. *In*: Paulo de Barros Carvalho. (Org.). *Direito Tributário e os novos horizontes do processo* (XII Congresso Nacional de Estudos Tributários do IBET). São Paulo: Noeses, 2015.

8. A valoração da prova no processo administrativo para classificação fiscal de mercadorias

SALVADOR CÂNDIDO BRANDÃO JUNIOR[1]

Introdução

A Constituição da República estabelece no inciso VIII do art. 22 a competência privativa da União para legislar sobre o comércio exterior e, no art. 237, que a fiscalização e o controle sobre o comércio exterior, essenciais à defesa dos interesses fazendários nacionais, serão exercidos pelo Ministério da Fazenda, atualmente Ministério da Economia.

Como parte do controle e fiscalização do comércio exterior, a União, em razão de compromissos assumidos em âmbito internacional, aderiu a uma nomenclatura comum aplicável ao comércio internacional, colacionando uma série de códigos associados à descrição de mercadorias para realizar sua classificação fiscal e, assim, propiciar o controle de entradas e saídas de produtos e a respectiva tributação.

O tema da classificação fiscal de mercadorias é complexo e impacta tanto na tributação do comércio internacional, para fins de identificação do produto e aplicação da respectiva alíquota do imposto sobre a importação – II e do imposto sobre os produtos industrializados – IPI, quanto na tributação do mercado interno, bem como para diversos incentivos fiscais destes e de demais tributos que incidem sobre operações com mercadorias, tais

---

[1] As opiniões contidas nesta publicação são reflexões acadêmicas do próprio autor e não necessariamente expressam as posições defendidas por qualquer organização a qual esteja vinculado.

como PIS, COFINS e o imposto estadual sobre as operações de circulação de mercadorias – ICMS.

As classificações fiscais das mercadorias nas relações negociais são, inicialmente, realizadas pelo contribuinte, a partir da análise da natureza da mercadoria objeto de circulação, enquadrando-a em alguma das posições da nomenclatura comum. Essa classificação fiscal, caso equivocada, pode trazer diversas consequências tributárias, como diferença de alíquota de IPI nas operações de importação e internas com produtos industrializados, diferença de alíquota de II na importação de mercadorias, erro na identificação do benefício fiscal etc., além de consequências de controle aduaneiro, como necessidade de licença de importação.

Há, inclusive, uma sanção específica na legislação aduaneira por erro de classificação, independentemente do recolhimento do tributo na importação, aplicando-se multa de 1% sobre o valor aduaneiro, nos termos do art. 711, I, do Regulamento Aduaneiro.

O erro na classificação fiscal acarreta distorções, ainda, na apuração dos créditos para a não-cumulatividade do IPI, na medida em que, caso a posição adotada pelo fornecedor tenha alíquota mais alta do que aquela pretendida pela fiscalização, pode gerar um crédito maior do que o devido.

Como exemplo, pode-se citar os produtos industrializados oriundos da Zona Franca de Manaus. Nessas operações, não há tributação na saída em razão da isenção. Em alguns casos, a própria lei estabelece a possibilidade de escrituração de créditos como se a operação fosse tributada, como produtos elaborados com matéria-prima agrícola regional nos termos do art. 237 do RIPI/2010. Em outros casos, os adquirentes possuem coisa julgada permitindo a escrituração do crédito de IPI na saída do produto industrializado considerado, apurando crédito de acordo com a alíquota correspondente na nomenclatura comum.

Atualmente, esse contexto de crédito presumido na sistemática da não-cumulatividade do IPI tem o potencial de ser estendida para todos os contribuintes, não apenas aos que têm coisa julgada permitindo a apuração do crédito, tendo em vista a recente decisão do Supremo Tribunal Federal, em sede de repercussão geral, no julgamento do RE nº 592.891/SP.

A Receita Federal do Brasil em diversos procedimentos de fiscalização, ao analisar a natureza da mercadoria e sua aplicação, diverge da classificação fiscal adotada pelo contribuinte. Em matéria aduaneira, como dito, a reclassificação, por si só, implica em sanção administrativa por erro de classificação, ou mesmo sanção administrativa por falta de licença de importação, mesmo que o contribuinte tenha recolhido mais tributos do que o devido com base na classificação anterior. Isso porque a sanção aduaneira é independente da tributação.

Sob o aspecto tributário, no entanto, a reclassificação pode resultar em majoração da carga tributária, seja porque tem como consequência o enquadramento da mercadoria em uma posição NCM que possui uma alíquota maior, seja porque realiza o desenquadramento de incentivo fiscal, ou mesmo porque representa glosas de créditos no caso da apuração não-cumulativa do IPI.

Diante de tantos impactos, é preciso investigar, ainda que em breve espaço, a tarefa de classificação fiscal. O art. 30, § 1º do Decreto 70.235/1972 afirma que a classificação é de competência da Receita Federal do Brasil considerada como um aspecto jurídico, podendo se socorrer de laudos ou pareceres para subsídio, que serão apreciados em seus aspectos técnicos:

Art. 30. Os laudos ou pareceres do Laboratório Nacional de Análises, do Instituto Nacional de Tecnologia e de outros órgãos federais congêneres serão adotados nos aspectos técnicos de sua competência, salvo se comprovada a improcedência desses laudos ou pareceres.

§ 1º Não se considera como aspecto técnico a classificação fiscal de produtos.

Conclui-se, por conta disso, que os laudos não vinculam o agente fiscal na tarefa de classificação fiscal, mas servem de fonte de informação para o desempenho dela. Assim, os laudos são necessários para descrever tecnicamente a composição dos produtos, produção e finalidade, mas a classificação caberá à Fazenda.

Nesse sentido, o Conselho Administrativo de Recursos Fiscais, como será visto, tem manifestado o entendimento de que uma reclassificação fiscal levada a efeito pela autoridade administrativa em sede de fiscalização tributária deve estar justificada em elementos probatórios suficientes para afastar a classificação adotada pelo contribuinte.

Durante o contraditório, também há hipóteses em que o próprio contribuinte apresenta documentos ou laudos capazes de infirmar a posição adotada pela fiscalização, consistindo essas provas em elementos de convencimento para a classificação fiscal adotada inicialmente.

Assim, o objetivo deste trabalho é identificar algumas situações em que a prova foi relevante para a pesquisa e detecção da natureza, finalidade e utilização do produto para fins de uma adequada classificação fiscal e como foi realizada sua valoração pelo órgão julgador administrativo.

1. Da Nomenclatura Comum e do Sistema Harmonizado

De início, ainda que em breves linhas, cabe tratar da Nomenclatura Comum do Mercosul e do Sistema harmonizado de classificação de mercadorias – NCM/SH.

Diante da necessidade da harmonização internacional para o fluxo de mercadorias, foi aprovada em 1983, em Bruxelas, a "Convenção Internacional sobre o Sistema Harmonizado de Designação e de Codificação de Mercadorias", internalizado no Brasil por meio do Decreto nº 97.409/1988.

A Convenção do Sistema Harmonizado é a base de todos os Acordos de comércio negociados na Organização Mundial do Comércio e representa uma classificação de mercadorias composta por códigos e suas respectivas descrições, consistindo em uma lista que permite a identificação por códigos (conjugada com sua descrição) de qualquer bem objeto de comércio internacional e adotada por quase todos os países.

Este sistema harmonizado, inclusive, serviu de base para a criação da Nomenclatura Comum do Mercosul (NCM), que apenas acrescenta mais dois números ao código para identificar os produtos de forma mais específica, indicando mais uma subposição.[2]

A NCM como Nomenclatura Comum do Mercosul foi editada em razão da criação do Mercosul em 1991, pela necessidade de harmonização da união aduaneira que se formou em 1995, sendo assim, os signatários poderiam adotar as mesmas alíquotas para tributar as importações. Por sua vez, a TEC – Tarifa Externa Comum, que foi editada com base na NCM, representa a nomenclatura de mercadorias e alíquota aplicável na importação de produtos originários de países não inseridos no Mercosul.[3]

---

[2] Cf. MEIRA, Liziane Angelotti. *Tributos sobre o Comércio Exterior*. São Paulo: Saraiva, 2012. pp. 276-277; DALSTON, Cesar Olivier. *Classificando Mercadorias*. Uma abordagem didática da ciência da classificação de mercadorias. 2ª Edição. São Paulo: Aduaneiras, 2014. p. 86.

[3] Cf. PIRES, Adilson Rodrigues (et. al.). *Código Aduaneiro do Mercosul*: Comentários ao Protocolo. São Paulo: Aduaneiras, 1999. p. 51; MEIRA, Liziane Angelotti. *Tributos sobre o Comércio Exterior*. São Paulo: Saraiva, 2012. pp. 291-292.

8. A VALORAÇÃO DA PROVA NO PROCESSO ADMINISTRATIVO

A disposição dos códigos e das nomenclaturas das mercadorias seguiram uma lógica de iniciar a descrição pelos produtos mais brutos, daí o porquê de as primeiras posições contemplarem produtos como animais vivos, produtos *in natura*, plantas, frutas, para seguir as posições até chegar em produtos mais elaborados, como armas, munições, material cirúrgico, móveis e brinquedos, dividindo-se em seções, capítulos, subcapítulos, posições e subposições, item e subitem para cada família de mercadorias reunidas que contenham características comuns.[4]

Com base nesses acordos e metodologia de disposição das mercadorias, foi publicado o Decreto nº 2.092/1996, que aprovou a Tabela do IPI e determinou que a classificação dos produtos industrializados fosse baseada na NCM, passando a ser a nova nomenclatura brasileira de mercadorias – NBM.

Como se percebe, a classificação fiscal e a adoção de um sistema harmonizado de codificação de mercadorias é matéria de competência da União Federal, na figura do Ministério da Fazenda, nos termos do artigo 237 da Constituição, diante da necessidade de uniformização e harmonização da nomenclatura de mercadorias para a inserção do País no cenário global de comércio, tarefa que não poderia ser desempenhada por Estado-membro da Federação.

Para o correto enquadramento tarifário é preciso obedecer a um procedimento interpretativo das posições NCM, sempre tendo como referência o produto em análise. A Lei nº 4.502/1964 estabelece as regras para o desenvolvimento dessa tarefa, partindo-se da identificação da natureza, finalidade, utilização ou mesmo o processo produtivo do produto. Deve-se consultar as Regras Gerais de Interpretação do Sistema Harmonizado (RGI) e as Regras Gerais Complementares (RGC), que oferecem os critérios gerais para o enquadramento de qualquer mercadoria. Referidas normas podem ser construídas, também, a partir dos artigos 15 e 16 do RIPI/2010:

Art. 15. Os produtos estão distribuídos na TIPI por Seções, Capítulos, Subcapítulos, Posições, Subposições, Itens e Subitens (Lei nº 4.502, de 1964, art. 10).

Art. 16. Far-se-á a classificação de conformidade com as Regras Gerais para Interpretação – RGI, Regras Gerais Complementares – RGC e Notas Complementares

---

[4] Cf. DALSTON, Cesar Olivier. *Classificando Mercadorias*. Uma abordagem didática da ciência da classificação de mercadorias. 2ª Edição. São Paulo: Aduaneiras, 2014. pp. 75-78.

– NC, todas da Nomenclatura Comum do MERCOSUL – NCM, integrantes do seu texto (Lei nº 4.502, de 1964, art. 10).

Tais regras de interpretação estão dispostas na TIPI, em seu início, consistindo em 6 regras gerais para interpretação, 2 regras gerais complementares. Há, também, normas específicas, como as notas de seção, notas de capítulo, notas de subposição e notas complementares da TIPI, para servir de explicações, definições e exceções sobre as mercadorias e que servem de orientação e informação para classificação em relação aos capítulos, subcapítulos, posições e subposições da NCM[5], fornecendo ao intérprete os limites de significações dos termos constantes na NCM/SH[6].

Também serão levados em consideração os pareceres de classificação do Comitê do Sistema Harmonizado da Organização Mundial das Aduanas – OMA e das Notas Explicativas do Sistema Harmonizado de Designação e de Codificação de Mercadorias – NESH, do Conselho de Cooperação Aduaneira na versão luso-brasileira, introduzidas pelo Decreto nº 435/1992 e, por também serem reguladas e atualizadas por meio de instruções normativas[7], são de observância obrigatória para a Administração Fazendária, nos termos do artigo 17 do RIPI/2010:

> *Art. 17. As Notas Explicativas do Sistema Harmonizado de Designação e de Codificação de Mercadorias – NESH, do Conselho de Cooperação Aduaneira na versão luso-brasileira, efetuada pelo Grupo Binacional Brasil/Portugal, e suas alterações aprovadas pela Secretaria da Receita Federal do Brasil, constituem elementos subsidiários de caráter fundamental para a correta interpretação do conteúdo das Posições e Subposições, bem como das Notas de Seção, Capítulo, Posições e de Subposições da Nomenclatura do Sistema Harmonizado (Lei nº 4.502, de 1964, art. 10).*

As notas explicativas NESH representam orientações e instrumento de caráter complementar, mas que se revelam de grande importância na interpretação para classificação fiscal, por consistirem em observações de

---

[5] Cf. DALSTON, Cesar Olivier. *Classificando Mercadorias. Uma abordagem didática da ciência da classificação de mercadorias.* 2ª Edição. São Paulo: Aduaneiras, 2014. pp. 89-90.

[6] ASSIS JR, Milton Carmo de. *Classificação Fiscal de Mercadorias.* São Paulo: Quartier Latin, 2015. pp. 120-121.

[7] Última atualização realizada pela Instrução Normativa RFB nº 1788/2018.

8. A VALORAÇÃO DA PROVA NO PROCESSO ADMINISTRATIVO

fundamentação tecnológica que esclarecem certos aspectos de todas as suas posições, a fim de reduzir dificuldades no enquadramento de uma dada mercadoria numa posição específica da NCM, geralmente aquelas que têm um aspecto tecnológico específico, tais como produtos químicos.[8]

2. Da valoração da prova para a classificação fiscal no processo administrativo federal

A elaboração e apresentação das provas têm por objetivo demonstrar a verdade de um evento. No processo civil, o artigo 373 do CPC/2015 estabelece que, em regra, o ônus da prova é da parte que deseja demonstrar a veracidade de suas alegações, sendo do autor a tarefa de provar os fatos constitutivos de seu direito e do réu a de provar os fatos impeditivos, modificativos ou extintivos do direito do autor. Neste diapasão, a doutrina afirma que não se trata de dever, mas de ônus, e seu não exercício não traz sanção para a parte, a não ser a perda da chance de modificar, extinguir ou impedir os direitos e fatos alegados pela parte adversa.[9]

No processo administrativo fiscal federal, a classificação fiscal é tema recorrente, tanto no tratamento das importações, impactando a aplicação das alíquotas de II e de IPI, quanto no mercado interno, inclusive, com impactos na não-cumulatividade dos impostos e enquadramento de benefícios fiscais e a distribuição do ônus da prova pode alterar a depender do caso concreto.

A título de exemplo, um pedido de ressarcimento em que o contribuinte argumenta ter recolhido imposto a maior do que o devido diante de uma classificação fiscal incorreta, deve estar acompanhada de provas capazes de subsidiar a nova classificação fiscal intentada pelo requerente. Por sua vez, em procedimento de fiscalização, a conclusão da fiscalização pela incorreção da classificação adotada pelo contribuinte deve estar fundamentada em elementos de prova que subsidiem o lançamento.

Como consequência, é recorrente a juntada de normas técnicas sobre o produto, manual técnico, memorial descritivo do processo produtivo

---

[8] Cf. DALSTON, Cesar Olivier. *Classificando Mercadorias*. Uma abordagem didática da ciência da classificação de mercadorias. 2ª Edição. São Paulo: Aduaneiras, 2014. p. 261.

[9] Cf. LIMA, Marcos Vinicius Neder de. Aspectos Formais e Materiais no Direito Probatório. In: LIMA, Marcos Vinicius Neder de e outros (coord.). *A Prova no Processo Tributário*. São Paulo: Dialética, 2010. pp. 13-20.

EFICIÊNCIA PROBATÓRIA E A ATUAL JURISPRUDÊNCIA DO CARF

para subsidiar a investigação sobre a natureza, forma de venda e o uso da mercadoria com o objetivo de identificar sua adequada posição na NCM. Esses aspectos são relevantes, porque para produtos que, por sua natureza, possam se enquadrar em mais de uma classificação fiscal, o critério de distinção será o da especialidade, conforme Regra Geral de Interpretação nº 3 (RGI 3):

> *3. Quando pareça que a mercadoria pode classificar-se em duas ou mais posições por aplicação da Regra 2 b) ou por qualquer outra razão, a classificação deve efetuar-se da forma seguinte:*
>
> *a) A posição mais específica prevalece sobre as mais genéricas. Todavia, quando duas ou mais posições se refiram, cada uma delas, a apenas uma parte das matérias constitutivas de um produto misturado ou de um artigo composto, ou a apenas um dos componentes de sortidos acondicionados para venda a retalho, tais posições devem considerar-se, em relação a esses produtos ou artigos, como igualmente específicas, ainda que uma delas apresente uma descrição mais precisa ou completa da mercadoria.*

Em alguns casos, o essencial para a determinação da classificação é sua utilização, sendo relevante a investigação de sua destinação. Assim, por exemplo, as partes eletrônicas como display de cristal líquido da posição NCM 8529, se destinado para compor equipamentos receptores de radiodifusão, monitores ou projetores, será classificado na NCM 8529.90.20. Por sua vez, se este mesmo produto for destinado a compor aparelhos de radiodetecção e de radiossondagem (radar), sua NCM será 8529.90.30:

> *85.29 Partes reconhecíveis como exclusiva ou principalmente destinadas aos aparelhos das posições 85.25 a 85.28.*

Também pode ser relevante a forma como disponibilizado no mercado, neste sentido, a observação de como o produto é comercializado será essencial para a classificação, a exemplo da posição NCM 2309.10.00, que trata de alimentos para cães e gatos acondicionados para venda a retalho. Outro exemplo é a NCM 1602.10: conforme notas desta subposição na TIPI, incluem-se as preparações de carne homogeneizadas e acondicionadas para venda no varejo como alimentos para crianças, desde que a embalagem não supere o peso líquido de 250g:

8. A VALORAÇÃO DA PROVA NO PROCESSO ADMINISTRATIVO

Na acepção da subposição 1602.10, consideram-se "preparações homogeneizadas" as preparações de carne, miudezas ou sangue, finamente homogeneizadas, acondicionadas para venda a retalho como alimentos para lactentes e crianças de tenra idade ou para usos dietéticos, em recipientes de conteúdo de peso líquido não superior a 250 g. Para aplicação desta definição, não se consideram as pequenas quantidades de ingredientes que possam ter sido adicionados à preparação para tempero, conservação ou outros fins. Estas preparações podem conter, em pequenas quantidades, fragmentos visíveis de carne ou de miudezas. **A subposição 1602.10 tem prioridade sobre todas as outras subposições da posição 16.02.**

(grifei)

O memorial descritivo do processo produtivo, incluindo-se normas técnicas ABNT para a fabricação de determinado produto, também pode constituir importante elemento probatório para fins de classificação fiscal, como por exemplo produtos como barras de aço resultantes de processos de laminação a quente inseridas na posição NCM 7222.11.00.

Em outros casos, para a correta identificação da natureza do produto se faz necessária a produção de laudos, para avaliar os aspectos técnicos e composição da mercadoria. A valoração deste elemento de prova depende muito da natureza do objeto, bem como da dificuldade desses aspectos serem detectados pela simples conferência física do produto, ou mesmo de seu manual ou algum descritivo técnico, permanecendo dúvidas na identificação dessa natureza da mercadoria, exigindo-se uma análise laboratorial.

Como já salientado, a classificação de mercadorias tem por objetivo enquadrar um específico produto em sua correspondente nomenclatura de mercadorias, e, para tanto, o bem deve ser analisado antecipadamente por métodos científicos a fim de saber sua natureza, o que é, e como deve ser utilizado.[10]

Cesar Olivier Dalston[11] salienta que, na maioria dos casos, as diferenças de classificações de uma determinada mercadoria decorrem de alguma divergência na maneira de investigar o objeto, seja porque houve enfoque

---

[10] Cf. DALSTON, Cesar Olivier. *Classificando Mercadorias*. Uma abordagem didática da ciência da classificação de mercadorias. 2ª Edição. São Paulo: Aduaneiras, 2014. p. 85.

[11] DALSTON, Cesar Olivier. *Classificando Mercadorias*. Uma abordagem didática da ciência da classificação de mercadorias. 2ª Edição. São Paulo: Aduaneiras, 2014. p. 85.

subjetivo nesse ato de classificar, seja pelo erro na investigação da natureza, ou mesmo pela combinação dos dois fatores.

A autoridade fiscal, diante da análise das mercadorias num procedimento de fiscalização, ao formar a convicção de que a classificação fiscal utilizada pelo contribuinte não é adequada, indicando nova posição NCM para proceder ao auto de infração, deve demonstrar as razões que a levou a concluir pela nova classificação, apresentando os fundamentos e as provas que subsidiam o enquadramento da mercadoria para a nova classificação fiscal.

No contexto de uma atuação fiscal, recai sobre o agente fiscal o ônus de provar o erro na classificação fiscal e os elementos de prova que subsidiam a reclassificação fiscal.[12] O contribuinte, neste caso, pode elaborar sua defesa para estabelecer críticas aos argumentos da fiscalização e contestar a classificação fiscal realizada no lançamento, podendo se socorrer de todas as provas admitidas em direito para sustentar sua conclusão.

Assim, é de relevância identificar a atividade empreendida pela fiscalização para a adoção de uma classificação fiscal diversa daquela adotada pelo contribuinte, pois, parte-se da premissa ser este último o conhecedor da natureza, da aplicação e os aspectos técnicos das mercadorias que comercializa.

Conforme já mencionado, da análise do art. 30 e de seu § 1º do Decreto nº 70.235/1972, pode-se afirmar que a atividade de classificação fiscal representa uma atividade jurídica, não sendo considerada como um aspecto técnico, mas para essa subsunção jurídica pode ser necessário analisar as qualificações técnicas do produto.

Em outras palavras, para que a tarefa jurídica de classificação fiscal seja realizada, é necessário analisar o produto, investigar sua natureza, composição, funções, finalidades e etc., conhecimento que pode ser alcançado por simples análise documental como manual de instruções e descritivos do produto, conferência física, mas, a depender do caso, será necessário um conhecimento especializado e, por esta razão, um laudo técnico ou um exame laboratorial tem relevância nesta apuração.

Nesse sentido, ao discorrer sobre a metodologia para classificação fiscal de uma mercadoria, Altair Santiago e Monica Missaglia trazem um exemplo

---

[12] Cf. LIMA, Marcos Vinicius Neder de. Aspectos Formais e Materiais no Direito Probatório. In: LIMA, Marcos Vinicius Neder de e outros (coord.). *A Prova no Processo Tributário*. São Paulo: Dialética, 2010. pp. 19-20.

8. A VALORAÇÃO DA PROVA NO PROCESSO ADMINISTRATIVO

pertinente, quando ensinam sobre a necessidade de uma análise das características e utilidades de um dado produto, auxiliado por alguém com conhecimento técnico e específico, como medida preparatória da classificação de mercadorias[13]:

> *Um bom exemplo deste fato ocorre quando se pretende classificar um medicamento, ou uma substância química. Somente pessoas especializadas na área, como químicos, farmacêuticos, dentre outros profissionais, possuem o conhecimento necessário sobre um produto em questão, e devem ser consultados sempre em caso de dúvida, para evitar possíveis e prováveis erros no enquadramento.*

Tal conhecimento sobre a mercadoria, certamente, não será obtido com uma visita técnica do agente fiscal, aliada às suas impressões subjetivas sobre os produtos comercializados pelo contribuinte. Não se está a afirmar que o laudo é sempre necessário para a reclassificação fiscal, mas sim que, em certos casos, principalmente em produtos que requerem conhecimentos técnicos para sua correta identificação, pode não ser suficiente a análise documental e a descrição técnica dos produtos.

A valoração da prova, como os laudos elaborados por laboratórios, deve ser realizada em uma análise crítica e imparcial com a finalidade de formar o convencimento do julgador para solucionar a lide instaurada no processo, havendo ampla liberdade ao julgador administrativo para apreciar o valor de uma prova, conforme art. 29 do Decreto nº 70.235/1972.[14]

O que se pretende afirmar, com isso, é que a autoridade administrativa não sustenta uma conclusão subjetiva sobre as mercadorias em análise, pois não é suficiente para infirmar a classificação fiscal adotada pelo contribuinte a simples afirmação de que está equivocada, na medida em que essa conduta não satisfaz a disposição do art. 9º do Decreto nº 70.235/1972, que exige a obrigação do fisco de subsidiar suas acusações fiscais em documentos comprobatórios, como laudos.

---

[13] SANTIAGO, Altair; MISSAGLIA, Monica. *Manual de Classificação Fiscal de Mercadorias.* Editora Fiscosoft: São Paulo, 2012. p. 25.

[14] Cf. LIMA, Marcos Vinicius Neder de. Aspectos Formais e Materiais no Direito Probatório. In: LIMA, Marcos Vinicius Neder de e outros (coord.). *A Prova no Processo Tributário.* São Paulo: Dialética, 2010. p. 27.

EFICIÊNCIA PROBATÓRIA E A ATUAL JURISPRUDÊNCIA DO CARF

Decreto nº 70.235/1972

Art. 9º A exigência do crédito tributário e a aplicação de penalidade isolada serão for-malizados em autos de infração ou notificações de lançamento, distintos para cada tributo ou penalidade, **os quais deverão estar instruídos com todos os termos, depoi-mentos, laudos e demais elementos de prova indispensáveis à comprovação do ilícito.** *(grifei)*

Estabelecidas essas premissas, pretende-se verificar como vem sendo construído o entendimento do CARF – Conselho Administrativo de Recursos Fiscais sobre este tema de valoração desse tipo de prova em processos em que se discute classificação fiscal, para fins de verificar se referido órgão administrativo de julgamento está com elas alinhado.

3. O CARF e a valoração das provas

Como a classificação fiscal está relacionada ao enquadramento de merca-dorias em posições tarifárias, no sentido de determinação de qual alíquota aplicável para cada classe de produtos, este tema está relacionado com a tri-butação aduaneira e tributação sobre o consumo, especificamente o imposto sobre a importação e sobre produtos industrializados, matéria de competên-cia da 3ª Seção de Julgamento do CARF.

Sobre o assunto, a 3ª Seção do CARF vem decidindo pela necessidade de a autoridade fiscal trazer aos autos os elementos de prova que subsidiam a reclassificação fiscal reclamada.

Nessa toada, a 2ª Turma Ordinária da 4ª Câmara, no julgamento do Acórdão nº 3402-004.364[15], ao analisar auto de infração em que houve reclassificação fiscal para fins de incidência de IPI na saída de produtos químicos, entendeu pela manutenção da classificação fiscal adotada pelo contribuinte, pois, no caso, a autoridade não trouxe aos autos elementos de prova para fundamentar a reclassificação fiscal, constatando-se que tal tarefa foi realizada tão somente por impressões subjetivas da autoridade:

ASSUNTO: IMPOSTO SOBRE PRODUTOS INDUSTRIALIZADOS IPI
Ano calendário: 2005, 2006, 2007, 2008, 2009
LANÇAMENTO DE IPI. ERRO NA CLASSIFICAÇÃO FISCAL. INEXISTÊNCIA DE PROVA NOS AUTOS.

[15] CARF. Acórdão nº 3402-004.364. Rel. Cons. Waldir Navarro Bezerra.

8. A VALORAÇÃO DA PROVA NO PROCESSO ADMINISTRATIVO

Inexistindo comprovação de que houve erro na classificação fiscal adotada pelo sujeito passivo, fundamento utilizado para o lançamento tributário, faz-se insubsistente a exigência fiscal.

Recurso de Ofício Negado.

Essa mesma turma ordinária, em outro processo[16], no qual se discutiu a reclassificação fiscal de álcool, proferiu entendimento pelo cancelamento do auto de infração tendo em vista que *a fiscalização não trouxe aos autos todos os elementos de prova indispensáveis à comprovação da reclassificação fiscal, conforme determina o artigo 9º do Decreto nº 70.235/72*, já que é da autoridade fiscal o ônus de subsidiar sua convicção em elementos de prova que devem instruir o auto de infração.

Nesses dois julgamentos, o CARF conferiu o ônus da prova para a fiscalização, sendo de essencial importância a apresentação de um laudo técnico ou outro documento que fosse capaz de identificar a natureza do produto a ser classificado e subsidiar o entendimento da fiscalização, afastando uma avaliação meramente subjetiva.

Esse mesmo racional pode ser extraído do Acórdão nº 3102-001.387[17], em que se tratou de auto de infração lavrado em decorrência de reclassificação fiscal de produto químico importado, no qual a autoridade aduaneira entendeu que o termo "polímero", constante da descrição da mercadoria fornecida pelo contribuinte proporciona a interpretação da fiscalização de que o produto se tratava de plástico, justificando a reclassificação da mercadoria.

No entanto, este foi o único elemento de convencimento para a reclassificação fiscal, inexistindo nos autos outros documentos, manuais ou laudo de perícia técnica realizada para a identificação dos elementos necessários para a classificação do produto em questão como plástico. Com isso, diante da ausência de provas que pudessem instruir a convicção sobre a natureza da mercadoria e subsidiar a reclassificação fiscal realizada pela fiscalização, o auto de infração foi cancelado.

No julgamento do Acórdão nº 3401-005.796 proferido pela 1ª Turma Ordinária da 4ª Câmara, a reclassificação fiscal de um determinado produto foi cancelada diante da insuficiência de fundamentação pela autoridade fiscal para sustentar sua conclusão. No caso, apesar da existência de diversos

---

[16] CARF. Acórdão nº 3402-004.957. Rel. Cons. Waldir Navarro Bezerra.

[17] CARF. Acórdão nº 3102-001.387. Rel. Cons. Winderley Morais Pereira.

laudos e outros documentos técnicos descrevendo as características do produto, a autoridade concluiu por uma classificação em sentido diverso aos dados técnicos juntados nos autos.

Com isso, restou assentado que a autoridade fiscal, para não fundamentar a reclassificação em laudo e documentos técnicos apresentados nos autos, deve trazer outros elementos de prova para fundamentar sua conclusão, sendo-lhe facultado, inclusive, a realização de diligência para a emissão de um novo parecer técnico, sob pena de insuficiência do lançamento:

(...)

CLASSIFICAÇÃO DE MERCADORIAS. ATIVIDADE JURÍDICA. ATIVIDADE TÉCNICA. DIFERENÇAS.

A classificação de mercadorias é atividade jurídica, a partir de informações técnicas. O perito, técnico em determinada área (mecânica, elétrica etc.) informa, se necessário, quais são as características e a composição da mercadoria, especificando-a, e o especialista em classificação (conhecedor das regras do SH e de outras normas complementares), então, classifica a mercadoria, seguindo tais disposições normativas.

CLASSIFICAÇÃO DE MERCADORIAS. NÃO ADOÇÃO DO RESULTADO DE LAUDO TÉCNICO. NECESSIDADE DE CONTRAPOSIÇÃO TÉCNICA.

Para não adotar as conclusões de laudo técnico a respeito da natureza e das características de uma mercadoria, deve a autoridade fiscal comprovar sua improcedência, se necessário, com a demanda de nova perícia, com quesitos mais específicos em relação à matéria controversa. (...) (grifei)

Caso, no entanto, a fiscalização seja diligente na produção de provas, como, por exemplo, com a elaboração de laudos a partir da coleta de amostras dos produtos do contribuinte, formando sua convicção pela reclassificação fiscal a partir de tais elementos probatórios, é preciso avaliar se estes documentos conduzem à conclusão fiscal, facultando-se a contraprova.

Por isso, na hipótese de não concordar com a conclusão laboratorial trazida pela fiscalização, caberia ao contribuinte, em sua defesa, trazer novos elementos de prova, podendo ser novos laudos laboratoriais produzidos por entidades reconhecidas e credenciadas perante a administração fazendária, a fim contrapor a prova produzida pelo Fisco e indicar a falta ou a deficiência do laudo utilizado pela fiscalização.

8. A VALORAÇÃO DA PROVA NO PROCESSO ADMINISTRATIVO

O cuidado, nesse ponto, está em submeter à análise o mesmo produto, não necessariamente daquele lote analisado pela fiscalização, mas produto idêntico, por laboratório reconhecido, isto é, credenciado a realizar exames laboratoriais, como o próprio Instituto Nacional de Tecnologia ou mesmo faculdades de universidades públicas. O importante é que o resultado demonstre características no produto que subsidiem a posição NCM adotada pelo contribuinte e que demonstre a insuficiência da prova trazida pela fiscalização.

Com esse cenário, cabe ao julgador administrativo analisar qual elemento de prova contribuirá para formar sua convicção, conferindo peso para a prova que trouxer maior segurança na identificação do produto e de seu adequado enquadramento na NCM conforme as regras de interpretação gerais, complementares e NESH. O julgador administrativo, portanto, possui liberdade na valoração das provas, conforme autorização dada pelo artigo 29 do Decreto 70.235/1972[18], podendo, inclusive, diligenciar pela produção de um novo parecer técnico no caso de os laudos do contribuinte e da fiscalização serem contrapostos, ou mesmo da juntada de outros documentos técnicos.

Neste sentido, a Câmara Superior de Recursos Fiscais[19] manifestou o entendimento para afirmar a liberdade de valoração das provas para a formação da convicção no julgamento. Embora a prudência recomende a fundamentação em laudos técnicos para nortear suas conclusões, a classificação fiscal é uma atividade jurídica e o julgador pode decidir a questão a partir de outros elementos de prova.

Sobre a realização de diligência, alguns casos são interessantes. A 2ª Turma Ordinária da 4ª Câmara da 3ª Seção cancelou parte do lançamento no qual a autoridade fiscal pretendia realizar uma reclassificação fiscal de um produto para a posição 3305.90.00 (Óleos essenciais e resinóides; produtos de perfumaria ou de toucador preparados e preparações cosméticas Preparações capilares Outras), porém, sem demonstrar as razões para tanto[20].

Foi juntado aos autos um documento com as descrições técnicas do produto evidenciando se tratar de complexo vitamínico, com a indicação, posologia e composição química, NCM 2936.90. Em razão da divergência

---

[18] Decreto 70.235/1972. Art. 29. Na apreciação da prova, a autoridade julgadora formará livremente sua convicção, podendo determinar as diligências que entender necessárias.

[19] CARF. Acórdão nº 9303006.230. Rel. Cons. Vanessa Marini Cecconello.

[20] CARF. Acórdão n.º 3402-005.337. Rel. Cons. Maysa de Sá Pittondo Deligne.

entre a classificação fiscal adotada pela fiscalização e as informações técnicas constantes da documentação acostada aos autos, o processo foi convertido em diligência, mas a resposta não dirimiu a dúvida, implicando na impossibilidade da reclassificação fiscal de uma vitamina como produto de perfumaria em razão da falta de elementos comprobatórios capazes de subsidiar a conclusão fiscal, cancelando-se esta parte da autuação.

No julgamento do Acórdão nº 3402-006.838[21], a dúvida estabelecida nos autos residia no correto enquadramento do produto como EX tarifário, a qual continha, unicamente, a exigência de o produto ser "detergente". A fiscalização realizou o desenquadramento da posição EX afirmando que os produtos não eram detergentes, sem ficar claro nos autos os fundamentos técnicos para tanto. Para sanar a dúvida, o processo foi baixado em diligência para a realização de perícia pelo INT.

A análise restou frustrada diante da ausência de informações necessárias a serem prestadas pelo contribuinte. Intimado para apresentar o produto para análise e prestar informações, o sujeito passivo afirmou que não apresentou as informações solicitadas pela fiscalização, tendo em vista que não fabrica mais os referidos produtos e não possui mais amostras.

Diante deste cenário, a autuação foi mantida, mantendo o entendimento fiscal de que o produto não tem a função de "detergente", o que inviabilizaria o enquadramento no Ex tarifário.

Em outro caso[22], o auto de infração foi totalmente cancelado em razão da ofensa ao direito de defesa diante da impossibilidade de análise do produto para realizar uma contraprova pericial. Tratava-se de uma reclassificação fiscal constante em declaração de importação, onde foi colhida amostra pela autoridade aduaneira para produção de um laudo, cuja conclusão foi a de que o produto era uma tinta.

Em sede de defesa, a contribuinte demonstrou que o laudo produzido pela fiscalização não realizou corretamente a análise química do produto de modo a subsidiar a reclassificação, já que não se tratava de simples tinta,

---

[21] CARF. Acórdão n.º 3402-006.838. Rel. Cons. Rodrigo Mineiro Fernandes.

[22] CARF. Acórdão n.º 3301-006.946. Rel. Cons. Winderley Morais Pereira. O mesmo entendimento de ofensa à ampla defesa foi manifestado no Acórdão n.º 3201002.621, tendo em vista que a amostra municiada e que deveria ser objeto de nova perícia ficou sob a guarda da Alfândega do Porto de Santos que não a manteve em boa ordem e em condições de uso no transcurso do processo, inviabilizando nova perícia.

8. A VALORAÇÃO DA PROVA NO PROCESSO ADMINISTRATIVO

mas sim de um revestimento de proteção contra incêndio, apresentando informações técnicas e pleiteando uma nova perícia, o que foi atendido pela autoridade.

Em razão da deterioração da amostra diante da ação do tempo, a perícia restou prejudicada diante da impossibilidade da análise do produto. Com isso, o entendimento do colegiado foi o de que os quesitos formulados pela contribuinte não puderam ser respondidos, prejudicando a análise pericial determinada pela autoridade julgadora. Como para a alteração da classificação fiscal, no caso, era necessária a prova técnica para a correta identificação da natureza do produto, prova esta que restou insuficiente nos autos, o auto de infração foi cancelado.

O cenário é diverso quando a contribuinte não traz elementos de prova para infirmar a conclusão fiscal. A título de exemplo, em outro caso em que se analisou a reclassificação fiscal de produtos químicos[23], o CARF proferiu entendimento pela manutenção do auto de infração que realizou reclassificação fiscal para fins de IPI, baseada em laudo trazido aos autos pela autoridade fiscal. Nesse caso, a prova trazida pela fiscalização serviu de elemento de convicção para o órgão julgador, tendo em vista que a contribuinte não se desincumbiu do ônus de trazer elementos de prova capazes de infirmar a conclusão fiscal.

Caso semelhante se encontra no Acórdão nº 3301-006.877, também de relatoria da Cons. Semíramis de Oliveira Duro, conforme se vê da seguinte ementa:

> *ASSUNTO: CLASSIFICAÇÃO DE MERCADORIAS*
> *Período de apuração: 09/06/2003 a 30/03/2007*
> *RECLASSIFICAÇÃO FISCAL DE MERCADORIA IMPORTADA. ÔNUS DA PROVA.*
> *Havendo litígio no que se refere à identificação do produto importado, a ausência, nos autos, de elementos capazes de afastar a reclassificação proposta pela fiscalização por meio de Laudo Técnico, implica na manutenção do auto de infração.*
> *Recurso Voluntário Negado.*

O mesmo resultado foi obtido em outro processo administrativo[24], onde a reclassificação fiscal de produtos químicos empreendida pelo Fisco restava

---

[23] CARF. Acórdão nº 3301004.668. Rel. Cons. Semíramis de Oliveira Duro.
[24] CARF. Acórdão nº 3402-004.617. Rel. Cons. Maria Aparecida Martins de Paula.

subsidiada por laudo técnico. O auto de infração foi mantido, pois caberia à contribuinte apresentar os elementos modificativos ou extintivos da autuação, nos termos do artigo 16 do Decreto nº 70.235/1972 e do artigo 36 da Lei nº 9.784/1999, mas, no caso, não trouxe nenhum elemento de prova para formar a convicção do julgador.

Note, porém, que, para realizar um laudo laboratorial, a fiscalização deve realizar a coleta do material específico da controvérsia, não sendo possível utilizar de empréstimos de análises laboratoriais realizadas para outros produtos, em outros processos e em cenários totalmente distintos. Assim, não é possível a utilização de "prova emprestada", assim entendida como aquela realizada para análise de um outro produto para tentar imprimir a mesma conclusão em produto distinto ou semelhante, salvo se se tratar de um laudo elaborado em um outro processo, mas a partir de uma amostra de produtos do mesmo contribuinte, idêntico ao analisado no caso concreto e que contenham as mesmas especificações, nos termos do artigo 30, § 3º do Decreto nº 70.235/1972:

(...)

§ 3º Atribuir-se-á eficácia aos laudos e pareceres técnicos sobre produtos, exarados em outros processos administrativos fiscais e transladados mediante certidão de inteiro teor ou cópia fiel, nos seguintes casos:

a) quando tratarem de produtos originários do mesmo fabricante, com igual denominação, marca e especificação;

b) quando tratarem de máquinas, aparelhos, equipamentos, veículos e outros produtos complexos de fabricação em série, do mesmo fabricante, com iguais especificações, marca e modelo.

Neste diapasão, no Acórdão nº 3402004.957[25] foi afastada a possibilidade de utilização de prova emprestada para fins de subsidiar uma reclassificação fiscal quando não há evidências de que os produtos em discussão em ambos os processos são os mesmos, sendo necessária a realização de uma análise laboratorial específica do produto em discussão.

Em suma, percebe-se que o CARF confere um peso importante às provas técnicas quando necessárias para identificação da natureza da mercadoria objeto de reclassificação fiscal, sendo tais elementos de prova relevantes para

---

[25] CARF. Acórdão nº 3402-004.957. Rel. Cons. Waldir Navarro Bezerra. P. 06/03/2018.

8. A VALORAÇÃO DA PROVA NO PROCESSO ADMINISTRATIVO

fins de conferir segurança para a adoção da posição pretendida, afastando conclusões fiscais guiadas por convicções subjetivas e não por uma análise técnica do produto que seja capaz de munir de elementos de convicção o trabalho jurídico de classificação fiscal realizado pela RFB.

Pode haver casos, no entanto, em que esta prova técnica para fins da identificação da natureza do produto não seja necessária, bastando uma descrição, um manual ou documento produzido pela própria contribuinte com a descrição das características do produto. A discussão nesse caso não residiria em controvérsias sobre o produto em si, mas sim sobre o adequado enquadramento na TIPI.

Como exemplo, toma-se o caso julgado no Acórdão n.º 3201-005.609 em que a fiscalização pautou sua convicção nas descrições do produto constantes do manual do usuário para realizar a interpretação fiscal da NCM para o enquadramento adequado do produto.

Em outra oportunidade, foi analisado o modo de preparo de um produto, critério tido como relevante para a classificação fiscal. Neste caso[26], o CARF analisou um auto de infração que realizou a reclassificação fiscal de alimentos onde a controvérsia residia na identificação dos ingredientes dos produtos, análise que pôde ser feita pela descrição do produto constante da própria embalagem.

A contribuinte classificou carnes temperadas no capítulo 2 da TIPI, carnes e miudezas, comestíveis, especificamente as NCMs 0202.3000, 0203.2900, 0207.1200, 0207.1400, 0207.2500 e 0207.2700, por entender que, apesar de temperadas, tratavam-se de carnes *in natura*.

A natureza do produto, então, era incontroversa: carne temperada. A fiscalização concluiu, assim como o CARF, que carnes temperadas não poderiam mais ser consideras *in natura*, e essa conclusão teve como suporte a análise das notas de sessão e da NESH do capítulo 02, pois as carnes aqui compreendidas são frescas ou congeladas, podendo ser impregnadas apenas com sal. Caso sejam temperadas, com a adição de, por exemplo, pimenta, a própria NESH remete a classificação para a posição 16.02.

Neste mesmo Acórdão de nº 3201-005.721, o CARF também entendeu que os produtos vendidos em forma de Kit deveriam ter uma classificação individual para os componentes. Melhor explicando: a contribuinte comercializava kits de Chester acompanhado de bolsa térmica, realizando a

---

[26] CARF. Acórdão nº 3201-005.721. Rel. Cons. Leonardo Correia Lima Macedo.

classificação como um produto único, baseado na classificação do Chester, NCM 0207.2500, por entender ser o produto principal.

A fiscalização, por sua vez, e esse entendimento foi acolhido pelo CARF, pautado na RGI/SH nº 5, afirmou que a bolsa térmica deve ser classificada separadamente, na NCM 4202.92.00, por não ser uma embalagem para acondicionamento da mercadoria, mas sim um artigo reutilizável, destinado ao suporte temporário para o produto.

Percebe-se que tanto no caso da carne, quanto do kit, a controvérsia não residiu na identificação do produto, descrita na própria embalagem e não controvertida pela contribuinte, mas sim na interpretação das posições NCM para fins de identificação sobre qual seria a mais a adequada, centrando-se na análise das RGIs, RGCs, notas de capítulo e notas explicativas NESH.

Com isso, a correta identificação do produto, natureza, finalidade ou processo produtivo são caracteres distintivos para fins de investigação do adequado tratamento para classificação fiscal, na medida em que a interpretação de cada posição na NCM depende da análise destes fatores, que podem ser subsidiários por diversos elementos de prova.

Conclusões

O que se pode afirmar é que a reclassificação fiscal pode decorrer por diversas razões. Quando essa atividade realizada pela autoridade fiscal é mera decorrência de interpretação do texto da posição, quando já se sabe de antemão a natureza da mercadoria, a discussão da classificação fiscal é centrada em elementos argumentativos para identificar a adequada posição da NCM.

Percebe-se, porém, nos casos de produtos em que, por sua própria especificidade, se requer uma análise técnica para fins de se identificar a natureza e aplicação das mercadorias, como acontece com produtos químicos, fármacos, máquinas e equipamentos, há necessidade de fundamentar a classificação fiscal em documentos que subsidiem a correta identificação dos produtos, como manuais de instrução, laudos de laboratório, memorial descritivo do processo produtivo, descrição dos ingredientes do produto, dentre outros.

A valoração da prova, nesses casos, é determinante para fins de identificar se a reclassificação fiscal empreendida pelo Fisco é capaz de infirmar a classificação inicial adotada pelo contribuinte. Quando a autoridade fiscal empreende a tarefa de identificar o produto e alega o erro de classificação, deve trazer elementos de prova para fundamentar sua convicção e que sejam suficientes para trazer ao julgador elementos para identificação da natureza da mercadoria.

Como dito, não é considerado aspecto técnico a atividade de classificação fiscal das mercadorias. Desta feita, os laudos e documentos técnicos não têm efeitos vinculantes nesta tarefa, mas são, em muitos casos, essenciais e necessários para a adequada identificação da mercadoria, passando a analisar as regras de interpretação e notas de seção, capítulo e explicativas para o seu correto enquadramento na NCM.

Nos casos em que a identificação da natureza do produto exige a elaboração de documentos técnicos, para a lavratura do lançamento, portanto, a autoridade fiscal deve se municiar destes elementos técnicos para, em momento posterior, proceder à qualificação jurídica do produto, devendo ser cancelado o auto de infração na ausência dos elementos de prova capazes de subsidiar as razões da reclassificação fiscal.

Referências

ASSIS JR, Milton Carmo de. *Classificação Fiscal de Mercadorias*. São Paulo: Quartier Latin, 2015.

DALSTON, Cesar Olivier. *Classificando Mercadorias*. Uma abordagem didática da ciência da classificação de mercadorias. 2ª Edição. São Paulo: Aduaneiras, 2014.

MEIRA, Liziane Angelotti. *Tributos sobre o Comércio Exterior*. São Paulo: Saraiva, 2012.

LIMA, Marcos Vinicius Neder de. Aspectos Formais e Materiais no Direito Probatório. *In*: LIMA, Marcos Vinicius Neder de e outros (coord.). *A Prova no Processo Tributário*. São Paulo: Dialética, 2010. PIRES, Adílson Rodrigues (et. al.). *Código Aduaneiro do Mercosul*: Comentários ao Protocolo. São Paulo: Aduaneiras, 1999.

PIRES, Adilson Rodrigues (et. al.). *Código Aduaneiro do Mercosul*: Comentários ao Protocolo. São Paulo: Aduaneiras, 1999.

SANTIAGO, Altair; MISSAGLIA, Monica. *Manual de Classificação Fiscal de Mercadorias*. Editora Fiscosoft: São Paulo, 2012.

9. A controvérsia acerca da artificialidade da bipartição contratual na área de petróleo no âmbito do CARF

MARCELO COSTA MARQUES D'OLIVEIRA[1]

Introdução

O presente artigo trata do impacto no PIS, COFINS e CIDE decorrente da estrutura legal adotada por empresas brasileiras e estrangeiras para produção de petróleo. Trata-se da denominada bipartição contratual, consistente na contratação concomitante de afretamento e serviços com, respectivamente, pessoas jurídicas não residente e residente no País.

Esse formato de contratação é contestado pela fiscalização e encontra-se em debate no CARF. O Fisco entende que, na verdade, há apenas uma contratação de serviços de produção de petróleo com entidade estrangeira. Então, são lavradas autuações, posto que o pagamento para o exterior do afretamento encontra-se livre de tributação, enquanto que a importação de serviços está sujeita às incidências dos citados tributos e do IRRF.

1. Aspectos gerais da controvérsia

A estrutura legal adotada por algumas concessionárias de produção de petróleo foi objeto de autuações nas áreas do IRRF (15%), PIS Importação (1,65%) e COFINS Importação (7,6%) e CIDE (10%). Neste artigo,

---

[1] As opiniões contidas nesta publicação são reflexões acadêmicas do próprio autor e não necessariamente expressam as posições defendidas por qualquer organização a qual esteja vinculado.

cuidaremos apenas das implicações nos campos do PIS e COFINS Importação e da CIDE.

As atividades de produção de petróleo têm sido desenvolvidas em conjunto por empresas nacionais e estrangeiras.

Ingressam no País embarcações, equipamentos e mão-de-obra especializada, enquanto que as empresas nacionais participam com a prestação dos mais diversos tipos de serviços, desde tarefas ligadas diretamente à produção, até às operação e manutenção de embarcações, ao apoio à tripulação etc.

Em geral, a detentora da concessão contrata o afretamento da embarcação com empresa estrangeira e a prestação de serviços com empresa local. Esta última, por sua vez, contrata parte da mão-de-obra especializada com empresa estrangeira, geralmente a que afreta a embarcação ou outra que pertença ao mesmo grupo econômico, pois detêm o conhecimento para a operação da embarcação e dos equipamentos de produção.

A estrutura usualmente praticada é a seguinte:

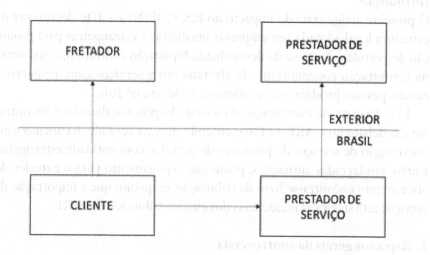

Notas:
(a) Cliente / fretador: remessa para pagamento do afretamento da embarcação.
(b) Prestador de serviço (BR) / prestador de serviços (EX): remessa para pagamento dos honorários pela prestação de serviço técnico especializado.
(c) Cliente / prestador de serviços (BR): pagamento pela prestação de serviço técnico especializado.
(d) Fretador e prestadores de serviços: empresas do mesmo grupo econômico.

9. A CONTROVÉRSIA ACERCA DA ARTIFICIALIDADE DA BIPARTIÇÃO CONTRATUAL

Ao longo dos anos, o Fisco vem lançando questionamentos sobre esta estrutura, com o argumento de que, de fato, trata-se de um negócio apenas, qual seja, contratação de empresa estrangeira para a prestação de serviço de produção de petróleo (embarcação e mão-de-obra), artificialmente desdobrada em dois contratos (afretamento e prestação de serviços com empresa local), com o objetivo exclusivo de obter redução da carga tributária incidente sobre as remessas para o exterior.

Os principais fatos que levaram os auditores a tal conclusão são os seguintes:

a) A fretadora e as empresas de prestação de serviços pertenciam ao mesmo grupo econômico.

b) Concentração da remuneração do projeto no contrato de afretamento, em detrimento dos honorários pela prestação de serviço local. Há notícia de contratos em que o afretamento correspondeu a 90% do valor total contratado pela concessionária.

c) Os honorários pela prestação de serviços não eram suficientes para cobrir os custos correspondentes.

d) Os serviços especializados de maior relevância eram executados pelos técnicos da empresa de prestação de serviços estrangeira, o que denotava que a brasileira não tinha a necessária expertise para executar o serviço contratado.

Importante frisar que o Fisco não questionou a legitimidade do modelo de contratação, não obstante ter sido objeto de longos arrazoados de defesa.

E qual a vantagem fiscal supostamente almejada pelos contribuintes?

Regra geral, a remessa para o exterior para pagamento de afretamento está sujeita apenas ao IRRF, enquanto que a de serviços está também sujeita às incidências de PIS e COFINS Importação e CIDE.

Adicionalmente, até dezembro de 2014, a alíquota do IRRF sobre o afretamento estava reduzida a zero, de acordo com a redação original do inciso I do art. 1º da Lei nº 9.481/97[2].

---

[2] Art. 1º A alíquota do imposto de renda na fonte incidente sobre os rendimentos auferidos no País, por residentes ou domiciliados no exterior, fica reduzida para zero, nas seguintes hipóteses: (Redação dada pela Lei nº 9.532, de 10.12.97)

Especula-se que o crescimento do número de autuações resultou na publicação da Lei nº 13.043/17 (conversão da MP nº 651/14), que alterou a redação do § 2º do art. 1º da Lei nº 9.481/97[3], com vigência a partir de 01/01/15. A redução a zero da alíquota do IRRF foi limitada ao montante equivalente a 80% do valor total contratado.

Posteriormente, o percentual de 80% foi reduzido para 65% pela Lei nº 13.586/17 (conversão da MP nº 795/17), com a inclusão do § 9º no art. 1º da Lei nº 9.481/97[4], vigente desde 01/01/18. Nos seguintes trechos da respectiva exposição de motivos, consta o objetivo do legislador:

4.1. A alteração promovida pelo art. 106 da Lei nº 13.043, de 13 de novembro de 2014, no § 2º do art. 1ºda Lei nº 9.481, de 1997 (...) visava a limitar o benefício fiscal de redução a zero da alíquota do IRRF e, simultaneamente, dar segurança jurídica, uma vez que o Fisco estava desconsiderando os contratos de afretamento realizados pelas empresas do setor.

4.2. Entretanto, os percentuais atualmente estabelecidos apresentam um desequilíbrio econômico e não estão compatíveis com os percentuais adotados por outros países. Nesse sentido, o § 9º ajusta os percentuais a fim de manter a segurança jurídica.

I – receitas de fretes, afretamentos, aluguéis ou arrendamentos de embarcações marítimas ou fluviais ou de aeronaves estrangeiras ou motores de aeronaves estrangeiros, feitos por empresas, desde que tenham sido aprovados pelas autoridades competentes, bem como os pagamentos de aluguel de contêineres, sobrestadia e outros relativos ao uso de serviços de instalações portuárias; (Redação dada pela Lei nº 13.043, de 2014)

[3] § 2º No caso do inciso I do caput deste artigo, quando ocorrer execução simultânea do contrato de afretamento ou aluguel de embarcações marítimas e do contrato de prestação de serviço, relacionados à prospecção e exploração de petróleo ou gás natural, celebrados com pessoas jurídicas vinculadas entre si, do valor total dos contratos a parcela relativa ao afretamento ou aluguel não poderá ser superior a: (Redação dada pela Lei nº 13.043, de 2014) (...)

II – 80% (oitenta por cento), no caso de embarcações com sistema do tipo sonda para perfuração, completação, manutenção de poços (navios-sonda); e (Incluído pela Lei nº 13.043, de 2014)

[4] § 9º A partir de 1º de janeiro de 2018, a redução a 0% (zero por cento) da alíquota do imposto sobre a renda na fonte, na hipótese prevista no § 2º deste artigo, fica limitada aos seguintes percentuais: (...)

II – 65% (sessenta e cinco por cento), quanto às embarcações com sistema do tipo sonda para perfuração, completação e manutenção de poços; e

9. A CONTROVÉRSIA ACERCA DA ARTIFICIALIDADE DA BIPARTIÇÃO CONTRATUAL

(...)
4.5. O §11 estabelece o percentual máximo atribuído ao contrato de afretamento ou aluguel de embarcações marítimas e do contrato de prestação de serviço, (...) visando a evitar o abuso na utilização do referido benefício e a transferência de lucros para o exterior.

As referidas alterações legislativas foram utilizadas por diversos contribuintes para sustentar a legitimidade de operações realizadas em períodos anteriores ao da entrada em vigor, notadamente, nos casos em que o afretamento representava em torno de 80% do total contratado.

Como veremos mais adiante, quando da análise de acórdãos, alguns conselheiros do CARF consideraram o "parâmetro 80/20" (2015 a 2017) intertemporal, isto é, aplicável aos contratos realizados antes de sua entrada em vigor, na medida em que expressam aquilo que o legislador concluiu ser razoável de ser praticado no setor de petróleo (vide trechos da exposição de motivos anteriormente transcrita).

Não obstante, nos processos em que os contribuintes sagraram-se vencedores, não se constituiu núcleo central da defesa. Rigorosamente, o § 2º do art. 1º da Lei nº 9.481/97 estipula limites máximos de participação do afretamento no total acordado, mas exclusivamente para fins de fruição do benefício da redução a zero da alíquota do IRRF. Tanto é assim que o § 6º do citado art. 1º da Lei nº 9.481/97[5] dispõe que a consequência da identificação de excedente é tão somente a incidência do IRRF sobre o respectivo

---

[5] § 6º A parcela do contrato de afretamento que exceder os limites estabelecidos no § 2º sujeita-se à incidência do imposto de renda na fonte à alíquota de 15% (quinze por cento) ou de 25% (vinte e cinco por cento), quando a remessa for destinada a país ou dependência com tributação favorecida, ou quando o arrendante ou locador for beneficiário de regime fiscal privilegiado, nos termos dos arts. 24 e 24-A da Lei nº 9.430, de 27 de dezembro de 1996. (Incluído pela Lei nº 13.043, de 2014)
§ 6º A parcela do contrato de afretamento ou aluguel de embarcação marítima que exceder os limites estabelecidos nos §§ 2º, 9º e 11 deste artigo sujeita-se à incidência do imposto sobre a renda na fonte à alíquota de 15% (quinze por cento), exceto nos casos em que a remessa seja destinada a país ou dependência com tributação favorecida ou em que o fretador, arrendante ou locador de embarcação marítima seja beneficiário de regime fiscal privilegiado, nos termos dos arts. 24 e 24-A da Lei nº 9.430, de 27 de dezembro de 1996, hipóteses em que a totalidade da remessa estará sujeita à incidência do imposto sobre a renda na fonte à alíquota de 25% (vinte e cinco por cento). (Redação dada pela Lei nº 13.586, de 2017)

montante. E o § 12[6] que os citados percentuais não acarretam alteração da natureza do contrato de afretamento para fins de CIDE, PIS/PASEP Importação e COFINS Importação.

Feita a introdução do assunto, passemos à análise dos julgados.

2. Análise dos casos julgados pelo CARF

Nos anos de 2014 a 2019, houve diversos julgamentos no Conselho Administrativo de Recursos Fiscais (CARF), originados por autos de infração lavrados sobre fatos geradores ocorridos nos anos de 2008 a 2013.

Foram quinze[7] os processos pesquisados, com lançamentos de ofício de PIS Importação, COFINS Importação e CIDE, conexos a autuações de IRRF.

Os argumentos do Fisco lograram êxito em nove.

Importante destacar os seis processos em que a Petrobrás figurou como autuada, pois ganhou notoriedade o modelo de contratação que adotou, com o afretamento representando 90% do montante contratado. Obteve êxito em apenas um (Acórdão nº 3201-005.540), em cuja decisão, todavia, não há menção aos percentuais praticados.

As principais provas reunidas pela fiscalização foram as seguintes:

a) Desproporcionalidade dos valores dos contratos de afretamento e de serviços, que, em alguns casos, era de 90% e 10%.

b) A prestadora de serviços localizada no País pertencia ao mesmo grupo econômico da fretadora da embarcação.

c) A receita atribuída ao contrato de serviços não era suficiente para fazer frente ao custo dos serviços prestados. A matriz estrangeira

---

[6] § 12. A aplicação dos percentuais estabelecidos nos §§ 2º, 9º e 11 deste artigo não acarreta a alteração da natureza e das condições do contrato de afretamento ou aluguel para fins de incidência da Contribuição de Intervenção de Domínio Econômico (Cide) de que trata a Lei nº 10.168, de 29 de dezembro de 2000, e da Contribuição para os Programas de Integração Social e de Formação do Patrimônio do Servidor Público incidente na Importação de Produtos Estrangeiros ou Serviços (PIS/Pasep-Importação) e da Contribuição Social para o Financiamento da Seguridade Social devida pelo Importador de Bens Estrangeiros ou Serviços do Exterior (Cofins-Importação), de que trata a Lei nº 10.865, de 30 de abril de 2004. (Incluído pela Lei nº 13.586, de 2017)

[7] Acórdãos nº 3403002.702, 3302-003.095, 3301-006.477, 3301-004.592, 9303-008.915, 3402-005.849, 3401-005.920, 3302-007.288, 3302-004.822, 3301-006.478, 3302-006.776,3301-005.358, 3201-005.540 e 3201-004.482.

9. A CONTROVÉRSIA ACERCA DA ARTIFICIALIDADE DA BIPARTIÇÃO CONTRATUAL

fazia aportes de capital (empréstimos, reembolso de despesas etc.) para cobrir os gastos.

d) A embarcação era apenas parte integrante e instrumental dos serviços contratados.

e) Similitude entre os objetos dos contratos.

f) Idênticas cláusulas contratuais de início, vigência, rescisão e término.

g) A rescisão de um contrato implicava na rescisão do outro.

h) O prestador de serviços tinha de ser aprovado pelo armador.

i) Os controle e operação do navio cabiam ao armador.

j) A remuneração do afretamento era calculada com base na produtividade demonstrada pelo serviço de perfuração. Assim, se, por algum motivo de ordem operacional, houvesse suspensão ou redução temporária das atividades de perfuração, haveria equivalente suspensão ou redução da remuneração pelo afretamento.

k) Aditamentos ocorridos nas mesmas datas e nos mesmos termos.

l) A prestadora de serviços era a responsável pela importação, exportação e desembaraço aduaneiro do navio.

m) Os profissionais pertencentes aos mais altos escalões de operação do navio e de perfuração eram contratados de empresas estrangeiras pertencentes ao grupo econômico da fretadora.

n) A fretadora figurava como co-segurada em seguro de responsabilidade civil firmado pela prestadora de serviços.

o) No contrato de afretamento, a prestadora de serviço era responsável solidária.

p) A responsabilidade, operação, movimentação e administração da unidade ficavam sob controle e comando exclusivo da fretadora ou seus prepostos.

q) O contrato de afretamento trazia a relação de pessoal especializado a ser fornecido pela fretadora, estando listados cargos diretamente ligados à prestação de serviços de operação da unidade, tais como Superintendente de Perfuração, Sondador, Assistente de Sondador etc.

Os elementos acima listados foram considerados como suficientes para a desconsideração da bipartição contratual e sujeição do valor total remetido para o exterior como remuneração pela prestação de serviços, sujeita às incidências de IRRF, CIDE, PIS/PASEP Importação e COFINS Importação.

Transcrevo trechos da ementa e do voto condutor de algumas decisões desfavoráveis:

ACÓRDÃO nº 3403-002.702, de 29/01/14 (PETROBRAS)
Ementa:
ASSUNTO: CONTRIBUIÇÃO DE INTERVENÇÃO NO DOMÍNIO ECONÔMICO – CIDE
Período de apuração: 01/01/2008 a 31/12/2008
CONTRATO DE "AFRETAMENTO" DE PLATAFORMAS DE PETRÓLEO. CONTRATO DE PRESTAÇÃO DE SERVIÇOS DE PRODUÇÃO E PROSPECÇÃO DE PETRÓLEO. NATUREZA DOS PAGAMENTOS PARA FINS TRIBUTÁRIOS.

A bipartição dos serviços de produção e prospecção marítima de petróleo em contratos de aluguel de unidades de operação (navios-sonda, plataformas semissubmersíveis, navios de apoio à estimulação de poços e unidades flutuantes de produção, armazenamento e transferência) e de prestação de serviços propriamente dita é artificial e não retrata a realidade material das suas execuções. O fornecimento dos equipamentos é parte integrante e indissociável aos serviços contratados, razão pela qual os pagamentos efetuados ao amparo dos contratos ditos de "afretamento" sujeitam-se à incidência da Contribuição.

(...)

Trechos do voto condutor:

Em primeiro lugar, os contratos ditos de afretamento não são, pois não têm como objeto embarcação. Ademais, as unidades de perfuração e de produção de petróleo offshore, objetos dos contratos de afretamento, não são meras estruturas metálicas, sobre as quais desembarcam e atuam os operadores da companhia prestadora de serviço contratada. Em absoluto. As unidades são, justamente, os equipamentos que serão operados para a consecução do objetivo último da Petrobrás, que é a perfuração ou produção do poço de petróleo. E, penso ser evidente, trata-se de equipamentos sofisticados, construídos sob encomenda, com projeto único, que incorpora, em geral, o último estágio de desenvolvimento da tecnologia. Nesse sentido, seus operadores são designados já durante a fase de construção, no estaleiro, tamanha é a intimidade com equipamento requerida para operá-los.

Saliento esse aspecto porque, ainda que se considere a natureza genérica dos contratos, como contrato de aluguel de bens, o que sobressai é que tal

9. A CONTROVÉRSIA ACERCA DA ARTIFICIALIDADE DA BIPARTIÇÃO CONTRATUAL

contratação é absolutamente dispensável. Bastaria que a Petrobrás celebrasse contrato único, de prestação de serviços, fosse com a nacional ou com a empresa estrangeira, ainda assim as unidades seriam fornecidas, simplesmente, porque não há como prestar os serviços sem elas. Aliás, esse é exatamente o modelo de contratação para a perfuração e produção de petróleo em terra. A Petrobrás, em terra, não se dá ao trabalho de contratar o aluguel de uma sonda de perfuração de terra SPT e, simultaneamente, contratar a prestação do serviço, pois é ilógico, desnecessário, antieconômico. E, se ainda assim, por qualquer razão que se nos escape, a Petrobrás insistisse nesse modelo de contratação, a hipotética locatária dos equipamentos jamais admitiria que os mesmos fossem operados por terceiros.

Portanto, parece-me que a conclusão a que chegou a Fiscalização a respeito da essência desses contratos está correta. A bipartição do contrato em "afretamento" e prestação de serviços – a também, por óbvio, a sua coligação voluntária – é artificial, desnecessária, sem propósito.

ACORDÃO nº 9303-008.915, de 16/08/19

Ementa:

ASSUNTO: CONTRIBUIÇÃO PARA O FINANCIAMENTO DA SEGURIDADE SOCIAL- (COFINS)

Período de apuração: 01/06/2009 a 31/07/2009, 01/01/2010 a 30/04/2010, 01/06/2010 a 31/12/2010

ARTIFICIALIDADE DA BIPARTIÇÃO DOS CONTRATOS DE AFRETAMENTO DE PLATAFORMA E DE PRESTAÇÃO DE SERVIÇOS DE EXPLORAÇÃO DE PETRÓLEO. REALIDADE MATERIAL. CONTRATO ÚNICO.

A bipartição dos serviços de exploração marítima de petróleo em contratos de aluguel de unidades de operação e de prestação de serviços propriamente dita nos casos é artificial e não retrata a realidade material das suas execuções. O fornecimento dos equipamentos é parte integrante e indissociável aos serviços contratados, razão pela qual se trata de um único contrato de prestação de serviços.

(...)

Trechos do voto condutor:

Para a correta delimitação da lide, cabe colocar que, no caso, a discussão objeto dos presentes autos não se resume à determinação dos percentuais aceitáveis para repartição de valores entre o afretamento e a prestação de serviço.

Entendo que o cerne da discussão seja definir se: (a) houve apenas um acordo de vontade, de prestação de serviço, artificialmente bipartido em dois instrumentos contratuais; ou (b) houve dois contratos legítimos, um de afretamento e outro de prestação de serviço.

(...)

Pois bem, alinho-me ao entendimento da fiscalização. As provas dos autos levam ao entendimento de que o objetivo buscado pelas partes nunca foi o de se realizar um afretamento independente da prestação do serviço de perfuração.

Saliente-se que a disparidade dos valores, referida pela fiscalização, não foi a infração em si, mas sim um indício de que a bipartição teria sido artificial, inclusive por haver uma motivação tributária na realização dessa bipartição, com redução do custo da operação.

Adicionalmente, a clara vinculação entre as signatárias dos contratos, pertencentes ao mesmo grupo econômico, as razões idênticas da adoção dos contratos e a coordenação dos períodos de início, vigência, rescisão e término dos contratos, não caracterizam uma infração, mas são indícios de que os valores da operação poderiam ser artificialmente bipartidos, mantendo-se a riqueza deles decorrente dentro do grupo, sem prejuízo da realização do contrato.

Entretanto, no entendimento deste conselheiro, o ponto de maior relevância, que indica a ocorrência efetiva de um único acordo de vontades foi a estrutura do preço, com taxas de aluguel idênticas às de prestação do serviço, conforme depreende-se da leitura do TVF, nos seguintes termos (e-fl. 2955):

(...) a apuração dos valores da remuneração a ser paga, em função do Contrato de Afretamento, é completamente condicionada à produtividade e não ao tempo em que a unidade fretada estaria disponível para o afretador, como seria de se esperar, em contratos dessa modalidade. A apuração dos montantes a serem remunerados a título de afretamento é efetuada nos exatos moldes usados para aferir os valores remunerados em função da prestação de serviços de perfuração.

(...) as hipóteses que levam à redução da remuneração do Contrato de Serviços, que têm sempre como causa um evento que implica na redução da produção (suspensão dos serviços de perfuração em virtude de reparo da unidade, suspensão dos serviços de perfuração por ocorrência de eventos de força maior etc), são as mesmas que levam à redução da remuneração do Contrato de Afretamento.

(...) se uma perfuratriz ou uma sonda, por algum motivo, param de operar, cessando a perfuração, cessa também o afretamento e isso, em hipótese alguma, é plausível de se aceitar em contratos efetivamente independentes. (...)

9. A CONTROVÉRSIA ACERCA DA ARTIFICIALIDADE DA BIPARTIÇÃO CONTRATUAL

(...)

Releva também destacar a situação o que apontou o agente fiscal no TVF, à e-fl. 2966:

Analisando, agora, os Boletins Mensais de Medição apresentados, que nada mais são do que um somatório das horas diárias trabalhadas, demonstram na prática aquilo que já é previsto nos contratos. Melhor dizendo, comprovam que as taxas aplicadas, para efeito de remuneração eram idênticas tanto para o contrato de afretamento como para o contrato de serviços de perfuração e que as horas alocadas aos dois objetos contratados também eram as mesmas. Desse modo as horas consideradas trabalhadas, para efeito de remuneração do contrato de prestação de serviços eram as mesmas horas consideradas para efeito da remuneração do contrato de afretamento, independentemente se eram horas gastas em uma ou em outra atividade, demonstrando que a atividade contratada é única, não segregada, dependente e harmônica, só havendo segregação no momento da tributação, uma vez que, como já relatado, a maior parte do total da contratação era atribuída ao "afretamento de embarcação" e submetida à alíquota zero do imposto de renda.

Chamou-nos atenção a utilização de "medição" para o contrato de afretamento, haja vista a "medição" não se afigurar como uma modalidade adequada a ser utilizada na remuneração deste tipo de contrato, tendo em vista a predominância, nesses casos, ser a obrigação de se dar um bem a ser utilizado e não de se fazer algo com o bem afretado. O critério da medição seria próprio à remuneração de contratos de prestação de serviço (seja por execução ou por empreitada), normalmente utilizado para aferição das etapas do serviço que efetivamente foram executadas.

Revelador da natureza da contratação é o parágrafo extraído do TVF na e-fl. 2940, in fine:

Nos procedimentos fiscais efetuados nas supracitadas prestadoras de serviços de perfuração, restou constatado que, durante a execução dos contratos e, diante da desproporcionalidade dos valores remuneratórios, a receita atribuída à "prestação de serviços" não era suficiente sequer para fazer frente aos custos dos serviços prestados e, por essa razão, parte do valor pago à empresa estrangeira retornava ao Brasil na forma de aportes em favor da empresa nacional. As empresas nacionais prestadoras de serviços, no tocante a estes aportes, não se submetiam a qualquer tributação. Em suma, por um lado, se valiam da dedução de custos/despesas que pertenciam de fato à empresa estrangeira e, por outro, registravam os recursos que retornavam do exterior sob denominações diversas, tais como "reembolsos de custos", "empréstimos" e etc, que eram mantidos ao largo da tributação.

(...)

Dessa forma, existe um conjunto de indícios e provas pelos quais percebe-se que a contratação foi a de um serviço integrado e uno. Não foi a contratação de dois elementos independentes. Portanto, nessa situação específica, resta impossível a bipartição artificial de valores, salvo se houvesse lei que criasse uma ficção jurídica nesse sentido.

Passemos às decisões cujos resultados foram favoráveis aos contribuintes. Os principais argumentos de defesa foram os seguintes:

a) O §9º do art. 17 c/c §8º do art. 5º da IN RFB nº 844/08 (REPETRO), em vigor no período autuado, condicionavam a concessão do regime de admissão temporária à separação, em contratos distintos, das atividades de afretamento e perfuração. Confira-se:

Art. 5º O Repetro será utilizado exclusivamente por pessoa jurídica habilitada pela Secretaria da Receita Federal do Brasil (RFB).

§ 1º Poderá ser habilitada ao Repetro a pessoa jurídica:

(...)

§ 8º Na hipótese prevista no §9º do art. 17, **as pessoas jurídicas de que trata o inciso II do § 1º poderão ser habilitadas ao Repetro com base no contrato de prestação de serviços, desde que haja execução simultânea com os contratos de afretamento a casco nu, de arrendamento operacional, de aluguel ou de empréstimo.**

(...)

§9º Na hipótese de disponibilização de bem pela concessionária ou autorizada à empresa contratada para a prestação de serviços, **será aceito, para fins de concessão do regime de admissão temporária, contrato de afretamento a casco nu,** de arrendamento operacional, de aluguel ou de empréstimo, **firmado entre a concessionária ou autorizada e a empresa estrangeira,** desde que: (Incluído pela Instrução Normativa RFB nº 1.089, de 30 de novembro de 2010)

I – esteja vinculado à execução de contrato de prestação de serviços, relacionado às atividades a que se refere o art. 1 e (Incluído pela Instrução Normativa RFB nº 1.089, de 30 de novembro de 2010)

9. A CONTROVÉRSIA ACERCA DA ARTIFICIALIDADE DA BIPARTIÇÃO CONTRATUAL

II – conste cláusula prevendo a transferência da guarda e da posse do bem. (Incluído pela Instrução Normativa RFB nº 1.089, de 30 de novembro de 2010) (g.n.)

b) São razoáveis com as práticas no mercado de óleo e gás os percentuais (78/22, 80/20), haja vista a disparidade entre os valores agregados em cada um dos contratos.

c) Os percentuais de (78/22, 80/20) estão de acordo com o inciso II do §2º do art. 1º da Lei nº 9.481/97, com a redação dada pela Lei nº 13.043/14.

d) O propósito de cada uma das atividades e respectivos contratos foi bem delimitado, não havendo confusão entre seus objetos.

e) É usual que embarcação desta natureza seja remunerada com base em seu uso efetivo.

f) A forma de remuneração e a dependência entre os contratos não é defesa em lei e, portanto, válida para todos os fins de direito (art. 104 e 107 do Código Civil). Não cabe, portanto, a afirmação de que a similaridade entre as formas de remuneração constituiria evidência de que trata-se de apenas um tipo de atividade.

g) As naturezas dos contratos de prestação de serviços e de afretamento estão previstas, respectivamente, no Código Civil e no inciso I do art. 2º da Lei nº 9.432/97 ("Lei do Transporte Aquaviário"). Assim sendo, à luz dos art. 109 e 110 do CTN, não poderia o Fisco desprezá-las, para fins exclusivamente arrecadatórios.

h) Decisões do STJ, no sentido de que o afretamento a casco nu comporta uma obrigação de dar e, portanto, não se confunde com prestação de serviços (RESP 1.054.144, de 09/12/09, e 792.444, de 26/09/07) e que não há que se tributar pelo ISS atividades-meio, o que reforçaria a tese de que, ainda que houvesse algum serviço envolvido com o afretamento, o mesmo não receberia tratamento como tal, para fins fiscais.

i) A contratação de estrangeiros para a prestação de serviços de perfuração ocorreu, porque não havia mão-de-obra disponível no País com a devida especialização. E a importação dos serviços foi realizada pela prestadora de serviços brasileira e não pela autuada.

j) A bipartição dos contratos foi reconhecida pelo Fisco, por meio da Solução de Consulta COSIT nº 225/14, que dispõe que as remessas das contraprestações de afretamento de navio-sonda goza da redução a zero da alíquota do IRRF e, em seus itens 15 e 16, assim dispõe:

15. É certo que as empresas são livres para montar os seus negócios e para contratar na forma que melhor entenderem, visando a otimização de suas operações e a obtenção de lucros. Essa liberdade não é absoluta pois tem como limite a observância das leis.

16. *Portanto, em princípio, não se vislumbra nenhum óbice que, na gestão de seus negócios, determinada empresa opte por efetuar dois contratos com empresas distintas, uma para afretamento do bem e outra para sua operação. (g.n.)*

k) Não há provas nos autos de que houve simulação, para dissimular a realidade fática que, ao ver da fiscalização, seria a de execução de somente um tipo de atividade. E, tampouco, para desconsiderar a personalidade jurídica da prestadora de serviços local, o que, à luz do art. 50 do Código Civil, somente é possível, mediante a comprovação de que houve abuso ou desvio de finalidade.

Os argumentos acima foram acatados pelos julgadores de seis processos pesquisados.

Destaca-se trechos da ementa e do voto condutor do Acórdão nº 3301-004.592, de 17/04/18, pois trata-se de um recurso de ofício, cujo provimento foi negado por sete votos a um, com adoção do voto condutor da decisão de primeira instância (Acórdão nº 0739.244 da 3ª Turma da DRJ/FNS):

Ementa:

ASSUNTO: CONTRIBUIÇÃO DE INTERVENÇÃO NO DOMÍNIO ECONÔMICO – CIDE

Data do fato gerador: 06/05/2011, 27/06/2011, 07/07/2011, 20/07/2011, 12/09/2011, 19/10/2011, 29/11/2011, 16/12/2011, 27/12/2011, 29/12/2011

CONTRATO DE AFRETAMENTO E DE PRESTAÇÃO DE SERVIÇOS. EXECUÇÃO SIMULTÂNEA.

Mesmo antes da alteração promovida pela Lei nº 13.043/2014, é legítima a celebração de contratos de afretamento e de prestação de serviços com execução simultânea, por parte de um único concessionário de exploração de petróleo e gás.

CONTRATO DE AFRETAMENTO. PREVISÃO DE SERVIÇOS.

A previsão de serviços relacionados à navegação e à manutenção da própria embarcação afretada não altera a natureza de afretamento do contrato, nas modalidades por tempo ou por viagem.

TRANSFERÊNCIA MALICIOSA DE VALORES DO CONTRATO DE PRESTAÇÃO DE SERVIÇOS PARA O DE AFRETAMENTO. NECESSIDADE DE DETERMINAÇÃO.

Se a fiscalização entender que há transferência maliciosa de valores do contrato de prestação de serviços para o de afretamento, ela deve determinar ou, ao menos, estimar os valores transferidos, e não simplesmente desconsiderar por completo o conteúdo econômico do contrato de afretamento e lançar todos os valores contratados como se decorrentes da prestação de serviços fossem.

Por sua vez, o acórdão primoroso da DRJ foi construído sobre os seguintes pilares:

I)   Quanto à contratação segregada entre afretamento e prestação de serviços, não há falar-se em contratação indevida, porquanto a IN RFB nº 941/2009 já a admitia.

II) Necessária verificação da existência de elementos que evidenciam haver abusividade na contratação segregada, ou seja, análise da prova de que a empresa teria executado planejamento tributário abusivo para escapar da incidência tributária de maneira dissimulada. Conclui ao final que não houve a abusividade por parte da empresa.

III) Afasta um a um dos pontos em que se fundamentou a autoridade fiscal, para concluir pela licitude da conduta da empresa: "(i) a previsão de serviços no contrato de afretamento é a prova de que, na realidade, não se trata de afretamento; (ii) a falta de capacidade operacional das empresas contratadas para a prestação de serviços evidencia a artificialidade da contratação; e (iii) a desproporção observada entre os valores pagos a título de afretamento e de prestação de serviços, viabilizada pela contratação envolvendo pessoas vinculadas, é o indício final que caracteriza uma "manobra dissimuladora utilizada para retirar receitas do campo de incidência dos tributos".

EFICIÊNCIA PROBATÓRIA E A ATUAL JURISPRUDÊNCIA DO CARF

Assim, considerando que:

a) A conduta da Recorrida de celebração de contratos de afretamento e de prestação de serviços com execução simultânea estava amparada pela legalidade, mesmo antes da Lei nº 13.043/2014.
b) A validade do planejamento é aferida após verificação de adequação da conduta no campo da licitude ou da ilicitude. Assim, a opção negocial do contribuinte no desempenho de suas atividades, quando não integrar qualquer hipótese de ilicitude, é perfeitamente possível e não susceptível de desconsideração pela autoridade administrativa para fins de tributação.
c) Para que haja simulação que legitime a desconsideração do negócio jurídico, é necessário: (i) conluio entre as partes; (ii) divergência entre a real vontade das partes e o negócio por elas declarado; e (iii) intenção de lograr o Fisco.
d) O lançamento tributário com a desconsideração do negócio jurídico realizado e a exigência do tributo incidente sobre a suposta "real" operação, deve estar acompanhado de provas cabais dos fatos nele constituídos.
e) Não logrou êxito a fiscalização em comprovar a abusividade na contratação segregada.

A questão nuclear que levou os conselheiros a decidir de forma favorável ao contribuinte é a de que a fiscalização não apresentou provas de que a bipartição contratual foi realizada de forma artificial.

Subsidiariamente, apoiaram-se no fato de que a forma de contratação não é defesa em lei e os tipos estão expressamente previstos na legislação civil. E a possibilidade de execução simultânea dos contratos também encontra respaldo nas regras do REPETRO, e na anteriormente mencionada Lei nº 13.043/17, que concede ao afretamento o benefício da redução a zero da alíquota do IRRF, até o limite de 80% do valor contratado.

Ressalte-se que tais argumentos foram utilizados inclusive no Acórdão nº 3401-005.920, de 25/02/19, em que a recorrente era a Petrobrás.

Conclusões

A questão ainda está longe de ser pacificada no CARF, uma vez que as duas correntes apresentam posições diametralmente opostas sobre as mesmas provas apresentadas pela fiscalização.

Referências

FERRAGUT, Maria Rita. *As provas e o direito tributário*: teoria e prática como instrumentos para a construção da verdade jurídica. São Paulo: Saraiva, 2016.

TOMÉ, Fabiana Del Padre. *A prova no direito tributário*. 4. ed. São Paulo: Noeses, 2016.

10. Questões controvertidas envolvendo a tributação pelo IOF: operações de adiantamento para futuro aumento de capital e operações de conta corrente

TATIANA MIDORI MIGIYAMA
VANESSA MARINI CECCONELLO[1]

Introdução

As controvérsias envolvendo as operações de crédito que possam corresponder a operações de mútuo demandam reflexões quanto a sua conceituação e natureza, além de outros aspectos específicos, a depender do evento.

Sendo assim, buscando a transparência dos critérios e entendimentos expostos nas discussões que ocorrem nas sessões de julgamento do Conselho Administrativo de Recursos Fiscais – CARF, evidencia-se a necessidade de se refletir, em breve síntese, a cronologia da história do IOF-Mútuo e as características e critérios a serem observados para a definição de uma operação como mútuo – e, por conseguinte, passível de incidência do IOF.

Percorrido esse passo basilar, visando a demonstrar as questões controvertidas no âmbito administrativo, cercando esse imposto, cabe percorrer alguns casos julgados que trataram de Operações de Adiantamento para Futuro Aumento de Capital – AFAC e de Conta Corrente. Atenta-se que tais altercações definem a essência das operações em cada caso e, por conseguinte, justifica ou transparece o entendimento aplicável em cada situação,

---

[1] As opiniões contidas nesta publicação são reflexões acadêmicas das próprias autoras e não necessariamente expressam as posições defendidas por qualquer organização a qual estejam vinculadas.

que se direcionou em afastar ou não a exigência do IOF imputado pela autoridade fiscal ao sujeito passivo.

1. IOF – Mútuo

Torna-se primordial, assim, antes de se abrenhar nas operações de AFAC (Adiantamentos para Futuro Aumento de Capital Social) e de Conta Corrente, discorrer brevemente acerca do Imposto sobre Operações de Crédito, Câmbio e Seguro, ou relativos a Títulos ou Valores Mobiliários – IOF. Trata-se, o IOF, de espécie tributária de imposto, definida no art. 16 do Código Tributário Nacional – CTN, segundo o qual é o tributo que tem como fato gerador uma situação independente de qualquer atividade estatal específica, relativa ao contribuinte. Ao discorrer sobre as espécies tributárias, o eminente tributarista Luciano Amaro atrela ao fato gerador dos impostos uma situação à qual o contribuinte vincula-se, uma vez inexistente uma atuação do Estado especificamente dirigida ao sujeito passivo. Nos dizeres do autor, *"o legislador deve escolher determinadas situações materiais (por exemplo, aquisição de renda) evidenciadoras de capacidade contributiva, tipificando-as como fatos geradores da obrigação tributária".* As pessoas que se vinculam a essas situações eleitas pelo legislador, assumem o dever jurídico de pagar o imposto em favor do Estado. (AMARO, 2008. p. 30).

O IOF, como sabido, é conhecido como sendo um dos impostos mais complexos no mundo tributário, pois possui regras matrizes de incidências específicas, a depender do evento, quais sejam, em operações de mútuo, câmbio, seguros ou operações/aplicações financeiras, além de possuir caráter extrafiscal. Ao estabelecer as demarcações necessárias à aplicação do IOF, Heleno Taveira Torres bem delineia que o IOF não se trata de *"tributo que incide sobre quaisquer negócios dos mercados financeiro ou de capitais, mas exclusivamente sobre aqueles que o Direito privado qualifique como submetidos aos regimes de crédito, câmbio, seguro, títulos ou valores mobiliários".* (TORRES, 2009. p. 204-205).

O fundamento válido a se considerar, preliminarmente, é o art. 153, V[2], da Constituição Federal – CF, de 1988, que traz, entre outros, a competência da União para a instituição do imposto. A Carta Magna traz ainda regras

---

[2] Art. 153. Compete à União instituir impostos sobre:

[...]

V – operações de crédito, câmbio e seguro, ou relativas a títulos ou valores mobiliários; [...]"

10. QUESTÕES CONTROVERTIDAS ENVOLVENDO A TRIBUTAÇÃO PELO IOF

específicas a serem observadas para esse imposto, eis que especificamente a competência para a alteração de alíquotas é diferente da competência para a instituição do imposto – que seria da União, e por ser um imposto de caráter extrafiscal, tem-se que o Poder Executivo é o responsável, nas condições e nos limites estabelecidos em lei, por alterar as alíquotas ou as bases de cálculo do imposto, a fim de ajustá-los aos objetivos da política monetária, influenciando e intervindo, *de per si*, no domínio econômico. Consoante lição de Leandro Paulsen, verifica-se da leitura da Constituição Federal de 1988, em seu artigo 153, inciso V, não se trata de uma única base econômica outorgada à tributação, mas sim de um total de quatro bases econômicas: operações de crédito; operações de câmbio; operações de seguro; e operações relativas a títulos ou valores mobiliários. (PAULSEN, 2018. p. 384)

É conhecido, em síntese, como um imposto que tem por objetivo "equilibrar" o domínio econômico no país; tanto é assim, que a receita líquida decorrente da arrecadação deste imposto deve ser destinada a formação de reservas monetárias.

O caráter extrafiscal impõe também a necessidade do imediatismo na aplicação de novas regras – especificadas pela CF, de 1988, sob prejuízo de não cumprir com o seu objetivo constitucional. Sendo assim, a alteração de alíquota que surgir no ordenamento jurídico, através de Decretos emanados pelo Poder Executivo, não observará alguns limites constitucionais impostos a outros tributos, podendo, por exemplo, o IOF, ao sofrer majoração de alíquota, ser exigido de imediato, eis que a limitação temporal de exigência de tributos no mesmo exercício financeiro em que haja sido publicada a lei que os instituiu ou aumentou, bem como a limitação de aplicação dos 90 (noventa) dias da data em que haja sido publicada a lei que os instituiu ou aumentou não se aplicaria ao referido imposto, conforme reza o art. 150,§ 1º, da CF, de 1988.

Recorda-se que outra limitação constitucional apática ao IOF seria a obrigatoriedade de a majoração da alíquota se dar por lei, o que, conforme já antecipado, o próprio Poder Executivo teria a atribuição para tanto – justamente por ter o referido imposto caráter extrafiscal.

Após breves considerações, tem-se que, quanto ao fato gerador e à base de cálculo do IOF, notadamente sobre operações de mútuo, é de se recordar que o Código Tributário Nacional – CTN estabeleceu em seu: (i) art. 63[3],

---

[3] *Art. 63. O imposto, de competência da União, sobre operações de crédito, câmbio e seguro, e sobre operações relativas a títulos e valores mobiliários tem como fato gerador:*

inciso I, que o fato gerador das operações de crédito é a sua efetiva entrega total ou parcial do montante ou do valor que constitua o objeto da obrigação, ou sua colocação à disposição do interessado; (ii) art. 64, inciso I, que sua base de cálculo seria o montante da obrigação, compreendendo o principal e os juros.

Pela simples leitura desses dispositivos, atenta-se para a controvérsia envolvendo o fato gerador do IOF, qual seja, será que a simples disponibilidade de recursos por pessoa jurídica ao interessado seria fato gerador do IOF? Pois bem, antes de qualquer antecipação, após as digressões que serão trabalhadas nesse artigo, o leitor poderá labutar isoladamente para a formação de seu próprio entendimento.

Porém, para tanto, importante expor a cronologia da história do IOF nas operações de crédito, expondo os fatos geradores aplicáveis a cada caso – considerando as operações realizadas por Instituições Financeiras daquelas praticadas por pessoas jurídicas ou entre pessoa jurídica e pessoa física.

Ressurgindo à instituição do imposto, tem-se que a Lei nº 5.143, de 1966 criou o Imposto sobre Operações Financeiras, com vigência a partir de 1º de janeiro de 1967. Trouxe em seu art. 1º, inciso I, que, no caso de operações de crédito, o fato gerador do IOF é a entrega do respectivo valor ou sua colocação à disposição do interessado, tal como já disposto no CTN. Vê-se, somente pela leitura desse enunciado, que novamente nos deparamos com o fato gerador e a controvérsia colocada em discussão.

Nada obstante, visando a dirimir a controvérsia, é de suma importância se atentar ao *"caput"* do art. 1º daquela lei que traz explicitamente que *"O imposto sobre Operações Financeiras incide nas operações de crédito e seguro, realizadas por instituições financeiras e seguradoras, e tem como fato gerador: [...]"* (Grifos nossos).

Com o advento dessa lei, vê-se claro que a incidência do IOF nas operações de empréstimo sob qualquer modalidade concedidas pelas Instituições Financeiras tem como fato gerador a disponibilização do recurso ao interessado. Ora, é de hialina clareza que o fato gerador deveria ser efetivamente a disponibilização dos recursos pela Instituição Financeira ao interessado que o solicitou, eis que ela que o concedeu.

I – quanto às operações de crédito, a sua efetivação pela entrega total ou parcial do montante ou do valor que constitua o objeto da obrigação, ou sua colocação à disposição do interessado; [...]

10. QUESTÕES CONTROVERTIDAS ENVOLVENDO A TRIBUTAÇÃO PELO IOF

Cabe trazer que as Instituições Financeiras, ao disponibilizar os recursos, não estariam fazendo doação de recursos, tampouco, deixando seus recursos ao interessado terceiro para a gestão financeira de suas empresas, eis que nem teriam permissão para tanto, devendo observar o regramento procedimental quanto à constituição, funcionamento e limites imposto pelo Banco Central do Brasil.

Sendo assim, resta claro que o CTN, bem como a Lei nº 5.143, de 1966, ao estabelecer que o fato gerador do IOF nas operações de crédito é a colocação à disposição do interessado, estaria vinculando esse "fato" ao operador concessor do crédito – que seria a Instituição Financeira.

Clarifica-se que, à época o IOF não era exigido nas operações de mútuo de recursos financeiros entre pessoas jurídicas ou entre pessoa jurídica e pessoa física, passando a ser cobrável nessas operações somente com o advento da Lei nº 9.779, de 1999, que contemplou em seu art. 13 nova hipótese de incidência envolvendo pessoas não financeiras, *in verbis* (Grifos nossos):

> Art. 13. As operações de crédito *correspondentes a mútuo de recursos financeiros entre pessoas jurídicas ou entre pessoa jurídica e pessoa física* sujeitam-se à incidência do IOF segundo as mesmas normas aplicáveis às operações de financiamento e empréstimos praticadas pelas instituições financeiras.
>
> §1º Considera-se ocorrido o fato gerador do IOF, na hipótese deste artigo, na data da concessão de crédito;
>
> § 2º Responsável pela cobrança e recolhimento do IOF de que trata este artigo é a pessoa jurídica que conceder o crédito.
>
> § 3º O imposto cobrado na hipótese deste artigo deverá ser recolhido até o terceiro dia útil da semana subsequente à data da ocorrência do fato gerador.

Tendo em vista que a operação passou a envolver particulares, e não mais somente aquelas operações de crédito realizadas por Instituições Financeiras, não poderia o legislador considerar que toda a disponibilização de recursos ao interessado seria passível de IOF, vez que poder-se-ia deparar em confusão jurídica quanto aos institutos e fatos geradores de outros tributos sobre um mesmo evento – por exemplo, o Imposto sobre Transmissão Causa Mortis e Doação – ITCMD.

Dessa forma, o legislador ao desabrochar no ordenamento jurídico o art. 13 da Lei nº 9.779, de 1999, restringiu para essas novas hipóteses envolvendo particulares, o fato gerador do IOF, conforme *caput* do art. 13, especificando que somente haveria a incidência do referido imposto nas operações de crédito *correspondentes a mútuo*. Com relação às operações nas quais sejam preponderantes características materialmente contempladas na hipótese de incidência de outros tributos, não deve haver a incidência do IOF. Nesse sentido, há posicionamento na doutrina de João Ricardo Catarino e Diogo Ferraz de que não se incluem no objeto do IOF operações mercantis ou de prestação de serviços em que, por exemplo, há um espaço de tempo entre o pagamento e a entrega da mercadoria ou a prestação do serviço, pois o objeto dessas operações não é o crédito em si, mas sim a mercadoria ou serviço subjacente, que estão albergados por outros tributos (ICMS e ISS) (CATARINO; FERRAZ, 2016. p. 299).

Restou axiomático, assim, sob essa ótica, que o fato gerador do IOF, na hipótese de: (i) crédito concedido por Instituição Financeira, seria a disponibilização dos recursos na conta do interessado; (ii) crédito correspondente a mútuo entre pessoas jurídicas ou pessoa jurídica e pessoa física, seria a operação de crédito correspondente a mútuo.

Tal elucidação torna-se relevante para o deslinde das controvérsias surgidas no âmbito do processo administrativo fiscal quando da apreciação de operações firmadas entre pessoas jurídicas.

Mas, quanto ao fato gerador, considerando o *"caput"* do art. 13 da Lei nº 9.779, de 1999, o que seria mútuo?

Ora, para a conceituação de mútuo, o CTN, em seu art. 109[4], dispõe que os princípios gerais de direito privado se utilizam para pesquisa da definição, do conteúdo e do alcance de seus institutos, conceitos e formas, mas não para definir ou limitar competências. Adotando esse dispositivo, há de se recordar que a Lei nº 10.406, de 2002 – Código Civil – CC, contemplou o conceito de mútuo em seu art. 586, definindo o mútuo como empréstimo de coisas fungíveis, onde o mutuário é obrigado a restituir ao mutuante o que dele recebeu em coisa do mesmo gênero, qualidade e quantidade. Ou seja, o mutuário deve envolver coisa determinada e fungível – divisível e individualizada.

Além disso, o CC, de 2002, continua com a definição, esposando algumas características dessa operação, ao dispor em seu art. 587, que este empréstimo

---

[4] Art. 109. Os princípios gerais de direito privado utilizam-se para pesquisa da definição, do conteúdo e do alcance de seus institutos, conceitos e formas, mas não para definição dos respectivos efeitos tributários.

10. QUESTÕES CONTROVERTIDAS ENVOLVENDO A TRIBUTAÇÃO PELO IOF

transfere o domínio da coisa emprestada ao mutuário, por cuja conta correm todos os riscos dela desde a tradição. Ou seja, quanto à sua natureza, na operação de mútuo, deve haver a real transferência da propriedade com a efetiva mudança de titularidade da coisa. Somente com tais dispositivos, já é possível extrair a definição de mútuo.

Em respeito ao art. 109 do CTN, para fins de tributação, deve-se considerar a conceituação de mútuo exposta pelo CC, de 2002, ressaltando-se que o art. 586 do CC não traz a definição dos respectivos efeitos tributários, mas tão somente a conceituação de mútuo, não ferindo assim o disposto no referido art. 109 do CTN. Distintamente os efeitos tributários devem ser tratados em norma tributária, tal como a legislação do IOF o fez.

Isso posto, tem-se algumas características a serem consideradas para a definição da operação como sendo de mútuo:

- Positivação: típico;
- Natureza: Real (Transferência da propriedade);
- Objeto do contrato: empréstimo de coisa determinada e fungível, mediante devolução posterior;
- Aspecto subjetivo da obrigação: divisíveis e individualizadas;

É de se destacar ainda que, considerando a obrigação do mutuário, o contrato de mútuo seria unilateral, eis que a partir da tradição, nasceria a obrigação do mutuário em devolver ao mutuante em coisas do mesmo gênero, qualidade e quantidade. Não há, nessa operação, obrigação por parte do mutuante.

As características descritas são de extrema magnitude para a resolução das controvérsias envolvendo as operações de AFAC e de Conta Corrente, pois poderão ser basilares para a descaracterização dessas operações para fins de tributação pelo IOF.

Quanto aos regulamentos do IOF que surgiram ao longo dos anos, destaca-se nesse artigo o atualmente vigente – Decreto nº 6.306, de 2007 com alterações posteriores. Esse regulamento, ao tratar do art. 13 da Lei 9.779, de 1999, traz em seu art. 3º, § 3º, *in verbis* (destaques nossos):

Art. 3º [...]

[...]

§ 3º A expressão "operações de crédito" compreende as operações de:

I – empréstimo sob qualquer modalidade, inclusive abertura de crédito e desconto de títulos (Decreto-Lei nº 1.783, de 18 de abril de 1980, art. 1º, inciso I);

II – alienação, à empresa que exercer as atividades de factoring, de direitos creditórios resultantes de vendas a prazo (Lei nº 9.532, de 1997, art. 58);

III – mútuo de recursos financeiros entre pessoas jurídicas ou entre pessoa jurídica e pessoa física (Lei nº 9.779, de 1999, art. 13).

Vê-se que o regulamento, ainda que não necessitasse, notoriamente segregou, para fins de se definir o fato gerador aplicável a cada caso, considerando a evolução legislativa que trouxe em 1999 a nova hipótese de incidência posta no art. 13 da Lei nº 9.779, de 1999, o que seria a expressão "operações de crédito" para cada caso, destacando que para operações, envolvendo pessoas jurídicas ou pessoa jurídica e pessoa física as operações de crédito passíveis de IOF seriam somente aquelas correspondentes às operações de mútuo, e não quaisquer operações de crédito, tais como aquelas realizadas pelas Instituições Financeiras.

2. Adiantamento para Futuro Aumento de Capital – AFAC
2.1. Questões controvertidas

Passadas breves considerações sobre o IOF, é de se abordar a jurisprudência envolvendo a operação de AFAC.

Primeiramente, resume-se o AFAC como operação que envolve aporte de valores por sócios a uma determinada sociedade com compromisso exclusivo e específico de que tais valores sejam utilizados para futuro aumento de capital daquela sociedade.

A controvérsia que surge no âmbito do processo administrativo é decorrente, dentre outros fatores, do desvirtuamente dos valores, eis que implicaria em desonra do compromisso firmado, descaracterizando a operação como AFAC para revesti-la em operação de mútuo para fins de tributação pelo IOF.

Mas a operação de AFAC poderia ser considerada como operação de mútuo?

Ensina Luiz Alfredo Paulin[5] que o AFAC não pode ser classificado como empréstimo, posto que não é detentor de parte significativa das caracterís-

---

[5] PAULIN, Luiz Alfredo. Adiantamento para Futuro Aumento de Capital em face do art. 34, IV, da Lei Bancária, *Revista dos Tribunais* – 718:23, 1995.

10. QUESTÕES CONTROVERTIDAS ENVOLVENDO A TRIBUTAÇÃO PELO IOF

ticas desta espécie de contrato. Considera ainda que tal distinção se torna mais evidente quando se compara a forma de liquidação das duas operações, bem como observa que, no AFAC, há a desoneração da obrigação não com a devolução das quantias originalmente recebidas, mas sim com a entrega de ações ou quotas pertinentes.

Por sua vez, trazem os Professores Gelbcke, Santos, Iudícibus e Martins[6] que adiantamentos para aumento de capital são os recursos recebidos pela empresa de seus acionistas ou quotistas destinados a serem utilizados para aumento de capital, sendo que, no recebimento de tais recursos, a empresa deve registrar o ativo recebido, normalmente disponibilidades, a crédito dessa conta específica "Adiantamentos para Aumento de Capital". E, quando formalizar o aumento de capital, o registro contábil será a baixa (débito) dessa conta de Adiantamento a crédito do Capital Social.

Ensinam ainda os professores que "os recursos recebidos de acionistas ou quotistas que estejam destinados e vinculados a aumento de capital, por força de disposições contratuais irrevogáveis ou legais, não devem ser tratados como exigibilidades, mas como conta integrante do Patrimônio Líquido."

Tal entendimento encontra-se em conformidade com o disposto pela Resolução CFC nº 1.159, de 2009, que estabelece que os AFACs podem ser registrados no Patrimônio Líquido, após a conta de Capital Social, sendo que somente deveriam ser registrados no Passivo Circulante se houvesse alguma possibilidade de devolução de recursos aos sócios.

"Teria, todavia, o AFAC natureza jurídica de empréstimo? Entende-se que não. Empréstimo, como informa Arnoldo Wald é a "convenção pela qual uma das partes recebe coisa alheia para utilizá-la e em seguida devolvê-la ao legítimo proprietário". Da mera leitura das palavras de Arnoldo Wald se conclui que o AFAC não pode ser classificado como empréstimo, posto que não é detentor de parte significativa das características desta espécie de contrato, conforme definido doutrinariamente. Tal se torna mais evidente, quando se compara a forma de liquidação das duas operações. O empréstimo pressupõe que, a final, o credor receba em devolução as coisas originalmente emprestadas, ou, em caso de mútuo, (...) coisas fungíveis equivalentes às originalmente transferidas. De fato, no mútuo, como bem nota Orlando Gomes, a 'obrigação fundamental do mutuário é a de restituição da coisa da mesma espécie e qualidade, ou a mesma quantidade quando no empréstimo non corpora cogitavit, sed quantitatem'. Já no AFAC, há a desoneração da obrigação não com a devolução das quantias originalmente recebidas, mas sim com a entrega de ações ou quotas pertinentes. Afasta-se, por isso, decididamente, o empréstimo do AFAC."

[6] GELBCKE, Ernesto Rubens; SANTOS, Ariovaldo; IUDÍCIBUS, Sérgio e MARTINS, Eliseu. *Manual de Contabilidade Societária*. 3ª Edição. Ed. Atlas. São Paulo.

Em pesquisa jurisprudencial no âmbito administrativo fiscal, é de se destacar que as doutrinas inerentes a ciência do direito e a ciência contábil, que refletem essa operação, manifestam sinergia no âmbito administrativo, eis que os julgadores consideram como um dos fatores norteadores, para a evidenciação de que uma operação se enquadra tributariamente como operação de AFAC, além de outros pontos, os registros contábeis observados pelo sujeito passivo.

Ora, nada mais apropriado, pois os registros contábeis adotados pelo sujeito passivo refletem a essência econômica da operação, sendo, inclusive, notados em órgãos competentes com a publicidade das demonstrações contábeis e financeiras.

Nota-se ainda que, nos termos do art. 9º, § 1º, do Decreto-Lei nº 1.598, de 1977 (art. 196 do Decreto nº 9.580, de 2018 – Regulamento do Imposto de Renda – RIR), tem-se que a escrituração mantida pelo sujeito passivo faz prova a seu favor e aos fatos nela registrados e comprovados por documentos hábeis, de acordo com a sua natureza, ou assim definidos em preceitos legais.

Sendo assim, torna-se extremamente relevante o registro contábil adotado pelo sujeito passivo para retratar a essência da operação, tal como considerado em vários julgamentos no âmbito do CARF.

Nessa mesma linha, proveitoso recordar o art. 419, da Lei nº 13.105, de 2015, que dispõe que a escrituração contábil é indivisível e, se dos fatos que resultam dos lançamentos, uns são favoráveis ao interessado de seu autor e outros lhes são contrários, ambos serão considerados em conjunto, como unidade.

Quanto aos instrumentos formais, a Lei nº 6.404, de 1964, não trata especificamente dessa figura ou desse instituto, mas é possível extrair que a operação de AFAC deveria restar contratualmente estabelecida e irrevogável, através de ato societário – inclusive autorizando em outro ato, posteriormente, o futuro aumento de capital, vinculando, se possível, ao AFAC realizado anteriormente.

Quanto ao entendimento considerado pela autoridade fiscal à época, é de se recordar o Parecer Normativo CST nº 17, de 1984, *in verbis* (Grifos nossos):

> Não é exigível a observância ao disposto no artigo 21 do Decreto-lei nº 2.065/83 à pessoa jurídica que fizer adiantamento de recursos financeiros, sem remuneração, para sociedade coligada, interligada ou controlada, desde que:
>
> (1) *o adiantamento se destine, específica e irrevogavelmente, ao aumento do capital social da beneficiária e*

10. QUESTÕES CONTROVERTIDAS ENVOLVENDO A TRIBUTAÇÃO PELO IOF

(2) *a capitalização se processe, obrigatoriamente, por ocasião da primeira AGE ou alteração contratual posterior ao adiantamento ou, no máximo, até 120 dias contados do encerramento do período-base da sociedade tomadora dos recursos.*

O Parecer Normativo trazia a importância de o processamento da capitalização se dar por ocasião da 1ª AGE ou alteração contratual posterior ao adiantamento. Previu ainda uma limitação temporal para a capitalização – de até 120 dias contados do encerramento do período base da sociedade tomadora dos recursos. Nada obstante, é sabido que tal parecer estava estritamente vinculado ao sistema de correção monetária de balanço – que não mais existe desde 1996 (Lei nº 9.249, de 1996).

Tanto é assim que a Instrução Normativa SRF nº 127, de 1988[7], que estabeleceu as mesmas regras estipuladas pelo Parecer, foi revogada pela Instrução Normativa SRF nº 79, de 2000. O que, por conseguinte, ocasionou a revogação da regra tratando da "limitação temporal" para a capitalização dos valores aportados na sociedade.

Mas será plausível considerar uma operação como AFAC se os recursos adiantados ficam *ad eternum* na sociedade?

Pois bem, há decisões administrativas que consideram razoável a aplicação da limitação temporal trazida pelos normativos expedidos pela Receita Federal do Brasil, ainda que tenham sidos revogados, pois demonstram "bom senso" do sujeito passivo.

Após breves digressões, refletem-se alguns critérios que poderiam ser considerados para a caracterização de uma operação como AFAC, e não como mútuo:

---

[7] O SECRETÁRIO da RECEITA FEDERAL, no uso de suas atribuições e tendo em vista o disposto no art. 21 do Decreto-Lei nº 2.065, de 26 de outubro de 1983,

Declara:

1. Os adiantamentos de recursos financeiros, sem remuneração ou com remuneração inferior às taxas de mercado, feitos por uma pessoa jurídica à sociedade coligada, interligada ou controlada, não configuram operação de mútuo, sujeita à observância do disposto no art. 21 do Decreto-Lei nº 2.065, de 26 de outubro de 1983, desde que:

a) entre a prestadora e a beneficiária haja comprometimento, contratual e irrevogável, de que tais recursos se destinem a futuro aumento de capital; e

b) o aumento de capital seja efetuado por ocasião da primeira Assembléia-Geral Extraordinária ou alteração contratual, conforme o caso, que se realizar após o ingresso dos recursos na sociedade tomadora."

- Registro contábil da operação;
- Instrumento formal autorizando o adiantamento de recursos para o futuro aumento de capital – Ato Societário;
- Instrumento formal autorizando a capitalização, com vinculação dos recursos aportados anteriormente;
- Prazo razoável para a capitalização dos recursos aportados (não necessariamente aquele estipulado expressamente pela IN revogada);
- Não desvirtuamento dos recursos aportados para a capitalização.

2.2. Jurisprudência administrativa

Considerando os critérios definidos brevemente no item anterior, constata-se que a jurisprudência administrativa tem se refletido de forma coesa ao afastar ou fazer incidir o IOF, a depender da situação concreta. Eis alguns posicionamentos envolvendo:

a. Instrumentos formais:

Posicionamento da Autoridade Fiscal	Posicionamento do CARF	Acórdão
• Instrumentos particulares sem registro público. • Limite de "crédito" não claramente definido – o que poder-se-ia ser considerado cessões de crédito rotativo.	• (favorável ao Contribuinte) Cópia da Ata da Assembleia Geral Extraordinária registrada na JUCEPAR – com a deliberação do aumento de capital social correspondente as AFACs realizadas pelo contribuinte. • Cópia do DOU com a alteração do Estatuto Social. • Sem amparo legal (limite de crédito).	3402-004.932
Síntese: A autoridade fiscal descaracterizou a operação de AFAC, exigindo o IOF mútuo, considerando que os instrumentos particulares que trataram da operação de AFAC não haviam sido devidamente registrados. Nada obstante, a 2ª Turma Ordinária da 4ª Câmara da 3ª Seção do CARF, por meio do acórdão 3402-004.932, considerou os arts. 408 e 412 do CPC, de 2015[8] e, além disso, a cópia da Ata da AGE e da alteração estatutária para afastar a incidência do IOF e manter o enquadramento da operação como AFAC.		

[8] Art. 408. As declarações constantes do documento particular escrito e assinado ou somente assinado presumem-se verdadeiras em relação ao signatário.
Art. 412. O documento particular de cuja autenticidade não se duvida prova que o seu autor fez a declaração que lhe é atribuída.

10. QUESTÕES CONTROVERTIDAS ENVOLVENDO A TRIBUTAÇÃO PELO IOF

> Ementa do acórdão 3402-004.932:
> *"IOF. RECURSOS CONTABILIZADOS EM ADIANTAMENTO PARA FUTURO AUMENTO DE CAPITAL – AFAC. EQUIPARAÇÃO A NEGÓCIO DE MÚTUO. REQUISITOS LEGAIS. IMPOSSIBILIDADE.*
> *Estando demonstrado que os recursos repassados representavam pagamento antecipado para aquisição de ações ou quotas de capital (AFAC), cumprindo os requisitos exigidos pela legislação, o aporte de recursos financeiros efetuados não se caracteriza como uma operação de crédito correspondente a mútuo, razão pela qual não é suficiente para a configuração do fato gerador do IOF, previsto no artigo 13 da Lei nº 9.779/99.[...]"*

b. Limitação temporal para a capitalização:

Posicionamento da Autoridade Fiscal	Posicionamento do CARF	Acórdão
• Operação de AFAC sem observância das disposições contidas no Parecer Normativo nº 17, de 1984. Ou seja, que não houve capitalização no primeiro ato formal das sociedades e tampouco em até 120 dias.	• (favorável ao Contribuinte – DRJ) O parecer considerou o prazo para a capitalização, considerando a correção monetária de balanço que, por sua vez, foi revogada pela Lei nº 9.249/96. Assim como a IN 127/88 – que foi revogada pela IN 79/00. A fundamentação do auto de infração que descaracterizou o AFAC não mais existe.	3301-005.530

Síntese: A autoridade fiscal descaracterizou a operação de AFAC, exigindo o IOF mútuo, considerando a limitação temporal para a capitalização prevista no Parecer Normativo nº 17. Nada obstante, a 1ª Turma Ordinária da 3ª Câmara da 3ª Seção considerou que tais regras haviam sido revogadas com a extinção da correção monetária de balanço.

Ementa do acórdão 3301-005.530:
"IOF. ADIANTAMENTO PARA FUTURO AUMENTO DE CAPITAL. AFAC.
As disposições contidas no Parecer Normativo CST nº 17 de 20/08/1984 não podem ser utilizadas como fundamento para descaracterização de AFAC realizado em período posterior à perda de sua eficácia, que se deu com a edição da Instrução Normativa nº 127/88, regulando a mesma matéria, que por sua vez foi revogada pela Instrução Normativa nº 79/2000.[...]"

c. Desvio dos recursos aportados (adiantados):

Posicionamento da Autoridade Fiscal	Posicionamento do CARF	Acórdãos
▪ Operação de AFAC com destinação diversa do evento aumento de capital. Valores discrepantes x subscrição x aumento de capital (com capitalização de reservas).	▪ (desfavorável ao Contribuinte) A conta contábil registrando o adiantamento restava sem saldo, pressupondo evento de liquidação de empréstimo. Houve, além disso, capitalização de reservas e lucros acumulados.	3401-005.391 3401-005.390
Síntese: A autoridade fiscal descaracterizou a operação de AFAC, considerando que houve destinação diversa dos recursos aportados – não sendo cumprido o compromisso firmado para utilizá-los exclusivamente para aumento de capital. A 1ª Turma Ordinária da 4ª Câmara da 3ª seção do CARF manteve a cobrança do IOF, considerando o saldo na conta contábil, bem como evidências de que a capitalização utilizou reservas e lucros acumulados da sociedade.		
Ementa dos acórdãos: *"IOF. ADIANTAMENTO PARA FUTURO AUMENTO DE CAPITAL – AFAC NÃO CARACTERIZADO. CAUSA DO NEGÓCIO JURÍDICO. MÚTUO. INCIDÊNCIA. Os adiantamentos para futuro aumento de capital social (AFAC), assim reconhecidos e registrados na escrituração contábil, e que da mesma forma permaneçam até a efetiva capitalização pela sociedade investida, não se configuram como mútuo, não estando, portanto, sujeitos à incidência do IOF. A ausência de formalização de compromisso de permanência das verbas na companhia investida não desnatura os aportes efetivamente incorporados ao capital social da beneficiária. Contudo, uma vez demonstrado pela autoridade fiscal que tais recursos não foram capitalizados e que a causa material do negócio jurídico tenha sido mútuo, reconhece-se a incidência do IOF."*		

Merece destaque ainda o acórdão nº 3401-004.338, que manteve a exigência do IOF, sob os seguintes argumentos: (i) de que não havia sido coligido qualquer compromisso formal que impusesse o reconhecimento dos valores aportados como AFAC; (ii) não havia provas contábeis – registro contábil do aporte; (iii) o aumento de capital ocorreu 4 anos após o aporte; (iv) o aumento de capital foi proveniente, em "boa parte", de reversão de reservas, emissão de ações ou capitalização de créditos de outras pessoas jurídicas.

10. QUESTÕES CONTROVERTIDAS ENVOLVENDO A TRIBUTAÇÃO PELO IOF

Destarte, é de se concluir ser extremamente relevante a observância de alguns critérios – quais sejam, contábil (registros contábeis), societário (atos societários e instrumentos particulares) e financeiro (direcionamento para aumento de capital dos recursos aportados) para o enquadramento da operação como AFAC, afastando confortavelmente da discussão contenciosa a exigência do IOF mútuo.

Ressalta-se que a autoridade fiscal, ao se deparar com a não observância de alguns critérios que entende ser relevantes para fins de enquadramento como operação de AFAC acaba por exigir o IOF mútuo, pois, ao descaracterizar a operação como AFAC, considera que a disponibilização de recursos de sócios para uma sociedade, ainda que não tenha contrato estipulando obrigação à sociedade recebedora de devolver coisa fungível na mesma qualidade e quantidade disponibilizada, seria efetivamente uma operação de crédito correspondente a mútuo.

3. Operação de conta corrente
3.1. Questões controvertidas

A operação de conta corrente tem gerado várias discussões no âmbito do processo administrativo fiscal, vez que tais operações, segundo a autoridade fiscal seriam correspondentes às operações de mútuo passíveis de incidência de IOF.

Mas será que a operação de conta corrente teria a mesma natureza de uma operação de mútuo para, assim, serem tributadas pelo IOF mútuo?

Antes de se abrenhar à jurisprudência administrativa, cabe trazer breve conceito dessa operação – como sendo aquela decorrente de remessas recíprocas de valores a "crédito" e a "débito" em uma só conta vinculando sociedades controladas e controladora, justamente por restar dentre as atividades da empresa controladora a gestão de recursos de suas controladas.

Considerando o objeto da sociedade controladora, a sociedade controlada, por economia operacional e para melhor gerenciamento de recursos, poderá, assim, firmar contrato com sua controladora com o intuito de essa última gerir o caixa em um Grupo Econômico para o cumprimento de suas obrigações (da controlada).

Recordando as características de uma operação de mútuo, trazidas no item 2, vê-se claramente que a controvérsia resta instalada.

Para melhor elucidar os posicionamentos divergentes, importante refletir, com a devida vênia, o voto vencedor do acórdão nº 9303-005.582, de agosto de 2017, que tratou da operação de conta corrente (destaques nossos):

[...]

Ao contrário do entendimento da autuada (interessada), para caracterizar o mútuo não é necessário a realização de contrato escrito nem a cobrança de juros sobre a quantia cedida e/ou disponibilizada, basta a transferência de recursos a outra pessoa jurídica.

[...]

No presente caso, ficou demonstrado, mediante documentos contábeis e bancários, que a autuada (interessada) transferiu recursos financeiros para a empresa controladora. Todas as operações foram escrituradas em sua contabilidade.

O Parecer Normativo CST nº 23, de 1983, já se manifestara sobre a caracterização de operações de mútuo assim dispondo:

2.1 – Não tem relevância a forma pela qual o empréstimo se exteriorize; contrato escrito ou verbal, adiantamento de numerário ou simples lançamento em conta corrente, qualquer feito que configurar capital posto à disposição de outra sociedade sem remuneração, ou com compensação financeira inferior àquela estipulada na lei, constitui fundamento para a aplicação da norma legal.[...]

Tal posicionamento reflete o entendimento esposado pelo Parecer Normativo CST nº 23, de 1983, que traz, basicamente, que qualquer transferência de recursos disponibilizados a outra pessoa jurídica seria considerada operação de mútuo passível de incidência de IOF.

Nada obstante a esse fundamentado entendimento que, por sua vez, reflete o fato gerador constante do CTN, data vênia, pode gerar discussões.

Ora, pode-se entender, tal como exposto no item 2 desse artigo, que o Parecer Normativo, ao trazer que restaria configurado como mútuo qualquer transferência de recursos para uma pessoa jurídica, abrangeria somente aquelas operações realizadas por Instituições Financeiras quando da disponibilização de recursos para seus clientes. Nessa linha, o Parecer estaria correto, eis que essas instituições ao disponibilizarem recursos em conta corrente de clientes não fazem doação, mas sim empréstimos, adiantamento de numerário ou concessão de financiamento, conforme reza o regramento do Banco Central do Brasil. Todos os eventos seriam, assim, passíveis de IOF.

Para reforçar esse posicionamento, é de se trazer que o Parecer Normativo ora em apreço é de 1983, ou seja, anterior a Lei nº 9.779, de 1999 – que, por sua vez, trouxe nova hipótese de incidência – agora envolvendo operações de crédito *correspondentes a mútuo* de recursos financeiros *entre pessoas jurídicas ou entre pessoa jurídica e pessoa física*. Ou seja, não poderia o parecer configurar mútuo para operações envolvendo pessoas jurídicas ou entre pessoa jurídica e pessoa física, pois não havia essa hipótese de incidência no ordenamento jurídico à época.

Ademais, há posicionamentos que adentram nas naturezas da operação de mútuo e operação de conta corrente para se afastar ou não a incidência de IOF a depender da situação apreciada, independentemente de haver ou não transferência de recursos a uma pessoa jurídica.

Nessa linha, como já tratado no item 2, é de se assomar que o contrato de mútuo tem como objeto o empréstimo de coisa determinada e fungível, mediante devolução posterior, sendo que, com a tradição, nasce a obrigação unilateral do mutuário de devolver coisa de mesma qualidade e quantidade. Nessa operação, vê-se que as partes, desde a tradição, se revestem na figura de mutuário e mutuante.

Diferentemente de uma operação de conta corrente, que possui como objeto a gestão de caixa envolvendo remessas recíprocas de débitos e créditos entre a sociedade controlada e controladora. Nesse caso, vê-se que a obrigação de devolução de recursos, por parte da sociedade controladora ou sociedade controlada, a depender da situação, somente nasceria após a efetiva liquidação da conta corrente e se houver saldo. Nessa operação, vê-se que as partes somente se revestiriam na figura de credor ou devedor após a liquidação da conta e se houver saldo.

Ressurgindo com o acórdão 9303-005.582, merece também destaque a posição vencida, que se internou na natureza das operações para afastar a incidência do IOF, descrevendo *a priori* a lição do saudoso jurista Alberto Xavier[9]:

[...]
Sucede que, no que concerne ao caso peculiar de operações realizadas por pessoas jurídicas não financeiras, a lei ordinária (Lei nº 9.779/1999) voltou de

---

[9] XAVIER, Alberto. A distinção entre contrato de conta corrente e mútuo de recursos financeiros para efeitos de IOF. *Revista Dialética de Direito Tributário*, nº 208, fls. 15 a 26.

novo a auto limitar-se, restringindo o âmbito de incidência ao conceito bem mais restritivo de "mútuo de recursos financeiros".

Tivesse a lei ordinária adotado o conceito amplo de "operação de crédito", com raízes na lei constitucional e na lei complementar, poder-se-ia sustentar, com alguma verossimilhança, que os fluxos financeiros realizados por uma parte poderiam subsumir-se em tal conceito, na medida em que poderiam representar um diferimento no tempo de uma prestação, para usar o clássico conceito de "operação de crédito" de João Eunápio Borges.

Com efeito, o conceito de "operação de crédito" foi entre nós objeto de clara lição pelo referido autor.

"Em qualquer operação de crédito o que sempre se verifica é a troca de um valor presente e atual por um valor futuro. Numa venda a prazo, o vendedor troca a mercadoria o valor presente e atual pela promessa de pagamento a ser feito futuramente pelo comprador. No mútuo ou em qualquer modalidade de empréstimo, à prestação atual do credor corresponde a prestação futura do devedor. O crédito é, pois, economicamente, a negociação de uma obrigação futura; é a utilização dessa obrigação futura para a realização de negócios atuais. [...]

Na noção de crédito estão implícitos os seguintes elementos:

a) a confiança: quem aceita, em troca de sua mercadoria ou de seu dinheiro, a promessa de pagamento futuro, confia no devedor. Confiança que pode não repousar exclusivamente no devedor, mas em garantias pessoais (aval, fiança) ou reais (penhor, hipoteca, etc.) que ele ofereça em segurança da oportuna realização da prestação futura a que se obrigou; mas, de qualquer forma, é sempre a confiança elemento essencial do crédito;

b) o tempo, constituindo o prazo, o intervalo, o período que medeia entre a prestação presente e atual e a prestação futura.

[...]"

Mesmo, porém, em sentido amplo, o contrato da conta-corrente apenas se pode subsumir no conceito de operação de crédito no momento e por ocasião do encerramento da conta, pois até esse momento é latente um estado de indeterminação absoluta da quantia a restituir e da pessoa a quem cabe a restituição [....]."

Concluiu o voto vencido, após discorrer sobre as diferenças entre as operações de conta corrente e operação de mútuo, que as operações financeiras efetuadas entre as empresas caracterizam-se como contratos de conta corrente, por meio dos quais são gerenciados os recursos financeiros do grupo

10. QUESTÕES CONTROVERTIDAS ENVOLVENDO A TRIBUTAÇÃO PELO IOF

econômico de forma consolidada, não se sujeitando à incidência do IOF, nos termos do art. 13 da Lei nº 9.779, de 1997. Reflete ainda que, nos grupos econômicos, a empresa *holding* tem a função de, além de participar do capital das demais, oferecer recursos imprescindíveis à sobrevivência das controladas e coligadas. O que, por conseguinte, não se trataria de um empréstimo propriamente dito, mas sim de administrar e/ou gerenciar o caixa e os recursos – bens, títulos ou dinheiro do mesmo grupo de empresas.

3.2. Jurisprudência administrativa e a questão da análise das provas

Em pesquisa jurisprudencial, é de se constatar que, ainda que o colegiado da Câmara Superior de Recursos Fiscais – CSRF tenha apreciado a operação de conta corrente aplicando o conceito mais amplo de empréstimo (quaisquer transferências de recursos para uma pessoa jurídica), constata-se que a controvérsia ainda reside no âmbito administrativo, a depender da situação, dos fatos e dos elementos contábeis inerentes aos eventos apreciados.

Eis algumas decisões:

Acórdão	Ementa (Grifos nossos)
3402-003.018	"[...] *IOF. CONTA CORRENTE ENTRE EMPRESAS LIGADAS. NÃO INCIDÊNCIA.* *Não provando o Fisco que as operações escrituradas na contabilidade do Contribuinte devem ter sua natureza jurídica reavaliada, porque teriam características de "operação de crédito correspondente a mútuo", **deve prevalecer a presunção de veracidade e legitimidade dos livros**, não havendo a incidência do IOF sobre operações comerciais lançadas na conta-corrente entre empresas ligadas [...]"* Nota: em agosto/2019, a decisão foi reformada pela 3ª Turma da CSRF.
3402-005.232	"IOF. CONTRATO DE CONTA CORRENTE. MÚTUO. GESTÃO DE CAIXA ÚNICO. NÃO INCIDÊNCIA. *O contrato de conta corrente é instrumento hábil para operacionalizar a gestão de caixa único (cash pooling) no âmbito de um grupo econômico, **não havendo que se confundir as transferências decorrentes deste daquelas relacionadas a contratos de mútuo e abrangidas decorrentes deste daquelas relacionadas a contratos de mútuo e abrangidas pela hipótese de incidência do IOF.*** *Os recursos financeiros das empresas controladas que circulam nas contas da controladora não constituem de forma automática a caracterização de mútuo, **pois dentre as atividades da empresa controladora de grupo econômico está a gestão de recursos, por meio de conta-corrente**, não podendo o Fisco constituir uma realidade que a lei expressamente não preveja."*

3301-006.084	"OPERAÇÃO DE CRÉDITO ENTRE EMPRESAS LIGADAS. CONTA CORRENTE CONTÁBIL. INCIDÊNCIA DE IOF. CONTRATO DE MÚTUO. Os aportes de recursos financeiros entre pessoas jurídicas ligadas, sem prazo e valor determinado, **realizado por meio de lançamentos em conta contábil que representa empréstimos para capital de giro**, caracterizam as operações de crédito correspondentes a mútuo financeiro previsto no art. 13 da Lei nº 9.779/1999, independente da formalização de contrato, cuja base de cálculo do IOF é o somatório dos saldos devedores diários apurados no último dia de cada mês quando não houver valor prefixado. [...]"
9303-009.257	"DISPONIBILIZAÇÃO E/OU TRANSFERÊNCIA DE RECURSOS FINANCEIROS ENTRE PESSOAS JURÍDICAS. OPERAÇÃO DE CONTA-CORRENTE. APURAÇÃO PERIÓDICA DE SALDOS CREDORES E DEVEDORES. INCIDÊNCIA. A disponibilização e/ ou a transferência de recursos financeiros a outras pessoas jurídicas, **ainda que realizadas sem contratos escritos, mediante a escrituração contábil dos valores cedidos e/ ou transferidos, com a apuração periódica de saldos devedores, constitui operação de mútuo sujeita à incidência do IOF.**"
3301-005.566	"OPERAÇÃO DE MÚTUO ENTRE PESSOAS JURÍDICAS DO MESMO GRUPO ECONÔMICO. PRESENÇA DE CONTRATOS DE MÚTUO. INEXISTÊNCIA DE CONTRATO FORMAL DE CONTA-CORRENTE. É devida a cobrança do IOF sobre as operações de mútuo de recursos financeiros realizadas entre pessoas jurídicas não financeiras integrantes do mesmo grupo econômico, **com base em contratos de mútuo apresentados**. A alegação de contrato de conta-corrente não é suficiente para afastar a tributação disposta em lei."
3201-003.448	"IOF. BASE DE CÁLCULO. OPERAÇÃO DE CONTA-CORRENTE: A operação de conta-corrente conjunta, cujo contexto revela função financiadora, é base de cálculo do IOF, por corresponder à função típica de crédito, **independentemente de haver, concomitantemente, função de gestão centralizada de caixa.[...]**"
3401-004.239	"IOF. MÚTUO ENTRE PESSOAS JURÍDICAS. INCIDÊNCIA. Consoante art. 13 da Lei nº 9.779/99, as operações de crédito correspondentes a mútuo de recursos financeiros entre pessoas jurídicas ou entre pessoa jurídica e pessoa física sujeitam-se à incidência do IOF **segundo as mesmas normas aplicáveis às operações de financiamento e empréstimos praticadas pelas instituições financeiras.**

> *IOF. INCIDÊNCIA. CONTRATO DE CONTA CORRENTE. MÚTUO. CARACTERIZAÇÃO.*
>
> *A entrega ou colocação de recursos financeiros à disposição de terceiros, sejam pessoas físicas ou jurídicas, havendo ou não contrato formal e independente do nomen juris que se atribua ao ajuste, consubstancia hipótese de incidência do IOF, mesmo que constatada a partir de registros ou lançamentos contábeis, ainda que sem classificação específica, mas que, pela sua natureza, importem colocação ou entrega de recursos à disposição de terceiros.[...]"*

Depreendendo-se da leitura das ementas transcritas, vê-se que o posicionamento dos colegiados refletiram sobre os contratos firmados, elementos contábeis e fatos circunstanciais, refletindo até mesmo o entendimento de que o fato gerador nas operações de crédito envolvendo Instituição Financeira seria aplicável para operações envolvendo pessoas jurídicas ou pessoa jurídica e pessoa física.

Aspecto não menos relevante nas decisões é a valoração das provas colacionadas aos autos pela Fiscalização e pelo Sujeito Passivo para a caracterização das operações como sendo de mútuo, atraindo a incidência do IOF, conforme art. 13 da Lei n.º 9.779/99; ou de conta corrente e de adiantamento para futuro aumento de capital (AFAC), nessas duas hipóteses não havendo o fato gerador do imposto. Como já tratado acima, no art. 153, inciso V, da Constituição Federal foram estabelecidas quatro bases econômicas para a incidência do IOF: operações de crédito; operações de câmbio; operações de seguro e operações relativas a títulos ou valores mobiliários. Assim, o IOF incidirá sobre os negócios jurídicos que tenham como objeto referidos bens ou valores crédito, câmbio, seguro ou títulos e valores mobiliários.

Com a superveniência do art. 13 da Lei nº 9.779/1999, houve o alargamento do campo de incidência do IOF, passando a abranger também operações de crédito, entendidas como mútuo de recursos financeiros, realizadas entre pessoas jurídicas ou entre pessoa jurídica e pessoa física, ainda que não de natureza financeira. O IOFcrédito passou a abranger operações de mútuo fora do âmbito do mercado financeiro, limitandose, no entanto, o campo de incidência às operações de crédito correspondentes a "mútuo de recursos financeiros", razão pela qual é importante a caracterização da relação negocial por meio de provas.

Consoante se verifica do voto vencedor do acórdão nº 9303005.582, a posição que prevaleceu no julgamento realizado pela 3ª Turma da Câmara

Superior de Recursos Fiscais considerou que para restar caracterizado o contrato de mútuo *"não é necessário a realização de contrato escrito nem a cobrança de juros sobre a quantia cedida e/ou disponibilizada, basta a transferência de recursos a outra pessoa jurídica"*. Prosseguindo na análise da matéria, consignou-se no julgado que todas as operações efetuadas por aquele Contribuinte foram escrituradas em sua contabilidade, tendo ficado demonstrado, por meio de documentos contábeis e bancários, que a autuada transferiu recursos financeiros para a empresa controladora.

De outro lado, no acórdão nº 3402-002.987, em que foi negado provimento ao recurso de ofício para considerar que o simples adiantamento de recursos à parte relacionada não está na hipótese de incidência do IOF, entendeu o Colegiado ter restado devidamente comprovado na contabilidade *"o ciclo comercial efetuado, através de títulos de crédito e participação de fundo de investimento, para o financiamento/fomento da atividade empresarial (pecuária)"*. A título exemplificativo, dentre os documentos que haviam sido juntados pelo Sujeito Passivo, com a impugnação, para fazer frente às acusações da Fiscalização, estavam: as declarações de Imposto de Renda da Pessoa Física dos sócios, cópias das contas do livro razão, alterações do contrato social, atas de assembleia de transformação em sociedade por ações, contrato de investimento, acordo de acionistas e documentos relacionados às atividades de produtor rural.

Frente ao alargamento da incidência do IOF, as demonstrações contábeis e outras provas assumem também papel importante na caracterização das relações negociais, que ensejarão ou não a incidência do referido tributo. Importa consignar que, da mesma forma que cabe ao contribuinte o ônus de comprovar as operações comerciais praticadas, à Receita Federal também compete a justificação robusta para a descaracterização.

Conclusões

Esse artigo, como se constata, teve o intuito de trazer as principais e recentes questões controvertidas tratadas no âmbito do processo administrativo fiscal envolvendo o IOF nas Operações de AFAC e Operações de Conta Corrente, bem como os aspectos probatórios inerentes aos eventos, sem prejuízo de outras operações que poderão ser tratadas em oportunidades futuras.

Referências

AMARO, Luciano da Silva. *Direito tributário brasileiro.* 14. ed. rev. São Paulo: Saraiva, 2008.

CATARINO, João Ricardo; FERRAZ, Diogo. Tributação das operações financeiras num mundo globalizado – A emissão como último recurso no projeto europeu e o modelo brasileiro. In: ROCHA, Sérgio André; TORRES, Heleno (coord.). *Direito Tributário Internacional: Homenagem ao Prof. Alberto Xavier.* São Paulo: Quartier Latin, 2016. p. 285 a 318.

PAULIN, Luiz Alfredo. Adiantamento para Futuro Aumento de Capital em face do art. 34, IV, da Lei Bancária, *Revista dos Tribunais* – 718:23, 1995.

GELBCKE, Ernesto Rubens; SANTOS, Ariovaldo; IUDÍCIBUS, Sérgio e MARTINS, Eliseu. *Manual de Contabilidade Societária.* 3ª Edição. Ed. Atlas. São Paulo.

PAULSEN, Leandro. *Curso de direito tributário completo.* 9. ed. São Paulo: Saraiva Educação, 2018.

TORRES, Heleno Taveira. IOF nas Operações com Títulos Públicos e a vedação de analogia com operação de câmbio: o Caso dos "T-Bills". In: MOSQUERA, Roberto Quiroga (Coord.). *O Direito tributário e o mercado financeiro e de capitais.* São Paulo: Dialética, 2009. p. 204-254.

XAVIER, Alberto. A distinção entre contrato de conta corrente e mútuo de recursos financeiros para efeitos de IOF. *Revista Dialética de Direito Tributário,* nº 208, fls. 15 a 26.

11. A atribuição de responsabilidade por interesse comum nos termos do art. 124, I, do CTN: análise na hipótese de acusação de grupo econômico

Diego Diniz Ribeiro
Carlos Augusto Daniel Neto[1]

Introdução

Não raro as autuações fiscais, além da exigência de exações tributárias propriamente ditas, lançadas contra o contribuinte, sujeito passivo com relação pessoal e direta com a situação caracterizadora do fato gerador, também estabelecem a responsabilização de diversos outros sujeitos pela obrigação tributária em cobro.

Igualmente comum, nas autuações cujo contribuinte seja uma pessoa jurídica, que a extensão da responsabilização se dê em relação a outras pessoas jurídicas, o que, em regra, é fundamentado na acusação fiscal de existência um *grupo econômico de fato* entre o contribuinte e os responsáveis. Haveria, no entender da fiscalização, por parte das pessoas responsabilizadas, um "interesse comum" na realização do fato gerador objeto da autuação,

---

[1] As opiniões contidas nesta publicação são reflexões acadêmicas dos próprios autores e não necessariamente expressam as posições defendidas por qualquer organização a qual estejam vinculados.

fazendo referência normativa às exigências pautadas no disposto no art. 124, inciso I do Código Tributário Nacional (CTN)[2].

A partir deste panorama bosquejado, a discussão comumente travada nos processos administrativos, em especial naqueles submetidos à apreciação do Conselho Administrativo de Recursos Fiscais (CARF), se desenvolve em dois sentidos: *i)* na delimitação da extensão semântica da expressão "interesse comum", do art. 124, I, do CTN, questionando-se se a incidência do aludido dispositivo exige apenas a prova da existência de um interesse econômico na ocorrência do fato gerador objeto da atuação (ou algum benefício econômico de sua realização), em favor dos codevedores solidários, ou haveria a exigência de um interesse estritamente jurídico na relação entre eles e o fato gerador; e *ii)* na verificação concreta (probatória, inclusive) dos liames jurídicos e econômicos existentes entre os responsáveis solidários e o contribuinte, bem como a sua relação com o fato gerador ocorrido (naturalmente, à luz da premissa fixada juridicamente nos julgamentos).

Acontece que, em verdade, para a devida delimitação da temática aqui tratada, i.e., na hipótese de acusação de grupo econômico para fins de exigência tributária, mister se faz precisar qual é o adequado tratamento jurídico para tal exigência, ou seja, se tal responsabilização deve pautar-se no art. 124, inciso I do CTN ou no art. 50 do Código Civil[3].

E a delimitação do adequado tratamento jurídico para fins de "responsabilização" de pessoas jurídicas supostamente pertencentes a um grupo econômico de fato é essencial para definir o tipo de prova (fiscalização) e contraprova (sujeitos passivos) a ser realizadas no âmbito de um processo administrativo tributário, sendo este o viés da presente obra coletânea em uma perspectiva macroscópica.

---

[2] *Art. 124. São solidariamente obrigadas:*
I – as pessoas que tenham interesse comum na situação que constitua o fato gerador da obrigação principal;
(...).

[3] *Art. 50. Em caso de abuso da personalidade jurídica, caracterizado pelo desvio de finalidade ou pela confusão patrimonial, pode o juiz, a requerimento da parte, ou do Ministério Público quando lhe couber intervir no processo, desconsiderá-la para que os efeitos de certas e determinadas relações de obrigações sejam estendidos aos bens particulares de administradores ou de sócios da pessoa jurídica beneficiados direta ou indiretamente pelo abuso.*

1. A responsabilidade tributária de grupos econômicos.
1.1 A responsabilidade tributária fundamentada no art. 124, inciso I do CTN

A relação jurídico-tributária[4] é aquela existente entre sujeitos ativo e passivo que estão relacionados entre si por força de uma obrigação de cunho pecuniário, decorrente de lei. De forma muito simplória tal relação é composta por um direito (o crédito pertencente ao sujeito ativo), um dever (o de pagar, imputado ao sujeito passivo) e, ainda, um objeto (que corresponde a um montante de pecúnia a ser entregue)[5]. Essa é a relação jurídico-tributária de direito material que, caso não seja não cumprida espontaneamente, permite ao sujeito ativo promover as medidas necessárias para a realização da obrigação inadimplida.

Como visto alhures, aquele que está obrigado a cumprir com a obrigação tributária é genericamente chamado de sujeito passivo. Todavia, aludido gênero comporta duas espécies: o *i*) contribuinte e o *ii*) responsável tributário.

Nos termos do art. 121, parágrafo único, do CTN, o contribuinte é aquele que apresenta uma relação pessoal e imediata com o fato descrito no antecedente normativo de uma determinada regra-matriz de incidência tributária ou, em outras palavras, *é aquele que protagoniza o fato descrito abstratamente na hipótese de incidência tributária, realizando o fato gerador do tributo*[6]. Por seu turno, responsável tributário é terceira pessoa, distinta da figura do contribuinte, que, por expressa previsão legal[7], alçado ao *status* de sujeito passivo da relação jurídico-tributária, seja de forma substitutiva, seja de forma complementar ao contribuinte.

---

[4] O termo é aqui empregado em sentido estrito, ou seja, sem contemplar as obrigações de caráter acessório.

[5] Nesse mesmo sentido: CARVALHO, Paulo de Barros. *Direito Tributário, linguagem e método*. São Paulo: Noeses, 2008, pp. 418-419.

[6] COSTA, Regina Helena. p. 208.

[7] Leia-se: lei complementar, nos termos do já citado art. 146, inciso III, alínea "b" da "*Magna Lex*". Isso porque, ao prever que o trato da obrigação tributária deve se realizar por meio de lei complementar, a Constituição acaba estendendo tal regra à responsabilidade tributária, uma vez que a responsabilidade tributária é um dos elementos de toda e qualquer obrigação de índole tributária.

EFICIÊNCIA PROBATÓRIA E A ATUAL JURISPRUDÊNCIA DO CARF

Segundo clássica lição doutrinária[8]-[9], a responsabilidade tributária necessariamente viria à tona em razão de uma (*i*) *substituição* ou de uma (*ii*) *transferência*, cabendo ainda a subdivisão da responsabilidade por transferência em três subespécies, sendo elas: (*ii.a*) *sucessão*, (*ii.b*) *solidariedade* e (*ii.c*) *responsabilidade "stricto sensu"*. Em razão da finalidade que se busca com o presente trabalho faremos um corte metodológico para tratarmos apenas da chamada *responsabilidade solidária*, capitulada no art. 124, inciso I do Código Tributário Nacional.

Segundo referido dispositivo legal, há responsabilidade tributária quando houver *interesse comum na situação que constitua o fato gerador da obrigação principal*. Logo, um dos pontos nevrálgicos para a definição quanto à incidência ou não desta modalidade de responsabilidade tributária é estabelecer o conteúdo semântico da expressão *interesse comum*.

Nesse sentido, insta desde já destacar que a legislação tributária não faz tal conformação, tarefa essa que fica sob responsabilidade da doutrina[10] e da jurisprudência.

Desse modo, Schoueri se manifesta no sentido de que *interesse comum só tem as pessoas que estão no mesmo polo na situação que constitui o fato jurídico tributário*, evocando o exemplo dos condôminos que têm "interesse comum" na propriedade; afetando a sujeição passiva para fins de cobrança do IPTU para

---

[8] SOUSA, Rubens Gomes de. *Compêndio de legislação tributária*. São Paulo: Resenha Tributária, 1981, pp. 92-93.

[9] Não se ignora as críticas feitas a esta particular classificação da responsabilidade tributária. Todavia, por não se tratar do mote principal do presente trabalho, não nos debruçaremos nesta análise crítica e, para quem tiver interesse nesta missão, recomendamos a indispensável leitura a seguir detalhada: PEIXOTO, Daniel Monteiro. *Responsabilidade tributária e os atos de formação, administração, reorganização e dissolução de sociedades*. São Paulo: Saraiva, 2012.

[10] *O art. 124 prevê duas hipóteses de solidariedade: a) em relação às pessoas que tenham interesse comum na situação que constitua o fato gerador da obrigação principal; e b) referente às pessoas expressamente designadas em lei.*

A primeira hipótese está redigida em linguagem bastante vaga, não traduzindo com acuidade o que quer significar. Comprador e vendedor têm interesse comum na transmissão da propriedade de imóvel, mas nem por isso podem ser devedores solidários. A solidariedade tributária, que é sempre passiva, somente pode existir entre sujeitos que figurem nesse polo da relação obrigacional. (COSTA, Regina Helena. *Curso de direito tributário – Constituição e Código Tributário Nacional*. 2ª. ed. São Paulo: Saraiva, 2012, p. 210.).

estabelecer a solidariedade entre eles[11]. Logo, ter *interesse comum* significa partilhar a prática do fato tido como gerador.

A noção de interesse comum, portanto, não deve ser considerada em sentido econômico, pois o próprio dispositivo trata de traçar os contornos de juridicidade desse interesse qualificado, ao fazer referência ao *fato gerador* do tributo.

A solidariedade do art. 124, inciso I do CTN, como bem sintetiza Augusto Fantozzi, é um meio de reconexão dos efeitos tributários da realização de um fato gerador plurissubjetivo (*fattispecie tributarie plurisoggettive*)[12], usual nos tributos cuja hipótese de incidência envolva um negócio jurídico, com interesses coincidentes na sua realização, ou um estado de fato compartilhado por diversos sujeitos, que impõe uma plurissubjetividade na realização do fato gerador, justificando assim o estabelecimento legal de uma solidariedade.

Ainda tratando do referido *interesse comum*, para fins de incidência do dispositivo legal alhures citado, a jurisprudência do Superior Tribunal de Justiça (STJ) é clara ao entender que para a sua configuração não basta o mero interesse econômico, havendo a especial necessidade de haver um interesse jurídico no fato gerador do tributo. Nesse sentido:

> TRIBUTÁRIO. EXECUÇÃO FISCAL. ISS. LEGITIMIDADE PASSIVA. GRUPO ECONÔMICO. SOLIDARIEDADE. INEXISTÊNCIA. SÚMULA 7/STJ.
>
> 1. A jurisprudência do STJ entende que existe responsabilidade tributária solidária entre empresas de um mesmo grupo econômico, *apenas quando ambas realizem conjuntamente a situação configuradora do fato gerador*, não bastando o mero interesse econômico na consecução de referida situação.
>
> 2. A pretensão da recorrente em ver reconhecido o interesse comum entre o Banco Bradesco S/A e a empresa de leasing na ocorrência do fato gerador do crédito tributário encontra óbice na Súmula 7 desta Corte. Agravo regimental improvido.
>
> (AgRg no AREsp 21.073/RS, Rel. Ministro HUMBERTO MARTINS, SEGUNDA TURMA, julgado em 18/10/2011, DJe 26/10/2011) (g.n.).

---

[11] SCHOUERI, Luís Eduardo. *Direito tributário*. São Paulo: Saraiva, 2011. p. 476.

[12] FANTOZZI, Augusto. *La Solidarietà nel Diritto Tributario*. Torino: UTET, 1968, p. 40.

> PROCESSUAL CIVIL. EMBARGOS DE DIVERGÊNCIA NO RECURSO ESPECIAL. TRIBUTÁRIO. ISS. EXECUÇÃO FISCAL. PESSOAS JURÍDICAS QUE PERTENCEM AO MESMO GRUPO ECONÔMICO. CIRCUNSTÂNCIA QUE, POR SI SÓ, NÃO ENSEJA SOLIDARIEDADE PASSIVA.
> 1. O entendimento prevalente no âmbito das Turmas que integram a Primeira Seção desta Corte é no sentido de que o fato de haver pessoas jurídicas que pertençam ao mesmo grupo econômico, por si só, não enseja a responsabilidade solidária, na forma prevista no art. 124 do CTN. Ressalte-se que a solidariedade não se presume (art. 265 do CC/2002), sobretudo em sede de direito tributário.
> 2. Embargos de divergência não providos.
> (STJ; EREsp 834044/RS, Rel. Ministro MAURO CAMPBELL MARQUES, PRIMEIRA SEÇÃO, julgado em 08/09/2010, DJe 29/09/2010) (g.n.).

Feitas essas considerações iniciais, já é possível constatar que a responsabilidade solidária estabelecida no art. 124, inciso I do CTN pressupõe a ocorrência de *fato lícito*, i.e., de fato com caráter econômico e alçado legalmente ao *status* de fato gerador de uma determinada exação. Isso decorre da assunção trivial, com base no art. 3º do CTN, de que o tributo não pode ser sanção de ilícitos (caso contrário se trataria de multa), de modo que o interesse comum, em sendo relacionado ao fato gerador, não poderia, por uma questão lógica, decorrer de atos ilícitos.

Tal assertiva, por seu turno, já é suficiente para afastar uma pretensa aproximação entre responsabilidade tributária fundada no art. 124, inciso I do CTN e a desconsideração de personalidade jurídica, já que esta última pressupõe a existência de fato *ilícito*, conforme melhor se desenvolverá a seguir.

Outro ponto relevante que distingue a responsabilidade tributária da desconsideração da personalidade jurídica diz respeito aos efeitos patrimoniais atribuídos a esses diferentes institutos. Isso porque, em se tratando de responsabilidade tributária, o responsável é alçado a condição de sujeito passivo da obrigação o que, em matéria tributária, não se limita ao seu dever de cumprir patrimonialmente com a exigência, mas também lhe sujeita a todos os demais efeitos constritivos da existência de um crédito tributário inadimplido[13]. O mesmo não ocorre (ou não deveria ocorrer) no caso

---

[13] Tais como, *v.g.*, impossibilidade de emissão de certidão de regularidade fiscal, protesto de título executivo, negativação junto a programas de proteção ao crédito etc.

11. A ATRIBUIÇÃO DE RESPONSABILIDADE POR INTERESSE COMUM

de desconsideração, conforme também será melhor detalhado no tópico subsequente.

1.2 A desconsideração da personalidade jurídica

Não é de hoje que a doutrina discorre acerca da personalidade jurídica (conceito, finalidade e limites), bem como a possibilidade de sua desconsideração. De forma muito sumarizada, é possível afirmar que a personalidade jurídica nada mais é do que uma criação técnico-jurídica[14], que tem por escopo viabilizar a realização do interesse de pessoas físicas, dotadas de *affectio societatis*, em torno da consecução de uma atividade lícita.

Existem algumas premissas básicas para que a ideia da personalidade jurídica funcione, dentre as quais destacam-se: a individuação das personalidades (física e jurídica) e a autonomia patrimonial entre os sócios de uma empresa e a empresa em si considerada[15-16]. Em outros termos, tais valores jurídicos pressupõem que *a pessoa dos sócios é distinta da pessoa da sociedade, e de que os patrimônios são inconfundíveis*[17].

É consabido, todavia, que não existem direitos absolutos em nosso ordenamento jurídico, motivo pelo qual o instituto da personalidade jurídica e as premissas que lhe dão sustentáculo (individuação e autonomia patrimonial) são passíveis de restrição, em especial quando este direito à personalidade estiver sendo realizado de forma abusiva, em prejuízo, portanto, de terceiros. Daí a doutrina estrangeira falar em *disregard theory* ou *disregard of the legal entity*, para fundamentar a possibilidade de se desconsiderar uma personalidade jurídica com o propósito de coibir abusos, doutrina essa que foi

---

[14] Tratando da evolução doutrinária acerca da natureza jurídica das pessoas jurídicas: BARROS, Washington Monteiro. *Curso de direito civil.* 45ª ed. São Paulo: Saraiva, vol. 1, 2016, pp. 151/153; AZEVEDO, Álvaro Villaça. *Curso de direito civil.* 2ª ed. São Paulo: Saraiva, vol. 1, 2019, pp. 95/97.

[15] No mesmo sentido, Washington de Barros Monteiro destaca que *a teoria da personalidade jurídica é dominada por alguns princípios fundamentais: a) a pessoa jurídica tem personalidade distinta da de seus membros* (universitas distat a singulis), *embora esse princípio esteja abalado em matéria de locação predial e relações de consumo; b) a pessoa jurídica tem patrimônio distinto. Essa autonomia patrimonial é caracterizada por dois preceitos:* quod debet universitas non debent singuli *e* quod debent singuli non debet universitas[16]; *c) a pessoa jurídica tem vida própria, distinta da de seus membros.* (Op. cit. p. 154).

[16] Isso para o caso de empresas sujeitas a uma responsabilidade limitada.

[17] REQUIÃO, Rubens. *Curso de direito comercial.* 25ª ed. São Paulo: Saraiva, Vol. 1, 2003, p. 376.

encampada pelo ordenamento jurídico nacional[18] incialmente no art. 28 do Código de Defesa do Consumidor[19] e, ulteriormente, pela previsão do art. 50 do Código Civil.

Diante do cenário até aqui delineado, resta claro que a desconsideração da personalidade jurídica é medida excepcional, só sendo admitida, portanto, nas estritas hipóteses capituladas em lei. Neste esteio, o art. 50 do Código Civil prevê a possibilidade de desconsideração de personalidade jurídica[20] na hipótese de ocorrer um ato ilícito, qual seja, a existência de um abuso de personalidade, caracterizada pelo (*i*) desvio de finalidade e/ou (*ii*) confusão patrimonial.

A finalidade de uma pessoa jurídica é definida pelo seu objeto social e pressupõe, por óbvio, a prática de uma atividade lícita e precisamente delimitada no seu contrato social. Logo, há desvio de finalidade *se a pessoa jurídica se põe a praticar atos ilícitos ou incompatíveis com a sua atividade autorizada*[21].

Não obstante, também há abuso de personalidade na hipótese de se constatar indevida simbiose patrimonial entre a pessoa jurídica e as pessoas dos seus sócios, o que redunda na impossibilidade de se distinguir tais pessoas (sócios e empresa), ocorrendo a chamada confusão patrimonial.

---

[18] Embora o CDC tenha sido o instrumento legal que inseriu a desconsideração da personalidade jurídica no ordenamento positivo brasileiro, tal desconsideração já ecoava na jurisprudência dos nossos Tribunais que, amparada pela doutrina estrangeira, já admitia a desconsideração em hipóteses excepcionais de abuso de direito.

[19] *Art. 28. O juiz poderá desconsiderar a personalidade jurídica da sociedade quando, em detrimento do consumidor, houver abuso de direito, excesso de poder, infração da lei, fato ou ato ilícito ou violação dos estatutos ou contrato social. A desconsideração também será efetivada quando houver falência, estado de insolvência, encerramento ou inatividade da pessoa jurídica provocados por má administração.*
§ 1º (Vetado).
§ 2º As sociedades integrantes dos grupos societários e as sociedades controladas, são subsidiariamente responsáveis pelas obrigações decorrentes deste código.
§ 3º As sociedades consorciadas são solidariamente responsáveis pelas obrigações decorrentes deste código.
§ 4º As sociedades coligadas só responderão por culpa.
§ 5º Também poderá ser desconsiderada a pessoa jurídica sempre que sua personalidade for, de alguma forma, obstáculo ao ressarcimento de prejuízos causados aos consumidores.

[20] Aprofundando-se no estudo do *disregard of legal entity*: REQUIÃO, Rubens, pp. 377 e s.s.

[21] NERY JUNIOR, Nelson e NERY, Rosa Maria de Andrade. *Código civil comentado*. 5ª ed. São Paulo: Revista dos Tribunais, 2007, p. 234.

11. A ATRIBUIÇÃO DE RESPONSABILIDADE POR INTERESSE COMUM

Importante registrar que para que reste configurado o abuso de personalidade autorizador da desconsideração da personalidade jurídica, não basta a simples ocorrência do desvio de finalidade ou da confusão patrimonial, mas é fundamental que tais atos ilícitos ensejem em prejuízos aos credores de tal pessoa jurídica e que sejam decorrentes de uma conduta dolosa. Por outro giro verbal:

> Quaisquer das condutas acima descritas exigem para sua configuração o dolo do agente; a prática de ato ilícito consciente, porquanto a pessoa jurídica não existe para permitir seja utilizada para fins ilícitos ou escusos, mas para garantir o tráfico jurídico da boa-fé (Rolf Serick. *Apariencia y realidad em las sociedades mercantiles: El abuso de derecho por médio de la persona jurídica*. Barcelona: Ariel, 1958, p. 52).[22]

Em suma, o que se afirma aqui é que para configurar o abuso de direito ensejador da desconsideração da personalidade jurídica, é indispensável a existência de prova que demonstre a existência de nexo causal entre os atos ilícitos descritos no art. 50 do Código Civil (desvio de finalidade e/ou confusão patrimonial) e o inadimplemento da pessoa jurídica em prejuízo dos seus credores[23].

Diante das considerações até então apresentadas, resta clara uma diferença entre a responsabilidade tributária com base no art. 124, inciso I do CTN e a desconsideração da personalidade jurídica capitulada no art. 50 do Código Civil. Enquanto para o advento da primeira é pressuposto a

---

[22] RODRIGUES, Cláudia e VENOSA, Silvio de Salvo. *Direito empresarial*. 9ª ed. São Paulo: Atlas, 2019, p. 150.

[23] No mesmo diapasão:

O grau de certeza da prova necessária para a caracterização da fraude para fins autorizativos da quebra da autonomia patrimonial reside exatamente no citado nexo de causalidade entre o ato e sua consecução por meio da autonomia patrimonial. O resultado obtido com a conduta deliberada de praticar ato fraudulento deve decorrer exclusivamente da possibilidade de sua concretização pela pessoa jurídica. Isso porque é possível que a pessoa jurídica cometa fraudes, como, por exemplo, a emissão de cheque sem provisão de fundos, sem qualquer relação com a utilização da autonomia patrimonial.

A medida excepcional de suspensão dos efeitos da personificação depende, portanto, da prova da ocorrência da fraude, sendo o ônus da prova do credor, porquanto como já referido, o único interesse que prevalece à personificação é a preservação da finalidade social do direito e não o seu interesse privado. (Op. cit. Loc. cit.).

ocorrência de um ato *lícito* (fato gerador do tributo), a desconsideração exige, por seu turno, a prática de um ato *ilícito*, bem como um nexo causal entre tal ilicitude e o prejuízo causado aos credores da empresa desconsiderada.

Não obstante, existe ainda outra diferença entre tais institutos. Isso porque, em se tratando de desconsideração de personalidade jurídica, o que se tem é uma episódica desconsideração para um particular débito, para qual se prove o nexo causal entre o ato ilícito (desvio de finalidade e/ou confusão patrimonial) e o prejuízo causado ao credor, o que implicará a responsabilidade patrimonial do terceiro desconsiderado, mas não a sua responsabilidade pessoal pelo débito. Logo, o desconsiderado não está sujeito às mesmas restrições impostas a um devedor tributário, tais como a impossibilidade de emissão de certidão de regularidade fiscal, protesto de título, negativação em programas de restrição a crédito, entre outras. E isso porque *a desconsideração da personalidade jurídica* **não** *é modalidade de responsabilidade tributária*[24].

1.3. Grupo econômico de direito e grupo econômico de fato

Feitas as considerações alhures, com vistas a afastar uma eventual confusão entre a responsabilidade solidária e a desconsideração de personalidade jurídica, convém agora promover uma distinção entre grupo econômico de direito e grupo econômico de fato para, ao final, verificar qual o disposto normativo a fundamentar uma eventual acusação de grupo econômico de fato no âmbito tributário.

Pois bem. O Direito brasileiro possui, há muito, previsões específicas acerca de grupos econômicos – a exemplo da Consolidação das Leis do Trabalho (CLT – Decreto-lei nº 5.452/43), a primeira a estabelecer que a existência de controle, direção ou administração comum de várias empresas poderia caracterizá-las como um grupo econômico, estabelecendo a sua solidariedade para *efeitos da relação de emprego* (art. 2º, §2º, na sua redação original[25]).

---

[24] FERRAGUT, Maria Rita. *O novo CPC e seu impacto no direito tributário*. 2ª ed. São Paulo: Fiscosoft, 2016, p. 32.

[25] *Art. 2º (...).*

§2º – Sempre que uma ou mais empresas, tendo, embora, cada uma delas, personalidade jurídica própria, estiverem sob a direção, controle ou administração de outra, constituindo grupo industrial, comercial ou de qualquer outra atividade econômica, serão, para os efeitos da relação de emprego, solidariamente responsáveis a empresa principal e cada uma das subordinadas.

11. A ATRIBUIÇÃO DE RESPONSABILIDADE POR INTERESSE COMUM

Nesse ponto, cabe ressaltar que o afastamento da personalidade jurídica própria de cada empresa, em prol de uma consideração global do grupo sob controle comum é feito de forma fracionária, restrita apenas a relações de cunho empregatício, o que imediatamente deixa evidente a natureza excepcional de tal regime jurídico.

Tanto é assim, que a Lei nº 6.404/76, ao tratar dos grupos de sociedades, em seu art. 265 e seguintes, estabeleceu a necessidade da lavratura de uma convenção, que estabeleça a combinação de seus esforços em prol de atividades ou empreendimentos comuns, sob o controle de outra sociedade. Entretanto, no seu art. 266, ao dispor sobre a natureza desse grupo, deixa evidente que as relações entre as sociedades, a estrutura administrativa do grupo e a coordenação ou subordinação dos administradores das sociedades filiadas serão estabelecidas na convenção do grupo, *mas cada sociedade conservará personalidade e patrimônios distintos.*

Aqui, há que se pontuar que mesmo que ambos os dispositivos citados se refiram a *grupos*, eles possuem natureza absolutamente distintas: os *grupos de sociedade* têm natureza *formal* e somente podem ser criados por meio de atos típicos, com a aprovação da *convenção* pelas sociedades que farão parte deles, seguido do arquivamento de diversos documentos no registro de comércio competente para tanto; por outro lado, os *grupos econômicos* têm natureza material, decorrendo da existência de um controle, administração ou direção conjunta para diversas sociedades, independentemente de qualquer manifestação de vontade associativa dessas pessoas jurídicas.

Posteriormente, a Lei nº 13.467/2017 alterou a legislação trabalhista para aperfeiçoar o conceito de grupo econômico, afastando a necessidade de uma direção, controle ou administração conjunta, e permitindo que seja caracterizado também pela demonstração de um interesse integrado das sociedades, bem como uma efetiva comunhão de interesses e atuação conjunta das empresas (art. 2º, §2º e 3º da CLT). Com essa alteração, um critério material de integração do grupo econômico passou a prevalecer mesmo sobre o critério do controle, pois se afirmou não bastar a identidade de sócios, para a caracterização do grupo.

No campo tributário, a questão foi trazida à baila por meio da Lei nº 8.212/91, que estabeleceu em seu art. 30, inciso IX[26], a responsabilidade

---

[26] *Art. 30. A arrecadação e o recolhimento das contribuições ou de outras importâncias devidas à Seguridade Social obedecem às seguintes normas:*

solidária das empresas que pertencem a um mesmo grupo econômico, exclusivamente em relação às contribuições devidas à Seguridade Social.

O grupo econômico a que se refere o dispositivo da Lei nº 8.212/91 foi objeto de controvérsias – se aquele de fato, ou apenas o formalmente constituído –, de modo que a Secretaria da Receita Federal (SRF) editou a Instrução Normativa nº 971/09, que adotou expressamente, em seu art. 494, a definição plasmada na legislação trabalhista, em sua redação de 1943.

Entretanto, como mencionamos anteriormente, a própria legislação trabalhista – a qual a IN SRF nº 971/09 adotava literalmente – foi modificada, de modo que não nos parece fazer sentido que um ato infralegal siga válido semanticamente, mesmo quando o texto legal que lhe deu base foi alterado posteriormente, devendo a alteração ser refletida também sobre a interpretação praticada pela Receita Federal[27].

Portanto, partindo-se da hipotética constitucionalidade do art. 30, inciso IX da Lei n. 8.212/91, convém registrar que para o Direito Tributário – e, frise-se, exclusivamente em relação às contribuições previdenciárias – a figura do grupo econômico é fundamento para a responsabilização solidária de um conjunto de sociedades. Nesse caso, entendemos que o legislador se referiu ao *grupo econômico de fato*, e não aquele de direito, formal, estabelecido pela lei das S/A, enfatizando juridicamente os mesmos caracteres presentes na legislação trabalhista, quais sejam, controle/direção/administração comum, integração das atividades, comunhão de interesses e atividades comuns.

1.4 A jurisprudência do CARF na hipótese de responsabilidade solidária de grupo econômico de fato

Diante de tudo o que foi asseverado até então, é possível agora seguir adiante para analisar como o CARF tem se pronunciado a respeito da questão aqui posta e, em especial, para pavimentar o caminho para a análise de como este Tribunal Administrativo tem tratado a questão das provas neste contexto.

(...).
IX – as empresas que integram grupo econômico de qualquer natureza respondem entre si, solidariamente, pelas obrigações decorrentes desta Lei;
(...).

[27] Sem contar a existência de uma discussão quanto à inconstitucionalidade formal do dispositivo, haja vista o teor do disposto no art. 146, inciso III, alínea "b" da Constituição Federal, como já referido na nota de rodapé n. 08 do presente trabalho.

11. A ATRIBUIÇÃO DE RESPONSABILIDADE POR INTERESSE COMUM

Antes de prosseguirmos, entretanto, sói fazer uma advertência: no âmbito do CARF há uma quantidade enorme de acórdãos que discutem a aplicação da solidariedade estabelecida pelo art. 124, inciso I do CTN, aos grupos econômicos, razão pela qual, por motivos de praticabilidade, analisaremos alguns acórdãos que representem as posições consolidadas nas três Seções de Julgamento, além de outros casos esparsos, que contém aspectos relevantes para a nossa análise.

Pois bem. No âmbito da Terceira Seção do Tribunal, o acórdão CARF nº 9303-008.391[28], da Câmara Superior de Recursos Fiscais (CSRF), dá a tônica da discussão: embora tenha tratado de responsabilidade tributária de pessoa física com o fito de afastá-la no caso em concreto, aquele Colegiado, por unanimidade de votos, afirmou, ainda que a título de *obter dictum*, naquele específico caso não haveria *elementos para comprovar que ele* (responsabilizado) *tinha interesse comum na situação que constitua a ocorrência do fato gerador da obrigação tributária*, pois não havia provas de que se beneficiava dos resultados auferidos ou que participava dos lucros decorrentes das operações irregulares, caracterizadas como sonegação fiscal.

Do trecho alhures transcrito, resta claro que, para aludido colegiado, o conceito de interesse comum está relacionado com a ideia de interesse econômico, haja vista que o elemento fundamental para delimitar a *ratio* do julgado foi no sentido de o responsabilizado não auferir *vantagens econômicas* com a prática do fato gerador realizado pelo contribuinte. Essa interpretação, como demonstramos em item pretérito, não goza de acate da doutrina especializada, tampouco na jurisprudência do STJ, que entendem que o interesse deverá ser propriamente jurídico, não bastando a mera verificação de benefício econômico.

A despeito da nossa discordância com a premissa adotada pelo colegiado, há que se abordar a questão probatória: ora, se o interesse comum é caracterizado, à luz da premissa da 3ª Turma da CSRF, pelo benefício econômico, o esforço probatório do responsável deve ser no sentido de infirmar a sua ocorrência, com a apresentação de extratos bancários apontando que os responsáveis não gozaram economicamente dos resultados da atividade do contribuinte, evidenciando que não houve trânsito de recursos sem causa própria entre as contas do suposto grupo econômico.

---

[28] Relatora Cons. Vanessa Cecconello, julgado em 21/03/2019.

Outra situação comum de reconhecimento de interesse econômico e, portanto, de imputação de solidariedade, se dá nos casos em que a empresa promove uma "blindagem patrimonial"[29], hipótese em que as pessoas jurídicas recebem os recursos do contribuinte, para dificultar a atuação da fiscalização. Nesses casos, existem precedentes que reconhecem o interesse econômico das empresas utilizadas para a blindagem, imputando-lhes responsabilidade solidária pelo crédito tributário. Aqui, portanto, o esforço probatório deverá se dar no sentido de infirmar a ocorrência de "blindagem patrimonial", demonstrando a ocorrência de simples investimentos do capital detido pelo contribuinte.

Novamente, há que se ressaltar que a produção de prova nesses casos, em que se adota a premissa do interesse econômico, é dificílima. Os liames econômicos que se estabelecem entre diversas pessoas de direito são os mais variados possíveis: os sócios, fornecedores, prestadores de serviço, funcionários que sejam remunerados com parcela dos lucros, todos eles têm interesse *econômico* na realização dos fatos geradores pela empresa contribuinte, pois tal circunstância evidencia o sucesso do empreendimento, de modo que, levada às últimas consequências a tese aventada pela 3ª Turma da CSRF, estar-se-ia estabelecendo uma responsabilização solidária amplíssima[30] e irrazoável.

Prosseguindo, no âmbito da 1ª Seção é exemplar o Acórdão CARF nº 1301-003.472[31]. Neste caso em particular, o Relator deixou expressamente consignado que o conceito de "interesse comum" não é equivalente ao de "interesse econômico", bem como que *o simples fato de pessoas integrarem o mesmo grupo econômico, por si só, não é suficiente para a responsabilização solidária.*

Conclui, ademais, que para que haja o citado interesse comum é necessário a configuração de uma das duas hipóteses a seguir: (*i*) a existência de um interesse direto e não meramente reflexo na prática do fato gerador, o que *acontece quando as pessoas atuam em comum na situação que constitui o fato imponível*; e, ainda (*ii*) quando há um interesse indireto na prática do fato gerador, mas desde que (*ii.i*) reste configurada a existência de uma confusão

---

[29] A blindagem patrimonial se dá pela alocação dos recursos da empresa em outras sociedades, com fulcro de afastar o patrimônio de eventual efeito de autuações fiscais sobre o contribuinte.

[30] Quiçá ilimitada.

[31] Relator Cons. José Eduardo Dornelas, julgado em 20/11/2018.

11. A ATRIBUIÇÃO DE RESPONSABILIDADE POR INTERESSE COMUM

patrimonial; e/ou (*ii.ii*) fique provado o benefício[32] do responsabilizado em razão da existência de fraude, sonegação ou conluio[33].

Pois bem, no caso em julgamento, o colegiado, por maioria de votos, entendeu que haveria o interesse comum em razão da configuração de fraude, na medida em que teria restado provado que a empresa responsabilizada teria atuado como intermediária em um esquema para a emissão de notas frias, emissões essas incompatíveis com a estrutura operacional da responsabilizada. Interessante destacar que o voto dissidente, objeto de declaração, não diverge das questões conceituais desenvolvidas pelo Relator, mas conclui em sentido diametralmente oposto apenas por não coadunar com a qualificação jurídica atribuída às provas do caso, na medida em que entendeu pela inexistência da referida fraude.

Nesse caso, a fiscalização buscou relacionar a empresa a um grupo econômico preexistente, pelo simples fato de terem realizado negócios em determinado momento, e sob a alegação de que diversas empresas que se relacionavam seriam de fachada apenas para a emissão de notas fiscais (chamadas de "noteiras"). Entretanto, conforme a declaração de voto, as provas dos autos indicavam que as empresas em questão tinham existência autônoma e atividade econômica própria, bastando tal prova para afastar a acusação de confusão patrimonial em que se baseou a manutenção da autuação.

A discussão da existência ou não de confusão patrimonial, existente no caso citado, conquanto seja um requisito tipicamente relacionado ao art. 50 do Código Civil, para a caracterização do abuso de personalidade jurídica, pode eventualmente se tornar relevante para a verificação de interesse comum, na acepção jurídica, nos casos em que se discute a tributação sobre a renda.

Explicamo-nos: considerando que a tributação sobre a renda incide sobre determinados acréscimos patrimoniais auferidos em determinado período, a única possibilidade lógica de dois ou mais sujeitos terem interesse jurídico sobre a variação positiva de um só patrimônio se dá na hipótese de

---

[32] Neste ponto em particular o voto não esclarece que tipo de benefício seria esse, i.e., se meramente econômico ou necessariamente jurídico.

[33] Para ser fiel ao julgado, transcreve-se abaixo o trecho que ilustra as assertivas aqui desenvolvidas:

Essa participação comum na realização da hipótese de incidência ocorre seja forma direta, quando as pessoas efetivamente praticam em conjunto o fato gerador, seja indireta, em caso de confusão patrimonial e/ou quando dele se beneficiam em razão de sonegação, fraude ou conluio.

ocorrência de confusão patrimonial, quando essas várias pessoas são, materialmente, uma só.

Portanto, nos casos em que se discute tributação da renda das pessoas jurídicas (IRPJ e CSLL), a comprovação da inocorrência de confusão patrimonial, com a apresentação de documentos que atestem uma existência autônoma das pessoas, é essencial para se desconfigurar interesse comum do grupo econômico no fato gerador desses tributos, afastando a responsabilidade solidária.

Também é bastante interessante o Acórdão CARF nº 1402-002.511[34], no qual o colegiado, por maioria de votos, afastou a acusação de grupo econômico e, por conseguinte, de interesse comum para fins de responsabilidade tributária ao fundamento que *para ocorrer a responsabilização solidária prevista no art. 124 do CTN é necessária a constatação e a prova da participação conjunta de pessoas, como referido na sua redação, quando da ocorrência do fato gerador, devendo serem estas diretos co-partícipes das infrações percebidas pelo Fisco.*

Em suma, referido voto parte da premissa que o interesse apto a ensejar a responsabilização tributária não é o meramente econômico, mas é aquele de viés jurídico, o que se configura com a partilha do mesmo fato gerador do tributo pelos diferentes sujeitos passivos, o que está em sintonia com a tradicional doutrina para o tema[35].

---

[34] Relator Cons. Paulo Ciccone, julgado em 17/05/2017.

[35] No mesmo diapasão é o acórdão CARF nº 3402-004-753, assim ementado:

ASSUNTO: IMPOSTO SOBRE PRODUTOS INDUSTRIALIZADOS – IPI
Exercício: 2010, 2011, 2012
(...).
RESPONSABILIDADE TRIBUTÁRIA. SÓCIO-ADMINISTRADOR. ART. 124, INCISO I DO CTN. IMPOSSIBILIDADE.
A responsabilidade tributária prescrita no art. 124, inciso I do CTN pressupõe a partilha do mesmo fato gerador pelos interessados, o que não se configura com a presença de um simples interesse econômico do responsabilizado na prática do fato gerador tributado.
RESPONSABILIDADE TRIBUTÁRIA. ART. 8º DO DECRETO-LEI N. 1.736/79 E ART. 28 DO DECRETO 7.212/2010. ILEGALIDADE E INCONSTITUCIONALIDADE. PRECEDENTES VINCULANTES DOS TRIBUNAIS JUDICIAIS SUPERIORES.
O art. 8º do Decreto-lei n. 1.736/79 que, por sua vez, está fundado no disposto no art. 28 do Decreto 7.212/2010 (Regulamento do IPI/2010), se contrapõe a precedente vinculante veiculado pelo STJ quando do julgamento do REsp n. 1.101.728/SP, julgado sob o rito de repetitivos, oportunidade em que O citado Tribunal reconheceu que a simples inadimplência fiscal não é, per si, causa de responsabilização em matéria tributária.

11. A ATRIBUIÇÃO DE RESPONSABILIDADE POR INTERESSE COMUM

Interessante notar no aludido voto que o Relator deixa claro que, embora no caso em questão houvesse uma nítida *relação de controle, dentro de um inegável ambiente de grupo empresarial,* o que, conforme destacado no voto, poderia até implicar a eventual configuração de uma confusão patrimonial entre as empresas autuadas[36], mas que tal fato *per se* não se enquadraria no tipo do art. 124, inciso I do CTN. Embora não explicite isso, quer parecer que a citada decisão parte do pressuposto que o fundamento legal para a configuração de responsabilidade tributária de grupos econômicos de fato seria o art. 50 do Código Civil[37] e não o art. 124, inciso I do CTN.

Ainda no âmbito da Primeira Seção, o Acórdão nº 9101-002.954[38], proferido pela CSRF, aduz concordância à premissa de necessidade de existência de um interesse jurídico comum para a aplicação do art. 124, inciso I do CTN, mas ao mesmo tempo estabelece que ocorrendo a simulação perpetrada por meio da utilização fraudulenta de pessoa jurídica interposta, as sociedades envolvidas deverão ser tratadas como uma unidade de fato, respondendo solidariamente pelo crédito tributário.

Com a devida vênia, a interpretação realizada pelo Relator apenas se utiliza da figura do desvio de finalidade, estranha ao art. 124, inciso I do CTN, e presente no art. 50 do CC, e a utiliza diretamente para imputar responsabilidade ao grupo de empresas. Nesse caso, a comprovação da ausência

---

Tais dispositivos legais também são inconstitucionais, conforme já decidido pelo STF (RE n. 562.276) em caso afetado por repercussão geral. Nesta oportunidade o STF decidiu que apenas lei complementar pode tratar de questão afeta à responsabilidade tributária, nos termos do que prevê o art. 146, inciso III, alínea "b" da Magna Lex.

Os dois precedentes citados vinculam este Tribunal Administrativo, exatamente como estabelece o art. 927 do Código de Processo Civil, aqui aplicado subsidiariamente, nos termos do art. 15 do citado Codex, bem como em razão do disposto no art. 62, § 1º, incisos I e II, alínea "b" do RICARF.

Recurso provido em parte.

[36] Suposta confusão que, segundo o Relator, não foi *devidamente explorada, demonstrada e comprovada* no caso em concreto.

[37] Dispositivo esse que, após o advento da MP nº 881/2019, passou a ter a seguinte redação: *Art. 50. Em caso de abuso da personalidade jurídica, caracterizado pelo desvio de finalidade ou pela confusão patrimonial, pode o juiz, a requerimento da parte, ou do Ministério Público quando lhe couber intervir no processo, desconsiderá-la para que os efeitos de certas e determinadas relações de obrigações sejam estendidos aos bens particulares de administradores ou de sócios da pessoa jurídica beneficiados direta ou indiretamente pelo abuso.*

[38] Relator Cons. Rafael Vidal, julgado em 03/07/2017.

de responsabilidade se confundiria com a própria prova da inocorrência de fraude ou sonegação.

Por outro lado, no âmbito da Segunda Seção do CARF, convém destacar o Acórdão nº 9202-006.946[39], da CSRF. Segundo o entendimento lá esposado por maioria de votos, na hipótese de grupo econômico, a responsabilização poderia pautar-se em um dos dois incisos do art. 124 do CTN. Na hipótese de fundamentação com base no inciso I do citado prescritivo legal, o ônus probatório quanto à existência de um interesse comum[40] seria do fisco o que, no caso em julgamento, não teria ficado provado. Por sua vez, tal responsabilização também poderia fundar-se no inciso II do art. 124 do CTN, o que demandaria a conjugação de tal dispositivo com o prescrito no art. 30, inciso IX da Lei nº 8.212/91, já mencionado anteriormente. Nesta hipótese, segundo maioria do Colegiado, a fiscalização estaria desonerada de provar a existência do citado "interesse comum"[41], seja qual for o seu conteúdo.

Conclusões

À guisa de conclusão, não restam dúvidas da importância do tema da interpretação do art. 124, inciso I do CTN, e a sua relevância nos processos administrativos fiscais, sobretudo em razão da existência de divergências acerca do seu alcance e das condições de sua aplicação.

Como pontuamos anteriormente, entendemos que o "interesse comum" a que se refere o dispositivo em análise se refere exclusivamente a um interesse jurídico, decorrente de uma atuação conjunta na realização do fato gerador do tributo – o que permite verificar uma diferença bastante relevante entre a responsabilidade tributária com base em tal prescritivo do CTN e a desconsideração da personalidade jurídica, prevista no art. 50 do

---

[39] Relator Cons. Heitor de Souza Lima Junior, julgado em 19/06/2018.

[40] Deve-se registrar que embora empregue a expressão "interesse comum", o Relator do caso não delimita qual a acepção desta expressão no aludido voto, ou seja, se equivalente a um interesse econômico ou a um interesse jurídico.

[41] É o que se observa do seguinte excerto do voto vencedor:

Em verdade, verifico ter se utilizado como base legal da solidariedade no lançamento, exclusivamente o referido art. 124 em seu inciso I, sem qualquer menção ao mencionado inciso II (vide Relatório Fiscal às efls. 21/22), este último que, repito, daria azo ao estabelecimento da responsabilidade solidária, sem necessidade de demonstração de interesse comum, por força da previsão legal contida no art. 30, IX da Lei nº 8.212, de 1991.

Código Civil, qual seja, a necessidade de ocorrência de um ato *lícito* (fato gerador do tributo) para aquela, enquanto esta outra exige a prática de um ato *ilícito*, bem como um nexo causal entre tal ilicitude e o prejuízo causado aos credores da empresa desconsiderada.

Entretanto, é possível verificar que existem diversos precedentes do CARF que misturam as condições de imputação dessas duas espécies de sujeição patrimonial, além de decisões que se utilizam da noção de "benefício econômico", para delimitar o alcance da solidariedade tributária.

Isso conduz, pragmaticamente, a diversas premissas jurídicas distintas, que deverão ser levadas em conta pelo contribuinte na sua produção probatória, como demonstrado no item anterior.

O grande problema decorre do fato de que o contribuinte deve produzir suas provas no início do processo administrativo, muito antes de saber a forma como determinado colegiado interpreta o art. 124, inciso I do CTN, o que gera uma grave insegurança e, sobretudo, um prejuízo ao direito de defesa, por não saber qual ônus probatório deverá atender.

Assim, é preciso que o CARF se alinhe a melhor doutrina e à jurisprudência do STJ sobre a matéria, restringindo o alcance da solidariedade para os casos de interesse jurídico comum sobre o fato gerador, que deverá desafiar prova da participação ou não do responsável nesse evento. Se o órgão não se alinhar com a posição defendida por nós, que pelo menos unifique o seu entendimento sobre a questão, como forma de viabilizar a defesa do contribuinte à luz das premissas jurídicas pré-estabelecidas.

Referências

AZEVEDO, Álvaro Villaça. *Curso de direito civil.* 2ª ed. São Paulo: Saraiva, vol. 1, 2019.

BARROS, Washington Monteiro. *Curso de direito civil.* 45ª ed. São Paulo: Saraiva, vol. 1, 2016.

CARVALHO, Paulo de Barros. *Direito Tributário, linguagem e método.* São Paulo: Noeses, 2008.

COSTA, Regina Helena. *Curso de direito tributário – Constituição e Código Tributário Nacional.* 2ª. ed. São Paulo: Saraiva, 2012.

FANTOZZI, Augusto. *La Solidarietà nel Diritto Tributario.* Torino: UTET, 1968.

FERRAGUT, Maria Rita. *O novo CPC e seu impacto no direito tributário.* 2ª ed. São Paulo: Fiscosoft, 2016.

NERY JUNIOR, Nelson e NERY, Rosa Maria de Andrade. *Código civil comentado.* 5ª ed. São Paulo: Revista dos Tribunais, 2007.

EFICIÊNCIA PROBATÓRIA E A ATUAL JURISPRUDÊNCIA DO CARF

PEIXOTO, Daniel Monteiro. *Responsabilidade tributária e os atos de formação, administração, reorganização e dissolução de sociedades*. São Paulo: Saraiva, 2012.

REQUIÃO, Rubens. *Curso de direito comercial*. 25ª ed. São Paulo: Saraiva, Vol. 1, 2003.

RODRIGUES, Cláudia e VENOSA, Silvio de Salvo. *Direito empresarial*. 9ª ed. São Paulo: Atlas, 2019.

SCHOUERI, Luís Eduardo. *Direito tributário*. São Paulo: Saraiva, 2011.

SOUSA, Rubens Gomes de. *Compêndio de legislação tributária*. São Paulo: Resenha Tributária, 1981.

12. O procedimento administrativo de restituição e compensação: comprovação e mensuração do crédito tributário reconhecido por decisão judicial

MARCELO GIOVANI VIEIRA[1]

Introdução

Decerto que vários dos temas que aqui serão enfrentados o são diversas vezes ao longo do livro. As definições técnicas de termos usuais como crédito tributário, tributo, etc., já devem ser de conhecimento do leitor típico, ou mesmo estão presentes em outros artigos. Além disso, o tema tratado é bastante abrangente, de modo que o presente artigo não é um estudo aprofundado em termos doutrinários e filosóficos, o que demandaria espaço muito maior que o disponível. Este artigo é útil como um guia rápido para se conhecerem as principais ideias e conceitos relacionados à compensação tributária. Portanto, a linguagem terá como preocupação, menos o rigor tecnicista, e mais o entendimento do leitor quanto à prática fiscal e os conceitos que geram os litígios frequentes.

As referências legais são transcritas em rodapé, para facilitar o fluxo da leitura do texto principal.

Desde já se estabelece o uso dos termos mais comuns. Neste artigo, ao falar **crédito**, está-se falando de um crédito que um contribuinte tem perante

---

[1] As opiniões contidas nesta publicação são reflexões acadêmicas do próprio autor e não necessariamente expressam as posições defendidas por qualquer organização a qual esteja vinculado.

a Fazenda Pública. **Débito** é um tributo já pago ou a ser pago. **Restituição** é o pedido de devolução de tributos que foram pagos indevidamente, e **ressarcimento** é o pedido de devolução de tributos que foram pagos devidamente em seu período de apuração, porém, em decorrência de apuração dos valores devidos em períodos posteriores, reste saldo credor. Ambas as decorrências, restituição ou ressarcimento, podem ser origens de crédito objeto de compensação. **Indébito** é o crédito que surge de um pagamento de tributo em valor maior que o que seria devido.

Algumas das opiniões emitidas neste artigo podem não ser pacíficas, mas considera-se que são, ao menos, as mais comuns.

1. Por que existe compensação tributária?

Num primeiro momento, alguém poderia pensar num sistema tributário onde não exista compensação. Sim, pois, ao surgir algum crédito do contribuinte, o procedimento mais lógico, mais imediato, seria a restituição do valor, em espécie. Aí não se teria qualquer necessidade daquela considerável quantidade de regras adicionais a serem aprendidas para efetuar compensação.

Mas, no mundo real, o que é mais lógico, às vezes, não funciona, devido às falhas humanas. É que a relação entre Fisco-Contribuinte não pode ser ideal se estamos no mundo real. A desconfiança mútua é fator de segurança no mundo econômico real. Fato. Então, a cada vez que o contribuinte alega ter um crédito, é necessário que o Fisco confira, audite tal crédito, no exercício do zelo com a Fazenda Pública. Mas o número de conferências necessárias é gigantesco, em vista do número de alegações de crédito. Se cada alegação de crédito tivesse que aguardar a verificação fiscal, o contribuinte restaria muito prejudicado quando, por algum erro, pagasse mais tributos que o devido, ou tivesse algum benefício fiscal que ensejasse crédito, porque teria que esperar uma infindável fila de contribuintes aguardando restituição. Portanto, pensou-se em permitir que a alegação de crédito pudesse ser utilizada, de imediato, para extinguir os eventuais débitos. Isto é a compensação, e está prevista, primariamente, no artigo 156, II[2] do Código Tributário Nacional.

---

[2] Art. 156. Extinguem o crédito tributário:

[...]

II – a compensação;

Outro ponto a observar aqui é que a devolução de dinheiro em espécie é muito mais grave, sob o ponto de vista do cuidado com o Erário, do que a compensação tributária, onde o contribuinte não tem a devolução em espécie, mas pode deixar de recolher tributo que deve, por compensação. Tenta-se, assim, afastar aquelas fraudes mais básicas, que consistem em receber dinheiro público indevido, em empresas fantasmas, por exemplo, o que geraria muito maior dificuldade de recuperação posteriormente.

Com a compensação, a fraude possível seria aplicável a uma empresa real, que tem tributos a pagar. Se descoberta, teria muito maior probabilidade de arcar com as penalidades que uma empresa fantasma.

Enfim, a compensação existe para que os contribuintes não precisem aguardar um tempo excessivo para aproveitar o crédito, e para que o Erário não seja alvo de determinados tipos de fraudes.

2. O mínimo que se precisa saber sobre compensação tributária

Preciso registrar, embora já seja do conhecimento da maioria dos leitores, os fundamentos legais básicos do tema tratado, e alguns conceitos pertinentes.

Para não estender muito o artigo, se tratará apenas do período a partir da MP 66/2002, convertida na Lei 10.637/2002, que alterou o artigo 74 da Lei 9.430/96[3]. O artigo 74 é o fundamento legal básico das regras acerca da compensação tributária.

O contribuinte que tenha um crédito poderá utilizá-lo para compensar um débito. Para formalizar o pedido, deve apresentar a Declaração de Compensação (§1º do artigo 74 da Lei 9.430/96)[4], onde prestará as informações pertinentes. Tal declaração tem o caráter de confissão de dívida (§6º)[5], isto é, os débitos ali informados podem ser inscritos em dívida ativa sem necessidade de lançamento de ofício, quando o crédito não for reconhecido.

---

[3] Transcreve-se inicialmente o *caput*:

Art. 74. O sujeito passivo que apurar crédito, inclusive os judiciais com trânsito em julgado, relativo a tributo ou contribuição administrado pela Secretaria da Receita Federal, passível de restituição ou de ressarcimento, poderá utilizá-lo na compensação de débitos próprios relativos a quaisquer tributos e contribuições administrados por aquele Órgão.

[4] § 1º A compensação de que trata o caput será efetuada mediante a entrega, pelo sujeito passivo, de declaração na qual constarão informações relativas aos créditos utilizados e aos respectivos débitos compensados.

[5] § 6º A declaração de compensação constitui confissão de dívida e instrumento hábil e suficiente para a exigência dos débitos indevidamente compensados.

O crédito tributário – o débito – fica extinto, porém, sob condição resolutiva ($\S 2^{\circ}$)[6], isto é, o Fisco tem um prazo de 5 anos, contados do protocolo da Declaração de Compensação, para homologá-la. A homologação é a manifestação do Fisco sobre a suficiência ou insuficiência do crédito para extinguir o débito ($\S 5^{\circ}$)[7]. O que se homologa ou não é a extinção do débito, isto é, do crédito tributário. Remanescendo débitos não compensados, procede-se à cobrança.

Alguns tipos de débitos e alguns tipos de créditos não podem ser compensados ($\S 3^{\circ}$)[8], e alguns tipos de créditos alegados sequer se consideram como passíveis de gerar Declaração de Compensação ($\S 12^{\circ}$)[9].

A Secretaria da Receita Federal poderá normatizar, isto é, estabelecer condições formais, meios e regras procedimentais ($\S 14$)[10]. Nessa delegação, publicou diversas instruções normativas para tratar da compensação. A atual é a Instrução Normativa n$^{\circ}$ 1.717/2017.

No caso geral, o pedido de compensação se processa com a utilização do requerimento eletrônico – PER/DCOMP – (art. 65, $\S 1^{\circ}$ da IN 1.717/2017)[11], salvo se comprovadamente impossível.

Após o pedido de restituição ou de ressarcimento dentro do prazo, é permitida a inclusão de novos débitos para compensação, após o prazo de 5 anos, nos termos do artigo 68, $\S$ único[12] da IN 1.717/2017.

---

[6] $\S 2^{\circ}$ A compensação declarada à Secretaria da Receita Federal extingue o crédito tributário, sob condição resolutória de sua ulterior homologação.

[7] $\S 5^{\circ}$ O prazo para homologação da compensação declarada pelo sujeito passivo será de 5 (cinco) anos, contado da data da entrega da declaração de compensação.

[8] $\S 3^{\circ}$ Além das hipóteses previstas nas leis específicas de cada tributo ou contribuição, não poderão ser objeto de compensação mediante entrega, pelo sujeito passivo, da declaração referida no $\S 1^{\circ}$: [...]

[9] $\S 12$. Será considerada não declarada a compensação nas hipóteses [...]

[10] $\S 14$. A Secretaria da Receita Federal – SRF disciplinará o disposto neste artigo, inclusive quanto à fixação de critérios de prioridade para apreciação de processos de restituição, de ressarcimento e de compensação.

[11] $\S 1^{\circ}$ A compensação de que trata o caput será efetuada, pelo sujeito passivo, mediante declaração de compensação, por meio do programa PER/DCOMP ou, na impossibilidade de sua utilização, mediante o formulário Declaração de Compensação, constante do Anexo IV desta Instrução Normativa.

[12] Parágrafo único. O sujeito passivo poderá apresentar declaração de compensação que tenha por objeto crédito apurado ou decorrente de pagamento efetuado há mais de 5 (cinco)

12. O PROCEDIMENTO ADMINISTRATIVO DE RESTITUIÇÃO E COMPENSAÇÃO

O prazo para apresentação do pedido de restituição ou ressarcimento é de 5 anos do pagamento, nos termos do artigo 3º da Lei Complementar 118/2005[13], combinado com artigo 168 do CTN. Para os pedidos anteriores à vigência do artigo 3º da Lei Complementar 118/2005, 09 de junho de 2005, o prazo é de 10 anos, conforme decidiu o STJ, em sede de recursos repetitivos, no REsp 1.002.932/SP, e sumulado pelo CARF, Súmula 91[14].

3. O local da prova: processo administrativo fiscal

As regras aplicáveis aos processos de compensação são o PAF – Decreto 70.235/72, por determinação do artigo 74, §11 da Lei 9.430/96[15]. O PAF foi regulamentado pelo Decreto 7.574/2011, também de aplicação vinculada pelos julgadores do CARF, conforme artigo 62 do Regimento Interno[16]. Nas lacunas do PAF, são aplicáveis subsidiariamente as Leis 9.784/99 – a Lei do processo administrativo em geral, e o Código de Processo Civil, em vista de seu artigo 15[17].

4. Os agentes da prova

O Auditor-Fiscal da Receita Federal é o agente público responsável pela constituição do crédito tributário federal, fiscalização do cumprimento das obrigações tributárias federais, julgamento dos respectivos processos

---

anos, desde que referido crédito tenha sido objeto de pedido de restituição ou de ressarcimento apresentado à RFB antes do transcurso do referido prazo.

[13] Art. 3º Para efeito de interpretação do inciso I do art. 168 da Lei nº 5.172, de 25 de outubro de 1966 – Código Tributário Nacional, a extinção do crédito tributário ocorre, no caso de tributo sujeito a lançamento por homologação, no momento do pagamento antecipado de que trata o § 1º do art. 150 da referida Lei.

[14] Súmula CARF nº 91: Ao pedido de restituição pleiteado administrativamente antes de 9 de junho de 2005, no caso de tributo sujeito a lançamento por homologação, aplica-se o prazo prescricional de 10 (dez) anos, contado do fato gerador.

[15] § 11. A manifestação de inconformidade e o recurso de que tratam os §§ 9º e 10 obedecerão ao rito processual do Decreto nº 70.235, de 6 de março de 1972, e enquadram-se no disposto no inciso III do art. 151 da Lei nº 5.172, de 25 de outubro de 1966 – Código Tributário Nacional, relativamente ao débito objeto da compensação.

[16] Art. 62. Fica vedado aos membros das turmas de julgamento do CARF afastar a aplicação ou deixar de observar tratado, acordo internacional, lei ou decreto, sob fundamento de inconstitucionalidade.

[17] Art. 15. Na ausência de normas que regulem processos eleitorais, trabalhistas ou administrativos, as disposições deste Código lhes serão aplicadas supletiva e subsidiariamente.

EFICIÊNCIA PROBATÓRIA E A ATUAL JURISPRUDÊNCIA DO CARF

administrativos, controle aduaneiro do comércio exterior, combate ao contrabando, descaminho e lavagem de dinheiro, dentre outras atividades correlatas (artigo 6º da Lei 10.593/2002[18], artigo 142 do CTN[19]).

Para cumprimento desses deveres, tem amplo acesso profissional às informações dos contribuintes, isto é, sua escrituração e respectivos lastros, não

[18] Art. 6º São atribuições dos ocupantes do cargo de Auditor-Fiscal da Receita Federal do Brasil:

I – no exercício da competência da Secretaria da Receita Federal do Brasil e em caráter privativo:

a) constituir, mediante lançamento, o crédito tributário e de contribuições;

b) elaborar e proferir decisões ou delas participar em processo administrativo-fiscal, bem como em processos de consulta, restituição ou compensação de tributos e contribuições e de reconhecimento de benefícios fiscais;

c) executar procedimentos de fiscalização, praticando os atos definidos na legislação específica, inclusive os relacionados com o controle aduaneiro, apreensão de mercadorias, livros, documentos, materiais, equipamentos e assemelhados;

d) examinar a contabilidade de sociedades empresariais, empresários, órgãos, entidades, fundos e demais contribuintes, não se lhes aplicando as restrições previstas nos arts. 1.190 a 1.192 do Código Civil e observado o disposto no art. 1.193 do mesmo diploma legal;

e) proceder à orientação do sujeito passivo no tocante à interpretação da legislação tributária;

f) supervisionar as demais atividades de orientação ao contribuinte;

II – em caráter geral, exercer as demais atividades inerentes à competência da Secretaria da Receita Federal do Brasil.

§ 1º O Poder Executivo poderá cometer o exercício de atividades abrangidas pelo inciso II do *caput* deste artigo em caráter privativo ao Auditor-Fiscal da Receita Federal do Brasil.

§ 2º Incumbe ao Analista-Tributário da Receita Federal do Brasil, resguardadas as atribuições privativas referidas no inciso I do *caput* e no § 1º deste artigo:

I – exercer atividades de natureza técnica, acessórias ou preparatórias ao exercício das atribuições privativas dos Auditores-Fiscais da Receita Federal do Brasil;

II – atuar no exame de matérias e processos administrativos, ressalvado o disposto na alínea *b* do inciso I do *caput* deste artigo;

III – exercer, em caráter geral e concorrente, as demais atividades inerentes às competências da Secretaria da Receita Federal do Brasil.

§ 3º Observado o disposto neste artigo, o Poder Executivo regulamentará as atribuições dos cargos de Auditor-Fiscal da Receita Federal do Brasil e Analista-Tributário da Receita Federal do Brasil.

[19] Art. 142. Compete privativamente à autoridade administrativa constituir o crédito tributário pelo lançamento, assim entendido o procedimento administrativo tendente a verificar a ocorrência do fato gerador da obrigação correspondente, determinar a matéria tributável, calcular o montante do tributo devido, identificar o sujeito passivo e, sendo caso, propor a aplicação da penalidade cabível.

12. O PROCEDIMENTO ADMINISTRATIVO DE RESTITUIÇÃO E COMPENSAÇÃO

sendo aplicáveis as restrições previstas nos artigos 1.190 a 1.192 do Código Civil. As pessoas físicas e jurídicas em geral também são obrigadas a fornecer ao Auditor-Fiscal as informações de que disponham acerca de terceiros contribuintes (artigo 197 do CTN[20], artigo 2º do Decreto-lei 1.718/79[21]). Para informações financeiras, em vista de sua sensibilidade, há regulamentações específicas (artigo 6º da Lei Complementar 105/2001 e Decreto 3.724/2001). O STF já assentou a constitucionalidade do acesso às informações financeiras dos contribuintes pelos Auditores-Fiscais (RE 601314 e ADI's 2390, 2386, 2397).

No curso de procedimentos de fiscalização, surgem diversas questões que somente o contribuinte fiscalizado pode esclarecer. Exemplificativamente, a relação entre contas contábeis e atos e fatos patrimoniais, conceituação precisa de termos utilizados, demonstrativos de valores calculados à parte da contabilidade, e, em geral, uma infinidade de dúvidas que podem surgir a partir dos dados e documentos oficiais da empresa. O contribuinte tem o dever de colaborar no alcance da verdade material, prestando todos os

---

[20] Art. 197. Mediante intimação escrita, são obrigados a prestar à autoridade administrativa todas as informações de que disponham com relação aos bens, negócios ou atividades de terceiros:
I – os tabeliães, escrivães e demais serventuários de ofício;
II – os bancos, casas bancárias, Caixas Econômicas e demais instituições financeiras;
III – as empresas de administração de bens;
IV – os corretores, leiloeiros e despachantes oficiais;
V – os inventariantes;
VI – os síndicos, comissários e liquidatários;
VII – quaisquer outras entidades ou pessoas que a lei designe, em razão de seu cargo, ofício, função, ministério, atividade ou profissão.
Parágrafo único. A obrigação prevista neste artigo não abrange a prestação de informações quanto a fatos sobre os quais o informante esteja legalmente obrigado a observar segredo em razão de cargo, ofício, função, ministério, atividade ou profissão.
[21] Art. 2º Continuam obrigados a auxiliar a fiscalização dos tributos sob a administração do Ministério da Fazenda, ou, quando solicitados, a prestar informações, os estabelecimentos bancários, inclusive as Caixas Econômicas, os Tabeliães e Oficiais de Registro, o Instituto Nacional da Propriedade Industrial, as Juntas Comerciais ou as repartições e autoridades que as substituírem, as Bolsas de Valores e as empresas corretoras, as Caixas de Assistência, as Associações e Organizações Sindicais, as companhias de seguros, e demais entidades, pessoas ou empresas que possam, por qualquer forma, esclarecer situações de interesse para a mesma fiscalização.

esclarecimentos necessários, cf. art. 4º da Lei 9.784/99[22]. No PAF, a falta de colaboração enseja a majoração da multa de ofício, nos termos do artigo 44, §2º da Lei 9.430/96[23].

No trâmite litigioso administrativo, as instâncias julgadoras têm o dever da autotutela, isto é, exercem seu ofício com foco no resguardo da legalidade, em grau maior que a formalidade. A administração pública deve anular ou revogar os próprios atos, de ofício, quando eivados de vícios (Súmula 473 do STF)[24].

As instâncias julgadoras podem determinar a produção de novas provas para esclarecimento dos fatos (arts. 18 e 29 do PAF)[25] para formação de sua livre convicção, porém, não podem alterar o fundamento jurídico do lançamento, em vista dos princípios da segurança jurídica e proibição de comportamento contraditório. Confira-se nesse sentido excerto do REsp 1.130545/RJ (repetitivo):

---

[22] Art. 4º São deveres do administrado perante a Administração, sem prejuízo de outros previstos em ato normativo:

I – expor os fatos conforme a verdade;

II – proceder com lealdade, urbanidade e boa-fé;

III – não agir de modo temerário;

IV – prestar as informações que lhe forem solicitadas e colaborar para o esclarecimento dos fatos.

[23] § 2º Os percentuais de multa a que se referem o inciso I do caput e o § 1º deste artigo serão aumentados de metade, nos casos de não atendimento pelo sujeito passivo, no prazo marcado, de intimação para:

I – prestar esclarecimentos; (Redação dada pela Lei nº 11.488, de 2007)

II – apresentar os arquivos ou sistemas de que tratam os arts. 11 a 13 da Lei no 8.218, de 29 de agosto de 1991; (Redação dada pela Lei nº 11.488, de 2007)

III – apresentar a documentação técnica de que trata o art. 38 desta Lei.

[24] A administração pode anular seus próprios atos, quando eivados de vícios que os tornam ilegais, porque dêles não se originam direitos; ou revogá-los, por motivo de conveniência ou oportunidade, respeitados os direitos adquiridos, e ressalvada, em todos os casos, a apreciação judicial.

[25] Art. 18. A autoridade julgadora de primeira instância determinará, de ofício ou a requerimento do impugnante, a realização de diligências ou perícias, quando entendê-las necessárias, indeferindo as que considerar prescindíveis ou impraticáveis, observando o disposto no art. 28, in fine.

Art. 29. Na apreciação da prova, a autoridade julgadora formará livremente sua convicção, podendo determinar as diligências que entender necessárias.

12. O PROCEDIMENTO ADMINISTRATIVO DE RESTITUIÇÃO E COMPENSAÇÃO

2. O ato administrativo do lançamento tributário, devidamente notificado ao contribuinte, somente pode ser revisto nas hipóteses enumeradas no artigo 145, do CTN, *verbis*:

"Art. 145. O lançamento regularmente notificado ao sujeito passivo só pode ser alterado em virtude de:

I – impugnação do sujeito passivo;

II – recurso de ofício;

III – iniciativa de ofício da autoridade administrativa, nos casos previstos no artigo 149. "

3. O artigo 149, do *Codex* Tributário, elenca os casos em que se revela possível a revisão de ofício do lançamento tributário, quais sejam:

"Art. 149. O lançamento é efetuado e revisto de ofício pela autoridade administrativa nos seguintes casos:

I – quando a lei assim o determine;

II – quando a declaração não seja prestada, por quem de direito, no prazo e na forma da legislação tributária;

III – quando a pessoa legalmente obrigada, embora tenha prestado declaração nos termos do inciso anterior, deixe de atender, no prazo e na forma da legislação tributária, a pedido de esclarecimento formulado pela autoridade administrativa, recuse-se a prestá-lo ou não o preste satisfatoriamente, a juízo daquela autoridade;

IV – quando se comprove falsidade, erro ou omissão quanto a qualquer elemento definido na legislação tributária como sendo de declaração obrigatória;

V – quando se comprove omissão ou inexatidão, por parte da pessoa legalmente obrigada, no exercício da atividade a que se refere o artigo seguinte;

VI – quando se comprove ação ou omissão do sujeito

passivo, ou de terceiro legalmente obrigado, que dê lugar à aplicação de penalidade pecuniária;

VII – quando se comprove que o sujeito passivo, ou terceiro em benefício daquele, agiu com dolo, fraude ou simulação;

VIII – quando deva ser apreciado fato não conhecido ou não provado por ocasião do lançamento anterior;

IX – quando se comprove que, no lançamento anterior, ocorreu fraude ou falta funcional da autoridade que o efetuou, ou omissão, pela mesma autoridade, de ato ou formalidade especial.

Parágrafo único. A revisão do lançamento só pode ser iniciada enquanto não extinto o direito da Fazenda Pública."

EFICIÊNCIA PROBATÓRIA E A ATUAL JURISPRUDÊNCIA DO CARF

4. Destarte, a revisão do lançamento tributário, como consectário do poder-dever de autotutela da Administração Tributária, somente pode ser exercido nas hipóteses do artigo 149, do CTN, observado o prazo decadencial para a constituição do crédito tributário.

5. Assim é que a revisão do lançamento tributário por erro de fato (artigo 149, inciso VIII, do CTN) reclama o desconhecimento de sua existência ou a impossibilidade de sua comprovação à época da constituição do crédito tributário.

6. Ao revés, nas hipóteses de erro de direito (equívoco na valoração jurídica dos fatos), o ato administrativo de lançamento tributário revela-se imodificável, máxime em virtude do princípio da proteção à confiança, encartado no artigo 146, do CTN, segundo o qual "a modificação introduzida, de ofício ou em conseqüência de decisão administrativa ou judicial, nos critérios jurídicos adotados pela autoridade administrativa no exercício do lançamento somente pode ser efetivada, em relação a um mesmo sujeito passivo, quanto a fato gerador ocorrido posteriormente à sua introdução".

7. Nesse segmento, é que a Súmula 227/TFR consolidou o entendimento de que "a mudança de critério jurídico adotado pelo Fisco não autoriza a revisão de lançamento".

8. A distinção entre o "erro de fato" (que autoriza a revisão do lançamento) e o "erro de direito" (hipótese que inviabiliza a revisão) é enfrentada pela doutrina, verbis [...]

5. O quê é preciso provar

O ônus da prova é de quem alega, nos termos gerais do CPC (artigo 373).

No sistema dos tributos e contribuições lançados por homologação, o contribuinte deve apurar e recolher o valor devido, espontaneamente, conforme artigo 150 do CTN. Em cumprimento a essa diretriz, o Decreto 2.124/84 e normativos relacionados criaram a DCTF, instrumento por meio do qual o contribuinte declara e confessa o valor devido, tendo recolhido ou não (art. 5º)[26].

---

[26] Art. 5º O Ministro da Fazenda poderá eliminar ou instituir obrigações acessórias relativas a tributos federais administrados pela Secretaria da Receita Federal.

§ 1º O documento que formalizar o cumprimento de obrigação acessória, comunicando a existência de crédito tributário, constituirá confissão de dívida e instrumento hábil e suficiente para a exigência do referido crédito.

§ 2º Não pago no prazo estabelecido pela legislação o crédito, corrigido monetariamente e acrescido da multa de vinte por cento e dos juros de mora devidos, poderá ser imediatamente

12. O PROCEDIMENTO ADMINISTRATIVO DE RESTITUIÇÃO E COMPENSAÇÃO

Outras declarações também têm o valor de confissão de dívida (Declaração do Simples, Declaração de Compensação), conforme expresso em suas respectivas legislações, enquanto outras têm somente valor informativo, tais como a DIPJ e Dacon. Confira-se nesse sentido a Súmula CARF nº 92:

> A DIPJ, desde a sua instituição, não constitui confissão de dívida, nem instrumento hábil e suficiente para a exigência de crédito tributário nela informado.

A confissão de dívida, pela entrega da DCTF, conforma o ato pelo qual o contribuinte cumpre sua obrigação no lançamento por homologação. O valor constante da confissão de dívida pode ser diretamente cobrado, sem necessidade de lançamento de ofício, conforme já decidiu o STJ, no REsp 1.101.728/SP, sob o rito dos recursos repetitivos:

> A entrega de declaração pelo contribuinte reconhecendo débito fiscal constitui o crédito tributário, dispensada qualquer outra providência por parte do fisco.

Portanto, somente o valor que exceder à confissão de dívida deve ser lançado de ofício.

É assente na doutrina que, no lançamento de ofício, o ônus da prova é do Fisco. É o Fisco quem alega que o contribuinte não confessou débitos devidos[27]. Nos pedidos de restituição/compensação, é o contribuinte quem alega direito, sendo seu o ônus de comprovar.

O Fisco, quando verifica a existência de débito não confessado, não pode eximir-se de efetuar o lançamento de ofício. O lançamento de ofício, além de dever ser comprovado, é vinculante, obrigatório, nos termos do artigo 142 do CTN.

---

inscrito em dívida ativa, para efeito de cobrança executiva, observado o disposto no § 2º do artigo 7º do Decreto-lei nº 2.065, de 26 de outubro de 1983.

§ 3º Sem prejuízo das penalidades aplicáveis pela inobservância da obrigação principal, o não cumprimento da obrigação acessória na forma da legislação sujeitará o infrator à multa de que tratam os §§ 2º, 3º e 4º do artigo 11 do Decreto-lei nº 1.968, de 23 de novembro de 1982, com a redação que lhe foi dada pelo Decreto-lei nº 2.065, de 26 de outubro de 1983.

[27] Salvo exceções tais como as presunções legais, como por exemplo, art. 12, §2º, do Decreto 1.598/77.

EFICIÊNCIA PROBATÓRIA E A ATUAL JURISPRUDÊNCIA DO CARF

Em resumo, a DCTF é o marco definidor do ônus da prova. No caso de lançamento de ofício, o Fisco deve provar que o valor devido é maior que o confessado, e no caso de pedido de restituição/compensação, é o contribuinte quem deve provar que é o valor devido é menor que o valor confessado.

Se apresentada antes de qualquer procedimento de ofício, a declaração retificadora de DCTF tem o mesmo valor da original, porque espontânea[28]. Após qualquer procedimento de ofício, tal como um Despacho Decisório,

[28] Conforme normativos da Receita Federal, por exemplo, art. 11 da Instrução Normativa da Receita Federal 903/2008, repetido em normativos posteriores:

Art. 11. A alteração das informações prestadas em DCTF será efetuada mediante apresentação de DCTF retificadora, elaborada com observância das mesmas normas estabelecidas para a declaração retificada.

§ 1º A DCTF retificadora terá a mesma natureza da declaração originariamente apresentada, substituindo-a integralmente, e servirá para declarar novos débitos, aumentar ou reduzir os valores de débitos já informados ou efetivar qualquer alteração nos créditos vinculados.

§ 2º A retificação não produzirá efeitos quando tiver por objeto alterar os débitos relativos a impostos e contribuições:

I – cujos saldos a pagar já tenham sido enviados à Procuradoria-Geral da Fazenda Nacional (PGFN) para inscrição em DAU, nos casos em que importe alteração desses saldos;

II – cujos valores apurados em procedimentos de auditoria interna, relativos às informações indevidas ou não comprovadas prestadas na DCTF, sobre pagamento, parcelamento, compensação ou suspensão de exigibilidade, já tenham sido enviados à PGFN para inscrição em DAU; ou

III – em relação aos quais a pessoa jurídica tenha sido intimada de início de procedimento fiscal.

§ 3º A retificação de valores informados na DCTF, que resulte em alteração do montante do débito já enviado à PGFN para inscrição em DAU, somente poderá ser efetuada pela RFB nos casos em que houver prova inequívoca da ocorrência de erro de fato no preenchimento da declaração.

§ 4º Na hipótese do inciso III do § 2º, havendo recolhimento anterior ao início do procedimento fiscal, em valor superior ao declarado, a pessoa jurídica poderá apresentar declaração retificadora, em atendimento a intimação fiscal e nos termos desta, para sanar erro de fato, sem prejuízo das penalidades calculadas na forma do art. 9º.

§ 5º A pessoa jurídica que apresentar declaração retificadora, relativa ao ano-calendário utilizado como referência para o enquadramento no disposto no art. 3º, nos casos em que a retificação implicar seu desenquadramento dessa condição, poderá pedir dispensa de apresentação da DCTF Mensal.

§ 6º O pedido de dispensa de que trata o § 5º será formalizado, mediante processo administrativo, perante a unidade da RFB do domicílio tributário da pessoa jurídica.

§ 7º Em caso de deferimento do pedido de que trata o § 5º, a pessoa jurídica estará dispensada da apresentação da DCTF Mensal a partir do ano-calendário em que ocorreu o

12. O PROCEDIMENTO ADMINISTRATIVO DE RESTITUIÇÃO E COMPENSAÇÃO

encerra-se sua espontaneidade, o que denota a necessidade de comprovação material, para a retificação, a menor, da DCTF, pelo contribuinte.

Estando o crédito tributário formalmente constituído, para que se possa retificá-lo, após os procedimentos de ofício, é necessária prova de sua inexatidão. É preciso demonstrar, documentalmente, a composição da base de cálculo e as deduções permitidas em lei, com os livros oficiais, tais como Diário, Razão, ou qualquer escrituração ou documento legal que se revista do caráter de prova.

O direito tributário privilegia o princípio da verdade material, isto é, tem como finalidade alcançar a matéria real tributável.

Segundo James MARINS:

> as faculdades fiscalizatórias da administração tributária devem ser utilizadas para o desvelamento da verdade material e seu resultado deve ser reproduzido fielmente no bojo do procedimento e do Processo Administrativo. O dever de investigação da administração e o dever de colaboração por parte do particular têm por finalidade propiciar a aproximação da atividade formalizadora com a realidade dos acontecimentos.[29]

A verdade material reflete também o princípio econômico/contábil de que a substância prevalece sobre a forma. Desse modo, não são os aspectos

enquadramento com base na declaração retificada, desde que não se enquadre, novamente, na condição de obrigada à DCTF Mensal.

§ 8º A pessoa jurídica que apresentar DCTF retificadora, alterando valores que tenham sido informados:

I – na Declaração de Informações Econômico-Fiscais da Pessoa Jurídica (DIPJ), deverá apresentar, também, DIPJ retificadora; e

II – no Demonstrativo de Apuração de Contribuições Sociais (Dacon), deverá apresentar, também, Dacon retificador.

§ 9º A retificação de declarações, cuja alteração de valores resulte no enquadramento da pessoa jurídica segundo as hipóteses do art. 3º, obriga a apresentação da DCTF Mensal desde o início do ano-calendário a que estaria obrigada com base na declaração retificada, sendo devidas as multas pelo atraso na entrega das DCTF Mensais relativas ao período considerado, calculadas na forma do art. 9º.

§ 10. A retificação de DCTF não será admitida quando resultar em alteração da periodicidade, mensal ou semestral, de declaração anteriormente apresentada.

[29] MARINS, James. *Direito Processual Tributário Brasileiro – Administrativo e Judicial*. São Paulo: Dialética, p. 174.

EFICIÊNCIA PROBATÓRIA E A ATUAL JURISPRUDÊNCIA DO CARF

formais dos documentos que substancializam a prova, mas a realidade subjacente. Assim, o que deve ser provado é o fundamento econômico subjacente.

Por exemplo, a existência de ágio efetivamente pago a terceiros agentes econômicos independentes, na aquisição de empresas, possibilita sua amortização e consequente redução do IRPJ, de acordo com o Decreto-Lei 1.598/77, art. 25. Mas tal fundamento econômico não pode ser fabricado por meio de formalidades internas, sem que haja o elemento econômico efetivo, substantivo, de constituição do ágio, isto é, o efetivo pagamento a agente econômico independente. É esse fundamento econômico substantivo que materializa o direito previsto em Lei.

O fundamento econômico pode até ser a economia tributária, desde que tal objetivo decorra de uma mudança econômica substantiva da realidade do contribuinte – isto é, o contribuinte efetivamente muda sua estrutura econômica para uma realidade tributariamente mais vantajosa, e cujas mudanças não sejam apenas o registro de alterações formais. O fundamento econômico pode ainda ser a economia tributária quando esse objetivo esteja conscientemente presente na teleologia da norma, por exemplo, a opção por lucro presumido[30].

6. Elementos de prova

Em princípio as declarações do contribuinte, sejam declarações oficiais, tais como DCTF, DIPJ, sejam declarações firmadas em respostas a intimações, são consideradas como verdadeiras. Não obstante, no exercício de seu mister, o Auditor-Fiscal pode e deve solicitar documentos para a comprovação das declarações dos contribuintes.

Há diversos níveis de aprofundamento do aspecto probatório, a depender da disponibilidade da mão-de-obra fiscal, do vulto dos valores envolvidos, do juízo discricionário do Auditor quanto à veracidade das alegações do contribuinte, dentre outros elementos.

A necessidade de eventuais aprofundamentos probatórios não deve ensejar melindres ao contribuinte. A própria natureza da atividade fiscal exige a constante aferição da correção e lastro dos valores informados ou declarados, sendo responsabilidade do Fisco zelar pelos créditos tributários. A exigência probatória é o dever do Fisco e seu cotidiano.

---

[30] Evidentemente, o tema é mais complexo e controverso. Apenas ressalta-se aqui a diretriz hermenêutica, que deve ter como norte o fundamento econômico substancial, ao revés da mera formalidade.

12. O PROCEDIMENTO ADMINISTRATIVO DE RESTITUIÇÃO E COMPENSAÇÃO

Um primeiro nível de aprofundamento probatório é a escrituração contábil/fiscal, que tem um caráter de confiabilidade maior que as simples declarações do contribuinte, porque estão submetidas a formalismos de temporalidade e registro, fundados em legislação específica do Direito Comercial. Esses aspectos da força probante dos documentos são tratados nos artigos 219[31] e 226[32] do Código Civil.

Um segundo nível de comprovação são os documentos que lastreiam os lançamentos contábeis/fiscais, tais como contratos, notas fiscais, conhecimentos de transportes, títulos, etc.

Um terceiro nível de comprovação são as movimentações financeiras vis a vis os documentos de lastro.

Níveis seguintes podem ser verificações *in loco* de atividades, bens e serviços, laudos técnicos, testemunhos e quaisquer outros elementos que possam esclarecer a materialidade da ocorrência do fato gerador do tributo e seu pagamento.

A obrigação de conservação dos registros até que prescrevam os direitos reclamados com base neles, consta do Código Tributário Nacional, § único do artigo 195[33]. Tem-se ainda o Decreto-Lei 486/69, art. 4º[34].

---

[31] Art. 219. As declarações constantes de documentos assinados presumem-se verdadeiras em relação aos signatários.
Parágrafo único. Não tendo relação direta, porém, com as disposições principais ou com a legitimidade das partes, as declarações enunciativas não eximem os interessados em sua veracidade do ônus de prová-las.

[32] Art. 226. Os livros e fichas dos empresários e sociedades provam contra as pessoas a que pertencem, e, em seu favor, quando, escriturados sem vício extrínseco ou intrínseco, forem confirmados por outros subsídios.
Parágrafo único. A prova resultante dos livros e fichas não é bastante nos casos em que a lei exige escritura pública, ou escrito particular revestido de requisitos especiais, e pode ser ilidida pela comprovação da falsidade ou inexatidão dos lançamentos.

[33] Art. 195. Para os efeitos da legislação tributária, não têm aplicação quaisquer disposições legais excludentes ou limitativas do direito de examinar mercadorias, livros, arquivos, documentos, papéis e efeitos comerciais ou fiscais, dos comerciantes industriais ou produtores, ou da obrigação destes de exibi-los.
Parágrafo único. Os livros obrigatórios de escrituração comercial e fiscal e os comprovantes dos lançamentos neles efetuados serão conservados até que ocorra a prescrição dos créditos tributários decorrentes das operações a que se refiram.

[34] Art. 4º O comerciante é ainda obrigado a conservar em ordem, enquanto não prescritas eventuais ações que lhes sejam pertinentes, a escrituração, correspondência e demais papéis

7. O momento da prova

No processo administrativo fiscal, as provas do contribuinte devem ser apresentadas até a Impugnação ou Manifestação de Inconformidade, conforme artigo 17[35] do PAF e *caput* do artigo 16, salvo as exceções do §4º[36].

A administração tem o dever de prover as provas de que disponha, nos termos do artigo 37 da Lei 9.784/99[37]. Por exemplo, a escrituração contábil/ fiscal, a partir da vigência do Sistema Público de Escrituração Digital – SPED, está disponível ao Fisco. Desse modo, o Fisco não pode utilizar como fundamento de lançamento ou negativa de compensação a falta de apresentação de documentos contábeis, se já em período de vigência do respectivo SPED[38].

Há controvérsia no CARF quanto à admissão de provas intempestivas. Uma vertente somente aceita as provas quando atendido algum dos requisitos do artigo 16, §4º do PAF. Outra vertente entende que o princípio da verdade material implicaria aceitar uma prova clara a qualquer tempo[39].

Na opinião deste autor, a aceitação de provas sem atendimento dos requisitos do artigo 16, §4º do PAF[40], fere diversos princípios valiosos da

---

relativos à atividade, ou que se refiram a atos ou operações que modifiquem ou possam vir a modificar sua situação patrimonial.

[35] Art. 17. Considerar-se-á não impugnada a matéria que não tenha sido expressamente contestada pelo impugnante.

[36] § 4º A prova documental será apresentada na impugnação, precluindo o direito de o impugnante fazê-lo em outro momento processual, a menos que:
a) fique demonstrada a impossibilidade de sua apresentação oportuna, por motivo de força maior;
b) refira-se a fato ou a direito superveniente;
c) destine-se a contrapor fatos ou razões posteriormente trazidas aos autos.

[37] Art. 37. Quando o interessado declarar que fatos e dados estão registrados em documentos existentes na própria Administração responsável pelo processo ou em outro órgão administrativo, o órgão competente para a instrução proverá, de ofício, à obtenção dos documentos ou das respectivas cópias.

[38] Há vários SPED's, cada um com legislação e vigência própria, tais como ECF, EFD ICMS IPI, EFD Contribuições, NF-e, ECD, e outros. Vide o sítio oficial, sped.rfb.gov.br.

[39] Por exemplo, Acórdão 9101-002.781.

[40] § 4º A prova documental será apresentada na impugnação, precluindo o direito de o impugnante fazê-lo em outro momento processual, a menos que:
a) fique demonstrada a impossibilidade de sua apresentação oportuna, por motivo de força maior;
b) refira-se a fato ou a direito superveniente;
c) destine-se a contrapor fatos ou razões posteriormente trazidas aos autos.

12. O PROCEDIMENTO ADMINISTRATIVO DE RESTITUIÇÃO E COMPENSAÇÃO

processualidade, tais como a temporalidade, a impulsão de ofício, o *dormientibus non sucurrit ius*, dupla instância, dentre outros. O contribuinte, se estiver de má-fé, poderia, por exemplo, deixar de apresentar provas parciais no curso da fiscalização, para apresentá-las somente na segunda instância administrativa, ensejando, caso se aplique a verdade material em detrimento à preclusão, a reanálise do Fisco, retornando o rito processual à estaca zero, e com esse procedimento escuso atrasar enormemente o desfecho do processo. As regras processuais buscam evitar tais incoerências. Além disso, o §4º do artigo 16 do PAF tem amplitude suficiente para abarcar qualquer situação razoável de apresentação intempestiva de provas.

Ressalte-se que o contribuinte não fica desamparado quanto a eventuais erros materiais, mesmo após a decisão de 2ª instância administrativa, quando haja provas cabais intempestivas, porque eventuais erros materiais podem ser arguidos inclusive junto à unidade de origem da Receita Federal, que pode rever de ofício o cálculo com erro material ou à vista de prova material cabal (art. 149 do CTN), salvo se se tratar de matéria julgada nas instâncias julgadoras administrativas. Ainda, caso a Receita Federal constate erro material de cálculo, poderá ter a iniciativa de Embargos Inominados, previstos no artigo 66 do Regimento Interno do CARF, Portaria do Ministério da Fazenda nº 343/2015.

Portanto, para este autor, o princípio da verdade material não permite afastar a aplicação do artigo 16, §4º do PAF, mesmo porque tal atitude é vedada ao julgador administrativo, conforme o artigo 26-A[41] do mesmo PAF.

8. Especificidades da comprovação do crédito reconhecido judicialmente

Pontuam-se algumas especificidades pertinentes à compensação com crédito reconhecido judicialmente. A principal delas é a necessidade de que se tenha o trânsito em julgado, nos termos do artigo 170-A do CTN:

> Em se tratando de compensação de crédito objeto de controvérsia judicial, é vedada a sua realização 'antes do trânsito em julgado da respectiva decisão judicial', conforme prevê o art. 170-A do CTN, vedação que, todavia, não se aplica a

---

[41] Art. 26-A. No âmbito do processo administrativo fiscal, fica vedado aos órgãos de julgamento afastar a aplicação ou deixar de observar tratado, acordo internacional, lei ou decreto, sob fundamento de inconstitucionalidade.

ações judiciais propostas em data anterior à vigência desse dispositivo, introduzido pela LC 104/2001.
(REsp 1.164.452/MG)

A Instrução Normativa da Receita Federal 1.717/2017, que, por delegação do artigo 74, §14 da Lei 9.430/96, normatizou a restituição, ressarcimento e compensação de tributos, tem um capítulo dedicado à compensação cujo crédito tenha sido reconhecido judicialmente, a partir do artigo 98.

Assim, existem formalidades a serem cumpridas, tais como a apresentação de Pedido de Habilitação (art. 100, *caput*), e a comprovação da desistência da execução judicial (art. 100, §1º, III). Outra especificidade é quanto ao prazo prescricional do pedido, que é de 5 anos contados do trânsito em julgado ou da desistência da execução do título judicial (artigo 103).

Os indébitos reconhecidos judicialmente somente podem ser utilizados para compensação, e não podem ser restituídos em espécie ao contribuinte, para que não se vulnerem as regras ordinais dos precatórios (Súmula STJ 461, artigo 100 da Constituição Federal).

As matérias submetidas ao Poder Judiciário não são conhecidas no âmbito do processo administrativo fiscal, em vista de sua prevalência absoluta sobre a decisão administrativa, tema positivado no artigo 38, § único, da Lei 6.830[42], art. 87 do Decreto 7.574/2011[43], e Súmula CARF nº 1[44].

---

[42] Art. 38 – A discussão judicial da Dívida Ativa da Fazenda Pública só é admissível em execução, na forma desta Lei, salvo as hipóteses de mandado de segurança, ação de repetição do indébito ou ação anulatória do ato declarativo da dívida, esta precedida do depósito preparatório do valor do débito, monetariamente corrigido e acrescido dos juros e multa de mora e demais encargos.
Parágrafo Único – A propositura, pelo contribuinte, da ação prevista neste artigo importa em renúncia ao poder de recorrer na esfera administrativa e desistência do recurso acaso interposto.
[43] Art. 87. A existência ou propositura, pelo sujeito passivo, de ação judicial com o mesmo objeto do lançamento importa em renúncia ou em desistência ao litígio nas instâncias administrativas.
[44] Importa renúncia às instâncias administrativas a propositura pelo sujeito passivo de ação judicial por qualquer modalidade processual, antes ou depois do lançamento de ofício, com o mesmo objeto do processo administrativo, sendo cabível apenas a apreciação, pelo órgão de julgamento administrativo, de matéria distinta da constante do processo judicial. (Vinculante, conforme Portaria MF nº 277, de 07/06/2018, DOU de 08/06/2018).

12. O PROCEDIMENTO ADMINISTRATIVO DE RESTITUIÇÃO E COMPENSAÇÃO

Quanto ao aspecto probatório, embora eventualmente alguma prova ou cálculo possa ter sido produzido no curso da ação judicial que reconheça crédito, regra geral, o juiz decide apenas o direito em tese e remete à Receita Federal a tarefa de verificar e apurar materialmente o *quantum* do crédito reconhecido. Assim, a comprovação do crédito reconhecido judicialmente seguirá os mesmos procedimentos do reconhecimento de crédito em geral, isto é, o Auditor-Fiscal da Receita Federal solicitará os documentos que entenda necessários à comprovação do crédito, e o contribuinte deverá ser solícito no atendimento. Poderá ocorrer, eventualmente, que o contribuinte tenha o direito em tese, mas materialmente não haja pagamento ou o crédito já tenha sido utilizado. Confira-se a seguinte decisão do Superior Tribunal de Justiça, em sede de recursos repetitivos:

Tese firmada pela Primeira Seção no julgamento do REsp n. 1.111.164/BA, acórdão publicado no DJe de 25/05/2009:

É necessária a efetiva comprovação do recolhimento feito a maior ou indevidamente para fins de declaração do direito à compensação tributária em sede de mandado de segurança.

Tese fixada nos REsps n. 1.365.095/SP e 1.715.256/SP (acórdãos publicados no DJe de 11/3/2019), explicitando o definido na tese firmada no REsp n. 1.111.164/BA:

(a) tratando-se de Mandado de Segurança impetrado com vistas a declarar o direito à compensação tributária, em virtude do reconhecimento da ilegalidade ou inconstitucionalidade da anterior exigência da exação, independentemente da apuração dos respectivos valores, é suficiente, para esse efeito, a comprovação cabal de que o impetrante ocupa a posição de credor tributário, **visto que os comprovantes de recolhimento indevido serão exigidos posteriormente, na esfera administrativa, quando o procedimento de compensação for submetido à verificação pelo Fisco; e**

(b) tratando-se de Mandado de Segurança com vistas a obter juízo específico sobre as parcelas a serem compensadas, com efetiva alegação da liquidez e certeza dos créditos, ou, ainda, na hipótese em que os efeitos da sentença supõem a efetiva homologação da compensação a ser realizada, o crédito do Contribuinte depende de quantificação, de modo que a inexistência de comprovação suficiente dos valores indevidamente recolhidos representa a ausência de prova pré-constituída indispensável à propositura da ação mandamental.

(ressaltei)

9. Aplicação prática em caso ilustrativo

Considera-se um caso hipotético, muito comum, para ilustração dos conceitos expostos. Trata-se da majoração das alíquotas do Finsocial por meio das Leis 7.787/89, 7.894/89 e 8.147/90. O Supremo Tribunal Federal decidiu que esses aumentos de alíquotas, para além de 0,5%, no caso de empresas comerciais ou mistas, eram inconstitucionais (RE 150.764). Inúmeras ações judiciais intentadas pelos contribuintes, em controle difuso de constitucionalidade, aplicaram o mesmo entendimento.

Em decorrência do reconhecimento dessa inconstitucionalidade, e de posse da certidão de trânsito em julgado de sua ação, e ainda, dentro do prazo prescricional de 5 anos, o contribuinte vem pedir administrativamente a repetição do indébito, para compensação com débitos de outros tributos. Tipicamente, a sentença decide que a Receita Federal deve apurar o *quantum* devido, conforme visto.

Dentro do prazo homologatório de 5 anos contados do pedido, o Auditor-Fiscal designado para a tarefa, então, solicita ao contribuinte os documentos que comprovem as respectivas bases de cálculo do Finsocial, podendo se restringir a declarações assinadas, ou aprofundar o exame das bases de cálculo por meio da escrituração fiscal e respectivos lastros.

Com base nas informações prestadas pelo contribuinte, o Fisco calcula os valores devidos, de acordo com as bases de cálculo, alíquotas e índices de atualização decididos judicialmente, e prolata o respectivo Despacho Decisório, para homologar ou não a compensação.

Muitas vezes, o Fisco procede a uma indevida compensação de insuficiência de recolhimento de um determinado período com crédito de outros períodos. Tal procedimento é ilegal, pois a cobrança de períodos não confessados e não lançados somente pode ser feita como lançamento de ofício, o que, na maior parte das vezes, se torna impossível pela decadência.

Por outro lado, caso o contribuinte tenha feito recolhimentos com base de cálculo menor que o apurado pelo Fisco, o valor a compensar será menor que o pretendido, posto que o indébito deve ser aferido pela sua materialidade.

Há entendimentos, embora minoritários, de que o Fisco não poderia rever a base de cálculo de períodos tão antigos, como esses do exemplo do Finsocial. Todavia, este autor diverge desse entendimento, em virtude do artigo 195 do CTN, já transcrito, e do fato de que não existe decadência para cálculo de restituição. A decadência somente se aplica aos débitos, não aos créditos do contribuinte. Um crédito ilegal não se torna legal somente pela

12. O PROCEDIMENTO ADMINISTRATIVO DE RESTITUIÇÃO E COMPENSAÇÃO

passagem do tempo. A passagem do tempo, ao atingir o prazo decadencial, tem o condão apenas de tornar inexigíveis cobranças ou lançamentos de ofício novos, mas, de modo algum, tornariam legais créditos materialmente inexistentes.

Tendo em vista todas as considerações levadas a efeito, segue abaixo exemplo de cálculo de Finsocial com reconhecimento de indébito pela inconstitucionalidade das alíquotas acima de 0,5%. No exemplo fictício, o Fisco apurou base de cálculo real em R$ 100.000,00 em todos os meses, e é sobre esse valor que calculará os indébitos, independentemente do valor utilizado pelo contribuinte à época dos fatos geradores. Na planilha utilizada como exemplo, apuraram-se somente os valores do indébito, que podem ser utilizados para compensação, conforme informado pelo contribuinte em Declaração de Compensação, para extinção de débitos confessados ou lançados de ofício, isto é, créditos tributários constituídos.

Exemplo de cálculo de compensação de Finsocial indevido
(desconsiderando índices de atualização para facilitar)

	mês 1	mês 2	mês 3	mês 4
Base de cálculo legal correta (controle da RF, por meio de auditoria após o reconhecimento do crédito)	100.000,00	100.000,00	100.000,00	100.000,00
Finsocial devido 2% (posteriormente considerado inconstitucional)	2.000,00	2.000,00	2.000,00	2.000,00
Finsocial devido a 0,5%, conforme decisão judicial	500,00	500,00	500,00	500,00
Valor recolhido darf/confessado	2.000,00	1.000,00	0,00	300,00
Valor a utilizar para compensação	1.500,00	500,00	0,00	0,00
Valor pago a menor que o devido jud.	0,00	0,00	500,00	200,00
Valor a lançar/cobrar – decadência	0,00	0,00	0,00	0,00

* Não há restituição quando os valores recolhidos são menores que os valores devidos;
* Não há lançamento ou cobrança de nenhum mês, mesmo de valores recolhidos a menor que os valores devidos cf. decisão judicial, quando passados mais de 5 anos do fato gerador;
* insuficiências de recolhimento em determinado mês não podem ser compensadas com créditos de outro mês, porque isto equivaleria a um lançamento de tributo já caduco, na maior parte dos casos.

Conclusões

O trabalho se configurou como notas rápidas que abrangem os principais aspectos envolvidos na compensação de créditos tributários reconhecidos judicialmente. A comprovação do crédito utilizado em compensação, como visto, envolve diversos elementos processuais e materiais que devem estar claros para aquele que pretenda dominar a matéria.

Pontuaram-se as principais estruturas conceituais envolvidas para uma visão estrutural, a fim de que o interessado possa estar preparado para estudos mais específicos.